Volker Hentschel

Ludwig Erhard

Volker Hentschel

Ludwig Erhard

Ein Politikerleben

OLZOG

Die Deutsche Bibliothek - CIP-Einheitsaufnahme

Hentschel, Volker:
Ludwig Erhard : ein Politikerleben / Volker Hentschel. - München und Landsberg am Lech : Olzog, 1996
ISBN 3-7892-9337-7

Bildnachweise:
Bundesbildstelle S. 9, 41(2), 52, 55, 97, 120, 216, 296, 313, 361, 387, 400, 436, 445, 495(2), 501, 543, 587, 619, 634, Umschlag
Deutsche Bundesbank S. 20, 61, 119, 273, 296, 301, 487(2)
dpa S. 63, 344
Keystone Pressedienst S. 270
Ludwig-Erhard-Stiftung S. 13(3), 168(2), 36, 63, 66, 153, 316, 335, 361
Hilmar Papel S. 461, 640
Sven Simon S. 650, 651
Josef A. Slominski S. 506, 563, 619, 637

ISBN 3-7892-9337-7

Umschlagentwurf: DFP-design, Landsberg
Druck- und Bindearbeiten: Himmer Druck, Augsburg

Printed in Germany

Inhalt

1. Kapitel
Der lange Anlauf

Der Weg zur Wissenschaft 11
Doktor Erhard 15
Anfänge 17
Ein Habilitationsversuch 21
Dem wirtschaftspolitischen Zeitgeist verbunden 24
Im „Stahl-Kreis“: Die „Denkschrift“ 26

2. Kapitel
Der Große Sprung

Wirtschaftsminister in Bayern und Honorarprofesssor für bayerische Wirtschaftspraxis 38
Vorsitzender der Sonderstelle Geld und Kredit und marktwirtschaftliche Bekehrung ... 43
Direktor der Zweizonen-Verwaltung für Wirtschaft 51
Die Tat 60
Fluch der Tat - Inflation? 73
Das „Bündnis“ 80
Bundestagswahlen und Regierungsbildung 86

3. Kapitel
Unruhige Zeiten

Erhard und Adenauer 93
Die DM-“Abwertung“ 98
Die großen Themen:
Wettbewerbsordnung und Außenhandelsliberalisierung 103
... und Außenhandelsliberalisierung 107
Arbeitsbeschaffungsprogramme 111
Zuständigkeits-Konflikte 117
Der Schuman-Plan 124
Korea-Boom und erste Devisenkrisen 130
Montanunion - Montanentflechtung - Montanmitbestimmung 138
Kohlenot und zweite Devisenkrise 146
In Bedrängnis 149
Das Investitionshilfe-Gesetz 154

4. KAPITEL

Das Wunder und der Ruhm

Privates und dienstliches Allerlei ... 161
Das erklärliche Wunder ... 165
Der Wiederaufnahme der großen Themen erster Teil:
Die Wettbewerbsordnung ... 171
Der Bau des privaten und der Ausbau des amtlichen Hauses ... 176
Vom kläglichen Geschick zweier Grundlagengesetze ... 180
Der Wiederaufnahme der großen Themen zweiter Teil:
Währungskonvertierbarkeit ... 186
Wählermagnet - Wahlsieger - Wahlfolgen ... 194
Die großen Themen in der Klemme ... 201
Das ganz große Thema in Perspektive: Frankreich und Europa ... 211
Die großen Themen ohne Ende ... 215
Das ganz große Thema nimmt Gestalt an ... 222

5. KAPITEL

In der Defensive: Um Europa und das rechte Maß

Europa auf Abwegen? ... 228
Die Stabilität in Gefahr? ... 235
Ein deutsches Zerwürfnis - Anfänge ... 243
Ein deutsches Zerwürfnis - Fortsetzung ... 255
Ordnungs- und sozialpolitisches Mißvergnügen ... 263
Personalpolitische Anfechtungen ... 271
Europa am falschen Ziel? ... 276
Seelennöte und ein abwegiges Programm ... 294
Vizekanzler Erhard ... 302
Frankreich verhindert die Freihandelszone und beschert Erhard
die Konvertierbarkeit ... 308

6. KAPITEL

Ein deutsches Zerwürfnis

Die verpaßte Chance: Der Präsidentschaftskrise erster Teil ... 326
Geschlagen und getreten: Der Präsidentschaftskrise zweiter Teil ... 331
Der Streit um Europa geht weiter ... 346
Viel Lärm um nichts? - Die DM-Aufwertung ... 362
Wie man nicht Kanzler wird ... 374
In Wartestellung - europapolitische Hoffnungen und stabilitätspolitische Appelle ... 384
SPIEGEL-, Regierungs-, Erhard-Krise ... 397
Neuer Ärger mit Frankreich ... 408
Wie man schließlich doch Kanzler wird ... 417
Vorbereitendes ... 425

7. KAPITEL
Der Nachfolger

Anfänge ... 435
Pièce de Résistance: de Gaulle ... 443
Verdrießliches ... 450
Ein Freund? - Johnson ... 456
Die erste Niederlage und weitere Auslandsbesuche ... 463
Erneut zu de Gaulle ... 470
Im Widerstreit außenpolitischer Interessen ... 478
Im Widerstreit parteiinterner Meinungen ... 485
Gespräche mit Johnson! - Gespräche mit Chruschtschow? ... 493
„Je suis resté vierge“ ... 498
Französisch-deutscher Hader ... 510
Beweis von Führungskraft ... 516
Was der Getreidepreis mit der multilateralen Atomstreitmacht zu tun hat ... 522
„Dieser arme Mann ...“ ... 534
Ein Einbruch und ein „Durchbruch“ ... 537
Versöhnung im Schloß? ... 542
Ich ganz allein 550
... und die Formierte Gesellschaft ... 559
Mißlingen in Washington und Bonn ... 564
Um die Kanzlerschaft aus eigenem Recht ... 569

8. KAPITEL
Der Fall

Regierungsbildung ... 579
„Johnson-Treatment“ ... 588
Auch noch Parteivorsitzender ... 592
Letzter Konflikt mit de Gaulle ... 601
Wirtschaftliche Probleme kündigen sich an ... 613
Letztmals Wahlkampf ... 618
Erstmals Zweifel an der Wirtschaftspolitik ... 622
Götterdämmerung ... 627
Der unbarmherzige Freund ... 632
Der Sturz ... 638

9. KAPITEL
Nachklang
653

ANHANG

Anmerkungen
665

Quellenverzeichnis
697

Register
707

1. Kapitel

Der lange Anlauf

Der Weg zur Wissenschaft

Es war Ludwig Erhard nicht ins Stammbuch geschrieben, daß er einstmals die Rolle eines bedeutenden deutschen Politikers spielen würde. Und während der ersten fünfzig Jahre seines Lebens deutete auch nichts darauf hin, daß er je an diese Rolle gelangte.

Ludwig Wilhelm Erhard wurde am 4. Februar 1897 in Fürth geboren - Franke von Geburt und Habitus, Bayer aus zuweilen vorteilhafter, dann gründlich überwundener Notwendigkeit, Reichsdeutscher dem zweiten Vornamen nach und aus väterlich ererbter Überzeugung.

Jener Vater, Philipp Wilhelm Erhard, aus kleinbäuerlichem Geschlecht und von kleinbürgerlicher Lebensart, betrieb in der Sternstraße Nr. 5 ein Weißwarengeschäft. Erhard hat sich zu seiner sozialen und zu seiner landschaftlichen Herkunft später gern bekannt. Zu Recht. Denn das Kleinbürgerliche und das Fränkische hingen ihm nicht nur ein Leben lang an; er hatte beidem auch zu danken. Die vom klein- ins „gutbürgerliche" gewendete Bescheidenheit der Lebensführung gewann dem Minister die Herzen und Gemüter. Und das gemütliche Kollern der fränkisch geführten Stimme gewann seiner Beredsamkeit die Ohren der Nachkriegsdeutschen. Beides zusammen war die Tragkraft einer politisch-populären Liebesgeschichte, die einerseits kein historisches Vorbild kannte und ohne die andererseits Ludwig Erhards Karriere kaum vorstellbar wäre.

Ludwig Erhard war das zweite Kind seines katholischen Vaters und seiner evangelischen Mutter. Ein Bruder war bereits da, eine Schwester und ein weiterer Bruder kamen später noch dazu. Alle Erhard-Kinder wurden evangelisch getauft und erzogen. Auch das schien, könnte man im Rückblick meinen, in kluger Voraussicht zu geschehen. Man darf daran zweifeln, daß Erhard Kanzler geworden, wenn er Katholik gewesen wäre.

Die Brüder haben in Ludwig Erhards Lebensgeschichte keine bemerkenswerten Spuren hinterlassen. Der Ältere fiel gleich nach Beginn des Ersten Weltkriegs. Wie Erhard sich mit dem Jüngeren verstand und wie er sich zu ihm verhielt, das ist unbekannt und deshalb wohl auch unbeachtlich. Bekannt und beachtlich ist hingegen, daß die Schwester sich zu Erhards gelegentlichem Vorteil verheiratete und daß die geschwisterlichen Familien freundschaftlichen Umgang miteinander pflegten. Karl Guth, der Ehemann und Schwager, brachte es im Dritten Reich zum Hauptgeschäftsführer der Reichsgruppe Industrie. Die Verwandtschaft mit dem einflußreichen Mann ist Ludwig Erhard in einer - vielleicht auch im eigentlichen Sinn des Wortes - kritischen Situation seines Lebens sehr zugute gekommen.

Bis dahin hatte es freilich noch lange Weile, die nicht immer gute Weile war. Mit zwei Jahren erkrankte Erhard an spinaler Kinderlähmung. Die Krankheit bedrohte sein Leben, bevor die Welt mehr als kurze Notiz davon genommen hatte. Er überstand sie mit Hilfe der opfervollen Pflege seiner Mutter, der er sich deshalb und wohl auch wegen einer gewissen Wesensverwandtschaft mit der in sich gekehrten, scheuen Frau Zeit ihres Lebens eng verbunden fühlte. In Erhard selbst wuchs sich das mentale mütterliche Erbe zu einer eigentümlichen Verbindung von außerordentlich starker Ich-Bezogenheit und unverbesserlichem Ungeschick im menschlich-persönlichen Umgang mit anderen aus.

Die frühkindliche Krankheit zeichnete Erhard mit einem deformierten Fuß, der freilich weder seine Standfestigkeit noch seine Beweglichkeit sonderlich beeinträchtigte.

Ludwig Erhard besuchte erst die Volks-, dann die Realschule in Fürth, ohne als glänzender Schüler auffällig zu werden und schlug anschließend als artiger Sohn die aussichtsreiche Laufbahn des Weißwarenhändlers ein.

Der Erste Weltkrieg schien den vorgezeichneten Lauf zu unterbrechen; tatsächlich beendete er ihn. Im Frühjahr 1916 schloß Erhard seine Lehre als Einzelkaufmann in einem Fürther Textilwarengeschäft ab; gleich darauf wurde er in den Waffenrock des 22. königlich-bayerischen Feldartillerieregiments gesteckt und gegen den Feind geschickt. So kann man ihn auf alten Bildern sehen: Ein großer Knabe eher als ein Mann, schlank damals, das Gesicht bubenhaft weich und noch flach, mit kleinem, fast oberlippenlosem Mund und zierlich aufgeworfener Nase, der Blick wach und ein wenig weltverloren zugleich.

Merkwürdig, wie wenig sich dieses Gesicht bis in Erhards hohes Alter hinein fortentwickelte. Natürlich beeindruckte es später mit jener symbolhaften Pausbäckigkeit und Kinnesfülle, die den knospenhaften Mund und die filigrane Nase zur Freude der Karikaturisten noch knospenhafter und filigraner erscheinen ließen; Konturen und Ausdruck gewann es aber eigentlich erst im Alter und durch die Verbitterung. Noch in des großen Kokoschkas kullerköpfigem Kanzlerportrait, das im übrigen ein wohlgemeinter psychographischer Geniestreich ist, kann man unschwer den bayerischen Feldartilleristen wiedererkennen.

Aus dem gemeinen Feldartilleristen wurde übrigens bald ein veritabler Wachtmeister. Erhard hat später erzählt, daß er sich unter den Soldaten durchaus wohlbefunden habe. Die Beförderung gibt zu erkennen, daß er zum Soldaten auch taugte. Das Wohlbefinden betraf allerdings nur die psychische Seite der Sache; physisch spielte ihm der Krieg übel mit. Erhard kam herum; erst gegen Frankreich in die Vogesen, dann gegen das Zarenreich nach Rumänien. Dort streckte ihn ein Fleckfieber nieder. Er lag auf den Tod krank, genas wie durch ein Wunder, wurde - so hat er in hohem Alter berichtet - für nicht mehr felddienstfähig gehalten, drängte dennoch wieder ins Gefecht und wurde, kaum daß man dem Drängen nachgegeben hatte und keine zwei Monate vor Kriegsende, in Flandern von einer Artilleriegranate getroffen. Es brauchte sieben Operationen, um ihn zurechtzuflicken. Darüber vergingen Krieg und Kaiserreich, flammten revolutionäres Hoffen und Betreiben auf und verflackerten alsbald, hielt schließlich die demokratische Republik Einzug in die deutsche Geschichte. Erhard erlebte all das wie ein anderer, der keine zehn Jahre älter war, körperlich lädiert, aber im Gegensatz zu jenem anderen seelisch unverwundet im Lazarett und beschloß noch *nicht*, Politiker zu werden.

Weißwarenhändler konnte er freilich auch nicht wieder werden. Der Neubeginn im väterlichen Geschäft erwies, daß der geschundene Körper langes Stehen hinter der Ladentheke und die behende Beweglichkeit, die fürs Geschäft vonnöten war, nicht mehr mitmachte. Das brachte Ludwig Erhard zur Wissenschaft.

Von da an hatte er mit ernsthaften gesundheitlichen Problemen bis kurz vor seinem Tode kaum mehr zu schaffen. Es war, als hätte er das, was seinem Leben an körperlichem Leiden zugemessen war, in dessen ersten zweiundzwanzig Jahren ausgeschöpft. Dabei sprach die robuste Physis, deren er sich fortan erfreute, jeglicher gesunder Lebensweise nachgerade Hohn. Erhard aß zuviel und hatte Übergewicht; er rauchte, nachdem ihn seine Frau, als er einiges über dreißig war, an die Zigarre gewöhnt hatte, allmählich mehr als

Kind im Kaiserreich. Erhard im Alter von zehn Jahren

Zur Kenntlichkeit herangewachsen: Wachtmeister Erhard (1917)

Erhard als Richtkanonier

Churchill; er schätzte als Franke den Wein, als Bayer das Bier und als Anglomane später namentlich den Whisky, trank davon freilich weniger als Churchill; er hielt Spazierengehen für Sport und Sport - wie Churchill - für die stärkste Gefährdung der körperlichen Integrität. Statt dessen fuhr er Auto wie der Teufel oder ließ so fahren, verunfallte dabei so oft und so dramatisch, daß es ihn mehrere Leben hätte kosten können und kam allemal mit einigen unbeachtlichen Beulen und Schrammen davon. Nur beim letzten, scheinbar leichten Unfall verhielt es sich anders.

Der Weg zur Wissenschaft, auf den Erhard sich im ersten Jahr der Weimarer Republik und im dreiundzwanzigsten Jahr seines Lebens begab, war notwendigerweise ein erst jüngst ermöglichter Umweg. Um geradewegs die Universität aufsuchen zu können, hätte er das Abitur haben müssen. Er hatte aber nur das Einjährige. Der geschickte Zufall wollte es nun freilich, daß nach mancherlei vergeblichen Anläufen am 15. September 1919 im benachbarten Nürnberg eine Handelshochschule eröffnet wurde, die zwar ebenso wie die Universitäten „den Sinn für das Schöne, Edle und Erhabene zu wecken und zu pflegen" berufen war[1], zur Teilnahme daran aber kein Abitur voraussetzte. Ludwig Erhard gehörte zur kleineren Zahl ihrer ersten Adepten. Allzu großen Spaß scheint ihm die Sache anfangs nicht gemacht zu haben. Die Erhabenheit der Buchführung, der Finanzmathematik und der anderen praktisch-technischen Fächer, mit denen er sich in den ersten Semestern vorrangig plagen mußte, ist ihm weder damals noch später je aufgegangen. Und die edle, aber spröde Schönheit der Nationalökonomie erschloß sich ihm nur widerspenstig, dann freilich plötzlich und in ihrer ganzen Pracht. So jedenfalls stellte er es ein Vierteljahrhundert später seiner Tochter dar, als die, neunzehnjährig, vom Vater dazu bewegt und kreuzunglücklich darüber, im Frühjahr 1944 in Tübingen an ihrem ersten volkswirtschaftlichen Semester kaute: „Von einem Widerstreben zu einem blinden Tasten, über ein dumpfes Ahnen zum Erkennen" habe sein akademischer Weg geführt, schrieb er ihr. „Zuerst muß man sich mit einer Art Verbissenheit durchfressen und fast an ein Wunder - an den Heiligen Geist - glauben. Mir selbst ist es dann eines Tages wie Schuppen von den Augen gefallen (so im 4./5. Semester) und es war mir alles zur gleichen Zeit klar."[2]

Dergleichen geistige Erweckung scheint Erhard später noch einige Male erlebt zu haben.

Im Herbst 1922 bestand er zunächst einmal die Abschlußprüfung an der Handelshochschule und war nun Diplom-Kaufmann. Derweil hatte ihn nicht nur die Liebe zur Wissenschaft, sondern auch die Liebe zu einer der ganz wenigen, an den Fingern zweier Hände abzuzählenden Kommilitoninnen ergriffen. Luise Schuster, geb. Lotter war ein paar Jahre älter als er, Kriegerwitwe, Fürtherin und Erhard von Kindesbeinen an bekannt und vertraut. 1923 heiratete man. Ein Eheleben begann, das sich schon im Jahr darauf durch die Geburt der einzigen Tochter, Elisabeth mit Namen, zum Familienleben ausweitete und mehr als ein halbes Jahrhundert währte; zu wechselseitiger Freude und Befriedigung, wie man annehmen darf, unaufgeregt und krisenfrei, Luise und Ludwig, Lu und Lulu, einander mit Wärme und in Treue zugetan; Haufrau und Mutter sie, öffentlichkeitsscheu und willentlich aufs Private beschränkt; er der Ernährer und Besorger, der Mann der Öffentlichkeit dann auch, der des Privaten als Hort und emotionalen Rückhalts bedurfte. Luise teilte nicht nur Ludwigs Interesse an der Nationalökonomie, sie teilte auch seine Leidenschaft für den Fußball und das Kartenspiel.

Doktor Erhard

In den ersten beiden Ehejahren haben die beiden freilich nicht einmal regelmäßig Tisch und Bett teilen können. Ludwig Erhard war sich auf der Handelshochschule darüber schlüssig geworden, daß seine Berufung nicht die Privatwirtschaftslehre, sondern die Nationalökonomie und daß seine Begabung mit dem Erwerb des Kaufmann-Diploms nicht ausgeschöpft wäre. Deshalb zog es ihn zur Fortsetzung seiner Studien und im Streben nach dem Doktortitel gen Frankfurt an die Universität. Das Diplom berechtigte ihn nun dazu.

In Frankfurt geriet Ludwig Erhard an den ersten jener drei ganz unterschiedlichen Männer, von denen er sich nacheinander gleichermaßen hingebungsvoll und anerkennungsbedürftig beeindrucken ließ und die, im Guten wie im Bösen, maßgeblichen Einfluß auf sein geistiges und praktisches Leben nahmen. Der erste war Franz Oppenheimer; die beiden anderen waren später Wilhelm Vershofen und Konrad Adenauer.

Oppenheimer war nach wissenschaftlicher Herkunft und Lehre ein im wahrsten Sinne des Wortes origineller Mann und eine bezwingende Persönlichkeit obendrein. Wobei ihm vermutlich das Bezwingende der Persönlichkeit die bleibende Verehrung und die geistige Anhänglichkeit der Vielzahl seiner Schüler mehr gesichert hat, als die Originalität der Lehre. Oppenheimer, Jude aus bildungsbürgerlich-deutschnationalem Hause, hatte ursprünglich Medizin studiert, war als Arzt, zunächst im ländlichen Posen, dann im industriellen Norden Berlins mit dem menschlichen Auswurf der bürgerlich-kapitalistischen Klassengesellschaft konfrontiert und davon so erschüttert worden, daß er den Beruf des Arztes aufgab und Nationalökonom in kurativer Absicht wurde.

Denn die bürgerliche Gesellschaft, meinte Oppenheimer, war krank. Sie litt an ihrer kapitalistischen Wirtschaftsordnung. Durch deren Überwindung galt es sie zu heilen. Dazu mußte als zugleich notwendige und hinreichende Bedingung der Kapitalprofit als Ausdruck des Mehrwerts der Arbeit beseitigt werden.

Das klang nach Marx, war aber nicht Marx. Im Gegensatz zu Marxens Deutung war für Oppenheimer die bürgerlich-liberale Gesellschaft nicht mit historischer Folgerichtigkeit und deshalb notwenigerweise kapitalistische Klassengesellschaft; sie war dies vielmehr nur akzidentiell infolge bestimmter, selbstverschuldeter und behebbarer Deformationen. Deren verderblichste war die „Bodensperre", die historisch bedingte Konzentration des landwirtschaftlichen Grundbesitzes in wenigen Händen. Die Unmöglichkeit, selbständiger Bauer zu werden, trieb die Landbevölkerung scharenweise in die Städte. Dort verwandelte sie sich in eine industrielle Reservearmee, deren Angehörige sich um die knappen Arbeitsplätze rissen und es den Unternehmern dadurch leicht machten, die Löhne aufs Existenzminimum herunterzudrücken. Vermittels jenes Drucks konnten die Unternehmer ihre Gewinne um so weiter ausdehnen, als sie durch Monopolisierung des Absatzes andererseits die Preise nach Belieben zu setzen vermochten.

Das alles war im einzelnen nicht schlechthin falsch, als Wirkungszusammenhang aber weder historisch nachweisbar noch auch nur logisch schlüssig. Deshalb durfte auch von Oppemheimers Therapie nicht allzuviel erwartet werden, jedenfalls nicht als Mittel zu dem Zweck, eine klassenlose Gesellschaft zu schaffen, in der sich jedermanns Einkommen nach seiner Arbeitsleistung bemaß. Daß die therapeutischen Maßnahmen, die Oppenheimer im Namen eines „liberalen Sozialismus" forderte - Verwandlung des Großgrundbesitzes in Bauernland, genossenschaftliche Organisation der gewerblichen Erzeugung und (Wieder-) Herstellung marktwirtschaftlicher Absatzverhältnisse -, für sich genommen und mit unterschiedlicher Gewichtung von vielen als wünschenswert betrachtet werden konnten, das

Franz Oppenheimer

Wilhelm Vershofen

steht auf einem anderen Blatt, auf dem damit zugleich auch stünde, wie es kam, daß Politiker und Ökonomen von höchst unterschiedlicher Denkart aus Oppenheimers Schule hervorgingen und sich noch Jahrzehnte später auf Oppenheimer beriefen: Ludwig Erhard und Wilhelm Nölting zum Beispiel, der liberaldemokratische Wirtschaftsminister der Bundesrepublik und der sozialdemokratische Wirtschaftsminister Nordrhein-Westfalens in den frühen fünziger Jahren, dogmatisch unbeirrbarer, neuliberaler Verfechter einer freien Marktwirtschaft der eine und zweiflerischer Befürworter eines marktwirtschaftlich veredelten Sozialismus der andere, einer wie der andere seines Gedankenerbes sicher und beide darüber im Irrtum. Nölting ist vor der Zeit gestorben und Erhard hat es in sympathisch bekenntnishafter Treue zu Franz Oppenheimer bei dem Irrtum bewenden lassen. Im Arbeitszimmer des westdeutschen Wirtschaftsministers hing Oppenheimers Portrait, und Erhard hat bei Gelegenheit vorgegeben, daß es dort nicht bloß als persönliche Reminiszenz, sondern auch als Hinweis auf die Ursprünge seines wirtschaftspolitischen Programms hänge. Das war bestenfalls Selbsttäuschung. Oppenheimer nimmt gewiß einen wichtigen Platz in der Lebensgeschichte Ludwig Erhards, ebenso gewiß aber nimmt sein „liberaler Sozialismus" keinen Platz in der Geschichte der „sozialen Marktwirtschaft" ein. Liberaler Sozialismus und soziale Marktwirtschaft waren von ihren gedanklichen Ursprüngen her grundverschiedene Dinge und wurden von Erhards wirtschaftspolitischem Konzept nicht miteinander vermittelt. Was Erhard von Oppenheimer lernte, das hat er in den frühen dreißiger Jahren vergeblich für eine akademische Karriere fruchtbar zu machen versucht und anschließend gründlich vergessen.

Im Dezember 1925 wurde er - knapp 29 Jahre alt und Vater inzwischen - mit einer kritischen Reflexion von Oppenheimers Arbeitswerttheorie, für die er die Note „gut" erhielt, zum Doktor der Staatswissenschaften promoviert. Derweil war das väterliche Geschäft der Inflation zum Opfer gefallen. Wovon die junge Familie in Erhards Frankfurter Studienzeit lebte, ist unerfindlich. Wovon sie in den nächsten drei Jahren lebte auch. Die Promotion geriet anscheinend nicht gleich zum Ausgangspunkt einer beruflichen Lauf bahn, die den wissenschaftlich geschulten Mann forderte und honorierte. Wozu sie vorerst geriet, darüber hat Erhard sich ausgeschwiegen. 1928 faßte er schließlich Fuß. Er wurde Assistent im „Institut für Wirtschaftsbeobachtung der deutschen Fertigware" an der Nürnberger Handelshochschule.

Anfänge

Die Gründung des Instituts lag damals drei Jahre zurück und war ein höchst ambitioniertes Unterfangen gewesen. Der Gründer und Leiter, der Politiker, Literat und Nationalökonom Wilhelm Vershofen, verfolgte damit die ausdrückliche, wenn auch etwas unklar artikulierte Absicht, die praktische Wirtschaftsforschung als Voraussetzung einer maßnahmensicheren und zielgerechten Konjunkturpolitik nach dem Vorbild des amerikanischen Bureau of Economic Research in Deutschland heimisch zu machen. Es erwies sich freilich schnell, daß die große Absicht der Mittel ermangelte, die auch etwas Großes daraus machten. Wilhelm Vershofen war dafür nicht der Mann. Er war ein Mann mit Talenten, aber kein Ökonom von auch nur mittlerem Rang. Wenn er nicht Ludwig Erhards zweiter Übervater gewesen und wenn Erhard kein berühmter Mann geworden wäre, dann hätte die Nachwelt kaum Kenntnis von ihm genommen. Vershofen war ein vielgewandter Dilettant; weltoffen, lebensfroh und liebenswürdig; respektabel bei allem, was er tat und durch nichts hervorragend. Er schrieb Romane, von denen zu Recht niemand mehr weiß, war demokratischer Abgeordneter in der Weimarer Nationalversammlung gewesen und betrieb die Nationalökonomie als Brotberuf und schöne Kunst zugleich, ernsthaft und ehrgeizig, wie es sich gehörte, dabei leichtgewichtig und versponnen, wie er es vermochte, ohne analytische Strenge, ein bißchen zum Soziologischen hin ausgeweitet und ein bißchen vom Philosophischen berührt.

Erhard hat in einem Nachruf auf Vershofen geschrieben, daß er als Assistent in dessen Vorlesungen und Seminaren „die Lust zum Fabulieren" gelernt habe[3]. Das mochte wohl sein und teilte übrigens in aller Unschuld und goethisch verziert ebensoviel über Erhards wie über seines zeitweiligen Meisters Auffassungen von und Einstellungen zu den ökonomischen Dingen mit. Womöglich sind das nicht die schlechtesten Auffassungen und Einstellungen. Ein deutsches Gegenstück des Bureau of Economic Research ließ sich darauf aber nicht begründen. Dieser Rang wurde Vershofens Einrichtung denn auch schnell und dauerhaft von Wagemanns gleichzeitig gegründetem Berliner Institut für Konjunkturforschung abgelaufen. Das Nürnberger Institut wurde seinem Gründungsanspruch nie gerecht, gab ihn alsbald stillschweigend auf und verlegte sich schließlich mit erheblich expansiven Wirkungen auf Marktforschung in industriellem Auftrag und Interesse. Das geschah freilich erst im Dritten Reich und scheint nicht zum kleinsten das Verdienst Ludwig Erhards gewesen zu sein. Jedenfalls hat er sich selbst das Hauptverdienst daran zugerechnet.

Es zeigte sich schnell, daß Erhard die Institutstätigkeit und Vershofen lagen. Und er lag Vershofen. Zu Oppenheimer hatte ihn schülerhaft-hingebungsvolle Verehrung des Mannes und des Werks gezogen. Mit Vershofen verband ihn eine geistige und habituelle Wahlverwandtschaft, die bis ins Physiognomische reichte; ein berufliches Vater-Sohn-Verhältnis zunächst gewiß, das allmählich zur ehrerbietigen Partnerschaft mutierte, in der bei Bier und Doppelkopf auch das Menschlich-Lebenspralle zu seinem Recht kam.

Erhards Instituts-Arbeit liegt im Dunkeln. Sein Lebensstil muß bescheiden, womöglich beengt gewesen sein. Er verdiente hundertzwanzig Mark im Monat. Davon konnte man damals leben, aber keine großen Sprünge machen. Die lagen den Erhards aber auch gar nicht.

Immerhin blieb Erhard von den Wirkungen der großen Wirtschaftskrise verschont, die 1929 begann und das Heer der Arbeitslosen bis 1931 auf ca. 8,5 Millionen Menschen anschwellen ließ. Erhard behielt seine Stelle. Sein Gehalt sank zwar. Da aber die Preise noch stärker sanken, stand er sich am Ende sogar besser.

Während der Krise trat Erhard erstmals als ökonomisch-politischer Publizist ins Licht der Öffentlichkeit. Er tat dies an einem Ort, nämlich in Schwarzschilds „Tagebuch" und in einer Weise, unter anderem nämlich mit einer Polemik gegen den vormaligen Reichsbankpräsidenten Hjalmar Schacht, die ihn als bekenntnisbereiten politischen Demokraten, aber keineswegs als ökonomischen Liberalen auswiesen.

Der erste Artikel erschien am 1. August 1931. In den vorhergehenden zwei Monaten hatten Kreditabzüge und Kapitalflucht die Reichsbank um einen Großteil ihrer Devisenreserven und die Geschäftsbanken an die Grenzen ihrer Zahlungsfähigkeit gebracht. Mitte Juli waren die Zahlungen zeitweise eingestellt, dann nur beschränkt wieder aufgenommen und zugleich die Zinsen in unvordenkliche Höhen geschraubt worden. Erhard hielt das für falsch, weil es die kreditbedürftige Wirtschaft nötiger Mittel beraube. „Wir retten die Währung, aber wir vernichten die Wirtschaft, die Währung erlangt so einen Primat vor der Wirtschaft, der ihr in keiner Weise zukommt."[4] Das war gut und recht gesprochen. Der westdeutsche Wirtschaftsminister Erhard hätte es freilich nicht mehr unterschrieben. Nun wußte der Assistent Erhard, daß die Reichsbank durch gesetzliche Bestimmungen zur Beschränkung des Notenumlaufs, die ihrerseits die Zahlungs- und Kreditfähigkeit der Banken beschränkte, gezwungen war. Deshalb schlug er vor, die Geldmenge durch Schaffung besonders gearteter und in ihrer Verwendung begrenzter Privatbanknoten (qualifizierte Schecks) auszuweiten.

Diesen Vorschlag mochte er schon anderthalb Jahre später nicht mehr unterschreiben. Unterdessen hatte eine Fülle mehr oder weniger aussichtsreicher Arbeitsbeschaffungspläne, die zugleich und vor allem auch Finanzierungspläne waren, das Licht der Welt erblickt, hatte die Regierung von Papen erste Arbeitsbeschaffungsmaßnahmen auf den Weg gebracht und die Regierung Schleicher einen Arbeitsbeschaffungskommissar eingesetzt. Dessen Amt und Absichten nahm Erhard Anfang 1933 aufs Korn. Die Absichten bestanden darin, mit Hilfe von Krediten eigens zu diesem Zweck geschaffener, öffentlich-rechtlicher Kreditanstalten arbeitsintensive Dinge von volkswirtschaftlichem Nutzen tun zu lassen. Öffentliche Einrichtungen vergaben die Aufträge, private Unternehmen führten sie durch. Erhard lehnte das ab, weil es inflationär wirkte. Derlei neugeschaffene Kaufkraft löse eine Nachfrage nach Konsumgütern aus, die es nicht gebe; denn die Empfänger jener Kaufkraft seien mit der Erfüllung öffentlicher Aufträge und nicht mit der Erzeugung der Konsumgüter, die sie später nachfragten, beschäftigt gewesen. Nur ein Vorschuß von Betriebsmitteln an die Konsumgüterindustrie wirke nicht inflationär. Denn nur solche Betriebsmittel würden bei der Produktion exakt *der* Güter in Einkommen verwandelt, die mit dem Einkommen anschließend nachgefragt würden.

Es ist Erhard natürlich nicht vorzuhalten, daß er mit der Praxis der öffentlichen Arbeitsbeschaffung auch seine Idee qualifizierter Geldschöpfung durch die Einführung von Geldsubstituten verwarf. Wenn einer sich öffentlich korrigiert, dann ehrt ihn das, selbst wenn es gar nicht nötig war. Aber man kann andererseits nicht verhehlen, daß die Korrektur aus Sinn Unsinn machte, weil sie die sektorale und zeitliche Komplexität und Dynamik des (Markt-) Wirtschaftsprozesses in laienhafter Weise versimpelte. Erhard hat sie gleichwohl für eine bedeutsame, auch ketzerische und deshalb einerseits zu Unrecht und andererseits verständlicherweise mißachtete Entdeckung gehalten; hat sie mehrfach wieder hervorgeholt, aufgeputzt und jedesmal so glänzend gefunden wie beim ersten Mal.

Zwischen den beiden nicht miteinander vereinbarten Arbeiten zu wirtschaftspolitischen Tagesfragen war ihm eine herzerfrischende, couragierte Polemik gegen den einstigen Reichsbankpräsidenten Hjalmar Schacht, der sich neuerdings mit den Nationalsozialisten gemein machte, in die Feder geraten. Anlaß der kleinen Streitschrift, die am 20. August 1931 im „Tagebuch" stand, war der Zorn über ein sprunghaft-krudes, wirtschaftspolitisches Pamphlet Schachts, das die persönlich-politischen Ambitionen seines Autors - das „widernatürliche Gebuhle mit Hitler" schrieb Erhard - kaum verbarg. Erhards Aufsatz folgt ihm in seiner fragmentarischen Kurzfaßlichkeit, die „Tagebuch"-Diktion, die seinen Gedanken angeputzt wurde, tat ein Übriges und heraus kam eine bissige Glosse, die eher durch die Form als durch den Inhalt beeindruckte. Und so war es um der Wirkung willen auch gedacht und richtig. Als ironische Pointe, die freilich erst durch die nachfolgende Geschichte zu sich selbst kam, sei daraus nur vermerkt, daß der spätere Wirtschaftsminister der Bundesrepublik den späteren Wirtschaftsminister im Dritten Reich als „Sänger der freien Wirtschaft" ironisierte und gegen dessen „liberalistisches Credo" die Vorzüge von Sozialisierung und staatlicher Unternehmertätigkeit ins Feld führte. Im Gegensatz zu Schachts Geschwätz, schrieb Erhard, hätten sich die sozialdemokratisch geführten Regierungen in der Weimarer Republik in Sachen Sozialisierung außerordentlich rücksichtsvoll verhalten und

Hjalmar Schacht

es sei „sehr die Frage, ob man ihnen das zugute rechnen soll." Jedenfalls arbeiteten die staatlichen Bergwerke gegenwärtig rentabler und kämen wegen vernünftigeren Verhaltens im Aufschwung jetzt besser durch die Krise als die privaten Bergwerke.[5]

Es ist fraglich, ob Schacht das Stückchen las. Das „Tagebuch" war gewiß nicht sein Leibblatt. Aber vielleicht las er es eben deswegen. Wenn er es gelesen haben sollte, dann hat er mit Sicherheit nicht darauf reagiert. Der Mann war ihm zu klein. Als der Mann dann größer geworden war, verhielt es sich anders. Gut zwanzig Jahre später gerieten Erhard und Schacht erneut aneinander, der eine inzwischen Nachfolger des anderen und der andere - eine deutsche Karriere - unbescholtener und gutbetuchter Privatbankier. Erhard hatte in einem Interview mit dem Sunday Express gesagt, daß er staatliche Exportförderung ablehne, weil sie den Exporteuren einen unfairen Vorteil verschaffe. „Das haben wir in Deutschland zur Zeit von Doktor Schacht gemacht." Wenige Tage später erhielt er einen Brief. Hjalmar Schacht fragte mit spitzer Feder und kargen Worten an, an welche unfairen Vorteile der Herr Minister, bitteschön, gedacht habe. Ach, wäre doch nun Erhard der Mann zu klein gewesen oder hätte er sich etwas von der Galle bewahrt, mit der jener „Tagebuch"-Aufsatz geschrieben worden war. Nichts von beiden. Erhard erschrak und gab den Brief seinem persönlichen Referenten. Der gab ihn mit dem Auftrag weiter, herauszufinden, woran der Minister wohl gedacht haben könnte; denn der wußte nicht, woran er gedacht hatte. Man forschte, Exposés wurden verfaßt und Briefe entworfen. Derweil ging ein weiteres Schreiben Schachts ein. Er sei vor der englischen Öffentlichkeit in seiner Ehre gekränkt worden und bestehe auf Antwort. Acht Wochen nach seinem ersten Brief wurde sie ihm zuteil. Erhard rechtfertigte sich wortreich, bestritt die Aussage und versicherte Schacht seiner Wertschätzung. Die Sache war erledigt, ministermäßig, nicht herzerfrischend.[6]

Ein paar Jahre später wurde es sogar herzbeklemmend. Schacht feierte seinen achtzigsten Geburtstag und Erhard ließ ihn aus diesem Anlaß huldvoll wissen, daß Schacht sich nach dem Ersten Weltkrieg beinahe ebenso große Verdienste um Deutschland erworben habe, wie nach dem Zweiten Weltkrieg Erhard selbst. Auch wo er zunächst irrte, habe Schacht sich am Ende doch als Streiter für Recht und Wahrheit bewährt. Mit den freundlichsten Grüßen.[7]

Ein Habilitationsversuch

Zu der Zeit, als Erhard Schacht noch herzerfrischend anbellte, versuchte er auch, sich zu habilitieren. Es war an der Zeit. Erhard war inzwischen 35 Jahre alt, die Promotion lag sieben Jahre und der Eintritt ins Vershofen-Institut vier Jahre zurück. Die Nürnberger Handelshochschule hatte sich unterdessen herausgemacht, hieß seit 1929 Hochschule für Wirtschafts- und Sozialwissenschaften und genoß seit 1931 das Recht der Habilitation. Erhards Assistenten-Kollegen am Institut, Erich Schäfer und Horst Wagenführ, beide jünger als Erhard und später eingetreten, waren die ersten gewesen, die das Recht genutzt und als Privatdozenten ihren Anspruch auf ein akademisches Lehramt angemeldet hatten, Schäfer als Betriebswirt mit einer auf die Unternehmenspraxis bezogenen und Wagenführ als Volkswirt mit einer wissenschaftsgeschichtlich-theoretischen Habilitationsschrift. Für Erhard kamen nur die Volkswirtschaftslehre und ein wirtschaftspolitisches Thema in Frage. Er wählte das schwerste, das sich denken ließ: Die Überwindung der Wirtschaftskrise durch wirtschaftspolitische Beeinflussung - und überhob sich daran fürchterlich. Er überhob sich daran, wie sich mit sachlicher Notwendigkeit jeder daran überheben mußte und zugleich so, wie sich mit unverwechselbar persönlichem Aplomb nur Ludwig Erhard daran überheben konnte. Das handschriftlich überarbeitete Typoskript der Untersuchung liegt vor. Erhard hat es sein Leben lang aufbewahrt und in seinem Nachlaß der Nachwelt überliefert.[8] Damit hat er sich keinen Gefallen getan. Die Arbeit weist aus, daß Ludwig Erhard zum wissenschaftlichen Nationalökonomen schlechterdings nicht taugte; jedenfalls dann nicht, wenn ein Wissenschaftler jemand sei, der klare, schlüssige Gedanken fassen, mit einiger formaler Strenge analytisch weiterverfolgen und argumentativ miteinander verbinden, das Ganze in adäquater, logisch und syntaktisch richtiger Sprache verständlich artikulieren, mit ausdrücklichen Verweisen auf die geistigen Quellen, aus denen es schöpft und in kritischer Auseinandersetzung mit den Lehrmeinungen, gegen die es streitet, darbieten kann und sich dabei der gemeinschaftsbildenden Konventionen veräußerter Gelehrsamkeit bedient. Erhards Studie gab zu erkennen, daß der Verfasser über keine dieser Fähigkeiten in einem zulänglichen Maß gebot.

Erhard gab darin seine Deutung der Ursachen des wirtschaftlichen Desasters der frühen dreißiger Jahre und zog daraus einige wirtschaftspolitische Konsequenzen. Die Ursachendeutung war logisch unschlüssig und empirisch unhaltbar, und die politischen Schlußfolgerungen waren tautologisch, weil sie lediglich die Beseitigung der Ursachen forderten, aber nichts darüber mitteilten, auf welche Weise und mit welchen Wirkungen dies zu geschehen habe. Außerdem verfehlten sie die Lösung der akuten Probleme. Das Ganze wäre bei straffer Gedankenführung in knapper Diktion auf fünf Seiten abzutun gewesen. Aber beides - straffe Gedankenführung und knappe Diktion - war nicht Erhards Sache. Er schrieb 141 Seiten voll. Dabei führte er seine Gedanken nicht, er ließ ihnen freien Lauf. Die machten von der Freiheit Gebrauch, indem sie zeitweise enteilten, von Satz zu Satz, von Blatt zu Blatt, so hurtig-bocksprunghaft über weite Strecken, daß ihr Schreiber Mühe hatte, ihnen intellektuell zu folgen. Dann kehrten sie, ohne ein bestimmtes Ziel erreicht zu haben, unversehens an ihren Ausgangspunkt zurück und traten dort ausgiebig auf der Stelle. Dies taten sie in wechselhaftem sprachlichen Gewand; im feierlichen Bratenrock nicht selten, gelegentlich in weich-fließend faltenwürfiger Verhüllung und dann und wann wohl auch im Narrenkleid, das den Leser an der Nase herumführte, indem es den gemeinten Sinn verkehrte oder einen Sinn prätendierte, der gar nicht in ihm steckte.

Wer es mit alledem aufnahm und bis zum Schluß nicht davon abließ, der erfuhr - aufs Wesentliche reduziert und in einfachen Sätzen ausgedrückt - das Folgende: Die Wirtschaftskrise, der Erhards diagnostische und kurative Bemühungen galten, war mehr als ein Konjunkturtief, das sich aus dem zufälligen Zusammentreffen unglücklicher Umstände ergab, sie war der unvermeidliche Kulminationspunkt der inhärent verderblichen Entwicklung des kapitalistischen Systems. Verderblich an der Entwicklung war, daß sich darin ein zunehmendes Mißverhältnis zwischen der Verteilung des Volkseinkommens an die Kapitalbesitzer und die Lohnabhängigen einerseits und der Zusammensetzung des Sozialprodukts aus Konsumgütern und Produktionsgütern andererseits auftat. Der Kapitalanteil wuchs unaufhaltsam und unerträglich an. Er wuchs im frühindustriellen „Kapitalismus der Freizügigkeit", weil bereits in dessen Ägide die Verteilung bei ebenso unwirtschaftlicher wie unsozialer Preisbildung Ausdruck von Klassenherrschaft war. Und er wuchs im Zeichen des „organisierten Kapitalismus" um so schneller, als die Monopolisierung der Märkte überdies noch „Differentialgewinne" bewirkte. Da nun mit Kapitaleinkommen „logischerweise" so gut wie ausschließlich Produktionsgüter nachgefragt wurden, das Sozialprodukt aber ebenso „logischerweise" überwiegend aus Konsumgütern bestand, lief die Entwicklung darauf hinaus, daß die Konsumgüter irgendwann nicht mehr vollständig abgesetzt werden konnten. Der Zeitpunkt, zu dem das geschah, konnte von den „durchkapitalisierten" Volkswirtschaften dadurch hinausgeschoben werden, daß sie die überschüssigen Güter in nichtkapitalistische Länder verkauften. Deren Zahl und Aufnahmebereitschaft nahmen freilich ab und mit ihnen die Überlebensfähigkeit des Kapitalismus. Dem Kapitalismus muß es „zu seinem Bestand in erster Linie darum zu tun sein, sich Ausbeutungsmärkte zu sichern. Der Tausch von Industrieprodukten hält ihn nicht am Leben." Die Lebensunfähigkeit äußerte sich in Unverkäuflichkeit von Konsumgütern. „Am mangelnden Absatz des Überschusses an Fertigwaren krankt die heutige Wirtschaft." Und die Krankheit wird andauern, solange es möglich ist, Kapitalgewinn zu realisieren.

Das war die Diagnose. Was war zu tun? Die herrschaftliche Gewinnaneignung dadurch verhindern, daß man die private Verfügung über Kapital beseitigte? Es mochte so klingen. „Private Verfügung über volkswirtschaftliches Kapital läßt bereits in der Sprache ein Paradoxon erkennen, das im wirklichen Geschehen denn auch tatsächlich alle die Widersprüche des Systems zeitigt." Aber es war wohl nicht so gemeint. An Sozialisierung der Produktionsmittel wurde jedenfalls nicht gedacht. Statt dessen an staatliche Lenkung des Produktionsprozesses. „Angesichts der chaotischen, jeder Vernunft widersprechenden Wirtschaftsgestaltung dürfte den Verteidigern der privatwirtschaftlichen Erzeugung der Nachweis kaum gelingen, daß diese Produktionsweise den größten gemeinwirtschaftlichen Erfolg und die reichlichste Bedürfnisbefriedigung garantiert." Denn privates Wirtschaftshandeln orientierte sich an Einzelinteresssen und war nicht von der Sorge um eine harmonische Entwicklung des Ganzen geleitet. Deshalb war es die Pflicht des Staates, von höherer, einsichtsvoller Warte her zweckvoll in den Lauf der Dinge einzugreifen und die Wirtschaft immer umfassender zu planen. Wie das vor sich gehen und was dabei herauskommen sollte, darüber erfährt man wenig. Gedacht werden muß an staatliche Preisbildung und Investitionslenkung, weil sowohl der „freie Marktpreis" wie der „Monopolpreis" als unwirtschaftlich und unsozial abgelehnt werden und weil unter dem Eindruck übertriebener Kapitalbildung und Rationalisierung die Kreditverteilung nicht mehr den Banken und das Ausmaß der Investitionen und des technischen Fortschritts nicht mehr den privaten Erzeugern überlassen werden dürfe. Eine besondere Rolle - ob als Ergänzung oder als Mittel zu staatlicher Preisbildung und Investitionslenkung, das steht dahin - wies Erhard der Zollpolitik zu. Zölle sollten die heimische Produktion vor dem Zudrang besserer und billigerer Güter aus dem Ausland schützen, dabei aber keine „Differentialgewinne" auf dem heimischen und keine Dumpingpreise auf dem Weltmarkt ermöglichen.

Am Ende scheint Erhard selbst gemerkt zu haben, daß die vage Unverbindlichkeit seiner Lösungsvorschläge, deren Mangel an Durchdacht- und Konkretheit, der Größe und Grundsätzlichkeit des Problems, so wie er es verstand, nicht gerecht wurden. Da ließ er wissen und sein Leser kommt sich dabei, ermattet wie er ist, nun auch noch ein bißchen veralbert vor, daß er die wirtschaftlichen Verhältnisse eigentlich gar nicht grundlegend verändern wolle und degradiert sein anspruchsvolles Beginnen zu dem Versuch, „ein gewisses Ordnungsprinzip ... in den Anarchismus der kapitalistischen Entfaltung" einzuschalten. Denn „Ordnung bedeutet in einer Richtung immer etwas Planmäßiges und damit ist ausgedrückt, daß wir uns vor unseren eigenen Fehlern und Irrtümern nicht zu schützen vermögen."

Zumindest letzteres ist nur allzu wahr. Aber darauf kam es nicht weiter an. Freie Marktwirtschaft, Kommunismus, Staatskapitalismus oder was immer: „Die Formen der menschlichen Beziehungen allein sind bedeutungslos, denn sie alle beinhalten am Ende ein Gleiches und Gemeinsames: die Herrschaft des Menschen über die Sache." Finis opera.

Erhard hat später gesagt, daß er „gerade zur Habilitation schreiten wollte," als die Nazis an die Macht kamen und ihn daran hinderten. Da war er sechzig, siebzig Jahre alt geworden und hatte es so in der Erinnerung. Aber die Erinnerung trog ihn. Mit seinen Auslassungen zur „Krisenüberwindung", die weniger erarbeitet als empfunden waren und von einem „Apparat" gänzlich absahen, konnte er aus wissenschaftlichen Gründen nicht habilitiert werden. Eine andere Arbeit aber lag nicht vor und Erhard hätte, wie sich zehn Jahre später zeigte, der Form, Gedankenschärfe und Artikulationsfähigkeit nach eine wesentlich andere auch nicht schreiben können. Er war so und seine Bestimmung nicht die Wissenschaft. Die Nazis hatten damit nichts zu tun. Denen wäre die Arbeit, wenn Erhard sie eingereicht hätte, ideologisch-politisch gleichgültig gewesen, und an der Person hatten sie offenbar nichts Wesentliches auszusetzen. Andernfalls wäre Erhard im Jahr 1933 kaum Mitglied der Geschäftsführung des Instituts für Wirtschaftsbeobachtung und im Jahr darauf Vorstandsmitglied einer Gesellschaft für Konsumforschung geworden, die damals im Zusammenhang mit dem Institut an der flugs in „Hindenburg-Hochschule" umbenannten und alsbald zu einer „Pflegestätte echt nationalsozialistischen Denkens und Handelns"[9] ausgerufenen Hochschule für Wirtschafts- und Sozialwissenschaften eingerichtet wurde. Außerdem redigierte Erhard fortan einen neugeschaffenen wirtschaftspolitischen Teil der kleinen Instituts-Zeitung „Markt der Fertigware" und veröffentlichte darin den einen und anderen unauffälligen und den neuen Herren nicht ungefälligen Artikel. So lobte er die nationalsozialistische Zwangskartellierung, weil sie den Schäden des „artfremden Preiskampfes" vorbeuge, für Ordnung und Sicherheit sorge und damit freie Konkurrenz auf höherer Ebene ermögliche und rechtfertigte die nationalsozialistischen Arbeitsbeschaffungsmaßnahmen, weil sie das Volk und die Nation reicher machten, auch wenn sie den Menschen keine neuen Konsummöglichkeiten verschafften.[10] Nun ja, beneidenswert, wer von solcher Art Ergriffenheit vom oder Anpassung an den Geist und Sprachgebrauch der Zeit frei blieb.

Dem wirtschaftspolitischen Zeitgeist verbunden

Das Institut und die Gesellschaft, die Erhards Arbeitskraft im folgenden Jahrzehnt absorbierten, prosperierten unter dem Einfluß seiner neuerdings mitverantwortlich-leitenden Tätigkeit prächtig. Das bayerische Staatsministerium, das Reichswirtschaftsministerium, an dessen Spitze inzwischen der odiöse Hjalmar Schacht stand, und die Industrieverbände beauftragten das Institut zu Zwecken öffentlich-korporativer Marktordnung mit statistischen Untersuchungen, Marktanalysen, Betriebsvergleichen und ähnlichem mehr und in der Gesellschaft trafen Angehörige der Wirtschaftsbürokratie, des Unternehmensmanagegements und der Hochschule zu wechselseitiger Information und Inspiration zusammen. Bei derlei Gelegenheit lernte Erhard, ohne in nähere Beziehung zu ihnen zu treten, den Münsteraner Volkswirtschafts-Professor Alfred Müller-Armack und den wirtschaftsnahen Reichskommissar für die Preisüberwachung, Karl Gördeler, kennen.

Erhard betrieb, eigenem Bekunden nach, die Orientierung des Instituts auf die Praxis hin mit großer Energie und erheblichen akquisitorischen Erfolgen; Vershofen hingegen soll den engen Praxisbezug als bedenkliche Verflachung des wissenschaftlichen Anspruchs empfunden und Erhard den Erfolg ein wenig geneidet haben. Vielleicht war es auch so, daß er ihm den praktischen Erfolg neidete und dessen wissenschaftliche Voraussetzungen deshalb als Verflachung denunzierte. Jedenfalls traten, während das Auftragsvolumen, der

Etat und die Mitarbeiterzahl des Instituts kräftig ins Kraut schossen, in der Instituts-Leitung Spannungen auf - wegen des bleibenden Gleichklangs der Herzen und des Miteinanders der Seelen unmerklich zunächst, womöglich aber gerade deswegen unheilkündend.

Ende 1938 wurde das Institut, angesichts der Größe und Bedeutung, die ihm im Dritten Reich zugewachsen waren, aus dem Verbund mit der Hochschule herausgelöst und unter Stiftungsrecht mit administrativer Selbständigkeit, ein halbes Jahr später überdies mit schönen neuen Räumlichkeiten aus vormals jüdischem Besitz versehen. Zwischendurch taten öffentliche Veranstaltungen in Wien und Prag kund, daß sich seine Tätigkeit künftig auch auf die Rolle der „Wirtschaft Österreichs sowie Böhmens und Mährens im großdeutschen Raum" erstrecken werde. Später ist es dann mit kriegswirtschaftlichen Erhebungen und Analysen betraut worden.

Zu wissenschaftlich-publizistischer Arbeit blieb Ludwig Erhard bei alledem nicht viel Zeit. Außer kurzen Kommentaren zur Tagespolitik im „Markt der Fertigware" schrieb er von 1933 bis 1942 nur drei etwas längere Aufsätze und eine sehr lange, allerdings auch sehr redundante Abhandlung, denen zu entnehmen ist, welche Grundsatzfragen ihn damals umtrieben. In allen vier Arbeiten ging es der thematischen Absicht nach und in begrenzt ökonomischer Perspektive um Marktordnung und Preisbildung, in Erweiterung von Thema und Perspektive aber allemal auch um das Verhältnis von Wirtschaft und Staat sowie um die Dialektik von Freiheit und Ordnung. Wenn man zusammenfaßt, ordnet und dabei einige Klarheit in das zu bringen versucht, was Erhard schrieb, bieten sich seine Überlegungen folgendermaßen dar[11]: Die Freiheit ist ein höchst schätzens- und bewahrenswertes Gut. Persönliche Handlungsfreiheit ist freilich unvereinbar mit gesellschaftlicher Harmonie. Daß sie vereinbar damit wäre, war der Gundirrtum des Liberalismus. „Das liberale Prinzip hat versagt." Gesellschaftliche Harmonie setzt eine verbindliche Ordnung voraus. Solche Ordnung muß im allgemeinen Interesse und ohne Rücksicht auf Gruppeninteressen aus einem höheren, sittlich überlegenen Verantwortungsbewußtsein heraus bestimmt und gesetzt werden. Das zu tun, ist der Beruf des Staates. Deshalb werden sich die Formen und Funktionen der gesellschaftlichen Ordnung an den politischen Zwecken und Zielen des Staates orientieren. Und so soll es auch sein. Da nun die Wirtschaft nur eine spezifische Äußerung gesellschaftlichen Lebens, Volks- oder „Gesellschaftswirtschaft" ist, bedarf auch sie und sie vor allem einer derart zweckvollen und zielgerichteten Ordnung. „Träger der modernen Volkswirtschaft kann nur der Staat sein." Der deutsche Staat der Gegenwart ist sich dieser Einsicht in begrüßenswert-konsequenter Weise bewußt. „Die politischen Ziele sind gesetzt und es kommt darauf an, die Nation zu jener physischen und psychischen Kraftentfaltung hochzureißen, die den Erfolg sicherstellt." (1938) Dazu muß der Staat die Wirtschaft nicht nur ordnen, sondern auch lenken; anders noch: gesellschaftswirtschaftliche Ordnung und staatliche Lenkung sind begrifflich eins. Je mehr und je wirkungsvoller der Staat lenkt, um so reibungsloser vollzieht sich das wirtschaftliche Geschehen. Der Marktpreis muß mithin als Lenkungsmittel außer Kraft gesetzt werden. Das ist allemal gut und richtig. Denn der Marktpreis ist ungerecht, schafft soziale Spannungen und stört das gesellschaftliche Leben. An die Stelle der Marktsteuerung durch freie Preisbildung treten politisch motivierte Marktordnungen auf der Grundlage geregelter Marktforschung. Marktordnungen mit gebundenen Preisen vermitteln dem Volk das Empfinden von Gerechtigkeit, sie verbürgen Marktfrieden und gesellschaftliche Harmonie, bewirken „die im Hinblick auf die nationalpolitischen Ziele zu fordernde Höchstleistung" (1939) und ermöglichen eine Zusammensetzung und Verteilung des Sozialproduktes nach national- und sozialpolitischen Erwägungen. Wenn nötig oder erwünscht, können in gebundenen Preisen auch ethische Prinzipien zur Geltung gebracht werden, die dem wirtschaftlich scheinbar Erforderlichen widersprechen: so einstmals in der mittelalterlichen Zunftwirtschaft, so gegenwärtig in der nationalsozialistischen Kriegswirtschaft. Die Preisbindung auf staatlich geordneten Märkten schließt Investitions- und Verbrauchslenkung ein gutes Stück weit ein, darüber hinaus kommt der Investitions- und Verbrauchslenkung als Mittel zweckbedachter „gesellschaftswirtschaftlicher" Ordnung aber auch eigenständige Bedeutung zu.

Im Verlauf seines Raisonnements scheint Erhard sich weit von dessen Ausgangspunkt entfernt und dabei den hohen Wert der Freiheit aus dem Blick verloren zu haben. Der Schein trügt. Erhard sieht die Freiheit bei ungeschmälerter Wertschätzung in den Zwecken und Zielen, Ordnungen und Bindungen des Staates aufgehoben: bewahrt und veredelt. Das wird freilich weniger argumentativ begründet als affirmativ festgestellt. Freiheit äußere sich in der einsichtsvollen, opferbereiten Unterwerfung unter den staatlichen Willen. Die grundsätzliche Freiheit des Verbrauchs schließe staatliche Verbrauchslenkung nicht aus, und - anders herum - staatliche Marktordnung auf der Grundlage von Marktforschung beseitige nicht „die in ihren Grundzügen freie Marktwirtschaft." Sehr Erhardisch schließlich: „Das Beispiel, das uns die kommunistische Wirtschaft bietet, ist die beste Gewähr dafür, daß die deutsche Wirtschaft in ihren Grundzügen immer eine freie Marktwirtschaft bleiben wird."

Erhards beruflich-bürgerliches Dasein hatte seit dem Eintritt ins „Nürnberger Institut" ein ruhiges Gleichmaß gewonnen. Erhard führte ein arbeitsames Leben, fühlte sich wohl und hatte Grund dazu. Seiner regen Tätigkeit war äußerer Erfolg beschieden. Er knüpfte über Nürnberg und Bayern hinausreichende Verbindung zu Männern der Wirtschaftsverwaltung und Unternehmenswirtschaft, wurde geschätzt und anerkannt. Er verstand sich mit seiner Frau und verhätschelte, indoktrinierte wohl auch, eine brave, zärtlich geliebte Tochter. Und ungeachtet aller untergründigen institutsgeschäftlichen Spannungen schien er sich doch auch des sympathetischen, im gesellschaftlichen Miteinander bestätigten Wohlwollens seines Chefs sicher sein zu dürfen. So wurde er 45 Jahre alt.

Im „Stahl-Kreis": Die „Denkschrift"

Gleich darauf, in den ersten Monaten des Jahres 1942, wurde jenes Gleichmaß auf höchst unerwünschte und als schmerzlich empfundene Weise gestört. Wilhelm Vershofen war in die Jahre gekommen und beabsichtigte, sich von der aktiven Leitung in die Rolle eines guten, wissenschaftlichen Gewissens seines Instituts zurückzuziehen. Ludwig Erhard empfand sich infolge der langen Dauer seiner Institutszugehörigkeit und kraft seiner Stellung als geschäftsführender Assistent als Vershofens natürlicher Nachfolger und machte ein Erbrecht geltend. Vershofen aber erkannte derlei Recht nicht an und erwählte Erich Schäfer. Die Gründe dafür sind unbekannt. Womöglich befürchtete er, das Institut unter Erhards verantwortlicher Leitung gar zu sehr an die Praxis auszuliefern, vielleicht hielt er Schäfer für das größere wissenschaftliche Kaliber.

Schäfer war bis Anfang 1937 Erhards jüngerer Kollege in der Geschäftsführung des Instituts gewesen und dann auf einen betriebswirtschaftlichen Lehrstuhl nach Leipzig berufen worden. Zum Sommersemester 1942 wurde er an die Hindenburg-Hochschule zurückberufen und zugleich vom Wintersemester an mit der Leitung des „Nürnberger-Instituts" betraut.

Erhards Erschütterung war unaussprechlich. Es war, als würde das große Bonner Drama um Adenauers Nachfolge im Kanzleramt als Nürnberger Dramolett um Vershofens Nachfolge in der Institutsleitung unter anderen Umständen, in anderer Szene und mit anderen personae dramatis probeweise schon einmal gespielt. Es kam zu heftigsten Auseinandersetzungen, in die auch die Stadt- und die Stiftungsverwaltung hineingezogen wurden. Vershofen scheint dabei Erhards wissenschaftliche Kapazität und praktische Tätigkeit unerträglich herabgewürdigt und vielleicht auch seine politische Zuverlässigkeit in Zweifel gezogen zu haben. Am Ende war der Bruch vollkommen und Erhards Verbleib am Institut für Wirtschaftsbeobachtung der deutschen Fertigware unmöglich geworden. Er sah sich nach etwas anderem um, fand etwas und schied am 1. Juli 1942 aus. Vershofen gab ihm ein Zeugnis mit auf den Weg, das er sich nicht hinter den Spiegel stecken mochte.

Die seelischen Verletzungen, die Erhard sich dabei zuzog, sind ausgeheilt. Das unterschied sie von den Wunden, die ihm die Auseinandersetzung mit Adenauer und der Hinauswurf aus dem Kanzleramt später schlugen. Vergessen hat er sie nie. Die Verbindung zu Vershofen riß ab und wurde mehr als zehn Jahre lang nicht wiederhergestellt. Dann bemühte sich der alte, längst vergessene Vershofen um Wiederannäherung an den Jüngeren, inzwischen Berühmteren. Das Bemühen erfüllte Erhard mit einer Mischung aus Genugtuung und Freude. Ihm lag an der Aussöhnung mit dem Lehrer und väterlichen Freund; an einer Aussöhnung freilich, der ein Kniefall Vershofens vorausgehen sollte. Vershofen solle ausdrücklich eingestehen, daß er sich damals schuldhaft und fehlsam verhalten habe und um Verzeihung bitten. Der sah dazu keinen Grund, lavierte, und Erhard lenkte alsbald ein. Man traf sich, verstand sich und ging, wenn es sich ergab, wieder miteinander um. Innig wie einst wurde das Verhältnis allerdings nicht mehr. Der Umgang überspielte die Reminiszensen, er schaffte sie aber nicht aus der Welt. Noch in Erhards Nachruf auf Vershofen, in dem mehr vom Schreiber als vom Toten die Rede ist, waren sie deutlich erkennbar.[12]

Auf der Suche nach einem anderen Broterwerb kamen Erhard im Jahr 1942 die beruflichen Beziehungen zur Industrie und zur Wirtschaftsverwaltung zugute, die er im Laufe der Jahre, durchs Nürnberger Institut vermittelt, hergestellt hatte. Hilfreich waren auch seine verwandtschaftlichen Beziehungen zum Hauptgeschäftsführer der Reichsgruppe Industrie. Die Vielzahl derart unterschiedlicher Verbindungen ermöglichte es ihm, im Sommer 1942 ein Institut für Industrieforschung mit Sitz in Berlin und Nürnberg ins Leben zu rufen, das weder hier noch dort eigene Räumlichkeiten besaß und zeit seiner Existenz nur aus seinem Leiter und einer Sekretärin bestand, die mit Erhard das Institut für Wirtschaftsbeobachtung verließ und ihm von da an überallhin, am Ende bis ins Kanzlervorzimmer hinein, folgte.

Die Leitung der Reichsgruppe Industrie stellte hinreichende Mittel für Erhards und der Mitarbeiterin Lebensunterhalt und Dienstaufwand in Aussicht und dann auch zur Verfügung, ohne anfangs recht zu wissen, was sie von der Einrichtung erwartete. Und Erhard, so sieht es aus, bot deren gute Dienste überdies der Reichswirtschaftskammer an und gelangte über unbekannte Wege an den Auftrag, an Plänen über die Versorgung und die Umsiedlung der Industrie im Saargebiet und in Lothringen mitzuwirken.

Die Arbeit daran scheint ihn im nächsten Jahr hauptsächlich beschäftigt zu haben. Zu diesem Zweck unternahm er regelmäßige Reisen ins okkupierte Gebiet. Was dabei herauskam, entzieht sich der Kenntnis. Immerhin verlieh ihm der „Führer" dafür im Januar 1943 das Kriegsverdienstkreuz 2. Klasse.[13]

Vom Sommer 1943 an wurde Erhard außerdem an - fürs erste ganz informellen - Überlegungen beteiligt, die man um diese Zeit an der Spitze der Reichsgruppe Industrie über die notwendige Restitution, die Ordnung und die Erholung der Wirtschaft nach dem noch unabsehbaren Ende des Krieges anzustellen begann. Erhard übernahm dabei die Aufgabe, über die Bewältigung eines Problems nachzudenken, das seit geraumer Zeit amtlich und öffentlich mit gebotener Behutsamkeit, aber durchaus lebhaft und sehr kontrovers diskutiert wurde. Es ging um die Frage, wie die Nachkriegswirtschaft mit den Konsequenzen der Kriegsfinanzierung zu Rande käme. Erhards Nachdenken darüber fand seinen literarischen Ausdruck in einem 268 Seiten langen Memorandum, das im März 1944 fertiggestellt war und einem kleinen Kreis um den stellvertretenden Leiter der Reichsgruppe Industrie, den Generaldirektor Rudolf Stahl, zur Lektüre und Beratung übergeben wurde.

Es war die zweite und letzte größere Arbeit mit wissenschaftlichem Anspruch, die Ludwig Erhard geschrieben hat. Sie liegt vor. Sie wurde, nachdem sie zeitweise als verloren gegolten hatte, Mitte der siebziger Jahre aber wieder aufgetaucht war, anläßlich des achtzigsten Geburtstags und zu Ehren ihres Verfassers sogar veröffentlicht.[14] Erhard war noch immer sehr stolz auf sein Werk. Das mag man dem alten Mann auch gerne zugestehen. Gründe gab es dafür freilich nicht. Die Arbeit des Siebenundvierzigjährigen war alles in allem reifer als der Versuch des Fünfundreißigjährigen, im einzelnen kennzeichnen sie jedoch die gleichen Mängel und Schwächen: die nutzlose Weitläufigkeit, die endlosen Wiederholungen, die Inkonsequenzen eines ganz und gar ekklektischen Denkens und Argumentierens, die Fehlsam- und Schwererträglichkeit des Sprachgebrauchs. Hinzugekommen waren die inzwischen bekannten, verbalen Huldigungen an das Regime: „Mögen die kategorischen Imperative der nationalen Pflichterfüllung ... auch immer schmerzlich sein, so wird hier doch die Not zur Tugend." Und geändert hatte sich selbstverständlich die Einstellung zur Industrie und zu deren Zusammenschlüssen. Die waren nicht mehr Ursprung des Übels, sondern neuerdings notwendige Tragkraft des Wiederaufbaus.

Erhards Thema - wie gesagt - waren die Kriegsfinanzierung und die Bewältigung ihrer währungswirtschaftlichen Folgen nach dem Krieg. Hätte Erhard es doch bei dessen Behandlung belassen. Er ließ es vielmehr hinter sich zurück und entwarf überdies eine grobschlächtige Skizze der Wiederherstellung und Ordnung einer Friedenswirtschaft. Wenn jene Skizze damals einem zur Kenntnis gekommen wäre, der eine „soziale Marktwirtschaft" für erstrebenswert hielt, der ferner glaubte, daß ein maßgeblicher Wirtschaftspolitiker über einigermaßen klare und wirklichkeitsgerechte Einsichten in die gesamtwirtschaftlichen Zusammmenhänge und Abläufe verfügen sollte, und der schließlich annahm, daß Ludwig Erhard dazu berufen wäre, über kurzem ein maßgeblicher Wirtschaftspolitiker zu sein, dann hätte der eigentlich alles ihm zu Gebote stehende tun müssen, um die Berufung zu verhindern. So einer konnte die Skizze damals freilich nicht lesen, weil niemand auf die Idee kommen konnte, daß ausgerechnet Erhard zum führenden Wirtschaftspolitiker ausersehen wäre. Das konnte nicht einmal Erhard selbst. Denn er schrieb seine Studie vielleicht unter der stillschweigenden Voraussetzung, daß der Krieg verloren würde, nicht aber unter der Voraussetzung, daß dies auch das Ende nationalsozialistischer Herrschaft in Deutschland wäre.

Das Problem, für das die Arbeit eine Lösung vorschlug, ergab sich aus folgendem: Die Nation verheizte einen großen und fortgesetzt zunehmenden Teil ihres Sozialprodukts im Krieg. In den kühlen Kategorien der volkswirtschaftlichen Gesamtrechnung war das „Staatsverbrauch." Was der Staat verbrauchte, mußte er sich vorher aneignen. Das ging im Prinzip auf zweierlei Weise - durch Requirierung und durch Kauf. Requiriert wurde freilich nur im okkupierten Ausland, in Deutschland selbst wurde gekauft. Wenn es dabei mit zumindest wirtschaftlich halbwegs ordentlichen Dingen zugehen sollte, dann hätte der Staat sich durch drastische Steuererhöhungen auch einen großen und fortgesetzt zunehmenden Teil der Einkommen aneignen müssen, die bei der Herstellung des Sozialprodukts entstanden. Das traute er sich nicht zu. Deshalb beließ er den Bürgern das Eigentum an ihren Einkommen und verschaffte sich die Verfügungsmacht darüber, indem er möglichst viel von ihnen lieh. Das war nicht ungewöhnlich. So hielten es die Länder, die Deutschland Krieg zu führen zwang, auch, und so hatte es im Ersten Weltkrieg schon die kaiserliche Regierung gehalten. Die hatte allerdings schlechte Erfahrungen damit gemacht. Anderthalb Jahre lang waren die Deutschen ebenso leihfreudig wie kriegsbegeistert gewesen; dann schwand mit der Begeisterung über den Krieg auch die Bereitschaft, dafür Geld herzugeben. Diese Erfahrung der einstigen war der neuen Staatsführung in lebendiger Erinnerung. Und da nicht auch sie derlei Erfahrung machen wollte, fragte sie die Bürger kurzerhand und vorsorglich gar nicht erst, ob sie ihr Geld leihen wollten, sondern nahm sich, ohne zu fragen, was sie kriegen konnte. Unschwer kriegen konnte sie auf diese Weise, was die Deutschen bei Banken, Sparkassen und Versicherungen einzahlten. Das war viel und wurde immer mehr, weil es immer weniger zu kaufen gab, weil das bißchen, das es gab, infolge eines staatlichen Preisstops vergleichsweise billig war und weil man Geld nicht horten durfte. Die Banken, Sparkassen und Versicherungen brauchten nun gar nicht mit Machtmitteln dazu gezwungen, sie konnten vielmehr durch Appelle an ihr nationales Pflichtgefühl und mangels anderer Verwendungsmöglichkeiten leichthin dazu bewegt werden, die Einlagen und Beiträge ihrer Klienten an den Staat weiterzuleiten. So wurde die Mehrzahl der Deutschen, gewöhnlich ohne dies zu wissen, durch stillschweigende Vermittlung der Banken und Versicherungen zu Gläubigern des Reiches. Der Staat gab ihre reichlichen Ersparnisse aus, indem er einen großen Teil des laufenden Sozialprodukts damit kaufte und vernutzte, und die Sparer behielten gleichwohl das Eigentums- und Verfügungsrecht daran und mit dem Eigentums- und Verfügungsrecht auch einen unmittelbar kaufkräftigen Anspruch auf das Sozialprodukt in der Nachkriegszeit. Das beunruhigte die meisten Nationalökonomen, Wirtschaftspolitiker und Unternehmer sehr; denn es war zu erwarten, daß die Nachkriegsproduktion zunächst gering und das Mißverhältnis zwischen zahlungsfähiger Nachfrage und Güterangebot deshalb groß wäre. Das vorhersehbare Mißverhältnis und die akute Beunruhigung wurden dadurch noch vergößert, daß der Staat mit den „geräuschlos" an sich gezogenen Bankeinlagen und Versicherungsbeiträgen alsbald nicht mehr auskam und auch bei der Reichsbank - neugeschaffenes - Geld lieh. Das vermehrte die Menge umlaufender Banknoten, erweiterte dadurch die Kreditspielräume der Geschäftsbanken und führte zu zusätzlichen Einkommen, deren ein erheblicher Teil gespart wurde, den einerseits der Staat mit Beschlag belegte und ausgab, und der andererseits Ansprüche der Sparer an spätere Sozialprodukte konstituierte, ... und so weiter und so weiter.

Die Besorgnisse, die das hervorrief, veranlaßte manche - Ökonomen und auch Politiker - zu frühzeitiger Kritik an den Besonderheiten der nationalsozialistischen Kriegsfinanzierung und ließ in den letzten Kriegsjahren auch weniger Kritische über die Auflösung des Mißverhältnisses als Voraussetzung einer geordneten Friedenswirtschaft nachdenken. Ludwig Erhard gehörte zu den weniger Kritischen. Er hielt die Finanzierung des Krieges im Krieg für unbedenklich, konsequent und zielsicher. Jedes Mittel sei „gut und recht", das den Güterstrom von Friedensbedürfnissen auf Kriegszwecke umlenke. Es dürfe nicht im persönlichen Ermessen liegen, ob man dem Staat überschüssiges Geld zur Verfügung stelle; die Entscheidung müsse vielmehr auf einer höheren Ebene getroffen werden, auf der „kleinliche Bedenken und individuelle psychologische Hemmungen ausgeschaltet“ sind.

Was im Krieg gut und richtig war, schaffte freilich für die Nachkriegszeit erhebliche Probleme. Davon war auch Erhard überzeugt. Das quantitative Mißverhältnis zwischen potentieller Kaufkraft und faktischem Güterangebot müsse verschwinden, ehe eine geordnete Friedenswirtschaft in Gang kommen könne. Das schien auf dreierlei Weise möglich zu sein: erstens dadurch, daß die Preise stiegen und den Wert der aufgehäuften Geldvermögen reduzierten; zweitens dadurch, daß man die Geldvermögen weitgehend oder vollständig vernichtete und drittens dadurch, daß man die Geldvermögen auf längere Sicht ihrer Kaufkraft beraubte. Alle drei Möglichkeiten wurden damals diskutiert. Erhard lehnte die beiden ersten vehement ab und trat für die dritte entschieden ein.

Eine Anpassungsinflation lehnte er ab, weil sie mit einer Auflösung der gesellschaftlichen und der wirtschaftlichen Ordnung einhergehe, und die Vernichtung der Geldvermögen lehnte er ab, weil sie den Staat mit dem Odium des Defraudantentums belaste und außerdem mit schweren Ungerechtigkeiten verbunden sei. Vernichtung der Geldvermögen bedeutete ja, daß die Schulden des Staates bei der Zentralbank und den Geschäftsbanken nach Kriegsende kurzweg annulliert, und im Gegenzug die neu emittierten Banknoten eingezogen und die Guthaben der Bürger bei den Geschäftsbanken gestrichen wurden. Genauso ist man später, unter Umständen, die Erhard nicht erahnte, tatsächlich vorgegangen. Über das Odium staatlichen Defraudantentums brauchte man sich da keine Gedanken mehr zu machen. Aber mit Ungerechtigkeiten verbunden war es natürlich. Es begünstigte die Besitzer von Sachwerten vor den Geldvermögensbesitzern und nahm keine Rücksicht auf unterschiedliche Belastungen durch den Krieg und seine Folgen. Erfolgreich war es allerdings auch und Ludwig Erhard hat sich entgegen seinen ursprünglichen Ansichten gern dafür feiern lassen.

Ursprünglich war er im knappen thematischen Kernstück seiner Denkschrift dafür eingetreten, daß die Schuldner-Gläubiger-Beziehung zwischen dem Staat und seinen Bürgern offengelegt, die Staatsschulden dabei konsolidiert und später dann allmählich und in einer Weise getilgt wurden, die weder die Wirtschaft durcheinander noch den Geldwert in Gefahr brachte. Konsolidierung der Staatsschulden hieß, daß die Eigentümer von Bargeld und Bankguthaben beides in sehr niedrig verzinsliche öffenliche Schuldverschreibungen verwandelten und sich dadurch bis zur Tilgung der Kaufkraft begaben, die Bargeld und Bankguthaben innewohnte. Der Staat sollte mit dem eingenommenen Bargeld seine Schulden bei der Notenbank und mit den übertragenen Bankguthaben seine Schulden bei den Geschäftsbanken zurückzahlen. Das war eine glatte und nicht unelegante Lösung, die Erhard freilich nicht erfand, sondern lediglich adaptierte und verfocht und die einen intakten, vertrauenerweckenden und starken Staat voraussetzte. Mit dem rechnete Erhard - und nicht nur zu diesem Zweck.

Er beschränkte sich ja nicht auf die Behandlung seines eigentlichen Themas, sondern tat, darein und miteinander vermengt, noch zweierlei anderes: zum einen brach er gleichsam massenweise Lanzen für das private Unternehmertum und zum anderen plädierte er für einen Übergang zur Friedenswirtschaft, dessen gestaltende Kraft der ordnende, planende und lenkende Staat war. Das ging in sich nicht ganz widerspruchsfrei ab, schien, soweit das private Unternehmertum betroffen war, dem Oppenheimerisch verdünnten und Erhardisch vergorenen Verbalmarxismus, dessen er sich zeitweise befleißigt hatte, endgültig abzuschwören und stand, soweit es die Rolle des Staates im Wirtschaftsleben anging, im Gegensatz zu dem, was Erhard fünf Jahre später predigte und tat.

Die private Industrie wurde zunächst einmal gegen obskure, eigentlich von niemandem, der in Deutschland mitreden durfte, verfolgte Absichten verteidigt, sie nach Kriegsende in Staatseigentum und Staatsbetrieb zu überführen. Es sei unsinnig, weil dem Wiederaufbau abträglich, eine „organisch gewachsene und in ihrer Lebenskraft bewährte Wirtschaft“ durch derlei Übereignung zu desorganisieren. Wer das trotzdem wolle, werde offenbar von „Ressentiments sozialer Natur“ geleitet; von Ressentiments freilich, die „in historisch überwundenen Erscheinungsformen des Kapitalismus“ wurzelten. „In einem Zeitalter ..., in dem die Verpflichtung des Unternehmers als des Sachwalters volkswirtschaftlichen Produktivkapitals allgemein erkannt und anerkannt ist, kann die Verteilung des Sozialprodukts nicht mehr zur Ausnutzung von wirtschaftlichen Machtpositionen und zum sozialen Mißbrauch führen.“ Wenn man davon absieht, daß Erhard im letzten Teil seines Satzes das genaue Gegenteil dessen schreibt, was er meint und wenn man sich daran erinnert, was er im letzten Jahr der Weimarer Republik über die verderblichen Folgen marktwirtschaftlich-kapitalistischer Verteilung zu sagen hatte, dann muß man mit ihm zu der Feststellung gelangen, daß der segensreiche Formwandel des Kapitalismus vom Nationalsozialismus bewirkt wurde und womöglich an den Nationalsozialismus gebunden war - es sei denn, man täte diese und ähnliche Aussagen als opportunistisches Gerede ab und nähme sie als Ausdruck seines ökonomisch-sozialen Denkens und seines ökonomisch-politischen Urteilens nicht recht ernst.

Ebenso nachdrücklich, wie Erhard einer Verstaatlichung der Produktionsmittel widerriet, trat er für eine Verstaatlichung der privaten Unternehmensschulden und für die öffentliche Finanzierung der privatwirtschaftlichen Umstellung von der Kriegs- auf die Friedenswirtschaft ein. Der Staat solle zu den eigenen auch die kriegsbedingten Bankschulden der Industrie übernehmen und sie gemeinsam mit den eigenen Schulden konsolidieren. Denn die Industrie erfülle ja im Krieg eine ihr „vom Staat im Auftrag des Volkes zugewiesene Funktion.“ Damit nicht genug, solle der Staat den Unternehmen nach Kriegsende schließlich die finanziellen Mittel zur Verfügung stellen, die nötig wären, um die Produktionsanlagen umzurüsten, die Arbeitskräfte wieder einzugliedern und die Rohstoff- und Warenlager wieder aufzufüllen. Zu diesem Zweck dürfe und müsse er über das Kriegsende hinaus die Praktiken der Kriegsfinanzierung fortführen und seine Verschuldung weiter ausdehnen. Wie lange und wie weit, das war nicht abzusehen. Danach erst sollten die Staatsschulden konsolidiert, die Banknoten eingezogen, die Kaufkraft der übrigen Geldvermögen stillgelegt und die Friedenswirtschaft auf produktionstechnisch erneuerten und geldwirtschaftlich geklärten Grundlagen in Gang gesetzt werden.

Wobei „in-Gang-gesetzt-werden“ wörtlich zu nehmen war. In Erhards Vorstellung stand die Wirtschaft nach dem Entzug und infolge des Entzugs aller liquiden Mittel einen Moment lang still und mußte wie eine einsatzbereite Maschine neu gezündet werden. Die Zündung erfolgte durch Zufuhr neuen Geldes. Auch dies war die Aufgabe des Staates. Und nicht nur dies. An eine Rückkehr zur Marktwirtschaft konnte nach Erhards Meinung fürs erste nicht ernsthaft gedacht werden. Die Struktur der Wirtschaft und der Wirtschaftsprozeß müßten auch nach dem Krieg bis auf weiteres staatlich geplant und gelenkt werden, und zwar umfassend geplant und gelenkt. Wie sich „das Weitere“ ausnehmen und wann es eintreten sollte, das blieb offen. Als ausgeschlossen, weil historisch desavouiert, erschien freilich eine marktwirtschaftliche Ordnung, die sich aus der Freiheit individuellen Handelns und Entscheidens ergab. Vage gedacht war an eine etatistisch-kollektivistische Ordnung. Dabei setzte der Staat die Ziele, formulierte die Programme, wies der Wirtschaft die Aufgaben zu und erfüllte mit all dem sozialökonomische Funktionen, die ihm die Gesellschaft stillschweigend übertrug. Die privaten Unternehmer führten die Aufgabe mit einem unbestimmten Maß an Gestaltungsfreiheit aus. Jene Gestaltungsfreiheit stand den einzelnen Unternehmern allerdings nicht unmittelbar zu, sondern wurde ihnen durch Unternehmensverbände - an ihrer Spitze die Reichsgruppe Industrie - vermittelt. Das bewahre die Wirtschaft vor unternehmerischer Eigenwilligkeit zu Lasten der Allgemeinheit, weil kollektives Handeln gewöhnlich verantwortungsbewußter als individuelles Handeln sei.

Zunächst galt es freilich, die Wirtschaft von Staats wegen wirkungsvoll und gefahrlos wieder in Friedensbetrieb zu nehmen und die Frage war, wie dies geschehen könnte. Ludwig Erhard hatte darauf eine Antwort, die Überlegungen aus den frühen dreißiger Jahren aufgriff. Der Staat solle die Konsumgüterindustrie und deren Rohstofflieferanten mit Betriebsmittel-Krediten versehen, die es ihr ermöglichten, die Produktion ohne große Verzögerung wieder aufzunehmen. Das erscheine eingedenk des opferwilligen Konsumverzichts im Krieg aus sozialen Gründen geboten und vermeide die Gefahr, daß im Falle der Preisfreigabe Inflation eintrete und im Falle fortgesetzter Preisfixierung sofort wieder überschüssige Kaufkraft angehäuft werde. Denn nur die Konsumgüterindustrie brächte die Waren zu Markte, die mit der Masse der Einkommen, die im Produktionsprozeß entstünden, nachgefragt würden. Einkommen in der Kapitalgüterindustrie entbehrten solch „materieller Dekkung". Ihre Verausgabung löste deshalb eine Inflation aus. Nur Einkommen, die aus der Konsumgüterproduktion hervorgingen, kehrten über den Verkauf von Konsumgütern in vollem Umfang und wertbeständig in den Produktionsprozeß zurück und erhielten ihn ungeschmälert aufrecht. Erst „nach Vollendung einiger Umsatzakte" dieser Art sei die „fortlaufende Speisung des Marktes gewährleistet" und könne auch die Kapitalgüterproduktion gefahrlos aufgenommen werden.

Abgesehen davon, daß die ökonomische Logik des Raisonnements auch in der Wiederholung schwer erfindlich blieb, machte es einige Mühe, sich vorzustellen, wie das in der Praxis aussehen sollte. Man konnte ja doch die ausgedehnte Investitions- und Produktionsgüterindustrie weder ganz und gar auf Konsumgüterproduktion umstellen noch sie vorübergehend stilllegen und ihre paar Millionen Arbeitskräfte - unbeschäftigt und ohne Einkommen, wie sie waren - durch zwangsweise Umverteilung versorgen; zumal jene Umverteilung ein Ausmaß hätte annehmen müssen, das die Einkommensbezieher außerordentlich verdrösse.

Derlei praktische Bedenken kümmerten Erhard herzlich wenig. Überhaupt stellte er sich den ganzen komplizierten Demobilisierungs-, Konsolidierungs-, Umstellungs- und Wiederbelebungsprozeß als höchst reibungslos und erfolgreich vor. Dies kraft der Autorität und Problemlösefähigkeit des Staates: „Wohl werden der Umstellung und Wiederankurbelung der Wirtschaft Hemmungen entgegenstehen, aber diese Schwierigkeiten wird eine zielbewußte Staats- und Wirtschaftsführung zu meistern wissen (und) dafür Sorge tragen, daß die Produktivkräfte des Landes mit höchster Intensität zum Einsatz gelangen."

Die Neigung, praktische Widerstände als gering zu veranschlagen und die Lösung wirtschaftlicher Probleme für einfach zu halten, blieb Ludwig Erhard eigen; auch dann, als er die einfache Lösung nicht mehr von der Gestaltungsmacht des Staates, sondern von der Wirkungsmacht freier Märkte erwartete. Die Neigung mag ein Grund seines Erfolgs als Wirtschaftspolitiker gewesen sein. Vielleicht war Erhard ja ein so guter Wirtschaftsminister, weil er so ein naiver Ökonom war - und unter den Umständen seiner Zeit auch sein durfte.

Die Angehörigen des inoffiziellen „Stahl-Kreises" waren von Erhards ausuferndem Memorandum nicht schlechthin begeistert.[15] Ferdinand Grünig und Günther Keiser, Abteilungsleiter in der Reichswirtschaftskammer der eine und Abteilungsleiter der Wirtschaftsgruppe Privates Bankgewerbe der andere, unterzogen es entschiedener Kritik. Während sie ihre Stellungnahme zu Papier brachten, begab Erhard sich zunächst zur Kur nach Bad Gastein und kam dann dem Auftrag nach, eine verdauliche Kurzfassung seines Werkes zu verfertigen.

Grünig und Keiser kritisierten die großartige Simplizität der Schuldenkonsolidierung, die Erhard vorschlug und seine etwas versponnene, aller Konkretheit ermangelnde und für praktische Zwecke untaugliche Behandlung der realwirtschaftlichen Übergangsprobleme. Sie empfahlen eine komplexere Regelung der Staatsschulden und eine umfassende Industrie-Enquête als Grundlage einer praktischen Übergangsplanung in industrieller Eigenverantwortung.

Im Sommer wurden Erhards auf die Schuldenkonsolidierung beschränkte Kurzfassung und Grünig-Keisers Gegenvorstellung einem größeren Kreis interessierter Industrieller und Bankiers zugeleitet. Um diese Zeit geriet die Studie auch in die Hände Karl Gördelers. Das war nicht weiter erstaunlich, da Gördeler über die Zeit hinaus, in der er Reichspreiskommissar gewesen war, gute Beziehungen zur Wirtschaft unterhielt, ohne dabei viel von seiner subversiven Tätigkeit zu offenbaren. Gördeler las die Arbeit und wies in einer Denkschrift, die er auf der Flucht vor der Gestapo in der ersten August-Woche verfaßte, auf sie hin: „Doktor Erhard vom Forschungsinstitut der deutschen Industrie in Nürnberg hat über die Behandlung dieser Schulden eine sehr gute Arbeit geschrieben, der ich im wesentlichen beistimme. Er wird Euch gut beraten."

Die Anmerkung kam Erhard später, lange nach dem Krieg, zur Kenntnis. Das mag in ihm die Erinnerung daran hervorgerufen haben, daß er eigentlich ein Mann des Widerstands gewesen sei und jene „sehr gute Arbeit" nachgerade für Gördeler geschrieben habe. So stellte er es jedenfalls dreißig Jahre später dar und glaubte es sicher auch. Anhaltspunkte in den Überlieferungen gibt es dafür nicht und unwahrscheinlich ist es auch. Erhard kannte Gördeler persönlich, das ist wahr; aber es müßte schon sehr merkwürdig hergegangen sein, wenn er, der damals doch nur eine Randfigur des Geschehens war, einer der ganz wenigen gewesen wäre, der Gördeler als *Widerstandskämpfer* kannte. Und Gördeler seinerseits dürfte auch Erhard kaum als einen Mann des Widerstandes wahrgenommen haben. Man muß sogar bezweifeln, daß er ihn auch nur als eigenständige Persönlichkeit wahrgenommen hat. Erhard zeichnete seine Arbeit als „Leiter des Instituts für Industrieforschung." Gördeler machte daraus den „Doktor Erhard vom Forschungsinstitut der deutschen Industrie." Das ist zweierlei.

Als jene Studie Doktor Erhards erst im kleinen Kreis besprochen und dann einem größeren Kreis zugestellt wurde, drohte deren Verfasser ganz unvermittelt ein später Ruf zu den Waffen. Bis dahin war Erhard, weil seine Ziviltätigkeit als kriegswichtig galt, vom Wehrdienst verschont worden. Er hatte sich einer sogenannten UK-Stellung erfreut. Im frühen Juli 1944 teilte man ihm mit, daß diese vorteilhafte Stellung womöglich aufgehoben werde. Erhard empfing die Nachricht mit Gelassenheit. „Was sagst Du zu diesem Unsinn?" schrieb er der Tochter nach Tübingen. Er schloß zwar nicht aus, daß nachgeordnete Instanzen ihn tatsächlich einberiefen, schien aber zugleich ganz sicher zu sein, daß er nach „energischen Schritten" alsbald „wieder losgeeist" werde. Die energischen Schritte erübrigten sich. Das Wehrersatzamt hatte ein Einsehen und Erhard blieb UK-gestellt. Er schrieb, wohl doch erleichtert, noch selbigen Tags an die Tochter: „Nun ist nichts mehr zu befürchten, denn meine Arbeit wird immer wichtiger und unentbehrlicher, so daß ich mich sogar mit dem Gedanken trage, mich durch das Reichswirtschaftsministerium sicherstellen zu lassen."[16]

Die Frage nach den Gründen der Unentbehrlichkeit muß dahin stehen, weil unerfindlich ist, welche Arbeit Erhard im Sinn hatte. Die Gründe für seine Annahme, daß er nötigenfalls auf Schutz durch das Reichswirtschaftsministerium rechnen könne, sind hingegen auszumachen. Natürlich pflegte die Reichsgruppe Industrie, in deren Sold er stand, Beziehungen zum Reichswirtschaftministerium. Bislang waren die Beziehungen weniger dicht und wirkungsvoll gewesen als die Zusammenarbeit mit Speers Rüstungsministerium. Denn das Rüstungs- und nicht das Wirtschaftsministerium war für die Organisation und die Planung der Kriegswirtschaft zuständig. Die Unternehmerschaft wurde an der Planung mitverantwortlich beteiligt und führte die Pläne selbstverantwortlich durch. Neuerdings ließ die Reichsgruppe sich aber eine Intensivierung ihres Verhältnisses zum Wirtschaftsministerium angelegen sein. Denn das Kriegsende schien nahe und die Umstellung von der Kriegs- auf die Friedenswirtschaft eher eine Sache des Wirtschafts- als des Rüstungsministeriums zu sein. Die Führung des Wirtschaftsministeriums legte tatsächlich Wert darauf, daß die Umstellung ganz und gar ihre Sache würde und bereitete sich seit geraumer Zeit gedanklich darauf vor. Die treibende Kraft derartiger Überlegungen war des Ministeriums starker Mann, der Unterstaatssekretär Otto Ohlendorf.

Ohlendorf war auf den Tag genau zehn Jahre jünger als Erhard, wie Erhard ökonomisch vorgebildet, anders als Erhard ein heftiger Kritiker der Kriegswirtschaft und der Kriegsfinanzierung und ein grundsätzlicher Verfechter einer liberalen Marktwirtschaft auf festen, ordnungspolitischen Grundlagen; dabei dunkelglühender Nationalsozialist von früher Jugend auf, nicht an seinen Ideen und politischen Zielen, wohl aber am Zustand seiner Partei und an der politischen Praxis irre geworden. Finster im Gemüt, herb im Wesen, ursprünglich und in Personalunion noch immer Chef des Sicherheitsdienstes Inland der SS. Nicht zuletzt als SS-Mann war Ohlendorf im Herbst 1943 ins Wirtschaftsministerium eingetreten, um die Durchsetzungsfähigkeit des schwach geführten Ministeriums in kommenden Auseinandersetzungen über die Grundsätze der Friedenswirtschaft zu stärken und dabei zugleich das Ministerium für die Interessen der SS in kommenden Auseinandersetzungen um die politische Führung zu instrumentalisieren.

Die ordnungspolitischen An- und Absichten Ohlendorfs, namentlich das hohe Lied, das er auf die Schöpferkraft des freien, wenn auch der staatlichen Ordnung verpflichteten Unternehmertums zu singen liebte, waren den leitenden Männern der Reichsgruppe Industrie höchst sympathisch. Da andererseits Ohlendorf an Rückhalt in den Wirtschaftsverbänden gelegen sein mußte, sprach alles für wechselseitige Annäherung und gemeinsame gedankliche Anstrengungen. Die Annäherung fand im Sommer 1944 statt, gemeinsame Bemühungen wurden in die Wege geleitet und Ludwig Erhard war daran beteiligt. Viel ist darüber nicht bekannt. Im Herbst wurde Erhard von Stahl damit beauftragt, die geld- und güterwirtschaftlichen Probleme zusammenzustellen, die es bei der Überführung der Kriegs- in die Friedenswirtschaft zu lösen galt. Der Aufriß sollte zusammen mit anderen Überlegungen von Mitgliedern des Stahl-Kreises ein Arbeitsprogramm inspirieren, das von Ohlendorf gebilligt und mit Unterstützung des Wirtschaftsministeriums von der Reichsgruppe durchgeführt wurde. Die Ergebnisse der Arbeiten sollten dem Wirtschaftsministerium als Handlungs- und Entscheidungshilfe dienen. Erhard entledigte sich der Aufgabe in der ihm eigenen, weniger systematischen als impulsiv-expressiven Weise. Heraus kam dabei eine unvollständige Stichwortsammlung eher als ein richtungweisender Entwurf, die Stahl denn auch nur zögernd und unter Vorbehalten an Ohlendorf weitergab. Erhard sprach darin von sich selbst in der dritten Person, hielt mit seinem Lob des tüchtigen Mannes nicht hinterm Berg und empfahl ihn als Bearbeiter fast aller Themen, da er die besten Voraussetzungen dafür mitbringe und ohnehin bereits damit befaßt sei. Jemand anderes hatte daneben kaum Platz. Sachlich setzte Erhard bei der Schuldenkonsolidierung an, sprang von dort zum Außenhandel, zur Zollpolitik und zu den internationalen Kartellen, wendete sich daraufhin dem Staatshaushalt zu, regte anschließend Untersuchungen über die Zerstörung und die Verfügbarkeit von industriellen Produktionsanlagen an, die freilich schon im Gange waren, empfahl die Ermittlung des zivilen Bedarfs der Fliegergeschädigten an Wäsche und Hausrat, wies auf vertriebswirtschaftliche Probleme und Standortfragen hin und landete schließlich bei der künftigen Wirtschaftsordnung. Über die war er sich ganz und gar unschlüssig: irgend etwas „zwischen der totalen Staatswirtschaft ... und einer freien, liberalen Wirtschaft.“[17]

Dem Staat schien er unterdessen nicht mehr so weitreichende und durchgreifende Planungs- und Lenkungskompetenzen anzusinnen, wie noch in der Schulden-Denkschrift. Der kollektiven wirtschaftlichen Selbstverwaltung durch Verbände und Kartelle maß er hingegen noch größere Bedeutung zu. Dementsprechend zog er neuerdings auch die freie Preisbildung der staatlichen Preisbindung vor, wollte unter freier Preisbildung aber die Preisfixierung durch Kartelle verstanden und die Kartelle in der Friedenswirtschaft „auf eine neue, sichere Grundlage“ gestellt wissen. Auch dazu bot er eine Studie an - die neunte nach acht anderen.

Tatsächlich geschrieben hat er keine. Jedenfalls ist keine überliefert. Mitte November 1944 traf er mit SS-Gruppenführer Otto Ohlendorf im Wirtschaftsministerium zusammen, um sein Exposé zu erläutern. Um die gleiche Zeit wurde die Skizze im Stahl-Kreis besprochen und anschließend durch ein „Programm für die Bearbeitung wirtschaftlicher Nachkriegsprobleme vom Standpunkt der Industrie“ aus der Feder Ferdinand Grünigs ersetzt. Danach verlieren sich die Spuren von Ludwig Erhards Tätigkeit und Sein im Dritten Reich.

Mit Tochter Elisabeth (1946)

2. Kapitel

Der große Sprung

Als der Zweite Weltkrieg zu Ende und das Dritte Reich zugrunde ging, Deutschland von den Siegern besetzt und seiner politischen Souveränität entsetzt wurde, war Ludwig Erhard 48 Jahre alt. Der größere Teil seines Lebens lag hinter ihm, ohne daß er in der Welt auffällig geworden wäre oder zu der Erwartung Anlaß gegeben hätte, daß er dies je würde.

Die beiden großen Männer, an denen er sich messen und bewähren mußte, nachdem er gegen die Erwartung in der Welt doch noch auffällig geworden war, und die dabei Rang und Wert seiner historisch-politischen Persönlichkeit definierten, waren um diese Zeit längst Figuren der Zeitgeschichte. Der eine schien mit seinem öffentlichen Dasein bereits abgeschlossen zu haben, der andere auf der Höhe seines Ruhms zu stehen. Konrad Adenauer, noch zu Amtszeiten legendärer Oberbürgermeister von Köln zwischen zweitem und Drittem Reich, in dieser Eigenschaft Präsident des preußischen Staatsrats und dazu der beste Reichskanzler, den die Weimarer Republik nicht hatte, weil er - dazu ausersehen - das Amt ablehnte, hielt sich, während Erhard an seinen untauglichen Memoranden bosselte, vor den Nazis im Kloster Maria Laach verborgen, beinahe 70 Jahre alt inzwischen, müde und verzweifelt. Und Charles de Gaulle, Armeegeneral und Staatssekretär vor Deutschlands Überfall auf Frankreich, selbstberufener und hochfahrender Chef der französischen Exilregierung danach, eine persönlich-politische pièce de résistance für seine angelsächsischen Verbündeten, beinahe mehr noch als eine militärische pièce de résistance fur Hitler-Deutschland, paradierte zur gleichen Zeit in der Pose des Befreiers vom Arc de Triomphe her und auf Concorde zu die Champs-Elysées hinab; nur sechs Jahre älter als Erhard und schon ein Denkmal eher als ein Mann, die Verkörperung verlorengeglaubter französischer Grandeur, umjubelt und sich selbst entrückt.

Die beiden anderen kleineren Männer aber, an deren Eitelkeit und Machtwillen, moralischer Unbedenklichkeit und taktischer Raffinesse Erhards politisches und auch persönliches Schicksal sich vollenden sollte - Franz Josef Strauß und Rainer Barzel -, kamen eben als junge Offiziere aus dem Krieg, kaum dreißig der eine, gerade zwanzig der andere, beide noch vorm Beginn ihres beruflich-bürgerlichen Daseins und den öffentlichen Dingen von vornherein zugewandt; hochbegabt und selbstbewußt, ehrgeizig und vielversprechend.

Ludwig Erhard hingegen, jenseits der Lebensmitte, hatte weder politische Erfahrungen aufzuweisen noch sich durch besondere Talente und berufliche Erfolge ausgezeichnet. Die erstrebte Stellung eines wissenschaftlich-literarisch qualifizierten, berufenen und beamteten Hochschullehrers hatte er verfehlt, sein Anspruch auf die Leitung eines krypto-wissenschaftlichen Forschungsinstituts war nicht anerkannt und nicht erfüllt worden. Seitdem hatte er sich beruflich eher über Wasser gehalten als einen neuen, festen Standort gefunden. Die kriegswichtige Tätigkeit in Lothringen und im Saargebiet war eine notwendigerweise vorübergehende Angelegenheit gewesen und das „Institut für Industrieforschung" hatte sich nicht entwickelt und auch wenig hervorgebracht: die Schuldenarbeit, von der die Auftraggeber nur ein Auszug interessierte, das grobgewirkte „Arbeitsprogramm", das niemanden überzeugte, und die Ankündigung zahl- und umfangreicher Studien, an deren Einlösung aufrichtig niemand glauben konnte, weil sie schlechterdings nicht einzulösen war. Es glaubte denn wohl auch niemand daran. Man gewinnt vielmehr den Eindruck, daß die Leitung der Reichsgruppe das Geld, mit dem sie das unergiebige „Forschungsinstitut" unterhielt, leid und Erhards müde zu werden begann. „Das ist typisch für ihn,", schrieb ein eben abermals enttäuschter Vertrauter Wilhelm Zangens drei Jahre nach Kriegsende an den vormaligen Leiter der Reichsgruppe Industrie, „es wird immer viel versprochen und wenig gehalten."[1]

Um diese Zeit - im Winter 1948 - hatte Ludwig Erhard bereits eine erstaunliche Karriere hinter sich und den Ausgangspunkt einer noch viel erstaunlicheren Karriere erreicht. Es war eine Karriere, die einerseits nur unter den außergewöhnlichen Umständen der Zeit, ihren historisch-politischen Brüchen und Verwerfungen, ihren institutionellen Form- und Regellosigkeiten, ihren politisch-moralischen Marasmen und ihren ökonomisch-sozialen Notlagen, Unordnungen und Verzweiflungen möglich war und die andererseits nur von einem Menschen mit den in ihrem Zusammenhang raren Eigenschaften Ludwig Erhards gemacht werden konnte, mit der Selbstgewißheit und auch Selbstüberschätzung, die ihn Ämter übernehmen ließ, für die sich andere nicht fanden, mit der Bereitschaft, alten Überzeugungen eilig abzuschwören und neue volltönend und auch gläubig zu vertreten, als hätte es andere nie gegeben, mit der Fähigkeit, sich von Problemen nicht schrecken, von Widerständen nicht anfechten, von Mißerfolgen nicht beirren zu lassen und - wenn nötig - sein ideologisch-politisches Mäntelchen richtig in den Wind zu hängen, mit seinen rhetorischen Gaben weiterhin und schließlich mit seinem begnadeten Talent zum Populismus, das ihn dazu vermochte, Zuversicht als Tatkraft, Repräsentieren als Machen und die Gunst der Umstände als persönlichen Erfolg erscheinen zu lassen.

Wirtschaftsminister in Bayern und Honorarprofesssor für bayerische Wirtschaftspraxis

Später hat Erhard sich gern als Entdeckung der Amerikaner gefeiert. Das war richtig und doch nicht ganz richtig. Er hatte der Entdeckung nachgeholfen.

Der Untergang des Dritten Reiches hatte Erhard seiner beiden Geld- und Arbeitgeber, der Reichsgruppe Industrie und der Gauwirtschaftskammer, beraubt. Er mußte sich nach einem anderen Lebensunterhalt umtun. Das war kein Spaß. Zunächst bot er dem deutschen Regierungswirtschaftsamt für Ober- und Mittelfranken seine Dienste an. Das meinte, ihrer nicht zu bedürfen. Daraufhin empfahl er sich der amerikanischen Kreismilitärregierung als Experte für Wirtschaftsfragen und trug ihr die Entwicklung eines Wiederaufbauprogramms für die Wirtschaft seiner Vaterstadt an. Den Amerikanern schien der Mann zu gefallen, politisch unbelastet schien er auch zu sein und so engagierten sie ihn denn als ihren Berater. Was für die Stadt Fürth dabei herausgekommen ist, läßt sich nicht feststellen. Viel kann es nicht gewesen sein; denn wie die Dinge lagen, gehörte dazu mehr als Selbstvertrauen und guter Wille. Der Rat der Stadt Fürth lehnte es später ab, Erhard zum Ehrenbürger zu befördern. Dazu müsse einer sich Verdienste um die Stadt erworben haben. Das habe Erhard nicht getan.

Viel Zeit für den Erwerb von Verdiensten war ihm ja auch nicht geblieben. Schneller als Erhards Tätigkeit der Stadt nützen konnte, nützte sie seinem Fortkommen und das zog ihn ein für alle Mal von Fürth fort. Im Oktober 1945 wurde er infolge einer Serie höchst geschickter Umstände bayerischer Minister für Handel und Gewerbe.

Die Amerikaner hatten frühzeitig damit begonnen, Einrichtungen deutscher Selbstverwaltungen ins Leben zu rufen und politische Strukturen zu schaffen. Schon im Juni 1945 teilten sie ihre Besatzungszone in Länder ein - in Bayern, Württemberg und Hessen - und beriefen Landesregierungen. Die Engländer und schon gar die Franzosen hatten es damit weniger eilig. Und als sie sich schließlich doch dazu verstanden, fanden in den Ländern ihrer Zonen alsbald Wahlen zu Parlamenten statt, wählten die Parlamente die Regierungen und wurden die Ministerämter mit prominenten Vertretern der neu zugelassenen und zur Wahl stehenden Parteien besetzt. Wenn es sich in der amerikanischen Zone ebenso zugetragen hätte oder wenn die Engländer und die Amerikaner bei ihrer anfänglichen Absicht geblieben wären, daß die amerikanische Armee den nördlichen und die britische Armee den südlichen Teil Deutschlands westlich der Elbe besetzten, dann hätte es den Länderminister Ludwig Erhard und deshalb wohl auch den Bundesminister und den Bundeskanzler Erhard nicht gegeben. Dann nämlich hätte Erhard einer Partei beitreten und sich als unbekannter Mann in jener Partei mit Machtwillen, Menschenkenntnis sowie überzeugungkräftigwerbendem Geschick im Umgang mit Institutionen, Gremien und Personen in den Vordergrund bringen müssen. Ersteres aber war ihm allzeit zu dumm und letzteres nur rudimentär gegeben. Ludwig Erhard hat immer darauf gewartet und, nachdem er sich mit dem Gedanken durchdrungen hatte, daß ihm Großes zu tun „anheimgegeben" sei, auch als selbstverständlich *er*wartet, daß ihm Aufgaben und Ämter angetragen wurden oder zufielen. Und er hat nach Temperament und Wesensart kaum anderes als dies zu tun vermocht. Das persönlich-menschliche Werben und Bezwingen war sowenig seine Sache wie das taktische Manövrieren und das zielbewußte Drängen und Zugreifen. Seine Achtung und Durchsetzungsfähigkeit bedurften der Autorität des Amtes und seine Überzeugungskraft und Wertschätzung des tatsächlichen oder glaubhaft prätendierten Erfolgs. Erhard brauchte das Amt und den Erfolg, um der zu sein, als der er wirkte und erschien, entbehrte aber eigentlich der Gaben, die unter normalen politischen Umständen in parlamentarischen Demokratien zu Ämtern verhalfen, die den Erfolg oder dessen Anschein ermöglichten. Es war sein und vermutlich Westdeutschlands Glück, daß er in dem rasch vergänglichen Moment zur Stelle war, in dem der diktatorische Parteistaat in Deutschland nicht mehr und der demokratische Parteienstaat noch nicht in Kraft waren.

In der amerikanischen Besatzungszone kamen die Regierungen vor den Parlamenten. Der Militärgouverneur setzte sie, demokratisch unlegitimiert, ein und ließ sie, parlamentarisch unkontrolliert, in seinem Auftrag amten. Als das im Juli 1945 erstmals geschah, dachte freilich noch niemand an Ludwig Erhard. Erster bayerischer Ministerpräsident wurde Fritz Schäffer, ein leptosomes Männlein mit scharfen Zügen und ebensolchem Verstand, das am Ende der Weimarer Republik die Bayerische Volkspartei geführt und zugleich das bayerische Finanzministerium geleitet, sich's mit den Nazis aber verdorben hatte und deshalb zeitweise ins KZ Dachau verbracht worden war. Schäffer war ein ungewöhnlich tüchtiger und aufrechter Mann, eine autoritative Persönlichkeit und ein begnadeter Streithammel. Die Amerikaner hielten es keine drei Monate mit ihm aus. Im September schmissen sie ihn samt seiner Regierung raus und beriefen zur Abwechslung einen urbayerisch-umgänglichen, aus dem Exil zurückgekehrten Sozialdemokraten ins Amt des Ministerpräsidenten. Wilhelm Hoegner sollte sich sein Kabinett selbst zusammenstellen, tat dies, amerikanischen Wünschen entsprechend und weil gleichermaßen unbescholtenes und erfahrenes politisches Personal knapp war, ohne Rücksicht auf Partei-Affinitäten, und tat sich dabei schwer. Den Posten des Ministers für Handel und Gewerbe hielt er nachgerade feil und holte sich dabei eine Absage nach der anderen. Zehn insgesamt sollen es gewesen sein.

Keiner traute sich zu, in dem Amt Vorteilhaftes zu bewirken und jeder befürchtete, sich darin politisch und persönlich zu verschleißen.

Unterdessen hatten die amerikanischen Besatzungsoffiziere in Mittelfranken und Ludwig Erhard Gefallen aneinander gefunden. Erhard erinnerte sich ihres Verhältnisses einige Jahre später so, wie er sich des Verhältnisses mit seinen alten Schulkameraden erinnerte. Als man in Nürnberg hörte, daß in München der Posten des Wirtschaftsministers erfolglos ausgelobt wurde, schlug man vor, es doch mit Ludwig Erhard zu versuchen. Erhard traute sich immer alles zu und zu verschleißen gab es bei ihm vorerst wenig. Er war für das Amt bereit. Und da Hoegner nichts gegen ihn einzuwenden hatte, vielmehr froh war, daß es jemand wagte, trat er das Amt in der Münchner Prinzregentenstraße auch an. So wurde - gleichsam ohne vorher gezeugt worden zu sein - am 3. Oktober 1945 der Politiker Ludwig Erhard geboren.

Die Familie verließ, als wolle sie sich selbst versichern, daß ein ganz und gar neuer Lebensabschnitt angebrochen war, die Heimatstadt und zog nach München-Großhesselohe, Marienstraße 10.

Inzwischen hatte der Wirtschaftsberater Erhard in einem Memorandum, das nie veröffentlicht wurde und dessen Zweck und Adressat unbekannt blieben, in seiner unverwechselbaren Weise aufgezeichnet, wie er die aktuellen Bedingungen und Notwendigkeiten einer vernünftigen Wirtschaftspolitik sah und einschätzte.[2] Darin verband sich Hergebrachtes und Bekanntes mit neuen Einsichten und Tönen. Die Niederschrift markierte den erkennbaren Beginn einer gedanklich-konzeptionellen Reorientierung, deren Fortgang sich in den folgenden zwei bis drei Jahren an einer Serie kurzer Aufsätze verfolgen ließ, die Erhard in dem halbamtlichen Blatt der amerikanischen Militärregierung „Die Neue Zeitung" veröffentlichte.

Natürlich war an die Stelle der Reverenzen vor dem NS-Staat und seiner nationalpolitisch gerechtfertigten Wirtschaftspolitik die entschiedene Feststellung getreten, daß „engstirnige Militaristen" und „politische Abenteurer" die deutsche Wirtschaft zu Zwecken ihres politischen Wahnsinns mißbraucht hatten. Dergleichen deutliche Distanzierung von seinen früheren Finanziers fiel Erhard zunächst noch sichtlich schwerer. Die wirtschaftlichen Organisationen hätten sich bewährt. Es sei kein Makel, daß sie - „scheinbar und indirekt" ja nur - die verbrecherischen Ziele der nationalsozialistischen Politik zu verwirklichen halfen. Die Abkehr vom Gedanken, daß volkswirtschaftliche Planung und Lenkung grundsätzlich nötig und erwünscht wären, schien hingegen vollzogen zu sein. Sie *schien* nur vollzogen zu sein, weil einerseits spätere Aussagen erkennen ließen, daß Erhards ordnungspolitisches Wollen der Klarheit fürs erste durchaus noch ermangelte und weil andererseits Erhard die aktuelle Sicht als Abkehr nicht empfand. „Der Verfasser, der sich grundsätzlich zur Idee der freien Wirtschaft bekennt, glaubt nicht eigens betonen zu müssen, daß er der wirtschaftlichen Planung und Organisation keinen originären Wert zuerkennt."

Vorerst könne die Wirtschaft der zentralen Planung und straffen Lenkung freilich nicht entbehren. Die Knappheit der Güter, die Größe des Bedarfs, namentlich aber ein Kaufkraftüberhang, der sich nicht in Inflation erschöpfen solle, ließen Planung und Lenkung als unerläßlich erscheinen. Deshalb sei die Konsolidierung der Währung die notwendige Voraussetzung eines Übergangs zur freien Marktwirtschaft, der sich wegen des fortdauernden Mißverhältnisses zwischen Produktionskraft und drängenden Bedürfnissen freilich nur „mählich und stufenweise" vollziehen könne. Zunächst mal sei es angebracht, die Umstellung und den Wiederaufbau der Unternehmen mit Hilfe weiterer Geldschöpfung durch günstige Kredite zu fördern, und nötig, die volkswirtschaftlichen Bestände zu erheben, die

Der bayerische Wirtschaftsminister mit seinem sozialdemokratischen Ministerpräsidenten Wilhelm Hoegner und US-Außenminister Byrnes (Mitte)

Der bayerische Staatsminister für Wirtschaft mit Besatzungsoffizieren

Produktionsmöglichkeiten festzustellen, Bedarfshierarchien aufzustellen, Möglichkeiten und Bedarfe wirtschaftlich vernünftig und sozial gerecht in Einklang miteinander zu bringen und nach Maßgabe jenes Einklangs die knappen Rohstoffe zu lenken und die nicht minder knappen Güter zu verteilen.

All dies in Bayern praktisch zu tun, dazu war Ludwig Erhard nun unversehens bestimmt und bestellt. Und er ist an der Aufgabe gescheitert. Das ist ihm nicht vorzuwerfen. Die Aufgabe war unlösbar, Erhard konnte nur an ihr scheitern. Alle anderen Amtsleiter, die sich an ihrer Lösung abmühten, sind daran auch gescheitert, keiner freilich mit solchem Aplomb wie Erhard. Vierzehn Monate lang nahm er das Amt wahr. Während dieser Zeit erhielt Bayern zunächst eine Verfassung, dann wurde ein Landtag gewählt und schließlich eine parlamentarisch legitimierte Mehrparteienregierung gebildet. In der hatte Erhard keinen Platz mehr und er wurde am 16. Dezember 1946 entlassen. Sein Nachfolger stellte schnell fest, daß er ein administratives Chaos übernommen hatte, in dem sich politisch höchst zweifelhafte Leute tummelten und Korruption eher die Normalität als die Ausnahme war.

Erhard mochte Dienstzimmer und Schreibtische nicht, das Aktenstudium und die Verwaltungsroutine widerstanden ihm, Menschenkenntnis ersetzte er durch Vertrauensseligkeit. Wirtschaftliche Ordnungspolitik war seine Leidenschaft, für Ordnung in der Wirtschaftspolitik mußten andere sorgen. Das war auch später so. Da hat es andere, die das loyal und fähig taten, gegeben. Im bayerischen Wirtschaftsministerium gab es sie nicht. Dort machten sich, während Erhard einerseits überm Grundsätzlichen brütete und andererseits glaubte, sich um die bayerische Wirtschaft im Umherziehen - durch „persönliche Fühlungnahme" - kümmern zu sollen, Naziseilschaften und Spezlwirtschaft breit.

Der erste Untersuchungsausschuß in der Geschichte des westdeutschen Parlamentarismus wurde eingesetzt. Dessen Vorsitzender, ein CSU-Mann namens Schlögel, nahm den verabschiedeten Minister hart her. In den Zeitungen ging die Rede vom Miß-Wirtschaftsminister. Erhard wußte nicht recht, wie ihm geschah und verstand nicht eigentlich, wie ihm geschehen war. Das merkten auch die Ausschußmitglieder und so bescheinigten sie ihm denn nach monatelangen Forschungen, Vernehmungen, Beratungen, daß er ein ehrenwerter Mann und für die festgestellte, millionenwerte Verschiebung von wichtigen Rohstoffen und Materialien persönlich nicht verantwortlich, nur leider zur Führung eines Ministeriums gänzlich ungeeignet sei.

Wenn man's nicht besser wüßte, müßte man annehmen, daß Erhard, da er keiner Partei beitreten wollte und sich als parteiloser Fachmann im Ministeramt nachgewiesenermaßen nicht bewährt hatte, an das Ende seiner politischen Laufbahn gelangt war, bevor er richtig zu laufen begonnen hatte. Aber man weiß es ja besser. Die frühzeitige Entlassung aus dem Amt und das Verdikt über seine Tätigkeit im Amt haben Ludwig Erhards Karriere nicht geschadet. Womöglich gar im Gegenteil. Die Entlassung war eine Voraussetzung für den Erwerb des Professorentitels, den wissenschaftliche Arbeit ihm nicht eingetragen hatte und den er vom Tage der Verleihung an zu seinem ersten Vornamen machte.

Erhard hatte sich gleich nach dem Kriegsende einer volkswirtschaftlichen Arbeitsgemeinschaft für Bayern um den altliberalen Münchner Nationalökonomen Adolf Weber angeschlossen und damit Beziehungen zur staatswirtschaftlichen Fakultät der Ludwig-Maximilians-Universität geknüpft. Alsbald erteilte ihm die Fakultät einen zweistündigen volkswirtschaftlichen Lehrauftrag. Erhard hielt zwei Semester lang Vorlesungen, unterbrach seine Lehrtätigkeit, nachdem er zum Staatsminister aufgestiegen war, wegen übermäßig anderweitiger Beanspruchung und nahm sie, nachdem er der Beanspruchung ledig geworden war, wieder auf. Noch bevor das geschah, suchte die staatswirtschaftliche Fakultät im Februar 1947 um seine Ernennung zum Honorarprofessor nach. Wissenschaftliche Meriten hatte sie dafür nicht ins Feld zu führen. Wohl aber gebiete Dr. Erhard über ungewöhnliche praktische Erfahrungen „auf allen Gebieten der bayerischen Wirtschaft." Da die Fakultät nun „großen Wert auf die Schulung ihrer Studierenden gerade in allen Fragen der bayerischen Wirtschaft" lege, möchte sie „die bewährte Kraft Dr. Erhards enger an die Fakultät binden ... Die Studierenden sollen von ihm zur praktischen Arbeit im Bereich der bayerischen Wirtschaft herangebildet werden."

Dem zuständigen Kultusministerium empfahl sich Erhard für die besondere Aufgabe weniger dringlich als der Fakultät. Die Ernennung wurde „im Hinblick auf dessen umstrittene Stellung als Wirtschaftsminister" zurückgestellt. Nachdem das Untersuchungsverfahren Erhards Redlichkeit erwiesen hatte, sah das Ministerium freilich keinen Grund mehr, dem unveränderten Ansuchen der Fakultät nicht zu entsprechen. Am 7. November 1947 verlieh es Erhard „für die Dauer seiner Zugehörigkeit zum Lehrkörper der Universität München" den Titel „Honorarprofessor."[3]

Das Aparte an der Sache war, daß der Professor für die Praxis der bayerischen Wirtschaft der bayerischen Wirtschaftspraxis unterdessen ein für alle Mal den Rücken gekehrt hatte. Seit einem Monat war Ludwig Erhard Vorsitzender der „Sonderstelle für Geld und Kredit" im hessischen Homburg vor der Höhe.

Vorsitzender der Sonderstelle Geld und Kredit und marktwirtschaftliche Bekehrung

Die Sonderstelle war ein merkwürdiges Ding und wie für Erhard gemacht. Anfang des Jahres hatten die Amerikaner und die Briten ihre Zonen bei fortdauernder besatzungsrechtlicher Eigenständigkeit zu einem „Vereinigten Wirtschaftsgebiet" zusammengeschlossen. Erhard war an der Vorbereitung dazu noch von Amts wegen beteiligt gewesen. Auch *das* hatte ihn mehr bewegt, beschäftigt und interessiert als die Verwaltung seines Ministeriums. Er hielt ja die kaum durchlässigen Länder- und Zonengrenzen für einen volkswirtschaftlichen Unsinn, der ehestens zu überwinden sei.

Der Grund für den Zusammenschluß war die allmähliche Verschärfung besatzungspolitischer Streitigkeiten zwischen den Amerikanern und den Briten einerseits und der Sowjetunion andererseits; wobei jene Streitigkeiten nur eine besondere Äußerung tieferliegender und weiterreichender Interessengegensätze und Konflikte der vormaligen Verbündeten waren. Daran scheiterte im Frühjahr 1947 auch ein ernsthafter, programmatisch abgeschlossener, sachgerecht und vielversprechend erscheinender Anlauf zu einer einheitlichen Währungsreform in allen vier Besatzungszonen. Im Sommer 1947 erhielt das Vereinigte Wirtschaftsgebiet eine kryptoparlamentarische Versammlung, die mit beschränkten Gesetzgebungsbefugnissen ausgestattet war. Das war der Wirtschaftsrat mit Sitz in Frankfurt am Main. Seine Mitglieder rekrutierten sich aus den inzwischen formierten Parteien, wurden aber nicht gewählt, sondern von den Militärregierungen ernannt. Die Beschränkung ihrer Befugnisse war von dreierlei Art: erstens durften sie nur über näher bezeichnete wirtschaftlich-soziale Belange verhandeln und entscheiden, zweitens mußten dies Belange sein, die das Zwei-Zonen-Gebiet länderübergreifend als Ganzes betrafen und nach einheitlicher Regelung verlangten und drittens bedurften ihre Entscheidungen alliierter Zustimmung, damit sie rechtskräftig wurden.

Die praktische Verwaltungsarbeit erledigten fünf Zwei-Zonen-Ämter, eines für Wirtschaft, ein anderes für Finanzen, ein drittes für Ernährung, weitere für Verkehr und für die Post. An die Spitze jener unverbundenen Ämter wählte der Wirtschaftsrat im Juli 1947 erstmals ihm verantwortliche Verwaltungsdirektoren. Niemand maß diesen Stellen eine irgend bemerkenswerte politische Bedeutung zu. Deshalb und auch, weil die Größe und Allgemeinheit der Not, die es zu lindern galt, dafür zu sprechen schien, dachten die beiden großen und gleich starken Parteien im Wirtschaftsrat zunächst daran, sich schiedlich-friedlich in die Ämter zu teilen. Aber *so* unbedeutend können Ämter gar nicht anmuten, daß ihre Besetzung den Parteien nicht zum Anlaß von Proporzgerangel, Kompensationsansprüchen und Zerwürfnissen geriete. Die Sozialdemokraten wünschten, daß zum Wirtschaftsdirektor ein Mann ihrer Wahl bestimmt werde. Dagegen hatte die Fraktion der neuformierten Christlich-Demokratischen Union grundsätzlich nichts einzuwenden. Aber die Sozialdemokraten stellten bereits die Wirtschaftsminister in sämtlichen Ländern. Und gegen ein wirtschaftspolitisches Monopol der SPD *hatten* die Christdemokraten etwas einzuwenden. So verlangten sie, daß die SPD um eines fairen Ausgleichs willen der CDU für das bizonale Wirtschaftsdirektorat das eine und andere Länderwirtschaftsministerium überlasse.

Da nun die SPD, wie alle Welt um diese Zeit, die Handlungs- und Gestaltungspotentiale der Länderregierungen für wesentlich größer und wirkungsträchtiger hielt als die gleichsam residualen Zuständigkeiten der Zweizonen-Verwaltungen, wies sie das Ansinnen zurück. Daraufhin stellte die CDU sich ihrerseits auf die Hinterbeine und verweigerte die Wahl eines sozialdemokratischen Wirtschaftsdirektors. Der Krach war da. Konrad Adenauer eilte herbei, um ihn zu schüren.

Adenauer war unterdessen von der britischen Militärregierung ins Amt des Kölner Oberbürgermeisters wieder eingesetzt und wegen Unfähigkeit daraus auch wieder entlassen worden. Er hatte die CDU nicht eigentlich mitbegründet, sie aber alsbald zur parteilichen Tragkraft seines neuerwachten politischen Macht- und Wirkungswillens gemacht und sie in der britischen Zone mit natürlicher Autorität, politischer Überlegenheit und taktischer Meisterschaft seinem unbezweifelten Führungsanspruch unterworfen. Derzeit saß er der CDU-Fraktion im nordrhein-westfälischen Landtag vor. An einer Zugehörigkeit zum Wirtschaftsrat hatte er kein Interesse gezeigt. Adenauer wünschte, daß die CDU vor den Augen der Wähler als scharf konturierte politische Alternative zur Sozialdemokratie erschiene, war daher auf öffentliche Distanz zur SPD bedacht und mißbilligte das Frankfurter Einheits- und Harmoniegetue. Das Zerwürfnis kam ihm gerade recht und er sorgte dafür, daß es sich nicht wieder in Wohlgefallen auflöste, sondern ausgestanden wurde.

Die SPD machte es ihm leicht. Sie mochte sich denken, daß es den Bürgerlichen gerade recht geschähe, wenn sie die ungeteilte politische Verantwortung für eine Bizonen-Verwaltung ohne klare Zuständigkeiten und gesicherte Handlungsfähigkeit, mit großem Erwartungsdruck und geringen Erfolgsaussichten übernehmen müßten, zeigte sich als gekränkt und erklärte, daß sie - wenn es anders nicht gehe - mit Anstand und konstruktiven Absichten die Rolle der Opposition spielen werde. Die Direktoren wurden mit den Stimmen der CDU und der FDP gewählt; mit einer Ausnahme respektable Männer von Mittelmaß ohne politische Vergangenheit und ohne begründete Gedanken an eine politische Zukunft. Wirtschaftsdirektor wurde ein Münchner Wirtschaftsprüfer namens Johannes ans Semler, Finanzdirektor wurde der Ministerialdirigent Alois Hartmann aus dem bayerischen Finanzministerium. Die Ausnahme war Hans Schlange-Schöningen, Reichsminister a.D. seines Zeichens, jetzt Direktor der Verwaltung für Ernährung und Landwirtschaft, machtbewußt und ambitioniert.

Mit der institutionellen Reorganisation des Vereinigten Wirtschaftsgebietes entfernten sich die Amerikaner und die Engländer ein weiteres Stück von der Potsdamer Idee, die vier Zonen als wirtschaftliche Einheit zu behandeln. Sie glaubten, daß diese Idee von den besatzungspolitischen Eigenmächtigkeiten und Verweigerungen der Sowjetunion im Zeichen zunehmender geopolitischer Gegensätze inzwischen als Illusion decouvriert worden sei. So sagten sie zwar noch nicht ausdrücklich, waren sich eingedenk jüngster Erfahrungen im stillen aber bereits darüber schlüssig, daß eine gemeinsame Währungsreform in allen vier Zonen auf absehbare Zeit kaum noch möglich und - soweit möglich - gewiß nicht mehr erwünscht wäre.

Andererseits hielten sie der Sache nach eine Währungsreform, hielten sie namentlich eine Bereinigung der Staatsschulden für erwünschter als zuvor. Die Konsolidierung der öffentlichen Finanzen und die Beseitigung des Kaufkraftüberhanges galten ihnen als Voraussetzung wahrhafter wirtschaftlicher Erholung in Deutschland, und die kontrollierte wirtschaftliche Erholung ihrer Zonen war seit Herbst 1946 ein erklärtes Ziel britischer und amerikanischer Besatzungspolitik. Diesem Zweck diente der Zonenzusammenschluß und dienten auch die institutionellen Verstrebungen der zusammengeschlossenen Zonen. Eine bizonale Währungsreform in absehbarer Zeit schien wenig mehr als die logische Konsequenz von beidem und es schien eigentlich nur noch offen zu sein, wann tatsächlich und in welcher Weise die Konsequenz gezogen würde.

Darauf nun wollte der Wirtschaftsrat vorbereitet sein und Einfluß zu nehmen versuchen. Deshalb betraute er im Frühjahr 1947 eine Gruppe von sieben Fachleuten mit der Aufgabe, ein deutsches Reformkonzept auszuarbeiten.

Über die Rekrutierung der Fachleute durch den Finanzausschuß des Wirtschaftsrates ist nichts bekannt. Die meisten waren im Bankgeschäft, mehrere in leitender Sellung bei den kürzlich ins Leben gerufenen Landeszentralbanken tätig. Zu ihnen gehörten aber auch der Münchner Stadtkämmerer und der Ministerialdirigent Günther Keiser von der bizonalen Wirtschaftsverwaltung, der einstmals Erhards Kritiker und Koreferent im Stahl-Kreis gewesen war. Ja, und Ludwig Erhard selbst gehörte auch dazu.

Die Gruppe erhielt den Namen „Sonderstelle Geld und Kredit", sie resortierte - sachlich unabhängig - bei Hartmanns Verwaltung für Finanzen in Bad Homburg, trat am 10. Oktober 1947 erstmals zusammen und wählte Erhard zu ihrem Vorsitzenden. Er war der einzige, der kein anderes Amt versah, das ihn dauerhaft beanspruchte, und hatte für die administrative Leitung des Ausschusses, wenn schon keine besondere Neigung, so doch am meisten Zeit. Die Familie blieb in München, er selbst zog in ein Frankfurter Hotel.

Seine ökonomisch-politischen Anschauungen und Prinzipien hatten sich in den zwei Jahren, die vergangen waren, seit er das Amt des bayerischen Wirtschaftsministers angetreten hatte, weiterentwickelt, aber immer noch nicht vollends geklärt und verfestigt. Wobei die Entwicklung des Denkens von den praktischen Erfahrungen als Wirtschaftspolitiker nicht unbeeinflußt geblieben sein dürfte. Erhard hatte es erlebt und gelernt, daß „Planung und Lenkung der volkswirtschaftlichen Produktion" schnell gesagt, aber schneller *nicht* getan ist. Der Übergang zu einem konsequent marktwirtschaftlichen Standpunkt fiel ihm gleichwohl schwer und bedurfte womöglich noch weiterer argumentativer Unterstützung durch Gespräche mit neoliberalen Ökonomen oder durch die Lektüre ihrer damals zahlreich erscheinenden Schriften.

Der Schwebezustand von Erhards ökonomischem Denken am Ende seiner Ministerzeit äußerte sich in zwei höchst verwirrten Aufsätzen in der „Neuen Zeitung".[4] Klarheit hatte Erhard vorerst über eines nur gewonnen. Die im Dritten Reich von ihm vertretene Meinung, daß sich die Wirtschaft in den Dienst höherer Zwecke zu stellen habe, war falsch gewesen. Die eigentliche und ewige, unverrückbare Aufgabe der Wirtschaft sei es, „der sozialen Wohlfahrt zu dienen, und das heißt, dem Volk die Mittel für dessen Verbrauch zur Verfügung zu stellen." Fraglich aber blieb, wie das am besten und wirkungsvollsten geschähe. Wer entschied darüber, „was der Wohlfahrt ... des Volkes frommt" - der Markt, der Staat, eine andere Form des Kollektivs? Darüber vermochte Erhard sich noch nicht recht schlüssig zu werden. Einerseits glaubte er neuerdings nicht mehr, daß der Wettbewerb zu Störungen und ausweglosen Krisen führte. Im Gegenteil: Er war jetzt der Meinung, daß der Markt beim freien Spiel von Angebot und Nachfrage den Einsatz aller wirtschaftlichen Kräfte in optimaler Weise reguliere und dabei auch alle Fehlleitungen korrigiere. Andererseits bestand er auf der „Notwendigkeit, daß der Staat der Wirtschaft planend und regulierend Ziele setzt." Wie ging das ineinander auf? Erhard versuchte eine Vermittlung, indem er die Gegensätze von Planwirtschaft und Marktwirtschaft, von Kapitalismus und Sozialismus mit mal mehr, mal weniger argumentativem Geschick verwischte und eskamotierte. Marktwirtschaft mußte danach nicht „das hemmungslose Freibeutertum der früh- und hochkapitalistischen Ära", Planwirtschaft nicht Verödung und Bürokratisierung sein. „Wenn zum Beispiel als das Charakteristikum der kapitalistischen Wirtschaft nur die ... massenhafte Anwendung volkswirtschaftlichen Produktivkapitals angesehen wird, dann trifft dies ebenso für die sozialistische Wirtschaft zu. ... Wenn die kapitalistische und die sozialistische Wirtschaft gleichermaßen zur Kapitalbildung gezwungen sind ..., dann läßt sich aus solchem Tatbestand keine Unversöhnlichkeit der Systeme ableiten." Die sozialisierte Wirtschaft müsse umfassend planen, aber die Marktwirtschaft sei nicht planlos und anarchisch. „Unsere Kritik richtet sich also nicht gegen die mannigfaltig auszudeutende Planwirtschaft." Aber: „Eine kollektiv gelenkte Wirtschaft, die sich dem Votum des Marktes beugt, bedeutet... einen Widerspruch in sich selbst und wird damit sinnlos."

Das konnte, da auch die Sätze ziemlich sinnlos waren, nicht Erhards letztes Wort in dieser Sache bleiben. Im Sommer 1947 ließ er ein weiteres verlauten, mit dem er für etwas mehr Klarheit sorgte.[5] Seine Behauptung einer „betont marktwirtschaftlichen Einstellung" setzte sich freilich immer noch mancherlei Zweifeln aus. Und die Feststellung, daß „der Verfasser ... aus seiner liberalen Einstellung nie ein Hehl gemacht hat", tat dies ein für allemal und um so mehr, als im jüngsten Aufsatz nicht so sehr der Staat wie die privaten Kollektive als hauptsächliches Widerlager einer liberalen Marktwirtschaft erschienen. Sie waren, nachdem Erhard ihnen zeitweise überlegene ökonomische Vernunft und soziale Wohltätigkeit zugeschrieben hatte, in seinem Denken nun wieder zum großen Sündenfall des Kapitalismus, weil zum Träger einer ausbeuterischen Planwirtschaft und damit zur Ursache schwerer sozialer Störungen geworden.

Das klang nach Rückkehr zu den Ideen von 1932, war aber wohl eher Ausdruck eines Zugehens auf ordoliberale Gedankenzusammenhänge, die noch im Dritten Reich entwickelt und formuliert worden waren, Erhard aber damals entweder nicht erreicht oder nicht bemerkenswert berührt hatten. Inzwischen waren sie zur „herrschenden Lehre" in den ökonomischen Fakultäten und Seminaren geworden und Erhard schien sie sich, wie in vorhergehenden Fällen, ohne Verweis auf die Urheber und ohne geistig-literarische Auseinandersetzung damit, anzuverwandeln.

1932 war der „kollektive Kapitalismus" noch der Auswuchs des schon für sich genommen verderblichen Konkurrenz-Kapitalismus gewesen, 1942 zu dessen wohltuender Korrektur geworden, 1947 stellte er sich als seine Denaturierung dar. Es war die Schuld eines „in Klassenvorurteilen gefangenen" Staates, daß er dies zugelassen hatte und es war die Aufgabe eines auf wirtschaftliche Effizienz und sozialen Ausgleich bedachten Staates, den Wettbewerb und die Marktwirtschaft wiederherzustellen und zu sichern. Die Aufgabe beinhaltete logischerweise die Abstinenz des Staates von volkswirtschaftlicher Planung und Lenkung. Darauf schien Erhard sie neuerdings auch entschieden zu erstrecken. „Planwirtschaftliche Eingriffe haben immer zu ökonomischen Störungen geführt ... Die Voraussetzungen zur Planwirtschaft liegen heute in keiner Weise vor." So weit, wie das tönte, war es mit der Entschiedenheit dann aber doch wieder nicht her. Acht Wochen später mußte „festgehalten werden, daß die Aufgabe einer bewußten Lenkung der Produktivkräfte über die Systeme hinweg heute und für die Zukunft im Mittelpunkt der staatlichen Wirtschaftspolitik zu stehen hat."[6] Dies sollte zwar keine Lenkung mit Geboten und Verboten sein, wohl aber eine Lenkung, die der volkswirtschaftlichen Produktion nach Maßgabe einer staatlich gewollten und gesetzten Rangordung der Bedürfnisse mit Mitteln der Steuer-, Geld-, Lohn-, Handels- und Beschäftigungspolitik wirksam und zielsicher die Richtung wies und Form gab. Derlei „Lenkung der sachlichen und menschlichen Produktivkräfte" komme insbesondere in nächster Zeit - vor und nach der nötigen Währungsreform - eine „für unser aller Schicksal entscheidende Bedeutung zu." Zu entscheiden und seinerseits entscheidend war, ob die Produktivkräfte vorrangig zur Deckung des Bedarfs an Verbrauchsgütern, zur Wiederherstellung und Verbesserung des Produktionsapparates oder zur Bereitstellung neuen Wohnraums verwendet würden. Bei der Antwort auf diese Frage blieb Erhard sich treu. Ihm war zwar, wie „jedem Einsichtigen, klar ..., daß eine Vernachlässigung unserer volkswirtschaftlichen Produktivkräfte zugunsten eines Augenblickskonsums möglicherweise dahin führen könnte, nach einer Währungsbereinigung die exportabhängige, aber technisch rückständige deutsche Wirtschaft zur Erfüllung ihrer Aufgaben untauglich werden zu lassen". Aber er plädierte gleichwohl dafür, fortan bevozugt die Verbrauchsgüterindustrie mit Rohstoffen und Betriebsmitteln zu versehen. Das sei wegen des enormen Nachholbedarfs aus sozialen Gründen erwünscht, im Interesse der Geldwertstabilität nach der Währungsreform erforderlich und wegen vorhersehbaren Mangels an Geldkapital auch naheliegend. Wegen jenes Mangels an Geldkapital werde die Kapitalgüterindustrie nämlich unter Nachfrage- und Beschäftigungsmangel leiden und könne mit Rohstoffen und Betriebsmitteln, die ihr womöglich zugewiesen würden, ohnehin nichts anfangen.

Mit solcher Art gedanklicher Voraussetzungen trat Ludwig Erhard das neue Amt an, und die Eindrücke im neuen Amt bestärkten ihn darin. Die Männer der Sonderstelle tagten zweimal in der Woche, berieten miteinander, holten sich in langen Gesprächen ausgiebig Rat bei zahlreichen Universitätsökonomen und Wirtschaftspraktikern und verhandelten regelmäßig mit Vertretern der Militärregierungen. Dabei legten sie ihren Auftrag weit aus und besprachen nicht nur die geld- und finanzwirtschaftlichen Umstände der Währungsreform, sondern auch deren ordnungspolitische und güterwirtschaftliche Weiterungen. Erhard konnte, wenn er es nicht ohnhehin wußte, feststellen, daß er im Grundsätzlichen mit der Mehrheit dachte. Sowohl die Mitglieder der Sonderstelle, wie auch die zu Gast geladenen Experten hielten gleich ihm den ehestmöglichen Übergang von der amtlichen Güterbewirtschaftung und Preisbildung zu einer freien Marktwirtschaft für erwünscht und eine gewisse Begünstigung der Verbrauchsgüterproduktion für sozial nötig und strukturpolitisch beinahe selbstverständlich. Sie taten dies - ein wenig seitenlastig ausgewählt, wie sie waren - aufgrund theoretischer und ideologischer Voreingenommenheiten für die Marktwirtschaft und unter dem Eindruck des praktischen Versagens der Bewirtschaftung. Es war inzwischen offenkundig, daß die Bewirtschaftungsämter einfachsten Ansprüchen an wirtschaftliche Effizienz und soziale Gerechtigkeit nicht zu genügen vermochten. Knappe Rohstoffe, Halbwaren und Güter wurden mangels zureichender Erfassung, Abstimmung und Kontrolle fehlgeleitet, dem regulären Verkehr und der amtlichen Verteilung entzogen, gehortet, irregulär verschoben, auf schwarzen Märkten verhökert. Die volkswirtschaftliche Produktion war deshalb geringer, als sie bei wirkungsvoller Nutzung der einsatzfähigen Anlagen und verfügbaren Grund- und Rohstoffe hätte sein können. Sie hatte zweieinhalb Jahre nach Kriegsende wenig mehr als ein Drittel ihres Vorkriegsniveaus erreicht. Und ein großer Teil der geringen Produktion, bis zur Hälfte womöglich, wurde nicht einmal nach Bedarf, sondern nach Listig-, Skrupellosig- und Durchsetzungsfähigkeit verteilt. Anhänger marktwirtschaftlicher Überzeugungen konnten nicht glauben, daß all dies mit der Währungsreform von selbst verschwände oder durch Änderung der Bewirtschaftungsgrundsätze und Bewirtschaftungsmaßnahmen auch nur merklich zu verbessern wäre. Sie glaubten vielmehr, daß seine Fortdauer die Währungsreform in schwere Mitleidenschaft zöge, weil sie den Geldschnitt als wirkungs- und nutzlos erscheinen ließe. Die weitgehende Beseitigung der Bewirtschaftung und die Hinwendung zur Marktwirtschaft galt ihnen als eine Erfolgsbedingung der Währungsreform. Andererseits war, so meinten sie, die Währungsreform sowie Geschick und Glück, dabei eine notwendige Bedingung des Erfolgs der Marktwirtschaft. Eins kam ohne das andere nicht aus, und deshalb mußte beides nach Möglichkeit zur gleichen Zeit geschehen. Ein Übergang zur Marktwirtschaft *vor* Bereinigung der Geldverhältnisse war nicht angebracht, weil er die Preise in unabsehbare Höhen triebe, in Verbindung damit schien er sich aber dringlich zu empfehlen, weil die Preise dann wieder als Mittel der Lenkung des Wirtschaftsprozesses fungieren konnten und diese Funktion sicherlich reibungsloser und wirkungsvoller wahrnähmen als derzeit die Behörden. Dazu mußte freilich die Geldmenge in ein Verhältnis zum Güterangebot gebracht werden, bei dem auch auf freien Märkten die Preise fest blieben oder allenfalls mäßig stiegen.

Das war das Kunststück, das mit der Währungsreform zu leisten war. Es schien dem Gelingen des Kunststücks förderlich zu sein, wenn das Konsumgüter-Angebot nach Kräften ausgedehnt würde, weil der kaufkräftige Drang nach nicht mehr bewirtschafteten Gütern des täglichen Bedarfs zunächst vermutlich stärker wäre als der Drang nach Kapitalgütern. Außerdem galt eine gewisse Restrukturierung der deutschen Industrie nach der rüstungs- und kriegswirtschaftlich betonten Hinwendung zur Produktions- und Investitionsgüter-Erzeugung im Dritten Reich als grundsätzlich erwünscht.

Mit Sorge erfüllte die zur Marktwirtschaft geneigten Experten die Beschäftigungsentwicklung nach derlei doppelter Reform. Derzeit herrschte in der Bizone scheinbar Vollbeschäftigung; scheinbar, weil viele Arbeitskräfte bei insgesamt niedriger Arbeitsproduktivität entfernt nicht ausgelastet waren. Die Unternehmer konnten sich's leisten, sie dennoch zu beschäftigen, weil sie im Zeichen der Geldfülle über ausreichend nutzlose Mittel verfügten, um die im Verhältnis dazu niedrigen, seit Kriegsbeginn gestoppten Löhne zu bezahlen. Mit der Geldfülle verschwänden auch jene Mittel und das Verhältnis zwischen Arbeitsproduktivität und Reallohn spielte für die Unternehmen bei der Beschäftigung von Arbeitskräften wieder eine Rolle. Denn fortan mußten die Löhne aus den laufenden Erlösen finanziert werden. Angesichts des Tiefstandes der Erzeugung und des Absatzes war zu erwarten, daß die Erlöse vorerst nicht hinlangten, um alle Arbeitsverhältnisse aufrechtzuerhalten. Die Fachleute hofften, das Ausmaß der vorhergesehenen Arbeitslosigkeit zunächst dadurch eindämmen zu können, daß man die Löhne nicht zugleich mit den Preisen freigäbe, sondern nach der Währungsreform noch eine Weile an den niedrigen „Stopplöhnen" festhielte.

Das war der gedanklich-konzeptionelle Hintergrund, vor dem und auf dessen praktische Umsetzung hin die „Sonderstelle Geld und Kredit", der Ludwig Erhard vorsaß, ihren Währungsreformplan im engeren Sinn entwarf. Erhard war dabei in seinem ureigensten ökonomischen Element, versah die Aufgabe mit Leidenschaft und Energie und drückte dem Ergebnis dadurch seinen persönlichen Stempel auf.

Im Zentrum des Überlegens, Diskutierens und Konzipierens standen drei Fragen: Welcher Teil der aufgeblähten Geldvermögen sollte für die Haushalte und die Unternehmen verfügbar bleiben? Was geschah mit dem großen restlichen Teil? Wie war es zu erreichen, daß die endgültigen Lasten der Kriegsfinanzierung und auch die sächlichen Vermögensverluste, die der Krieg bewirkt hatte, nicht gar zu ungleich verteilt waren?

Auf die beiden ersten Fragen hatten die vier Militärgouverneure auf der Grundlage eines amerikanischen Vorschlags bereits eine einvernehmliche Antwort gegeben, die Antwort dann freilich nicht politisch wirksam machen können. Die Frage nach einem gerechten Lastenausgleich hatten sie anhand des amerikanischen Vorschlags ebenfalls behandelt, eine Antwort darauf auch zur Notwendigkeit erklärt, wegen deren intrikater Kompliziertheit aber aufgeschoben. Der amerikanische Reformvorschlag hatte das Scheitern der Vier-Zonen-Reform als wieder ungefestigte amerikanisch-britische Reformabsicht überdauert. Der Vorschlag hieß nach seinen Verfassern Colm-Dodge-Goldsmith-Plan und war Ludwig Erhard bekannt. Die Sonderstelle mußte sich mit ihm auseinandersetzen. Er sah vor, daß 70 % der Geldvermögen ein für alle mal gestrichen, 20 % bis auf weiteres blockiert und 10 % in neue, frei verfügbare Währung umgetauscht wurden. Die Staatsschulden sollten annulliert werden und die Banken uneinlösliche Ausgleichsforderungen an den noch un bestimmten Rechtsnachfolger des Deutschen Reiches erhalten; die erst noch zu errichtende Zentralbank im Gegenwert der neu emitierten Noten, die Geschäftsbanken im Ausmaß der Differenz zwischen dem Eigenkapital und den zusammengestrichenen Ansprüchen ihrer Gläubiger einerseits und den Aktiva, die ihnen verblieben, nachdem die Forderungen an das Reich erloschen waren, andererseits. Zum Ausgleich der Lastenunterschiede war an eine stark progressive Vermögenssteuer und an die hypothekarische Belastung alles dauerhaften Sachvermögens gedacht. Die Hypothekenschuld war zu verzinsen und binnen zwanzig Jahren zu tilgen. Wer übermäßige Vermögensverluste erlitten hatte, erhielt hingegen zertifizierte Vermögensansprüche, die verzinst und im Verlaufe jener zwanzig Jahre eingelöst wurden.

Die Sonderstelle konnte sich mit den Grundsätzen des Plans ohne weiteres anfreunden. Das begünstigte den Umgang mit den zuständigen Experten der bizonalen Militärbehörden. Erhard empfand die Beziehung denn auch als entspannt, verständnis- und vertrauensvoll. Er gewann den Eindruck, daß die Besatzungsmächte deutschen Einwänden und Anregungen im einzelnen und Praktischen zugänglich und auch zu folgen geneigt waren. Das ermutigte ihn dazu, in der Sonderstelle auf mancherlei Abweichungen des eigenen Entwurfs vom Colm-Dodge-Goldsmith-Plan zu dringen. Und es verwundert nicht, daß er dabei auch auf Überlegungen aus seiner Kriegs-Denkschrift zurückgriff. Das galt insbesondere für die psychologisch begründete Absicht, die Staatsschulden nicht kurzweg zu annullieren, sondern sie in unverzinsliche und nicht handelbare Wertpapiere, sogenannte

Liquidationsanteile, umzuwandeln, deren spätere Behandlung offen blieb. Damit umgehe man das Odium der Enteignung. Anders als in der Denkschrift dachte er allerdings nicht mehr an die Transformation aller Geldvermögen in derlei Staatsschuldtitel und an einen geldpolitischen Neubeginn bei Null, dessen Prinzipien und Verfahren sich ganz und gar an einem vorbestimmten, wirtschaftspolitischen Wiederaufbaukonzept orientierten. Ein Teil der Geldvermögen sollte vielmehr freigegeben und die wirtschaftliche Erholung aus den dadurch geschaffenen Umständen heraus erfolgen. Die Quote, die der Colm-Dodge-Goldsmith-Plan freizugeben empfahl, hielt Erhard allerdings für zu hoch. Kein Mensch könne auch nur halbwegs genau vorhersagen, wie groß die neu zu schaffende Geldmenge sein müsse, damit einerseits der Absatz nicht stockte und andererseits die Preise nicht über Gebühr stiegen. Es sei aber allemal einfacher, eine zu gering bemessene Quote aufzustokken, als überdimensionierte Kaufkraft unter Kontrolle zu bringen. Schließlich gefielen Erhard auch die Reichweite und die Formen des Lastenausgleichs im Colm-Dodge-Goldsmith-Plan nicht so recht. Er fürchtete, daß sich Vermögensabgaben, die Sachwerte angriffen, als schwere Beeinträchtigung der Erholungs- und Wachstumschancen erwiesen. „Es ist selbstverständlich, daß der Lastenausgleich bei einer Belassung der Sachwerte vollzogen wird, alles andere wäre Katastrophenpolitik.“[7] Deshalb sollten die Belastungs-Unterschiede zum größten Teil durch die Übereignung von Liquidationsanteilen aus dem Besitz von Begünstigten in den Besitz von Benachteiligten und zu einem kleinen Rest durch Abgaben und Leistungen ausgeglichen werden, die der Zahlungsverpflichtete aus dem laufenden Einkommen finanzieren konnte und die der Empfangsberechtigte als eine Art Rente erhielt.

Es fiel Erhard nicht sonderlich schwer, die Mehrheit in seiner Sonderstelle für diese Vorstellung zu gewinnen. Dabei kam als Ergebnis der Beratungen der „Homburger-Plan“ heraus. Dem Plan zufolge sollten 80 % der Geldvermögen in Liquidationsanteile umgewandelt, 15 % auf Festkonten „eingefroren“ und nach Maßgabe der wirtschaftlichen Entwicklung „aufgetaut“, 5 % aber zur freien Verfügung gestellt und davon noch am Tag der Währungsreform an jedermann und jede Frau 50 Mark in neuem Geld bar auf die Hand gezahlt werden. Alle Vermögensbesitzer mußten 80 % des Vermögenszuwachses seit dem 1. Januar 1940, weiterhin 50 % des danach verbleibenden Vermögens an eine westdeutsche Ausgleichskasse abführen. Die Abgaben konnten bis auf bescheidene Reste in Liquidationsanteilen entrichtet werden. Vom Lastenausgleich Begünstigte erhielten derlei Anteile von der Ausgleichskasse übereignet. Besonders Bedürftige hatten Anspruch auf kleine Vorzugsrenten.

Die Reaktion auf den fertigen Plan ließ erkennen, daß die Sonderstelle und die alliierten Experten während der Arbeit daran ein wenig aneinander vorbeigeredet hatten und daß Erhard die Neigung der Militärregierung, von den Colm-Dodge-Goldsmith-Vorschlägen abzugehen, überschätzte. Die Besatzungsbehörden bestanden auf vollständiger Annullierung der Reichsschuld und auf weitgehender Streichung der Geldvermögen. Den Lastenausgleich taten sie als Farce ab, die bei Wegfall der unerwünschten Liquidationsanteile nicht mal gespielt werden könnte.

Direktor der Zweizonen-Verwaltung für Wirtschaft

Als der Homburger Plan am 18. April 1948 dennoch veröffentlicht wurde, war Ludwig Erhard schon nicht mehr Vorsitzender der Sonderstelle, die ihn ausgebrütet hatte. Der historische Zufall hatte ihn derweil ins nächste Amt befördert. Es war das Amt seines Lebens. In ihm hat Erhard Deutschlands Schicksal zu wenden geholfen.

Im Januar, während er sich noch den schon wieder massigen Kopf über die Neuordnung der Währungs- und Wirtschaftsverhältnisse zerbrach, hatte Wirtschaftsdirektor Johannes Semler eine Rede gehalten. Semler meinte - in München und in einer CSU-Versammlung -, unter seinesgleichen und nur unter seinesgleichen zu sein und zog vom Leder. Er schimpfte, derb und nicht so bös gemeint wie es klang, urig halt, wie man's in Bayern schätzte, auf die Amerikaner, die allerlei nutzlosen Plunder nach Deutschland lieferten und das als Wirtschaftshilfe ausgäben. „Man schickt uns Hühnerfutter und erwartet noch, daß wir uns dafür bedanken." Vieles, war er sagte, hatte einen richtigen Kern und sein Unmut dieserhalb eine gewisse Berechtigung. Aber wie er den Kern verbal verpackte, das war ebenso verfehlt wie selbstgerecht. So die Sache mit dem „Hühnerfutter". Wessen die Deutschen dringendst bedürften, hatten die Amerikaner gefragt. Korn, sagten die Deutschen. Die Amerikaner schickten corn. Und die Deutschen sahen Mais für Hühnerfutter an. Nun ja.

Semlers lästerliches Reden wurde natürlich publik, und die Amerikaner nahmen es grauslich übel. Namentlich der Verschiß ihres gutgemeintes „Hühnerfutters" kränkte sie zutiefst und reizte sie zuhöchst. Semlers Abberufung ward gefordert. Semler tat Abbitte. Es half ihm nichts. Adenauer legte sich für den unglücklichen, gewiß ungeschickten, aber keineswegs untüchtigen Wirtschaftsdirektor ins Zeug. Der amerikanische Daumen blieb nach unten gerichtet. Semler mußte gehen. Der Posten des Direktors der bizonalen Wirtschaftsverwaltung war vakant. Man beeilte sich mit seiner Neubesetzung nicht. Inzwischen war nämlich eine Reorganisation der Zweizonen-Verwaltung in Gang gekommen, deren personelle Konsequenzen man abwarten wollte.

Die westlichen Besatzungsmächte hatten sich im Lauf des Jahres 1947 mit der Sowjetunion vollends überworfen und gegen Ende des Jahres Verhandlungen über Deutschlands weiteres Schicksal mit den Benelux-Ländern aufgenommen. Im Zusammenhang damit ließen die USA und Großbritannien alle bisher noch gewahrten Rücksichten auf die Fiktion deutscher wirtschaftlicher Einheit fahren und beschlossen, die Wirksamkeit der Zweizonen-Einrichtungen zu kräftigen. Die hatte es nötig. Denn bislang hatten jene Einrichtungen die Erwartungen enttäuscht. Wobei sich die Militärregierungen ihrer Erwartungen allerdings erst in der Enttäuschung bewußt wurden und bei den Deutschen immer noch viel Unklarheit und auch Uneinigkeit darüber herrschte, was eigentlich davon erwartet werden sollte. Aus derlei Unbestimmtheiten hatte sich der beklagte Mangel an Wirksamkeit ergeben und ergab es sich nun, daß den Militärgouverneuren deutscherseits auch keine einvernehmlich-zweckvollen Neuordnungsvorschläge unterbreitet wurden. Deshalb erfolgte die Neuordnung im wesentlichen nach deren eigenen Vorstellungen. Sie vergrößerten den Wirtschaftsrat, drängten den zuvor starken und zumeist retardierenden Einfluß der gleichsam erstgeborenen und mit der Abgabe von Zuständigkeiten geizenden Länder zurück und faßten die fünf institutionell unverbundenen Verwaltungen in einem Verwaltungsrat zusammen. An dessen Spitze sollte ein Oberdirektor treten und der Sache, koordinierend und vermittelnd, einen politischen Anstrich geben. Der Oberdirektor war vom Wirtschaftsrat zu wählen und man nahm sich vor, ihn und den neuen Wirtschaftsdirektor in einem Aufwasch am gleichen Tag, am 2. März 1948, zu wählen.

Macht den Weg für Erhard frei: Johannes Semler

Wenige drängten sich nach den beiden Ämtern. Die Männer mit politischem Gewicht und politischen Ambitionen waren, je näher die Gründung eines westdeutschen Staats zu rücken schien, um so mehr darauf bedacht, ihr Pulver trocken zu halten und sich nicht im beengenden Dienst an einer mutmaßlich undankbaren Sache zu erschöpfen. Andere starke Männer, die womöglich was daraus machten, wollten sie in den Ämtern freilich auch nicht sehen. Und für einen kleinen Postenschacher war die Doppelwahl allemal gut.

So kam es, daß die CDU bei der Suche nach einem Oberdirektor auf Hermann Pünder verfiel. Pünder war unter Brüning Chef der Reichskanzlei gewesen und war jetzt Oberbürgermeister von Köln, ein politischer Beamter von Graden, aber kein Politiker von Ansehen und Statur. Die FDP war mit ihm nicht ohne weiteres einverstanden und schlug statt seiner Brünings deutschdemokratischen Wirtschafts- und Finanzminister Hermann Dietrich vor. Nun sah die Spitze der Zonen-CDU den Oberdirektor zwar für nicht viel mehr als eine Art besatzungspolitischen Oberkellner an. Aber als herausgehobener Repräsentant deutscher Mitverwaltung erschien er auch in dieser Sicht. Und den konnte sie nicht einfach dem kleineren Partner überlassen, abgesehen davon, daß Dietrich ihr auch nicht gefiel. Deshalb beharrte sie auf Pünder und versicherte sich der FDP-Stimmen für seine Wahl dadurch, daß sie den Freien Demokraten die Kür des gemeinsamen Kandidaten für das Amt des Wirtschaftsdirektors zugestand. Das fiel ihr leicht; denn sie konnte in ihren Reihen ohnehin niemanden ausfindig machen, der geeignet und willens war, das Amt zu übernehmen. Der FDP ging es eine gute Weile ebenso. Minister Dietrich war sich natürlich zu schade dafür, Staatssekretär Pünder zumindest protokollarisch nachgeordnet zu sein. Und anderweitiges Werben und Wägen blieb vorerst ergebnislos. Schließlich, es war höchste Zeit, kam jemandem der eifrige, umtriebige und bekenntnishaft liberale Leiter der „Sonderstelle Geld und Kredit" in den Sinn. Wem, das ist nicht mehr mit Sicherheit festzustellen. Dessen gerühmt hat sich später mancher.

Jener Sonderstellenleiter war mit den währungs- und wirtschaftspolitischen Problemen der Doppelzone bestens vertraut, versprach, sie in freiwirtschaftlichem Sinn anzugehen und erfreute sich im Wirtschaftsrat und bei den Militärbehörden eines guten persönlichen Rufs. Das ließ ihn der FDP als geeignet erscheinen. Erhard fügte ihrem Eindruck die kurzentschlossene Bereitschaft hinzu, den Posten zu übernehmen.

Er mußte nur noch gewählt werden. Das ging weniger glatt, als nach dem Deal erwartet werden konnte. Die CDU wankte. Sie war ja ein neuartiges parteiliches Gehäuse, das aus ideologisch höchst heterogenen Bauteilen aufgeführt war und sich auch mit der regionalen Kohäsion noch einigermaßen schwer tat. Nicht allemal wußte und wollte man hier, was dort in der Partei geschah. So wußten auch nicht alle von der informellen Absprache und manche wollten den liberalen Erhard als Wirtschaftsdirektor nicht. Das waren vor allem die Mitglieder der christlich-demokratischen Sozialausschüsse, die auf die soziale Gerechtigkeit freier Märkte nicht vertrauten und mit etwas unklaren und deshalb unentschiedenen Gedanken an eine auf Dauer gemein-, plan- und lenkungswirtschaftlich organisierte Ordnung der deutschen Wirtschaft umgingen. So, wie im vergangenen Sommer Konrad Adenauer von Rhöndorf nach Frankfurt gekommen war, um von der Wahl eines sozialdemokratischen Wirtschaftsdirektors dringendst abzuraten, so kam nun sein ideologischer Widerpart und politischer Konkurrent Jakob Kaiser aus Berlin nach Frankfurt, um die Wahl des liberaldemokratischen, aus Kaisers Sicht radikalliberalen Ludwig Erhard zu verhindern. Es gelang ihm nicht ganz, aber doch fast. Erhard gewann keine Mehrheit im Wirtschaftsrat. Von 104 Abgeordneten wählten ihn nur 47. Ein Dutzend CDU/CSU-Abgeordnete etwa müssen gegen ihn gestimmt haben. Er wäre durchgefallen, wenn die SPD ihrer

Ablehnung durch ein unmißverständliches „Nein“ auf den Wahlzetteln Ausdruck gegeben hätte. Statt dessen warf sie zum Zeichen ihrer allgemeinen, abgrundtiefen Indigniertheit leere Zettel in die Schachtel. Die leeren Zettel wurden ihrer Absicht zuwider als Stimmenthaltungen gewertet, und Ludwig Erhard war gewählt.

Die überregionalen Medien begannen ihn wahrzunehmen. Der SPIEGEL zum Beispiel nahm ihn in seiner ersten Nummer nach der Wahl als „stattlich-fülligen Fünfziger“ und - was er damit wohl meinte? - „Elégant kommerzieller Prägung“ wahr, dessen habituelle Reserviertheit leicht als Arroganz wirke.[8]

Das Amt, das der so Geschaute nun besetzte, war in seiner eigentümlichen Unbestimmtheit wesentlich immer noch das, was sein Inhaber daraus machte. Das war eine Chance. Aber man mußte sie auch wahrnehmen; wahrnehmen im Sinne von bemerken und benutzen. Das hat Erhard getan und es ist ihm wunderbar gelungen.

Er hat es getan, indem und es ist ihm wunderbar gelungen, weil er sich kurzweg und entschieden über die Erwartungen hinwegsetzte, die das Amt an ihn stellte. „Fortune“ hat er natürlich auch gehabt. Doch die gehört dazu.

Erhard war zum Direktor der bizonalen Verwaltung für Wirtschaft bestimmt worden. Wirtschaftsverwaltung aber meinte in jener Zeit Wirtschaftslenkung. Das war es, was man vom ihm erwartete. Wobei freilich unklar war, was und unter welchen Umständen er zu lenken überhaupt befugt war. Die ursprünglichen Lenkungskompetenzen lagen ja bei den Ländern. Die Bizonen-Verwaltung hatte nur subsidiäre Zuständigkeiten. Und die Länder erwarteten, daß sie Subsidiarität nicht in Suprematie umdeutete. Ludwig Erhard nun verstand sich keinen Moment lang als bloßen Wirtschaftsverwalter, zu dem er sowieso nicht taugte; er verstand sich vor allem als Wirtschaftspolitiker, zu dem er sich berufen fühlte. Der Beruf des Wirtschaftspolitikers in seiner Zeit sei es aber nicht, so dachte er weiter, die Wirtschaftslenkung zu vervollkommnen, sondern sie abzuschaffen. Und es war nur scheinbar widersprüchlich, daß er sich zu diesem Zweck soviel Lenkungskompetenzen wie möglich anzueignen oder anzumaßen trachtete.

Die Handhabe dafür bot ein sogenanntes Bewirtschaftungsnotgesetz, das Erhard vorfand und ein Preisgesetz, das auf dem Weg war, als er ins Amt kam. Am 10. April 1948 wurde das Preisgesetz verabschiedet. Beide Gesetze zusammen ermächtigten den Direktor der Wirtschaftsverwaltung, zum Zwecke der Vereinheitlichung verbindliche Grundsätze und Richtlinien für die amtliche Bewirtschaftung und Preisbildung in den Ländern zu erlassen. Die Grundstoffe Kohle und Eisen, elektrische Energie sowie importierte Rohstoffe bewirtschaftete die Bizonen-Verwaltung selbst.

Vier Tage, nachdem Ludwig Erhard zum Wirtschaftsdirektor gewählt worden war, kam es im Kontrollrat zum Eklat. Nicht etwa Erhards wegen. Der sowjetische Militärgouverneur verlangte Auskunft über die Londoner Beratungen der westlichen Siegermächte mit den Benelux-Ländern. Die Auskunft wurde ihm verweigert. Das hatte er erwartet. Er verließ den Konferenzraum und kehrte nicht mehr dorthin zurück. Das nun wiederum hatten die westlichen Militärgouverneure erwartet. Zeitpunkt und Art des Bruchs kam ihren Regierungen gelegen. Die hatten inzwischen die Gründung eines deutschen Weststaats in nicht zu ferne Aussicht genommen. Nach dem Bruch kamen sie überein, nun bald und wenn man so will, im Vorgriff darauf eine westdeutsche Währungsreform durchzuführen. Der bizonale Verwaltungsrat wurde von der Absicht in Kenntnis gesetzt. Ludwig Erhard begrüßte sie freudig. Er begrüßte nicht nur die Aussicht auf eine Währungsreform schlechthin, sondern auch die Aussicht auf deren westzonale Begrenzung. Er hielt eine gesamtdeutsche Lösung längst für unerwünschst, weil er fürchtete, daß nach dem Zusammen-

Direktor der Verwaltung für Wirtschaft (links: Pünder)

schluß der Westzonen mit der sowjetischen Zone einheitliche Wirtschaftspolitik unmöglich oder nur in sowjetisch-kollektivistischem Sinn möglich wäre. Ihm aber kam es darauf an, die bevorstehende Währungsreform zu einem weiten Vorstoß in die Marktwirtschaft zu nutzen. Und er gab Anweisung, in seiner Verwaltung die nötigen gesetzgeberischen Vorbereitungen zu treffen.

Vorerst waren die Militärregierungen sich allerdings nur über die Tatsache, noch nicht über den Termin und die Form der baldigen Währungsreform schlüssig. Bevor der Termin bestimmt werden konnte, mußte Klarheit über die Form herrschen. Das Reform-Konzept des Homburger-Plans gefiel den Besatzungsbehörden nicht, über die ökonomische Ratio und die reformtechnischen Probleme des Colm-Dodge-Goldsmith-Plans waren sie im Zweifel. Deshalb verfrachteten sie die übriggebliebenen Mitglieder der „Sonderstelle Geld und Kredit" sowie einige andere Währungsexperten am 20. April unter abenteuerlichen Umständen in eine verwaiste Kaserne bei Rothwesten nahe Kassel, damit sie dort in strengster Klausur und höchst geheim Grundsätze und Verfahren einer Währungsreform ausbrüteten, die beiderseits genehm und möglichst reibungsarm waren.

Am Tag darauf gab Ludwig Erhard im Wirtschaftsrat so etwas wie eine wirtschaftspolitische Regierungserklärung ab. Der zeitliche Zusammenhang war zufällig und durfte nicht mal preisgegeben werden, aber trefflich war er dennoch. Die Rede machte Eindruck. Erhard wucherte erstmals mit einem politischen Kapital, von dessen Existenz er bis dahin vermutlich wenig gewußt und das ihm in den nächsten anderthalb Jahrzehnten reichlich Zinsen gebracht hat. Er war ein oratorisches Naturtalent, dem die Götter außer geschmeidigem Fluß der Sprache ein unverwechselbares Timbre von Weichheit und dunkler Färbung geschenkt hatten. Die Wörter und Wendungen fielen ihm zu, wie und so lange er ihrer bedurfte, und er gab ihnen den Klang und die Fülle, die sie gleichsam für sich selbst sprechen ließen. Vertrauenerweckende Nüchternheit und leidenschaftliches Pathos, Realismus und Vision, bezwingendes Werben und polemisches Verweisen, frohe Botschaft und sorgendes Bedenken, ermutigender Fürspruch und gestrenges Mahnen, Erhaben- und Schlichtheit, treuherziges Menschentum, Staatsmannschaft und was nicht alles - außer Witz und Ironie - wußte er in seinen Reden aufs glücklichste zu vereinen. Man darf diese Reden nicht lesen, wenn man ihre Wirkung verstehen will, man muß sie gehört haben. Man konnte sich einrichten in diesen Reden, ohne sich's darin bequem machen zu dürfen. Die Deutschen taten das alsbald mit Lust und liebten Ludwig Erhard dafür. Dabei biederte er sich ihnen rednerisch nicht an. Er sprach mit der autoritativen Überlegenheit des Wissenden und verschonte seine Zuhörer weder mit der umständlichen Darlegung ökonomischer Sachverhalte noch mit dem Vokabular seiner Profession. Er legte weniger Wert darauf, daß man ihn verstand, als darauf, daß man ihm glaubte. Und da das Autoritative nicht autoritär, der Duktus des Wissenden nicht besserwisserisch klangen, wohl aber kompetent, glaubte man ihm - auch über seine Widersprüche hinweg - tatsächlich und war froh darüber, einem glauben zu dürfen.

Erhard hat seine oratorischen Erfolge genossen und genutzt. Sie waren ein wesentlicher Grund seines politischen Erfolgs, des sachlichen wie des persönlichen politischen Erfolgs. „Ich rede mir die Konjunktur zurecht", hat er zuweilen wohl gesagt. Daraus tönte außer einigem Richtigen nun freilich auch ein erkleckliches Stück Selbstüberhebung. So wie die urwüchsige und nie raffinierte Rednergabe eine Voraussetzung von Erhards wirtschaftspolitischen Erfolgen war, so war der wirtschaftliche Erfolg der Bundesrepublik eben doch auch eine Voraussetzung seines rednerischen Glücks. Das griff ineinander und ist voneinander schwer zu sondern.

Nach der Rede an jenem 21. April 1948 wußte der Wirtschaftsrat, woran er mit Erhard war.[9] Die einen, die auf der Linken, entsetzten sich darüber, die anderen mochten denken: Der kennt sich aus und packt's an. Daß Erhards Vortrag, auch in seiner argumentativen Sprunghaftigkeit, noch eher Willensbekundung als praktisches Programm war, dürfte die meisten nicht gestört haben, wenn es ihnen denn aufgefallen ist. Die Willensbekundung setzte die Währungsreform voraus und bot sich im übrigen als etwas unverrührte Quintessenz der Beratungen in der „Sonderstelle Geld und Kredit" dar. Erhard beklagte zunächst die disharmonische Struktur der bizonalen Wirtschaft und kündigte mit den bekannten Gründen, aber ohne Hinweis auf die Mittel, eine planvolle Förderung der Verbrauchsgütererzeugung an. Dann sagte er, daß eine ökonomisch rationale und sozial gerechte staatliche Lenkung der volkswirtschaftlichen Produktion und Verteilung seiner Einsicht nach ein Ding praktischer Unmöglichkeit sei und daß er seine Aufgabe nicht dahin sehe, das Unmögliche zu erstreben, ging dem Gedanken freilich nicht weiter nach, sondern machte die Abgeordneten zunächst damit vertraut, daß die Währungsreform neben allem Guten und Vielversprechenden auch große Arbeitslosigkeit hervorrufen werde und daß es als geboten erscheine, „vorbeugend Unterbringungsprogramme" zu entwickeln. Schließlich rechtfertigte er, daß er - kaum im Amt - die Unternehmer zum Horten von Waren und Rohstoffen ermuntert hatte. Horten sei zwar zu Recht verboten, aber Horte seien erwünscht; Warenhorte, weil in ihnen die freigegebene Kaufkraft gleich nach der Währungsreform ihre erste „Deckung" fände und Rohstoffhorte, weil sie eine Güterproduktion ermöglichten, die neue Deckung schüfe. Das führte ihn zurück zu den Grundsätzen volkswirtschaftlicher Lenkung nach der Reform. Und es war, als faßte er sich nun ein Herz, um zu sagen, was Sache sei. Ein Fanfarenstoß für die freie Marktwirtschaft kam dabei noch nicht heraus. Es fiel Erhard immer noch leichter, die staatliche Bewirtschaftung zu verdammen, als die Marktwirtschaft zu preisen. Für die Verdammung hatte er inzwischen ein Reservoir klangvollausdrucksstarker Vokabeln zu Mund: seelenloser Kollektivismus, bürokratisches Joch, Termitenstaat und andere mehr. Das Lob des wirtschaftlichen Liberalismus hingegen ergab sich noch eher aus der Abwesenheit jener Scheußlichkeiten als aus eigenem Recht und schien auch noch umgehend gegen sich selbst verteidigt werden zu müssen. Natürlich wolle er „nicht die Rückkehr zu den liberalistischen Wirtschaftsformen historischer Prägung und einem verantwortungslosen Freibeutertum einer vergangenen Zeit." Damit war es Erhard einerseits sicherlich ernst und war andererseits doch nicht viel mehr als zu Sprache geronnene Bedeutsamkeit, deren historische und sachliche Konkretion er für diesmal und bei beliebter Wiederholung auch fernerhin so lange schuldig blieb, bis er ihrer nicht mehr bedurfte, weil der Erfolg der freien Marktwirtschaft die Behauptung, daß sie eigentlich keine sei, erübrigte. Bis dahin machte es, womöglich gerade wegen seiner bedeutsamen Unbestimmtheit, allemal guten Effekt.

Im übrigen hielt Erhard auch Zeit und Art des Übergangs zur Marktwirtschaft vorerst noch im Unbestimmten. Die Währungsreform schaffe die prinzipielle Möglichkeit, dem Leistungswettbewerb und der Marktpreisbildung zu erwünschtem Recht zu verhelfen, sagte er, und er wolle sorgsam prüfen, wie weit davon Gebrauch gemacht werden könne. In jedem Fall warne er davor, überspannte Erwartungen in die wirtschaftliche Entwicklung gleich nach der Währungsreform zu setzen. Er selbst sei auf mittlere Sicht zuversichtlich, hüte sich aber fürs nächste vor Illusionen. Und auch die Zuversicht auf mittlere Sicht gründe gutenteils in der Hoffnung, daß Westdeutschland über den eben in Kraft gesetzten Marshall-Plan umfangreiche Wirtschaftshilfe aus den Vereinigten Staaten erhalte und daß sich alsbald der Außenhandel belebe.

Erhards große Rede machte den Wirtschaftsrat sowohl mit den programmatischen Absichten des neuen Wirtschaftsdirektors wie auch mit dessen Sorgen und Nöten und dazu mit seinen Absichten und Bestrebungen bekannt, der Sorgen und Nöte Herr zu werden. Seine Hauptsorge galt um diese Zeit natürlich dem Erfolg der Währungsreform. Erfolg hieß, daß danach die Preise stabil blieben und die Produktion in rascheren Gang kam. Das aber hing für Erhard mehr, als er behutsamerweise zu erkennen gab, davon ab, daß mit dem Geldüberhang zugleich die Bewirtschaftung weitgehend verschwände und wurde auch unter solchen Umständen von der Ungewißheit über den Geldbedarf und die Produktionsmöglichkeiten in Frage gestellt. Wobei die Produktionsmöglichkeiten den Geldbedarf mitbestimmten und ihrerseits von den Rohstoffverfügbarkeiten mitbestimmt wurden. Um die Verfügbarkeit von Rohstoffen schien es nun aber besonders schlecht bestellt zu sein. Deshalb rief Erhard dazu auf, mit Rohstoffen vor der Währungsreform hauszuhalten und setzte ferner auf die Erwartung, daß der Marshall-Plan Westdeutschland in Kürze umfangreiche Rohstoffzufuhren bescherte.

Es traf sich glücklich, daß jener Marshall-Plan, dem zum „Plan" um diese Zeit freilich noch alles fehlte, nach ausgiebig-streitbaren Verhandlungen keine drei Wochen zuvor als Economic Cooperation Act vom amerikanischen Kongreß verabschiedet worden war. Der Kongreß ermächtigte die amerikanische Regierung, den westeuropäischen Ländern in den nächsten vier Jahren erhebliche Mengen Dollar zu schenken oder zu kreditieren, mit denen diese Länder vornehmlich in den USA und nötigenfalls auch anderenorts in Übersee dringend erforderliche Nahrungsmittel, Rohstoffe und Industrieanlagen kaufen konnten. Der wirtschaftliche Grund der Hilfe war Westeuropas offenkundige Unfähigkeit, soviel nach Übersee zu exportieren, wie es um seines Überlebens und seiner Erholung willen aus Übersee importieren mußte. Und ihre Voraussetzung war, daß die europäischen Länder gemeinsam ein integriertes Wiederaufbauprogramm, ein European Recovery Program (ERP), entwarfen, der amerikanischen Administration vorlegten und mit deren Billigung durchführten. Zu diesem Zweck hatten die Teilnehmer am Marshall-Plan eben eine Organisation for European Economic Cooperation (OEEC) gegründet. Die drei Westzonen sollten in das European Recovery Program einbezogen werden und waren bei der Gründung der OEEC durch ihre Militärgouverneure vertreten worden. Wie groß Deutschlands Anteil an der Hilfe wäre und wann die ersten Lieferungen einträfen, das war noch nicht abzusehen. Erhard hoffte und wollte durch Vorstellungen bei den Besatzungsbehörden dazu beitragen, daß der Anteil beträchtlich ausfiel und die ersten Lieferungen sehr bald nach der Währungsreform anlangten. Natürlich gefiel es ihm nicht, daß die Hilfe an „Pläne" und „Programme" gebunden war und noch dazu an integrierte europäische Programme. Aber er nahm kurzerhand an und machte aus der Annahme kein Hehl, daß die Amerikaner es damit so ernst nicht meinten und daß es deshalb so schlimm nicht kommen werde. Ersteres war falsch, aber mit letzterem behielt er dennoch recht.

Erhards zweite Sorge betraf das Ausmaß der Arbeitslosigkeit, die von der Währungsreform unvermeidlich hervorgerufen oder bloßgelegt würde. Auch sie war groß, aber doch kleiner als die Sorge, daß nach der Reform die Preise nicht hinlänglich festblieben und die Produktion weiterhin lahmte. Außerdem befand er sich mit ihr in einem Zwiespalt, aus dem er lange nicht herauskam.

Arbeitslosigkeit war vor allem in der Kapitalgüterindustrie zu erwarten, weil Deutschland nach der Reform der Geldkapitalbildung entbehren würde, die zu umfangreichen Investitionen befähigte. Das war einerseits, dachte Erhard, ganz gut so. Denn es begünstigte die erwünschte Reorientierung auf die Verbrauchsgüterproduktion und verhinderte außerdem, daß in der Kapitalgüterindustrie Einkommen und Kaufkraft entständen, die von der geringen Konsumgütererzeugung nicht „gedeckt" würden. Andererseits war es aber nur solange gut, wie die Arbeitslosenzahl erträglich und die Bildung erforderlichen Sachkapitals in der Verbrauchsgüterindustrie möglich blieb. Es kam auf das rechte Maß an. Nun hätte Erhard zwar nicht zu sagen vermocht, welches Maß recht sei, aber er befürchtete, daß Westdeutschland aus eigener Kraft es nicht erreichte. Tröstlich wirkte auch hier die Aussicht auf den Marshall-Plan. Was Westdeutschland wegen der Hilfe aus Amerika nicht für fremde Nahrungsmittel, Rohstoffe und Anlagen aufwenden mußte, das konnte es investieren. Die Amerikaner verlangten sogar, daß es dies tat. Und damit es auch tatsächlich geschah, bekam Deutschland die amerikanischen Güter zwar auf Kredit. Die Haushalte, in denen die Nahrungsmittel verbraucht und die Unternehmen, in denen die Rohstoffe verarbeitet und die Anlagen genutzt wurden, mußten sie aber von Deutschland - vertreten durch seine Verwaltung - kaufen und sofort bezahlen. Die Zahlungen hießen „Gegenwerte", und der „Gegenwertfonds", der sich allmählich ansammelte, sollte von der Verwaltung zu planvoller Kapitalbildung verwendet werden.

Nicht eigentlich mit Sorgen, wohl aber mit höchstem Mißbehagen waren Erhards Augenmerk und Aufmerksamkeit schließlich dem westdeutschen Außenhandel zugewendet. Der Austausch mit dem Ausland war noch immer lächerlich gering. Das hatte natürlich zunächst einmal schlichte sachliche Gründe. Die westdeutschen Unternehmen boten nicht viel an, das auf Auslandsmärkten begehrt und konkurrenzfähig war. Es hatte aber zudem organisatorische Gründe, deretwegen der Außenhandel noch geringer war, als es die sachlichen Gründe bedingten. Der Außenhandel wurde von den Besatzungsbehörden gelenkt. Exporte mußten von ihnen genehmigt und auf ihr Geheiß von den ausländischen Käufern mit Dollar bezahlt werden. Das eine wie das andere sollte verhindern, daß deutsche Güter ins Ausland verschleudert wurden. Dabei war das andere so wirksam, daß dem einen fast nichts zu tun blieb. Dollar waren überall in der außeramerikanischen Welt knapp, der Drang nach amerikanischen Waren hingegen war überall groß. Wer Dollar besaß, befriedigte damit lieber jenen Drang, als daß er deutsche Güter kaufte. Deutsche Unternehmen, die dennoch etwas ins Ausland absetzten, durften den Dollar-Erlös nun nicht etwa behalten und frei verwenden. Den bekam vielmehr die alliierte Außenhandelsbehörde. Die bezahlte dafür dem deutschen Exporteur den amtlichen Inlandspreis in Mark. Deshalb war ein Auslandsgeschäft für die Unternehmen nicht interessanter als das Inlandsgeschäft, das sie nach Maß und Ziel der amtlichen Lenkung unschwer machen konnten. Und interessanter als beides war es, Güter gegen Güter hintenrum zu verschieben oder zum Vielfachen der amtlichen Preise gegen Geld auf dem Schwarzmarkt zu verhökern. Auch das drückte den Export hinab.

Nun sind aber Export-Erlöse das, womit in der Regel die Importe bezahlt werden. Da die Exporte außerordentlich gering waren, waren auch die regulären Importmöglichkeiten aufs engste begrenzt. Grenzenlos war hingegen der Importbedarf. Nur ein kleiner Teil davon konnte mit den Exporteinnahmen befriedigt werden. Damit dieser kleine Teil zumindest ein volkswirtschaftlich besonders wichtiger Teil wäre, bestimmten die alliierten Außenhandelsbehörden auch, was eingeführt werden durfte. Nur dafür gaben sie die Dollar her, die sie den Exporteuren abnahmen. Das war ja der ganze Zweck von deren Aneignung: Die Importe angesichts großen Bedarfs und kleiner Devisenbestände der privaten Beliebigkeit zu entziehen und im öffentlichen Interesse der behördlichen Verantwortung zu unterwerfen. Der Name dafür ist Devisenbewirtschaftung. Und im Prinzip war es unter den obwaltenden Umständen durchaus vernünftig, so zu verfahren. Bedauerlicherweise umschloß das vernünftige Prinzip aber einen praktischen Widerspruch. In ihrem Bestreben, geringe Deviseneinnahmen möglichst nützlich zu verwenden, neigt die Devisenbewirtschaftung dazu, den Zufluß von Devisen weiter zu verringern. Das gilt immer und es galt unter den Bedingungen des westdeutschen Außenhandels zu jener Zeit in einem besonderen Maße.

Ludwig Erhard war das alles höchst zuwider. Der Tiefstand des Handels war ihm zuwider, weil er Westdeutschlands wirtschaftliche Erholung behinderte. Die Devisenbewirtschaftung war ihm zuwider, weil sie die schleunige Entfernung von jenem Tiefstand behinderte und weil sie marktwirtschaftlicher Gesittung zuwiderlief. Und die besatzungsrechtliche Devisenbewirtschaftung samt Dollarklausel war ihm vollends zuwider, weil sie ihn daran hinderte, aus den situationsbedingten Notwendigkeiten wenigstens das Beste zu machen. Er nahm sich vor, dort anzusetzen und es zunächst einmal dahin zu bringen, daß Exporte keiner behördlichen Genehmigung mehr bedurften, daß Devisen von deutschen Stellen zugeteilt wurden und daß die deutsche Bizonen-Verwaltung mit fremden Regierungen Handelsverträge - ohne Dollarklausel - abschließen konnte.

Die Tat

Die nächsten beiden Monate standen im Zeichen des Wartens und der Vorbereitung auf die Währungsreform. In der Verwaltung für Wirtschaft arbeitete man an einem Gesetz, das ihren Direktor dazu ermächtigte, nach der Reform die Bewirtschaftung aufzuheben, aufzuheben im Sinne von neuordnen, wo Bewirtschaftung weiterhin als nötig und im Sinne von beseitigen, wo dies als möglich erschien.

Die Arbeit war in guten Händen. Erhard fand in seinem personell entsetzlich aufgeblähten Amt, das aus einer Behörde der britischen Zone hervorgegangen war, die ursprünglich einen entschieden marxistisch-planwirtschaftlich orientierten Leiter gehabt hatte, neben viel bequemer Verwaltungsroutine, gespreiztem Unverstand und planwirtschaftlicher Überzeugungstäterschaft doch auch Männer von tiefverwurzelt liberaler Denkart vor, die auf einen wie ihn nur gewartet zu haben schienen. Allen voran Leonhard Miksch.

Miksch gehörte der sogenannten „Freiburger Schule" an, einer Gruppe von Volkswirten und Juristen, die unter der geistigen Führung des bedeutenden Nationalökonomen Walter Eucken schon im Dritten Reich über eine Wirtschaftsordnung nachgedacht hatten, die zweierlei vermied: staatliche Plan- und Lenkungswirtschaft einerseits und private Marktmacht zu Lasten der Verbraucher andererseits. Das Ergebnis ihres Nachdenkens war ein ordnungspolitisches Konzept, in dem die Lenkung des Wirtschaftsprozesses im Interesse seines reibungslosen und wachstumsträchtigen Vollzugs dem Leistungswettbewerb privater Unternehmer und der Preisbildung auf freien und jedermann zugänglichen Märkten überantwortet war und in dem der Staat dafür sorgte, daß die Unternehmer den Wettbewerb nicht unterbanden und die Preisbildung dadurch beeinflußten. Denn auf Monopolmärkten wird zu höheren Preisen weniger angeboten und mehr Gewinn gemacht als auf Wettbewerbsmärkten. Außerdem kommen Monopolmärkte der Bequemlichkeit entgegen und schwächen die Innovationskraft. Den Schaden haben allemal die Verbraucher. Um sie davor zu bewahren, sollte die Freiheit unternehmerischen Handelns auf eine staatlich garantierte Marktordnung bezogen sein. Wegen dieser Bezüglichkeit von Freiheit und Ordnung nannten die Freiburger ihr Konzept „Ordoliberalismus".

Der Vertreter der „Freiburger Schule" in der Verwaltung für Wirtschaft: Leonhard Miksch

Das Konzept erschöpfte sich aber nicht darin. Die Funktionstüchtigkeit des Wettbewerbs setzte hinlängliche Kalkulierbarkeit des wirtschaftlichen Handelns und die wiederum setzte möglichste Zurückhaltung und in der Zurückhaltung überdies Konstanz der staatlichen Wirtschaftspolitik sowie die Stabilität des Geldwerts voraus. Letztere zu sichern, sollte einer unabhängigen Währungsbehörde aufgegeben sein, die sich dabei ohne bemerkenswerte, dem Mißbrauch ausgesetzte Gestaltungsfreiheit an ein für allemal bestimmte Regeln zu halten hatte. Falls nun aber Wettbewerb und Stabilität garantiert wurden, dann waren, so meinten die Ordoliberalen, eine besondere Sozial- und eine besondere Konjunkturpolitik nicht nur entbehrlich, sondern sogar schädlich. Wettbewerbspolitik in ordoliberalem Sinne *war* Sozialpolitik. Eine bessere gab es nicht. Sie sorgte dafür, daß alle Leistungen marktgerecht entgolten und die Verbraucher maximal und preisgünstigst versorgt wurden. Gewillkürte Sozialpolitik, die in die marktliche Leistungsgerechtigkeit eingriffe, störte hingegen den Marktprozeß und gefährdete die maximale Versorgung.

Und was die Konjunkurpolitik anging: Die marktwirtschaftliche Entwicklung vollzog sich in Schwankungen, das war zuzugeben und unabänderlich. Wobei von Fall zu Fall dahinstand, in welchem Maß die Schwankungen vom Marktprozeß, in welchem sie von äußeren Einflüssen hervorgerufen wurden. In allen Fällen aber war der Markt besser als die Politik dazu befähigt, die mit den Schwankungen verbundenen Störungen zu verarbeiten. Die Politik, weil häufig schlecht getimt und falsch dosiert, hinderte ihn eher daran, als daß sie ihn dabei unterstützte.

Der Ordoliberalismus war, namentlich in den Schriften Walter Euckens, ein Entwurf von bezwingender Systematik und grandioser Gedankenstrenge und Geschlossenheit, bedeutend ohne Zweifel und doch zugleich abseitig in der Tradition des ökonomischen Denkens, der Geschichte mehr als der formalen Theorie verpflichtet, heikel in der Beweisführung, dogmatisch im Anspruch, sehr deutsch. Ludwig Erhard begegnete ihm nicht erst in der Person Leonhard Mikschs. Da war er ihm bereits vertraut und hatte er ihn intellektuell bereits berührt. Wann und in welcher Weise er mit ihm vertraut geworden war, das läßt sich freilich nicht genau sagen. Die Freiburger Gedanken waren nicht nur im Dritten Reich entwickelt, sie waren darin auch publiziert sowie von Ökonomen, Juristen und Politikern diskutiert worden, halbamtlich sogar: erst in der Akademie des deutschen Rechts, der Erhard fernstand, dann in Verbindung zum Reichswirtschaftsministerium, mit dem auch er zu tun hatte. Es spricht gleichwohl wenig dafür, daß Erhard schon damals nähere Bekanntschaft mit den Männern oder zumindest mit deren Schriften machte. Wenn er sie gemacht hätte, dann wäre dies in seinem Oeuvre aus jener Zeit jedenfalls nicht zum Ausdruck gekommen. Und das gilt eigentlich auch noch für die ersten Nachkriegsjahre, in denen Erhard seinem ökonomischen Denken und Wollen den Liberalismus allmählich attachierte. Ordoliberalismus war das nicht gewesen. So hatte er noch in den letzten Wochen seiner bayerischen Ministerzeit private wirtschaftliche Macht für durchaus legitim, weil unter Umständen höchst nützlich, erklärt und marktbeherrschende Konzerne und Kartelle gegen Zerlegungs- und Verbotsabsichten der amerikanischen Besatzungsbehörden nachdrücklich verteidigt.[10] Erst im folgenden Jahr bekehrte er sich, ob nun unterm Einfluß ordoliberalen Schrifttums oder unterm Eindruck der ordoliberalen Ökonomen, die in den Verhandlungen der Sonderstelle auftraten, zum Gegner privater wirtschaftlicher Macht und zum Verfechter eines unverdorbenen Leistungswettbewerbs.

Dem Ordoliberalismus zur Gänze verschrieb Erhard sich freilich nie. Zum einen war dessen systematischer Rigorismus seinem Hang zum freischweifenden Ekklektizismus ohnehin fremd und zum anderen schließen systematischer Rigorismus und praktische Politik

Walter Eucken

Franz Böhm

einander aus. Praktische Politik aber wollte Erhard machen. So geriet der Ordoliberalismus zum dogmatischen Bezugspunkt seines Denkens, das der Pragmatik seines Handelns einen prinzipiellen Rückhalt gab. Nicht mehr, doch auch nicht weniger.

Da er sich mit Leonhard Miksch in den Zwecken des beabsichtigten Gesetzes einig und dessen Konzeption bei dem gestrengen Systematiker besser als bei sich selbst aufgehoben wußte, konnte Ludwig Erhard kurz nach der Programm- und Problemrede im Wirtschaftsrat getrost zu seiner ersten Auslandsreise aufbrechen. Sie führte ihn nach Mailand und in die Schweiz. In Mailand war Messe. Knapp hundert deutsche Unternehmen stellten dort ihre Waren, Ludwig Erhard stellte Zuversicht und Vertrauenswürdigkeit aus. Nebenher sondierte er, erst in Italien, dann in der Schweiz, ob es möglich wäre, mit den beiden Ländern förderliche Handelsverträge zu schließen, sobald die Militärregierungen dem Wirtschaftsrat das erstrebte Recht dazu einräumten. Die Chancen schienen gut zu stehen. Schließlich traf er in Genf mit Wilhelm Röpke zusammen und gewann einen Bruder im Geiste fast fürs Leben. Röpke, niederdeutsch-bäuerlicher Herkunft, inzwischen aber von polyglotter Urbanität, war ein wenig jünger als Erhard, noch nicht ganz Fünfzig, und dennoch schon seit einem Vierteljahrhundert Professor für Nationalökonomie. Der Liberalismus war ihm gleichsam wesenseigentümlich. Deshalb war er, gleich nachdem man in Deutschland die Macht den Nazis ausgeliefert hatte, in die Türkei emigriert. Seit 1937 lehrte er in Genf. Sein wissenschaftliches Ansehen hatte Röpke sich längst vor der Emigration mit einer Reihe konjunkturtheoretischer und konjunkturpolitischer Arbeiten erworben. In der Weltwirtschaftskrise empfahl er kreditfinanzierte öffentliche Arbeitsbeschaffungsprogramme und eine expansive Geldpolitik ohne Rücksicht auf irgendwelche „Deckungs"-Vorschriften. Ludwig Erhard hatte die zweite, „im Geiste der liberalistischen Wirtschaftsauffassung gehaltene" Empfehlung in seinem ersten Tagebuch-Aufsatz heftig kritisiert.[11]

Auf der Suche nach Erklärungen für die Aufkunft und die Herrschaft des Totalitarismus fand Röpke in der Emigration zu seiner eigentlichen Begabung und Passion. Die Nationalökonomie trat in den Hintergrund zumindest seines literarischen Schaffens; Röpke wurde Zivilisations- und Gesellschaftskritiker. Zwei Bücher gewannen ihm hohe Wertschätzung und eine breite Leserschaft auf diesem Felde: „Die Gesellschaftskrisis der Gegenwart" und „Civitas Humana", zwei Variationen eines Themas. Röpke empfand die westeuropäischen Gesellschaften als in einem Zustand pathologischer Entartung, ihrer überlieferten Werte entfremdet, maß- und standpunktlos. Ihr doppelter Sündenfall lag lange zurück, die historischen Prozesse, die davon in Gang gesetzt worden waren, dauerten an. Der eine Sündenfall war die politische Revolution in Frankreich, der andere die industrielle Revolution in England. Beide verrieten den Geist der Aufklärung, die französische Revolution, weil sie Freiheit in der Auflösung von Ordnung zu finden glaubte, die industrielle Revolution, weil sie die Menschen Produktionsweisen und Lebensformen unterwarf, für die sie wesensmäßig nicht geschaffen waren. Die Freiheit, in deren Namen die Revolutionen sich vollzogen, ging in ihrer Folge unter in der Demokratisierung des politischen und in der Proletarisierung des ökonomisch-sozialen Lebens, Demokratisierung als Hinwendung zu Formlosigkeit und brachialer Massenherrschaft verstanden, Proletarisierung nicht klassenspezifisch, sondern gesellschaftsbestimmend gemeint: als Entfernung von der Natur und als Abhängigkeit von maschineller Technik, als Spannung zwischen beziehungslosem Individualismus und entmündigendem Kollektivismus, als Disharmonie der Interessen und sozialer Unfriede, als Materialismus und Verantwortungslosigkeit, Gigantomanie und Termitenhaftigkeit. Die Schäden waren unabsehbar und wuchsen sich nicht von selber aus. Sie mutierten vielmehr. Die moderne Gesellschaft mußte gleichsam erneut vom Baum der Erkenntnis essen, um, wenn schon nicht hinter die Revolutionen zurück, so doch in eine Verfassung hineinzugelangen, in der Freiheit mit Ordnung, Individualität mit Integration und beides mit sozialem Frieden wieder vereinbar waren. Als geeigneter Ort des Ausgleichs erschien der Markt, als geeignetes Mittel dazu der Marktwettbewerb. Es galt freilich zu erkennen, daß der Markt kein sozialer Naturzustand, sondern ein Kunstprodukt und der Wettbewerb an sich keine ethische Veranstaltung, sondern ein „Moralzehrer" waren. Beide bedurften bestimmter Voraussetzungen und Formgebungen, damit sie ihr hohes Amt erfüllen konnten. Derlei Voraussetzungen und Formen zu schaffen, das war die große Aufgabe der Gegenwart.

Ähnlich wie die Ordoliberalen verlangte auch Röpke, daß der Staat als „robuster Schiedsrichter" für unbeeinträchtigten und daß eine regelgebundene Geldpolitik für berechenbaren Wettbewerb auf offenen Märkten sorgten. Das reichte ihm aber nicht, weil es viele Übel der Zivilisation, die ihn mit Sorge erfüllten, nicht berührte, von diesen Übeln vielmehr um seine wohltuende Wirkung gebracht zu werden drohte. Damit dies nicht geschähe, wünschte Röpke die Anonymität und Gewissenlosigkeit der Massengesellschaft aufzulösen in kleine, überschaubare, stark ländlich-agrarisch bestimmte Lebenskreise. Zu diesem Zweck empfahl er vor allem eine gemeinwirtschaftlich orientierte und zukunftsbedachte Raumplanung, die den Boden und die Naturreserven der Nutzung und dem Verschleiß in ausschließlich privatem Interesse entzog. Ferner plädierte er für die staatliche Begünstigung einer bäuerlichen Landwirtschaft, die das biologische Gleichgewicht wahrte, und eines qualitätsbewußten Handwerks, das der Vermassung des Konsums entgegenwirkte. Die Industrie sollte auf kleine Betriebseinheiten beschränkt und überdies disloziert, womöglich aufs Land verlagert werden. Die industriellen Produktionsformen wären auf Kosten der Produktivität zu humanisieren, reiner Zweckhaftigkeit zu entnehmen und den psychisch-seelischen Bedingungen des Menschen gemäß zu gestalten. Eigentum und Selbständigkeit bei voller Verantwortung sollten soweit wie möglich und wo es nicht möglich war, sollten doch immerhin Beteiligung und Mitbestimmung die Grundlagen und Gestaltungskräfte des ökonomisch-sozialen Daseins der Menschen und, dadurch vermittelt, auch der Marktprozesse sein.

Ludwig Erhard hat später gesagt, daß er Röpkes Bücher noch im Dritten Reich gelesen, als Offenbarung empfunden und daraus Trost geschöpft habe.[12] Das klingt unwahrscheinlich. Emigrationsliteratur war im nationalsozialistischen Deutschland nicht eben erwünscht und leicht erhältlich, und Erhard machte damals auch nicht den Eindruck, besonderen Trostes bedürftig zu sein. Aber das ist nicht sehr erheblich. Sehr bald nach dem Krieg hat er Röpke sicherlich gelesen, und das mit der Offenbarung darf man ihm abnehmen. Wilhelm Röpkes nationalökonomisch-soziologisch-historisch-kritisches Literatentum lag ihm; lag ihm zweifellos mehr, als die gewiß auch sprachmächtig-bildungssatte, wissenschaftliche Nüchternheit und systematische Strenge Walter Euckens. Röpke und Erhard waren in vieler Hinsicht kongenial. Sie begegneten einander in der eigentümlichen Verbindung von Frei- und Weitschweifigkeit ihres Geistes und dogmatischer Fixiertheit auf die wesentlichen Topoi ihres Denkens, in der Neigung zu einer eher impressionistischen als analytischen Betrachtungs- und deshalb zu einer eher auf Überzeugung als auf Logik gestellten Argumentationsweise sowie in der selbstgewissen und leidenschaftlichen Streitbarkeit für das, was sie als „richtig" und „gut" erkannt hatten. Wobei Röpkes geistige Weitläufigkeit, sein ökonomisch-sozialer Impressionismus und die streitbare Leidenschaftlichkeit von der literarischen Form hinlänglich gebändigt wurden und in der Sprache Triumphe feierten, während all dies bei Erhard sich jedweder Form entzog, dafür aber in der Sprache nicht

Wilhelm Röpke (1947)

selten verfing. Andererseits wurden Erhards dogmatische Fixierungen von der politischen Pragmatik zuweilen unterlaufen, während Röpke sich fern der praktischen Politik gedankliche Unbeirrbarkeit leisten konnte und auch leistete.

Erhard und Röpke sind nicht eigentlich Freunde und Vertraute geworden. Zur Freundschaft hatte Erhard kein Talent, und Vertrautheit als Zustand, nicht bloß als momentane Vertrauensseligkeit, ließ seine Introvertiert- und Selbstbezogenheit kaum zu. Aber sie haben bis zu Röpkes Tod im Winter 1966 distanziert-herzlichen Umgang miteinander gepflogen und sich als politische respektive akademische Varianten ein und desselben Denk- und Wollenszusammenhanges verstanden. Erhard ist, soweit er über die teils willentliche, teils unbewußte, nie ausdrückliche Aneignung und Anverwandlung fremden Denkens hinaus überhaupt beeinflußbar war, wohl von niemandem so sehr beeinflußt worden wie von Wilhelm Röpke. Das fing mit dem Vokabular an: „Kapitalistisches Freibeutertum“ zum Beispiel, „Termitenstaat“, vor allem aber „Kollektivismus“, der Begriff, in den Erhard alsbald alle ökonomisch-sozialen Übel dieser Welt sprachlich zu verdichten liebte, ohne je genau zu sagen, was er damit eigentlich meinte - das alles waren vielsagend-starke Worte aus dem kulturkritischen Sprachschatz Wilhelm Röpkes. Es setzte sich fort über das Verständnis der freien Marktwirtschaft als Agens nicht nur des wirtschaftlichen Wohlstands, sondern auch der gesellschaftlichen Wohlfahrt. Wobei es der selektiven Vordergründigkeit von Erhards adaptivem Denken entsprach, daß es Röpkes strukturellen Voraussetzungen derartiger Wirksamkeit des Marktwettbewerbs keine weitere Beachtung schenkte. Es war spürbar in Erhards überstürztem Feldzug für die Konvertierbarkeit der europäischen Währungen, zu dem Röpke die Trommel schlug. Und es lief aus in seinem tragischen Kampf gegen die Europäische Wirtschaftsgemeinschaft.

Anfang Mai 1948 kehrte Erhard - von Röpke in der Absicht bestätigt, den Schritt in die Marktwirtschaft zu wagen - nach Frankfurt zurück. Dort wußte man immer noch nicht, wann und wie die herbeigesehnte Währungsreform vollzogen würde. Die alliierte Militärverwaltung wußte es auch noch nicht. Eben um diese Zeit kam es im Rothwestener Konklave zu einem kleinen Eklat. Die internierten deutschen Experten hatten ihre Tätigkeit damit begonnen, daß sie den Homburger Plan überdachten und neu berieten. Nach ein paar Tagen machte ihnen der amerikanische Verbindungsoffizier die Nutzlosigkeit dieses Unterfangens klar. Der Homburger Plan komme für die Militärgouverneure nicht in Frage. Die standesstolzen Fachleute begehrten auf. Was sie hier sollten, wenn alles schon entschieden wäre? Man verlange von ihnen doch wohl nicht, daß sie bloß die technische Abwicklung einer Reform nach dem Colm-Dodge-Goldsmith-Plan ausknobelten! In diesem Falle wollten sie heim. Erhard fuhr nach Rothwesten, beschwichtigte die aufgebrachten Herren und ermunterte sie dazu, auf der Grundlage des Colm-Dodge-Goldsmith-Plans weiterzumachen. Da man um den nun mal nicht herumkomme, sei der Versuch, ihn im „Geist von Homburg“ zu modeln, aller Mühen wert. Die Experten schickten sich drein und blieben.

Ihre Arbeit zog sich bei latentem Widerstand und gelegentlichen Konflikten hin. Unterdessen wurde der Entwurf des Gesetzes fertig, der es Erhard ermöglichen sollte, nach der Währungsreform die Marktwirtschaft zu proben. Am 1. Juni lag er dem Verwaltungsrat vor. Bei flüchtigem Hinsehen bot er sich als Zusammen- und Neufassung von Grundsätzen der Bewirtschaftung und Preisbildung dar. Da wurden zunächst Güter und Leistungen aufgezählt, die künftig einheitlich bewirtschaftet werden sollten sowie Bewirtschaftungsverfahren angedeutet und Normen der amtlichen Preisbildung genannt. Erst ziemlich weit hinten stand fast beiläufig, daß im übrigen „der Freigabe aus der Bewirtschaftung der Vorzug vor deren Beibehaltung und der Freigabe der Preise der Vorzug vor deren behördlicher

Festsetzung zu geben“ wäre. Schließlich kündigte der Entwurf an, daß man im Falle einer Freigabe der Entstehung wirtschaftlicher Machtpositionen entgegenzuwirken und bestehende wirtschaftliche Machtpositionen von Staats wegen zu überwachen beabsichtige.[13] Das war Mikschs ordoliberaler Stempel auf dem Gesetz. Erhard ließ ihn sich inzwischen bereitwillig, wenn auch noch nicht völlig entschieden, gefallen. Etwas anderes ließ er sich nicht gefallen. Oberdirektor Pünder schlug vor, daß die gesetzliche Ermächtigung zum Ausstieg aus der Bewirtschaftung dem Verwaltungsrat als Körperschaft übertragen werde. Erhard bestand darauf, daß er als Direktor und *nur* er als Direktor sie bekomme. Das sei nötig, damit schnelle Entscheidungen getroffen werden könnten, sagte er und dachte, daß es auch erwünscht sei, damit die Deutschen wüßten, wem sie den erwarteten Segen der Reform zu danken hätten. Der Verwaltungsrat nahm den Entwurf auch unter dieser Bedingung an und leitete ihn dem Wirtschaftsrat zu, damit er ein Gesetz daraus machte. Das Gesetz sollte zusammen mit der Währungsreform verkündet werden. Und Erhard richtete sich darauf ein, es noch am Tage der Währungsreform in seinem Sinn zu nutzen.

Der Zufall wollte es, daß jener Tag tags drauf von den Militärgouverneuren endlich und endgültig bestimmt wurde. Sie teilten ihren Beschluß freilich vorerst niemandem mit, dem Verwaltungsrat nicht und auch nicht dem verdrossenen Konklave. Das wurde nur dazu gedrängt, mit seiner Arbeit allmählich zu Rande zu kommen. Tatsächlich schloß es sie am 8. Juni ab und distanzierte sich zugleich von deren „erzwungenem“ Ergebnis.

Das Ergebnis bestand in einer zum Homburger Plan hin geneigten Modifikation des Colm-Dodge-Goldsmith-Plans. Die Experten hatten sich damit abfinden müssen, daß ein Großteil der Reichsschuld gestrichen wurde, aber einen Vorschlag zur Behandlung des Rests durchgesetzt, der den Regelungen des Homburger Plans näher verwandt war als den Absichten des Colm-Dodge-Goldsmith-Plans. Die Militärgouverneure sicherten zu, den Vorschlag zu bedenken. Sie versprachen nicht, ihn Punkt für Punkt zu beachten. Dazu waren sie weder bereit noch hätten sie’s gekonnt, weil inzwischen die französische Zone an der Währungsreform teilnehmen sollte und der französische Militärgouverneur seine eigenen, wenn auch noch etwas unklaren Vorstellungen von der Reform hatte.

Am Montag, den 14. Juni, berieten der britische und der amerikanische Militärgouverneur mit den deutschen Direktoren und mit Abgeordneten des Wirtschaftsrates über die wirtschaftliche Entwicklung in der Doppelzone. Derlei Gespräche fanden mit einiger Regelmäßigkeit statt und verliefen bei ziemlich genau definierten Rollen nach einem gewissen Ritus. Die Generäle bestellten die deutschen Herren in den Sitz der bizonalen Militärverwaltung in Frankfurt am Main, in das IG-Farben-Haus, zum Rapport. Pünder und der Präsident des Wirtschaftsrates repräsentierten die deutschen Behörden, Erhard war gewöhnlich deren Wortführer. Die Generäle demonstrierten Distanz. Sie hörten zu, kommentierten, was sie hörten, kenntnisreich und kompetent, lobend und tadelnd, eher tadelnd als lobend, und ließen sich auf Diskussionen nicht ein. Dabei spielte der Amerikaner Lucius Clay den Part des aufgeklärten, aber gestrengen und kurz angebundenen Herrschers, der es gut mit seinen Leuten meinte, aber erwartete, daß sie folgsam waren und sich in Bescheidenheit mühten, während Brian Robertson, nicht minder herrscherlichen Sinnes als Clay, im Umgang eher vornehme Milde walten ließ und über Clays gelegentliche Schroffheiten durch ausgleichende Verbindlichkeit hinweghalf. Die Deutschen konnten sich, ganz nebenbei, zu beiden beglückwünschen.

Erhard trug vor, daß ihm die Kapitalbildung und der Außenhandel Sorgen machten.[14] Er hoffe auf umfangreiche Kredite aus dem Ausland und bäte um die rasche Freigabe von Gegenwertmitteln und um die Beseitigung der hinderlichen Dollarklausel. Clay sagte, Erhard solle nicht hoffen und bitten, sondern wirken und schaffen. Er möge sich nicht auf fremdes Geld verlassen, sondern zusehen, daß in Deutschland investives Kapital aufgebracht werde. Und was die Dollarklausel angehe: Die habe ihren guten Sinn und Zweck. Wenn die Deutschen den nicht einsähen, könnten sie ihren Außenhandel gern allein abwikkeln; ganz allein freilich, auch ohne Dollarhilfe. Aber die alliierte Außenhandelsbehörde meine auch ... , sagte Erhard. Der Direktor, sagte Robertson, solle ihnen nicht sagen, was andere meinten, sondern wissen, was richtig sei.

Erhard mußte sich dergleichen gesagt sein lassen. Er ließ es sich gesagt sein und war entschlossen, sein Ansinnen bei nächster Gelegenheit erneut vorzubringen; eben weil er wüßte, was richtig wäre. Wenn es um Hartnäckigkeit in Angelegenheiten ging, die er für richtig hielt, machte ihm so schnell keiner was vor.

Jetzt fragte er, von der Schelte unbeeindruckt, erst einmal, ob man inzwischen etwas über den Termin und die Regelungen der Währungsreform erfahren könne. Clay bot an, einen kleinen Kreis verantwortlicher Männer anderntags um halb zehn davon in Kenntnis zu setzen.

Der kleine Kreis fand sich pünktlich ein, wurde aber nicht vorgelassen, weil Clay und Robertson noch mit dem französischen Militärgouverneur im Streite lagen.[15] Viertel vor zwei erschien er erneut. Diesmal teilten die Generäle seinen Angehörigen mit, daß die Währungsreform am 18. Juni verkündet und am 20. Juni dadurch in Angriff genommen werde, daß alles alte Geld seinen Wert verliere und jeder Deutsche, wes Alters und Geschlechts er sein mochte, einen „Kopfbetrag“ in neuem Geld erhalte. Der 18. Juni war in drei Tagen und der 20. ein Sonntag. Den hatte man gewählt, damit die Neugeldbesitzer ihren Kopfbetrag im ersten Überschwang nicht gleich auf den Kopf hauen konnten. Über die Höhe jenes Betrages und über die Behandlung des Rests waren sich die Alliierten immer noch unschlüssig. Derzeit brüteten sie über zwei Alternativen. Die erste Version sah vor, dreißig Mark sofort auszuzahlen und 20 % der Geldvermögen von alter auf neue Währung umzustellen, davon aber nur 8 % freizugeben und 12 % auf unabsehbare Zeit zu blockieren. Die andere: 60 Mark Kopfquote, 5 % sofort frei verfügbar, weitere 5 % innerhalb von drei Monaten, 10 % blockiert. In beiden Varianten wurden 80 % der Geldvermögen annulliert. Die Generäle verließen den Raum, damit die Deutschen untereinander ausmachen könnten, welche Alternative sie vorzögen. Dafür erhielten sie acht Minuten Zeit. Erhard ließ die anderen weder zur Besinnung noch gar zu Wort kommen. Natürlich komme nur die zweite Alternative in Frage, sagte er, aus sozialen Gründen, wegen der höheren Kopfquote, dahinter müßten alle sonstigen Bedenken zurückstehen. Karl Bernard, der Präsident des jüngst etablierten, für die westdeutsche Geldpolitik nach der Reform verantwortlichen Zentralbankrats, erhob Einwände. 60 Mark Kopfgeld und 10 % freie Guthaben in drei Monaten seien zuviel, eins wie das andere inflationär, unvertretbar. Erhard sagte: Niemand könne vorhersehen, was richtig und was zuviel sei. Wenn es sich als zuviel erweise, werde man damit fertig werden. Jetzt komme es auf die 60 Mark an, auf die wirtschaftlich anregenden und sozial beruhigenden Wirkungen, die ihnen innewohnten.

Die Generäle kamen wieder herein. Erhard sagte ihnen, daß man deutscherseits bei manchen Bedenken die zweite Alternative vorziehe. Clay und Robertson nahmen es zur Kenntnis. Dann entließen sie die Herren bis zum nächsten Morgen um viertel nach neun. Am nächsten Morgen empfing Robertson sie allein. Die Entscheidung war gefallen, jedenfalls zwischen Clay und Robertson, die Zustimmung des französischen Militärgouverneurs stand noch aus. Die Entscheidung war zwar nicht ganz, aber doch ziemlich so gefallen, wie Erhard sie gewünscht hatte. Vorbehaltlich französischer Zustimmung erhielten alle Deutschen am kommenden Sonntag 40 DM auf die Hand und weitere 20 DM innerhalb der folgenden zwei Monate. 5 % ihrer Altgeldguthaben wurden nach nötigen Vorbereitungen und Prüfungen und unter Abzug des Kopfgeldes auf Bankkonten gutgeschrieben und sofort freigegeben; weitere 5 % innerhalb von 90 Tagen, falls nicht alle *drei* Militärgouverneure dagegen waren, 2 % jedoch unter allen Umständen.

Erhard war mit der Entscheidung denn auch zufrieden. Wenn man davon absah, daß 80 % der Altgeldbestände gestrichen und nicht in Liquidationsanteile umgewandelt wurden, die ohnedies nie eingelöst werden sollten, kam sie dem Homburger Plan ja auch ziemlich nahe, näher jedenfalls als dem Colm-Dodge-Goldsmith-Plan. Allerdings entfielen die Liquidationsanteile als ebenso bequemes wie wirkungsloses Mittel des „Lastenausgleichs“. Zu Erhards Erleichterung oktroyierten die Alliierten den Deutschen statt dessen aber nicht die beängstigenden Umverteilungsabsichten des Colm-Dodge-Goldsmith-Plans. Sie hielten den Lastenausgleich immer noch für nötig und erwünscht, dessen Formen aber inzwischen für eine innerdeutsche Angelegenheit. Und da die Deutschen mit jenen Formen noch nicht im reinen waren, trennten sie den Lastenausgleich von der Währungsreform und wiesen den Wirtschaftsrat an, das Lastenausgleichsgesetz bis Jahresende nachzureichen. Der Wirtschaftsrat versäumte die Frist. Die Militärregierungen fanden sich mit einem vorläufigen „Nothilfegesetz“ ab und rührten nicht weiter an die Sache. Es dauerte bis 1952, ehe der Bundestag das endgültige Lastenausgleichsgesetz annahm. Das Gesetz vermied Eingriffe in die Vermögensverteilung und beschränkte sich auf eine behutsame, zeitlich gestreckte Umverteilung der Einkommen. Erhard war mit alldem nicht mehr eigentlich befaßt; er hielt es im Zeichen des wirtschaftlichen Aufschwungs auch nicht mehr für sonderlich nötig, hatte aber, wenn es denn sein mußte, gegen das Ergebnis wenig einzuwenden.

Als General Robertson ihm und den anderen die Grundsätze der Währungsreform bekanntgab, waren bis zu deren Verkündung noch zwei, bis zur Ausgabe der Kopfquote noch vier Tage Zeit. Und die abschließende Beratung seines „Ermächtigungsgesetzes“ im Wirtschaftsrat stand immer noch aus. Es galt. Erhard drängte und setzte durch, daß die Vorlage am nächsten Tag zu ihrer dritten Lesung auf die Tagesordnung des Plenums kam. Die Sitzung begann am frühen Nachmittag, wurde am späten Nachmittag unterbrochen, damit sich der zuständige Ausschuß noch einmal mit dem Text befassen konnte, am späten Abend wieder aufgenommen und weit nach Mitternacht beendet. Erhard schlug seine große Schlacht. Die Schlacht war nicht von vornherein gewonnen. Die entschiedenen Widersacher und die entschiedenen Befürworter des Entwurfs mochten etwa gleich stark sein. Für die Kommunisten war Rückzug aus der Bewirtschaftung schlechthin Anathema. Mit den Sozialdemokraten konnte man darüber im Prinzip reden. Sie mochten, sagten ihre Sprecher, die gegenwärtige Bewirtschaftungspraxis und was dabei herauskomme, ebensowenig wie die bürgerlichen Parteien. Wettbewerb und freie Preise machten die Sache nach Lage der Dinge, bei existentiellem Mangel und großer Vermögens- und Einkommensungleichheit freilich nicht besser, sondern nur schlimmer. Deshalb mochten sie bis auf weiteres auch keinen Wettbewerb und keine freien Preise und wollten sie Erhard nicht die Möglichkeit geben, beides einzuführen. Unklar blieb, *was* sie bis auf weiteres mochten und wollten.

Auf der anderen Seite konnte Erhard der Zustimmung seiner FDP und des größeren Teils der CDU unter Führung des westfälischen Wirtschaftsanwalts Franz Etzel gewiß sein. Den Ausschlag gaben die unentschiedenen und unsicheren Abgeordneten der Deutschen Partei und des Zentrums, vor allem aber der christlich-soziale Flügel der CDU. Um sie stritt Erhard mit ausdauernder, wann immer nötig, neu belebter Kampfeslust. Der Wirtschaftsrat lernte an diesem endlosen Tag den anderen öffentlichen Erhard kennen, nach dem wissenden und werbenden nun den wollenden und wütenden. Erhard ließ seine beachtlichen polemischen Talente spielen. Er gewann die Zustimmung der Zweiflerischen nicht so sehr durch Überzeugung wie durch Negation. Er brachte die Vertreter der CDU-Sozialausschüsse auf seine Seite, indem er die SPD als Bündnispartner unmöglich machte. Dabei kam ihm zu Hilfe, daß er wußte, was er wollte und an dessen Erfolg glaubte, während die SPD weder wußte, was sie wollte, noch was sie glauben sollte. Erhard sagte es ihr und dem ganzen Wirtschaftsrat und ließ dabei fünf gerade sein. Es sei das genaue Gegenteil dessen, was *er* wolle: „Kollektivismus“ mit einem Wort, und laufe unvermeidlicherweise auf Zwang, Not und Chaos bis in alle Ewigkeit hinaus.

Dagegen war argumentativ nicht anzukommen. Und schon gar nicht, wenn man keinen festen dogmatischen Standpunkt und keinen zielgewissen, praktisch-politischen Willen hatte. So klagten die Redner der SPD in ihrer Ratlosigkeit ihrerseits Erhard an, die Preise zum Steigen freigeben zu wollen und die notdürftige Deckung des dringlichsten Bedarf der kleinen Leute zu gefährden. Erhard zieh sie des ökonomischen Unverstands: Das neue Geld und die Freigabe aus der Bewirtschaftung lockten die Waren zu Markte und der Leistungswettbewerb werde dafür sorgen, daß ihre Preise sänken. Jedenfalls verbürge er sich feierlich dafür, daß sie nicht stiegen.

Er machte auch in dieser Rolle Eindruck. Die Waagschale neigte sich zu seinen Gunsten. Bei den Ausschußberatungen wurde der Gesetzestext sogar dergestalt neugefaßt, daß danach nicht mehr die Freigabe als Ausnahme von der Bewirtschaftung, sondern die weitere Bewirtschaftung als Ausnahme von der Marktwirtschaft erschien. In dieser Form nahm der Wirtschaftsrat das Gesetz nach Mitternacht mit deutlicher Mehrheit an.

Das Gesetz bestand hauptsächlich aus einer Reihe von Leitsätzen über die künftige Bewirtschaftungspraxis und Preispolitik. Deshalb hieß es bald kurzweg „Leitsätzegesetz“. An der Spitze der Leitsätze stand nun die Feststellung, daß die Freigabe aus der Bewirtschaftung deren Beibehaltung vorzuziehen sei. Dann erst wurden die Güter und Leistungen genannt, die vorerst in dieser oder jener Form weiter bewirtschaftet werden müßten: Nahrungsmittel und industrielle Grundstoffe, Kleider und Schuhe, Wohnungen und Verkehrsmittel, Gas und Strom.

Erhard hatte gewonnen. Aber er war noch nicht am Ziel. Das Leitsätzegesetz bedurfte, bevor es in Kraft trat, der Zustimmung einer Ländermehrheit und der Zustimmung von Clay und Robertson. Die Zustimmungen waren vor der Währungsreform nicht mehr zu erlangen. Erhard traf dennoch seine Vorbereitungen.

Das bedeutsame Wochenende verbrachte er, scheinbar fern vom Schuß, bei seiner Familie in München. In Frankfurt wohnte er noch immer im Hotel. Er hatte einmal leibhaftig erfahren, daß man in Besatzungs-Deutschland einen politischen Posten fast so schnell wieder loswurde, wie er einem zufiel, und hatte es mit der Wohnungssuche nicht eilig. In München erlebte er mit, wie die Menschen das Geld, das ab Sonntag nichts mehr galt, am Samstag für die nutzlosesten Dinge und die absurdesten Zwecke auszugeben versuchten. Wem es gelang, betrunken zu werden, der zündete wohl auch seine Zigarette mit einem überflüssigen Hunderter an. Es war, als feierte man ebenso verzweiflungsvollen wie grotesken Abschied von der nutzlosen Geldfülle.

Am Sonntag, dem 20. Juni, empfingen die Westdeutschen dann dort, wo sie gewöhnlich ihre Lebensmittel-, ihre Kleider- und ihre sonstigen Karten abholten, ihr Kopfgeld und waren anschließend, auf ihre Kaufkraft hin besehen, ein paar Tage lang alle gleich. Außerdem empfingen sie ein Formular, auf dem sie bis kommenden Freitag die Geldguthaben anmelden konnten, die sie umzustellen wünschten. Die Umtauschquote behielt man ihnen fürs erste vor; dafür ließ man sie wissen, daß vor dem Umtausch eine Überprüfung der angemeldeten Beträge durchs Finanzamt komme. Das setzte die Wünsche merklich herab.

Die Familie Erhard, Ludwig, Luise und Elisabeth, erhielt 120 DM. Das war für sie nicht viel Geld. Der Wirtschaftsdirektor hatte 1400 Reichsmark im Monat verdient und würde künftig 1400 DM verdienen. Denn sogenannte laufende Leistungen - Löhne und Gehälter, Renten, Mieten und ähnliches - wurden 1:1 umgestellt. Das machte Sinn, wenn man glaubte, daß die laufenden Einkommen und die offiziellen Preise so im Einklang miteinander waren, daß nominell gleichbleibende Einkommen weder als Kostenfaktoren noch als Nachfragepotentiale die Preise nach oben drückten. Und es blieb wenig anderes übrig, als dies zu glauben, weil zum besseren Wissen die statistischen Voraussetzungen fehlten. Der paritätischen Umstellung haftete ein Stück Beliebigkeit an. Keine andere wäre aber weniger beliebig gewesen, und die paritätische hatte immerhin den Vorteil der Einfachheit für sich.

Für die westdeutschen „Normalverbraucher" waren die Kopfbeträge viel Geld. Die vierköpfige Durchschnittsfamilie erhielt 160 DM. Das kam einem durchschnittlichen Monatseinkommen nahe. Der unmittelbare psychologische und, durch ihn vermittelt, auch der wirtschaftliche Erfolg der Reform hingen nun davon ab, was man mit dem neuen Geld anfangen konnte. Erhard setzte darauf, daß der Wunsch und die Notwendigkeit, möglichst schnell in den Besitz liquider Mittel zu kommen, die Unternehmer und Geschäftsleute unter allen Umständen dazu veranlaßten, ihre Lager aufzulösen, gehortete Waren zu Markte zu bringen und dadurch den ermutigenden Eindruck zu schaffen, daß Geld auf wundersame Weise wieder wirksamer Schlüssel zur Güterversorgung wäre. Aber er verließ sich nicht vollends darauf. In jedem Fall befürchtete er, daß sich der Effekt schnell erschöpfte und die Ermutigung in Enttäuschung umschlüge, wenn die Unternehmer und die Verbraucher im unsicheren darüber blieben, ob mit dem wert- und nutzlosen Altgeld auch die Karten- und Bezugsscheinwirtschaft dahinginge. Nun war er ja dazu entschlossen, sie geschwindest dahingehen zu lassen, aber er war noch nicht dazu ermächtigt, dies auch zu sagen. So *ließ* er es denn sagen. Während er am frühen Sonntagabend in aller Unschuld von München nach Frankfurt zurückfuhr und nichts dafür konnte, ließ sein eigenwillig-loyaler Pressesprecher Kuno Ockart im Rundfunk heraus, daß in Kürze eine Fülle von Bewirtschaftungsmaßnahmen und Preisbindungen beseitigt würde.

Man weiß nicht, was die Ankündigung dazu beitrug, daß am anderen Morgen die letzthin leeren Schaufenster und Regale in einer Weise überquollen, daß die Deutschen meinten, ihren Augen nicht trauen zu sollen. Erhard trug es jedenfalls den Befehl ein, unverzüglich vor General Clay zu erscheinen. Er erschien. Clay glaubte keinen Moment lang, daß Ockart unbedacht oder bedacht auf eigene Faust gehandelt hätte. Und Erhard versuchte keinen Moment lang, ihn das glauben zu machen. Der General erinnerte sich des Gesprächs einige Jahre später in folgender Form: Er habe gefragt, wodurch Erhard sich zu der Ankündigung befugt glaube? Erhard sagte: Die Militärregierungen hätten ihm die Verantwortung für die westdeutsche Wirtschaft übertragen. Die nehme er nach bestem Wissen wahr. Clay lächelte. Der selbstgewisse, unerschrockene Mann gefiel ihm und außerdem hielt er seine Absichten ja für prinzipiell richtig, wenn auch praktisch noch nicht unbedenklich. Er habe den Eindruck, daß Erhard seine Verantwortung ein bißchen extensiv auslege, sagte er, aber in Gottes und der Militärregierungen Namen, man wolle zusehen, was daraus werde.[16]

Erhard verließ das IG-Farben-Haus mit der Gewißheit, daß die Alliierten dem Leitsätzegesetz zustimmen und den Konsequenzen, die er daraus zog, nicht widersprechen würden. Am gleichen Tag noch nahm der Länderrat das Gesetz an. Jetzt war der Weg frei und Erhard trat selbst vor die Mikrophone, um den Bizonen-Deutschen seine Absichten zu erklären und sie an seiner Zuversicht teilhaben zu lassen.

Mit der Rede begann ein langwährender Dialog zwischen Erhard und den Deutschen, in dem nur eine - Erhards - Stimme zu hören war und in dem sich eine wachsende Mehrzahl der Deutschen dennoch zu Wort gekommen und verstanden glaubte. Dabei dürften nur wenige mehr als ein paar Kernsätze der Ansprache verstanden haben. Manches war schlechterdings nicht zu verstehen: „Ich möchte sogar im Hinblick auf die Notwendigkeit der Sparkapitalbildung fur unsere Volkswirtschaft darauf verzichten, die Freizügigkeit jedes einzelnen auch nur durch verbrämte kategorische Imperative einzuschränken."[17] Und das Verständnis des meisten anderen setzte mindestens ein volkswirtschaftliches Grundstudium voraus. Aber auf Verständnis kam es jetzt und später nicht so sehr an. Nicht der Inhalt war die Botschaft, die Botschaft waren der Mann und seine Art. Erhard präsentierte sich ausdrücklich als ein Mann ohne alle Eigenschaften des Politikers, als schlichten, verläßlichen Fachmann vielmehr, dem persönlicher Ehrgeiz fremd und Gruppeninteressen gleichgültig, das gemeine Wesen und Wohl hingegen alles waren; als personifizierte Wirtschaftspolitik gewissermaßen und zugleich als die Person, an der das wirtschaftliche Wohl und Wehe hing. Von dieser Warte her interpretierte Erhard in gleichermaßen ich-bezogenen und kompliziert nüchtern-sachlichen Wendungen sich selbst, bezog seine Zuhörerschaft monologisch in seine Interpretation ein und interpretierte auf diese Weise alsbald und unvermerkt in scheinbarem Diskurs mit ihr auch sie. Und das Wunderbare war, daß sich die Zuhörer, ohne recht zu wissen, wie ihnen geschah, in der Interpretation wiedererkannten und verstanden und geborgen fühlten. Das brauchte freilich seine Zeit. Am Tage nach der Währungsreform schlug Erhard erst den Ton dazu an und probierte ein paar Modulationen aus. Er sagte den Deutschen, daß sie der Bewirtschaftung satt seien und deren Abschaffung herbeisehnten. Und dies zu recht; denn die Beseitigung der Zwangswirtschaft sei nicht nur eine Bedingung des Gelingens der Währungsreform, sondern auch ein weiter Schritt hin zur Demokratie. Deshalb werde er ihrem Sehnen ein gutes Stück weit nach- und zahlreiche Preise in den nächsten Tagen freigeben, damit künftig sie an Stelle der Behörden den Wirtschaftsprozeß wieder steuerten. Gewisse Kräfte wollten seinen Zuhörern einreden, daß infolge der Freigabe die Preise stiegen. Das sei wider alle Vernunft. Vernünftig sei vielmehr die Erwartung, daß die Preise sänken. Es müsse „geradezu als ein Wunder bezeichnet werden, wenn die Preise ... nicht nachgeben sollten. An Wunder aber vermag ich gerade im Bereich der Wirtschaft nicht zu glauben."[18]

Fluch der Tat - Inflation?

Das Wunder trat dennoch ein. Am 25. Juni wurde eine Vielzahl von Preisen freigegeben und zum 1. Juli eine gleiche Vielzahl von Gütern der Bewirtschaftung entnommen. Aber die Preise fielen nicht, sie stiegen. Der Index der Lebenshaltungskosten zog in den ersten vier Monaten nach der Refom um 14 % an. Aufs Jahr umgerechnet entsprach das einer ganz und gar unerträglichen Inflationsrate von gut 40 %. Es fällt nicht allzu schwer, mehrere Gründe dafür auszumachen. Schwerer fällt es, das unerfreuliche Ergebnis den Gründen im einzelnen zuzurechnen. Am wichtigsten war wohl, daß der neue Geldmantel, in den die Währungsreform die deutsche Wirtschaft steckte, weit bemessen ausfiel. Das galt für den ersten Überwurf wie für den endgültigen Zuschnitt. Außer den Verbrauchern erhielten auch die Unternehmen eine Art Kopfgeld, mit dem sie den Betrieb in Gang halten konnten, bis die Umsatzerlöse eingingen: 60 DM je Beschäftigtem. Außerdem wurden die öffentlichen Einrichtungen mit ein paar Milliarden DM Bargeld ausgestattet. Im Juli erfolgte dann die Freigabe der ersten 5 % auf DM umgestellter Altvermögen. Vermutlich war schon dies alles mehr, als bei der geringen Produktionsfähigkeit der deutschen Wirtschaft mit festen Preisen vereinbar war. Dazu kam eine verständliche Ausgabenfreudigkeit der Deutschen, die das neue Geld schneller als üblich umlaufen ließ. Eine Beschleunigung der Umlaufgeschwindigkeit wirkt aber ähnlich preistreibend wie eine Vermehrung der Geldmenge, wenn die Ausweitung der Produktion nicht mithält. Und die Produktionsausweitung hielt nicht mit. Der schlechte Zustand der Produktionsanlagen, die durch Entkräftung herabgesetzte Leistungsfähigkeit der Arbeitskräfte und Mangel an Rohstoffen ließen dies nicht zu. So kam es, daß infolge des Mißverhältnisses zwischen schnell umlaufender Geldmenge und zurückbleibender Erzeugung die Preise in Bewegung gerieten. Preisänderungen sind auf freien Märkten ja das Mittel, durch das die umlaufende Geldmenge und der Wert des Güterangebots aneinander angepaßt werden.

Den Deutschen vergällten die Preissteigerungen die Freude am kräftigen wirtschaftlichen Aufschwung, den die Reformen ja doch auch ausgelöst hatten. Die Produktion wuchs nicht stark genug, um die schnell umlaufende Geldmenge bei festen Preisen zu absorbieren, aber sie wuchs gleichwohl stärker, als irgendwer erwartet hätte: um 6-8 % im Monat, um ein Viertel im Quartal. Selbst Erhard gestand ein, daß er mit einer Entwicklung diesen Ausmaßes nicht gerechnet habe. Das war konsequent. Denn solange er mit festen Preisen rechnete, durfte er bei seinem damaligen Verständnis des Wirtschaftsprozesses nicht zugleich mit einem derart dynamischen Produktionswachstum rechnen. Er hatte vielmehr das dialektische Kunststück fertigzubringen, einerseits zu wünschen, daß die Kapitalgüterindustrie auf mittlere Sicht schlecht beschäftigt war, weil dies den strukturellen Wandel förderte und Preissteigerungen verhinderte, und andererseits besorgt darüber zu sein, weil es den Aufschwung hemmte und Arbeitslosigkeit hervorrief. Die gleichsam erwünschte Sorge entsprang der Erwartung, daß die Unternehmen nach der Währungsreform fürs erste erheblichen Mangel an investiven Mitteln litten. Die „wunderbaren" Preissteigerungen hatten jene Erwartung und damit auch seine Rechnung als falsch erwiesen. Mit den Preisen stiegen nämlich auch die Gewinne der Unternehmen und sie stiegen um so mehr, als die Grund- und Rohstoffe weiter bewirtschaftet wurden und im Preis festblieben, vor allem aber, weil der Lohnstopp andauerte und die Lohn- der Preisentwicklung nicht folgen konnte. Die Unternehmen nutzten die unverhofften Gewinne, um ihre Produktionsanlagen wiederherzustellen, zu verbessern und zu erweitern. Das verschaffte der Investitonsgüterindustrie Aufträge und Beschäftigung und trieb den wirtschaftlichen Aufschwung über Erwarten voran.

So hatte eine vorübergehende Inflation damals durchaus ihr Gutes. Das ist aber natürlich in der Rückschau leichter gesagt, als die Geldentwertung selbst von den Zeitgenossen zu verkraften war. Zum einen wußten die ja nicht, daß die Inflation vorüberging, und zum anderen waren ihnen die Zusammenhänge nicht klar. Deshalb wußten sie auch nicht, ob sie sich der besseren Versorgung wirklich freuen durften. Je länger und stärker die Preise stiegen, um so mehr zweifelten sie daran. Der bizonale Wirtschaftsdirektor, der ihnen Preissenkungen versprochen und, so meinten sie, Preissteigerungen beschert hatte, wurde rasch und unversehens zum unpopulärsten Mann in Deutschland.[19] Protestkundgebungen fanden statt. Runter mit den Preisen und fort mit Erhard, hieß es. Ein Preiswuchergesetz wurde gefordert. Ludwig Erhard selbst hingegen fühlte sich nicht nur gänzlich unschuldig an der Entwicklung, er war sich auch sicher, den eigentlich Schuldigen ausgemacht zu haben. Dabei kam ihm die Fähigkeit zugute, sich und den anderen die Dinge allemal so zurechtzulegen, wie sie ihm gerade zu Paß kamen. Das nützte seiner Beharrlichkeit, und die wiederum nützte in diesem Fall der deutschen Wirtschaft. Später - verblüffend schnell eigentlich - verfestigte sich die Neigung zu einem wirtschaftspolitischen Unfehlbarkeitsdünkel, der nicht mehr immer nützlich war und oft - wenn man Erhard wohlwollte - rührend - wenn man ihm weniger wohlwollte - auch etwas albern wirkte.

Schuld an den Preissteigerungen waren seiner nicht verhehlten Meinung nach die Besonderheiten der Währungsreform, denen er widerraten habe und die mit Notwendigkeit die Preise in die Höhe treiben mußten. Wer anderes erwartet habe, verstünde von der Sache nichts.

Das Gedächtnis des politischen Gegners war nicht so kurz wie sein eigenes. Die Sozialdemokraten erinnerten an Erhards vollmundige Reden und stellten im August erstmals den Antrag, ihn abzulösen. Die Gewerkschaften beklagten außer den enteilenden Preisen auch die stillstehenden Löhne, ziehen Erhard einseitig-willentlicher Begünstigung des Unternehmertums und riefen zum Generalstreik auf.

Es war nicht so, daß Erhard dies alles nicht anfocht. Aber es focht ihn eher persönlich als politisch an. Deshalb gestand er ihm keine Berechtigung zu und führte es hauptsächlich auf Böswilligkeit zurück. Aus der Mischung von persönlicher Betroffenheit und politischer Selbstgewißheit erwuchsen der Wille zum Durchhalten und ein Zorn auf die Übelgesinnten, der sich zuweilen in wilden Wortkaskaden Bahn brach. „Aus dem hysterischen Gekeife der Kollektivisten aller Sorten,“ brüllte er dann wohl, „spreche die schlotternde Angst, daß sich das Volk den Fesseln der geistigen Bevormundung und Tyrannei einer ebenso machthungrigen wie seelenlosen Bürokratie und Bonzokratie entziehen könne.“[20] Das war nicht so sehr Sprachgewalt wie Argumentationsnot, kam vorerst schlecht an und machte überdies eine Entschuldigung ratsam. Erhard ließ sich, ohne an Verkrümmungsgefühlen zu laborieren, dazu herbei - und bei der nächsten Gelegenheit erneut den oratorischen Gaul mit sich durchgehen. Auch das, die von sich selbst vorangepeitschte und von ihm nicht mehr beherrschte öffentliche Rede, wurde Erhard gleichsam habituell, samt den nachträglichen Entschuldigungen, wenn es um die Verunglimpfung von Andersgesinnten, und samt den Dementis und zurechtrückenden Deutungen, wenn es um verzeichnete, verdrehte und verfehlte Sachverhalte ging.

Nun stritt Erhard im Sommer 1948 nicht nur öffentlich über die Ursachen der Inflation und für die Unschuld der Marktwirtschaft, er bemühte sich auch von Amts wegen darum, weiteren Preisauftrieb zu unterbinden. Anfang August versuchte er, die Militärgouverneure dahin zu bringen, das letzte Drittel der Kopfquote nicht bar auszahlen, sondern auf Sparkonten gutschreiben zu lassen. Die Generäle fühlten sich freilich an ihre Zusicherung gebunden und ließen die 20 DM vom 20. August an auszahlen. Mitte September bat der Verwaltungsrat darum, die zweiten 5 % auf den Umstellungskonten nur für Arbeits- und Einkommenslose sowie zur Tilgung von Steuerschulden zugänglich zu machen, die grundsätzliche Entscheidung über die Freigabe aber um ein halbes Jahr zu verschieben. Den Gouverneuren lag bereits eine ähnliche Petition vor. Die stammte vom Zentralbankrat und plädierte für eine Beschränkung der Verfügbarkeit auf Investitionszwecke. Erhard glaubte, daß die produktions- und wachstumspolitische Begründung der Bankiers der wirtschaftlichen Lage besser gerecht werde, mußte aus Gründen institutioneller Loyalität aber das sozialpolitisch inspirierte Votum des Verwaltungsrats unterstützen. Später, als er eine Institution für sich geworden war, hat er sich von derlei Bedenken emanzipiert.

Da gerade Robertson die Geschäfte führte, bedauerten die Generäle, daß die deutschen Behörden es nicht fertigbrächten, einen gemeinsamen Vorschlag zu präsentieren. Im übrigen seien beide Vorschläge wenig durchdacht und unpraktikabel. Wenn es nur nach ihnen, Clay und Robertson, ginge, gäben sie vorerst gar kein weiteres Geld frei. Die Geldmenge sei groß genug. Aber sie hätten es auch mit General Koenig zu tun und seien bei den Franzosen im Wort.

Immerhin ließ Koenig sich in den nächsten zwei Wochen von dem Wort noch einiges abhandeln. Am 1. Oktober verkündeten Clay und Robertson der üblich-unnütz umfangreichen Delegation des Wirtschafts-, des Verwaltungs- und des Zentralbankrats - Pünder, Erhard und Bernard täten es eigentlich, meinten die Generäle -, daß weder fünf noch zwei, sondern nur 1,5 % freigegeben würden, die aber für jedermann, 0,5 % allerdings mit der Auflage, sie zu sparen oder dafür Wertpapiere zu kaufen.

Erhard, um Einfälle nie verlegen und des Illusionären seiner Einfälle selten inne, schlug vor, die Freigabe des beliebig verwendbaren Prozents mit dem Aufruf zu verbinden, das Geld in einen Rentenfonds einzuzahlen oder für den Unterhalt des blockierten Westberlin zur Verfügung zu stellen. Die anderen verwarfen den Vorschlag, weil der Mißerfolg des Aufrufs unzweifelhaft sei. Die Generäle sagten, daß die Deutschen den mutmaßlichen Inflationsschub durch die zugegebenermaßen unverträgliche Geldschöpfung als Kosten des informellen, wirtschaftlichen Anschlusses der französischen Zone an das Vereinte Wirtschaftsgebiet verbuchen und die Verantwortung dafür getrost den Militärbehörden überlassen möchten.[21]

Erhard blieb wenig anderes übrig, nur getrost konnte er nicht sein. Die Alliierten mochten die Verantwortung und daran nicht übermäßig schwer tragen. Der Inflationsschub würde gleichwohl ihm angelastet und brächte je länger je mehr seinen Schritt in die Marktwirtschaft in Mißkredit.

Am 12. November fand der Generalstreik statt, den die Gewerkschaften angedroht und dem Verwaltungsrat zu verhindern ermöglicht hatten. Am 5.11. präsentierte die Gewerkschaftsführung den Direktoren eine Reihe von Forderungen. Es ging freundlich und friedlich dabei zu. Hans Böckler, der große alte Mann der deutschen Gewerkschaften, versicherte Erhard seines Glaubens an dessen aufrichtig guten Willen. Der Verwaltungsrat sagte eine Stellungnahme zu den gewerkschaftlichen Forderungen am Beginn der nächsten Woche zu. An deren Ende wollte man sich wieder treffen. Die Stellungnahme blieb aus und der Gewerkschaftsführung nichts anderes übrig, als den Generalstreik, den sie angedroht hatte, nun auch auszurufen.

Dabei ist „Generalstreik" ein großes Wort für das, was wirklich vorging. Inzwischen waren die Löhne freigegeben worden. Das entzog der Aktion einen erheblichen Teil ihrer Stoßkraft. Den Rest hielt das Besatzungsrecht im Zaum. Das waren schlechte Voraussetzungen für einen gewaltigen Ausstand. Es ging denn auch geordnet zu an jenem Freitag. Aber gerade aus der Ordnung ergab sich ein gut Stück der demonstrativen Kraft des Widerstandes gegen die Preiserhöhung, gegen die Marktwirtschaft und auch gegen Ludwig Erhard.

Zwei Tage später trat Erhard zu einem öffentlichen Rededuell gegen den sozialdemokratischen Wirtschaftsminister Nordrhein-Westfalens, Wilhelm Nölting, an. Erhard hatte Nölting zu dem Turnier herausgefordert, als der Termin des Streiks noch nicht feststand und hätte das Treffen wegen dessen Nachbarschaft zum Streiktag gern verschoben. Aber das ging nun nicht mehr. So versicherte man sich brieflich wechselseitiger Wertschätzung und eines anständigen Umgangs im Streit und begab sich in den Ring. Erhard schlug sich wacker vor 3000, eher Nölting als ihm geneigten Zuschauern im Frankfurter Zoo. Nölting, Oppenheimer-Schüler so gut und Marxist so wenig wie Erhard, Verfechter einer volkswirschaftlichen Rahmen-Planung, die durch wirtschaftspolitische Beeinflussung der Märkte realisiert würde, machte es Erhard nicht leicht. Erhard glich, was Nölting ihm an preispolitischer Unschuld, argumentativer Kraft und dialektischer Schärfe voraus hatte, durch Leidenschaft und rhetorische Üppigkeit aus. Wer nicht dabei gewesen war, konnte in den Zeitungen lesen, daß die Schlacht unentschieden geendet habe.

In der Woche darauf drang Nordrhein-Westfalen im Länderrat auf eine Entschließung, die Erhard das Recht entziehen sollte, weiterhin Preise freizugeben. Der marktwirtschaftliche Versuch sei - zumindest auf „kritischen Mangelgebieten" - gescheitert, eine grundlegende Änderung der Preispolitik nötig und Erhard vom Wirtschaftsrat anzuweisen, umgehend Preisvorschriften zur Sicherung der Lebenshaltung zu erlassen. Überdies solle die Preisbildung schnellstmöglich auf ein neu zu schaffendes Preis- und Lohnamt übergehen. Aparter- und für Erhard bedenklicherweise wurde der Antrag nicht von Nordrhein-Westfalens sozialdemokratischem Wirtschaftsminister, sondern von dessen christdemokratischem Ministerpräsidenten Karl Arnold vertreten. Gewiß, Arnold war Exponent der CDU-Sozialausschüsse, die Sache damit aber nicht abzutun. Noch bedenklicher war nämlich, daß der Länderrat die Entschließung mit den Stimmen aller CDU-Repräsentanten einstimmig annahm und sie, als Aufforderung, dem Wirtschaftsrat zugehen ließ. Die Entschließung verlieh Absichten Nachdruck, die sich seit einiger Zeit auch im Verwaltungsrat geltend machten. Ernährungsdirektor Schlange-Schöningen, über das persönlich-politische Gewicht, das Erhard so reichlich zuwuchs, kaum weniger verdrossen als über den Wuchs der Preise, wirkte ebenfalls darauf hin, die Preisbildungs-Kompetenzen vom Wirtschaftsdirektor auf ein Preisamt beim Finanzdirektor zu verlagern, dem Mitglieder aller Verwaltungen angehörten und das von den Kompetenzen auch Gebrauch machte. Erhard wehrte sich gegen das Verlangen, sah aber ein, daß er sich dem Ansinnen, statt seiner ein Gremium mit der Preispolitik zu befassen, nicht schlechthin verweigern konnte. Deshalb floh er nach vorn und schlug selbst ein Gremium vor; kein Preisamt freilich, sondern einen Preisrat, der sich aus den Direktor-Stellvertretern zusammensetzte, von seinem Stellvertreter geleitet und mit der Aufgabe betraut wurde, die Marktpreisentwicklung zu beobachten und nötigenfalls preispolitische Empfehlungen auszusprechen.

Am 5. Januar 1949 beriet der Verwaltungsrat über Schlanges Amt und Erhards Rat, über feste oder freie Preise, über Bewirtschaftung oder Marktwirtschaft. Erhard setzte sich durch. Pünder unterstützte seinen Vorschlag, die Mehrheit der anderen Direktoren, unter ihnen neuerdings ein Direktor für Sozialpolitik in Gestalt des christlichen Gewerkschafters Anton Storch, akzeptierten ihn und Schlange-Schöningen trug ihn aus Loyalität mit. Kurz darauf stimmte ihm auch der Wirtschaftsrat zu und lehnte zugleich die harsche Entschließung des Länderrats ab. Einen zweiten Antrag der SPD, Erhard als Direktor abzulösen, hatte er schon im Dezember zurückgewiesen. Erhard war durch. Das hartnäckige Vertrauen in die Richtigkeit seines Urteils und seiner Entschlüsse hatte ihn mit Standfestigkeit gewappnet, und standfest hatte er obsiegt. Fortune war auch dabei gewesen, gewiß. Aber Fortune ist nun mal nicht bloß Glück, sondern auch glückhaftes Verdienst.

Von November an hatte sich die Preisentwicklung unerwartet rasch beruhigt. Das kam Erhards Standfestigkeit zur Hilfe und bestätigte sie, auch wenn er nichts dazu konnte. Nachdem im Oktober das „zusätzliche Prozent" in den Umlauf gelangt war, ging die

Geldmengenvermehrung um zwei Drittel zurück. Zugleich verloren das neue Geld und die Güter, die man damit kaufen konnte, an suggestiver Kraft. Der anfängliche Kaufrausch verflog. Die Umlaufgeschwindigkeit des Geldes nahm ab. Dabei nahmen die Produktion und das Angebot auch weiterhin mit großer Geschwindigkeit zu. Produktionsanlagen konnten mit geringen Mitteln schnell restauriert werden, unterbeschäftigte Arbeitskräfte waren im Übermaß vorhanden und an Rohstoffen mangelte es, seit nach anfänglichen Verzögerungen die Marshallplan-Lieferungen eintrafen, auch weniger als ehedem. Auf diese Weise paßten sich der Geldumlauf und das Güterangebot mengenmäßig aneinander an und bedurften dazu nicht mehr der Preiserhöhungen. Die Zentralbank forcierte die Mengenanpassung, indem sie Kredite knapp und teuer machte.

Als der Wirtschaftsrat über den Antrag des Länderrates debattierte, war die Preisberuhigung schon unverkennbar und ein paar Wochen später tendierten die Preise sogar nach unten.

Ein Problem des Eintritts in die Marktwirtschaft schien überwunden zu sein, eins, das Erhard nicht erwartet oder das er negiert hatte; um so nachdrücklicher machte sich nun das erwartete Problem geltend: Arbeitslosigkeit. Als Drohung war es freilich auch vorher schon gegenwärtig gewesen und hatte Erhards Einsatz verlangt. Jener Einsatz galt der Mehrung von Mitteln für investive Zwecke in der westdeutschen Wirtschaft, mußte von konzeptionswegen in gewisser Weise hinter Erhards eigenem Rücken geschehen und war bislang nicht sonderlich erfolgreich gewesen. Erhard nahm bekanntlich an, daß Arbeitslosigkeit sich als Folge von Unterbeschäftigung der Kapitalgüterindustrie ergäbe, daß derlei Unterbeschäftigung in struktureller Absicht und aus Mangel an volkswirtschaftlichen Ersparnissen auch unvermeidlich wäre, daß sie aus sozialen und politischen Gründen aber nicht überhandnehmen dürfte und daß man der geringen Investitionsfähigkeit deshalb doch irgendwie aufhelfen müßte. Als bestgeeignete Mittel zu diesem Zweck erschienen ihm die schnelle Freigabe von ERP-Gegenwertfonds und der Import privaten Kapitals aus Amerika. Darüber geriet er mit den Militärgouverneuren in einen andauernden und von beiden Seiten nicht eben beweglich und verständigungswillig geführten, zuweilen etwas absurd anmutenden Disput.

Das ging Ende Juli 1948 los. Erhard bat die Militärgouverneure um einen Vorschuß auf die Gegenwertmittel. Er dachte an den enormen Betrag von 2 Milliarden DM. Clay hielt ihm entgegen, daß er sich, statt übertriebende Bitten vorzubringen, um die Wiederaufbau- und Verwendungspläne kümmern möge, die von der Bizonen-Verwaltung vorzulegen seien, damit Westdeutschland überhaupt am ERP beteiligt werden könne. Jene Pläne gingen mit Verspätung ein, seien höchst schlampig gemacht und überließen die eigentliche Arbeit den Militärbehörden, während die westdeutschen Beamten sich in den Urlaub verfügten.

Es setzte sich im September mit Erhards Klage fort, daß die praktische Abwicklung genehmigter Lieferungsprogramme zu kompliziert und zu langwierig sei. Deshalb verzögere sich sowohl die Rohstoffzufuhr wie die Ansammlung von Gegenwertfonds in einer der wirtschaftlichen Erholung höchst abträglichen Weise. Außerdem verhinderten die Verfahren der alliierten Außenhandelsbehörden, daß deutsche Abnehmer bei ausländischen Lieferanten Kredit in Anspruch nehmen könnten. Clay sagte: Die Deutschen sollten nicht klagen, sondern beweisen, daß sie angesichts ihrer selbstverschuldet geringen Kohleförderung und Energieerzeugung mehr Rohstoffe überhaupt verarbeiten könnten. „Bringen Sie erst einmal Ihre Wirtschaft in Ordnung und zeigen Sie, daß Sie mehr produzieren können, dann treten Sie an uns wegen der Beschaffung von Privatkapital wieder heran.“[22] Die Amerikaner glaubten nicht recht, daß der Verwaltungsrat dazu fähig wäre. Es sei ja bekannt, schrieb der Leiter der ECA-Mission in Frankfurt an seine vorgesetzte Behörde, daß der Rat ein „unfähiges und tolpatschiges Gremium von Nichtskönnern sei".[23]

Und es blieb latent, während die Rohstoffzufuhren im Herbst und im Winter kräftig zunahmen und die Freigabe von Gegenwertmitteln sowie Kapitalimporte wegen der Gewinninflation und der davon begünstigten Investitionslust der verarbeitenden Industrie zugleich an Dringlichkeit zu verlieren schienen.

Für Erhard verband sich jener Verlust an Dringlichkeit mit einem komplementären Bedeutungsgewinn seiner fixen Idee von der Notwendigkeit eines industriellen Strukturwandels in Deutschland. Gedanklich kam er damit freilich nach wie vor nicht klar. Die ohnehin beträchtliche Konfusion seines Denkens und Wollens wurde nun dadurch noch vermehrt, daß er entgegen den gefälligen Beteuerungen in seiner Währungsreform-Rede natürlich doch persönlich-politische Ambitionen hatte und seine wirtschaftspolitischen Überlegungen davon inzwischen nicht mehr unbeeinflußt waren. Zu deutlichem Ausdruck kamen diese Undeutlichkeiten in einer Sitzung des Zentralbankrats, zu der Erhard eigens eingeladen worden war. Es war der 22. Februar 1949 und es ging um die Frage, ob die Notenbank von ihrem restriktiven Kurs abgehen und Geld wieder leichter zugänglich machen sollte. Viele Unternehmer, Bankiers und Ökonomen forderten das, weil inzwischen nicht mehr Geldfülle, sondern Geldknappheit, nicht mehr Inflationsgefahren, sondern latente Investitionsschwäche und zunehmende Arbeitslosigkeit die wirtschaftlichen Probleme und Sorgen der Zeit benannten. Erhard war grundsätzlich anderer Ansicht. Er drang mit mehrfach wiederholtem Nachdruck darauf, die Kreditrestriktionen „unter allen Umständen" beizubehalten und die Unternehmen durch Mangel an Liquidität zum Lagerabbau und zu einer Wettbewerbsintensität zu zwingen, in deren Folge die Preise wieder sänken und die Gewinne schrumpften. Es gehe nicht an, daß „die Kapitalgüterindustrie und die Investitionswirtschaft" weiterhin durch eine „Überliquidität im Konsumgüterbereich finanziert" würden. Zwar dürfe man Kapitalbildung großen Umfangs auf andere Weise kaum erwarten, aber das sei eigentlich nur gut so. Die westdeutsche Wirtschaft leide an einer völlig falschen Struktur und „die Aufrechterhaltung eines bestimmten Beschäftigungsniveaus ... im Kapitalgütersektor ... scheint mir gefährlich zu sein." Die Wirtschaft müsse durch „gewisse Überleitungen in die Konsumsphäre" gesunden. Das sei mit temporärer Arbeitslosigkeit verbunden? Gewiß und unvermeidlich. Die Arbeitslosigkeit sei Preis und Zeichen der Gesundung. Nun könne man zwar nicht gänzlich auf die „Ausstreuung von Kaufkraft über den Kapitalgütersektor" verzichten, „weil von dieser Seite aus immer wieder eine Wirkung auf die Konsumgütermärkte in Form zusätzlicher Nachfrage ausgeübt wird." Aber derlei „Ausstreuung" werde man - wenn nötig und jedenfalls knapp bemessen - über die zu diesem Zweck gegründete öffentliche Kreditanstalt für Wiederaufbau mit Gegenwertmitteln besorgen. Die Notenbank brauche sich darum nicht zu kümmern. Die möge mit Hilfe ihres restriktiven Kurses vielmehr den Gesundungsprozeß fördern. Wenn man rein wirtschaftlich denke, scheine es sogar angebracht zu sein, den Druck noch zu verstärken und den Prozeß dadurch abzukürzen. Und eigentlich solle man rein wirtschaftlich denken, der Wirtschaftsdirektor und der Zentralbankrat zumal. „Wir haben hier nicht Politik zu betreiben, sondern haben die Aufgabe, die Wirtschaft gesunden zu lassen."

Andererseits! Andererseits sei die Gesundung mit sozialen Störungen verbunden. Je schneller die Gesundung, um so schwerer die Störungen. Das sei unerfreulich, wäre aber kein Grund, von der Beschleunigung abzusehen, wenn derlei Störungen von bestimmten Kräften nicht dazu benützt würden, politische Ressentiments hervorzurufen und zu schüren, „was in der Folgewirkung recht unangenehm sein kann". Denn: „Sie wissen, daß wir

... vor Neuwahlen stehen (und) ich möchte nicht haben, daß hier wieder Verfälschungen Platz greifen.“ Deshalb sei es wohl doch angebracht, das wirtschaftlich Notwendige aus wahltaktischen Gründen zeitweise hintanzustellen und durch eine Lockerung der Geldpolitik „stärkere Einbrüche in den Beschäftigungsstand zu vermeiden ... Hier hat die wirtschaftliche Vernunft eine gewisse Begrenzung.“[24]

Das „Bündnis“

Einige Zentralbankrats-Mitglieder äußerten Zweifel daran, daß es vernünftig gedacht und aussichtsreich gehandelt wäre, die deutsche Wirtschaft durch willentliches Zurückdrängen der Kapitalbildung gesunden zu lassen; gegen die Zumutung, die Politik der Notenbank an den Wahlchancen der bürgerlichen Parteien zu orientieren, verwahrte sich keines. Vielleicht war ihnen der parteipolitische Appell in den Strudeln von Erhards strömender Prosa ja auch entgangen. Erhard gab sich in der Öffentlichkeit nach wie vor als schlichter, ganz und gar sachbezogener Fachmann und Amtsträger ohne politische Bindungen und Ambitionen und gehörte tatsächlich keiner Partei an. Wer ihn trotzdem einer zurechnete, hielt ihn für einen Mann der FDP. Die FDP hielt ihn auch dafür und Erhard ließ sie in dem Glauben. All dies war mit seinen Absichten und Orientierungen freilich längst nicht mehr im Einklang.

Seine Zeit als Direktor der Zweizonen-Wirtschaftsverwaltung neigte sich ihrem Ende zu. In Bonn tagte schon seit Monaten der Parlamentarische Rat und schuf die Verfassung eines westdeutschen Staats. Die Beratungen standen vor ihrem Abschluß, die Staatsgründung schien in naher Aussicht zu sein: Parlamentswahlen, Regierungsbildung, Parteienherrschaft, kein Platz mehr für schlichte, sachbezogene Fachmänner und Amtswalter. Ludwig Erhard mußte aus dem öffentlichen Leben ausscheiden oder er mußte seine Rolle neu definieren und einen ihr angemessenen Platz für sich ausfindig machen. Er war sicher, daß ersteres um Deutschlands wirtschaftlichen Wohlergehens willen nicht in Frage kommen dürfte, und hatte den Platz, an den er gehörte, schnell gefunden. Es war der Platz des Wirtschaftsministers im neuen Staat. Es war freilich nicht der Platz eines gewöhnlichen Wirtschaftsministers. Das hatte mit der Neudefinition seiner Rolle zu tun. Ludwig Erhard empfand sich mittlerweile als den großen Gestalter und die bewegende Kraft der westdeutschen Wirtschaft und damit doch auch, so meinte er weiter, als eine Art Schicksalsmann für die Deutschen. So einer mißt sich nicht mit normaler politischer Elle, der ordnet sich in keine Partei ein und wird nicht dank der Partei *ein* Minister unter anderen.

Er sei damals keiner Partei beigetreten, damit er Minister werde, hat Erhard später gern gesagt, er habe sich mit einer Partei verbündet, damit er seine Wirtschaftspolitik fortsetzen könne. So war sein Selbstverständnis, das natürlich zugleich ein ebenso groteskes wie für ihn persönlich letztlich tragisches Mißverständnis war.

Die Partei, mit der er sich zu verbünden meinte, war nun nicht etwa die FDP. Die hatte ihn zwar zu dem gemacht, was er war, aber es war wenig Verlaß darauf, daß sie ihm auch zu dem verhelfen konnte, was er werden wollte. Die CDU schien dazu besser geeignet zu sein. Es traf sich glücklich, daß die CDU, als Erhard zum Wohl der westdeutschen Zukunft auf die Suche nach einem politischen Verbündeten ging, schon seit geraumer Zeit auf der Suche nach einem neuen wirtschaftspolitischen Programm war. Das alte ermangelte nämlich wünschenswerter Klarheit, erweckte Vorstellungen, die der Parteiführung zumindest in deren Mehrheit gar nicht eigen waren und befand sich in wahltaktisch bedenklicher

Nähe zum Programm der Sozialdemokraten. Es hob mit dem grandiosen Satz an, daß der Kapitalismus „den staatlichen und sozialen Lebensinteressen des deutschen Volkes nicht gerecht geworden“ und eine „wirtschaftliche Neuordnung von Grund aus“ nötig sei. Die neue müsse eine gemeinwirtschaftliche Ordnung sein, in der die Freiheit der Person gesichert und wirtschaftliche Macht unmöglich wäre. Kartelle sollten verboten, Konzerne entflochten und unvermeidliche Monopole streng überwacht werden. Der Bergbau und die Hütten seien zu sozialisieren, im übrigen die Arbeitnehmer und die öffentlichen Körperschaften an den Unternehmen und deren Leitung irgendwie zu beteiligen. Der Unternehmerinitiative solle aber notwendiger Spielraum bleiben. Der Wirtschaftsprozeß müsse auf lange Sicht geplant und gelenkt werden, aber nur „in gewissem Umfang“ und nicht vom Staat, sondern von den wirtschaftlichen Selbstverwaltungskörperschaften, freilich mit Beteiligung der Arbeitnehmer und der Konsumenten und unter parlamentarischer Kontrolle.

Das etwas indefinite Dokument, eine Proklamation eher als ein Programm, war im Februar 1947 von der CDU der britischen Zone im westfälischen Städtchen Ahlen verabschiedet worden, hieß deshalb und dennoch „Ahlener Programm“ und schied inzwischen die wirtschafts- und gesellschaftspolitischen Meinungen in der Partei. Die Sozialausschüsse hatten ihr Herz daran gehängt, ein ausdrücklich wirtschaftsliberaler Flügel wollte es gerne los sein. Konrad Adenauer, der Parteiführer, leistete ihm gelegentliche Lippendienste und hielt Ausschau nach einem besseren. Besser, um damit bei Wahlen zu bestehen. Grundsätzlich fand er das Ding gar nicht so übel, ökonomische Grundsätze allerdings auch ziemlich unerheblich. Er hatte zu den Urhebern des „Ahlener Programms“ gehört, weil ein christ-sozialistischer Parteianstrich damals in die wirtschaftliche und in die politische Landschaft paßte. Die Landschaft hatte sich seither verändert, der Anstrich, fand Adenauer, störte jetzt.

Der Frankfurter Wirtschaftsdirektor erregte sein Interesse nun freilich nicht gleich als möglicher Programmatiker. Erhard war zwar von der FDP nominiert worden, aber vor allem die CDU verschaffte ihm im Wirtschaftsrat die Mehrheiten und mußte deshalb für seine Wirtschaftspolitik vor dem Wahlvolk geradestehen. Es verwundert deshalb nicht, daß Adenauer Erhard kennenlernen wollte. Man traf sich. Erhard wurde von Adenauer schwer beeindruckt.

Adenauer strahlte eine natürliche Autorität aus, die in altersweiser Gelassenheit ruhte und sich zuweilen in vertrackte Simplizität kleidete. Und er konnte, wenn er es darauf anlegte, von selbstverständlicher Liebenswürdigkeit sein. Erhard erkannte, daß der Mann bedeutend war, wenn sonst auch das genaue Gegenteil von ihm. Er war in seinen Bann geraten, ehe er sich's versah.

Wie Konrad Adenauer Ludwig Erhard in jenen frühen Tagen „rezipierte“, ist nicht bekannt. Er hat sich über Erhards Persönlichkeit damals nicht ausgelassen. Die dürfte ihn vorerst auch wenig interessiert haben. Interessant war der Funktionär, nicht wie er dachte und sich gab, sondern was er tat und ob er damit Erfolg hatte. Das beobachtete Adenauer genau; erst mit Wohlgefallen, dann alarmiert. Im Sommer, als die Preise stiegen, erreichten Erhard beschwörende Telegramme. Er wurde dazu eingeladen, seine Politik auf dem Parteitag der CDU in der britischen Zone zu erklären. Erklären hieß Ende August 1948 rechtfertigen. Erhard folgte der Einladung selbstverständlich, aber er entledigte sich seiner Aufgabe mehr schlecht als recht. Seine Rede war lang und leer. Sie wirkte unvorbereitet und war es sicher auch, weil er inzwischen wußte, daß er sich auf die Unerschöpflichkeit seines Wortstroms verlassen konnte, argumentativer Stringenz keine oratorische Bedeutung zumaß und Satzsinn höchst wirkungsvoll durch Sprachgebärde zu substituieren vermochte.

Auf diese Weise zeichnete er zunächst ein Zerrbild des Zustandes vor den Reformen: Kollektivismus, verantwortungslose Haufen von Lebensangst geplagter Individuen, bürokratischer Übermut der Zwangswirtschaft, Termitenstaat, alles seelenlos; verwarf dann die „freie Marktwirtschaft des liberalistischen Freibeutertums einer vergangenen Ära" und reklamierte für das, was er bewirkt hatte und zu vervollkommnen trachtete, erstmals in öffentlicher Rede den Begriff „sozial-verpflichtete Marktwirtschaft". Mängel gab er zu, bestritt aber, daß es Mängel der Marktwirtschaft seien. Es handle sich vielmehr um Mängel, die sich aus der Unvollkommenheit der Marktwirtschaft ergäben, aus Marktreaktionen, die nicht marktgerecht seien. Der Preissteigerungen wurde nur beiläufig, fast verschämt und überdies als scheinbar, Erwähnung getan. Sie seien unecht, weil ein „Ausgleich von entfallenen Subventionen." Wer das nicht verstehe, der sei so primitiv, und wer es leugne, so dumm und gemein, daß mit ihm zu diskutieren nicht lohne. Im übrigen werde all das binnen kurzem überwunden sein. Er zweifle nicht daran.[25]

Die Parteitags-Delegierten zweifelten durchaus und bestätigten „einmütig und nachdrücklich" das Ahlener Programm. Besonders heftig zweifelte Konrad Adenauer. So wenig wie vorerst die marktwirtschaftliche Entwicklung gab ihm Erhards Rede schon Grund, sich tiefer mit dem Mann einzulassen. Das wurde erst im Winter anders. Adenauer sah: Erhard behielt recht. Die Produktion stieg unvermindert stark an und die Preise kamen zum Stillstand. Und Adenauer sah ferner: Die Gründung der Bundesrepublik und die ersten Parlamentswahlen rückten näher und der Parteiausschuß, der seit Monaten über einem neuen wirtschaftspolitischen Programm brütete, brachte nichts Vorzeigbares zustande. Er lud Erhard abermals zu einer Rede ein. Diesmal war das Forum der Zonenausschuß, das Führungsgremium der Partei im britischen Besatzungsgebiet, der Ort war Königswinter und der Anlaß die gedanklich-propagandistische Einstellung auf den bevorstehenden Wahlkampf. Nicht mehr Rechtfertigung wurde von Erhard erwartet, sondern werbend Programmatisches. Das lag ihm. Die Gelegenheit war ihm höchst willkommen und er ergriff sie - drei Tage *nach* dem Besuch im Zentralbankrat, aber schon während des Besuchs seiner Sache ganz sicher - mit entwaffnender Unverfrorenheit.

Adenauer führte ihn als Mann der FDP ein. Erhard begann seine Rede mit dem Bekenntnis, „daß ich mich zu Ihnen gehörig fühle und daß ich dieser Zugehörigkeit jetzt und vor allem bei der entscheidenden Wahl mit dem Einsatz meiner ganzen Person Ausdruck geben möchte." Fortan sagte er „wir" und sprach von „uns". Die Rede war seine Rede war seine Rede war seine Rede; ein wenig schlüssiger in der Gedankenführung als die Parteitagsrede im August vielleicht, gewiß wesentlich beschwingter im rhetorischen Habitus, prall von unverkrampfter Selbstsicherheit, die sich auf sichtbare Erfolge berief und nicht zurückhaltend beim Lob des Mannes, der den Erfolg bewirkt hatte und weiteren Erfolg verbürgte: Wirtschaftliche Erfolge ... Wahlerfolge ... Erfolge historischen Ranges. „Was an mir liegt, so können Sie mich meinetwegen im Wahlkampf jeden Tag zwei- oder dreimal einsetzen. Ich strahle etwas davon aus. Dann werden wir den Wahlkampf gewinnen, und damit werden wir ... nicht nur deutsche Geschichte machen, sondern wir werden das Gesicht Europas formen."[26]

Die Wirtschaftsordnung zwischen dem „Chaos und der Tyrannei der Planwirtschaft" einerseits und dem „Liberalismus vorsintflutlicher Prägung" andererseits, mit der er „das Gesicht Europas formen" wollte, war von Erhard inzwischen auf ihren bleibenden Begriff gebracht worden: Soziale Marktwirtschaft.

Erfunden hatte er den Begriff ebensowenig wie er die ordoliberalen Grundsätze erdacht hatte, denen er sich verpflichtet fühlte. Der Erfinder des Wortes war der Kölner Nationalökonom Alfred Müller-Armack, ein Mann in Erhards Alter, der sich unter dem Einfluß seiner katholisch-theologischen Grundgestimmtheit im Dritten Reich auf geistes- und kulturgeschichtlich-ökonomische Studien zurückgezogen hatte, seinem persönlich-wissenschaftlichen Wesen nach aber eigentlich zu öffentlicher Wirksamkeit drängte; ein Verfechter marktwirtschaftlicher Grundsätze wie Eucken und Röpke, aber ohne die dogmatische Strenge Euckens und ohne den unpraktisch-zivilisationskritischen Impetus Röpkes. Müller-Armack betrachtete den Markt als Mechanismus, der besser als staatliche Planung dafür sorgte, daß mit knappen Ressourcen ein Maximum an Gütern erzeugt wurde. Dazu mußten freilich der Wettbewerb und der Geldwert gesichert sein. Soweit war er mit den Ordoliberalen einig. Er glaubte freilich nicht, daß freie Märkte aus sich selbst heraus im Gleichgewicht blieben und nach äußeren Störungen schnell ins Gleichgewicht zurückkehrten. Und er glaubte nicht, daß die Verteilung, die sich nach der Logik des Marktes ergab, auch eine sozial verträgliche Verteilung wäre. Der Markt sei sozial blind. Deshalb hielt er eine Konjunkturpolitik, die auf Vollbeschäftigung hinwirkte, und eine Sozialpolitik, die das Verteilungsergebnis des Marktes korrigierte, ohne daß beides den Marktmechanismus außer Kraft setzte, für dessen wohlfahrtspolitisch notwendige Ergänzung. Eine derart vermittelte Marktwirtschaft faßte er 1947 erstmals in den Begriff „soziale Marktwirtschaft“.

Erhard scheint die undeutlich-vielsagende Wortverbindung zunächst fremd geblieben zu sein. Als er sie kennenlernte, begriff er intuitiv ihre Werbewirksamkeit und machte sie sich zu eigen. Ob er auch Müller-Armacks Begriff begriff und sich zu eigen machte, ist allerdings fraglich. Er verwendete das Wortpaar in seinen Reden als selbstverständlich und ohne es eingehend zu erläutern. Deutungsansätze liefen aber allemal darauf hinaus, daß die Marktwirtschaft sozial sei, *weil* sie frei und sofern sie Wettbewerbswirtschaft ist. „Ich bin allerdings der Meinung, daß es nur eine gerechte Verteilung gibt, und das ist die, die durch die Funktion des Marktes erreicht wird. Der Markt ist der einzig gerechte demokratische Richter, den es überhaupt in der modernen Wirtschaft gibt“.[27] Man kann sich des Eindrucks schwer erwehren, daß Erhard sein ordoliberales Verständnis von Marktwirtschaft in Müller-Armacks Worte kleidete, ohne das Verständnis Müller-Armacks Begriff anzupassen. Der Eindruck wird vertieft durch seine Einstellung zur Arbeitslosigkeit in damaliger und durch seine Haltung in Grundsatzfragen der Sozialpolitik in späterer Zeit.

In Königswinter verfehlte das treffliche Wort für die sichtbar gute Sache, als die Erhard die Marktwirtschaft neuerdings kaum widerleglich präsentieren konnte, seine Wirkung so wenig wie die fachmännisch vorgebrachte Einfachheit seiner Distinktionen und sein vertrauenerweckender Optimismus. Der Beifall war stark und wenn das Ahlener Programm danach noch irgendwelche Chancen hatte, dann machte Adenauer sie umgehend zunichte. Er dankte Erhard, sagte, daß dessen Prinzipien wirklich gute Prinzipien seien, lobte seine Fähigkeit, „die Dinge zurückzuführen auf möglichst einfache und klare Begriffe“ und begrüßte den Vorschlag, einen kleinen Ausschuß zu wählen, der Erhards Rede in ein Wahlprogramm umsetzte. Erhard sagte, daß er selbst dergleichen schon versucht habe. Sobald er aber etwas aufschreibe, dränge sofort der Professor durch, der seit 15 Monaten seine zweite Natur war. Die Sache war offenbar vorher abgesprochen und der Ausschuß schnell gewählt. Die Männer des wirtschaftsliberalen Flügels überwogen darin. Franz Etzel leitete ihn. Die Sozialausschüsse lieferten nur noch ein Nachhutgefecht. Deren nordrhein-westfälischer Vormann, Johannes Albers, fragte, ob man sich darüber klar sei, daß die Partei hiermit das Prinzip der liberalen Wirtschaft adoptiere und das Ahlener Programm aufhebe? Adenauer bestritt das. Leichthin und unbesorgt darüber, ob es ihm jemand glaubte. Hier gehe es um den Wahlkampf und um nichts weiter. Um den zu gewinnen, müsse man ein paar Dinge überzeugend, und das heißt einfach darstellen: den Gegensatz von Planwirtschaft und Marktwirtschaft beispielsweise. „Mit dem Ahlener Programm, zu dem ich restlos stehe, hat das nichts zu tun“. Das war nicht Erhards Art und Tun. Er brauchte es emphatischer: „Herr Albers, Sie sagen, ich habe ein liberales Programm entwickelt. Warum sitze ich denn hier bei Ihnen? Weil ich Ihre sittlichen Thesen vertrete, weil ich zu Ihnen stehe. Und wenn Sie mich fragen, wie ich zum Liberalismus stehe, den Sie mir vielleicht unterschieben, ich lehne ihn ab! Die Wirtschaft wird nicht mehr ablaufen im Sinne einer Konjunktur, weil diese Ära vorbei ist. Was hätte ich sonst für einen Grund, ein verkappter Liberalist zu sein“. Jakob Kaiser sagte noch etwas lahm, daß man das Liberale mit dem, was neu werden muß, in Harmonie zu bringen habe, dann war die Debatte beendet.

Ludwig Erhard kehrte nach Frankfurt zurück, Konrad Adenauer fuhr nach Rhöndorf hinüber, jeder mit sich und dem Gang der Dinge zufrieden, aber der eine nicht aus denselben Gründen wie der andere. Erhard hatte parteipolitischen Boden betreten. Darauf wollte er, weil es anders nicht ging, in ein Amt gelangen, in das er dank seinen historischen Verdiensten und kraft seiner bedeutenden Persönlichkeit zu gehören glaubte und in dem er *neben* der Partei zum Wohle Deutschlands und nun auch schon Europas wirken konnte. Er hatte nicht die Absicht, der Partei beizutreten, und er ist ihr bis 1965 auch nicht beigetreten. Das möge, hat er später in vertrautem Kreise gelegentlich gesagt, der kleine Postbote Meier nötig haben, nicht aber er. Adenauer hingegen hatte außer einem wirtschaftspolitischen Wahlprogramm, das die CDU deutlich von der SPD unterschied, auch den Mann gewonnen, der jenes Programm mit praktischem Erfolg repräsentierte, einen Mann dazu, der einen guten Wahlkämpfer abgab und - wenn die Wahl gewonnen wurde - ein fähiger Wirtschaftsminister zu sein versprach.

Das Wahlprogramm mußte freilich erst noch geschrieben werden. Adenauer hatte geglaubt, daß dessen Leitsätze unschwer Erhards Rede zu entnehmen wären. Der Redetext gab aber nicht her, was der Redegestus vermittelte. Die Kommission ging zu Werke. Erhard war an dem Werk kaum beteiligt. Er hatte anderes zu tun. Das Ergebnis war zwar mit seinem Signum versehen, aber es trug nicht seine geistige Handschrift. Es trug statt dessen die Handschrift Franz Etzels, war leicht lesbar, klar und systematisch gebaut, in nüchterne und kraftvolle Sätze gefaßt. Am 15. Juli 1949 wurde es in Erhards Anwesenheit verkündet. Und weil dies im Düsseldorfer Landtag geschah, erhielt es den Namen „Düsseldorfer Leitsätze“. Das Wort „Programm“ vermied man und tat so, als träten die Leitsätze an die Seite des Ahlener Programms. Tatsächlich traten sie an dessen Stelle und *waren* fortan das Wirtschaftsprogramm der CDU. Ein anderes wurde zu Erhards Zeiten jedenfalls nicht geschrieben, und an das Ahlener wagte niemand mehr zu rühren.

Die „Düsseldorfer Leitsätze“ buchstabierten, was die CDU unter „sozialer Marktwirtschaft“ verstand: Freies Menschentum in einer Ordnung, die ein Maximum an wirtschaftlichem Nutzen und sozialer Gerechtigkeit verhieß und der wirtschaftlichen Ausbeutung der Schwachen durch die Starken wehrte, Konsumentensouveränität, echter Leistungswettbewerb, ein geordnetes Geldwesen, die Preise als wirkungsmächtige Vermittler und Beweger. Der Staat mußte die Ordnung schaffen und erhalten, indem er Recht setzte, den Wettbewerb förderte und das Geldwesen ordnete. Und er sollte in der Ordnung auf den Wirtschaftsprozeß mit den „organischen“ Mitteln der Geldpolitik, der Handelspolitik, der Steuerpolitik, der Investitionspolitik und der Sozialpolitik einwirken. Das war die Präambel. Aus ihr ergaben sich die 16 Leitsätze; acht galten der Ordnung, fünf dem Prozeß, drei hatten mit beidem nichts zu tun.

Die ordnungspolitischen Leitsätze hätten aus den Lehrbüchern des Ordoliberalismus abgeschrieben sein können und waren dies womöglich auch. Der Leistungswettbewerb im Inneren des Landes war durch ein Kartellverbot, Monopolkontrolle und weitgehende Publizität zu sichern, der freie internationale Wettbewerb war zu erstreben. Der Geldwert sollte durch zentrale Beaufsichtigung des Geldwesens, die freie Wahl des Gewerbes und des Berufs sowie das Privateigentum an Produktionsmitteln sollten verfassungsrechtlich geschützt werden. Unternehmerische Freiheit bedingte unbeschränkte unternehmerische Verantwortung. Deshalb hätte jeder, der ein Unternehmen leitete, auch das angestellte Vorstandsmitglied, mit dem perönlichen Vermögen für sein Tun zu haften. Den Arbeitnehmern und den Arbeitgebern war Tarifautonomie einzuräumen.

Lehrbücher zur Prozeßpolitik gab es damals nicht. Die prozeßpolitischen Leitsätze entbehrten denn auch des lehrbuch- und hatten statt dessen eher etwas Leerformelhaftes. Der Wille, die Steuern herabzusetzen und das Sparen zu fördern, wurde proklamiert, die Absicht kundgetan, mit geld- und fiskalpolitischen Mitteln die Preise zu senken, „damit die Ware in steigendem Maße zum Markt drängt“ und schließlich festgestellt, daß man Wirtschaftskrisen durch richtige Wirtschaftspolitik, namentlich durch antizyklisches Investitionsverhalten des Staates, verhindern könne.

Die Sozialpolitik fand bei der programmatischen Explikation der „sozialen Marktwirtschaft“ keinen Raum. Sie mußte sich ihren Platz *daneben* suchen und erhielt ihn in Gestalt besonderer sozialpolitischer Leitsätze zugewiesen. *Diese* Leitsätze buchstabierten die sozialpolitische Tradition in Deutschland und stellten deren Wiederaufnahme und Fortführung in Aussicht. Mehr nicht. Die konzeptionelle Integration von Marktwirtschaft und Sozialpolitik, von „wirtschaftlichem Nutzen“ und „sozialer Gerechtigkeit“, blieb aus und wurde nie nachgeholt. Deshalb blieb auch die praktische Integration ein für allemal aus und die Sache wurde dem Begriff nie eigentlich gerecht. „Wirtschaftlicher Nutzen“ und „soziale Gerechtigkeit“ waren in Konzept und Praxis der „sozialen Marktwirtschaft“ nicht miteinander vermittelt. Es war vielmehr so, daß Marktwirtschaft und Sozialpolitik einander im Konzept ergänzten in der Praxis alsbald widerstritten.

Ludwig Erhard nahm die konzeptuelle Schwäche nicht wahr, weil er soziale Gerechtigkeit im wirtschaftlichen Nutzen der freien und gesicherten Wettbewerbwirtschaft aufgehoben glaubte und spielte im praktischen Konflikt gewöhnlich und konsequenterweise den wirtschaftlichen Nutzen gegen die Sozialpolitik aus. Das galt insbesondere für seinen Kampf gegen die epochale Rentenreform und für sein zunehmendes Mißfallen am Tarifvertragsrecht in den späten fünfziger Jahren.

Während die Programm-Kommission an den Leitsätzen feilte, ging Erhard auf Reisen. Im März besuchte er ein weiteres Mal die Schweiz und hielt in der ehrwürdigen Zürcher volkswirtschaftlichen Gesellschaft eine Rede. Es war die immer gleiche Rede. Aber Erhard brachte es fertig und man begreift nicht, wie er es fertigbrachte, im Zentralbankrat, vor dem CDU-Zonenausschuß, in der Zürcher Gesellschaft und bald bei einer Wahlversammlung dasselbe zu sagen, leicht und frei, und dabei zu vermitteln, daß seine Ansprache gerade für dieses Publikum gemacht wäre. Auch in Zürich lebhafter Beifall und viel Wohlgefallen am Habitus des Mannes, der mit seiner Person von einem neuen Deutschland zu künden schien. DIE ZEIT berichtete darüber, berichtete von seiner ruhigen Selbstsicherheit und von dem Bild physischer und geistiger Gesundheit, das er bot. Das mit dem Zeichenstift gebotene Bild zeigt ihn bereits so, wie er - fast unverändert - in den folgenden zwei Jahrzehnten erschien: die zierlichen Züge in Wohlstandspolster gebettet, zwischen einem enormen Doppelkinn und fein gescheiteltem Haar.

Im April trat Erhard seine erste Amerikareise an; nicht in politischer Mission, dergleichen lag außerhalb seiner Kompetenzen, sondern um Eindrücke und Erfahrungen zu sammeln, um für die westdeutsche Wirtschaft zu werben und um amerikanische Bekannte aus der ersten Nachkriegszeit wiederzusehen. Drei Wochen nahm er sich dafür Zeit. Ein praktischer Nutzen der Reise wurde nicht erkennbar. Die Absicht, amerikanische Investoren zur Kapitalanlage in westdeutschen Unternehmen zu ermuntern und der ausdrückliche Glaube, dies auch erreicht zu haben, erwiesen sich als vorerst illusionär. Das war vorhersehbar, weil die Absicht kurzweg die Geschichte ignorierte. Deutschland hatte sich bekanntlich in den zwanziger Jahren im Ausland hoch verschuldet, in den dreißiger Jahren die ordnungsgemäße Schuldentilgung eingestellt, Gläubigern mit Teilleistungen unlautererweise die Gesamtschuld abgehandelt und noch immer erhebliche Beträge zu Buche stehen, an deren Rückzahlung wegen Devisenmangels nicht zu denken war. Wer hätte sich unter solchen Umständen dazu verlockt fühlen sollen, neues Kapital in Deutschland anzulegen?

Dabei war Erhards Wunsch, fremdes Kapital nach Deutschland zu locken, durchaus verständlich. Die Arbeitslosigkeit nahm rasch jene Ausmaße an, die ihn politisch nicht gleichgültig ließen und an denen sich außerdem die Militärregierungen heftig stießen. Die Gründe dafür waren der fortgesetzte Menschenstrom aus dem Osten, kräftige Produktivitätssteigerungen und ein drastischer Rückgang des Produktionswachstums. Die ursprünglichen Antriebskräfte der Reformen erschöpften sich im Frühjahr 1949. Der Aufschwung mußte sich von nun an aus eigener Kraft vorwärtsbringen. Der wissenschaftliche Beirat der bizonalen Wirtschaftsverwaltung hatte schon im Frühjahr gutachtlich verlautet und wiederholte es im Mai, daß sich derlei Kraft nur aus reger Investitionstätigkeit ergeben könne und riet zu nachdrücklicher Förderung der Kapitalbildung; wenn es nicht anders gehe, auch mit Hilfe von Vor- und Zwischenfinanzierung durch die Zentralbank. Neuerdings hielt die organisierte Unternehmerschaft Erhard vor, daß er durch restriktive Handhabung des öffentlichen Kredits das Wachstum drossle. Erhard selbst schließlich befand sich außer in seinem konzeptionellen Dilemma auch weiterhin mit den Militärgouverneuren im Streit darüber, woher die Mittel für Investitionen bevorzugt zu nehmen und wie sie zu lenken wären. Er forderte Steuersenkungen, die Geld für private Investitionen freimachten, drang auf die Beschleunigung der Freigabe von Gegenwertfonds und orakelte von ausländischem Privatkapital; Clay und Robertson verlangten hingegen vor der Freigabe von Gegenwerten den Nachweis deutscher Anstrengungen bei der Kapitalbildung und waren mit dem, was Erhard ihnen nachwies, nie zufrieden. Die Freigabe von Gegenwertmitteln erfolgte mit mehr Verzögerung und in geringerem Umfang als erwartet, und Erhard begann über den planwirtschaftlichen Charakter und die Unzuträglichkeiten des ganzen Marshallplans zu schimpfen. Der Konflikt blieb den Rest der Besatzungszeit hindurch akut und unentschieden, die Kapitalbildung reichte - so und so - für Vollbeschäftigung nicht aus und die Arbeitslosigkeit nahm fortgesetzt zu.

Bundestagswahlen und Regierungsbildung

Erhard bekam den öffentlichen Unmut darüber im Wahlkampf gelegentlich zu spüren. Am 23. Mai 1949 wurde das Grundgesetz verabschiedet, die erste Bundestagswahl auf den 15. August festgelegt. Erhard hatte sein Bekenntnis, daß er sich der CDU zugehörig fühle, dem Zonenausschuß vorbe- und der Öffentlichkeit vor*ent*halten. Deshalb glaubte man in der FDP auch im späten Frühjahr noch, daß er „Demokrat" wäre und trug ihm in diesem Glauben Wahlkreiskandidaturen an. Erhard wich aus. Im Juni gingen dann die Angebote aus der Union ein. Zunächst versuchte die CSU, ihn für den Wahlkreis Nürnberg-Fürth zu gewinnen. Die Kandidatur in der fränkischen Heimat schien nahezuliegen und lag Erhard nach den Erfahrungen mit der CSU im Untersuchungsausschuß des bayerischen Landtags doch unendlich fern. Er lehnte ab, weil er mit Adenauer übereingekommen wäre, dort zu kandidieren, wo die Wahl gewonnen oder verloren werde, im volkreichen und wirtschaftsstarken Nordrhein-Westfalen. Mit dem gleichen Argument wies er Einladungen aus Niedersachsen und Württemberg zurück. Der Stuttgarter Wahlkampfleiter fand sich damit freilich nicht ab. Er sprach selbst mit Adenauer und der riet Erhard, die Kandidatur anzunehmen. Erhard wurde an die Spitze der nordwürttembergisch-badischen Landesliste gesetzt und erhielt außerdem den Wahlkreis Ulm-Heidenheim. Der Wahlkreis schien der CDU sicher zu sein und Erhard gewann ihn leicht; am 15. August 1949 erstmals und bis zu seinem Tode noch sieben weitere Male. Aufgesucht hat er ihn selten.

Ende Juni stellte er sich in Stuttgart vor. Danach war offenkundig, daß er für die CDU zu Felde zöge. Die FDP-Oberen verhehlten ihre Enttäuschung nicht. Erhard wand sich. Besonders peinlich war ihm, daß er im Württembergischen unmittelbar auf den Parteiführer der Freien Demokraten traf, auf Theodor Heuss, der ihm allweil freundschaftlich begegnet war und den er hochschätzte. Er schrieb erklärende Briefe. Natürlich wisse er sich mit der FDP einig und ihr verbunden. Aber gerade deshalb sei es wichtig, daß er für die CDU kandidiere. Die FDP sei für den freiheitlich-demokratischen Staat ohnehin gewonnen, in ihr sei er entbehrlich; für die CDU gelte das nicht. Die bedürfe noch einer starken Persönlichkeit, die ihr Rückgrat verleihe und sie auf Linie halte.[28]

Man traf Stillhalte- und Fairneßabkommen. Erhard vergriff sich im Wahlkampf nicht an den Freien Demokraten, die nicht an ihm. Das ging gut und der „Abfall" hat die menschlichen Verbundenheiten kaum beeinträchtigt. Erhards politische Freunde waren auch danach noch eher in der FDP als in der CDU anzutreffen. In der CDU hat er politische Freun de von Gewicht eigentlich kaum je gewonnen, allenfalls Mitstreiter und Anhänger.

Die Partei stellte ihn im Wahlkampf groß heraus. Er durchquerte Westdeutschland von Wesel bis Hof und von Flensburg bis Passau, der einzige Wahlkämpfer in der Union, der sowohl im Revier der CDU wie im Revier der CSU nach Stimmen jagte. Neunzigmal machte er Station und konnte sich einer großen Zuhörerschaft allemal sicher sein. Nicht immer einer überwiegend wohlgesinnten Zuhörerschaft freilich, auch wenn die Wahlkampfleitung bei seinen, wie bei den Auftritten der anderen Parteigrößen Eintrittsgeld erhob, eine Claque bestellte und Diskussionen unterband. Hier und dort wurde er dennoch niedergebrüllt: Wir wollen Arbeit, wir wollen Brot - Erhard weg![29] Das tat ihm weh. Der Schmerz äußerte sich in ohnmächtigem Zorn. Um so heftiger waren bei nächster Gelegenheit seine Ausfälle gegen die SPD. Der gab er ohnehin keinen Pardon. Sein polemisches Talent feierte ein ums andere Mal Urständ, hingerissen und hinreißend. Er zieh die Sozialdemokraten der Absicht, Deutschland aus Verblendung und Unverstand, böswillig und dumm, der wirtschaftlichen Not und dem sozialen Chaos auszuliefern.

Adenauer und Erhard ergänzten einander als Wahlkämpfer wundervoll. Was der eine mit gelassener Perfidie betrieb, besorgte der andere mit empörten Donnerworten. Die Wahl gewannen sie damit freilich nicht.

Die Union erhielt am 15. August noch kein Drittel der Stimmen und kaum mehr als ein Drittel der Mandate. Die SPD schnitt nur wenig schlechter ab. Nicht einmal mit den 12 % der FDP reichte es zu einer Regierungsmehrheit. Auf Erhards Weg ins Amt eines westdeutschen Wirtschaftsministers der besonderen Art erhoben sich unerwartete Hürden. Starke Kräfte in der CDU/CSU empfahlen eine große Koalition mit der SPD, weil man mit knappen, unsicheren Mehrheiten der Größe und Schwere der Aufgaben nicht gewachsen wäre. In einer Regierung mit SPD-Beteiligung aber war ein Wirtschaftsminister Erhard nicht denkbar, nicht mal einer der gewöhnlichen Art.

Erhard ließ gleich am Montag nach der Wahl in der Öffentlichkeit wissen, daß im Wahlergebnis der Deutschen Wunsch zum Ausdruck komme, die SPD von der Regierung fernzuhalten. Adenauer behielt seine Meinung vorerst für sich und wirkte im stillen unverzüglich darauf hin, die SPD von der Regierung tatsächlich fernzuhalten.[30] Erhard war in seinem Spiel die Rolle des Jokers zugedacht. Im Lauf der Woche lud Adenauer rund zwei Dutzend wichtiger Politiker für Sonntag, den 21. August, zu einer politischen Aussprache bei anständigem Essen und gutem Wein in sein Rhöndorfer Haus ein. Erhard versicherte ihn am Mittwoch seiner Teilnahme. Adenauer bat ihn, vorher schon zu einem Gespräch ins Haus seines Freundes, des Kölner Privatbankiers Robert Pferdmenges, zu kommen, damit man sich darüber verständige, was man wolle und wie es zu erreichen wäre. Nach dem Gespräch am Freitag sagte Erhard vor der Presse, daß eine große Koalition auf Kosten seiner Wirtschaftspolitik nicht in Frage komme. Adenauer sprach daraufhin noch einmal mit Erhard, und Erhard teilte den Journalisten mit, daß er eine große Koalition nicht grundsätzlich habe ausschließen wollen.

Tags darauf traf Adenauer in Frankfurt mit dem bayerischen Ministerpräsidenten Hans Ehard zusammen. Ehard konnte nicht nach Rhöndorf kommen, und Adenauer wollte ihn und mit ihm die CSU vorweg gegen die große Koalition einnehmen. Erhard nahm an dem Gespräch teil und leistete Schützenhilfe. Ehard wurde mit dem Versprechen gelockt und gewonnen, daß er erster Bundesratspräsident werde. Bei der sonntäglichen Besprechung in Rhöndorf bekundete der junge Generalsekretär der CSU, Franz Josef Strauß, die Abneigung seiner Partei gegen ein Regierungsbündnis mit der SPD.

Die Verfechter eines solchen Bündnisses, Männer aus Ländern, die dort in Koalitionsregierungen gute Erfahrungen mit der SPD gemacht hatten, waren von vornherein in der Minderzahl und auf verlorenem Posten. Adenauer eröffnete das Treffen mit der Feststellung, daß man mit der SPD keine Regierung bilden könne, weil die SPD Erhards Wirtschaftspolitik nicht mitmache. Andererseits könne man Erhard, nachdem die Wirtschaftspolitik im Wahlkampf eine so wichtige Rolle gespielt habe, aber natürlich nicht einfach fallenlassen. Wer CDU gewählt habe, habe dies auch und vorrangig deshalb getan, weil er soziale Marktwirtschaft wolle. Das erwies sich als höchst gewichtiges Argument. Die Befürworter der großen Koalition taten sich damit außerordentlich schwer. Erst versuchten sie es mit der Überlegung, daß Erhard auch in einer Regierung der großen Koalition Wirtschaftsminister sein könne, weil seine Wirtschaftspolitik in der SPD gar nicht mehr auf sonderlich starken Widerstand stoße. Daran konnten sie eingedenk Äußerungen führender Sozialdemokraten selbst nicht recht glauben, und Erhard sagte, daß es *ihm* unmöglich sei, praktisch mit Sozialdemokraten zusammenzuarbeiten. Daraufhin machten einige vorsichtig geltend, daß die Wahlerfolge der Union womöglich gar nicht wegen, sondern trotz Erhards Wirtschaftspolitik zustande gekommen, hauptsächlich jedenfalls dem „christlichen Kitt" zu verdanken seien. „Für weite Teile der Bevölkerung sind die wirtschaftlichen Verhältnisse noch völlig unbefriedigend." Man denke an die Arbeitslosigkeit.

Die machte zugegebenermaßen auch Adenauer Sorgen. Erhard beruhigte die Versammlung: „Die Arbeitslosigkeit werden wir durch Auslandskredite beseitigen und fernhalten." Seine Wirtschaftspolitik garantiere der CDU große Erfolge, die große Koalition bedeute ihren Selbstmord. Am Ende der fünfstündigen Verhandlungen galt die große Koalition als ausgeschlossen. Jetzt hielt es auch Adenauer für angebracht, dies und seine Absicht, Kanzler einer CDU/CSU/FDP/DP-Regierung zu werden, der Presse mitzuteilen. Erhard übernahm die Aufgabe, gemeinsam mit Erich Köhler und Jakob Kaiser eine zwar dezente, aber doch deutliche Erklärung für diesen Zweck zu formulieren. Dezenz war noch nötig, weil die Rhöndorfer Versammlung eine informelle Angelegenheit war und keine Entscheidungsbefugnisse hatte. Dennoch ging Ludwig Erhard, seinem eigenen Bekunden zufolge, am Abend des 21. August 1949 die zahlreichen Treppen von Adenauers Hochsitz zur Straße in dem sicheren Bewußtsein hinab, in Kürze der erste Wirtschaftsminister der Bundesrepublik Deutschland zu sein.

Genau dreißig Tage später war er dies tatsächlich. Zwischendurch mußte er freilich im Koalitions-Gerangel noch kräftig Federn lassen.

Bis Anfang September bestätigten die zuständigen Gremien der Partei, zuletzt die erstmals vereinte Bundestagsfraktion die „Rhöndorfer Weichenstellung". Am 6. September begannen die Koalitionsverhandlungen. Einen Tag später geschah etwas, das die Verhandlungen außerordentlich komplizierte. Am 7. September wurde nämlich der Präsident des Bundesrates gewählt. Das eigentlich wenig bedeutsame, jährlich neu vergebene Amt war Bayerns Ministerpräsidenten Ehard von Adenauer versprochen worden, wurde aber auch von Nordrhein-Westfalens Ministerpräsidenten Arnold erstrebt. Arnold präsidierte in Nordrhein-Westfalen der Regierung einer großen Koalition, plädierte für eine Regierung der großen Koalition im Bund, war Adenauer ziemlich zuwider und deshalb nach Rhöndorf nicht gebeten worden. Letzteres erwies sich als Fehler. Arnold brachte die Länder, die von großen Koalitionen und von SPD-Mehrheiten regiert wurden, im Bundesrat auf seine Seite und Adenauer konnte seine Zusage nicht einlösen. Die CSU war darüber höchst verärgert und machte ernsthafte Anstalten, aus der Fraktionsgemeinschaft auszuscheiden und sich von den Koalitionsverhandlungen zurückzuziehen, noch ehe die Verhandlungen recht begonnen hatten. Fritz Schäffer, dessen streithaftes Wesen vier Jahre vorher Erhards Eintritt in die Politik ermöglicht hatte, sorgte diesmal für Ausgleich und Beruhigung und - wer weiß - ermöglichte dadurch vielleicht Erhards Verbleib in der Politik. Die CSU blieb am Verhandlungstisch, erhöhte aber ihre Forderungen. Sie wollte neuerdings für Fritz Schäffer das Finanzministerium. Das wollte - für ihren neuen Vorsitzenden Franz Blücher - freilich auch die FDP. Adenauer bot ihr als Ersatz für das Finanzministerium die Vizekanzlerschaft für Blücher und dazu ein kleines, handliches, wenig arbeitsaufwendiges Marshallplan-Ministerium an. Beides kam dem eher auf Status als auf Arbeit geeichten Wesen Blüchers durchaus entgegen, der Partei aber etwas kümmerlich vor. Deshalb gab sie nicht ohne weiteres klein bei, sondern beharrte - neben der Vizekanzlerei - auf dem Finanzministerium. Erhard unterstützte sie darin. Die Errichtung eines besonderen Marshallplan-Ministeriums ginge ja auf Kosten seiner Kompetenzen. Die aber waren durch eine Entscheidung der Militärregierungen ohnehin schon stark beschnitten worden. In den Vereinigten Staaten, in Großbritannien und in Frankreich gehörte die Geld- und Kreditpolitik in die Zuständigkeit der Finanzministerien. Weil das so war, hielten die Militärgouverneure es auch für vernünftig und deshalb bestimmten sie, daß es im Gegensatz zur Tradition auch in Deutschland so sein sollte. Erhard hingegen empfand es als Ausgeburt schierer Unvernunft und als widernatürliche Beeinträchtigung der Möglichkeiten, erfolgreich Wirtschaftspolitik zu treiben. Und nun lief er Gefahr, daß ihn ein Marshallplan-Ministerium auch noch um den ausschließlichen Einfluß auf die Außenwirtschaft und die Investitionspolitik brachte. Am Ende war die Gefahr nicht abzuwenden. Zehn Tage lang zog sich der Streit hin. Die FDP leistete Widerstand, glaubte aber selber nicht so recht an Blüchers Eignung zum Finanzminister. Der wiederum glaubte, daß er sich als Marshallplan-Minister in die Außenpolitik einüben könnte und unter dieser Voraussetzung wie selbstverständlich erster Außenminister würde, wenn die Alliierten der Bundesrepublik das zunächst noch vorenthaltene Aussenministerium dermaleinst zugestanden. Er fand Gefallen an Adenauers Vorschlag. Da die FDP außerdem, gegen Widerstände in der CDU, das Amt das Bundespräsidenten für einen der ihren erhielt und Adenauer sich Schäffer dankbar verpflichtet fühlte, stand es um Erhards Interessen schlecht. Sie wurden zwischen anderen Ambitionen und Notwendigkeiten zerrieben. Es blieb ihm nichts anderes übrig, als sich mit der weiteren Schmälerung seines Amtes abzufinden. Er tat dies in der Überzeugung, mit seiner überragenden Persönlichkeit für das eintreten zu können, was ihm an sachlichen Zuständigkeiten genommen wurde.

Am Vormittag des 15. September 1949 wählte der Bundestag Konrad Adenauer mit einer Stimme Mehrheit zum Bundeskanzler. Die eine Stimme war Adenauers Stimme. Fünf Tage später legte der Bundeskanzler dem Bundespräsidenten seine Kabinettsliste vor. Am 20. September, um zwanzig vor eins ernannte Theodor Heuss Ludwig Erhard zum Bundeswirtschaftsminister. Fritz Schäffer wurde Finanzminister mit Zuständigkeit für das Geld- und Kreditwesen, Franz Blücher Minister für den Marshallplan. Von der Ernennung weg begaben sich die Minister zur ersten Sitzung des Bundeskabinetts. Herbert Blankenhorn, Adenauers engster Mitarbeiter und Vertrauter, nahm daran teil und schrieb am Abend in sein Tagebuch, daß außer Schäffer alle Minister politisch nur zweite Wahl seien.

Ludwig Erhard feierte das große Ereignis an jenem Abend mit den Kollegen Dehler und Wildermuth, Justizminister der eine und Wohnungsbauminister der andere, und beide der FDP zugehörig, beim Essen in einem Restaurant im Rheindorf Unkel. 25 Mark gab jeder dafür aus. Natürlich wußte er nichts von Blankenhorns Eintrag und hätte ihn - wissend - unbegreiflich gefunden. Er stand in krassem Gegensatz zu seinem Selbstverständnis. Jenes Selbstverständnis kam in einem Brief zu schönstem Ausdruck, den er einige Wochen später frei von der Leber weg und rein so, wie ihm zumute war, an den New Yorker Unternehmensberater Arthur Wolkiser schrieb. Wolkiser war einer jener Besatzungsoffiziere in Mittelfranken gewesen, die ihn vor vier Jahren auf den politischen Weg gebracht hatten. Während Erhards Amerika-Besuch sah man sich wieder, verstand sich noch immer gut und fand nichts dabei, daß Erhard eine kleine Wunschliste hinterließ. Wolkiser arbeitete sie alsbald soweit wie möglich ab. Anfang Juni traf ein großes Geschenkpaket in Frankfurt ein. Wenig später folgte ein Brief. Wolkiser schrieb, daß er die Schokolade, die kandierten Früchte und die Würste bei kühlerer Witterung nachschicken werde. Es ging freilich kein Brief von Frankfurt nach New York zurück. Mitte Oktober fragte Wolkiser an, ob Paket und Brief womöglich verlorengegangen seien. Am 25. Oktober entschuldigte Erhard sich. Wie denn und wann denn hätte er die Zeit für einen Freundesbrief finden sollen? „Sie müssen wissen, daß ich in dem deutschen Wahlkampf wirklich das große Ass war, um das sich alles drehte, die Persönlichkeit, an der sich die Geister zustimmend und ablehnend, liebend und hassend schieden ... Der Wahlkampf (wurde) ausschließlich für oder gegen die Erhardsche Wirtschaftspolitik geführt“. Dann kam der Disput über die Frage: große oder kleine Koalition. „Ich war ... der Meinung, daß klare Verantwortungen geschaffen werden müssen (und) Sie werden ja auch aus der Presse erfahren haben, daß meine Auffassung durchdrang und wie auch der Bundeskanzler die gleiche Haltung einnahm“. Verwunderlich sei das nicht, da doch „kaum ein anderer als ich das Deutschland der Nachkriegszeit so sehr geformt und ihm seinen Stempel aufgeprägt hat“. Doch aufregend war es schon. Was nun aber die Schokolade, die kandierten Früchte und die Würste angehe, „so möchte ich Ihnen heute sagen, daß das nun wirklich nicht mehr notwendig ist, weil dank meiner Wirtschaftspolitik das jetzt bei uns auch alles frei erhältlich ist". Ein wenig anders verhält es sich freilich noch mit „kandierten Nüssen der verschiedensten Art und weißen Nylonhemden (Halsweite 42 cm)". Dafür zum Dank schon mal vorweg als „Andenken aus Deutschland das beiliegende Bild von mir." Anlage: 1 Photo.[31]

3. Kapitel

Unruhige Zeiten

Das alles war nicht schlechthin falsch. Aber richtig war es in seiner übersteigerten Selbstgefälligkeit doch auch nicht. Die Sätze erwecken den Eindruck, daß Ludwig Erhard die Rolle, die ihm zugefallen, und den Coup, der ihm gelungen war, selbst nicht recht begriff und schon gar nicht in deren historischer Bedingtheit. Deshalb leitete er sie kurzweg aus seiner überragenden Persönlichkeit und deren außergewöhnlichen Fähigkeiten ab. Und umgekehrt natürlich: Weil ihm jene Rolle zugefallen und der Coup gelungen waren, konnte er nicht mehr umhin, sich als überragende Persönlichkeit mit außergewöhnlichen Fähigkeiten zu verstehen. Daran glaubte er fortan, fester gewiß, als an die Dogmen des Ordoliberalismus, die nach Bedarf zu modeln ihm wenig Beschwer machte; und es drängte ihn, diesen Glauben auch zu bekennen. Es dürfte schwerfallen, eine Person des öffentlichen Lebens in Nachkriegs-Deutschland zu finden, die sich mit soviel rührender Naivität und enervierender Penetranz zugleich, dabei mit der fortgesetzten Versicherung, dies nicht nötig zu haben, selbst gelobt, gerühmt und der Unfehlbarkeit bezichtigt hat, wie Ludwig Erhard in den fünfziger Jahren.

Wenn einer das tut, dann hat er das nötig. Wenn einer ständig sagt, daß er ein großer Mann sei, dann ist er kein großer Mann. Ludwig Erhard war zum großen Mann nicht geboren, und er war durch seine richtige, wichtige, bedeutungsvolle Entscheidung im Juni 1948 und durch die Beharrlichkeit danach auch keiner geworden. Vielleicht ahnte er das im stillen, wollte aber gar zu gerne ein großer Mann sein und redete deshalb um so lauter und ausdauernder gegen die Erfahrung an. Glaubensbekenntnisse dienen ja auch dazu, Zweifel zu übertönen. Vielleicht ahnte und zweifelte er aber auch nicht. In diesem Fall blieb ihm unbegreiflich, wie andere dies tun und seiner Größe nicht hinreichende Gerechtigkeit widerfahren lassen konnten, und das nicht selten auch anmaßende Eigenlob war - ein wenig hilfloser - Ausdruck des Unverständnisses.

Erhard und Adenauer

Als Erhard Ende Oktober an Wolkiser schrieb, lagen fünf Wochen Ministertätigkeit und erste ungute Erfahrungen hinter ihm. Er mußte sich um diese Zeit mit dem Gedanken vertraut machen, daß ihm die politische Rolle, daß ihm das hohe Amt, zu dem er sich ausersehen fühlte, in der Bundesregierung verwehrt wurde und versagt blieb. Damit kam er schwer zu Rande. Mehrfach noch hat er jene Rolle beschworen. Am eindringlichsten wohl und zuversichtlich noch in einem Brief an Adenauer einen Monat später: „Die soziale Marktwirtschaft ... zu einem guten, segensreichen Ende zu führen, vermag nur der, dessen wirtschaftspolitische Autorität ... so unbestritten ist, daß er die Geister zuletzt doch versöhnen kann, ohne sich selbst untreu werden zu müssen. Es ist nicht Hochmut, sondern Nüchternheit, wenn ich Ihnen sage, daß diese Aufgabe in Deutschland nach Lage der Dinge nur mir zufallen kann ... Ich gebe Ihnen die feierliche Versicherung und setze mein

Ansehen und meine Ehre zum Pfand, daß ich die deutsche Wirtschaft so wie bisher auf dem Weg der Gesundung weiterführen und das soziale Los unseres Volkes weiter bessern werde, daß die soziale Marktwirtschaft meiner Prägung niemals in die ausweglosen Krisen der vergangenen kapitalistischen Epoche zurückfallen kann ... Es ist meine Aufgabe, die Menschen auch gegen ihre Einsicht zu ihrem Glück zu zwingen, denn das wird es zuletzt ganz sicher sein ... Ich legte diese Gedanken nieder, weil mich die Verantwortung gegenüber dem deutschen Volk dazu zwingt ... Ich habe das sichere Gefühl, daß gerade wir beide, Sie, sehr verehrter Herr Bundeskanzler, auf politischem und ich auf wirtschaftspolitischem Felde die glückliche Zukunft Deutschlands in Händen halten und daß wir nur gemeinsam siegen oder versagen werden."[1]

Der Anlaß des langen, hochgestimmten Briefes war Erhards Wunsch, einen Kabinettsausschuß ins Leben zu rufen, in dem alle Minister, die mit wirtschaftspolitischen Angelegenheiten befaßt waren, unter seiner Führung vereint und damit seinem Willen unterworfen wurden. Das waren nicht wenige Minister. Erhard hatte inzwischen lernen müssen, ohne sich damit abfinden zu können, daß er Wirtschaftsminister nur in einem sehr eingeschränkten Sinne war. Eingeschränkt zum einen durch sachliche Zuständigkeiten anderer Minister: Die Zuständigkeit für das Geld- und Kreditwesen lag beim Finanzminister, die Zuständigkeit für die Landwirtschaft, in der damals immerhin noch über 20 % der Erwerbstätigen beschäftigt waren und über 10 % des Bruttosozialproduktes erwirtschaftet wurden, beim Minister für Ernährung, Landwirtschaft und Forsten. Für Transport und Verkehr gab es einen Verkehrsminister, für die Wohnungswirtschaft einen Wohnungsbauminister. Fragen der Arbeitsordnung und der Lohnbildung resortierten beim Arbeitsminister. Und schließlich war aus Koalitionsnot auch noch jenes Ministerium für den Marshallplan unter dem nicht eben fleißigen, aber höchst ehrgeizigen Vizekanzler Blücher geschaffen worden. Für Erhard blieben die gewerbliche Wirtschaft, der Außenhandel, soweit er nichts mit dem Marshallplan zu tun hatte, sowie Grundsatzangelegenheiten der Wirtschaftsordnung und der Wirtschaftspolitik.

Eingeschränkt wurde seine Wirkungskraft als Wirtschaftsminister nun aber ferner dadurch, daß die Fachminister nicht bereit waren, sich einem konzeptionellen Führungsanspruch zu unterwerfen, der weder durch das Amt noch durch persönliche Autorität begründet wurde. Und persönliche Autorität, eben das, was er im Brief an Adenauer als unbestritten auswies, gewann Erhard im Kabinett nicht. Dabei hätte das angesichts des Mittelmaßes, das dort versammelt war, nicht so schwer sein sollen. Aber es entsprach seiner Wesensart und seinem Gebaren nicht. Erhard war ein Mann der Tribüne, kein Mann des Konferenztischs, er überzeugte und bezwang eher aus der Ferne als von nahem, eher durch die große Geste und das geläufige Wort als durch die Entschiedenheit des Wollens und die Deutlichkeit des Arguments im kleinen Kreis. Er verstand und gab sich als Wissenschaftler, der in die Politik geraten war und glaubte, Wirtschaftspolitik als gelehrte Kunst ohne umfassendes Aktenstudium und geregeltes Verwaltungshandeln betreiben zu können und auch so betreiben zu sollen. Nicht selten war er unvollkommen informiert und deshalb nicht nur von seiner Anlage her, sondern auch aus Verlegenheit ungenau in den Diskussionsbeiträgen und unzuverlässig in seinem Urteil und seinen Zusicherungen. Darauf ließ sich wirtschaftspolitische Führerschaft kraft Persönlichkeit nicht begründen. Erhard bedurfte des erbetenen Ausschusses, um sie kraft seines Amtes zu gewinnen und merkte nicht, daß seine Rede von Stärke und Souveränität („Starke und noch dazu erfolgreiche Männer sind zwangsläufig unbeliebt ... Nur wenn man seiner Sache so bedingungslos sicher ist wie ich, und nur wenn man das ganze Gebiet fachmännisch souverän beherrscht, kann man dieser Front mit Erfolg und gutem Gewissen trotzen, und ich bin entschlossen es zu tun".)[2] mit seiner schwachen Stellung im Kabinett und mit dem Anruf der Autorität des Kanzlers schlecht zusammenpaßte. Außerdem merkte er nicht, daß er in seinem Brief ein Motiv erklingen ließ und dabei Töne anschlug, die Konrad Adenauer höchlichst mißfielen.

Adenauer war weit davon entfernt, in Ludwig Erhard eine Art wirtschaftspolitischen Nebenkanzler zu sehen, geschweige denn zu dulden. Er legte großen Wert auf die verfassungsrechtlich hervorgehobene Stellung des Kanzlers, ließ keinen Zweifel daran, daß ihm diese Stellung aufgrund seiner Überlegenheit auch zukäme und füllte sie raumgreifend aus. Erhards Gefühl, daß er, Adenauer, gemeinsam mit seinem Wirtschaftsminister „die glückliche Zukunft Deutschlands in Händen" halte und nur mit Erhard siegen könne, ohne ihn aber versagen müsse, war ihm so fremd wie nur etwas. Fremd war ihm nicht nur der Anspruch auf Gleichheit, wenn schon nicht des protokollarischen, so doch des politisch-historischen Ranges, der sich darin kundtat, fremd waren ihm auch die wortmächtigen Wallungen, mit denen da einer seine Selbstergriffenheit zur Schau trug. Und nicht nur fremd, sondern auch zuwider. Sein Antwortbrief gab der doppelten Befremdung kräftigsten Ausdruck; kräftig vor allem dadurch, daß er sich, offenkundig unberührt von Erhards Herzensergießungen, einer Antwort zu Sinn und Sache kalten Bluts enthielt: „In der gestrigen Sitzung mit den Koalitionsparteien" schrieb Adenauer sechs Tage später, ohne Erhard einer Anrede zu würdigen, „wurde lebhaft Klage darüber geführt, daß ein Gesetzentwurf über Monopole veröffentlicht sei, ohne daß die Abgeordneten davon etwas wüßten. Ich mußte zu meiner Beschämung sagen, daß ich ebenfalls nichts davon wüßte. Ich bitte um Äußerung, ob es sich wiederum um eine Indiskretion aus Ihrem Ministerium handelt ... Wie Sie wissen, habe ich nicht den Eindruck, daß Ihr Ministerium organisatorisch so gestaltet und personaliter so besetzt ist, daß eine ruhige und Ihren und den Intentionen der Bundesregierung entsprechende Fortführung der Geschäfte gewährleistet ist." Eine Grußformel enthielt der Brief so wenig wie eine Anrede.[3]

Der Briefwechsel war ein Schlüsselvorgang in Ludwig Erhards politischem Leben, war dies in zweierlei Hinsicht und war es, ohne daß Erhard sich dessen bewußt sein konnte. Es ist ihm freilich schnell bewußt geworden. Die Briefe verdeutlichten nicht nur das Mißverhältnis zwischen Erhards außerordentlich ambitioniertem persönlich-politischen Selbstverständnis und der nachrangigen Rolle, auf die er sich wider alles Erwarten verwiesen fand; in ihm kündigte sich auch der Konflikt zweier ganz und gar ungleicher, dazu durch Status und Mentalität ungleich zueinander gestellter Männer sowie das Muster seines Austrags an.

Adenauer war groß, schlank und hart, Erhard eher klein, dick und weich; Adenauer dachte klar und redete einfach, Erhard dachte einfach und redete umständlich. Adenauer lebte in Distanz zu sich selbst, Erhard konnte von sich selbst niemals absehen. Adenauer war Skeptiker, Erhard Enthusiast. Adenauer verstand Politik als das notorische „starke, langsame Bohren von harten Brettern", Erhard wollte sie als Folge leichter rascher Würfe verstehen. Adenauer war akribischer Aktenleser, Erhard reiste und redete lieber. Adenauer orientierte sein Handeln an politischen Zielen, Erhard an dogmatischen Prinzipien; Adenauer kompromittierte um der Ziele willen das Handeln durch taktische Finessen, Erhard kompromittierte die Prinzipien durch Mangel an taktischem Geschick. Adenauer mißtraute anderen Menschen und verstand sich meisterhaft und zweckbedacht auf die Kunst ihrer Behandlung, Erhard begegnete den Menschen unverstellt und hatte eigentlich kein wahrhaftes Interesse am und deshalb auch kein Geschick im Umgang mit ihnen. Adenauer war rücksichtslos nach Bedarf und Laune, Erhard aus Gedankenlosigkeit. Adenauer begehrte Macht und verlangte Unterordnung als Mitteln zu seiner Politik, Erhard strebte nach Status und Prestige und lechzte nach Anerkennung als Zwecken seines politischen Seins. Adenauer liebte die Musik, verstand sich auf die bildende Kunst und war Gärtner aus Leidenschaft, Erhard ließ die Schallplatten, die man ihm reichlich schenkte, unausgepackt, schätzte die moderne Architektur und entspannte sich bei Fußball und Kartenspielen. Adenauer haßte Tabakrauch und dessen Geruch, Erhard qualmte. Erhard verehrte Adenauer, hatte Angst vor ihm und wünschte ihm zu gefallen und sich von ihm verstanden. Adenauer mißbilligte Erhards politisch-persönliche Erscheinung und behandelte ihn bald mit wohlwollend-gönnerhafter Nachsicht, bald mit geringschätziger Strenge. Erhard litt unter Adenauer, Adenauer ärgerte sich über Erhard. Erhard schrieb Adenauer lange, sechs, acht, zehn Seiten lange Briefe, vom Drang nach Aufklärung, Selbstdeutung und Rechtfertigung geleitet, respektvoll und gefühlsbetont; Adenauer fertigte ihn mit lakonischen Übermittlungen ab, Vorhaltungen, Anweisungen, bestenfalls sachbezogenen Stellungnahmen, karg, kühl, kritisch.

All das entfaltete sich mit der Zeit und geriet schließlich zu einem politisch-persönlichen Drama mit stark grotesken Zügen. Angelegt aber war es natürlich von vornherein und spürbar wurde es schnell. Erhard muß darüber anfangs zutiefst erschrocken gewesen sein und Mühe gehabt haben, es zu glauben. Mitte 1950 gestand er sich's dann aber ein: „Er mag mich nicht“.[4] Das Eingeständnis war eins, das Verständnis dafür ein anderes. Verstanden hat er es nicht. Weil er es nicht verstand, vermochte er sich auch nicht damit einzurichten. Ein Jahrzehnt lang lebte und verhielt er sich in der Illusion, daß es doch möglich sein und ihm gelingen müßte, Adenauer von sich zu überzeugen und für sich zu gewinnen. Die ein ums andere Mal erwiesene Erfolglosigkeit des Beginnens ließ ihn der Popularität und des Ruhms, die ihm alsbald im Übermaß zuteil wurden, nicht dauerhaft froh werden und verschattete allmählich sein Gemüt. Auch das fand schon frühzeitig gleichsam exemplarischen Ausdruck in einem Brief an den Kanzler, der ihn, so glaubte Erhard, nicht sein ließ, was ihm zukam und dem Land frommte. Die hochgemute Zuversicht vom November 1949 hatte sich bis Juni 1950 verflüchtigt; aus Erwartungen waren Reminiszensen geworden; die Selbstgewißheit blieb unverwüstlich, aber Resignation klang an: „Ich hätte mir nichts Schöneres vorstellen können, als mit der Beschränkung auf die Wirtschaftspolitik mit Ihnen die Schicksale unseres Landes leiten zu dürfen“. Das Volk verlange auch danach. Wenn man die Menschen fragte, „welchem Manne das wirtschaftliche Schicksal unseres Landes überantwortet werden solle“, dann käme - „ohne Überheblichkeit und Übertreibung bin ich dessen gewiß - ein geradezu überwältigendes Bekenntnis zu mir zustande“. Aber „ich habe den sicheren Eindruck, daß meine Geltung in der deutschen Öffentlichkeit und dem gesamten Ausland eine weit höhere ist als innerhalb der Bundesregierung und im besonderen bei Ihnen selbst“.[5]

Vielleicht war das, wenn man den Ton ein wenig herabstimmt, um diese Zeit richtig. Vielleicht. Ein Jahr später war es nicht mehr richtig. Da war nicht nur seine Geltung im Kabinett auf einem Tiefpunkt, da war er auch der unpopulärste aller Minister. Ludwig Erhard scheint in den ersten beiden Jahren seiner Ministertätigkeit weder seinen Kanzler und die Kollegen noch die Bevölkerung überzeugt zu haben. Es waren für einen westdeutschen Wirtschaftsminister freilich auch keine einfachen Jahre.

Der Bundeswirtschaftsminister im ersten Kabinett Adenauer.
Links außen: Schäffer, zweiter von rechts: Blücher

Die DM-"Abwertung"

Sie hatten gleich unruhig begonnen. Zwei Tage, bevor Ludwig Erhard zum Wirtschaftsminister ernannt wurde, wertete die britische Regierung in schweren Devisennöten das Pfund Sterling im Verhältnis zum US-Dollar um 30 % ab. Einige, dem Pfund eng verbundene Währungen folgten der Abwertung unverzüglich, die Abwertung anderer Währungen, auch des französischen Francs, stand zu erwarten. Deshalb war die erste gewichtige Frage, mit der sich die eben installierte Bundesregierung auseinandersetzen mußte, eine wirtschaftspolitische Frage. Sie hieß : Was soll unter derlei Umständen mit der DM geschehen? Und sie verwies auf ein Konzentrat der wirtschaftlichen Probleme, mit denen es der junge Staat zu tun hatte.

Die Abwertung wichtiger Währungen verschlechtert die internationale Wettbewerbsposition von Ländern, die nicht abwerten. Nun war die Wettbewerbsfähigkeit westdeutscher Güter ohnedies nicht glänzend, Exportsteigerung aus zwei Gründen aber höchst erwünscht. Zum einen neigte die kommerzielle Handelsbilanz zu Defiziten und die Devisenreserven waren knapp; zum anderen nahm die Arbeitslosigkeit unaufhörlich zu und die Vermehrung der Ausfuhr erschien als geeignet, dem Anstieg Einhalt zu tun. Beides sprach dafür, die DM ebenfalls kräftig abzuwerten. Dagegen sprach freilich, daß die Abwertung Einfuhren verteuerte, die in Dollar fakturiert wurden. Wenn die DM im Verhältnis zum Dollar 30 % weniger wert war als vorher, nicht mehr 30, sondern nur noch 21 Cents pro DM, dann mußten deutsche Importeure bei unverändertem Dollarpreis über 40 % mehr DM für die gleiche Menge Importgüter aufbringen. Die meisten wichtigen Rohstoff- und Nahrungsmittelimporte *wurden* in Dollar fakturiert und würden deshalb derart verteuert. Das galt für kommerzielle Importe, wie auch für Hilfslieferungen im Rahmen des Marshallplans. Auch das hatte zwei höchst unerfreuliche Begleiterscheinungen. Abwertungen verschlechtern die terms of trade. Die Importeure müssen für gleichviel Einfuhren bei unverändertem Dollarpreis ebensoviel Dollar bezahlen wie vorher, die Exporteure erhalten aber für die gleiche Menge an Ausfuhren bei unverändertem DM-Preis weniger Dollar als zuvor. Um gleichviel einführen zu können, muß also ein Land, nachdem es seine Währung abgewertet hat, mehr verkaufen als vorher. Wenn ihm dies nicht gelingt, muß es seine Importe einschränken. Das ist eins. Das andere ist, daß die Importeure bestrebt sind, die höheren DM-Preise der Einfuhren an die Verbraucher weiterzugeben. Dadurch drücken sie das inländische Preisniveau nach oben. Kurz, gar keine oder eine geringe DM-Abwertung gefährdete die westdeutschen Exporte und die Beschäftigung, eine starke Abwertung ließ Versorgungsengpässe und Preissteigerungen befürchten. Eins war so schwer erträglich wie das andere. Die Bundesregierung stand vor der nicht eben leichten Aufgabe, ein Abwertungs-Maß zu finden, das Unerträgliches hier wie dort vermied.

In erster Linie stand natürlich der Bundeswirtschaftsminister vor dieser Aufgabe. Sie wurde ihm dadurch erschwert, daß es für jenes optimale Maß so gut wie keine empirischen Anhaltspunkte gab und daß die Alliierte Hohe Kommission dem, was man gleichwohl für das optimale Maß hielt, zustimmen mußte, damit es wirksam werden konnte. Erhard verfuhr seiner Art und besatzungszeitlichem Brauch gemäß. Er entschied sich intuitiv für eine Abwertungsrate und sprach darüber am 20. September, gleich nach der Ernennung, zunächst mit den Finanzberatern der AHK. Die verstanden, daß die Deutschen eine Abwertung der DM um 20 %, von 30 auf 24 Cents, für richtig hielten und wünschten.

Anderntags machte Erhard die Erfahrung, daß er es mit beidem nicht recht getroffen hatte. Adenauer legte Wert auf einen scharfen Bruch mit der besatzungspolitischen Praxis und auf sichtbare Demonstration der unabhängigen Entscheidungsfähigkeit des Kabinetts von Anbeginn. Deshalb mißfielen ihm Beratungen mit alliierten Behörden *vor* einem Beschluß der Bundesregierung. Dazu kam, daß der nachträgliche Beschluß Erhards Bekundung der deutschen Abwertungswünsche desavouierte.

Das Kabinett beriet am Abend des 21. September im zur vorläufigen Bundeskanzlei notdürftig hergerichteten Museum König an der Koblenzer Straße in Bonn. Der Gang und das Ergebnis der Verhandlungen nahmen sich wie eine frühzeitige Definition von Erhards neuer Rolle aus. Es zeigte sich, daß es der Wirtschaftsminister nicht vermochte, im Kabinett meinungsbildend zu wirken und sich durchzusetzen. Das begann damit, daß der Kanzler zur Sitzung des Kabinetts nicht nur die von Amts wegen dazu berufenen Präsidenten der Bank Deutscher Länder, Karl Bernard und Wilhelm Vocke, sondern außerdem die durch nichts als seine Wertschätzung dazu berufenen Bankiers Robert Pferdmenges und Hermann Josef Abs eingeladen hatte. Die beiden blieben fortan Vertrauensleute und informelleinflußreiche Berater des Kanzlers in wirtschaftspolitischen Angelegenheiten; der eine, Pferdmenges, Erhard dabei persönlich gewogen, der andere mit einer persönlichen Abneigung gegen Erhard behaftet.

Adenauer gab Erhard das Wort.[6] Erhard trug den Fall vor. Vorrangig zu beachten sei die Erhöhung der Exporte, eine Abwertung deshalb unerläßlich. 20 % reichten freilich aus. „Einen gewissen Druck" könne die deutsche Wirtschaft noch ertragen. Auch bei bloß zwanzigprozentiger Abwertung müsse mit einer Verteuerung der Lebenshaltung um 6 - 9 % gerechnet werden. Das traf den Kern der Sorgen, die sich der Bundeskanzler wegen der Abwertung machte: Preiserhöhungen, Lohnkämpfe, politische Unruhen. Das müsse unbedingt vermieden werden. Pferdmenges, Bernard und Abs widersprachen Erhard. Pferdmenges und die volkswirtschaftliche Abteilung der Bank Deutscher Länder sahen bei einer zwanzigprozentigen Abwertung nur Preissteigerungen von 2 - 3 % voraus. Abs hingegen glaubte nicht, daß man mit 20 % Abwertung auskomme. Die Exportfähigkeit und die Beschäftigung verlangten nach mehr, nach mindestens 25 %. Adenauer wiederholte, daß Preissteigerungen fürs erste unbedingt vermieden werden müßten, notfalls durch Preissubventionen mit öffentlichen Mitteln. Oder ob man die Preise nicht einfach binden könne? Erhard sagte, daß „die Preiserhöhungstendenz am wenigsten wirksam" werde, „wenn wir möglichst wenig mit verkrampften Mitteln in den Prozeß eingreifen. Wenn man nur sagen würde, daß kein Grund zur Beunruhigung besteht, wenn wir um 20 % abwerten, so bin ich nach wie vor der Meinung, daß das für die Exportwirtschaft im ganzen tragbar ist". Die Lohnbewegung könne man „ruhig etwas labil halten. Ich würde es nicht als ein Unglück ansehen, wenn wir innerhalb von drei Monaten ... eine Preissteigerung von 5 % hätten". Adenauer wußte nicht, was er daraus machen sollte. Er griff Abs' Befürchtung auf und fragte, ob 25 % genügten, um die Exportwirtschaft in Gang zu halten. Erhard schwenkte auf einen Abwertungssatz von 25 % ein. Das Argument, mit dem er dies tat, mutete freilich etwas sonderbar an. „Die Erwartung ... steigender Preise wird eine Mehrproduktion an Gütern bringen und das äußere Bild der Wirtschaft wird sich günstig gestalten. Aus diesem Grund können wir sogar noch etwas weiter gehen als 20 %; dann würde sich diese Wirkung natürlich noch verstärken."

Adenauer sagte: "Wir werden die nächste Zeit - das können wir eine gewisse Zeitlang aushalten - Preis- und Lohnsteigerungen vermeiden ... Wenn aber die Gefahr besteht, daß etwa bei 20 % eine Exportschrumpfung mit Freisetzung von Arbeitskräften einsetzte, ... dann müßten wir höher gehen."

„Der Auftrieb kommt natürlich nicht von der Exportseite her, sondern von der Inlandsseite," sagte Erhard. „Ich möchte darüber jedoch keine Illusionen lassen: Wenn wir ... verkünden, daß der Kurs jetzt nicht mehr 30, sondern 23,8 oder 22,5 Cents ist, dann können Sie die Tendenz zu Preissteigerungen von diesem Augenblick an unter keinen Umständen abdämmen." Es sei schlechterdings unmöglich, das Preisniveau stabil zu halten.

Adenauer fragte: „Was sollen wir nun machen?" 20 oder 25 %?

Erhard wußte es nicht. „Die Situation wäre für uns natürlich leichter zu beurteilen, wenn wir ein klareres Bild über die Auswirkungen in England gewinnen könnten".

Adenauer entschied, daß der AHK eine Abwertung der DM um 25 % vorgeschlagen würde. Das Kabinett nahm die Entscheidung widerspruchslos zur Kenntnis. Eine Abstimmung entfiel.

Die Entscheidung wurde der Presse mitgeteilt. Anschließend fuhren Erhard, Blücher und Schäffer nach Frankfurt, um sie noch nächtens mit den amerikanischen und den britischen Finanzberatern der AHK zu besprechen. Die zeigten sich höchst überrascht. Die Amerikaner hatten unterdessen ihr Außenministerium gefragt, ob man der von Erhard gewünschten Abwertung um 20 % zustimmen könne. Das State Department hielt die DM zu 24 Cents für unterbewertet, gab aber sein Placet. Die deutsche Minister-Delegation sagte, daß die DM unbedingt um 25 % abgewertet werden müsse; jede geringere Abwertung sei ein schwerer Schlag gegen die deutschen Exporte und vermehre die Arbeitslosigkeit. Dem Anstieg der Lebensmittelpreise wolle die Bundesregierung durch Subventionen begegnen. Zu diesem Zweck erbitte sie die Freigabe der DM-Gegenwerte, die infolge der Abwertung zusätzlich eingingen. Die amerikanischen Finanzberater machten den Ministern wenig Hoffnung, weder auf einen höheren Abwertungssatz noch auf die Verwendung von Gegenwert-Mitteln für Preissubventionen. Die Briten gaben zu erkennen, daß die englische Regierung sich auf 25 % einlassen könnte.[7]

Am folgenden Abend traf Erhard mit dem französischen Finanzexperten der Hohen Kommission zusammen und erfuhr, daß Frankreich sich mit einer Abwertung der Mark um 25 % keinesfalls abfinden werde. Da der Dollar-Kurs des Franc aus Kosten- und Preisgründen nur um 22,5 % herabgesetzt werden sollte, bedeute dieser Satz eine Abwertung der DM auch gegen den Franc. Der Franc sei aber im Verhältnis zur DM ohnehin überbewertet. Im übrigen setze Frankreichs Zustimmung zu jeglicher DM-Abwertung eine zufriedenstellende Regelung des Kohleproblems voraus.

Daran hatte bislang niemand gedacht. Frankreich und einige andere europäische Länder hatten einen besatzungsrechtlichen Anspruch auf beträchtliche Kohlelieferungen aus Deutschland. Das war kein Reparations-Anspruch. Die Lieferungen mußten bezahlt werden. Der Preis wurde in Dollar ausgedrückt, die Rechnung mit Dollar beglichen. Für Frankreich waren sowohl die Lieferungen wie der Preis von erheblichem Belang. Frankreich war arm an Kohle, aber eben dabei, mit staatlichem Nachdruck eine moderne Stahlindustrie ins Leben zu rufen. Die brauchte die Kohle und brauchte sie möglichst billig, damit sie international konkurrenzfähig würde. Wenn nun die europäischen Währungen im Verhältnis zum Dollar abwerteten, der Dollar-Preis der deutschen Kohle in Frankreich aber unverändert blieb, dann mußten die französischen Hütten und Stahlwerke erheblich mehr Francs für die gleiche Menge Kohle aufwenden. Ihre Produktionskosten stiegen. Den deutschen Eisen- und Stahlerzeugern wurde Kohle natürlich in DM berechnet. Deren Kosten blieben mithin gleich. Das beunruhigte die französische Regierung um so mehr, als die deutschen Zechen den deutschen Kohleverbrauchern bislang schon niedrigere Preise zugestanden als den ausländischen. Deshalb wollte sie, daß der Dollar-Preis deutscher Kohle nach der Abwertung gesenkt und bei dieser Gelegenheit auch gleich die herkömmliche Preisdifferenz beseitigt würde. Die Bundesregierung sah beides nicht ein und hoffte auf die Unterstützung des anglo-amerikanischen Teils der Alliierten Hohen Kommission.

Sie beriet am 23. September zweimal ein wenig ratlos über die Lage, dann fuhr Erhard erneut nach Frankfurt, wo am Nachmittag die alliierten Finanzexperten tagten. Er hielt sich im IG-Farbenhaus bereit, wurde zu den höchst strittigen Verhandlungen aber nicht hinzugezogen. Im Vorzimmer erfuhr er, daß der amerikanische Hochkommissar McCloy der Bundesregierung eine Abwertung um bloß 20 % notfalls aufzwingen und die Franzosen von einer damit verbundenen Angleichung der Kohlepreise abbringen wolle. Am anderen Morgen war er wieder in Bonn. Das Kabinett tagte ab 9, um 10 Uhr kamen in Berlin die Hohen Kommissare zu ihrer ersten Besprechung über die DM-Abwertung zusammen. Erhard schlug vor, namens der Regierung eine beschwörende Botschaft an die Konferenz zu richten.[8] Er hub an, einen Entwurf vorzulesen. Adenauer unterbrach ihn nach dem ersten Satz und empfahl eine andere Formulierung. „Ich würde das alles anders fassen," sagte er. Erhard blieb unbeeindruckt. Er fuhr fort: Nach sorgfältiger Prüfung ... lebenswichtige Frage ... 22,5 Cents als noch tragbar erachtet.

„Das klingt mißverständlich," sagte Innenminister Heinemann. Und Vizekanzler Blücher: „Ich halte den ganzen Satz für nicht notwendig".

„Ich würde das alles ganz anders fassen," sagte Adenauer noch einmal und schüttelte einen kurzen, präzisen Text gleichsam aus dem Ärmel. Der Text wurde nach Berlin telegraphiert, machte Eindruck, verfehlte aber seinen Zweck. Der französische Hochkommissar François-Poncet ließ über mehr als 20 % nicht mit sich reden und verlangte außerdem die Angleichung der Kohlepreise binnen dreißig Tagen. Das sagte er seinen Kollegen und telegraphierte es Adenauer. McCloy entschloß sich, in direkten Verhandlungen mit der deutschen und der französischen Regierung einen Kompromiß zu suchen und ließ Adenauer wissen, daß er am nächsten Tag auf dem Weg nach Paris in Bonn Station machen werde.

Der nächste Tag war ein Sonntag. Adenauer lud McCloy deshalb in seine Wohnung ein. McCloy kam am Abend nach Rhöndorf, traf dort außer Adenauer auch Erhard, Blücher und Schäffer, dazu den unausweichlichen Abs an und hatte zunächst leichtes Spiel. Der Bundeskanzler konnte einen offenen Krach in und mit der Hohen Kommission gleich zu Beginn seiner Regierungstätigkeit nicht brauchen, wußte inzwischen, daß er um den Krach nicht herumkäme, wenn die Bundesregierung auf 25 % beharrte und hatte seine Leute auf Nachgiebigkeit eingeschworen. Die Angleichung der Kohlepreise lehnte man freilich weiter ab. McCloy empfahl, den Dollar-Kohlepreis zumindest im Maß der Abwertung zu senken. Das wolle man tun, sagten die Deutschen, wenn die USA auch den Dollar-Preis für Weizen im Maß der Abwertung senkten und der Bundesregierung auf diese Weise die Subventionen ersparten.

McCloy flog nach Paris weiter. Dort hatte er kein leichtes Spiel, nicht etwa, weil die französische Regierung besonders stark, sondern weil sie außerordentlich schwach war und einen Erfolg brauchte. Außerdem konnte *sie* es auf den Krach getrost ankommen lassen. Sie bestand auf der Preisangleichung. McCloy reiste unverrichteter Dinge von Paris nach Bonn zurück und nahm gleich nach der Ankunft die Verhandlungen mit den anderen Hochkommissaren im Rheinhotel Dreesen wieder auf.

Zur gleichen Zeit versuchten der amerikanische und der französische Außenminister in Washington zu einer Übereinkunft zu gelangen. Vorschläge und Anregungen wurden ins Rheinland telegraphiert. Mit ihrer Hilfe kam am 28. September, morgens um 6 Uhr, eine Vereinbarung zustande. Kompromiß wäre nicht das richtige Wort. Die Amerikaner und die

Briten gaben den Franzosen weitgehend nach, weil sie deren Forderungen im Prinzip für berechtigt hielten, und Deutschland schien dafür aufkommen zu müssen.

Man vereinbarte, den Dollar-Kurs der DM um 20 % herab- und eine internationale Kommission einzusetzen, die das Kohlepreisgefüge studieren sollte. Wobei ihr Studium von der Absicht geleitet würde, die Preise im Januar 1950 einander möglichst anzugleichen. Bis dahin sollten die Unterschiede durch die Abwertung nicht vergrößert werden. Die Bundesregierung wurde vor die Wahl gestellt, den deutschen DM-Kohlepreis zu erhöhen oder den Dollar-Kohlepreis für Ausländer zu senken. Vom Weizenpreis war nicht die Rede.

Adenauer erhob, als ihm der Beschluß wenig später übermittelt wurde, gleichsam rituelle Einwände, ans Kabinett gab er ihn kurz darauf als unabänderlich weiter. Zwischendurch hatte er entschieden, daß der Kohlepreis für Deutsche nicht erhöht, sondern der Dollar-Preis für Ausländer gesenkt und der Devisenverlust hingenommen würde. Erhard bezifferte den Verlust mit 100 Millionen Dollar, unterstützte die Entscheidung aber trotzdem, weil ihm eine Erhöhung der Energiekosten für die deutsche Industrie als noch abträglicher erschien, und wurde mit ihrer Durchführung beauftragt.[9] Dabei stellte er fest, daß die Auflage der Hohen Kommission eher politisch unerfreulich als wirtschaftlich besonders nachteilig war. Infolge der Pfund-Abwertung sank der Dollar-Preis britischer Kohle und da britische Kohle reichlich verfügbar war, hätte die deutsche Kohlebergbauleitung mit den Preisen ohnehin nachgeben müssen, um absatzfähig zu bleiben.

Erhard hatte als Bundeswirtschaftsminister keinen guten Start gehabt. Das lag weniger am Ergebnis, für das er nichts konnte, als an der Unentschiedenheit seines Wollens und an der - gelinde gesagt - Undeutlichkeit der Argumentation, mit der er seine Meinung und deren Wandel vertrat. Deshalb war ihm die Sache rasch entglitten und der Kanzler hatte sie an sich genommen und zu Ende gebracht. Das warf Schatten auf Erhards Möglichkeiten als wirtschaftspolitischer Führer und Gestalter in der Zukunft.

Schließlich erwiesen sich alsbald auch seine Wirkungsanalysen als etwas zweifelhaft. Die DM wurde im Verhältnis zum Dollar am 28. September 1949 um 20,67 % abgewertet. Danach kostete der Dollar ebensoviel DM wie er vor dem Krieg Reichsmark gekostet hatte, 4,20 nämlich und damit über ein Viertel mehr als vor der Abwertung. Die historische Reminiszenz war der Grund des krummen Satzes und die akute Verteuerung des Dollars ließ Erhard eine kräftige Erhöhung des Binnenpreisniveaus als absolut unvermeidlich vorhersagen. Die Erhöhung blieb gleichwohl aus. Die Nahrungsmittelpreise wurden subventioniert und der Anstieg der Rohstoffkosten in den Unternehmen konnte durch Produktivitätssteigerung, die nicht von Lohnerhöhungen aufgezehrt wurden, und außerdem durch eine mäßige Verminderung der Gewinne ausgeglichen werden. Die industriellen Erzeugerpreise und die Lebenshaltungskosten blieben bis Jahresende fest und sanken im ersten Halbjahr 1950 sogar.

Die Abwertung der DM gegen den Dollar war eins, ein anderes war das Wertverhältnis zwischen den europäischen Währungen. Da die meisten europäischen Regierungen den Dollarwert ihrer Währungen um mehr als 20 % senkten, wertete die DM im Verhältnis zum gewogenen Durchschnitt der europäischen Währungen auf. Das verschlechterte die Wettbewerbsposition westdeutscher Industriegüter auf den internationalen Märkten. Und es sieht so aus, als wäre die deutsche Wirtschaft damit schlechter zu Rande gekommen, als Erhard ursprünglich vermutet hatte. Die Exporte in den europäischen Raum schrumpften zwar nicht, sie wuchsen vielmehr; aber sie wuchsen langsamer als erwünscht und wesentlich langsamer als die Einfuhren. Wegen der Langsamkeit des Wachstums gingen vom

Export vorerst keine Beschäftigungswirkungen aus und wegen des Einfuhrüberschusses geriet die Bundesrepublik im Winter in schwere Zahlungsnöte. Eins betraf das ökonomisch-soziale Problem, das dem Wirtschaftsminister wie kein zweites auf den Nägeln hätte brennen sollen, das andere die Frage, die ihn tatsächlich mit Vorrang bewegte.

Die großen Themen: Wettbewerbsordnung ...

Das Anschwellen der Arbeitslosigkeit sah Erhard nicht ohne Sorge, aber es brachte ihn kaum aus der Ruhe. „Die Arbeitslosigkeit in Höhe von 8 - 10 % der Beschäftigten ist zwar noch nicht dramatisch, aber doch ein erstes Symptom," schrieb er an Wolkiser.[10] Gleichwohl veranlaßte ihn auch die zehn Tage später einstimmig beschlossene Aufforderung des Bundestages, ein Wiederaufbauprogramm vorzulegen, das als geeignet erschien, die Arbeitslosigkeit zu vermindern, zu keinen erkennbaren Aktivitäten. Und als die Bundesregierung der amerikanischen Marshallplan-Verwaltung am 15. Dezember einen unumgänglichen, freilich eher indikativ als programmatisch gehaltenen Plan der wirtschaftlichen Entwicklung bis zum Ende des ERP einreichte, da war darin zu lesen, daß sie auf eine Verringerung der Arbeitslosenzahl von mittlerweile zwei Millionen bis Mitte 1951 nicht rechne.

Die Arbeitslosigkeit stellte Ludwig Erhard vor eine wirtschaftspolitische Aufgabe, deren Bewältigung ihm nicht lag. Womöglich war und ist es ja auch schlechterdings unmöglich, sie mit wirtschaftspolitischen Mitteln zu bewältigen. Erhard widerstrebte sogar die Beschäftigung damit. Er wich ihr aus. Er war kein Mann der konstruktiven Konjunkturpolitik von Tag zu Tag. Er empfand sich als Mann der befreienden und ordnenden Taten, die - so meinte er - einen Zustand schafften, in dem sich die vorhandenen konjunkturellen Probleme über kurz oder lang von selbst auflösten und neue nicht mehr zuspitzen konnten.

Derlei große Tat war der Sprung in die Marktwirtschaft im Juni 1948 gewesen. Sie hatte viel bewirkt. Ludwig Erhard ließ keinen Zweifel daran zu. Aber das Werk war unvollendet und Erhard begierig, es zu vervollkommnen und auszubauen. Wo immer er Ende 1949/Anfang 1950 öffentlich sprach - und er sprach gerne und oft -, da ließ er wissen, was es in nächster Zukunft galt und wer der Mann war, es zu tun. Es gelte, die freie Marktwirtschaft in Westdeutschland gegen Wettbewerbsbeschränkungen und Marktmacht zu sichern, damit sie ihrem Anspruch gerecht werde, *soziale* Marktwirtschaft zu sein. Und es gelte ferner, die Freiheit des internationalen Handels zu schaffen. Deshalb werde er alsbald ein Kartellgesetz vorlegen, „das als beispielhaft in der Welt angesehen werden wird". Außerdem wolle er Deutschland zum „geistigen Führer der Liberalisierung des Außenhandels machen."[11]

Die Süddeutsche Zeitung mochte den „missionarischen Trommelwirbel (als) einigermaßen putzig" und darüber hinaus als geeignet empfinden, die gute Sache eher zu kompromittieren als zu fördern, Erhard war es damit sehr ernst und er glaubte, mit beidem rasch fertig zu werden. Der Glaube trog ihn, weil er sich die Sache in beiden Fällen einfacher dachte, als sie war.

Dabei schien sie im Falle des Wettbewerbsgesetzes wirklich nicht sonderlich kompliziert zu sein. Sonderlich eilig aus wirtschaftsordnungspolitischen Gründen übrigens auch nicht. Es gab ja ein Gesetz gegen Wettbewerbsbeschränkung in Deutschland, das an Konsequenz wenig zu wünschen übrig ließ. Das war jenes Gesetz der amerikanischen und der britischen Militärregierungen, dem Erhard sich drei Jahre zuvor als bayerischer Wirtschaftsminister vergeblich widersetzt hatte. Das Gesetz verbot Kartelle und sah die Entflechtung marktmächtiger Unternehmen vor. Da die Bundesrepublik Rechtsnachfolgerin der westlichen Besatzungszone war, blieb es in Kraft, solange kein Bundesgesetz an seine Stelle trat. Erhard hatte sich inzwischen zum Kartellverbot bekehrt und mußte die Möglichkeiten der Unternehmens-Dekonzentration, zu der er sich nicht bekehrt hatte, ja nicht nutzen. Als Ordoliberaler konnte man mit dem Gesetz gut leben. Als Deutscher, der froh war, die Besatzungsherrschaft weitgehend los zu sein und ungern daran erinnert wurde, konnte man nicht so gut damit leben und wünschte sich schnellstmöglich ein deutsches Gesetz.

Noch weniger gut meinten die deutschen Unternehmer damit leben zu können. Sie waren an Kartelle gewöhnt, glaubten ihrer zu bedürfen und hofften, daß jenes deutsche Gesetz sie wieder zuließe. Und das machte die eigentlich furchtbar einfache Sache zu einem ziemlich komplizierten, politischen Problem. Noch komplizierter wurde es dadurch, daß auch die Alliierten ihr vorläufiges Militärgesetz möglichst bald durch ein dauerhaftes deutsches Gesetz ersetzt zu sehen wünschten; durch ein Gesetz freilich, das dem ihren an Strenge nicht nachstand. Zu diesem Zweck hatten sie noch dem zweizonalen Wirtschaftsrat die Zuständigkeit für ein derartiges Kartellgesetz übertragen und ihn zugleich mit dessen rascher Verabschiedung beauftragt.[12] Das war im März 1949 gewesen. Der Wirtschaftsrat hatte dem Auftrag freilich nicht mehr genügen können, weil ihm aus Erhards Verwaltung für Wirtschaft keine Vorlage zuging. Dabei war dort eine vorhanden. Erhard hatte sich ihrer schon im Herbst 1948 bei Besprechungen mit den Militärgouverneuren gerühmt und zugleich beklagt, daß die rechtlichen Voraussetzungen für ihre Verabschiedung fehlten. Nun waren die Voraussetzungen gegeben und der Entwurf ließ auf sich warten. Er gefiel nämlich einflußreichen Beamten der Verwaltung nicht. Sein Verfasser hieß Paul Josten und war ein strammer Gegner nicht nur von Kartellen, sondern von wirtschaftlicher Macht jeder Art. Deshalb bezweckte der Josten-Entwurf mit rücksichtsloser Entschiedenheit deren Beseitigung, Verhinderung und Kontrolle. Das schloß ein striktes Verbot von Kartellen und die Entflechtung von Konzernen sowie die Aufgliederung großer Unternehmen ein, sofern Konzerne und Unternehmen marktmächtig waren und sich ihrer Macht nicht auf andere Weise begaben. Darüber, ob Macht vorlag, sollte ein unabhängiges Monopolamt im Range eines Ministeriums befinden. Dem Monopolamt oblag es außerdem, Konzerne und Unternehmen, deren Macht noch nicht beseitigt war oder aus irgendwelchen Gründen nicht beseitigt werden konnte, zu beaufsichtigen und zu einem Verhalten zu zwingen, als ob sie nicht mächtig wären. Auf Machtgewinn und Machtgebrauch standen hohe Geld- und lange Gefängnisstrafen.

Jeder ordoliberal gestimmte Mensch mußte seine helle Freude an dem Entwurf haben. Wie Erhard damals zu ihm stand, läßt sich nicht sagen, denn er hatte ihn noch nicht gelesen und kam im Trubel des Wahlkampfes und der Regierungsbildung bis auf weiteres auch nicht dazu, ihn zu lesen. Derweil wurde in seinem Amt unschlüssig und auf Verzögerung bedacht an einem Alternativ-Entwurf gebastelt. Dessen Initiator und Verhinderer zugleich war Roland Risse; ein fideles Haus, das vormals Kartellreferent bei der Reichsgruppe Industrie gewesen und Erhard von dort wohlbekannt war, sich danach mit einem kleinen Unternehmen im hessischen Kelsterbach zeitweise über die Runden und schließlich, nach dessen Ernennung zum Wirtschaftsdirektor, bei Erhard in Erinnerung gebracht hatte. Erhard stellte Risse ein und machte ihn, als ging's drum, den Bock zum Gärtner zu machen, zum Unterabteilungsleiter mit der Zuständigkeit für das Kartellwesen. Risse hatte unterdessen keine ordoliberale Erweckung erlebt, sondern war industrieverbundener Kartellfreund geblieben. Man kann ihm nicht vorwerfen, daß er die weitere Behandlung des ohne amtliche Zuständigkeit verfaßten und in Umlauf gebrachten Josten-Entwurfs hintertrieb und dem vom Wirtschaftsrat an den Verwaltungsrat und vom Verwaltungsrat an die Verwaltung für Wirtschaft weitergegebenen Auftrag, ein Wettbewerbsgesetz zu präsentieren, durch hinhaltende Arbeit an einer sogenannten „Mißbrauchs"-Vorlage nachzukommen vorgab. Nachzukommen *vorgab* nur, weil die Alliierten einem Mißbrauchs-Gesetz mit Sicherheit nicht zustimmten. Danach sollte nämlich wirtschaftliche Macht, Kartelle eingeschlossen, weder als böse gelten noch verboten sein, es sollte vielmehr nur deren Mißbrauch verhindert werden. So war es seit 1925 deutsche Tradition - und eben jene Tradition der schlüssigste Beweis dafür, daß sich der Mißbrauch wirtschaftlicher Macht nicht verhindern, weil nicht nachweisen ließ. Paul Josten wußte das aus leidvoller Erfahrung. Er war nämlich in der Weimarer Republik Kartellreferent im Reichswirtschaftsministerium gewesen. Sein Entwurf war eine Konsequenz jener Erfahrung.

Der Auftrag der Militärregierungen blieb unerledigt und wurde gleichsam als Erwartung von der Alliierten Hohen Kommission übernommen. Anfang Oktober 1949 erinnerte sie den Wirtschaftsminister an das ausstehende Gesetz und schickte ihm bei dieser Gelegenheit auch gleich einen ausformulierten Entwurf. Das machte Erhard in der Sache mobil und veranlaßte ihn dazu, auf die Vorlage seiner zuständigen Abteilung zu drängen und den Josten-Entwurf zu lesen. Anfang November entschied er sich im ausdrücklichen Bewußtsein, damit den Widerstand der Unternehmerschaft und großer Teile der Koalitionsparteien herauszufordern, für den Josten-Entwurf. Er genüge damit seiner Verantwortung vor der Geschichte, schrieb er, und werde sich weder von Widerständen schrecken noch zu Komplimenten vor der Parteipolitik herbeilassen.[13]

Alsbald wähnte er freilich - grundlos wohl - daß es Bestrebungen gäbe, ihn der amtlichen Voraussetzung seiner unerschrockenen Geradlinigkeit zu berauben und auf den Posten eines Zentralbankpräsidenten abzuschieben, um sein Amt für den karteligeneigten Vizekanzler Blücher freizumachen. Der große Beschwörungsbrief an Adenauer diente auch dazu, den Kanzler dagegen zu feien, daß er sich auf derlei Unfug einließe. Einen Tag später ordnete Erhard an, den Josten-Entwurf eiligst drucken und als regierungsamtliches Dokument verbreiten zu lassen, ohne zuvor das Kabinett damit befaßt und mit den Wirtschaftspolitikern der Koalitionsfraktionen darüber beraten zu haben. Das zog ihm, statt der Versicherung von Geneigtheit, den scharfen Tadel Adenauers zu.

Gleichviel, aus dem Josten-Entwurf hätte ein Wettbewerbsgesetz werden können, das der Welt ein Beispiel gab. Der Josten-Entwurf war aber, als Erhard ihn zu Kanzlers Zorn unters Volk brachte, politisch bereits überholt. Adenauer hatte ja nicht unrecht, wenn er seinem Wirtschaftsminister vorhielt, daß es in dessen Amt drunter und drüber gehe. So hatte Risse sich von Erhards Votum für die Josten-Vorlage nicht sonderlich beeindrucken lassen und weiter an seinem Mißbrauchs-Entwurf poliert. Außerdem stellte er eine Liste mit Argumenten gegen ein grundsätzliches Kartellverbot zusammen. Zwei Tage, bevor Erhard den Josten-Entwurf zu drucken gebot, schickte er Vorlage und Liste hinter seines Ministers Rücken, wenn auch mit dem Hinweis, daß jeder Minister noch nicht zugestimmt habe, an den Vorsitzenden des wirtschaftspolitischen Ausschusses der CDU. Drei Tage danach konferierte der Ausschuß in zweitägiger Klausur mit den zuständigen Beamten und mit geladenen Fachleuten, aber ohne den Minister, über die Vorlage und verständigte sich auf deren Grundsätze. In die Konferenz platzte Erhards Veröffentlichung des Josten-Entwurfs und rief Verärgerung, aber keine Neigung, sich darauf einzulassen, hervor. Nach weiteren Beratungen im gleichen Kreis und einigen Neuformulierungen wurde die Mißbrauchs-Vorlage Anfang Januar 1950 zur Grundlage interministerieller Gespräche erhoben. Dergleichen Referenten-Gespräche dienen der Abstimmung und dem Ausgleich von Ressortinteressen und sind die erste formelle Phase des Gesetzgebungs-Prozesses. Die Sache war aufs falsche Gleis geraten. Wenn Erhard auch um diese Zeit noch davon sprach, daß er bald ein beispielhaftes Kartellgesetz präsentieren werde, dann verfing er sich damit unvermerkt in einen Widerspruch. Der Entwurf, den er präsentieren konnte, war nicht beispielhaft und der beispielhafte Entwurf war nur noch ein Erinnerungsstück.

Dennoch handelten seine Reden ihm die zunehmende Verärgerung und schließlich den offenen Zorn der industriellen Unternehmer ein. Und nicht nur seine Reden, auch sein amtliches Walten tat dies. Verhaltenen, aber gerade in der Verhaltenheit höchst beredten und bedenklichen Ausdruck fand das in einem „öffentlichen Brief", den Otto Friedrich, der Generaldirektor der Phönix-Gummiwerke, in der Neujahrsausgabe der WELT an Erhard schrieb - und ihm mit einem persönlichen Begleitschreiben vorher zuschickte.

Friedrich war ein paar Jahre jünger als Erhard und ein ungewöhnlicher Mann. Er hatte als Unternehmer schnelle Karriere gemacht und war dabei politisch unkompromittiert geblieben. Seine Interessen und Aktivitäten waren weit gespannt. Weltoffen und gebildet, verstand er Unternehmertum als eine öffentliche Aufgabe, die unternehmerischem Handeln soziale und politische Rücksichtnahme auferlegte, Unternehmer aber auch zu politisch-sozialer Einflußnahme befugte und berief. Deshalb regte er sich in den Verbänden der industriellen Unternehmerschaft und pflegte weitreichende, auch internationale Verbindungen zu Persönlichkeiten des öffentlichen - wirtschaftlichen, politischen, geistigen - Lebens. Friedrich war mit scharfem Verstand, klarem Urteil und erheblicher Formulierungskunst begabt, von starkem, auch streitbarem Selbstbewußtsein natürlich und - eleganter und schöner Mann, der er war - nicht ohne Geltungsdrang und Eitelkeiten.

Erhard und Friedrich hatten sich anläßlich eines Erhardschen Vortrages vor einiger Zeit kennengelernt und in all ihrer Verschiedenheit schnell Gefallen aneinander gefunden. Friedrich mochte Erhard persönlich und glaubte, politisch Großes von ihm erwarten zu dürfen. Die persönliche Neigung, die Erhard auf eine etwas väterliche Weise erwiderte, ermutigte ihn zu seinem Brief, politische Enttäuschung und Sorgen gaben den Brief ein.

Die Kritik der Industrie an Erhards Tun und ihre Verärgerung über seine Reden nehme zu, schrieb Friedrich.[14] Das Vertrauen, das Erhard sich durch die befreiende Tat und seine Festigkeit im zweiten Halbjahr 1948 erworben habe, schwinde dahin. Und er, Friedrich, müsse sagen: Nicht ohne Grund. Die Wirtschaftspolitik habe die Fühlung mit der wirtschaftlichen Praxis verloren. Erhard verlasse sich mit unguter Ausschließlichkeit auf sein eigenes Urteil und nehme sich nicht mehr wie früher die Zeit, die Einwände und die Sorgen „der Wirtschaft" anzuhören. Er möge wieder mit den Unternehmern reden, statt ihnen von fernher zu dozieren; er möge sie überzeugen, statt Heilslehren zu verbreiten und ihren guten Willen, ihre Tatkraft und ihre Erfahrungen öffentlich in Frage zu stellen, wenn sie Zweifel an der Nützlich- und Durchführbarkeit jener Heilslehren anbrächten. Die eine Heilslehre sei die Lehre vom Heil des Kartellverbots. An die glaube man nicht. Die andere sei die Lehre vom Vorteil und von der Möglichkeit einer schnellen, womöglich gar sofortigen Liberalisierung der Importe. Von der sei man noch nicht überzeugt.

Ludwig Erhard schien zwischen alle Stühle geraten zu sein. Mit dem Übergang zur freien Marktwirtschaft hatte er sich die organisierte Arbeiterschaft zum Feind gemacht; seine Absicht, die freie als soziale Marktwirtschaft zu legitimieren, schien ihm die organisierte Unternehmerschaft zum Feind zu machen.

... und Außenhandelsliberalisierung

Die Unternehmer widerstritten nicht nur dem Kartellverbot, durch das sich die Marktwirtschaft „Erhardscher" von der „freibeuterischen Marktwirtschaft liberalistischer Prägung" unterscheiden sollte. Sie hielten offenbar auch den forschen Ritt gegen die staatliche Beschränkung und Lenkung des interationalen Handels für falsch, zu dem Erhard sich jüngst aufgeschwungen hatte. Und an dem lag ihm beinahe noch mehr als am Kartellgesetz. Das Kartellgesetz sollte, wenn's gutging, ja nur einen gegebenen Rechtszustand mehr oder weniger bestätigen. Die Liberalisierung des Außenhandels aber sollte neue Zustände *schaffen*. Das war ein größeres Ding, größer auch der räumlichen Reichweite nach. Denn es ging ja nicht bloß darum, daß Westdeutschland den Handel freigab.

Aufs Prinzipielle hin besehen war die Freigabe des Außenhandels zwar nicht viel mehr als eine selbstverständliche Konsequenz des marktwirtschaftlichen Kurses in der Bundesrepublik, praktisch war sie eine Aufgabe von europäischen Dimensionen. Nicht nur Westdeutschland, ganz Europa, die Schweiz allenfalls ausgenommen, laborierte nach dem Krieg an Devisenbewirtschaftung. Wer durch Güterexporte oder sonstwie fremde Währungen erwarb, mußte das Erworbene gegen eigene Währung an den Staat verkaufen. Wer fremde Währungen für Güterimporte oder sonstwas brauchte, mußte, was er brauchte, beim Staat kaufen. Die Behörden verkauften ihm die Devisen freilich nur dann, wenn sie den Zweck, zu dem sie verwendet werden sollten, für nützlich hielten. Privater Devisenhandel war verboten.

Den Anlaß zu jener verbreiteten Übung gab akuter Devisenmangel in Europa. In erster Linie war das Dollarmangel. Europa litt unter einer sogenannten Dollarlücke. Die Lücke ergab sich einerseits aus einem großen Bedarf des kriegsgeschädigten Kontinents an Nahrungsmitteln, Rohstoffen und Kapitalgütern, die nur der „Dollarraum", vorwiegend die USA, zu liefern hatten, und andererseits aus einem geringen Angebot an Exportgütern, die überdies gewöhnlich schlechter und teurer waren als amerikanische Konkurrenzprodukte. Der Marshallplan diente dazu, diese Lücke durch kostenlose oder kreditierte Lieferungen zu verkleinern, er schloß sie aber nicht. Zweck der Devisenbewirtschaftung war es nun, den großen Dollarbedarf so mit den geringen Dollareinnahmen auszugleichen, daß die verfügbaren Dollar wirtschaftlich und sozial möglichst nutzbringend verwendet wurden. Hätte man statt dessen den privaten Devisenhandel auf freien Devisenmärkten, die beliebige Konvertierbarkeit der Währungen, zugelassen, so wäre eine große Dollarnachfrage auf ein kleines Dollarangebot getroffen. Das hätte den Preis des Dollars in die Höhe, den Wert der europäischen Währungen mithin nach unten getrieben. Dergleichen verschlechtert bekanntlich die terms of trade und verteuert die Importe. Europa hätte mehr exportieren müssen, um gleichviel einkaufen zu können. Nun machte der Fall des Dollar-Werts europäischer Währungen europäische Güter für Bewohner des Dollarraums zwar billiger, aber er vermehrte sie nicht und machte sie vor allem nicht besser. Deshalb wäre die nötige Exportausweitung kaum gelungen, und Europa hätte sich mit weniger Importen aus Amerika begnügen und mehr dafür bezahlen müssen. Und es wäre nicht mal sicher gewesen, daß kein überflüssiges Zeug gekauft wurde.

Im übrigen hatten sich die USA, England, Frankreich und zahlreiche andere Länder gegen Ende des Krieges verbindlich darauf geeinigt, die Wertverhältnisse ihrer Währungen nicht frei schwanken zu lassen, sondern nach Kräften stabil zu halten und nur dann - mit allgemeiner Zustimmung - zu ändern, wenn die Kräfte nicht mehr hinlangten. Deshalb hätten die Währungsbehörden der europäischen Länder versuchen müssen, den Kursverfall zu verhindern. Dazu brauchten sie Dollar, mit denen sie auf den Devisenmärkten intervenieren, d. h. ihre abwertungsgeneigten Währungen aufkaufen konnten. Und die hatten sie nicht. Kurz, feste Wechselkurse waren bei Konvertierbarkeit unhaltbar, und starke Abwertungen waren schwer erträglich. Ersteres war praktisch offenbar geworden, als das stolze England im Jahr 1947 auf amerikanisches Drängen hin das Pfund für konvertibel erklärt hatte; letzteres, als sich die britische Regierung von traditionsbedingten Besonderheiten der Rolle des Pfundes in der Weltwirtschaft dazu veranlaßt sah, ihre Währung trotz längst vollzogener Rückkehr zur Devisenbewirtschaftung abzuwerten. Dabei hatte sich zugleich gezeigt, wie sehr die Währungspolitiken der europäischen Regierungen voneinander abhängig und aufeinander verwiesen waren.

Dies alles galt für das Verhältnis der europäischen Währungen zum übermächtigen Dollar. Die europäischen Länder trieben aber Devisenbewirtschaftung schlechthin, auch im Verhältnis miteinander. Das hatten eigentlich nicht alle Länder nötig. Zwar hatte jedes einzelne Land eine latent passive Handelsbilanz mit dem Dollar-Raum, die auf den Dollar-Kurs der Währungen drückte, aber nicht jedes konnte auch eine passive Handelsbilanz mit der Gesamtheit der anderen europäischen Länder haben. Und die Länder mit Handelsbilanzüberschüssen brauchten die Konvertibilität der Währungen nicht zu fürchten, sofern die Dollarkonvertibilität davon ausgenommen wäre. Es war freilich ziemlich unsicher, welche Länder zu den gültigen Wechselkursen bei Konvertierbarkeit Überschüsse und welche Defizite auswiesen. Deshalb zögerten alle, die Probe aufs Exempel zu machen.

Sie hätten übrigens auch dann noch einen guten Grund gehabt zu zögern, wenn es weniger unsicher gewesen wäre. Auch unter solchen Umständen bliebe es fraglich, ob es sich für die mutmaßlichen Überschußländer empfahl, die Konvertierbarkeit ihrer Währungen zu wagen, wenn die mutmaßlichen Defizitländer an der Devisenbewirtschaftung festhielten. In diesem Fall hätten die Währungsbehörden der Länder mit fortgesetzter Devisenbewirtschaftung ja nur so viele Importe aus den Ländern mit konvertierbaren Währungen zugelassen, wie sie mit den Einnahmen aus Exporten in jene Länder bezahlen konnten. Das war die ökonomische Logik der Devisenbewirtschaftung. Die Überschüsse, die bestimmte Länder bei *allgemeiner* Konvertierbarkeit erwarten durften, wären unter diesen Umständen nicht eingetreten. Es hätte - schlimmer noch - sogar passieren können, daß Länder, die bei allgemeiner Konvertierbarkeit der europäischen Währungen Überschüsse erwarten durften, bei partieller Konvertierbarkeit Defizite erlitten; dann nämlich, wenn sie mit den anderen Ländern, die zur Konvertierbarkeit übergingen, ein strukturelles Handelsdefizit hatten, das sie bei allgemeiner Konvertierbarkeit mit den Überschüssen aus dem Handel mit den restlichen Ländern ausgeglichen hätten, wegen deren fortdauernder Devisenbewirtschaftung aber nicht ausgleichen konnten. Weil all dies so war, erschien die Preisgabe der Devisenbewirtschaftung für jedes einzelne europäische Land nur dann als ratsam, wenn alle Länder die Devisenbewirtschaftung preisgaben. Und weil die meisten Länder aus Sorge vor Defiziten, denen Abwertungen oder Zahlungsunfähigkeit folgten, dazu vorerst nicht bereit sein konnten, meinte kein Land, sie preisgeben zu sollen.

Die Ausnahme von dieser Meinung machte seit Herbst 1949 nicht die Bundesrepublik, wohl aber deren Wirtschaftsminister Ludwig Erhard. Das war einerseits unschwer verständlich und wirkte andererseits, schrieb die Süddeutsche Zeitung unter der Überschrift „Missionarischer Trommelwirbel" doch auch wieder „einigermaßen putzig".[15] Verständlich war es aus zwei Gründen. Zunächst einmal war Devisenbewirtschaftung natürlich das Gegenteil freier Marktwirtschaft und deshalb für Erhard aus Prinzip verwerflich. Behörden bestimmten, was, wieviel davon und woher es eingeführt werden durfte. Das Verfahren unterband die Freiheit wirtschaftlichen Handelns und war administrativ außerordentlich aufwendig. Außerdem schützte es heimische Produzenten vor ausländischer Konkurrenz und verschaffte ihnen Absatzchancen und Preisspielräume, die nicht durch Leistung gerechtfertigt waren. Deshalb vermochten die industriellen Unternehmer der Devisenbewirtschaftung damals übrigens durchaus ihr Gutes abzugewinnen, waren auf eine besonders schnelle Liberalisierung des Außenhandels keineswegs scharf und warnten davor. Jenseits des Dogmas und im Zusammenhang mit ihrer Begünstigung der heimischen Erzeuger hatte die Devisenbewirtschaftung freilich auch realwirtschaftliche Nachteile, die Erhards allerorten artikulierten Wunsch, sie schnellstens dranzugeben, begreiflich machten. Wenn Währungen nicht so frei und beliebig gegeneinander ausgetauscht werden dürfen, wie dies bei Konvertierbarkeit der Fall ist, dann können sie von ausländischen Besitzern nur zu Zahlungen in den jeweiligen Ursprungsländern verwendet werden. Unter diesen Umständen gibt es für ein Land, das in ein anderes Land mehr exportieren könnte, als es von dort importieren möchte, zwei Möglichkeiten. Die eine Möglichkeit ist, daß es so viel exportiert, wie es kann und dem anderen Land die Exporteinnahmen, die es nicht braucht, um damit seine Einfuhren zu bezahlen, kreditiert. Die zweite Möglichkeit ist, daß es die Exporte auf seinen Importbedarf hinabdrückt. Eine dritte Möglichkeit gibt es nicht. Das wäre die bei Konvertierbarkeit gang und gäbe Möglichkeit, mit den Devisenüberschüssen, die es im Handel mit - sagen wir - Frankreich erwirtschaftet, Pfund Sterling zu kaufen, um damit den Importüberschuß im Handel mit England zu bezahlen.

Da sie diese Möglichkeit durch Devisenbewirtschaftung ausschlossen, kombinierten die europäischen Länder damals die beiden ersten Möglichkeiten miteinander. Sie schlossen relativ kurzfristige, häufig zu erneuernde und der Entwicklung anzupassende Handels- und Zahlungsverträge ab, in denen sie sich gegenseitig begrenzte Währungskredite einräumten. An die 200 derartiger Verträge gab es in den späten vierziger Jahren. Begrenzt und kurzfristig waren die Kredite, weil alle Länder an Versorgungsmängeln litten und darauf bedacht waren, möglichst wenig Güter über die Grenzen zu lassen, für die sie nicht über kurzem andere Güter hereinbekamen. Und weil die Kreditspielräume begrenzt und kurzfristig waren, wurden in zahlreichen Fällen dennoch umfangreiche Exportmöglichkeiten dem geringeren Importbedarf und mußte in anderen Fällen umfangreicher Importbedarf an geringere Exportmöglichkeiten angepaßt werden. In allen Fällen kam das gleiche aus den Bemühungen heraus: Der internationale Handel war geringer als er bei Konvertierbarkeit hätte sein können, weil bilaterale Überschüsse und Defizite nicht multilateral gegeneinander verrechnet werden konnten. Die Handelsbilanzen der Länder mußten vielmehr bilateral ausgeglichen sein. Und weniger wirtschaftlich als möglich war der Außenhandel deshalb auch. Es gab eine durchdringende Neigung, dort einzukaufen, wo man auch verkaufen konnte. Dort mußte das, was man begehrte, aber nicht unbedingt am besten und am billigsten sein. Noch einmal mit anderen Worten: Die Devisenbewirtschaftung beschränkte und verzerrte den internationalen Handel. Und weil ökonomisch vernünftiger, internationaler Handel eine Quelle wirtschaftlichen Wohlstands und Wachstums ist, verminderte sie dadurch auch Wohlstand und Wachstum.

Deshalb mißfiel sie nicht nur Ludwig Erhard. Erhard war nur der einzige Politiker von Belang, der meinte, ihrer auf die Schnelle und ohne weiteres entraten zu können. Mißliebig war die abträgliche Unfreiheit des Handels insbesondere auch der amerikanischen Marshallplan-Verwaltung. Die nahm zu Recht an, daß infolge der devisenwirtschaftlichen Beschränkungen des innereuropäischen Austauschs Europas Bedarf an Marshallplan-Hilfe größer als nötig und der Nutzen der Hilfe überdies geringer als möglich wären. Vor dem

Krieg hatten die Teilnehmer am ERP 55 % ihres Außenhandels untereinander abgewickelt, derzeit waren es nur noch 37 %. Anders als Erhard glaubte die ECA freilich nicht, daß Europa sich den unvermittelten Übergang zur Konvertierbarkeit leisten könnte. Sie setzte vielmehr auf die allmähliche Liberalisierung des innereuropäischen Handels im Rahmen eines multilateralen Zahlungs- und Verrechnungsabkommens. Die Handelsliberalisierung sollte die Nachteile der Devisenbewirtschaftung vermindern und das Zahlungs- und Verrechnungsabkommen die Gefahren allgemeiner Konvertierbarkeit vermeiden.[16]

Erste Abkommen dieser Art, in die Westdeutschland noch durch die Militärregierungen einbezogen worden war, hatten die Erwartungen freilich enttäuscht. Ihre Verfahren verhalfen zu so geringen Möglichkeiten multilateraler Verrechnung, daß sie die Gefahren der Handelsliberalisierung als unverändert groß erscheinen ließen. Deshalb brachten sie die Líberalisierung auch nicht voran. Die Amerikaner verdroß das allmählich sehr. Sie gewannen den Eindruck, daß die europäischen Regierungen sich's mit der Marshallplan-Hilfe bequem machten, die Gefahren der Liberalisierung aus Bequemlichkeit übertrieben und daß ihre Abneigung gegen die Liberalisierung eher in Unwille als in Untunlichkeit gründete. Dieser Eindruck war wohl auch nicht ganz falsch. Jedenfalls veranlaßte er die Amerikaner im Sommer und Herbst 1949 dazu, den Europäern ein Stück Liberalisierung mit der Drohung aufzuzwingen, ihnen andernfalls ERP-Mittel zu sperren. Im Juli beschloß der Rat der OEEC, daß die Mitgliederländer im Laufe des nächsten Vierteljahres Listen vorlegten, die Güter benannten, deren Einfuhr künftig frei wäre. „Frei sein" hieß, daß die Währungsbehörden dafür jede erwünschte Menge jeder gewünschten Devise verfügbar machen mußten. Viel kam dabei nicht heraus. Zum einen erklärten die Regierungen im Durchschnitt nur 30 % der Einfuhren für frei. Und zum anderen handelte sich's bei den 30 % überwiegend um dringend benötigte Rohstoffe und Nahrungsmittel, für deren Import Devisen ohnehin bevorzugt und möglichst unbeschränkt zugeteilt wurden. Die Bundesregierung genügte dem Beschluß am 4. November. Sie gab 35 % der Importe frei. Dreiviertel davon waren Rohstoffe und Nahrungsmittel. Das war nicht überwältigend und rechtfertigte die von Erhard lobheischend, von der politischen Opposition und den meisten Unternehmern beklagend getroffene Feststellung nicht ganz, daß Deutschland bei der Handelsliberalisierung voraneile. Aber es schien für den Moment und namentlich nach der Aufwertung der DM bereits zuviel zu sein.

Bis einschließlich Oktober war der deutsche Europa-Handel ausgeglichen gewesen, von November an nahmen die Einfuhren erheblich schneller zu als die Ausfuhren und Mitte Januar alarmierte die Zentralbankleitung Adenauer, Erhard und die Alliierte Hohe Kommission: Die Devisenlage sei besorgniserregend, man stehe vor der Zahlungsunfähigkeit. Wenn Erhard auch um diese Zeit noch davon sprach, daß Deutschland „von einer freien Konvertierbarkeit der Währungen ... nichts zu befürchten" habe und daß man jene Kovertierbarkeit im Laufe des Jahres 1950 auch erreichen werde,[17] dann war seine Rede gleich in mehrfacher Weise mit den Möglichkeiten und den Tatsachen nicht im Einklang. Wie die Dinge lagen, konnte derzeit nicht einmal der Außenhandel Konvertierbarkeit vertragen. Aber der Außenhandel war ja nicht alles. Deutschland war bekanntlich ans Ausland hochverschuldet. Ausländer besaßen DM-Guthaben in Deutschland, mit denen sie dort wenig anfangen konnten und die sie lieber heute als morgen in ihre eigene Währung umgetauscht hätten. Das hatte Erhard übersehen, als er auf privaten Kapitalimport zu Investitionszwecken und zur Verbesserung der Beschäftigung in Deutschland setzte. Inzwischen konnte er es in diesem Zusammenhang kaum mehr übersehen, weil der amerikanische Hochkommissar den Bundeskanzler darauf aufmerksam gemacht hatte, daß der Import neuen

Kapitals solange ausgeschlossen wäre, wie die alten Schulden unreguliert zu Buche stünden. Adenauer seinerseits hatte Erhard und Schäffer beauftragt, ihm alsbald Regulierungsvorschläge zu unterbreiten. Nun aber schien Erhard zu übersehen, daß es die Konvertierbarkeit der DM den Gläubigern ermöglichte, ihre Guthaben für fremde Währung anzubieten und daß dies auch dann zu einem Kurssturz oder zur Zahlungsunfähigkeit führte, wenn es gelang, Handelsüberschüsse zu erwirtschaften. Oder er dachte daran, die Währungen nur für laufende Geschäfte frei transferierbar zu machen, den Kapitalverkehr aber weiter der Devisenbewirtschaftung zu unterwerfen. In diesem Fall sagte er nicht, *wie* er sich das dachte und hätte das Ganze auch nicht „Konvertibilität" nennen dürfen. Und was schließlich den Übergang zur Konvertierbarkeit, ob nun umfassend oder auf den Handel beschränkt, im Laufe des Jahres 1950 anging: Noch bevor die deutsche Liberalisierungsliste erschien und die beängstigende Passivierung der Handelsbilanz einleitete, hatten die Amerikaner Europa die Leviten gelesen und erfolgreich zu energischeren Schritten auf dem Weg zur Handelsbefreiung gedrängt. Ende Oktober beschloß der Rat der OEEC, vom 15. Dezember 1949 an die Hälfte des innereuropäischen Handels auf private Rechnung freizugeben - und zwar die Hälfte in jeder der drei Warengruppen Nahrungsmittel, Rohstoffe und Industriegüter. Da nun die ECA wußte, daß der Beschluß nur praktikabel war, wenn die ziemlich weitreichende Liberalisierung von einem funktionstüchtigen, multilateralen Verrechnungs-, Zahlungs- und Kreditmechanismus gegen Devisennöte und notgeborene Rückfälle in die vollständige Handelslenkung geschützt wurde, schlug sie wenig später solch einen Mechanismus vor. Seit Ende 1949 wurde in Paris darüber verhandelt. Die Bundesrepublik war an den Verhandlungen beteiligt. Die Verhandlungen führte freilich nicht das Wirtschafts-, sondern zuständigkeitshalber und ärgerlicherweise das Marshallplan-Ministerium. Das änderte aber natürlich nichts daran, daß sich die Bundesrepublik in ein währungswirtschaftliches Regime einzuordnen anschickte, das Konvertierbarkeit aus Einsicht in deren vorläufige Unzweckmäßigkeit bis auf weiteres, sicher über das Jahr 1950 hinaus, substituieren sollte.

Arbeitsbeschaffungsprogramme

Anfang 1950 sah es mithin so aus, als ob Ludwig Erhard sich im eilenden Lauf auf seine beiden großen wirtschaftspolitischen Ziele hin einigermaßen verrannt hätte. Der Kartellgesetzentwurf war, auch durch sein Ungestüm und Ungeschick, in eine Form geraten, die ihm ordnungspolitisch nicht behagen konnte und doch die Unternehmerschaft gegen ihn aufbrachte. Und sein Glaube, daß die DM am Ende des Jahres konvertibel wäre, wirkte wirtschaftlich wie politisch höchst wirklichkeitsfremd, wie dogmatische Oratorik ohne Sinn für das praktisch-politisch Opportune.

Um diese Zeit wurde Erhards Aufmerksamkeit von den beiden Gegenständen seiner wirtschaftspolitischen Leidenschaft vorübergehend abgezogen. Das Problem der Arbeitslosigkeit erzwang sich schließlich doch seine nachdrückliche Zuwendung; genaugenommen freilich nicht das Problem selbst, sondern dessen politische Dramatisierung. Am 15. Dezember hatte die Bundesregierung der amerikanischen Marshallplan-Verwaltung auf deren Verlangen hin eine programmatische Vorschau auf die wirtschaftliche Entwicklung Deutschlands bis zum Ende des europäischen Wiederaufbauprogramms Mitte 1951 gegeben. Blücher und Erhard verbanden mit dem „Programm" die Absicht, den Amerikanern zu demonstrieren, daß Deutschland auch nach dem Auslaufen des Marshallplans ohne fremde Hilfe nicht auskäme. Deshalb geriet die Vorschau etwas verhangen. Sie bewirkte das Gegenteil ihres Zwecks, nicht freigiebiges Mitleid, sondern Verärgerung und Zorn. Am 21. Januar kündigte der Repräsentant der ECA in Deutschland dem Bundeskanzler eine eingehende analytische Bewertung des Programms an und nahm deren Ergebnis schon mal vorweg: Die Bundesregierung setze zu große Hoffnungen auf amerikanische Hilfe und mache zu geringe Anstrengungen, den wirtschaftlichen Wideraufbau mit eigener Kraft voranzutreiben. Sie habe Furcht vor unpopulären Maßnahmen und lebe über ihre Verhältnisse. Die Zunahme der Arbeitslosigkeit auf mittlerweile mehr als 2 Millionen resp. 12 % und die Abnahme der Devisenreserven seien nicht länger akzeptabel.[18] Ähnliches war der Bundesregierung von der SPD und von der Bank Deutscher Länder wenige Tage zuvor auch schon gesagt worden. Am 18. Januar hatte die SPD-Fraktion beantragt, daß der Bundestag die Regierung „ersuche", ihm „ein eingehendes Programm zur Bekämpfung der Arbeitslosigkeit mit dem Ziel der Vollbeschäftigung" beschleunigt vorzulegen und am 17. Januar hatte Vocke seinen alarmierenden Brief geschrieben.[19] Erhard hatte zunächst abgewiegelt. Das Arbeitslosenproblem sei vor allem ein Flüchtlingsproblem und könne deshalb nicht mit Arbeitsbeschaffungsmaßnahmen, sondern müsse international gelöst werden. Der Passivsaldo der deutschen Handelsbilanz aber werde bald verschwinden, weil das Ausland ein Interesse daran haben müsse, seine Exportüberschüsse durch mehr Importe aus Deutschland auszugleichen. Es war abzusehen, daß sich die ECA damit nicht zufrieden gäbe. Am 24. Januar beriet das Kabinett und beschloß, die Importe einzuschränken und den Arbeitsminister mit einer Denkschrift über die Beseitigung der Arbeitslosigkeit zu beauftragen.[20] In den nächsten Tagen wurden Verhandlungen mit der Bank Deutscher Länder über Möglichkeiten der Finanzierung eines praktischen Arbeitsbeschaffungsprogramms der Bundesregierung aufgenommen. Die Zentralbank-Leitung zeigte wenig Neigung, der Regierung mit Krediten beizuspringen und empfahl, statt dessen die Getreidepreis-Subventionen zu senken und dadurch Haushaltsmittel für Arbeitsbeschaffungszwecke freizumachen. Nur allmählich ließ sie sich zur Erklärung einer gewissen Bereitschaft herbei, Gegenwertmittel zu bevorschussen, mit deren Freigabe durch die ECA die Bundesregierung in nicht allzu ferner Zukunft rechnen durfte. Es ergab sich, daß der Zentralbankrat an eben jenem Tag - es war der 9. Februar - über die Vertretbarkeit und den möglichen Umfang von derlei „Vorfinanzierung" beriet, an dem der Bundestag über den SPD-Antrag debattierte und abstimmte. Inzwischen wußte man, daß auch in der CDU/CSU-Fraktion starker Verdruß über die beschäftigungspolitische Untätigkeit der Bundesregierung herrschte und daß die Regierung mit hinhaltenden Reden nicht durchkäme. Deshalb verabschiedete das Kabinett am Morgen des Sitzungstages die Richtlinien eines Arbeitsbeschaffungsprogramms im Umfang von 1,6 Milliarden DM. 700 Millionen sollten der Beschleunigung des Wohnungsbaus dienen, 300 Millionen für die Förderung des Exports, weitere 300 Millionen für Unternehmensgründungen durch Flüchtlinge, 50 Millionen für die Unterstützung mittelständischer Betriebe und 250 Millionen schließlich für Investitionen in die Bundesbahn verwendet werden. Es wurde erwartet, daß die Bank Deutscher Länder das nötige Geld vorstreckte. Erhard sagte, daß dazu dann noch 1,1 Milliarden DM aufgelaufener Gegenwerte kämen und alles miteinander die Arbeitslosenzahl um eine halbe Million senken werde. Adenauer schickte seine Matadoren mit der Weisung in die parlamentarische Arena, jegliche konjunkturelle Ursache der Arbeitslosigkeit zu bestreiten und im übrigen zu behaupten, daß die Bundesregierung zeit ihres Daseins nichts für so wichtig angesehen und nichts so energisch betrieben habe wie den Kampf gegen die Arbeitslosigkeit.[21]

Während sich die Regierung in diesem Sinne im Bundestag schlug, desavouierte der Zentralbankrat ihr Programm. Er beschloß, Ausgaben von maximal 900 Millionen vorzufinanzieren und auch dies nur unter zwei Voraussetzungen zu tun. Die Bank Deutscher Länder sollte die Finanzierung einstellen, sobald der Geldwert in Gefahr geriete, und die Bundesregierung sollte die Kredite noch 1950 mit jenen Gegenwerten tilgen, die Erhard als zusätzliches Finanzvolumen in seine Rechnung eingestellt hatte.[22] Die Regierung trug dem Parlament mithin Arbeitsbeschaffungsabsichten vor, deren Finanzierung ganz und gar ungesichert waren. Adenauer selbst hielt die Hauptrede, Arbeitsminister Storch sagte das Programm auf und Erhard führte eine Art Nachhutgefecht, in dem er gleichsam widerrief, was Kollege Storch eben angekündigt hatte: „Kreditschöpfung und Arbeitsbeschaffungsprogramm", sagte er, „vor diesen Begriffen allerdings erfaßt mich ein Schauder". Wer damit beginne, sei schnell bei der Planwirtschaft und in der völligen Unfreiheit. „Nach meiner Überzeugung ist das Leben zu bunt und zu vielgestaltig und wandelbar, als daß es möglich wäre, mit einer Planbürokratie den Geheimnissen des menschlichen Lebens nahe zu kommen, denn es sind zuletzt die Geheimnisse der menschlichen Seele, die sich in allen Äußerungen des Lebens kundtun".[23]

Das überzeugte so wenig wie das, was Adenauer und Storch sagten. Die Redeschlacht zog sich zehn Stunden lang hin. Der Saal leerte sich allmählich. Nach Mitternacht wurde abgestimmt und der Antrag der SPD angenommen. Adenauer platzte vor Wut über die eigene Fraktion. Am anderen Morgen erhielt der Wirtschaftsminister, dem vor Arbeitsbeschaffungsprogrammen und Kreditschöpfungen schauderte, den Auftrag, unverzüglich die Vorlage eines formellen Arbeitsbeschaffungsprogramms der Bundesregierung für den Bundestag fertigzustellen. Damit nicht genug, ging einen Tag später die kritische Würdigung des deutschen Entwicklungsplans durch die Wirtschafts- und Finanzfachleute der Alliierten Hohen Kommission ein.[24] Die Bundesregierung war aufgefordert, dazu eingehend Stellung zu nehmen. Die Würdigung kam einer Abfertigung westdeutscher Wirtschaftspolitik gleich. Das war unerfreulich genug. Es wurde dadurch noch unerfreulicher, daß eine Indiskretion das peinliche Dokument dem SPIEGEL zuspielte. Darin konnte alle Welt die Abfertigung zwei Wochen später lesen. Die Wirtschaftsberater warfen der Bundesregierung vor, daß sie bislang nicht eines der „brennenden Probleme" Westdeutschlands in Angriff genommen habe. Die brennenden Probleme seien die Arbeitslosigkeit, Mangel an Investitionen und unzureichende Ausfuhren. Die Massenarbeitslosigkeit - politisches Dynamit - werde als unvermeidlich hingenommen, ihre bemerkenswerte Verminderung an unwahrscheinliche Voraussetzungen gebunden. „The economic advisors are of the opinion that this problem cannot be left where the federal government appears to have left it - as insoluble or outside the control of the federal government. In particular, the economic advisors feel that the federal government's argument, which makes the level of employment directly dependent on the volume of external assistance, is singularly unconvincing". Man erwarte, daß die Bundesregierung andere Lösungen vorschlüge.

Das Niveau der gegenwärtigen und der zu erwartenden volkswirtschaftlichen Investitionen werde von der Bundesregierung als unzureichend denunziert, ohne daß sie irgendwas zu seiner Erhöhung zu tun gedenke. Damit gestehe sie ihr völliges wirtschaftspolitisches Versagen ein. In diesem Zusammenhang war den alliierten Analytikern aufgefallen, daß Erhard sich in seinen theoretischen Voreingenommenheiten inzwischen ein wenig verheddert hatte. Einerseits heiße es, so schrieben sie, daß mehr Investitionen eigentlich gar nicht erwünscht seien, weil sie eine Übernachfrage nach Konsumgütern mit inflationären Wirkungen hervorriefen; andererseits aber, daß die Abschöpfung von Konsumkraft und deren Verwendung für investive Zwecke untunlich sei, weil es zu Arbeitslosigkeit in den Verbrauchsgüterindustrien führe. „The economic advisors feel that these problems and the numerous possibilities of their solution have not been sufficiently explored".

Schließlich importiere die Bundesrepublik zuviel und zu bedenkenlos und die Bundesregierung mache sich offenbar keine Gedanken darüber, wie sie die Exporte fördern könne, um Westdeutschlands Zahlungsfähigkeit zu wahren.

Adenauer ließ Erhard für die Stellungnahme zu den Vorwürfen nicht viel Zeit. Vier Tage später schon lag sie vor.[25] Sie war ein Ausdruck vielleicht unvermeidlicher Hilflosigkeit. Erhard bestätigte die Beschwerden der Wirtschafts- und Finanzberater, er widerlegte sie nicht und führte wenig dagegen an. Wahrscheinlich bestätigte er damit zugleich die schnellfertigen Vorbehalte des Kanzlers gegen seinen Wirtschaftsminister. Erhard bestand darauf, daß gegen die ausschließlich strukturellen Ursachen der Arbeitslosigkeit kein rasch wirksames Kraut gewachsen sei. Im Prinzip lasse sich Arbeitslosigkeit durch ergiebige Kreditschöpfung beseitigen. In der deutschen Praxis aber nicht, weil das Problem der Arbeitslosigkeit vor allem ein Flüchtlingsproblem und dem Flüchtlingsproblem nicht mit Krediten beizukommen sei. Im übrigen führe Kreditschöpfung allemal zu Inflation, die ihrerseits die Exportmöglichkeiten vermindere. Das wiederum beschränke den Devisenzugang, der erforderlich sei, um die Rohstoffe zu besorgen, deren es zu vermehrter Produktion und Beschäftigung bedürfe. Die deutsche Geldkapitalbildung *sei* zu gering. Er bestreite es nicht, sähe aber auch kein vernünftiges Mittel, sie in absehbarer Zeit zu vergrößern. Der zwangsweise Transfer von Konsumentenkaufkraft in investive Verwendung, den die Wirtschaftsberater der Hohen Kommission im Sinn hätten, sei gewiß *kein* vernünftiges Mittel. Und was schließlich den Importüberschuß angehe, so hätten gerade die Amerikaner zu Vorhaltungen kein Recht. Wer denn habe Deutschland die Liberalisierung der Importe, mit denen die Ausfuhren nicht Schritt hielten, aufgezwungen? *Daß* die Ausfuhren so schnell nicht nachkämen, sei leicht erklärt: Die traditionellen Exportindustrien zerschlagen, die technische Ausrüstung rückständig und die Märkte derweil von den Konkurrenten besetzt. Staatliche Ausfuhrförderung vermöchte dagegen wenig.

Am nächsten Tag trafen die Hochkommissare mit dem Kanzler, den wirtschaftspolitisch engagierten Ministern und den Präsidenten der Bank Deutscher Länder auf dem Petersberg zusammen, um die Probleme und die umstrittenen Möglichkeiten ihrer Lösung im Gespräch zu klären. Man kam überein, daß die Bundesregierung umgehend ein gegliedertes Investitionsprogramm entwerfen, dessen Finanzierungsquellen im einzelnen namhaft machen und seine Wirkungen auf die Produktion, die Beschäftigung und die Preise vorhersagen sollte. Außerdem legten die Amerikaner der Bundesregierung steuerpolitische Maßnahmen nahe, die Teile des Sozialprodukts dem Konsum entzögen und für Investitionen verfügbar machten. Die Freigabe von Gegenwertfonds, namentlich eine Freigabe zur Tilgung möglicher Vorfinanzierungs-Kredite der Zentralbank, behielten sie sich vor.[26]

Erhard erledigte die Aufforderung des Bundestages, ihm ein öffentliches Arbeitsbeschaffungsprogramm, und das Verlangen der AHK, ihr einen regierungsamtlichen Investitionsplan vorzulegen, gleichsam auf einen Streich. Am 18. Februar, zwei Tage nach dem Gespräch auf dem Petersberg, beschied er den Bundestag, daß die Regierung zu aktiver Kredit- und Investitionspolitik entschlossen sei, um den konjunkturell bedingten Teil der Arbeitslosigkeit zu beseitigen. Durchdachte Programme zu diesem Zweck seien schon vor langem ausgearbeitet und nur deshalb noch nicht durchgeführt worden, weil man die inflationären Gefahren, die von der DM-Abwertung ausgingen, durch Kreditschöpfung nicht noch verstärken wollte und weil die Abwertung außerdem den Zugang zu den Rohstoffen erschwerte, deren man für eine bemerkenswerte Ausweitung der Produktion bedurfte. Jetzt aber tendierten die Preise nach unten und die Liberalisierung des Handels habe den Zugang zu Rohstoffen geöffnet. So werde die Regierung denn in nächster Zeit rund 5,5 Milliarden DM für Beschäftigung schaffende Investitionen verwenden; 2,5 Milliarden DM für den Wohnungsbau, 2 Milliarden Gegenwertmittel für Kapitalbildung in der Grundstoffindustrie und eine zusätzliche Milliarde für Investitionen bei Bahn und Post, kleingewerbliche Unternehmensgründungen und Exportförderung. Das alles werde die Bank Deutscher Länder vorfinanzieren und könne, zumal dafür ins einzelne ausgearbeitete Projekte vorlägen, weitgehend noch im ersten Halbjahr 1950 wirksam werden.[27]

Schlicht aber treffend gesagt, band der Wirtschaftsminister dem Parlament einen großen Bären auf. Weder gab es im Wirtschaftsministerium schon seit langem „durchdachte Investitionsprogramme" noch gab es neuerdings „im einzelnen ausgearbeitete" Arbeitsbeschaffungsprojekte. Wenn die Abwertung den Zugang zu Rohstoffen erschwert hatte, dann vermochte die Liberalisierung jene Erschwernis nicht zu beseitigen. Die Bank Deutscher Länder dachte nicht daran, der Bundesregierung auf die Schnelle an die 5 Milliarden DM verfügbar zu machen und sie durfte aus stabilitätspolitischen Gründen auch nicht daran denken, weil 5 Milliarden DM über 10 % des halbjährlichen Bruttosozialprodukts und knapp 20 % der wirksamen Geldmenge (Bargeld und Einlagen) entsprachen. Woran sie dachte, das belegte bekanntlich einen Teil der Gegenwerte mit Beschlag, die Erhard vollständig in seine Rechnung einbezog. Und die Verfügbarkeit jener Gegenwerte war nicht einmal gesichert.

Der Bundestag sah seinen Auftrag durch die Denkschrift gleichwohl als erfüllt an, und auch die Marshallplan-Verwaltung kam auf ihre Wünsche nicht zurück. Letzteres blieb übrigens kein Einzelfall. Es passierte in nächster Zeit noch ein paar Mal, daß die ECA oder das amerikanische Hochkommissariat heftige Vorwürfe gegen die westdeutsche Wirtschaftspolitik erhoben, daraus etwas unbestimmte Handlungs- und Verhaltenserwartungen ableiteten und sich dann mit Absichtserklärungen zufriedengaben, die den Erwartungen eher auswichen als ihnen nachkamen.

Nun war es freilich nicht so, daß Erhards Memorandum nur schöner Schein sein, substantielle Arbeitsbeschaffungspolitik wegen ihrer ordnungspolitischen Schauderhaftigkeit aber nach Kräften vermieden werden sollte. Erhard begab sich vielmehr in die nächste Sitzung des Zentralbankrats, um die Notenbankleitung immerhin zu einem Teil der Kredite zu bewegen, die er bereits vorweg als zugesagt hingestellt hatte. Zur Gesundung der westdeutschen Wirtschaft müsse „etwas Entscheidendes" geschehen und die Wirtschaft vertrage jetzt auch einen starken Liquiditätsschub, ohne dadurch inflationären Gefahren ausgesetzt zu werden. Der Zentralbankrat möge sich deshalb einen Ruck und der Regierung einen Zwischenkredit von gut 2 Milliarden DM geben; eine Milliarde als Vorgriff auf Gegenwertmittel, die im Spätsommer freigegeben würden, und eine weitere Milliarde für Unternehmensgründungen, Exportförderung usw., die auf mittlere Sicht über den Kapitalmarkt getilgt würden. Wenn er sich in solch kritischer Situation dem Notwendigen verweigere, werde es kaum gelingen, die angefochtene Unabhängigkeit der Bank aus dem vorläufigen in das endgültige Notenbankgesetz hinüberzuretten. Die Währungshüter waren von der stabilitätspolitischen Unbedenklichkeit eines großen Zentralbankkredits an die Regierung nicht überzeugt und ließen sich von der sanften Drohung nicht beeindrucken. Erhard fuhr ohne Zusagen nach Bonn zurück.[28] Am nächsten Tag beriet das Kabinett. Der Bundeskanzler zeigte sich über den Mißerfolg und die Verzögerung des Programms höchst ungehalten. Der Zentralbankrat wurde kurzfristig zu einer Sondersitzung in Bonn veranlaßt, an der Adenauer selbst teilnahm. Dabei gelang es, der Notenbankleitung Finanzierungszusagen in Höhe von rund 1,5 Milliarden DM und den weitgehenden Verzicht auf vergleichsweise schnelle Tilgung mit Gegenwert-Mitteln zu entlocken. Daraufhin konnte das Arbeitsbeschaffungsprogramm am 7. März vom Kabinett verabschiedet werden.[29]

Das Programm sah vor, daß zusätzliche 300 Millionen DM in die Bundesbahn und die Bundespost investiert, 300 Millionen DM für Export- und 50 Millionen DM für Mittelstandsförderung ausgegeben, 250 Millionen DM für die Beschleunigung des Wohnungsbaus verwendet wurden und 300 Millionen DM in Gebiete mit besonders vielen Flüchtlingen flossen. 250 Millionen DM waren als Kassenkredit gedacht und hatten mit Arbeitsbeschaffung wenig zu tun.

Über die Verwendung der 300 Millionen DM des sogenannten Schwerpunktprogramms für Flüchtlinge war es inzwischen zu einem Streit zwischen dem Wirtschafts- und dem Arbeitsminister gekommen. Erhard wollte damit, ohne allzu enge Rücksichten auf den Beschäftigungseffekt, Investitionen in Industrieunternehmen finanzieren, die auch auf längere Sicht nutzbringend zu sein versprachen. Storch wollte das Geld hingegen für lohnintensive Notstandsarbeiten ausgeben. Blücher, der mit Erhard nicht recht konnte, unterstützte Storch und Adenauer entschied in dessen Sinn. Das Kabinett beauftragte den Arbeitsminister damit, die erforderlichen Maßnahmen einzuleiten und der Wirtschaftsminister fand sich unversehens von der Durchführung des Arbeitsbeschaffungsprogramms, fast ausgeschlossen. In den Zeitungen konnte man deshalb erstmals lesen, daß er seinen Rücktritt angeboten habe.[30] Das war wohl eine Ente. Erhard trat nicht zurück, sondern ging, wie es seiner Art entsprach und noch mehrfach geschah, seiner Wege. Mitte April verteilte er während einer Kabinettssitzung den Entwurf eines zweiten Arbeitsbeschaffungsprogramms und zehn Tage später schickte er jenen Entwurf als Kabinettsvorlage an den Kanzler. Die Notwendigkeit eines weiteren Programms begründete Erhard mit dem etwas fragwürdigen Argument, daß die Notenbankkredite zugunsten des ersten Programms bestenfalls die Finanzierungslücke füllten, die durch die zeitweise Stillegung von Gegenwerten gerissen werde. Das neue Programm solle darüber hinausgehende, zusätzliche Investitionskraft schaffen.[31] Fragwürdig war das Argument, weil die Anhäufung und gelegentliche Freigabe von Gegenwert-Mitteln ja Investitionen ermöglichte, die andernfalls unmöglich gewesen wären. Aber gleichviel, Erhard dachte an einen weiteren Milliarden-Kredit der Bank Deutscher Länder, der - von August 1950 bis Februar 1951 - zur Finanzierung groß angelegter öffentlicher Investitionen in den Fernverkehr und in die Energieerzeugung sowie zur Unterstützung privater Investitionen in der Eisen- und Stahlindustrie, der Mineralölgewinnung und der Landwirtschaft dienen sollte. Er erwartete, daß die Bank Deutscher Länder der Bundesregierung das Geld für die öffentlichen Investitionen gegen die Übernahme von Schatzanweisungen mit zweijähriger Laufzeit zur Verfügung stellte und daß sie ferner zusicherte, Solawechsel privater Kreditnehmer, die mit dem Giro der Hausbank und dem Aval der Kreditanstalt für Wiederaufbau ausgestattet waren, zu diskontieren und auf Wunsch fünf Jahre lang zu prolongieren. Beides erinnerte aufdringlich an die Formen der nationalsozialistischen Arbeitsbeschaffungs- und Rüstungsfinanzierung.

Das Kabinett behandelte den Plan bereits zwei Tage nach dessen Vorlage. Erhard beantragte, einen interministeriellen Ausschuß unter seiner Federführung mit der praktischen Vorbereitung des Programms zu betrauen und zu Verhandlungen mit der Bank Deutscher Länder zu ermächtigen. Die Ministerrunde akzeptierte die Grundsätze der Vorlage und kam dem Wunsch nach.

In den folgenden Wochen schien Erhards Plan an Dringlichkeit zu gewinnen. Das erste Arbeitsbeschaffungsprogramm lief mangels vorbereiteter Projekte und infolge administrativer Reibungen nur äußerst schleppend an und brachte weder die Konjunktur in rechten Schwung noch die Arbeitslosenzahlen bemerkenswert herunter. Nach drei Monaten war noch kein Fünftel der bereitgestellten Kredite abgerufen worden. Erhard beklagte mehrfach das Unglück, daß Storch und nicht ihm die Abwicklung des Schwerpunktprogramms übertragen worden war. Derweil kam er in den Verhandlungen mit der Notenbankleitung nicht voran. Namentlich Vocke gab sich diesmal noch hartköpfiger als im Winter. Ende Mai schaltete sich abermals der Kanzler ein. Doch auch er blieb ohne durchschlagenden Erfolg. Vocke und Bernard zeigten sich allenfalls dazu bereit, durch besondere Maßnahmen die Liquidität der Geschäftsbanken um eine halbe Milliarde DM zu erweitern. Kurz darauf gab die Alliierte Bankenkommission zu bedenken, ob es eingedenk der lahmen Konjunktur und des leicht deflationären Preistrends nicht angebracht wäre, einen Teil der sogenannten Schattenquote, jener nicht gestrichenen, sondern nur gesperrten Altgeldbestände, auf DM umzustellen und freizugeben. Ob sie das von sich aus oder unter Regierungseinfluß tat, steht dahin. Jedenfalls erschreckte der Gedanke die beiden Zentralbank-Präsidenten so sehr, daß sie ihm durch den Anschein von Entgegenkommen die Spitze zu nehmen versuchten und ihr Angebot, die Kreditspielräume der Banken „on reasonable basis and by methods really efficient" zu erweitern, auf 1 Milliarde ausdehnten.[32] Das war, rein quantitativ gesehen, die Milliarde, die Erhard wollte. Sie sollte freilich nicht direkt der Regierung und ausgewählten Unternehmen, sondern den Banken zu beliebiger Verwendung zufließen. Und deshalb war sie in qualitativer Hinsicht eben doch etwas ganz anderes. Die Finanzierung des zweiten Arbeitsbeschaffungsprogramms blieb ungesichert. Dennoch gab Erhard das Programm anläßlich einer Wahlkundgebung der CDU in Düsseldorf am 4. Juni der Öffentlichkeit bekannt.[33]

Zuständigkeits-Konflikte

Unterdessen beanspruchten längst schon wieder andere Dinge den Hauptteil seiner Aufmerksamkeit und Arbeitskraft. Ein heftiger Kompetenzkonflikt mit dem Finanzminister war aufgebrochen und kostete Erhard viel Zeit und noch mehr Nerven. Er mußte sich - weniger aufreibend zum Glück - mit der Alliierten Hohen Kommission über den künftigen Zolltarif der Bundesrepublik auseinandersetzen. Die Arbeit am und mit ihr der Streit um das Kartellgesetz gerieten in ein neues Stadium. Und schließlich wurde er erstmals praktisch mit jener Frage befaßt, die im Voranschreiten der Zeit wie keine sonst sein politisches Dasein schicksalhaft durchdrang, mit der Frage nach dem Sinn und dem Zweck, den Formen und Verfahren einer ökonomisch-politischen Einigung Westeuropas.

Ludwig Erhard hatte die traditions- und, wie er meinte, auch funktionswidrige Auslieferung der Zuständigkeit für das Geld- und Kreditwesen an den Finanzminister von vornherein nicht akzeptiert. Ende November 1949 bat er den Bundeskanzler in aller Form, die gute alte deutsche Ordnung wiederherzustellen und ihn mit den Kompetenzen auszustatten, deren er zur Erfüllung seiner Aufgaben unabweislich bedürfe.

Nun sind freilich Fragen ministerieller Zuständigkeit in erster Linie nicht Zweckmäßigkeits- sondern Status- und Machtfragen, deshalb allemal Fragen von höchstem Streitwert und im besonderen Fall von um so höherem, als Bundesfinanzminister Schäffer nicht minder kompetenzbegierig und vorerst von stärkerem politischen Kaliber als Erhard, und dazu ein Streithansel von erlesener oberbayerischer Güte war. Der dachte nicht daran, den Zufall - sinnvoll, wie er ihm erschien - dadurch zu desavouieren, daß er die Zuständigkeit ohne Not wieder hergab. Er weigerte sich, Erhards Wünschen zu willfahren und der Kanzler mochte ein Machtwort nicht sprechen. Ob er das gedurft hätte, stand ohnedies dahin. Adenauer beanspruchte zwar die uneingeschränkte Organisationsgewalt in der Regierung, das Kabinett bestritt sie ihm aber noch und gab erst im März 1951 ausdrücklich nach. Das hätte eine Entscheidung freilich allenfalls erschwert, aber kaum verhindert, wenn Adenauer zu einer gewillt gewesen wäre. Das war er nicht. Eigentlich leuchteten ihm die sachlichen Begründungen, die ihm der Wirtschaftsminister in den Wintermonaten regelmäßig und reichlich zuteil werden ließ, mehr ein, als die etwas verstiegenen Widerborstigkeiten des Finanzministers. Außerdem erhielt Erhard deutlich mehr publizistische und politische Unterstützung für sein Verlangen als Schäffer für seine Weigerung. Selbst der Bundestag sprach sich für die Verlagerung der Kompetenzen aus. Andererseits war Schäffer der einzige Minister, vor dem Adenauer einigen Respekt hatte, und Erhard der Minister, dessen Amtsführung ihn am meisten verdroß.

Das Wirtschaftsministerium als Behörde hielt er für eine weitgehend untaugliche Apparatur und Erhard als Behördenleiter für eine Katastrophe. Beides war nur in seiner Zuspitzung falsch. Die Frankfurter Verwaltung für Wirtschaft, die nach Bildung der Bundesregierung zunächst als Wirtschaftsministerium fungierte und möglichst zügig zu einem Bundeswirtschaftsministerium umgeformt und in neuer Form nach Bonn versetzt werden sollte, war personell unerträglich aufgebläht und in den oberen Rängen vielfach unverkennbar fehlbesetzt. Und Erhard war nicht der Mann, das zu ändern. Es interessierte ihn nicht, und er hatte auch nicht die Talente dazu. Adenauer wußte das, sagte es auch und suchte deshalb nach einem Staatssekretär, der an Erhards Statt das Ministerium in Form brachte und in Form hielt. Erhards Stellvertreter in der Wirtschaftsverwaltung, dem vormaligen Generaldirektor der Deutschen Continentalen Gummiwerke Eduard Schalfejew, traute er das nicht recht zu. Erhards Vorschlag, Schalfejew zum Staatssekretär zu ernennen, blieb fünf Monate lang unerledigt. Erst nachdem mehrere Kandidaten, die Adenauers Vorstellungen mehr entsprachen, abgelehnt hatten, rang sich der Kanzler im Februar seine Zustimmung ab. Zuvor sprach Adenauer ausführlich mit Schalfejew, gab ihm seine Erwartungen mit ins schwere Amt und versicherte ihn seines Rückhalts gegen Erhards Eigenheiten. Schalfejew machte sich an die undankbare Aufgabe, das Ministerium zu organisieren, zu verschlanken und unter Kanzlers Einfluß seine Spitzenbeamten auszuwechseln. Fünf von sechs Abteilungsleitern mußten gehen. Damit war er noch nicht so weit wie erwünscht vorangekommen, als Erhards Drängen nach der Zuständigkeit für „Geld und Kredit“ und dessen öffentliche Unterstützung dem Kanzler keine Ruhe mehr ließen. Am 17. März 1950 schrieb Adenauer an Schäffer: Er neige zu der Ansicht, daß aus *sachlichen* Gründen doch der Wirtschaftsminister „Geld und Kredit“ haben müsse. Und an Erhard: Er glaube, daß aus *personellen* Gründen „Geld und Kredit“ im Finanzministerium besser aufgehoben sei. Im übrigen sollten die beiden Minister miteinander einig werden und dem Kabinett dann einen gemeinsamen Vorschlag unterbreiten.[34] Das wurde versucht. Am 20. April fanden im Hause Pferdmenges ministerielle Ausgleichs- und Einigungsgespräche statt. Außer dem Hausherrn sekundierten drei Bundestags-Abgeordnete, aus jeder Koalitions-Fraktion einer. Erhard verließ den Konferenzraum mit der Überzeugung, daß jedermann auf seiner Seite und Schäffer am Ende zu Auf- und Übergabe bereit gewesen wäre. So schrieb er Schäffer vier Tage später in langen, zufriedenen Ausführungen. Schäffer ließ sich mit der Antwort Zeit. Dann teilte er kurzfaßlich mit, daß Erhard sich über Art und Ausgang der Verhandlungen täusche. Erhard legte abermals mit intrikater Umständlichkeit dar, was man besprochen und worauf man sich verständigt habe. Schäffer bestritt erneut, daß man sich auf irgend etwas verständigt habe, gewiß nicht auf den Übergang der Zuständigkeit für „Geld und Kredit“ vom Finanz- aufs Wirtschaftsministerium. Weitere Briefe gingen hin und her, andere an Adenauer, Pferdmenges und geneigte Abgeordnete. Der Ton wurde

Die Anfechtung: Fritz Schäffer

... und der Vermittler: Robert Pferdmenges

unfreundlicher, die Haltung verbissener, Schäffer nahm die Ironie, Erhard das Pathos zu Hilfe. Beide bezichtigten den je anderen, nur sein Prestige im Sinn zu haben und beanspruchte für sich selbst, einen wirtschafts- bzw. finanzpolitisch lebenswichtigen Zweck zu verfolgen. Ein neues Friedensgespräch bei Pferdmenges wurde anberaumt. Erhard ging hin und war sich hinterher sicher, daß weitere Gespräche wegen Schäffers Verbohrtheit keinen Sinn hätten. Schäffer bestätigte den Eindruck mit einem im Ton beschwingten, in der Sache unnachgiebigen Brief. Erhard wußte nicht, was ihn mehr empörte, die Beschwingtheit oder die Unnachgiebigkeit. Er schrieb an Adenauer, Pferdmenges und Schäffer selbst, daß er den Brief als Verhöhnung seines ernsten Bemühens ansehe und sich mit dem Finanzminister über die Affäre nicht mehr unterhalten werde. Adenauer bat er, den Zuständigkeits-Transfer nun kurzweg anzuordnen, und Pferdmenges, die Bitte durch Einflußnahme auf den Kanzler zu unterstützen.[35]

Falls Pferdmenges das tat, dann nützte es nichts. Adenauer mochte derlei Anordnungen im allgemeinen nicht und hielt die Anordnung im besonderen Fall wegen des immer noch unbefriedigenden Geschäftsganges im Wirtschaftsministerium wohl auch nicht für opportun. Sie unterblieb und Schäffer hatte die erste Runde im bitterernst geführten und leicht komisch wirkenden Kompetenzkampf im Sommer 1950 gewonnen. Die Unterabteilung „I C: Geld und Kredit", die derweil im Wirtschaftsministerium vorsorglich und vertrauensvoll eingerichtet worden war, blieb fürs erste unbeschäftigt.

Entschieden war der Kampf noch nicht. Natürlich empfand es der außerordentlich statusbewußte Wirtschaftsminister weiterhin als Unrecht und Makel, daß ihm die formelle Zuständigkeit für wirtschaftspolitisch wesentliche Dinge vorenthalten wurde. Davon abgesehen hatten sich inzwischen aber auch sachliche Meinungsverschiedenheiten zwischen Erhard und Schäffer bemerkbar gemacht, die es als nicht unbeachtlich erscheinen ließen, in wessen Ministerium „Geld und Kredit" zuhause war. Eine Meinungsverschiedenheit betraf das Gesetz über die Bundesbank, die andere den Kapitalmarkt.

Das Grundgesetz enthielt in Artikel 88 den Auftrag, eine Notenbank als Bundesbank zu schaffen.[36] Aufs sachlich Notwendige hin besehen, war das ein ziemlich überflüssiger Auftrag. Es gab ja, als die Bundesrepublik ins Leben trat, ein Zentralbanksystem, das ausgezeichnet funktionierte. Das System beruhte freilich auf Besatzungsrecht und war stark föderativen Charakters. Es bestand aus Landeszentralbanken in jedem Bundesland und der Bank Deutscher Länder in Frankfurt. Die Landeszentralbanken waren vor der Bank Deutscher Länder entstanden und rechtlich sowie wirtschaftlich selbständig. Sie dienten der Refinanzierung von Geschäftsbanken in ihren Ländern und wickelten die Geldgeschäfte der Landesbehörden ab. Die Bank Deutscher Länder war im Vorfeld der Währungsreform als Tochter der Landeszentralbanken gegründet und mit dem Notenmonopol ausgestattet worden. Sie diente der Refinanzierung der Landeszentralbanken und wickelte die Geldgeschäfte der Bundesbehörden ab. Die Geldpolitik und die Grundsätze der Geschäftsführung des Systems bestimmte der Zentralbankrat. Der Zentralbankrat bestand aus den Präsidenten der Landeszentralbanken, die von den jeweiligen Landesregierungen berufen wurden, aus dem Präsidenten der Bank Deutscher Länder und aus einem Präsidenten des Zentralbankrates, die beide von den Landeszentralbank-Präsidenten gewählt wurden. Präsident des Zentralbankrates war Karl Bernard, ein ehemaliger Ministerialbeamter und Hypothekenbank-Direktor, sachkundig und von stillem, verbindlichem Wesen; Präsident der Bank Deutscher Länder - genaugenommen: Präsident des Direktoriums der Bank Deutscher Länder - war Wilhelm Vocke, einstiger Reichsbankdirektor und Geheimrat seines Zeichens, von prallem Selbstbewußtsein und herrscherlichem Gestus, statusbedacht und durchsetzungsfähig, der eigentliche Herr des Hauses, mit Adenauer bald überquer und Erhard persönlich nicht sonderlich gewogen. Der Zentralbankrat war politisch unabhängig. Der Kanzler und die Minister konnten an seinen Sitzungen teilnehmen, aber seine Entscheidungen weder mitbestimmen noch verhindern; die beiden Präsidenten wurden zu Sitzungen des Kabinetts gebeten, wenn geld- und währungspolitisch Einschlägiges auf der Tagesordnung stand.

Der zuständige Finanzminister ging den verfassungsrechtlichen Auftrag, eine Bundesbank zu schaffen, flott an und dachte, sich seiner ebenso flott entledigen zu können, indem er die bewährte Organisation unter neuem Namen kurzweg beibehielt und nur deren Verhältnis zur Bundesregierung änderte. Im Februar 1950 kursierte bereits der erste Referenten-Entwurf eines Bundesbankgesetzes. Danach sollte die rechtliche und wirtschaftliche Selbständigkeit der Landeszentralbanken gewahrt bleiben und der Zentralbankrat auf etwas umwegige und deshalb nicht ohne weiteres erkennbare Weise dem Willen der Bundesregierung unterworfen werden. Die Selbständigkeit der Landeszentralbanken gefiel Schäffer als bayerischer Föderalist und die Unabhängigkeit mißfiel ihm als Bundesfinanzminister.

Erhard erhob umgehend Einwände. Ihm nämlich mißfielen als Bundeswirtschaftsminister selbständige Landeszentralbanken, während ihm als Ordoliberaler die Unabhängigkeit der Zentralbankleitung zusagte. Dabei verkannte er nicht, daß es für die Bindung der Bank an den Willen der Regierung bedenkenswerte Argumente gab, deretwegen auch der Kanzler Schäffers Absicht guthieß: Es gehe nicht an, daß eine parlamentarisch unkontrollierte Einrichtung die Zwecke und die Maßnahmen der Regierungspolitik unterlaufen könne. Das ordoliberale Argument wog aber schwerer: Nur eine von politischen Zwecken unbeeinträchtigte, wenn schon keiner Regelbindung unterworfene Geldpolitik vermöge den Geldwert zu sichern und damit die wichtigste Voraussetzung funktionstüchtigen Marktwettbewerbs aufrechtzuerhalten. Im übrigen wollte natürlich auch Erhard nicht, daß die Bundesbankleitung die wirtschaftlichen Kreise der Regierung störte. Aber er, der Institutionen und Rechtsförmlichkeit wenig, der persönlichen Überzeugungskraft hingegen viel und seiner eigenen Überzeugungskraft fast alles zutraute, glaubte dies im menschlichen Umgang durch vernunftgemäßes Einvernehmen verhindern zu sollen und zu können. Auch zu diesem Zweck wünschte er, daß die womöglich unterschiedlich interessierten Landeszentralbanken verschwänden und die Bundesbank eine einheitliche - beiläufig: von der Bundesregierung nominierte - Leitung erhielte.

Erhards Vorstellungen wurden vom Innen- und vom Justizminister geteilt; Adenauer hing nicht an der dezentralen Organisation, verlangte aber ein Weisungsrecht der Regierung; der Zentralbankrat schließlich begrüßte dankbar Erhards Einspruch gegen das Weisungsrecht, hing aber im Gegensatz zu ihm und Adenauer an der dezentralen Organisation. Das Meinungsbild war vielfältig und verworren und Schäffers Hoffnung eitel, mit dem Gesetz schnell durch zu sein. Bis zum Sommer wurde der Entwurf mehrfach neu gefaßt und kam der Konsensfähigkeit dadurch nicht näher. Erhard wartete derweil darauf, daß er ihm eine ganz neue Form geben konnte.

Mehr noch als das Bundesbankgesetz, mit dem es keine Eile hatte, ließ es ihn freilich die Kapitalmarktpolitik des Finanzministers als notwendig erscheinen, die Zuständigkeit für „Geld und Kredit" möglichst schnell aufs Wirtschaftsministerium zu übernehmen. Der Mangel an Geldkapitalbildung galt bekanntlich als *das* große Problem des wirtschaftlichen Wiederaufbaus erst der westlichen Besatzungszonen, dann der Bundesrepublik. Ob er wirklich ein so großes Problem war, wie man annahm, ist inzwischen fraglich geworden. Der Sachkapitalbestand war tatsächlich größer als gedacht, zwar nicht durchweg einsatzfähig, aber mit relativ geringen Mitteln restaurierbar, und der gesamtwirtschaftliche Geldkapitalbedarf war deshalb geringer als vermutet. Aber was immer an Geldkapital aufgebracht werden mußte, wurde von einer Gesellschaft mit niedrigem Sozialprodukt nicht leichthin aufgebracht, und deshalb war wichtig, daß die Aufbringung begünstigt wurde und in der richtigen Weise geschah. Erhard meinte nun, daß beiden Erfordernissen nicht ausreichend genügt werde und daß der Finanzminister dafür verantwortlich sei.

In Deutschland entstand Geldkapital damals nämlich vorwiegend aus Unternehmensgewinnen und durch Steuerzahlungen. Hohe Steuern führten dem Staat mehr Geld zu, als er für seine laufenden Ausgaben brauchte. Der Staat verwendete den Überschuß und dazu die DM-Gegenwerte der ERP-Lieferungen für öffentliche Investitionen, zur Förderung des Wohnungsbaus sowie für Subventionen und Kredite an Unternehmen; an Unternehmen der Grundstoffindustrie vornehmlich, denen die freie Preisbildung vorerst noch versagt war. Die Preise von Grundstoffen - Kohle, Eisen, Strom und anderes mehr - wurden auf niedrigem Niveau fixiert, um die Kosten der verarbeitenden Industrie zu vermindern und deren Konkurrenzfähigkeit zu verbessern. Deshalb ermangelten die Grundstoff-Produzenten reinvestierbarer Gewinne. Der Staat trat mit Investitions-Zuschüssen und günstigen Krediten dafür ein. Andererseits bescherten relativ hohe Preise der verarbeitenden Industrie immer noch umfangreiche Gewinne, die gutenteils in den Unternehmen angelegt wurden. Wenn man so will, verdonnerten die Steuerpolitik des Staates und die marktwirtschaftlich bestimmte Preispolitik der Unternehmen die Bevölkerung zu einer Art ambivalenten Zwangssparens. Einerseits erbrachte der stille Zwang investive Mittel, die wegen der starken Verbrauchs-Neigung armer Gesellschaften freiwillig wohl nicht gespart worden wären und förderte zum Vorteil aller die Erholung; andererseits förderte er *auch* eine unerfreulich seitenlastige Vermögensbildung. Was die Steuerzahler und die Verbraucher zwangsweise sparten, geriet zu einträglichem Sachvermögen des Staates und der Unternehmen. Das war weder ordnungs- noch sozialpolitisch bekömmlich und wurde von Ludwig Erhard je länger, je mehr mißbilligt.

Die Wege zu einer Abhilfe ohne Schäden für die wirtschaftliche Erholung führten über Steuer- und Preissenkungen sowie über *freiwilliges* Sparen der solcherart freigesetzten Beträge. Aus diesem Grund war Erhard schon bei den Militärgouverneuren für Steuersenkungen eingetreten. Jetzt, nachdem die Steuerhoheit an die Bundesrepublik übergegangen war, trat er dafür in der Öffentlichkeit und im Kabinett ein. Einen Trend zu Preissenkungen infolge allmählich verschärften Leistungswettbewerbs auf freien Märkten setzte er kurzweg voraus. Blieb die Frage nach der Freiwilligkeit des Sparens. Erhard glaubte, daß sie, wie viele andere ökonomische Fragen auch, inzwischen mit Marktfreiheit beantwortet werden könnte und sollte. Die Kredit- und Kapitalmärkte waren noch nicht frei. Die Einlagen- und Kreditzinsen der Banken waren an den Diskontsatz gebunden und die Anleihezinsen wurden von einem amtlichen Kapitalverkehrsausschuß festgelegt. Der Ausschuß bestimmte auch darüber, wer zu welchem Zweck und in welchem Umfang Anleihen und Aktien emittieren durfte. Die Aktien-Renditen unterlagen keiner Begrenzung, wohl aber doppelter Besteuerung, erst als Gewinne in den Unternehmen, dann noch einmal als Einkommen bei den Aktionären. Die Zinsen wurden in ähnlicher Absicht fixiert wie die Grundstoff-Preise; in der Absicht, die Kosten für die Kreditnehmer einzudämmen. Die amtliche Preisbildung für Grundstoffe hielt Erhard weiterhin für richtig, den amtlichen Druck auf die Zinsen hielt er hingegen von Frühjahr 1950 an für ebenso falsch wie die Doppelbesteuerung der Dividenden, weil beides die Bereitschaft vermindere, Geld zu sparen und langfristig anzulegen. Deshalb machte er sich, auch dies in der Öffentlichkeit und im Kabinett, für die Möglichkeit höherer Bankzinsen und die Befreiung des Kapitalmarkts von staatlicher Lenkung sowie gegen die steuerliche Diskriminierung der Aktie stark.

Sowohl die Forderung nach Steuersenkungen wie die Agitation für freie Kapitalmärkte trafen die empfindlichen Nerven des Finanzministers und trafen sie gleich doppelt. Zunächst einmal fühlte Schäffer sich dadurch gestört, daß Erhard in fremden politischen Revieren wilderte und bat - vergebens - um Unterlassung. Dann war er aber auch sachlich ganz anderer Meinung. Er glaubte nicht, daß freie Kapitalmärkte schon ergiebig genug wären, um die staatliche Geldkapitalbildung zu ersetzen. Deshalb lehnte er bemerkenswerte Steuersenkungen ab. Und er wollte nicht, daß die Zinsen stiegen, weil dies die Kreditaufnahme des Staates, der öffentlichen Unternehmen und des sozialen Wohnungsbaus verteuerte. Darüber kam es Anfang Juli zu einer regierungsinternen Auseinandersetzung, zur ersten von vielen in derselben Sache. Erhard hatte sich's inzwischen zur Gewohnheit gemacht, in öffentlichen Reden das baldige Ende der Kapitalnot durch Befreiung des Kapitalmarktes anzukündigen, etwa so, wie er die Lösung aller außenwirtschaftlichen Schwierigkeiten durch den Übergang zur Konvertierbarkeit in nahe Aussicht stellte. Schäffer schalt ihn deswegen, Erhard bestand auf dem Recht der freien Meinungsäußerung. Am 4. Juli 1950 stand die Angelegenheit auf der Tagesordnung des Kabinetts. Kurz zuvor hatte der Zentralbankrat über die Freigabe der Zinsen beraten und sich dagegen entschieden. Schäffer beantragte, daß die Regierung ebenso entschiede und Erhard dadurch zur Ruhe brächte. Blücher, Wohnungsbauminister Wildermuth und Landwirtschaftsminister Niklas nahmen entschieden Schäffers Partei. Erhard beharrte auf der prinzipiellen Vorteilhaftigkeit freier Kredit- und Kapitalmärkte, gestand aber zu, daß sich daraus für den Wohnungsbau und die Landwirtschaft praktische Schwierigkeiten ergäben, die man mit staatlichen Zinssubventionen beheben müßte. Verkehrsminister Seebohm hielt ihm die Stange. Man kam sich nicht näher, der Beschluß wurde um eine Woche verschoben. Erhard versuchte unterdessen, die FDP-Fraktion zu meinungsändernder Einwirkung auf ihre Minister zu veranlassen. Am Tag, an dem das Kabinett beschließen wollte, war er auf Reisen. Er bat um Verschiebung. Es kostete seinen Freund Dehler mit der Unterstützung Innenminister Heinemanns einige Mühe, den verärgerten Kollegen die Bereitschaft dazu abzugewinnen. Es änderte nichts am Ergebnis. Wieder eine Woche später gab Erhard vorerst auf. Nach einem Gespräch mit Schäffer zog er - inzwischen auch von Seebohm verlassen - seinen einsamen Einspruch gegen dessen Vorlage zurück. Die Zinsen blieben fest und der Kapitalmarkt gelenkt, Erhard freilich auch bei seiner Meinung, daß dies falsch wäre, und bei seinem Anspruch, das - der Kabinettsbeschluß in allen Ehren - öffentlich zu sagen.[37]

Der Schuman-Plan

Es war um diese Zeit, daß Erhard bei Adenauer den Mangel an Geschlossenheit und die Uneinheitlichkeit der Wirtschaftspolitik beklagte und bei Vertrauten, daß Adenauer ihn nicht möge und beiseite schiebe, obwohl seine Wertschätzung in der Öffentlichkeit und im Ausland ständig zunehme.[38]

Die öffentliche Wertschätzung erfuhr er im nordrhein-westfälischen Landtagswahlkampf, an dem er im Frühsommer von der Wahlkampfleitung begehrten, nach seiner Art leidenschaftlichen und wegen des Zuspruchs für ihn auch genußreichen Anteil nahm. Daß er im Ausland ankam, erwies sich auf Reisen nach Schweden und in die Niederlande. Namentlich die Schwedenreise im späten April geriet zum großen persönlichen Erfolg. Erhard war zu einem Vortrag in der Stockholmer Handelshochschule eingeladen worden. Das gab der Reise den privaten Anstrich, der sich wegen Westdeutschlands Mangel an außenpolitischer Souveränität damals noch empfahl. Gleichwohl empfing ihn der Außenminister und gab ihm überdies ein prominent bestücktes Essen. Der schwedische Rundfunk veranstaltete eine international besetzte Diskussion, in deren Mittelpunkt Erhard stand, und die Zeitungen berichteten von alledem ausführlich und beeindruckt. Svenska Dagbladet schrieb, daß Westdeutschlands Wirtschaftsminister sich als „große Kanone unter den Interview-Objekten" dargestellt habe - freimütig, schlagfertig, humorvoll - und eine gute Werbung für sein Land sei. Erhard zitierte es in einem langen Reise-Rapport für seinen Kanzler voll Stolz, berichtete über das volle Auditorium in der Handelshochschule und den „sehr großen Beifall", den „ich erntete", zählte die prominenten Gäste beim Ehren-Essen auf und erbot sich, falls erwünscht, Zeitungsausschnitte zu übersenden.[39]

Um so enttäuschter mochte er darüber sein, daß der Kanzler ihn so gut wie die anderen Minister von den ersten internationalen Verhandlungen, an denen die Bundesrepublik selbstverantwortlich teilnahm, nach Kräften fernzuhalten trachtete, obwohl in den Verhandlungen zwar eine Frage der Außenpolitik, diese aber doch im Gewand wirtschaftspolitischer Absichten und Gestaltungen zur Debatte stand.[40]

Am Montag, dem 8. Mai, teilte Adenauer dem Kabinett mit, daß ein Kurier ihm am Vortag zwei Briefe des französischen Außenministers Robert Schuman mit überraschend-aufregendem Inhalt überbracht habe. Schuman schlug der Bundesregierung vor, die Kohle- und Stahlindustrie beider Länder der politischen Autorität einer gemeinsamen hohen Behörde zu unterstellen und andere europäische Länder einzuladen, ein Gleiches zu tun. Die Absicht verfolgte drei ineinandergreifende Zwecke: Sie sollte die schwierigen Bemühungen um eine dauerhafte deutsch-französische Verständigung institutionell unterlegen und fördern; sie sollte den konkreten Kern einer ökonomisch-politischen Einigung Europas schaffen, und sie sollte mit beidem den gefährdeten Frieden in der Welt sichern helfen. Adenauer hatte die außerordentliche Bedeutung der Botschaft sofort erkannt und Schuman nach Besprechungen mit den engsten politischen Vertrauten rasch entschlossen die Bereitschaft der Bundesregierung mitteilen lassen, an Gesprächen über die Verwirklichung des vorerst noch höchst unklaren Plans teilzunehmen. Das Kabinett mochte die Selbstherrlichkeit des Entschlusses mißbilligen, der Bereitschaftserklärung stimmte es selbstverständlich zu.

Ludwig Erhard tat dies vollen Herzens. Er trat um diese Zeit als ein Verfechter der Einigung Euorpas auf und schien sich darüber klar zu sein, daß die Verständigung Frankreichs mit Deutschland deren Voraussetzung war. In dieser Weise hatte er sich bereits im November 1949 vernehmen lassen. Der Anlaß war eine Pressekonferenz während seines ersten, privat aufgemachten und politisch gemeinten Besuches von Paris. Erhard beobachtete die Dreimächte-Außenministerkonferenz, die gerade in Paris stattfand und deutsche Probleme zum Gegenstand hatte, abwartend, ob man seiner vielleicht bedürfe. Er führte außerdem Gespräche über einen deutsch-französischen Handelsvertrag, wurde von Schuman und Finanzminister Petsche empfangen und stellte sich den Journalisten. Er wünsche sich, sagte er denen, die Bundesrepublik als integralen Teil eines wirtschaftlich geeinten Europas und wisse, daß die wirtschaftliche Zusammenarbeit in Europa von der französisch-deutschen Zusammenarbeit abhänge. Derlei Zusammenarbeit könne große praktische Schwierigkeiten nicht bereiten. Die Wirtschaftssysteme Frankreichs und Deutschlands eigneten sich dafür und die Wirtschaftsauffassungen in beiden Ländern stimmten miteinander überein. Dann lud er französisches Kapital zur Beteiligung an deutschen Unternehmen ein und bot Deutschlands Beitritt zu einer Zollunion an, über die Frankreich, Italien und die Benelux-Länder damals seit geraumer Zeit verhandelten.[41]

Der Kapitalbeteilung, zu der an anderer Stelle gleichzeitig auch Adenauer ermunterte, standen freilich Deutschlands ungeregelte Schulden und Frankreichs eigene Kapitalnot im Wege und die Zollunion „Fritalux“ kam nicht zustande. Die deutsch-französische Zusammenarbeit und die Einigung Europas blieben bis auf weiteres Angelegenheiten der öffentlichen Rhetorik, auch Angelegenheiten von Erhards öffentlicher Rhetorik. Man müsse den Mut haben, pflegte er in der oft wiederholten Standardrede jener Monate zu sagen, die Wirtschaft Europas zu einigen. Und er dachte dabei an eine „Föderation von gleichberechtigten Partnern“.[42]

Schumans Angebot verhieß einen weiten Schritt zu diesem Ziele hin. Erhard begrüßte es begeistert. Als die wirtschaftlichen Mittel zum politischen Zweck allmählich deutlicher wurden, mischten sich freilich Bedenken in die Begeisterung.

Am 9. Mai wurde der Schuman-Plan als Deklaration der französischen Regierung veröffentlicht. Frankreich schlug Deutschland und anderen womöglich interessierten Ländern in Europa vor, einen „einheitlichen Markt“ zu schaffen, auf dem sich die Teilnehmer zu gleichen Bedingungen mit den knappen Grundstoffen Kohle und Stahl versorgen konnten. Zu diesem Zweck sollte die gesamte Kohle- und Stahlindustrie einer gemeinsamen Hohen Behörde „unterstellt“ werden. Die Hohe Behörde erwarb kein Eigentum an den Unternehmen und übernahm auch nicht deren Leitung. Sie hatte aber das Recht, Vorschriften zu erlassen, denen sich die nationalen Regierungen von vornherein unterwarfen und an die sich die Unternehmen halten mußten. Derlei Vorschriften sollten dazu dienen, den einheitlichen Markt zu schaffen, die Kohle- und Stahlproduktion zu modernisieren und zu vermehren und die Arbeits- und Lebensbedingungen der Kohle- und Stahlarbeiter zu verbessern. Was „Einheitlichkeit des Marktes“ wäre, das wurde aus der Deklaration nicht recht deutlich. Es war den Erfindern des Plans wohl selbst noch nicht ganz klar. Als deren Voraussetzungen erschienen die Beseitigung aller Hindernisse des Handels mit Kohle und Stahl zwischen den Teilnehmern, ein Verzicht der nationalen Regierungen auf eigene Kohle- und Stahlpolitiken, die Angleichung der weit voneinander abweichenden Kohle- und Stahlpreise in Europa und - zeitweise zumindest - eine gewisse Standort- und Investitions-, Erzeugungs- und Absatzplanung durch die Hohe Behörde.

Die französische Regierung lud die Regierungen der anderen Länder Westeuropas zu Verhandlungen darüber ein. Der Grundsatz: Übergang der Kohle- und Stahlpolitik aus nationaler Verfügungsgewalt in die Autorität einer supranationalen Behörde sollte dabei nicht mehr zur Debatte stehen. Er wäre vorher anzuerkennen. Zwei Wochen später kam der eigentliche Urheber der Idee, der Chef des französischen Planungskommissariats Jean Monnet, nach Bonn und empfahl, es auch mit der Regelung der praktischen Maßnahmen und Verfahren in den Verhandlungen nicht gar so genau zu nehmen, sondern durch einen schnellen und kühnen Vertragsschluß zunächst einmal das politische Ziel zu erreichen und im übrigen darauf zu vertrauen, daß sich die geeigneten Mittel zu den wirtschaftlichen Zwecken aus den Erfahrungen und Inspirationen der Hohen Behörde ergäben. Am besten wäre es, wenn der Vertrag in dieser Absicht nur von Frankreich und Deutschland ausgehandelt würde und andere Länder ihm anschließend beiträten.

Adenauer war von dem Gedanken sehr angetan. Ihm war es fast ausschließlich um den politischen Effekt zu tun, um die gleichberechtigte Teilnahme der Bundesrepublik an einer westeuropäischen Gemeinschaft, die Frankreichs Sicherheitsbedürfnissen entgegenkam und die Bedenken gegen einen vollends souveränen deutschen Staat in der Welt zerstreuten.

Deren wirtschaftliche Imponderabilien ließen ihn ziemlich gleichgültig. Wegen der außerordentlichen politischen Bedeutung hatte er den Vorgang denn auch von vornherein zur Angelegenheit des Kanzleramts gemacht.

Erhard verkannte den besonderen politischen Gehalt der französischen Initiative nicht und bestritt deshalb auch nicht die vorrangige Zuständigkeit des Kanzleramtes. Aber er erwartete natürlich, daß er des Bundeskanzlers bevorzugter Berater wäre und womöglich auch mit den Verhandlungen betraut würde. Mit den Grundsätzen und den - ein wenig mißverstandenen - Gestaltungsabsichten schien er einverstanden zu sein. „Wir sind überzeugt," sagte er in einem Interview mit Associated Press, „daß sowohl Frankreich als auch Deutschland von der Ausführung des Schuman-Plans materiell gewinnen werden. Politisch und psychologisch ist der Plan vielleicht noch wertvoller". Er stimmte nicht nur der französischen Absicht, die deutsche und die französische Schwerindustrie zusammenzuschließen, „vorbehaltlos" zu, er gab sogar zu bedenken, ob man die „Verschmelzung" nicht auch auf die eisenverarbeitende Industrie erstrecken solle. In vierzehn Tagen werde er in Paris Gespräche darüber führen.[43]

Das tat er nicht. Bis dahin war vielmehr offenbar geworden, daß Adenauer den Schuman-Plan als Arkanum des Kanzleramts behandelte und die Vertragsverhandlungen vom Kanzleramt her zu führen beabsichtigte. Deshalb kam ihm Monnets Vorschlag gelegen, weder Regierungsmitglieder noch interessierte Industrielle mit den Verhandlungen zu betrauen. Er ging sofort darauf ein, begab sich auf die Suche nach einem genehmen Verhandlungsführer und rief derweil zwei sachverständige Beratungsstäbe im Kanzleramt ins Leben. Das Kabinett merkte bald, daß es nur nach Kanzlers Belieben über die Sache informiert und damit befaßt werden sollte. Erhard enttäuschte und verdroß das sehr. Die Enttäuschung äußerte sich in gelegentlichen Klagen über unzureichende Unterrichtung und in der Feststellung, daß, was die Verhandlungsführung angehe, in Deutschland nicht notwendigerweise gelten müsse, was in Frankreich sicherlich angebracht sei. Frankreichs Verhandlungsdelegation sollte selbstverständlich von Monnet geleitet werden. Aus dem Verdruß erwuchs eine zunehmend kritische Einstellung zu den wirtschaftlichen und institutionellen Absichten des Schuman-Monnet-Plans.

Auch im Wirtschaftsministerium entstand ein Arbeitsstab. Dessen Mitglieder nahmen die französischen Vorschläge unter die Lupe der wirtschaftlichen Interessen Frankreichs und Deutschlands und entdeckten daran manchen Haken. Überdies maßen sie jene Vorschläge mit ordnungspolitischer Elle und sorgten sich über das, was dabei herauskäme. Erhard las ihre Arbeitspapiere und ließ sich von den Befunden und Sorgen beeindrucken. Bald sagte er in öffentlichen Reden, daß er aus politischen Gründen positiv zum Schuman-Plan stehe, obwohl der Plan in wirtschaftlicher Sicht eher den französischen, als den deutschen Interessen diene. Man müsse freilich verhindern, daß er zu überstaatlich-europäischer Planwirtschaft gedeihe.[44]

Die ordnungspolitische Besorgnis ergab sich aus der Interessen-Abwägung. Es war nicht falsch, daß Monnet, als er den Plan ersann und Schuman nahebrachte, außer dem Weltfrieden und der europäischen Einigung *auch* die französische Stahlindustrie im Sinn hatte. Die nämlich war seit Kriegsende mit starkem politischen Nachdruck ausgedehnt worden, schien aber vorerst nur unter den besonderen Bedingungen der deutschen Montanwirtschaft konkurrenzfähig zu sein. Zu diesen Bedingungen gehörten Frankreichs Anspruch auf - inzwischen billiger gewordene - Ruhrkohle und die besatzungsrechtliche Beschränkung der deutschen Stahlproduktion bei gut elf Millionen Tonnen im Jahr. Beides konnte nicht ewig dauern und die Stahlquote stand bereits zu alliierter Debatte. Die USA plädierten auf ihre Beseitigung. Monnet befürchtete, daß die Freigabe der deutschen Stahlproduktion eine Neuverteilung der Ruhrkohle und beides zusammen die Verdrängung französischen Stahls von den internationalen Märkten zur Folge haben könnte. Und er hoffte, dies durch die Gründung der Kohle-Stahlgemeinschaft, den einheitlichen Markt und die Politik der Hohen Behörde irgendwie verhindern zu können. Erhard hingegen befürchtete, nachdem er Monnets Dreh raus hatte, daß sich die Hoffnung nur mit Hilfe strikter hochbehördlicher Produktions- und Absatzlenkung erfüllen ließe und hoffte seinerseits, *dies* durch Einflußnahme auf die Verhandlungen verhindern zu können. Gemeinsam mit Blücher, der sich ebenso übergangen und fast noch mehr gekränkt fühlte als Erhard, gelang es ihm, dafür zumindest die formalen Voraussetzungen zu verbessern. Das Kabinett bestand auf beider Drängen hin gegen Adenauer darauf, daß die deutsche Verhandlungsdelegation ihre grundsätzlichen Instruktionen nicht allein vom Kanzler, sondern von einem Kabinettsausschuß erhielte, dem außer Adenauer auch Blücher, Erhard, Schäffer und Storch angehörten.

Inzwischen stand fest, welche Länder auf den französischen Verhandlungsvorschlag eingingen, wann die Verhandlungen begannen (daß sie in Paris stattfänden, verstand sich von selbst) und wer die deutsche Delegation leitete. Zur Teilnahme hatten sich außer Frankreich und Deutschland auch Italien, Belgien, die Niederlande und Luxemburg entschlossen. Der britischen Labour-Regierung widerstanden die supranationalen Elemente des französischen Vorschlags. Sie verlangte, daß die Supranationalität der geplanten Gemeinschaft nicht Voraussetzung, sondern Gegenstand der Verhandlungen wäre. Das lehnte die französische Regierung ab. Ein Streit entspann sich, keiner gab nach und England blieb den Verhandlungen fern. Erhard dürfte das nicht bedauert haben. Er hielt nicht viel vom „sozialistisch“ regierten England und dessen „Mißwirtschaft“.

Beginnen sollten die Verhandlungen am 20. Juni im Amt des französischen Planungskommissars. Fünf Tage vorher war immer noch unbestimmt, wer die deutsche Delegation leiten würde. Adenauers bevorzugter Kandidat, Herman Josef Abs, kam nicht in Frage, weil er als Vorstandsmitglied der Deutschen Bank im Krieg zumindest mittelbar an der „Germanisierung“ von Unternehmen in erobertem Gebiet beteiligt gewesen und deshalb in Frankreich mißliebig war. Das personelle Kontrastprogramm dazu, der Emigrant Hans Schäffer, der Adenauer als Staatssekretär im Weimarer Finanzministerium in rühmlicher Erinnerung war, bat, von ihm abzusehen, weil er unterdessen schwedischer Staatsbürger geworden war. Wilhelm Röpke, der nicht nur mit Erhard bekannt war, sondern auch von Adenauer geschätzt und gehört wurde, schlug den politisch unbeschriebenen Frankfurter Professor für internationales Wirtschaftsrecht Walter Hallstein vor. Adenauer zögerte, bat Hallstein dann zu sich, gewann in einstündigem Gespräch den Eindruck, daß dies der Mann war, den er suchte und trug ihm am Ende der Stunde die Delegationsleitung an. Nun zögerte Hallstein. Nachdem er sich mit der Materie vertraut und mit Jean Monnet bekannt gemacht hatte und von Mann und Sache fasziniert worden war, stimmte er freilich zu. Am 16. Juni berief Adenauer ihn an die Spitze einer Verhandlungsdelegation, der außerdem zwei nicht montanindustrielle Unternehmer, zwei Gewerkschafter und Adenauers außenpolitischer Berater Herbert Blankenhorn angehörten. Erhard fiel zu Hallstein nichts ein. Es konnte ihm so wenig wie irgendwem sonst im politischen Bonn zu Hallstein etwas einfallen, weil er Hallstein schlechterdings nicht kannte. Sein erster Eindruck scheint indes nicht schlecht gewesen zu sein, obwohl Hallstein ein fast vollkommenes Gegenstück zu ihm darstellte. Jedenfalls nahm er die ganze Delegation gegen den Unmut der organisierten Industrie in Schutz: So schlecht sei sie gar nicht.[45]

Hallstein war fünf Jahre jünger als Erhard, ein Gelehrter von Rang und ein Mann ohne Eigenschaften: klein und schlank, gesichtslos und unverheiratet, ganz Intellekt und Ratio, bar aller Leidenschaften, gebildet, hochorganisiert und findig, doch ohne Esprit und Spontanität, ein Mann, der Kraft, aber keine Wärme vermittelte, Kompetenz, aber keinen Glanz, der Respekt heischte, aber keine Zuneigung hervorrief, ein Mann mit historischen Verdiensten, dem später niemand Kränze wand. Justizminister Dehler fiel im Zusammenhang mit Hallstein Bismarcks Feststellung ein, daß Politiker Herz, Hirn und Hoden brauchten. Hallstein habe nur Hirn.

Die Delegation, der Hallstein vorstand, traf am 20. Juni 1950 mit den Delegationen Frankreichs, Italiens und der Benelux-Länder in Paris zum ersten Gespäch zusammen. Man vermied bewußt das Wort „Verhandlungen". Es ging zunächst nur darum, durch informellen Austausch von Meinungen die Absichten und Erwartungen zu klären und miteinander vertraut zu werden. Nach vier Tagen resümierte Monnet den Meinungsaustausch in einem vorbereiteten Vertragsentwurf, der als „document de travail" die Grundlage formeller Verhandlungen abgeben sollte. Die Delegationen fuhren heim, um das „document" von ihren Regierungen begutachten zu lassen und sich mit Instruktionen zu versehen. Die Bundesregierung beriet Ende Juni über die 40 knappen Artikel der kurzfaßlichen Vorlage.

Der Text konkretisierte die Deklaration der französischen Regierung vom 9. Mai, ließ aber immer noch vielerlei im Ungewissen. Er entsprang und entsprach Monnets Absicht, schnell und ohne intrikate Vertiefung in die praktischen Einzelheiten einen Rahmenvertrag zu schaffen und ihn von der Hohen Behörde - unter seiner Präsidentschaft - aktiv ausfüllen zu lassen. Deshalb setzte das „document de travail" auch mit einer näheren Bestimmung der Hohen Behörde ein. Die Einrichtung sollte aus sechs bis neun Mitgliedern bestehen, die von den Regierungen der Teilnehmer-Länder einvernehmlich bestellt wurden. Ihre nationale Herkunft war unerheblich, da sie sich bei ihrem Tun ausschließlich von Gemeinschaftsinteressen leiten lassen und keinesfalls nationale Interessen vertreten sollten. Die nationalen Regierungen und die Unternehmen unterwarfen sich im vorhinein den Anordnungen der supranationalen Hohen Behörde, konnten aber unter bestimmten Umständen ein gelegentlich zusammentretendes Schiedsgericht gegen deren Entscheidungen anrufen. Einmal im Jahr hatte sich die Hohe Behörde vor einer „gemeinsamen Versammlung" von Delegierten der nationalen Parlamente zu verantworten. Die hauptsächliche Aufgabe der Hohen Behörde war es, dafür zu sorgen, daß die Verbraucher von Kohle und Stahl in der Gemeinschaft zu den günstigsten und zu gleichen Bedingungen mit den beiden Grundstoffen bedient wurden. Was die günstigsten und was, bei höchst ungleicher regionaler Lagerung der Fundorte und der Hersteller, gleiche Bedingungen und wie beide zu erreichen wären, das blieb weitgehend den Erfahrungen und dem Ermessen der Hohen Behörde überlassen.

Erhards schnellfertige Sorge, daß die Kohle- und Stahlgemeinschaft zu einem Hort europäischer Planwirtschaft verkommen könnte, wurde dadurch gelindert, daß die Hohe Behörde, um den Zwecken der Gemeinschaft und damit ihrer Aufgabe gerecht zu werden, zwar Produktions- und Investitionsrichtlinien erlassen sollte, aber nur in näher bestimmten Ausnahmefällen Produktions- und Absatzanweisungen geben durfte, und daß sie auch nur in solchen Fällen befugt war, Mindest- und Höchstpreise zu setzen, die Preisbildung im übrigen aber dem Marktwettbewerb zu überlassen hatte. Damit der Wettbewerb nicht verfälscht würde, sollten staatliche Subventionen und unternehmerische Marktabsprachen verboten sein.

Aus ordnungspolitischer Sicht konnte Erhard gegen den Vertragsentwurf wenig einwenden. Wohl aber regte sich zusehends mehr der nationale Politker in ihm, dem um die Interessen seines Landes bange war und der deshalb auf die Entscheidungen der Hohen Behörde Einfluß nehmen wollte. Deren betont supranationaler Charakter bereitete ihm Unbehagen. Er zog es vor und wünschte, daß die Hohe Behörde sich den Größen- und Kräfteverhältnissen der Teilnehmerländer entsprechend zusammensetzte, daß die nationalen Regierungen Mitglieder als ihre Interessenvertreter darein entsenden sollten, und daß die Entscheidungen vorweg mit den nationalen Regierungen abzustimmen wären.

Adenauer hingegen war von Monnets Vorlage außerordentlich angetan und hoffte, von ihr her rasch, im Verlaufe eines Monats vielleicht, zu vertraglichen Tatsachen zu gelangen. Das schloß Bedenken und bemerkenswerte Änderungswünsche aus. Der Kanzler brachte das Kabinett dazu, darauf zu verzichten und den Entwurf als Vertragsgrundlage zu akzeptieren. Erhard stimmte zu, tat dies aber nicht mehr ebenso unbeschwert und vollen Herzens, wie er sieben Wochen zuvor Schumans Vorschlag begrüßt hatte. Es dürfte ihn erfreut und erleichtert haben, als gleich zu Beginn der eigentlichen Verhandlungen am 3. Juli die Delegationen der Niederlande und Belgiens verlangten, daß die Handlungsspielräume der Hohen Behörde beschränkt und die Funktionsweisen und Verfahren der Gemeinschaft im Vertrag wesentlich penibler als in Monnets „Arbeitspapier" bestimmt würden. Die beiden Delegationen machten sich, ohne dies zu ahnen, mit ihrem Verlangen auch zu den Sachwaltern seiner Wünsche. Genauere Bestimmungen setzten längere Beratungen voraus und mit Zeit war schon mal einiges gewonnen.

Korea-Boom und erste Devisenkrise

Während die Unterhändler in der Rue de Martignac, Paris septième, zu Adenauers Verdruß damit begannen, Monnets weitherziges Konzept durch die Mühle wirtschaftlich-technischer Experten- und Detailgespräche zu mahlen, geriet Erhard unvermerkt in den Sog einer Entwicklung, die Westdeutschlands wirtschaftliches Schicksal auf einen gefährlich schmalen Grat zwischen steilem Aufschwung und tiefem Ansturz führte und seiner politischen Karriere ein frühzeitiges Ende zu bereiten drohte.

Am 25. Juni 1950 brach im geteilten Korea Krieg aus. Der Kriegsausbruch versetzte die atlantische Welt in eine gelinde Hysterie. Die USA und ihre Verbündeten verstanden den nordkoreanischen Angriff auf Südkorea als notdürftig verhüllte, chinesisch-sowjetische Provokation, deren reglose Hinnahme zu Weiterem einlüde. Deshalb ließen sich die USA von den Vereinten Nationen damit beauftragen, Korea zu befrieden und griffen von Japan her in den Konflikt ein. Heißer Krieg zwischen den Großmächten schien nicht ausgeschlossen und der Weltfriede in höchster Gefahr zu sein. Die Drohung veranlaßte die Regierungen Amerikas und Westeuropas zu außerordentlicher Intensivierung ihrer Rüstungsanstrengungen und die Bevölkerungen zu umfangreichen Angst- und Vorsorgekäufen. In der Bundesrepublik machten sich die Wirkungen des fernen Krieges und der als naheliegend angesehenen Gefahr in zweierlei Weise geltend: als politisch-soziale Beängstigung und als unverhoffte Belebung der Wirtschaft. Erhard fühlte sich von den politisch-populären Sorgen betroffen und von den wirtschaftlichen Anstößen herausgefordert. Jene Anstöße ergaben sich aus einem Strom von Aufträgen, der den deutschen Unternehmen gleichsam sturzbachartig zudrang. Der Strom war heimischen und fremden Ursprungs und er richtete sich auf Güter aller Art: Güter des privaten Bedarfs, industrielle Ausrüstungen,

Erzeugnisse für militärische Zwecke. Es erwies sich, daß die westdeutsche Industrie dem Zudrang gewachsen war. Kapazitäten lagen brach und Arbeitsfertigkeiten waren vorhanden, das produktionstechnische Niveau reichte hin und die unternehmerische Reaktionsgeschwindigkeit war groß. Die Industrieproduktion tat einen Sprung und war im zweiten Halbjahr 1950 um fast ein Viertel größer als im ersten Halbjahr. Die Zahl der Beschäftigten nahm kräftig zu, die Arbeitslosenzahl nicht ganz so kräftig ab. Die Exporte schossen in die Höhe. Ihr Wert lag im zweiten Halbjahr sogar um mehr als die Hälfte über dem Wert des ersten Halbjahres. Das war der berühmte „Korea-Boom" und kam für die etwas lahmende westdeutsche Wirtschaft wie gerufen. Erhard erkannte die Bedeutung und Möglichkeiten des Nachfrageschubs schnell. Sein Arbeitsbeschaffungsprogramm wurde stillschweigend begraben. Erhard übersah freilich auch die Begrenzungen des Booms nicht und ließ es sich angelegen sein, die Grenzen so weit wie möglich hinauszuschieben.

Der latente Engpaß für die westdeutsche Industrieproduktion war nach wie vor der Zugang zu Rohstoffen und Halbwaren. Der Engpaß drohte schnell akut zu werden, weil die Rohstofflager der Unternehmen bei Boom-Beginn nicht eben reich gefüllt waren. Die Unternehmen hatten mit sinkenden Preisen gerechnet und Bestellungen aufgeschoben. Die Bundesregierung unterstützte ihr plötzliches Bemühen, die Lücken rasch zu füllen und Vorräte anzuhäufen, durch die bereitwillige Vergabe von Importlizenzen und durch die öffentliche Ausschreibung von Importen nach Maßgabe eines unverzüglich verabschiedeten Einfuhrsicherungsprogramms. Außerdem wirkte Erhard auf die deutschen Grundstoffproduzenten ein, die Ausfuhr nach Kräften einzuschränken und ihre Produktion zur Verfügung heimischer Verarbeiter zu halten. Anfang August, bevor er sich zur Kur ins Sanatorium Dr. Dapper nach Bad Kissingen begab, versicherte er dem Bundeskanzler, daß er alles tue, um die Konjunktur, insbesondere die Exportkonjunktur, zu Deutschlands Vorteil auszunutzen, und daß er zu diesem Zweck bereits durch Einfuhrsicherung und Ausfuhrdrosselung für die ausreichende Ausstattung der verarbeitenden Industrie mit Rohstoffen gesorgt habe.[46] Kummer machten ihm allerdings die Preise und mehr noch als die Preise selbst die Folgerungen, die aus ihrer Entwicklung gezogen wurden. Der weltweite Nachfragesog ließ auf den internationalen Märkten die Nahrungsmittel- und Rohstoffpreise steigen und die starke Belebung der Konjunktur öffnete Preiserhöhungsspielräume auf dem Binnenmarkt. Die Gewerkschaften forderten, daß der Preisanstieg durch Lohnerhöhungen ausgeglichen werde und mancherorts, auch im eigenen Lager, wurden Rufe nach einem dirigistischen „Preisrat" laut. Erhard flehte den Kanzler an, jedweden Gedanken an derlei „Streitparlament ohne Sinn und Bedeutung", das nur „grenzenloses Unglück" über Deutschland brächte, von sich zu weisen und seiner, Erhards, Fähigkeit zu vertrauen, „die Verhältnisse zu meistern und allen sich bietenden Lagen gerecht zu werden ... Ich bin in diesen Fragen meiner Sache und des rechten Weges absolut sicher".[47]

Adenauer und die Öffentlichkeit gewannen nicht diesen Eindruck. Die Preise tendierten, ohne daß Erhard etwas dafür und es ändern konnte, weiter nach oben. An die Stelle der abflauenden Kriegsfurcht trat die Beunruhigung der Bevölkerung über den Geldwert. Die Lohnagitation der Gewerkschaften wurde drängender und aggressiver. Tarifverträge wurden vorzeitig gekündigt, Streiks angedroht. Der Kanzler beobachtete die Entwicklung mit gereizter Sorge. Er gab zu bedenken, ob die Regierung Löhne und Preise nicht durch Gesetz „in die Hand bekommen" könne. Erhard riet davon ab: „Wir werden mit den Dingen unter allen Umständen fertig."[48] Das war am 15. September. Den zuversichtlichen Worten korrespondierten freilich keine zweckgerechten Mittel. Erhard setzte auf den Appell an die Vernunft. Vier Tage vorher hatte er dem Präsidenten der Arbeitgeberverbände vorgeschlagen, den aufrührerischen Aktivitäten der Gewerkschaften dadurch Paroli zu bieten, daß die Unternehmer aufklärerische Texte in den Betrieben aushängten oder verteilten. Den Vorschlag begleitete ein Muster solchen Textes. Es sang das Hohelied Erhardscher Wirtschaftspolitik.[49] Den Arbeitgebern war aber nach Aufklärung und Konflikt nicht zumute. Die neigten mit der tröstlichen Aussicht, höhere Löhne unschwer auf die Preise abwälzen zu können, im Interesse ungestörten Produktionswachstums zu einer Nachgiebigkeit, die Ruhe verschaffte. Erhard war das nicht unbekannt. Deshalb richtete er zwei Tage nach Adenauers gedanklicher Attacke auf die Tarifautonomie und die Marktpreisbildung zunächst im Radio sonntäglich mahnende Worte an beide Tarifpartner. Am Abend eröffnete er dann die Frankfurter Messe und nützte die Gelegenheit, um der versammelten Unternehmerschaft die außenwirtschaftlichen Vorteile möglichst stabiler Preise vor Augen zu führen. Dabei riß es ihn hin. Wenn es erreicht werde, sagte er, daß die Löhne und die Preise in Deutschland weniger stiegen als die Löhne und die Preise im Ausland, dann sei „es vielleicht in einem halben Jahr schon möglich, das letzte Stück der Wirtschaftskontrolle, die Devisenzwangswirtschaft, aufzuheben". Die Zentralbankiers schlugen, als sie's hörten oder anderntags lasen, darob entsetzt die Hände über dem Kopf zusammen. Sie meinten zu vernehmen, daß der Bundeswirtschaftsminister das akut bedrängendste Problem des Aufschwungs entweder übersah oder nicht gebührend ernst nahm. Beides war gleich schlimm. Denn ihnen machte es allmählich schlaflose Nächte.[50]

Die Exporte wuchsen zwar schnell, seit in Korea Krieg war; die Importe wuchsen aber noch schneller. Nicht nur Rohstoffe und Halbzeug waren a tempo zu besorgen, damit die Produktion der Nachfrage genügen und die unverhofften Exportchancen genutzt werden konnten. Außerdem mußten für die beunruhigte Bevölkerung vorsorglich große Mengen Nahrungsmittel herbeigeschafft werden. Da nun beinahe alle Welt nach Rohstoffen und Nahrungsmitteln gierte, stieg zum einen beides rasch im Preis und zum anderen mußte, wer mit seiner Nachfrage zum Zuge kommen wollte, sofort, womöglich gar vorweg bezahlen. Die Empfänger deutscher Exporte konnten sich länger Zeit lassen. All dies zusammen - die stärkere Zunahme der Importmengen, die Verschlechterung der Austauschverhältnisse (terms of trade) und die Verschiebung der Zahlungsfristen (terms of payment) - bewirkte binnen kurzem eine dramatische Passivierung der letzthin wieder ausgeglichenen westdeutschen Zahlungsbilanz. Das Defizit nahm einen Umfang an, der überhaupt nur möglich war, weil es gelang, die Verhandlungen über ein europäisches Zahlungs- und Kreditsystem, mit denen im Winter begonnen worden war, im rechten Moment zu einem glücklichen Ende zu bringen.

Ein halbes Jahr war darüber vergangen. Zeitweise hatte man sich so heftig zerstritten, daß ein Abbruch unausweichlich zu sein schien. Schließlich vertrug man sich wesentlich deshalb, weil die Amerikaner erneut mit dem vorzeitigen Einstellen der Marshallplan-Hilfe drohten. Die Bundesregierung wechselte im Laufe der Zeit unverkennbar die Verhandlungsposition. Solange die Bilanz des deutschen Europahandels noch Defizite aufwies, bezog sie den Standpunkt eines potentiellen Schuldners. Als die Handelsbilanz mäßig aktiv wurde, ging sie zu den mutmaßlichen Gläubigern über. Daß man doch immer denkt: So wie's gerade ist, so wird es auch in der Zukunft sein! Auswirkungen auf das Verhandlungsergebnis hatte der Umschwung freilich nicht. Das Ergebnis kam im Juni zustande und die Regelungen traten am 1. Juli, rechtzeitig zum Anlauf des Korea-Booms, in Kraft.

Sie nahmen sich folgendermaßen aus: Die europäischen Länder schlossen sich samt ihren Überseegebieten zu einem Handelskreis zusammen. Im Wirtschaftsverkehr mit Ländern außerhalb dieses Kreises praktizierten sie weiterhin strenge Devisenbewirtschaftung.

Dadurch verhinderten sie, daß sich das latente Dollardefizit Europas manifestierte. Innerhalb des Kreises galt hingegen ein Liberalisierungskodex, der bestimmte, daß sofort 60 % und alsbald sogar 75 % des innereuropäischen Handels der Devisenbewirtschaftung entnommen würden. Die Beachtung des Kodex wurde durch einen neuartigen Verrechnungs- und Kreditautomatismus erheblich erleichtert und für viele Länder überhaupt ermöglicht. Danach beglichen die Teilnehmer Importe voneinander nicht mehr unmittelbar durch Zahlungen mit europäischen Devisen. Die bilateralen Forderungen und Verbindlichkeiten wurden vielmehr über den Kalendermonat hinweg in Rechnungseinheiten auf Länderkonten bei einem „Agenten" verbucht. Die Rolle des „Agenten" übernahm die Bank für internationalen Zahlungsausgleich in Basel. Rechnungseinheit war der Dollar. Am Ende des Monats stellte die BIZ die Überschüsse und die Defizite jedes Landes mit allen anderen Ländern fest und rechnete sie gegeneinander auf. Dabei kamen Gesamtüberschüsse oder Gesamtdefizite heraus. Die Verrechnung bewirkte administrativ, was sich bei Konvertierbarkeit über die internationalen Devisenmärkte vollzog, den Ausgleich von Defiziten im Handel mit einem Land durch die Überschüsse im Handel mit anderen Ländern und erübrigte fortan die handelsbeschränkende bilaterale Anpassung von Exporten an geringere Importbedürfnisse. Das war ein großer Fortschritt. Für Länder mit Gesamtdefiziten wäre es freilich ein ziemlich prekärer Fortschrittt gewesen, wenn jene Defizite am Monatsende vollständig hätten beglichen werden müssen. Das hätte sie kaum weniger schnell um ihre Devisenreserven bringen können als Konvertierbarkeit. Die monatlichen Defizite mußten aber nicht vollständig beglichen werden. Die Teilnehmer an der Europäischen Zahlungsunion, so nannte man das nützliche Ding und kürzte es in Deutschland EZU ab, räumten sich gegenseitig umfänglich-multilateralen Kredit ein. Das ging so: Monatliche Gesamtüberschüsse begründeten Forderungen an die Zahlungsunion, Gesamtdefizite begründeten hingegen Verbindlichkeiten gegen die Zahlungsunion. Die Verbindlichkeiten mußten nun in gewissen Grenzen gar nicht und jenseits der Grenzen nur zum Teil beglichen werden. Den anderen Teil bekam der Schuldner längerfristig kreditiert. So wie es eine gemeinsame Rechnungseinheit gab, so gab es auch eine gemeinsame Zahlungseinheit, ebenfalls den Dollar, ersatzweise Gold. Je mehr ein Defizit über die Monate hinweg anschwoll, um so geringer wurde der Kreditanteil. Das sollte Schuldner dazu veranlassen, mit wirtschaftspolitischen Maßnahmen gegen die inneren Ursachen ihrer Defizite anzugehen. Von einem vertraglich bestimmten Punkt an mußten zusätzliche Defizite vollständig mit Dollar gedeckt werden. Der Punkt hieß Quote. Wenn die Quote erschöpft war, hatten Schuldner-Länder 60 % ihres kumulierten Defizits von der Gesamtheit der anderen Länder kreditiert bekommen und 40 % durch Gold- und Dollarzahlungen an die Union ausgeglichen. Mitglieder, die ihren Dollarzahlungsverpflichtungen nicht nachkamen, konnten aus der Organisation ausgeschlossen werden. Das galt auch für Länder, die den Liberalisierungskodex verletzten. Überschüsse jenseits der gewissen Grenze hingegen zahlte die Union den Gläubigern zur Hälfte in Dollar aus, die andere Hälfte beließen die Gläubiger der Union als Kredit. Auch dies im Rahmen der Quote. Einen selbstverständlichen Anspruch auf vollständige Dollarzahlung nach Überschreiten der Quotengrenze gab es nicht. Was in solchen Fällen geschähe, blieb zukünftigen Abwägungen und Beschlüssen überlassen. Das Abwägen oblag einem supranationalen Direktorium, das die EZU auch verwaltete. Die Entscheidungen traf der Ministerrat der OEEC.

Die EZU überwand die Devisenbewirtschaftung in Europa nicht, und sie sorgte nicht für Konvertierbarkeit. Aber sie überwand durch administrierte Transferierbarkeit der Währungen die beengende Handelsbilateralisierung, und sie erweiterte mit Hilfe ihres Kreditautomatismus die Möglichkeit des multilateralen Gütertauschs. Auf diese Weise verschaffte sie den westeuropäischen Ländern wichtige Vorteile allgemeiner Konvertierbarkeit, ohne sie deren Gefahren auszusetzen.

Die Quote der Bundesrepublik betrug 320 Millionen Dollar, ihre multilaterale Kreditlinie mithin knapp 200 Millionen Dollar. Außerdem konsolidierte der EZU-Vertrag 115 Millionen Dollar bilateraler Netto-Auslandsschulden und entlastete dadurch die westdeutsche Zahlungsbilanz der kommenden Monate erheblich.

Erhard war mit dem Abschluß des Vertrages denn auch ausdrücklich zufrieden. Er gab sich überzeugt davon, daß die EZU „in der deutschen Wirtschaft eine neue Welle von Kraft und Energie entfesseln wird" und half der Überzeugung alsbald nach, indem er bei der allgemeinen Importplanung und bei der Auflage des besonderen Einfuhrsicherungsprogramms zunutze des Korea-Booms kurz- und ein wenig ruchlos entschlossen ein deutsches EZU-Defizit von rund 200 Millionen Dollar gleich in den ersten vier Monaten einkalkulierte. Ein wenig ruchlos, weil nicht alle so kalkulieren durften, wenn die Sache klappen sollte. Den Leiter der ECA-Mission beunruhigte weniger dies als die Sorge, daß die Defizitwirtschaft außer Kontrolle geriete. Er teilte Erhard vorsorglich mit, daß die Bundesregierung in solchen Fällen nicht auf amerikanische Hilfe hoffen dürfe. Erhard antwortete, daß derlei Hoffnung fern von ihm sei und sich erübrige, weil man streng darauf achte, daß die deutschen Zahlungsmöglichkeiten nicht überschritten würden.[51]

Dessen waren sich die Zentralbank-Präsidenten, als Erhard Mitte September den Übergang zur Konvertierbarkeit in nahe Aussicht stellte, nun längst nicht mehr sicher. Das akute Defizit schwoll schneller an als geplant. Und damit nicht genug, warf ein Defizit in Latenz auch noch zusehends Schatten auf die währungswirtschaftliche Zukunft. Infolge leichtherziger Vergabe von Einfuhrlizenzen hatten sich bei den deutschen Importeuren Anrechte auf Devisen im Wert von annähernd 900 Millionen Dollar angesammelt, von denen keiner sagen konnte, wie sie honoriert werden sollten. Die Notenbank war alarmiert. Vocke schrieb zwei Tage nach dessen Rede an Erhard, daß es höchste Zeit wäre, das Verschuldungstempo durch Einfuhrbeschränkungen zu drosseln, wenn man nicht des Kredits bei der EZU verlustig gehen wolle. Und das dürfe man nicht wollen. Im übrigen sei es bis zur Konvertierbarkeit noch ein weiter Weg, zumal auf dem ja auch noch an die Wirkungen eines freien Kapitaltransfers gedacht werden müsse. Er warne vor Redensarten, die fehl- und namentlich im Ausland auch als deutsche Großmannssucht gedeutet werden könnten. Erhard schrieb zurück, daß er in Frankfurt nicht wissenschaftlich deduziert, sondern als „zwangsläufig politischer Fachminister", den niemand beim Wort nehmen werde, einen Wunsch geäußert habe.[52]

Vielleicht tröstete Vocke das. Inzwischen war der Minister im Zentralbankrat gewesen und hatte Gelassenheit an den Tag gelegt. Die administrative Beschränkung der Importe komme nicht in Frage und geldpolitische Restriktionen halte er eigentlich auch nicht für nötig. Vielleicht ein paar mahnende Worte, es mit der Kreditaufnahme, der Produktionsausweitung, dem Importdrang nicht zu toll zu treiben - ein verbaler „Schuß vor den Bug" und dann abwarten. Davon hielt Vocke nichts. Für Predigten und Warten sei die Lage zu ernst. Außerdem bewirke derlei Predigt das Gegenteil ihres Zwecks. Sie rufe die Befürchtung hervor, daß beschränkende Maßnahmen bald folgten und veranlasse deshalb zu dem, was sie verhindern wolle. Er empfehle, sofort die Mindestreserven stark zu erhöhen und den Banken dadurch leihfähiges Geld zu entziehen. Wenn Sie meinen, sagte Erhard, dann soll es mir recht sein. Der Zentralbankrat folgte Vockes Empfehlung mit großer Mehrheit.[53]

Zwei Tage später diskutierte das Kabinett die wirtschaftlichen Turbulenzen. Des Kanzlers Unbehagen über die Entwicklung der Preise und der Löhne dauerte an und äußerte sich in vergrätzten Ausfällen gegen den zuständigen Minister, die Tarifpartner und Zustände, die es der Regierung verwehrten, „ordnend" einzugreifen. Erhard versuchte, Adenauer zu beruhigen. Er sei dabei, die konjunkturellen Auswüchse zu bändigen und habe es zu diesem Zweck „sozusagen illegal bewerkstelligt, daß der Zentralbankrat in seiner letzten Sitzung eine starke Erhöhung der Mindestreserven beschloß." Tags drauf gab er dem Kanzler das auch noch einmal schriftlich, weil er den Eindruck hatte, „daß Sie sich der Tragweite dieses Schrittes nicht voll bewußt waren". Adenauer schien sich ihrer auch durch Erhards Insistieren nicht bewußt und Erhard samt seinen Dogmen ihm deshalb nicht teurer zu werden. Kurz darauf fuhr er ihm während einer Fraktionssitzung harsch in die Parade: „Sind Sie mir janz ruhig mit ihrer Marktwirtschaft. Sie sehen, daß auf vielen Gebieten eine Verknappung eingetreten ist und die Preise davonlaufen und mir den Arbeitsmarkt beunruhigen." In der Presse vermutete man, daß der Kanzler an die Ablösung des Wirtschaftsministers dächte. Die Namen möglicher Nachfolger wurden genannt.[54]

Über die ärgste Verknappung war Adenauer um diese Zeit noch gar nicht im Bilde. Westdeutschlands EZU-Kredit schmolz noch schneller dahin, als die BdL befürchtet hatte. Der deutsche EZU-Direktor meldete, daß man in der Union über Westdeutschlands Devisenstatus höchst besorgt sei. Im frühen Oktober war abzusehen, daß die Quote Anfang November erschöpft wäre, wenn zuvor nichts Eingreifendes geschähe. Bis dahin aber kostete zusätzlicher Kredit immer mehr knappe Dollar. Die Zentralbank-Leitung wiederholte ihr Verlangen, keine nichtliberalisierten Importe mehr zu genehmigen. Erhard bestand auf weiteren Ausschreibungen. Rohstoffengpässe seien gefährlicher als Devisennöte. Die Zentralbank-Leitung fragte an, ob man nicht versuchen solle, die Liberalisierung der Importe aus Großbritannien und Frankreich zeitweise auszusetzen. Über die Hälfte des Gesamtdefizits entsprang nämlich dem Handel mit Großbritannien, ein Viertel dem Handel mit Frankreich, vorwiegend dem Handel mit beider Länder Überseegebieten genaugenommen. Ausgeschlossen, sagte Erhard. Die Bank Deutscher Länder tat, was sie ohne Erhards Mitwirkung tun konnte. Sie machte das Geld knapper und teurer und verband damit die Hoffnung, daß dies den einen oder anderen vom Importieren abhielte. Vergebens. Die westdeutsche Wirtschaft war sehr liquide und ließ sich angesichts vortrefflicher Erträge von höheren Kreditkosten nicht schrecken. Das Debakel drohte unabwendbar zu werden. Schließlich konnte auch die Bundesregierung nicht mehr so tun, als gäbe es das Problem gar nicht. Vizekanzler Blücher fuhr nach Paris und erkundigte sich beim EZU-Direktorium, ob es geneigt wäre, Westdeutschland mit Mitteln des „special assistant fund" zu unterstützen, der für Not- und Krisenfälle vorgehalten wurde. Das Direktorium bat um einen Bericht über die Ursachen und die eigenen Anstrengungen zur Bewältigung der Misere. Das Ansinnen an die EZU machte auch die Alliierte Hohe Kommission und die ECA auf das drohende Debakel aufmerksam. Der Ärger war groß und die Bereitschaft, Deutschland zu helfen, gering. Adenauer erfuhr das bei Gesprächen auf dem Petersberg und teilte es umgehend und aufgebracht seinem Wirtschaftsminister mit. Es sei kein Wunder, daß die AHK Erhard so abweisend begegne: Er sei in Sachen Dekonzentration nicht aktiv, er nehme es hin, daß die deutschen Hütten ihren Lieferverpflichtungen nicht nachkämen und dadurch Englands und Frankreichs Rüstungsprogramme gefährdeten, und - vor allem - er tue nichts, um den Devisenschwund aufzuhalten.[55]

Der Bericht für das EZU-Direktorium war in vieler Hinsicht die Bestätigung des Vorwurfs. Er erklärte die Not mit Westdeutschlands Bedürfnissen und mit der Liberalisierung des europäischen Handels, er verwies zur Bekundung des guten Willens auf die kreditpolitischen Maßnahmen der Notenbank und gestand ein, daß man nicht mehr weiterwisse. Die Bundesregierung vertraue auf die Hilfe der EZU. Das Direktorium war davon wenig beeindruckt und bezweifelte, daß Deutschland Hilfe verdiene. Eine Unterstützung aus dem „special assistant fund" kam ohnehin nicht in Frage. Der Fonds enthielt Marshallplan-Mittel, über die nur mit amerikanischer Zustimmung verfügt werden durfte. Die Amerikaner jedoch erinnerten an Erhards Versicherung, daß die beschleunigten Einfuhren Westdeutschlands Zahlungsunfähigkeit nicht überschreiten würden, sprachen von „spekulativen Hortungskäufen" und „hemmungsloser Bevorratungspolitik", von politischem „gambling" dort, wo ein „master plan to budget the foreign exchange budget" angebracht gewesen wäre, und schlossen jedweden Rückgriff auf den Fonds aus. Unter diesen Umständen empfahl das EZU-Direktorium, daß die Bundesregierung umgehend die Liberalisierung des Handels aussetze, bereits vergebene, aber noch unbenutzte Lizenzen widerrufe und die Importe gleichsam mit Gewalt auf das Niveau der Deviseneingänge hinabdrücke. Die ECA schloß sich der Empfehlung an. Vocke schrieb an Erhard, daß es auf diese Weise wohl gerade noch gelänge, eine Zahlungskrise der Bank Deutscher Länder zu vermeiden, allerdings nur um den Preis einer anderen und viel schlimmeren Krise, „nämlich einer Panikstimmung in unserer Wirtschaft mit run auf die Geschäfte, sprunghaften Preisanstiegen und Lohnerhöhungen und viel zu weit gehender Drosselung des Imports mit der Folge, daß der Export dann erst recht zum Erliegen kommt. Dann ergibt sich naturgemäß große Arbeitslosigkeit, dann muß es zur Ersetzung der freien Marktwirtschaft durch Zwangsbewirtschaftung kommen".[56]

Das war sicherlich eine expressive Dramatisierung der tatsächlichen Gefahren, bei der allemal die denkbar übelste Wendung unterstellt wurde. Aber es reflektierte doch auch die Dramatik der ökonomisch-politischen Umstände, in die der Korea-Boom und seine währungspolitischen Konsequenzen Westdeutschland versetzt hatten.

Als Vocke die Sätze niederschrieb, durfte man freilich schon hoffen, daß die Dramatik zum großen Drama nicht wurde. Das EZU-Direktorium konnte ja nur empfehlen, entscheiden mußte der Ministerrat der OEEC. Der fühlte sich unsicher, weil unzulänglich unterrichtet und beauftragte deshalb zwei international renommierte Ökonomen, die wichtige Ämter in europäischen Einrichtungen bekleideten, mit einem schnell verfertigten Gutachten zur wirtschafts- und währungspolitischen Lage Deutschlands in Europa. Die Bundesregierung konnte sich zur Auswahl der beiden Gutachter beglückwünschen. Namentlich der ältere und auch imposantere Schwede Peer Jacobsson, der in dem Duo den Ton angab, war ein Freund der Deutschen und ein vehementer Verfechter der europäischen Handelsliberalisierung. Er schien von vornherein entschlossen zu sein, dem Ministerrat die Nötigung Deutschlands zur Deliberalisierung seines Handels auszureden. Blücher vermerkte mit Genugtuung, daß die Sachverständigen während ihres knapp einwöchigen Aufenthalts in Frankfurt und Bonn „mit großer Aufgeschlossenheit an die Arbeit" gingen und erwartete eine „vernünftige und sicher nicht ungünstige" Expertise. Die Erwartung ging in Erfüllung. Da eine sorgfältige Analyse der Sachverhalte in wenigen Tagen ohnehin kaum möglich und um so weniger möglich war, als Jacobsson mit einer schweren Austernvergiftung und sein Mitgutachter nach eigenem Bekunden „mit so wenig Ahnung vom Thema wie kaum sonst jemand in der OEEC" nach Deutschland kamen, ersetzte Jacobsson die Analyse durch mehr oder weniger freihändige Folgerungen aus ein paar optimistischen Annahmen. Sein Juniorpartner ließ sich davon überfahren. Das Ergebnis bestand in der Feststellung, daß Westdeutschlands monatliche Zahlungsbilanz auch bei fortgesetzter Liberalisierung nach einem Vierteljahr ausgeglichen sein werde, wenn die BdL an ihrer restriktiven Geldpolitik festhalte und die Bundesregierung einerseits die Steuerschraube ein bißchen anziehe und andererseits den Export steuerlich begünstige. Während des Vierteljahres werde das bislang aufgelaufene Defizit noch um ca. 170 Millionen Dollar zunehmen. Da nun aber die Liberalisierung des deutschen Außenhandels nicht nur ein deutsches, sondern auch ein europäisches Anliegen sei, möge man die EZU-Quote der Bundesrepublik zeitweise um einen entsprechenden Betrag ausweiten.[57]

Die Gutachter trugen ihre Erkenntnisse zunächst dem EZU-Direktorium vor. Die Erwartungen und der Vorschlag überzeugten nicht recht. Die Skepsis war groß und der Widerwille gegen eine Sonderregelung stark. Die ECA plädierte weiterhin dafür, Deutschland zur Deliberalisierung seiner Importe zu zwingen, statt ihm mit fremdem Geld aus der selbstverschuldeten Klemme zu helfen. Wahrscheinlich hätte sie sich damit durchgesetzt, wenn dem Direktorium und dem Ministerrat ein Vermerk Schalfejews für Erhard bekannt gewesen wären. Während man in Paris noch über Deliberalisierung und Devisenhilfe brütete und stritt, schrieb der Staatssekretär seinem Minister, daß an Deutschlands Fähigkeit, einen Überbrückungskredit im Frühjahr ordnungsgemäß zu tilgen, natürlich nicht zu glauben wäre.[58] Da das Direktorium und der Rat davon keine Kenntnis hatten, hingegen zusehends mehr in den Bann des Gedankens gerieten, daß die schockhafte Deliberalisierung des deutschen Handels ganz Europa schadete, empfahl das Direktorium schließlich, der Bundesrepublik einen befristeten Sonderkredit zu gewähren, und der Rat nahm die Empfehlung unter der Voraussetzung an, daß die Bundesregierung binnen zwei Wochen ein Sanierungsprogramm vorlege.

Das war am 14. November. Die reguläre Quote war inzwischen überschritten und der vorbehaltliche Kredit schon beansprucht worden. Und damit nicht genug: Noch ehe das Sanierungsprogramm fertig und der Kredit endgültig zugeteilt waren, hatte das Wirtschaftsministerium ihn bereits vollständig verplant. Am 20. November ließ Erhard Bernard wissen, daß man bis Ende März nichtliberalisierte Importe im Wert von 375 Millionen Dollar ausschreiben wolle. Bernard antwortete, daß - wenn die Erfahrungen nicht vollends trögen - in der gleichen Zeit liberalisierte Importe für ca. 725 Millionen Dollar zu erwarten wären. Die Exporterlöse dürften mit 600 Millionen Dollar veranschlagt werden. Dazu komme, so stehe zu hoffen, die Zusatzquote der EZU von 180 Millionen Dollar. Das Wirtschaftsministerium sah keinen Anlaß, seine Pläne zu revidieren. „Es wird das natürliche Bestreben der Bundesregierung sein," schrieb der Leiter der Grundsatzabteilung am 4. Dezember an Erhard, „die aus dem neuen Kredit entstehenden Verpflichtungen, falls sich, wie vermutbar, Abzahlungsschwierigkeiten ergeben, durch neue Kredite abzulösen", nicht etwa durch die Beschränkung wichtiger Importe.[59]

Unterdessen war ein interministerieller Ausschuß in Klausur gegangen und hatte eine Denkschrift für die OEEC verfaßt, in der die Bundesregierung den Ausgleich der westdeutschen EZU-Zahlungsbilanz bis Frühjahr 1951 versprach und die Maßnahmen nannte, die sie zu diesem Zweck ergreifen wollte. Dabei übersetzte der Ausschuß die Forderungen der Gutachter kurzweg in Absichten: restriktive Geldpolitik, Steuererhöhungen und Exportförderung. Steuererhöhungen liefen Erhards Meinung nach den binnenwirtschaftlichen Notwendigkeiten eigentlich zuwider, Exportförderung war im Einklang damit und trotz ordnungspolitischem Mißklang wünschenswert. Erhard hatte sich bereits Anfang November im Kabinett dafür stark gemacht. Die Korea-Nachfrage treibe den Export keineswegs genügend voran, und die steuerliche Begünstigung der Ausfuhr sei zur Gesundung der Wirtschaft unbedingt erforderlich. Adenauer und Schäffer wandten sich aus fiskalischen Gründen und in der Sorge, daß staatliche Exportförderung im Ausland als diskriminierend empfunden würde, dagegen. Das Gutachten überwand ihren Widerwillen.

Die Amerikaner bezweifelten die Erfolgsaussichten des deutschen Programm. Damit bezweifelten sie auch weiterhin die Zweckmäßigkeit devisenwirtschaftlicher Unterstützung für die Bundesrepublik. Der Ministerrat der OEEC hingegen akzeptierte das Programm und gab der Bundesrepublik derlei Unterstützung. Die deutsche Quote wurde bis Ende April 1951 um stattliche 180 Millionen Dollar erweitert. Im Rahmen der Sonderquote brauchten weitere Defizite nur zu einem Drittel mit Dollar ausgeglichen zu werden, zwei Drittel bekam Deutschland kreditiert. Von Mai an wurde die Kreditlinie um je 20 Millionen Dollar pro Monat zurückgenommen. Kredite jenseits der verkürzten Linie mußten zurückgezahlt werden.

Der Sonderkredit bewahrte die westdeutsche Wirtschaft vor schweren Rückschlägen und Schäden. Er genügte damit gewiß auch europäischen Interessen und wäre ohne die Interessiertheit Europas womöglich nicht gewährt worden. Erhard meinte geradezu, daß Deutschland Europa mit dem Empfang des Kredits einen Gefallen getan habe. „Wenn die Regierung", sagte er am 30. November vor dem Gesamtverband des Groß- und Außenhandels, „in der angespannten Devisenlage nicht die Nerven behalten hätte, so wäre dies nicht eine deutsche Angelegenheit geblieben, sondern hätte zu einem Rückfall in den europäischen Protektionismus geführt".[60]

Montanunion - Montanentflechtung - Montanmitbestimmung

Nun gut, so überwand denn also deutsche Nervenstärke die akute Gefährdung der westeuropäischen Handelsliberalisierung infolge deutscher Importsucht, und der europäische Sonderkredit verschaffte Westdeutschland währungswirtschaftliche Entlastung. Anfangs schien er ihm auch tatsächlich die Zeit zu verschaffen, die zur Überwindung der Devisennöte erforderlich war. Die Befürchtungen, daß aus dem kleinen Krieg in Korea ein großer Weltkrieg würde, wichen allmählich, die Lage auf den Weltmärkten für Rohstoffe und Nahrungsmittel entspannten und die terms of payment verbesserten sich. Gemeinsam mit dem weiteren Anstieg der Exporte sorgte dies dafür, daß die deutschen Zahlungsbilanzdefizite im November und Dezember nur noch ein Drittel so groß waren wie im September und Oktober. Wenn es so weiterginge, wäre es zu schaffen. Erhard jedenfalls meinte Mitte Dezember, daß man „die Frage der liberalisierten Einfuhr ... als gelöst betrachten" könne.[61]

Um diese Zeit galt sein Hauptaugenmerk schon wieder anderen Dingen. Während der Korea-Krieg Westdeutschland erst einen rasanten Konjunktur-Aufschwung und dann eine dramatische Devisenkrise vermittelte, gingen die Schuman-Plan-Verhandlungen weiter. Zugleich gewann der zuvor eher zögernd und unverbindlich geführte internationale Gedankenaustausch über einen westdeutschen Verteidigungsbeitrag an Intensität und Konkretheit. Im Herbst brachte das deutsche Wirtschaftsministerium den Schuman-Plan zunächst willentlich in einen zwar nicht ursprünglichen aber zweckvollen Zusammenhang mit den noch unerfüllten alliierten Forderungen, die Ruhrindustrie zu dekonzentrieren und damit unwillentlich auch in einen weder ursprünglichen, noch zweckvollen Zusammenhang mit dem Pleven-Plan, mit dem Plan einer europäischen Verteidigungsgemeinschaft, in der Westdeutschlands militärische Anstrengungen und Frankreichs Widerwille dagegen ineinander aufgingen. Die doppelte Verknüpfung stellte sowohl den Schuman-Plan wie den Pleven-Plan zeitweise in Frage und ihre problemreiche Auflösung wirkte sich auf die Gestaltung sowohl der Montan-Union wie der Unternehmenskonzentration an der Ruhr aus - und dies nicht eben in *marktwirtschaftlichem* Sinne. Außerdem versah Erhards Wunsch, die Gelegenheit zu nützen und eine arbeitsrechtliche Einrichtung zu beseitigen, die erst jüngst geschaffen worden war und ihm mißfiel, den europäischen Haupt- auch noch mit einem deutschen Nebenkonflikt - und dies nicht eben in *sozialreformerischer* Absicht.

Die erste Runde der Schuman-Plan-Verhandlungen dauerte bis Mitte August und verlief ziemlich formlos. Zu Erhards stiller Freude gab man ohne große Gegenwehr dem belgisch-niederländischen Verlangen nach, einen Ministerrat vorzusehen, der irgendwie auf die supranationale Hohe Behörde einzuwirken vermochte. Wie, das blieb vorerst offen. Noch lieber wäre es Erhard gewesen, wenn man den Forderungen Belgiens und Hollands noch ein Stück weiter gefolgt und die Hohe Behörde den Weisungen des Ministerrats unterworfen hätte. Das aber machten, da es die Supranationalität der Einrichtung schlechthin verflüchtigte, Monnet und Hallstein nicht mit. Über die Zwecke, Zuständigkeiten und Verfahren der umstrittenen Institutionen herrschte bei Beginn der Sommerferien nicht viel mehr Klarheit als bei Beginn der Verhandlungen. Monnet resümierte den Stand der Gespräche in einem Bericht, den die nationalen Regierungen beraten und als Grundlage abschließender Weisungen an ihre vom Urlaub erfrischten Delegationen verwenden sollten.

Das Wirtschaftsministerium unterzog den Bericht einer eingehenden Prüfung und fand daran mehr auszusetzen als an Monnets ursprünglichem Arbeitspapier. Das Unbehagen konzentrierte sich auf die Herstellung des einheitlichen Marktes für Kohle und Stahl und auf die darauf bezogenen preispolitischen Überlegungen, die in Paris angestellt worden waren. Mit Errichtung eines einheitlichen Marktes war bekanntlich die Sorge dafür gemeint, daß sich die europäischen Abnehmer unter gleichen Bedingungen möglichst günstig ausreichend Kohle und Stahl beschaffen konnten. Die Gleichheit der Bedingungen sollte durch die Beseitigung von Handelshindernissen und das Verbot anderweitig diskriminierender Maßnahmen geschaffen werden. Die möglichst günstige Versorgung ergäbe sich unter solchen Umständen durch den Wettbewerb auf freien Märkten ohne amtliche Preisbildung, staatliche Subventionen und unternehmerische Absprachen. So sollte es, Monnets Vorstellungen zufolge, nach einer Übergangszeit auch sein. Gegenwärtig war es noch so, daß überall in Europa die Kohle- und Stahlpreise vom Staat vorgeschrieben und Kohle und Stahl vom Staat zugeteilt wurden. Wenn man nun die Lenkung von Absatz und Produktion der Preisbildung auf freien Märkten überließe, konzentrierte sich alsbald beides bei den produktivsten Unternehmen mit den niedrigsten Kosten. Das war der Zweck der Übung und erwünscht. Weniger erwünscht war, daß andere Unternehmen Absatz und Beschäftigung einbüßten und vielleicht den Betrieb einstellen mußten. Und um so unerwünschter, als die produktiven Unternehmen einerseits und die weniger produktiven andererseits regional verdichtet auftraten. Um plötzliche Beschäftigungseinbrüche und die starke Zunahme regionaler Arbeitslosigkeit auf dem Weg zum einheitlichen Markt möglichst zu vermeiden, sollte jener Weg langsam gegangen werden. Die Hohe Behörde erhielt den Auftrag, die unterschiedlichen Kohle- und Stahlpreise in Europa während einer Übergangszeit durch Vorschriften allmählich aneinander anzugleichen und zwar immer nur so weit anzugleichen, daß die regionalen Preisunterschiede geringer waren als die Transportkosten von Region zu Region. Das bedingte, grob gesagt, die Senkung der Preise in Frankreich und Italien und die Erhöhung der Preise in Benelux und Deutschland. Damit weniger produktive Werke in Frankreich und Italien bei niedrigeren Preisen zeitweise bestehen und nach Kräften modernisieren konnten, war es den nationalen Regierungen erlaubt, Preissubventionen zu zahlen. Unternehmen, deren Erhalt als ökonomisch unvertretbar erschien, sollten mit finanzieller Unterstützung der Hohen Behörde um- oder eingestellt, ihre Beschäftigten umgeschult werden. Die Mittel dafür waren durch eine allgemeine Abgabe auf die Kohle- und Stahlproduktion aufzubringen. Schließlich sollte sich's die Hohe Behörde angelegen sein lassen, die durchschnittliche Leistungsfähigkeit der Zechen, Hütten und Werke überall in Europa durch produktivitätssteigernde Maßnahmen und durch eine gewisse Investitionslenkung mit Krediten, die sie auf dem internationalen Kapitalmarkt refinanzierte, zu verbessern. Das sollte auch so bleiben, nachdem Angebot und Nachfrage ohne schockhafte Verlagerungen der Produktion in grundsätzlichen Einklang miteinander gebracht und ihr temporärer Ausgleich unter Ausschluß weiterer Subventionen dem Markt und der freien Preisbildung überantwortet worden war.

Das westdeutsche Wirtschaftsministerium wandte sich sowohl gegen die Preispolitik und deren Weiterungen in der Übergangszeit, wie auch gegen die Absicht, danach Wettbewerbspreise zuzulassen. Erhards Beamte nahmen zu Recht an, daß nicht nur die hochbehördlich verordneten, sondern auch die europäischen Wettbewerbspreise für Kohle und Stahl merklich höher wären als die amtlichen deutschen Preise, und sie glaubten, die niedrigen Grundstoffpreise zum Vorteil der internationalen Konkurrenzfähigkeit von Erzeugnissen der verarbeitenden Industrie in Deutschland bis auf weiteres nicht entbehren zu können. Deshalb verlangten sie, daß die Preisbildung im Vertrag der Europäischen Kohle- und Stahlgemeinschaft zur dauerhaften Aufgabe der Hohen Behörde erklärt und die Hohe Behörde dabei zugleich verbindlichen Grundsätzen unterworfen werde. Wobei der oberste wirtschaftliche Grundsatz wäre, daß die Hohe Behörde Preise, die sie vorfand, nur senken, aber nicht erhöhen durfte, und der oberste Verfahrensgrundsatz, daß sie nur über Preisvorschläge der nationalen Regierungen entscheiden, aber nicht von sich aus initiativ werden sollte. Gleiche Bezugsbedingungen waren unter solchen Umständen nur möglich, wenn die französischen und die italienischen Stahl- und die belgischen Kohlepreise so tief fielen, daß die meisten Werke nicht mehr auf ihre Kosten kämen und um ihres Überlebens willen sehr hoher staatlicher Zuschüsse bedurften. Da dies den ohnehin verschuldeten Regierungen schwer erträgliche Ausgaben zumutete und politisch kaum durchzusetzen war, schlug das Wirtschaftsministerium vor, die Absicht, gleiche Bezugsbedingungen zu schaffen, vorerst aufzugeben, regionale Preisunterschiede zuzulassen und die italienischen Stahlerzeuger sowie die belgischen Zechen durch Verstaatlichung des Absatzes und durch Importkontingente davor zu bewahren, daß ihnen die Kunden abhanden kämen. Die französischen Stahlwerke sollten zusehen, wie sie sich gegen die marktwidrigen deutschen Preise behaupteten. Die Beamten im Wirtschaftsministerium verhehlten ihre Erwartung nicht, daß sie sich schlecht behaupteten und Absatz an deutsche Produzenten verlören.

Der Absicht, die Hohe Behörde mit einer gewissen Investitionslenkung und mit der Förderung von Modernisierungsmaßnahmen zu beauftragen, stimmte das Wirtschaftsministerium unter der vertraglichen Bedingung gerne zu, daß die Behörde sich dabei ausschließlich von der Theorie des günstigsten Standortes, nicht etwa von ökonomisch-politischen Erwägungen, leiten ließe. Rücksicht auf die Standorttheorie wäre, so meinte man, identisch mit der Einsicht, daß die Ruhrindustrie einen ebenso drängenden wie förderungswürdigen Nachholbedarf an modernen Produktionsanlagen habe. Und die Einsicht führte der Ruhrindustrie durch Vermittlung der Hohen Behörde jene investiven Mittel vom internationalen Kapitalmarkt zu, die sie wegen der niedrigen Preise nicht verdienen und wegen bekannter Hindernisse nicht durch die Emission eigener internationaler Anleihen aufnehmen konnte.

Damit der solcherart begünstigte Modernisierungsprozeß nun nicht etwa vom Andrang britischen, skandinavischen oder amerikanischen Stahls gestört werde, wünschte man schließlich einen relativ hohen Gemeinschaftszoll auf Stahlimporte.

Erhard machte sich die Wünsche seiner Beamten zu eigen und legte sie im Bestreben, seine wirtschaftspolitische Meinungsführerschaft zu behaupten, dem Kabinett als Entwurf einer Weisung für die weitere Verhandlungsführung der deutschen Delegation vor.[62] Die Bestrebungen hatten Erfolg, einen Erfolg freilich, der sich gegen die Marktwirtschaft richtete. Das Kabinett akzeptierte den Entwurf und Hallsteins Mannschaft vertrat ihn mit Härte, als die Pariser Gespräche Anfang September wieder aufgenommen wurden. Ihre Verhandlungspartner wunderten sich über die engherzige Bedachtheit auf wirtschaftliche Interessen, die neuerdings den Platz politisch begründeten Europa-Enthusiasmus einnahm und sogar ein Scheitern des Projekts in Kauf zu nehmen schien. Sie vermuteten, daß Deutschlands Aussicht, über den Verteidigungsbeitrag politische Gleichberechtigung zu erlangen, den politischen Wert, den der Kanzler der Montan-Gemeinschaft anfangs zugemessen hatte, merklich verminderte und den wirtschaftlichen Befürchtungen, die der Bundeswirtschaftsminister damit verband, in gleichem Maße Spielraum verschaffte. Die Vermutung war nicht vollends falsch. Sie vergrößerte freilich die Bereitschaft nicht, den deutschen Forderungen besonders weit entgegenzukommen. Frankreich bezog vielmehr preispolitische Gegenposition: Hohe Ausgangspreise, die im Laufe der Übergangszeit allmählich zu senken wären, Ausgleichszahlungen für Erlöseinbußen, zum Teil in Form nationaler Zuschüsse, zu einem anderen Teil aus den Zusatzerlösen der preislich begünstigten Unternehmen. Das lief auf die Subventionierung der französischen Stahlindustrie durch die deutschen Stahlverbraucher hinaus und galt im Wirtschaftsministerium als vollends unannehmbar. Die Delegation wurde angewiesen, auf den deutschen Forderungen zu bestehen. Das konnte nicht gelingen und gelang auch nicht.

Ende Oktober begaben sich die Delegationsleiter auf eine systematische Suche nach Kompromissen. Die deutsche Devisenkrise war eben auf ihrem Höhepunkt und mochte Hallsteins Widerstandskraft schwächen. Außerdem blieb ihm der politische Sinn der Verhandlungen wichtiger als deren wirtschaftlicher Gegenstand. Er lenkte ein. Monnet tat ein gleiches und heraus kam ein Vertragsentwurf, dessen außerordentlich komplizierte Regelungen zwischen den deutschen und den französischen Wünschen die Mitte hielten. Sehr vereinfacht gesagt, gab Frankreich das Prinzip gemeinschaftlicher Einheitspreise und Deutschland den Widerstand gegen jegliche Preiserhöhungen in der Übergangszeit auf. Deutschland erklärte sich damit einverstanden, daß die Preise nach der Übergangszeit normalerweise am Markt gebildet würden und Frankreich akzeptierte, daß die Hohe Behörde vom Ministerrat dazu veranlaßt werden konnte, Höchst- und Mindestpreise vorzuschreiben. Frankreich setzte vorübergehend degressive Ausgleichszahlungen von Unternehmen mit niedrigen an Unternehmen mit hohen Kosten durch und Deutschland deren Geringfügigkeit.

Darüber war es Mitte Dezember geworden. Der Vertrag schien nun aber unterschriftsreif zu sein. Der Schein trog freilich. Jetzt verquickte das westdeutsche Wirtschaftsministerium die Annahme des Montanunion-Vertrags nämlich unversehens mit der Unternehmensordnung an der Ruhr und stellte den Vertrag damit erneut zur Disposition.

Dies war der Hintergrund: Die Alliierten hatten gleich nach Kriegsende das Vermögen der hochkonzentrierten deutschen Kohle- und Stahlindustrie beschlagnahmt und den Betrieb der Werke Treuhändern übertragen. Es war ihre Absicht, die wirtschaftlich und - so nahm man an - auch politisch machtvollen Konzerne in zahlreiche Einzelunternehmen zu zerlegen. 1947/48 begannen sie, die Absicht zu verwirklichen. Die britische Militärregierung löste 25 Eisen- und Stahlwerke aus acht Konzernen heraus, stattete sie mit Nutzungsrechten am Vermögen der Werke aus und erklärte sie zu wirtschaftlich selbständigen „Betriebsführungsgesellschaften". Bei dieser Gelegenheit erfüllte die Labour-Regierung in Whitehall die Forderung der westdeutschen Gewerkschaften nach paritätischer Mitbestimmung in den neuen Gesellschaften. In deren Vorstände zog ein Arbeitsdirektor ein und die Aufsichtsräte wurden je zur Hälfte mit Vertretern der Anteilseigner und mit Vertretern der Arbeitnehmer besetzt. Maßgebliche Ruhrindustrielle begrüßten die Regelung, weil sie die Gewerkschaften sichtlich mit den Unternehmensinteressen verband und dadurch zu Verbündeten gegen weiterreichende Dekonzentrationsabsichten zu machen schien. Die Gewerkschaften verstanden die Errungenschaft als Modell und als Abschlagszahlung auf paritätische Mitbestimmung in der gesamten Industrie.

Die „Betriebsführungsgesellschaften" galten den Alliierten tatsächlich als vorläufiges Stückwerk, das möglichst bald in eine endgültige Zergliederung der Konzerne, die sich auch auf deren Zechen und Verarbeitungsbetriebe erstreckte, einbezogen werden sollte. Dazu kam es vor Gründung der Bundesrepublik nicht mehr. Die Sieger behielten sich die „Entflechtung" der Montanindustrie im Besatzungsstatut vor und bekräftigten ihren Entflechtungswillen im Mai 1950 mit einem Dekonzentrationsgesetz der Alliierten Hohen Kommission. Deutsche Gremien, die „Kohlebergbauleitung" und die „Stahltreuhändervereinigung", erhielten den Auftrag, unter der politischen Verantwortung des Wirtschaftsministers Vorschläge für die dauerhafte Neuordnung der Ruhrindustrie zu erarbeiten. Dabei sollten sie folgende Grundsätze beachten: Es waren möglichst viele, rechtlich selbständige und wirtschaftlich lebensfähige Gesellschaften zu bilden. In einer Gesellschaft durften weder Kohleförderung und Stahlerzeugung noch Stahlproduktion und Weiterverarbeitung vereint sein. Die neuen Unternehmen mußten ihre Erzeugnisse selbst absetzen.

Erhard hatte den Entflechtungsvorbehalt beklagt, und er war bestürzt über die Entflechtungsgrundsätze. Das Kabinett teilte seine Haltung. Man meinte, daß die Aufteilung der Konzerne in viele kleine Unternehmen die Leistungs- und Konkurrenzfähigkeit der Ruhrindustrie willentlich beeinträchtigte. Die Auflösung des kostengünstigen Verbundes von Kohleförderung und Stahlerzeugung und die strikte Forderung nach Eigenverkauf der Produktion hielt man für schlechthin unerträglich. Die Ruhrzechen setzten ihre Förderung nämlich seit mehr als einem halben Jahrhundert über ein Syndikat ab, das dabei für einen gewissen Ausgleich naturbedingt unterschiedlicher Qualitäten und Kosten sowie zeitlicher Nachfrageschwankungen sorgte. Und sie glaubten, diese Art des Absatzes und den Ausgleichsmechanismus auch künftig nicht entbehren zu können. Erhard machte sich ihren Glauben zu eigen.

Andererseits glaubten die Ruhrindustriellen, die paritätische Mitbestimmung sehr wohl entbehren zu können. Diesen Glauben brauchte Erhard sich nicht zu eigen zu machen, weil er ihm ohnehin eigen war. So hatte er die Öffentlichkeit schon im Dezember 1949 wissen lassen, daß die Mitbestimmung eines anonymen Kollektivs der sozialen Marktwirtschaft widerspreche, damit einige Unruhe bei den Gewerkschaften und in den Sozialausschüssen verursacht und sich Adenauers telegraphische „Bitte" eingehandelt, zum Mitbestimmungsrecht der Arbeitnehmer keine Stellung mehr zu nehmen.[63] Er dachte nicht daran, das Mitbestimmungsmodell der „Betriebsführungsgesellschaften" auf die Unternehmen, die aus der abschließenden Entflechtung hervorgingen, zu übertragen, sondern verstand die Entflechtung nach deutschem Recht als Chance, die paritätische Mitbestimmung wieder zu beseitigen. Adenauers Bitte war vergessen. Sie schien auch nicht mehr zu gelten, und Erhard machte kein Hehl daraus, daß er Mitbestimmung mit deutschem Unternehmensrecht für unvereinbar halte.

Im übrigen hielt er sich zwar für den einzigen, der die Industrie vor einem Dekonzentrations-Diktat der Amerikaner retten könne,[64] legte es aber gleichwohl nicht auf die beschleunigte Vorlage deutscher Dekonzentrationspläne an. Deshalb warfen ihm die Hohen Kommissare außer währungspolitischer Achtlosigkeit im Oktober auch Inaktivität in Entflechtungsdingen vor und bestellten die Vorlage kurzweg. Im November ging sie ihnen zu und rief ihr Mißfallen hervor. Die Zahl der ausgegliederten Unternehmen war ihnen zu klein und die Beachtung ihrer beiden anderen Grundsätze zu schwach. Die Bundesregierung wünschte ausgedehnte Möglichkeiten fortgesetzter Verbundwirtschaft und den Erhalt des Kohlegemeinschaftsverkaufs. Die Hohen Kommissare ließen wissen, daß sie die deutschen Vorschläge in der präsentierten Form nicht billigten.

Unterdessen versuchte Erhard, die Gewerkschaften dafür zu gewinnen. Am 20. November traf er mit Vorstandsmitgliedern des DGB und Vorsitzenden wichtiger Industriegewerkschaften zusammen und erläuterte das regierungsamtliche Konzept. Die Gewerkschaftsführer beklagten, daß sie weder an dessen Entwurf beteiligt noch laufend darüber unterrichtet worden seien, zeigten sich aber geneigt, es mit einigen Vorbehalten zu unterstützen. Dann sagen sie: Das Konzept bedürfe freilich einer Ergänzung. Die Mitbestimmung der Gewerkschaft müsse darin aufgenommen werden. „Es sei für die Gewerkschaften untragbar, wenn eine Neuregelung vorgesehen werde, die die derzeitige Zusammensetzung der Aufsichtsräte und den Arbeitsdirektor in den entflochtenen Betrieben beseitigten. Von einer Aufrechterhaltung des status quo in dieser Hinsicht sei die Zustimmung der Gewerkschaften zu der Verflechtung von Eisen und Stahl und Kohle abhängig." Erhard sagte: „Die Entscheidung über die Mitbestimmung müsse ... dem Bundestag überlassen bleiben."[65]

Das klang unverfänglich, war es aber nicht. Dem Bundestag lag der Regierungsentwurf eines Betriebsverfassungsgesetzes vor, das die Unternehmens-Mitbestimmung grundsätzlich und allgemein regeln sollte. Der Entwurf nahm die wirkungslosen Bestimmungen des Weimarer Betriebsrätegesetzes auf und war von paritätischer Mitbestimmung weit entfernt. Die Gewerkschaften waren denn auch nicht im Zweifel darüber, worauf Erhard hinauswollte. Die IG-Metall beraumte umgehend eine Urabstimmung über die Frage an, ob das Mitbestimmungsrecht in der Eisenindustrie verteidigt werden solle. Und der alte, von Adenauer hochgeschätzte DGB-Chef Hans Böckler schrieb drei Tage später an den Kanzler und forderte die Ausdehnung jenes Rechts auf die Kohleindustrie. Adenauer verkannte die Bedeutung der Angelegenheit zunächst ebenso wie sein Wirtschaftsminister und verwies die Gewerkschaften gleichfalls auf die Entscheidung des Bundestages. Erhard stellte in einem Brief an Böckler ausdrücklich klar, daß die Vorschriften des kommenden Betriebsverfassungsgesetzes auch in der Eisenindustrie gelten sollten. Was ihn zu der Hoffnung veranlaßte, „daß damit die Befürchtungen der Gewerkschaften ... ausgeräumt sind", war unerfindlich.[66] Und falsch war es auch. Inzwischen hatten 96 % der organisierten Metallarbeiter ihre Bereitschaft bekundet, für die paritätische Mitbestimmung zu kämpfen. Wenig später rief auch die IG Bergbau zur Urabstimmung auf.

Am gleichen Tag, an dem Erhard Böckler schrieb, resümierte er in einem langen Brief an Adenauer auch seine Haltung zu Verlauf und Stand der Schuman-Plan-Verhandlungen. Tags drauf wollte das Kabinett darüber entscheiden, ob Hallstein den Vertrag in vorliegender Fassung paraphieren könnte. Erhard riet davon ab. Er sei nach wie vor der Meinung, „daß auf die hoheitliche Regelung der Kohle- und Stahlpreise auch in normalen Zeiten nicht verzichtet werden könne", und wollte auch weiterhin, daß dies - mitsamt der Sicherung gegen administrative Preiserhöhungen - in den Vertrag hineingeschrieben werde. Etwas anderes war ihm inzwischen aber wichtiger geworden. Der Vertragsentwurf enthielt seit neuerem ein ausdrückliches Kartellverbot und ziemlich rigide Vorschriften über die Kontrolle von Unternehmenszusammenschlüssen. Beides war aufgenommen worden, um amerikanischer Kritik entgegenzuwirken. Die Amerikaner rieben sich an der Absicht, die europäische Montanindustrie in regionale Gruppen zu gliedern und jenen Gruppen Einfluß auf die hochbehördliche Preisbildung einzuräumen. Die Absicht ging auf einen deutschen Vorschlag zurück. Monnet hatte sich darauf eingelassen, ohne daß sie ihm gefiel. Er fürchtete, daß ihre Verwirklichung die Gemeinschaft fragmentiere, die Ruhrindustrie der Gestaltungsmacht der Hohen Behörde über Gebühr entziehe und mit beidem die ursprünglichen Zwecke des Schuman-Planes, die wirtschaftlichen *und* die politischen Zwecke, unterlaufe. Der amerikanische Einwand, die Regionalisierung mache aus der Gemeinschaft eine Ansammlung von Kartellen mit der Hohen Behörde als Leitstelle, kam Monnet mithin höchst gelegen. Er begegnete ihm, indem er das Kartellverbot und die Fusionskontrolle in den Vertragstext aufnehmen ließ und zerstreute damit zugleich seine eigenen Sorgen. Italien und die Benelux-Länder wußten dagegen nichts zu erinnern, und Hallsteins Widerstand war allenfalls verhalten. Zum einen frommte es der kreditbedürftigen Gemeinschaft, wenn sie mit Zustimmung Amerikas zustande kam, und zum anderen - so schien es - entsprachen die Bestimmungen ja dem beispielhaften, wettbewerbspolitischen Credo des Bundeswirtschaftsministers. Aber was in Deutschland Recht werden sollte, war in Europa nicht billig. Das Kartellverbot bedingte die Beendigung des Kohlegemeinschaftsverkaufs, und die Fusionskontrolle schloß eine spätere Wiedervereinigung der parzellierten Konzerne und namentlich die Wiederherstellung des Kohle-Stahl-Verbundes aus. Erhard schrieb dem Kanzler, daß man auf den Gemeinschaftsverkauf nicht verzichten könne und den Verbund nicht abschreiben dürfe. Ein staatliches Verkaufskontor, das mit dem Kartellverbot vereinbar wäre, lehnte er ab. Das sei Sozialismus. Das Kabinett schloß sich anderntags seiner Meinung an. Es setzte die Paraphierung des Montan-Union-Vertrages solange aus, wie die Alliierte Hohe Kommission keine verträglichere Neuordnung an der Ruhr zugestände und beauftragte Erhard und Hallstein mit den notwendigen Verhandlungen.[67]

Deren Erfolgsaussichten nahmen sich nicht übel aus, weil dem deutschen Junktim ein französisches vorausgegangen war. Die Franzosen hatten die Einrichtung einer Europäischen Verteidigungsgemeinschaft mit deutschen Kontingenten von der Gründung der Kohle- und Stahlgemeinschaft abhängig gemacht. Die amerikanische Regierung begegnete der Montanindustrie eher skeptisch, aber sie wollte die Verteidigungsgemeinschaft. Wenn Deutschland nun die Gründung der Kohle- und Stahlgemeinschaft von entgegenkommenden Dekonzentrationsregelungen abhängig machte, schien sie zugleich die Einrichtung der Verteidigungsgemeinschaft davon abhängig zu machen. Man hoffte, daß dies die AHK zum Einlenken bewegte. Es erwies sich, daß die Hoffnung nicht geradezu falsch war. Aber sie war einseitig.

Die USA mochten aus wirtschaftlichen Gründen weder den Verbund noch das Syndikat, waren aber aus politischen Gründen tatsächlich kompromißbereit. Nicht so Frankreich und England; wobei die eine Regierung jeweils das zu konzedieren bereit war, was die andere ganz und gar nicht wollte: Die britische Regierung das Kohlesyndikat, aber nicht die Verbundwirtschaft, die französische Regierung womöglich begrenzte Verbundwirtschaft, aber keinesfalls das Kohlesyndikat. Erhard und Hallstein kamen nicht voran.

Während sie sich vergeblich mühten, begriff Adenauer, daß die Gewerkschaftsführung zwar nicht streiken wollte, wegen der symbolhaften Bedeutung, die sie dem Mitbestimmungsmodell der Eisenindustrie zumaß, aber streiken mußte, wenn Erhards hoffnungsbekränzter Affront nicht geheilt würde. Ein Streik der Berg- und Hüttenleute war angesichts zunehmender Kohlenot, die auch die Stahlproduktion und die Stromerzeugung in beängstigende Mitleidenschaft zog, so ungefähr das letzte, was Westdeutschlands Wirtschaft im Winter 1950/51 brauchen konnte. Was der Kanzler hingegen brauchen konnte, das war die Unterstützung der Gewerkschaften im „Ruhrstreit“ mit den Alliierten, sowie beim Abschluß und bei der Ratifizierung des Schuman-Plan-Vertrages. Er schickte sich an, das eine zu vermeiden und das andere zu gewinnen, indem er die ruhrindustriellen Unternehmer dazu bewegte, im Kanzleramt unter seinem Patronat, aber ohne seine Teilnahme mit den Gewerkschaften über die Mitbestimmung in der neugeordneten Ruhrindustrie zu verhandeln. Das Verhandlungsergebnis sollte dem Bundestag als Gesetzesvorlage der Bundesregierung zu beschleunigter Verabschiedung zugehen. Erhard wurde von den Verhandlungen ferngehalten. Die Mitbestimmung fiel nicht in seine Zuständigkeit. Außerdem war er bei den Gewerkschaften so tief in Mißkredit geraten, daß man selbst im Unternehmerlager darüber nachdachte, ob es nicht ratsam wäre, ihn um des sozialen Friedens willen durch einen Wirtschaftsminister zu ersetzen, mit dem die Arbeitnehmer besser könnten. Vielleicht dachten sie zugleich auch daran, auf diese Weise Erhards Kartellrigorismus ledig zu werden.[68]

Die Gespräche im Kanzleramt gestalteten sich schwierig und kamen ohne Adenauers persönliche Vermittlung doch nicht aus. Mit Adenauers Zutun führten sie aber Ende Januar 1951 zu einem Ergebnis, das zunächst, wenn auch widerwillig, vom Kabinett gutgeheißen und später vom Bundestag sanktioniert wurde. Das Mitbestimmungsmodell der Eisenindustrie wurde, unwesentlich modifiziert, auf den Bergbau erstreckt. Die Gewerkschaften bliesen den bereits anberaumten Streik ab. Adenauer hatte erreicht, was er für politisch dringlich hielt. Erhard hielt indes an seiner Meinung fest, daß paritätische Mitbestimmung rechtlich verfehlt wäre und ergänzte sie durch die ausdrückliche Überzeugung, daß sie außerdem die Produktionsleistung minderte. Beides war falsch.

Derweil traten die Entflechtungs-Gespräche mit der Alliierten Hohen Kommission auf der Stelle und der Schuman-Plan-Vertrag blieb in der Schwebe. Im Februar 1951 schaltete sich der Kanzler auch in die Verhandlungen auf dem Petersberg ein und brachte sie - abermals an den Ministern vorbei im Alleingang - Ende März zu einem verträglichen Abschluß. Die Alliierten gestanden der Ruhrindustrie quantitativ beschränkte Verbundwirtschaft und einen funktionalen Ersatz für den bis Mitte 1952 zu liquidierenden Kohlegemeinschaftsverkauf zu. Außerdem sollten das Ruhrstatut aufgehoben und die Stahlquote beseitigt werden. Das war weniger, als die Ruhrindustriellen und Erhard wünschten, und mehr, als sie billigerweise erwarten durften. Adenauer schlug die Regelung am 14. März in einem Schreiben an die Hohen Kommissare namens der Regierung vor, die Hohen Kommissare bestätigten sie am 30. März. Erhard zeichnete den Entwurf des Kanzler-Briefes ab, sagte aber nach dessen Bestätigung, daß er „damit keine Verantwortung für seinen Inhalt übernommen“ habe und denunzierte den Kompromiß als unzureichend.[69] Das Kabinett schickte sich gleichwohl darein und gab den Weg zur Unterschrift unter den Montanunion-Vertrag frei. Adenauer unterschrieb ihn am 18. April in Paris. Deutschland kehrte damit „gleichberechtigt in den Kreis der westeuropäischen Demokratien zurück“.[70] Das wog für Adenauer allemal schwerer als unausgeräumte wirtschaftliche Bedenken. Erhard schätzte die politische Bedeutung des Vertrages gewiß nicht gering, war aber von der Gemeinschaft, die er ins Leben rief, wenig angetan und freundete sich nie mit ihr an. Er hätte gut und gern auf sie verzichten können und dies am Ende wohl auch am liebsten getan. Die materiellen Regelungen, namentlich die Bestimmungen zur Preispolitik, genügten seinen Wünschen nicht, und die Hohe Behörde sah er als ein Stück - natürlich „seelenloser“ - Bürokratie an. Sie konnte tun, was sie wollte, sie war allemal im Verdacht einerseits planwirtschaftlicher, andererseits gegen Deutschlands wirtschaftliche Interessen gerichteter Bestrebungen und geriet schnell zu einem bevorzugten Objekt mißmutiger Attacken, die durch sie hindurch die institutionelle Einigung Europas schlechthin meinten. Daran änderte sich auch nichts, nachdem Erhard seinem jüngst der Familie zugewachsenen Schwiegersohn Ende 1952 einen Posten bei der odiösen Einrichtung verschafft hatte.[71]

Von Erhards bekenntnishafter Begeisterung für die wirtschaftliche Integration Europas war am Ende der Schuman-Plan-Verhandlungen nicht mehr viel übrig. Wobei im ungewissen bleibt, ob jene Begeisterung von vorneherein nur oratorisches Strohfeuer gewesen oder ob sie - ursprünglich echt und geistig tief gegründet - an der Erfahrung zuschanden gegangen war, daß die Einigung Europas, anders als hochgemut angenommen, keine Veranstaltung wesentlich erhardsch-deutscher Prägung und vorrangig deutschen Interesses sein könnte. Doch gleichviel, jedenfalls nahmen neuerdings Europa-Vorbehalte den Platz anfänglichen Europa-Willens ein, und dort, wo noch vor einem Jahr ein Gefühl der ideologischen und wirtschaftspraktischen Verwandschaft mit Frankreich gewohnt hatte, machte sich Frankreich-Skepsis breit. Vorbehalte und Skepsis steigerten sich mit der Zeit zu Widerwillen und Verdruß und ergaben den Wurzelgrund, aus dem einstmals Erhards Kampf gegen die europäische Integration erwachsen und immer wieder neue Motivationskraft beziehen sollte.

Kohlenot und zweite Devisenkrise

Das greift der Geschichte freilich ein halbes Jahrzehnt voraus. Als der Kanzler in Abwesenheit seines Wirtschaftsministers den Schuman-Plan-Vertrag unterschrieb, hätten vermutlich wenige darauf gesetzt, daß Erhard nach Ablauf der fünf Jahre in einer Position wäre, die ihn zu derlei Kampf befähigte. Seit Sommer 1950 hatte er an Ansehen, Einfluß und Statur sichtlich verloren; im Frühjahr 1951 war kaum mehr etwas davon da. Das kam natürlich nicht von ungefähr. Abgesehen davon, daß er es mit den Gewerkschaften verdorben hatte, vielen Unternehmern auf die Nerven ging und mit der Hohen Kommission nicht zu Rande kam, geriet Westdeutschlands Wirtschaft in dieser Zeit von einer Schwierigkeit in die andere. Der Wirtschaftsminister war nicht für alle und für keine ausschließlich haftbar zu machen. Wie denn auch? Zur Last gelegt wurden sie ihm trotzdem. Und wie denn auch nicht, da er sich doch unablässig der Täterschaft für alles Gute rühmte, das in der Wirtschaft geschah?

Anfang 1951 griffen zwei jener Probleme mit unguten Folgen ineinander; ein Problem, das Erhard bereits für gelöst erklärt hatte, und eins, dessen Heraufkunft ihm lange Zeit entgangen war. Das erste bestand im Wiederanschwellen des Defizits im Handel mit dem EZU-Raum, das zweite in akuter Kohlenot.

Kohle war damals noch ein besonderer Stoff. Rund 90 % des Energiebedarfs wurden damit gedeckt. Ob es warm oder kalt war in den Wohnungen, ob das Licht anging oder ob's dunkel blieb, ob die Maschinen laufen konnten oder stillstanden, das alles hing davon ab, ob genügend Kohle gefördert wurde oder nicht. Als der Korea-Boom einsetzte, lag Kohle auf Halde. Im Zuge des Booms schwanden die Halden schnell. Die Förderung hielt mit dem Bedarf nicht Schritt. Im letzten Quartal von 1950 war die Industrieproduktion um ein

Drittel, die Kohleförderung aber nur um 7 % größer als im letzten Quartal von 1949. Der Geringfügigkeit des Wachstums lagen Unzulänglichkeiten des Produktivitätsfortschritts und Mangel an Arbeitskräften zugrunde. Die Produktivität krankte an Investitionsschwäche, der Arbeitskräftemangel war gutenteils den schlechten Wohnverhältnissen im Ruhrgebiet anzulasten. In beidem fanden schließlich bekannte Probleme der Kapitalbildung unterschiedlichen Ausdruck. Die Investitionsschwäche, die niedrige Produktivität und die Kohlenot waren *auch* die Kehrseiten der Kohlepreispolitik. Die niedrigen Kohlepreise minderten einerseits die Kosten der verarbeitenden Industrie und verbesserten deren internationale Konkurrenzfähigkeit, sie minderten andererseits aber auch die Erträge und mit ihnen die Eigenfinanzierungskraft der Zechen. Das beschränkte die Investitionen, den Produktivitätsfortschritt, das Produktionswachstum und schaffte schließlich einen Energie-Engpaß, durch den die konkurrenzfähige Erzeugung der verarbeitenden Industrie im gewünschten Umfang nicht mehr hindurch kam. Dazu trug ferner bei, daß die Länder mit ruhrstatutarischen Ansprüchen auf Kohlelieferungen unterm Einfluß des Booms von ihren Ansprüchen wieder vollen Gebrauch machten, nachdem ihnen im Sommer unverkäufliche Kohle vergeblich aufgedrängt worden war.

Hier setzte Erhard an, weil nur hier der rasche Erfolg möglich zu sein schein, auf den es im Winter 1950/51 ankam. Der winterliche Ansatz war freilich ebenso vergeblich wie das sommerliche Drängen. Nachdem Erhard am 8. November vor dem Industrie- und Handelstag noch gesagt hatte, daß Kohleknappheit nicht zu befürchten sei, verhandelte er am 9. Dezember mit der Alliierten Hohen Kommission über eine substantielle Kürzung der fremden Kontingente und versicherte Adenauer selbigen Tages, daß im nächsten Quartal trotz hartnäckigem Widerstand Frankreichs damit zu rechnen sei.[72] Die Rechnung ging nicht auf. Nach zweimonatigen Auseinandersetzungen ließen die Kohle-Empfänger noch nicht mal 5 % von ihren Forderungen ab. Erhard hatte 15 % verlangt und erwartet. Derweil war Kohle in Deutschland so knapp geworden, daß erst die Eisen- und Stahlindustrie und dann - wegen Kohle- *und* Stahlmangels - auch die Maschinenbau- und die Elektroindustrie die Produktion erheblich einschränken mußten. Die Produktionseinschränkung griff schnell und überproportional auf die Exporte über. Die Unternehmen zogen es vor, die verminderte Erzeugung zu hohen und kräftig steigenden Preisen daheim zu verkaufen, statt sich der Mühen des weniger einträglichen Exports zu unterziehen und dabei auch noch dessen Unsicherheiten auszusetzen. Ausländische Nachfrager klagten darüber, daß die deutschen Geschäftspartner vertraglichen Lieferverpflichtungen nicht mehr nachkämen; die Bank Deutscher Länder klagte über die Verminderung des Devisenzugangs.

Unglücklicherweise nahmen zur gleichen Zeit Deutschlands internationale Zahlungsverpflichtungen noch einmal sprunghaft zu. China griff offen in den Korea-Krieg ein. Die fast beruhigte Sorge, daß der Krieg nicht auf Ostasien beschränkt bliebe, lebte auf. Der weltweite Importsog gewann erneut an Kraft, die Nahrungsmittel- und Rohstoffmärkte versteiften sich wieder, die Preise zogen an und die terms of payment wendeten sich abermals gegen die deutschen Bedürfnisse. Unter solch mehrfältig abträglichen Umständen schwoll das deutsche Zahlungsdefizit in der EZU wieder kräftig an, und der Sonderkredit verfiel rapidem Schwund. Ende Januar gestand die Bundesregierung dem EZU-Direktorium ein, daß ihr Sanierungsprogramm trotz gutem Willen gegen die Macht der Verhältnisse nicht wirke. Großenteils war das Programm noch gar nicht praktisch geworden. Steuererhöhungen und steuerliche Exportförderung bedurften ja der Gesetzesform, und die zu schaffen bedurfte der Zeit, mehr Zeit als bisher vergangen war. Und Geldpolitik allein brachte nichts zuwege. Das EZU-Direktorium ließ die Regierung wissen, daß man ihr Beteuerungen des guten Willens und der Ohnmacht nicht mehr abnehme, vielmehr den Eindruck habe, daß Deutschland sich auf Kosten der EZU-Partner mit „Schlüssel-Rohstoffen" eindecke und den Partnern erwünschte Güter vorenthalte. Unter dem Eindruck des Devisenschwunds und der direktorialen Vorhaltungen entschloß sich der handelspolitische Regierungsausschuß Anfang Februar, vorerst keine kontingentierten Importe mehr auszuschreiben. Er entschloß sich zu spät. Kurz darauf schrieb Vocke dem Bundeskanzler, daß die Erschöpfung der Sonderquote mit nachfolgender Zahlungsunfähigkeit nur, falls überhaupt noch, zu verhindern sei, wenn die Handelsliberalisierung ausgesetzt werde.[73]

Am gleichen Tag, es war der 16. Februar 1951, nahm das Kabinett einen Plan zur Kenntnis, „der nach meinem Dafürhalten unsere größten Sorgen wirtschaftlicher und finanzieller Art beseitigen kann". Erhards Plan bezog sich freilich nicht auf die akuten Devisennöte, sondern auf den seit langem anhängigen Mangel an Investitionsmitteln in den Grundstoffindustrien. Dessen Beseitigung sei inzwischen zu einer Frage von wirtschaftlichem Überleben oder Untergang geworden. Wenn sie nicht gelinge, werde „das deutsche Volk in die Primitivität zurücksinken". Da nun die Grundstoffpreise auf niedrigem Niveau gebunden seien und gebunden bleiben sollten, da die Gegenwertmittel hinten und vorne nicht langten und da Erhard die Erwartung umfangreicher Auslandskredite aufgegeben hatte, empfahl er Investitionslenkung durch staatliche Eingriffe in die private Einkommensverwendung. Es gehe darum, Einkommen, die gegenwärtig konsumtiv verwendet würden, der Grundstoffindustrie für investive Zwecke zuzuführen. Das bestgeeignete und auch in vieler anderer Hinsicht vorteilhafte Mittel dazu sei ein Vorgang, den er Wiederaufbausparen nennen wolle. Güter des gehobenen, aber weitverbreiteten Verbrauchs (Elektrogeräte, Uhren, Fahrräder, Schuhe, Textilien, Möbel, usw.) seien mit Abgaben zu belegen, die der Verkäufer gegen Aushändigung von Sparmarken kassiere und an die Kreditanstalt für Wiederaufbau abführe. Wenn eine gewisse Menge von Marken beisammen sei, finde eine Gutschrift auf Sparkonten statt, die später in Anleihen umgetauscht werden könnten. Das Verfahren vermeide die Nachteile von Zwecksteuern und von Zwangssparen. Es vermeide die Allgemeinheit von Zwecksteuern, deren Übergang an den Staat und dessen Erwerb von Unternehmensanteilen, die auf „gefährliche Gleichmacherei" und „kalte Sozialisierung" hinausliefen. Und es vermeide den Zwang zum Sparen, weil man dem gehobenen Konsum ja ausweichen könne. Zwecksparen sei gleichsam private Vermögensbildung, deren Freiwilligkeit ein bißchen nachgeholfen werde. Dabei habe die Sache außer dem Einkommenstransfer auch noch ein paar andere nützliche Wirkungen. Der Verbrauch werde zurückgehen, die Produktion schrumpfen und die Arbeitslosigkeit zunehmen. Das sei erwünscht, „weil ja gerade die übermäßige Hinlenkung der Kaufkraft auf den unmittelbaren Verbrauch zu einer so gefährlichen Verkürzung der Investitionsmöglichkeiten geführt hat".[74]

Es berührt sympathisch, daß Erhard die Irrtümlichkeit des Wiederaufbaukonzepts, das er noch gut ein Jahr zuvor verfochten hatte, offen eingestand, auch wenn er dies nicht ausdrücklich tat.

Andererseits werde der Nachfragerückgang, so ging sein Argument weiter, auf die Preise drücken und die Produzenten dazu ermuntern, sich wieder stärker um Auslandsaufträge zu bemühen und derlei Aufträge auch auszuführen. Das eine sei von Vorteil, weil der Preis- und Lohnauftrieb, das andere, weil die Devisenknappheit inzwischen wirklich beängstigend geworden seien.

Jene Knappheit beschäftigte die Regierung vorerst mehr als Erhards vielversprechender Plan. Während man über den nachzudenken begann, kam das sogenannte Wirtschaftskabinett am 20. Februar mit den Zentralbankpräsidenten, dem deutschen EZU-Direktor und selbstverständlich mit Pferdmenges und Abs zusammen, beriet die außenwirtschaftliche Lage und wußte am Ende keinen anderen Rat, als vom nächsten Tag an und zunächst bis zum 10. März die Vergabe von Importlizenzen einzustellen. Unterdessen wollte man die Zustimmung der EZU zur zeitweisen Deliberalisierung der deutschen Importe erbitten. Westdeutschland, das sich zum „geistigen Führer der Liberalisierung des europäischen Außenhandels" hatte aufschwingen wollen, war unter Mitverschulden zum Opfer der Liberalisierung geworden und mußte des Ausschlusses aus der Zahlungsunion gewärtig sein. Der Ausschluß würfe den deutschen Handel in Europa auf die bilaterale Verrechnung zurück, setzte den deutschen Export der Gefahr handelspolitischer Diskriminierung aus, machte die kurzfristige Tilgung von gut 300 Millionen Dollar Schulden nötig und zerstörte, weil es zur Tilgung an Mitteln fehlte, durch erneute Defraudation Deutschlands internationalen Kredit auf lange Sicht. Die Aussicht war entsetzlich.

Erhard blieb, zumindest in öffentlicher Rede, wohlgemut. Er sagte der Presse, daß die Beseitigung der Importfreiheit nicht etwa „Verrat an der Liberalisierung", sondern bloß „eine technische Maßnahme" sei, „um diesen Grundsatz auch für die Zukunft aufrechterhalten zu können", und kündigte Bemühungen um die bilaterale Konsolidierung der deutschen Zahlungsdefizite mit England und Frankreich an. Sinn und Vertrag der EZU schlossen derlei zweiseitige Abkommen freilich aus. Da er einmal am Zuge war, gab er auch gleich seinen Sparmarkenplan und dessen treffliche Wirkungen als abgemachte Sache und darüber hinaus seine Absicht bekannt, in Kürze nach Amerika zu reisen, um Deutschlands wirtschaftliche Teilnahme am Rüstungsprogramm der Vereinigten Staaten zu sichern.[75]

In Bedrängnis

Nun ist ein Wirtschaftsminister, der sich in Defätismus übt und Trübsinn verbreitet, sicherlich fehl im Amt. *Soviel* sanguinisches Begackern ungelegter Eier war dem ohnedies verdrossenen Kanzler denn aber doch *zuviel.* Anderntags stieß er seinen Wirtschaftsminister zurecht. Er wiederhole brieflich, schrieb er, was er ihm in Übereinstimmung mit dem Kabinett schon mündlich gesagt habe: Erhard möge in Zahl und Inhalt seiner öffentlichen Auslassungen Vorsicht walten lassen. Seine unbedachten Redensarten riefen Verwicklungen und Enttäuschungen hervor. Er erinnere an das Mitbestimmungsdrama und die Verharmlosung der Kohlenot. Und da er einmal am Zug war, tadelte Adenauer gleich auch noch, daß Erhard andererseits diejenigen, die es angehe, über Ergebnisse seiner politischen Gespräche nicht ausreichend unterrichte. So wisse niemand, wie der Stand der Verhandlungen mit der Alliierten Hohen Kommission über das Kohlesyndikat sei.

Das war kein bloß übellaunig hergeholter Vorwurf, es verwies auf eine allgemeine Kalamität. Erhard hörte schlecht zu, er schrieb nichts auf, behielt nicht alles und gab, was er behalten hatte, nicht immer vollständig und richtig an die zuständigen Stellen weiter. Deshalb hatten seine leitenden Beamten Anfang des Jahres bei der Bank Deutscher Länder behutsam angefragt, ob es nicht möglich sei, den Herrn Minister in Zentralbankratssitzungen von einem „lebendigen Notizbuch" begleiten zu lassen. Das erspare zahlreiche Rückfragen und Mißverständnisse.[76]

„Ich vermisse", schloß Adenauer, „bei der Arbeit Ihres Ministeriums ... schon seit geraumer Zeit die Kontinuität und die Stetigkeit der Arbeit sowie die Einheitlichkeit".[77]

Als er das schrieb, waren Bemühungen, das Wirtschaftsministerium in Form zu bringen und Überlegungen, den Minister offenkundig abzuwerten und ihm die Leitung der Wirtschaftspolitik zu entziehen, in vollstem Gange. Staatssekretär Schalfejew genügte Adenauers Erwartungen nicht. Er war der Aufgabe aus weniger sachlichen als persönlichen Gründen schlechthin nicht gewachsen. Im Herbst 1950 begann der Kanzler erneut mit der Suche nach einem besser geeigneten Mann. Er lobte den Posten ein ums andere Mal aus und fand niemanden, der unter Erhard arbeiten mochte. Hans Schäffer lehnte ab, dann Ludger Westrick, der Finanzdirektor der Kohlebergbauleitung, Fritz Ernst, der in den dreißiger Jahren als Reichskommissar für das Bankgewerbe fungiert hatte, Karl Blessing, vormals Reichsbankdirektor und mit Erhard aus Kriegszeiten bekannt, schließlich der Bundesbevollmächtigte für Berlin, Heinrich Vockel. Der schrieb Adenauer, was sich die anderen womöglich dachten: Daß „bei der besonderen Art und Veranlagung des Herrn Erhard eine geordnete Arbeit als Staatssekretär nicht" möglich wäre.[78] Im Februar kam Adenauer auf Westrick zurück. Der wurde inzwischen von seinen Kollegen in der Kohlebergbauleitung bedrängt, das Amt anzunehmen. Die Kohlebergbauleitung war unzufrieden mit der Art, in der Erhard über die Fortdauer des Gemeinschaftsverkaufs verhandelte. Sie befürchtete ein ungutes Ergebnis und hätte ihn am liebsten durch Westrick ersetzt gesehen. Das Amt des Staatssekretärs versprach vorerst Einfluß und eingedenk von Erhards labiler Stellung vielleicht die Nachfolge. Diesmal folgte Westrick Adenauers Bitte. Schalfejew reichte just an dem Tag, an dem die Regierung die notgedrungene Abkehr von der Handelsliberalisierung beschloß, wegen „unbefriedigender Arbeitsweise" und des Mißlingens seiner Bemühungen, eine andere durchzusetzen, den Rücktritt ein.[79]

Westrick zählte ein paar Jahre mehr als Erhard, er ging auf die Sechzig zu. Er war ein Mann von protestantischer Glaubensstrenge, musisch begabt und hatte eine erfolgreiche, wiewohl unauffällige Manager-Karriere hinter sich. Die Politik zog ihn nicht besonders an, nachdem er mit ihr Bekanntschaft gemacht hatte, aber in ihren Bann. Falls auch er daran gedacht hatte, sich als Stellvertreter Erhards für dessen Nachfolge zu empfehlen, so gab er den Gedanken bald auf und wurde zu einem Urbild der Loyalität. Dies nicht etwa, weil es ihm an Ehrgeiz und Machtbewußtsein fehlte. Zumindest von letzterem besaß er sicher mehr als Erhard, dazu mehr politisches Gespür, Gedankenschärfe und Führungsfähigkeit. Woran es ihm fehlte, das war rhetorisches Talent, öffentliche Überzeugungskraft und die Kunst der Selbstdarstellung. Seine Liebenswürdigkeit entfaltete sich in kleiner Runde und verflüchtigte sich, wenn man ihn von ferne erlebte. Da erlebte man ihn klug, klar und kühl. Das machte keinen zum Minister, der außerdem der Parteipolitik fernstand. Weil Westrick klug war, klar dachte und kühl kalkulierte, ging ihm rasch auf, daß er eine bedeutsame politische Rolle in Treue fest zu Erhard und im breiten Schatten Erhards spielen konnte oder auf eine bedeutsame politische Rolle verzichten mußte. Er wählte, was ihm lag, die Treue und den Schatten, und wurde dadurch, wozu ihn niemand ausersehen hatte, zu einem Lenker der deutschen Politik in späteren Zeiten. Adenauer dachte, Westrick als Mann seines Vertrauens ins Wirtschaftsministerium zu entsenden und Erhard damit Harm anzutun, tatsächlich tat er Erhard einen Gefallen, indem er ihm willentlich einen tüchtigen Verwaltungschef und unwillentlich den engsten, nicht bedingungslos ergebenen, aber absolut verläßlichen Berater in den weiteren anderthalb Jahrzehnten seiner politischen Laufbahn verschaffte. Westrick hielt Erhard eine Treue, deren Eigennutz ihre Aufrichtigkeit ja nicht schmälerte, bis über den Tod hinaus. Befragt, warum er denn nicht seine Memoiren schreibe, sagte er: Wenn er das tue, dann müsse er doch auch mancherlei Negatives über Erhard schreiben. Und weil er das nicht wolle, lasse er es lieber ganz.[80]

Zunächst einmal brachte die Berufung Westricks Erhard freilich einige Unpäßlichkeiten. Bei der ersten Suche nach einem Staatssekretär hatte die CSU einen Mann und Franken favorisiert, den Anhänglichkeit in die bizonale Wirtschaftsverwaltung gebracht hatte[81] und der sich außer durch Tüchtigkeit dadurch für den Posten empfahl, daß er ihr Mitglied war. Nachdem Adenauer dann doch Schalfejew genommen hatte, war Graf, so hieß der Mann, zum Leiter der wichtigen Abteilung Wirtschaftspolitik bestellt worden. Außerdem sagte Erhard ihm zu, daß er bei Gelegenheit Schalfejews Nachfolger werde. Die Gelegenheit war da, und Erhard schrieb an Adenauer, daß Westrick gewiß ein vortrefflicher Mann sei, aber doch gerade der Verwaltungskompetenzen entbehre, deren sein Ministerium so dringend bedürfe. Ob der Kanzler seine Entscheidung nicht überprüfen wolle? Das wollte Adenauer nicht. Erhard gab nicht gleich auf. Dann habe man künftig zwei Wirtschaftspolitiker an der Spitze des Ministeriums, schrieb er an Adenauer. Das schade nichts, weil ihm bei zunehmender Notwendigkeit, die Wirtschaftspolitik nach außen zu vertreten, politische Entlastung im Haus willkommen sei. Aber die Verwaltung! Er beantragte einen Unterstaatssekretär. Adenauer lehnte ab, Graf blieb Abteilungsleiter und die CSU war verstimmt.[82]

Westrick wurde berufen, um das Ministerium in Ordnung zu bringen. Zur gleichen Zeit wurde eine faktisch bereits vorhandene Einrichtung formalisiert, um den Minister unter Kontrolle zu nehmen. Zu diesem Zweck nahm der Kanzler wohl nicht ohne perfide Bedachtheit einen alten Wunsch Erhards auf, um ihn gegen den Wirtschaftsminister zu wenden. Ende Februar ließ er von seiner Absicht wissen, einen Kabinettsausschuß zur Koordinierung ministerieller Vorhaben und Maßnahmen, die irgendwie mit der Wirtschaft zu tun hätten, ins Leben zu rufen. Erhard hatte ihn einst bekniet, eben dies zu tun und ihm den Vorsitz der Kommission zu übertragen. Das war nicht geschehen, der Ausschuß aber gleichsam urwüchsig entstanden. Die Minister für Wirtschaft, Finanzen, Landwirtschaft, Arbeit, Verkehr, Wohnungsbau und für den Marshallplan kamen gelegentlich informell zusammen, um wirtschaftspolitische Dinge zu beraten, bevor das Kabinett damit befaßt wurde, oder um zu vermeiden, daß es damit befaßt werden mußte. Nun wollte der Kanzler das Gremium doch als „Wirtschaftskabinett" institutionalisieren und mit einem berufenen Vorsitzenden versehen. Dabei dachte er freilich nicht an Erhard, sondern an jenen Fritz Ernst, der Erhards Staatssekretär nicht hatte werden mögen. Eigens zu diesem Zweck sollte Ernst Staatssekretär im Marshallplan-Ministerium werden. *Dazu* war Ernst bereit. Die Minister des „Wirtschaftskabinetts" waren freilich nicht bereit, die gewagte Konstruktion zu akzeptieren. Erhard und Schäffer zeigten, daß sie auch miteinander einig sein konnten und protestierten gemeinsam mit ihren Kollegen. Daß Erhard anstelle von Ernst den Vorsitz übernähme, daran konnte um diese Zeit aber nicht mal mehr Erhard selber denken. So berief Adenauer sich denn in eigener Person, übertrug den Vorsitz für den Fall seiner Abwesenheit an Vizekanzler Blücher, nahm Ernst ins Kanzleramt auf und bestellte ihn zum Geschäftsführer des „Wirtschaftskabinetts". „Der Bundeskanzler gibt Erhard einen Vorgesetzten", schrieb die Frankfurter Rundschau. Parteifreunde empfahlen Erhard, den Affront mit seinem Gesuch um Entlassung zu beantworten. Die SPD stellte im Bundestag den Antrag, das Amtsgehalt des Wirtschaftsministers zu streichen, weil er überflüssig geworden sei.[83]

Das war, wenn man so will, ein ironischer Kontrapunkt zu den ernstgemeinten Rücktrittsforderungen, mit denen die Opposition Erhard von Zeit zu Zeit bedachte, zuletzt im Juli 1950. Damals hatte die Bundesregierung eine Verminderung der Getreidepreissubventionen beschlossen und der Bundestag die Rücknahme des Beschlusses verlangt. Kurz danach hielt Erhard in München eine Rede. Dabei unterlief dem Minister, der sich nun mal, schrieb die Süddeutsche Zeitung, „durch Impulsivität und chevalereske Freigiebigkeit im rednerischen Erguß“ auszeichne, ein „falscher Schlag seiner geläufigen Zunge“. „Hysteriker der Wirtschaftspolitik“ seien im Parlament am Werk gewesen, sagte er. Heinrich von Brentano, dem Vorsitzenden der Unions-Fraktion, wurde am nächsten Morgen durch die Zeitungslektüre das Frühstück verdorben. Die SPD-Fraktion beantragte, Erhard wegen Beschimpfung des Parlaments zu entlassen. Der Bundestag verhandelte und entschied darüber am 28. Juli. Dabei ging's turbulent zu. Erhards Rede wurde von Pulteklappern und Zwischenrufen: „Er lächelt“! - „Schmeißt ihn raus“! fragmentiert. Der Minister rechtfertigte sich: Er habe weder das Parlament insgesamt noch bestimmte Parteien gemeint. Zu einer Entschuldigung konnte er sich nicht verstehen. Gehen werde er ohnehin nicht: „Das könnte Ihnen so passen“! Eine Chance, politischen Anstand zu demonstrieren, sei vergeben worden, stand in den Zeitungen. Brentano kam trotz verdorbenem Frühstück seiner Pflicht nach, Erhard in Schutz zu nehmen. Die Abstimmung durch „Hammelsprung“ war heikel. Unionsabgeordnete scharten sich um die „Enthaltungs“-Tür, damit sich verdrossene Fraktionsgenossen des Durchgangs durch die Tür enthielten. Pünder zum Beispiel wurde unter leidenschaftlichen Gesprächen auf den rechten Weg zur „Nein“-Tür gebracht. Der Antrag scheiterte mit 142 Ja- gegen 181 Nein-Stimmen bei 28 Enthaltungen. Dem Bundestag gehörten 402, den Koalitionsfraktionen 208 Abgeordnete an.[84]

Am 14. März 1951 war der Bundestag in ebensolchem Aufruhr wie am 28. Juli 1950. Erhard hatte sich diesmal nicht zu verteidigen, er griff an. Die Stoßrichtung und die taktischen Mittel des Angriffs nahmen sich freilich merkwürdig aus. Die Offensive richtete sich zum einen natürlich gegen die Opposition, sie richtete sich aber auch und für die Öffentlichkeit viel auffälliger gegen den Kanzler. Erhard plädierte auf „klare Verantwortung“ und „klare Zuständigkeiten“ in der Wirtschaftspolitik und machte einen verfassungsrechtlichen Führungsanspruch des Wirtschaftsministers geltend. Ihm stehe die Verantwortung zu, er wolle sie tragen und er werde sie tragen: mit Mut und Energie selbstverständlich. Das wirtschaftspolitische Programm, mit dem er den Führungsanspruch begründete und das er dabei zugleich gegen die Opposition ins Feld führte, nahm sich zum turbulenten Frohlocken der parlamentarischen Linken über weite Strecken wie ein Eingeständnis des Versagens der freien Marktwirtschaft aus. Man wolle die „Funktionen des Marktes erhalten“, wisse aber, daß „manche Freiheit durch bewußte, planvolle und sinnvolle Regelung ersetzt werden“ müsse, sagte Erhard, verwies auf den Rückfall in die vollkommene Devisenbewirtschaftung und auf den Fortschritt zur staatlichen Exportförderung, kündigte zur Beseitigung struktureller Fehler in der deutschen Wirtschaft die Verminderung des Konsums und die Vermehrung der Investitionen mit den Mitteln seines Sparmarken-Planes an, begründete die Notwendigkeit von Rohstoff-Bewirtschaftung und sagte schließlich die Erhebung von Luxussteuern zur Finanzierung von Preissubventionen und die Anwendung strenger Preiskontrollen voraus.[85]

Was Erhard als „Konzeption und Programm“ darbot, war bei genauer Hinsicht nicht mehr als die Verbindung einer Reflexion wirtschaftlicher und politischer Zwänge, denen die Bundesrepublik sich nolens-volens unterwerfen mußte, mit der Erklärung von Absichten, die im Kabinett wesentlichen Teils noch umstritten waren.

Unterdessen hatten das Direktorium der EZU über Deutschlands Deliberalisierungsbegehren und das Bundeskabinett über Erhards Sparmarken-Plan beraten. Das EZU-Direktorium war über die Bundesregierung enttäuscht, verärgert, aufgebracht. Sie habe die außenwirtschaftliche Notlage bestenfalls fahrlässig verkannt, schlechterenfalls durch rück-

Ludger Westrick (1957)

sichtslose Hamster- und Hortungskäufe herbeigeführt und jedenfalls den Willen vermissen lassen, dem Anschwellen des Defizits entgegenzuwirken. Die Anregung, Jacobsson und Cairncross nochmals nach Deutschland zu schicken, wurde als schlechter Scherz abgetan und eine abermalige Erweiterung der deutschen Quote kurzweg ausgeschlossen. Die BIZ erhielt den Auftrag, die Nettoposition der Bundesrepublik nicht mehr nur am Monatsende, sondern täglich festzustellen und zu melden. Sobald Deutschland die Quotengrenze überschritte und weitere Defizite nicht vollständig mit Dollar ausgliche, sollte seine Mitgliedschaft in der EZU suspendiert werden. Im übrigen nahm sich das Direktorium vor, Deutschlands Lage am 14. März erneut in Augenschein zu nehmen und danach dem Ministerrat der OEEC zu berichten.[86]

Obwohl der handelspolitische Ausschuß bis auf weiteres keinerlei Importe mehr genehmigte, blieb die tägliche Rechnungsposition wegen eines Überhangs an bereits eingeleiteten, aber erst später zahlungswirksamen Geschäften bis in den März hinein defizitär. In der zweiten Märzwoche, knapp vorm Überschreiten der Quotengrenze, wurde sie aktiv. Der Ausschluß wegen Zahlungsunfähigkeit war zunächst abgewendet. Unentschieden war noch, als Erhard im Bundestag sprach, ob das Direktorium dem Rat empfähle, Deutschland wegen massiven Verstoßes gegen den Liberalisierungskodex auszuschließen. Während er sprach, empfahl es, Deutschlands Mitgliedschaft aufrechtzuerhalten, falls die EZU einen erheblichen Einfluß auf die westdeutsche Importpolitik eingeräumt bekäme. Überdies ermunterte es die Gläubiger-Länder dazu, deutsche Güter zu kaufen, um der Bundesrepublik auf diese Weise die Tilgung des Sonderkredits zu erleichtern. Der Rat folgte der Empfehlung und gab die Ermunterung weiter.

Die institutionalisierte währungswirtschaftliche Integration Europas hatte sich zu Deutschlands unschätzbarem Vorteil gleich im ersten Dreivierteljahr glänzend bewährt. Der Verrechnungs- und Kreditmechanismus verhalf der deutschen Industrie zu Rohstoffen, die den Korea-Boom ermöglichten und das ebenso einsichtige, wie solidarische Verhalten der gemeinschaftlichen Einrichtungen bewahrte die Wirtschaft der Bundesrepublik auch bei wiederholtem Sündenfall vor einem schweren Rückschlag und einer anhaltenden Beeinträchtigung ihrer Entwicklungschancen.

Das Investitionshilfe-Gesetz

Andernfalls hätte Erhards Absicht, den Investitionen in der Grundstoffindustrie durch Konsumbeschränkung auf die Sprünge zu helfen, beträchtlich an Sinn verloren. So behielt sie ihren Sinn, ihre praktische Verwirklichung machte allerdings große Schwierigkeiten. Der Plan stand am 6. März auf der Tagesordnung des Kabinetts. Die Unternehmerverbände und die Gewerkschaften hatten ihn inzwischen abgelehnt. Bevor die Minister darüber sprachen, berieten sie über die Preispolitik. Die freien Preise und die Löhne waren in schnelle Bewegung geraten. Zur Debatte stand, ob die gebundenen Preise und die Sozialleistungen angepaßt werden müßten. Der Ernährungsminister verlangte höhere Preise für die Bauern, der Wohnungsbauminister höhere Mieten, der Verkehrsminister höhere Tarife für den Transport von Menschen und Gütern. Erhard trat für eine Erhöhung der industriellen Grundstoffpreise ein, für eben das, was er der Hohen Behörde vor einem Vierteljahr noch ein für allemal vertraglich hatte untersagen wollen. Das Produktionsvolumen der Grundstoffindustrie werde nur zunehmen, wenn die Produktion rentabel sei, und dazu brauchten die Unternehmen höhere Preise. Abs, Ernst und Vocke warnten davor, und das Kabinett lehnte höhere Grundstoffpreise ebenso ab, wie höhere Mieten und Verkehrstarife. Die Erhöhung der Agrarpreise akzeptierte es. Die Bauernschaft war damals noch ein großes Wählerreservoir und hatte eine rege Lobby. Die Auswirkungen des Preisanstiegs auf die ohnehin zunehmenden Lebenshaltungskosten der zahlreichen Armen sollten durch Preissubventionen und Rentenerhöhungen gemildert werden. Das kostete den Finanzminister Geld, das er nicht hatte und durch eine Sonderumsatzsteuer eintreiben wollte. Die Absicht machte ihn zum entschiedenen Gegner von Erhards Sparmarken-Plan. Der fand auch sonst nicht eben lebhaften Zuspruch. Abs schlug statt dessen vor, die verarbeitende Industrie zu verpflichten, Abschreibungsbeträge und Rückstellungen im Wert von 1 bis 1,2 Milliarden DM in Schuldverschreibungen der Kreditanstalt für Wiederaufbau anzulegen. Ernst und Schäffer befürworteten den Vorschlag. Adenauer sagte: Das Kabinett sei sich darin einig, dem Vorschlag Gesetzesform zu geben. Nicht, daß er das Kabinett vorher gefragt hätte. Der Finanzminister solle prüfen, ob er die Sonderumsatzsteuer wirklich brauche. Wenn er feststelle, daß er sie nicht brauche, könne man über den Erhard-Plan reden.[87]

Während Schäffer mit vorbestimmtem Ergebnis prüfte, ging im Bundeskanzleramt ein Brief des amerikanischen Hochkommissars ein. McCloy resümierte Besprechungen seiner Fachleute mit den zuständigen Bundesministern über die beängstigende Devisenlage, die Kohlenot und Unzulänglichkeiten der Rohstoffverwendung, verlangte „eine bedeutsame Modifizierung der freien Marktwirtschaft, (die) der veränderten Situation gerecht werde" und winkte - das kannte man nun schon - mit dem Entzug der Dollar-Hilfe. Donnerwetter! sagte Adenauer.[88]

Der Brief wurde später als Feuer aus schwerem Geschütz gegen die westdeutsche Wirtschaftsordnung gedeutet. So war er vom Absender nicht gemeint, und so wurde er von den Empfängern auch nicht verstanden. Als ob ausgerechnet die USA, und noch dazu der Wall-Street-Mann McCloy den Deutschen die Planwirtschaft verordnen wollten! Was sie wollten, das war die notwendige Rückkehr zu außenwirtschaftlicher Disziplin, eine Beschränkung des Konsums durch neue Verbrauchssteuern, eine restriktive Kreditpolitik, die einerseits dem Preisauftrieb begegnete und andererseits vernachlässigte Investitionen begünstigte, und - allerdings - die amtliche Lenkung der Rohstoffe in zweckvolle Verwendungen, deren sich seit einiger Zeit auch die amerikanischen Behörden befleißigten. Als zweckvoll galt, was der westlichen Wehrfähigkeit und im Falle der Bundesrepublik auch, was dem Export nützte.

Die Rückkehr zu außenwirtschaftlicher Disziplin war im Gange und Konsumbeschränkungen durch Verbrauchsabgaben ein erklärtes Ziel der deutschen Wirtschaftspolitik. Für die vernachlässigten Investitionen sollte durch den Abs- und womöglich auch den Erhard-Plan gesorgt werden. Die Geldpolitik der Bank Deutscher Länder war so restriktiv, daß es restriktiver kaum mehr ging. Der Zentralbankrat hatte die Geschäftsbanken vor die Alternative gestellt, innerhalb von zwei Monaten den Umfang ihrer kurzfristigen Kredite um ca. 8 % zu reduzieren oder ihrer Refinanzierungskontingente verlustig zu gehen. Der weitergehenden Aufforderung Erhards, die Landeszentralbanken sollten mit den Geschäftsbanken ihrer Bezirke deren Debitoren durchgehen und all jene kurzweg „ausmerzen", die der Finanzierung unerwünschter Importe dienten, folgte die Bank Deutscher Länder nicht.[89] Für die Rohstoff-Lenkung schließlich hatten begründete Erwartungen, Einsicht und vorauseilender Gehorsam bereits institutionelle und gesetzgeberische Vorkehrungen getroffen.

Adenauer las McCloys Brief am 8. März dem Kabinett vor. Erhard sagte, daß McCloys Wünsche mit der Alliierten Hohen Kommission vorbesprochen und teils bereits erfüllt seien, andernteils gerade erfüllt würden. Tags darauf verabschiedete der Bundestag tatsächlich ein „Gesetz für Sicherungsmaßnahmen auf einzelnen Gebieten der gewerblichen Wirtschaft", das den Bundeswirtschaftsminister zu Vorschriften für die Erzeugung, Verarbeitung, Lieferung, Lagerung und Verwendung bestimmter Rohstoffe, Halbwaren und Energieträger ermächtigte; eine Neufassung des Leitsätzegesetzes unter anderen Umständen und zu anderen Zwecken gewissermaßen. Noch am gleichen 9. März berief Erhard den längst versöhnten Otto Friedrich als Rohstoffberater der Bundesregierung ins Wirtschaftsministerium. Friedrich folgte dem Ruf, gab den Vorstands-Vorsitz bei Phoenix aber nicht auf, sondern ließ ihn nur zeitweise ruhen und bezog im Staatsamt kein Gehalt.[90]

Die Ernennung des Industriellen könnte den Eindruck erwecken, als sei sie eher ein Mittel zur Verhinderung, als zur Beförderung staatlicher Rohstoffbewirtschaftung gewesen. Und dies um so eher, als sie mit den Unternehmerverbänden abgesprochen war und die Bewirtschaftungspraxis der unternehmerischen Selbstverwaltung übertragen wurde. Der Eindruck wäre jedoch falsch. Friedrich war von der Notwendigkeit situationsbedingt-zeitweiser Rohstofflenkung überzeugt und zu wirksamen Eingriffen entschlossen. Mehr als Erhard, wie sich zeigte. Das hat ihm die Arbeit erschwert, das Amt vermiest und die merkwürdige Freundschaft ein weiteres Mal getrübt.

McCloys Brief wurde Ende März mit Hinweisen auf das Wirtschaftssicherungsgesetz, die Billigung der Devisenbewirtschaftung durch das EZU-Direktorium und die Kreditrestriktionen der Bank Deutscher Länder beantwortet und war damit erledigt.[91]

Am 13. März nahm das Kabinett die Frage nach möglichst zweckgerechter und finanzwirtschaftlich verträglicher Investitionsfinanzierung wieder auf. Erhard hatte zu diesem Zweck eine Denkschrift vorbereitet, die außer den Regierungsmitgliedern auch einigen Koalitionsabgeordneten zuging, und auf unentdeckten Wegen die Presse erreichte. Die Denkschrift pries seinen Sparplan und wendete sich gegen Schäffers Sonderumsatzsteuer. Des Finanzministers Prüfungen hatten indes ergeben, daß er des Ertrags einer Sonderumsatzsteuer unabweislich zu bedürfen und der zusätzlichen Belastung des Verbrauchs durch Zwecksparen widerraten zu müssen glaubte. Das trug Schäffer im Kabinett vor. Danach mußte Erhards Plan als undurchführbar erklärt und abgelehnt gelten. Blücher schlug vor, die verarbeitende Industrie nicht auf Gesetzeswegen zur Anlage von Abschreibungen und Rückstellungen in Schuldverschreibungen der Kreditanstalt für Wiederaufbau zu zwingen, sondern sie zu einer industriellen Selbsthilfeaktion mit Selbstverpflichtung aufzurufen. Adenauer telephonierte aus der Sitzung heraus mit Abs und fragte, ob die Sache Aussicht auf Erfolg habe. Abs sagte: Nicht im mindesten. Adenauer bat, daß Abs und Pferdmenges trotzdem mit führenden Industriellen darüber sprächen.[92]

Am nächsten Tag berichteten die Zeitungen über Erhards Denkschrift, präsentierte Erhard den Sparmarkenplan im Bundestag als Regierungsvorhaben und schrieb Schäffer Erhard einen Brief. Darin wiederholte er, was er am Vortag im Kabinett gesagt hatte. Erhard antwortete einen Tag später. Er kündigte an, was er während der Kabinettssitzung hatte vermissen lassen: „aus innerer Verantwortung heraus den härtesten und erbittertsten Widerstand". Schäffer schrieb ihm wieder einen Tag darauf lakonisch, daß der sehr geehrte Herr Kollege Person und Sache verwechsle und Kabinettsbeschlüsse vergesse.[93] Adenauer nahm es weniger ironisch. Er ließ seine Wut über Erhards Bundestagsrede auskühlen, dann rechnete er ab.

Erhard hatte sich ebenso wie andere Minister inzwischen an gelegentlich kurzfaßliche Verdikte gewöhnen müssen, die man sich nicht hinter den Spiegel steckte, aber vergessen konnte, wenn der Anlaß ausgeräumt war. Am 19. März 1951 erhielt er den ersten Brief

Adenauers, der ihn persönlich, dienstlich und politisch grundsätzlich in Frage stellte. Es war auch nicht der letzte.

Adenauer verwies auf die Verbreitung der Denkschrift und Erhards Bundestagsrede und schrieb: „Ihr ganzes Verhalten ist unmöglich. Ich muß Ihnen mein ernstes Befremden aussprechen. Sie verkennen völlig das Wesen einer Bundesregierung. Es hat kein Bundesminister das Recht, in entscheidenden Fragen Politik auf eigene Faust zu machen". Erhard desavouiere in der Öffentlichkeit Absichten, denen er im Kabinett zugestimmt habe. „Ich fühle mich weiter veranlaßt, das, was ich Ihnen mündlich sagen wollte, nunmehr schriftlich mitzuteilen. Sie haben persönlich einen großen Anteil Schuld an den gegenwärtigen Verhältnissen auf wirtschaftlichem Gebiet. Sie haben offenbar die wirtschaftliche Entwicklung schon seit geraumer Zeit nicht richtig erkannt". Adenauer führte vor, daß er alles registrierte und nichts vergaß. Er schlug Erhard die Verheißung des nahen Übergangs zur Konvertierbarkeit und die wiederholte öffentliche Beteuerung um die Ohren, daß von Kohleknappheit ernstlich nicht gesprochen werden könne. „Durch Ihre übertrieben optimistischen Reden haben Sie sich und andere über den Ernst der wirtschaftlichen Situation hinweggetäuscht". Es folgten die üblichen Hinweise auf die administrative Untauglichkeit und „das Versagen des Wirtschaftsministeriums bei den wichtigsten Aufgaben". Und schließlich: „Ich bitte Sie weiter, den ersten Verpflichtungen, die ein Bundesminister hat, das heißt der Arbeit in seinem Ministerium, mehr und zwar erheblich mehr Zeit zu widmen, als Sie das bis jetzt ... getan haben".[94]

Eigentlich konnte Erhard diesen Brief um seiner *Selbstachtung* willen nur mit einem Rücktrittsgesuch beantworten. Er schrieb hingegen in seiner unerschütterlichen *Selbstgewißheit* rechtfertigende Briefe, in denen er zart andeutete, daß es dem Kanzler freistehe, ihn abzusetzen, allerdings gleich hinzufügte, „daß es unbestreitbar meine Wirtschaftspolitik war, die das deutsche Volk und die deutsche Wirtschaft aus einem Chaos heraus wieder auf eine lebensfähige Grundlage stellten" - und blieb.[95]

Womöglich hielt ihn außer jener Selbstgewißheit, die in Auseinandersetzungen mit anderen leicht zur Selbstgerechtigkeit geriet, auch die publizistische Bestätigung, deren er sich nach wie vor erfreuen durfte. Irgendwie brachte Erhard es fertig, wirtschaftliche Mißstände zumindest bei einem Teil der Presse als jenseits seiner Verantwortung liegend erscheinen zu lassen und wirtschaftspolitische Versäumnisse, Fehlaussagen und Widersprüche (Im Februar hatte Erhard wiederholt Preisrückgänge in allernächster Zukunft angekündigt, die ihrerseits dann, wie erwünscht, die Nachfrage eindämmten; im März bestritt er, dergleichen je gesagt zu haben - und beides konnte man in den Tages-Nachrichten des Wirtschaftsministeriums nachlesen.[96]) der Wahrnehmung zu entziehen oder anderen zuzuschreiben. So stellte ihn DIE ZEIT in jenen Tagen den Tatsachen zum Trotz unverdrossen als Mann mit den klaren, sicheren, weitreichenden Konzeptionen dar, der „mit behutsamer Hand und fast übermenschlicher Geduld *das* ausgleichen und zurechtbiegen (muß), was sein aktionsfreudiger Herr und Meister", dazu seine Kabinettskollegen und Koalitionsfreunde, „improvisierend, durch kurzschlüssiges Handeln" verdarben.[97]

Im Falle der ebenso nötigen, wie leidigen Investitionsfinanzierung nahm sich derlei „Zurechtbiegen" folgendermaßen aus. Zwei Tage nach Blüchers Anregung im Kabinett traf Adenauer durch Abs' Vermittlung mit den Präsidenten der wichtigsten Unternehmerverbände zusammen und veranlaßte sie dazu, in den Verbänden über einen innerindustriellen Transfer von Investitionsmitteln nachzudenken und zu beraten. Die Unternehmerschaft war von der Idee nicht furchtbar angetan, ihr aber auch nicht so abgeneigt, wie Abs vermutet hatte. Sie fühlte sich unter Druck. Die innerdeutschen Rohstoffengpässe müßten aus wirtschaftlichen und außenpolitischen Gründen schnellstens erweitert werden. Das sahen die Industriellen ein. Das bestgeeignete Mittel zu diesem Zweck wäre die Freigabe der Preise. Die aber war, weil Preise und Löhne ohnehin anstiegen, gegenwärtig inopportun. Sie hätte die Unternehmer dem Vorwurf der Preistreiberei ausgesetzt. Blieben als Möglichkeiten die Umlenkung privater Kaufkraft oder die Umlenkung industriellen Investitionskapitals. Die Kaufkraftumlenkung lehnten die Unternehmer als sachlich und erhebungstechnisch verfehlten Ansatz ab. Auf die Umlenkung investiver Mittel ließen sie sich nach Verhandlungen mit Blücher unter der Voraussetzung ein, daß der Staat sie durch Einkommenssteuervergünstigungen unterstütze. In dieser Form trug der Gemeinschaftsausschuß der gewerblichen Wirtschaft dem Bundeskanzler Anfang April eine Selbsthilfeaktion der Industrie an, die gesetzliche und administrative Maßnahmen erübrigen sollte. Adenauer lud den Vorstand des Gemeinschaftsausschusses und den Vorstand des DGB zu einer gemeinsamen Besprechung des Vorschlags ein. Die Gewerkschaften hatten unterdessen gefordert, daß alle industriellen Abschreibungen und Steuerbilanzgewinne von der Kreditanstalt für Wiederaufbau vereinnahmt und zweckvoll verteilt würden.[98]

Während die Unternehmer mühsam zu ihrem Vorschlag fanden, waren Erhard und Schäffer von den Kabinettskollegen zu dem Versuch ermuntert worden, ihre Pläne dadurch miteinander vereinbar zu machen, daß sie die als belastbar erscheinenden Konsumgüter in zwei Gruppen aufteilten; in Güter, die mit einer Sonderumsatzsteuer belegt wurden und in Güter, deren Kauf zu gleichzeitigem Sparen zwang. Die beiden Minister fanden sich zu dem Versuch bereit, gaben eine gemeinsame Friedensproklamation vor der Presse ab und trafen in den folgenden zwei Wochen dreimal zu Verteilungs-Gesprächen zusammen. Dann erwies sich der scheinbare Frieden als Waffenstillstand. Am 3. und 4. April produzierten Schäffer und Erhard voneinander unabhängige Kabinettsvorlagen. Schäffer empfahl erneut den Verzicht auf Erhards Sparplan, Erhard erklärte ihn für unerläßlich, weil ein innerindustrieller Kapitaltransfer notwendigerweise unzureichend ausfalle und beklagte, daß Schäffers Sonderumsatzsteuer die „Durchschlagskraft" seines Planes beeinträchtigte. Am 5. April verlangte Erhard die Rücknahme von Schäffers Empfehlung, am 6. April schrieb Schäffer, daß er sie aufrechterhalte, sich aber natürlich einem anders gerichteten Kabinettsbeschluß beuge. Am 7. April streckte Erhard die Waffen und errang dadurch, schrieb die Frankfurter Rundschau, „den größten Sieg - den über sich selbst". Er gab unter Verweis auf die Selbsthilfebereitschaft der Industrie den Sparmarken-Plan preis. Tags darauf, am Vortag ihres Gesprächs mit den Gewerkschaften beim Kanzler, beredete er mit den Verbandspräsidenten die Modalitäten des Kapitaltransfers. Dabei bewegte er die Präsidenten dazu, einem Transfervolumen von 1 Milliarde DM zuzustimmen. Danach schrieb er erst an Adenauer, daß es ihm gelungen wäre, die Spitzenverbände der deutschen Unternehmerschaft zu verpflichten, die nötigen Investitionsmittel in eigener Verantwortung und aus eigener Kraft aufzubringen, und beglückwünschte anschließend die Präsidenten zu ihrer aufgeschlossenen Haltung. Die Aufgabe des Sparmarken-Plans begründete er damit, daß die Notwendigkeit, preistreibende Konsumgüter-Nachfrage einzuschränken, entfallen und „daß es mit den Grundprinzipien unserer Wirtschaftspolitik nicht zu vereinbaren sei, wenn ich auf der einen Seite der deutschen Unternehmerwirtschaft alle Chancen einer freiheitlichen Entwicklung eröffne, auf der anderen Seite aber den Verbraucher belasten und seine Kaufkraft verkürzen wolle".[99]

Um den Gesetzesweg kam die „Selbsthilfe" der Industrie gleichwohl nicht herum. Die Verbandspräsidenten bewegten sich mit ihren Anträgen und Zusicherungen auf dünnem Eis. Es fiel ihnen nicht leicht, einer Mehrheit ihrer Klientel deren nachträgliche Zustimmung abzuringen. Und selbst, als ihnen das gelungen war, konnten sie nicht sicher sein, daß ohne gesetzlichen Zwang alle Unternehmer mitmachten. Deshalb wünschten sie, daß die Sache Rechtskraft erhalte. Das zog sich bis Anfang 1952 hin. Erhard versuchte derweil, die Bank Deutscher Länder zur „Vorfinanzierung" von Investitionen empfangsberechtigter Industriezweige zu veranlassen. Der Versuch war vergebens, und der Transfer wurde erst wirksam, im Sommer 1952 etwa, als die Rohstoffnot weitgehend überwunden und die weitere Notwendigkeit der „Investitionshilfe" zumindest zweifelhaft geworden war.

Die ganze Angelegenheit barg übrigens noch eine Pointe eigener Art. 1953 klagte ein aufbringungspflichtiges Unternehmen gegen das Gesetz. Es sei mit der westdeutschen Wirtschaftsordnung nicht in rechtlichem Einklang. Der Streit ging bis vor das Verfassungsgericht. Und das entschied, daß es eine westdeutsche Wirtschaftsordnung, auf die man sich mit Rechtswirkungen berufen könne, nicht gebe. Das Grundgesetz sei ordnungspolitisch offen und die Behauptung, daß die Investitionshilfe den Grundsätzen sozialer Marktwirtschaft widerspreche, rechtlich belanglos - unabhängig davon, ob sie stimme.

4. Kapitel

Das Wunder und der Ruhm

Privates und dienstliches Allerlei

Als das fragwürdige und umstrittene Gesetz gegen Erhards heftig verfochtene An- und Absichten im Streit erfunden wurde, lagen anderthalb Jahre voll von Aufregungen und Gefahren hinter der westdeutschen Wirtschaft, der westdeutschen Wirtschaftspolitik und dem westdeutschen Wirtschaftsminister: Wechselkursdisput und Arbeitslosigkeit, „Korea-Boom", Devisenkrise und Kohlennot, Schumann-Plan-Verhandlungen und Unternehmensdekonzentration. Erhard war auf rauher See kein ruhiger und sicherer Steuermann gewesen. Mehrfach hatte er Winde und Wetter falsch bestimmt und zweifelhaften Kurs eingeschlagen. Das Schiff war in starkes Schlingern geraten und wäre wohl auch havariert, wenn die EZU es in seiner Not nicht ins Schlepptau genommen hätte. Die Funktionsweisen und Wirkungen der sozialen Marktwirtschaft hatten unter extremen Umständen deren Programmatik nicht gerecht werden können, und die wirtschaftspolitische Praxis hatte gegen das erklärte, und von Erhard unablässig beschworene Konzept der Wirtschaftspolitik wiederholt verstoßen müssen. In der Durchführung eines, und mehr noch, in der Vorbereitung eines weiteren - umfänglichen und kreditfinanzierten - öffentlichen Arbeitsbeschaffungsprogramms äußerte sich Mißtrauen in die Selbstheilungskräfte des Marktes; das Beharren auf amtlicher Preisbildung für Kohle und Stahl und auf dem Kohlegemeinschaftsverkauf verwies darauf, daß die Marktwirtschaft nicht für alle Fälle zu taugen und daß sie zu ihrer partiellen Tauglichkeit überdies eines dauerhaften Rückhalts an staatlicher Lenkung zu bedürfen schien; die Idee des Sparmarken-Plans und die Verabschiedung des Investitionshilfegesetzes gaben zu erkennen, daß sich aus der für nötig gehaltenen ordnungspolitischen Dualität wachstums- und stabilitätsgefährdende Strukturdefekte ergaben, deren man nur durch regulative Eingriffe Herr werden zu können glaubte; die gleichsam kapitulative Rückkehr zu vollkommener Devisenbewirtschaftung und der verzweifelte Vorstoß zu zahlungsbilanzpolitisch motivierter Kreditrationierung schließlich desavouierten die Rede von Westdeutschlands Führerschaft in die Freiheit des internationalen Handels. Erhard erschien bei alledem als eine Art personifizierter Widerspruch zwischen konzeptionellem Anspruch und praktischer Notwendigkeit, zwischen Wort und Tat. Das schwächte seine politische Stellung und beeinträchtigte seine Popularität. Von Herbst 1950 bis Frühjahr 1951 stand er zur politischen Disposition, und im Mai 1951 antworteten gerade noch 14 % der Westdeutschen auf die Frage, ob sie eine gute Meinung von ihrem Wirtschaftsminister hätten, mit Ja. 49 % hatten keine gute Meinung von ihm.[1]

Zu denen gehörte einer, den man natürlich nicht gefragt hatte. Das war Konrad Adenauer. Der Bundeskanzler mochte seinen Wirtschaftsminister nicht. Dessen Typus, sein Auftreten und Gebaren widerstanden ihm. Er machte kein Hehl daraus. Erhard konnte es nicht eigentlich fassen, konnte sich in seinem Wunsche, gerade von Adenauer, den er bewunderte und vor dem er Angst hatte, gemocht und anerkannt zu sein, nicht damit abfinden, konnte es in seiner Unfähigkeit, anders zu erscheinen als er war, aber auch nicht ändern und litt darunter. Er ahnte nicht, daß er nach den ersten anderthalb Jahren noch weitere anderthalb Jahrzehnte darunter leiden würde. Daß Adenauer ihm in jenem Winter des Mißlingens und des Mißvergnügens das fortgesetzte Leiden nicht dadurch ersparte, daß er ihn kurzentschlossen entließ, statt ihn bloß rauh abzubürsten, verdankte Erhard weniger seinen Taten und Talenten als der wiederholten Forderung der SPD, genau dies zu tun. Erhards Entlassung hätte so gewirkt, als gäbe der Kanzler der Forderung endlich nach. Und das ging natürlich nicht an. Erhard blieb und wurde vor aller Öffentlichkeit zum Unterwirtschaftsminister herabgestuft. Er blieb trotzdem; von dem Gedanken bewegt, mit den Fähigkeiten eines wirtschaftspolitischen Wundermannes begabt zu sein, dem die westdeutsche Wirtschaft fast alles zu verdanken und von dem sie zu ihrem Heil noch vieles zu erwarten hätte, und von der Feststellung betrübt und aufgewühlt, daß man seit je seine praktischen Zuständigkeiten unbillig beschränkte und nun auch noch seine grundsätzliche Verantwortlichkeit bestritt.

Dies alles erlebte er bei nicht eben erfreulichen Gegebenheiten des privaten Alltags. Die Familie Erhard war der Trennung, Erhard selbst des Hoteldaseins während seiner Zeit als Sonderstellen-Präses und als Wirtschaftsdirektor mehr als überdrüssig geworden. Deshalb gab man, kaum daß der politische Posten auf Dauer gestellt zu sein schien und im Vertrauen darauf, daß der junge Staat für die angemessene Unterbringung seiner obersten Bürden- und Würdenträger schnellstens sorgen werde, die Großhesseloher Wohnung eilig auf, stellte die Möbel vorübergehend ein und zog in der Erwartung, sie baldigst in einem geräumig-gemütlichen Haus wieder aufstellen zu können, in eine notdürftig ausgestattete Zweizimmer-Wohnung in der Bonner Heinrich-Körner-Str. 50. Und dort „kampierte", schrieb Erhard an Adenauer, die Familie im Frühjahr 1951, immer noch - auf Feldbetten des Nachts. Der Übergang in würdigere Wohnverhältnisse war, so schien es Erhard, an Schäffers Geiz gescheitert. Erst weigerte sich der Finanzminister, ein Erhard genehmes Haus in Mehlem anzukaufen, weil es zu teuer wäre und weil der Bund beabsichtige, in Kürze mit dem Bau von Ministerhäusern an der Bonner Hangstraße zu beginnen. Dann gab der Bund die Absicht auf, weil die Stadt Bonn die Erschließungskosten an der Hangstraße nicht übernahm und vertröstete Erhard mit der vagen Aussicht auf ein Haus am billigeren Venusberg, das freilich auch erst noch auf bislang unerschlossenem Grund gebaut werden mußte. Die Aussicht war Erhard kein Trost. Denn erstens verhieß sie keinen baldigen Umstieg aus den Feld- in die Federbetten, und zweitens wollten die Erhards nicht „irgendwohin". Erhard drang mehrfach in den Kanzler. Er möge Schäffer anweisen, die Erschließungskosten an der Hangstraße zu übernehmen und schnellstens bauen zu lassen. Andere Minister warteten nicht weniger als er darauf. Adenauer aber, dem es bekanntlich gelungen war, eine Bundeshauptstadt gleich neben der vertrauten Beschaulichkeit seines Rhöndorfer Heims ausfindig zu machen, hielt die Wohnungsnöte seiner Minister für ein Problem minderen Gewichts. Er ließ Schäffer gewähren und dessen bedürftige Kollegen weiter warten.[2]

Nein, viel Spaß kann Erhard Dienst und Leben während der ersten 18 - 20 Monate im Ministeramt eigentlich nicht gemacht haben, mochten der Stolz darauf, es für das deutsche Volk so herrlich weit gebracht zu haben und das Vertrauen darein, Träger einer Sendung zu sein, auch manches an Unbill ausgeglichen haben.

Im Frühjahr 1951 beruhigten sich zunächst einmal die wirtschaftlichen Winde und Wogen, der Himmel klarte auf. Strenge Devisenbewirtschaftung unter internationaler Aufsicht sorgte dafür, daß die Importe binnen kurzem stark abnahmen; die leidige Kreditrationierung und eine anhaltend restriktive Geldpolitik der Bank Deutscher Länder unterbanden zur rechten Zeit den beängstigenden Preisauftrieb. Im europäischen Ausland stiegen die Preise vorerst weiter. Das verhalf deutschen Industriegütern zu einem Wettbewerbsvorsprung auf den internationalen Märkten, der seinerseits die Exporte kräftig anregte. Die Handelsbilanz wies von Mai an zunehmende Überschüsse aus. Die Überschüsse reichten dazu hin, den Sonderkredit der EZU fristgerecht zu tilgen, und verminderten anschließend die kumulierte Defizitposition der Bundesrepublik. Erhard drängte deswegen schon im Spätsommer auf die Reliberalisierung des deutschen Außenhandels. Die behutsamere Zentralbankleitung riet zu mehr Bedächtigkeit und setzte sich damit auch durch. Erst nachdem Deutschland im Dezember Nettogläubiger der EZU geworden war, gab sie ihren Widerstand auf. Im Januar 1952 erklärte die Bundesregierung, daß sie zur Teilliberalisierung ihres Europahandels zurückkehre. Zwei Monate später begann Erhard einen von missiona rischem Eifer getriebenen Feldzug *für* die Konvertibilität der europäischen Währungen, der notwendigerweise und ausdrücklich zugleich ein Feldzug *gegen* jene EZU war, die Deutschland zunächst einen Wachstumsschub erster Güte ermöglicht und die es dann vor einem wirtschaftlichen Einbruch mit weitreichenden Folgen bewahrt hatte. Dankbarkeit ist aber natürlich in der Politik kein Argument. Und sie gehörte auch nicht zu Erhards mentaler Ausstattung - als Gefühl der Verpflichtung jedenfalls nicht, als Erwartungshaltung schon.

Unterdessen war die Bundesrepublik Mitglied des General Agreement on Tariffs and Trade geworden. Wobei Mitglied eigentlich nicht das richtige Wort ist. Das GATT war ja keine Organisation, sondern eine Veranstaltung, mittels derer man sich weltweit um gute Ordnung, Erleichterung und Förderung des internationalen Handels bemühte. Die Bundesrepublik wurde „Teilnehmer" daran.

Die Gründung einer International Trade Organisation, die man sich auf Betreiben der USA noch wahrend des Krieges vorgenommen hatte, war nach entschiedenem und zunächst erfolgreich scheinendem Beginnen bald nach Kriegsende an unüberwindlichen Interessens- und Meinungsunterschieden gescheitert. Das GATT war gewissermaßen das Auffangbecken des guten Willens und der organisatorischen Anstrengung, die man bis dahin in die friedlich-fruchtbare Ordnung des Welthandels investiert hatte. Die Teilnehmer am GATT - zunächst knapp 30 an der Zahl - bekannten sich zum Prinzip der „Meistbegünstigung", will heißen: zu der Verpflichtung, die Importe aus irgendeinem Teilnehmerland handelspolitisch nicht schlechter zu traktieren, als die Importe aus irgendeinem anderen Teilnehmerland. Und sie verfolgten die Absicht, in koordinierter Aktion die Zölle zu senken und die quantitativen Handelsbeschränkungen zwischeneinander zu beseitigen. Zu diesem Zweck trafen sie sich in mehr oder weniger regelmäßigen Abständen zu großen Zoll- und Handelskonferenzen. An den beiden ersten Konferenzen hatte Deutschland nicht teilgenommen, hatte es in eigener Verantwortung nicht teilnehmen können, weil es ein staatlich verfaßtes Deutschland noch nicht gab, und hatte es unter besatzungsmächtlicher Verantwortung nicht teilnehmen sollen, weil deutsche Auftritte auf internationaler Bühne noch nicht gern gesehen wurden. An der dritten Konferenz sollte die Bundesrepunlik teilnehmen. Die USA wünschten dies, und die anderen hatten nichts Bemerkenswertes mehr dagegen einzuwenden. Die Teilnahme setzte freilich voraus, daß die Bundesrepublik einen ganz neu gefaßten Zolltarif vorlegte. Das geltende Zollgesetz stammte nämlich aus dem Jahre 1902 und sah noch immer Zölle vor, die nach dem Gewicht der eingeführten Güter, nicht - wie zwischen den GATT-Teilnehmern üblich - nach deren Wert bemessen wurden.

Ein umfangreicher Ausschuß mit Beteiligung der Interessenten arbeitete den Entwurf eines neuen Tarifs aus, Erhard und Schäffer vertraten ihn vor den Alliierten Hohen Kommissaren. Die Handelsexperten waren von dem Entwurf nicht eben begeistert. Er kam ihnen allzu protektionistisch vor. Sie drängten darauf, zahlreiche Zölle zu senken. Andernfalls könnten die Hohen Kommissare den Tarif nicht billigen. Erhard verteidigte die Vorlage mit Eifer und wehrte sich gegen Zollsenkungen mit düsteren Visionen: Niedrigere Zölle riefen schwere wirtschaftliche und soziale Störungen in Westdeutschland hervor. Das schien widersprüchlich zu klingen aus dem Mund des Mannes, der Deutschland zum „geistigen Führer der Liberalisierung des Außenhandels" machen wollte und Devisenbewirtschaftung für eine „Kulturschande" hielt. Erhard empfand es nicht als Widerspruch. Ihm ging es, wenn er von „Liberalisierung" sprach, mehr um die Verfahren als um die Wirkungen. In dieser Perspektive war Devisenbewirtschaftung bürokratische Reglementierung und Zwang, Zollschutz hingegen ein Mittel der Marktbeeinflussung, das der - formalen - Freiheit privatwirtschaftlichen Handels keinen Abbruch tat. Deshalb sollte die Devisenbewirtschaftung so schnell wie möglich verschwinden, Zollprotektionismus die deutsche Erzeugung jedoch weiterhin und so lange wie nötig überlegener ausländischer Konkurrenz entziehen. Natürlich dürfe man, sosagte Erhard im November 1949, beim Übergang zur Konvertierbarkeit fremde Konkurrenz nicht mit Wucht hereinbrechen lassen. Namentlich die Auto- und die Elektroindustrie bedürften durchaus pfleglicher Behandlung.[3] Das war eher Friedrich List als Adam Smith. Und daran hielt er im Grundsatz auch noch fünf Jahre später fest.

Im Sommer 1950 kam es über die protektionistischen Bedürfnisse und Neigungen zum Konflikt. Die Hohe Kommission ließ von ihrem Verlangen, Zölle niedriger anzusetzen, nicht ab, und die Bundesregierung gab dem Verlangen nur höchst unvollkommen nach. Schließlich einigte man sich auf einen dilatorischen Kompromiß. Die Besatzungsmächte gestanden zu, daß die Bundesregierung ihren Entwurf beim Sekretariat des GATT einreichte, damit Westdeutschland zur nächsten Zollkonferenz eingeladen werden könnte. Der Enwurf mußte allerdings mit dem Vermerk versehen sein, daß die Alliierte Hohe Kommission ihn nicht gebilligt habe und er deshalb als vorläufig zu betrachten sei. So geschah es.[4] Die Bundesrepublik wurde zur dritten Zollrunde des GATT im südenglischen Torquay eingeladen. Als die Verhandlungen im September 1951 begannen, war der Vorbehalt hinfällig geworden. In der Zwischenzeit war das Besatzungsstatut revidiert und die Bundesrepublik mit einem guten Stück außenpolitischer und damit auch außenhandelspolitischer Souveränität ausgestattet worden. Adenauer hatte sich in Ermangelung eines Besseren selbst zum Außenminister und den trefflichen, in Paris eben zum Ziel gelangten Walter Hallstein zu seinem Staatssekretär berufen. So vertrat denn auch nicht etwa das Wirtschaftsministerium die Bundesrepublik in Torquai. Handelsvertragsverhandlungen waren traditionsgemäß eine Domäne des Auswärtigen Amtes. Erhard sah das natürlich nicht ein, nahm es aber ebenso natürlich hin. Er konnte sich mit *diesem* Außenminister ja auf keinen Kompetenzenstreit einlassen. Das geschah erst und zwar umgehend, als das Amt 1955 an Heinrich von Brentano überging.

Am 1. Oktober 1951 wurde die Bundesrepublik der 31. vollberechtigte Teilnehmer am GATT. Sie kam dadurch in den Genuß der Meistbegünstigung bei *allen* wichtigen Handelspartnern und handelte mit einer *Vielzahl* von Partnern für eine Vielzahl deutscher Exportgüter niedrigere Importzölle aus. Auch das tat ihren Exporten wohl.

Das erklärliche Wunder

Die Ausfuhr war denn auch eine, in mancher Hinsicht *die* wesentliche Triebkraft des außerordentlichen wirtschaftlichen Aufschwungs, den die Bundesrepublik in den nächsten Jahren erlebte; jenes zweiten und eigentlichen „Wirtschaftswunders“, das die Welt mit angespanntem Staunen und zunehmendem Respekt beobachtete, das sie ein wenig wohl auch mit Argwohn und Mißgunst erfüllte und das dem auftrittsstarken westdeutschen Wirtschaftsminister ein Maß an Wertschätzung, Bewunderung, ja Ehrfurcht im Inland und im Ausland eintrug, dessen sich kein Wirtschaftsminister der Welt je hatte versehen dürfen.

Erhard pflegte den Begriff „Wirtschaftswunder“ für das, was sich in den fünfziger Jahren in Deutschland begab, zurückzuweisen. Wunderbar sei nur das Unerklärliche. Westdeutschlands wirtschaftliche Blüte sei aber natürlich sehr wohl zu erklären. Das stimmte. Zu erklären sei sie, fuhr er fort, mit rechter Ordnung und guter Politik. Und das stimmte nicht mehr so ganz.

Erhards ordnungspolitischer Handstreich und seine Standfestigkeit hatten - kühn und respektgebietend wie sie waren - im Sommer 1948 die Bahn für den schnellen und steilen Aufschwung freigemacht. Ohne beides hätte es dergleichen nicht gegeben. Dies Verdienst kann Ludwig Erhard niemand streitig machen. *Bewirkt* hat es den Aufschwung freilich nicht. Dies Verdienst kommt Erhard nicht zu. Bewirkt hat seine Tat den eruptiven Ausbruch gestauter Energien, die sich mit einer gewissen Notwendigkeit alsbald erschöpften. Von Frühjahr 1949 bis Frühjahr 1951 fiel die westdeutsche Wirtschaft eher durch ihre Probleme als durch Überlegenheiten auf: Arbeitslosigkeit und Kapitalmangel, Kohlenot und Devisenkrise. Weder die Ordnung noch die Politik hatte dagegen viel vermocht. Die Politik trug zu manchen Schwierigkeiten bei und die Ordnung wurde unterlaufen, um den Schwierigkeiten zu begegnen. Zur längerfristig ununterbrochenen Erfolgsgeschichte geriet die wirtschaftliche Entwicklung erst danach, und dies nicht etwa infolge nennenswerter wirtschaftspolitischer Maßnahmen und Entscheidungen, sondern infolge von Voraussetzungen und Zufällen, Umständen und Verhaltensweisen, deren Wirksamkeit Wirtschaftspolitik weitgehend überflüssig machte. Das Zusammentreffen und die förderlichen Wechselwirkungen jener Voraussetzungen, Zufälle, Umstände und Verhaltensweisen waren das, was die westdeutsche Wirtschaft vor anderen europäischen Wirtschaften begünstigte und auszeichnete, nicht deren Ordnung. Die Ordnung war in England oder Frankreich so anders nicht, auch wenn sie dort des werbenden Namens und des großen Getues darum entbehrte. Da nun aber die Kompilation und Kombination vorteilhafter Kräfte wirtschaftlicher Entwicklung in seiner historischen Einmalig- und Unwiederbringlichkeit durchaus etwas Wunderbares hatte, ist von Wirtschaftswunder zu reden so verkehrt dann doch wieder nicht. Der Vorgang ist erklärlich, gewiß, aber gerade in der Erklärung offenbart sich das Wunder.

Dabei fällt die Erklärung keineswegs leicht. Der Wirtschaftsprozeß ergibt sich aus den Wechselwirkungen einer Fülle von Erscheinungen und Vorgängen, die einander sowohl Ursache wie Folge sein können. Was unter Umständen und zu Zeiten Ursache, was Folge ist, das erfährt man nicht durch bloße Betrachtung. Es muß analytisch erschlossen werden. Die Schlüsse sind selten eindeutig und zwingend. Sie hängen gewöhnlich von theoretischen Voraussetzungen und häufig von ideologischen Befangenheiten ab. Das Ergebnis der Analyse kann denn auch keinen Anspruch auf Richtigkeit geltend machen, nur den Anspruch auf Plausibilität.

Dessen eingedenk läßt sich das westdeutsche Wirtschaftswunder folgendermaßen deuten: Die Währungs- und Wirtschaftsreformen bereiteten ihm den Boden, der Export gab ihm zwei Jahre später aufgrund und infolge des internationalen Korea-Booms die wesentlichen Impulse, die Investitionen verliehen ihm Tragkraft.

Die außerordentliche Schubkraft der Korea-Nachfrage hob die realen Ausfuhren in der zweiten Hälfte des Jahres 1950 gleichsam ruckartig um mehr als die Hälfte über das Niveau des ersten Halbjahres und im Jahr 1951 um knapp die Hälfte über das Niveau des Jahres 1950. Anschließend wuchsen sie verlangsamt, aber immer noch mit ungewöhnlicher Dynamik weiter: von 1951 bis 1955 um 15 % im Jahresdurchschnitt, von 1955 bis 1960 um 12,5 %. Der Zuwachs war geschickterweise immer dann überdurchschnittlich groß, wenn die deutsche Industrie einen neuen Anstoß gut vertragen konnte. 1960 exportierte die Bundesrepublik viereinhalb Mal soviel wie 1950. Das reale Sozialprodukt hatte sich derweil nur gut verdoppelt. Der Ausfuhranteil war von 8 % auf 16 % angestiegen.

Das seinerseits triebkräftige Exportwachstum hatte mehrere Gründe und Bedingungen. Dazu gehörte zunächst einmal, daß sich in den fünfziger Jahren die ganze westliche Welt relativ günstiger wirtschaftlicher Konjunkturen erfreute. Es war ja nicht so, daß die wirtschaftliche Entwicklung in der Bundesrepublik ganz und gar aus der Reihe fiel. Sie ragte vielmehr daraus hervor, weil sie sich - wie es schien - aus besonders unvorteilhaften Verhältnissen heraus besonders schnell vollzog. Das wäre in dieser Form nicht angegangen, wenn die anderen Länder sehr weit zurückgeblieben wären. Exportgeleitetes Wachstum in einem Land setzt Importbereitschaft in anderen Ländern voraus. Und die wiederum ist vom wirtschaftlichen Wohlergehen der anderen Länder abhängig. Nun richteten sich deren Importwünsche freilich weit überdurchschnittlich an die Bundesrepublik. Der Anteil der deutschen Ausfuhr an den Weltexporten nahm von 6 % auf 10 % zu. Das mußte Gründe haben, die in Deutschland lagen. Deren wichtigster war der Preiskonkurrenzvorsprung, den die deutsche Industrie im Zuge des Korea-Booms gewann und anschließend wahrte. Dazu kamen die Überlieferung einer Industriestruktur und damit eines Exportsortiments, das den Bedürfnissen und Wünschen höchst angemessen war. Die deutsche Industrie glänzte seit kaiserlichen Zeiten mit den Erzeugnissen des Maschinen- und Fahrzeugbaus, der Feinmechanik und Elektroindustrie sowie der chemischen Synthese. Zeitweise hatte sie die Weltmärkte damit beherrscht. Später waren der Glanz verblaßt und die Exportchancen gewichen. Die institutionellen Voraussetzungen und die intellektuellen Mittel beides wiederzugewinnen waren aber erhalten geblieben. Sie wurden reaktiviert, dabei den neuzeitlichen Bedürfnissen und Möglichkeiten anverwandelt, und heraus kam ein qualitätvolles und elastisches, rasch lieferbares Angebot an jenen modernen Investitions- und Gebrauchsgütern, die bei starkem industriewirtschaftlichem Wachstum und infolge kräftig zunehmender Masseneinkommen in der westlichen Welt besonders rege nachgefragt wurden. Andere Volkswirtschaften mußten die Voraussetzungen und Mittel erst schaffen. Die Volkswirtschaft der USA natürlich nicht. Die amerikanische Industrie konnte zunächst noch fast alles besser und machte es produktiver und billiger als die deutsche Industrie. Wenn Deutschlands europäische Exportkunden so hätten handeln können, wie es ihnen die reine ökonomische Vernunft gebot, dann hätten sie gewiß sehr viel weniger in der Bundesrepublik und sehr viel mehr in den USA gekauft. Zu Deutschlands Vorteil mußten sie der Vernunft aber vielfach den Laufpaß geben und nach Opportunität handeln. Sie ermangelten bekanntlich der Dollar, deren sie bedurften, um ihre Wünsche in Amerika zu befriedigen. Der DM ermangelten sie alsbald zwar auch, weil die Bundesrepublik trotz Wiederaufnahme der Handelsliberalisierung fortan viel weniger aus Europa einführte, als sie dorthin verkaufte.

Aber die multilaterale Verrechnung in der EZU minderte den Mangel und der EZU-Kredit half über den großen Rest hinweg. So gehörten auch Europas Dollarlücke und die Funktionen der Europäischen Zahlungsunion zu den Bedingungen des andauernden westdeutschen Exportbooms.

Der Export war die hauptsächliche Impuls- und Triebkraft des Wirtschaftswunders, lebhafte Investitionstätigkeit sorgte dafür, daß die wiederholten Anstöße aufgenommen und weitergegeben wurden. Das Wirkungsverhältnis zwischen Exporten und Investitionen war doppeldeutig. Die massenhafte Auslandsnachfrage veranlaßte zum Investieren und die Investitionen ermöglichten ein Angebot, das sich wandelbaren Bedürfnissen quantitativ und qualitativ flexibel anpaßte. Darüber hinaus trugen die Investitionen in zweierlei Weise Erhebliches zum starken Wachstum bei: Erstens waren sie ihrerseits eine Quelle umfangreicher Nachfrage, und zweitens realisierten sie in großem Stil technischen Fortschritt. Das mehrte die Ergiebigkeit des Kapitals und der Arbeit, die im Produktionsprozeß eingesetzt wurden.

Von der Nachfrageseite her entfalteten die Investitionen ihre hervorragende Wachstumskraft erst von 1953 an. Bis dahin blieb die Zunahme der Anlageinvestitionen im Gegensatz zum Exportwachstum hinter dem Anstieg des Sozialprodukts zurück. Dann machte die Wachstumsrate einen Sprung und lag fortan zumeist erheblich über dem Sozialproduktswachstum. Von 1952 - 1960 nahmen die Investitionen um 120 % und das Sozialprodukt um 80 % zu, die Investitionsquote stieg von 20 % auf ungewöhnlich hohe 25 %.

Daß die Investitionen in den ersten Jahren langsamer wuchsen als das Sozialprodukt war nun nicht etwa von Nachteil, es war vielmehr Ausdruck einer vorübergehenden Gunst der Umstände. Der Krieg hinterließ Deutschland einen zwar heftig derangierten, aber keinen schlechthin zerstörten Produktionsapparat, einen Produktionsapparat zudem, der im Zuge der Rüstungswirtschaft bemerkenswert erweitert und durch Demontagen in den ersten Nachkriegsjahren nicht gleichermaßen bemerkenswert wieder verkleinert worden war. Deshalb konnte es gelingen, mit relativ geringen Investitionen in Reparaturen, Anlagenersatz und Anlagenergänzungen binnen kurzem umfangreiche Kapazitäten zu erschließen. Angesichts der bekannten Schwäche und Schwierigkeiten gesamtwirtschaftlicher Geldkapitalbildung in Nachkriegsdeutschland war das ein unschätzbarer Vorteil. 1952 erschöpfte er sich. Von 1953 an traten Kapazitätserweiterungen in den Vordergrund der Investitionstätigkeit. Das mehrte einerseits den Kapitalbedarf und begünstigte andererseits die Aneignung modernster Technologien. Die Deckung des Kapitalbedarfs bereitete nach der starken Zunahme des Sozialprodukts keine grundsätzlichen Probleme mehr, und die Möglichkeit, modernste Technologien zu adaptieren, war eine Entwicklungschance erster Ordnung.

Die industriellen Produktionsanlagen waren im Dritten Reich zwar kräftig ausgedehnt worden, die Verfahrenstechniken dabei aber - von Ausnahmen abgesehen - weit hinter den amerikanischen zurückgeblieben. Der Rückstand konnte nun ohne langwierige und risikoreiche Forschungs- und Entwicklungsanstrengungen mit Hilfe amerikanischer Lizenzen und Lernprogramme aufgeholt werden. Das nennt man „catching up“, und es ermöglicht, in kurzer Zeit große Produktivitätspotentiale nutzbar zu machen. Dabei traf es sich auch noch glücklich, daß die unerschlossenen Potentiale in den Industriezweigen lagen, die einstmals offenkundig und latent immer noch die Stärke der deutschen Wirtschaft ausgemacht hatten und deren Erzeugnisse in Europa - die Bundesrepublik selbst eingeschlossen - eben jetzt besonders stark nachgefragt wurden.

Unter derart förderlichen Umständen wuchsen die Produktion der Fahrzeugindustrie von 1950 bis 1960 aufs beinahe Fünffache, die Produktion der elektrotechnischen Industrie aufs mehr als Vierfache und die Produktion der Chemie- sowie der Maschinenbauindustrie aufs jeweils knapp Dreifache. Diese Branchen, namentlich der Fahrzeugbau und die Elektrotechnik, spielten damals die Rollen von „Leitsektoren" in der westdeutschen Wirtschaft. Leitsektoren sind Wirtschaftszweige, die besonderer Umstände wegen zeitweise überdurchschnittlich schnell wachsen und dabei das Wachstum anderer Sektoren anregen. Dergleichen gibt es nicht immer und überall. Aber nur wenn und wo es in den vergangenen zweihundert Jahren Leitsektoren gab, gab es auch starkes gesamtwirtschaftliches Wachstum.

Dank ihren Wachstums- und Impulskräften nahmen die gesamte Industrieproduktion in den fünfziger Jahren um außerordentliche 150 % und das Sozialprodukt um kaum weniger eindrucksvolle 115 % zu. Im Zuge des Wachstums absorbierten Industrie, Handel und Dienstleistungsgewerbe innerhalb weniger Jahre die 2 Millionen Arbeitslosen, deren Existenz die Bundesregierung vor dem Korea-Boom so sehr beunruhigt hatte. Außerdem nahmen sie 1,5 Millionen Arbeitskräfte aus der überbesetzten Landwirtschaft auf und gaben weiteren 2,5 Millionen Menschen Arbeit, die von Osten her oder infolge inneren Bevölkerungswachstums neu auf den Arbeitsmarkt gelangten. Seit den späten fünfziger Jahren herrschte Vollbeschäftigung, um 1960 Arbeitskräftemangel. In der gesamten Wirtschaft waren 1960 knapp 30 %, in der Industrie allein gut 40% mehr Menschen tätig als 1950.

Unterdessen hatte auch die Leistungsfähigkeit *aller* Erwerbstätigen kräftig zugenommen. Andernfalls hätten mit 30 % mehr Beschäftigten ja nicht 115 % mehr Güter erzeugt werden können. Die gesamtwirtschaftliche Arbeitsproduktivität war um zwei Drittel, die industrielle Arbeitsproduktivität gar um drei Viertel gestiegen. Auch dabei eilten die Leitsektoren voran. Produktivitätssteigerungen kommen dadurch zustande, daß die Arbeitskräfte mit mehr und mit wirkungsvolleren Produktionsmitteln ausgestattet, daß sie besser qualifiziert und daß die Produktionsprozesse geschickter organisiert werden - durch alles zusammen oder durch einiges davon. Wobei die Vermehrung des Kapitaleinsatzes pro Beschäftigtem und umfassende Qualifizierungsbemühungen gewöhnlich kostspieliger und reibungsreicher sind als die bloße Verbesserung der Mittel und die Reorganisation der Verfahren. Deshalb gereichte es der wirtschaftlichen Entwicklung in der jungen Bundesrepublik zu unschätzbarem Vorteil, daß die ausnehmend und anhaltend großen Produktivitätssteigerungen in den ersten Jahren ganz ohne und später mit relativ geringer Kapitalintensivierung und durchweg ohne besondere Ausbildungsanstrengungen erlangt werden konnten. 1960 kam auf einen Beschäftigten in der Volkswirtschaft nur ein Drittel mehr Kapital als 1950, jeder Beschäftigte brachte aber zwei Drittel mehr Güter zustande. Und dies, obwohl die jährliche Arbeitszeit inzwischen um 13 % vermindert worden war. Das war außergewöhnlich. Im folgenden Jahrzehnt wurde der Kapitaleinsatz pro Beschäftigtem um drei Viertel vermehrt und die Produktivität stieg nur noch um die Hälfte. Das war, auf das Verhältnis, nicht auf die Höhe der Raten hin besehen, wieder die Normalität.

Die Ursache des zeitweise Außergewöhnlichen lag - um es noch einmal zu sagen - in der zufälligen und unwiederbringlichen Chance, mit vergleichsweise geringem Aufwand und mit fremder Hilfe zunächst hinterlassene Kapazitäten und dann andernorts bereitstehende, arbeitskräfte- *und* kapitalsparende Technologien nutzbar zu machen. Unter solchen Umständen ermöglichten Investitionen höhere Produktionssteigerungen als vorher oder nachher. 1950 war der westdeutsche Kapitalbestand rund viereinhalb Mal so groß wie das jährliche Bruttosozialprodukt. Es bedurfte also im Durchschnitt viereinhalb Einheiten Kapitals, um eine Einheit Sozialprodukt zu erzeugen. Jener relative Bedarf hatte im zurückliegenden Jahrhundert, seit dem Beginn der deutschen Industrialisierung, mehr oder weniger stetig zugenommen. Die langfristige Zunahme war *eine* Äußerungsform kapitalistischer Produktionsweisen, diejenige beiläufig, die Ludwig Erhard so sehr beunruhigt hatte, als er an seiner verunglückten Habilitationsschrift werkte. Wenn sie sich dem Trend gemäß über 1950 hinaus fortgesetzt hätte, dann wäre es logischerweise nötig gewesen, neues Kapital in Höhe von mehr als 4,5 % des Sozialprodukts zu bilden, um das Sozialprodukt um ein Prozent erhöhen zu können. Es erwies sich, daß dies der günstigen Umstände wegen und dem Trend zuwider nicht nötig war. Es reichte, zwei bis drei Prozent des Sozialprodukts zu investieren, damit das Sozialprodukt um ein Prozent ansteigen konnte. Andernfalls wären wiederholte Wachstumsraten zwischen acht und zwölf Prozent schlechterdings unmöglich gewesen. Sie hätten Investitionsquoten von 30 bis 50 % vorausgesetzt. Die Voraussetzung war allenfalls denkbar, aber nicht praktikabel.

Das Glück währte ein Jahrzehnt. Derweil war die Relation zwischen Kapitalbestand und Produktionsergebnis rückläufig. 1960 ging es damit zu Ende. Die Kapazitäten waren inzwischen längst ausgelastet, und der technologische Rückstand war weitgehend aufgeholt worden. Fortan bedurfte es wieder längerwieriger Anstrengungen und größeren Kapitalaufwandes, um die Produktivität und die Produktion zu erhöhen. Nun waren Investitionen von etwa fünf Prozent des Sozialprodukts nötig, damit das Sozialprodukt um ein Prozent zunehmen konnte. Allein das schloß die Fortdauer des hohen Wachstumstempos aus.

Nun war die vorübergehende Möglichkeit, in vorhandene Kapazitäten hineinzuwachsen und einen technologischen Rückstand aufzuholen, dabei große Produktivitätspotentiale auszuschöpfen und mit relativ geringer Kapitalbildung hohe Wachstumsraten zu erreichen, zunächst nur eine Chance. Die Chance mußte genutzt werden. Und das war so selbstverständlich nicht. Mit Produktivitätssteigerungen und Aussicht auf Absatz war es ja noch nicht getan. Investitionen müsssen in Marktwirtschaften rentieren und sie müssen finanziert werden können. Andernfalls finden sie nicht statt. Wobei die Rentierlichkeit der Finanzierbarkeit erheblichen Vorschub leistet. Die Rentierlichkeit aber hängt von der Höhe der Kosten ab. Deren Entwicklung konnte nun kaum günstiger sein, als sie in der deutschen Wirtschaft damals war.

Die Gesamtkosten von Unternehmen setzen sich, grob gesagt, aus Arbeitskosten, Materialkosten, Kapitalkosten und Steuern zusammen. Die Anteile der Material- und der Kapitalkosten an den Erlösen nahmen in den fünfziger Jahren ab, und der Anteil der Arbeitskosten blieb gleich groß. Die Steuerlast wurde zwar ein wenig schwerer, dies aber unter Umständen, die sie gleichwohl leichter tragen ließen.

Im Falle der Arbeitskosten, die für die Gesamtheit der Unternehmen am meisten zu Buche schlagen und deshalb am belangvollsten sind, gilt bekanntlich die Regel, daß die Löhne nicht schneller steigen sollten als die Arbeitsproduktivität. In den fünfziger Jahren stiegen sie zwar etwas schneller, aber es machte keine Schwierigkeiten, das Übermaß und sogar noch etwas mehr als dies durch Preiserhöhungen wieder hereinzubekommen. Die Inflationsrate blieb trotzdem niedrig und beeinträchtigte Deutschlands internationale Konkurrenzfähigkeit nicht. Die Geringfügigkeit des Lohndrucks hatte zwei Gründe. Der eine Grund war natürlich die Höhe der Produktivitätssteigerungen. Ihretwegen konnten die Arbeitnehmer stattliche Lohnerhöhungen einstreichen, ohne daß massiv gegen die „Regel" verstoßen wurde. Wobei ihr situationsbedingter Arbeitsdrang, ihr Leistungswille und ihre Mobilität die rasche Aneignung produktiven technischen Fortschritts sehr begünstigten. Der andere Grund war eine Überfülle an Arbeitskräften, die sich aus dem anfänglichen Arbeitslosenheer, aus dem fortgesetzten Zustrom von Flüchtlingen und aus der personellen Übersetzung der Landwirtschaft ergab und bis Ende der fünfziger Jahre anhielt. Sie erlegte den Gewerkschaften eine bemerkenswerte Zurückhaltung bei der Forderung und Durchsetzung noch stattlicherer Lohnerhöhungen auf.

Mit der Entwicklung der Materialkosten verhielt es sich noch vorteilhafter. In Betracht kommen dabei natürlich nur die Kosten ausländischer Rohstoffe und Halbwaren. Rohstoffe und Halbwaren, die im Inland gewonnen und erzeugt wurden, kauften deutsche Unternehmen voneinander. Des einen Gewinn war eines anderen Verlust. Gesamtwirtschaftlich blieb sich das gleich. Wurden hingegen ausländische Materialien billiger, trugen die Verluste Fremde und deutsche Unternehmen verbuchten einen Nettogewinn. Wobei es im übrigen nicht darauf ankam, daß die Importpreise absolut sanken, sie mußten nur relativ zu den deutschen Preisen fallen. So war es. Der Preisauftrieb, den der Korea-Krieg auf den Weltrohstoffmärkten auslöste, währte ein gutes Jahr. Mitte 1951 stabilisierten sich die Preise, Anfang 1952 begannen sie zügig und anhaltend zu fallen. Inzwischen waren mit einiger Verzögerung auch die deutschen Industriegüterpreise merklich, wenn auch weniger stark als die Rohstoffpreise gestiegen. Im Gegensatz zu den Rohstoffpreisen gaben die Industriegüterpreise aber nicht wieder nach. Sie tendierten sogar weiter leicht nach oben. So kam es, daß Importe aus dem Ausland, an den deutschen Preisen gemessen, 1953 schon um fast 15 % und 1960 um über 20 % billiger waren als 1950. Anders ausgedrückt: 1953 bekam man für die gleiche Menge an Exporten 16 % und 1960 sogar 27 % mehr Importgüter als 1950. Wenn man so will, gelangte die Bundesrepublik auf diese Weise über den Markt und im stillen an den kräftigen Kapitalzuschuß aus dem Ausland, den Erhard so dringend gewünscht hatte und der weder auf politischen Wegen noch über private Anleihen zugänglich gewesen war. Und *dieser* Zuschuß mußte nicht einmal verzinst und getilgt werden.

Zugleich nahmen die Kosten des tatsächlich aufzubringenden und zu amortisierenden Kapitals merklich ab. Auch dies natürlich nur relativ, d. h. an den Erlösen gemessen. Die Kapitalkosten bestehen aus den jährlichen Abschreibungen für die Abnutzung der Anlagen durch die Produktion und aus Zinsen. Nun nahm im Verlauf der fünfziger Jahre die Produktivität des Kapitals bekanntlich stark zu. Die gleiche Gütermenge konnte von Jahr zu Jahr mit geringerem Kapitaleinsatz hergestellt werden. Das verminderte natürlich auch von Jahr zu Jahr den Abschreibungsbedarf pro Produkteinheit. Wobei die Produkteinheit ihrerseits eher teurer wurde. Die Zinsen verharrten bis Sommer 1952 auf dem relativ hohen Stand, den sie infolge des Korea-Booms erreicht hatten. Von da an gingen sie schnell und weit zurück und blieben durchweg unter dem Niveau der ersten vier Jahre nach der Währungsrefom, im Schnitt um ein Fünftel darunter.

Da die Anteile der Material- und der Kapitalkosten an den Erlösen rückläufig waren und der Anteil der Arbeitskosten gleichblieb, nahm der Gewinnanteil vor Steuerabzug merklich zu. Da - weiter - der größere Anteil der Gewinne an den Erlösen mit einem relativ geringeren Kapitaleinsatz erwirtschaftet wurde, wuchs die wichtigere Kapitalrendite noch bemerkenswert stärker als die Umsatzrendite. Da - schließlich - bei alledem die Produktion und der Absatz außerordentlich vermehrt wurden, nahm die Gewinn*summe* noch einmal schneller zu als die Kapitalrendite. Und auf die Summe kam es am Ende, wenn es um Investitionsentscheidungen und Finanzierungsmöglichkeiten ging, doch mehr an als auf die Prozentsätze.

Wegen deren besonders großer Zunahme wurde nun freilich die Steuerlast ein wenig schwerer. Die Unternehmen gerieten auf höhere Stufen der Einkommensteuerprogression. Das zehrte einen Teil der zusätzlichen Gewinne auf. Weil aber von Zeit zu Zeit die Steuersätze gesenkt wurden, war der Teil nicht sehr groß. Und um so geringer, als für reinvestierte Beträge auch noch mancherlei steuerliche Vergünstigungen geschaffen wurden. Im übrigen kam die erträgliche Steuerlast der Unternehmerwirtschaft auch wieder zugute. Der Staat verwendete einen bemerkenswerten Teil seiner Steuereinnahmen für Investitionen in öffentliche Infrastrukturen, die auch den Unternehmen nützten, und er stellte einen anderen Teil in Gestalt von Investitionszuschüssen und vorteilhaften Krediten Erwerbszweigen zur Verfügung, die von den Produktionsbedingungen und den Marktverhältnissen weniger begünstigt wurden als andere: namentlich dem Wohnungsbau, den Versorgungs- und Verkehrsbetrieben, der Grundstoff- und Produktionsgüterindustrie sowie der Landwirtschaft. Dabei brauchte er sich kaum zu verschulden.

Das war - notwendigerweise in einzelne Erscheinungen und Vorgänge zerlegt und deshalb ebenso notwendigerweise in seiner dynamischen Komplexität ein bißchen verfehlt - das westdeutsche „Wirtschaftswunder“: Die Wahrnehmung der Möglichkeit, von günstigen strukturellen Voraussetzungen aus mit Hilfe einer fähigen, leistungswilligen und genügsamen Arbeiterschaft, mit technischer Unterstützung aus den Vereinigten Staaten und mit einem kräftigen Kapitalzuschuß ausländischer Rohstoff-, Halbwaren- und Nahrungsmittelproduzenten, binnen kurzem einen technologischen Rückstand in eben den Industriezweigen aufzuholen, deren Erzeugnisse bei starkem industriewirtschaftlichem Wachstum in der ganzen westlichen Welt, bei schneller Zunahme der Masseneinkommen und infolge eines ausgedehnten Nachholbedarfs besonders stark und andauernd nachgefragt wurden. Deshalb gelang es, außergewöhnlich große Potentiale an Arbeits- und Kapitalproduktivität zu erschließen und die Produktion in unvordenklichem Maße auszudehnen, ohne an die Grenzen der Fähigkeit zu innerer Kapitalbildung zu stoßen. Dank den hohen Produktivitätssteigerungen, angemessenen Tarifvertrags-Abschlüssen und aufmerksamer Geldpolitik der Bank Deutscher Länder blieben die Preise alles in allem fest, in Relation zu den Preisen im europäischen Ausland gingen sie zurück. Dies und dazu die vergleichsweise hohe Qualität der deutschen Güter sowie kurze Lieferfristen veranlaßten ausländische Nachfrager zu dem Wunsch, ihren Bedarf bevorzugt in der Bundesrepublik zu decken; das Dasein und die Verfahren der Europäischen Zahlungsunion erlaubten es, den Wunsch zu verwirklichen. Die umfangreiche Exportnachfrage motivierte und bestätigte die Aneignung der modernen Verfahren und den Ausbau der Kapazitäten.

Der Wiederaufnahme der großen Themen erster Teil: Die Wettbewerbsordnung

Die Wirtschaftspolitik hatte mit alldem herzlich wenig zu tun, auch wenn Ludwig Erhard zu betonen liebte, daß er nicht einfach Wirtschaftspolitik treibe, sondern „die Geschicke der deutschen Wirtschaft“ leite.[5] Deshalb war Erhard nun aber nicht gleich der Mohr, der seine Schuldigkeit getan hatte und gehen konnte. Der *Wirtschaftsprozeß* bedurfte seiner ferner nicht. Das war wohl wahr. Aber die *Wirtschaftsordnung* war noch nicht fest gefügt und gut gesichert, das Kartellgesetz in der Schwebe und kämpferisch umstritten, das Bundesbankgesetz kaum auf dem Weg und der Außenhandel am gelockerten Gängelband der Devisenbewirtschaftung. Hier gab es weiterhin für ihn zu tun, und Erhard nahm es, der wachstums- und beschäftigungspolitischen Probleme ledig und über die Rohstoff- und Devisennöte hinweg, mit Schwung und starken Worten in Angriff. Das beanpruchte einen Teil seiner Zeit.

Ja, und dann ist es natürlich sehr viel leichter, im nachhinein zu sagen, daß Wachstum, Wandel und Wohlstandsmehrung Erhards nicht mehr bedurften, als dies vorhersehend und miterlebend zu wissen. Erhard konnte es *nicht* wissen, und glauben konnte er es natürlich gleich gar nicht. Deshalb wähnte er Notwendigkeiten und Gefahren, für die es einerseits zu streiten und denen es andererseits zu wehren galt: für Steuersenkungen und eine bessere Verfassung des Kapitalmarktes, gegen scheinbar inflationsträchtige Lohnerhöhungen und Sozialleistungen - und in jedem Einzelfall zugleich für die ökonomische Vernunft und das gesellschaftliche Wohl und gegen den andernfalls unaufhaltsamen Einbruch des Chaos. Das nahm einen weiteren Teil seiner Zeit in Anspruch.

Schließlich das Reden und die Reisen. Erhard liebte beides und wirkte durch beides wie durch wenig sonst. Redend bleute er den Deutschen die Vorteile und Verdienste der sozialen Marktwirtschaft „seiner Prägung" ein und reisend warb er für ein geläutertes Deutschland und für den Kauf deutscher Erzeugnisse, rief Zuversicht hervor und schaffte Vertrauen, weckte Sympathie und sorgte für good will, begründete und mehrte im Glanz des wirtschaftlichen Erfolgs der Bundesrepublik auf diese Weise seinen Ruhm und fühlte sich dabei - sichtlich geschätzt und bewundert - um vieles wohler als am Schreibtisch, im Kabinett und vor der Fraktion. Denn Wirtschaftspolitik als Verwaltungshandeln wurde auch ferner seine Sache nicht, dafür blieb er sich zu schade; im Kabinett ward ihm der Rang, den er im Bewußtsein einer internationalen Öffentlichkeit gewann, weiterhin vorenthalten; der Kanzler behandelte ihn gegebenenfalls auch fortan en canaille und die Fraktion war in wirtschaftspolitischen Angelegenheiten häufig uneins und widerspenstig, erwartete ministerielle Pflege, raisonnierte, weil Erhard dafür weder die Geduld noch das Geschick hatte, und verweigerte sich deshalb seinen Absichten, wenn er geschlossene und willige Gefolgschaft erwartete.

Die großen ordnungspolitischen Fragen, auf die Ludwig Erhard am Anfang seiner Ministerschaft rasche und beispielhafte Antworten verheißen hatte, standen zwei Jahre später noch immer offen. Deutschlands Führerschaft auf dem Weg zur Währungskonvertierbarkeit war gewissermaßen unter die Räder der laufenden Ereignisse geraten und die Absicht, ein vorbildliches Wettbewerbsgesetz zu verabschieden, hatte sich in einem Netz aus widerstrebenden Interessen und einander widerstreitenden Meinungen verfangen und war zugleich in den Hintergrund des wirtschaftspolitisch belangvollen Interesses gedrängt worden. Daraus trat sie im Herbst 1951 wieder hervor. Unterdessen war folgendes daraus geworden: Nachdem es ein halbes Jahr lang so ausgesehen hatte, als ließe er die Arbeit am Wettbewerbsgesetz auf Gleise gelangen, die geradewegs zu einer Mißbrauchsgesetzgebung führten, stellte Erhard im Mai 1950 plötzlich und entschieden die Weichen um. Inzwischen war aus interministeriellen Besprechungen und aus den Formulierungskünsten der Referenten die siebte Entwurfsfassung hervorgegangen. Eine Fassung war immer nachgiebiger als die vorhergehende. Bei der siebten platzte Erhard der Kragen. Er verwarf den Text und betraute einen Ausschuß von Fachleuten mit der Aufgabe, einen von Grund auf neuen auszuhekken. Die Grundlagen gab er verbindlich vor. Kartelle sollten prinzipiell verboten, marktbeherrschende Unternehmen hingegen prinzipiell erlaubt sein. Wettbewerbspolitisch machte die Unterscheidung wenig Sinn, wachstumspolitisch aus Erhards Sicht sehr wohl. Kartelle dienten, so war sein Argument, ausschließlich der Beseitigung des Wettbewerbs zu Lasten der Verbraucher und des Fortschritts; große marktmächtige Unternehmen unterbänden zwar auch den Wettbewerb, seien dabei aber zugleich unerläßliche Agenturen des ökonomisch-technischen Fortschritts. „Ich bin bereit," sagte er einige Zeit später, anläßlich einer Jubiläumsfeier bei Siemens, logisch ein bißchen verdreht, „die in dem Unternehmen durch wohlverdiente Leistung erworbene Macht voll anzuerkennen. Diese Macht wirkt sich segensreich für die gesamte deutsche Wirtschaft aus. Aus den großen Unternehmen fließen der

Fortschritt und der Geist, denen auch die kleinen Industrien verhaftet sind." Deshalb wünsche er zum Beispiel, daß Siemens noch größer und mächtiger werde.[6]

Damit Größe und Macht nun aber nicht mißbraucht würden, sollten marktbeherrschende Unternehmen der Aufsicht durch ein Monopolamt unterliegen. Andererseits schloß Erhard begrenzte Ausnahmen vom Kartellverbot nicht schlechthin aus.

Unter solchen konzeptuellen Voraussetzungen begab sich die Kommission ans Werk. Während sie am Werke war, verwahrte sich der BDI gegen den Neuansatz, verwahrte sich namentlich gegen das Verbotsprinzip. Erhard gab sich geschmeidig: „Meine Haltung ist an sich klar," schrieb er an den BDI-Präsidenten Fritz Berg, „aber sie ist nicht starr, und ich werde deshalb immer bestrebt sein, berechtigten Wünschen entsprechen zu können."[7]

Dann geriet er in den Sog von Boom und Krise und verlor den Fortgang der Dinge ein wenig aus dem Blick. Die Neufassung des Entwurfs wurde im Juli 1950 fertig und im nächsten Dreivierteljahr von den zuständigen Referenten der Ministerien, von Ausschüssen der Koalitionsfraktionen und von Vertretern der Wirtschaftsverbände, teils gesondert und teils gemeinsam, beraten und reformuliert. Dabei zeigte sich, daß Erhards Weichenstellung die Konfliktpotentiale erheblich vergrößert hatte und daß die Konfliktlinien vielfältig und vielschichtig waren. Umstritten waren das Verbotsprinzip und - unter seiner Voraussetzung - die Ausnahmen davon. Umstritten waren ferner die Bestimmungen der Begriffe „marktbeherrschend" und „Machtmißbrauch" und - unter deren Voraussetzung - die Befugnisse des Monopolamts bei Machtmißbrauch marktbeherrschender Unternehmen. Umstritten war schließlich die Frage, in welchen Wirtschaftssektoren die Gesetzesnormen dereinst gelten, welche Sektoren von der Geltung ausgenommen sein sollten. Im Zuge der Beratungen setzte sich eine kräftige Neigung durch, die Zahl und die Art von beiderlei Ausnahmen zu vermehren, die beiden Begriffe möglichst durchlässig zu bestimmen und dem Monopolamt wirksame Zuständigkeiten vorzuenthalten. Fachleute der Alliierten Hohen Kommission vermerkten mißbilligend, daß die Deutschen trotz Verbotsprinzips wohl doch eher ein „Gesetz zur Ermöglichung von Kartellen" als ein Gesetz zu deren Vermeidung im Sinn hätten.

Und dabei war noch gänzlich ungesichert, daß zumindest das prinzipielle Verbot in Regierung und Parlament durchgesetzt werden konnte. *Wie* unsicher es war, das wurde offenbar, als Erhard dem Kanzleramt die inzwischen 13. Entwurfsfassung im Mai 1951 als Kabinettsvorlage zuleitete.[8] Die Vorlage sah erstens das Verbot von Kartellen und zweitens die Pflicht des Monopolamtes vor, vom Verbot abzusehen, wenn Kartelle als geeignet erschienen, die Wirkungen von Konjunkturkrisen zu mildern, die Rationalisierung zu begünstigen und den Außenhandel zu fördern. Als marktbeherrschend galt *ein* Unternehmen, das Erzeugung, Preise und Lieferbedingungen ohne *wesentliche* Rücksichtnahme auf Konkurrenten gestalten und dadurch den Markt fühlbar beeinflussen konnte. Derlei Unternehmen nutzten ihre Machtstellung mißbräuchlich aus, wenn sie höhere Preise verlangten und andere Bedingungen vorschrieben, als sie bei wirksamer Konkurrenz hätten verlangen und durchsetzen können, wenn sie Lieferanten oder Abnehmer diskriminierten und wenn sie Käufer zwangen, außer dem Gut, das sie wollten, noch andersartige Güter zu kaufen. Das Monopolamt konnte den Mißbrauch untersagen, durfte marktmächtigen Unternehmen aber keine Verhaltensvorschriften machen. Das ganze Gesetz sollte im wesentlichen für Industrie und Handel und ausdrücklich nicht für die Landwirtschaft, das Transportwesen sowie Banken und Versicherungen gelten. Die Landwirtschaft war dem Wettbewerb durch amtliche Marktordnungen, das Transportwesen war ihm durch amtliche Kontingentierungen und Tarifvorschriften entzogen, das Marktverhalten der Finanzintermediäre wurde durch das Kreditwesengesetz und die Bankenaufsicht geregelt. Und die jeweils zuständigen Minister legten streitbaren Wert darauf, daß dies auch so bliebe.

Erhard fand das nicht schön, aber er fand sich damit ab. Dagegen mochten sich mehrere Kabinettsmitglieder mit dem grundsätzlichen Kartellverbot nicht abfinden. Unter ihnen war der Bundeskanzler. Für Adenauer war die Wettbewerbsordnung keine Frage von Grundsätzen, sondern eine Frage der Pragmatik. Und damit war seine Haltung zu Erhards Kabinettsvorlage eine Frage des gerade wirkungsmächtigsten Einflusses auf ihn. Das war selten und im Frühjahr 1951 ganz gewiß nicht Erhards Einfluß. Abs und Berg, an dessen bullig-pfiffigem Mittelmaß Adenauer einen ebensolchen Narren gefressen zu haben schien wie an Abs' weltläufiger Überlegenheit, nahmen ihn unschwer gegen das Verbotsprinzip ein. Die Behandlung der Vorlage im Kabinett verzögerte sich und versprach, konfliktreich zu werden. Als es soweit war, weilte Erhard in Amerika.

Er holte eine Reise nach, zu der er eigentlich schon im März hatte aufbrechen wollen, aber nicht hatte aufbrechen dürfen, weil der Kanzler die längere Abwesenheit des Wirtschaftsministers in kritischer Lage nicht glaubte, dulden zu können. Im Juni hob Adenauer die Reisesperre auf und am 1. Juli 1950 flog Erhard mit der erklärten Absicht in die USA, „einer geordneten und organischen Einschaltung des deutschen wirtschaftlichen Kräftepotentials für den amerikanischen Rüstungsaufbau" vorzuarbeiten. „Denn nur durch einen solchen Beitrag werden wir auf längere Sicht eine echte Chance haben, in der deutschen Wirtschaft hinreichend beschäftigt und in ausreichendem Maß mit Rohstoffen versorgt zu sein."[9]

Während er zu diesem Zweck zwölf Tage lang durch Amerika fuhr, Reden hielt, private Unternehmen und öffentliche Einrichtungen besichtigte, mit hohen Beamten beriet, vom Handelsminister und vom Secretary of State empfangen wurde und ohne konkrete Ergebnisse, aber mit guten Hoffnungen die Rückreise antrat, berieten erst das odiöse Wirtschaftskabinett und dann die Regierung in ihrer Gesamtheit über das Wettbewerbsgesetz. Das Wirtschaftskabinett sprach sich unter Blüchers Vorsitz dafür aus, Kartelle ebenso wie marktbeherrschende Unternehmen zu erlauben und lediglich einer Mißbrauchsaufsicht zu unterwerfen. Mit Hilfe der hinzugezogenen Bundestagsabgeordneten Etzel und Scharnberg gelang es Hallstein und Westrick, einen gleichlautenden Beschluß der Bundesregierung zu verhindern. Das Wirtschaftsministerium zog die Vorlage zurück. Man ging in wohlverdienten Urlaub.

Erhard mühte sich damit ab, in einem Bad Pyrmonter Sanatorium einiges an Gewicht zu verlieren. Das tat er in den folgenden Jahren häufiger. Die Orte des Bemühens wechselten, der nachhaltige Erfolg blieb sich gleich.

Adenauer reiste auf den Bürgenstock am Vierwaldstätter See. Dort suchte Etzel ihn auf und brachte es in seiner ruhig-eindringlichen Art dahin, daß Adenauer von seinem Widerstand gegen den Verbotsgrundsatz abließ. Unter diesen Voraussetzungen legte Erhard den Entwurf im Oktober erneut vor, und im November nahm das Kabinett ihn an.

Unterdessen hatte nun freilich die Alliierte Hohe Kommission wissen lassen, daß sie die Vorlage für unzureichend halte. Einige Wochen nach deren Verabschiedung im Kabinett konkretisierte sie ihre Kritik in einem Gegenentwurf, der zumindest ein Stück weit zu den Ursprüngen der westdeutschen Wettbewerbsgesetzgebung zurückführte. Sie verlangte darin, daß nicht nur der Zusammenschluß zu Kartellen, sondern auch aufeinander abgestimmtes und deshalb gleiches Marktverhalten außerhalb von Kartellen verboten würde, daß Ausnahmen vom Verbot allenfalls als Möglichkeit des Monopolamts, aber keinesfalls als Anspruch kartellsüchtiger Unternehmen vorzusehen seien und daß Mitglieder zugelassener Kartelle das Recht hätten, jederzeit und ohne Nachteile zu erleiden, aus dem Kartell auszuscheiden. Außerdem wünschte die AHK, daß es dem Monopolamt zur Aufgabe gemacht würde, Unternehmenszusammenschlüsse zu überwachen und zu verbieten, wenn dadurch marktbeherrschende Unternehmen entständen, sowie marktbeherrschende Unternehmen zu zerlegen, wenn die Mißbrauchsaufsicht erkennbar versagte.

Erhard trat in Verhandlungen mit den Hohen Kommissaren ein, um die weitreichenden Ansinnen abzuwehren. Im Falle der Fusionskontrolle und des Dekonzentrationsauftrags tat er dies aus Überzeugung, im Falle der Ausnahmen vom Kartellverbot, um seinen Amtspflichten zu genügen. Die Verhandlungen gestalteten sich streitmütig und waren zeitweise vom Abbruch bedroht. Der Bundeskanzler mußte eingeschaltet werden, damit sich die Knoten lösten. Kurz vor Weihnachten kam ein Kompromiß zustande. Die Alliierte Hohe Kommission verzichtete darauf, aufeinander abgestimmtes Marktverhalten zu verbieten, Unternehmen das Recht zum beliebigen Austritt aus Kartellen zuzugestehen und das Monopolamt mit der Beseitigung marktmächtiger Stellungen zu betrauen. Adenauer und Erhard nahmen dafür in Kauf, daß Unternehmen keinen Anspruch auf Ausnahmen vom Kartellverbot geltend machen konnten und daß Unternehmenszusammenschlüsse vom Monopolamt überwacht werden mußten und verboten werden konnten: Erhard schien zufrieden zu sein. Er ordnete an, daß die Übereinkunft in den Entwurf eingearbeitet würde, und sah voll Zuversicht in die wettbewerbspolitische Zukunft.[10]

Zufriedenheit und Zuversicht äußerten sich in temperamentvollen Worten. Anfang 1952 redete er auf einer Veranstaltung der Evangelischen Akademie Bad Orb und sagte dabei, daß er sich auf die baldige Verabschiedung des Kartellgesetzes freue. Dann bleibe kein Auge mehr trocken und mit dem unternehmerischen Rentnertum habe es endlich ein Ende. Die Unternehmerschaft, die von Rentnertum bislang nichts gemerkt zu haben glaubte, schrie auf. Protestbriefe gingen ein; darunter einer vom Präsidenten des mittelständischen Verbandes der einstufigen Betriebe und ein anderer von Fritz Berg im Namen vieler großindustrieller Freunde. „Gehässig und zynisch" fand Erhards Worte der erste, zynisch zumal in bezug auf Menschen, „die im Gegensatz zu Ihnen das volle Risiko für die eigenen Handlungen (und auch) für Ihre Fehler und nicht eingelösten Versprechen tragen". Für „starken Tobak" hielt sie der andere. Wobei Berg weniger an die ministerielle Prognose unternehmerischen Tränenreichtums als an seine Erfahrung teils letaler unternehmerischer Erschöpfung in der jüngsten Vergangenheit denke. Die Richtigkeit der Prognose werde sich erst erweisen müssen, an der Erfahrung aber gebe es nichts zu deuteln.

Den namenlosen Einstufigen fertigte Erhard in dreiseitiger Suada ab, daß es eine Lust war: Anmaßend und ungehörig, verleumderisch und frech - ein „Pamphlet engstirniger Ignoranz". „Sie (müßten) gut genug wissen, daß ich es war, der ... mit einem von niemand bestrittenen Mut und höchster Verantwortungsfreudigkeit ein freies Unternehmertum erst wieder zum Leben erweckte. Ich habe versprochen, die deutsche Wirtschaft aus dem Elend herauszuführen ..., und das habe ich gehalten".

Die Antwort an den namhaften Berg hingegen war ihrerseits tränenreich. Mit Befremden und Bitterkeit erfülle ihn die Reaktion der Unternehmer, schrieb Erhard. Nicht ihnen, ihm stehe das Recht auf Beschwerde zu. Offenbar hätten die Unternehmer vergessen, was alles sie Erhard verdankten. Um es ihnen in Erinnerung zu rufen, bat er Berg, einen langen, gleich „mitfolgenden" öffentlichen Brief, teils geläufiger Lobgesang, teils belehrende Rechtfertigung, teils huldvolle Vertrauenserklärung, im Schnelldienst des verbandseigenen Industrieinstituts abzudrucken. Berg nahm Erhards Fassungslosigkeit zur Kenntnis und sah von der Verbreitung des Briefes ab.[11]

Derweil verzögerte sich die Verabschiedung des revidierten Entwurfs durchs Kabinett wegen neu auftretender Unklarheiten und flugs daraus hervorgehender, interministerieller Streitigkeiten über den sachlichen Geltungsbereich des Gesetzes. Anfang Mai erst wurden auch diese Konflikte beigelegt. Die Vorlage wurde endlich angenommen und zur ersten Lesung an den Bundesrat geschickt. Dort hatte sich inzwischen ein spezieller Ausschuß für die Vorbereitung des Gesetzes formiert. Der Ausschuß empfahl mit christdemokratischer Mehrheit, das Verbotsprinzip abzulehnen und für eine Mißbrauchsregelung zu votieren. Erhard lud sich zur Sitzung des übergeordneten Wirtschaftsausschusses ein und machte sich gegen die Empfehlung und für die Regierungsvorlage stark. Der sozialdemokratische Wirtschaftssenator Hamburgs, Karl Schiller, stritt an seiner Seite. Gemeinsam brachten sie den Ausschuß dazu, mit knapper Mehrheit für den Verbotsgrundsatz zu stimmen. Die Entscheidung des Plenums galt gleichwohl solange als offen, wie die CDU-geführte, stimmstarke Regierung Nordrhein-Westfalens für den Entwurf noch nicht gewonnen war. Erhard fuhr nach Düsseldorf und rang dem nordrhein-westfälischen Kabinett die Zustimmung ab. Wenige Tage später nahm der Bundesrat den Entwurf mit einem gewichtigen Änderungsvorschlag und wenigen geringfügigen Revisionswünschen an. Der gewichtige Vorschlag betraf die Bestimmung des Begriffs „marktbeherrschend". Nach dem Regierungsentwurf lag Marktbeherrschung nur vor, wenn *ein* Unternehmen mangels wirksamer Konkurrenz den Markt fühlbar beeinflussen konnte. Der Bundesrat wollte auch dann von Marktbeherrschung sprechen und die Mißbrauchsaufsicht eintreten lassen, wenn *mehrere* Unternehmen, die aus „tatsächlichen Gründen" nicht miteinander konkurrierten, derlei Einfluß ausübten. „Aus tatsächlichen Gründen" hieß, daß es zur Ausschaltung des Wettbewerbs weder besonderer Absprachen noch gar eines Vertrages zwischen den Unternehmen bedurfte. Die Bundesregierung akzeptierte die rechtlich belangvolle Begriffserweiterung und leitete den Entwurf dem Bundestag zu. Erhard vertraute darauf, daß er im Parlament schnell eine bequeme Mehrheit fände. Kundige Abgeordnete, denen an der raschen Verabschiedung eines wirkungsvollen Wettbewerbsgesetzes nicht weniger gelegen war als dem Minister, glaubten freilich, daß er sich in seinem Vertrauen täuschte, weil er sich um die Stimmung in der eigenen Fraktion nicht kümmerte und sie deshalb auch nicht kennt. Sie behielten recht. Es dauerte acht Monate, ehe der zuständige Ausschuß auch nur die Beratungen aufnahm.[12]

Der Bau des privaten und der Ausbau des amtlichen Hauses

Im Verlauf des Jahres, das von der ersten Vorlage bis zur endgültigen Annahme des Kartellgesetzentwurfs im Kabinett verging, hatten sich Erhards private Lebensverhältnisse und sein politisches standing erheblich verbessert. Er kam nicht darum herum, in Bonn „irgendwohin" zu ziehen. Aber die mietbegünstigten Ministerhäuser auf dem Venusberg wurden Ende 1951 immerhin fertig, und wenig später war der Venusberg auch nicht mehr „irgendwo", sondern - oberhalb des Bonner Dunstes - eine wahrhaft erquickliche und sehr begehrte Wohnlage. Die Erhards haben dort, Schleichstraße 8, auf ca. 200 m², in sechs Zimmern und bürgerlicher Behaglichkeit gewohnt, bis der Hausherr zwölf Jahre später Bundeskanzler wurde und sich von Sepp Ruf einen umstrittenen Bungalow in den Garten des Palais Schaumburg bauen ließ. 1958 beantragte Erhard, daß ihm die Miets- als Amtswohnung zugewiesen werde. Er kam mit dem Antrag aber nicht durch und mußte weiterhin etwas mehr als 400 DM Miete zahlen, von denen allerdings knapp drei Viertel durch den Empfang eines Wohngeldes ausgeglichen wurden.[13]

Sepp Ruf, ein eigenwilliger Star unter den deutschen Architekten, Präsident der Münchner Akademie der Bildenden Künste, Schöpfer des deutschen Pavillons auf der Brüsseler Expo und Erbauer der amerikanischen Botschaft in Bad Godesberg, wurde übrigens nicht erst für den Kanzler Erhard tätig. Er hatte bereits dem Minister ein Haus gebaut. Und auch dieses Haus war umstritten gewesen; genaugenommen nicht so sehr das Haus, wie vielmehr dessen Lage.

Im August 1951 wurde der bayerische Innenminister im Landtag gefragt, ob es richtig sei, daß im Naturschutzgebiet Ackerberg oberhalb des Tegernsees, dort wo Oberbayern am schönsten sei, ein Kahlschlag durchgeführt werde, weil Wirtschaftsminister Erhard sich ein Haus darauf bauen wolle? Hoegner überging den insinuierenden Tenor der Frage, bestätigte aber den Sachverhalt. Nicht Ludwig, sondern Luise Erhard habe am Ackerberg ein Grundstück erworben. Und nicht allein Luise Erhard, es gäbe auch noch drei andere Käufer. Das Landratsamt habe die Kaufverträge genehmigt und das Landessiedlungsamt Baugenehmigungen erteilt, obwohl beide hätten wissen müssen, daß sie dies nicht durften. Nun sei es aber zu spät. Die Käufer genössen Vertrauensschutz und die Bäume seien ohnedies weg. Ein paar Zeitungen war die Sache eine Glosse wert; die Tegernseer zerrissen sich eine Weile lang die Mäuler, phantasierten von einem Verkaufspreis von hunderttausend DM, obwohl das Grundstück nur sechzehntausend DM gekostet hatte, dann war Gras über die Stümpfe wie über die von Erhard unverschuldete Sache gewachsen. Im Jahr darauf entstand das Haus; ein veritables Haus dann doch und nicht bloß „ein Häuschen mit drei Zimmern, (das) selbst nach kleinbürgerlichen Maßstäben bescheiden genannt werden kann“, wie Erhard an einen Aufklärungsbedürftigen schrieb. Ruf baute einen glatten, klaren, modernen Flachbau aus viel Stahl und Glas und wenig Stein; ein Haus, über dessen ortsfremde Modernität die Tegernseer sich noch einmal die Mäuler zerrissen, mit großen, tiefgezogenen Fensterfronten zum See hin, leicht und licht und offen.[14]

Erhard, rund von Gestalt und arabesk im Duktus, schätzte unterm starken Einfluß seiner Frau in der Architektur, nicht mehr so sehr in der Ausstattung seiner Häuser, Geradlinigkeit und Strenge, raffinierte Nüchternheit und kunstfertige Simplizität. Und er sagte, daß dergleichen seiner Wesensart und seiner Weltsicht gemäß sei.

Während das private Haus erdacht, erbaut und unter anderem mit ein paar Liebesgaben der Firma Siemens ausgestattet wurde,[15] stritt Erhard weiterhin und mit größerem Erfolg als zuvor gegen Anfechtungen und für die Komplettierung des amtlichen „Hauses“. Im Sommer 1951 begann Vizekanzler Blücher darüber nachzudenken, was aus dem Marshallplan-Ministerium und ihm selbst werden sollte, wenn es in Kürze keinen Marshallplan mehr gäbe. Das Ergebnis seines Sinnens war der Wunsch, das Marshallplan-Ministerium in ein Ministerium für den Außenhandel und die Fragen der wirtschaftlichen Integration Europas zu verwandeln und sich selbst vom beauftragten Koordinator der Wirtschaftspolitik zum „Wirtschaftskanzler“ mit eigener Richtlinienkompetenz zu erhöhen.

Es blieb Erhard erspart, gegen derlei Ambitionen anzugehen. Adenauer hielt nicht allzuviel von seinem Vize, dessen Ehrgeiz und Eitelkeit ja auch tatsächlich in unpassendem Verhältnis zu seiner Tatkraft und seinen Fähigkeiten standen, und überging den Wunsch nach kurzem Bedenken. Die Frage, was aus Blüchers Ministerium werden sollte, beschäftigte ihn freilich weiter. Im Herbst schlug ihm ausgerechnet Erhards Rohstoffberater Otto Friedrich vor, es zu einem „Ministerium für oberste wirtschaftliche Planung“ auszubauen.

Friedrich hatte in den zurückliegenden Monaten mancherlei politische und menschliche Enttäuschungen an seinem Minister erlebt. Hinterher konnte man wissen, daß dies vorauszusehen gewesen war. Die beiden waren in Denk- und Wesensart gar zu verschieden, als daß sie es in unmittelbarem Umgang lange miteinander aushalten konnten, der reizbare Friedrich in nachgeordneter Position natürlich noch weniger lange als der Minister in seiner überlegenen Behäbigkeit. Unternehmer mögen laissez-faire, solange es sie betrifft und ihnen Handlungsspielräume verschafft. Die Spielräume füllen sie dann aber prospektiv planend und umsichtig lenkend aus. Jedenfalls sollten sie dies tun, andernfalls taugen sie nicht zu Unternehmern. Friedrich taugte dazu und brachte seine Anlagen und Gewohnheiten mit ins politische Amt. Außerdem war er davon überzeugt, daß moderne Volkswirtschaften planende Vorausschau auf die Erfordernisse der wirtschaftlichen Gesamtentwicklung zum Zwecke praktisch-politischer Vermeidung von Ungleichgewichten sowie von Störungen und Stockungen nicht entbehren konnten. Und schon gar nicht eine Volkswirtschaft, die es mit akuten Engpässen zu tun hatte. So kam er mit der Absicht ins Amt, das Seine zu tun, um zunächst eimal den engsten der Engpässe, die Rohstoffknappheit und in Sonderheit den Kohle- und Stahlmangel, planend und lenkend erträglicher zu machen und zugleich zu erweitern. Er schickte sich schwungvoll dazu an, die Absicht in die Tat umzusetzen. Das hatte Erhard nun freilich nicht im Sinn gehabt, als er ihn ins Amt berief. Oder wenn er es im Sinn gehabt hatte, dann entschwand es ihm daraus, sobald die wirschaftlichen Beklemmungen und der politische Druck nachließen. Man müsse versuchen, sagte er, die Rohstoffknappheit nicht durch Verteilungsschlüssel, sondern durch Mehrproduktion zu überwinden. „Ich werde zwischen dem Bedarf der verarbeitenden Industrie und der Erzeugung der Grundstoffindustrie eine Spannung bis zum Zerreißen anwachsen lassen. Dann wird die Produktion der Grundstoffindustrie schon ansteigen.“[16] Friedrichs Elan und Arbeit liefen ins Leere. Er fühlte sich „alleingelassen“, von „Erhard verraten und desavouiert“. Und damit nicht genug. Voll Grimm meinte er zu vermerken, daß sich Erhard, von dem er politischen Weitblick und Führerschaft aus geistiger Überlegenheit erwartete, unter dem Einfluß von Eiferern und Schmeichlern, „die hinter Ihrem Rücken eine andere Sprache ... führen“, in banalen Tagesfragen und kleinlichen Ressortegoismen verfing und erschöpfte. Im Herbst bat er um seinen Abschied. Derweil hatte Adenauer Gefallen an ihm gefunden und sein Urteil zu schätzen gelernt. Deshalb bat er ihn bei der Verabschiedung um einen Vorschlag zur Neuformierung des Marshallplan-Ministeriums. Friedrichs Überlegungen setzten bei den großen wirtschaftspolitischen Herausforderungen der nächsten Zukunft an: Befriedigung des Verteidigungsbedarfs, Steigerung der Exporte, Ausbau der Grundstoffindustrien, Wohnungsbau, Bewältigung der sozialen Nöte, und zogen die Konsequenzen aus den persönlichen Erfahrungen im Wirtschaftsministerium und mit dem Wirtschaftsminister. Dabei kam die Empfehlung heraus, ein Ministerium unter Blüchers Leitung einzurichten, das, fern von wirtschaftspolitischen Tagesfragen und in Verbindung mit den wirtschaftswissenschaftlichen Forschungsinstituten sowie den internationalen Organisationen, die wirtschaftlichen Tatbestände und Entwicklungen fortlaufend systematisch und vorausschauend untersuchte und auf der Grundlage der Untersuchungsergebnisse die Leitlinien und Zusammenhänge deutscher Wirtschafts-, Finanz- und Sozialpolitik in weiter Perspektive entwarf und darstellte. Adenauer fand den Vorschlag interessant und bedenkenswert. Er wurde eine Weile lang erwogen. Erhard wehrte sich nur verhalten dagegen, weil er derlei Beginnen keine große praktische Bedeutung zumaß und seine Zuständigkeiten davon nicht beeinträchtigt sah. Der wirtschaftspolitische Ausschuß der CDU überzeugte den Parteivorsitzenden aber schließlich davon, daß es nicht anginge, die wirtschaftspolitische Führung - und sei es nur dem Scheine nach - an die FDP übergehen zu lassen und damit Loyalitäten, finanzielle Mittel und Wählerstimmen aus der Wirtschaft aufs Spiel zu setzen. Das leuchtete Adenauer ein. Das Blücher-Ministerium blieb auf seine hergebrachten Zuständigkeiten beschränkt und wurde sachlich überflüssig.[17]

Zwischen Erhard und Friedrich stellte sich in örtlicher Distanz ein persönlich-politisches Freundschafts- und Vertrauensverhältnis wieder her, das freilich auf Friedrichs Seite von Bewunderung und großen Erwartungen fortan entkleidet war und von Erhard eher praktiziert als empfunden wurde.

Der wirtschaftspolitische Ausschuß hatte Adenauer nun nicht nur davor gewarnt, ein „Überwirtschaftsministerium" unter Blüchers Leitung einzurichten, er hatte ihn zugleich dazu aufgefordert, die wirtschaftspolitischen Kompetenzen endlich in Erhards Wirtschaftsministerium zusammenzufassen. Das ging gegen die fortdauernde Zuständigkeit des Finanzministeriums für „Geld und Kredit" und gegen die ebenfalls fortdauernden interministeriellen Querelen deswegen. Der Streit zwischen Wirtschaftsminister und Finanzminister lebte im Sommer 1951 wieder auf, gewann an Breite und Heftigkeit, weil Schäffer nun auch noch die Devisenüberwachung an sich ziehen wollte und weil Erhard mit öffentlich-kritischen Reden zur Steuerpolitik Schäffers Kreise störte, und nahm auf beiden Seiten ein wenig paranoide Züge an. Man wiederholte in langen Schriftsätzen die immer gleichen Argumente, bestand auf deren Unabweislichkeit, bescheinigte sich selbst guten Willen und Entgegenkommen, zieh den je anderen der Intransigenz und des Vertrauensbruchs, und behelligte mit alldem fortgesetzt den Kanzler. Schließlich forderte Erhard Adenauer auf, von einigen Beamten des Bundeskanzleramtes durch Aktenstudium und Vernehmungen in beiden Ministerien sowie in mitbetroffenen Verwaltungen prüfen zu lassen, wer im Recht, korrekt und kollegial, auf Ausgleich und Frieden bedacht, zu schärfster Beschwerde befugt sei - und wer nicht. Er zweifelte nicht am Ergebnis und wiederholte seine Forderung „mit allem Nachdruck", als Adenauer ihm, statt darauf einzugehen, die Weitergabe eines vertraulichen Briefes von Schäffer vorhielt. Die Untersuchung unterblieb natürlich trotzdem. Andererseits kam der Kanzler allmählich nicht mehr darüber hinweg, daß sich kaum eine Stimme noch für den Verbleib von „Geld und Kredit" im Finanzministerium erhob. Wer immer von der Sache was verstand, beklagte je länger, je mehr die Aufdringlichkeit des Fiskalismus in Schäffers Banken-, Kredit- und Kapitalmarktpolitik. Im März 1952 gab Adenauer den Klagen und dem Drängen nach und übertrug Erhard die begehrten Kompetenzen. Der Kampf schien gewonnen zu sein. Erhard kündigte umgehend an, daß er die frisch erworbenen Zuständigkeiten dazu nutzen werde, alsbald ein verfassungs- und zweckgemäßes Notenbankgesetz vorzulegen und den Kapitalmarkt aus seinen zwangswirtschaftlichen Bindungen zu lösen. Letzteres werde schon im nächsten Vierteljahr geschehen.[18]

Die Umstände waren mit seinem Elan freilich nicht recht in Einklang. Erhard hatte nun zwar die Kompetenzen, aber er hatte weder ausgearbeitete Entwürfe noch genügend qualifiziertes Personal. Schäffer hatte beides und rückte jetzt mit den bislang verzögerten Vorlagen schnell heraus. Anfang Mai präsentierte er dem Kabinett zunächst den Entwurf eines Kapitalmarktförderungsgesetzes, dann den Entwurf eines Bundesbankgesetzes. Erhard gefielen beide Entwürfe wenig. Kanzler und Kabinett aber sahen keinen Grund, Vorlagen, die entstanden waren, solange der Finanzminister zuständig war, nicht weiter zu behandeln, nachdem er die Zuständigkeit verloren hatte. Der Kompetenzenstreit war entschieden, in der Sache ging der Streit weiter.

Im Falle des Kapitalmarktförderungsgesetzes wurde der Streit zunächst nicht akut. Erhard gefiel Schäffers Entwurf zwar nicht, aber er konnte sich mit ihm abfinden, weil er seinen wichtigsten Forderungen zumindest formal genügte. Er sah nämlich vor, daß Emissionen und Kapitalmarkt-Zinsen fortan frei wären. Das war schon etwas und erleichterte Erhard die Zustimmung zur Vorlage im Kabinett, obwohl sie den freien Kapitalmarkt nicht schaffte, den er wünschte und verhieß. Denn die freien Zinsen sollten steuerlich höchst ungleich traktiert werden; Zinsen auf Staatsanleihen sowie auf Pfandbriefe und Schuldverschreibungen zu Zwecken des sozialen Wohnungsbaus nämlich steuerfrei bleiben, Zinsen auf Industrieobligationen und andere Rentenpapiere sowie Aktien-Dividenden hingegen steuerpflichtig sein. Der Zweck solcher Übung war es, daß die öffentlichen Haushalte und der soziale Wohnungsbau erheblich billiger an trotzdem reichlichere Kapitalmarktmittel kämen als private Emittenten. Das Prinzip der Marktfreiheit wurde dabei durch eine diskriminatorische Praxis um seinen Sinn und seine Wirkungen gebracht.

Das Kabinett nahm den Entwurf ohne Umstände an; er passierte mit einigen Mühen, aber alles in allem unverändert das Parlament, gewann Gesetzeskraft und tat sein Werk: Der Kapitalmarkt gab für die Finanzierung von Unternehmens-Investitionen auch weiterhin kaum etwas her. Erhard nahm alsbald wieder Anlaß, darüber Klage zu führen und eine Neuordnung nicht nur im Namen, sondern auch im Sinne der Freiheit zu verlangen.

Vom kläglichen Geschick zweier Grundlagengesetze

Seine Abneigung gegen Schäffers Notenbankgesetz-Entwurf erwies sich unterdessen als durchsetzungsfähiger, weil er sich darin mit starken Verbündeten im Kabinett und im Parlament einig war. Die Abneigung geriet tatsächlich zur Ablehnung, die Ablehnung dann freilich nicht zur Annahme Erhardscher Vorstellungen und Absichten.

Im Sommer 1951 war Schäffer an einer Art handstreichartigem Versuch gescheitert, die Unabhängigkeit der Bank Deutscher Länder, hinterrücks zu beseitigen und damit zugleich die Weisungsgebundenheit der künftigen Bundesbank zu präjudizieren.[19] Erhard und der Zentralbankrat protestierten dagegen, die interessierte öffentliche Meinung nahm den Protest auf und das Parlament bestätigte die Unabhängigkeit der Bank Deutscher Länder statt sie zu beseitigen. Sie unterwarf die Bank lediglich der gesetzlichen Verpflichtung, im Rahmen ihrer Aufgaben die Wirtschaftspolitik der Bundesregierung zu unterstützen. Das aber gehörte ohnehin ins Selbstverständnis und zur Praxis der Zentralbankleitung.

Der Parlamentsbeschluß entzog das Rechtsverhältnis zwischen Bundesregierung und Bundesbank der politischen Auseinandersetzung. Die rechtskräftige Bestätigung der Handlungsautonomie des Zentralbankrats galt als ebenso präjudiziell, wie deren Beseitigung als präjudiziell gegolten hätte. Der Streit um das Bundesbankgesetz konzentrierte sich fortan auf die Frage nach der richtigen Organisation der Bank und deutete dabei die Frage nach ihrem *Rechts*verhältnis zur Frage nach ihrem *politischen* Verhältnis zur Regierung um. Die Veränderung des Streitgehalts wandelte die Mehrheit des Zentralbankrats in Sachen Bundesbankgesetz von einem Verbündeten zu einem Gegner des Wirtschaftsministers. Erhard hatte inzwischen aktenkundig gemacht, daß er im Gegensatz zu Schäffer die zweistufig-föderale Organisation des Zentralbanksystems ablehnte und lossein wollte. Aus den selbständigen Landeszentralbanken sollten nachgeordnet-weisungsgebundene Zweigstellen einer Bundesbank werden, die mit den Geschäftsbanken in unmittelbarer Verbindung standen und deren Geldpolitik und Geschäftstätigkeit nicht mehr von einem dezentralisierten Zentralbankrat, sondern von einem zentralen Direktorium bestimmt wurden. Das Direktorium wäre von der Bundesregierung zu berufen. Damit kehrte man zu den Traditionen deutschen Zentralbankwesens zurück, es schaltete den Einfluß der Landesregierungen auf die Notenbankleitung aus und stärkte den Einfluß der Bundesregierung, es wirkte falscher Rücksichtnahme auf regionale Interessen bei geldpolitischen Entscheidungen entgegen und sorgte, meinte Erhard, für Klarheit und Einheitlichkeit. Mit ihm meinten dies auch Innenminister Lehr, Justizminister Dehler, Vizekanzler Blücher und Präsident Vocke. Anderer Ansicht waren die Landeszentralbankpräsidenten, denen um ihren Rang und ihre Bedeutung bange wurde, und aus nicht minder einsehbaren Gründen die im Bundesrat vereinten Landesregierungen.

Schäffer lavierte ein wenig unsicher zwischen den Positionen. Als bayerischer Föderalist machte er sich für den Erhalt der Landeszentralbanken stark, und als Bundesfinanzminster wollte er mehr Einfluß der Bundesregierung auf Gestalt und Tätigkeit der Notenbankleitung. In der Entwurfsarbeit des Finanzministeriums versuchte man beides miteinander zu vermitteln; mit dem leidigen Ergebnis, daß die fertigen Entwürfe niemandem gefielen. Zwei legte Schäffer dem Kabinett vor und zog sie wieder zurück, ehe das Kabinett auch nur ihre Beratung aufgenommen hatte. Neuerdings wurde die Sache noch dadurch kompliziert, daß politisch engagierte Juristen das Überleben selbständiger *Landes*zentralbanken als Verstoß gegen den verfassungsrechtlichen Auftrag, eine *Bundes*bank zu schaffen, betrachteten. Erhard machte sich ihre Sicht uneingeschränkt zu eigen. Der Bundesrat fand freilich andere politisch engagierte Juristen, die an der Vereinbarkeit selbständiger Landeszentralbanken mit dem Verfassungsgebot nicht zweifelten.

Schäffers dritte Vorlage, seine bundesbankgesetzliche Hinterlassenschaft gewissermaßen, schien geeignet zu sein, sowohl die verfassungsrechtliche Kontroverse wie die politischen Konflike auf einer mittleren Linie beizulegen. Sie nahm einen Vorschlag des Zentralbankrats-Präsidenten Karl Bernard auf. Der Vorschlag war Ende März 1952 von den interessierten Ministern sowie von Bernard und Vocke beraten und Schäffer sagte: gutgeheißen, Erhard sagte: nicht gleich abgelehnt worden. Bernard empfahl, selbständige Landeszentralbanken nach dem Vorbild der Oberfinanzdirektionen als Mischverwaltungen mit doppelter Rechtspersönlichkeit beizubehalten. Soweit sie Bundesbankaufgaben erfüllten, sollten sie auf Bundesrecht, im übrigen auf Landesrecht beruhen. Dementsprechend wären ihre Präsidenten auch nicht mehr allein von den Landesregierungen, sondern von der Bundesregierung im Einvernehmen mit den Landesregierungen zu bestellen. Das Direktorium träte zur Stärkung der unitarischen Elemente in den Zentralbankrat ein, und sein Präsident säße dem Rat künftig vor.

Hätten Erhard, Lehr und Dehler sich auf diese Lösung eingelasssen, dann hätte es *wenige Monate* später wohl ein Bundesbankgesetz gegeben und die Seele Ruh' gehabt; ein Bundesbankgesetz im übrigen, das sich substantiell von dem nur wenig unterschied, das *fünf Jahre* später entstand.

Bernards Vorschlag war aber kaum in Schäffers Vorlage übersetzt, da distanzierten sich die drei davon. Mitnichten hätten sie dem Vorschlag zugestimmt, sie hätten lediglich zugesichert, ihn zu prüfen. Erhard schrieb ans Kanzleramt, daß er in Kürze einen Gegenentwurf einreichen werde. Adenauer war des Haders jedoch leid und schlug sich in der Kabinettssitzung vom 24. Juni 1952 auf Schäffers Seite. Die Minister seien sich über die Grundsätze einig gewesen und möchten es gefälligst dabei bewenden lassen. Das Kabinett beauftragte Erhard und Schäffer damit, nach Ablauf von zwei Wochen einen gemeinsamen Entwurf vorzulegen: Die Selbständigkeit der Landeszentralbanken sollte darin in Gottes Namen gewahrt, der Bundesregierung aber noch mehr Gewicht bei der Berufung ihrer Präsidenten eingeräumt werden. Das gefiel Schäffer, Bernard war zufrieden. Erhard aber verweigerte sich dem Auftrag. Er verließ die Minister- und Präsidenten-Besprechung, zu der Schäffer umgehend einlud, vor der Zeit und hinterließ, daß er sich die Befürwortung oder die Ablehnung des überarbeiteten Entwurfs vorbehalte. Zwei Tage später ließ er den Kabinettsmitgliedern einen Brief zugehen, in dem er beantragte, Schäffers Entwurf zurückzustellen und ihn, Erhard, damit zu beauftragen, bis zum Ende der Parlamentsferien einen „unitarischen" Entwurf vorzulegen. Das Kabinett kümmerte sich um die Verweigerung und um den Antrag nicht weiter, tat am 8. Juli so, als wäre sein Auftrag erfüllt worden und nahm den Entwurf unter der Voraussetzung einer weiteren Revision förmlich an: Die Landeszentralbanken sollten doch lieber ihren herkömmlichen Rechtsstatus behalten und nicht mit doppelter Rechtspersönlichkeit begabt werden. Schäffer ließ die Vorlage noch einmal ändern und dann die „Begründung" schreiben, die einen Regierungsentwurf bei der Überweisung ans Parlament zu begleiten hat.

Während das geschah und die Minister im Urlaub waren, arbeiteten die Referenten der immer noch fragmentarisch besetzten Abteilung „Geld und Kredit" im Wirtschaftsministerium hastig an dem mehrfach avisierten, inzwischen aber eigentlich überholten „Gegenentwurf". Sie schafften es. Wenige Tage, nachdem Schäffers endgültige Vorlage im Kanzleramt eingegangen war und wenige Tage, bevor sie im Kabinett verabschiedet werden sollte, ging - unerbeten aber begründet - Erhards erste Vorlage ein. Der Zufall hatte den Zeitpunkt gut getroffen. Adenauer war auf dem Bürgenstock. Im Falle seiner Anwesenheit wäre der Einlauf wahrscheinlich ignoriert worden. Vizekanzler Blücher ignorierte ihn nicht. Er präsentierte Erhards Vorlage gemeinsam mit Schäffers Entwurf am 29. August dem Kabinett. Zugleich legte das Innenministerium Rechtsverwahrung gegen die vorbehaltliche Annahme von Schäffers Entwurf ein. Die Verwirrung war vollkommen, das Kabinett führungslos und die ganze Angelegenheit wurde unentschieden von der Tagesordnung genommen.

Schäffer und Erhard reisten erst einmal gemeinsam, wenn auch darüber entzweit, nach Mexico City. Dort tagten die Mitglieder des Internationalen Währungsfonds und der Weltbank. Die Bundesrepublik war den beiden Organisationen kürzlich beigetreten und nahm erstmals an den regelmäßigen Tagungen teil. Über ihre personelle Repräsentation hatte es zwischen den Ministern zusätzlichen Krach gegeben. Es war üblich, daß die Teilnehmerländer in den Gremien des Währungsfonds durch ihre Zentralbanken und in den Gremien der Weltbank durch ihre Regierungen vertreten wurden. So wollte man es auch in Deutschland halten. Fraglich war, ob der Finanz- oder der Wirtschaftsminister den klangvollen Titel und das beinahe funktionslose Amt eines Weltbank-Gouverneurs erhalten sollte. Beide legten Wert darauf; schon um dessentwillen, daß der je andere Amt und Titel nicht erhielte. Am 1. Juli verhandelte und entschied das Kabinett darüber. Die Regierung stellte die Zuständigkeit des Wirtschaftsministers für die Weltbank fest. Erhard empfand sich als zum Weltbank-Gouverneur und Schäffer als zu seinem Stellvertreter bestellt. So ging es folgenden Tags auch über den Rundfunk. Wenige Stunden später dementierte der Pressesprecher des Finanzministeriums die Meldung. Das Kabinett habe über die Zuständigkeit im allgemeinen, aber noch nicht über die Vertretung der Bundesregierung auf der kommenden Weltbanktagung entschieden. Erhard schrieb in außerordentlicher Erregtheit an den Bundeskanzler: „Ungeheuerliches Vorkommnis, Provokation, die unter keinen Umständen ungeahndet bleiben darf". Schäffer ließ ein, daß von Provokation keine Rede sein könne. Erhard habe ihm, der den Beitritt zu Zeiten seiner Zuständigkeit für „Geld und

Kredit" auf den Weg und danach noch unter Dach und Fach gebracht habe, zugesagt, daß er die Bundesrepublik auf der ersten Tagung vertreten dürfe, wenn er die keineswegs selbstverständliche Zuständigkeit des Wirtschaftsministers darüber hinaus nicht bestreite. Adenauer setzte die Sache daraufhin noch einmal auf die Tagesordnung des Kabinetts. Erhard bat ihn „herzlich und dringend", sie wieder abzusetzen, da er bei einer Revision des Beschlusses vom 1. Juli „in aller Form die Kabinettsfrage stellen" müsse. Die Bitte war vergebens. Adenauer schlug dem Kabinett am folgenden Tag dennoch vor, daß Schäffer Deutschland auf der ersten Weltbank-Tagung vertrete. Erhard erhob Einwände. Das Kabinett entschied salomonischerweise, daß Erhard und Schäffer die Bundesregierung gemeinsam repräsentierten. Das war verdrießlich, aber nicht eigentlich eine Revision des ersten Beschlusses. Teuer wäre es freilich um ein Haar gekommen. Schäffer und Erhard stellten jeder für sich Reisegesellschaften zusammen, die „an Herren und Damen zusammen etwa vierzig Personen zählten". Adenauer bekam davon allerdings Wind und gab vom Bürgenstock her Anweisung, mindestens die Hälfte der Herren und Damen zuhause zu lassen.[20]

Da Erhard im Anschluß an die Konferenz der Weltbank noch über Cuba nach Kanada reiste, konnten die Beratungen über das Bundesbankgesetz erst am 26. September wieder aufgenommen werden. Der Kanzler bestand darauf, daß unter Berücksichtigung von Lehrs verfassungsrechtlichen Bedenken, aber unter Mißachtung von Erhards Gegenvorstellungen Schäffers Vorlage zügig weiterbehandelt werde. Noch einmal wurde ein Ministerausschuß nominiert, damit er dem Entwurf den letzten Schliff gäbe. Erhard gehörte ihm natürlich an. Schäffer erledigte die Einwände des Innenministeriums dadurch, daß er dem Direktorium im Zentralbankrat ein Übergewicht über die Landeszentralbank-Präsidenten gab und dem Zentralbankrat das Recht einräumte, den Landeszentralbanken Weisungen zu erteilen. Lehr war zufrieden. Dehler ließ sein Votum offen. Erhard lehnte auch diese Fassung ab und reichte - dem Kabinettsbeschluß zuwider - erneut den Entwurf seiner Geld- und Kreditabteilung als Gegenvorlage ein. Adenauer nahm sie im Gegensatz zu Blücher freilich *nicht* auf die Tagesordnung des Kabinetts. Schäffers Vorlage wurde am 7. November 1952 ein zweites Mal, nun ohne Vorbehalte, verabschiedet und sogleich dem Bundesrat zugeleitet. Der Bundesrat erklärte sich als prinzipiell damit einverstanden, erklärte aber vorsorglich auch, daß er ein Gesetz gleichen Wortlauts für zustimmungsbedürftig halte. Zustimmungsbedürftig hieß, daß der Bundestag ein Votum des Bundesrates, das seinem Beschluß in dritter Lesung widersprach, auch durch die Bestätigung des Beschlusses nicht außer Kraft setzen konnte. Und Zustimmungsbedürftigkeit lag vor, wenn Bundesgesetze in die Verwaltungshoheit der Länder eingriffen. Die Bundesregierung wies den Zustimmungsbedarf ebenso vorsorglich zurück, wie der Bundesrat ihn anmeldete, und legte den Entwurf unter dieser Voraussetzung dem Parlament vor. Der Bundestag beriet darüber in erster Lesung am 4. Februar 1953. Er beriet freilich nicht nur über den Entwurf der Bundesregierung. Unterdessen hatte die Fraktion des Koalitionspartners FDP Erhards Kabinettsvorlage samt Begründung als Initiativ-Entwurf eingebracht. Das Plenum überwies beide Vorlagen zu eingehender Beratung an den Ausschuß für Geld und Kredit. Bis zum Ende der Legislaturperiode blieben noch wenige Monate. Eile schien angebracht zu sein. Und war doch auch wieder *nicht* angebracht. Am Tag der ersten Lesung hatte die FDP nämlich ein Weiteres getan. Sie hatte den Bundesrat auf hintersinnige Weise beim Bundesverfassungsgericht verklagt: Der Zweite Senat möge feststellen, daß des Bundesrats Anspruch auf Zustimmung zu einem Bundesbankgesetz verfassungswidrig wäre, weil Art. 88 GG das Überleben von Landeszentralbanken ausschließe. Der Ausschuß für Geld und Kredit sah es als sinnvoll an, die Feststellung des Verfassungsgerichts abzuwarten, ehe er sich auf eine

Diskussion der Grundsatzfragen einließe. So befaßte er sich sieben Wochen lang mit Peripherem und vertagte sich dann bis auf weiteres. Als er am 19. Mai wieder zusammentrat, war die höchstrichterliche Entscheidung noch immer nicht getroffen worden. Der Ausschuß beschloß, die Beratung anderer Gesetze vorzuziehen. Das Bundesbankgesetz galt für die erste Legislaturperiode als beerdigt.

Damit war Erhard sehr zufrieden. Er durfte darauf vertrauen, daß bei einem Neuansatz nach gewonnener Wahl sein und nicht wieder Schäffers Entwurf Regierungsvorlage würde. Gar nicht zufrieden konnte er hingegen damit sein, daß die Bundesregierung zwei Tage später ihren Wettbewerbsgesetz-Entwurf zurückzog. Dem war bis dahin ein anderes, aber kein besseres Schicksal beschieden gewesen als Schäffers Bundesbankgesetz-Vorlage. Das Bundestags-Plenum überwies ihn im Juni 1952 nach kurzer erster Lesung an den wirtschaftspolitischen Ausschuß. Dort schmorte er, weil der Ausschußvorsitzende sich nicht traute, ihn auf die Tagesordnung zu setzen. Naegle, so hieß der Mann, trat selbst für die Vorlage ein, war aber zugleich sicher, daß die Mehrheit des Ausschusses dies nicht täte.

Erhard bemühte sich unterdessen, nicht so sehr die dissentierenden Abgeordneten der Koalitionsfraktionen, wie weiterhin den BDI und dabei zugleich die Öffentlichkeit für seine Absichten zu gewinnen. Im Juli schrieb er Berg einen abhandlungsartig-hochgestimmten „Offenen Brief", der Dogmatisches mit Analytischem, Analytisches mit Moralischem und Moralisches mit Politischem verwob: Der Markt als Hort ökonomischer Intelligenz, der Preis als unersetzliches Instrument der Marktlenkung, die Delegitimierung des Unternehmertums durch den Ausschluß von Wettbewerb, dagegen der Verzicht auf Kartelle als Argument gegen den gewerkschaftlich-sozialistischen Anspruch auf Unternehmensmitbestimmung, Freiheit als Verpflichtung und als Ergebnis Wohlfahrt und Gerechtigkeit. Berg ließ sich mit der Antwort ein Vierteljahr Zeit. Zwischendurch bekräftigte sein Verband ganz ungerührt, daß er das Kartellverbot und die Kontrolle marktbeherrschender Unternehmen im Sinne des Gesetzentwurfes aus wirtschaftlichen, rechtlichen und administrativen Gründen ablehnte. Bergs „Offene Antwort" fiel noch länger, natürlich nüchterner, aber nicht minder grundsätzlich aus als Erhards Brief. Der Unternehmer-Präsident bezweifelte die Intelligenz des Marktes, er fragte, wie die legitime Existenz von Kartellen und die wirtschaftliche Blüte vor dem Ersten Weltkrieg zusammenpaßten, wenn Kartelle tatsächlich ein so großes Übel wären, sagte, daß „soziales Unternehmertum", zu dem man sich bekenne, notwendig sicherheitsbedürftiges Unternehmertum sein müßte und behauptete, daß Kartelle den Wettbewerb mitnichten beseitigen, sondern auf eine „höhere Ebene" höben, wo er besser als auf freien Märkten dem technisch-ökonomischen Fortschritt diene und zugleich Marktschwankungen ausgleiche und Konjunkurausschläge abschwäche. Das Ganze machte als „Berg-Predigt" unter Kennern einiges Furore.[21] Voran brachte der Austausch an die Öffentlichkeit gerichteter Memoranden die Sache nicht. Anfang 1953 versuchte Erhard, sie auf persönlich-trauliche Weise voranzubringen. Mitte Januar nahm er an der Hundertjahrfeier von Bergs Betrieb teil. Wenige Tage später schrieb er Berg in „Erinnerung an unser nettes Zusammensein" und im „Gefühl aufrichtiger Freundschaft" einen weiteren Brief, einen Brief diesmal, von dem niemand Kenntnis erhalten und der auch nicht „zu den Akten" genommen werden sollte. Er schrieb ihn, „da ich nicht die Absicht habe, zum Gespött des deutschen Volkes zu werden, vor allen Dingen es aber nicht mit meinem Gewissen und meinen Erkenntnissen vereinbaren kann, wider bessere Einsicht die freie deutsche Unternehmerwirtschaft sehenden Auges ins Verderben rennen zu lassen". Das Kartellgesetz stelle die Weichen: entweder zu den Segnungen der unternehmerisch-ökonomischen Freiheit oder aber zu deren Verlust, zum Zusammenbruch der bürgerlich-demokratischen Ordnung, zu Niedergang und Verderben. Das Unternehmertum schaufle sich mit der Ablehnung von Erhards Vorlage selbst das Grab. Daran möchte Erhard, schrieb Erhard, Berg nicht beteiligt sehen. Zum Beweise seiner Freundschaft wolle er ihm vielmehr Mut zu etwas anderem machen: „Sie, lieber Herr Berg, haben die historische Chance, in die deutsche Wirtschaftsgeschichte als ein wirklich großer und weitblickender Führer unserer Industrie einzugehen, und Sie ahnen nicht, wie glücklich ich wäre, wenn ich Ihnen in etwas zu diesem Ruhm verhelfen könnte". Zu diesem Zweck wolle er der Industrie bei der Formulierung des Kartellgesetzes „soweit als nur irgend möglich entgegenkommen". Darüber wünsche er „vertraulich unter vier Augen" mit Berg einig zu werden. Dann solle Berg den Einigungsvorschlag an die Öffentlichkeit bringen, als wärs ein Stück von ihm, und Erhard nehme ihn nach fingierten Verhandlungen an. „Wir gehen einer neuen Zeit entgegen; sie wird uns die Freiheit bringen oder sie wird uns im Kollektivismus ersticken lassen. Darum rufe ich Ihnen zu: Seien Sie wach und mutig!"[22]

Die Vorstellung, daß Fritz Berg, der mittelständische Eisenindustrielle aus Altena in Westfalen, der ja doch eher politischer Opportunität als persönlich-unternehmerischer Größe wegen die Funktion des BDI-Präsidenten innehatte, hinterm Rücken der großen Bosse mit dem Wirtschaftsminister ein Kartellgesetz auskungeln und dann den Verband darauf verpflichten könnte, war ebenso verfehlt wie der Duktus des Briefes. Das Gespräch zwischen Minister und Präsident fand fünf Wochen später statt. Es fand freilich nicht unter vier Augen statt. Erhard stellte dabei seine Zustimmung zu einigen Ausnahmen vom allgemeinen Kartellverbot als Gegenleistung für die Zustimmung der Industrie zum Verbot in Aussicht. Die Gremien des BDI berieten darüber und verlangten mehr, ohne vorweg ihr Einverständnis mit dem Verbot zuzusichern.[23]

Es wäre auch ungeschickt gewesen, dies zu tun. Unterdessen hatte nämlich nach langem Zaudern endlich doch der Bundestagsausschuß für Wirtschaftspolitik die Beratung des Gesetzentwurfes aufgenommen. Und bei der Beratung zeigte sich, daß es die von Erhard erwartete Mehrheit für eine entschiedene Verbotsregelung darin nicht gab. Ob sich immerhin eine Mehrheit für ein Verbot mit vielen Ausnahmen fände, blieb vorerst fraglich. Erhard hoffte noch darauf und dehnte seine Bereitschaft, derlei Ausnahmen zu akzeptieren, beinahe beliebig weit aus. Inzwischen schien es ihm nur noch darum zu gehen, das Verbots*prinzip* durchzubekommen, koste es, was es wolle. Ende März ließ er den Ausschußvorsitzenden wissen, daß er sich mit der Möglichkeit folgender Kartelle abfinden könnte: Kartelle zur Regelung der Liefer- und Zahlungsbedingungen, Kartelle zur Vereinheitlichung von Rabatten, Kartelle im Falle gemeinsamer Rationalisierung, Kartelle zur Begünstigung von Exporten und Kartelle zur Regelung von Importen, Kartelle in Krisenlagen schließlich.[24] Doch auch das gewann ihm keine Mehrheit. In den letzten Apriltagen wurde der Versuch unternommen, die wirtschaftspolitisch engagierten Abgeordneten der Koalitionsfraktionen in dreitägiger Klausur auf die Grundsätze des Entwurfs einzuschwören. Der Versuch mißlang, obwohl Erhard den Gegnern und Skeptikern noch weiter entgegenkam, zusätzliche Ausnahmen vom Kartellverbot konzedierte und den Begriff „Marktmacht" wieder auf die Dominanz *eines* Unternehmens zurückführte. Erhard machte die schmerzliche Erfahrung, daß die Grundsätze seines Entwurfs eher auf die Zustimmung der SPD-Abgeordneten im wirtschaftspolitischen Bundestagsausschuß rechnen konnte als auf die Zustimmung der Unionsabgeordneten. Zu allem Überfluß gerieten jene SPD-Abgeordneten wenige Tage später unter den Druck eines anders gerichteten Votums der Gewerkschaften. Am 29. April schrieb der Deutsche Gewerkschaftsbund - befangen noch immer in Hilferdings Theorie vom „organisierten Kapitalismus" - höchst offiziell an den wirtschaftspolitischen Bundestagsausschuß, daß er Kartelle und „sogenannte marktbeherrschende Unternehmen" für vorteilhafte, berechtigte und notwendige Einrichtungen halte, deren Entstehen von Gesetzes wegen weder verhindert noch erschwert werden solle, deren Verhaltensweisen hingegen strenger, als es der Entwurf vorsehe, kontrolliert und, wenn nötig, korrigiert werden müßten. Gleichsam im informellen Bündnis mit dem gegnerischen Partner, dazu unter dem Eindruck der anhaltenden Widerborstigkeit vieler Unionsabgeordneter, der Meinungslage im wirtschaftspolitischen Ausschuß und der stückweisen Nachgiebigkeit des Wirtschaftsministers, rückte am 20. Mai auch der BDI noch einmal mit weitreichenden Forderungen heraus: Erleichterungen bei der Bildung von Ausnahmekartellen, eine Generalklausel, die es dem Wirtschaftsminister - der irgendwann ja nicht mehr Erhard hieße - ermöglichte, *jede* Art von Kartell zu genehmigen und Beseitigung der Fusionskontrolle. Das war Erhard denn doch zuviel. Um diese Zeit jedenfalls noch. Er hatte schon nach der mißratenen Klausur mit den unfreundlichen Parteifreunden darüber zu reden begonnen, daß kein Kartellgesetz am Ende besser sei als ein schlechtes Kartellgesetz. Einen Tag nach dem Ansinnen des BDI machte er mit der Rede ernst und zog den Entwurf zurück.[25]

Der Wiederaufnahme der großen Themen zweiter Teil: Währungskonvertierbarkeit

Damit war nach fast vierjährigem unglücklich-ungeschicktem Bemühen das zweite der beiden großen ordnungspolitischen Vorhaben gescheitert, deren rasche Bewältigung Erhard sich bei Amtsantritt vorgesetzt und angekündigt hatte. Das zweite; denn wenige Tage zuvor war Erhard von Beratungen mit dem britischen Schatzkanzler aus London zurückgekommen, nach denen er sich eingestehen mußte, daß es auch mit der Bewältigung des anderen Vorhabens noch einige Weile haben würde. Das andere Vorhaben war die Liberalisierung des internationalen Handels im Zeichen allgemeiner Konvertierbarkeit der Währungen.

Der erste, zunächst rhetorische Anlauf zur Währungskonvertibilität war bekanntlich von der deutschen Devisenkrise im Herbst 1950 unsanft unterbrochen worden. Die Krise wurde mit Hilfe der Europäischen Zahlungsunion gemeistert und wäre ohne die EZU nicht zu meistern gewesen. Wäre sie nicht gemeistert worden, hätte sie Erhard das Amt gekostet. Man könnte deshalb meinen, daß Erhard genügend Gründe zu einem gewissen Gefallen an der Einrichtung hatte und fernerhin behutsam und freundlich mit ihr umging. Vielleicht müssen Politiker aber ein kurzes Gedächtnis haben und wahrscheinlich kann Dankbarkeit in der Politik keine Denkkategorie und schon gar keine Handlungsmaxime sein. Kaum hatte die Bundesrepublik die akute Krise überwunden, ihre EZU-Schulden getilgt und eine stabile Überschußposition erreicht, da verkündete der deutsche Wirtschaftsminister, abermals auf der Frankfurter Messe übrigens, daß man nun schleunigst die Devisenbewirtschaftung und zu diesem Zweck auch die EZU beseitigen müsse. Die Zahlungsunion bringe Europa auf dem Weg zur Konvertierbarkeit nicht weiter voran, sondern stehe ihm darauf mächtig im Wege.[26] Das war im März 1952 und war außer - politisch unbeachtlichem - Ausdruck von Undankbarkeit auch - politisch erheblicher - Ausdruck von Gleichgültig- oder Rücksichtslosigkeit gegen fremde Umstände und Interessen. Und deshalb war es überdies objektiv falsch.

Während Deutschland seine außenwirtschaftlichen Schwierigkeiten überwand, gerieten nämlich andere europäische Länder, voran England und Frankreich, in derlei Schwierigkeiten hinein und bedurften der EZU zu deren Bewältigung, wie vormals Deutschland ihrer bedurft hatte. England und Frankreich litten seit Mitte 1951 an umfangreichen Zahlungsdefiziten und häuften binnen kurzem große Schulden bei der EZU an. Obwohl dabei keines der beiden Länder an die Grenzen seiner Zahlungsfähigkeit geriet, nahmen dies beide zum Anlaß, nach deutschem Vorbild den Liberalisierungssatz ihrer Einfuhren herabzusetzen. Das ärgerte Erhard sehr, und er warf der EZU vor, daß sie zunächst die hohen Defizite ermöglichte und dann die Rücknahme der Liberalisierung erlaubte. Mit beidem, so meinte er, sanktioniere sie eine grundfalsche Wirtschaftspolitik und gestatte es England und Frankreich, auf Kosten anderer mehr zu verbrauchen, als sie erzeugten. Konvertierbarkeit hingegen zwänge sie zu guter Ordnung.[27]

Damit war, etwas undeutlich noch, ein ökonomisch-politisches Motiv von höchst grundsätzlicher und für Erhards politisch-persönliches Dasein stark schicksalhafter Bedeutung angeschlagen. Die Hochschätzung der Konvertibilität verband sich neuerdings und fortan immer enger mit einer Geringschätzung institutionalisierter zwischenstaatlicher Zusammenarbeit und überstaatlicher Integration in Europa. Erhard war im Zusammenhang mit den Schuman-Plan-Verhandlungen vom enthusiastischen, aber wohl auch ziemlich unbedachten Fürsprecher europäischer Integration zum bedenklichen Skeptiker geworden und wurde unterm Eindruck jener für verfehlt gehaltenen Wirtschaftspolitik schließlich zum bedachten Gegner vertraglich geregelter und mit supranationalen Einrichtungen unterlegter wirtschaftlicher Kooperationen in Europa. Zugleich geriet ihm die Konvertibilität vom schlichten Mittel erwünschter Handelsliberalisierung zum wirkungsmächtigen, vertraglich-institutioneller Einigung unendlich überlegenen „funktionalen" Integrator von nationalen Wirtschaften mit uneingeschränkter wirtschaftspolitischer Souveränität. Dabei geriet sie in leidenschaftlicher Übersteigerung zuweilen wohl auch zu einer Art Demiurg allgemeiner wirtschaftlicher Harmonie und Glückseligkeit in der Welt.

Es traf sich zufällig, aber der Mutwille hätte es nicht besser treffen können, daß Erhard gerade einen Tag, bevor er in Frankfurt die EZU verriet und wieder zum Feldzug für die Konvertibilität sattelte, einem Vorschlag zu europäisch-wirtschaftlicher Zusammenarbeit scharf widersprach, den Frankreichs Wirtschaftsminister Buron jüngst ins Gespräch gebracht hatte. Buron empfahl die Formulierung eines indikativen europäischen Wirtschaftsprogramms, die allmähliche Harmonisierung der nationalen Gesetze, internationale Abmachungen zum Zweck einer gewissen industriellen Raumordnung in Europa und die Einrichtung einer europäischen Investitionsbank. Erhard erklärte den Gedanken an Programm und Harmonisierung für illusorisch, Absprachen für unerwünscht und die Bank nur dann als nützlich, wenn sie anstelle der EZU für die Egalisierung von Zahlungsbilanz-Ungleichgewichten herangezogen würde und solcherart die Bereitschaft zur Konvertierbarkeit in Europa vergrößerte.[28] Ein halbes Jahr später wandte er sich nicht weniger entschieden gegen die viel bescheidenere und wohl auch wegen ihres Urhebers beargwöhnte Anregung des deutschen Generalkonsuls in London, seines einstigen Kollegen und Gegners im bizonalen Verwaltungsrat, Hans Schlange-Schöningen, eine regierungsoffizielle Konferenz britischer und deutscher Industrieller zu veranstalten, um antideutsche Ressentiments in England zu zerstreuen. Dergleichen beinhalte die Gefahr von Abmachungen, die den Grundsätzen deutscher Wirtschaftspolitik zuwiderliefen, „uns an der vollen und freien Entfaltung unserer Wettbewerbskraft" hinderten und sogar „eine tödliche Gefahr für den europäischen Gedanken" bedeuten könnten. Und was die „Entgiftung der Atmosphäre" angehe: „England wird solange nicht zu helfen sein, als es sich nicht zu einer grundsätzlichen Abkehr von der verhängnisvollen Wirtschaftspolitik der Labour-Regierung entschließt".[29]

Als Erhard dies schrieb, regierten in London schon seit mehr als einem Jahr die Konservativen. Was er schließlich als deren Abkehr von der zuweilen auch als „britische Mißwirtschaft" artikulierten Labourpolitik identifizierte, blieb im Ungewissen. Feststellbar ist nur, daß er England bereits wenige Monate später und von da an bis zum Amtsantritt einer neuen Labour-Regierung im Jahre 1964 so gut wie unbeirrt von dem, was dort geschah und getan wurde, als Freund und Verbündeten in Geist und Tat verstand. Zugleich mehrten sich seine Vorbehalte gegen das wirtschaftliche und politische Denken und Gebaren in Frankreich und verdichteten sich dabei - gleichfalls ohne wesentliche Rücksicht auf das, was dort tatsächlich geschah, beabsichtigt und getan wurde - zu einem antifranzösischen Soupçon, der dem Vorurteil immer näher kam und deshalb immer schwerer überwindlich wurde. Erhards späterer Widerstand gegen die wirtschaftliche Integration Kontinentaleuropas war zu seinem größten Teile in Grundsätzlich-Konzeptionelles gekleideter Widerstand gegen vertragliche und institutionelle Bindungen an Frankreich, die sich in seiner Perspektive gewöhnlich als Unterwerfung Europas unter Frankreichs wirtschaftspolitische Unvernunft darboten. Die Ursprünge dieser Sichtweise liegen in den Jahren 1951/52, ihre sachlichen Gründe waren die hohen Zahlungsbilanzdefizite, die Frankreich seit dem Ende der akuten Korea-Krise auswies und das Interesse am Fortbestand der EZU, das die französische Regierung deshalb geltend machte, und ihre mentale Grundlage war Erhards Unfähigkeit oder sein Unwille, fremde Interessen und Empfindlichkeiten zu reflektieren, zu respektieren und in seine Vorstellungen und Bestrebungen zu integrieren. Letzteres galt jenseits allen zutraulichen Entgegenkommens und aller Bonhomie für seinen persönlichen und politischen Umgang mit Menschen und galt nicht minder für sein Trachten und Verhalten als Politiker auf internationaler Bühne. Seinen knappsten und zugleich beredtesten Ausdruck fand das derart verkürzte Verständnis von wirtschaftspolitischer Diplomatie in einem vertraulichen Brief an Wilhelm Röpke. Sein Einfluß in europäischen Währungsangelegenheiten wachse, schrieb Erhard im Oktober 1953 an den Nenn-Freund, „oder besser gesagt, die Angst vor meiner Aktivität auf diesem Feld nimmt zu".[30]

Zum einen stimmte dies glücklicherweise nicht. Glücklicherweise, denn Angst vor deutschen Politikern im Ausland war so ungefähr das letzte, was man sich in Deutschland anfangs der fünfziger Jahre wünschen konnte. Zum anderen aber erscheint die Verbreitung von Angst nicht eben als das geschickteste und aussichtsreichste Mittel, um Partner zur Einsicht in den allgemeinen Vorteil einer Sache zu bewegen, die sie als für sich nachteilig ansehen. Verständnis, Rücksichtnahme und womöglich Hilfe leisten dabei zumeist bessere Dienste. Doch damit tat Erhard sich schwer.

Zugegebenermaßen machte Frankreich es ihm auch nicht leicht. Für einen Mann seiner Denkart und dogmatischen Befangenheit *waren* die französische Wirtschaftspolitik und deren außenwirtschaftliche Konsequenzen ein Greuel. Die Konsequenzen bestanden in chronischer Konkurrenzschwäche der französischen Industrie auf den internationalen Märkten. Der hauptsächliche Grund dafür war ein dauerhaft starkes inflatorisches Potential, das zeitweise von gegenwirkenden Kräften in Zaum gehalten wurde und sich zuweilen, zuletzt im Zuge des Korea-Booms, mit großem Nachdruck Bahn brach. Derlei Potential galt Erhard, in dessen ökonomisch-politischer Werteordnung Stabilität mit Marktfreiheit um den ersten Rang stritt, in jedem Fall als unerträglich und im französischen Fall dazu als unverzeihlich, weil es sich aus anhaltenden Verstößen gegen die seiner Meinung nach einzig vernünftige Ordnung von Volkswirtschaften ergab. Der erste Verstoß waren fortgesetzte Haushaltsdefizite infolge überzogener öffentlicher Ausgaben, der zweite Lohnerhöhungen, die beträchtlich über das Produktivitätswachstum hinausgingen und der dritte eine Politik billigen und leichten Geldes der regierungsabhängigen Banque de France, die es ermöglichte, beides - Staatsverschuldung und Lohnsteigerungen - durch Geldmengenvermehrung zu finanzieren. Das Haushaltsdefizit ging vor allem auf das Konto von Militärausgaben, die dazu dienten, Frankreichs schwer erschütterte Stellung als Kolonialmacht in Indochina und Nordafrika zu erhalten und zu festigen, ging weiter auf das Konto hoher Sozialleistungen und ging schließlich auf das Konto wachstums- und beschäftigungspolitisch motivierter Investitionen in vernachlässigte Infrastrukturen sowie in staatliche und private Produktionsunternehmen. Dabei trat die Bereitstellung öffentlicher Mittel für Investitionen in Unternehmen für deren Mangel an Selbstfinanzierungskraft und für Kapitalmarktkredite ein. Die Ertragslage und die Finanzierungskraft der Unternehmen waren schlecht, weil die Lohnerhöhungen über das Produktivitätswachstum hinaus nur zu einem Teil auf die Preise abgewälzt werden konnten, die, im internationalen Zusammenhang gesehen, gleichwohl zu schnell stiegen. Die französische Regierung trieb mithin eine Art von Wachstumspolitik, die der Bundesregierung von der Fortschritts- und Wandlungsdynamik der deutschen Industrie und von der zurückhaltenden Lohnpolitik der deutschen Gewerkschaften neuerdings abgenommen wurde. Sie trieb diese Politik fast unvermeidlicherweise auf Kosten der Stabilität, während die Bundesregierung Stabilität unter Voraussetzung und im Zeichen von Wachstum oberste wirtschaftspolitische Priorität einräumte.

Erhard hatte nun nicht unrecht mit der unermüdlich wiederholten Feststellung, daß Frankreich sich die Unterordnung der Geldwertstabilität unter seine kolonialpolitischen Ambitionen, seinen sozialpolitischen Ehrgeiz und seine wachstumspolitischen Bemühungen ohne eine - für französische Regierungen bis auf weiteres indiskutable - Abwertung des Francs nur so lange leisten konnte, wie es die Möglichkeit hatte, sich bei der EZU längerfristig zu verschulden. Aber gerade weil er damit Recht hatte, wäre es nur billig gewesen, Frankreich diese Möglichkeit nicht lieber heute als morgen entziehen zu wollen; und um so billiger, als ein solcherart bewirkter Zwang zu plötzlicher Stabilisierung und kräftiger Franc-Abwertung an außerordentlich empfindliche Saiten des politisch-sozialen Seins und Bewußtseins der Grande Nation rührte. Der Zwang zur Stabilisierung war identisch mit dem Zwang zu drastischer Verminderung des Haushaltsdefizits. Die Verminderung des Haushaltsdefizits bedingte bemerkenswerte Kürzungen der Militärausgaben, der Sozialleistungen sowie der öffentlichen und der privaten Investitionen. Die Kürzung der Militärausgaben kam dem unausgesprochenen Eingeständnis gleich, daß der ausgesprochene Wille, Indochina und Nordafrika zu halten, Frankreichs Kräfte überspannte. Die Kürzung von Sozialleistungen gefährdete den ohnehin prekären sozialen Frieden. Und die Verminderung der Investitionen riefe eine Konjunkurkrise mit Arbeitslosigkeit hervor. Eine Abwertung des Franc aber galt im kollektiven Bewußtsein Frankreichs als politisch ehrenrührig und wirtschaftlich unvernünftig und hätte tatsächlich die terms of trade verschlechtert und die Kosten erhöht. Das war viel auf einmal und hätte doch alles sein und erlitten werden müssen. Denn die Stabilisierung wäre ohne Abwertung nicht ausgekommen, weil das französische Preisniveau bereits zu hoch *war* und die Abwertung ohne die Stabilisierung nicht, weil andernfalls der Franc alsbald wieder überbewertet gewesen *wäre*. Auf die Länge kam Frankreich um die Sanierung seiner Leistungsbilanz und seines Staatshaushalts natürlich nicht herum. Aber es brauchte dazu Zeit und während der Zeit den weiteren Rückhalt an der EZU. Und damit ihm beides zuteil würde, brauchte es vorweg das Verständnis und die Geduld seiner Partner, insbesondere das Verständnis und die Geduld

Deutschlands, das neuerdings der größte Gläubiger in der EZU war. Verständnis jedoch war, was der deutsche Wirtschaftsminister nicht aufzubringen vermochte, und Geduld, was er nicht hatte. „Der Schritt kann morgen getan werden, wenn wir nur alle falsch verstandenen nationalen Bedenken zurückstellen", sagte er im Mai 1952, „ich habe mir dieses Problem jetzt auf die Hörner genommen und es wird nicht mehr vom Tisch der internationalen Verhandlungen kommen, bis es gelöst ist."[31]

Das war nun schnell gesagt, doch schneller *nicht* getan. Es dauerte noch länger als ein halbes Dutzend Jahre, ehe „das Problem gelöst", will heißen: ehe der Übergang zur Konvertierbarkeit geschafft war. Solange blieb auch die EZU in der Welt und tat ihre Dienste. Erhard wurde nicht müde, das zu beklagen und die Schuld daran Frankreich anzulasten. Niemals hätte er zugegeben, daß tatsächlich immer mehr Deutschland zum sperrigsten Hindernis vor dem Übergang wurde, den sein Wirtschaftsminister in wortreicher Rede erstrebte, und daß unter diesen Umständen die EZU der Bundesrepublik zum schieren Segen gereichte. Aber so war es, widersprüchlich, wie es klingen mag.

Westdeutschlands stark zunehmende Exporte nach Europa hatten für die EZU insgesamt und für die Mehrzahl der EZU-Mitglieder zweierlei Wirkung: Die Möglichkeit, Güter, die man mangels eines europäischen Angebots zuvor aus den USA hatte einführen müssen, neuerdings in Deutschland einkaufen zu können - wenn auch vorerst noch unter Inkaufnahme schlechterer Qualität und höherer Preise -, lockerte die Importabhängigkeit *ganz* Europas von Amerika und verringerte die sogenannte „Dollarlücke". Das war erfreulich und verbesserte die Aussichten auf Dollarkonvertibilität der europäischen Länder in der Zukunft. Andererseits hatten die hohen Handelsbilanzüberschüsse, die Deutschland infolge seiner Exportflut in Europa erwirtschaftete, ihre notwendige Kehrseite in großen Handelsbilanzdefiziten anderer europäischer Länder. Das war unerfreulich und verdüsterte die Aussichten auf uneingeschränkte Konvertibilität der europäischen Währungen untereinander. Denn je mehr Deutschlands internationale Wettbewerbsvorteile sich in Handelsbilanzdefiziten seiner EZU-Partner bemerkbar machten, um so weniger fühlten sich jene Partner dem Wettbewerb mit Deutschland ohne den Schutz durch die EZU gewachsen. Die Londoner Wirtschaftszeitung „Economist" brachte die Sache auf den Punkt: Europa leide weniger arg als früher an einer Dollarlücke, dafür habe es der größere Teil Europas nun aber zusätzlich mit einer DM-Lücke zu tun.[32] Das war richtig. Die EZU bewirkte und ermöglichte die Lücke, bewirkte sie, *weil* ihre Verfahren sie möglich und erträglich machten. Und die Lücke ihrerseits begründete eine vorläufige Unentbehrlichkeit der EZU - Unentbehrlichkeit übrigens auch für Deutschland. Europäische Länder kauften in Westdeutschland statt in Amerika und mehr, als sie in Amerika hätten kaufen können, weil die multilaterale Verrechnung und der multilaterale Kredit in der EZU dafür finanzielle Voraussetzungen boten, deren der Handel mit Amerika entbehrte. Ohne jene Voraussetzungen hätte es den westdeutschen Exportboom nicht gegeben, weil es die fremden Handelsbilanzdefizite nicht hätte geben können, und ihre plötzliche Beseitigung hätte den Boom unterbunden, weil die Alternative nach Lage der handels- und währungspolitschen Dinge und des handels- und währungspolitischen Bewußtseins in Europa nicht allgemeine Konvertierbarkeit, sondern die Rückkehr zu strenger Devisenbewirtschaftung und Handelsbilateralisierung gewesen wäre. Es gehörte, im Widerspruch zu Erhards Reden, ja eben doch mehr als nur guter Wille zur Konvertierbarkeit.

Da der Exportboom nun aber nicht nur ein - im Ausland zuweilen als ärgerlich empfundener - Ausdruck, sondern auch eine wesentliche Bedingung des westdeutschen Wirtschaftswunders war, hätte ihn zu unterbinden auch bedeutet, das Wunder zu gefährden.

Die währungspolitisch höchst wachsame und engagierte Leitung der Bank Deutscher Länder und die deutschen Repräsentanten bei der OEEC und der EZU versuchten wiederholt, Erhard dies klarzumachen und ihm damit bei seinem Parforceritt gegen die EZU und für die Konvertierbarkeit in die Zügel zu fallen. „Wir wären ... sehr übel beraten", schrieb ihm Vocke, „wenn wir hier wieder den praeceptor europae, noch dazu mit sehr bedenklichen Lehren, spielen wollten". Und einige Zeit später: „Ich glaube, wir sollten auch innerlich unseren Frieden mit der EZU machen und uns dabei vergegenwärtigen, daß sie für Deutschland eigentlich das denkbar günstigste System darstellt".[33] Das wollte und vermochte Erhard nicht. Und schon gar nicht beeindrucke ihn Hans Karl von Mangoldts, des deutschen EZU-Direktors Hinweis auf den hohen Wert der Zusammenarbeit, der gegenseitigen Erziehung, der „Beschränkung des nationalen Eigeninteresses zugunsten eines europäischen Gesamtinteresses", die man zu aller Vorteil in der EZU übe.[34] Seiner Ansicht nach bedurfte Deutschland der wirtschaftspolitischen Erziehung nicht und war Konvertibilität für die anderen die beste Erziehung. Und solange Konvertierbarkeit nicht herrschte, war jegliches europäisches Gesamtinteresse ein notwendig falsch verstandenes Interesse, dem das nationale Eigeninteresse nicht eingebunden, sondern bloß aufgeopfert werden konnte. Im akuten Fall bestehe das Opfer, meinte Erhard, im deutschen Verzicht auf Deviseneinnahmen infolge des Erfordernisses, einen erheblichen Teil der Handelsbilanzüberschüsse längerfristig zu kreditieren.

Tatsächlich wurde Mitte 1952 Westdeutschlands Quote erweitert, die erweiterte Quote wenig später aber dennoch von der aktiven Nettoposition überschritten. Die Bundesregierung stand vor der Wahl, entweder auch die Überschüsse jenseits der Quotengrenze zur Hälfte als Kredit bei der EZU stehenzulassen oder aus der EZU auszuscheiden. Die vollständige Deckung mit Dollar galt als ausgeschlossen. Die Bundesrepublik blieb in der EZU und leistete Verzicht, weil sie sich den Austritt, das sah auch Erhard ein, nicht leisten konnte. Das Gefühl, auf eine Einrichtung angewiesen zu sein, die er für verfehlt hielt und die Deutschland überdies um wohlverdiente Dollareinnahmen brachte, mehrte natürlich Erhards Mißfallen an der Einrichtung. Dagegen verschlug das Argument der Zentralbankleitung nichts, daß doch immerhin die Hälfte der Überschüsse mit Dollar honoriert würde, an die ohne die Existenz und die Verfahren der EZU schwerlich zu gelangen wäre. Die Dollarreserven der Bank Deutscher Länder wüchsen schließlich bei weiterhin defizitärem Amerikahandel dank der EZU - und nicht etwa ihr zum Trotz. Erhard möge sich - eingedenk all dessen - doch einmal fragen, ob es nicht sogar so wäre, daß auch Westdeutschland nur unter der praktischen Voraussetzung der EZU als reif für die allgemeine Konvertibilität *erscheine*, dies bei einem Wegfall der EZU aber gar nicht sei, weil ihm derlei Wegfall außer wichtigen Wachstumsimpulsen auch die Dollareinnahmen entzöge, deretwegen es sich über sein strukturbedingtes Handelsdefizit mit dem Dollarraum gegenwärtig keine Sorgen zu machen brauchte.[35] Erhard lehnte es ab, dies zu tun.

Das waren die einigermaßen verzwickten, sachlichen und mentalen Bedingungen, die dem langwierigen Feldzug *für* Konvertibilität zugrunde lagen, den Erhard im Frühjahr 1952 wieder aufnahm und der sich alsbald mit einem Streit *gegen* die institutionelle Einigung Europas verquickte.

Der Feldzug begann damit, daß Erhard „Konvertibilität" zum bevorzugten Gegenstand seiner allfälligen öffentlichen Reden und zum unvermeidlichen Gesprächsstoff bei Besuchen in fremden Ländern und bei Empfängen ausländischer Politiker in Deutschland machte. Ganz gleich, ob es sich um Beratungen mit einem lateinamerikanischen Wirtschaftsminister-Kollegen oder um einen kurzen Höflichkeitsbesuch beim jungen belgischen König

Baudouin handelte, um Erhards Plädoyer für die Konvertierbarkeit der Währungen kam keiner herum. Seine vertraute Dolmetscherin hatte schnell den wohlmeinend-süffisanten Spitznamen „Miss Convertibility" weg. Es dauerte nicht lange und sie konnte Erhards Argumente für den freien Währungstausch aufs Stichwort in fremder Sprache hersagen, ohne daß der Minister sie ihr in deutscher Sprache noch vorzusagen brauchte.[36] Das fanden beide gleichermaßen effizient und lustig.

Nur sonderlich effektiv war es zunächst nicht. Vielerorts wirkte es nicht wenig enervierend und rief gelinden Widerstand hervor. Im Sommer 1952 versuchte Erhard, von Mangoldt für einen Vorstoß im EZU-Direktorium zu gewinnen. Es gehe nicht länger an, daß England und Frankreich durch bedenkenlose Vollbeschäftigungspolitik und die Errichtung von Wohlfahrtsstaaten mit Hilfe der EZU die Grundlagen ihrer eigenen Wirtschaft zerstörten und eine „ehrliche Zusammenarbeit" in Europa verhinderten. Deshalb gelte es, die EZU aufzulösen, Konvertibilität herzustellen und bei der Gelegenheit auch gleich die Wechselkurse freizugeben, damit der Markt dem Pfund und dem Franc den richtigen Wert zuweisen könne. Da von Mangoldt nicht dem Wirtschaftsministerium, sondern dem Marshallplan-Ministerium attachiert war, fiel es ihm leicht, das Ansinnen höflichst abzuweisen. Derlei Vorstoß wäre gewiß nutzlos und überdies unklug, weil er britische und französische Sentiments und Interessen verletzte und deshalb antideutsche Ressentiments hervorriefe.[37]

Die machten sich im Winter ohnehin bemerkbar. Der sachliche Widerspruch zwischen Deutschlands anschwellenden Überschüssen und Erhards unablässigem Drängen nach Konvertierbarkeit veranlaßte das EZU-Direktorium zu der Aufforderung an die Bundesregierung, als guter Gläubiger mit gutem Beispiel voranzugehen und zunächst einmal die deutschen Importe aus dem EZU-Raum beschleunigt und vollständig zu liberalisieren. Das lehnte Erhard ab, weil es die deutschen Überschüsse vermindere, die EZU dadurch konsolidiere und ihr das unerwünschte Überleben erleichtere.

Im Frühjahr 1953 geschah dann, sachlich voneinander unabhängig, zweierlei, das in gedanklicher Beziehung zueinander ganz unterschiedliche Reaktionen Erhards provozierte. Die britische Regierung ließ ein Interesse an der Konvertierbarkeit des Pfundes erkennen, und die niederländische Regierung schlug die Gründung einer europäischen Zollunion mit supranationalen Institutionen im Rahmen der Montangemeinschaft vor. Das britische Konvertierbarkeitsinteresse hatte nichts mit dem unbedingt-dogmatischen Interesse gemein, das Erhard umtrieb. Es war vielmehr ein Interesse mit vielen praktischen Vorbehalten. Aber immerhin, es war ein Interesse. Dieses Interesse söhnte Erhard zum einen mit Großbritannien und dessen Wirtschaftspolitik aus und nahm ihn zum anderen noch stärker gegen Hollands Zollunionsplan ein, als er ohnehin dagegen eingenommen war.

Jener Plan war von der erklärten Absicht der sechs Montanunion-Mitglieder inspiriert, eine Europäische Politische Gemeinschaft ins Leben zu rufen und zu diesem Zweck einen internationalen Ausschuß einzusetzen, der die Statuten für derlei Gemeinschaft entwarf. Die Niederländer empfahlen, das Interesse an der Gemeinschaft dadurch zu mehren, daß man den ökonomischen Zusammenhang der Teilnehmerländer durch die allmähliche Beseitigung der Binnenzölle, durch die Vereinheitlichung der Außenzölle und durch die gemeinsame Außenhandelspolitik einer supranationalen Behörde stärkte. Erhard bezog umgehend öffentlich dagegen Stellung und drang in Adenauer, seine Haltung die Haltung der Bundesregierung sein zu lassen und diese Haltung bei der nächsten Außenministerkonferenz der Sechs entschieden einzunehmen. Konvertierbarkeit und nicht Zoll*einigung* sei das Gebot der Stunde. Supranationaler Einrichtungen bedürfe es dafür nicht, sie schadeten allenfalls. Und Zoll*abbau* sei eine gefährliche Sache, weil er die Unterschiede der natürlichen Produktionsbedingungen von Volkswirtschaften, die durch Zölle auszugleichen seien, ignoriere.[38] Protektionismus war für Erhard nicht gleich Protektionismus. Es kam auf die Mittel und deren Zwecke an: Devisenbewirtschaftung war ihm ein ordnungswidriges Übel, eine „Schande des Jahrhunderts", weil sie laufend in den Markt*prozeß* eingreife, um Produktivitäts- und Kostenunterschieden entgegenzuwirken. Zölle hingegen sah er als ordnungsgemäße Notwendigkeit an, weil sie lediglich die Markt*daten* änderten und „natürliche Unterschiede" ausglichen. Man mußte das nicht so sehen und deuten, und andere sahen und deuteten es anders.

Adenauer brachte den Kasus - sachlich unbeteiligt gewiß - in Rom zur Sprache. Die Außenminister hielten sich nicht lange dabei auf und nahmen sich die Beratung der Zollunion im Zusammenhang mit dem Entwurf von Statuten einer Europäischen Politischen Gemeinschaft und unabhängig von der Frage nach Nutzen und Möglichkeit allgemeiner Konvertierbarkeit vor. Erhard registrierte es mit Widerwillen und Mißmut.

Mit Hoffnung registrierte er hingegen, daß der britische Schatzkanzler zur gleichen Zeit in Washington über den Wunsch seiner Regierung verhandelte, das Pfund möglichst bald zur konvertierbaren Währung zu erklären. Möglicherweise hätten mehr Einsicht in die Art des Wunsches und genauere Kenntnis des Verhandlungsergebnisses seine Hoffnungen erheblich gedämpft.

In leidvoller Erinnerung an das schnelle Scheitern des ersten, von den USA 1947 erzwungenen Versuchs, das Pfund konvertibel zu machen, setzte die britische Regierung einem zweiten Versuch deutliche Zollsenkungen des protektionistischen Hauptgläubigers in der Welt, der Vereinigten Staaten, vor allem aber die Bereitstellung eines umfangreichen Dollar-Stützungsfonds voraus. Darüber verhandelte Schatzkanzler Butler in Washington und tat dies mit wenig Erfolg. So sehr die amerikanische Regierung Englands Fähigkeit zur Währungskonvertibilität 1947 überschätzt hatte, so sehr mißtraute sie ihr nun. Außerdem mißfiel ihr der Gedanke an eine frühzeitige Auflösung der EZU, die sie als Institut währungspolitischer Kooperation in Europa hochschätzte. Sie schlug die Erfüllung der britischen Voraussetzungen aus und verwies Butler auf gemeinsame Bemühungen um allgemeine Konvertibilität mit den EZU-Partnern. Butler behielt die Abfuhr für sich und lud erst Frankreich, dann Deutschland zu Konvertibilitäts-Gesprächen nach London ein. Die Gespräche mit Deutschland wurden auf den 12. und 13. Mai 1953 festgelegt. Erhard glaubte, daß danach die Währungskonvertibilität nicht mehr lange auf sich warten ließe. Deshalb schlug er - gleichsam zur Einübung in die Erfordernisse bei Konvertierbarkeit - schon mal als „Zwischenlösung" vor, daß EZU-Positionen innerhalb der Quotengrenzen fortan zur Hälfte und Positionen oberhalb der Grenzen zur Gänze mit Dollar auszugleichen und daß Ausnahmen von den Liberalisierungsgrundsätzen nicht mehr erlaubt wären.[39] Dann fuhr er hoffnungsvoll nach Whitehall. Dort wurden die Hoffnungen von Butlers Reaktion auf seinen Vorschlag jäh enttäuscht. Es zeigte sich, daß Englands Absichten mit Erhards Wünschen wenig gemein hatten.

Erhard wollte, daß die DM und die Währungen, die sie in die Konvertibilität begleiteten, von jedermann, der sie besaß, nach Belieben in andere Währungen eingetauscht werden durften. Er wollte das, weil sich darin Freiheit kundtue, die zu guter Ordnung führe, und weil es den deutschen Exportinteressen nützte. Die englische Regierung wollte hingegen, daß fürs erste nur *Ausländer*, die Pfund Sterling *neu* erwarben, diese Pfund in andere konvertible Währungen, namentlich in Dollar, tauschen durften. Den Briten selbst sollte das Recht auf den freien Währungstausch weiter vorenthalten bleiben. Ihr war es nicht um

Freiheit, Ordnung und Exportinteressen, sondern eingedenk britischer Traditionen aus Prestigegründen darum zu tun, das Pfund als Welthandels- und Weltreservewährung zu retablieren. Die Proklamation sogenannter „Inländer-Konvertibiliät", auf die es Erhard ankam, störte dabei nur. Und schon die unverbrüchliche Verpflichtung auf einen hohen Liberalisierungsgrad, die Erhard vorgeschlagen hatte, tat der Absicht Eintrag. Butler sagte Erhard denn auch gleich zu Beginn der Gespräche, daß die britische Regierung über jenen Vorschlag höchst bestürzt sei. Englands monatliche Zahlungsbilanzen in der EZU wiesen zwar seit kurzem wieder Überschüsse aus. Aber die Überschüsse waren gering, änderten nur wenig an der hohen EZU-Verschuldung Großbritanniens und wurden unter anderem dadurch erzielt, daß die britische Regierung mit stillschweigender Duldung des Direktoriums hinter den Liberalisierungsanforderungen der EZU zurückblieb. Anders als Deutschland könne England sich den „Luxus unbedingter Liberalisierung" noch nicht leisten, sagte Butler. Jener Luxus beschwöre die Gefahr der Wiederkehr von Defiziten und Pfundschwäche herauf, die ihrerseits mit der erwünschten Ausländer-Konvertierbarkeit und der Akzeptanz des Pfundes als internationales Zahlungs- und Reservemittel unvereinbar seien.[40]

Erhard verfolgte die Absicht, durch Beseitigung der EZU den Weg zu weltweiter Handelsfreiheit im Zeichen allgemeiner Konvertierbarkeit zu öffnen. Und er war mit der Erwartung nach London gefahren, der Erfüllung seiner Absicht dort ein großes Stück näher zu kommen. Nun erfuhr er, daß die englische Regierung auf die Freiheit zur Handelsbeschränkung setzte, um eine Form partikularer Konvertierbarkeit des Pfundes zu sichern, an der ihm nichts lag und die nicht einmal ihm den Preis der EZU wert zu sein schien. Ohne die Zusicherung amerikanischen Beistandes wollte England diesen Preis freilich ohnehin nicht zahlen. Erhard reiste zurück nach Bonn; unverrichteter Dinge, enttäuscht wohl auch, aber merkwürdig wenig um seine Hoffnung gebracht, daß Großbritannien Europa binnen kurzem doch zur Währungskonvertibilität führen würde; und zwar zu einer Währungskonvertibilität nach seinen, Erhards, Vorstellungen. Fortan galt ein halbes Jahrzehnt lang die Parole, daß Deutschland fünf Minuten nach England zur Konvertierbarkeit übergehen und daß dies innerhalb des nächsten halben Jahres gewiß geschehen werde.

Zunächst mal wurde allerdings unter Mißachtung von Erhards Vorschlägen der EZU-Vertrag um ein Jahr verlängert.

Wählermagnet - Wahlsieger - Wahlfolgen

Als dies geschah, wurden Erhards Zeit, Kraft und Aufmerksamkeit zum größten Teil längst von anderem konsumiert. Die Bundesrepublik befand sich im Wahlkampf und Ludwig Erhard in seinem ureigentlichen Element. Geregelte Schreibtischarbeit war Anathema. Die Partei, die sich mit ihm und mit der er sich als Wirtschaftspolitiker nicht allweil leichttat, riß sich um ihn als Wahlkämpfer. Adenauer behandelte ihn vorübergehend pfleglich. Erhard absolvierte 80 Wahlversammlungen, Tag für Tag mit wenigen Ausnahmen und jeden Tag mehrere. Dabei ermüdete er nicht. Allerorten strömte das Wahlvolk herzu, ließ sich mit dunkel getönter, weich rollender Stimme die soziale Marktwirtschaft und deren Segnungen erklären, verstand womöglich die Sätze nicht, wohl aber den Mann, empfand seine Botschaft durch ihn verkörpert und gab gerne zu, daß jene Botschaft sich an ihnen, den Wählern, vollzog. Natürlich gab es hier und da auch Störenfriede. Wenn es deren nicht zu viele waren, dann gab Erhard ihnen mit wortmächtigen Ausfällen Bescheid und war der Zustimmung und des Jubels der anderen um so sicherer. Wo sie unglücklicher lokaler Umstände wegen überhand nahmen, da wich er - zornbebend und unter Verwünschungen. Doch das passierte selten. Die Masse der Deutschen liebte und bewunderte Erhard neuerdings, liebte es, so einen bewundern zu können. Er war nicht mehr - wie vor zwei Jahren noch - der unpopulärste deutsche Politiker bis tief in die Anhängerschaft der eigenen Partei hinein, er war der populärste jetzt, weit über die Anhängerschaft der eigenen Partei hinaus. Dies war so wenig seinen Leistungen zu verdanken, wie jenes seinen Verfehlungen geschuldet gewesen war. Von beidem wußten die Wähler wenig. Erhard wurde von ihnen nicht für das geschätzt oder verdammt, was er war und tat, sondern für das, was er für sie darstellte und dafür, *wie* er es darstellte. Das machte ihn natürlich nicht zur Ausnahme unter den Politikern. Zur Ausnahme machte ihn, daß er das „Wunder" darstellte und dabei die Herzen der Deutschen bezwang und ihre Gemüter erfüllte, indem er ihre Mägen und Schränke zu füllen schien. In der Tat: Erhard wurde „Deutschlands Talismann".[41] Es kümmerte die Wähler nicht, daß er mit seinen großen Vorhaben nicht zu Rande gekommen war. Und warum auch hätte es sie kümmern sollen? Sie wußten nichts von dem kleinlichen Gezänk um Kompetenzen, das seine öffentliche Gebärde überlegener Ruhe Lügen strafte. Es interessierte sie nicht weiter, daß der DGB ein paar alte Aufsätze Erhards aus finsteren Zeiten - die ersten nur, die unangenehmsten nicht - auskramte, in einer denunziatorischen Broschüre Zitate daraus zusammen-, die Zitate späteren Auslassungen gegenüberstellte und ihn als jemanden, der immer mit den stärksten Bataillonen marschierte, des staats- und wirtschaftspolitischen Opportunismus beschuldigte.[42]

Im Sommer 1952 war das geschehen und hatte Hermann Pünder in große Aufregung versetzt. Erhard blieb ruhig. Das „schäbige Machwerk" sei der „läppische Versuch", ihn einer widersprüchlichen Geneigtheit zum ökonomischen Zeitgeist zu zeihen. Die Geneigtheit gebe es nicht, und der Versuch diskreditiere deshalb die Gewerkschaften, nicht etwa ihn. Er habe damals durch sachliche Betrachtung das beste aus den häßlichen Umständen zu machen versucht. Und „wenn die Gewerkschaften mir eine allzu große Kompromißbereitschaft vorwerfen, so kann ich darüber nur lächeln; denn wer hätte sich zum Beispiel stärker dem wirtschaftspolitischen Unsinn der Gewerkschaften widersetzt, als ich es getan habe".[43]

Erhard behielt mit seiner Ruhe recht. Ein paar sozialdemokratisch orientierte Zeitungen zitierten aus dem Pamphlet, mockierten sich ein bißchen über den Urheber der Zitate und das war's. Im Wahlkampf gruben ein paar „Eunuchen" das Ding noch einmal aus, brachten es aber wieder nicht an Mann und Frau. Dergleichen Reminiszensen schadeten Erhard inzwischen so wenig wie eine kleine, von unfreundlichen Blättern flugs aufgegriffene Albernheit, die ihm im Frühjahr 1953 unterlief. Ein arbeitsloser Schneidergeselle hatte dem Wirtschaftsministerium weisgemacht, daß er synthetische Diamanten herstellen könnte. Erhard wies die zuständige Abteilung an, dem Mann mit finanzieller Unterstützung die Gründung eines Unternehmens zu ermöglichen.[44]

Zeitungen, die sich über dergleichen noch hermachten, waren inzwischen Ausnahmen. Insgesamt war die Presse Erhard sehr gewogen. Von den großen Blättern behandelte ihn nur die Süddeutsche Zeitung weiterhin mit einiger, nicht selten ironischer Reserve. Die anderen priesen ihn, wo sie nur konnten. Erhard vergalt es mit Zugänglichkeit und Offenheit der Rede. Vielleicht verhielt es sich auch umgekehrt. Seine hohen Beamten taten es dem Chef übrigens gleich und übertrieben dabei wohl gelegentlich auch. Die Vertraulichkeit des Umgangs zwischen Presse und Wirtschaftsministerium galt in Bonn bald als notorisch, und die Vertraulichkeit regierungsinterner Informationen blieb dabei manches Mal auf der Strecke. Adenauers kurzfaßliche Anfrage, ob es sich „hierbei wieder um eine Indiskretion aus Ihrem Ministerium handelt", geriet zur Routine und trug für den Fragesteller die Antwort in sich. Ministerialdirigent Risse und einer seiner Untergebenen wurden wegen des Verdachts, Platows vieler- und richtigenorts gelesenen Wirtschaftsbriefen in aufklärerischer Absicht geheime Kartellgesetz-Entwürfe zugespielt zu haben, in Untersuchungshaft verbracht. Grande affaire im kleinen Bonn. Hornberger Schießen freilich auch und schnell vergessen.

Allmählich bildete sich eine Gruppe von maßgeblichen Wirtschaftsjournalisten heraus, die es sich nachgerade zur Aufgabe machte, Erhards Lob zu singen - eine Presse-Claque gewissermaßen, die Erhard zur Popularisierung seiner Politik und seiner Person und der Erhard zur Befriedigung ihres journalistischen Ehrgeizes und zur Beförderung ihrer Karrieren diente; bevorzugt informierte Mittelsmänner erst, Vertraute und Verbündete bald und schließlich mit wenigen Ministerialbeamten und einigen gleichgesinnten Bundestagsabgeordneten ohne Erhards besonderes Zutun zu einer Gemeinschaft verschworen, die sich neben der Mehrung des Ruhms auch die Erhöhung des Ranges ihres Helden zum Ziel setzte: Als „Brigade Erhard" ein wenig verspottet und durchaus ernst genommen zugleich.

Im Wahlkampf des Jahres 1953 beschränkte jene Journalistengruppe sich freilich noch auf die Rolle von unberufenen und unerklärten Propagandisten. Neben ihr wirkte eine Einrichtung, die ihresgleichen sonst nicht hatte. Ihr geistiger Urheber war Otto Friedrich. Friedrich schickte Erhard, halbwegs mit ihm versöhnt, im Mai 1952 den Entwurf eines Briefes, den der Wirtschaftsminister an 100 bis 200 Unternehmen schreiben sollte. Der Brief enthielt die Aufforderung, eine „Aktion Soziale Marktwirtschaft" mit zu begründen und zu finanzieren, die den Zweck verfolgte, „in leicht faßlicher Form" mit Zeitungsanzeigen, Plakaten, Filmchen und ähnlichem mehr, ohne Polemik und frei von politischen Aggressionen für die Grundsätze, Handlungszusammenhänge und Erfolge der westdeutschen Wirtschaftsordnung zu werben. Erhard nahm die Anregung auf, eignete sie sich an, gab ihr eine persönliche Note, indem er über die Werbung für die Grundsätze, Zusammenhänge und Erfolge der Marktwirtschaft hinaus auch die Werbung für deren Schöpfer zum Zweck der Aktion erhob, und ließ Friedrichs Brief wenig verändert und mit seiner Unterschrift versehen an weit über 100 Leiter hinlänglich bedeutsamer Unternehmen versenden. Auch der Vorstandsvorsitzende der Phoenix Gummiwerke, Otto Friedrich, bekam einen. Die Resonanz war lebhaft und weithin zustimmend, die Subskriptionsneigung eher verhalten. Im Herbst 1952 trat die „Aktion Soziale Marktwirtschaft" als politisch unabhängiger Eingetragener Verein ins Leben, und im Oktober begann sie mit Inseraten in 400 Tageszeitungen unter dem symbolträchtigen Markenzeichen DIE WAAGE ihre propagandistische Tätigkeit. Als man dem Wahltag näher kam, forderte Erhard die Teilnehmer in einem weiteren Rundbrief auf, Mittel und Maßnahmen um der guten Sache willen nach Möglichkeit zu mehren.[45] Auf diese Weise führte er neben dem parteilichen seinen höchst persönlichen Wahlkampf, seinem Selbstverständnis nach den persönlichen vor dem parteilichen und seiner formalen Stellung zur Partei nach auch; denn er gehörte der CDU noch immer nicht an.

Gleichviel, die Wahl half der Partei mit Glanz zu gewinnen. Die Union erhielt am 6. September 1953 fast die absolute Mehrheit und niemand zweifelte daran, daß Ludwig Erhard neben, manche meinten, vor Konrad Adenauer den grandiosen Sieg erwirkt hatte. So sahen die Deutschen auf dem ersten SPIEGEL, der ihnen nach der Wahl vorgehalten wurde, denn auch nicht den Kanzler, sondern dessen alten und - wie anders? - neuen Wirtschaftsminister widerscheinen. Titelbild und Titelgeschichte gehörten ihm: Ein Bild von angenehmer Weichheit und zufriedener Sätte, in dem man sich lieber und leichter wiedererkannte als in Konrad Adenauers Miene skeptischer Strenge; die „Geschichte" im SPIEGEL-Ton natürlich, flott und flapsig, wie man sich's schuldig war, ein bißchen süffisant auch hier und da und dort getränkt mit Wohlwollen, Gläubigkeit und Ehrerbietung. Die Verklärung begann. Die Geschichte braucht Helden. In dieser Geschichte[46] kam einer, der sein Licht ein halbes Leben lang unter den Scheffel gestellt hatte und von unauffälliger Teilnahme am Widerstand im Dritten Reich geadelt worden war, wie aus dem Nichts und führte den glücklichen Teil Nachkriegs-Deutschlands mit „nachtwandlerischer Sicherheit", von Problemen und Widerständen unerschüttert, aus dem Ruin in den „Wohlstand für alle": Irrte sich nie und machte nichts falsch. Konnte sich nicht irren und nichts falsch machen, weil doch, sagte er, „die wissenschaftliche Erkenntnis, daß alles so verlaufen muß, wenn wir uns richtig verhalten", das untrügliche Leitmotiv seines Denkens und Handelns sei. In diesem Bewußtsein setzte er die Währungs- und Wirtschaftsreform durch und bestand er mit ruhiger Gelassenheit die Anfechtungen, die sich daraus ergaben; in diesem Bewußtsein - Psychologe nicht weniger als Ökonom - schickte er sich dann zur beispielhaften Liberalisierung des westdeutschen Außenhandels an, als noch niemand sonst daran glaubte, daß dies angebracht und durchzuhalten wäre: „Wir importieren so viel, daß die anderen bei uns kaufen müssen, wenn sie ihr Geld wiederhaben wollen". So einfach war das. So einfach war es auch, später dem Kohle- und Eisenmangel beizukommen: "Ich werde zwischen dem Bedarf der verarbeitenden Industrie ... und der Erzeugung der Grundstoffindustrie eine Spannung bis zum Zerreißen anwachsen lassen. Dann wird die Produktion der Grundstoffindustrie unter diesem Druck der übrigen Wirtschaft schon ansteigen". Und das Einfache erwies sich jedesmal als gut und richtig. Den komplexen ökonomisch-politischen Prozeß, durch den sich die einfache Absicht hindurcharbeiten mußte, um Ergebnis zu werden, so mühsam und aufreibend nicht selten, daß sie sich dabei selbst verzehrte und im Ergebnis gar nicht mehr wiederzuerkennen war, ließ die Geschichte außer acht.

Überhaupt war die Geschichte von Ludwig Erhard, dem angenehmen und wohltätigen Helden, die damals zu wirken und zu wachsen begann, weniger aus den Tatsachen als aus deren Unkenntnis, Mißverständnis und Mystifizierung gemacht. Das konnte nicht anders sein. Die Geschichten von den guten Helden *sind* Mythen. Als Mythen werden sie verlangt und gebraucht. Der Mensch im Helden darf darin durchaus seine Begrenzungen und Schwächen haben. Der SPIEGEL machte sie namhaft, sympathische und verzeihliche Schwächen am Ende doch. Erhard war nichts als Marktwirtschaft. „Die Marktwirtschaft, das ist sein Hobby, seine Entspannung, seine Arbeit - das ist sein Leben". Ihn interessierte nichts anderes, er sprach - auch in Gesellschaft - über nichts anderes und kümmerte sich um nichts anderes. „Auch seine Leute sind für ihn nur Faktoren in seinen Überlegungen". Er ging leicht und liebenswürdig mit ihnen um, aber er nahm nicht an ihnen teil. Ihre Belange und Gefühle ließen ihn im Inneren gleichgültig. Er war nicht um sie besorgt und trat nicht für sie ein. Auf Erhard war kein Verlaß.

Das traf's und betraf nicht nur die Mitarbeiter, sondern auch die politischen Freunde. Das jüngste Beispiel für derlei Verhalten war die Bestellung Professor Alfred Müller-Armacks zum Abteilungsleiter im Wirtschaftsministerium gewesen. Die Bestellung war ein Coup. Erhard gewann mit Müller-Armack einen konzeptionell veranlagten Ökonomen erster Güte, der zugleich - mehr als er selbst - politischer Pragmatiker war und sich vorzüglich aufs Verhandeln verstand. Müller-Armack übernahm die wirtschaftspolitische Grundsatzabteilung und machte sie mit Einfallsreichtum und Arbeitsstrenge zu dem, was sie sein sollte, aber bis Herbst 1952 nicht geworden war, zum intellektuellen Zentrum des Ministeriums. Soweit, so gut. Weniger gut war, daß die Stelle, auf die Erhard den vortrefflichen Mann setzte, eigentlich nicht frei war. Darauf saß nämlich bereits der Ministerialdirektor Graf, den Erhard wegen seiner Talente und seiner CSU-Mitgliedschaft im Vorjahr zum Unterstaatssekretär hatte machen wollen. Frei war die von Graf vorübergehend mitverwaltete Stelle des Leiters der weniger bedeutsamen Abteilung Gewerbliche Wirtschaft. Entweder war Erhard das nicht klar oder die Möglichkeit einer Unklarheit kam ihm gerade recht, als er Müller-Armack auf Grafs Posten berief. Graf beklagte und Erhard entschuldigte sich. Der Minsterialdirektor, der ohnehin krank war, wurde, statt zum Unterstaatssekretär erhöht zu werden, vom kommissarischen zum ordentlichen Leiter der Abteilung Gewerbliche Wirtschaft erniedrigt, und Müller-Armack nahm seine alte Stelle ein. Und auch das war am Ende ja gut und richtig so.[47]

Trotz ihren Hinweisen auf menschentümlich Defizitäres jenseits des wundermännisch Vollkommenen, die von solcherart Mißgeschicken bestätigt wurden, konnte Erhard sich die exemplarische SPIEGEL-Geschichte hinter den Spiegel stecken. Und er wird es gern getan haben; denn die politische Wirklichkeit der Zweiten Legislaturperiode ließ sich rauh für ihn an. Die FDP hatte bei den Wahlen kräftig verloren und war, wenn man nur die Zahlen in Betracht zog, für die Union entbehrlich geworden. Adenauer zog aus praktischen und taktischen Gründen die Fortsetzung der Koalition einem Regierungsbündnis mit nichts als der Deutschen Partei dennoch vor. Die CSU, der die FDP seit je und immer schmerzhafter auf die ideologischen und die politischen Nerven ging, sah das nur widerwillig ein. In jedem Fall sollten die Liberalen den Vizekanzler nicht mehr stellen und mit dem Vizekanzler auch den faktischen Vorsitzenden des Wirtschaftskabinetts nicht mehr. Bayern beanspruchte beide Ämter für einen eigenen Kandidaten. Und weil die CSU im Gegensatz zur FDP bei den Wahlen kräftig hinzugewonnen hatte, konnte Adenauer sich dem Anspruch nicht einfach verschließen. Außerdem hatte er nichts gegen den Kandidaten. Dafür hatte Erhard umso mehr gegen ihn. Denn der Kandidat war Fritz Schäffer.

Der Kleinkrieg mit Schäffer, den beide als große Sache behandelten, dauerte an. Kaum war man aus Mexiko zurück, da mußte Erhard sich's verbitten, daß Schäffer zu Fragen der bei ihm ressortierenden Filmwirtschaft Stellung nahm. Anfang des Jahres wehrte er Schäffers Absicht ab, eine bundeseigene Bank zu gründen. Kurz darauf hielt er ihm vor, daß die Finanzämter dem Verdacht auf Steuerbetrug mit heimtückischen Mitteln nachgingen und daß die Zollämter stichprobenweise Leibesvisitationen vornahmen. Schäffer ließ sich mit der Antwort geschlagene fünf Monate Zeit und beharrte dann auf der Notwendigkeit solcher Maßnahmen. Zwischendurch beschwerte er sich freilich bei Adenauer darüber, daß Erhard die notwendigen und im übrigen „sehr taktvoll durchgeführten" Leibesvisitationen öffentlich und noch dazu im Ausland, in Sankt Gallen nämlich, eine „Kulturschande" genannt hatte, und setzte sich im Kabinett von seinem angestammten Nachbarn Erhard weg. Das nun wiederum verfehlte Erhard nicht, dem Kanzler schleunigst kundzutun, auch wenn er sich dabei „fast etwas unwürdig" vorkomme.[48] Im Frühjahr 1953 saßen sie zwar wieder neben-, dafür gingen ihre Meinungen abermals weit auseinander. Zur Debatte stand Westdeutschlands Fähigkeit, seine alten Auslandsschulden zu bedienen und dazu noch finanzielle „Wiedergutmachung" an Israel und die Jewish Claims Conference zu leisten.

Darüber wurde in London mit Deutschlands Gläubigern und in Den Haag mit Israel verhandelt. Die Verhandlungen galten als Angelegenheit der auswärtigen, nicht etwa der Wirtschafts- und der Finanzpolitik. Deshalb waren der Wirtschafts- und der Finanzminister auch nicht federführend damit befaßt. Die Feder führte in beiden Fällen der Bundeskanzler selbst und die Verhandlungen in London - nun endlich doch - der Bankier Hermann Josef Abs, in Den Haag der Rechtsprofessor und Bundestagsabgeordnete Franz Böhm, Schwiegersohn Ricarda Huchs, Ordoliberaler der ersten Stunde und Erhards mal gutes, mal schlechtes wettbewerbspolitisches Gewissen. Schäffer und Erhard nahmen in ministeriellen Memoranden und ministerlichen Briefen an den Kanzler zum Fortgang und schließlich zu den Ergebnissen der Verhandlungen Stellung: Schäffer in eng fiskalischer Perspektive um die Möglichkeiten der inneren Aufbringung und des Devisentransfers jedweder Leistung besorgt, Erhard mit großzügiger Unbedenklichkeit von Deutschlands Leistungsfähigkeit überzeugt und auf den Wiedergewinn des deutschen Kredits im Ausland - des moralischen wie des materiellen Kredits - bedacht; dabei beide nicht ohne Invektiven gegen den je anderen.

Schäffer hielt Erhard vor, daß sein optimistisches Reden falsche Erwartungen hervorrufe und zu übertriebenen Forderungen ermuntere. Erhard klagte darüber, daß sich in Schäffers haushälterischem Kleinmut eine Geringschätzung der künftigen Erfolge seiner Wirtschaftspolitik kundtue, die Deutschland womöglich um die Chance brächte, Ansehen und Vertrauen in der Welt zu erwerben, „und schließlich vielleicht sogar die Juden der Welt mit der deutschen Vergangenheit (zu) versöhnen ... Entweder wir haben eine Zukunft, und dann dürfen wir etwas wagen, oder aber wir sind verloren, und dann sind alle Abmachungen bedeutungslos."[49]

Da sich dies, wenn schon nicht der Logik, so doch dem Sinn nach, Adenauers politisch-moralischem Raisonnement sehr viel besser anbequemte als Schäffers Bedenklichkeiten, machte der Kanzler sich diesmal Erhards Meinung gern zu eigen. Die Verträge wurden mit des Wirtschaftsministers Fürsprache und gegen des Finanzministers Widerstand unterschrieben.

Im Londoner Schuldenabkommen einigten sich die Bundesrepublik und Deutschlands Gläubiger darauf, die Vorkriegs- und die Nachkriegsschulden von ca. 30 auf weniger als 15 Milliarden DM zusammenzustreichen und den Rest anfangs mit jährlich 576 Millionen DM und von 1958 an mit jährlich 765 Millionen DM zu verzinsen und zu tilgen. Und im Luxemburger Abkommen verpflichtete sich die Bundesregierung, Israel in den nächsten 12 bis 14 Jahren 3 Milliarden DM und der Jewish Claims Conference weitere 450 Millionen DM Entschädigung zu zahlen. Beide Abkommen waren bedeutsame außenpolitische Erfolge. Schäffer war dem Erfolg im Wege gewesen, Erhard hatte Mut dazu gemacht und, meinte Erhard, die wirtschaftlichen Voraussetzungen dafür geschaffen. Nun aber sollte Schäffer Vizekanzler und Erhard im Wirtschaftskabinett vorgesetzt werden.

Erhard hielt das für unzumutbar. Was er denn noch tun müsse, „um das Vertrauen des Herrn Bundeskanzlers zu verdienen", fragte er Pferdmenges. Zeitungsartikel erschienen, die Schäffers wirtschaftspolitische Kompetenz in heftigste Zweifel zogen und der Ernennung zum Vizekanzler widerrieten. Schäffer beschuldigte Erhard, die Artikel lanciert zu haben. Erhard war arglos, verstand nicht, daß Schäffer in ihm das Mensch gewordene Böse sehe und schlug vor, eine neutrale Persönlichkeit ermitteln zu lassen, wo die Unschuld, wo die Mißgunst wohne. Unterdessen hatte er in öffentlicher Rede eine weitere Steuerreform gefordert und sich deswegen nach Schäffers Beschwerde Adenauers strikte Weisung eingehandelt, dies künftig bleiben zu lassen. Wogegen Schäffer in einer Pressekonferenz Erhards jüngst in Umlauf gesetzte Pläne für ein zweites Kapitalmarktförderungsgesetz runter gemacht hatte und straflos ausgegangen war. Die „Tyrannei des Herren", der „von diesen Dingen effektiv nichts versteht", werde unerträglich, schrieb Erhard an Pferdmenges. Erhard möge „das Menschliche vom Dienstlichen trennen", schrieb Schäffer an ihn und schlug eine persönliche Aussprache vor. Erhard akzeptierte, sagte dann aber kurzfristig ab, weil gleichentags die Niederkunft seiner Tochter zu erwarten stand. Schließlich fanden interministerielle Friedensgespräche unter der Leitung des Bundeskanzlers statt. Erhard obsiegte kraft seines offenkundig stärkeren öffentlich-publizistischen Rückhalts und mit Hilfe von koalitionspolitischen Komplikationen, die seit geraumer Zeit die Regierungsbildung blokkierten.[50]

Die FDP war so billig nicht zu haben, wie man aufgrund ihres schlechten Wahlergebnisses hatte glauben können. Adenauer wollte sie jedoch haben, und um so gewisser, je stärker die CSU in den Koalitionsverhandlungen auftrumpfte. Die Zeit verrann im Streit, und die Öffentlichkeit verstand belustigt und verdrossen die Bonner Welt nicht mehr. Am 19. Oktober erst war der Kuhhandel perfekt. Erhards Widerstände gegen Schäffers Beförderung halfen ihn perfekt machen, auch zu Erhards Lasten freilich. Die FDP trat in die Regierung wieder ein, und Blücher blieb sowohl Vizekanzler wie Vorsitzender des Wirtschaftskabinetts. Die CSU wurde mit zusätzlichen Ministerposten abgefunden. Damit darüber der Proporz nicht zuschanden ginge, wurden das eine und andere Ministeramt neu geschaffen. Zu tun gab es für die überzähligen Minister vorerst nichts. Deshalb wurden sie zu Ministern für besondere Aufgaben ernannt. Einer von ihnen war der Vorsitzende der CSU-Landesgruppe im Bundestag, der gerade 38jährige Franz Josef Strauß.

Die zweite schicksalhafte menschliche Anfechtung in Ludwig Erhards politischem Leben nahm am Kabinettstisch Platz. Nach Konrad Adenauer hat keiner so bestimmend wie Franz Josef Strauß auf Erhards Lust und Leiden an der Politik eingewirkt. Strauß hatte einiges mit Erhard gemein, viel mehr unterschied ihn von Erhard. Er war ebenso dick und trug gleichfalls den Kopf direkt auf dem Rumpf. Beide waren kleinbürgerlicher Herkunft, dank Begabung und Bildung dem Kleinbürgerlichen entwachsen und infolge der Niederlage und der Besatzung, der Auflösung und des Wiederbeginns staatlichen Lebens in Deutschland in die Politik geraten. Strauß hatte Altphilologie für das Lehramt studiert, war im Krieg Offizier geworden, beteiligte sich nach dem Krieg an der Gründung der CSU, wurde deren erster Generalsekretär und nahm in dieser Eigenschaft am Rhöndorfer Treffen teil, das im August 1949 mit seiner Zustimmung über die kleine Koalition entschied. Strauß verfügte über einen scharfen Verstand und die Fähigkeit zu eindringlicher Analyse. Sein Selbstbewußtsein stand hinter Erhards nicht zurück, äußerte sich freilich weniger als Erhards in mitteilsamer Selbstgefälligkeit und mehr als Erhards in unbedenklichem Durchsetzungswillen. Er war ein oratorisches Naturtalent wie Erhard, benutzte die „Natürlichkeit" der Rede aber als kalkuliertes Mittel, wogegen Natürlichkeit das Wesen Erhardschen Redens ausmachte. Strauß war mit einer raschen, außerordentlich vielseitigen Auffassungsgabe ausgestattet und mit einem vorzüglichen Gedächtnis begabt, dazu fleißig und deshalb immer bestens unterrichtet und hochpräsent. Er barst vor Ehrgeiz und vibrierte vor Streitlust. Jemandem partout gefallen zu wollen, wie Erhard Adenauer, und darunter zu leiden, daß man ihn nicht mochte, das wäre ihm im Leben nicht eingefallen. An Liebe und Harmonie lag ihm nicht, jedenfalls nicht in der Politik. Ihm lag an Macht, die den Kampf zur Voraussetzung und die Durchsetzung politischer und persönlicher Interessen zum Zweck hatte. Seine Kompetenz und seine Entschlossenheit verschafften ihm Respekt, seine Ungeduld, der geringschätzige Umgang mit den Unzuträglichen und Unzulänglichen sowie seine Rücksichtslosigkeit verbreiteten Angst. Seine bedachten Aufmerksamkeiten, sein rustikaler Charme und eine besondere Art von Treue sicherten ihm Loyalität. Franz Josef Strauß hatte in der deutschen Nachkriegspolitik so wenig seinesgleichen wie Ludwig Erhard, nur in ganz anderer Weise. Ihrer beider öffentliche Resonanz machte den Unterschied namhaft und übertrieb ihn dabei. Wenn Erhard neuerdings als Zusammenfluß des Edlen, Guten und

Vertrauenswürdigen in der Politik galt, dann galt Strauß bald als der Hort des Gemeinen, Üblen und Verdächtigen. Das war er nicht. Aber er war ein politisch-persönlicher Vulkan, vor dessen Ausbrüchen niemand sicher war. Auch er selber nicht. Fast jeder, der mit ihm zu tun hatte, bekam das früher oder später zu spüren.

Erhard bekam es, nachdem Strauß sein Kabinettskollege geworden war, als einer der ersten zu spüren. Da ging es glimpflich ab; denn um diese Zeit schätzte Strauß ihn eigentlich. Und er bekam es in den Jahren seiner Kanzlerschaft wieder zu spüren. Da kostete es ihn das Amt, weil Strauß ihn nicht mehr schätzte.

Den frühen Ausbruch noch ins Ironische gewendeten Zorns provozierte er mit Gewohnheitsgemäßem. Anfang 1954 sprach Strauß in einer CSU-Parteiveranstaltung. Er sprach über die Wirtschaftspolitik der Bundesregierung im kommenden Jahr. Das hatte er früher auch schon getan. Da war er aber noch nicht Minister gewesen. Jetzt war er Minister, und Erhard verbat sich umgehend, daß er es abermals tue. Anschließend beschwerte er sich beim Kanzler. Strauß begehrte zu wissen, worüber Erhard einem Minister ohne Zuständigkeit zu reden gestatte und ließ wissen, daß er, was immer Erhard ihm gestatte, seiner Redelust keinerlei Beschränkungen auferlegen werde. Erhard wiederholte Verweis und Untersagung. Strauß wurde böse. Er bedankte sich dafür, daß Erhard ihm in kritischen Zeiten nicht verboten habe, für seine Wirtschaftspolitik einzutreten und sagte, daß er Erhards Partei nicht mehr nehmen könne, wenn Schäffer darüber klage, daß der wirtschaftsministerliche Redestrom mal wieder finanzpolitisches Terrain überflutet habe. „Im übrigen gebe ich Ihnen hiermit schriftlich das Recht, in Vorträgen über die Tätigkeit des Bundesministers für besondere Aufgaben Franz Josef Strauß zu berichten, und verspreche Ihnen für diesen Fall, keinen Brief zu schreiben". Im Gegenzug nahm Strauß sich das Recht, weiterhin über Wirtschaftspolitik zu reden, wann und wo immer es ihm beliebte. Es ist nicht bekannt, daß Erhard deswegen je wieder Briefe schrieb.[51]

Die großen Themen in der Klemme

Wie die persönlich-politischen Konflikte und Querelen nach der Wahl wieder aufgenommen und in ähnlicher Weise wie vor dem Wahlkampf weitergeführt wurden, so wurden natürlich auch die offenen Sachfragen in alten Wendungen neu gestellt und mit unveränderter Zielsetzung zu lösen in Angriff genommen. Erhard wartete nicht darauf - denn wie hätte er daran zweifeln sollen? -, daß er zum Wirtschaftsminister wiederberufen würde und kündigte gleich nach dem Wahlsieg in Reden, Interviews und Gesprächen an, was es wirtschaftspolitisch in nächster Zukunft gelte: Integration durch Konvertierbarkeit vor allem und Integration durch Supranationalisierung von Teilbereichen der Wirtschaft keinesfalls; dann die Förderung des Kapitalmarktes durch steuerliche Begünstigung *aller,* bei Beseitigung der Steuerfreiheit *bestimmter* Wertpapiererträge, namentlich aber durch die Erleichterung von Aktienemissionen und durch die Anregung zum Aktienkauf; Erhalt und Beschleunigung des wirtschaftlichen Wachstums mit Hilfe von Steuersenkungen schließlich. Vom Kartell- und vom Bundesbankgesetz sprach er nicht, aber deren Wiedervorlage verstand sich von selbst.

Zunächst einmal waren Währungskonvertierbarkeit und europäische Integration an der Spitze der Tagesordnung. Zwei Tage nach der Wahl stand ein Interview in der Financial Times, das Erhard in aller Zuversicht noch vor der Wahl gegeben haben mußte und in dem er seine Entschlossenheit bekundete, „die europäische Integration eine Phase voranzubringen." Die Mittel: Konvertierbarkeit und ein Bann von derzeit allerorten praktizierten Ausfuhrsubventionen. Der Ansatz: Eine Einladung an Schatzkanzler Butler, die im Mai erfolglos beendeten Gespräche in Bonn wieder aufzunehmen.[52] Die Einladung erging; die britische Regierung schlug sie jedoch nach kurzem Besinnen mangels Aussicht auf handgreifliche Ergebnisse vorerst aus. Unterdessen und dennoch nützte Erhard jede Gelegenheit, um der EZU die weitere Tauglichkeit als Instrument europäischer Währungspolitik abzusprechen, um die Montanunion als Modell und die Zollunion als Mittel europäischer Integration für verfehlt zu erklären und um Konvertierbarkeit als Quelle und Kraft vernünftiger und problemlösender Ordnung auszurufen.

Am 15. September zog er in der Mont Pélerin Society, einem gralsartig-elitären Club neoliberaler Ökonomen aus aller Welt, dem Erhard voll Stolz angehörte und den er als Forum für unumwundene Meinungsäußerungen schätzte, nachgerade vom Leder. Die EZU sei eine unerträgliche Veranstaltung geworden. Sie ermögliche mit Mitteln der Zwangswirtschaft, daß bestimmte Länder ständig mehr verbrauchten, als sie erzeugten. Der Montanunion sei die ökonomische Unvernunft eingeboren und die bürokratische Erstarrung wesensgemäß. Und die niederländischen Zollunionspläne zäumten das Pferd beim Schwanz auf. Sie wollten beseitigen, was legitim und nötig, und bestehen lassen, was unerlaubt und schädlich sei. Die politische Integration bedürfe keiner Zollunion, wohl aber der Konvertierbarkeit als unerläßliches Fundament. Auf der Jahrestagung des GATT, fünf Tage später, hielt Erhard sich mit Verdammungs-Urteilen zurück, stieß dafür mit dem Plädoyer für Konvertibilität aber um so weiter vor. Konvertierbarkeit sei nötig und möglich, sofort und ohne fremde Hilfe. Es brauche dazu keiner amerikanischen Dollar, es brauche nur des europäischen Willens zu wirtschaftlicher Ordnung. Niemand könne auf Dauer mehr verzehren .... Kurz darauf wiederholte er das Plädoyer bei der Eröffnung der Berliner Industrieausstellung, im Duktus wieder freier, und knüpfte daran die Aufforderung zu einer internationalen Konferenz, die sich den Übergang zur Konvertierbarkeit in Verbindung mit einer Neuordnung der Wechselkurse zum Ziel setzte.[53]

Allmählich strapazierte das gutgemeinte Werben und Wabern außer Vockes und Mangoldts, Schäffers und Absens auch außerdeutsche Nerven. Für Ende Oktober stand die Ministerrats-Sitzung der OEEC an. Generalsekretär Marjolin ersuchte darum, vorher von Erhard empfangen zu werden. Erhard vermerkte es mit klammheimlicher Freude. Die Angst vor ihm nehme zu, man wolle ihn bremsen, schrieb er an Röpke. Marjolin empfing er natürlich, bremsen ließ er sich nicht. Der Ministerrat hörte eine Rede voll Verve und guter Lehren. Er habe sie „mit geringem Vergnügen" gehört, schrieb wenig später der Economist. Der „selbstgerechte Herr Doktor" gebärde sich als wirtschaftlicher und moralischer Führer Europas. Die Rolle stehe ihm schlecht an. Deutschland sei nicht berufen, England und Frankreich Lehren zu erteilen. Und davon abgesehen, gehöre etwas mehr als Mut zur Konvertierbarkeit denn doch dazu.[54]

Erhard war gleich nach seiner Pariser Rede zu einer fünftägigen Schweden-Reise aufgebrochen. Am 5. November machte er in Bonn Station. Die beiden nächsten Tage verbrachte er in Holland. Dort nahm er die Gelegenheit eines Vortrags vor der Amsterdamer Handelskammer wahr, um kundzutun, daß die Konvertierbarkeit der europäischen Währungen ganz unproblematisch sei, wenn sich nur alle Länder so verhielten wie die Bundesrepublik. Nun platzte auch niederländischen Zeitungen der Kragen: Wer denn sei das sperrigste Hindernis auf dem Weg zur prinzipiell erwünschten Konvertierbarkeit? Deutschland doch mit seinen Überschüssen. Und Deutschlands Wirtschaftsminister stelle sich mit erstaunlichem Mangel an internationaler politischer Lebenserfahrung und Weisheit hin, schwinge „eine deutsche politische Peitsche über Europa" und tue so, als habe nur der Gläubiger Recht.[55]

Genau dies war tatsächlich Erhards Meinung. „Die EZU ist zu einem System geworden, in dem die wirtschaftlich geordneten Länder die wirtschaftliche Unordnung in anderen Ländern finanzieren müssen", sagte er ein paar Tage später vor den Mitgliedern der Aktionsgemeinschaft Soziale Marktwirtschaft. Überdies gebe es den Schuldnern auch noch das Recht, die Liberalisierung zu verhindern. Das sei unerträglich. Man müsse die Schuldner „zur Ordnung zwingen", am besten durch Konvertierbarkeit natürlich. Da man die schreckliche EZU nun aber mal noch habe, sei vorerst deren maßgeblicher Einfluß auf die nationalen Wirtschafts- und Finanzpolitiken anzustreben.[56]

Dies gesagt, fuhr Erhard „mit dem Gefühl einer europäischen Verantwortlichkeit" und großem Gefolge in die Vereinigten Staaten, um auch der amerikanischen Regierung und Öffentlichkeit die Probleme und die Mittel ihrer Lösung nahezubringen. Dazu, des weiteren zu Verhandlungen über dollarträchtige Off-Shore-Käufe von NATO-Einheiten in der Bundesrepublik, zu Sondierungsgesprächen über eine deutsche Weltbank-Anleihe und zu mancherlei Besuchen und Besichtigungen ohne konkrete Absicht, nahm er sich sechzehn Tage Zeit. Höhepunkt der Reise war ein zwanzigminütiger Empfang bei Außenminister Dulles. Der selbstgestellten Aufgabe, Amerika mit Europas Währungsangelegenheiten vertraut zu machen, unterzog Erhard sich offenbar mit solcher Vehemenz, daß Adenauer ihm ein Kabel hinterherschickte: Er möge es mit der Anmassung europäischer Staatsmannschaft nicht übertreiben und sich in Sachen Konvertierbarkeit und EZU etwas mehr Zurückhaltung auferlegen. Erhard beschwor nach seiner Rückkehr, dies getan und die Amerikaner dennoch zur Übernahme der Führerschaft auf dem Weg in die Konvertierbarkeit bewegt zu haben. Vor seinem Besuch hätten sie die Dinge nicht recht durchdacht, jetzt seien sie ihnen klar. Sie sähen ein, daß die EZU am Ende und allgemeine Konvertierbarkeit das Gebot der Stunde sei. Deshalb dächte die amerikanische Regierung über die beiden europäischen Wünsche, deren Erfüllung sie dem britischen Schatzkanzler im Frühjahr abgeschlagen hätte, über die Senkung ihres Zollniveaus und über die Bereitschaft eines Dollar-Stützungsfonds nun ernsthaft und entgegenkommend nach. Unter diesen Umständen sei der Übergang zur Konvertierbarkeit und damit die Lösung „des wichtigsten wirtschaftlichen Problems in der Welt" nur mehr eine Frage des Zeitpunkts.

Das wiederholte er in den folgenden Tagen bei Pressekonferenzen, in Versammlungen und auf Empfängen mit nimmermüder Geduld; sicher und immer sicherer, daß es so wäre. Dabei kam ihm anläßlich einer Zusammenkunft mit Unternehmern ein gewagter Zusammenhang in den Sinn. Am Ende, sagte er, werde das amerikanische Verhalten davon abhängen, was Deutschland tue. Wenn die Bundesrepublik eine freiheitliche Wirtschaftspolitik treibe, dann würden auch die USA protektionistische Neigungen unterdrücken. Friedrich bezweifelte das. Doch, sagte Erhard, „die deutsche Haltung ist der Geist von morgen". Kurz, Amerika erwarte als Vor- oder Gegenleistung für Zollsenkungen und Dollar-Hilfe das deutsche Kartellgesetz.[57]

Einen Tag vorher, am 14. Dezember 1953, hatte Erhard mit Berg unter der konziliant vermittelnden Assistenz von Robert Pferdmenges über die Wiederaufnahme des Kartell-Gesetzgebungsverfahrens konferiert. Wobei es dem Ergebnis der Beratungen nicht eben frommte, daß beide - der Minister und der Präsident - ihre Ausgangspositionen infolge der Wahl als wesentlich verbessert ansahen. Erhard wertete den Wahlsieg als Plebiszit nicht nur für seine Politik schlechthin, sondern auch für seine Wettbewerbspolitik. Es sei kein Zweifel, schrieb er tags darauf an Etzel, „daß die Bevölkerung mit fliegenden Fahnen zu uns übergeht". Außerdem gebe es in der Fraktion neuerdings eins starke Mehrheit für ihn. Und Berg glaubte, einen Anspruch der Industrie auf Honorierung ihrer finanziellen Wahlhilfe für die CDU geltend machen zu können. Deshalb schlug er vor, daß der alte Entwurf zu den Akten gehe und eine gemischte Kommission aus Ministerialbeamten und Verbandsfunktionären einen neuen Entwurf formuliere, den Erhard anschließend als Regierungsvorlage dem Parlament zuleite. Erhard wies das Ansinnen umstandslos ab. Berg sagte, daß Erhard den alten Entwurf nicht durchs Kabinett bringe. Der Kanzler sei am Verbotsgrundsatz wieder irre geworden. Das stimmte. Erhard bat Etzel, Adenauer abermals darauf einzuschwören.[58] An den ihm nahe- und dem Industrieverband fernstehenden Direktor der Salamander Schuhwerke schrieb er ein paar Wochen später, daß er sich dem geistigen Terror und der Diktatur der Verbände nicht beugen, sondern mit großer Entschlossen- und Verbissenheit, mit äußerster Härte und Schärfe kämpfen und dabei ganz und gar unnachgiebig bleiben werde.[59]

Die wenigen Verfechter eines kompromißlosen Wettbewerbsgesetzes glaubten daran nicht mehr. Sie hielten die starken Worte für bloße, auch schädliche Kraftmeierei, waren sicher, daß Erhard hinter die Zugeständnisse, die er in der vergangenen Legislaturperiode gemacht hatte, nicht mehr zurückkönnte und sahen dem Gesetz, das bei Wiedervorlage des alten Entwurfs bestenfalls herauskäme, mit Grausen entgegen. „In der Frage des Kartellgesetzes droht Sie nun plötzlich Ihr liberaler Instinkt zu verlassen", schrieb ihm Hans Ilau. Und Franz Böhm faßte ihre Haltung kurz vor Jahresende in einer endlos-grandiosen Briefabhandlung für Erhard zusammen. Das Verbotsprinzip mit Ausnahmen, auf das Erhard sich eingelassen habe, sei ein verbales quid pro quo, weil dabei die Ausnahme das Prinzip und das Verbot deren Fassade seien. Kartellwillige Unternehmer müßten schon sehr ungeschickt sein, um mit einem Kartellantrag zu scheitern. In ordoliberaler Perspektive sei das rechtliche Zugeständnis von Ausnahmen schlimmer als die prinzipielle Zulassung von Kartellen. Wer Ausnahmen vom Verbot zulasse, gestehe ein, daß der Marktprozeß unzulänglich und fehlsam sei und daß Wettbewerbsbeschränkung gegebenenfalls zu besseren Ergebnissen führten. Mehr noch, er statte die Ausnahmekartelle gleichsam mit dem *öffentlichen* Auftrag aus, die Verbesserung zu bewirken. Das sei eins. Das andere sei die wettbewerbspolitische Unterschätzung marktbeherrschender Unternehmen, deren sich der alte Entwurf schuldig mache. Marktbeherrschende Unternehmen seien notwendigerweise Wettbewerbsentmutiger und Wettbewerbsverdränger und gerieten dadurch zu Gegnern des Fortschritts, selbst wenn sie dem Fortschritt ihre Stellung verdankten. Da Erhard nun, er könne sagen, was er wolle, auf die Möglichkeit von Ausnahmen vom Verbotsprinzip festgelegt sei, möge der Entwurf das Prinzip fallen- und Kartelle ebenso wie die marktbeherrschenden Unternehmen kurzweg zulassen. Er möge sie freilich als rein private Veranstaltungen zulassen, die keinerlei Rechtsschutz genössen, die von ihren Mitgliedern nach Belieben verlassen und deren Absprachen von Mitgliedern sanktionslos mißachtet werden dürften und die für die Verletzung fremder Interessen rücksichtslos zur Rechenschaft gezogen würden. Die marktbeherrschenden Unternehmen aber müßten bei weiter Begriffsfassung empfindlichen Beschränkungen ihrer Handlungsfreiheit unterworfen werden: einem Kontrahierungszwang, bedarfsweisen Eingriffen in die Preispolitik und der Entschädigungspflicht bei Preisvernichtungskämpfen vor allem. Hier habe Erhard sich noch nichts vergeben. Er solle seinen Handlungsspielraum nutzen. Das könne freilich nur gelingen, wenn er nicht weiterhin auf verfassungsrechtlich bedenkliche Weise im parlamentarischen Vorfeld Kompromisse mit den Verbänden schließe. „Ich glaube, daß das Kartellgesetz ein sehr geeigneter test case ist, bei dem man den Anfang machen sollte, die Macht der

Interessenverbände aus dem politischen Kräftefeld hinauszumanövrieren. Zu diesem Behufe bedarf es eines strategischen Zusammenwirkens zwischen Ihnen und Ihren parlamentarischen und außerparlamentarischen Freunden".[60]

Darauf ließ Erhard sich nicht ein. Böhms Vorstellungen behagten ihm weder inhaltlich noch taktisch. Er folgte zunächst aber auch nicht Otto Friedrichs Rat, sich vom Wettbewerbsradikalismus Franz Böhms und der ihm Gleichgesinnten zu distanzieren und mit der Industrie „vernünftig zu verständigen".[61] Zeitweise glaubte Erhard wohl, das Gesetz in der ihm eigentlich als angemessen erscheinenden Weise, im Alleingang des Wissenden und Gerechten gegen widerstrebende Interessen und ohne besondere Schützenhilfe, durch Kabinett und Parlament bringen zu können. So beklagte sich Anfang Februar 1954 einerseits der BDI bei Adenauer darüber, daß Erhard vereinbarten Verständigungsgesprächen ausweiche. Andererseits bat Hans Ilau namens der „Getreuesten", die inzwischen „ziemlich kopfscheu geworden" seien, um eine Nachricht „durch Ihr Büro (auf eine persönliche Mitteilung wage ich nicht zu hoffen)", welche Haltung Erhard neuerdings zum Kartellgesetz einnehme, damit sie wüßten, ob es noch angehe, seine Partei zu nehmen, oder ob es inzwischen zweckmäßiger, zumindest aufrichtiger geworden wäre, ihrer eigenen Wege zu gehen.[62] Erhard ließ sie ihrer eigenen Wege gehen, schien sich aber Adenauers Forderung zu unterwerfen, mit dem BDI wieder ins Gespräch zu kommen, ehe die Vorlage das Kabinett passierte. Für den 5. März wurden gemeinsame Beratungen vereinbart. Am 17. Februar nutzte Erhard dann aber die Abwesenheit des Bundeskanzlers dazu, den Entwurf in dessen ursprünglich-strenger Fassung gleichsam im Handstreich durchs Kabinett zu drücken. Blücher hatte nach heftigen Auseinandersetzungen vorgeschlagen, den Gegenstand zu vertagen. Erhard sagte, daß ihn dies vor schwere Entschlüsse stellte und daß er im Verlauf der Gesetzgebungsarbeit zu Kompromissen selbstverständlich bereit wäre. Blücher ließ abstimmen, und Erhard gewann eine deutliche Mehrheit.

Schon am nächsten Tag protestierte der hervorragend informierte Industrieverband fernschriftlich beim Bundeskanzler gegen den Beschluß. Der Beschluß desavouiere Erhards Versprechen, vorher mit dem BDI einig zu werden. Adenauer hielt Erhard eine Standpauke. Der Gesprächstermin am 5. März wurde aufgehoben und für den gleichen Tag eine wettbewerbspolitische Gipfelkonferenz angesetzt. Bei dieser Gelegenheit vereinbarten Adenauer, Berg und Erhard, daß der Entwurf, da er nun mal ausdrücklich verabschiedet worden war, dem Parlament auch zugeleitet würde. Zugleich sollten das Wirtschaftsministerium und der BDI unter Teilnahme eines hohen Beamten aus dem Bundeskanzleramt aber in Verhandlungen eintreten. Zweck der Verhandlungen wäre es, „die parlamentarischen Beratungen (zu) erleichtern". Berg ließ ein vorbehaltsvolles Einverständnis mit dem Verbotsgrundsatz erkennen und erwartete dafür das Zugeständnis zahlreicher Verbotsausnahmen und überdies nachgiebige Bestimmungen über marktbeherrschende Unternehmen. Am 20. März sollte es losgehen und man durfte gespannt sein, wie Bergs Erwartungen und Erhards wiederholte öffentliche Feststellung, daß es um die Marktwirtschaft geschehen sei, wenn er auch nur einen Schritt zurückweiche, unter einen Hut zu bringen wären.[63]

Inzwischen machte Erhard übrigens nicht nur der Widerstand gegen das Kartellverbot, sondern auch die Steuer- und die Kapitalmarktpolitik und beider wegen überdies die Konjunkturentwicklung um den Fortbestand der sozialen Marktwirtschaft besorgt. Am 15. Februar faßte er die zuvor hier und da in Reden und Briefen geäußerten Sorgen und die Aushilfsmittel in einem umfangreichen Memorandum über die „Sicherung des wirtschaftlichen Aufstiegs" zusammen. Die Triebkräfte jenen Aufstiegs drohten sich zu erschöpfen, hieß es darin, die Gefahr von Stagnation scheine auf. Das wirtschaftliche Wachstum beziehe seine Kraft nur noch aus der starken Exportnachfrage, die Investitionsneigung sei hingegen schwach und eher wachstumshemmend geworden. Da man aber nicht ohne weiteres darauf setzen dürfe, daß die Exporterfolge andauerten, sei es um so wichtiger, „mit allen Mitteln die Steigerung der Investitionen anzustreben". Die bestgeeigneten und auch hinreichenden Mittel seien nun aber Steuersenkungen und die Wiederherstellung eines funktionsfähigen Kapitalmarktes, eins wie das andere Schicksalsfrage der deutschen Wirtschaft. Die für Anfang 1955 im Rahmen einer Finanzverfassungsreform beabsichtigten Steuersenkungen müßten auf den 1.7.1954 vorgezogen und zu diesem Zeitpunkt die Einkommen- und Körperschaftssteuersätze bei Verminderung von Steuervergünstigungen nach Art. 7 des Einkommensteuergesetzes um ein Viertel herabgesetzt werden. Und der Kapitalmarkt dürfe nicht weiterhin im fast ausschließlichen Dienst der Wohnungsbau- und der Haushaltsfinanzierung stehen, sondern müsse künftig in erheblichem Umfang Mittel für private Investitionen mobilisieren. „Eine Fortführung der derzeitigen Steuer- und Kapitalmarktpolitik müßte fast zwangsläufig zu einem Zusammenbruch der marktwirtschaftlichen Ordnung führen".[64]

Erhards schicksalschwere Forderungen wurden erst in Sachverständigengesprächen, dann in Chefbesprechungen, schließlich im Kabinett diskutiert. Der Finanzminister opponierte beiden heftigst. Die öffentliche Hand könne auf einen Vorrang ihrer Emissionen am Kapitalmarkt noch nicht verzichten, und die Trennung der Steuersenkungen von der Finanzverfassungsreform sei gesetzestechnisch unmöglich. Erhard beschwor Adenauer, derlei Verzögerungstaktik nicht zu dulden. Die Konjunktur erlahme, auf vorzeitige Steuersenkungen und baldige Kapitalmarktreformen könne keinesfalls verzichtet werden. Die Zentralbankleitung unterstützte ihn mit vermittelnden Wendungen und nüchternen Tönen. Das Kabinett entschied am 8. März dennoch gegen ihn. Vorzeitige Steuersenkungen lehnte es ab, und die Reform des Kapitalmarkts schob es auf die lange Bank. Erhard machte seinem Ärger wenige Tage später bei der Eröffnung der Frankfurter Frühjahrsmesse lauthals Luft. Er warf Schäffer vor, unsinnigerweise Geld zu horten und sich unverständigerweise konjunkturnotwendigen Steuersenkungen zu verweigern. Tags drauf brach er zu einer vierwöchigen Lateinamerikareise auf. Schäffer blieb schwer verletzt und tief beleidigt, Vocke besorgt darüber, daß der Wirtschaftsminister in gespannter Lage einen Monat lang außerhalb „unserer Hemisphäre" weilte, die Konjunktur in ihrer Gefährdung und die Marktwirtschaft zeitweise schutzlos daheim zurück.[65]

Erhard reiste ohne konkrete Gesprächs- und Verhandlungszwecke, als jemand nur, „der den Willen hat, die Welt zu verbinden und den Reichtum und die Wohlfahrt der freien Welt zu vermehren", durch Cuba und Mexiko, Panama und Peru, Chile und Argentinien, Venezuela und Brasilien; sah und hörte, redete und gab Ratschläge. Am 14. April kam er mit dem Eindruck zurück, daß Lateinamerika sich nach seinem Besuch vor die Entscheidung gestellt sehe, entweder seine Volkswirtschaften in Ordnung zu bringen und die Währungen konvertibel zu machen oder unproduktiv, inflationär und bilateralistisch zu bleiben. Er war sicher, daß es wisse, wie man sich zu entscheiden habe.[66]

Während seiner Abwesenheit führte Risse die ersten, bald nach der Heimkehr Müller-Armack die zweiten Kartellgesetz-Verhandlungen mit den Funktionären des BDI. Müller-Armack war sowenig wie Risse ein Anhänger des Verbotsprinzips, trat aber wie jener mit mehr Entschiedenheit als der Minister selbst für „die Vorlage des Hauses" in die Schranken. Beide hatten es, der politischen Verantwortung ledig, damit natürlich auch leichter als der Minister. Die Verhandlungen kamen nicht voran. Beide Seiten gaben längst bekannte Grundsatzerklärungen ab, trugen alte Positionen vor und schienen darauf zu warten, daß die je andere Seite Boden preisgäbe. Unterdessen schmorte der Gesetzentwurf im Bundeskanzleramt. Diesmal hatte Erhard Grund, sich darüber zu beschweren, daß Vereinbarungen nicht eingehalten wurden. Der Kanzler knurrte, ließ den Entwurf aber schließlich doch an den Bundesrat schicken.

Der zweite Durchgang des Gesetzgebungsverfahrens begann am 13. Mai 1954. Fast wäre er an diesem Tag auch gleich beendet worden. Nordrhein-Westfalen brachte abermals einen Gegenentwurf in den Wirtschaftsausschuß des Bundesrates ein und gewann dafür eine ansehnliche Mehrheit. Der Ausschuß wies die Regierungsvorlage ab und verlangte einen neuen Entwurf. Aparterweise stimmten alle Länder, in denen die CDU die Regierung führte, für die nordrhein-westfälische Mißbrauchsvorlage, während die SPD-regierten Länder für Erhards Verbotsgesetz eintraten. Am nächsten Tag hielt Erhard den CDU-Ministerpräsidenten die buchstäbliche Verrücktheit der Situation in einem langen Brief vor Augen und bat dringlich um die Revision des Beschlusses im Bundesrats-Plenum, andernfalls es ihm unmöglich wäre, an bevorstehenden Landtagswahlkämpfen teilzunehmen.[67] Außerdem fuhr er abermals nach Düsseldorf, um die rädelsführende nordrhein-westfälische Regierung höchstselbst zur Besinnung zu bringen. Diesmal gelang ihm das nur zur Hälfte. Das Kabinett setzte seinen Beschluß lediglich aus. Im Bundesrats-Plenum ging es ein paar Tage später hart auf hart. Der bayerische Berichterstatter sprach für die Ausschußmehrheit mit Argumenten aus der „Berg-Predigt" gegen den Entwurf, Erhard in allgemeinen Auslassungen dafür. Nach erregter Debatte schlug Hamburg sich auf die Seite der Befürworter, die anderen CDU-regierten Länder übten Stimmenthaltung. So kam es, daß der Verbotsgrundsatz mit 20 Ja-Stimmen, die mehrheitlich sozialdemokratischer Herkunft waren, bei 18 Enthaltungen angenommen wurde. Erhard mußte es zufrieden sein. Er mußte auch hinnehmen, daß die Zustimmung zum allgemeinen Kartellverbot mit der Forderung verbunden wurde, *die* Ausnahmen vom Verbot zuzulassen, die der wirtschaftspolitische Ausschuß des Bundestages im vorigen Jahr ausgebrütet hatte und dazu eine Generalklausel einzuführen, die es dem Wirtschaftsminister von Rechts wegen ermöglichte, *jede* Art von Kartell zu genehmigen. Die Bestimmungen über marktbeherrschende Unternehmen sollten hingegen wieder in der Weise verschärft werden, die der Bundesrat damals gewünscht hatte.

Auf der Grundlage des Bundesratsbeschlusses wurden am 9. Juni 1954 die Verhandlungen des Wirtschaftsministeriums mit dem BDI wieder aufgenommen. Der BDI tat umgehend kund, daß der Beschluß ihn nicht zufriedenstelle. Der Ausnahmen seien zu wenige, und die amtliche Beaufsichtigung marktbeherrschender Oligopole greife fehl. Man verhandelte ohne Ergebnis. Am Ende bat Müller-Armack die BDI-Funktionäre, ihn vor der nächsten Zusammenkunft mit den Mindestanforderungen des Verbandes an ein erträgliches Wettbewerbsgesetz vertraut zu machen. Die Verbandsgeschäftsführung kam der Bitte nach. Der BDI wollte, daß folgende Tatbestände vom Kartellverbot ausgenommen würden: Vereinbarungen von gemeinsamen Liefer-, Zahlungs- und Geschäftsbedingungen; Preis- und Gebietsabsprachen zum Zwecke der Normung und Typisierung von Erzeugnissen, zur Rationalisierung der Erzeugung und zur Spezialisierung der Erzeugnispalette; Marktregelungen im Falle von Konjunktur- und von Strukturkrisen; Zusammenschlüsse zur Ordnung des Exports und des Imports; Vereinigungen zum Schutz des Mittelstandes vor marktbeherrschenden Unternehmen. Außerdem sollte der Wirtschaftsminister jede Art von Kartellen genehmigen dürfen. Den Begriff „Marktbeherrschung" wünschte der BDI auf *ein* Unternehmen beschränkt und die Befugnisse des Monopolamtes von gestaltungsmächtigen Eingriffsrechten und Untersagungsmöglichkeiten auf wirkungslose Beaufsichtigung zurückgeführt zu sehen. Die Zusammenschlußkontrolle sollte entfallen. Erhard und Müller-Armack nahmen die Forderungen des Industriellen-Verbandes zur Kenntnis und erklärten sie kurzentschlossen für inakzeptabel. Müller-Armack teilte der BDI-Delegation beim nächsten Treffen am 26. Juni mit, daß es aussichtslos sei, auf der Grundlage ihrer „Mindestanforderungen" weiterzuverhandeln und stellte deren Neufassung anheim.[68]

Am gleichen Tag berichtete der Publizist Erich Kuby in der Süddeutschen Zeitung über ein Gespräch, das er kürzlich mit einem heiteren und zufriedenen Erhard beim gemeinsamen Mittagessen geführt hatte. „Das Kartellgesetz?" hatte Erhard gesagt, „das ist ausgestanden. Das geht durch. (Und) ich darf wohl sagen: Außer mir hätte niemand die Autoriät gehabt, das Gesetz durchzudrücken". Und um seine umfassende Zufriedenheit vollends verständlich zu machen, hatte er hinzugefügt, daß es sich auch beim Übergang zur Konvertierbarkeit „nur noch um eine Terminfrage" handle. „Zwei Monate früher oder später".[69] Diese Meinung mochte ihm die Aussicht auf eine kurz bevorstehende internationale Konferenz über Währungskonvertierbarkeit eingeben.

Im Mai war schließlich doch der britische Schatzkanzler nach Bonn gekommen. Am britischen Konvertibilitäts-Verständnis hatte sich seit Erhards Londonbesuch nichts geändert. Es war von Erhards Vorstellungen immer noch so weit entfernt wie damals. Geändert hatte sich hingegen der Zustand der britischen Zahlungsbilanz. Der war besser geworden und schien die gewünschte Ausländer-Konvertierbarkeit jetzt eher zuzulassen als vor einem Jahr. Unter dieser Voraussetzung war Butler mit Erhard übereingekommen, eine besondere Ministergruppe in der OEEC zu lancieren, die mehr oder weniger regelmäßig über Möglichkeiten, Bedingungen, Art und Zeitpunkt eines Übergangs zur Konvertierbarkeit beraten sollte. Das war in der Zwischenzeit geschehen und die erste Tagung jener Ministergruppe auf den 15. und 16. Juli 1954 festgelegt worden. Erhard sah den Londoner Besprechungen mit großer Zuversicht entgegen.

Nicht minder zuversichtlich erwartete er die komplikationslose und rasche Verabschiedung des Kartellgesetzes. Das Scheitern der Verhandlungen mit dem BDI schien ihn eher zu erleichtern, als zu bedrücken. Er meinte, den Wünschen des Kanzlers mit seiner Verhandlungsbereitschaft genügt und durch den Ausgang der Verhandlungen auch für Adenauer einsehbar erwiesen zu haben, daß ein Kartellgesetz mit dem BDI zusammen nicht zu machen wäre. Am 1. Juli teilte er Adenauer jenen Ausgang sowie dessen Gründe und Konsequenzen in einem langen Schreiben mit. Der BDI habe seine Forderungen „bis ins Groteske überspitzt." Die deutsche Industrie sei deshalb „drauf und dran, vor der ganzen freien und modernen Welt ... ihr Ansehen zu verlieren". Niemand würde es begreifen, wenn die Bundesregierung „sich diesen nackten Gruppeninteressen beugte". Und schon gar er, „der ich auch im Blickpunkt der Welt gerade auf diesem Felde einen Namen zu vertreten und zu verlieren habe", könne keine Zugeständnisse machen, „die die Politik der „Sozialen Marktwirtschaft" zu einer Farce und einem Blendwerk werden lassen". Das sei aber auch gar nicht nötig, weil „im Bundestag eine starke Majorität für den von mir vorgelegten Gesetzentwurf als absolut gesichert gelten kann".[70]

Die Konvertierbarkeit vor der Tür und das Kartellgesetz so gut wie durch. Und damit des Guten und des wirtschaftministerlichen Glücks noch nicht genug. Auch die konjunkturellen Sorgen, die im Frühjahr schicksalhafte Entscheidungen zu erzwingen schienen, waren trotz Ausbleibens der schicksalhaften Entscheidungen im Sommer verflogen. Am 18. Juni hatte Adenauer mit einem seiner gelegentlich-kurzfaßlichen Schreiben, die den Adressaten weder einer Anrede würdigten noch eines Grußes teilhaftig werden ließen und solcherart allerhöchste Ungnade zum Ausdruck brachten, von Erhard verlangt, ihm baldigst mitzuteilen, „welches Programm Sie für die nächsten Monate in der Förderung in der Wirtschaft haben". Erhard vergalt die in Ungezogenheit übersetzte Ungnade dadurch, daß er den befohlenen Termin um eine Woche überschritt. Dann schrieb er dem Kanzler auf zwölf Seiten, daß sich ein besonderes Wirtschaftsförderungsprogramm erübrige, weil dank den Erfolgen der allgemeinen Wirtschaftspolitik alles vortrefflich gehe. Auch 1954 werde man wieder ein sehr gutes Produktionsergebnis zu verzeichnen haben. Allenfalls der Verbrauch hinke ein bißchen nach. Deshalb rede er in der Öffentlichkeit so häufig von der Aufrechterhaltung des Verbrauchswillens. Im übrigen nütze er die Gelegenheit, den Kanzler auch mit konjunkturellen Gründen - Sicherung der Mengenkonjunktur durch Garantie des freien Wettbewerbs - auf „eine einheitliche und starke Haltung" des Kabinetts in Sachen Kartellgesetz einzuschwören und ihn mit der Aussicht auf „eine baldige Verwirklichung ... der Konvertibilität" zu erfreuen.[71]

Die ordnungspolitischen Enttäuschungen folgten gewissermaßen auf dem Fuß; die konjunkturellen Sorgen ließen sich mit dem Wiedererscheinen in veränderter Gestalt etwas mehr Zeit.

Adenauer wertete das Ende der Verhandlungen zwischen BDI und Wirtschaftsministerium nicht als Scheitern, sondern als Abbruch durch das Wirtschaftsministerium und nahm es deshalb nicht ohne weiteres hin. Und Franz Etzel, der inzwischen Vizepräsident der Hohen Montanunionsbehörde geworden, dabei aber Vorsitzender des wirtschaftspolitischen Arbeitskreises der CDU geblieben war, glaubte - in der Sache einig mit Erhard - im Gegensatz zu Erhard nicht, daß der Regierungsentwurf gegen den Widerstand der Industrie eine Mehrheit in der Union fände. Deshalb lud er den Arbeitskreis, CDU-nahe Unternehmer und Erhard dazu ein, die problemhafte Lage in einer Wochenendklausur zu beraten. Das geschah vom 10. bis zum 12. Juli in Bad Ems. Erhard nahm zeitweise an den Beratungen teil und gewann den Eindruck, daß „sich die Versammlung mit eindeutiger und klarer Mehrheit zu der von mir vertretenen Auffassung bekannte".[72] Etzel deutete das Beratungsergebnis hingegen als Aufforderung, die Besprechungen zwischen Wirtschaftsministerium und BDI mit dem Willen, sie zu einem einvernehmlichen Abschluß zu bringen, schnellstens wieder aufzunehmen. Darum bemühte er sich in den nächsten Tagen durch vermittelnde Gespräche.

Erhard reiste unterdessen zur ersten Sitzung der Ministergruppe für Konvertibilitätsfragen nach London. Dort wurde seine Erwartung eines schnellen Überganges zum freien Währungstausch auf das Maß der tatsächlichen Umstände zurückgeführt. Der Gruppe gehörten Deutschland, Großbritannien und Frankreich, Italien, Griechenland und die Schweiz, Holland für die Benelux - und Dänemark für die skandinavischen Länder an. Die USA und Kandada nahmen als Beobachter teil.

Die Meinungen und Absichten der europäischen Länder gingen nach wie vor weit auseinander. Drei Positionen wurden vertreten. Erhard plädierte auf einen Übergang zur allgemeinen Konvertierbarkeit, der nicht mit andersartigen Handelsbeschränkungen erkauft wurde, bis zum Frühjahr 1955. Die Erklärung der Konvertierbarkeit einer Währung sollte mit einer Verpflichtung auf strenge Freihandelsregeln verbunden sein. Frankreich und Italien hingegen meinten, daß Konvertierbarkeit *und* Freihandel für die Mehrzahl der europäischen Länder vorerst noch nicht miteinander vereinbar seien. Konvertierbarkeit nötige vielmehr zur Deliberalisierung, fragmentiere dadurch die internationalen Märkte statt sie, wie Erhard in emphatischen Wendungen fortgesetzt bekundete, funktional zu integrieren und vermindere das Welthandelsvolumen. Deshalb sei die EZU mit ihrer administrierten Transferierbarkeit, ihrem Liberalisierungskodex und ihrem sanften Druck in Richtung

Ordnung, Stabilität und Konkurrenzfähigkeit noch nicht entbehrlich; ganz abgesehen davon, daß sie als Hort gemeinsamer Verantwortung auch die wirkungsvollste Agentur wirtschaftlicher und politischer Integration in Europa sei. Das sprach nach Englands Meinung nicht für die Union, und ihr Liberalisierungskodex sprach eher gegen sie. Deshalb ließ England ähnlich wie Erhard, wenn auch weniger entschieden als er, den Wunsch erkennen, das Dasein der EZU zu beenden. Anders als Erhard wollte die britische Regierung an die Stelle der Zahlungsunion aber nicht gleich allgemeine Konvertierbarkeit und Freihandel setzen, sondern es zunächst einmal mit einer, nötigenfalls durch Handelsbeschränkungen ermöglichten, Ausländer-Konvertierbarkeit versuchen.

Die Standpunkte erwiesen sich als unüberbrückbar. Eine Grundlage für gemeinsame Aktionen war deshalb nicht herzustellen. Die Minister kamen über die Bestimmung der Probleme, die mit dem Übergang zur Konvertierbarkeit in unbestimmter Zukunft verbunden wären, und über die Feststellung alternativer Lösungsmöglichkeiten nicht hinaus. Und dabei wurden noch einmal große Gegensätze offenbar. Ein Problem war das Verhältnis von Konvertierbarkeit und Handelsfreiheit. Erhard konnte inzwischen nicht mehr daran glauben, daß beides ineinander aufginge, er mußte vielmehr befürchten, daß Handelsbeschränkungen der Preis für die Konvertibilität wären. Deshalb schlug er vor, die segensreichen Wirkungen des freien Währungstausches durch die Verpflichtung auf strenge Liberalisierungsregeln zu sichern. England und Frankreich lehnten das ab. Ein weiteres Problem war die Frage nach der Notwendigkeit und dem Umfang eines gemeinsamen Fonds zur Unterstützung von Ländern, die bei Konvertierbarkeit in Zahlungsbilanzschwierigkeiten gerieten. Erhard lehnte derlei Fonds ab, während Frankreich und Italien großen Wert darauf legten. Das dritte Problem schließlich war die Verträglichkeit von allgemeiner Konvertierbarkeit und bilateralen Zahlungsabkommen. Erhard hielt Konvertierbarkeit und zweiseitige Zahlungsabkommen für prinzipiell unverträglich miteinander, England und Frankreich wollten sich des Rechts, nach Auflösung der EZU wieder bilaterale Zahlungsabkommen zu schließen, nicht begeben.

Die Minister übertrugen die weitere Beratung dieser Fragen einer Ministerstellvertreter-Gruppe und fuhren nach Hause. Erhard tat sich schwer damit, für seine Enttäuschung Worte zu finden, die nicht nach Entmutigung klangen. „Die Konvertibilität ist ein Faktum“, sagte er. „In London wurde nicht mehr darüber verhandelt, ob sie zweckmäßig ist, sondern über die Maßnahmen zu ihrer Verwirklichung“. Das Denkmodell der reinen Konvertibilität werde man allerdings in absehbarer Zeit nirgendwo verwirklichen, fügte er hinzu. Unterschiedliche Weisen der Annäherung ständen jedoch überall in Aussicht.[73]

Einen Tag nach Äußerung dieser etwas sibyllinischen Sätze traf er aufgrund von Vermittlungsbemühungen und Vorgesprächen Etzels mit dem Vizepräsidenten des BDI, Albert Menne, zusammen und vereinbarte mit ihm die Wiederaufnahme der Verhandlungen über das Kartellgesetz.

Was Erhard Ende Juni 1954 als endlich abgemachte Sache erschienen war - Konvertierbarkeit und Wettbewerbsgesetz - erschien Ende Juli wieder als auf die lange Bank geschobene Angelegenheiten mit ungewissem Ausgang. Erhard ging in Urlaub.

Das ganz große Thema in Perspektive: Frankreich und Europa

Als er die Geschäfte Anfang September wieder aufnahm, waren nicht ganz unerwarteter- und dennoch dramatischerweise die außen- und europapolitischen Weichen neu gestellt worden. Erhard konnte nicht ahnen, daß damit auch die Weichen seines politischen, und weil die Persönlichkeit in der Politik aufging, auch seines persönlichen Lebens neu gestellt worden waren.

Das französische Parlament hatte am 30. August 1954 die Ratifizierung des nun schon zwei Jahre alten Vertrages über eine Europäische Verteidigungsgemeinschaft abgelehnt. Damit war auch das inzwischen erarbeitete Statut einer Europäischen Politischen Gemeinschaft, die Montanunion und EVG in sich aufnehmen und die Grundlage weiterreichender europäischer Zusammenarbeit sein sollte, hinfällig geworden. Das endgültige Scheitern der Verteidigungsgemeinschaft veranlaßte ungesäumt zu entschieden vorangetriebenen Bemühungen Nordamerikas, Großbritanniens und der europäischen Sechs, den politischen und den militärischen Status der Bundesrepublik auf andere Weise neu zu bestimmen. Die Bemühungen führten über die Londoner Konferenz Ende September zu den Pariser Verträgen vom 23. Oktober 1954. Die Verträge lösten das Besatzungsstatut ab, sprachen der Bundesrepublik die volle Souveränität zu und gliederten die souveräne Bundesrepublik in die NATO ein. Das vorläufige Scheitern der EPG aber veranlaßte nach einigen Monaten der Ratlosigkeit die Regierungen der Niederlande und Belgiens zu dem Vorschlag, die europäische Einigung fürs erste auf Wegen der wirtschaftlichen Integration im Rahmen der Montanunion weiterzuverfolgen. Der Vorschlag führte über die Konferenz vom Messina Anfang Juni 1955 und durch ausgedehnt-intrikate Verhandlungen hindurch zu den Römischen Verträgen vom 25. März 1957, die der Europäischen Gemeinschaft für Kohle und Stahl eine Europäische Wirtschaftsgemeinschaft und eine Europäische Atomgemeinschaft an die Seite stellten.

Die Neubestimmung der politisch-militärischen Stellung Westdeutschlands in der Welt ging Erhard von Amts wegen wenig an. Deshalb war er nur sehr am Rande und ohne eigentliches Engagement daran beteiligt. Der Neuansatz zur wirtschaftlichen Integration Europas hingegen ging ihn von Amts wegen natürlich sehr viel an. Und da er außerdem seinen ökonomisch-politischen Vorstellungen und Idiosynkrasien sehr nahe ging, engagierte Erhard sich im Prozeß der europäischen Einigung alsbald in einer Weise, in der amtlicher Auftrag und persönliche Absichten so sehr durcheinander gerieten, daß aus Engagement Verwicklung wurde, die ihrerseits Erhards politisches Wesen und Wirken, Handeln und Behandeltwerden bis zum Ende seiner Laufbahn wie nichts mehr sonst bestimmte.

Das war im September 1954 natürlich noch nicht abzusehen. Nichts wies darauf hin. Vor allem wies noch nichts darauf hin, daß Erhards europapolitische Einstellungen und Verhaltensweisen, namentlich auch seine zusehends habituelle Unverträglichkeit mit Frankreich, Adenauers Abneigung gegen ihn zu gnadenloser Verachtung und zu einem kämpferischen Widerwillen steigern würden. Ganz im Gegenteil, ein paar Momente lang sah es so aus, als wären Adenauer und Erhard sich über Frankreich und über wirtschaftliche Zusammenarbeit mit Frankreich in Europa so einig, wie sie sich kaum je über etwas einig waren.

Die französische Nationalversammlung hatte die Ratifikation des EVG-Vertrages auch deshalb abgelehnt, weil Frankreich nach Maßgabe der rüstungswirtschaftlichen Elemente des Vertrages in der EVG unter die „Botmäßigkeit der deutschen Industrie" gerate. Wenig später schlug die französische Regierung die Einrichtung eines europäischen Rüstungspools anstelle der EVG vor und verlangte die Annahme des Vorschlags, bevor sie ihre

Zustimmung zur Aufnahme einer souveränen Bundesrepublik in die NATO gäbe. Zwecke des Pools sollten die Formulierung gemeinsamer Rüstungsprogramme, die gemeinsame Beschaffung von möglichst standardisierten Rüstungsgütern und eine weitreichende Koordination der Rüstungsproduktion sein. Mit Koordination meinte die französische Regierung zum einen die Pflicht der Mitgliederländer, die Einrichtung neuer Rüstungskapazitäten vom Pool genehmigen zu lassen, und zum anderen Bemühungen des Pools, gemeinsame Rüstungsunternehmen aufzubauen. Erhard deutete den Vorschlag als wohlbedachten politischen Anschlag auf Deutschlands Wirtschaftskraft, der Frankreich infolge seiner verfehlten Wirtschaftspolitik anders, nämlich ökonomisch, nicht beikomme und lehnte ihn entschieden ab. Zum einen verstießen gemeinsame Programme und Beschaffungen gegen den Grundsatz der nationalen Souveränität und in Verbindung mit der Pflicht, die Herstellung von Rüstungskapazitäten genehmigen zu lassen, seien sie zum andern hervorragend geeignet, Deutschland wirtschaftlich zu schwächen. Erstens „geht man wohl nicht fehl in der Annahme, daß Frankreich ... den Aufbau einer deutschen Produktion von Waffen und Gerät mindestens stark behindern möchte“. Zweitens schaffe der Pool die Möglichkeit, westdeutsche Exporte zu unterbinden, indem man „diejenigen industriellen Kapazitäten, die für uns exportwirtschaftlich von ausschlaggebender Bedeutung sind, mit Produktionsverpflichtungen“ blockiere. Drittens könne der Zwang, Rüstungsgüter aus dem Ausland zu beziehen, die deutschen EZU-Überschüsse abbauen. Da man die Exporterfolge der Bundesrepublik im Ausland mit Mißgunst betrachte, sei damit zu rechnen, daß die Möglichkeit auch genutzt werde. Und daß es Frankreichs Absicht sei, „auch auf währungspolitischem Gebiet die starke deutsche Stellung zu schwächen“, könne als sicher gelten.[74]

Adenauer teilte Erhards Meinung, daß der Rüstungspool als Mittel deutscher Diskrimierung abzulehnen sei. Zunächst teilte er wohl auch Erhards Verdacht, daß die französische Regierung damit weiterreichend-subversive Zwecke verfolgte. Im Gegensatz zu Erhard erwuchs Adenauers Verdacht freilich nicht aus der dogmatisch begründeten und moralisch getönten Ablehnung einer als wesensmäßig französisch begriffenen, faktisch bestenfalls ungenau gekannten, der deutschen jedenfalls entgegengesetzten und mit ihr unvereinbaren Wirtschaftsordnung: Protektionismus, Subventionswirtschaft, kartellmäßige Verkrustung, übersteigerte Sozialpolitik. Sie erwuchs vielmehr aus einem situativen Mißtrauen in den neuen, jungen radikalsozialistischen Ministerpräsidenten Pierre Mendès-France, der ihm als politisch unzuverlässig erschien und menschlich nicht sehr lag. Deshalb war Adenauers Verdacht überwindlich und einer wirtschaftlichen Zusammenarbeit mit Frankreich nicht grundsätzlich im Wege. Deshalb auch war die frankreich- und europapolitische Einigkeit des Kanzlers mit seinem Wirtschaftsminister höchst vordergründig und kurz befristet.

Mendès-France gab sein Rüstungspool-Konzept, das übrigens auch auf starke außerdeutsche Widerstände stieß, auf der Londoner Konferenz zwar nicht preis, aber er stellte es nach heftigen Auseinandersetzungen zurück und machte dadurch den Weg zu den Pariser Vertragsverhandlungen frei. In Paris erlebte Adenauer ihn dann als betont aufmerksamen Gastgeber, der es mit Aufwand und Geschick darauf anlegte, das Vertrauen des deutschen Kanzlers zu gewinnen. Außerdem erlebte er ihn als reformwilligen Politiker, der sich die wirtschaftliche Modernisierung Frankreichs zum Ziel gesetzt hatte und die Integration Europas als gemeinsame Aufgabe empfand. Adenauer war beeindruckt und griff spontan seine alte Idee auf, wirtschaftliche Zusammenarbeit zum Mittel des politischen Ausgleichs zu machen. Einen langfristigen Handelsvertrag zum Vorteil der französischen Landwirtschaft schlug er vor, die Intensivierung der industriellen Kooperation, wechselseitige Kapitalbeteiligungen und anderes mehr. Das mochte sein, was der französische Ministerpräsident wünschte. Der deutsche Wirtschaftsminister hielt es für rundum verfehlt. Einen Vorschlag Blüchers, den Teil von Frankreichs bisherigen und künftigen EZU-Schulden, der auf den Handel mit Deutschland zurückging, zu konsolidieren und Frankreich zu Stabilisierungs- und Modernisierungszwecken zur Verfügung zu stellen, hatte er schon vorher als irregeleitet und wegen Frankreichs Mangel an finanzieller Disziplin überdies als nutzlos zurückgewiesen.[75] Jetzt traf es sich, daß an den beiden Tagen, die Adenauers informellen Gesprächen mit Mendès-France folgten, die Spitzenverbände der französischen und der deutschen Industrie in Paris darüber berieten, welche Konsequenzen sie aus der neuesten politischen Entwicklung zu ziehen hätten. Dabei kamen der BDI und das Conseil National du Patronat Français in schriftlicher Form überein, durch Intensivierung und näher bestimmte Erweiterung ihrer Zusammenarbeit die politische Verständigung zu fördern. Andererseits hielten sie es für erwünscht, daß die Regierungen sie zu derart motivierter Zusammenarbeit ausdrücklich ermunterten und ihnen einen gewissen Einfluß auf amtliche Abmachungen einräumten. Erhard sah in der Absicht und dem Wunsch, die Adenauers Vorstellungen weit entgegenkamen, die Anmaßung einer politischen Verantwortlichkeit, die der Industrie nicht zukomme und die überdies der Sache nach quer zu seiner Wirtschaftspolitik liege. „Durch eine selbständige Politik des Abbaus von Hemmnissen im zwischenstaatlichen Wirtschaftsverkehr ist die Bundesregierung bemüht, neue Formen eines gedeihlichen internationalen Zusammenarbeitens zu finden", schrieb er wenig später an Berg. „Ich bin mir nicht sicher, daß die in der Vereinbarung zwischen den beiden Industrieverbänden niedergelegten Grundsätze unbedingt in diese Politik ... einzupassen sind. Schon ihr bilateraler Charakter wird bei den auf Multilateralität drängenden Ländern auf Mißtrauen stoßen". Zwischendurch hatte er auf der Jahrestagung des GATT verlauten lassen, daß die Bundesrepublik an eine engere und besondere wirtschaftliche Zusammenarbeit mit Frankreich natürlich nicht denke, sondern weiterhin „weltweite, multilaterale Regelungen" anstrebe. Nach seiner Rückkehr bat er Adenauer, sich ebenso zu äußern. Adenauer tat nichts dergleichen. Aber er tat auch nichts, um Erhard eines anderen zu belehren. So wichtig war ihm die Sache um diese Zeit noch nicht.[76]

Mendès-France hingegen machte den Versuch, Erhard von den guten Absichten seiner Regierung und den Vorteilen wirtschaftspolitischer Zusammenarbeit zwischen Frankreich und Deutschland zu überzeugen. Er verstand etwas von Wirtschaft. Er war mit den wirtschaftlichen Vorgängen und der Wirtschaftspolitik in der Bundesrepublik vertraut, und er hoffte, daß Frankreichs Regierung im Hinblick auf ihre Modernisierungs- und Wachstums-Ambitionen von Deutschlands Wirtschaftsminister etwas lernen könnte. Deshalb lud er Erhard zu einer grundsätzlichen Aussprache nach Paris ein. Erhard kam am 8. Dezember. Das Gespräch in Anwesenheit des französischen Wirtschaftsministers Faure dauerte vier Stunden und endete ergebnislos. Man redete aneinander vorbei. Mendès-France erwartete von Erhard Auskunft über die Mittel aktiv-vorsorgender Modernisierungs- und Wachstumspolitik, die Deutschland seit einem halben Dutzend Jahre voranbrächten, und über die Möglichkeiten, die Wirtschaftsbeziehungen zwischen Frankreich und Deutschland zu intensivieren und die Wirtschaftspolitik der französischen und der deutschen Regierungen in europäischer Perspektive zu koordinieren. Erhard gab ihm eine Lektion in freier Marktwirtschaft, belehrte ihn über die Schädlichkeit von Kartellen, internationalen industriellen Übereinkommen sowie supranationalen Einrichtungen und verwies auf die heilsamen und integrativen Wirkungen der Konvertierbarkeit.

Am Abend war Erhard Ehrengast einer zahlreichen Gesellschaft renommierter Industrieller, Kaufleute und Bankiers, die sich um die einflußreiche Zeitung „Les Echos" gebildet hatte. Das Ereignis wurde stark beachtet. Rundfunk und Presse waren zugegen. Dort wiederholte sich, was im Besprechungszimmer des Hotel Matignon geschehen war, in aller Öffentlichkeit. Die Aufmerksamkeit war hochgespannt und lief in Abspannung aus. Erhard beantwortete die Frage, wie er sich die erwünschte Verstärkung der deutsch-französischen Wirtschaftsbeziehungen und den Fortgang der wirtschaftlichen Integration Europas denke, indem er einer Antwort auswich. Es könne keinen besseren Zeitpunkt für die Intensivierung der deutsch-französischen Wirtschaftsbeziehungen geben als den jetzigen, sagte er. Derlei Intensivierung dürfe aber weder staatlich gelenkt werden noch zu Kartellabsprachen führen. Und was die europäische Integration angehe, deren wärmster Befürworter er sei: Die institutionelle Einigung, wie sie in der Montanunion versucht worden sei, führe in die Irre und solle nicht fortgesetzt werden. Das eine wie das andere, die Ausweitung und Vertiefung zwischenstaatlicher Wirtschaftsbeziehung und die wirtschaftliche Einigung Europas, werde am besten durch Konvertierbarkeit und freien Wettbewerb erreicht. „Glauben Sie mir", schloß Erhard, „ich stehe vor Ihnen ... als ein Freund Frankreichs, als ein wahrhaft guter Europäer, der die wahrhaft europäische Aufgabe erkannt hat".[77]

Ob die Zuhörer im Echos-Club ihm das glaubten, steht dahin. Franz Etzel glaubte es ihm jedenfalls nicht und schrieb ihm fünf Tage später auch wieso. Es war nicht das erste Mal, daß er Erhard wegen dessen öffentlicher Geringschätzung europäischer Einrichtungen im allgemeinen und der Montanunion im besonderen zur Rede stellte. Erhard hatte jedesmal Besserung gelobt und erst jüngst beim gemeinsamen Mittagessen im Bonner Hotel Königshof, so war es Etzel vorgekommen, ausdrücklich dessen Überlegung zugestimmt, daß Konvertierbarkeit und freier Handel zum Vorteil aller die Märkte integriere und deshalb höchst erstrebenswert sei, daß auf diese Weise aber noch kein integriertes Europa entstehe. Dazu bedürfe es überdies gemeinsamer Institutionen. „Sie selbst sagten schließlich als Ergebnis unseres Gespräches, daß die institutionelle Integration und die funktionelle Integration sich aneinander hochranken müßten". Nun aber hatte Erhard das Ergebnis auch dieses privaten Gesprächs in Paris öffentlich widerrufen. Das war so ungewöhnlich nicht. Es passierte häufiger, daß Erhard um der situativen Harmonie und des lieben Friedens willen oder weil ihm die Argument ausgingen, in Gesprächen und Beratungen auf Vorstellungen einging, die nicht seine Vorstellungen waren, daß er ihnen gegebenenfalls auch formell zustimmte - und bei nächster Gelegenheit, wenn er der Situation entnommen und wieder ganz bei sich selbst war, die Zustimmung stillschweigend zurücknahm und zu seinen ursprünglichen Vorstellungen zurückkehrte. Etzel wußte das und war dennoch „ehrlich gestanden sehr enttäuscht". „Aus dem tiefen Glauben heraus, daß ohne institutionelle Integration Europa nie werden wird", schrieb er an Erhard, „habe ich schließlich jetzt meine ganze Lebenskraft dieser Seite der Aufgabe gewidmet und es schmerzt mich, wenn einer meiner besten Freunde ... Äußerungen tut, die (uns) unsere Aufgabe hier verleiden".[78]

Und damit nicht genug. Die Wiederaufnahme des Integrationsansatzes, der sich in der Montanunion konkretisiert hatte, war nicht mehr nur Etzels Glaubens- und Herzenssache, sie war inzwischen auch ein ausdrücklicher Zweck deutscher Regierungspolitik. Adenauer hatte nicht davon überzeugt werden müssen, daß die Ablehnung der EVG und das Scheitern der Europäischen Politischen Gemeinschaft nicht das Scheitern der europäischen Einigung schlechthin bedeuten dürften. Überzeugt werden mußte er allerdings davon, daß die Fortführung der wirtschaftlichen Integration der richtige Weg zur Einigung wäre. Etzel und Hallstein im Verein mit Monnet *hatten* ihn davon überzeugt, wenn vielleicht auch nicht davon, daß die wirtschaftliche Integration der richtige, so doch davon, daß sie der einzig derzeit begehbare Weg wäre. Adenauer war entschlossen, ihn zu gehen und hatte dies im Bundestag auch schon gesagt. Deshalb war Etzel in seinem Brief an Erhard schließlich „auch der Meinung, daß der deutsche Wirtschaftsminister in Frankreich nicht eine Auffassung vertreten kann, ... die nicht die Auffassung des Bundeskanzlers ist, der ja die Richtlinien der Politik bestimmt".

Das hatte Erhard getan. Die anfängliche Einigkeit mit Adenauer hatte sich innerhalb eines Vierteljahres in offenkundige Uneinigkeit verkehrt. Und diesmal nicht in eine Uneinigkeit, die dem temporären Mißvergnügen des Kanzlers an der Person, am Verhalten und an einzelnen Maßnahmen seines Wirtschaftsministers entsprang und sich auflöste, wenn das Mißvergnügen wich. In eine Uneinigkeit diesmal vielmehr, die im Grundsätzlich-Konzeptionellen wurzelte und sich von daher zu einem großen, langwährenden Konflikt auswuchs, der andere einbezog und auf anderes übergriff. Etzels Brief kündigte den Konflikt gewissermaßen an und enthielt bereits seine wesentlichen Motive: den auf ungenaue Schlagworte verkürzten Gegensatz von „funktioneller" und von „institutioneller" Integration, von ökonomischer Beschränktheit und von politischer Durchdrungenheit des Europagedankens; die Unzuverlässigkeit von Erhards Haltung und Verhalten, aus der sich Enttäuschungen und Zerwürfnisse ergaben; seine Mißachtung erklärter Regierungspolitik und seine Überzeugung, als der „bessere Europäer" damit im Recht zu sein.

Daß Erhard Fortschritte auf dem Weg institutioneller wirtschaftlicher Einigung Europas, nachdem Adenauer sich eben dazu bekannt hatte, ausgerechnet in Frankreich verwarf und daß es gerade Franz Etzel war, der an der Verwerfung heftigsten Anstoß nahm, ergab sich natürlich zufällig. Der Zufall meinte es aber bedeutungsschwer. Frankreich geriet Erhard wie selbstverständlich zu einem wesentlichen Grund und Objekt seines Kampfes gegen die wirtschaftliche Einigung Europas, und Etzel wandelte sich im Streit um die Einigung Europas von Erhards „Freund" zu dessen Konkurrenten um die Kanzlerschaft.

Die großen Themen ohne Ende

Bis dahin brachte man freilich noch manches miteinander zuwege, das höchst vertrackte Kartellgesetz zum Beispiel. Die Arbeit daran war, seit Erhard und Menne durch Etzels Vermittlung die Wiederaufnahme der voreilig als gescheitert erklärten Verhandlungen zwischen dem Wirtschaftsministerium und dem BDI vereinbart hatten, ein gutes, vielleicht das entscheidende Stück vorangekommen. Knapp zwei Monate lang verhandelten Müller-Armack und Risse mit Härte, entschlossen offenbar, aus der bereits weitreichenden Nachgiebigkeit nicht Unterwerfung werden zu lassen. Mitte September erfuhr Erhard von Otto Friedrich, daß Berg sich deswegen in eine zunehmende Verbitterung gegen ihn hineinsteigere. Berg vor allem habe schließlich den Verband zur Annahme des Verbotsprinzips bekehrt und gerate nun unter Druck, weil die Gegenleistung ausbleibe. Er zweifle an Erhards Loyalität. Friedrich sah, daß „Erhard ... diese Eröffnung sichtlich nahe" ging. Erhard sagte, daß er „seinen Herren Auftrag zu entgegenkommendster Verhandlung gegeben" habe und an eine verträgliche Einigung glaube, hinter der er dann mit seiner ganzen Person stehen werde. Wenig später schrieb er an Etzel, „daß der BDI des Kämpfens müde geworden ist oder aber die moralische Schwäche seiner Position erkennt". Er sei dem Ver-

Erhard zwischen Berg und Rosenberg - links der Präsident des BDI; rechts der Vorsitzende des DGB

band so weit entgegengekommen, daß der sein Gesicht wahren könne. Die Konzeption bleibe davon unerschüttert. Und bald darauf an Vershofen: „Ich werde bei allem Willen zur Versöhnung und zum Ausgleich im Grundsatz auch nicht einen Schritt zurückweichen. Man wird aber auch politisch nicht über mich hinwegkommen, und so scheint mir auch nach der Atmosphäre im Bundestag die Situation für die Kartellfreunde nahezu hoffnungslos zu sein."[79]

Vier Tage später wurden die Verhandlungen mit dem BDI abgeschlossen. Das Ministerium akzeptierte die im Juni als „inakzeptabel" verworfenen Mindestanforderungen des Verbandes mit Ausnahme der Duldung von Mittelstands- und von Spezialisierungskartellen: acht Befreiungen vom Grundsatz des allgemeinen Kartellverbots, die Generalklausel, der Begriff „Marktbeherrschung" auf *ein* Unternehmen, das keinem wesentlichen Wettbewerb ausgesetzt ist, beschränkt, das Monopolamt von Eingriffsrechten entblößt, die Fusionskontrolle gestrichen. Die Übereinkunft nahm alles heraus, was die Alliierte Hohe Kommission einst in den Entwurf hineingebracht hatte und manches noch dazu. Da die Ergebnisse der Londoner und die Vorbereitung der Pariser Konferenz Deutschlands Souveränität in nahe Aussicht stellten, brauchte man deswegen nicht mehr besorgt zu sein. Am 18. Oktober 1954 vereinbarte Erhard mit Berg bei Zeugenschaft des Ministerialrats Haenlein aus dem Kanzleramt, daß er bei der nun endlich ermöglichten Vorlage des Gesetzentwurfs im Bundestag selbstverständlich so tun werde, als gäbe es die Vereinbarung mit dem BDI nicht, daß er aber ebenso selbstverständlich jeden Änderungsvorschlag im Sinne der Absprache annehmen werde, für den der BDI im Bundestag eine Mehrheit finde oder schaffe. Er seinerseits erwarte, daß sich auch der BDI an das Verhandlungsergebnis gebunden fühle und die Agitation gegen den Entwurf einstelle.

Berg legte das Verhandlungsergebnis und die Vereinbarung seinem Präsidium zur Beschlußfassung vor. Das Präsidium billigte den Inhalt der Absprache, stimmte dem weiteren Verfahren zu und bekannte sich zu Erhards Erwartung. Berg teilte Erhard dies mit und bedankte sich artig für das ministerielle Entgegenkommen.[80] Die Kuh schien vom Eis zu sein. Das Kabinett beriet, ein halbes Jahr nach deren Eingang, aber nun eilig, über die Änderungsvorschläge des Bundesrates, stimmte ihnen zu, soweit sie die ursprüngliche Vorlage abschwächten, wies sie zurück, soweit sie die Vorlage verschärften, und beauftragte den Wirtschaftsminister damit, dementsprechend für den Bundestag dazu Stellung zu nehmen. Die Referenten machten sich an die Arbeit.

Während sie arbeiteten, empfing Erhard Böhm, Ilau, den Vorsitzenden der vorwiegend mittelständischen Arbeitsgemeinschaft selbständiger Unternehmer, Schleussner sowie andere Politiker, Publizisten und Unternehmer, die seit Jahren - als des Ministers treue Knappen, wie sie dachten - für ein Wettbewerbsgesetz in streng ordoliberalem Sinn zu Felde gezogen waren. Schleussner, der die Arbeitsgemeinschaft selbständiger Unternehmer frühzeitig auf die Linie des Kartellverbots und damit in einen von Erhard weidlich ausgenutzten Gegensatz zum BDI gebracht hatte, schrieb anschließend an Böhm, daß er von *dem* Erhard, den er bei jener Besprechung erlebt habe, schwer enttäuscht sei. Falls der Entwurf zu dem Gesetz würde, das Erhard neuerdings anstrebe, dann müsse er sich tief schuldig fühlen. Ein Wettbewerbsgesetz, das ein Kartellverbot statuiere, aber nicht vor der Entstehung und vor dem Mißbrauch von Marktmacht schütze, wäre ein Gesetz zum Schaden des selbständigen Unternehmertums.[81]

Damit aus dem Regierungsentwurf das Gesetz, auf das Erhard und der BDI sich geeinigt hatten, *nicht* würde, unternahm Böhm den Versuch, seine Behandlung im Bundestag zu verhindern. Der Entwurf sei, selbst wenn man ihn nur auf das Kartellverbot hin ansehe, unaufrichtig, untauglich und unheilbar; unaufrichtig, weil sich das Verbotsprinzip nur noch als täuschende Fassade darbiete, untauglich, weil ein Gesetz auf der Grundlage des Entwurfs höchst verworrene Rechtsverhältnisse schaffe, und unheilbar, weil die ursprüngliche Ordnungsidee darin gänzlich verdorben sei. Der Bundestag müsse aber Gelegenheit haben, über unverdorbene Ideen oder klare ordnungspolitische Alternativen zu entscheiden.[82] Zu diesem Zweck formulierte Böhm einen Initiativ-Entwurf, der ein entschiedenes Kartellverbot sowie handfeste Bestimmungen über die Einflußnahme auf marktbeherrschende Unternehmen enthielt und eine engherzige Kontrolle von Unternehmenszusammenschlüssen vorsah. Er erwartete, daß der BDI angesichts seiner Vorlage einen Gegenentwurf lancierte, der das Mißbrauchsprinzip wieder unverhüllt herausstellte, und hoffte, daß zunächst Erhards Entwurf zwischen beiden zerrieben und sein Entwurf dann angenommen würde. Die Hoffnung war kühn, aber zumindest die Erwartung nicht weit hergeholt. Böhm wußte, daß die CSU eine Mißbrauchsvorlage in petto hatte. Die Schwesterpartei lehnte Erhards Entwurf ab, in der Form jedenfalls, in der er durchs Kabinett gegangen war. Minister Strauß hatte nach Erhards Februar-Handstreich sogar verlangt, daß der Kabinettsbeschluß kassiert und über die Vorlage neu beraten werde. Nachdem das unterblieben und der Regierungsentwurf auch vom Bundesrat prinzipiell angenommen worden war, hatte der Abgeordnete Höcherl einen sehr kurzfaßlichen Gegenentwurf zu parteiinterner Debatte gestellt, dessen Affinitäten zu den eigentlichen Wünschen der Industrie niemand übersehen konnte: Mißbrauchsaufsicht über grundsätzlich erlaubte Kartelle, Untersagungsrechte des Monopolamts bei eng begrenzten Sachverhalten, Marktbeherrschung und Fusionskontrolle keine Themen. Nicht nur Böhm, auch Erhard wußte, daß es jenen Gegenentwurf gab. Etzel hatte ihn darauf aufmerksam gemacht und ihn wiederholt darum gebeten, mit Höcherl zu reden. Erhard war der Bitte nicht gefolgt. Derlei Abgeordneten-Pflege war ihm lästig. Er empfand sie als ein wenig unter seiner Würde, und er hielt sie im gegebenen Fall auch nicht für nötig. Höcherls Entwurf werde, sobald er selbst sich mit dem BDI verständigt habe, ohnedies aus der Diskussion verschwinden. Er verschwand nicht daraus. Ob er ohne Böhms Initiative daraus verschwunden wäre, steht dahin. So, wie die Dinge sich ergaben, ging jedenfalls am 22. Januar 1955 nicht nur der Regierungsentwurf eines Gesetzes gegen Wettbewerbsbeschränkungen beim Präsidium des Bundestages ein. Das Bundestagspräsidium empfing überdies zwei Initiativanträge, die in entgegengesetzte Richtungen weit von der Regierungsvorlage abwichen; beide von Abgeordneten der CDU/CSU-Fraktion eingereicht, einer von Böhm und Genossen, der andere von Höcherl und Genossen. Und als das Parlament zwei Monate später in erster Lesung über alle drei Vorlagen beriet, da stellte sich heraus, daß Erhards Sicherheit, für seinen Entwurf komplikationslos und schnell eine stattliche Mehrheit im eigenen Lager zu finden, in Unkenntnis der tatsächlichen Stimmungslage und Stimmenverhältnisse gründete. Das Meinungsbild war höchst vertrackt. Eine Mehrheit von Abgeordneten aller Koalitionsfraktionen und in ihr allem Anschein nach auch eine Mehrheit von Abgeordneten der CDU/CSU-Fraktion neigte dem Höcherl-Entwurf zu; keine große Mehrheit, aber eine Mehrheit immerhin. Dagegen trat die SPD-Fraktion neuerdings geschlossen für das allgemeine Kartellverbot ein, an das Erhards wettbewerbspolitisches Gewissen mit durchgehaltener Entschlossenheit und abgerungener Ausschließlichkeit sich so kraftvoll klammerte. Sie trat im Einklang mit dem Böhm-Entwurf allerdings auch für die wirkungsvolle Beaufsichtigung marktbeherrschender Unternehmen, für Fusionskontrolle und gegen eine Fülle von Verbotsausnahmen ein. Unter diesen Umständen war es nicht kurzweg auszuschließen, daß die Regierungsvorlage zwischen den Entwürfen Böhms und Höcherls tatsächlich zerrieben würde. „Ausgestanden", wie Erhard vor fast einem Jahr zu Kuby gesagt hatte, war das Kartellgesetz jedenfalls nicht.

Und auch der Glaube jener Tage, daß Konvertierbarkeit nur noch eine Terminfrage wäre - zwei Monate früher oder später - mußte Erhard derweil abhanden gekommen sein. Während Adenauer in London um die Souveränität der Bundesrepublik rang und dabei mit Mendès-France über den verdächtigen Rüstungspool stritt, hatte Erhard in Washington an der Jahrestagung des IMF und der Weltbank teilgenommen. Bei dieser Gelegenheit erfuhr er, daß seit Sommer so etwas wie eine Frontbegradigung zwischen den währungspolitischen An- und Absichten in Europa stattgefunden hatte. Großbritannien dachte nicht mehr wie früher an einen zeitlichen Vorrang der Ausländer- vor der Inländer-Konvertibilität und war mit seiner Beurteilung der Möglichkeiten und Erwünschtheit allgemeiner Konvertierbarkeit auf die Linie Frankreichs und Italiens eingeschwenkt. Man solle sich, sagte Schatzkanzler Butler erst im persönlichen Gespräch mit Erhard und dann in öffentlicher Rede vor der Vollversammlung des IMF, mit dem Übergang Zeit lassen; Zeit, um die wirtschaftlichen und finanziellen Verhältnisse in Ländern mit schwacher Währung zu konsolidieren, Zeit, um die Liberalisierung des internationalen Handels im Schutze der EZU zu vollenden, Zeit schließlich, um Kreditquellen zu erschließen, aus denen Länder mit gefährdeten Währungen nach dem Übergang zur Konvertierbarkeit schöpfen könnten. Kurz, Vorsicht und Geduld seien geboten. „Wir ... beabsichtigen nicht, ein Gleichgewicht durch Deflation und Arbeitslosigkeit zu erreichen. Wir haben die Ansichten der Experten mit den Besorgnissen des gemeinen Mannes auf einen Nenner zu bringen. Wir müssen uns an sozialen Rücksichten orientieren". Das hätte genausogut der französische Finanzminister oder ein Labour-Schatzkanzler sagen können, Erhard nie. Seine Enttäuschung muß grenzenlos gewesen sein. Wenn Vollbeschäftigung und Konvertierbarkeit im Streite miteinander lagen, dann war für ihn natürlich die Konvertierbarkeit im Recht, das Prinzip der Freiheit gegen die kollektivistische Praxis. Erhard sagte der Konferenz, daß die Voraussetzungen von Konvertierbarkeit in vielen Ländern erfüllt und die Umstände für den Übergang außerordentlich günstig seien. Man glaubte ihm nicht. Er sagte ferner: Solange der Bilateralismus nicht überwunden sei, sei auch die Gefahr des Kollektivismus nicht gebannt. Man wußte nicht so recht, was Ende 1954 mit „Bilateralismus" gemeint sein konnte und hielt die allfällige Beschwörung des Kollektivismus inzwischen für eine Gedanken- und Begriffspuschel, der man keine allzu große Aufmerksamkeit mehr zu schenken brauchte. Butler verließ Washington mit dem Eindruck, daß die britische Haltung auf weitestgehendes Einverständnis rechnen könnte. Und das stimmte wohl auch. Die Delegierten der Bank Deutscher Länder hatten den gleichen Eindruck. Erhard brachte seinen Eindruck noch im Frankfurter Flughafen vor den Rundfunkmikrophonen auf folgenden Nenner: Das entscheidende Ergebnis der Washingtoner Tagung sei das Übereinkommen der beteiligten Länder, die Konvertibilität der europäischen Währungen nicht unbefristet aufzuschieben. Wenn man den Satz beim Wort nahm, sagte er das genaue Gegenteil dessen, was tatsächlich passiert war. Man *hatte* die Konvertierbarkeit unbefristet verschoben, und entschieden war deshalb *nichts*. Aber man durfte den Satz natürlich nicht beim Wort nehmen, sondern mußte durch die Worte hindurch deren Sinn verstehen. Das fiel nicht schwer.[83]

Der unbefristete Aufschub brachte die Tätigkeit der „Ministergruppe Konvertibilität" nicht schlechthin um ihren Zweck, nahm ihr aber viel an praktischem Wert. An Konfliktpotential nahm er ihr nichts. Die Ministerstellvertreter hatten ein erstes Mal vor der IMF- und Weltbank-Konferenz getagt, danach tagten sie noch zwei weitere Male. Dann präsentierten sie den Ministern statt eines einvernehmlichen Verhandlungsergebnisses einen Bericht über ihre andauernd tiefen Meinungsverschiedenheiten. Die Minister berieten darüber am 12. Januar 1955. Dabei waren sie sich von vornherein darüber klar, daß auch diese Beratungen zu keinem Ergebnis führen könnten. Mit dem Ergebnis eilte es freilich auch nicht. Im Gegensatz zu Deutschland waren alle anderen Teilnehmer der entschiedenen Meinung, daß sich die Voraussetzungen allgemeiner Konvertibilität in Europa während des letzten halben Jahres nicht verbessert hätten und daß es sich deshalb erübrigte, über Termine zu reden. Konvertierbarkeit ist keine Kalendersache, sagte Butler. Und Erhard warnte neuerdings sogar vor Eile; nicht vor Eile beim Übergang zur Konvertierbarkeit natürlich, wohl aber vor Eile bei Absprachen über die Modalitäten solchen Übergangs. Er fürchtete nicht ohne Grund, daß der Bundesrepublik dabei Maßnahmen und Bestimmungen aufgedrängt würden, die ihm nicht gefielen, namentlich die Einrichtung eines großen dauerhaften Stützungsfonds. Die Ministergruppe schien sich gegen ihren Miterfinder zu wenden: Erhard hatte gedacht, daß sie ihm binnen kurzem die Konvertierbarkeit bescherte. Das tat sie nicht. Statt dessen, so dachte er nun, war sie drauf und dran, das schöne ferne Ding zu verderben.[84]

Kurz nach der fruchtlosen Gruppensitzung beschloß der OEEC-Ministerrat immerhin, den Grad der Handelsliberalisierung in Europa alsbald von 75 % auf 90 % zu erhöhen. Unter dieser Voraussetzung wurden im Frühjahr 1955 Verhandlungen über die Umstände der grundsätzlich nicht in Frage stehenden Verlängerung des EZU-Vertrages aufgenommen. Die Verhandlungen führten auf merkwürdige Weise zu einem unerwarteten Ergebnis, von dem Erhard nicht recht zu sagen wußte, ob es ihm gefalle.

In den zurückliegenden Monaten waren die Ungleichgewichte in den europäischen Zahlungsbilanzen so gering gewesen wie nie zuvor, seit es die EZU gab, und so gering, wie nie wieder im beinahe vierjährigen Rest ihrer Lebenszeit. Die deutschen Überschüsse waren vorübergehend stark geschrumpft und die französischen Defizite von Überschüssen abgelöst worden. Angesichts solch bekömmlicher Umstände und infolge einer verbreiteten Neigung, die jüngste auch für die nächste Entwicklung zu halten, schlug das Direktorium nach ausgiebig-eindringlichen Gesprächen vor, die EZU zu „härten“. Mit „härten“ war gemeint, daß künftig ein größerer Teil der monatlichen Nettopositionen mit Dollar und ein kleinerer Teil durch Kredite ausgeglichen wurden. Das Direktorium empfahl ein Verhältnis von 75 % Dollar und 25 % Kredit, anstelle des seit geraumer Zeit üblichen Verhältnisses von 50 % Dollar und 50 % Kredit. Der OEEC-Ministerrat folgte der Empfehlung. Der Beschluß machte Erhard nicht vollends glücklich, aber er kam seinen Wünschen immerhin ein gutes Stück entgegen. Erhard forderte schon seit anderthalb Jahren, daß Defizite vollständig mit Dollar ausgeglichen und Überschüsse vollständig in Dollar ausgezahlt würden.

Die Verlängerung des derart geänderten Vertrages um ein weiteres Jahr schien bereits abgemachte Sache zu sein, als die britische Regierung mit dem Antrag herausrückte, erstmals die Möglichkeit einer Vertragsauflösung *vor* Ablauf eines ganzen Jahres vorzusehen. Was ausgerechnet die britische Regierung, die doch seit Monaten bei jeder Gelegenheit davon redete, daß man sich in Geduld üben und mit dem Übergang zur Konvertibilität Zeit lassen möge, zu dem Antrag veranlaßte, ist schwer erfindlich. Aber Politik ist ja nun mal nicht schiere Vernunft und Logik. Jedenfalls wollte England vertraglich bestimmt wissen, daß die EZU ihre Tätigkeit einstellte, sobald die Inhaber von mindestens 50 % aller Quoten dies verlangten. Frankreich empfahl, das merkwürdige Ansinnen zur Kenntnis zu nehmen und darüber hinwegzugehen. Deutschland machte sich den Gedanken aber sofort zu eigen, und andere Länder gingen immerhin darauf ein. Am Ende wurde er unter der Voraussetzung gebilligt, daß vor seiner Übersetzung in eine vertragliche Bestimmung Klarheit über die Bedingungen europäischer Handels- und Währungspolitik nach einem plötzlichen Ende der EZU geschaffen würde. Das geschah. Das EZU-Direktorium faßte die inzwischen zögernd weitergeführten Beratungen der Ministerstellvertreter mit eigenen Überlegungen zu einem Kompromiß-Vorschlag zusammen, der einerseits unter zeitlichem Druck, andererseits ohne zeitliche Bestimmtheit seiner praktischen Bedeutung und deshalb doppelt begünstigt vom Ministerrat akzeptiert wurde. Auch Erhard stimmte ihm zu, obwohl er ihn mit Zweifeln erfüllte.

So kam das „Europäische Währungsabkommen" zustande, das in Kraft treten sollte, sobald die EZU verschwand. Das Abkommen sah vor, daß die Mitglieder der EZU *beim* Übergang zur Konvertierbarkeit einen „Europäischen Fonds" mit einem Volumen von 600 Millionen Dollar einrichteten, aus dem sie *nach* dem Übergang im Falle von Zahlungsbilanzschwierigkeiten mittelfristige Kredite im Rahmen relativ kleiner Quoten beanspruchen konnten. Außerdem wurde die monatlich-multilaterale Verrechnung bilateraler Forderungen und Verbindlichkeiten von der EZU auf den Fonds übertragen; als Möglichkeit freilich nur, nicht als Pflicht, und bei hundertprozentigem Dollarausgleich der Nettopositionen natürlich. Erhard hielt den Gedanken an amtliche Verrechnung im Zeichen von Konvertierbarkeit für ökonomischen Unfug und den Fonds für eine bequeme und unbillige Ausflucht undisziplinierter Länder vor den wirtschafts- und finanzpolitischen Konsequenzen freien Währungstauschs. Aber er ließ sich darauf ein, einerseits, weil ihm wenig anderes übrig blieb und andererseits, weil Frankreich sich für die Möglichkeit weiterer multilateraler Verrechnung des Rechts begab, nach dem Ende der EZU wieder bilaterale Zahlungsabkommen zu schließen. Außerdem stimmte es als Gegenleistung für die Aussicht auf Überbrückungskredite aus einem europäischen Fonds Deutschlands Forderung zu, daß für die Mitglieder des Fonds der Liberalisierungskodex der EZU weitergelte.[85]

Das Europäische Währungsabkommen hatte ein sonderbares Schicksal. Es war ein Abkommen auf Abruf. Der Abruf erfolgte nicht etwa im nächsten Jahr, er ließ vielmehr dreieinhalb Jahre auf sich warten. Und als er nach dreieinhalb Jahren erfolgte, war an den Bestimmungen des Abkommens kaum einer mehr ernsthaft interessiert. Während jener dreieinhalb Jahre lebte die EZU munter fort und tat nach den hergebrachten Grundsätzen ihr nützliches Werk.

Dennoch beendete das „Europäische Währungsabkommen" Ludwigs Erhards mit „putzig-missionarischem Trommelwirbel" verfrüht aufgenommenen, zeitweise ebenso rechthaberisch und rücksichtslos wie rechtschaffen und aufrüttelnd geführten und schließlich ein wenig zur Don Quichotterie verkommenen Feldzug für die Konvertibilität der europäischen Währungen und gegen die Europäische Zahlungsunion. Ein Abkommen, das Konvertibilität voraussetzte, machte einen Feldzug für Konvertibilität sinnlos. Es ließ nur noch Abwarten und vielleicht gelegentlich-unaufdringliche Ermunterungen übrig. Dabei fiel Abwarten bei einem Liberalisierungsgrad von 90 % und einem Dollaranteil von 75 % nicht mehr so schwer wie früher. Und es fiel um so leichter, als die Aussicht auf fakultative Verrechnungen und Fonds-Fazilitäten Europas währungswirtschaftliche Zustände nach Auflösung der EZU den Zuständen in der EZU als nur wenig überlegen erscheinen ließen.

Das mochte dazu beitragen, daß Erhard die EZU ganz unversehens sogar lieb und wert wurde. Vor allem entdeckte er aber ihre vorher verkannten Reize als Ort europäischer Kooperation und Einigung. Die Entdeckung war nicht originell, aber überraschend. Viele, Blücher, Vocke und von Mangoldt zum Beispiel, auch Faure und Butler, hatten lange vor und damals gegen Erhard darauf hingewiesen, daß die EZU sich durch „ein beeindruckendes Maß von Zusammenarbeit, von gegenseitiger Erziehung und von Beschränkung des nationalen Eigeninteresses zugunsten eines europäischen Gesamtinteresses" auszeichne und daß sie auch deshalb verdiene, achtungsvoll und pfleglich behandelt, statt leichthin preisgegeben zu werden. Bisher war das an Erhard abgeprallt. Er hatte es nicht gelten lassen. Er hatte es solange nicht gelten lassen, wie es dem Übergang zur Konvertierbarkeit in den Weg gestellt wurde. Neuerdings ließ er es gelten und versuchte seinerseits, es dem Streben nach anderen Formen europäischer Einigung in den Weg zu stellen. Seine Meinung über die EZU sei „noch positiver geworden", schrieb er im August 1955 an den Leiter der deutschen Vertretung bei der OEEC. Er stehe jetzt „zu dieser Form der Integration, die volkswirtschaftlich gesehen sehr viel gesünder und vernünftiger ist ..., als jene andere Pseudo-Integration, die sich in supranationalen Verwaltungsakten erschöpfen muß." Dagegen könne „die Einrichtung, die Sie vertreten, auf Erfolge zurückblicken, ... die einfach nicht zu übersehen sind."[86]

Das ganz große Thema nimmt Gestalt an

Der Weg zur institutionalisierten Integration Europas in den Grenzen der Montanunion wurde inzwischen mit Nachdruck beschritten. Und Erhard fand das schlechthin entsetzlich. Dabei hatte sich das Jahr integrationspolitisch nicht schlecht für ihn angelassen. Die Einrichtung eines europäischen Rüstungspools, den Erhard für einen supranationalen Unfug und eine französische Gemeinheit hielt, war in London ja nur von der Tagesordnung genommen, aber keineswegs endgültig zu den Akten gelegt worden. Mendès-France war bereit gewesen, ihn von der Tagesordnung zu nehmen, weil sich die anderen, auch Adenauer, dazu bereit erklärt hatten, später darüber zu verhandeln. Die Verhandlungen begannen am 17. Januar 1955. Verhandlungsort war Paris. Obwohl für Wirtschaftsdiplomatie eigentlich das Auswärtige Amt zuständig war, übertrug der Bundeskanzler dem Wirtschaftsminister die Leitung der deutschen Delegation. Erhard fand das so richtig wie nur etwas, weil er die Zuständigkeit des Auswärtigen Amtes für so falsch wie nur etwas hielt. Zugleich war er nicht wenig stolz darauf und auf eine fast rührende Weise bestrebt, seine Sache gut zu machen. „Sie sollen jedenfalls mit mir zufrieden sein", schrieb der 58jährige Minister nach Abschluß der ersten Verhandlungsrunde an den 79jährigen Kanzler, der sich unterdessen auf Bühlerhöhe im Schwarzwald ausruhte.[87] Er selbst war jedenfalls sehr mit sich zufrieden; zufrieden auch über Art und Ausgang eines „sehr freimütigen und ohne Aktenunterlagen" am Rande der Verhandlungen geführten Gesprächs mit Ministerpräsident Mendès-France, das dazu dienen sollte, die letzthin etwas festgefahrenen, deutsch-französischen Beratungen über das Saar-Statut wieder flott zu machen. Herbert Blankenhorn, Adenauers außenpolitischer Berater und Vertrauter, der an dem freimütigen Gespräch teilnahm, verstand freilich den Grund der Zufriedenheit nicht. Obwohl er sich am Vorabend bemüht hatte, den offenbar unzureichend vorbereiteten Minister einigermaßen mit der Vertragslage vertraut zu machen, erging jener sich „in allgemeinen, teilweise recht naiven Improvisationen". Es sei schlechterdings eine Katastrophe gewesen.[88]

In den Rüstungspool-Verhandlungen verfolgte die Bundesregierung unter Erhards Meinungs- und Wortführerschaft die Absicht, jede substantielle Integration der Produktion und Beschaffung von „Waffen und Gerät"[89] zu verhindern. Es gelang, die Absicht durchzusetzen, weil außer Frankreich auch alle anderen Teilnehmer an den Verhandlungen mit dem Pool nicht viel im Sinn hatten, sondern Wert auf ein Höchstmaß an nationaler Souveränität bei der Ausrüstung ihrer Truppen legten. Erhard war schon nach der zweiten Verhandlungsrunde Anfang Februar sicher, daß Frankreichs hintersinniges Verlangen nach supranationalen Einrichtungen umfassender Rüstungs-Zusammenarbeit auf das Zugeständnis eines von Deutschland vorgeschlagenen Arbeitsausschusses für Standardisierung und Normung reduziert würde. Und das teilte er der Öffentlichkeit auch mit der ihm eigenen schönen Unverblümtheit mit. Die Sicherheit erwies sich als berechtigt, ihre öffentliche Äußerung zu solch frühem Zeitpunkt und deren Unverblümtheit hingegen als ein wenig ungeschickt. Sie erinnerte den Rat der französischen Republik kurz vor Ratifizierung der Pariser Verträge daran, daß seine Regierung jene Verträge in der Erwartung unterschrieben hatte, daß die Pool-Verhandlungen zumindest zu *irgendwelchen* supranationalen Rüstungskontrollen führten, und ließ ihn mit der Ratifikation zögern. In den Zeitungen stand: Erhard gefährdet Pariser Verträge. Das war nicht auszuschließen, weil in den eruptiven Wirrnissen der französischen Politik damals alles möglich war. Aber es stellte sich als übertrieben heraus. Die Verträge wurden schließlich trotz Transformation der bedeutungsvollen europäischen Rüstungsagentur in einen bedeutungslosen Arbeitsausschuß und Erhards unzeitigem Reden darüber ratifiziert.[90]

Das war gelungen. Erhard aber hatte nur wenig Grund, Genugtuung darüber zu empfinden. Ein Integrations-*Projekt* war an seiner eigenen Hintertriebenheit zuschanden gegangen. Aber die „Integrations-*Romantik*" der „Patent-Integrationisten" feierte Urständ. Und damit war schwerer fertig zu werden.

Als erster war - selbstverständlich - Jean Monnet, der Erfinder nicht nur der Montanunion, sondern auch der EVG, nach deren Scheitern mit neuen Integrationsvorschlägen zur Stelle gewesen. Um dafür ungebunden mit erwünschtem Elan werben zu können, hatte er sogar das Amt des Präsidenten der Hohen Behörde aufgegeben. Monnet schlug vor, die Gemeinschaft fur Kohle und Stahl um ähnlich verfaßte Gemeinschaften für Energie und für Verkehr zu ergänzen und eine besonders geartete Gemeinschaft für die friedliche Nutzung der Atomkraft zu gründen. Etzel und Hallstein gefiel der Vorschlag, sie unterstützten ihn und nahmen auch den skeptischen Bundeskanzler für ihn ein. Erhard hielt die Supranationalisierung von Wirtschaftssektoren, die mit vielfältigen Wirkungen in nationale Volkswirtschaften verflochten blieben, für ökonomische Narretei - und für eine höchst untunliche Verengung seines Handlungsspielraumes überdies. So ärgerte er sich gerade - im Winter 1954/55 - heftig darüber, daß die Hohe Behörde dem Unternehmensverband Ruhrbergbau erlaubte, die Kohlepreise um 2,50 DM zu erhöhen, obwohl der deutsche Wirtschaftsminister entschieden dagegen opponierte.[91] Zu seiner Freude stand er mit den Bedenken gegen „sektorale Integration" nicht allein auf der Bühne europäischer Politik. Die Regierung der Niederlande, die Monnet - auch in Erhards Interesse - schon einmal in die einigungspolitischen Zügel gefallen war, hatte ebenfalls starke Vorbehalte. Zu Erhards Verdruß verband sie ihre Vorbehalte aber mit einem eigenen Vorschlag, der ihm nicht mehr zusagte als Monnets Projekte. Sie löste die Absicht, einen gemeinsamen Markt im Rahmen einer Zollunion zu schaffen, aus deren ursprünglichem Zusammenhang mit der Gründung einer übergeordneten Europäischen Politischen Gemeinschaft und empfahl neuerdings die Einrichtung des gemeinsamen Marktes und der Zollunion als Zweck für sich und auf längere Sicht, womöglich auch als wirtschaftliches Mittel zum Zwecke einer politischen Einigung. Dabei bot sich ihre Einstellung zu supranationalen Institutionen und Verfahren auffällig anders dar als noch in den Schuman-Plan-Verhandlungen. Damals war sie Monnets supranationalen Ambitionen mit wirksamem Mißtrauen begegnet, jetzt hatte sie Supranationalität aufs eigene Panier geschrieben.

Ihr Vorschlag fand vielerorts sehr wohlmeinende Aufnahme. Und Ludwig Erhard fand es an der Zeit, sich zum Streit dagegen zu wappnen, indem er seine integrationspolitischen Grundsätze und Ideen in systematischer Absicht zu Papier, und in der Absicht, Verbündete zu gewinnen, unter die Menschen brachte. Das Ergebnis seiner Bemühungen, ein siebzehnseitiger Text unter dem Titel „Kooperation und Integration" wurde der ersten Absicht nur unzureichend gerecht und genügte - vielleicht auch deshalb - der zweiten Absicht nicht. Erhard war meist gut und wirkungsvoll, wenn er von Person zu Person oder öffentlich redete, frei und spontan, wortmächtig und anschaulich, schweifend und zugleich eindringlich, einnehmend auch und überzeugend; er war selten gut, wenn er in Gremien debattieren und argumentieren mußte, schlagfertig und treffsicher, knapp und genau; und er war nie gut, wenn er schrieb. Sobald er sich zum Schreiben niedersetze, hatte er einst gesagt, schriebe immer gleich der Professor mit. Der war es nicht. Wer da mitschrieb, das war vielmehr der Habilitant von 1932, der nicht zu gedanklicher Klarheit und sprachlicher Präzision fand.

Erhard setzte - scheinbar systematisch - mit einer klärend gemeinten Scheidung der Begriffe Kooperation und Integration ein.[92] „Die Maßstäbe und Wertungen einer Kooperation wurzeln im Quantitativen". Integration ist hingegen eine „Kategorie der Qualität". Ihre Motive sind geistigen, seelischen und moralischen Ursprungs und ihre Absichten richten sich auf eine Veränderung der Formen zwischenstaatlicher Beziehungen. Kooperation läßt jene Formen unverändert. Hier „dürfte nicht einmal der philosophische Satz zutreffen, daß die Quantität in die Qualität umschlägt". Kooperation folgt gewissen Eigengesetzlichkeiten, Integration setzt Willensentscheidungen voraus. Auf Kooperation beruhte die Weltwirtschaft vor dem Ersten Weltkrieg. Die Erscheinungsformen der Kooperation waren weitgehend freier internationaler Handel und Kapitalverkehr im Zeichen allgemeiner Konvertierbarkeit. Sie gingen im Ersten Weltkrieg verloren und mit ihnen der Glaube an ihre Wiederherstellbarkeit. Deshalb und in der Einsicht, „daß selbst die bestfunktionierende Goldwährung und die freieste Weltwirtschaft die politische Spaltung der Welt und den feindlichen Aufeinanderprall der so organisch verbundenen Länder nicht habe verhindern können", suchte man seit dem Ende des Zweiten Weltkriegs nach anderen Formen des Zusammmenwirkens. Dabei geriet die Idee der Integration in den Vordergrund des praktischen Bemühens. Zwei Formen praktizierter Integration sind zu unterscheiden: die institutionelle und die funktionelle Integration.

An dieser Stelle gingen dem Text Systematik und Klarheit verloren. Er geriet zu einem mixtum compositum aus entschiedener Polemik gegen die institutionelle Integration in Gestalt der Montanunion und unentschiedenem Lobgesang auf die funktionelle Integration in Gestalt des GATT, des IMF, der OEEC und der EZU.

Die „institutionelle Integration" sah Erhard gekennzeichnet durch supranationale Behörden mit notwendig starker Neigung zu Organisation, Dirigismus und Zwang, die einerseits der nationalen Wirtschaftspolitik erwünschte Gestaltungsmöglichkeiten entzögen und andererseits nicht in der Lage wären, Störungen zu beseitigen, die nationalen Ursprungs, aber von internationaler Wirkung wären. Beispiel: Das Mißverhältnis zwischen den französischen Preisen und dem Wechselkurs des Franc. Institutionelle Integration sei deshalb abzulehnen und werde von den europäischen Ländern auch nicht ernsthaft gewollt. „Ich glaube darum, daß aus dieser Beweisführung geradezu zwingend der Schluß zu ziehen ist, daß weitere künftige Integrationsbestrebungen einen anderen Ansatz, und zwar einen auf politischer Ebene finden müssen".

Den sah und suchte Erhard freilich nicht; er plädierte vielmehr für den Weg der ökonomisch beschränkten „funktionellen Integration" - in dem Bewußtsein allerdings, daß „die in geschichtlicher Betrachtung bestfunktionierende wirtschaftliche Integration der Goldwährung ... für die Zukunft ... unzureichend ist und einer politischen Unterbauung bedarf". Unter funktioneller Integration war die Geltung und Beachtung bestimmter Prinzipien im internationalen Wirtschaftsleben zu verstehen, namentlich - wie anders? - die Konvertibilität der Währungen und die Freiheit des internationalen Handels. Derlei „funktionelle Integration" unterschied sich von bloßer Kooperation durch die vertragliche Verpflichtung auf jene Prinzipien innerhalb lockerer Organisationen; Organisationen wie das GATT, der IMF, die OEEC, die EZU. Das war die „politische Unterbauung", nicht in Form einer Delegation nationaler Souveränität an supranationale Einrichtungen, die als supranationaler Zwang auf die Nationalstaaten zurückwirkte freilich, sondern als „freie Verständigung", die an Vernunft und Moral appellierte. „Die institutionelle Integration will und muß ... anordnen und befehlen können ..., während umgekehrt bei der funktionellen Integration über die freiwillige Anerkennung bestimmter Grundsätze ... der gewollte Effekt in anonymer Weise ... erzwungen wird". Und „mir will ... scheinen, daß jener andere Zwang, sich freiwillig über Formen und Prinzipien der nationalen und internationalen Ordnung verständigen zu sollen, von ungleich nachhaltigerer Wirkung und dazu einen moralischen Standard zu setzen geeignet ist, dem sich der Egoismus und die Verblendung der Nationalstaaten auf die Dauer nicht werden entziehen können". Auf die Dauer! Gegenwärtig dürfe man allerdings die Chancen für eine Verständigung auf gemeinsame Prinzipien als nicht sehr groß veranschlagen. „Vom Wirtschaftlichen her ... ist das Heil ... gewiß nicht zu erwarten, beziehungsweise wird es längerer Entwicklung bedürfen, um den Nutzen einer Verständigung und eines gemeinsamen Verhaltens zu erkennen". Deshalb müsse die politische Integration der wirtschaftlichen vorausgehen, dürfe die wirtschaftliche andererseits aber nicht erzwingen. Denn das führe zwangsläufig zu Planwirtschaft und Dirigismus. Und „die Mechanisierung menschlicher Beziehung ... ist nach meiner Überzeugung der schlimmste Feind einer politischen Verständigung überhaupt."

Wer das gelesen hatte und danach noch zwei Seiten, auf denen die Verwirrung vollkommen wurde, der wußte nicht, was Erhard erwartete und wollte, er wußte nur, was er nicht wollte: die Art ökonomischer Integration Europas, die Monnet, Etzel und die niederländische Regierung anstrebten. Das freilich hatte man vorher auch schon gewußt.

Erhard schickte seine europapolitische Konfession mit dem Hinweis, daß sie - „freihändig diktiert" - noch nicht seiner Weisheit letzter Schluß sei, an Adenauer, Monnet, Hallstein, Etzel, Vocke, Abs und andere. Abs war Integrationsgegner wie Erhard und antwortete oberflächlich zustimmend. Ein Verbündeter war damit freilich nicht gewonnen, weil Abs persönlich und politisch mit Erhard im übrigen nicht zurechtkam. Die anderen Empfänger des Textes waren ohnehin nicht zu gewinnen. Ein Gespräch mit den „supranationalen Integrationsfanatikern" Monnet, Hallstein und Etzel ergab weitreichende Uneinigkeit der Meinungen und Absichten. Und Adenauer, den Erhard mit seinem Gedankenflug bedenklich gestimmt zu haben meinte, schrieb ihm am 13. April: Er glaube, daß die Integration wichtiger wirtschaftlicher Teilgebiete schließlich zur politischen Einigung führe. Der Weg von der politischen Einigung zur wirtschaftlichen Integration wäre zwar richtiger gewesen. Aber der sei gegenwärtig verschlossen. Erhard solle die Auswirkungen einer Verwirklichung von Monnets Vorschlägen auf die westdeutsche Wirtschaft und Wirtschaftspolitik untersuchen lassen.[93] Das klang nach einem informellen Richtlinienentscheid und einem

Auftrag. Erhard faßte Adenauers Glaubensbekundung aber nicht so auf, und er brauchte dem Auftrag nicht nachzukommen.

Eben in jenen Tagen nahm der niederländische Außenminister Beyen seinen belgischen Kollegen Paul Henri Spaak, der sich zuvor in Schreiben an den deutschen, den französischen und den italienischen Außenminister für Monnets Vorschläge starkgemacht hatte, für sein Zollunionprojekt ein. Spaak, belgischer Patriot und passionierter Europäer, konstitutionell Churchill und Erhard ähnlich, war ein ebenso kraftvoller wie geschmeidiger Politiker von außerordentlichem internationalen Renommee. Indem *er* sich die niederländischen Absichten zu eigen machte, gewannen jene Absichten erheblich an Gewicht und Überzeugungskraft. Monnet, dem es vor allem darauf ankam, daß, weniger darauf, wie die europäische Integration weiterging, ordnete seine Vorstellungen in die niederländisch-belgischen Pläne ein. Aus alledem ging Ende April eine Denkschrift hervor, die nach einigen Sondierungen und Vorgesprächen am 20. Mai den Regierungen Frankreichs, Italiens und der Bundesrepublik zugestellt wurde. Die Beneluxländer schlugen darin vor, daß man sich auf der für Anfang Juni anberaumten Außenminister-Konferenz der Montanunion-Länder in Messina darüber schlüssig würde, ob die sechs Länder über folgende Integrationsabsichten in Verhandlungen miteinander eintreten wollten: über die Herstellung eines gemeinsamen Marktes mit einheitlichen Außenzöllen, über Vorkehrungen einer gemeinsamen Verkehrs- und Energiepolitik sowie über Maßnahmen zur gemeinsam-friedlichen Nutzung der Atomkraft, über eine Harmonisierung der nationalen Wirtschafts-, Finanz- und Sozialpolitiken, über die Einrichtung eines europäischen Fonds und schließlich über supranationale Institutionen, die all dem Grund, Halt und Aussicht auf Dauer gaben.

Die Bundesregierung mußte in Kürze ihre Verhandlungsposition für die Messina-Konferenz bestimmen. Damit dies eine Position wäre, über die zwischen den europapolitisch maßgeblichen Männern Einigkeit herrschte, lud Müller-Armack Erhard und Heinrich von Brentano, der nach langem Sehnen und ebenso langem Widerstreben Adenauers endlich zum Außenminister designiert worden war, dazu Etzel und Westrick sowie einige hohe Beamte aus dem Kanzleramt, dem Auswärtigen Amt und dem Wirtschaftsministerium zu einer amtlichen Klausur in privater Atmosphäre in sein Landhaus in Eicherscheid an der Nahe ein. Hallstein war verhindert. Dort gewannen Etzel und Brentano unter dem geschickt vermittelnden Einfluß Müller-Armacks dem Wirtschaftsminister und seinem nicht ganz so integrationsfeindlichen Staatssekretär die Zustimmung zu einem Integrationskonzept ab, das den gemeinsamen Markt und die Zollunion zu Zielen deutscher Politik erhob, die weitere sektorale Integration verwarf und einen Vorrang zwischenstaaatlicher Willensbildung im geeinten Europa vor Entscheidungen supranationaler Behörden anstrebte. Das war ein Kompromiß, der kurz darauf - abermals mit Erhards Zustimmung - vom Kabinett sanktioniert wurde. Von da an galt er als gedanklicher Standort und praktische Verhandlungsgrundlage der Bundesregierung. Die Eicherscheider Gesprächsrunde und der Bundeskanzler wußten, daß der Wirtschaftsminister an dem Ort und auf der Grundlage eigentlich nicht stand, aber sie erwarteten, daß er sich darauf verpflichtet fühlte. Das tat Erhard nicht und deshalb war seine Zustimmung zum gemeinsamen Markt nicht das Ende seines öffentlichen Streits dagegen.

5. Kapitel

In der Defensive: Um Europa und das rechte Maß

Die Wirtschaft der Bundesrepublik erlebte in jenen Monaten den steilsten Aufschwung ihrer Geschichte. Das Sozialprodukt nahm 1954 um 8 % und 1955 sogar um sagenhafte 12 % zu; die Zahl der Arbeitslosen nahm zugleich um eine halbe Million ab. Man näherte sich der Vollbeschäftigung. Die beispiellose Hochkonjunktur war nicht der Wirtschaftspolitik zu verdanken, aber die Menschen dankten dem Wirtschaftsminister für die Hochkonjunktur. Erhard machte die Hochkonjunktur nicht, aber er schien sie den Menschen in seiner Person verständlich zu machen. Sein Ruhm, der Glaube an seine wunderbaren Fähigkeiten, gewannen an Ausdehnung und Festigkeit. Daß sie dabei an sachlicher Bestimmtheit verloren und des konkreten Anlasses nicht mehr bedurften, widerspricht dem nicht. Im Gegenteil: Die Unbestimmtheit des Glaubens war ja - solange es der Wirtschaft gutging - die wesentliche Voraussetzung seiner Unerschütterlichkeit. Man erwartete von Erhard keine erklärlichen Taten, man versah sich von ihm eines Heils jenseits des Erklärlichen. Er wurde nicht als Macher, sondern als Medium verehrt.

Als Macher war ihm, der Konjunktur von Wirtschaft und Ruhm zuwider, seit Mitte 1954 fast alles schiefgegangen. Damals hatte er das Wettbewerbsgesetz als die „magna charta" der westdeutschen Wirtschaftsordnung für „ausgestanden" und die Konvertibilität als den großen weltwirtschaftlichen Integrator für greifbar nahe angesehen. Das ordnungspolitische Streben schien nach annähernd fünf Jahren endlich an sein Ziel zu gelangen. Und die wirtschaftlichen Verläufe enthoben den Wirtschaftsminister ohne weiteres Zutun der jahresanfänglichen Sorge, daß Nachfrage und Produktion binnen kurzem einen schweren Einbruch erlitten. Die Wirtschaft war in einem Zustand, der Konjunkturpolitik als schlechthin überflüssig erscheinen ließ.

Seitdem war ein kleines Jahr vergangen, und all dies galt nicht mehr. Unterdessen war der Kartellgesetzentwurf durch die Verhandlungen mit dem BDI konzeptionell verdorben worden und im Bundestag in die Klemme geraten. Die Konvertierbarkeit hatte sich erst dem raschen Zugriff entzogen und dann vom europäischen Währungsabkommen auf die lange Bank schieben lassen. Sie war bis auf weiteres kein Thema mehr. An ihre Stelle war die gewiß regional und womöglich sektoral beschränkte, gewiß institutionell und womöglich supranational ausgestaltete wirtschaftliche Integration Europas zum Thema geworden; zu einem Thema, das Erhard - im Gegensatz zum Thema Konvertierbarkeit - verabscheute, dessen Behandlung aber - und auch dies im Gegensatz zum Thema Konvertierbarkeit - von anderen, die mächtiger und politisch geschickter waren als er, mit entschieden zielgerichtetem Willen in Angriff genommen wurde. Schließlich die Konjunktur: Die Wachstumssorgen waren gewichen, wenn sie denn je mehr als ein argumentativer Behelf im Steuerstreit mit Schäffer gewesen sein sollten, und kamen nicht wieder. Aber auch ihr Platz blieb nicht lange verwaist. Auf der Frankfurter Messe, deren Eröffnung der Wirtschaftsminister gern zu grundsätzlichen Verlautbarungen nützte, hatte Erhard schon im September 1954 wissen lassen, was den Platz neuerdings einnahm: Das „erste und oberste

Ziel der Wirtschaftspolitik“ müsse es sein, „die Stabilität der Währung zu erhalten. Alle Maßnahmen hätten sich diesem Ziel anzupassen“.[1]

Die Sorge um die Stabilität der Währung war besser begründet als die Wachstumssorge, mit ihrer Äußerung waren keine taktischen Absichten verbunden und sie hatte sich ein halbes Jahr später denn auch nicht verflüchtigt. Sie nahm vielmehr zu und den Wirtschaftsminister neben dessen Kampf gegen die europäische Integration am meisten in Anspruch.

So standen seit 1955 nicht mehr Antrieb und Gestaltung, sondern Abwarten und Abwehr im Mittelpunkt von Erhards Politik. Er war unvermerkt in die Defensive geraten und kam - als Wirtschaftspolitiker - aus dieser Rolle eigentlich nie mehr recht heraus. Doch auch dies und die Tatsache, daß er in der Abwehr nicht sonderlich erfolgreich war, blieb unvermerkt und tat Erhards öffentlichem Ansehen keinen Abbruch. Höchst merkwürdig und beinahe verrückt: Erhard bewirkte in den nächsten drei Jahren nichts, weil er eigentlich keine konstruktiven Absichten mehr verfolgte, und er verhinderte nicht, was er verhindern wollte, weil ihm dazu Macht und Mittel fehlten. Er war auf eine sehr regsame und für manche sehr ärgerliche Weise fast wirkungslos. Nichts geriet ihm nach Wunsch. Dabei wurde aus dem gestörten Verhältnis zu Adenauer Zerrüttung und das freundschaftliche Verhältnis zu Männern wie Etzel und Müller-Armack nachhaltig gestört. Trotz allem war er am Ende so populär wie je und politisch so stark wie nie; nicht mehr Adenauers wehrlos-weinerlicher Watschenmann, sondern dessen Gegner, weinerlich noch immer, ernstgenommen nun doch aber auch, und der aussichtsreichste Kandidat für seine Nachfolge noch dazu. In zeitlicher Distanz und bei Lichte besehen, erbrachte Erhard von 1955 bis 1958 den Nachweis seiner Entbehrlichkeit als Wirtschaftspolitiker. Für eine Mehrheit in seiner Partei schien er, nicht eben damit, aber doch zugleich seine Unentbehrlichkeit als Kanzlernachfolger zu erweisen. Es geht eigentümlich zu in der Politik.

Europa auf Abwegen?

Was in Eicherscheid vereinbart und in Bonn beschlossen worden war, wurde in Messina verkündet. In Messina tagten vom 1. bis zum 3. Juni 1955 die Außenminister der sechs Montanunion-Länder. Die Bundesrepublik, wo dieser Tage der Übergang von Außenminister Adenauer zu Außenminister Heinrich von Brentano stattfand, ohne daß die Leitung der deutschen Außenpolitik tatsächlich in andere Hände geriet, wurde durch Staatssekretär Walter Hallstein vertreten. Erhard gefielen weder die Tatsache noch der Mann. Er sah weniger denn je ein, daß internationale Verhandlungen, bei denen Wirtschaftssachen zur Debatte standen, ob es nun um zweiseitige Abkommen oder um multilaterale Verträge ging, in die politische Zuständigkeit des sachlich inkompetenten Auswärtigen Amtes fielen. Solange der Kanzler zugleich Außenminister war, verbot sich die nachdrückliche Äußerung des Mißfallens natürlich. An einen Kompetenzenstreit war nicht mal ernsthaft zu denken gewesen. Der Anspruch galt aber nur als aufgeschoben. Von Brentano war kaum berufen und noch nicht ernannt, als Erhard die erstbeste Gelegenheit nutzte, um den Kanzler davon zu unterrichten, daß die Zusammenarbeit mit dem Auswärtigen Amt unbefriedigend und unfruchtbar sei.[2] Das ging Hallstein an, mit dem Erhard sich menschlich nicht verstand. Er kam mit Hallsteins gemütsarmer Verstandeskühle nicht zurecht, und Hallstein, ein „geschworener Feind flusiger Unklarheiten“,[3] widerstanden Erhards um Deutlichkeit und Logik unbesorgtes Pathos und seine Unverläßlichkeit. Sachlich stimmte man in den wirtschaftlichen Ordnungsvorstellungen überein und vertrat in der Europapolitik entgegengesetzte Positionen. Hallsteins Integrationsidee gründete im Recht und materialisierte sich in Institutionen. In Erhards Augen war Hallstein der „Patenteuropäer" comme il faut, die Personifikation genau *des* Europas sozusagen, das Erhard *nicht* wollte.

Es war, als gäbe Erhard seinem anhaltenden Widerwillen gegen das, was der „Patenteuropäer" Hallstein in Messina mit ausheckte, dadurch Ausdruck, daß er sich an den Tagen der Tat möglichst fern von Sizilien aufhielt und von dorther andersgerichtete Signale aussandte. In Wirklichkeit war es natürlich schon lange vorher ausgemachte Sache gewesen, daß er Ende Mai zu einer vierzehntägigen Reise nach Nordamerika aufbrach, zunächst die 8. Internationale Handelsmesse in Toronto eröffnete, später in Washington mit Außenminister Dulles und Finanzminister Humphrey über Allgemeines und Grundsätzliches konferierte, bei der Weltbank und beim IMF vorsprach und zwischendurch und hinterher ein obligates Rede- und Besichtigungsprogramm absolvierte. Und da er immer und allerorten über das extemporierte, was ihm auf der Seele lag, war es nichts besonderes, daß er in Amerika über die Einigung Europas sprach. Nötig sei die, sagte er, aber nicht etwa durch Organisation und Institutionen, sondern nur durch gemeinsames Denken und Handeln ohne Verzicht auf Vaterlandsliebe und Freiheit zu erreichen.[4]

In Messina kamen die Außenminister derweil nicht ohne Mühe überein, die Einigung Europas „durch die Weiterentwicklung gemeinsamer Institutionen, durch die schrittweise Fusion der nationalen Wirtschaften, durch die Schaffung eines gemeinsamen Marktes, durch die schrittweise Harmonisierung ihrer Sozialpolitik fortzusetzen". Zu diesem Behufe sollte ein Sachverständigenaussschuß gebildet werden, der unter dem Vorsitz einer bedeutenden politischen Persönlichkeit über Folgendes Klarheit zu schaffen versuchte: Erstens darüber, wie schnell und auf welche Weise die Zölle und Mengenbeschränkungen zwischen den Ländern beseitigt und die Zölle beim Handel mit anderen vereinheitlicht werden könnten; zweitens darüber, ob es nötig wäre, ein System von Schutzklauseln gegen abträgliche Wirkungen des solcherart geschaffenen und durch geeignete Bestimmungen gegen anderweitige Beseitigung des Wettbewerbs zu sichernden gemeinsamen Marktes vorzusehen; drittens darüber, was zur Harmonisierung der Wirtschafts-, Finanz- und Sozialpolitik geschehen und wie die währungspolitische Zusammenarbeit beschaffen sein sollte; und viertens darüber, welchen besonderen Zwecken ein Anpassungs- und ein Investitionsfonds dienen und nach welchen Grundsätzen die beiden Fonds arbeiten sollten. Darüber hinaus wären die institutionellen Voraussetzungen eines funktionstüchtigen gemeinsamen Marktes näher zu bestimmen. Und schließlich sollte sich der Ausschuß besonders eingehend damit auseinandersetzen, wie die europäischen Verkehrswege gemeinsam ausgebaut und die Verkehrbedingungen koordiniert werden könnten, wie zu einer gemeinsamen, auf Versorgungssicherheit und Effizienz gerichteten Energiepolitik zu gelangen wäre und unter welchen rechtlichen, praktischen und institutionellen Umständen die gemeinsam-friedliche Entwicklung der Atomkraft am meisten Sicherheit und Nutzen verspräche.

Die Betonung des Wunsches, gemeinsame Verkehrs-, Energie- und Atompolitik zu treiben, war eine Reminiszenz an Monnets ursprüngliche Empfehlungen und die zweifache Wiederholung der Absicht, die nationalen Sozialpolitiken zu harmonisieren, dazu der Nachdruck, mit dem die Einrichtung eines europäischen Investitionsfonds betrieben werden sollte, konnten als Zugeständnis an die bedenklichen und deshalb zögernden Franzosen gelten. Die französische Regierung vertrat nämlich die Meinung, daß insbesondere Frankreichs hervorragende, aber kostspielige Sozialpolitik die Wettbewerbsfähigkeit französischer Güter beeinträchtigte. Deshalb hielt sie es im Interesse der Vollbeschäftigung und des wirtschaftlichen Wachstums für nötig, daß in dem Maße, in dem der Zollschutz und die anderweitigen Handelsbeschränkungen entfielen, die Sozialaufwendungen der übrigen Länder den französischen angepaßt wurden. Und aus einem gemeinsamen Investitionsfonds erhoffte sie sich beträchtliche Zuschüsse zur Modernisierung zurückgebliebener Industriezweige und Regionen.

Erhard machten gerade diese Hervorhebungen das ganze Projekt noch mehr zuwider, als es ihm ohnedies schon war. Die Betonung gemeinsamer Verkehrs-, Energie- und Atompolitik klang ihm als Streben nach sektoraler Integration in den Ohren. Die Harmonisierung von arbeitsrechtlichen Bestimmungen und von Sozialleistungen zur Beseitigung von Kostendifferenzen und Wettbewerbsvorteilen hielt er als Ökonom für unsinnig und als deutscher Wirtschaftsminister überdies für unbillig. Und was den europäischen Investitionsfonds anging, so leuchtete ihm nicht recht ein, daß - wie die Dinge lagen - mit vorwiegend deutschen Ersparnissen vorwiegend französische und italienische Industrieanlagen finanziert werden sollten, deren Erzeugnisse später deutschen Produkten womöglich Konkurrenz machten. Beinahe mehr noch als die Ansinnen der Franzosen, die er immerhin verstand, ärgerte ihn Hallsteins und der anderen deutschen „Integrationsfanatiker" unverständliche Neigung, eben jenen Ansinnen weitgehend nachzugeben, um Frankreich nur ja in die beabsichtigte Gemeinschaft hineinzubekommen. Es war von seinem Standpunkt her ja auch wirklich zum Auswachsen: Frankreich verhinderte mit den Fehlern seiner Wirtschaftspolitik die Konvertibilität der europäischen Währungen. Höchst verdrießlich. Nun hatte die französische Regierung selbst den Eindruck, daß jene Fehler, die sie - à la bonheur, das mochte ihr unbenommen sein - als Tugenden ansah, sie auch daran hinderten, an einem gemeinsamen Markt teilzunehmen. Das hätte Erhards Verdruß erheblich lindern können. Da aber kamen die deutschen „Patenteuropäer" daher und ließen sich's dringlich angelegen sein, *diese* Hindernisse mit unvernünftigen Konzessionen zu beseitigen.

Erhard kehrte am 11.Juni aus Amerika zurück und ließ sich's ungeachtet der Eicherscheider Übereinkunft und des Kabinettsbeschlusses seinerseits angelegen sein, die Beschlüsse von Messina in öffentlicher Rede heftig zu beklagen und zu diskreditieren. Die politischen Freunde vernahmen es mit scheinbar fassungslosem Staunen. „Die Reden von Herrn Erhard", schrieb Etzel an Hallstein, „haben doch offenbar einen Scherbenhaufen im Raum der Politik europäischer Zusammenarbeit angerichtet, und er weiß das gar nicht. Bei meinem letzten Mittagessen mit ihm ... hat er mir versichert ..., auch seinerseits ein föderatives Europa zu wollen".[5] Das war Verharmlosung und Dramatisierung in einem. Erhard war bei dem, was er sagte, so arglos, und des europäischen Porzellans, das er damit zerschlug, war soviel nicht. Er konnte natürlich nicht verhindern, daß der Sachverständigenausschuß, dessen Einrichtung man sich in Messina vorgenommen hatte, bereits vier Wochen später erstmals zusammentrat und am 9. Juli 1955 die Arbeit aufnahm. Zwischendurch war Hollands Außenminister Beyen nach London gereist und hatte die britische Regierung namens aller Montanunion-Länder dazu eingeladen, an den Beratungen teilzunehmen. Die britische Regierung wünschte die wirtschaftliche Einigung Europas ebensowenig wie Ludwig Erhard sie wünschte, wenn auch aus ganz anderen, konkreteren Gründen als Erhard. Sie wünschte nicht, England daran zu beteiligen, mochte Kontinentaleuropa aber auch nicht kurzweg dessen Einigungsstreben überlassen. Deshalb lehnte sie die konstruktive Mitarbeit im Ausschuß ab, schickte aber eine Delegation an den Verhandlungsort, um die integrativen Anstrengungen der Sechs aus der Nähe beobachten und womöglich beeinflussen zu lassen. Dies in der Erwartung, daß viel daraus nicht werden könnte.[6]

Erhard wußte nicht recht, ob er derlei halbherzige, mit ein wenig Argwohn und Mißgunst unterlegte Verweigerung eher bedauern oder eher begrüßen sollte. Er empfand England als seinen gleichsam natürlichen Verbündeten im Streit gegen die supranational-institutionelle Integration Europas. So, wie er England als seinen natürlichen Verbündeten im Streben nach Konvertierbarkeit empfand. Daß die britische Regierung das Empfinden in Sachen Konvertierbarkeit eben heftig enttäuscht hatte, minderte den Glauben daran nicht, daß sie es in Sachen Einigung bestätigte. Dem Glauben korrespondierte freilich noch keine Vorstellung davon, in welcher Weise und auf welchen Wegen England mit seinem eigenen Widerstreben vereint und wirksam gemacht werden konnte.

Der Verhandlungsort war Brüssel, die Persönlichkeit, die den Verhandlungen politisches Gewicht und sachlichen Nachdruck geben sollte, war Paul Henri Spaak. Die deutsche Delegation wurde von einem hohen Beamten des Außenministeriums geleitet, das Wirtschaftsministerium von Ministerialdirigent Hans von der Groeben vertreten. Von der Groeben leitete die Unterabteilung Montanunion und lag mit seinen integrationspolitischen Ideen und Absichten ganz und gar auf Hallsteins und Etzels Linie. Deshalb konnte er eigentlich nicht Erhards Wahl gewesen sein. Wenn das so war, hatte Erhard sich der Wahl zumindest nicht widersetzt. Vielleicht war es auch so, daß ihm von der Groebens europapolitisches Wollen und Wesen vor Beginn der Brüsseler Gespräche nicht so recht klar waren. Seine Personalkenntnis reichte im krassen Gegensatz zu der des Bundeskanzlers nicht sehr weit, und sie ging nicht sonderlich tief. Ihn interessierte nicht wirklich und deshalb wußte er gewöhnlich auch nicht, was in „seinem Hause" vorging. Er war ja weniger der Dirigent, als ein eigenwilliger Solist der westdeutschen Wirtschaftspolitik. In den nächsten Monaten lernte er von der Groeben dann freilich näher kennen, dessen europapolitisches Denken und Tun jedenfalls. Besonders schätzen lernte er ihn dabei anscheinend nicht.

Von der Groeben übernahm in Brüssel den Vorsitz des wichtigsten von drei Beratungsausschüssen, in die sich die Konferenz zu Beginn gliederte, den Vorsitz des Ausschusses „Gemeinsamer Markt". Da es neben dem Ausschuß „Gemeinsamer Markt" nur noch die Ausschüsse „Energie" und „Verkehr" gab, fiel alles, was mit der Beseitigung von Handelshindernissen, mit der Ermöglichung freien Personen-, Kapital- und Dienstleistungsverkehrs, mit finanz-, wirtschafts-, währungs- und sozialpolitischer Harmonisierung und Kooperation, schließlich mit der Einrichtung und Ordnung europäischer Fonds zu tun hatte, in die Zuständigkeit seiner Kommission. Von der Groeben nahm sich der umfangreichen und schwierigen Aufgabe als passionierter Europäer mit zielorientiertem Elan an, den Erfolg im Visier und deshalb auf Ausgleich bedacht, dabei durch und durch marktwirtschaftlich gesinnt und deshalb wettbewerbswidrigen Ansinnen abhold. Er gewann sich damit die Hochachtung der Gleichgesinnten und verscherzte sich das Wohlwollen seines Ministers.

Im Herbst war die ministerialdirektoriale Stelle eines Hauptabteilungsleiters im Wirtschaftsministerium wieder zu besetzen. Etzel lenkte Adenauers Aufmerksamkeit auf von der Groeben. Adenauer fragte Hallstein. Der lobte von der Groeben sehr. Daraufhin schrieb Adenauer an Erhard. Die Besetzung des Postens mache ihm Sorge. „Bei der Bedeutung, die gerade diese Stelle für die europäische Integration hat ..., scheint es mir dringend notwendig zu sein, daß der neue Leiter nicht nur über die fachliche Qualifikation verfügt, sondern auch in der in- und ausländischen Öffentlichkeit als überzeugter Anhänger der europäischen Integrationspolitik betrachtet wird ... Ohne Ihrer Entscheidung vorgreifen zu wollen, bitte ich doch, unter Berücksichtigung meiner Darlegungen alsbald einen Vorschlag für die Besetzung der Stelle vorzulegen." Adenauerscher, will sagen: abgefeimter ging's nimmer. Zwei oder drei Jahre zuvor hätte Erhard sich den „Darlegungen" kaum entziehen können. Inzwischen erlaubte sein stark gewachsenes Prestige ihm, dies zu tun und er tat es. Ein „überzeugter Anhänger der europäischen Integrationspolitik" war so ungefähr das letzte, was er als Abteilungsleiter wollte, und die Empfehlungen Etzels und Hallsteins sprachen ihm eher gegen als für von der Groeben. Gemeinsam mit Westrick nominierte er einen Kandidaten, der ihre Einstellung weitgehend teilte und bestand freundlich, aber entschieden auf dessen Ernennung.[7]

Unterdessen hatte er die Brüsseler Gespräche mit anhaltender Mißbilligung und keimender Zuversicht aus der Ferne beobachtet. Wobei sich zur Mißbilligung allmählich der Verdruß darüber gesellte, in der Öffentlichkeit als schlechter Europäer denunziert zu werden, da er selbst doch meinte, ein besonders guter Europäer zu sein. „Meine Einstellung zu jedweden Formen einer echten und wirksamen europäischen Integration ist so vorbehaltlos positiv und mein Drängen in dieser Richtung so mächtig, daß mich nur ein grobes Mißverständnis in den Geruch einer Gegnerschaft bringen konnte. Europa ist aber eben nicht mit kleinen Mittelchen zu bauen oder anzustückeln, sondern ist nur als eine komplexe, ökonomische und politische Funktion zu begreifen."[8]

Zuversicht gab ein, daß es sich in Brüssel als noch schwieriger denn gedacht erwies, ein tragfähiges Fundament für den Bau mit den kleinen Mittelchen zu legen. Den Sachverständigen war aufgegeben, bis Ende September Klarheit über die Probleme einer wirtschaftlichen Einigung zu schaffen, die Stand- und Streitpunkte dazu festzustellen und Lösungen auf einer mittleren Linie vorzuschlagen. Anschließend sollten die Außenminister auf einer weiteren Konferenz darüber entscheiden, ob es sinnvoll und aussichtsreich wäre, in offizielle Regierungsverhandlungen über die Gründung einer Europäischen Wirtschaftsgemeinschaft einzutreten. Die Delegierten mühten sich redlich. Ihre Bemühungen ergaben, daß die Probleme und mit ihnen die Streitpunkte zahlreich, die Standpunkte vielfältig und schwer miteinander vereinbar und deshalb die Lösungsvorschläge schwer erfindlich waren.

Die einen wollten einen zeitlich begrenzten Übergang zum gemeinsamen Markt und zur Zollunion, der sich nach einer vorweg bestimmten Automatik unaufhaltsam und unumkehrbar vollzog; die anderen wollten Dauer und Wege unbestimmt lassen und gelegentliches Innehalten oder gar Rückschritte nicht ausschließen. Manche meinten, niedriger, andere meinten, hoher gemeinsamer Außenzölle zu bedürfen. Einige strebten nach Freizügigkeit und allgemeinem Niederlassungsrecht im geeinten Europa, andere wollten sich gegen den Zustrom von Menschen aus Partnerländern schützen können. Frankreich wünschte die indirekten Steuern, wichtige arbeitsrechtliche Bestimmungen und die Sozialleistungen zu vereinheitlichen, Deutschland sah derlei Egalisierung als Mittel der Wettbewerbsbeschränkung an und lehnte sie ab. Die Beneluxländer schlugen vor, nur einen Fonds für viele Zwecke einzurichten, die anderen bevorzugten zwei Fonds für verschiedene, mehr oder weniger begrenzte Zwecke. Wobei ferner die Reichweite und die Art der Zwecke sowie der Umfang, die Organisation und die Prinzipien des einen oder der beiden Fonds umstritten waren. Die einen plädierten für supranationale Institutionen, die anderen für intergouvernementale Meinungsbildung und Entscheidungsfindung. An die eingehendere Diskussion von Notwendigkeit, Ratio und Zielen wirtschafts-, finanz- und währungspolitischer Harmonisierung wagte man sich vorsichtshalber erst gar nicht heran.

Alsbald war abzusehen, daß in der vorgesehenen Zeit zu einer tragfähigen Verhandlungsgrundlage nicht zu gelangen wäre. Anfang September trug Spaak den Außenministerkollegen einen wenig ermutigenden Zwischenbericht vor. Die Vorlage eines entscheidungsfähigen Abschlußberichts wurde auf einen unbestimmten Zeitpunkt verschoben. Niemand hätte damals zu sagen vermocht, wie nah oder wie fern jener Zeitpunkt war und welche

Entscheidung der Bericht dann nahelegte. Zweifel an den praktischen Möglichkeiten der institutionell-supranationalen Einigung Klein-Europas schienen jedoch eher angebracht zu sein als große Zuversicht darein. Die englischen Beobachter verfolgten den Fortgang der Brüsseler Gespräche denn auch mit einem schier aufreizenden Behagen. Spaak verdroß das sehr und unter dem ohnehin ärgerlichen Eindruck der Vergeblichkeit seines Beginnens immer mehr. Nachdem er im Oktober zu dem Versuch übergegangen war, mit den Delegationsleitern, den Ausschußvorsitzenden und einigen handverlesenen Experten aus dem Wust der Meinungen und Interessen, Wünsche und Phobien Kompromisse zu extrahieren, stellte er die britische Regierung vor die Wahl, dabei ernsthaft mitzutun oder ihre Delegation aus Brüssel abzuziehen. England entschloß sich mit dem erleichternden Gefühl, daß aus der europäischen Sache, die Spaak und Genossen im Sinn hatten, schwerlich etwas werde, zum Rückzug und garnierte den Entschluß mit der Empfehlung, den Gedanken an Zollunion, wirtschaftspolitische Harmonisierung und supranationale Behörden doch aufzugeben und sich statt dessen der Einrichtung einer locker gewirkten Freihandelszone zuzuwenden, an der England ohne politische Verkrümmungen und wirtschaftliche Beschwernisse teilnehmen könne. Die Empfehlung lag im stillen Streit mit dem britischen Beharren auf der vorläufigen Unvereinbarkeit von Währungskonvertibilität und Freihandelsbekenntnis, unter dem Erhard seit zweieinhalb Jahren in internationalen Konvertierbarkeits-Gesprächen zu leiden hatte. Trotzdem nahm er sie begierig auf. Er „stehe nicht an zu erklären", schrieb er an Brentano, daß ihm die Idee als „der sorgfältigen Prüfung wert" erscheine. „Es darf auf keinen Fall dahin kommen, daß in einer so schicksalhaften Frage ... unter Druck und Zeitnot Lösungen zustande kommen, die weder vom nationalen noch vom europäischen Standpunkt aus verantwortet werden können".[9]

Der Vorschlag der britischen Regierung, unbestimmt wie er war, kam Erhards Widerstand gegen die Brüsseler Verschwörung, unvollendet wie die nun wiederum sein mochte, gleich in doppelter Weise zupaß: Die Freihandelszonen-Idee entnahm seine Argumentation der schieren Abwehr und Verneinung. Sie verwies auf eine Alternative von jener Konkretheit, deren die raunende Rede von „Europa als komplexe Funktion" gänzlich entbehrte. Und Englands Urheberschaft machte es möglich, den Gedanken an ein weiträumiges Europa im Zeichen britischer Weltoffenheit gegen die Enge eines Europa im Zeichen französischen Protektionismus' auszuspielen. Das wirkte befreiend, und derlei Befreiung tat Erhard not und gut.

Inzwischen setzte ihn seine unkonstruktive Widerspenstigkeit zunehmender Ungnade des Kanzlers, zunehmender Ungeduld politischer Freunde und vielfältiger Bedrängnis von verschiedensten Seiten aus. Offene Zustimmung oder gar praktische Unterstützung wurde ihm kaum zuteil. Ende August schrieb Erhard zwar an Werkmeister, daß es im Wirtschaftskabinett „mit Ausnahme des Auswärtigen Amtes ... eine geschlossene Front" für seine Europa-Konzeption gebe.[10] Wenn das tatsächlich so und nicht vorwiegend Ausdruck von Erhards Neigung gewesen sein sollte, die Welt als Wille und Vorstellung zu reflektieren, dann hatte es sich bis Anfang November gründlich geändert. Da verhandelte das Kabinett über den Stand der Brüsseler Bemühungen. Einige Ministerkollegen erhoben Bedenken gegen dieses und jenes, grundsätzlichere Einwände gegen das Ganze machten aber eigentlich nur Franz Blücher und Franz-Josef Strauß geltend. Als Verbündete gaben die beiden freilich nicht viel her. Blücher war politisch schwach und um so schwächer, als seine Partei und die Koalition in einer Dauerkrise steckten. Strauß war politisch stark, dies aber mit Wirkungen, die Erhard ganz und gar nicht behagten. Deshalb waren die beiden eben mal wieder ziemlich überquer miteinander.

Adenauer hatte Strauß gegen Erhards energisch-erfolglosen Einspruch[11] kürzlich zum Atomminister ernannt und dem Wirtschaftsminister damit bislang rudimentäre, aber auf Bedeutungsgewinn angelegte Zuständigkeiten entzogen. Strauß' Einwände gegen das Brüsseler Beginnen galten denn auch weniger der ökonomischen Logik oder Unlogik des gemeinsamen Marktes als der politischen Untunlichkeit einer europäischen Atomgemeinschaft, die ihm nicht zuletzt zu dem Zweck entworfen zu werden schien, Westdeutschland bei der Entwicklung und Nutzung von Atomenergie unter Kuratel zu stellen.

Der einzige im politischen Raum, auf den Erhard in seiner grundsätzlichen Gegnerschaft gegen die „Patent-Integrationisten" verläßlich rechnen konnte, war Staatssekretär Westrick. Müller-Armack war nicht ohne sachlich-politische Bedenken, verstand seine Bedenken in loyalem Gegensatz zu Erhard und in bestem persönlichen Einvernehmen mit Hallstein und Etzel jedoch als Ansatzpunkte für die gestaltende Einflußnahme auf die Brüsseler Bemühungen, nicht als Grund, jenen Bemühungen das Scheitern zu wünschen. Westrick hingegen wünschte das Scheitern, sachlich im Einklang mit seinem Minister, gedanklich und politisch, darauf legte er Wert, unabhängig von ihm. Gleichviel, ein politischer und menschlicher Rückhalt so und so, in dieser Sache nicht anders als sonst auch, unentbehrlich inzwischen. Wie hatte Adenauer Erhard nur so viel Gutes tun können!?

Es ist nicht auszuschließen, daß Adenauer sich dies neuerdings auch fragte. Jedenfalls dachte er Ende 1955 daran, Erhard den Mann, den er einst gegen Erhards Willen ins Wirtschaftsministerium entsandt hatte, nun gegen Erhards Willen aus dem Wirtschaftsministerium wieder abzuziehen. Ein Posten, der Westricks allseitiger Wertschätzung und seinem politischen Gewicht entsprach, stand in Aussicht. Er hatte sich aus etwas ergeben, das Erhard schon einmal Ärger bereitet hatte.

Im Sommer war Adenauer nach langen, sorgsamen, öffentlich außerordentlich beachteten Vorüberlegungen und Vorbereitungen mit großem Gefolge zu dramatischen Verhandlungen nach Moskau gereist. Es schien sich von selbst zu verstehen, daß der „Wirtschaftsminister von Weltruf" an dem politischen Großereignis teilnähme. Erhard wollte und erwartete das auch. Adenauer hielt ihn hin. Erhard drängte darauf. Die Öffentlichkeit nahm es alsbald nicht mehr für selbstverständlich, sondern spekulierte darüber. Die Teilnahme geriet zu einer Sache des Prestiges. Und als sie dazu geraten war, schloß Adenauer Erhard mit der unschuldigen Versicherung von der Teilnahme aus, daß es bei der Komposition der Mannschaft für Moskau um vieles, nur *nicht* um Prestige gehe. Erhard glaubte ihm kein Wort und schwitzte seinen Groll am Lido von Venedig aus.[12] Währenddessen vereinbarte Adenauer mit der sowjetischen Führung überraschenderweise und gegen den Widerstand der außenpolitischen Berater die Aufnahme diplomatischer Beziehungen zwischen der UdSSR und der Bundesrepublik. Ein deutscher Botschafter für Moskau mußte gefunden werden. Und der Kanzler fand Westrick. Er fand ihn natürlich vor allem, weil Westrick ein fähiger, tüchtiger, selbstbewußter, weltgewandter Mann war und ein hervorragender Vertreter der Bundesrepublik in der Sowjetunion zu sein versprach. Aber es war ihm dabei sicher nicht gleichgültig, daß er durch die Versetzung nach Moskau einen gewichtigen Gegner der europäischen Integration und Erhards festeste Stütze aus Bonn entfernte. Erhard war es auch nicht gleichgültig. Er wollte Westrick behalten. Er könne nicht auf ihn verzichten, schrieb er an Adenauer. Westrick sei unentbehrlich. Seine, des Ministers, und des Ministeriums Aufgabe werde unlösbar, wenn Westrick ausscheide. Da sich auch das Außenamt gegen die Ernennung des Außenseiters wehrte, lenkte Adenauer ein und Erhard behielt den bewährten Mitstreiter.[13]

Dafür wurden ihm die Entfaltungsmöglichkeiten im Streit um die wirtschaftliche Einigung Europas wenig später empfindlich beschnitten und die Erfolgsaussichten dadurch bemerkenswert verdüstert. Spaak und seine Männer hatten Anfang Dezember die Kompromißsuche fürs erste eingestellt. In Frankreich waren die notorisch labile, Europa unschlüssig zugewandte Regierung gestürzt und das Parlament aufgelöst worden. Niemand sah ab, wie die künftige Regierung zusammengesetzt und europapolitisch beschaffen wäre. Ein Kabinett mit mehrheitlich antieuropäischer Haltung, das Frankreich aus den Beratungen zurückzöge und dadurch deren Ende herbeiführte, war nicht auszuschließen. Viele erwarteten solch ein Kabinett. Erhard ersehnte und Spaak befürchtete es. Es machte wenig Sinn, unter derart unklaren Umständen fortzuberaten. Die Unklarheit dauerte nach der Wahl an. Die Möglichkeiten der Regierungsbildung waren verworren, die Koalitionsverhandlungen zogen sich hin. Schließlich aber kam zu des einen Enttäuschung und des anderen Freude ein Kabinett zustande, das nach verbreiteter Einschätzung eher mehr, denn weniger für ein geeintes Europa übrig hatte als das vorige. An seiner Spitze stand der sehr europageneigte Radikalsozialist Guy Mollet. In Brüssel nahm man die Arbeit Mitte Januar 1956 mit neuem Schwung wieder auf. Und Bundeskanzler Adenauer unterstrich seinen Wunsch, daß sie schnell zu einem Ergebnis führte, auf dessen Grundlage ebenso schnell Einigungsverträge ausgehandelt würden, mit einem Brief an alle Minister, in dem er am 19. Januar 1956 die wirtschaftliche Einigung Europas im Sinne der Brüsseler Beratungen ausdrücklich zur Richtlinie seiner Politik erklärte. Der Brief kündete unmißverständlich davon, daß es ihm ausschließlich um die politischen Zwecke der Einigung ging und daß ihm die Mittel zum Zweck ziemlich gleichgültig waren: „Wenn die Integration gelingt, können wir bei den Verhandlungen sowohl über die Sicherheit wie über die Wiedervereinigung als wesentliches neues Moment das Gewicht eines einigen Europas in die Waagschale werfen ... Hinzu kommt, daß die dauerhafte Ordnung unseres Verhältnisses zu Frankreich nur auf dem Wege der europäischen Integration möglich ist. Sollte die Integration durch unser Widerstreben oder unser Zögern scheitern, so wären die Folgen unabsehbar. Daraus ergibt sich als Richtlinie unserer Politik, daß wir den Beschluß von Messina entschlossen und unverfälscht durchführen müssen ... Ich bitte das vorstehend Dargelegte als Richtlinie der Politik der Bundesregierung (Art. 65 GG) zu betrachten und danach zu verfahren“.[14]

Es war das erste Mal, daß Adenauer von seiner Richtlinienkompetenz in derart ostentativer Form Gebrauch machte. Manches spricht dafür, daß noch vor Erhard Strauß damit auf Linie gebracht und gebunden werden sollte. Sicher ist, daß Erhard der „Integrationsbefehl“[15] viel heftiger traf, beleidigte und erschütterte als den jungen und robusteren Kollegen.

Die Stabilität in Gefahr?

Aufgewühlt und düsteren Mutes war er ohnedies. Nicht nur die ökonomisch-politische Zukunft Europas, auch der politisch-moralische Zustand Westdeutschlands machte ihm seit geraumer Zeit schwere Sorgen und trieb ihn um. Es wollte ihm so scheinen, als ob die Deutschen Wohlstand und Freiheit nicht vertrügen, die Gesellschaft des Gefühles für das rechte Maß verlustig ginge und der Staat aus der Fassung geriete. Wobei freilich schwer zu ermessen ist, wieviel von dem Anschein bloßer Widerschein der Vergeblichkeit einer etwas armseligen Wirtschaftspolitik im Bewußtsein des erfolgsverwöhnten Wirtschaftspolitikers war: Gesellschafts- und Kulturkritik als legitimierende Äußerung eines Gefühls der Hilflosigkeit und womöglich des Versagens.

Erhard lebte in dem sicheren und stolzen Bewußtsein, den Deutschen Wachstum, Beschäftigung und Wohlstand beschert zu haben. Er lehnte es ab, von Wirtschaftswunder zu reden, weil der Prozeß, den das Wort benannte, von seiner Politik bewirkt worden und damit leicht erklärt wäre. Ende 1955 mußte er sich mit dem Gedanken vertraut machen, daß es seinen herkulischen Kräften nicht gelänge, den Deutschen die Stabilität zu erhalten.

Angefangen hatte es ein gutes Jahr zuvor. Anzeichen konjunktureller Überhitzung machten sich bemerkbar, atmosphärisch zunächst mehr als faktisch. Die Zentralbankleitung verlautbarte gleichwohl Warnendes, und Erhard rief die Stabilität des Geldwerts zum absolut vorrangigen Ziel der westdeutschen Wirtschaftspolitik aus. Von woher dem Geldwert Gefahr drohte, war unschwer auszumachen: von Lohnsteigerungen, die das Wachstum der Produktivität überschritten und in Preiserhöhungen aufgefangen wurden, und von großen Leistungsbilanzüberschüssen, die sich über den Devisenzustrom in einer Geldmengenvermehrung äußerten, mit der Preissteigerungen auch finanziert werden konnten. In öffentlicher Rede und Schelte *nam*haft machte Erhard freilich nur überzogene Lohnsteigerungen. Die waren allemal von Übel, die Leistungsbilanzüberschüsse aber natürlich vor allem ein Ausweis wirtschaftlicher Überlegenheit aufgrund guter Wirtschaftspolitik, den der deutsche Wirtschaftsminister - abgesehen davon, daß er ganz einfach stolz darauf war - auch deshalb nicht als fehlerhaft denunzieren konnte, weil er damit in die anders motivierte ausländische Kritik daran eingestimmt hätte.

Andererseits war dem Leistungsbilanzüberschuß leichter beizukommen als den Löhnen. Deren Bestimmung lag in der Entscheidungsautonomie der Tarifpartner und entzog sich dem praktischen Einfluß des Wirtschaftsministers. Das war für Erhard kein Grund, auf Einflußversuchte schlechthin zu verzichten. Aber es verschaffte der Außenwirtschaftspolitik einen Handlungsvorsprung. Im März 1955 senkte die Bundesregierung einseitig die deutschen Einfuhrzölle, um die Importe zu begünstigen und zu vermehren und um dadurch den Handelsbilanzüberschuß zu vermindern. Das gelang. Die Importe wuchsen 1955 tatsächlich stärker als die Exporte, der Überschuß schrumpfte. Aber noch im Gelingen zeigte sich, daß Zollsenkungen nicht mehr als ein unvollkommen-zeitweiser stabilitätspolitischer Behelf sein konnten. Zum einen waren das überstarkte Wachstum der Einfuhren und die Verminderung des Überschusses nicht ausschließlich ihnen, sondern auch dem außergewöhnlichen und deshalb außergewöhnlich importintensiven Produktionswachstum zuzuschreiben und zum anderen blieb der devisenträchtige, geldmengenvermehrende Leistungsbilanzüberschuß trotzdem höher, als für den Geldwert zuträglich war.

Nun glaubte Erhard ohnehin nicht, daß es mit Zollsenkungen sein stabilitätspolitisches Bewenden haben könnte. Wichtiger schien ihm die praktische Sorge dafür zu sein, daß die Preiserhöhungsspielräume, die der Devisenzustrom durch Geldmengenvermehrung eröffnete, nicht ausgeschöpft wurden. Das aber hieß für ihn zunächst und vor allem, starke Lohnsteigerungen zu verhindern. Zu diesem Behufe bemühte er sich im Frühjahr 1955, die Gewerkschaften und die Arbeitgeber zu Lohn- und Preisgesprächen an einen Tisch zu bekommen, damit er ihnen den Ernst der Lage und ihre Verantwortung dafür klarmachen und ihnen bei dieser Gelegenheit gleich auch ein bißchen die Leviten lesen konnte. „Ich will den Unternehmern sagen, daß sie von sich aus den Gewerkschaften Lohnerhöhungen anbieten, wenn der erreichte Produktivitätsgrad der Wirtschaft es zuläßt ... Und den Gewerkschaften will ich sagen, daß Lohnforderungen nicht zu einem Instrument der Parteipolitik herabgewürdigt werden dürfen“.[16]

Dem Bemühen war vorerst kein Erfolg beschieden. Zunächst lehnten die Gewerkschaften gemeinsame Gespräche wegen jüngster politisch-grundsätzlicher Zerwürfnisse mit der Unternehmerschaft ab, dann ließ sich die IG Bergbau in einem akuten Lohnkonflikt zwar auf eine Art informelles Schlichtungsgespräch unter der Leitung des Wirtschaftsministers ein, von ihren Lohnforderungen dabei aber nicht abbringen. Die Unternehmer waren Erhards Werben kaum zugänglicher. Sie lagen mal wieder im Streit mit dem Wirtschaftsminister. Die Zollsenkungen gefielen ihnen nicht und noch weniger gefiel ihnen, daß Erhard, statt sich für ihren Kartellgesetz-Kompromiß stark zu machen, im Bundestag davon sprach, daß er mit seinem Wettbewerbsgesetz-Entwurf das Lebensrecht von 50 Millionen Deutschen gegen unternehmerische Gruppeninteressen zu verteidigen habe. Sie beklagten sich bitter darüber. Erhard hingegen empfand die Klage als „tiefe, unverdiente Kränkung".[17] Unter solchen Umständen zeitigten Erhards erste Bemühungen um lohn- und preispolitische Kalmierung keine erkennbaren Wirkungen und wurden im Frühjahr 1955 eingestellt. Das war nicht weiter schlimm, weil der tatsächliche Lohn- und Preisauftrieb dem Gefühl lohn- und preispolitischer Übersteigerung im Zeichen konjunktureller Überhitzung eigentlich gar nicht entsprach. Aufs ganze Jahr hin besehen, blieben die Lohnkosten pro Produkteinheit 1955 nämlich fest, und die Preise stiegen um weniger als 2 %. In den vorhergehenden beiden Jahren waren sie allerdings leicht gesunken. Außerdem ist Gefühl bekanntlich alles und deshalb ließen sich sowohl die Zentralbank wie die Regierung bei ihrem Urteilen und Handeln eher davon, als von den Erscheinungen leiten und nahmen - jeder auf seine Weise - den Kampf gegen die erfühlte Instabilität im Hochsommer wieder auf. Zu Recht ganz zweifellos. Denn wenn aus erfühlter Furcht erst die befürchteten Erscheinungen geworden sind, kommen wirtschaftspolitische Maßnahmen zu spät.

Nun stimmten der Zentralbankrat und der Wirtschaftsminister im Urteil über die Gefahren der konjunkturellen Entwicklung zwar überein. Die Übereinstimmung verlor sich aber, wenn es um die Feststellung der Gefahrenursachen und ans Handeln ging. Der Zentralbankrat tat, was in seinen Möglichkeiten lag und was er außerdem für nötig und richtig hielt. Er setzte Anfang August 1955 die Leitzinsen und die Mindestreserven ein wenig hinauf und hoffte, dadurch die Nachfrage soweit eindämmen zu können, daß sie nicht preistreibend wirkte. Erhard hielt das für eine zu breit, zu allgemein und letztlich auch falsch angelegte Maßnahme, die außer Preissteigerungen auch dem wirtschaftlichen Wachstum entgegenwirke. Er aber wolle fertigbringen, so ließ er wieder und wieder hören, was noch niemandem gelungen sei: die Stabilität bei fortdauernder Hochkonjunktur erhalten. Zu diesem Zweck gelte es, direkt und nicht über die Nachfrage vermittelt bei den Löhnen und den Preisen anzusetzen. Dort stecke des Übels Kern, die Nachfrage habe damit wenig zu tun. Dies sei die Lage: Zweifellos hätten zuerst überhöhte Lohnforderungen einen Schock ausgelöst. Dennoch trügen nicht nur die Gewerkschaften Schuld. Die Unternehmer gäben den gewerkschaftlichen Forderungen um des Friedens und der ungestörten Produktion willen gar zu schnell nach und wälzten anschließend die Lohnerhöhungen leichthin auf die Preise ab. Und die Verbraucher, auch sie nicht frei von Mitverantwortung, schluckten die Preissteigerungen, statt sich dagegen aufzulehnen. „Ich kann jedoch den Tarifpartnern nicht das Recht zugestehen, in der Lohnpolitik frei zu schalten und zu walten". Und: „Wir müssen wieder soweit kommen, daß der Verbraucher nur preiswerte Waren kauft und der Produzent nur Preise verlangt, die den Waren tatsächlich entsprechen".[18]

Nun ja, dergleichen mochte man rhetorischem Schwung, der mit Gedankentiefe überfordert ist, zurechnen. Man mußte weder daraus schließen, daß Erhards marktwirtschaftliches Credo eher auf einem adaptierten Dogma ruhte als in wahrem Verständnis wurzelte, noch mußte man deswegen annehmen, daß er die Tarifautonomie nicht schätzte und gar aufheben wollte. Daran denke er nicht, sagte er vor der Bundespressekonferenz, jedenfalls nicht „in diesem Augenblick". Und die Frankfurter Allgemeine titelte tags darauf: „Erhard will keinen Lohn- und Preisstopp" - als wäre etwas anderes doch immerhin eine reale Möglichkeit.[19]

Statt dessen versuchte Erhard zunächst erneut, die Gewerkschaften und die Arbeitgeber im Namen der ökonomischen Vernunft durch persönliche Überzeugungskraft auf den Weg der Tugend zurückzuführen und sandte Einladungen aus. Beide waren davon nicht sonderlich beglückt und zögerten, den Einladungen nachzukommen. Der BDI monierte und klagte auch bei Adenauer darüber, daß Erhard sich zu oft, zu früh, mit zuviel Aplomb einmische. Die Gewerkschaften seien weder durch freundliche Gespräche noch durch moralische Appelle von überzogenen Lohnforderungen abzuhalten und deshalb dürfe durch beides auch das Recht der Unternehmer, die Preise zu erhöhen, nicht in Zweifel gezogen werden. Und die Gewerkschaften schlugen vor, anstelle der gelegentlich-informellen ministeriellen Seelenmassage „am runden Tisch" regelmäßige Verhandlungen über die bewegenden, ökonomisch-sozialen Fragen der Zeit in einem institutionalisierten „Bundeswirtschaftsrat" abzuhalten. Erhard wies den Vorschlag umgehend und entschieden zurück, weil aus derlei Palaver nichts herauskomme und die Existenz eines - wie immer zusammengesetzten - Bundeswirtschaftsrates außerdem die wirtschaftspolitischen Verantwortlichkeiten zu verwirren drohe.

Andererseits konnte er sich allmählich der Einsicht nicht mehr entziehen, daß es seiner Vermittlung im Namen der Vernunft kaum gelänge, die Gewerkschaften in verantwortungsbewußten Gesprächen mit den Unternehmern zu einem Lohnverzicht zu veranlassen, der die Unternehmer der Notwendigkeit oder ihrer Neigung enthob, die Preise zu erhöhen. Die Gewerkschaften gaben nicht zu, daß ihre Lohnforderungen das „Preisklima" aufheizten, und sie glaubten nicht, daß die Unternehmer Lohnzurückhaltung mit Preisstabilität honorierten, wenn der Markt Preiserhöhungen hergäbe. Die Daten belegen, daß sie mit beidem Recht hatten. Unter dem Eindruck ihrer Haltung ließ Erhard sich von Otto Friedrich zu einer Änderung seiner Taktik bewegen[20] und leitete, widerstrebend erst, dann mit bekannter Verve, einen sowohl publizistisch-populistisch wie politisch-programmatisch geführten Feldzug für Preisstabilität und womöglich Preissenkungen ein, der den Gewerkschaften den Wind aus den Segeln nehmen und hohe Lohnforderungen als verantwortungslos denunzieren sollte. Während er selbst in der Öffentlichkeit trommelte, entwarfen seine Leute ein stabilitätspolitisches Eventual-Programm für den Fall, daß die Trommelei nichts bewirkte.

Westrick trug dessen wesentliche Bestandteile Mitte September der Fraktion vor. *Sehr* wesentlich war das, was er vortrug, zwar nicht: Erneute Zollsenkungen vielleicht, die weitere Liberalisierung des Außenhandels, staatliche Förderung von Billigeinfuhren, die schleunige Verabschiedung des Kartellgesetzes, Senkung der Verbrauchssteuern auf Zukker, Salz, Tee, Kaffee und Zündhölzer.[21] Aber es verstärkte dennoch das Mißbehagen, das Erhards jüngstes Treiben den organisierten Unternehmern ohnedies bereitete.

Wie die Gewerkschaften nicht daran glauben wollten, daß Unternehmer bei zurückhaltenden Lohnforderungen auf mögliche Preiserhöhungen verzichteten, so denunzierten die Unternehmer Erhards Erwartung als Illusion, daß die Gewerkschaften sich mit ihren Lohnforderungen zurückhielten, wenn die Preise festblieben oder gar sänken. Erhards Aktion schaffe öffentliche Unklarheit über die lohn-preispolitischen Wirkungsverhältnisse und bringe zu Lasten der Unternehmer die Verantwortlichkeiten durcheinander. Und was kernige Sätze der Art bedeuten sollten, daß er, Erhard, „künftig keine Preiserhöhungen akzeptieren werde, die auf der Erhöhung der Lohnkosten beruhten"?[22] Es wäre doch ganz einfach so, daß die Gewerkschaften „überhöhte Löhne mit Pressionen durchsetzten und nur durch Preis-Gegenmaßnahmen zu bändigen seien."[23]

Berg brachte das dem Kanzler nahe. Die Gelegenheit war günstig. Der Parteichef Adenauer bat den Verbandspräsidenten Berg Ende September zu sich, um frühzeitig über die Finanzierung des Wahlkampfes in anderthalb Jahren mit ihm zu reden. Berg schoß gegen Erhards verquere Preispolitik, daß es seine Art hatte und verstieg sich am Ende gar zu der Forderung, Erhard zu entlassen. Es krachte. Adenauer verteidigte Erhard und warf der Industrie überhöhte Preise und Gewinne vor. Beeindruckt war er aber doch und bat Berg, seine Ansichten in einer Denkschrift für ihn zusammenzufassen. Kurz darauf sprach er mit Abs darüber. Der haute in die gleiche Kerbe wie Berg. Das wirkte. Anfang September hatte der Kanzler sich vom Wirtschaftsministerium noch für einen Namenstitel „Wachstum im Gleichgewicht als Aufgabe" einspannen lassen, in dem an die gemeinsame Verantwortung von Arbeitgebern und Gewerkschaften appelliert, von nötiger Um- und Vorsicht aller orakelt und vorwurfsvoll bezweifelt wurde, daß die Unternehmer hohe Gewinne nutzten, um die Preise zu senken. Jetzt schrieb er an den Wirtschaftsminister, daß wohl doch Berg und Abs recht hätten, daß maßgeblich die Gewerkschaften an der Malaise schuld und die Unternehmer zu Preiserhöhungen genötigt seien und daß er sich von Erhards ökonomisch-moralischem Predigertum wenig Erfolg verspreche. Zugleich forderte er ihn auf, binnen weniger Tage ebenfalls ein Gutachten über die bedrängenden wirtschaftlichen Probleme und die geeigneten Mittel ihrer Bewältigung vorzulegen.[24] Das Gutachten, las man dann später in den Zeitungen, solle gemeinsam mit Bergs Gutachten alsbald im Kreise der amtlich berufenen und von Adenauer bestellten Wirtschaftspolitiker besprochen werden.

Erhard wußte nicht, worüber er am meisten entsetzt sein sollte: über Adenauers ignorante Wankelmütigkeit in wirtschaftspolitischen Dingen, über dessen Zweifel am Erfolg seiner Bemühungen oder darüber, daß der Bundeskanzler den Bundeswirtschaftsminister in aller Öffentlichkeit als wirtschaftspolitischen Berater mit Berg auf eine Stufe stellte. Er schrieb innerhalb von zwei Tagen zwei Brandbriefe. Adenauer gefährde den unzweifelhaften und von jedermann, nur von ihm nicht anerkannten Erfolg seiner Anstrengungen, die Spielräume für gewerkschaftlichen Radikalismus und unternehmerische Willfährigkeit einzuengen. Das konjunkturpolitische Klima habe sich deutlich abgekühlt, die Psychose sei fast geschwunden. Genau in diesem Moment sorge der öffentliche Eindruck, daß der Kanzler dem Wirtschaftsminister nicht vertraue und sich Rat bei anderen hole, für ein Maß an Unsicherheit über die wirtschaftspolitische Führung, die alles in Frage stelle. „Der Zuständigkeitswirrwarr wird ... unerträglich."[25]

Um die Zuständigkeiten und die Rangordnung wieder zu klären, bat Erhard noch vor der stabilitätspolitischen Kanzlerrunde die Spitzenverbände der Unternehmer, dazu Schäffer, Blücher und Vocke, zu einem Gespräch über die Lohn-Preis-Situation. Man verständigte sich darüber, daß alle geeigneten Maßnahmen zu treffen wären, die Wachstum und Stabilität erhielten. Welche Maßnahmen geeignet seien, darüber verständigte man sich nicht.[26]

Berg nahm an der Besprechung nicht teil, weil er am gleichen Abend eine Rede im noblen Hamburger Überseeclub zu halten hatte. Erhard war über die Absage außerordentlich verärgert und wegen der Rede, die eine Rede zur Wirtschaftslage sein sollte, nicht minder besorgt. Er befürchtete, daß Berg ihn dabei in einer Weise angriffe, die scharfe Gegenäußerungen nötig und einen offenen Bruch mit dem BDI wahrscheinlich machten.[27] Dazu kam es nicht. Die gediegene Atmosphäre und Erhards Wertschätzung im Überseeclub verboten rhetorisches Unmaß. Der Gegensatz zwischen dem Wirtschaftsministerium und dem Industrieverband trat gleichwohl deutlich zutage. Erhard unterstrich ihn, indem er sich beeilte, Bergs Rede auf der Bundespressekonferenz zu kommentieren. Er wies Bergs Feststellung zurück, daß es wegen jüngster Lohnerhöhungen keinen Spielraum für Preissenkungen gebe und bestand gegen Bergs Verdikt, daß Zollsenkungen kein geeignetes Mittel der Konjunkturpolitik seien, auf deren vorzüglicher Tauglichkeit. Überdies wandte er sich gegen Bergs Meinung, daß die Investitionen im gleichen Maß weiterwachsen sollten wie in jüngster Zeit. Nein, „eine Zurückhaltung in der Investitionsplanung sei erforderlich.“[28]

Das war ein neues Argument und schien auf eine veränderte Sichtweise hinzudeuten. Im Wirtschafts- und im Finanzministerium arbeitete man in diesen Tagen - wer hätte es vor anderthalb Jahren für möglich halten können? - *gemeinsam* an der Denkschrift über die wirtschaftliche Lage und die lagegerechten wirtschaftspolitischen Maßnahmen, die Adenauer von Erhard angefordert hatte. Seit die Kompetenzstreitigkeiten beigelegt worden und wachstumspolitisch begründete Steuersenkungen sowie besondere steuerliche Maßnahmen zur Kapitalmarktförderung kein wichtiges Thema mehr waren, verstanden Erhard und Schäffer sich fabelhaft. Die Gemeinsamkeit erschien beiden als geboten, um der Verantwortlichkeit der Minister den Vorrang vor den Interessen der Ratgeber zu sichern. Zur sachlichen Unterstützung der Arbeit und zur moralischen Unterstützung des Dokuments, das dabei herauskam, waren die wissenschaftlichen Beiräte beider Ministerien um ihre Expertisen gebeten worden. Erhard stand, als er Berg Bescheid gab, unter dem Einfluß ihrer Überlegungen und kündigte die Denkschrift bei dieser Gelegenheit auch gleich an. Am 14. Oktober werde das Wirtschaftskabinett darüber beraten und sie in ein konjunkturpolitisches Programm der Bundesregierung umsetzen. Als gäbe es die Anforderung anderer Gutachten und die informelle Erweiterung des Wirtschaftskabinetts gar nicht.

Wenige Tage später waren sowohl die Situationsanalyse und die Empfehlung der Vereinigten Beiräte wie die von Müller-Armack und dem Finanz-Ministerialdirektor Öftering redigierte gemeinsame Denkschrift fertig. Die Analyse wich von Erhards ursprünglichen Feststellungen erheblich ab, und die Denkschrift wurde der Empfehlung deshalb nur unvollkommen gerecht.

Die Professoren diagnostizierten ein destabilisierendes Mißverhältnis zwischen den Produktionsmöglichkeiten und der Nachfrage. Das Angebot stieß vielerorts an seine Grenzen, weil die Arbeitskräfte knapp wurden und die Anlagen ausgelastet waren. Die überstarke Nachfrage rührte hauptsächlich von ungewöhnlich umfangreichen, privaten und öffentlichen Investitionen her. Die privaten Investitionen wurden von hohen Gewinnen und reichlichen Krediten zu günstigen Bedingungen veranlaßt und ermöglicht. Die hohen Gewinne ergaben sich vor allem daraus, daß die Lohnerhöhungen hinter den Produktivitätssteigerungen zurückblieben und dazu noch aus steuerlich vorteilhaften Abschreibungs-Regelungen. Daraus zogen die Beiräte folgende wirtschaftspolitische Konsequenzen: Wenn kräftige Preissteigerungen vermieden werden sollten, dann müßte das Expansionstempo der Nachfrage, in erster Linie das Wachstum der Investitionen, vermindert werden. „Dabei gebührt den geldpolitischen Maßnahmen ... der Vorzug.“ Denn die Geldpolitik wirke schnell und unmittelbar und begegne relativ geringen politischen Widerständen. Überdies sollten die Möglichkeiten beschleunigter Abschreibung und die direkte staatliche Unterstützung privater Investitionen eingeschränkt und öffentliche Bauinvestitionen zurückgestellt werden. Obwohl der Leistungsbilanzüberschuß gegenwärtig nicht als Problem erster Ordnung gelten konnte, empfehle es sich, auslaufende Exportvergünstigungen nicht zu erneuern und Zollsenkungen zur Förderung der Einfuhren ins Auge zu fassen. Und damit schließlich auch vom privaten und vom öffentlichen Verbrauch keine inflationären Impulse ausgingen, sollten die Verbesserung sozialer Leistungen und Gehaltserhöhungen für öffentlich Bedienstete verschoben und die Rüstungsausgaben gestreckt werden. Steuersenkungen wären nach Lage der Dinge auf absehbare Zeit als ausgeschlossen anzusehen.[29]

Das interministerielle Gutachten für die Beratungen im erweiterten Wirtschaftskabinett setzte die Akzente trotz Erhards Hinweis auf das Übermaß der Investitionen gründlich anders. Geldpolitische Maßnahmen lehnte es grundsätzlich und entschieden ab. Die Möglichkeiten beschleunigter Abschreibung und die Maßnahmen zur Investitionsförderung tastete es nicht an. Statt dessen sah es die steuerliche Begünstigung privater Rückstellungen für Investitionen vor.

„An die wichtigste Ursache der konjunkturellen Überhitzungserscheinungen, nämlich den Investitionsboom, reicht das Programm überhaupt nicht heran," stellte das Direktorium der Bank Deutscher Länder in einer außerordentlich kritischen Betrachtung des Exposés fest.[30]

Statt dessen setzten das Wirtschafts- und das Finanzministerium ihre Hoffnung in außenwirtschaftliche Maßnahmen (Zollsenkungen und Billigeinfuhren), in die Intensivierung des Wettbewerbs auf den Gütermärkten durch Verabschiedung des Kartellgesetzes, in die Intensivierung des Wettbewerbs auf dem Arbeitsmarkt durch Anwerbung ausländischer Arbeitskräfte, in die Verzögerung von öffentlichen Ausgaben und in erster Linie weiterhin auf Lohn- und Preisdruck durch moral suasion. Dem Zweck geradezu entgegen lief die Aufnahme einer Steuerreform ins Konjunkturprogramm, die das Einkommensteueraufkommen merklich senkte.

Die Bank Deutscher Länder hielt einige Maßnahmen für nicht durchsetzbar, andere für viel zu spät, wenn überhaupt wirksam, die Steuersenkungen und die steuerliche Begünstigung von Investitionsrückstellungen für prozyklisch, die Aversion gegen Geldpolitik für falsch und das ganze „Programm" für ziemlich unzulänglich. Da Erhard in der Öffentlichkeit den Eindruck erweckt hatte, daß die Bank an der Formulierung der Denkschrift beteiligt wäre und sie mit trüge, distanzierte Vocke sich noch vor ihrer Beratung davon.[31]

Am gleichen Tag versuchte Erhard, die CDU/CSU-Fraktion darauf einzuschwören. Diesmal, es geschah selten genug, trat er selbst vor sie hin und schickte nicht Westrick. Atmosphärisch war das sicher richtig, der Klarheit des Vortrags frommte es nicht. Die Fraktion wußte hinterher nicht, ob die Lage nun nach einem konjunkturpolitischen Programm verlangte oder nicht, und wenn sie denn danach verlangte, ob das ministerielle Programm ihr gerecht würde. Zu ernster Beunruhigung sehe er keinen Anlaß, sagte Erhard. Wenn es ein Problem gebe, dann sei dies ein Lohnproblem. Die gewerkschaftliche Behauptung, daß zuviel investiert werde, sei falsch. Richtig sei hingegen, daß die Gewerkschaften eine unverantwortliche Lohnpolitik trieben. Die Arbeitgeber freilich auch. Andererseits habe er es schon dahin gebracht, daß keine extremen Lohn- und Preisforderungen mehr erhoben würden. Jetzt befinde er sich im Wettlauf mit der Bank Deutscher Länder. Wenn seine Appelle keinen praktischen Widerhall und seine Maßnahmen-Vorschläge keine Billigung fänden, dann werde die Bank Deutscher Länder mit ihren geldpolitischen Werkzeugen hantieren. Die geldpolitischen Mittel wirkten aber zu generell und gefährdeten das Produktions- und Beschäftigungsniveau. Seine Maßnahmen setzten hingegen punktuell an und seien geeignet, die Stabilität bei fortdauernder Hochkonjunktur zu erhalten. Was nun aber noch einmal „die Stabilität der Währung anbelange, so stehe sie in einem Zusammenhang mit der Entwicklung der Löhne und Preise." Während die Gewerkschaften ihre Forderungen aus taktischen Gründen überspannten, gäben die Unternehmer zu schnell nach und wälzten die Löhne auf die Preise ab. „Dieses Verfahren müsse man als leichtsinnig bezeichnen.“ In den letzten fünf Jahren seien die Preise um 5 % gestiegen. „Eine solche Entwicklung (sei) der gleiche Betrug wie eine offene Inflation.“ Wenn die Währung verfalle, müßten die Menschen Existenzsicherung beim Staat suchen, „und hier habe der Ruf nach dem Sozialstaat seine stärkste Nahrung.“ Daraus ergebe sich, daß alles getan werden müsse, um die Preise zu senken und die Lohnbewegung in vernünftigen Maßen zu halten. Zu diesen Zwecken: Zoll- und Verbrauchssteuersenkungen, das Kartellgesetz und die Ermächtigung des Wirtschaftsministers, gegen Preisüberhöhungen mit Verboten einzuschreiten, weiter die Anwerbung ausländischer Arbeitskräfte für die Land- und die Bauwirtschaft und schließlich die Verzögerung von öffentlichen Bauaufträgen. Allgemeine Einkommensteuersenkungen sollten unterbleiben, partielle schadeten nichts.[32]

Die hochaufgehängte, vorweg Ärgernis erregende und vorbereitungsintensive Besprechung im Wirtschaftskabinett fand nicht statt; jedenfalls nicht in der Form, die Adenauer vorgesehen und Erhard für unerträglich gehalten hatte. Der Kanzler erkrankte kurz vorher an einer schweren und langwierigen Lungenentzündung. In seiner Abwesenheit debattierte man wohl miteinander, versicherte sich seiner voneinander abweichenden Meinungen und ging ohne programmatische Entschlüsse auseinander.

Erhard war darüber nicht böse. Er hielt nicht viel von regierungsamtlichen Programmen, die ihn banden. Die Vorlage des Memorandums war ihm aufgenötigt worden und nicht seinem freien Willen entsprungen. Er führte „den gigantischen Kampf ... um die Erhaltung der Hochkonjunktur“[33] und der Stabilität nach seiner Art weiter, mit Appellen, Gesprächen, Vermittlungsbemühungen und - womöglich - auch mit administrativer Unterdrückung von empordrängenden Preisen.

Bei letzterem geriet er mit der Fraktion aneinander und überwarf sich mit dem Ministerkollegen Heinrich Lübke so heftig, daß der ihm das nie verzieh und später, als er gegen jedes vernünftige Erwarten Bundespräsident geworden war, geradezu auf Gelegenheiten lauerte, um es ihm heimzuzahlen. Es ging um den Milchpreis. Die Bauern wollten drei Pfennige mehr für den Liter. Nun war der Milchpreis kein Marktpreis, sondern ein Marktordnungspreis, den die Regierung festlegte. Landwirtschaftsminister Lübke, klein und zart, im Ministeramt so kompetent, wie später zum Amt des Bundespräsidenten untauglich und hier wie dort von unglaublich-westfälischer Dickschädeligkeit, verfocht im Kabinett die bäuerlichen Wünsche, erst ruhig und bestimmt, dann leise und erregt, zuletzt niedergeschmettert und immer im Einklang mit einem Beschluß des Fraktionsvorstandes, der die Regierung aufforderte, den Bauern die drei Pfennige Preiserhöhung zu gewähren. Adenauer war halbwegs genesen, aber noch schonungsbedürftig und nicht da. Auch er hatte gegen die Preiserhöhung nichts einzuwenden. Erhard und Schäffer *waren* da und hatten *viel* dagegen einzuwenden. Und mit Ihren Einwänden, schrieb Adenauer später an Erhard, „haben Sie Herrn Lübke so zusammengeschlagen, daß er völlig verzweifelt war.“[34] Dabei wollte Erhard den Bauern die drei Pfennige nicht etwa vorenthalten. Er wollte bloß, daß sie nicht als Preiserhöhung in Erscheinung träten. Denn „eine Milchpreiserhöhung“, sagte er in der Fraktion, „würde als Vertrauensstörung wirken und alle Bemühungen um die Stabilität der Preise sicher zum Scheitern bringen.“ Deshalb setzte er im Kabinett durch, daß der Milchpreis festblieb und den Bauern ihre drei Pfennige als Subvention gezahlt wurden. Materiell machte das für die Landwirte keinen Unterschied, wohl aber psychologisch. Die Bauern wollten Verkaufserlöse und keine Almosen. Mit Rücksicht darauf hatte der Fraktionsvorstand einstimmig für die Preiserhöhung votiert. Er empfand sich als bloßgestellt und vorgeführt. „Es sei sehr bitter zu sehen,“ sagte der Vorsitzende Heinrich Krone,“ wie die Zusammenarbeit zwischen der Fraktion und den Kollegen im Kabinett praktiziert werde.“ Nicht weil die Fraktion Erhards Bemühungen unterlaufen, sondern weil sie den Minister dabei unterstützen wolle, wäre zu wünschen, daß man zu anderen Umgangsformen finde.[35] Erhard hörte sich das an, ließ es sich aber nicht gesagt sein. Im stillen teilte er Krones Wunsch, tat dies aber aus ganz anderen Gründen und mit ganz anderen Erwartungen als Krone. Das wurde noch vor Jahresende deutlich.

Zunächst einmal schien Erhard zu glauben, daß nach dem Ringen um den Milchpreis die große Lohn- und Preisschlacht erfolgreich geschlagen wäre. Am 17. November gab er dem Bundeskanzler so etwas wie einen Abschlußbericht: „Am Beginn meiner Aktion war eine Lage zu verzeichnen, die am besten dahin charakterisiert werden kann, daß der Neigung zu übertriebenen Lohnforderungen kein entschlossener Wille zu ihrer Abwehr entgegenstand.“ Unverantwortliches Verhalten, das die Sparneigung, die Wettbewerbsfähigkeit, die Ordnung bedrohte. „Diese Gründe waren es im wesentlichen, die mich keine Anstrengungen scheuen ließen, um jener verderblichen Entwicklung Einhalt zu gebieten, und ich glaube, es ist nicht mehr zu bestreiten, daß meine Bemühungen von Erfolg waren.“ Die Vernunft setze sich durch. Deshalb kann „ich Ihnen heute die beruhigende Erklärung abgeben ..., daß wir nach meiner festen Überzeugung die Konjunktur wieder fest in die Hand bekommen haben“. Der Kanzler habe viele Sorgen. Der „Sorge um die innere Ordnung“ sei er dank seinem Wirtschaftsminister nun aber wieder ledig.[36]

Ein deutsches Zerwürfnis - Anfänge

Die Versicherung konnte subjektiv nicht falsch sein, und sie war objektiv nicht richtig. Erhard hatte ja bislang mit der ihm eigenen Unbeirrbarkeit gegen ein Phantom gekämpft. Seine Problemsicht war schlechthin falsch gewesen. Die wirtschaftliche Entwicklung Westdeutschlands litt 1955 nicht darunter, daß überzogene Lohnforderungen mit Notwendigkeit und von unternehmerischer Nachgiebigkeit begünstigt, zu hohen Preisen führten. Es war vielmehr so, daß ein starker Nachfragestrom und hohe Gewinne infolge niedriger Kosten, vor allem infolge niedriger Lohnkosten, zu Investitionsaufträgen ermunterten, die das Produktionspotential überspannten. So sahen es die wirtschaftlichen Beiräte, so sah es auch die volkswirtschaftliche Abteilung der Bank Deutscher Länder und die Daten bestätigen es. Erhard tippte dann und wann rhetorisch an den Vorgang, verweigerte sich aber der Einsicht darein und beharrte bei seiner vorgefaßten Meinung. Da er sicher war, immer recht zu haben, weil er - soweit er denken konnte - noch nie unrecht gehabt hatte, gab er so gut wie nichts auf Urteile anderer und nicht viel mehr auf Tatsachen, die seiner Meinung widersprachen. Wenn die Tatsachen mit der Meinung nicht übereinstimmten, dann sollten die Tatsachen sehen, wie sie damit fertig wurden.

Da es nun *das* Stabilitätsproblem, das Erhard sah und zu lösen trachtete, eigentlich (noch) nicht gab, konnte sein Eindruck, daß er es gelöst hätte, nicht falsch sein. Andererseits *gab* es neuerdings gewisse Fehlentwicklungen und Mißverhältnisse, Spannungen und Anpassungsprobleme in der westdeutschen Wirtschaft. An die hatten Erhards Aktivitäten freilich kaum gerührt. Deshalb war die Überzeugung, daß man die Konjunktur wieder fest in der Hand habe und der Sorge um die innere Ordnung enthoben sei, nicht richtig.

Es dauerte denn auch nicht lange, bis Erhard selbst sich dessen inne wurde. Am 9. Dezember, zwischendurch war er zwei Wochen lang durch Süditalien und Abessinien gereist und dort - stand in deutschen Zeitungen - wie ein Magier empfangen worden, schrieb er Adenauer einen weiteren Brief. Der Tenor dieses Briefes konnte von dem des vorhergehenden verschiedener nicht sein. Und so verhielt es sich wohl auch mit der Stimmungslage, der er Ausdruck verlieh. Selbstgewisse Erfolgsmeldung damals, Lamento in zweiflerischer Selbstverlassenheit jetzt. Der unmittelbare äußere Anlaß des Briefes waren Eindrükke, die Erhard zwei Tage zuvor bei einer Sitzung des Bundestagsausschusses für Wirtschaftspolitik über das Kartellgesetz gesammelt hatte. Seit dem Pakt mit Berg war mehr als ein Jahr, seit der Überweisung des Entwurfs an den Bundestag fast ein Jahr vergangen und die Sache war unterdessen kaum vorangekommen. Längst war fraglich geworden, was der Pakt noch galt. So, wie es die jeweilige Gegenseite erwartet hatte, hielten sich weder der BDI noch Erhard daran. Der BDI hatte erwartet, daß Erhard den ursprünglichen Entwurf nur einbrächte, um die Formen und das Gesicht zu wahren, bei der Beratung dann aber auf die Fassung hinwirkte, die er mit Berg feierlich vereinbart hatte. Das tat Erhard nicht. Er tat vielmehr, als gäbe es die Vereinbarung nicht, und wies seine Referenten an, im Ausschuß gegen Änderungsvorschläge und für die Vorlage zu argumentieren. Der BDI beklagte sich bei Etzel darüber. Etzel schrieb Erhard, daß er die Übereinkunft nicht desavouieren dürfe.[37] Der kümmerte sich nicht darum. Andererseits hatte Erhard erwartet, daß der BDI seine Agitation gegen das Verbotsprinzip aufgäbe und sich zu den Grundsätzen seines Entwurfs bekannte. Der BDI lancierte aber weiterhin Gutachten zugunsten einer Mißbrauchslösung und machte keinen Hehl aus seiner Neigung zum Höcherl-Entwurf. Einer war des anderen wert, und keiner fand im Ausschuß gegen den andern eine sichere Mehrheit. Dabei konnte die Regierungsvorlage mit einigen Verschärfungen, die Erhard eigentlich genehm sein sollten, immerhin auf eine starke Minderheit rechnen. Leider gehörte jene Minderheit der Opposition an. Die Ausschußmitglieder der Union blieben hingegen uneins. Nicht alle, aber zuviele waren eher den Wünschen des BDI und den Formulierungen Höcherls, als Erhards „Konzeption" und deren gesetzgeberischer Vermittlung zugeneigt. Und Erhard tat wenig, um sich und seinen Absichten mehr Zuneigung zu gewinnen. Er warb nicht um die Unterstützung der Fraktion, er erhob Anspruch darauf. Das mochte die Masse der Abgeordneten nicht. „Ich habe ... Sorge," schrieb Etzel an Müller-Armack, „daß 'unser' Minister sich zuwenig um die Fraktion kümmert. Das ist meine alte Klage, die ich ihm selbst hundertmal vorgetragen habe, die von ihm hundertmal anerkannt, die aber auch von ihm selbst hundertmal nicht erfüllt wurde. In diesem Punkt ist er wie eine Gummiwand."[38]

Statt sich zu „kümmern", schrieb Erhard an einzelne Abgeordnete dann und wann bekümmerte Briefe. Der CSU-Abgeordnete Stücklen hatte sich völlig unverständlicherweise im Ausschuß besonders betont gegen die Regierungsvorlage ausgesprochen. Ob er wisse, was er tue? Das deutsche Volk teile doch Erhards Auffassung, und der nächste Wahlkampf werde „gerade auf diesem Felde geführt ... Ich würde deshalb pflichtvergessen handeln und würde es mir persönlich Ihnen gegenüber als eine Schuld anlasten, wenn ich Sie nicht noch einmal mit dem ganzen Ernst, der der Sache zukommt, auf diese Gegebenheiten aufmerksam" machte. Stücklen werde sicher verstehen, daß Erhard „um der geschichtlichen Dokumentation willen Wert darauf lege, diesen Brief bei meinen Akten zu haben."[39]

Die Sitzung am 7. Dezember setzte Erhard besonders schwer zu: Die Abgeordneten der SPD auf seiner Seite und die Abgeordneten der eigenen Partei ...? Er ließ einen Tag verstreichen, dann lud er seinen aufgehäuften Gram bei Adenauer ab. Das unfrohe Ereignis ging dabei gleichsam in seinem eigenen Bedeutungsgehalt unter. Es blieb ungenannt und schien nur noch schwach als besondere Ausdrucksform eines gemeinen Zustandes und einer verderblichen Entwicklung wider. Erhards Seelenweh reflektierte sich als Leiden an den Verwerfungen und Verirrungen in Staat und Gesellschaft. Daß die Verwerfungen und Verirrungen in Staat und Gesellschaft sich ihrerseits in Erhards Seelenweh reflektierten, war natürlich unvermeidbar.

Dabei stand nun die Fraktion der CDU/CSU gleichsam stellvertretend für Staat und Gesellschaft. Die Fraktion sei zu einem Konglomerat widerstreitender Meinungen unter dem wirkungmächtigen Einfluß materieller Interessen verkommen, weltanschaulicher Bindungen ledig, zu einer geschlossen-festen Haltung nicht zu bewegen, seiner Politik der sozialen Marktwirtschaft Feind und deswegen sachlich und moralisch für kommende Wahlen nicht gerüstet. Die nächsten Wahlen werde man mit erfolgreicher Wirtschaftspolitik gewinnen, oder man werde sie verlieren. Nun gebe es die erfolgreiche Wirtschaftspolitik ja: die Produktion in unvordenklichem Maße gesteigert, den Außenhandel zum Blühen gebracht, die Arbeitslosigkeit beseitigt und dabei die Stabilität der Währung erhalten. „Aber dies alles wurde in hartem Kampf gegen unsere eigene Fraktion durchgesetzt, ja, diese hat alles getan, um vor dem deutschen Volke diese Erfolge herabzusetzen, psychologisch zu entwerten und sogar in ihr Gegenteil zu verkehren." Die Belege dafür blieb Erhard schuldig. Im übrigen schien er sich noch im unklaren darüber zu sein, ob die Zerklüftungen und das Verhalten der Fraktion den Zustand der Gesellschaft bereits repräsentierten oder ob sie einen vorerst noch besseren gesellschaftlichen Zustand falsch auf die politische Ebene übersetzten und ihn infolge der Verfälschung allmählich auch verdürben. Einerseits gab er sich überzeugt davon, „daß die Haltung der Abgeordneten und der die Pressionen ausübenden Organisationen ... nicht der wahren Stimmung und Haltung der Einzelindividuen entspricht." Andererseits nahm er - als „eine seelische und geistige Entartung" - die „groteske Erscheinung" wahr, daß die Unzufriedenheit der sozialen Schichten und der Berufsstände in dem Maße fortschritte, in dem sich deren wirtschaftliche Lage besserte.[40]

Da war sie, gedanklich unscharf noch und mißverständlich formuliert überdies, deshalb in vagen Andeutungen vorerst nur, die Unterscheidung zwischen dem Volk und der Gesellschaft; zwischen dem Volk, das Erhard ansprach, das ihn - mit dem Gemüt eher als mit dem Kopf, aber deswegen um so besser - verstand, wenn er von Freiheit und Ordnung und neuerdings von Moral und Mäßigung sprach, das ihn liebte und ihm zu folgen willens war, und der gesellschaftlich verfaßten Bevölkerung, die in Klassen, Schichten, Stände, Gruppen zerfiel und in der die Pluralität widerstreitender Interessen das gemeine Wohl und das rechte Maß aus den Augen verlor, in Verbänden organisiert, von Funktionären verführt, der Vernunft abspenstig gemacht und dem Kollektivismus zugeneigt, eine Gefahr für die ökonomisch-soziale Wohlfahrt und die politische Demokratie.

Erhard ahnte um diese Zeit noch nicht, daß der vorerst kaum wirklich gedachte Gedanke nach und nach zunächst sein ganzes Denken durchdringen und dann sein politisches Wollen inspirieren sollte. Die Vorstellung, daß das Selbst- und Weltverständnis der Menschen als Volk einerseits und als Gesellschaft andererseits nicht ineinander aufgingen, daß vielmehr das natürlich-volkliche Selbst- und Weltverständnis vom gesellschaftlichen verformt würden, spielte dabei allmählich die Rolle, die ein Jahrzehnt lang die Idee, daß Freiheit in der Ordnung Voraussetzung und Garant wirtschaftlich-politischer Wohlfahrt wäre, für Erhard gespielt hatte. Jene Idee war freilich eine fortschrittliche und konstruktive Idee gewesen, die Vorstellung hingegen war rückwärts gedacht und defensiv gemeint. Sie entsprang dem Mißbehagen statt der Zuversicht und verrannte sich in Mißverständnissen, statt zur befreienden Tat anzutreiben. Die Idee hatte Erhard sich angeeignet und die ordnungspolitische Konzeption, die der Idee praktische Bedeutung und Gestaltungskraft verlieh, gleich mit. Die Vorstellung ergab sich aus eigener Einsicht und ermangelte der konzeptionellen Begründungen und des praktisch Motivierenden. Und spätere Versuche, ihr im Begriff der „Formierten Gesellschaft" beides zu verschaffen, mißlangen so gründlich wie notwendig. Erhard war erfolgreich und erwarb sich Ruhm als politischer Initiator und als populistischer Repräsentant der vorgedachten „Sozialen Marktwirtschaft". Er scheiterte und verspielte ein Gutteil des Ruhms mit der unklaren, in Gedanken erst zu fassenden Absicht, die „Soziale Marktwirtschaft" in einer „Formierten Gesellschaft" aufzuheben.

Sicht- und spürbar wurde jenes Scheitern erst in der Kanzlerzeit. Dessen damals unvermerkte, im Rückblick jedoch ganz unverkennbare Ursprünge liegen aber in der Mitte der fünfziger Jahre und äußerten sich in jenem Brief an Adenauer vom 9. Dezember 1955, in einem weiteren, ähnlich klagevollen, grundsätzlicheren Brief an den Kanzler vom 30. Januar 1956 und in dem, was sich daraus ergab.

Es war selbstverständlich für Erhard, daß er sich in seiner Not und Sorge an Adenauer wendete, an die „ragende Gestalt", die „dem deutschen Volke Symbol und Garant ist." Und es war bezeichnend für das Verhältnis der beiden zueinander und für das politisch-persönliche Unglück, das dies Verhältnis für Erhard in petto hatte, daß sein Ruf „aus wirklich tiefer, innerer Herzensnot" zum Ausgangspunkt einer monatelangen Auseinandersetzung geriet, die ihren Anlaß schnell unter dem riesigen Haufen Scherben begrub, den sie verursachte und hinterließ.

Der große Kanzler trat in Erhards erstem Brief in einer etwas eigentümlich-doppeldeutigen Rolle auf; als jemand, den man zur Ordnung rufen müßte, damit er seinerseits die Partei und die Gesellschaft zur Ordnung riefe, weil nur er dies vermöchte. „Ich sehe überhaupt nur eine Möglichkeit der Rettung, und ich weiß nur einen Mann, der der Entartung und Verirrung steuern und wieder Zucht und Ordnung setzen kann, - das sind Sie, Herr Bundeskanzler." Aber „wohlmeinende Journalisten" trugen ihm, Erhard, zu, daß auch Adenauer den Einwirkungen der Interessenten ausgesetzt sei und gegen Erhards Wirtschaftspolitik der Vernunft und des Maßes in Stellung gebracht werden solle. Er beschwor ihn: Sie dürfen „ Einflüsterungen, Klagen und Pressionen der Gruppenvertretungen nicht Gehör geben, sondern (müssen) mit Härte und Entschiedenheit die Geister zurechtrücken."[41]

Ähnlich wie dem großen Klage- und Beschwörungsbrief bald nach Antritt des Ministeramtes, sieben Jahre zuvor, folgte auch diesem statt einer empfindsamen Antwort eine bezugslose briefliche Zurechtweisung. Adenauer bekundete sein Mißfallen daran, daß Erhard den Vorschlag, von der Groeben zum Abteilungsleiter zu befördern, mißachtet hattte. Erhard nutzte Gelegenheiten persönlichen Zusammentreffens, um ein wenig zu insistieren, schien Adenauer damit aber eher zu behelligen und zu langweilen, als zu beeindrukken und zu interessieren. So tat er, was er inzwischen zu tun gewohnt und was seinem Politikverständnis gemäß war: Er sprach in Reden und Zeitungsartikeln unmittelbar das „Volk" an. Ende Januar schickte er Adenauer einen der moralsatten Artikel und verband damit einen weiteren, sieben Seiten langen Brief, in dem die Partei- und Politikkritik ausdrücklich zur Kultur- und Gesellschaftskritik ausgeweitet und die Kanzler-Kritik akzentuiert war.

Die Zeit kranke am Verlust des Wirklichkeitssinns und an Maßlosigkeit. „Die Hybris ist dem deutschen Voke noch immer zum Unheil geworden; sie droht uns wieder zu befallen." Da alle gesellschaftlichen Gruppen ihre Anteile am Sozialprodukt erhöhen wollten, überfordere die Gesellschaft als Ganze die Wirtschaft und werde ihre Grundlagen und ihre Leistungskraft zerstören. Die Interessenorganisationen und die Parteipolitiker arbeiteten der Unzufriedenheit und der Begehrlichkeit vor, vertieften und rechtfertigten sie zugleich.

Die Politik werde nicht mehr von Leidenschaft, sondern von Krämergeist beherrscht. Und der Kanzler finde sich damit ab und gebe selbst Interesseneinflüssen nach. Dabei gelte es doch eigentlich, mit Besinnung auf die großen Ziele und Ideen den Interessenten Widerstand entgegenzusetzen, den Abgeordneten die Allgemeinheit ihrer Verantwortung wieder klarzumachen und beide zu innerer Wahrhaftigkeit und maßvoller Haltung zu bestimmen, um solcherart das Volk vor Verblendung zu bewahren. „Ich möchte Sie, sehr verehrter Herr Bundeskanzler, dazu ermuntern, eine ernste und offene Sprache zu führen, und ich bin gewiß, das deutsche Volk wird Sie hören und Ihnen folgen." Jenes Volk habe geradezu ein Bedürfnis danach, „hart angepackt zu werden." Und „wer sollte das tun, wenn nicht Sie."[42]

Diesmal antwortete Adenauer. Er antwortete freilich nicht so, wie Erhard es wünschte, sondern schlimmer, als Erhard es hätte erwarten müssen. Er habe den Brief mit Interesse gelesen, schrieb Adenauer. „Aber verzeihen Sie mir, wenn ich Ihnen sehr offen sage, die von Ihnen vorgeschlagenen Einwirkungen werden kein Erfolg haben." Nachdem man - Erhard voran - die Bevölkerung jahrelang zur Lust am Wohlstand ermuntert habe, sei es aussichtslos, „jetzt plötzlich Zurückhaltung und Enthaltsamkeit zu predigen." Im übrigen sah der Kanzler die Lage zwar als genauso gefährlich an wie sein Wirtschaftsminister, aber aus ganz anderen Gründen. Erhard brauchte nicht darüber nachzudenken, wer ihm die Gründe eingegeben hatte. Der Nachholbedarf sei fast gedeckt, schrieb Adenauer, die ausländische Konkurrenz nehme zu. „Ich fürchte daher ein Abflauen der Konjunktur ausgerechnet im Jahr vor der Wahl." Die Folgen vor allem für die Wahlchancen der CDU wären verheerend.[43]

Der Gegensatz konnte größer kaum sein: Der Wirtschaftsminister um die Stabilität, der Kanzler um Wachstum und Beschäftigung besorgt; der Wirtschaftsminister von den wirtschaftlichen Sorgen und von persönlicher Erbitterung gegen die ungetreue Fraktion und den undankbaren BDI zu kulturkritischer Emphase bewegt, der Kanzler die emphatische Bewegtheit als welt- und politikfremde Gemütswallungen abtuend; der Wirtschaftsminister - anders nun, als noch im Dezember-Brief - ausdrücklich davon überzeugt, daß man als Partei, die allen materiellen Wünschen zu genügen trachte, die nächste Wahl nicht als Partei, die mit den großen Idealen und Zielen die „Geister entzündet", die nächsten Wahlen aber gewiß gewinnen werde, der Kanzler insgeheim davon überzeugt, daß die Ideale der Menschen höchst materieller Natur seien und deshalb darauf bedacht, daß die Wahl nicht unter den Einfluß wirtschaftlicher Schwächeanwandlungen geriet.

Der Gegensatz verlor dadurch nicht an Erheblichkeit, daß beide recht hatten. Und er gewann dadurch an Brisanz.

Der verehrte Kanzler ersparte dem ungeschätzten Minister außer der Enttäuschung auch den Schrecken und die obligate Schelte nicht. Die finanziellen Mittel, die Schäffer in den vergangenen Jahren angehäuft habe, um damit bei Bedarf die bevorstehende Aufrüstung zu finanzieren, schrieb er, müßten mit Nachdruck „zur Befruchtung der Wirtschaft verwendet werden. In dieser Frage sind leider Gottes viel zu wenig Vorbereitungen von ministerieller Seite getroffen worden. Das muß schleunigst nachgeholt werden." Er bitte um Stellungnahme.[44]

Die Feststellung mangelnder Vorbereitung war sachlich richtig, zum Vorwurf gewendet erschien sie Erhard dennoch als so unberechtigt wie nur etwas. Und als unverständig außerdem.

Schäffer hatte in Erwartung des Finanzierungsbedarfs für die Aufrüstung tatsächlich große jährliche Haushaltsüberschüsse angesammelt. Das war ein ziemlich offenes Geheimnis. Der Hort hatte den Namen „Juliusturm" erhalten, weil im Spandauer Juliusturm einstmals der Preußische Kriegsschatz aufbewahrt wurde, und war ein Objekt des Stolzes und der Kritik zugleich. Erhard hatte weder die Anhäufung des Schatzes gefallen noch gefiel ihm dessen Existenz - dies mit besseren Gründen als jenes. Die Anhäufung hatte ihm nicht gefallen, weil er statt dessen wachstumsförderliche Steuersenkungen wünschte. Der Wunsch war zumindest fragwürdig gewesen. Das Wachstum hatte Steuersenkungen nicht nötig, und die Haushaltsüberschüsse absorbierten Liquidität, die von den Leistungsbilanzüberschüssen hervorgerufen wurde und ein beachtliches inflatorisches Potential darstellte. Das versöhnte die akademischen Ökonomen halbwegs mit dem Turm. Halbwegs nur, denn es bedrückte sie zugleich die Aussicht auf dessen übermäßig rasche Entleerung in naher Zukunft. Die befürchtete inzwischen auch Erhard und deshalb gefiel ihm jetzt der Turm sowenig wie früher Schäffers Geiz. Der Turm gefiel ihm um so weniger, als aus der nahen Zukunft gerade Gegenwart zu werden schien. Dabei ging die Aufstellung und die Ausrüstung der Armee langsamer voran als gedacht und konnte weitgehend aus dem laufenden Haushalt finanziert werden. „Schäffers Milliarden" wurden dafür kaum benötigt. Erhard war darüber heilfroh und dachte natürlich nicht daran, deren anderweitige Verausgabung zu planen. Er beobachtete vielmehr mit Unruhe, daß Abgeordnete der Koalitionsfraktionen die Messer wetzten, um den Kuchen zu verteilen. Er wünschte, daß der Kanzler dem Treiben Einhalt geböte. Aber der Kanzler warf ihm Versäumnisse vor und rechtfertigte damit die Absichten des „Kuchenausschusses" zumindest grundsätzlich.

Des Konfliktpotentials war somit reichlich und eingedenk der rechthaberischen Streitbarkeit beider Männer, dazu der kalten Abneigung des einen und der verzweifelten Gefallsucht des anderen, wäre es ein Wunder gewesen, wenn daraus kein offener Konflikt entstanden wäre. Wundersam konnte hingegen dessen Dauer und Art anmuten. Ein Brief gab den anderen. Sieben wurden es im Verlauf von drei Monaten insgesamt. Dabei nahmen Adenauers Briefe eine Länge und argumentative Eindringlichkeit an, deren Minister und andere Mindermenschen sich sonst nicht versehen durften. Adenauer machte sich mit Erhard Mühe. Erhard merkte es wohl und genoß es unter den Prügeln, die ihm dabei zuteil wurden. Es war keine bloße Friedensformel, die den Rücktritt abwenden sollte, sondern kam ihm aus dem Herzen, wenn er die Antwort auf den letzten, längsten und lästerlichsten Kanzler-Brief mit dem Satz begann: „Sie mögen vielleicht überrascht sein, wenn ich Ihnen gestehe, daß ich Ihren Brief ... mit einer gewissen Befriedigung zur Kenntnis genommen habe."[45] Adenauer machte Erhard nieder, aber wie er das tat und was er sich selbst dabei doch auch sagen ließ, das hob Erhard zugleich ein weites Stück zu ihm hoch. Er erkannte unausgesprochen an, daß Erhard keiner mehr war, den man bei Fehlverhalten kurzweg zusammenstauchen konnte: „Ihr ganzes Verhalten ist unmöglich ...". Er war neuerdings einer, mit dem man sich - verquer und enervierend wie er war - auseinandersetzen mußte. Erhard glaubte, daß dies ihrem persönlich-politischen Verhältnis zum Vorteil ausschlage, weil es zeige, „wieviel auch Ihnen daran liegt, neben einer sachlichen Übereinstimmung ein menschlich gutes Verhältnis zu mir sicherzustellen".[46] Der Glaube war verfehlt. Er projizierte Erhards eigene Wünsche auf Adenauers Absichten. Das Verhältnis zwischen Adenauer und Erhard wandelte sich, aber es wurde wahrlich nicht besser. Im Gegenteil: Das leidige Miteinander-Nicht-Können geriet zum leidvollen Zerwürfnis.

Erhard beantwortete Adenauers Brief vom 6. Februar 1956 zehn Tage später mit einem volkswirtschaftlichen Kolleg für Anfänger, das dem Kanzler den Unterschied zwischen „Enthaltsamkeit" und „Maßhalten" und die „Abwegigkeit" seiner Konjunkturprognose sowie der Konsequenzen, die er daraus zog, verdeutlichen sollte. Er denke nicht daran, Enthaltsamkeit zu empfehlen, schrieb Erhard. Denn das Übel bestehe ja nicht darin, „daß das deutsche Volk seinen Verbrauch steigern möchte". Der Wunsch sei ihm unbenommen. Das Übel bestehe darin, daß das deutsche Volk in „fast allen Schichten und Gruppierungen die rechten Maße und realen Möglichkeiten verkennt." Deshalb empfehle er Maßhalten. Das sei etwas anderes und *nicht* aussichtslos, weil „ich fest überzeugt bin, daß dieses unser deutsches Volk in seinen Einzelindividuen - oder besser gesagt, in seinem menschlichen Sein - im Kern gesund, rechtschaffen, wahrhaftig und vernünftig ist und daß seine Hybris sich immer nur an den Verlockungen und Verhetzungen leichtfertiger Geschäftemacher, um Geltung und Rang besorgter Funktionäre und politischer Rattenfänger entzündet. Ich glaube darum, es wäre eine gute Demokratie, die menschliche Brücke zwischen Regierung und Volk zu finden und zu festigen." Adenauers Auffassung über die Konjunkturentwicklung aber sei abwegig, weil alle Anzeichen nicht etwa auf ein Abflauen, sondern auf eine Verstärkung des Aufschwungs hinwiesen. Deshalb halte er, Erhard, das gefällige Ausstreuen öffentlicher Mittel für gefährlich und verantwortungslos.[47]

Das blieb richtig, obwohl sich erwies, daß Erhards zweckbedachte Deutung der Konjunktur-Indikatoren ebenso falsch war wie die zweckbedachte Deutung zwei Jahre zuvor. Damals hatte er einen desaströsen Abschwung vorausgesagt und das Wachstum hatte sich beschleunigt, jetzt sagte er eine Wachstumsbeschleunigung voraus und die Zuwachsrate fiel von 12 auf 4 %. Andererseits widerrief die Vorhersage der stabilitätsgefährdenden Verstärkung des Aufschwungs die drei Monate alte Zusicherung, daß man die Konjunktur fest in der Hand habe.

Adenauer ließ Erhards Belehrungen und Widersprüche erst einmal auf sich beruhen. Unterdessen setzte der Zentralbankrat die Leitzinsen hinauf.

Die Bank Deutscher Länder hatte Erhards Versicherungen von vornherein nicht getraut und stabilitätspolitische Maßnahmen weiterhin für nötig erachtet. Da Maßnahmen der Regierung ausblieben, glaubte sie es ihrem Auftrag allmählich schuldig zu sein, ihrerseits zu handeln. Wenige Tage, nachdem Erhard an Adenauer geschrieben hatte, beriet der Zentralbankrat über eine Erhöhung des Diskont- und des Lombardsatzes. Erhard konnte an der Sitzung nicht teilnehmen, weil er auf Staatsbesuch in London war. Schäffer nahm teil und bat dringlich darum, daß der Beschluß verschoben werde, damit Erhard Gelegenheit bekomme, vorher im Zentralbankrat seine Meinung zu sagen. Der Zentralbankrat konnte die Bitte aus rechtlichen Gründen nicht abschlagen. Bei seiner nächsten Sitzung, am 8. März, war Erhard zugegen und sagte seine Meinung. Die Meinung war etwas verwirrt im Vortrag und im Ergebnis zunächst unentschieden: „Jene Preissteigerungen, die aus dem Verhalten der Sozialpartner resultieren, sind ja in ihrem Kern nicht inflationärer Natur," sagte er abschließend, „sondern es ist ein ganz anderes Phänomen, mit dem wir es zu tun haben. Das wird in der Öffentlichkeit aber gar nicht unterschieden. Es wird jeder steigende Preis als ein Schritt in die Inflation betrachtet, und aus dem Grunde ist es besonders wichtig, daß wir auch gleich wissen, wo die Maße und Grenzen sind, damit wir dieser Entwicklung rechtzeitig Einhalt gebieten."[48]

Während der Zentralbankrat unter diesen gedanklichen Voraussetzungen seine Beratungen fortsetzte, wurde aus Bonn angerufen. Dort tagte zur gleichen Zeit das Kabinett. Erhard wurde aus der Kabinettssitzung heraus dazu aufgefordert, sein Veto einzulegen, falls der Zentralbankrat über eine Diskonterhöhung abzustimmen gedenke. Er sagte den Zentralbankräten, daß er persönlich inzwischen dafür sei, den Diskontsatz hochzusetzen, daß er sich als Minister aber „in aller Form eines offiziellen Auftrags zu entledigen" habe. Ich „muß diesem Auftrag folgen. Ich habe ja meine persönliche Meinung dazu gesagt." Im übrigen: Sei das Veto-Recht der Regierung nicht eigentlich schon verbraucht? Der

Zentralbankrat war sich nicht recht schlüssig darüber, ob Schäffers dringliche Bitte als Veto zu deuten wäre. Aber wenn der Minister ihn *so* frage ...! Er beschloß, den Diskont- und den Lombardsatz um jeweils einen Prozentpunkt hinaufzusetzen.

Die Erhöhung stieß im Kabinett, zu dessen nächster Sitzung Vocke und Bernard geladen wurden, und namentlich beim Kanzler auf schroffe Kritik. Erhard verteidigte den Zentralbankrat in der Öffentlichkeit und in einem weiteren Brief an Adenauer. Obwohl „nie die Währung, sondern immer nur die Hochkonjunktur gefährdet" gewesen sei, komme die Zinserhöhung gerade zur rechten Zeit. Sie habe den Willen der Regierung kenntlich gemacht, „um der Erhaltung der Währungsstabilität willen sogar die Konjunktur zurückzudämmen." Die Angst davor werde die Wirtschaft daran hindern, die Preise weiter zu erhöhen.[49]

Man versteht, daß Erhard zuweilen darüber klagte, daß der Kanzler ihn *nicht* verstehe. Er wiederholte bei dieser Gelegenheit seine Sorgen wegen der Entleerung des Juliusturms und regte sogar zu prüfen an, ob im Interesse der Stabilität die Aufstellung der Bundeswehr verlangsamt werden sollte. Diesmal antwortete Adenauer wieder. Es ging los.

Wie gewöhnlich, wenn er sich über jemanden ärgerte, vermengte Adenauer Sache und Person und setzte Vorwürfe an die Stelle von Argumenten. Erhard schreibe ihm, daß er sich sorge. Er, Adenauer, sei unzufrieden; sei unzufrieden mit der Regierung im allgemeinen und mit dem Wirtschaftsministerium im besonderen. Er vermisse die klare Linie, die Stetigkeit und die Gleichmäßigkeit der Wirtschaftspolitik. „Breite wirtschaftliche Kreise" vermißten all dies auch und deswegen habe das Ministerium - nicht Erhard selbst - dort Glaubwürdigkeit und Kredit verloren. Darüber müsse man reden.[50]

Einen Tag, bevor Adenauer dies, an einem Samstag und daheim in Rhöndorf, schrieb, hatte Erhard einen weiteren Brandbrief losgelassen. Adenauer fand ihn am Montag im Palais Schaumburg vor. Der Brief galt einmal mehr dem „Kuchenausschuß", der eben sein unsägliches Werk zu einem vorläufigen Abschluß gebracht hatte und in Erhards Bewußtsein inzwischen alles repräsentierte, was dem Minister besonders zuwider war: Als Initiator und Beförderer von Inflation war er noch vor die Tarifpartner getreten und als Institut interessenpolitischen bargainings war er der parlamentarische Ausdruck des gesellschaftlichen Verlusts an Wirklichkeits- und Gemeinsinn, an Vernunft und Maß. Die Abgeordneten hatten zunächst einmal die bisherigen Einnahmenüberschüsse des Bundes gedanklich in die Zukunft verlängert und den zukünftigen Zufluß in zusätzliche Ausgaben für Subventionen, Sozialleistungen und ähnliches umgesetzt. Außerdem hatten sie Teile des schlimmen Juliusturms mit planerischem Beschlag belegt. Wenn ihre Absicht Tat würde, schrieb Erhard an Adenauer, dann sei ein erheblicher Preisanstieg aus zwei Gründen nicht zu vermeiden: Erstens wirke der Nachfragestoß, der davon ausgehe, an sich preissteigernd und zweitens verpuffe die psychologische Wirkung der Diskonterhöhung. Die Wirtschaft werde dann *nicht* mehr glauben, daß es die Regierung mit der Stabilität wirklich ernst meine und *keine* Preisdisziplin aus Furcht vor politisch bewirkter Wachstumsbeschränkung üben. Außerdem werde die Begünstigung einiger Gruppen die Unzufriedenheit und Begehrlichkeit der Nichtbegünstigten wachrufen und eine allgemeine Vertrauenskrise auslösen. Deshalb schlage er vor, daß die Regierung, statt durch Ausgabenvermehrung Sonderwünschen zu genügen, eine allgemeine Steuersenkung anbiete. Die vermehre vielleicht auch die Nachfrage, aber ohne dadurch ähnliche, inflationäre Gefahren heraufzubeschwören. Der Kanzler möge Erhards warnende Stimme, bitte, sehr ernst nehmen.[51]

Adenauer tat dies auf seine Weise. Zwei Tage, nachdem er die warnende Stimme vernommen hatte, bat er seinerseits Erhard, ihm „ein ganz offenes Wort nicht übelzunehmen."

Erhard sei gut gewesen, solange es gegen die Planwirtschaft ging. Mit der Hochkonjunktur komme er aber offenbar nicht zurecht. Er solle - und einen Moment lang konnte man meinen, es wäre nicht März 1956, sondern März 1951 - weniger reisen und sich mehr um sein Ministerium kümmern. Es sei falsch gewesen, Kattenstroth und nicht von der Groeben zum Abteilungsleiter zu machen. Die Besetzung der Ministerialdirektorenstellen im Wirtschaftsministerium müsse durchweg überprüft werden. Die Abteilung Geld und Kredit tauge nichts und wäre besser beim Finanzministerium geblieben. Und, um auch was zur Sache zu sagen: Die Gefahr einer Inflation gebe es nicht. Man werde sie freilich schaffen, wenn die Regierung Erhards Rat folgte und die Steuern senkte. Erhard möge dies alles während der österlichen Erholungspause in Ruhe durchdenken.[52]

Adenauer fuhr, nachdem er den Brief geschrieben, Erhard, als er ihn erhalten hatte, in Urlaub. Beide schätzten Urlaub, waren seiner häufig bedürftig und genossen davon reichlich. Adenauer reiste ins Hotel Monte Verita in Ascona, Erhard ins Hotel Sonnenhof in Bad Wörishofen. Vorher hielt er noch einen Vortrag im schweizerischen Institut für Auslandsforschung, in dem er eine Konjunkturpolitik ankündigte, die den zu Materialismus und Maßlosigkeit geneigten Menschen den wichtigen Begriff der Freiheit wieder zugänglich mache.[53] Am gleichen Tag unterrichtete Westrick die Fraktion über die Konjunkturlage und die Wirtschaftspolitik. Die Fraktion bemängelte, daß der Bericht zur Lage nicht umfassend und die Darlegung der politischen Absichten nicht konkret genug gewesen seien.[54]

Erhard ließ sich, dem Kanzler-Rat entsprechend, mit der Antwort auf Adenauers Brief genau drei Wochen Zeit. Am 11. April erst verließ der Antwortbrief den Sonnenhof. Viel Sonne schien von seinen sechzehn Seiten nicht wider. Hauptsächlich rechtfertigte und belobigte Erhard sich darauf. Das war das Übliche. Unüblich war, daß Erhard es diesmal aber nicht dabei bewenden ließ, sondern erstmals auch anklagte und angriff. Zu diesem Zweck bedingte er sich, im Gegenzug zu Adenauers Anspruch auf ein „offenes Wort", das Recht auf eine „freimütige Sprache" aus. Dann legte er los: Wie ungerecht und kränkend Adenauer ihn seit je behandle; des Kanzlers ökonomischer Unverstand, verzeihlich durchaus, aber um so weniger angebracht deshalb seine Ungeduld: „Man kann eben nicht in einem Satz zum Ausdruck bringen, wozu deren mindestens zehn notwendig sind." Als wie bitter gerade Erhard solche Art Behandlung empfinden müsse, da doch wahrscheinlich er die erste Bundestagswahl gewonnen und seither mit einer wirtschaftspolitischen Leistung, die „in der Wirtschaftsgeschichte der Völker ohne Beispiel" und in der ganzen Welt als beispiellos anerkannt sei, wie keiner sonst dem Kanzler für dessen Politik den Boden bereitet habe. Was dann Adenauers jüngste Vorwürfe und Drohungen angehe. Erhard nahm sie sich Punkt für Punkt vor, widerlegte sie und wies sie zurück.

Wirtschaftspolitik bei Hochkonjunktur: Was der Kanzler für Unstetigkeit der Wirtschaftspolitik ansehe, sei gewollt und nötig; Unbeugsamkeit, wo es um die Wirtschaftsordnung, Wendigkeit, wo es um die Konjunktur gehe. Den Gefahren der Hochkonjunktur, die sich vornehmlich aus Disziplinlosigkeit der Sozialpartner ergeben, habe er bereits entgegengewirkt, als andere sie noch gar nicht erkannt hatten. Wenn der Bundeskanzler erwarte, daß die Wirtschaftspolitik für ein absolut stabiles Preisniveau sorge, dann möge er die bereitwillige Erfüllung gruppenwirtschaftlicher Sonderwünsche zu verhindern helfen, die sich der Kuchenausschuß derzeit so angelegen sein lasse.

Das Ansehen des Wirtschaftsministeriums: Adenauers Unterscheidung - hier der populäre Minister und dort das ungeschätzte Amt - gehe nicht an. Alles, was das Amt tue, geschehe mit Erhards Willen und auf seine Weisung hin. Beider Ansehen verfalle nicht, es nehme eher zu. Das deutsche Volk sei mehr und mehr von der Unbestechlichkeit, Objektivität und Gerechtigkeit des Wirtschaftsministeriums überzeugt. Der Widerstand von Interessengruppen gegen einzelne Maßnahmen sei selbstverständlich und könne ihn an den Grundsätzen seiner Politik nicht irremachen, „um so mehr jene Funktionäre - oder mögen es auch Präsidenten sein - zwar organisatorisch, aber bestimmt nicht moralisch und tatsächlich berufen sind, für die wirtschaftenden Menschen als Einzelpersönlichkeiten zu sprechen." Mit Unruhe erfülle ihn freilich, daß Adenauer mit jenen Funktionären und Präsidenten spreche, ohne ihn je hinzuzuziehen. Denn die würden anders reden, wenn es „sozusagen unter sachverständiger Kontrolle" geschähe.

Seine Personalpolitik: Kattenstroth sei ein hervorragender Beamter, und das gelte für die anderen Abteilungsleiter nicht minder. Gegen deren Überprüfung „lege ich hiermit in aller Form Verwahrung ein." Er stehe seinen Mitarbeitern nahe, schätze ihre Leistungen, Tüchtigkeit, sachliche Hingabe und menschlichen Tugenden, stelle sich vor sie „und werde sie in jedem Fall zu schützen wissen." Auch in der Abteilung Geld und Kredit sei Großes geleistet worden. Ihre Rückgabe ans Finanzministerium wäre ein Grund für seinen unwiderruflichen Rücktritt.

Die Reisefreudigkeit: Er reise weder aus Vergnügungs- noch aus Geltungssucht, eher zuwenig als zuviel. Reisen und Reden im Lande machten „einen Teil des Erfolgs unserer Wirtschaftspolitik aus." Und die Auslandsreisen mehrten das Ansehen Deutschlands in der Welt, festigten Freundschaften und brächten infolge „meiner wirtschaftspolitischen Weltgeltung" auch greifbaren Nutzen.

Soviel zu Adenauers Beschwerden und seinen, Erhards, Entgegnungen darauf. Doch nicht genug damit.Weil er gerade beim Bekennen sei, machte Erhard gleichsam ganze Sache und brachte auch ins Spiel, was ihn beschwerte, „jene monomane Haltung" nämlich, „die alles das gutheißt, was nur überhaupt 'europäisch' verbrämt werden kann ... Ich habe darum auch Ihren „Integrationsbefehl" beklagt, der jedwede Form und Methode einer Kooperation, also insbesondere auch jene Teillösungen gutheißt, die im Effekt nicht zu einer echten Integration, sondern nur zu einer Aufsplitterung und Zerfransung der Volkswirtschaften führen. Wer die Funktion einer europäischen Wirtschaft im Sinne eines gemeinsamen Marktes bekämpfen und zerstören will, muß solche Teillösungen fordern, und wir sind wieder einmal auf dem besten Wege, diesem Irrtum zu erliegen." Im übrigen werde immer deutlicher, „daß wir unsere eigentlichen politischen Anliegen" nur mit den Vereinigten Staaten und Großbritannien verwirklichen könnten, wogegen Frankreich uns daran hinderte.

Erhard schloß den Brief mit einer Selbstbesinnung, die unvermittelt in eine abschließende Äußerung seines Selbstverständnisses um jene Zeit überging. Der Brief könne den Eindruck vermitteln, schrieb er, „als ob ich in einer selbstgefälligen Eitelkeit jedwede Kritik negieren und in allen Fragen recht behalten möchte. Das aber ist nun wirklich nicht der Fall. Ich wurde in diese mißliche Rolle nur deshalb gedrängt, weil ich viele Ihrer Äußerungen als sachlich unberechtigt und in der Form verletzend empfinde. Es ist für mich immer wieder schmerzlich, feststellen zu müssen, daß soviel guter Wille, soviel treue Hingabe und menschliche Anständigkeit einen - wie ich es empfinde - so schlechten Lohn finden ... Das wird mich nicht abhalten können, Ihnen auch weiterhin bis zur Selbstentäußerung treu zur Seite zu stehen, aber Sie mögen die menschliche Natur auch nicht überfordern."[55]

Adenauer dürfte über keinen Brief, den er zeit seiner Kanzlerschaft von einem seiner Minister erhalten hatte, so erstaunt gewesen sein wie über diesen Brief Erhards. Strauß hatte ihm schon streithaftere geschrieben. Nun ja, Strauß! Aber Erhard?! Erhards mannhaftes Selbstmitleid rührte ihn natürlich nicht. Die kindische Selbstüberhebung ließ sich mit einer spöttischen Bemerkung abtun: „Sie wissen doch sehr genau, daß alle Bundesminister ... in einem gewissen Umfange abhängig (sind) vom dem Apparat, der (ihnen) zur Verfügung steht. Und daher sind Ihre gelegentlichen Bemerkungen, „ich stehe dafür", „ich übernehme die Verantwortung", „ich tue das, ich tue jenes und nicht mein Amt" wohl nicht so wörtlich zu nehmen."[56] Aber das neue Selbstbewußtsein, das aus dem Brief sprach und ihm nach schierer Impertinenz klang, berührte ihn sehr und um so stärker, als er es zwar immer noch für unangebracht hielt, aber nicht mehr kurzweg abtun konnte. So setzte er sich denn im Hotel Monte Verita hin und beantwortete den erstaunlichsten Brief, den er je von einem Minister erhalten hatte, mit dem längsten Brief, den er je an einen Minister schrieb; an Erhards Brief gemessen halb so lang wie jener, acht gegen sechzehn Seiten, am Längenverhältnis vorhergehender Briefwechsel gemessen aber mindestens doppelt so lang, inspiriert von raschem und diktiert in frischem Zorn, damit nur ja keine Zweifel daran aufkämen, wer Herr in Westdeutschlands politischem Hause war, eine sonderbare Mischung aus herkömmlicher Abkanzelung, bemühter Rechthaberei und politischem Argument.

Er habe gemeint, schrieb Adenauer, offen mit Erhard reden zu können. „Aber, lieber Herr Erhard, ... Sie scheinen diese Offenheit nicht zu vertragen. Sie schlagen in Ihrem Antwortbrief zuweilen einen Ton an, den ich nicht mehr von Ihnen angeschlagen sehen möchte ... Der Brief (enthält) Ansichten und Wendungen, die unmöglich sind." Auch das schien aus alten Zeiten herüberzuklingen. „Ihr ganzes Verhalten ist unmöglich," hatte Adenauer im März 1951 an seinen Wirtschaftsminister geschrieben und wie selbstverständlich ausgeschlossen, daß es gegen die Feststellung irgend etwas zu erinnern gäbe. Neuerdings hielt er es für nützlich, ein paar Bemerkungen zur verfassungsrechtlichen Stellung und Kompetenz des Bundeskanzlers daran zu knüpfen. Dann folgte er Erhards Klagen und Argumenten Punkt für Punkt, nicht völlig unversöhnlich im Ton, aber unnachgiebig in der Sache, dabei natürlich nicht durchweg sachlich, um Widersprüche unbekümmert, um Begründungen nicht weiter bemüht und um verweisende Worte nie verlegen. Im vorhergehenden Brief hatte er die Unstetigkeit der Wirtschaftspolitik bemängelt, jetzt warf er Erhard dogmatische Unbeweglichkeit und daraus resultierende Fehlurteile und Versäumnisse vor. Er bestand darauf, daß des Ministeriums öffentliches Ansehen bei der Landwirtschaft, beim Mittelstand und auch bei der Industrie schwinde und daß die Besetzung der Abteilungsleiterposten prüfungsbedürftig sei, weil sie die bestmögliche Erfüllung der schwierigen Aufgaben nicht verbürge. Im übrigen gehe Erhards Bemerkung, daß er seine Mitarbeiter „in jedem Fall zu schützen wissen (werde,) weit über das zulässige Maß hinaus und enthält mir gegenüber eine so unverhüllte Drohung, daß ich sie zurückweisen muß." Er bestritt Erhard das Recht, „Funktionären" und „Präsidenten" (Berg und Pferdmenges wohl!) in beleidigender Weise die moralische Berufung abzusprechen, im Interesse „der wirtschaftenden Menschen" ihre Stimme zu erheben, und verwahrte sich einigermaßen aufgeregt dagegen, „daß meine Besprechungen mit solchen Herren unter Ihrer sachverständigen Kontrolle stehen sollten." Das sei doch wohl „eine Beeinträchtigung meiner freien Entschließungen, die mir nicht paßt. Ich lasse mir keine Vorschriften machen darüber, mit wem ich sprechen kann." Schließlich: Erhard reise zuviel und sei zu oft nicht da. Basta. Über seinen subjektiven Eindruck, daß er im Ausland Deutschlands Wertschätzung und Nutzen mehre, sei nicht zu rechten. Das Auswärtige Amt hingegen - „ich muß Ihnen das doch sagen" - ist nicht „über alle Ihre Reisen sehr glücklich gewesen."

Bis an diese Stelle der langen Epistel - gut sieben von acht Seiten waren dafür draufgegangen - hatte Adenauer die jammervoll-aufsässige Grundsätzlichkeit von Erhards hochgestimmten Auslassungen gleichsam auf den Boden politisch-persönlichen Gezänks heruntergeholt. Der sachliche Anlaß der nach Motiven und Mitteln ungleich geführten Auseinandersetzung hatte sich dabei weitgehend verflüchtigt, weil Adenauer die gesellschafts- und kulturkritischen Folgerungen, die Erhard aus beunruhigenden wirtschaftlichen Erscheinungen zog, für politisch unbeachtlich hielt und sich deshalb nicht darauf einließ. Dann aber folgten noch wenige Zeilen, die es in sich hatten. Adenauer nahm Erhards streitbare Zweifel an der Tunlichkeit seiner Europapolitik auf und verwarf sie in lakonischer Kürze mit so tiefernster Entschiedenheit, daß weiterer Widerspruch dagegen als unzulässig erschien: „Ihre Ausführungen liegen neben der Sache. Die europäische Integration war das notwendige Sprungbrett für uns, um überhaupt wieder in die Außenpolitik zu kommen. Europäische Integration ist auch um Europas willen und damit unseretwillen notwendig. Europäische Integration ist aber vor allem notwendig, weil die Vereinigten Staaten sie als Ausgangspunkt ihrer ganzen Europapolitik betrachten und weil ich genau wie Sie die Hilfe der Vereinigten Staaten als absolut notwendig für uns betrachte. Ich bin der Auffassung, daß wir einen „gemeinsamen Markt" haben müssen. Er wird in Etappen und stückweise kommen müssen. Aber die Erreichung dieses Ziels muß uns immer vor Augen bleiben. Den Ausdruck „Integrations*befehl*" hätten Sie besser unterlassen."

Die Ursprünge des Streits verwiesen auf die Entzündlichkeit des Verhältnisses zwischen dem Kanzler und seinem Wirtschaftsminister. Dessen Ausweitung und Duktus gaben zu erkennen, wie stark Adenauers persönliche Abneigung, wie groß seine Unduldsamkeit gegen Erhard geworden waren und wie sehr Erhards Wille und seine Möglichkeiten zugenommen hatten, sich gegen die unduldsamen Äußerungen von Adenauers Abneigung aufzulehnen. Und sein vorläufiges Ende zeigte an, wo sich die politische Bruchstelle des brüchigen persönlichen Verhältnisses befand. Die konjunkturelle Entwicklung, deren Deutung und politische Behandlung, gab den ersten Anstoß dazu, daß sich der befriedbare persönliche Konflikt der beiden ungleichen Männer in den folgenden Jahren zum unheilbaren menschlichen Zerwürfnis wandelte. Zugrunde lag das dem Wandel nicht. Zugrunde lagen ihm die konzeptionelle Unterschiedlichkeit, die habituelle Unveränderlichkeit und deshalb die praktische Unvereinbarkeit der europapolitischen Sicht- und Verhaltensweisen Adenauers und Erhards: Adenauers Glaube an die historische Notwendigkeit der politischen Einigung Europas, seine Hoffnung auf die Mittelhaftigkeit der wirtschaftlichen Integration und seine weitgehende Gleichgültigkeit gegen die wirtschaftlichen Wirkungen von Formen der Integration, die ihm politisch vielversprechend zu sein schienen. Dagegen Erhards dogmatisch begründete Zweifel an der ökonomischen Vernunft und seine nationalwirtschaftlich begründeten Zweifel an der materiellen Vorteilhaftigkeit der institutionellen wirtschaftlichen Integration Europas, sein nationalliberales Unverständnis für den als atem- und bedenkenlos empfundenen Einigungsdrang des Kanzlers und - eins darin mit dem anderen gedanklich vermittelt - seine Meinung, daß nicht die institutionelle wirtschaftliche Integration in den Dienst der politischen Einigung genommen werden sollte, sondern daß - umgekehrt - die politische Einigung erforderliche Voraussetzungen für eine vernünftige Integration der Volkswirtschaften schaffen müßte.

Ein deutsches Zerwürfnis - Fortsetzung

Während Erhard - wieder in Bonn - noch an der Antwort auf Adenauers trotz allem „befriedigenden" Brief polierte, wurde in Brüssel ein Dokument fertig, das der wirtschaftlichen Integration Europas auf supranational-institutionellen Grundlagen neue Schubkraft gab und dadurch den Meinungsunterschied auf der Ebene praktischer Politik aktualisierte. Ein Redaktionsausschuß der Expertenkonferenz beendete ein halbes Jahr später als erhofft den Konferenzbericht. Spaak billigte ihn und empfahl, nunmehr eine Regierungskonferenz einzuberufen, die jenen Bericht in Gründungsverträge umsetzte.

Gleichwohl flammte der Streit, der zwischen dem Kanzler und seinem Wirtschaftsminister schwelte, kurz danach sichtbar und heftig auf, weil die Konjunkturpolitik Wind hineinblies. Dabei schien Erhard den Streit gerade beigelegt zu haben. Er ließ Adenauer nach vierzehntägiger Besinnung weitere 13 Seiten zugehen, auf denen er gegen des Kanzlers verfassungsrechtlichen Herrschaftsanspruch die menschliche Treue ins Feld führte, für unbeabsichtigte Kränkungen um Verzeihung nachsuchte und sich noch einmal in länglicher Rede, diesmal aber in sehr verbindlichen Wendungen, rechtfertigte. Er schloß mit dem ebenso rührenden wie unbegründeten Ausdruck der Hoffnung, „daß diese briefliche Auseinandersetzung, die um der Sache willen unerläßlich ist, uns noch enger verbinden wird. An mir, sehr verehrter, lieber Herr Bundeskanzler, werden Sie niemals eine menschliche Enttäuschung erleben."[57] Adenauer antwortete darauf nicht mehr.

Der Streit über die Konjunktur, der sich so weit von seinem Anlaß entfernt hatte, kam vorübergehend zur Ruhe, die Konjunktur selbst nicht. Der Nachfragesog schwächte sich zwar merklich ab, ein Nachfrageüberhang, der Preiserhöhungsspielräume offenhielt, blieb aber existent. Außerdem begannen die Arbeitskosten nun wirklich schneller als die Arbeitsproduktivität zu steigen. Die Sorgen, die man sich deswegen im Wirtschaftsministerium, im Finanzministerium und bei der Bank Deutscher Länder machte, dauerten an und wurden von den Umtrieben des parlamentarischen „Kuchenausschusses" genährt. Anfang April schlossen die beiden Minister mit Vocke ein informelles Bündnis zum gemeinsamen Kampf für die Stabilität. Da der Kanzler dem Wirtschaftsminister auch Mangel an Koordinierung der ministeriellen mit der zentralbanklichen Konjunkturpolitik vorgeworfen hatte, schrieb Erhard in seinem abschließenden Brief, daß zwischen den beiden Ministerien und der Bank völlige Übereinstimmung bestehe, „die in den nächsten Tagen auch zu einer gemeinsamen Formulierung führen und das Bundeskabinett noch zu beschäftigen haben wird." In der Öffentlichkeit entstand der Eindruck, daß Erhard, Schäffer und Vocke, ergänzt und vertreten durch Müller-Armack, Öftering und Wolff, einen neuartigen „Konjunkturrat" neben dem „Wirtschaftskabinett" bildeten. Zu einer „gemeinsamen Formulierung" und gar zu einer Kabinettsvorlage kam es vorerst jedoch nicht. Man war sich zwar in der Beurteilung der Lage einig und schien sich auch über die Notwendigkeit eingreifender stabilitätspolitischer Maßnahmen einig zu sein, konnte sich wegen ministerieller Rücksichten auf das Meinungsbild im Kabinett aber nicht auf die Art der Maßnahmen und auf die Intensität ihrer Anwendung verständigen. Deshalb bereitete die Bank Deutscher Länder, enttäuscht und beunruhigt über die Handlungsunfähigkeit der Regierung, einseitig eine weitere Diskonterhöhung vor. Am 18. Mai stand sie im Zentralbankrat zur Debatte. Erhard und Schäffer waren bei der Sitzung zugegen. Sie sahen sich heftigen Vorwürfen und nachdrücklichen Forderungen ausgesetzt. Die Geldpolitik allein könne das Erforderliche nicht leisten. Die Finanz- und Wirtschaftspolitik müsse ihr helfen. Andernfalls wirke die Geldpolitik zu schwach und in der Schwäche auch noch falsch. Die steuerlichen Investitionsanreize und die staatliche Investitionsförderung durch Subventionen müßten verschwinden. Die öffentlichen Ausgaben, namentlich die Investitionsausgaben, wären zu vermindern und die Zollsenkungen, von denen Erhard mit einer gewissen Ausschließlichkeit rede, endlich durch Kabinett und Parlament zu bringen. Die Minister gaben den Zentralbankpräsidenten prinzipell recht, kündigten eine gemeinsame Kabinettsvorlage entsprechenden Inhalts an und stimmten der Absicht, den Diskontsatz um 1 auf 5 ½ % zu erhöhen, ausdrücklich zu. Der Zentralbankrat beschloß die Erhöhung. „Das Parlament wird aufheulen," sagte Erhard.[58] Das war, erwies sich, so schlimm nicht. Einen Sturm lösten der Beschluß und die unautorisierte Zustimmung Erhards und Schäffers dennoch aus. Oder genauer, Beschluß und Zustimmung versahen einen Sturm, der bereits im Anzug war, mit Blitz und Donner.

Zwei Tage zuvor war Adenauer bei einem sogenannten „Presse-Tee" nach den Funktionen und Zwecken des neuartigen „Konjunkturrats" sowie nach dessen stabilitätspolitischen Absichten gefragt worden. Womöglich war ihm tatsächlich nicht gegenwärtig, was es mit dem Dreierkollegium auf sich hatte, womöglich bot ihm dessen falscher Widerschein in der Öffentlichkeit auch nur einen willkommenen Anlaß, um auf Schäffer und Erhard loszugehen. Jedenfalls erweckte er bei den Journalisten den Eindruck, als hörte er zum ersten Mal von einer amtlichen Einrichtung, die anscheinend hinter seinem Rücken ins Dasein gerufen worden war und an ihm vorbei auf eigene Faust Politik machte. Dann schlug er mit allen Anzeichen tatsächlicher oder künstlicher Empörung auf jene Politik ein. Die heftigsten Hiebe bekam Erhards Vorschlag ab, alle Zölle um weitere 30 % zu senken. „Wir sind doch nicht so verrückt," sagte Adenauer, „daß wir wegen der bedrängten Lage der Landwirtschaft 900 Millionen (Subventionen) bewilligen und dann die landwirtschaftlichen Zölle allgemein senken."[59]

Am Tag der Zentralbankrats-Sitzung waren die Zeitungen voll von des Kanzlers Überraschung, Erregung und Schelte, und Erhard war deswegen voll Wut und Bitterkeit. Nach der Sitzung gab er seinerseits ein Interview, in dem er auf der Notwendigkeit allgemeiner Zollsenkungen sowohl im stabilitäts- wie im handelsbilanzpolitischen Interesse bestand und Adenauers Verdikt mit mäßig scharfen Worten auf Unverständnis zurückführte.[60] Dann fuhr er über Pfingsten an den Tegernsee. Die Wut und die Bitterkeit nahm er von Bonn mit fort, wurde ihrer am Ackerberg aber nicht ledig und brachte sie wieder mit nach Bonn zurück. Dort veranlaßten sie ihn gleich am frühen Dienstag morgen zu einem ungewöhnlichen Brief an den Kanzler; frei von Jammer und Klage, ganz Vorwurf und Schärfe, am unmittelbaren Anlaß gemessen vielleicht ein wenig übertrieben, als Veräußerung gestauten Grimms aber um so eindrucksvoller: Adenauers Auslassungen ein einziger Angriff gegen ihn und eine komplette Absage an seine Wirtschaftspolitik, in höchstem Maße kränkend, eine tiefe menschliche Enttäuschung und überdies geeignet, „die Staatsautorität zu untergraben." Seit Tagen bewege ihn, Erhard, die Frage, wie lange er unter solchen Umständen die geistig-sittliche Verantwortung seines Amtes zu tragen noch bereit sein könne.[61]

Adenauer antwortete noch am gleichen Tag, anfangs ganz Unverständnis: Ein Angriff? Eine Absage? Wer das sage, der lüge. Was denn Erhard habe kränken können? Allenfalls die Kolportage von Sätzen, die der Kanzler *so* selbstverständlich nicht gesagt habe. Es als verrückt anzusehen, gleichzeitig die Subventionen zu erhöhen und die Zölle zu senken, sei doch vernünftig und nicht etwa kränkend. Dann der Gegenangriff: Der Entwurf eines Konjunkturprogramms durch ein selbsternanntes Gremium, ohne daß Kabinett und Kanzler etwas davon wüßten - völlig unerträglich ... keinesfalls gesonnen, mir das gefallen zu lassen. „In meiner ganzen Regierungszeit habe ich mich noch kein Mal so von Ministern meines Kabinetts übergangen gefühlt - um keinen schärferen Ausruck zu gebrauchen - als bei dieser Aktion. Ich möchte Ihnen das in aller Deutlichkeit sagen." Im übrigen finde übermorgen eine Sondersitzung des Kabinetts statt, in der Erhard und Schäffer Auskunft zu geben hätten „über all das, was hinter meinem Rücken geschehen ist."[62]

Übermorgen war freilich noch lange hin. Vorher, am Abend des 23. Mai, nahm Adenauer am „Herrenessen" der jährlichen Mitgliederversammlung des BDI im Kölner Gürzenich teil und machte bei dieser Gelegenheit alles noch schlimmer. Aus Erhards Sicht war schon schlimm genug, daß der Kanzler den BDI überhaupt besuchte und mit einer Rede beehrte, obwohl sein Wirtschaftsminister gerade unqualifiziertesten Attacken des Verbandes ausgesetzt war und dementsprechend keine Einladung zum Essen erhalten hatte. Der Jahresbericht des BDI mockierte sich über Erhards Maßhalte-Moralismus als wirtschaftspolitische „Gesundbeterei", die im Falle des Erfolgs ein minderes Leiden um den Preis eines schwereren heile. Wachstum sei wichtiger als Stabilität, die Stabilität übrigens gar nicht in Gefahr, wohl aber das Wachstum infolge verfehlter Stabilitätspolitik.

Berg hieb mit seiner Tischrede im Gürzenich in die gleiche Kerbe. Statt der Beseitigung von Sonderabschreibungsmöglichkeiten täten Steuerentlastungen not; Erhards Zollsenkungspläne seien falsch in der Sache und maßlos im Umfang, und die Diskonterhöhung bringe mit ihrer Geldverteuerung und Geldverknappung alle unternehmerischen Planungen durcheinander.

Dann kam Adenauer und hielt eine Stegreifrede, die bedachter und unbedenklicher nicht sein konnte. Er wußte natürlich genau, was und warum er es tat, und schien doch von allen guten Geistern verlassen zu sein. Er zerrte den Krach im Kabinett an die Öffentlichkeit, spielte, um sein Mütchen zu kühlen, Berg gegen Erhard aus und nahm am falschesten Ort, der sich denken ließ, gegen die stabilitätspolitischen Absichten der zuständigen Minister und der Notenbank und für die industriellen Interessen Partei. Adenauer dankte Berg für dessen Offenheit, weil nur durch Offenheit zur Wahrheit zu gelangen sei, er bescheinigte ihm, daß Berg - der Präsident - wie immer „aus dem Gefühl der Verantwortung für das allgemeine Interesse" heraus gesprochen habe und konnte ihm, was die Kritik und die Fülle seiner Anregungen angehe, „nur recht geben." Dieses Auf und Ab in der Zollpolitik, mal so, mal so, wie es in binnenwirtschaftlicher Perspektive gerade als richtig erscheine, das *sei* falsch, auch in außenpolitischer Perspektive falsch. „Wirtschaft und Politik sind in unserer Zeit untrennbar miteinander verbunden." Wer Wirtschaftspolitik treibe, der sollte sich darüber eigentlich klar sein. Dann die Diskonterhöhung, mit der er - „ich möchte das ... sehr nachdrücklich betonen" - nichts zu tun habe, die er für unnötig halte und an deren Wirksamkeit im Sinne ihrer Erfinder er nicht mal glauben könne. Eines hingegen wisse er: „Es ist der deutschen Konjunktur ein schwerer Schlag versetzt worden; und auf der Strecke bleiben werden die Kleinen ... Das Fallbeil trifft die kleinen Leute."

Das unsinnige Wort vom Fallbeil gab der vielsinnigen Rede den Namen - „Fallbeilrede." Womit sie Sensation machte, das kam erst noch.

„Die Situation ist da," sagte Adenauer. Sie sei da, „weil man die Probleme, die mit einer Vollbeschäftigung naturgemäß verbunden sind, nicht mit der nötigen Kaltblütigkeit", will heißen: der nötigen Klar- und Schlichtheit betrachtet und durchdacht habe. Es werde zu verdreht gedacht. „Je einfacher denken, ist oft eine wertvolle Gabe Gottes. Und diejenigen, die so verdreht denken, das sind nicht immer die klügsten Männer." Nun wohl, für morgen abend habe er eine Kabinettssitzung anberaumt, in der Erhard und Schäffer über ihr Verhalten im Zentralbankrat „Rechenschaft geben werden."[63]

Als Erhard dies am nächsten Morgen hinterbracht wurde, telephonierte er mit Schäffer. Die Minister kamen überein, in der abendlichen Kabinettssitzung ihren Rücktritt anzubieten, falls der Kanzler sich nicht öffentlich und in aller Form für die Rechenschafts-Anmaßung entschuldige.

Der Kanzler seinerseits hörte sich im Laufe des Vormittags gemeinsam mit Staatssekretär Globke die Tonbandaufnahme an, die der Hessische Rundfunk von seinen nächtlichen Diatriben gemacht hatte und am frühen Abend zu senden beabsichtigte. Dabei erschrak er denn doch ein bißchen über sich selbst. Globke erschrak mehr als nur ein bißchen und so drangen beide darauf, daß ein paar Passagen herausgeschnitten würden. Der verantwortliche Redakteur gestand ihnen den einen und anderen Schnitt zu, bestand aber darauf, daß der Rechenschafts-Satz ungetilgt bliebe. Er war ein Erhard-Mann.[64]

Zur gleichen Zeit, zu der die Rede samt der schlimmen Wendung im Rundfunk gesendet wurde, begann die Kabinettssitzung, in der geschehen sollte, was die Wendung verhieß. Und es geschah. Erhard und Schäffer hatten sich den Aufstand vorgenommen. Adenauer gab ihnen keine Chance. Statt sich angreifen zu lassen, griff er an und brachte die Mehrheit der Minister hinter sich. Wem es bis dahin entgangen sein sollte, dem brachte er jetzt zu Bewußtsein, daß der Konjunkturrat, der sich selbst nicht mehr wahrhaben wollte, und der beiden Minister eigenmächtige Zustimmung zur Diskonterhöhung die Rechte und Verantwortlichkeit des Kabinetts, den Korpsgeist und was nicht alles verletzt hätten. Einige Minister waren auch sachlich mit der Geldverteuerung und den Zollsenkungsabsichten nicht einverstanden. Von einer öffentlichen Entschuldigung des Kanzlers war keine Rede. Vom Rücktritt der Minister auch nicht. Erhard war voll Kampfesmut in die Sitzung hineingegangen und ging außerordentlich niedergeschlagen und trostbedürftig aus ihr heraus. Der Presse wurde mitgeteilt, daß der Konflikt mit dem Kanzler keineswegs ausgestanden wäre.

Am anderen Morgen wurde er zumindest nach außen hin billig beigelegt. Nachdem er sich in der Sache behauptet hatte, war Adenauer daran gelegen, die falschen Töne am falschen Ort vergessen zu machen und die Scherben der persönlichen Zerwürfnisse unter den Teppich der politischen Opportunität zu kehren. Er ertrug Erhard je länger, je weniger und brauchte ihn je länger, je mehr. Erhards allfälligen Rücktrittsdrohungen, die eigentlich ja gar keine Rücktrittsdrohungen waren, sondern Drohungen, womöglich über einen Rücktritt nachzudenken, glaubte er zwar nicht. Niemand tat das. Man müsse es „erst einmal erlebt haben, daß Erhard seinen Ministersessel ohne Zwang preisgibt", hatte Franz Böhm nach derlei Ankündigung im Zusammenhang mit dem Streit ums Wettbewerbsgesetz schon Anfang 1953 geschrieben.[65] Aber Adenauer wollte vermeiden, daß der offene Konflikt mit dem populären Mann die Phantasie der Journalisten allzusehr ins Schweifen und die Fraktion deshalb um so mehr gegen die Regierung und vor allem gegen ihn selbst aufbrächte. So bat er nach vorbereitenden Telephonaten zwischen Globke und Westrick am Vormittag Ludwig Erhard und am Nachmittag Fritz Schäffer, auf den es weniger ankam, zu Friedensgesprächen, damit anschließend ein Kommuniqué darüber veröffentlicht werden könnte. Die Aussprache, stand in dem Kommuniqué, verlief „ernst, aber sehr freundschaftlich." Adenauer sagte Erhard, daß seine Gürzenicher Rede ganz und gar unzutreffend kommentiert worden sei und daß Erhard natürlich unverändert sein uneingeschränktes persönliches und politisches Vertrauen genieße. Erhard glaubte dies Adenauer so wenig, wie Adenauer Erhards Rücktrittsgerede glaubte. Aber im Gegensatz dazu wollte er es immerhin glauben und gab sich damit zufrieden.[66]

Das beendete die erste öffentliche Aufführung eines politischen Melodrams, das von nun an mit veränderlichem Thema und gleicher Durchführung zahlreiche weitere öffentliche Aufführungen erlebte: Erhards Reden, Tun und Sein mißfielen und reizten Adenauer. Adenauer mockierte oder ereiferte sich darüber, nicht immer unberechtigterweise, aber allemal um Wahrheit und Anstand unbekümmert. Erhard nahm die Pose des Erniedrigten und Beleidigten ein und begehrte wortmächtig auf. Adenauer zeigte sich darüber unschuldsvoll fassungslos und sagte, daß es *so* doch nicht gemeint gewesen und mithin mißverstanden worden sei. Erhard lenkte ein, litt und labte sich an Mitleids- und Sympathiebekundungen.

Die erste Aufführung hatte noch ein kurzes Nachspiel, in dem Adenauer seinen Erfolg vollkommen machte. Die Fraktion verlangte, daß der Kanzler und die Minister ihr Rede und Antwort ständen. Adenauer hatte selbstverständlich auch dort das erste Wort und verwendete es dazu, Erhard und Schäffer wegen ihres kabinettsfernen Gekungels mit der Bank Deutscher Länder für die Unzuträglichkeit der Lage verantwortlich zu machen. Das Ergebnis der Kungelei, die Diskonterhöhung und die konjunkturpolitische Kabinettsvorlage der beiden Minister, sei gleich in doppelter Weise katastrophal, sachlich, weil es die Konjunktur abwürge, und im Verfahren, weil es ohne Wissen des Kabinetts und namentlich ohne Wissen des verantwortlichen Bundeskanzlers zustande gekommen sei. Erhard sagte: Die Behauptung, daß die Zustimmung zu seiner und Schäffers Kabinettsvorlage eine Katastrophe wäre, könne nicht unwidersprochen bleiben. Im übrigen wolle er zu Adenauers Ausführungen nicht Stellung nehmen. Dann schwieg er. Die Fraktion billigte die ausdrückliche Auffassung ihres Vorstandes, daß die Veröffentlichung eines Konjunkturprogramms, bevor es im Wirtschaftskabinett beraten und der Fraktion zugeleitet worden sei, nicht angehe, daß Erhard und Schäffer nicht befugt gewesen seien, der Diskonterhöhung den regierungsamtlichen Segen zu geben und daß es wünschenswert wäre, den Diskontsatz wieder zu senken. Das Kabinett wurde aufgefordert, sich schnellstens auf ein konjunkturpolitisches Programm zu einigen, das die Diskontsenkung ermöglichte. Es galt als abgemachte Sache, daß Erhards und Schäffers Kabinettsvorlage derlei Programm *nicht* wäre.[67]

So gab denn Erhard noch vor der ordentlichen Kabinettssitzung am nächsten Tag resignierend kund, daß er seine Absicht, alle Zölle gleichmäßig zu senken, aufgebe. Am Nachmittag erlitt er einen Schwächeanfall und mußte sich zu Bette legen. Anderntags erteilte das Kabinett ihm und Schäffer den Auftrag, eine neue konjunkturpolitische Vorlage zu formulieren. Nach Lage der Dinge, telephonierte Vockes Hintergrund-Informant in Bonn nach Frankfurt, könne dabei nur „ein Programm leichter Ankurbelung" herauskommen. „Die Bank Deutscher Länder stehe ganz allein, niemand kümmere sich auch nur um sie."[68]

Erhard mochte, auf sich bezogen, in diesen und den nächsten Tagen ähnlich denken - was das Alleinstehen anging jedenfalls. Der 29. und der 30. Mai 1956 müssen zwei furchtbare Tage für ihn gewesen sein. Nicht nur, daß Fraktion und Kabinett ihn im Zusammenhang mit der Stabilitätspolitik auf eine Weise im Stich ließen, die an die Grenzen des psychisch und physisch Erträglichen ging. Außerdem passierte an diesen Tagen noch zweierlei, das ihm tief zuwider war und neue Auseinandersetzungen vorhersehen ließ. Am ersten war er beteiligt, das zweite geschah fern von ihm in Venedig.

Das erste war die Annahme von Grundsätzen einer umstürzenden Rentenreform durch das Kabinett. Bislang hatten die Rentner neben den Arbeitslosen zu den Außenseitern des Wirtschaftswunders gehört. Während das Wunder im Zeichen freier Marktwirtschaft die Arbeitslosen mit der Zeit absorbierte, blieb es den Rentern dergleichen „funktionale" Aufhebung ihres miserablen Status schuldig. Deshalb blieb die westdeutsche Marktwirtschaft sich selbst auch ein Gutteil ihres Anspruchs schuldig, „soziale“ Marktwirtschaft zu sein. Erhard bekümmerte das sehr viel weniger als die Tatsache, daß das Kartellverbot noch immer ausstand. Für ihn erwarb sich eine Marktwirtschaft den Anspruch auf das Epitheton „sozial“ ja nicht dadurch, daß sie sich durch wohlfahrtsstaatliche Leistungen auszeichnete, sondern dadurch, daß sie Wettbewerbswirtschaft war. Zuletzt hatte er das ganz beiläufig und deshalb besonders ausdrucksvoll in seinem großen Osterbrief an Adenauer formuliert: „Ausgehend von einem festen Ordnungssystem, das wir freie *bzw.* soziale Marktwirtschaft nennen ...“.[69]

Adenauer hingegen war davon überzeugt, daß die freie Marktwirtschaft der wohlfahrtsstaatlichen Ergänzung bedürfe, um zur sozialen Marktwirtschaft zu werden. Deshalb hatte er die umfassende, durchgreifende, systematische Reform des traditionellen Sozialleistungssystems zu den vorrangigen Zielen seiner Politik in der zweiten Legislaturperiode erhoben. Der Entwurf und die Durchführung der Reform wären Aufgaben des Arbeitsministeriums gewesen. Das Arbeitsministerium wurde freilich von einem schwachen Minister repräsentiert und von einer bürokratischen Spitze geleitet, die am alten System hing und dessen Reform durch Nichtstun hintertrieb. Mitte 1955 verlor der Kanzler die Geduld und sah sich andernorts nach Reformkonzepten um. Eines, ein umfassendes, gab er bei vier Professoren in Auftrag, ein anderes, ein begrenztes, trug ihm sein Sohn zu. Das umfassende erschreckte ihn wegen der rechtlichen und praktischen Kompliziertheit seiner Vorschläge, das begrenzte bezwang ihn mit der Überzeugungskraft klarer Prinzipien und einfacher Maßnahmen. Dessen Urheber war der Geschäftsführer des Verbandes katholischer Unternehmer, Wilfried Schreiber mit Namen, und es bezog sich auf die schwächste Stelle im deutschen System sozialer Sicherung. Das war die Alterssicherung.

Deren Gestaltungsgrundsätze waren seit ihrer Begründung vor 65 Jahren die Ursache von zwei schlimmen Defekten gewesen und dennoch unverändert geblieben. Altersrenten wurden ein für allemal zugemessen. Sie waren vor dem Ende des natürlichen Lebens noch genauso hoch wie gleich nach dem Ende des Arbeitslebens, auch wenn zwischendurch zehn oder zwanzig Jahre vergangen waren. Dabei reichten sie zum Unterhalt des Lebens von vornherein nicht aus. Das sollten sie auch nicht; sie sollten nur ein Zuschuß zum Lebensunterhalt sein. Das war für die meisten Rentner schon schwer genug erträglich, weil sie kaum was hatten, zu dem die Renten Zuschuß sein konnten. Es wurde unerträglich, wenn auch noch der Geldwert sank und die Kaufkraft der unveränderten Rente abnahm. Letzthin waren den Rentnern zwar gelegentliche Aufschläge gewährt worden. Die Durchschnittsrente war aber immer noch erbärmlich gering und ihr Abstand vom durchschnittlichen Arbeitseinkommen unvertretbar groß. Der Bemessungsgrundsatz, dem beides zuzuschreiben war, wurde von jedem recht und billig Denkenden als Skandal empfunden und war gleichwohl unverändert in Kraft.

Schreibers Vorschlag war darauf aus, seine skandalösen Defekte zu beheben. Danach sollten die Renten künftig Lohnersatz statt Zuschuß sein, den gewohnten Lebensstandard und nicht nur die bloße Existenz sichern und sich deshalb nicht zu weit von den Arbeitseinkommen entfernen. Außerdem sollten die Rentner gegen den Verfall des Geldwerts geschützt und am Wachstum des Wohlstands beteiligt werden. Zu diesem Zweck wäre die einmal zugemessene Rente regelmäßig und automatisch an das Produktionswachstum und die Preisentwicklung anzupassen.

Adenauer gefielen Schreibers Gedanken ausnehmend gut und um so besser, als sie sich schnell und wahlwirksam in die Tat umsetzen ließen. Erhard gefielen sie ganz und gar nicht. Er fand sie furchtbar, weil jeglicher marktwirtschaftlichen Vernunft zuwider. Jener

Vernunft entsprächen vielmehr Renten, die als „Existenzsicherung für die Notfälle“ bemessen und allenfalls von Zeit zu Zeit nach Beratung und durch Beschluß angehoben würden, höchstens im Maß des seitherigen Produktivitätswachstums, möglichst um weniger und gewiß nicht auch um die Preissteigerungsrate. Die Aussicht auf Renten oberhalb des Existenzminimums, so ging sein Argument, verkümmerte das Gefühl persönlicher Verantwortung, minderte den Leistungswillen und die Sparfähigkeit und beeinträchtigte dergestalt die Wachstumskraft der Volkswirtschaft. Und die automatische Anpasssung der Renten an die Preisentwicklung erschüttere das Vertrauen in die Währung und begünstige eine Inflationsmentalität. Beides zusammen untergrabe die marktwirtschaftliche Ordnung und die gesellschaftliche Freiheit und leiste dem Kollektivismus Vorschub.[70]

Damit war Erhard in Schriften und Reden an die Öffentlichkeit gegangen, nachdem Schreiber Ende 1955 seine Ideen im Kabinett vorgetragen und Adenauer den Arbeitsminister daraufhin angewiesen hatte, jene Ideen alsbald in einen Gesetzentwurf zu fassen. Storchs Beamte beeilten sich zu Erhards Freude damit nicht. Im April 1956 kam ihnen die SPD-Fraktion mit einem Initiativ-Entwurf zuvor und drohte der Regierung damit die rentenpolitische Schau zu stehlen. Das sorgte dafür, daß der Kanzler Minister Storch, und Minister Storch endlich seinen Leuten Beine machte. Kurz darauf gelangte deren Vorlage ans Kabinett. Erhard beschwor die Kollegen, sie nicht als Regierungsentwurf ans Parlament weiterzugeben. Nur wenige Minister, und nicht die stärksten, nahmen seine Partei. Schließlich wurde der Entwurf einstimmig verabschiedet. Auch Erhard stimmte ihm zu, ein weiteres Mal geschlagen und in der Niederlage zu Selbstentäußerung bereit.

So war es ihm drei Wochen zuvor schon einmal gegangen. Damals war beraten und beschlossen worden, was Hallstein am 30. Mai 1956 im fernen Venedig seinen montaneuropäischen Kollegen kund und zu wissen gab: Deutschlands Wunsch, sobald wie möglich eine Regierungskonferenz einzuberufen, die auf der Grundlage des Spaak-Berichts über die Gründung einer Europäischen Wirtschaftsgemeinschaft und einer Europäischen Atomgemeinschaft verhandelte, und Deutschlands Willen, jenen Verhandlungen zum Erfolg zu verhelfen. Erhard hatte erst seine unveränderten Bedenken dagegen ins Feld geführt, erfahren, daß er damit nicht durchdrang, und dann nicht nur dafür gestimmt, sondern sogar seine Mitwirkung daran zugesichert. Ernst war es ihm damit so wenig gewesen, wie ein Jahr zuvor mit der „Übereinkunft“ von Eicherscheid. Schon die Tatsache, daß in Venedig am 29. und 30. Mai nur die Außen-, nicht auch die Wirtschaftsminister konferierten, verdroß ihn sehr, und deren Beschluß, vom Spaak-Bericht aus die wirtschaftliche Integration Europas anzusteuern, versprach ihm nichts Gutes. Sein Eindruck, daß mit Frankreich eine europäische Wirtschaftsgemeinschaft nicht zu machen wäre, ohne daß die wirtschaftliche Vernunft und die politische Würde dabei vollends auf der Strecke blieben, wurde vertieft, als er von den drei Bedingungen hörte, unter denen sich der französische Außenminister auf die Vertragsverhandlungen eingelassen hatte. Der Vertrag müsse die Angleichung der Steuern und Sozialleistungen vorsehen, die Überseegebiete der Mitglieder sollten in die Gemeinschaft einbezogen werden und die Gemeinschaft dürfe vorerst nur auf Probe, für vier oder fünf Jahre, entstehen. Da nun Erhards Überzeugung, daß die supranational-institutionelle Einigung Europas allemal verfehlt und mit Frankreich schlechterdings unmöglich wäre, mit der Befürchtung einherging, daß die „Patenteuropäer“ sie dennoch ermöglichten, indem sie Vernunft und Würde Frankreich zum Opfer brächten, war der Beschluß von Venedig der dritte schwere Schlag, den er an jenen beiden furchtbaren Tagen einzustecken hatte.

Und wie der Mai geendet hatte, so begann der Juni. Mißgeschick und Mißlingen aller Wege. Die politische Welt hatte derzeit nicht viel Erfreuliches für Erhard in petto. Und da seine persönliche in der politischen Welt aufging, mochte ihm das Dasein düster vorkommen. Freunde und Verbündete wurden irre an ihm. In den ersten Junitagen schrieben Etzel an Adenauer und Friedrich an Erhard, was sie störte und beschwerte. Die CDU befinde sich in einer schweren Vertrauenskrise, schrieb Etzel, der den Umgang mit Adenauer verstand, wie wenige andere, schrieb es namens des Bundeswirtschaftsausschusses der CDU, um bei Adenauer in der Sache für Erhard zu werben, und schrieb es, ohne mit Kritik an der Person Erhards zu sparen. Die Schuld an der Krise trage eine falsche Steuerpolitik und der Mangel an einheitlicher Konjunktur- und Wirtschaftspolitik. Schäffer habe das Vertrauen der Fraktion längst verloren, Erhard sei drauf und dran, es zu verscherzen. Erhards Lagebeurteilungen und die wirtschaftspolitischen Folgerungen, die er daraus ziehe, seien - Diskonterhöhung und Zollsenkung eingeschlossen - so falsch nicht, wie Adenauer meine und sage. Aber jene Folgerungen wirkten sachlich unklar und praktisch unentschieden. Der Wirtschaftsausschuß wünsche, daß Erhard „sehr viel mehr als bisher seine wichtigste Aufgabe nicht in ständigen Aufklärungsansprachen im Lande, sondern in einer ihm und seinem Amte als Wirtschaftsminister obliegenden, wirtschaftspolitischen Führung und der Gestaltung einer guten Zusammenarbeit der Ressorts sehen möge". Die Öffentlichkeit müsse erkennen, daß gehandelt wird, und „handeln heißt nicht gesundbeten".[71]

Der Unternehmer Otto Friedrich wertete, da er den Anstoß dazu gegeben hatte, die „Gesundbeterei" und, da er Unternehmer war, die Diskonterhöhung und die Zollsenkungsabsichten anders als der Politiker Franz Etzel. Einig war er sich mit Etzel aber darin, daß in erster Linie gar nicht Maßnahmen, sondern Erhards Rolle und Haltung zur Debatte stünden. Er hatte sich an den drei Tagen nach Adenauers schrecklicher Rede in Bonn aufgehalten, viel mit Erhard gesprochen und dabei den Eindruck gewonnen, daß der Minister mehr von Empfindlichkeiten und Prestige-Gesichtspunkten, als von der Sache bewegt würde. In der Zwischenzeit war ihm zugetragen worden, daß Erhard sich einer Aussprache mit Berg verweigerte, bevor der ihn um Entschuldigung gebeten habe. Wofür? fragte Friedrich. Er habe für Berg nicht viel übrig, aber das Recht, für die Mehrheit seiner Verbandsmitglieder zu sprechen, könne er ihm nicht streitig machen. Erhard möge sich nicht in persönlichen Auseinandersetzungen um „widerspruchsvolle Einzelmaßnahmen" erschöpfen, sondern „eine neue, überzeugende, wirtschaftspolitische Gesamtkonzeption ... entwickeln und ... vertreten, wie Sie dies in den Aufbaujahren getan haben".[72]

Das fiel Erhard weiterhin schwer, und es gelang auch nicht. Mittlerweile hatte die SPD, die den lähmenden Krach genüßlich verfolgte, eine große Anfrage zur Konjunkturpolitik der Bundesregierung im Parlament gestellt. Am 22. Juni stand die Anfrage auf der Tagesordnung. Drei Tage vorher beklagte sich der wirtschaftspolitische Sprecher der Unions-Fraktion darüber, daß ihm der konjunkturpolitische Wille der Bundesregierung noch immer unbekannt wäre. Er konnte ihm nicht bekannt sein, weil die Regierung noch immer keinen Willen hatte. Erhard trug dem Parlament denn auch kein entscheidungsreifes Konjunkturprogramm, sondern lediglich eine disparate Sammlung von konjunkturpolitischen Absichten vor. Im vertraulichen Brief an Fraktionschef Krone sprach er selbst von einem „etwas lädierten Konjunkturprogramm". Aber selbst das tat seinem Vortrag noch zuviel Ehre an. Der enthielt neben sehr vielen Wünschen an das Verhalten der Unternehmer, der Verbraucher und der Tarifpartner eigentlich nur zwei Maßnahmen, deren die Regierung einigermaßen Herr war und von denen irgendwelche dämpfenden Wirkungen erwartet werden durften. Das war zum einen der Entschluß, die investiven Ausgaben des Bundes

10 % unter den Voranschlägen zu halten, und war zum zweiten der Antrag auf weitere Zollsenkungen. Die Einschränkung der Investitionsausgaben des Bundes war freilich eine gesamtwirtschaftliche Bagatelle und die Zollsenkungen sollten Agrargüter nun doch - als wenig sinnvoll - ausnehmen. Dennoch hoffte Erhard, daß die Durchführung des „Programms" den Zentralbankrat dazu veranlassen könnte, „die Kreditpolitik wieder zu lokkern und damit deren negative Wirkungen zu beseitigen". Schließlich gebe es ja gar keinen Grund, die Konjunktur- und Preisentwicklung zu dramatisieren.[73]

Das stand zwar in gewissem Widerspruch zu der Aufregung, die Erhard und andere seit Monaten darüber verbreiteten, aber es war richtig. Der Nachfragesog schwächte sich allmählich ab, und die Produktionselastizität war groß genug, um das Angebot der gleichwohl kräftig weiterwachsenden Nachfrage ohne erhebliche Preiserhöhungen anzupassen. Im September 1956 und im Januar 1957 nahm die Bank Deutscher Länder tatsächlich die Diskonterhöhung vom 18. Mai in zwei Schritten zurück, ohne daß sich das Nachfragewachstum und der Preisauftrieb wieder beschleunigten. Beides blieb leicht rückläufig. Die Sorge um die Stabilität war vorerst ausgestanden und man konnte sich im Rückblick fragen, ob sie eine vorwiegend real begründete oder eine vorwiegend hysterische Erscheinung gewesen war. Gleichviel, die politischen Reaktionen darauf und deren persönliche Weiterungen hatten ganz gewiß stark hysterische Züge mit höchst realen Auswirkungen.

Ordnungs- und sozialpolitisches Mißvergnügen

Dabei endete der erste Akt des politisch-persönlichen Dramas, zu dem sie veranlaßte, genauso wie er begonnen hatte. Begonnen hatte er damit, daß Erhard unter dem Eindruck der Beratungen des wirtschaftspolitischen Ausschusses über das Kartellgesetz bei Adenauer die Zerfallenheit und Feindseligkeit der Fraktion beklagte. Er endete mit einer gleichlautenden Klage beim Vorsitzenden der Fraktion.

Nach Erhards Programm-Rede war der Bundestag in die parlamentarische Debatte, namentlich in die Beratung seiner Zollsenkungswünsche eingetreten. Die Redner der Unions-Fraktion zeigten sich dabei uneins. Die Annahme des „Programms" stand in Frage. Schließlich wurde Vertagung beantragt und durchgesetzt. Erhard schrieb anderntags an Krone, daß die CDU sich den Mangel an Geschlossenheit, den öffentlichen Eindruck, daß sie von Gruppen- und Verbandsinteressen bestimmt werde, und den Gegensatz zwischen der Fraktion und seiner Wirtschaftspolitik nicht länger leisten könne. „Es ist einfach beschämend, wenn ich immer wieder feststellen muß, daß meine auf das Wohl des Ganzen gerichteten wirtschaftspolitischen Bemühungen ... bei meinen eigenen politischen Freunden ... nur einen schwachen Widerhall finden oder sogar Widerstand begegnen. In diesem Zusammenhang brauche ich nur an die Behandlung des Kartellgesetzes zu erinnern."[74]

Tatsächlich, das Kartellgesetz war noch immer nicht durch den Bundestag. Die erste Lesung des Entwurfs im wirtschaftspolitischen Ausschuß war zwar endlich - nach mehr als einem Jahr - abgeschlossen worden, aber eine zweite Lesung stand aus und verzögerte sich. Das Ergebnis der ersten Lesung nahm sich aus Erhards Sicht gar nicht so schlecht aus. Wie das Ergebnis zustande gekommen war, das fand er aber nach wie vor unmöglich. Daran gemessen war es eigentlich gar nicht mehr sein Gesetz, sondern ein Gesetz der Opposition, das halbwegs auf der Linie des Wirtschaftsministers lag und sich der Unterstützung einiger CDU-Abgeordneter erfreute. Die Beschluß-Mehrheiten bestanden gewöhnlich aus den SPD-Mitgliedern im Ausschuß und aus mal mehr, mal weniger Zuzüglern von der tief zerstrittenen Union. Auf diese Weise war das grundsätzliche Kartellverbot vom Ausschuß angenommen und die Zahl der Ausnahmen vom Grundsatz zwar vermehrt, aber deutlich unter dem gehalten worden, was der Minister dem BDI zugestanden hatte. Im Grunde seines wettbewerbspolitischen Herzens mochte Erhard die Zahl immer noch zu groß sein. Dafür sollte der Begriff der „Marktbeherrschung" nach dem Willen der Ausschußmehrheit im Anschluß an den Bundesrat sogar weitergefaßt werden als in der Vorlage und auch Marktbeherrschung durch Oligopole einbeziehen. Die Fusionskontrolle, die Erhard dem BDI zum Abschuß freigegeben hatte, wurde vom Ausschuß erhalten. Gewiß kein wettbewerbspolitisches Ideal, aber auch nicht schlecht das Ganze. Noch nicht gesichert freilich. Es mußte in zweiter Ausschuß-Lesung bestätigt werden. Die zweite Lesung hätte im Mai beginnen sollen. Aber sie hatte nicht begonnen, weil inzwischen der Ausschußvorsitzende überraschend gestorben war und zunächst ein neuer gefunden werden mußte. Die Suche geriet zum Bestandteil des innerparteilichen Streits über das Kartellgesetz. Eine starke Gruppe favorisierte den Abgeordneten Fritz Hellwig. Dafür gab es gute Gründe. Hellwig hatte sich als Sprecher in wirtschaftspolitischen Angelegenheiten hervorgetan und in der Fraktion Anerkennung erworben. Etzel und auch Adenauer schätzten ihn. Erhard hatte an seiner „Persönlichkeit, seinem Können und Wissen" nichts auszusetzen. Aber Hellwig war im Hauptberuf Leiter des Deutschen Industrie-Instituts. Und das deutsche Industrie-Institut war eine Einrichtung der Deutschen Arbeitgeberverbände und des BDI. Hellwigs Wahl versprach für das Schicksal des Kartellgesetzes wenig Gutes. Deshalb riet Erhard von ihr ab und versuchte mit dem kleinen Club der Vertrauten in der Fraktion, den Vizepräsidenten der Hauptgemeinschaft des deutschen Einzelhandels, Josef Illerhaus, zu lancieren. Leider machte Illerhaus, außer, daß er in Treue fest zu Erhard stand, in der Fraktion nicht viel von sich her, und so neigte sich die Waagschale zu Hellwigs Gunsten. In einer „sehr freimütigen Aussprache" mit Krone, Hellwig und dem allgegenwärtigen Moderator Pferdmenges erfuhr Erhard von Krone, daß alle Gruppen der Fraktion sich auf Hellwig geeinigt hatten, und von Hellwig, daß er keinen Anlaß sehe, sich nicht wählen zu lassen. Vier Tage vor der Wahl versuchte Erhard, die Autorität des Kanzlers gegen den Mann der Großindustrie zu mobiliseren. Es sei „eine Frage des politischen Stils, diesen vielleicht wichtigsten parlamentarischen Posten nicht mit einem Mann zu besetzen, der in den Augen der Öffentlichkeit mit dem Odium behaftet ist, einer bestimmten Interessengruppe anzugehören". Die CDU sei ohnehin dem Vorwurf ausgesetzt, „dem Einfluß von Interessengruppen ... Untertan zu sein". Wenn Hellwig trotzdem ernannt werde, gebe es eine neue Pressekampagne, „um so mehr (als) in der Öffentlichkeit meine ablehnende Haltung nicht unbekannt ist." Die geschlossene Zustimmung der Fraktion zu Hellwig werde den Eindruck erwecken, „als ob nach dem Grundsatz, daß eine Hand die andere wäscht, sich die Interessenten untereinander geeinigt hätten." Schließlich werde man aus Hellwigs Ernennung die Bestätigung „des allerorts gehörten Verdachts konstruieren", daß der Kanzler den Wünschen der großen Industrie im Interesse der Wahlkampfkasse besonders geneigt sei. Deshalb müsse Hellwig „der staatspolitischen Raison weichen".[75]

Er lernte und lernte ihn nicht, den Umgang mit dem Kanzler und der Fraktion! Als ob Adenauer nicht merkte, daß der „allerorts gehörte Verdacht" Erhards Meinung und Vorwurf war. Als ob sich der Hinweis auf die Bekanntschaft der Öffentlichkeit mit seiner ablehnenden Haltung nicht umgehend gegen ihn wenden müßte: Die dürfte es eben nicht geben, die öffentliche Bekanntschaft, die Ablehnung sei ihm ja unbenommen. Als ob die Androhung der Pressekampagne nicht Schlüsse darauf nahelegte, woher in solchem Fall der Wind wehte. Ganz abgesehen davon, daß die um ihre Autonomie besorgte Fraktion sich von Adenauer so ungern wie von Erhard in ihre eigensten Angelegenheiten hineinreden ließ und daß Adenauer dazu in dieser Sache auch nicht den geringsten Anlaß sah. Hellwig wurde gewählt. Und, gewiß doch, er bestätigte Erhards Sorgen. Obwohl der wirtschaftspolitische Ausschuß wenig anderes zu tun hatte, nahm Hellwig die zweite Lesung des Kartellgesetzes vorerst nicht auf die Tagesordnung, sondern versuchte zunächst noch einmal, im Wirtschaftsausschuß der CDU zu einer geschlossenen Haltung der eigenen Partei zu gelangen, die nur eine Haltung *gegen* das Ergebnis der ersten Lesung sein konnte. Darüber verging die Zeit, und es wurde abermals zweifelhaft, daß der Entwurf vor dem nahen Ende der Legislaturperiode Gesetz würde.

Ähnliches galt auch für das zweite ordnungspolitische Gesetzesvorhaben, das in der ersten Legislaturperiode auf der Strecke geblieben war. Dies freilich nicht ohne Erhards Schuld. Als Erhard von Hellwigs Beförderung zum Ausschußvorsitzenden abriet, weil diese dem Kartellgesetz nicht fromme, war die Wiedervorlage des Bundesbankgesetzes noch nicht einmal durchs Kabinett. Das Wirtschaftsministerium hatte sich damit, schwer begreiflich, viel Zeit gelassen. Womöglich war Adenauers Vorwurf ja nicht vollends falsch, daß die zuständige Abteilung „Geld und Kredit", die der Wirtschaftsminister nicht entbehren zu können geglaubt hatte, nun, da er sie besaß, den Anforderungen nicht recht genügte. Mit Sicherheit nahm der Minister an dem Gesetz nur geringen persönlichen Anteil. Die Sache war dogmatisch und praktisch ziemlich unerheblich und interessierte ihn eigentlich nicht. So hatte er vor Wiederaufnahme der Formulierungsarbeit erst einmal seinen wissenschaftlichen Beirat mit einem Gutachten dazu beauftragt. Das Gutachten empfahl, die zweistufig-föderale Organisation der Zentralbank beizubehalten und der Bank über die Währungssicherung hinaus auch die Sorge für Wachstum und Vollbeschäftigung aufzugeben, war deshalb nicht nach Erhards Geschmack gewesen und blieb unbeachtet. Darüber verging das erste Jahr der zweiten Legislaturperiode. Danach bat das Ministerium die Bank Deutscher Länder zur Vorbereitung des neuen Entwurfs um Stellungnahme zu ein paar, von der Organisation der Bundesbank unabhängigen, Grundsatzfragen der Geldpolitik. Man kann nicht ausschließen, daß die Bank jene Stellungnahme willentlich verschleppte, weil sie *kein* Bundesbankgesetz zu haben jedem Bundesbankgesetz mit dem Organisationsmodell des Wirtschaftsministers vorzog. Andererseits drängte das Wirtschaftsministerium nicht auf die Antworten. Darüber verging das zweite Jahr. So wurde der Referenten-Entwurf, mit dem das Gesetzgebungsverfahren wieder in Gang kam, erst im Oktober 1955 fertig und verschickt.

Es sah vor, daß die Landeszentralbanken Hauptverwaltungen der Bundesbank wurden und ihre Präsidenten gemeinsam mit dem Direktorium einen Bundesbankrat bildeten, der die Grundsätze der Geschäftsführung und die Geldpolitik der Bank bestimmte. Dabei sollte er von Weisungen der Bundesregierung unabhängig sein. Die Mitglieder des Direktoriums waren von der Bundesregierung, die Leiter der Hauptverwaltungen vom Bundesrat zu berufen. Der Bundesbank war, nicht anders als der Bank Deutscher Länder, die Aufgabe gestellt, die Währung zu sichern. Soweit es die Erfüllung dieser Aufgabe zuließ, sollte sie Rücksicht auf die allgemeine Wirtschaftspolitik der Bundesregierung nehmen. Zur Erfüllung ihrer Aufgabe standen ihr die Diskont- und Lombardpolitik, die Mindestreservenpolitik und die Offenmarktpolitik zur Verfügung.

Das waren auf die Sache und den Zweck hin besehen vernünftige Bestimmungen, denen man getrost Gesetzeskraft verleihen konnte und mit unbeachtlichen Modifikationen schließlich auch verlieh. Zunächst einmal gaben sie aber natürlich Anlaß zu heftig-langwierigen Auseinandersetzungen. In deren Zentrum stand die Organisation der Bundesbank. Der Zentralbankrat lehnte die unitarische Lösung immer noch ab. Ohne Zustimmung der Betroffenen *mochte* die Bundesregierung das Gesetz aber nicht gern durchdrükken. Außerdem lehnten auch die Länder die Beseitigung rechtlich und wirtschaftlich selbständiger Landeszentralbanken ab. Und ohne deren Zustimmung *konnte* die Bundesregierung das Gesetz wahrscheinlich nicht durchdrücken. Die Länder bestritten nicht, daß eine einstufige Bundesbank verfassungskonform wäre. Aber sie bestritten Erhards Behauptung, daß eine zweistufige Bundesbank dies *nicht* wäre, und bestanden auf der Zustimmungsbedürftigkeit eines Bundesbankgesetzes, das selbständige Landeszentralbanken abschaffte. Der Bundesfinanzminister und Bayer Fritz Schäffer vertrat diese Position im Kabinett. Außerdem war Schäffer mit einigen geld- und geschäftspolitischen Regelungen des Entwurfs nicht einverstanden. An derlei Regelungen stieß man sich auch in anderen Ministerien, nicht notwendigerweise an denselben wie im Finanzministerium. Die Referenten der interessierten Ressorts und der Bank Deutscher Länder fummelten und feilten zwei Monate lang an dem Entwurfstext herum, dann lud Erhard zu Chefbesprechungen. Die Minister und die Präsidenten trafen sich zweimal, aber die Treffen führten zum Gegenteil dessen, was sie bezweckten. Die Meinungsunterschiede wurden nicht überwunden, sie vermehrten sich auf wundersame Weise. Vierzehn reihte Erhard auf, als er den Entwurf seines Ministeriums am 1. März 1956 dennoch als Kabinettsvorlage ans Bundeskanzleramt sandte. Er hätte in seiner Aufrichtigkeit wissen können, daß der Entwurf unter diesen Umständen wenig Chancen hatte, dem Kabinett tatsächlich vorgelegt zu werden. Der Kanzler verwies ihn ans Wirtschaftskabinett, damit die Unstimmigkeiten dort beigelegt würden und ein entscheidungsreifer Text zustande käme. Das Wirtschaftskabinett beriet die Vorlage am 9. und am 13. April. Erhard nahm an der Beratung nicht teil. Er legte am 9. April im Hotel Sonnenhof letzte Hand an seinen „großen Brief" und empfing am 13. April Adenauers „lange Antwort" darauf. Außer Blücher war auch sonst kein Minister zugegen, und so kam denn aus den Beratungen nicht allzuviel heraus. Trotzdem stand der Entwurf auf der Tagesordnung der Kabinettssitzung vom 23. Mai. Die Sitzung wurde freilich abgesagt. Am Abend hielt Adenauer die ruchlose Rede. Darin verwies er - unhörbar und unmißverständlich seufzend gleichsam - auf die Unabhängigkeit der Notenbank. In den folgenden Kabinetts- und Fraktionssitzungen stellte er jene Unabhängigkeit dann ausdrücklich in Frage: Die Bundesbank - eine wirtschaftspolitische Nebenregierung, dem Parlament nicht verantwortlich, demokratisch nicht legitimiert, ein Unding, intolerabel.

Die Vorlage beruhte einen Monat lang auf sich. Das „Konjunkturprogramm" hatte wirtschaftspolitische Priorität. Nach dessen verunglückter Präsentation im Bundestag nahm Erhard sich der Sache dann aber in doppelter Sorge an. Zum einen *war* er besorgt darüber, daß bei weiterer Verschleppung das Gesetz in der laufenden Legislaturperiode nicht mehr rechtskräftig werde, und zum andern *gab* er sich besorgt über das Ansehen des Kanzlers in der Öffentlichkeit, „die unter allen Umständen eine unabhängige Notenbank wünscht" und Adenauer vorwerfen könnte, daß er ihren Wunsch hintertreibe. Deshalb, ungeachtet verbliebener Meinungsunterschiede, Verabschiedung noch in dieser Woche.[76] Adenauer blieb ungerührt. Erst zwei Wochen später stand die Vorlage im Kabinett kurz zur Debatte. Der Kanzler bezweifelte, daß die Autonomie der Zentralbank im Einklang mit der Verfassung sei, und wies die interessierten Minister an, sich zu einigen, bevor der Entwurf verabschiedet werde.

Die Referenten waren sechs Sommerwochen lang damit beschäftigt, Formulierungen auszuhecken, die die Unabhängigkeit der Bank wahrten und zugleich des Kanzlers Unmut darüber besänftigten und in denen der Streit ihrer Minister halbwegs zur Ruhe kommen konnte. Das gelang ihnen so gut, daß der Entwurf am 24. August vom Kabinett angenommen und am 12. September endlich dem Bundesrat zugeleitet wurde. Der akzeptierte die verbal verkappte Unabhängigkeit, lehnte aber die unitarische Organisation der Bank ab und drohte Verfassungsklage an, falls sein Anspruch auf Zustimmungsbedürftigkeit verworfen werde. Es half Erhard nicht, daß er der entscheidenden Gemeinschaftssitzung der zuständigen Ausschüsse beiwohnte und die Ländervertreter von der verfassungsrechtlichen Unzulässigkeit selbständiger Landeszentralbanken zu überzeugen versuchte. Vielleicht hätte er besser versucht, sie von den sachlichen Vorteilen seines Organisationsmodells zu überzeugen.

Die Einwände des Bundesrats machten deutlich, daß die Uneinigkeit im Kabinett von den Kompromißformeln weniger überwunden als überdeckt worden war. Schäffer war mit der jüngsten Fassung des Entwurfs keineswegs zufrieden, witterte Morgenluft und verlangte, daß man sich für die Stellungnahme zu den Wünschen und Willensäußerungen des Bundesrats Zeit lasse. Erhard wurde die Zeit nun aber allmählich knapp. Deshalb hatte das Wirtschaftsministerium zur interministeriellen Reaktion der Stellungnahme schon eingeladen, bevor die Einlassungen des Bundesrates bei der Regierung auch nur vorlagen. Schäffer weigerte sich, bei derlei Überstürzungen mitzutun. Ausnahmsweise konnte Erhard auf die Unterstützung des Kanzlers rechnen. Der wollte das Gesetz, weniger um der Sache, als um des Nachweises der Handlungsfähigkeit seiner Regierung willen, auch noch in dieser Legislaturperiode durchhaben und war Schäffers inzwischen beinahe noch mehr leid als Erhards. Die Stellungnahme wurde ohne Teilnahme und Zustimmung des Finanzministeriums verfertigt und verabschiedet. Am 18. Oktober ging sie mitsamt dem Regierungsentwurf und den Vorstellungen des Bundesrates dem Bundestag zu. Am gleichen Tag lief beim Parlamentspräsidium der Initiativentwurf einer Gruppe von CSU-Abgeordneten unter namentlicher Führung des notorischen Hermann Höcherl ein. Der Entwurf verband das Organisationsmodell des Bundesrates mit bankgeschäftlichen und geldpolitischen Wünschen des Finanzministeriums. Erhards neue Eile erwies sich als überflüssig. Das Bundestagsplenum brauchte sechs Wochen, ehe es die beiden Vorlagen genau vierzehn Minuten lang beriet und an den Ausschuß für Geld und Kredit überwies. Und der Ausschuß für Geld und Kredit brauchte weitere sechs Wochen, ehe er am 11. Januar 1957 die Arbeit daran aufnahm. Immerhin blieb ihm bis zum Ende der Legislaturperiode ein Monat mehr, als dem Ausschuß im ersten Bundestag geblieben war.

Während sich die beiden ordnungspolitischen Gesetzgebungsvorhaben, an denen Erhard lag und die er mit mehr oder weniger Anteilnahme und Nachdruck betrieb, nach sieben Jahren immer noch zwischen widerstreitenden Meinungen und Interessen verfingen, gelangte das Vorhaben, an dem ihm *nicht* lag und das er gern verhindert hätte, gut ein Jahr, nachdem es ernsthaft in Angriff genommen worden war, an sein gesetzgeberisches Ziel. Dabei begegnete die große Rentenreform im Kabinett und in der Fraktion nicht weniger starken Widerständen als das Kartell- und stärkeren Widerständen als das Bundesbankgesetz. Sie hatte freilich den Vorteil, daß ein noch stärkerer, mit taktischem Geschick begabter und deshalb durchsetzungsfähiger politischer Wille sie durch die Strudel und über die Klippen lenkte. Das war der Wille Konrad Adenauers. Erhard war sich in seiner Abneigung gegen die lohnbezogen-"dynamische" Rente mit Schäffer so einig, wie beide uneins über die Organisation der Bundesbank waren, und die Fraktionsmehrheit, die ihre Abneigung teilte, war eher größer als die Mehrheit, die Erhards Kartellgesetz widerstritt. So hielten die beiden Minister sich denn auch nicht an den einstimmigen Kabinettsbeschluß vom 29. Mai und fuhren fort mit dem öffentlichen Verruf der Reformabsicht. Erhard verfuhr dabei in bekannter Weise. Er verfaßte, verschickte und veröffentlichte eine „Denkschrift“: „Sinnvolle Maßstäbe für eine Produktivitätsrente“ und verbreitete deren wesentliche Gedanken, wo immer es anging, auch in öffentlicher Rede.[77]

Die Denkschrift war ein sehr Erhardsches Erzeugnis, das berechtigte Bedenken durch Verdrehung, Überdehnung und Vermengung gleichsam ins Unrecht setzte, jedenfalls unglaubwürdig machte. Erhard wandte sich gegen dreierlei: gegen die Absicht, die „Anfangs-Rente“ so zu bestimmen, daß sie den erreichten Lebensstandard sicherte, gegen die regelmäßige Erhöhung dieser Rente im Maße der durchschnittlichen Produktivitäts- *und* Preissteigerungen und schließlich dagegen, auch Selbständige, deren ökonomisch-soziale Lage sich von der Lage Lohnabhängiger nicht wesentlich unterschied, der Versicherungspflicht zu unterwerfen und mit Renten zu bedenken. Die Sicherung des Lebensstandards durch Renten hielt er aus einem moralischen und einem wirtschaftlichen Grund für falsch. Wenn der Staat erst einmal einer Gruppe das Gefühl von Sicherheit gebe, dann würden immer mehr und schließlich alle Gruppen „der Eigenverantwortung entfliehen“ und „Fürsorge nur noch beim Staat (oder) im Kollektiv“ suchen. Dann sei eine „freie gesellschaftliche Ordnung“ nicht mehr denkbar. Das war eins. Das andere: Die Aussicht auf hohe Renten beseitige den Willen, und die hohen Beiträge, mit denen die hohen Renten zu finanzieren wären, beseitigten auch die Möglichkeit zu sparen. Wie sollten unter solchen Umständen die Mittel für die notwendigen volkswirtschaftlichen Investitionen aufgebracht werden? „Über den Preis oder über die Bereitstellung staatlicher Mittel?“ Das müsse unvermeidlich „zu einer Auflösung jeder freien, jeder staatlichen, jeder demokratischen, aber auch jeder moralischen Ordnung führen“. Erhard übersah, daß bislang dreiviertel der investiven Mittel exakt auf diese Weise aufgebracht worden waren, unerfreulich- aber notwendigerweise, und ohne die befürchtete Auflösung der demokratischen Ordnung. Gleichviel, solange man die Rentenreform, die der Gesetzentwurf vorsehe, auf die Lohnabhängigen beschränke, könne sie immerhin „als theoretisch praktizierbar angesehen werden“. Sobald man Selbständige in sie einbeziehe, werde sie zum Unding. Wenn der Gedanke daran nicht mehr aus der Welt zu schaffen wäre, dann sollte man ihn in Richtung auf eine „Mindestversicherung für das deutsche Volk in seiner Gesamtheit“ statt in Richtung auf Lebensstandard-Sicherung breitester Schichten des Volkes weiterdenken. Auch derlei wünschenswerte Mindestsicherung dürfe nun freilich keinesfalls *auch* an die Preisentwicklung angepaßt werden. Die Anpassung ans Produktivitätswachstum, die gewährleiste, „daß auch der Rentner an dem Fortschritt der Leistungsverbesserung der Volkswirtschaft teilhaben darf“, sei vertretbar, die automatische Anpassung an Preissteigerungen hingegen geeignet, einen volkswirtschaftlichen „Hexensabbat“ hervorzurufen. Hier übersah Erhard, daß die Rentner im Falle von - sagen wir - 2 % Produktivitätswachstum und 4 % Geldentwertung eben *nicht* an der volkswirtschaftlichen Leistungssteigerung teilhätten, wenn man ihren Renten bloß die 2 % Produktivitätswachstum zuschlüge. Sie könnten damit hinterher trotzdem nur 2 % weniger kaufen als vorher. Die Preisanpassung verbiete sich nun aber, war Erhards Argument, weil sie die Inflation als unentrinnbares Schicksal voraussetze und dadurch hervorrufe. Denn die Voraussetzung untergrabe das allgemeine Vertrauen in die Stabilität der Währung und der wirtschaftlichen Verhältnisse und veranlasse zu einem Verhalten, das den Vertrauensverlust dann auch tatsächlich bestätige. „Wenn in einer Volkswirtschaft keine Gruppe - vom Rentner über den Arbeiter, Beamten bis zum Unternehmer - in ihrem persönlichen und menschlichen Schicksal länger an der Aufrechterhaltung einer stabilen Wirtschaft und Währung interessiert ist, ... wenn ferner mit dem Erlöschen der Spartätigkeit auch die Rücksicht auf den Sparer entfällt, ... dann treibt eine Volkswirtschaft, von solcher Verblendung geleitet, naturnotwenig ins Chaos." Warum *niemand* in seinem menschlichen Schicksal mehr an Stabilität interessiert sein sollte, wenn den wehrlosen Rentnern ein Inflationsausgleich zugesichert wurde, das blieb offen. Aber: „Hüten wir uns also auch hier vor einer falschen Sozial-Romantik, - wollen wir nicht der Straße, sondern dem Volke dienen!"

Der Bundeskanzler, von dem man sich romantischer Anwandlungen eigentlich nicht versah und in dem sich nun doch der Sozialromantiker zum Integrations-Romantiker gesellte, wenn auch einer, der nicht dem Volke, sondern der Straße diente, ließ seinen Wirtschaftsminister eine Weile lang gewähren. Anfang Oktober stauchte er ihn nicht wegen des Memorandums, sondern wegen Erhards öffentlichen Auslassungen zur Rentenreform zusammen und erinnerte ihn daran, daß er den Grundsätzen der Reform im Mai zugestimmt habe. Erhard hörte sich den Anpfiff an und schwieg. Drei Tage später schrieb er dann aber „der historischen Dokumentation halber" an Adenauer, daß er seine Bedenken und Gegenvorschläge in der Kabinettssitzung vom 29. Mai eingehend dargelegt und deshalb nicht den Eindruck habe, der Vorlage zugestimmt zu haben. Im Rahmen seiner damaligen Einwände fühle er sich ungebunden.[78] Das ließ Adenauer noch auf sich beruhen. Am 24. Oktober beriet das Kabinett erneut über die problematische Behandlung der Rentenreform im Bundestag. Dort hatte sich der Regierungsentwurf gegen einen im grundsätzlichen gleichen, in der praktischen Ausgestaltung noch etwas weitergehenden Initiativantrag der SPD und gegen den Widerwillen breiter, wirtschaftsnaher Kreise der Unionsfraktion zu behaupten. Das fiel ihm schwer. Adenauers Sorge, daß der populäre Entwurf scheiterte und die SPD mit dem Verweis auf ihre Vorlage daraus erheblichen Nutzen zöge, war groß. Um der Öffentlichkeit und mehr noch der Fraktion die Entschlossenheit der Regierung neu zu Bewußtsein zu bringen, ließ der Kanzler die Entscheidung vom Mai ausdrücklich bestätigen. Tags darauf sprach Erhard vor der Hauptversammlung des Gesamtvorstandes der Versicherungswirtschaft in Köln.

Jeder sagt dem Auditorium, vor dem er redet, gern etwas, das es gerne hört. Und wenn es auch noch der eigenen seelischen Entlastung dient, um so besser. Die Frage, ob es ganz richtig und - buchstäblich - „am Platze" ist, gerät dabei leicht ins Hintertreffen. So hatte Adenauer sich vor der Jahresversammlung des BDI verhalten, so verhielt Erhard sich vor der Hauptversammlung der privaten Versicherungswirtschaft. Er sagte: Infolge seines persönlichen Eingreifens sollten die Renten nur so hoch festgesetzt werden, daß sie als Existenzminimum ausreichten. Außerdem würden sie nicht automatisch dem Lohnzuwachs, sondern von Fall zu Fall dem echten Produktivitätsfortschritt angepaßt. Das größte Gift sei also aus dem Regierungsentwurf heraus.

Als Adenauer dies am nächsten Morgen in der Zeitung las, platzte ihm der Kragen. Und nicht nur ihm ging es so. Adenauer schrieb Erhard in flammendem Zorn gleich zwei Briefe, einen dienstlichen und einen „persönlich-privaten". Im dienstlichen haute er ihm Erhards empörende Sätze um die Ohren und bekundete gleich darauf seinen Glauben, daß sie von den Nachrichtenagenturen nicht richtig wiedergegeben worden seien. Denn sie seien ja objektiv falsch. Deshalb möge Erhard in der Presse klarstellen, was er wirklich gesagt habe. Im persönlichen Brief widerrief er das geheuchelte Glaubensbekenntnis, hielt Erhard vor, daß nicht nur falsch, sondern auch politisch verheerend sei, was er gesagt habe und wies ihn an, „die Sache schleunigst in Ordnung zu bringen". Außerdem machte er außer der Verwirklichung des Gemeinsamen Marktes auch die Verabschiedung des Rentenreform-Gesetzes ausdrücklich zur Richtlinie seiner Politik.[79]

Erhards falscher Zungenschlag ärgerte nicht nur den Kanzler, er entsetzte aus anderen Gründen auch die Gleichgesinnten und Gleichgewillten in der Fraktion. Hugo Scharnberg,

Die „Rentenschlacht" im Bundestag: Arbeitsminister Storch, Schäffer, Erhard

der außerordentlich hamburgisch-selbstbewußte Privatbankier und einflußreiche Vorsitzende des Bundestagsausschusses für Geld und Kredit, machte sich zu ihrem Sprecher. Einen rechten Bärendienst habe der Wirtschaftsminister ihnen geleistet. Sie kämpften erbittert gegen Adenauer und den Arbeitnehmerflügel um eine tragbare Fassung des Gesetzes, und Erhard tue so, als sei das gar nicht mehr nötig, weil *er* bereits alles auf die Reihe gebracht habe. „Ich stehe, lieber Herr Professor Erhard, offen gestanden völlig fassungslos vor Ihrer Haltung zu diesem Gesetz. Erst stimmen Sie im Kabinett unter Hintanstellung Ihrer Bedenken zu, anschließend ist Ihre Haltung in der Öffentlichkeit widerspruchsvoll, um die Fraktion kümmern Sie sich überhaupt nicht und Pressenotizen entnehme ich, daß Sie Mitte nächster Woche für acht Tage nach Südafrika reisen wollen".[80]

Erhard, in Bonn abgemahnt und gescholten, reiste, obwohl auch die Integrations-Verhandlungen eben in einem kritischen Zustand waren, fühlte sich in Südafrika wie „bei guten Freunden zu Gast" und labte sich an den Ehrerbietungen, die ihm wie gewöhnlich reich zuteil wurden. „Es war für uns alle ergreifend," schrieb der Südafrika-Korrespondent der ZEIT, „hier in Johannesburg, 8 000 km von Bonn entfernt, die Historie des deutschen Wiederaufbaus und die dahinterstehende Philosophie der Freiheit und Liberalität noch einmal aus seinem Munde zu hören".[81]

Adenauer gelang mit der Rentenreform nach seinem Willen, was Erhard mit dem Kartellgesetz nach seinen Vorstellungen nicht gelungen war. Er gewann nach dem Kabinett auch die Fraktion dafür, und am 22. Januar 1957 wurde das Gesetz mit den Stimmen der CDU/CSU und der SPD gegen die Stimmen der FDP angenommen. Es verhalf einer großen Mehrheit von Rentnern zu materiell befriedigenden Daseinsbedingungen, ohne ins volkswirtschaftliche Chaos zu führen und die freie gesellschaftliche Ordnung zu zerstören. Nichts von dem, was Erhard vorausgesagt hatte, trat ein.

Personalpolitische Anfechtungen

Am Ende der Auseinandersetzungen um die Rentenreform hatte nur noch die FDP Erhard die Stange gehalten. Oder richtiger: Die FDP hatte an Erhards Statt die Stange gehalten. Denn der Wirtschaftsminister stimmte dem Gesetz natürlich zu. Genauso verhielt er sich wenig später in Sachen Europäischer Wirtschaftsgemeinschaft. Die FDP gab mit ihren Beiträgen zur Debatte und mit ihrem Abstimmungsverhalten dem Ausdruck, was Erhard dachte und wollte. In wichtigen politischen Fragen war eher sie als die CDU seine Partei.

Nun war das ja in vieler Hinsicht immer so gewesen und von niemandem als ungehörig empfunden worden. Seit neuerem hatte es aber einen etwas aufdringlichen Beigeschmack. Die FDP gehörte nämlich nicht mal mehr der Regierungskoalition an. Das hatte Erhard, abgesehen davon, daß es ihn politisch von ideell Gleichgesinnten trennte, nebst allen konjunktur-, ordnungs- und sozialpolitischen Verdrießlichkeiten auch noch mancherlei personalpolitischen Anfechtungen ausgesetzt.

Im Februar 1956 war die FDP infolge anhaltender Koalitionskräche, denen unterschiedliche deutschlandpolitische Absichten zugrunde lagen und die von einem persönlichen Konflikt zwischen Adenauer und dem FDP-Fraktionsvorsitzenden, Erhards fränkischem Landsmann und Bonner Hausnachbarn Thomas Dehler, akzentuiert wurde, in zwei Teile zerbrochen. Der sehr viel größere Teil behielt den Parteinamen und ging in die Opposition, der kleinere Teil nannte sich Freie Volkspartei und blieb im Regierungslager. Zu ihm gehörten die vier Minister. Die blieben vorerst auch in der Regierung, weil die Entlassung des einen und anderen eine Art personalpolitischer Büchse der Pandora zu öffnen drohte. Allmählich wurde aber vor allem der CSU die Überrepräsentation der popligen Partei im Kabinett zuviel. Im Sommer verlangte sie eine Kabinettsumbildung, die ihrem Anspruch auf mehr Gewicht dadurch nachkam, daß Schäffer anstelle Blüchers Vizekanzler und Vorsitzender des Wirtschaftskabinetts und Strauß Verteidungsminister wurden. Das veranlaßte die CDU dazu, ihrerseits Neuordnungsvorstellungen ins Gespräch zu bringen. Beides beunruhigte Erhard sehr. Ende Juli sprach er mit dem Kanzler über seine Unruhe. Er war inzwischen bereit, Schäffer in der praktisch bedeutungslosen Rolle des Vizekanzlers zu dulden. Als Vorsitzenden des Wirtschaftskabinetts glaubte er ihn aber weniger als je akzeptieren zu können. Nun gefiel Adenauer die Idee, den widerborstigen Kassenführer zu seinem Stellvertreter zu berufen, selber nicht. Eine andere Idee gefiel ihm besser. Das war die wahrscheinlich von Fraktionschef Krone vorgebrachte Idee, Franz Etzel von Luxemburg nach Bonn zurückzuholen, zum Vizekanzler zu machen und mit nichts als der Aufgabe zu betrauen, die wirtschaftspolitisch engagierten Ressorts endlich so zu koordinieren, wie Blücher das nie vermocht hatte.

Etzel war ein Mann nach Adenauers Herzen, einer, der sich wie er selbst aus kleinen Verhältnissen hochgearbeitet hatte, mit einem guten Kopf und klarem Blick ausgerüstet, konzentriert und energisch, von politischem Gewicht und mit politischem Gespür, auf dem Felde der europäischen Einigung neben Hallstein sein verläßlichster Mann, ein wenig spröde im Habitus und doch angenehm im Umgang, kein Harmonist, aber ein Vermittler mit starkem Rückhalt, wenn auch ohne Hausmacht in der Fraktion, den politischen Aufgaben sachlich, moralisch und praktisch gewachsen wie wenige in Bonn, eine Bereicherung des etwas dürftig bestückten Kabinetts ganz zweifellos und eine Potenz gegen die drängende CSU überdies. Erhard war die Idee fast noch mehr zuwider, als der Gedanke an Schäffers Beförderung zum wirtschaftspolitischen Koordinator. Er sah voraus, daß Etzel als Vizekanzler ohne Geschäftsbereich in die Stellung eines „Überministers" geriete. Das müsse er „als eine Diskrimierung empfinden," der er keinesfalls zustimmen könne.[82]

Wahrscheinlich dachte er dabei noch ein Stück weiter. Seit Adenauers langer, schwerer Krankheit im vergangenen Herbst war die Nachfolge im Kanzleramt nicht mehr Anathema. Namen wurden genannt. Erhards Name gehörte dazu. Erhard mochte anfangs nicht recht gewußt haben, ob er das Zeug zum Kanzler mitbrachte und das Amt wollen sollte. Es wäre aber Verrat an seinem Naturell gleichgekommen, wenn er die Begabung bei eingehenderer Selbstprüfung nicht in sich gefunden hätte. Und je mehr er unter der Fuchtel des Alten litt, um so erstrebenswerter schien es ihm zu sein, eines Tages selbst das Zepter zu führen. Außerdem redeten ihm die „Getreuen" ein, daß kraft Verdienst und öffentlichem Ansehen nur er dafür in Frage komme. Etzels Name war bislang nicht genannt worden. Aber es war zu befürchten, daß er genannt würde, sobald der Mann aus Luxemburg in Bonn wäre, und daß Etzel als Vizekanzler und „Überminister", noch bevor das Rennen um Adenauers Nachfolge richtig losgegangen war, einen Vorsprung gewann, der im Rennen selbst nicht mehr einzuholen wäre. Im übrigen war Erhard natürlich der Meinung, daß vorerst das Amt des wirtschaftspolitischen Koordinators nur ihm zustehe. Andererseits gab er sich über seine derzeitige Stellung beim Kanzler und in der Fraktion keinen Illusionen hin. Die war nicht stark und fest genug, um ihm zu der Würde zu verhelfen, falls Blücher ausschiede. Darum wäre es am besten, Blücher bliebe. Eben das schlug Erhard, voll des Lobes über Blücher, dem Kanzler denn auch vor. Blücher habe sich seiner Aufgabe doch „in ausgezeichneter Weise" entledigt und selbst bei schwierigsten Fragen „einen optimalen

Vom Erhard-Freund zum Erhard-Skeptiker: Franz Etzel

Ausgleich der Standpunkte" bewirkt. Da dies nun dem - berechtigten - Verlangen der CSU nach mehr Gewicht im Kabinett nicht gerecht wurde, schlug Erhard Adenauer weiter vor, die kleine freche Schwesterpartei mit einem anderen Ministerium aus der Hinterlassenschaft der Liberalen abzufinden. Das nicht eben unbedeutende Justizministerium biete sich an. Und wäre nicht der CSU-Vorsitzende Seidel dafür der geeignete Mann? „Als sogenannten Koordinations-Minister müßte ich allerdings auch ihn ... ablehnen".

Der Gedanke, den Forderungen der CSU mit dem Angebot eines wichtigen Ministeriums für ihren Vorsitzenden zu genügen, sagte Adenauer außerordentlich zu. Wobei es ihm freilich nicht darum ging, dadurch Schäffers Ansprüche abzuwehren. Sein Problem war es, Strauß' Griff nach dem schlecht geführten Verteidigungsministerium zu verhindern. Er nahm Erhards Vorschlag auf, überging Erhards „Ablehnung" und bot Seidel das Justizministerium und den Vorsitz im Wirtschaftskabinett an. Ob Erhard erfuhr, was aus seiner Empfehlung wurde, ist unbekannt. Weiterer Streit, auf den Adenauer es leichthin hatte ankommen lassen, erwuchs für ihn daraus nicht. Seidel lehnte das Angebot ab. Er scheute den Krach mit Strauß und wollte ohnehin lieber bayerischer Ministerpräsident werden. Der Streit und der Krach blieben bei Adenauer hängen. Am 10. Juli 1956 erschien unter Strauß' Führung die Spitze der CSU-Landesgruppe im Kanzleramt und machte ihm wegen der fehlerhaften Planung und der Verzögerungen beim Aufbau der Bundeswehr die Hölle heiß. Adenauer hielt dagegen und wies das Verlangen, Strauß zum Verteidigungsminister zu machen, brüsk ab.[83] Das blockierte jegliche Kabinettsumbildung und schaffte Erhard, dem sachlich in diesen vertrackten Monaten alles danebenzugehen schien: Konjunkturprogramm, Kartell- und Bundesbankgesetz, Rentenreform und Europa, zumindest die Sorge vom Hals, außerdem personalpolitisch in den Hintergrund gedrängt zu werden.

Eine andere Sorge bewegte ihn weiter. Und diese Sorge teilte er ausnahmsweise mit Adenauer. Das Erscheinungsbild der Union in der Öffentlichkeit war schlecht, die Popularität ihrer Spitzenpolitiker geringer als früher. Erhard kam mit 50 % Zustimmung bei den Umfragen noch am besten weg, Adenauer krebste - hinter von Brentano - bei 40 % herum. Die SPD befand sich in einem kräftigen Aufwind und hatte die CDU in der öffentlichen Wertschätzung überflügelt. Wenn sie mit der FDP zusammenfände, war eine Regierungsmehrheit gegen die CDU nach den übers Jahr anstehenden Wahlen nicht auszuschließen. Und warum sollten SPD und FDP im Bund nicht zusammenfinden? In Nordrhein-Westfalen war die FDP Anfang des Jahres aus einer Regierungskoalition mit der CDU ausgeschert und hatte gemeinsam mit den Sozialdemokraten den Ministerpräsidenten Karl Arnold gestürzt und eine sozialliberale Regierung gebildet. Das war schließlich der Anlaß zum Bruch in Bonn gewesen, nachdem es an Gründen dafür längst nicht mehr mangelte. Grund und Anlaß erfüllten weite Kreise in der CDU und die ganze CSU mit einer so tiefen Erbitterung gegen die Liberalen, daß sie - auch in der Absicht, ihnen durch eine Wahlrechtsänderung den Garaus zu machen - mit dem Gedanken an eine große Koalition umgingen. Adenauer und Erhard war dieser Gedanke nicht wesentlich angenehmer als die Vorstellung, daß die SPD die politische Führung in Deutschland übernähme. Adenauer glaubte, daß eine sozialdemokratisch regierte Bundesrepublik aus deutschland- und außenpolitischen Gründen dem Untergang geweiht wäre; jedenfalls sagte er das. Erhard hingegen glaubte, daß eine SPD-Regierung Deutschland ins wirtschaftlich-soziale Chaos führte und glaubte es wohl wirklich, auch wenn er von Fall zu Fall, in den Fällen des Kartellgesetzes und der Zollsenkung zum Beispiel, Unterstützung eher von der sozialdemokratischen als von der eigenen Fraktion erhielt. Und beide befürchteten, daß sie in einer Regierung der großen Koalition keinen Platz hätten. Deshalb unternahmen sie im stillen den Versuch, die kleine Koalition mit der FDP und dabei auch die alte FDP wiederherzustellen.

Genaugenommen unternahm Erhard den Versuch, und Adenauer ging auf ihn ein. Vielseitige Vermittlungen waren nötig. Erhard agierte in deren Zentrum. Ob er sie auch anregte, steht dahin. Zu den Liberalen hin war der freidemokratische Bundestagsabgeordnete Heinz Starke für ihn tätig, Pferdmenges besorgte es, den ohnehin dazu geneigten Kanzler vollends zu gewinnen. Die Geschäftsführung des BDI verfolgte die Bemühungen mit Wohlwollen. Anfang August 1956 bewegte Starke, der vor Jahren in der bizonalen Verwaltung für Wirtschaft gearbeitet hatte und seither eine lose Verbindung zu Erhard pflegte, erst den FDP-Vorsitzenden Dehler und den abtrünnigen Wohnungsbauminister Preusker zu einem gemeinsamen und dann den nordrhein-westfälischen Innenminister Willi Weyer zu einem gesonderten Gespräch mit Erhard. Weyer gehörte zu den Düsseldorfer „Jungtürken", den FDP-Rebellen, die Arnold gestürzt und sich mit der SPD gemein gemacht hatten. Die Gespräche fanden nach Erhards Urlaub auf dem Ackerberg Anfang September in Bonn statt. Dehler war an einem Wiedereintritt der FDP und seiner selbst in die Regierung sehr interessiert, legte es dabei aber auf eine Art Unterwerfung der FVP an. Weyer ließ ihn gewähren, lehnte aber den Bruch des Düsseldorfer Bündnisses als Voraussetzung eines neuen Bonner Bündnisses mit der CDU ab. Erhard hoffte trotzdem, daß man sich einig würde und die FDP mit Dehler und einem „Düsseldorfer" wieder ins Kabinett einzöge. Er sprach nun selbst mit Adenauer und drängte ihn zu einem baldigen Treffen mit Dehler und Weyer. Adenauer folgte dem Drängen willig. Man traf sich im Hause Pferdmenges. Erhard war nicht dabei. Es erwies sich, daß der Wunsch, wieder zusammenzukommen, zumindest bei Adenauer und Dehler stark und dessen Erfüllung zugleich unmöglich war. Adenauer wußte besser als Erhard, daß er seiner Partei eine FDP, die in Düsseldorf weiter mit der SPD ging, nicht zumuten konnte, und Dehler hatte weder die Neigung noch gar irgendeine Möglichkeit, die Jungtürken zur Beendigung des gemeinsamen Ganges zu bestimmen. Er hatte genug damit zu tun, sich der parteiinternen Kritik an seiner Geheimdiplomatie zu erwehren, die in Bonn natürlich nicht lange geheim blieb. Mit der FDP als Koalitionspartner war trotz Erhards Bemühungen bis auf weiteres nicht mehr zu rechnen.[84]

Andererseits war aber der Kabinettsumbildung auf die Dauer nicht mehr auszuweichen. Das brachte Erhard noch einmal in Gefahr. In den frühen Oktobertagen gab Adenauer seinen Widerstand gegen Strauß' Beförderung ins Amt des Verteidungsministers auf. Halb zog es ihn, halb sank er hin. Strauß hatte mit seiner Kritik an der Bundeswehrplanung ja recht. Minister Blank, so sehr Adenauer ihn persönlich schätzte, war der Aufgabe nicht gewachsen. Und Strauß, so wenig Adenauer ihn persönlich schätzte, wäre ihr mit seiner Intelligenz, seiner Vitalität und seiner Rücksichtslosigkeit gewachsen wie kaum einer sonst. Das war zuzugeben. Und überdies - überdies würde er sich bei ihrer Erfüllung „sicherlich so mit der SPD zerstreiten, daß der CSU die Lust auf eine große Koalition vergehe".[85] Strauß verdrängte nun freilich einen Mann der Sozialausschüsse und noch dazu einen, der das trotz seiner Unzulänglichkeit am für ihn falschen Platz politisch-persönlich nicht verdient zu haben schien. Das brächte sowohl die Ämter-Arithmetik, wie auch die Gemütsverfassung der Fraktion durcheinander. Adenauer versuchte beides zu verhindern, indem er Blank anstelle des untauglichen Storch zum Arbeitsminister machte und den in Düsseldorf mißhandelten Karl Arnold, Parteilinker und Freund einer großen Koalition auch er, anstelle Etzels und auf Kosten Erhards zum Vizekanzler und Koordinator berief. Darüber sprach und korrespondierte er mit Arnold. Arnold bewies Korpsgeist. Er komme nur ins Kabinett, wenn Blank und Storch blieben. Für beide war neben ihm aber kein Platz. Da auch Blank den Kameraden Storch nicht verdrängen und ohnehin lieber stolz ausscheiden als kleinmütig in ein minderes Ministerium ausweichen wollte, blieben Blücher und Storch dem Kabinett bis zum Ende der Legislaturperiode erhalten und Erhard weitere Anfechtungen von Stellung und Status erspart.

Europa am falschen Ziel?

Seine ökonomischen Überzeugungen und sein politisches Wollen wurden derweil *nicht* geschont. Das galt in erster Linie im Hinblick auf die wirtschaftliche Integration Europas. Die Art wirtschaftlicher Integration, die Erhard erstrebte, „funktionale" Integration durch Konvertierbarkeit und Freihandel, trat auf der Stelle und die Art von Integration, die er verabscheute, „institutionelle" Integration durch Supranationalisierung wirtschaftspolitischer Zuständigkeiten, kam ans Ziel. Im einen wie im anderen Fall hingen Erfolg und Mißerfolg wesentlich von Frankreich und Deutschland ab. Die Hindernisse waren in beiden Fällen kaum ungleich hoch. Adenauer überwand „seine" Hindernisse mit Glück, Willensstärke und Geschick. Erhard scheiterte an „seinen" wegen der Ungunst oder genauer: wegen der Doppeldeutigkeit der Verhältnisse, wegen Mangels an Durchsetzungsfähigkeit und ein wenig auch wegen eigenen Ungeschicks.

In jenen vier Juni-Juli-Wochen, in denen die ökonomisch-politische Welt sich nachgerade gegen ihn verschworen zu haben schien: das Konjunkturprogramm zerrupft, das Kartellgesetz durch Hellwigs Wahl auf die lange Bank geschoben, das Bundesbankgesetz durch Adenauers Verfassungszweifel in Frage gestellt, die Brüsseler Regierungskonferenz - am 26. Juni - aufgenommen und Schäffer oder Etzel als wirtschaftspolitische „Überminister" vorgesehen, stieß die Doppeldeutigkeit der Verhältnisse mit Erhards Ungeschick zusammen, und der Zusammenstoß erzeugte einen kleinen Eklat.

Nachdem sich die deutschen Überschüsse in der EZU zeitweise auf Normalmaß zurückentwickelt hatten, nahmen sie seit der Mitte des Jahres 1955 wieder kräftig zu. Doppeldeutig daran war, daß die Deutschen und auch ihr Wirtschaftsminister die Überschüsse einerseits ziemlich gern hatten, andererseits aber nicht gern haben sollten. Sie mochen die Überschüsse, weil sie als ein Ausweis des wirtschaftlichen Erfolgs der Bundesrepublik erschienen und Dollar eintrugen, die es erlaubten, den Handel mit Amerika fortschreitend zu liberalisieren. Und sie sollten sie nicht mögen, weil die Kehrseite der deutschen Überschüsse Zahlungsbilanzkalamitäten anderer europäischer Länder waren, die den Liberalisierungsfortschritt in Europa behinderten und Deutschland bei seinen EZU-Partnern in Mißkredit brachten. Der Mißmut wurde im Sommer 1956 wieder deutlich spürbar. Die deutsche OEEC-Mission in Paris und die Bank Deutscher Länder in Frankfurt beobachteten das mit zunehmender Unruhe. Ihre Unruhe wurde gemehrt durch die öffentliche Verlautbarung der Folgerungen, die Erhard neuerdings aus den europäischen Handelsbilanzungleichgewichten zog. Sie hofften, daß jene Ungleichgewichte nicht zum Gegenstand offizieller Verhandlungen im Rat der OEEC und im Direktorium der EZU gerieten, weil Deutschland sich dabei unvermeidlich in der Rolle des Beschuldigten wiederfände und unfrommen Forderungen ausgesetzt sähe. Und sie befürchteten, daß Erhards Reden derlei offizielle Verhandlungen geradezu heraufbeschworen.

Erhard versuchte seit geraumer Zeit, Europa zur Einsicht in die Nützlichkeit eines Wechselkurs-Realignments zu bekehren. Das war im Prinzip kein unvernünftiges Unterfangen. Ökonomisch unvernünftig jedenfalls nicht. Politisch zumindest ungeschickt war es eingedenk der verbreiteten Idiosynkrasien gegen Wechselkursänderungen und namentlich gegen Währungsabwertungen von vornherein. Vollends ungeschickt wurde es - und ökonomisch unvernünftig dazu - wenn man die DM von dem Realignment ausnahm. Und genau das tat Erhard. Wobei schwer auszumachen war, ob er es aus Überzeugung oder aus Gründen politischer Opportunität tat.

Nach dem Scheitern der allgemeinen Zollsenkung wurde im Wirtschaftsministerium auf Anregung Müller-Armacks kurz über eine alternative Aufwertung der DM um 5 % nachgedacht. Der Gedanke wurde allerdings schnell fallengelassen. Wenn Erhard danach in Schrift und Rede von der Notwendigkeit einer Wechselkurs-Revision in Europa kündete, dann meinte er damit, daß einige Währungen abgewertet werden müßten. Welche Währungen, das sagte er taktvollerweise nicht. Aber jeder konnte es sich denken. Vocke faßte sich, das fiel ihm nicht schwer, nach der Lektüre eines Erhard-Artikels in der ZEIT ein Herz und machte den Minister „vertraulich" auf die Zweifelhaftigkeit seines Tuns aufmerksam. Natürlich müßten auch der Franc und das Pfund gemeint sein, wenn Erhards Forderungen Sinn machen sollten. Frankreich aber werde „auf Ihre wohlmeinende Anregung denkbar sauer reagieren" und in England werde sie „alles eher als willkommen" sein. Andere Länder könnten sich ebenfalls betroffen fühlen. Man werde Deutschland vorwerfen, „wieder einmal als praeceptor mundi aufzutreten" und sagen: „Fangt doch bei Euch selber an ... Ihr könnt nicht monatliche Überschüsse von 100 Millionen Dollar auf die Dauer haben, Ihr seid ein schlechter Gläubiger!"[86] Vockes abschließende Bitte, „Ihr Programm in dieser Hinsicht nochmals zu überprüfen", fruchtete freilich nicht viel. Wenn Erhard sich auf etwas eingeschworen hatte, dann brauchte es mehr als einen Brief des Zentralbankpräsidenten und gar *dieses* Zentralbankpräsidenten, den er noch nicht mal leiden konnte, um ihn davon abzubringen. Vielleicht veranlaßte ihn der Brief aber immerhin zu einer als schonsam gedachten taktischen Wendung. Zwei Wochen später, am 3. Juli, schrieb er ganz auf eigene Faust, ohne Absprache mit dem Auswärtigen Amt, an den britischen Schatzkanzler Harold Macmillan. Macmillan kenne ja seine Sorgen und Wünsche. Die Erfüllung der Wünsche setze die „Entzerrung der Währungen" voraus. Er halte es für vorteilhaft, daß zu diesem Zweck eine internationale Währungskonferenz einberufen werde, aber für unvorteilhaft, wenn er - Erhard - derlei Konferenz anrege. „Ich darf hier freimütig bekennen, daß ich an Sie, sehr verehrter Herr Macmillan, gedacht habe". Ob Macmillan schon einen Tag vor dem Beginn der nächsten OEEC-Tagung, am 16. Juli, nach Paris kommen könne, um auf der Grundlage „meiner eigenen und persönlich skizzierten Gedanken" darüber mit Erhard zu reden? Die eigenen Gedanken waren dem Brief als Anlage beigegeben.[87]

Macmillan mißfielen die Gedanken, und er wollte mit Erhard nicht darüber reden. Damit hätte es sein Bewenden haben können. Der Brief war aber kaum weg, da gab Erhard der ehrwürdig-vielbeachteten Financial Times ein Interview. Darin machte er die Anregung zu dem Gespräch mit Macmillan und seine Entzerrungsabsicht publik: Entweder einmalige Abwertung von überbewerteten Währungen oder zeitweilige Freigabe ihrer Wechselkurse, dazu Kreditfazilitäten für Länder, die das mitmachten. Am 11. Juli konnte man das in großer Aufmachung in dem rosa Weltblatt lesen.[88] Alle Welt las es denn auch und war darüber bestürzt - dies vornehmlich in Deutschland - oder außerordentlich verärgert. Der nahegelegte Eindruck, daß Macmillan Interesse an der Idee zeigte, löste eine Abwertungsspekulation gegen das Pfund aus, die ihrerseits den Devisenzustrom nach Deutschland vermehrte. Die britische Regierung wies Erhards Ansinnen in der Presse schroff ab. Erhard fühlte sich zu gewundenen Dementis gedrängt. Am 13. Juli ließ er ins offizielle Bulletin des Presse- und Informationsamtes einrücken, daß er dem britischen Schatzkanzler keine konkreten Vorschläge gemacht habe. „So entschieden der Bundesminister für Wirtschaft ... eine Aufwertung der DM ablehnt, so wenig fühlt er sich berufen oder auch nur berechtigt, anderen Ländern eine Abwertung zu empfehlen". Wenn gerade er eine internationale Währungskonferenz empfehle, sagte er am gleichen Tag dem BDI-nahen Industriekurier, der es am nächsten Tag druckte, dann doch nicht, weil er anderen übelwolle, sondern weil die Bundesrepublik als Land auf der außenwirtschaftlichen Sonnenseite Vorschläge machen könne, „ohne - wie es bei anderen Ländern wahrscheinlich sei - in den Verdacht zu geraten, Hilfe von anderen zu wollen, und auch ohne ... aufgefordert zu werden, zunächst einmal die Verhältnisse im eigenen Haus in Ordnung zu bringen".[89]

Das erwies sich als Irrtum. Bis zum 11. Juli hatte man damit rechnen dürfen, daß die deutschen EZU-Überschüsse auf der OEEC-Tagung nicht zur Sprache kämen. Danach verlangte Belgien, und hatte mit der Durchsetzung des Verlangens leichtes Spiel, daß sie Punkt 1 der Tagesordnung wären. Der besonders verärgerte britische Schatzkanzler söhnte sich am Rande der Tagung mit dem immer noch fassungslosen und sehr kleinlauten Erhard persönlich aus. Erhard gab vor der versammelten Presse und in Macmillans Gegenwart die Erklärung ab, daß er an das Pfund nicht mal von Ferne denke, wenn er von Bedarf an Wechselkurs-Revision rede. Macmillan hatte die Erklärung vorbereitet. Erklärung und Aussöhnung änderten freilich nichts mehr daran, daß die deutschen Überschüsse als europäisches Problem ins organisierte Gerede gekommen waren und bis auf weiteres auch nicht wieder daraus verschwanden.[90] Zumal, da jene Überschüsse in nächster Zeit nicht etwa schrumpften, sondern in unvordenklichem Maße anschwollen. Am Ende des Jahres vereinte die Bundesrepublik nicht weniger als 80 % aller EZU-Forderungen auf sich. Und entgegen Erhards rührendem Glauben, daß ihr derart gepolsteter Platz an der Sonne sie dem Verlangen nach Ordnung der Dinge „im eigenen Haus" entzöge, hatten die Partner, voran England, durchaus ein paar Empfehlungen parat. Deutschland könnte den anderen zum Beispiel dadurch Entlastung verschaffen, daß es den Kreditanteil seiner Überschüsse wieder erhöhte; oder es könnte die Schulden schneller tilgen, von denen man ihm durchs Londoner Abkommen einen so erheblichen Teil nachgelassen hätte oder Vorauszahlungen auf den ohnehin schleppenden Import von Rüstungsgütern leisten oder Kapital, in welcher Form auch immer, exportieren. Außerdem könnte man die Zinsen senken und, wenn sich's ergäbe, ein bißchen Anpassungsinflation zulassen. Und schließlich könnte die Bundesregierung ganz einfach die DM kräftig aufwerten. „Die Deutschen sind die einzigen, die von einer Adjustierung der Wechselkurse sprechen", hatte die belgische Regierung schon im Juli gemeint und durch Süffisanz ersetzt, was der Meinung an Logik fehlte, „also scheint die DM die einzige Währung zu sein, die adjustierungsbedürftig ist".[91]

Erhard hingegen ersetzte durch Beharrlichkeit, was seiner Meinung an Logik fehlte, daß die DM und der Schweizer Franken die einzigen europäischen Währungen seien, deren Kurse nicht geändert werden müßten, weil „nur in der Bundesrepublik und in der Schweiz das Verhältnis zwischen Wechselkurs und Preisniveau (noch) in Ordnung" wäre.[92] Müller-Armack war anderer Ansicht, aber die Regierung in ihrer Gesamtheit und der Zentralbankrat lehnten eine DM-Aufwertung noch entschiedener ab als Erhard. Anpassungsinflation wurde in Deutschland als eine Art ökonomischer Pest angesehen und Schuldentilgung, Vorauszahlungen, Kapitalexport griffen die geheiligten Währungsreserven an und stießen überdies an enge fiskalische Grenzen. Da Erhard also nichts von alledem konnte oder wollte, wuchsen die deutschen Überschüsse weiter an, mit ihnen wuchs auch der europäische Verdruß darüber und Konvertibilität rückte wieder in weitere Ferne.

Vorübergehend sah es immerhin so aus, als rückte die Patent-Integration nicht zugleich näher. Die Brüsseler Regierungskonferenz begann am 26. Juni 1956. An der Zusammensetzung der Delegationen änderte sich wenig. Die gleichen Männer setzten die unterbrochenen Beratungen mit anderem Mandat fort. Erhard hatte sich im Kabinett damit einverstanden erklärt, daß die deutsche Delegation ihre Instruktionen vom Auswärtigen Amt erhielt, fand sich aber nicht damit ab.

Während man in Brüssel, da die Sommerpause nahte, mit intensiver Arbeit gar nicht erst begann, schrieb Müller-Armacks europageneigte Grundsatzabteilung an so etwas wie einem „Gegenentwurf" zum Spaak-Bericht. Der Text bestätigte die leitenden Ideen und Absichten des Spaak-Berichts, modifizierte oder „verunklarte" sie dabei aber in einer Weise, die ihn als einen Mittelweg erscheinen lassen sollte, den auch Minister Erhard guten dogmatischen und praktischen Gewissens beschreiten konnte. Als die Verhandlungsdelegationen nach der Sommerpause wieder zusammenkamen, lag er vor.

Der Spaak-Bericht empfahl die allmähliche Einrichtung eines europäischen Wirtschaftsraumes, in dem während seiner Einrichtung die Voraussetzungen gemeinsamer Wirtschaftspolitik geschaffen wurden. Die Grundlage jenes Wirtschaftsraums sollten ein gemeinsamer Markt, sein Rahmen eine Zollunion sein. Auf dem gemeinsamen Markt konnten Güter ohne Zoll- und Mengenbeschränkungen von Land zu Land gehandelt und Dienstleistungen ohne Behinderung von Land zu Land erbracht werden. Es herrschte darauf Freizügigkeit der Arbeitskräfte und es galt Freiheit des Kapitalverkehrs. Die Zollunion entstand durch die Vereinheitlichung der Zölle, die Teilnehmerländer bei der Einfuhr von Waren aus Ländern erhoben, die der Union nicht angehörten. Der Übergang in den gemeinsamen Markt und in die Zollunion sollte sich in vorweg bestimmten Etappen und in insgesamt zwölf bis fünfzehn Jahren vollziehen. Während des Übergangs konnten Teilnehmer Schutz vor Wirkungen des Übergangs beanspruchen, die sie besonders beschwerten. Nachdem der Übergang geschafft war, unterlag der internationale Güterverkehr auf dem gemeinsamen Markt Wettbewerbsregeln von jener Strenge, die Böhm und Hau sich für die Bundesrepublik gewünscht hatten. In der Zollunion gab es keine nationalen Handelspolitiken mehr, sondern nur noch *eine* gemeinsame Handelspolitik. Die nationalen Zentralbanken wurden auf enge Zusammenarbeit verwiesen, bei Zahlungsbilanzschwierigkeiten sollten die Länder einander in geeigneter Weise beistehen. Die Formen, die Inhalte und die Reichweite gemeinsamer Wirtschafts- und Sozialpolitik ließ der Bericht unberührt. Die Notwendigkeit einer vorhergehenden Harmonisierung der Steuern und der Sozialleistungen wies er ausdrücklich zurück. Hingegegen schlug er die Gründung zweier Fonds vor, eines Investitions- und eines Anpassungsfonds. Der Investitionsfonds sollte als Bank betrieben werden, seine Mittel größtenteils auf dem internationalen Kapitalmarkt beschaffen und für Zwecke von gemeinsamem europäischem Interesse vornehmlich in wirtschaftlich zurückgebliebene Gebiete ausleihen. Der Anpassungsfonds finanzierte sich durch quotierte Beiträge der Teilnehmer-Länder und konnte zur Milderung der sozialen Probleme bei Betriebseinstellungen in Anspruch genommen werden. Die Gemeinschaft regierte und verwaltete sich durch einen Ministerrat und eine Kommission. Anders als in der Montanunion standen die hauptsächlichen Entscheidungsbefugnisse dem Ministerrat zu. Die Zahl der Stimmen im Ministerrat bemaß sich in etwa nach der Größe und der Wirtschaftskraft der Länder. Bei wichtigeren Entscheidungen waren ca. 70 % der Stimmen zur Annahme eines Vorschlages nötig. Die Vorschläge wurden grundsätzlich von der Kommission gemacht. Der Rat konnte nur dann entscheiden, wenn die Kommission ihm etwas zur Entscheidung vorlegte. Es wurde erwartet, daß die supranationale Kommission als das eigentlich europäische Element im Widerspiel mit dem intergouvernementellen Rat die Entwicklung der Gemeinschaft mit Initiative, Phantasie und Gestaltungskraft vorantrieb. Schließlich erstreckte der Spaak-Bericht die Funktionen der Gemeinsamen Versammlung und des Gerichtshofes der EGKSt auf die EWG.

Von Branchen-Integration und Patent-Harmonisierung war in dem Bericht keine Rede. Das mochte es Erhard erleichtert haben, ihn im Kabinett durch Handzeichen als Verhandlungsgrundlage zu akzeptieren. Erhards prinzipielle Gegnerschaft überwand er dadurch nicht. Deshalb verhielt die Akzeptanz in der Hand und fand nicht auch im Kopfe statt.

Derweil war die britische Regierung infolge des Berichts an ihrem Glauben, daß die Sechs unmöglich miteinander einig würden, irre geworden. Das veranlaßte sie dazu, ihre vage Freihandelszonen-Idee ein wenig zu konkretisieren und als großeuropäische Alternative zur kleineuropäischen EWG in der OEEC ausdrücklich zur Debatte zu stellen. Die OEEC rief auf der für Deutschland und Erhard so mißvergnüglichen Tagung im Juli 1956 einen Ausschuß dafür ins Leben. Der Ausschuß ließ sich freilich mit dem Arbeitsbeginn noch mehr Zeit als die Brüsseler Regierungskonferenz.

Müller-Armacks „Vorläufiger Entwurf" kam dem Beginn ernsthafter Beratungen sowohl des Spaak-Berichts wie des Freihandelszonen-Konzepts zuvor und wies die Richtung in ein Europa, das zwischen beidem lag, Spaaks Wirtschaftsgemeinschaft freilich viel enger benachbart war als der britischen Freihandelszone. Er war denn auch dazu gedacht, die Brüsseler Verhandlungen zu beeinflussen, nicht sie zu stören, und dabei eine Grundlage der Einigung zu schaffen, auf der Erhard sich mit der institutionellen Integration politisch aussöhnen konnte.

Müller-Armacks Text[93] enthielt fast alle Elemente eines geeinten Europas, die auch der Spaak-Bericht enthielt, ordnete sie einander aber lockerer und beweglicher zu. Es ging ihm darum, Einrichtungen zu schaffen und Grundsätze festzulegen, die Ausbildung von Verfahren aber der Entwicklung und die Entwicklung unter Beachtung der Grundsätze weitestgehend sich selbst zu überlassen. Als notwendige Einrichtungen sah auch Müller-Armack einen entscheidungsbefugten Ministerrat und eine hochbesetzte, impulskräftige und gestaltungsfähige Kommission vor. Die Grundsätze, die dem geeinten Europa Form und Halt geben sollten, waren: Freizügigkeit von Waren, Dienstleistungen, Arbeitskraft und Kapital in einem gemeinsamen Markt, der durch Wettbewerb geordnet und von einer einheitlichen, niedrigen Zollmauer umgeben war, und dazu die Verpflichtung der Teilnehmer-Länder auf eine Wirtschafts-, Sozial- und Finanzpolitik, die Stabilität zum Ziel und den Ausgleich der Zahlungsbilanz ohne Devisenbewirtschaftung und Mengenbeschränkungen zur Folge hatte. Der gemeinsame Markt und die Zollunion sollten möglichst schnell verwirklicht werden und die nationale Autonomie der Wirtschafts-, Sozial- und Finanzpolitik im gemeinsamen Markt dauerhaft erhalten bleiben. „Harmonisierung" wurde als kaum vermeidlich vorhergesehen, jedoch nicht als Voraussetzung, sondern als Begleiterscheinung und fallweises Erfordernis des gemeinsamen Marktes betrachtet. Im übrigen sollte zwar jedes Mitglied bestrebt sein, die Ziele und die Grundsätze der Gemeinschaft so schnell wie möglich zu erreichen und zu beachten, durfte sich dabei aber soviel Zeit lassen, wie ihm für sein Wohlergehen als nötig erschien. Die Schnellen sollten die Langsamen und die Langsamen die Schnellen nicht zum gleichen Tempo zwingen dürfen. Müller-Armack nannte das „progressives Prinzip".

Vor allem das „progressive Prinzip", daneben auch die fortdauernde Autonomie der nationalen Politik und die Vagheit des Harmonisierungsbedarfs waren die Angelpunke des Konzepts. Darin vermuteten die Verfasser seine taktische Stärke und darin lagen seine praktischen Schwächen. Man darf vermuten, daß die Verfasser das wußten. Müller-Armack setzte darauf, daß seine Vorschläge Erhard von der fixen Idee befreiten, daß die EWG in den Bann Frankreichs und dessen ganz und gar verfehlten Wirtschaftspolitik geriete, und ihn zur Aufgabe seines Widerstands bewegten. Aber ihm mußte dabei klar sein, daß nationale Beliebigkeit des Tempos keine Gemeinschaft machte und daß eine Gemeinschaft mehr an Autonomieverzicht und Harmonisierung bedingte, als er vorgab.

Erhard wußte nicht recht, was er aus dem Dokument machen sollte. Es überwand natürlich seine Abneigung gegen die institutionelle Integration nicht, aber es entnahm sie der bloßen Negation und vermittelte gewissermaßen seinen Widerwillen mit den Richtlinien der Politik des Bundeskanzlers. So machte er sich den Text denn scheinbar zu eigen und kündigte Mitte September an, daß er demnächst das Kabinett mit neuen Gedanken zur europäischen Integration befassen würde. Bevor es dazu kam, gerieten die Brüsseler Verhandlungen allerdings in eine Krise, die es ihm als angebracht und möglich erscheinen ließ, von derlei „Vermittlung" abzusehen und in streitbarer Absicht zu seiner grundsätzlich ablehnenden Haltung zurückzuklehren.

Inzwischen war Spaak vom Wunsch nach Eile und deshalb nach Konzentration der Verhandlungen ergriffen worden. Deshalb hatte er die Regierungen gebeten, die Punkte aufzureihen, die sie für besonders problematisch und verhandlungsbedürftig ansahen. Die französische Regierung nahm die Bitte zum Anlaß, einen Katalog von Forderungen nach Brüssel zu schicken. Die Forderungen waren ein Reflex der letzthin höchst ungünstigen Entwicklung der französischen Zahlungsbilanz. Während Deutschlands EZU-Überschüsse ärgerniserregend anschwollen, verbuchte Frankreich wieder schwer erträgliche Defizite. Das hatte auch, aber nicht nur, miteinander zu tun. Frankreichs Defizit war nicht kurzweg die Gegenposition zu Deutschlands Überschuß. Frankreich wies nicht nur im Handel mit Deutschland, sondern im Handel mit fast allen EZU-Ländern bilaterale Defizite aus. Der wesentliche Grund war die von Erhard beklagte Wirtschafts- und Finanzpolitik des französischen Staates. Die öffentlichen Finanzen Frankreichs wurden von dreierlei außerordentlich stark beansprucht; von weitreichenden Wirtschaftsförderungsmaßnahmen, umfangreichen Sozialleistungen und hohen Militärausgaben. Die Wirtschaftsförderungsmaßnahmen dienten der Modernisierung, dem Wachstum und der Vollbeschäftigung, die Militärausgaben der Verteidigung von Frankreichs empfindlicher Ehre und seiner gefährdeten Stellung „jenseits des Meeres", besonders in Ägypten und Algerien in diesem Sommer. Die öffentlichen Ausgaben regten die gesamtwirtschaftliche Nachfrage stark an. Andererseits konnte der öffentliche Finanzbedarf nicht auf ordentliche Weise gedeckt werden und wurde zu einem erheblichen Teil mit Hilfe von Krediten, auch Zentralbankkrediten, gedeckt. Das vermehrte die Geldmenge mehr als mit Preisstabilität vereinbar war. Preissteigerungen verminderten die internationale Konkurrenzfähigkeit französischer Güter, und die starke Nachfrage vermehrte die Importneigung. Das paßte schlecht zusammen und bewirkte im Verein mit eher zufälligen Vorgängen einen dramatischen Umschwung der französischen Zahlungsbilanz. Frankreich näherte sich den Grenzen seiner internationalen Zahlungsfähigkeit, und seine Regierung sah sich nach internationalen Kreditmöglichkeiten um. Außerdem hielt sie es für geboten, das Land gleichsam vorbeugend gegen die Wirkungen zu schützen, die der Übergang in den gemeinsamen Markt und die Zollunion auf seine Zahlungsbilanz haben könnte. In Verfolg des Gebots kam das Sendschreiben nach Brüssel zustande. Die französische Regierung setzte darin stillschweigend voraus, daß sie ihre Wirtschafts-, Sozial- und Finanzpolitik nicht ändern sollte und wünschte deshalb, der Gemeinschaft erst dann beizutreten, wenn sie den Beitritt unter dieser Voraussetzung für verantwortbar hielte. Für den Fall von Frankreichs Zugehörigkeit zur Gemeinschaft behielt sie sich das Recht vor, Ausfuhrbeihilfen zu zahlen und besondere Einfuhrabgaben zu erheben sowie anderweitige Schutzmaßnahmen gegen Zahlungsbilanzdefizite zu ergreifen. Da sie es angenehm fand, Frankreichs Konkurrenzschwäche eher überlegener Arbeitsrechts- und Sozialpolitik als zweifelhafter Finanzpolitik zuzuschreiben, forderte sie ferner, daß innerhalb von vier bis fünf Jahren überall in der Gemeinschaft die wöchentliche Arbeitszeit auf französisches Maß verkürzt und der jährliche Urlaub auf französisches Maß verlängert würden. Außerdem sollten Frauen nach französischem Vorbild überall den gleichen Lohn erhalten wie Männer. Im weiteren sollte dann, auf welche Weise immer, dafür gesorgt werden, daß nach zwölf bis fünfzehn Jahren, bei Vollendung des gemeinsamen Marktes, die gesamten Arbeitskosten überall gleich wären. Wobei die französische Regierung jene Vollendung freilich nicht als selbstverständlich ansah. Sie wollte vielmehr nach der ersten vier- bis fünfjährigen Etappe innehalten, mit den Partnern prüfen, ob der Zustand der Integration deren Fortsetzung rechtfertigte und die Fortsetzung von einem *einstimmigen* Beschluß abhängig machen.[94]

In Brüssel reagierte man auf das französische Memorandum mit tiefer Bestürzung. Erhard hatte hingegen klammheimlich ein großes Vergnügen daran. Die Verhandlungen standen still. Jedermann außerhalb Frankreichs wußte, daß die französischen Forderungen in ihrer Gesamtheit aus sachlichen und aus politischen Gründen inakzeptabel waren, weil die ökonomische Vernunft darin auf der Strecke blieb, weil sie wesentliche Zwecke der Gemeinschaft torpedierten und weil sie die Vollendung des Beginnens an die Willkür *einer* Regierung auslieferte. Es machte keinen Sinn, weiter über praktische Fragen zu reden und zu raufen, solange nicht geklärt war, *was* akzeptabel und wie weit Frankreich einzulenken bereit war.

Nachdem er sich vom ersten Schreck erholt hatte, bat Spaak die Regierungen um Stellungnahmen und entwarf selbst einen Vorschlag zur Güte, der den Wünschen der französischen Regierung aus Verständnis für ihre Probleme und Sorgen ein Stück weit nachgab, ohne die ökonomische Vernunft und die Grundsätze der Gemeinschaft allzu schwer in Mitleidenschaft zu ziehen.

Die Bundesregierung bereitete ihre Stellungnahme mit Kabinettsvorlagen des Auswärtigen Amtes und des Wirtschaftsministeriums vor. Unabhängig davon benutzte Erhard Frankreichs Denkschrift zu dem Versuch, Kanzler und Kabinett die Verfehltheit des ganzen Unterfangens vor Augen zu führen.

Dabei tat er in einem langen Brief an Adenauer[95] noch so, als täte er inzwischen nichts lieber, als einen gemeinsamen Markt und eine Zollunion zu schaffen. „Meine Bedenken ... richten sich denn auch gar nicht gegen die Konstituierung ... des gemeinsamen Marktes, sondern umgekehrt gegen jene nur schwer zu charakterisierenden Versuche, eine echte Integration zu behindern, zu verfälschen und zu verzögern. Ich bejahe also den gemeinsamen Markt vorbehaltlos und würde mein Votum für die Bundesrepublik ohne Bedingungen und Forderungen dahin abgeben, daß wir morgen bereit sind, in diese Ordnung einzutreten." Er tue dies nur deshalb nicht, um Frankreichs Empfindlichkeit zu schonen. Denn Frankreich könne sich wegen verfehlter sozialer Experimente und einer falschen Wirtschafts- und Finanzpolitik den Beitritt „ohne Bedingungen und Forderungen" nicht leisten und solle nicht als Verhinderer des gemeinsamen Marktes dastehen. Was aber tue nun Frankreich? Es stelle unsinnige und unbillige Forderungen, um durch deren Ablehnung die anderen mit der „Verantwortung und dem Odium des Scheiterns" zu belasten. Unsinnig sei vor allem die Forderung nach Gleichheit der Arbeitskosten, weil es „von Sizilien bis zum

Ruhrgebiet ... keine gleiche Produktivität und mithin auch keine gleichen Arbeitskosten geben" könne; unbillig der Anspruch auf Ausfuhrsubventionen, Einfuhrsteuern und Schutzklauseln, weil Frankreich sich dem gemeinsamen Markt dadurch bei formaler Zugehörigkeit sachlich entziehe. Dazu komme Folgendes: Frankreich lasse keinen Zweifel daran, daß es einer Zollunion nur dann beitreten werde, wenn das gemeinsame Zollniveau hoch sei. „Deutschland kann einer solchen Vorstellung unmöglich zustimmen, wenn es sich und seine Zukunft nicht selbst preisgeben will".

Aus alldem war die Konsequenz zu ziehen, daß Deutschland die fanzösischen Forderungen entschieden ablehnen und dadurch das von Frankreich gewünschte Scheitern der Integrationsverhandlungen bewirken müßte. Erhard zog sie, formulierte sie im Banne des „Integrationsbefehls" aber zunächst noch ein wenig hintersinnig. „Sicherlich durfen auch wir nicht das Odium eines Scheiterns einer europäischen Integration auf uns nehmen", schrieb er an den Befehlsgeber, „aber gerade deshalb dürfen wir es auch nicht zulassen, daß unsere europäische Gesinnung in Zweifel gezogen wird, wenn wir uns gegen die Verzerrung jener europäischen Lösung zur Wehr setzen."

Wenige Tage später gab Erhard dann aber alle Scheu auf und sagte unverhohlen, was er meinte. Anfang Oktober schrieb er das, was er Adenauer geschrieben hatte, fast wortgleich, mit kleinen Verschärfungen hier und dort und mit einem höchst bemerkenswerten Einschub auch an alle Kabinettskollegen, weil „innerhalb der Regierung diese Schicksalsfrage für das deutsche Volk noch nicht mit der notwendigen Klarheit und Tiefe erörtert wurde".[96] In der Zwischenzeit hatte auch die britische Regierung auf Frankreichs Zumutungen und die Brüsseler Verklemmungen reagiert und weithin vernehmbar an ihr Freihandelszonenprojekt erinnert. Erhard griff die Erinnerung im Brief an die Kollegen begierig auf und machte klar, was er wollte. Auf einen Widerspruch, eine Fehldeutung und einen logischen Bocksprung kam es ihm dabei nicht an. Auf der ersten Seite des Briefes wiederholte Erhard, daß er den gemeinsamen Markt vorbehaltlos bejahe und bereit sei, schon morgen in ihn einzutreten. Auf der achten hieß es dann aber unversehens: Nachdem nunmehr die britische Regierung „ihre Bereitschaft zu einer Beteiligung am gemeinsamen Markt erklärt" habe (Wovon die britische Regierung - beiläufig - weit entfernt war. V.H.), sei es „unmöglich, die Brüsseler Konzeption unverändert zum Abschluß zu bringen, (weil) die englischen Staatsmänner darauf hinwiesen, daß eine Beteiligung ihres Landes nicht mit den ursprünglichen Plänen der sechs Messina-Mächte in Einklang zu bringen sei ... Ich halte es deshalb für zwingend notwendig, die gesamte Brüsseler Konzeption ... noch einmal zu überprüfen bzw. überhaupt einen neuen Plan aufzustellen und in dieser Zeit eine enge Verbindung mit England und anderen, bisher nicht an der Integration beteiligten europäischen Länder herzustellen."

Das war nun freilich auch weiterhin mit Adenauers Absichten und den Richtlinien der westdeutschen Politik nicht im Einklang. Adenauers Europa-Idee, das hatte der Kanzler eben in einer großen Rede vor den Grandes Conférences Catholiques in Brüssel erkennen lassen, genau an dem Tag übrigens, an dem Erhard ihm seinen langen Brief schrieb, reichte zwar über das Europa der Sechs hinaus und schien neuerdings geringeren Wert auf Supranationalität zu legen als noch vor einigen Monaten, aber sie führte durch ein institutionell gefestigtes Europa der Sechs hindurch. Auf längere Sicht könne Europa auf England nicht verzichten, noch sei England für ein integriertes Europa aber nicht zu gewinnen, weil es seine vorrangigen Interessen nach wie vor im Commonwealth sehe. Deshalb müsse man ohne England fortfahren und man solle dies auch tun. Im Gegensatz zu Erhard gab Adenauer sich nach einem Gespräch mit dem französischen Ministerpräsidenten Guy Mollet Ende September als überzeugt davon, daß die französische Regierung „den europäischen

Fortschritt" und „auch den gemeinsamen Markt" wirklich wolle. Und weil er seit Monaten von der Sorge umgetrieben wurde, daß die Vereinigten Staaten sich mit der Sowjetunion verständigen und ihr militärisches Engagement in Europa substantiell verringern könnten, hielt er jenen Fortschritt der europäischen Einigung über den Gemeinsamen Markt und EURATOM für dringlicher als je. An eine Überprüfung der „Brüsseler Konzeption" mochte deshalb allenfalls, an „einen neuen Plan" konnte keinesfalls gedacht werden.[97]

Das Kabinett beriet am 5. Oktober denn auch über zwei Vorlagen zu Stand und Fortgang der Integrationsbemühungen, die von der Brüsseler Konzeption nicht grundsätzlich abwichen. Eine Vorlage stammte aus dem Wirtschaftsministerium, ohne daß der Wirtschaftsminister sie wirklich vertrat, die andere enthielt die An- und Absichten des Auswärtigen Amtes.[98] In beiden und in der Kabinettssitzung ging es darum, die deutsche Verhandlungsposition für eine Außenminister-Konferenz festzulegen, die in Kürze versuchen sollte, die Brüsseler Verhandlungen wieder flott zu bekommen. Die Vorlage des Auswärtigen Amtes empfahl, das ungenaue Verlangen nach langfristiger Äquivalenz der Arbeitskosten nicht so ernst zu nehmen, die Forderung nach gleichlanger Wochenarbeitszeit und gleichlangem Urlaub als prinzipiell erfüllt anzusehen, den übrigen Wünschen weitgehend nachzugeben und die Verhandlung unter diesen Voraussetzungen auf der Grundlage des Spaak-Berichts schnell zum Abschluß zu bringen. Die Vorlage des Wirtschaftsministeriums gestand Frankreich ebenfalls die Möglichkeit zu, sich mit Ausfuhrsubventionen, Einfuhrabgaben und ähnlichem vor Zahlungsbilanzdefiziten zu schützen, verlangte jedoch, daß Frankreich den Gedanken an Arbeitskostenäquivalenz, Gleichheit von Arbeitszeit und Urlaubsdauer sowie Vetorecht beim Übergang zur zweiten Etappe ausdrücklich aufgab. Unter *dieser* Voraussetzung emfahl auch sie, die Verhandlungen fortzusetzen, aber nicht um den Spaak-Bericht in Vertragsform zu bringen, sondern mit dem Ziel, das alternative Konzept, das Müller-Armack entworfen hatte, zu verwirklichen. Erhard trug den Kollegen mündlich vor, was er ihnen bereits geschrieben hatte. Die Aussprache ergab, daß die Mehrheit der Minister in der gegenwärtigen Lage eher der Haltung des Wirtschaftsministeriums als der Haltung des Auswärtigen Amtes zuneigte. Erhard versicherte sich des Meinungsbildes umgehend. Er ließ Müller-Armack die Ergebnisse der Sitzung als „Willensbildung des Kabinetts hinsichtlich der Schaffung eines gemeinsamen Marktes" zusammenfassen und schickte den Text, „ohne dem Kabinetts-Protokoll vorgreifen zu wollen", an seinen schlimmsten Widersacher. Hallstein möge ihn überprüfen und „eine allenfalls abweichende Meinung bekanntgeben". Die Bekanntgabe blieb aus. Es schien mithin als abgemacht zu gelten, daß Deutschland - entgegen der Meinung des Auswärtigen Amtes - über Einstimmigkeit am Etappenübergang und über Angleichung der Arbeitszeit nicht mit sich reden ließe, daß ein Außenzollniveau nach Frankreichs Willen „mit den Lebensinteressen der Bundesrepublik nicht im Einklang" wäre und zur „Zerstörung einer freien Weltwirtschaft führen müßte" und daß, falls Frankreich einlenkte, ein wenig regelungsintensiver und sehr flexibler Grundlagenvertrag anzustreben wäre, von dem aus die Gemeinschaft durch die Praxis zu sich selbst fände und über sich hinauswüchse. „Der veränderten Situation, wie sie sich aufgrund des Brüsseler Vortrags des Herrn Bundeskanzlers und der offiziellen Verlautbarungen des britischen Schatzkanzlers darstellt, soll dadurch Rechnung getragen werden, daß jede perfektionistische und zementierte Regelung in dem Vertragswerk vermieden wird. Der Vertrag um den gemeinsamen Markt soll neben England andere europäische Länder nicht diskriminieren und abschließen, sondern es soll umgekehrt ein Verfahren gefunden werden, das jenen Ländern die Beteiligung am gemeinsamen Markt vorteilhaft und reizvoll erscheinen läßt".[99]

Erhard erreichte nicht nur, daß die Bundesregierung für die Pariser Ministerkonferenz eine entschieden abweisendere Verhandlungsposition bezog, als das Auswärtige Amt wünschte, er erreichte nach vielen Klagen und Beschwerden endlich auch, daß er an derlei Konferenz teilnehmen durfte. Die Konferenz geriet zum Debakel und Erhard war nicht schuldlos daran.

In der Zwischenzeit gab es eine stillschweigende, die französische Regierung einschließende Übereinkunft, daß der Gedanke an Kostenäquivalenz in fünfzehn Jahren unbeachtlicher Nonsens wäre, über den nicht weiter zu reden lohnte. Zu den übrigen Forderungen hatte Spaak den sechs Regierungen einen Kompromißvorschlag unterbreitet. Der Inhalt des Vorschlags und dessen Resonanz ließen erwarten, daß man sich über Maßnahmen zum Schutz der Zahlungsbilanz, über die Urlaubsdauer und über Gleichheit von Männer- und Frauenlöhnen unschwer einigen würde. Die Auseinandersetzung über den „Etappenübergang" und die wöchentliche Arbeitszeit versprach hingegen schwierig zu werden. Im einen Fall schlug Spaak vor, über den Fortgang der Integration nach der ersten Etappe mehrheitlich zu entscheiden und der Minderheit, falls es eine gäbe, den Gang zum Gerichtshof freizustellen. Im zweiten Fall empfahl er eine komplizierte Lösung, die - ihrer Kompliziertheit entkleidet - auf Angleichung der Arbeitszeit oder Zahlung von Überstundenzuschlägen bei längerer Arbeitszeit hinauslief.

„Der Kompromißvorschlag von Minister Spaak kann nur als das politische Bemühen gewertet werden, ein Scheitern der Verhandlungen zu vermeiden," schrieb die Grundsatzabteilung des Wirtschaftsministeriums in einer Stellungnahme für den Minister.[100]

In der Tat. Und als was sonst? Am Erfolg des Bemühens war Erhard freilich nicht gelegen.

Die französische Regierung akzeptierte gleich zu Beginn der Konferenz Spaaks Übergangs-Vorschlag. Alle außer Erhard empfanden das als Zeichen des guten Willens und akzeptierten den Vorschlag ebenfalls. Die deutsche Delegation hätte bessere Gründe haben müssen, als Müller-Armacks Leuten eingefallen waren, um ihn nicht auch zu akzeptieren. Die französische Regierung verstand nun freilich den Verzicht auf Einstimmigkeit als eine Art Vorleistung, als deren Gegenleistung sie verlangen könnte, daß auch Spaaks Arbeitszeit- und Überstundenzuschlags-Empfehlung angenommen würde. Italien und die Benelux-Länder waren dazu bereit. Materiell war die Sache ja auch unerheblich. Soviel weniger als andernorts wurde in Frankreich nicht gearbeitet. Überall bewegte sich die Arbeitszeit auf das französische Niveau zu. Und selbst, wenn man annahm, daß nach vier Jahren noch irgendwo unwahrscheinliche vier Stunden länger gearbeitet würde als in Frankreich, dann mußten für jene vier Stunden 50 % Überstundenzuschläge gezahlt werden. Anders ausgedrückt: Es mußten pro Woche zwei Stunden mehr bezahlt werden als tatsächlich gearbeitet wurden. Bei 48 Wochenstunden ergab das einen Lohnaufschlag von gut 4 %. Auf die vier Jahre verteilt, die bis dahin noch vergingen, also eine jährliche Lohnerhöhung um 1 %. Das fiel bei Produktivitätssteigerungen und Tariflohnerhöhungen um jährlich fünf und mehr Prozent schlechterdings nicht ins Gewicht. Aber darauf kam es in Paris nicht an; für die Franzosen nicht, die ihr Gesicht wahren mußten, und für Erhard nicht, dem die Arbeitszeitangleichung der Hebel war, mit dem, wenn überhaupt noch mit etwas, der Gemeinsame Markt zu Fall gebracht werden konnte. Er setzte ihn an und ließ die Muskeln spielen. Die Angleichung komme für Deutschland nicht in Frage. Spaak vermittelte. Unmöglich in Frage, sagte Erhard, hart in der Sache und verbindlich auch nicht im Ton. Strauß, der dritte im deutschen Bunde am Konferenztisch, hatte seine Freude an ihm und haute in die gleiche Kerbe. Er hoffte, daß mit dem gemeinsamen Markt auch EURATOM fiele. Und Brentano, der den Fall des einen sowenig wie des anderen wollte, war nicht der Mann, gegen beide für Ausgleich zu sorgen. Außerdem hatte Erhard einen Kabinettsbeschluß auf seiner Seite, auch wenn er ihn womöglich etwas zu bedenkenlos verfocht. Schließlich ertrug Frankreichs Außenminister Pineau die Bedenkenlosigkeit nicht länger. Er nahm Frankreichs Zustimmung zum Mehrheitsbeschluß zurück und erklärte die Konferenz für gescheitert.[101]

Ein paar Tage lang schien Erhard es geschafft zu haben. Er fuhr im Vollgefühl des Bewußtsein, der Vernunft zum Durchbruch verholfen zu haben, von Paris nach Bonn zurück und erklärte seinerseits das Projekt des Gemeinsamen Marktes und der Zollunion für gescheitert und Großbritanniens Freihandelszonen-Vorschlag als dessen gegebene und gebotene Alternative.

Macmillan hatte den britischen Vorschlag Anfang des Monats bei der Tagung des Internationalen Währungsfonds wiederholt, allerdings einschränkend hinzugefügt: Wenn wir zwischen Europa und dem Commonwealth zu wählen hätten, „müßten wir natürlich das Commonwealth wählen".[102]

Es mag sein, daß Adenauer - jenseits seines Willens - an der Möglichkeit, zu vernünftigen Bedingungen mit Frankreich einig zu werden, nach dem Eklat noch einmal irre wurde. Das war ihm schon vorher zuweilen so gegangen. Er forderte Erhard jedenfalls auf, ihm schnellstens dessen gegenwärtigen Vorstellungen von der wirtschaftlichen Integration Europas schriftlich darzulegen. Erhard bat Müller-Armack um einen geeigneten Text. Etwas apart daran war, daß Erhards Vorstellungen mit denen Müller-Armacks keineswegs völlig übereinstimmten und daß Müller-Armack von den seinen natürlich nicht gänzlich absehen konnte, während er Erhards niederschrieb. Während er sie niederschrieb, holten Hallstein und Etzel, dazu von der Groeben und Karl Carstens, den Bundeskanzler ganz und gar auf *ihren* Pfad der europapolitischen Tugend zurück. Sie überzeugten Adenauer davon, daß derzeit kein anderer Weg nach Europa führte, als der Weg über den Gemeinsamen Markt und EURATOM, und daß dieser Weg mit Frankreich gegangen werden müßte. Da Adenauer davon überzeugt sein *wollte*, ließ er sich unschwer zu dem Versuch bestimmen, durch einen entgegenkommenden Ausgleich mit Frankreich die Brüsseler Verhandlungen wieder in Gang zu bringen. Als er zehn Tage nach dem Pariser Eklat Müller-Armacks „Entwurf eines Europäischen Programms" erhielt, waren seine politischen Absichten bereits darüber hinweggegangen.

Der „Entwurf"[103] begann mit der Feststellung, daß der Gemeinsame Markt nur *eine* denkbare Form europäischer Einigung wäre und zwar eine, die sich infolge von Frankreichs Haltung und Verlangen als unmöglich erwiesen habe. Auf der Pariser Konferenz sei offenbar geworden, daß die Forderungen der französischen Regierung „auch bei dem besten Willen der Bundesrepublik" keinen Ausweg in den Gemeinsamen Markt mehr ließen. Adenauer war entschlossen, mit gutem Willen einen Ausweg zu finden. Die Gelegenheit dazu bot ein ohnehin für den 6. November vorgesehenes Treffen mit dem französischen Ministerpräsidenten in Paris. Die Europapolitik stand dabei eigentlich nicht zur Debatte. Es sollte um deutschland-, welt- und bündnispolitische Fragen gehen. Adenauer schlug der französischen Regierung vor, daneben die Europapolitik zur Debatte zu stellen. Die französische Regierung ging auf den Vorschlag ein.

Das westdeutsche Wirtschaftsministerium zog aus dem Eindruck der Ausweglosigkeit hingegen den Schluß, daß „gewisse Grundlinien für eine Neuorientierung zu entwickeln" wären. Die Entwicklung erstreckte sich über rund 25 Seiten und die Neuorientierung trug alle Zeichen der Überstürzung und dabei des Bemühens, Erhards Abneigung gegen die europäische Integration sowohl mit Adenauers Auftrag, ihm Erhards Integrationsvorstellungen darzulegen wie mit des Autors eigenen Ideen einigermaßen in Einklang zu bringen. Derlei Zeichen waren eine außerordentliche Umständlichkeit und Verworrenheit der Argumentation, die Müller-Armack sonst fremd war, erhebliche Unbestimmtheiten des Wollens und vielfache Unklarheiten über die praktischen Mittel und die politischen Möglichkeiten. Der „Entwurf" setzte mit zwei doppeldeutigen Feststellungen ein und verfing sich anschließend in deren Widersprüchen. Die eine Feststellung war, daß einerseits supranationale Organisationsformen und gemeinsame Institutionen zu Grundlagen eines geeinten Europa nicht taugten, weil die Instrumente der Wirtschaftspolitik und die Verantwortung für das wirtschaftliche Geschehen weiter bei den Ländern lägen, daß andererseits ein geeintes Europa aber ohne gemeinsame supranationale Institutionen nicht auskäme. Und die andere Feststellung war, daß einerseits eine Zollunion der sechs Montanunion-Länder mit allem, was nach dem Brüsseler Konzept dazugehörte, einerseits zu eng und wegen Frankreichs Haltung vielleicht auch gar nicht zu erreichen wäre, daß andererseits aber Englands „Bereitschaft, in Verhandlungen über eine Europäische Freihandelszone im Rahmen der OEEC einzutreten ... durch die Annahme einer baldigen Verwirklichung des Brüsseler Projekts und die Befürchtung, sonst draußen zu stehen", überhaupt erst hervorgerufen wurde. Deshalb empfahl Müller-Armack, gleichsam eine europapolitische Quadratur des Kreises zu versuchen, nämlich „in Fortführung der Integrationsbemühungen der sechs Montanunion-Länder eine einheitliche gemeinsame Bemühung dieser Gruppe der Sechs mit den sonstigen Staaten der OEEC zur Fortsetzung der europäischen Integration zu unternehmen". Bei Angabe der Zwecke, die dabei verfolgt werden sollten, war nun freilich nicht immer recht klar, wie weit sie der „Fortführung des Bemühens der Sechs", wie weit deren „gemeinsamer Bemühungen mit dem Rest der OEEC" zuzuordnen waren. Klar war nur, daß der Gedanke an eine Zollunion und an „Harmonisierung" zugunsten einer Freihandelszone ohne gemeinsamen Außenzoll und bei uneingeschränkter nationaler Handlungsfreiheit aufgegeben werden sollte. Daneben, aber wohl nicht notwendigerweise in organisatorisch-institutioneller Verbindung damit, war an gemeinsame Wettbewerbsregeln und an Vorkehrungen für eine gemeinsame Konjunkturpolitik gedacht, an einen Investitions- und einen Anpassungsfonds, den Müller-Armack lieber „Produktivitätsfonds" nennen wollte, an währungspolitische Konsultationen und an Beistand bei Zahlungsbilanzproblemen sowie schließlich an gemeinsame Forschungs- und Bildungseinrichtungen.

Wer das alles auf den Weg bringen *sollte*, freilich nicht mußte, das wurde gesagt: Ein „permanenter Rat der Außen- und der Wirtschaftsminister" der Montanunion-Länder, der einstimmig entschied, und eine „unabhängige europäische Kommission", die den Rat motivierte und beriet. Denn „die europäische Integration sollte mit permanenten politischen Institutionen beginnen, denen der Auftrag erteilt ist, europäisches, solidarisches Handeln zu ermöglichen."

Erhard unterschrieb Müller-Armacks konzeptuelle Vermittlungsversuche als seine „neue, freizügigere und weniger perfektionistische Konzeption einer europäischen Zusammenarbeit", schickte sie dem Kanzler und ließ sie außerdem an Brentano und Etzel gelangen. Dort machten sie vergleichsweise wenig Eindruck. Sie erschienen keinem als hinlänglich konkrete, integrationspolitische Alternative, die auch den genuin politischen Motiven und Zwecken der Einigungsbemühungen halbwegs gerecht wurde. Am letzten Oktobertag sprachen Adenauer, Brentano, Erhard und Etzel über den Fortgang der deutschen Europapolitik. Adenauer sagte: Selbst wenn Erhards Konzept besser wäre, dürfte die Bundesrepublik die Grundsätze und Ziele des Spaak-Berichts und der Brüsseler Verhandlungen aus politischen Gründen, derzeit namentlich wegen der krisenhaften Lage in Ungarn und am Suez-Kanal, nicht aufgeben.[104]

In Ungarn hatte sich eine reformkommunistische Gruppe im Kampf um die Führung in Partei und Staat gegen die bis dahin herrschenden Stalinisten durchgesetzt. Die Zustimmung und die Erwartungen der Bevölkerung trieb sie zu Reformen, die über ihre anfänglichen Absichten erheblich hinausgingen. Die Welt beobachtete den Vorgang mit angehaltenem Atem und fragte sich voll banger Sorge, wie weit die Sowjetunion der Revolution ihren Lauf ließe und wann sie ihr mit Waffengewalt entgegenträte.

Am Suez-Kanal war Krieg zwischen Ägypten und Israel. Englische und französische Truppen standen bereit, um bei Gelegenheit des Krieges die internationalen Eigentumsrechte am Kanal und dabei auch gleich die nationale Würde wiederherzustellen, die Ägyptens Präsident Nasser durch die kurzentschlossen-widerrechtliche Verstaatlichung des Suez-Kanals schwer verletzt hatte.

Erhard beugte sich - „selbstverständlich", schrieb er später an Etzel - dem Primat der Politik und stimmte dem Kanzler zu. Frankreichs Gedanke der sozialen Harmonisierung dürfe im Vertrag allerdings keinen Platz finden. Niemand widersprach, und niemand sicherte es zu. Man ging in scheinbarem Einvernehmen auseinander, und Erhard begab sich auf jene politische Erholungsreise nach Südafrika, an der vier Tage zuvor Hugo Scharnberg mit dem Hinweis auf kurz bevorstehende und langfristig folgenschwere rentenpolitische Entscheidungen heftigen Anstoß genommen hatte. In seiner Abwesenheit wurde von den beteiligten Ressorts unter Etzels neutralem Vorsitz die deutsche Verhandlungsposition erst für Paris und dann für Brüssel definiert. Gegen ebenso loyalen wie aus Einsicht nachgiebigen Widerstand Müller-Armacks verständigte man sich wegen der hohen politischen Bedeutung des Einigungsprozesses und der geringen materiellen Bedeutung der verbliebenen Streitpunkte auf ein hohes Maß an Kompromißbereitschaft. Ministerialdirigent Carstens erhielt den Auftrag, nach Möglichkeit schon vor Adenauers Pariser Gesprächen mit Robert Marjolin, der unterdessen vom Posten des OEEC-Generalsekretärs in verantwortliche Stellung an den Quai d'Orsay zurückgekehrt war, geeignete Kompromißformeln zu erfinden.

Adenauers Besuch war auf den 6. November 1956 festgelegt. Am Morgen des vorhergehenden Tages machten England und Frankeich am Kanal ernst und ließen erste Fallschirmjäger-Bataillone abspringen. Ägypten wendete sich hilfesuchend an die Sowjetunion. Die Sowjetunion stellte im Weltsicherheitsrat der Vereinten Nationen den Antrag, daß England und Frankreich dazu aufgefordert würden, die Aktion sofort einzustellen. Die USA stimmten dem Antrag zu. England und Frankreich widersetzten sich der Aufforderung. Die Sowjetunion drohte damit, im Falle weiteren Vordringens London und Paris mit Raketen zu beschießen. Die USA schwiegen still, so, wie sie stille dazu schwiegen, daß die Sowjetunion in der Zwischenzeit damit begonnen hatte, den ungarischen Aufstand mit Panzern niederzuwalzen.

Adenauer erreichte ein Paris unterm Schock der Raketendrohung und fand eine übernächtigte französische Regierung vor, die sich von Amerika verraten und verlassen fühlte. Der Empfang vor dem Gare de l'Est war überwältigend. Die Besprechungen der deutschen Delegation mit Mollet und seinen Ministern gerieten zum deutsch-französischen Weltkrisen-Management. Das französische Gefühl, von den USA im Stich gelassen worden zu sein, paarte sich mit Adenauers rasch auflebendem Verdacht, daß die USA auf Kosten Europas hinter einem Ausgleich mit der Sowjetunion her wären. Dazu gesellte sich eine gewisse Enttäuschung über England, das der Waffenstillstands-Resolution des Weltsicherheitsrates schließlich gefolgt war, ohne sich mit Frankreich zuvor darüber verständigt zu haben. Adenauer bestärkte Mollet darin, daß der Angriff auf Ägypten grundsätzlich richtig wäre und ermunterte gleichwohl dazu, ihn abzubrechen, weil er praktisch zu nichts Gutem mehr führen könnte. Dabei zog er gegen die USA kräftig vom Leder und sang das Hohelied der europäischen Einigung. Der französischen Regierung klang es so wohl in den Ohren wie selten zuvor. Ihr Vertrauen in den, der es sang, war nie größer gewesen. Unter diesen Umständen war ein Kompromiß über die strittigen Forderungen und Weigerungen, der bei der Außenministerkonferenz als unmöglich erschienen war, nur mehr Formsache. Carstens und Marjolin legten letzte Hand an die Formulierungen. Adenauer und Mollet billigten sie ohne weitere Diskussionen. Die Formulierungen wahrten Frankreichs Gesicht, gestanden Frankreich die Möglichkeit zu, bei akuten Zahlungsbilanzproblemen gewisse Schutzmaßnahmen zu ergreifen und gaben den unpraktischen Gedanken an „soziale Harmonisierung" faktisch auf. Sie wurden umgehend nach Brüssel übermittelt und dort mit Erleichterung und allgemeiner Zustimmung begrüßt. Die Verhandlungen gingen weiter, nach der glücklichen Lösung des Konflikts sogar elanvoller als vorher.[105]

Nur einer fühlte sie nicht, die allgemeine Freude. Das war Ludwig Erhard. Der hatte in Südafrika ein wenig die Weltgeschichte verschlafen und erklärte nach seiner Rückkehr - „um der geschichtlichen Dokumentation" willen, wie letzthin selbstverständlich -, daß er „fest entschlossen (sei), diesen Teil des Brüsseler Vertrages mit meiner Person und meinem Namen nicht zu decken."[106] Nun konnte der Vertrag auf derlei Deckung getrost verzichten, aber man fragte sich, was Erhard wohl gedacht und erwartet hatte, als er der Notwendigkeit zustimmte, das Integrations-Konzept des Spaak-Berichts weiter zu verfolgen - falls er sich etwas dabei gedacht hatte und nicht nur einmal mehr in seiner Schwäche von Etzels sachlicher Argumentationskraft und Adenauers politischer Willensstärke überwältigt worden war. In einem langen Brief an Franz Etzel gab er die Bekundung seines Einverständnisses, von der Etzel, „wie mir Professor Müller-Armack berichtete", als „Umfall" sprach, beleidigt zu und widerrief sogleich das Einverständnis selbst. „Eine derartig verklausulierte, perfektionistisch abgestützte Zollunion", wie sie in Brüssel erstrebt werde, atme keinerlei freiheitlichen Geist mehr, sondern töte ihn. „Hier wird ein wirklich großer und fruchtbarer Gedanke auf ein Niveau kleinlichen Krämergeistes herabgezogen." Und was den von Etzel vorbereiteten „Harmonisierungs-Kompromiß" angehe, so bedeute dessen Formulierung „eine so weitgehende Aufweichung ... , daß der sachliche Inhalt völlig substanzlos geworden ist." Eben!, so möchte man meinen. Erhard aber bedauerte, daß der Bundeskanzler „diesen volkswirtschaftlich völlig unmöglichen Formulierungen" zugestimmt habe um so mehr, als sie „auch von anderen Ländern nicht akzeptiert werden." Schließlich bleibe es unverantwortlich, die Vertragsgestaltung „in letzter Konsequenz" allein den inkompetenten Außenministern zu überlassen.

Das war allmählich nur noch schiere Bockigkeit, verrannt in der Sache und sprunghaft im Verhalten. Aber es war die Bockigkeit einer gekränkten und verletzten Seele. Er wisse, daß Etzel ihn für einen „schlechten Europäer" halte, schrieb Erhard weiter. Das fechte ihn nicht an. Denn er wisse auch, daß er in Wirklichkeit der bessere Europäer sei. Etzel wolle ein enges, „bürokratisch manipuliertes" Europa. Er - Erhard - dränge auf ein weites Europa in freier Ordnung. Etzel werfe ihm vor, daß sein Drängen den Europa-Gedanken sabotiere, weil andere Länder wegen Deutschlands außenwirtschaftlicher Stärke jene freie Ordnung vorerst nicht vertrügen. Dann möge Etzel sich „den Vorwurf einer geradezu rabulistischen Logik" gefallen lassen. „Ein Europa, das nicht in der Gläubigkeit der menschlichen Herzen lebt, das nicht als eine echte Schicksalsgemeinschaft empfunden wird, für das sich

Opfer zu bringen lohnt, ein Europa, das nicht die Freiheit obenan setzt, sondern sie gängeln und bändigen möchte, und ein Europa schließlich, das nicht auch in seinen geistig-seelischen und politischen Konturen schon heute erkennbar wird, kann weder die Welt noch die europäischen Völker selbst bewegen." *Wer* denn sabotiere *dieses* Europa? Frankreich doch! „Wenn die Vertreter dieses Landes vor der Welt trotzdem in der Pose guter Europäer paradieren, mich aber zum schlechten Europäer stempeln wollen, kann ich das vor der Geschichte nur als eine Groteske und als ein weiteres Zeugnis der geistigen Verwirrung unserer Zeit kennzeichnen."

Erhard sandte den Aufschrei aus „gepreßtem Herzen" auch an Adenauer und von Brentano. Im Kanzleramt verhallte er. Der dringlichen Forderung, „diesen Fragenkomplex noch einmal im Kabinett zu erörtern", wurde nicht nachgegeben. Wozu auch? Das Kabinett hatte dem Pariser Verhandlungsergebnis gleich am Tage nach Adenauers Rückkehr in Erhards Abwesenheit zugestimmt.

Franz Etzel war ein besonnener und wohlmeinender Mann, der viel für Erhard übrig hatte und zuweilen an ihm verzweifelte. Er ließ sich für die Antwort zwei Wochen Zeit und gab sich viel Mühe damit. Was dabei herauskam, war der Ausdruck einer tiefen menschlich-politischen Enttäuschung.[107] „Ich habe lange Jahre ... zu Ihren aufrichtigsten und treuesten Freunden gehört. Es war ein öffentliches Geheimnis, daß Etzel zu Erhard stand ... Ich war daher stets besonders betroffen, wenn Sie entgegen einer gemeinsam verabredeten Linie Ihren Weg unbekümmert in eine andere Richtung weitergingen, als unter uns verabredet war. Das geschah leider immer wieder." Er führe nur die Reihe von Beispielen an, die Europa beträfen: Die Übereinkunft von Eicherscheid als Voraussetzung der Beschlüsse von Messina, das Einverständnis mit dem Spaak-Bericht als geeigneter Verhandlungsgrundlage für eine Regierungskonferenz, die Zustimmung zu Adenauers Absicht, die Verhandlungskrise *auf* jener Grundlage zu überwinden - und im Widerspruch dazu erst Erhards öffentlicher Verruf der institutionellen Integration, dann der Widerstand gegen den Gemeinsamen Markt und die Zollunion und nun das Getue, als gäbe es die französischen Harmonisierungswünsche noch, obwohl sie faktisch aufgegeben seien. Kurz, Erhard wolle das „Brüsseler Europa" nicht, bringe es nicht fertig, zur rechten Zeit und am geeigneten Ort bei dieser Meinung zu beharren und arbeite seinen Frust anschließend in Memoranden, Briefen und öffentlichen Reden ab. Er wolle das „Brüsseler Europa" nicht, weil es, sage Erhard, „nicht in der Gläubigkeit der menschlichen Herzen lebe. Ich frage daher: Was wollen denn Sie tun?" Wenn man Erhards „Entwurf eines europäischen Programms" folge, dann wolle er vor allem eine europäische Freihandelszone sowie einen permanenten Ministerrat ohne bestimmte Zuständigkeiten, der nur einstimmig entscheiden dürfe, und eine beratende Kommission - die Fortsetzung der Zusammenarbeit in der OEEC also. Dazu womöglich die Auflösung der Montanunion in die OEEC. „Sind Sie wirklich der Auffassung, mit einem solchen Vorschlag gläubige Herzen begeistern zu können?" Ganz abgesehen davon, daß in der OEEC seit Jahren nichts mehr gehe. Das britische Freihandelszonen-Projekt sei doch nichts weiter als ein Reflex der Brüsseler Verhandlungen. In England mache daraus niemand einen Hehl. Und wenn Erhard meine, daß die britische Regierung ihren Vorschlag nicht zurückziehe, sobald die Sechs den Gemeinsamen Markt und die Zollunion aufgäben, dann irre er. Der britische Handelsminister habe Etzel in der vergangenen Woche des Gegenteils versichert. „Sie ... werden dieselbe Enttäuschung erleben, die Sie ... erfuhren, als Sie den Engländern die Bereitschaft zu einer Neubewertung des Pfundes unterstellten (und) als Sie an die baldige Bereitschaft der Engländer zur Konvertibilität der Währungen glaubten ... Gläubigkeit der Herzen ja, aber Gläubigkeit, die sich aufrichtet an konkreten Tatsachen.“

Erhard ließ Etzels Brief zwei Wochen nach dessen Eingang über seinen Presse-Referenten Staatssekretär Müller-Armack zugehen: „Herr Minister möchte unbedingt diesen Brief beantworten. Er bittet um Ihren Vorschlag.“[108] Müller-Armack verweigerte sich der Bitte. Er war mit Etzel befreundet und mußte ihm alles in allem recht geben. Die Antwort unterblieb.

Die Brüsseler Verhandlungen schritten unterdessen zügig voran. Zur gleichen Zeit beriet der OEEC-Arbeitsausschuß in Paris über Englands Freihandelszonen-Vorschlag. Zu Beginn des Jahres 1957 kam man hier wie dort zu vorläufigen Ergebnissen. Die Brüsseler Regierungskonferenz verabschiedete das Kernstück des EWG-Vertrages, die Bestimmungen zum Gemeinsamen Markt und zur Zollunion. Der Pariser Arbeitsausschuß setzte dessen Annahme durch die Regierungen und die Parlamente der Sechs voraus und empfahl, um die kleine Zollunion herum eine große Freihandelszone zu bilden. Am 13. Februar 1957 beschloß der Ministerrat der OEEC, Verhandlungen darüber einzuleiten. Erhard sagte, daß der Beschluß „die seit Jahren entscheidende Initiative“ in europäischen Angelegenheiten sei.[109] Ein paar Wochen zuvor schon hatten erst die Bundesregierung und dann die französische Nationalversammlung der Einrichtung des Gemeinsamen Marktes und der Zollunion nach Brüsseler Muster zugestimmt. Der Kabinettsbeschluß erfolgte einstimmig. Erhard war anwesend. Man durfte vermuten und Erhard mußte befürchen, daß der EWG-Vertrag damit unter Dach und Fach wäre. Die Vermutung war falsch. Die Verhandlungen gerieten kurz vor ihrem Abschluß in eine weitere Krise.

Die französische Regierung hatte in ihrer problematischen Denkschrift angekündigt, daß sie ihr alsbald eine weitere folgen ließe. Mitte November machte sie die Ankündigung im Verein mit Belgien wahr. Das französisch-belgische Memorandum enthielt die gemeinsamen Vorstellungen von einer wünschenswerten Verbindung der überseeischen Gebiete beider Länder mit dem Gemeinsamen Markt. Kurz gesagt, wünschten Frankreich und Belgien handelspolitische Präferenzen und sogar gewisse Abnahmegarantien für Güter aus ihren Überseegebieten und dazu einen großzügig dotierten Gemeinschafts-Fonds, mit dessen Mitteln die wirtschaftliche und soziale Entwicklung der Überseegebiete alimentiert werden sollte. Man ahnte in Brüssel, daß die Wünsche den Grund für neuen Streit abgäben und übertrug ihre Behandlung zunächst mal einer besonderen Arbeitsgruppe. Während die Arbeitsgruppe beriet, bereiteten das Auswärtige Amt, das Wirtschaftsministerium und auch das Finanzministerium Stellungnahmen dazu vor. Das Auswärtige Amt zeigte sich geneigt, den französisch-belgischen Forderungen weitgehend nachzugeben. Im Wirtschaftsministerium hatte man hingegen den nicht ganz falschen Eindruck, daß Frankreich und Belgien durch die vorteilhafte Bindung ihrer Überseegebiete an die Gemeinschaft ihre Stellungen als Kolonialmächte gegen die Autonomiebestrebungen in Afrika festigen und dabei einen erheblichen Teil der Kosten auf die Gemeinschaft abladen wollten. Deshalb lehnten Erhards Beamte den Entwicklungsfonds entschieden ab. Außerdem hielten sie Preis- und Abnahmegarantien für unvereinbar mit den Grundsätzen freien internationalen Handels und wiesen sie ebenfalls zurück.[110] Das Finanzministerium war in allem gleicher Meinung. Gemeinsam gewannen Erhard und Schäffer in Adenauers Abwesenheit eine Kabinettsmehrheit dafür, die französisch-belgischen Ansinnen in Brüssel zurückweisen zu lassen. Die holländische und die italienische Regierung gaben ihren Delegationen ähnliche Anweisungen. Frankreich und Belgien ließen unter dem Eindruck des breiten Widerstandes vom Verlangen nach Preis- und Abnahmegarantien umstandslos ab, bestanden aber auf dem Fonds. Die Regierungskonferenz war ein zweites Mal überfordert. Der weitere Gang der Dinge erschien wie eine entdramatisierte Neuauflage der Oktober-Krise. Der Fall wurde einer Außenministerkonferenz überwiesen, die gleichfalls nicht damit zu Rande kam. Und Adenauer handelte nach hinlänglichen Vorarbeiten des außerordentlich engagierten Karl Carstens mit Guy Mollet fast leichthin einen Kompromiß aus; während eines Winterspaziergangs im Park des Elysée-Palasts, hieß es. Der Umfang des Entwicklungsfonds wurde reduziert, seine Lebenszeit begrenzt und die Verwendungsmöglichkeit der Mittel eingeschränkt. Italien, Holland und Belgien akzeptierten die Übereinkunft und der Weg nach Rom war frei. Dort, an der Wiege Europas, auf dem Capitol, sollten die Verträge über eine Europäische Wirtschaftsgemeinschaft und eine Europäische Atomgemeinschaft am 25. März 1957 feierlich unterzeichnet werden.

Die Verhandlungen über die Europäische Wirtschaftsgemeinschaft hatten unterdessen Folgendes ergeben: Frankreich, Deutschland, Italien und die Benelux-Länder richteten in drei Etappen zu je vier Jahren einen gemeinsamen Markt und eine Zollunion ein. Am Ende der drei Etappen gab es auf dem gemeinsamen Markt keine Zölle und keine Mengenbeschränkungen mehr. Waren aus dritten Ländern wurden an seiner Außengrenze mit Zöllen belegt, die den Mittelwerten der gegenwärtigen nationalen Zölle entsprachen. Art und Tempo des Abbaus der Binnenhindernisse und der Vereinheitlichung der Außenzölle wurden genau bestimmt. Für den zwischenstaatlichen Warenverkehr *im* gemeinsamen Markt galten strenge Wettbewerbsregeln. Während der Übergangszeit wurde nach teils vertraglich bestimmten, teils noch zu entwickelnden Grundsätzen und Verfahren die Freiheit des Dienstleistungs- und des Kapitalverkehrs sowie die Freizügigkeit menschlicher Arbeitskraft hergestellt. Nach der Übergangszeit trieben die Mitgliedsländer eine gemeinsame Handels-, eine gemeinsame Agrar- und eine gemeinsame Verkehrspolitik. Auch deren Grundsätze und Formen waren in der Übergangszeit zu entwickeln. Im übrigen sollten nationale Rechtsnormen einander soweit angeglichen und die nationalen Wirtschafts- und Sozialpolitiken soweit koordiniert werden, wie es für die Erfüllung des Vertrages nötig war. Bei Zahlungsbilanzschwierigkeiten leistete man sich gegenseitigen Beistand. Die Gemeinschaft richtete eine Investitionsbank für Wirtschaftsförderungsmaßnahmen im europäischen Interesse und einen Anpassungsfonds für soziale Zwecke ein. Die Überseegebiete der Teilnehmerländer wurden der Gemeinschaft assoziiert. Eine supranationale Kommission erhielt den Auftrag, für die Erfüllung des Vertrages zu sorgen und die Gemeinschaft initiativ weiterzuentwickeln; ein intergouvernementeller Ministerrat traf die Entscheidungen, mit qualifizierter Mehrheit gewöhnlich und einstimmig in Ausnahmefällen; ein internationaler Gerichtshof regelte Rechtsstreitigkeiten und eine gemeinsame Parlamentarierversammlung gab dem Ganzen einen demokratischen Anstrich.

Müller-Armack faßte für seine Minister zusammen, was durch deutsches, will heißen: durch wirtschaftsministerielles Einwirken, bei den Verhandlungen im Sinne Erhards erreicht oder verhindert worden war: Erreicht die Zurückdrängung des supranationalen Gedankens, die moralische Verpflichtung, bei der Befreiung von Beschränkungen schneller als nach dem Vertrag nötig vorzugehen, eine vernünftigere Behandlung der Überseegebiete; verhindert die Gemeinsamkeit der Wirtschafts- und Konjunkturpolitik, die soziale „Harmonisierung“, leichten Zugriff auf den Anpassungsfonds.[111] Das übertrieb die Leistung des Wirtschaftsministeriums ein wenig und söhnte Erhard mit dem Verhandlungsergebnis dennoch nicht aus. Müller-Armack reihte auch auf, was ihn der Sache nach daran noch störte: Die Länge der Übergangszeit, der gemeinsame Außentarif und die gemeinsame Handelspolitik, die Aussicht auf europäische Agrarmarktordnungen, die Möglichkeit von

Schutzklauseln und die Assoziierung der Kolonien. Darüber hinaus störte Erhard natürlich auch weiterhin die Gemeinschaft an sich und als solche und die Art und Weise, wie sie unter fortgesetzter Mißachtung seines Sachverstandes, seiner Einwände und Gegenvorstellungen zustande gekommen war. "Das war ja während der ganzen Brüsseler Verhandlungen die französische Taktik", schrieb er noch immer im Furor an Brentano, „ihre Forderungen in Raten zu servieren und immer fielen wir auf diese Taktik herein, um der holden Eintracht willen zu allem ja zu sagen."[112]

Abfinden mußte er sich mit dem furchtbaren Ding nun freilich. Er tat das, indem er den Gemeinsamen Markt schnellfertig zu einem möglichst rasch zu durchlaufenden Zwischenstadium auf dem Weg zur Freihandelszone erklärte.[113] Später, als deutlich wurde, daß der Durchmarsch so schnell nicht gelang, und als die ganz und gar hartgesottenen Anti-Europäer, Wilhelm Röpke zum Beispiel, den Eindruck gewannen, daß Erhard sich in der Europäischen Wirtschaftsgemeinschaft einrichtete, fand er ein anderes gedankliches Aushilfsmittel. Natürlich könne man gegen jede Art ökonomischer Integration grundsätzliche Bedenken haben, schrieb er Ende des Jahres an Röpke, auch gegen die EWG. Und als „Theoretiker" habe er derlei Bedenken auch. Als Politiker finde er die EWG aber nicht *so* untauglich, daß er dabei nicht mitmachen könne. „Soll ich kapitulieren und der Verantwortung fliehen, dann würden auch in meinem Lande jene „Patenteuropäer" obsiegen, die wir beide so lieben ... Vielleicht kann es also doch Ihren Pessimismus etwas mildern, wenn Sie nur auf mich, auf meine Kraft und Entschlossenheit vertrauen, das Optimum aus dem Vertrag herauszuholen."[114]

Im Frühjahr mußte Erhard sich mit dem Gemeinschafts-Vertrag nicht nur abfinden, er mußte ihn auch öffentlich vertreten. Die Opposition verlangte kurzfristig, daß noch vor der Unterzeichnung der Verträge im Bundestag darüber diskutiert werde. Tag der Debatte war der 21. März 1957. Adenauer und Erhard hatten an ihm bereits anderes vor, Adenauer Urlaub in Cadenabbia am Comer See, Erhard eine Reise in die USA. Er hatte sich um diese Reise sehr bemüht. Anfang Dezember ließ er den weithin bekannten und geschätzten, im Dritten Reich emigrierten Sozialwissenschaftler Götz Briefs über einen Mittelsmann wissen, daß er im Februar gern privat in die USA reisen würde. Dafür benötige er freilich noch einen Anlaß und eine Einladung. Ob es nicht zu machen wäre, daß die Columbia-University ihm den Titel eines Ehrendoktors verliehe? Briefs bezweifelte, daß die ehrwürdige Columbia so mir nichts, dir nichts Bestellungen auf Ehrendoktor-Hüte annähme und riet dazu, den einstigen amerikanischen Hohen Kommissar und jetzigen Weltbank-Präsidenten John McCloy um Nachhilfe zu bitten. Er selbst könne allenfalls für eine Einladung des Federal Reserve Board oder des Council of Economic Advisors sorgen. Erhard schrieb an McCloy. Er akzeptiere natürlich auch jeden anderen Vorschlag, verhehle aber nicht, daß ihm die Verleihung der Ehrendoktorwürde durch die Columbia-University der sympathischste Anlaß zu einer Amerikareise wäre. Ihm die in Eile zu verschaffen, überstieg selbst McCloys Kräfte. Erhard akzeptierte einen anderen Vorschlag. Die Reise war abgemachte Sache.[115] Nun aber verlangte Adenauer, daß er sie der Bundestagsdebatte wegen absagte. Im Wahljahr komme es darauf an, Geschlossenheit zu demonstrieren. Erhards Abneigung gegen die EWG sei bekannt. Er müsse im Bundestag zu ihr stehen. Der Kanzler selbst blieb in Cadenabbia. Und als wäre das Maß der Demütigung noch nicht voll, verbot er von dort her „strikte", daß die deutsche Delegation bei den Freihandelszonen-Gesprächen, die dieser Tage in Paris begannen und Erhards Los ein wenig leichter machten, von einem Beamten des Wirtschaftsministeriums geführt werde. Erhard artikulierte im Bundestag mit Behutsamkeit seine andauernden Vorbehalte gegen den Gemeinsamen Markt, plädierte mit Verve für raschen Fortschritt zur Freihandelszone und empfahl dem Haus schließlich die Annahme des Vertrages. Bei dessen Unterzeichnung in Rom war er nicht zugegen. Wenige Tage später reiste er nach London und sprach mit der britischen Regierung über die Freihandelszone. Dann ging er in Urlaub.[116]

Seelennöte und ein abwegiges Programm

Er war inzwischen ein Mann von 60 Jahren; in Deutschland weithin geliebt, in der Welt berühmt, in Kabinett und Fraktion gelitten und gelästert, für seinen Kanzler eine Anfechtung und unentbehrlich zugleich. Der frohgemute und zuversichtliche Mann von einst war er nicht mehr.

Sein 60. Geburtstag am 4. Februar 1957 war natürlich groß begangen worden. Die Zeitungen an den Tagen drum herum voll von Elogen („der Präses des deutschen Wirtschaftswunders"), Charakterbildchen (ein Mann mit Eigenschaften: phantasiereich, mutig, dynamisch, optimistisch, wortgewaltig, bieder, gediegen, gelehrsam, hausbacken), Rückblicken und Blicken ins Dienstzimmer (48 qm, ein maßvoller Schreibtisch, stoffgepolsterte Holzmöbel, ein alter Schrank, wenig Bilder und viel Grün), leer hingegen von Blicken ins Privatleben. Am Tage selbst in der Gallwitz-Kaserne in Bonn-Duisdorf, wo das Wirtschaftsministerium ein wenig vom Schuß noch immer beheimatet war, das Defilee der Gratulanten, zehn Stunden lang. Auch der *eine* kam. Es hatte Westrick, der an diesem Tag bewußter- und symbolischerweise das Große Verdienstkreuz mit Stern und Schulterband bekam, ein schweres Stück Arbeit gekostet.[117] Nie zuvor war Adenauer in ein Ministerium gegangen. Und nun gar in dieses. Da er einmal da war, mußte er auch reden. Er tat es mit der treffsicheren Meisterschaft in Tisch- und Stegreifreden, über die er nach Belieben gebot. Er sprach von Erhards „Überzeugungskraft in der Arbeit" und von seiner „Menschlichkeit in der Gesinnung", sprach davon, daß er seine Aufgabe „nicht nur mit dem Kopf, sondern auch mit dem Herzen" erfülle, von seiner Geradlinig- und Lauterkeit, dem Vertrauen, das er wecke und genieße. „Er ist ja doch ein relativ wirklich sehr junger Mann. Aber der junge Mann hat was geleistet." Das gab die Überschriften in den Zeitungen ab. Die „entschiedenen Auseinandersetzungen" verschwieg Adenauer nicht. „Aber Leute, die immer derselben Meinung sind, taugen meistens beide nichts." Zu der Plauderei ein Kanzlerphoto mit der Widmung: „Meinem treuen Mitarbeiter in Freundschaft."

Erhard nahm das alles gänzlich ernst. Bewegt, Tränen in den Augen, sagte er: „Mein eigenes Leben ist fast schicksalhaft mit Ihnen verbunden. Sie werden keinen treueren Anhänger finden können als mich." Wochen später noch stand er unter dem Eindruck des Besuchs und der Rede. Am 26. Februar gaben ihm die Industrieverbände einen verspäteten Riesen-Empfang im Kölner Stadtwald-Restaurant: Essen, Tombola und Tanz mit Conférence, Mitternachtsimbiß, dazwischen Reden. Berg beglückwünschte Erhard auf seine Weise und vergaß dabei die unausgestandenen Konflikte nicht. Natürlich habe man oft miteinander gestritten, sagte Erhard. „Das tut der Freundschaft keinen Abbruch. Wenn zwei immer der gleichen Meinung sind, taugen vielleicht beide nichts".[118]

Die Unternehmerschaft feierte Erhard, seinen liebsten Geburtstagswunsch erfüllte sie ihm nicht. Erhards Wunsch war es, an seinem 60. Geburtstag eine „Ludwig-Erhard-Stiftung zur Förderung des akademischen Nachwuchses" ins Leben zu rufen. Der Stifterverband für die deutsche Wissenschaft übernahm es, die institutionellen Voraussetzungen dafür zu schaffen und erwartete die Spenden der gewerblichen Wirtschaft. Die gingen nicht ein, und die gute Absicht blieb unverwirklicht.[119]

Die Feiern und die Glückwünsche, die liebende und die lobende Aufmerksamkeit, die seiner Person in reichem Maße gewidmet wurde, gefielen Erhard, befriedigten und erhoben ihn. Er war derlei äußerer Anerkennung sehr bedürftig und mehr denn je sicher, einen Anspruch darauf zu haben. Die Selbstgewißheit kam allerdings immer öfter und zweiflerischer mit Ungewißheit darüber einher, ob auch wirklich zum Guten ausschlüge, was er tat und leistete. Ein Gram schien an seiner Seele zu nagen, ein tiefliegendes Unbehagen, dem er wortreichen Ausdruck verlieh und dessen konkrete Ursachen er dabei so wenig benannte, wie er die Folgerungen, die daraus zu ziehen seien, verständlich machen konnte. Gefühl war, wenn er darauf kam - und er kam mit einer beinahe zwanghaften Monotonie immer wieder darauf - Gefühl war alles, Argumentation nichts. So schrieb er zum Jahreswechsel an Theodor Heuss, mit dem ihn nach wie vor ein Verhältnis distanzierter Zuneigung und konfessionswilligen Vertrauens verband: „Das Gefühl für Würde wird erstickt durch das Verlangen, vor sich selbst und vor der Welt im materiellen Erfolg Bestätigung zu finden". Das sage er „aus innerer Not", und er frage sich „immer häufiger, ob seine Politik, die den Menschen zu immer mehr Wohlstand verhelfen sollte, nicht seine Seele hat Schaden leiden lassen".[120]

Gleichsam sich selbst schenkte Erhard ein Buch zum Geburtstag, das der Redakteur des „Handelsblattes" Wolfram Langer unter seinem Namen schrieb: „Wohlstand für alle." Langer stand Erhard menschlich und geistig sehr nahe und traf dessen Duktus und Tenor so gut, daß an Erhards Autorschaft zu glauben nicht schwerfiel. Erhard dankte ihm übrigens Buch und Ergebenheit, indem er Langer ein Jahr darauf zur Freude der Karrierebeamten von der Stelle weg zum Leiter seiner Grundsatzabteilung ernannte. „Wohlstand für alle" erzählte die Geschichte der „sozialen Marktwirtschaft" und ihres Helden. In seinem letzten Kapitel zog es so etwas wie ein Resümee. Die Geschichte kam zur Besinnung. Das war es, was Erhard jetzt bewegte. Erhard wies Adenauer, als er ihm das Werk dedizierte, eigens darauf hin. Dort las man, daß der Verbrauch zwar der Zweck, aber nicht der Sinn des Wirtschaftens sei. „Die Sinngebung der Wirtschaft fließt aus dem allumfassenden Lebensbereich eines Volkes und wurzelt damit in letzten, nicht mehr rational erfaßbaren Wertungen. Das heißt, daß wir mindestens im Bereich der westlichen Zivilisation derzeit nicht die Gnade einer einheitlichen und gemeinverbindlichen Wertung des Lebens erfahren".[121] In der gerührten Antwort auf Adenauers launige Ansprache knüpfte Erhard daran an. Nun, da der Wohlstand gewonnen sei, müsse man „aus der Atomisierung heraus zu einer gemeinverbindlichen Wertung des Lebens gelangen".[122]

Das alles mochte tief und wahrhaftig empfunden sein, klar und verständlich gesagt war es nicht. Die Rede von der zugleich fließenden und wurzelnden Sinngebung ergab keinen Sinn. Und die Erfahrung der Gnade einer einheitlichen Wertung war jenseits des Begreifbaren.

Zu einem unerfindlichen Teil war derlei erhabenes Geraune freilich nur die scheinphilosophische Einkleidung von Erhards Mißfallen an kruden ökonomischen Erscheinungen und Vorgängen. Erhard prätendierte damit, über den Wirtschaftspolitiker hinaus ein umfassend gebildeter und fein reflektierender Intellektueller zu sein. Es war ja kein Zufall, daß er dabei von Einsichten sprach, die er seinem alten Lehrer Wilhelm Vershofen verdanke. Erhard wehrte sich mit sprachlichen Überhöhungen, in denen sich der Sinn verlor, gegen einen Eindruck von der Banalität des bloß Ökonomischen, der sich mit der Empfindung des besonderen Wertes seiner Persönlichkeit nicht mehr vertrug. Bei weniger ambi-

Deutschlands Talismann: Erhard mit Langers Buch und Zigarre (1957)

Wolfram Langer

tioniertem Sprachgebrauch war der Name für das Sorgensyndrom, das er - Kassandra in Gestalt eines alternden Putto - klagend beschwor, weiterhin „Maßlosigkeit". Und auch diese Vokabel war noch eher eine Metapher für Unbestimmtes, als das Wort für einen scharf umrissenen Begriff. Man kam der Sache halbwegs auf den simplen Grund, erfaßte sie dabei aber nicht mehr in der metaphysischen Bedeutung, die sie jenseits aller Prätention für Erhard doch eben *auch* hatte, wenn man ihr in seinen Äußerungen zu praktisch-politischen Zwecken begegnete.

Anfang März 1957 war der Kampf um die europäische Integration fürs erste verloren, und der Wahlkampf stand bevor. Ludwig Erhard besann sich auf Deutschland. Der Lärm des verlorenen Kampfes, auch des verlorenen Kampfes gegen die Rentenreform ganz nebenbei, hallte bei der Besinnung nach, die Notwendigkeiten des Kommenden klangen deutlich an. Erhard setzte sich nieder, entwarf eine „Skizze über die derzeitige gesellschaftspolitische Situation (und) die Gefahren für Staat und Wirtschaft", leitete davon ein wirtschaftspolitisches Programm ab und schickte alles miteinander an den Kanzler in Cadenabbia.[123] Die deutsche Wirtschaft stehe, ähnlich wie Mitte 1948, vor einer schicksalhaften Entscheidung und wenn die Entscheidung falsch getroffen werde, vor einer tragischen Wende. Und nicht nur die deutsche Wirtschaft, mit ihr auch die Weltwirtschaft. Nicht mehr, aber auch nicht weniger. „Gehen auch noch die letzten Bastionen einer guten Ordnung im Strudel sozialistischer Ideologien, politischer Pressionen oder verschwommener Sozialromantik unter, dann verfällt die freie Welt der Auflösung." Woran drohte die westdeutsche Wirtschaft mit so weitreichend-furchtbaren Folgen zuschanden zu gehen? An dem immer gleichen, seit die Menschen vor zweieinhalb Jahren den Sinn für das Maß verloren hatten, an übersteigerten Lohnforderungen, an falscher Kapitalbildung, an zu hohen Steuern und an verzerrten Wechselkursen. Der Kern des Problems blieb „das verderbliche Treiben von wechselseitigen Lohn- und Preissteigerungen", dessen wesentliche Motiv- und Wirkkraft die ökonomische Unvernunft und die politische Böswilligkeit der Gewerkschaften war. Die Gewerkschaften forderten Löhne, die „jeder volkswirtschaftlichen Vernunft Hohn" sprachen und lasteten die Preissteigerungen, die daraus notwendigerweise folgten, der Regierung an. Das fiele ihnen gewiß weniger leicht, wenn die Unternehmer nicht „so egoistisch, gedankenlos und feige" wären und den Lohnforderungen nachgäben. Die Unternehmer könnten sich das leisten, weil falsche Wechselkurse sie dem internationalen Wettbewerb entzögen. Sie könnten sich deshalb sogar noch mehr leisten, Preiserhöhungen nämlich, die über die Lohnerhöhungen hinausgingen. Es sei „eben leider nicht so, daß die Preissteigerungen ausschließlich auf Lohnforderungen zurückzuführen sind". Gewinnträchtige Preiserhöhungen und Steuerersparnisse durch degressive Abschreibung ermöglichten schließlich ein Maß an Selbstfinanzierung, das bereits Ärgernis errege, „das Gefühl für den sittlichen Wert des Eigentums" abtöte und jedermanns Ansprüche auf Mitbeteiligung hervorrufe.

Das war Erhards Skizze der gegenwärtigen gesellschaftlichen Situation. Aus ihr ergaben sich folgende Gefahren für Staat und Wirtschaft: Das unwahrhaftige und unredliche Handeln der Gewerkschaften untergrub die wirtschaftliche Ordnung, das soziale Sein und die Zukunft des deutschen Volkes und stiftete dazu noch eine Unruhe und eine Unsicherheit in der Bevölkerung, die das Wahlklima „für uns" verschlechterten. Und die überhöhten Preise mit ihren währungspolitischen Ursachen und ihren Folgen für die Kapitalbildung sprengten „unsere freiheitliche gesellschaftswirtschaftliche Ordnung" und beseitigten „die letzte Widerstandskraft gegen totalitäre Ideen."

Die Rezeption der Lage und ihrer Gefahren inspirierte Erhard zu einem umfassenden wirtschaftspolitischen Programm. Im Mittelpunkt des Programms stand die Absicht, das gescholtene deutsche Unternehmertum zu einer Preissenkungsaktion aufzurufen, die den Gewerkschaften den Wind aus den Segeln nähme. Nach nötigen Verhandlungen, deren Erfolges Erhard ziemlich sicher war, sollte ihm die deutsche Unternehmerschaft auf einer sorgfältig vorbereiteten Großkundgebung „unter der Zeugenschaft von 50 Millionen Verbrauchern“ in die Hand versprechen, daß sie bis Ende 1958 die Preise im Maße der Produktivitätssteigerungen herabsetzte, falls die Gewerkschaften ihrerseits bis dahin keine Lohnforderungen stellten. „So sehr ich mir den Kopf zerbrochen habe“, ein besseres, auch in taktischer Hinsicht besseres Mittel falle ihm nicht ein. Der Unternehmerschwur dränge Gewerkschaften und Opposition in die Defensive. „Sie müßten gegenüber der deutschen Öffentlichkeit das Odium der Schuld an weiteren Preissteigerungen auf sich nehmen“. Auf etwas längere Sicht zu ergänzen wäre die Aktion durch eine lineare Senkung der Einkommensteuer und die Beseitigung der degressiven Abschreibung. Damit verband Erhard vermutlich die Vorstellung von einer Korrektur der volkswirtschaftlichen Kapitalbildung. Die Beseitigung der degressiven Abschreibung sollte die Selbstfinanzierungsmöglichkeiten einschränken, und die Steuersenkung sollte die privaten Sparmöglichkeiten vergrößern. Weil nun eher die Begüterten als die Minderbemittelten sparten, hätte die Steuersenkung linear zu erfolgen und nicht „aus falscher sozialer Schau den an sich schon niedrig besteuerten Bevölkerungsschichten zugute“ zu kommen. Dies um so weniger, als Erhard wünschte, daß den kapitalbedürftigen Unternehmen die zusätzlichen Ersparnisse über Aktienemissionen als Eigenkapital zuflössen, Arbeitnehmerhaushalte mit mäßigen Einkommen Aktien aber kaum erwarben. Die Neigung, Aktien zu emittieren und Aktien zu kaufen, war freilich überhaupt gering. Erhard nahm an, daß dies wesentlich an der Doppelbesteuerung der Aktienerträge, zunächst als Gewinn in den Unternehmen und dann noch einmal als Einkommen bei den Haushalten, läge. Deshalb sollte die Doppelbesteuerung verschwinden.

Man darf bezweifeln, daß dies ein wirklich sachgemäßes, durchdachtes und völlig schlüssiges Konzept war. Erstens stimmten seine situativen Voraussetzungen nicht so recht. Die deutsche Wirtschaft befand sich im zweiten Jahr eines kräftigen Abschwunges und der gleichwohl spürbare, aber mäßige Lohn-Preisauftrieb gefährdete weder die Spartätigkeit noch die internationale Konkurrenzfähigkeit, und schon gar nicht gefährdete er die „freiheitliche Ordnung“. Außerdem traf nicht mehr zu, daß die Preise stärker stiegen als die Lohnkosten. Das war vor zwei Jahren so gewesen, als Erhard noch ausschließlich die Lohnerhöhungen für den Preisanstieg verantwortlich gemacht hatte. Jetzt, da er den Unternehmen „Preisüberhöhung“ vorwarf, blieben die Preise schon seit anderthalb Jahren hinter den Lohnkosten zurück. Zweitens, damit beginnen die Zweifel an den Maßnahmen, wollte Erhard in kurativer Absicht den Preismechanismus zwei Jahre lang außer Kraft setzen, ohne den eine Marktwirtschaft nun mal nicht funktioniert. Weil sie das nicht tut, war er 1948 so bedacht darauf gewesen, jenen famosen, wenn auch prekären Mechanismus gleich nach der Währungsreform wieder in Gang zu setzen. Drittens enthielt das Programm nicht einen Gedanken zu den außenwirtschaftichen Folgen von Preissenkungen im Maße des Produktivitätsfortschritts bei mutmaßlich steigenden Auslandspreisen und festen Wechselkursen. Die Folgen wären eine reale Abwertung der DM um mindestens zehn, eher fünfzehn Prozent in zwei Jahren, ein Exportboom erster Güte, Zahlungsbilanzüberschüsse unvordenklichen Ausmasses, in Deutschland Geldmengenvermehrung, die einen enormen Geld*überhang* mit „verdeckter Inflation“ produzierte und im Ausland eine Verärgerung, von der Erhard sich kein Bild machte und die politisch ganz unerträglich war. Viertens war nicht ganz einzusehen, daß die Beseitigung der Möglichkeiten degressiver Abschreibung *und* lineare Steuersenkungen den Selbstfinanzierungsspielraum beschränkten. Was eins den Unternehmern nahm, gab ihnen das andere zurück. Im übrigen akzentuierten private Kapitalbildung infolge linearer Steuersenkung und die Begünstigung des Aktiensparens natürlich die ohnehin höchst ungleiche Vermögensverteilung in der Bundesrepublik. Ein letzter Vorschlag Erhards änderte daran nichts. Erhard empfahl, nachdem er Sparförderung durch Prämien abgelehnt hatte, die Ausgabe von Kleinaktien für Arbeitnehmerhaushalte. Der Beginn sollte mit der Privatisierung des Volkswagenwerkes gemacht werden, möglichst noch vor der Wahl, weil damit nicht unerhebliche propagandistische Wirkungen verbunden wären." Die Arbeitnehmer werden es als einen Umbruch des sozialen Denkens ansehen" und es werde „dazu beitragen, sehr gefährliche Miteigentums-Vorstellungen innerhalb unserer eigenen Partei zurückzudämmen."[124]

Erhards Programm war nun nicht nur undurchdacht und wenig schlüssig, es war auch gänzlich irreal. Die Unternehmer dachten ja nicht im Traume daran, sich zwei Jahre lang ihrer preispolitischen Handlungsmöglichkeiten zu begeben. Gewerkschaften, die darauf vertrauten, daß Unternehmer Produktivitätssteigerungen getreulich in Preissenkungen übersetzten und die darauf verzichteten, ihr Daseinsrecht in Lohnverhandlungen darzutun, konnte sich vermutlich nur Ludwig Erhard vorstellen. Steuersenkungen kamen für den Finanzminister und den Kanzler nicht in Frage. Adenauer pfiff Erhard in bekannter Weise kurz und scharf zurück, als er mit dieser Forderung auch an die Öffentlichkeit ging: „Gar keine Rede ... nur größte Verwirrung und Unruhe ... ungemein schädlicher Eindruck".[125] Und die kapitalmarktpolitischen Absichten lagen quer zu den Überlegungen, die dazu in der Fraktion angestellt wurden. Scharnberg erfuhr davon aus der Zeitung und schrieb Erhard fast so knapp wie Adenauer und doppelt so erbost, „daß durch Ihre Pläne die Bildung von festverzinslichem Kapital (nur auf diesem Sektor drückt uns der Schuh, nicht aber auf dem Gebiet der Aktie, deren Förderung Sie offenbar im Auge haben) nicht gefördert, sondern womöglich zusätzlich behindert wird". Vermutlich lese Erhard nicht, was er ihm an Dokumenten schicke. Dann aber möge er zumindest mit ihm reden und sich der mehrfach erbetenen Aussprache nicht wieder und wieder entziehen.[126]

Scharnberg mochte über Erhards Gleichgültig- oder Rücksichtslosigkeiten gegen die Fraktion, deren Wortführer in solchen Angelegenheiten er war, auch deshalb besonders verdrossen sein, weil er als Vorsitzender des Bundestagsausschusses für Geld und Kredit eben erhebliche Anstrengungen unternahm, um gegen eigene Bedenken das Bundesbankgesetz in einer Form durch den Bundestag zu bringen, die Erhard behagte. Die Beratung der *beiden* ordnungspolitischen Grundlagengesetze war im Januar wieder aufgenommen worden. Bis zum Ende der Legislaturperiode blieb noch ein halbes Jahr und es war keineswegs sicher, daß die fortdauernden Konflikte in dieser Zeit auszuräumen wären. Im Falle des Kartellgesetzes war dem BDI, im Falle des Bundesbankgesetzes der Bank Deutscher Länder durchaus daran gelegen, daß die Entwürfe in der zweiten Legislaturperiode nicht mehr zu Gesetzen würden. Deshalb taten sie, was sie tun konnten, um die Beratungen zu verschleppen. Erhards emotionales und politisches Engagement galt selbstverständlich auch weiterhin sehr viel mehr dem Kartell- als dem Bundesbankgesetz. Die Auseinandersetzungen um das Bundesbankgesetz überließ er fast ganz dem zuständigen Referenten. Die Auseinandersetzung um das Wettbewerbsgesetz blieb gutenteils seine eigene Sache.

Gleich in der ersten Sitzung des Ausschusses für Wirtschaftspolitik wurde offenbar, daß sich der BDI und seine parlamentarischen Interessenvertreter mit dem Zustand des

Entwurfes nach der ersten Lesung nicht abfanden und daß ihre Position durch den Wechsel im Ausschuß-Vorsitz besser geworden war. Erhard geriet sofort in die Defensive. Er verteidigte seine Vorlage mit Hilfe der SPD-Mitglieder des Ausschusses. Einen Tag später schrieb Berg ihm „unter dem unmittelbaren Eindruck der Enttäuschung und der Entrüstung" einen langen Brief. Die Industrie habe wider bessere Einsicht das Mißbrauchsprinzip aufgegeben und dem „bekannten Kompromiß" zugestimmt. Der Kompromiß werde hintertrieben, Erhard steuere im Verein mit der SPD und den CDU-Sozialausschüssen eine unternehmerfeindliche, dirigistische und sozialistische Lösung an. Nötigenfalls müsse die Entwicklung von der CDU-Führung gestoppt werden.[127] Erhard beschwichtigte Berg. Zugleich schrieb er an den Fraktionsvorsitzenden Heinrich Krone, daß er nur dann für die CDU kandidieren könne, wenn das Kartellgesetz in seinem Sinne angenommen werde. Damit hatte er Ende 1955 im Parteivorstand schon einmal gedroht.[128] Krone trug die erneute Drohung in sein Tagebuch ein und setzte hinzu: "Ich nehme die Drohung nicht ernst."[129]

Er behielt recht. Und doch auch nicht. Denn wer hätte genau sagen können, wie ein Kartellgesetz in Erhards Sinne beschaffen sein mußte? In der nächsten Woche brachte „die CDU-Führung" die Unions-Abgeordneten im Ausschuß anscheinend auf Linie. Einen kostspieligen Krach mit der Industrie wollte Adenauer sich um Erhards willen nicht leisten. Mehrheiten für Ausnahmen und abschwächende Formulierungen stellten sich ein. Erhard meldete den Vormännern der Sozialausschüsse, „daß die CDU/CSU-Mitglieder des wirtschaftspolitischen Ausschusses offensichtlich ein Kartell dahingehend abgeschlossen haben, in den Beratungen den bekannten Unternehmerstandpunkt zu vertreten." Namentlich die Angehörigen der Sozialausschüsse stimmten bei der zweiten Lesung völlig anders als bei der ersten. Weil sie dadurch die Interessen jener Gruppen verletzten, die sie zu vertreten hätten, möchten Albers und Blank bitte „um Abhilfe bemüht sein".[130] Auch das half nichts. Bis Mai wurde das Ergebnis der ersten Lesung Stück um Stück so revidiert, daß am Ende eine Fassung herauskam, die Erhards Accord mit dem BDI alles in allem entsprach. Nicht neun, sondern nur acht Ausnahmen vom Kartellverbot wurden zugelassen, und mißbräuchliche Marktbeherrschung setzte keinen Monopolisten voraus, sondern galt auch in einer Oligopolsituation als möglich. Die Erweiterung erwies sich in der Praxis freilich als belanglos. Die ganze Mißbrauchsaufsicht über marktbeherrschende Unternehmen blieb wirkungslos, weil das Gesetz weder den Begriff „Marktbeherrschung" noch den Begriff „Mißbrauch" so bestimmte, daß die Tatbestände damit festgestellt werden konnten. Die Fusionskontrolle wurde bei der zweiten Lesung wieder gestrichen. So nahm der Bundestag den Entwurf am 4. Juli gegen die Stimmen der SPD an. Als das „Gesetz gegen Wettbewerbsbeschränkungen" drei Wochen später endlich verkündet wurde, bereitete Erhard sich in einem weiteren Urlaub am Tegernsee auf den Bundestagswahlkampf vor. Das Gesetz aber verlangte vom ersten Tag seiner Geltung an nach Novellierung.

Das ließ sich vom Bundesbankgesetz nicht sagen. Dessen erste Lesung im Ausschuß für Geld und Kredit hatte zwei Tage nach der zweiten Lesung des Kartellgesetzes begonnen. Der Streitgehalt des Entwurfs war erheblich geringer. Der Kanzler hatte sich längst beruhigt und focht die Unabhängigkeit der Bank vorübergehend nicht an. Die Politik billigen Geldes, deren sich der Zentralbankrat neuerdings wieder befleißigte, gab ihm auch keinen Grund dazu. Über den Auftrag der Bundesbank und die Mittel zu seiner Erfüllung herrschte weithin Einigkeit. Uneins war man eigentlich nur noch über die Organisation der Bank. Aufs rein Sachliche hin besehen, war die Meinungsverschiedenheit nicht sehr groß. Geschäftsführung und Politik der Bank wurden davon kaum berührt. Aber es ging über das Sachliche hinaus ums Recht-behalten-Wollen. Deshalb reichte die kleine Meinungsver-

Von der Bank deutscher Länder zur Deutschen Bundesbank mit neuen Präsidenten: Von links nach rechts: Wilhelm Vocke, Karl Bernard, Erhard, Heinrich Troeger, Karl Blessing (Dezember 1957)

schiedenheit tief. Die unitarische Organisation, die der Regierungsentwurf vorsah, lehnte der Bundesrat ab, die zweistufige Organisation, die der Bundesrat beizubehalten wünschte, hielten Erhard und die FDP für verfassungswidrig. Nähme der Bundestag die Lösung des Entwurfs an, widerspräche der Bundesrat. Ein langer Rechtsstreit über die Zustimmungsbedürftigkeit des Gesetzes wäre die Folge. Ließe der Bundestag sich auf das Überleben selbständiger Landeszentralbanken ein, wollte die FDP Verfassungsklage erheben. Das Gesetz käme so oder so vor der Wahl nicht mehr zustande. Erhard schrieb an den Ausschuß, daß er die Regierungslösung annehmen möge. Der Bundesrat werde es auf den Rechtsstreit nicht ankommen lassen. Dessen sei er sicher.[131] Der Ausschuß war dessen nicht sicher und suchte nach einem Ausweg aus dem Dilemma. Sein Vorsitzender fand schließlich einen. Scharnberg schlug vor, die Landeszentralbanken zwar zu rechtlich unselbständigen Hauptverwaltungen einer bundeseigenen Bundesbank zu machen, ihnen aber zum einen den prestigehaltigen Namen Landeszentralbanken und zum anderen ein großes Maß an wirtschaftlicher Selbständigkeit zu lassen. Ihre Leiter sollten den Titel „Präsident" behalten und faktisch von den Länderregierungen bestimmt werden. Sie bildeten von nun an mit dem gesamten, von der Bundesregierung ernannten Direktorium den Zentralbankrat und blieben darin in der Mehrheit. Der Ausschuß nahm den Vorschlag gegen den trotzigen Widerstand der Bank Deutscher Länder in erster und zweiter Lesung an. Erhard konnte dem Vorschlag zustimmen, weil die Bank ins Eigentum des Bundes überging und die rechtliche Selbständigkeit der Landeszentralbanken verschwand. Und der Bundesrat konnte sich damit abfinden, weil die wirtschaftliche Selbständigkeit der Landeszentralbanken erhalten blieb und deren Präsidenten im Zentralbankrat die Mehrheit stellten. Deshalb konnte schließlich der Bundestag darauf vertrauen, als er das Gesetz am gleichen Tag wie das Kartellgesetz ohne Debatte einstimmig annahm, daß sich *keine* Rechtsstreitigkeiten daraus ergaben. Das Vertrauen wurde bestätigt, und so war nach acht Jahren auch dies geschafft.

Vizekanzler Erhard

Zwei Wochen später geriet endlich auch in konkrete Aussicht, wonach Erhard für sich selbst seit nunmehr acht Jahren strebte. Auf dem Wirtschaftstag der CDU/CSU wurde klargestellt, daß der Vorsitz im Wirtschaftskabinett nach der Wahl an die Union ginge, und wenig Zweifel daran gelassen, daß der Posten in diesem Fall dem Wirtschaftsminister zukäme. Das war, so selbstverständlich es Erhard vorkam, doch auch ermutigend. Eher beängstigend wirkten hingegen innerparteiliche Überlegungen, das kleine Atomministerium zu einem großen Energieministerium auszubauen sowie ein Europaministerium und ein eigenständiges Ministerium für den gewerblichen Mittelstand einzurichten. Erhard gewänne das Amt eines Koordinators, zu dem er eigentlich nicht veranlagt war, und verlöre Zuständigkeiten, die Gestaltungsmacht gaben.

Zunächst einmal war aber Wahlkampf. Erhard führte ihn mit jener unermüdlichen Allgegenwart, die der Partei und ihm selbst so unendlich guttat. Über achtzig Kundgebungen, mehr als jeder andere Parteigrande, Radioreden und erstmals auch das Fernsehen: Der Wirtschaftsminister auf dem kleinen, flimmernden Bildschirm mit der nicht minder populären Schauspielerin Luise Ullrich „im Volkston". Leider hatten sich die beiden - plaudernd - nichts zu sagen. Frau Ullrich: „Das ist fabelhaft, daß Sie unsere Sorgen alle kennen, früher hatten's ja die Minister eigentlich viel schwerer, denn so Kalif zum Beispiel, der mußte verschleiert durch die Stadt gehen, damit er die Sorgen seines Volkes kennenlernt, aber wenn Sie, Herr Professor, so verschleiert durch München gehen würden, man würde Sie doch erkennen, und dann würden die Leut bestimmt sagen: Also, Mensch, Erhard, jetzt sag amal, warum ist eigentlich alles so teuer." Professor Erhard: (lacht) „Aber in der Anonymität kann ich mich sicher nicht bewegen und die Sorgen, die liegen so offen zutage, als daß man sie nicht erkennen könnte, erkennen müßte, vor allen Dingen, wenn ich an die Vergangenheit denke, was das deutsche Volk brauchte, notwendig hatte, das war so offenkundig, denn wir mußten ja aus Trümmern aufbauen und ich glaube, das ist immerhin soweit gelungen, daß das deutsche Volk heute etwas freier atmen kann."[132]

Die Schnurre war ein Stück aus Erhards persönlichem Wahlkampf. Die Wahlkampfleitung der CDU schlug die Schlacht ganz auf den Kanzler konzentriert: „Konrad Adenauer und die Mannschaft." Erhard im Glied, das dezent stilisierte Kanzlerporträt allerorten. „Sicherheit - keine Experimente". Die Wahl als Kanzlerplebiszit. Erhard brach aus. Er hatte die Mittel dazu. Und nur er hatte sie, die Mittel des Populismus und die finanziellen Mittel. „DIE WAAGE" trat wieder in Aktion. Neben dem zu etwas Rundlichkeit verholfenen Kanzlerkopf tauchte inmitten der Kampagne das etwas gestraffte Gesicht Ludwig Erhards auf: „Wohlstand für alle". Anzeigen in 250 Tageszeitungen, eine Wahlillustrierte für zwölf Millionen Haushalte, in den Kino-Wochenschauen Werbespots von erfrischender Simplizität.

Adenauer und die Mannschaft beobachteten Erhards Alleingang mit gemischten Gefühlen. Adenauer hatte schon im Frühjahr erfahren, daß Erhard für persönliche Propagandazwecke Geld eintrieb und ihn aufgefordert, davon abzulassen. Man rede darüber und es schade ihm.[133] Vielleicht dachte er auch an den Schaden für die Wahlkampfkasse der Partei. Die Sonderrolle, die Erhard mit Hilfe des unverzagt weiter gesammelten Geldes spielte, gefiel ihm nicht, weil er meinte, daß sie Erhard nicht zukomme, und sie gefiel den gleichfalls Ambitionierten in der Parteiprominenz nicht, weil sie Erhard sichtlich aus ihnen heraushob. Andererseits verhieß sie Stimmen. Deshalb ließ man Erhard und seine persönliche Wahlkampfleitung gewähren.

Am 15. September 1957 erlebte die Bundesrepublik eine Art „Wahlwunder". Zu Beginn des Jahres hätten wenige einen Pfifferling für die Wahlchancen der CDU und namentlich für die Wahlchancen Konrad Adenauers gegeben. Am dritten September-Sonntag gelang der Union, was noch keiner Partei gelungen war, seit es nationale Parlamente in Deutschland gab, und was auch später keiner mehr gelang: Sie gewann eine absolute Mehrheit der Wählerstimmen und der Parlamentssitze. Die SPD verharrte bei weniger als einem Drittel der Stimmen, die oppositionelle FDP fiel weit zurück. Der Sieger hieß zweifelsfrei Konrad Adenauer. Ludwig Erhard zum eigentlichen Gewinner der Wahl auszurufen, wie dies vier Jahre zuvor der SPIEGEL getan hatte, fiel diesmal niemandem ein. Freilich bestritt auch niemand, daß Erhard erneut Adenauers wichtigster Wahlhelfer gewesen war und dafür honoriert zu werden verdiente. Nicht mal Adenauer selbst tat dies. Er schien rasch entschlossen zu sein, Erhard anstelle Blüchers nicht nur zum Koordinator der Wirtschaftspolitik, sondern auch zum Vizekanzler zu ernennen. Der Gedanke, Franz Etzel zum Europaminister und zum Vizekanzler zu bestellen, wurde nur kurz gefaßt und schnell wieder fallengelassen. Dann aber kam die Sache mit Schäffer. Adenauer wollte Schäffer los sein. Er verkannte und schmälerte die einstigen Verdienste des Finanzministers nicht, glaubte aber, daß Schäffers steuer- und ausgabenpolitische Unbeweglichkeit inzwischen zur wirtschafts- und staatspolitischen Belastung geworden wäre, und war seiner cholerischen Widerspenstigkeit müde. Damit stand er nicht allein. Selbst der CSU fiel zur Verteidigung des Finanzministers Schäffer nicht mehr viel ein. Ihrem starken Mann, dem geldbedürftigen Verteidigungsminister Franz Josef Strauß, fiel sogar sehr viel dagegen ein. Freilich wollte die CSU-Führung auch nicht, daß Schäffer die Regierung und Bonn ganz verließe und womöglich in München nach dem Amt des bayerischen Ministerpräsidenten griffe. Es galt, für Schäffer was zu finden, das ihm selbst als angemessen erschien und außerdem die Ansprüche der CSU auf bedeutende Repräsentanz im Kabinett befriedigte. Die Suche danach stellte Erhards Beförderung in Frage.

Erhards Zeit und Aufmerksamkeit wurden derweil von einer höchst ärgerlichen Angelegenheit mit Beschlag belegt, deren Ausgang seine Stellung im Funktionen- und Postenstreit nicht eben stärkte. Einen Tag nach der Wahl kündigte der Unternehmensverband Ruhrbergbau an, daß er am 1. Oktober die Kohlepreise um circa 6 - 10 % erhöhen werde. Für den Wirtschaftsminister ärgerlich daran waren die Tatsache selbst und der Zeitpunkt. In der Endphase des Wahlkampfes hatte der DGB nämlich einen offenen Brief an Adenauer geschrieben und darin von Preiserhöhungen orakelt, die vor der Wahl zurückgehalten, aber gleich darauf nachgeholt würden. Erhard hatte gegen das „infame Spiel" und die „durchsichtige Schützenhilfe (der) sozialistischen Funktionäre" für die SPD im Wahlkampf getobt.[134] Die Ankündigung des Unternehmensverbandes Ruhrbergbau schien das Orakel zu bestätigen.

Im Unternehmensverband Ruhrbergbau waren die Nachfolgeorganisationen des Kohlegemeinschaftsverkaufes zusammengefaßt, für deren Einrichtung Erhard sich im Zusammenhang mit der Dekonzentration der deutschen Montanindustrie und der Entstehung der europäischen Montanunion erfolgreich starkgemacht hatte. Der Verband war vom Kartellverbot des Gemeinschaftsvertrages ausgenommen worden und bildete Kohleeinheitspreise. Bis zum Frühjahr 1956 wurde das Recht der Preisbildung freilich von Höchstpreisvorschriften der Hohen Behörde beschränkt. Dann tat die Hohe Behörde ihren Willen kund, die Preise freizugeben. Eine kräftige Preiserhöhung stand zu erwarten. Betriebs- und marktwirtschaftlich wäre die Preiserhöhung nötig und gerechtfertigt gewesen. Erhard wußte das und bestritt es nicht. Volkswirtschaftlich und wirtschaftspolitisch mißfiel ihm die Preiserhöhung jedoch. Es war die Zeit seines ersten anti-inflationären Feldzuges und der Kohlepreis galt ihm, ähnlich wie der Milchpreis, als eine Art Schlüsselpreis. Deshalb wendete er die kräftige Preiserhöhung mit Subventionen ab. Die Subventionen mißfielen der Hohen Behörde, denn sie widersprachen den Bestimmungen des EGKSt-Vertrages. Widersprachen ihnen jedenfalls im Prinzip; praktisch wurden sie in einer Form gewährt - als Steuerverzicht und durch die Übernahme von Arbeitgeberbeiträgen zur Rentenversicherung -, die der Hohen Behörde den Anlaß zur Beschwerde ließ und das Recht zum Eingreifen nahm. Eigentlich widersprachen die Subventionen auch dem Prinzip und der Funktionsgerechtheit einer freien Marktwirtschaft. Aber mit diesem Widerspruch wurde Erhard ebenfalls unschwer fertig. Kohle sei nun mal ein ganz besonderer Stoff, und die Besonderheit rechtfertige es, „den an sich tendenziell steigen-müssenden Preis doch in gesunden und günstigen Relationen zu den anderen volkwirtschaftlichen Preisen zu halten" und dadurch „endlich einmal die Vorstellung von dem Konjunkturzyklus zu durchbrechen und diese Gesetzmäßigkeit einmal aufzulösen, einen bewußten Willen ... dagegen zu setzen."[135] Was scherte es ihn, daß die Idee der „Marktkonformheit" dabei auf der Strecke blieb und die preispolitischen Ideen, die er in den dreißiger Jahren vertreten hatte, durchklangen. Im übrigen wünschte und erwartete er, daß der Unternehmensverband seine Preispolitik auch künftig mit ihm abstimmte. Und nun dies! Erhard bat die Verbandsleitung zu sich und las ihr die Leviten. Er bestritt auch diesmal nicht, daß eine Kohlepreiserhöhung nötig und gerechtfertigt wäre. Der Zeitpunkt und das Ausmaß der Erhöhung empfinde er jedoch als

„unfreundlichen Akt". Er drang auf Heilung. Über den 1. November, ein Datum, nach dem der Bundeskanzler seine Regierungserklärung abgegeben habe, und über eine vorerst geringere Erhöhung lasse sich reden, dazu über sein stillschweigendes Einverständnis mit einem weiteren Preisanstieg am 1. April des nächsten Jahres, der die Zechen vollends auf ihre Kosten brächte. Die Kohlemänner hörten sich die Vorwürfe und die Vorstellungen des Ministers an und sicherten deren Übermittlung an ihre Mitglieder zu. Man vereinbarte, in fünf Tagen erneut miteinander zu reden. Zwei Tage vorher gab die Verbandsleitung eine Pressekonferenz. Die Zechen fanden sich mit etwas geringeren Preiserhöhungen ab, bestanden aber auf dem 1. Oktober. „Erhard tobt", schrieb Theodor Heuss an die Freundin Toni Stolper.[136] Das zweite Gespräch wurde abgesagt. Statt dessen hielt Erhard eine Brandrede im Rundfunk. Nachdem er sich beruhigt hatte, bestellte er die Verbandsleitung aber doch noch einmal zu sich und versuchte, sie in letzter Minute zum Widerruf der Entscheidung zu bewegen. Dazu fühlte die Verbandsleitung sich weder ermächtigt noch wollte sie es. Sie verschaffte Erhard jedoch die Möglichkeit, am nächsten Abend vor den Vorständen aller Zechengesellschaften zu sprechen. Am gleichen Tag machte Erhard zunächst einmal seinem Zorn in einem langen Brief an Etzel Luft. Erstens verstehe er nicht, daß Etzel sich für den Wahlkampf von der Hohen Behörde - anstandshalber - habe beurlauben lassen. Zweitens mißbillige er, daß die Hohe Behörde von ihrem Preisverordnungrecht keinen Gebrauch mache. Drittens sei die Preiserhöhung des Unternehmensverbandes gegen seinen Willen ein Mißbrauch ihres Kartell-Status, gegen den die Höhe Behörde einzuschreiten versäume. Und viertens rechtfertigten zwei und drei im Verein mit der Tatsache, daß der EGKSt-Vertrag ihm verbiete, anstelle der Hohen Behörde tätig zu werden, seine Ablehnung jener Organisation.[137] Gleichsam zur Strafe für den Brief wurde er selbst am nächsten Morgen nicht viel fairer vom „Industriekurier" abgekanzelt: „Wenn aber von jetzt an jede Preisbewegung eine Frage des politischen Prestiges werden soll, dann muß sich auch unser Wirtschaftsminister sehr davor hüten, hauptamtlicher Propagandaleiter zu werden, der keine Wirtschaftspolitik mehr macht, sondern das Bauchband 'weiter aufwärts wie bisher' spazieren trägt."[138]

Abends um acht in Essen traf Erhard mit Müller-Armack auf eine feindselige Versammlung.[139] Der Glaube, die Verbandsmitglieder mit seiner Überzeugungskraft gegen ihren Vorstand ausspielen zu können, erwies sich als verfehlt. Die 150 Zechenvorstände interessierte nicht, was Erhard über seinen schicksalhaften Kampf um Preisstabilität und die freiheitliche Ordnung sagte, und sie begriffen nicht, daß er ihnen den Anspruch auf Ersatz ihrer Kosten im Preis bestritt. Das Ansinnen, die eben in Kraft getretene Preiserhöhung zurückzunehmen und mit dem Wirtschaftsministerium ihm genehme Preise auszuhandeln, die ab 1. November gültig wären, lehnten sie ab. Dann könnten sie ihre unternehmerische Funktion ja gleich an den Nagel hängen, sagte der stellvertretende Verbandsvorsitzende Söhngen. Erhard sagte: Von „einem freien Unternehmer in der Kohlewirtschaft verlange ich, daß er nicht nur betriebswirtschaftlich rechnen kann, sondern daß er auch ... den politischen Anliegen einer Regierung", die das Privateigentum schützt, „Verständnis bezeugt." Die Zechenherren verlangten „marktgerechte Preise". Erhard warf ihnen vor, ein „Preisdiktat" erlassen zu haben. Man versteifte sich und redete mit Aplomb aneinander vorbei. Die Industriellen sprachen von Kosten und Erlösen, Erhard sagte wieder und wieder : „Es ist ein politisches Problem ... Was fordere ich denn von Ihnen? Das ist im besten Falle ein Aufschub von einem Monat. Fertig ist die Laube." Die Kohlebarone ließen sich nicht erweichen. Erhard ereiferte sich. Seine Gedanken und Worte gerieten in böse Verwirrung. Schließlich sagte er: „Darf ich fragen, ob hier gar kein Herr anwesend ist, der Verständnis für die Regierung aufbringt und bereit ist, die Preiserhöhung rückgängig zu machen und mit dem Wirtschaftsministerium darüber zu verhandeln?" „Nein, das nicht!" sagte Söhngen. Erhard hoffte, daß die Industriellen sich in interner Debatte doch noch eines Besseren besännen und verließ den Saal. Nach einer Weile kam Söhngen heraus und riet ihm davon ab, zurückzukehren. Der Bergbau stehe „wie ein Rocher de bronze". Erhard sagte, daß er jetzt „aus allen Rohren schießen" werde und verließ kurz vor Mitternacht das Haus. Am nächsten Tag gab er eine lange Pressekonferenz, in der er erst Dampf abließ - gegen den deutschen Bergbau vor allem, aber für die Europäische Gemeinschaft für Kohle und Stahl blieb eine Menge übrig - und dann klarmachte, daß die Kohlepreiserhöhung gewiß höchst ärgerlich, aber ebenso gewiß kein Grund zur Beunruhigung sei. Die zuständige Abteilung im Ministerium erhielt den Auftrag, umgehend eine Kabinettsvorlage über „Sofortmaßnahmen zur Förderung des Wettbewerbs in der Energiewirtschaft" zu entwerfen: Weil der Montanunion-Vertrag dem Wirtschaftsminister die Möglichkeit politischer Preisgestaltung nehme und der Unternehmensverband sich der Einwirkungen des Wirtschaftsministers entziehe, müsse der Wettbewerb dafür sorgen, daß sich die Kohlepreise „in marktwirtschaftlich vertretbaren Grenzen" halten.[140]

Die Niederlage schmerzte, aber sie schadete Erhard nicht. Vielleicht trug der Konflikt ungeachtet seines Ausgangs sogar dazu bei, daß bei der Regierungsbildung nach dem Gedanken an ein Europaministerium auch der Gedanke an ein Energieministerium aufgegeben wurde. Die Regierungsbildung zog sich hin. Die absolute Mehrheit erleichterte sie nicht, sie schien das Postengerangel zu intensivieren und den Ausgleich der innerparteilichen Länder-, Gruppen- und Konfessionsansprüche zu erschweren. Drei Wochen nach der Wahl war immer noch vieles unentschieden. Schäffer war nur ein, wurde aber mit fortschreitender Zeit das hauptsächliche Problem. Im Kabinett sollte er bleiben, Finanzminister jedoch nicht wieder werden. Für dieses Amt war nun Etzel vorgesehen. Schließlich erfand Adenauer ein Bundesschatzministerium. Die Erfindung gefiel Erhard nicht. Sie gefiel ihm nicht, weil er Zuständigkeiten an das neue Ressort abtreten mußte und weil er befürchtete, daß Schäffer nicht in seinem Sinne davon Gebrauch machte. Erhard trat für die Privatisierung von Teilen des Bundesvermögens ein und hatte lebhafte Vorstellungen von der starrsinnigen Beharrlichkeit, mit der Schäffer jedem Privatisierungsvorschlag entgegentreten würde. Er mußte die Einrichtung des Ministeriums dennoch hinnehmen. Und damit nicht genug. Nichts als ein Schatzministerium, das war für Schäffer etwas wenig. Deshalb garnierte Adenauer das Amt mit der Funktion des Vizekanzlers. Erhard gab seine Ansprüche nach einem Gespräch mit dem Kanzler aus Einsicht auf. Schäffer selbst gab sie ihm zurück. Er überzog. Außer Vizekanzler wollte er auch Vorsitzender des Wirtschaftskabinetts werden. Das wollte sonst freilich niemand; Erhard ohnedies nicht, die Fraktion nicht und nicht mal Adenauer. Der verband - am Ende kurz entschlossen - die Lösung dieses mit der Lösung eines anderen, jüngst aufgetretenen Problems. Die Protestanten beschwerten sich darüber, daß sie bei der Verteilung der Ministerposten zu kurz kämen. Adenauer konnte es nicht bestreiten und mußte ein konfessionelles Gleichgewicht schaffen, ohne den prekären Länder- und Gruppenproporz bemerkenswert zu stören. Das gelang, indem er statt des katholischen Schwaben Kurt-Georg Kiesinger den katholischen Bayern Fritz Schäffer zum Justizminister machte und den evangelischen Schwaben Hermann Lindrath zum Schatzminister berief. Alles fügte sich aufs beste. Justizminister war für Schäffer auch ohne Vizekanzler genug, Lindrath im Amt des ungeschätzten Schatzministers ein schwacher Mann und Erhard mit dem Ausgang der Dinge hochzufrieden. Die Zeche dafür zahlte der sehr ehrgeizige und sehr verstimmte Kurt-Georg Kiesinger. In gewisser Weise hat er das Erhard neun Jahre später heimgezahlt.[141]

Am 27. Oktober, sechs Wochen nach der Wahl, teilte Adenauer Erhard mit, daß er dem Bundespräsidenten vorgeschlagen habe, ihn zum Wirtschaftsminister zu ernennen. Zu seinen bisherigen Obliegenheiten trete „die Aufgabe der Eingliederung der deutschen Wirtschaft in die europäische Gemeinschaft, einschließlich der bisher im Bundesministerium für wirtschaftliche Zusammenarbeit bearbeiteten OEEC-Angelegenheiten."[142] So wurde Erhard, der die wirtschaftliche Integration nicht wollte und jahrelang bekämpft hatte, unversehens Europaminister. Im Ministerium begann man unter Müller-Armacks Leitung mit der Einrichtung einer Europa-Abteilung, die unmittelbar dem Minister unterstand. Eine Woche nach der Wiederernennung gab schließlich das amtliche Bulletin des Presse- und Informationsamts bekannt, daß der Bundeskanzler den Bundeswirtschaftsminister zum Koordinator der Wirtschaftspolitik und zum Vizekanzler bestellt hatte.

Keine der beiden Funktionen verschaffte Erhard ohne weiteres neue Macht und zusätzlichen Einfluß. Das sogenannte Wirtschaftskabinett war ja ursprünglich eine Einrichtung zu seiner eigenen Domestizierung gewesen und dann eine Einrichtung zur Entlastung des Vollkabinetts von Ressortkonflikten und Detailverhandlungen geworden. Es besaß keine Entscheidungsfähigkeit und wurde so wenig ernstgenommen, daß die Minister selten in eigener Person dort erschienen und sich häufig nicht mal durch ihre Staatssekretäre, sondern durch Referenten vertreten ließen. Blücher hatte die Rolle seines - genau genommen: stellvertretenden - Vorsitzenden als Moderator gespielt. Und Vizekanzler war ein klingender Titel und eine bedeutungslose Funktion, aber kein Amt. Der Vizekanzler *vertrat* den Kanzler nur dann, wenn der aktionsunfähig war; bei bloßer Abwesenheit des Kanzlers stellte er ihn gewissermaßen nur dar, ohne eigenen Handlungsspielraum, nach den Weisungen des Kanzlers und oft genug von ihm übergangen. Die Geschäfte führte der damit und mit dem Kanzler besser vertraute Staatssekretär im Kanzleramt. Wenn der Kanzler im Amt starb, wurde der Vizekanzler nicht automatisch sein Nachfolger.

Erhard wollte freilich beide Rollen anders verstehen und anders anlegen: Die Rolle des wirtschaftspolitischen Koordinators als die eines „Kanzlers für Wirtschaftspolitik" und die Rolle des Kanzler-Stellvertreters als die des vorgezeichneten Kanzler-Nachfolgers.

Anfang Dezember ließ er die betroffenen Kollegen wissen, wie er sich die künftige Tätigkeit des Wirtschaftskabinetts dachte. Bevor die es noch wußten, stand es schon als abgemachte Sache in den Zeitungen. Die Ressorts, so gingen Erhards Überlegungen, stellten die Grundzüge von Gesetzesvorhaben zur Debatte, das Wirtschaftskabinett unter Erhards Vorsitz und Verantwortung traf die Entscheidungen und das zuständige Ministerium formulierte danach den Regierungsentwurf. Natürlich machten die Kollegen das nicht mit. Etzel knüpfte an die sehr entschiedene Feststellung, daß er sich „die Federführung" in finanzpolitischen Angelegenheiten nicht werde nehmen lassen, die dringliche Bitte, mit der Vergabe von Informationen, namentlich solchen, die unter Dienstgeheimnis fielen und andere Ministerien beträfen, an „Journalisten Ihres Hauses" etwas behutsamer zu verfahren.[143] Das war selbstverständlich in den Wind gesprochen. Das Wirtschaftskabinett aber blieb, was es zu Blüchers Zeiten gewesen war, und die Tatsache, daß Erhard ihm vorsaß, geriet in Vergessenheit.

Mit der Vizekanzlerschaft verhielt es sich anders. Blücher war zwar stets als Vizekanzler tituliert, aber von niemandem in seiner Eigenschaft als Vizekanzler ernstgenommen worden. Und andere Eigenschaften von politischem Belang hatte er nicht gehabt. Erhard blieb in erster Linie der Wirtschaftsminister Erhard, aber in *dieser* Eigenschaft nahm man ihn auch als Vizekanzler ernst. Und die „Journalisten seines Hauses" taten das ihre, um die naheliegende Vorstellung, daß er der herausgehobene zweite Mann der Regierung wäre, den Menschen noch näherzubringen und dabei zu bekräftigen. Erhard selbst brauchte das nicht nähergebracht zu werden. Er empfand sich ohnehin so, hielt es für die späte Erfüllung seines frühen Anspruchs auf eine Sonderrolle in der deutschen Politik und hielt es außerdem für selbstverständlich, daß aus dem zweiten eines Tages der erste Mann würde. Im stillen nahm er diese Haltung schon seit Jahren ein und seine Begründung dafür war höchst einfach. Westrick, dem Vertrauten und Verschwiegenen, hatte er sie 1953 einmal kundgetan: Das Kanzleramt stehe ihm zu und müsse ihm schließlich zufallen, weil er neben Adenauer die wichtigsten Fundamente gelegt, die größten Risiken auf sich genommen und die schwersten Lasten getragen habe.[144] Daran hielt er fest, sowohl an der Vorstellung, daß er - über die Qualifikationen, die auch andere haben mochten, hinaus - ein Recht auf das Amt hätte wie an der Idee, daß er nicht darum zu konkurrieren brauchte, sondern daß ihm das Amt dargeboten werden müßte. Einige Wochen nach der Beförderung zum Vizekanzler setzte er den Fraktionsvorsitzenden davon in Kenntnis. Am 22. Februar 1958 vermerkte Krone in seinem Tagebuch: Erhard will Kanzler werden.[145] Das wollten einige andere freilich auch. Und abgesehen davon, daß er selbst noch möglichst lange Kanzler bleiben wollte, wollte Adenauer, daß Erhard es nicht würde. Das setzte Erhards politisches und persönliches Dasein im nächsten halben Jahrzehnt unter Spannung.

Frankreich verhindert die Freihandelszone und beschert Erhard die Konvertierbarkeit

Das Amt des Wirtschaftsministers gab hingegen an Spannung vorerst nicht mehr viel her. Die ordnungspolitischen Grundlagen waren unter Dach und Fach, erwünscht und unverdorben in Gestalt des Bundesbankgesetzes, erwünscht aber verdorben in Gestalt des Kartellgesetzes, unerwünscht in Gestalt der Rentenreform. Die Konjunktur stellte an die Politik keine Anforderungen. Die Wachstumsraten waren auf hohem Niveau weiterhin rückläufig, die Beschäftigung nahm weiterhin zu und die Stabilität galt wieder als gesichert. Die Preise blieben so gut wie fest, und das ominöse „Preisklima" wurde als freundlich angesehen. Die Bundesbank senkte den Diskontsatz im Laufe des Jahres 1958 auf den niedrigsten Stand, den er in Westdeutschland je erreichte. Im Frühjahr wurden hier und dort Sorgen um Wachstum und Beschäftigung laut. Die Vereinigten Staaten litten an einer offenkundigen Rezession und mancher fürchtete, daß sie Europa und Deutschland damit ansteckten. Erhard trat den Befürchtungen entgegen. Er hatte die USA kürzlich bereist, zum neunten Mal inzwischen, und war als Vizekanzler, in dem einige den künftigen Kanzler sahen, erstmals vom Präsidenten empfangen worden.

„Man hat auf mich gewartet", sagte er nach der Rückkehr, „ich glaube, ich war gerade im richtigen Zeitpunkt gekommen". Er hatte die Rezession nämlich erkannt und durchschaut. Sie sei ein eigentümlich amerikanisches Phänomen, psychologisch begründet und kurz befristet, ein Kaufstreik übersättigter Konsumenten. Er habe der amerikanischen Regierung zu öffentlichen Aufträgen geraten und Ford empfohlen, „mal ein paar Monate keine Autos" zu bauen. „Dann werden die Käufer von selbst gelaufen kommen."[146]

Wenn Adenauer ihm nicht die Zuständigkeit für die wirtschaftliche Europapolitik - Erhard schrieb in gewiß unreflektierter und doch ganz aufschlußreicher Verdrehung an Röpke „für die europäische Wirtschaftspolitik"[147] - der Bundesregierung übertragen hätte, dann wäre für Erhard als Wirtschaftspolitiker in den nächsten zwei Jahren so gut wie nichts Bemerkenswertes zu tun gewesen. 1958 setzte die Europapolitik ganz und gar die Akzente, zum Schluß mit einer höchst ironischen Pointe. Erhard fiel die Konvertibilität der europäischen Währungen zu, indem er das Ringen um die europäische Freihandelszone verlor.

In einer gewissen, merkwürdig spannungsreichen Beziehung hatte eins zum anderen von vornherein gestanden. Die Arbeitsgruppe „Freihandelszone" der OEEC nahm im Frühjahr 1957 die Arbeit auf, kam damit aber nicht voran. Erhard lastete das gleichsam habituell der Verzögerungs- und Verhinderungstaktik Frankreichs an. Nicht ganz zu Unrecht, aber auch ein bißchen selbstgerecht. Die französische Regierung war tatsächlich nicht furchtbar scharf auf die Freihandelszone. Die englische Regierung tat aber auch nicht eben viel, um die Entwicklung dorthin zu fördern, und wies die Schuld daran Deutschland zu. Mitte Juni machte sie sich in der EZU zum Sprecher einer geschlossenen Front von Klägern gegen die deutschen Überschüsse: Offenbar hätten die deutschen Behörden den Ernst der Lage und die Größe ihrer Verantwortung für die europäischen Probleme überhaupt nicht begriffen. Allmählich bleibe wenig anderes mehr übrig, als den von Deutschland nicht zu konsolidierenden Teil seines Sozialprodukts zwangsweise nach außen zu transferieren, zu Zwekken der gemeinsamen Verteidungsanstrengung zum Beispiel. „Das deutsche Verhalten in der OEEC und in der EZU veranlasse die Engländer zu einer großen Vorsicht gegenüber zukünftigen Bindungen an die europäische Integration."[148] Der handfeste Vorwurf, die unbestimmte Drohung und die widrige Schlußfolgerung ließen Erhard nicht unbeeindruckt. Unter dem Einfluß Müller-Armacks, der die Attacken als Vertreter Deutschlands in den OEEC-Gremien auszuhalten hatte, dachte er ein paar Augenblicke lang an die einseitige Aufwertung der DM. Widerrede aus der Bank Deutscher Länder und die ablehnende Haltung des Bundeskanzlers brachten ihn aber rasch zu seiner eigentlichen Meinung zurück: Der Wechselkurs der DM sei zwar falsch, die deutsche Wirtschaftspolitik aber sei richtig und deshalb erscheine es als unzumutbar, „daß Deutschland durch einseitige Maßnahmen den Versuch machen sollte, die im übrigen europäischen Raum vorherrschenden Fehler und Spannungen zu beseitigen."[149]

Unterdessen spitzte sich die politische und die ökonomische Lage in Frankreich zu. Der Konflikt in und um Algerien erschütterte die Nation, beraubte das Land der relativen politischen Stabilität, die es in der Gründungsphase der EWG aufgewiesen hatte und überforderte den Staatshaushalt, die innere Geldkapitalbildung und den Devisenstatus schier hoffnungslos. Im Mai kündigte die Regierung Mollet an, daß sie das öffentliche Finanzierungsdefizit durch Einsparungen und Steuererhöhungen merklich reduzieren werde. Im Juni stürzte sie über die gesetzgeberischen Konsequenzen ihrer Absichten. Die neue Regierung nahm außenwirtschaftliche Zuflucht zur völligen Deliberalisierung der Einfuhren und sondierte sowohl beim IMF wie bei der EZU die Möglichkeiten, Sonderkredite zu erhalten. Das EZU-Direktorium erkannte die Notlage Frankreichs an und akzeptierte die Deliberalisierung in der ausdrücklichen Erwartung, daß sie innerhalb eines Jahres zum Teil und bis Ende 1958 ganz rückgängig gemacht würde. Erhard beklagte sie als „schweren Schlag gegen die europäischen Einigungsbemühungen" und schloß einen einseitig deutschen Kredit für Frankreich aus.[150] Der IMF hatte verlauten lassen, daß vor ihm die EZU für die Unterstützung Frankreichs zuständig wäre und daß selbstverständlich Deutschland die Mittel dafür aufbringen müßte.

Unter solch widrigen Umständen kamen die Freihandelszonen-Gespräche vorübergehend ganz zum Stillstand. Derweil ratifizierten die Parlamente der sechs Montanunion-Länder die Römischen Verträge. Der Bundestag nahm sie mit den Stimmen der lange Zeit skeptischen SPD und gegen die Stimmen der FDP am 5. Juli 1957 an. Die Assemblé Nationale folgte wenig später. Wahrscheinlich hatte sich die englische Regierung entgegen Erhards Glauben, daß sie von einem ursprünglichen Einigungswillen bewegt würde, in der Freihandelszonen-Sache auch deshalb eher passiv als drängend verhalten, weil sie abwarten wollte, ob die EWG nicht doch noch scheiterte. Nach der Ratifizierung gab sie ihr Zögern auf und wurde rege. Ihre Regsamkeit und die Bekundung der Bereitschaft, auch die zuvor ausgeschlossene, für Frankreich aber höchst wichtige Landwirtschaft in die Verhandlungen einzubeziehen, führte im Oktober zu dem Beschluß des OEEC-Ministerrats, die Gründung einer europäischen Freihandelszone in Angriff zu nehmen, an der die EWG als Einheit beteiligt wäre. Der Beschluß war mehr als die Messina-Resolution, weil er das Ziel bereits fest ins Auge faßte, und weniger als die Entscheidung von Venedig, weil er noch keine Regierungskonferenz ins Leben rief, sondern zunächst nur einen Minister-Ausschuß, der Regierungsverhandlungen vorbereiten sollte. Erhard nahm nach dem Übergang der OEEC-Angelegenheiten vom aufgelösten Marshallplan- ans ausgebaute Wirtschaftsministerium den deutschen Sitz im Ausschuß ein und Müller-Armack dessen Sitzungen wahr. Der britische Paymaster General Reginald Maudling saß dem Ausschuß vor und gab ihm seinen Namen.

Ende Oktober präsentierte Maudling dem Ausschuß die Vorschläge der britschen Regierung. Deren Integrationsneigungen waren unverändert gering. Sie empfahl den Abbau von Zöllen und Mengenbeschränkungen innerhalb der Freihandelszone sowie unverbindliche wirtschafts- und währungspolitische Konsultationen, aber keine Institutionen und keinen gemeinsamen Außenzoll. Die Landwirtschaft sollte nun doch wieder lieber außen vor bleiben. Bei etwas genauerer Hinsicht wollte Großbritannien in den Genuß der handelspolitischen Vorteile des gemeinsamen Marktes gelangen oder doch zumindest die Nachteile eines Ausschlusses vermeiden, ohne dafür irgendwelche Opfer zu bringen, namentlich ohne irgendwelchen Souveränitätsverzicht zu leisten und ohne die präferentiellen Bindungen an das Commonwealth zu lockern.[151] So sahen es denn auch das deutsche Auswärtige Amt und die Regierungen der anderen EWG-Länder, die meisten *mit* grundsätzlichem Willen zur Freihandelszone, Frankreich *ohne* solchen Willen. Erhard hingegen war mit dem Vorschlag durchaus zufrieden. Die französische Regierung kündigte Gegenvorschläge an. Erhard vermutete sofort, daß Frankreich die Freihandelszone scheitern lassen wollte.[152]

Es ist ungewiß, ob die Vermutung richtig war. Gewiß ist, daß Frankreich sich außenwirtschaftlicher Liberalisierung, welcher Art und Reichweite auch immer, derzeit nicht gewachsen fühlte. Im August hatte die französische Regierung schließlich getan, was Erhard seit Jahren von ihr erwartete. Sie hatte den Franc abgewertet; auf eine Art und Weise freilich, die ihr Erhards Wohlwollen nicht zuziehen konnte. Sie erhob nämlich, statt den Wechselkurs zu ändern, auf Zahlungsausgänge ins Ausland eine Abgabe von 20 % und leistete für Zahlungseingänge aus dem Ausland eine Vergütung von 20 %. Von beidem machte sie außerdem so viele Ausnahmen, daß es einen einheitlichen Wechselkurs danach *faktisch* gar nicht mehr gab. Die Wirkungen auf die Zahlungsbilanz blieben vorerst obskur. Der Kreditbedarf nahm trotzdem nicht ab, er wurde drängender. In der EZU beriet man denn auch intensiv über die Möglichkeiten und Modalitäten eines Sonderkredits für Frankreich. Dabei stand außer Frage, daß Deutschland den größten Teil der Mittel dafür zur Verfügung stellen mußte. Das verschaffte der Bundesregierung einen erheblichen Einfluß auf die Beratungen. Sie konnte den Einfluß als eine Gelegenheit verstehen, die französische Regierung durch Verständnis, Vertrauensbekundungen und Großzügigkeit für ihre

Freihandelszonenpläne zu gewinnen, und sie konnte ihn als Gelegenheit zu Frankreichs Disziplinierung verstehen. Erhard verstand ihn als Gelegenheit zur Disziplinierung. So empfahl Deutschland der EZU, die Vergabe eines Kredits an Frankreich davon abhängig zu machen, daß die französische Regierung ein umfassendes und durchgreifendes Reformprogramm vorlegte, an dem ausländische Experten mitarbeiteten; daß sie nicht nur sich selbst, sondern die Nation völkerrechtsförmlich darauf verpflichtete, das Programm buchstabengetreu durchzuführen, und daß sie zusicherte, den Kredit vorzeitig zu tilgen, falls die EZU während seiner Laufzeit aufgelöst würde.[153] Ein Sanierungsprogramm wollten die anderen Frankreich natürlich auch abverlangen. Das gehörte zu den Regeln der EZU. Die ehrenrührigen Forderungen, daß fremde Kenner und Könner daran mitwirkten und daß heilige Eide auf die ordnungsgemäße Durchführung zu schwören wären, gingen in den Verhandlungen der EZU- und der OEEC-Gremien jedoch unter. Anfang 1958 präsentierte Frankreich nach erneuter Regierungsumbildung der EZU und dem IMF ein stabilitätspolitisches Sanierungsprogramm ohne Außenbeitrag und erhielt in koordinierter Aktion von beiden Organisationen umfangreiche Währungskredite. Der IMF wertete das Programm als das ausführlichste, konkreteste und eindrucksvollste, das ihm bisher vorgelegt worden sei: Die Steuern sollten erhöht, die Staatsausgaben drastisch vermindert, Notenbankkredite an die Regierung ausgeschlossen, die Leitzinsen hinauf und die Rediskontkontingente herabgesetzt werden. Die französische Regierung erwartete als Folge davon einen Rückgang der gesamtwirtschaftlichen Wachstumsrate von 6,5 auf 1,5 % und eine Zunahme der Arbeitslosigkeit, die ihrerseits die Löhne niedrig hielte. Erhard bezweifelte, daß die Maßnahmen ausreichten und durchsetzbar wären, stimmte dem EZU-Kredit und Deutschlands Zweidrittel-Anteil daran aber trotzdem zu.[154]

Kurz danach machte Frankreich erst die fünf EWG-Partner, dann den Maudling-Ausschuß mit seinen Freihandelszonen-Vorstellungen bekannt. Sie wichen von den britischen Vorschlägen weit ab. Wenn sie ernst gemeint waren, dann wollte Frankreich ein „Groß-Europa“ mit gemeinsamem Außenzoll, dessen Integrationsgrad hinter dem der EWG am Ende nur wenig zurückblieb. Zunächst mal wollte es der EWG jedoch einen Integrationsvorsprung von drei Jahren sichern. Da die erste Zollsenkung in der EWG Anfang 1959 anstand, sollte die erste Zollsenkung in der Freihandelszone nicht vor Anfang 1962 erfolgen. Im Gegensatz dazu schien man sich bisher darin einig gewesen zu sein, daß die Freihandelszone noch im Laufe dieses Jahres entstehen müßte, damit die EWG *keinen* Vorsprung gewänne, der Europa handelspolitisch teilte.

Niemand glaubte freilich recht, daß Frankreich es wirklich ernst meinte. Die meisten nahmen eher an, daß es die Verhandlungen mit weitreichenden Forderungen stören wollte. Jene Verhandlungen waren denn auch tatsächlich vorerst blockiert. Die EWG sollte als Einheit in die Freihandelszone eintreten, deshalb wollte sie mit einer einheitlichen Position in den Verhandlungen auftreten. Die galt es zu finden und das fiel schwer. Frankreich bestand auf seinen Wünschen, war damit aber selbst in der EWG fast isoliert. Eine Ausnahme machte nur die jüngst etablierte supranationale Kommission, in der Deutschland zu Erhards Verdruß mit zwei „Patenteuropäern“ erster Güte vertreten war. Walter Hallstein war durch geschicktes Betreiben Adenauers auf französischen Vorschlag hin ihr Präsident geworden und Hans von der Groeben nahm den zweiten deutschen Sitz ein. Die Kommission bekundete gewisse Sympathien mit den französischen Vorstellungen, und Hallstein schlug vor, die Zölle im ganzen OEEC-Raum Anfang 1959 um 10 % zu senken und sich mit den Freihandelszonen-Verhandlungen Zeit zu lassen. Erhard lehnte im Einklang mit Maudling sowohl die Zollunionsidee und den Dreijahresvorsprung wie auch Hallsteins

Übergangslösung ab. Die Zollunion sei ja gerade das Kernübel der EWG, der Dreijahresvorsprung bewirke, was die Schöpfung der Freihandelszone verhindern solle, und wenn man sich auf die Übergangslösung einlasse, nehme man unerwünschterweise den Druck von den Verhandlungen. Erhard wies Müller-Armack an, „in den entscheidenden Fragen unnachgiebig" zu sein, damit „Frankreich die Hoffnungslosigkeit seiner Position" erkenne. Er durfte sich bei dieser Anweisung im vorweggenommenen Einklang mit dem Kanzler fühlen. Wenige Wochen später reiste Adenauer nach London. Erhard begleitete ihn. Bei den Gesprächen mit Macmillan, der inzwischen Premierminister geworden war, gewann der Kanzler den Eindruck, „daß Großbritannien ernsthaft den Anschluß an Europa will." Es werde Zeit, sagte er kurz nach der Rückkehr im CDU-Parteivorstand, „daß die Dinge in Frankreich bald in Ordnung kommen", damit man „mit Aussicht auf Erfolg über die Schaffung einer Freihandelszone ... verhandeln" könne. „Daß die Schaffung dieser Freihandelszone eine Notwendigkeit ist, wissen wir; darüber brauche ich kein weiteres Wort zu verlieren."[155] Adenauer täuschte sich über die britischen Absichten und verlor noch viele Worte über die Freihandelszone, die Erhard lieber nicht gehört hätte.

Während die EWG-Länder um eine gemeinsame Verhandlungsposition rangen, versuchten erst die Schweiz und dann Großbritannien Frankreich dadurch eines Besseren zu belehren, daß sie die fällige Verlängerung des EZU-Vertrages von einem Erfolg des Freihandelszonen-Projekts abhängig machten. Das war eingedenk von Frankreichs Angewiesenheit auf die EZU ein starkes Argument, das Erhard sehr gefiel. Die britische Regierung verdarb es allerdings dadurch, daß sie die Drohung mit einer nicht uneigennützigen Verlockung verband. Sie schlug vor, die EZU in etwas erweiterter Form auf die Freihandelszone zu übernehmen. Der Abrechnungs- und Kreditautomatismus der EZU sollte in der Freihandelszone fortgeführt und darüber hinaus ein umfangreicher europäischer Fonds darin eingeführt werden. Die Mittel des Fonds wären zu einem Teil durch Beiträge aller Teilnehmer und zum anderen Teil durch Zwangsanleihen bei den Gläubigerländern aufzubringen; Defizitländer hätten Anspruch auf mittelfristige Kredite aus dem Fonds.[156]

Die Verwirklichung des Vorschlags rückte Konvertibilität in unabsehbare Ferne und den *auch* damit bezweckten Zugriff auf deutsche Währungsreserven sehr nahe. Sie mochte das Freihandelszonen-Projekt für Frankreich attraktiver machen, für Erhard hätte es dadurch ganz und gar unattraktiv werden müssen. Die meisten EZU-Mitglieder fanden allerdings aus unterschiedlichen Gründen an Englands Vorschlag soviel auszusetzen, daß er nach einigen Diskussionen fallengelassen wurde. Nach weiteren Diskussionen entfiel auch das Junktim, und die EZU wurde, ohne daß man der Freihandelszone unterdessen näher gekommen wäre und ohne Veränderung ihrer Verfahren um ein weiteres Jahr verlängert.

Erhard ließ sich von Englands interessiertem Werben um Frankreichs Gunst auf Deutschlands Kosten in seinem Glauben an die Gleichheit seiner und der britischen Ziele einerseits und in seinem antifranzösischen Furor andererseits nicht beirren. Er karessierte weiterhin die englische und schimpfte weiterhin auf die französische Regierung. Zuweilen riß es ihn hin. Mitte April kam Erhard während einer Pressekonferenz auf die Frankreich-Kredite der EZU und des IMF zu sprechen. Es sei falsch gewesen, die Kredite zu weniger scharfen, als den von ihm geforderten Bedingungen zu gewähren. „Denn die Franzosen dürfe man nur ganz hart anfassen". Das Sanierungsprogramm werde ihrer Mißwirtschaft nicht abhelfen. „Das wird nicht anders, bis einmal ein wirklich großer, starker Mann kommt und da Ordnung schafft. Ein Mann, der den Franzosen rücksichtslos die Maske vom Gesicht reißt und ihnen ihre Situation klarmacht".[157]

Erhard konnte geholfen werden. Aber das war ihm auch wieder nicht recht.

Mit dem erwünschten Partner und dem verwünschten Hallstein: Macmillan, Hallstein, Erhard (v.l.n.r.)

Algerien brachte Frankreich an den Rand des Bürgerkrieges. Die Vierte Republik war am Ende. Sie gab sich auf. Staatspräsident René Coty rief Frankreichs einstigen Retter mit der Zusicherung weitreichender Vollmachten ins Amt des Ministerpräsidenten. Während er noch rief und Charles de Gaulle sich politisch teuer machte, warnte Erhard vor des Generals Bestallung. Weil er sich zwischen zwei Amerikareisen gerade auf einer zehntägigen goodwill-tour durch Skandinavien befand, tat er dies in Oslo. Falls de Gaulle an die Macht komme, sagte er, werde Deutschland Frankreichs EZU-Defizite nicht mehr decken. Mit de Gaulle sei nicht zusammenzuarbeiten. Was er sich dabei dachte, steht dahin. Adenauer stauchte ihn, sobald er davon in den deutschen Zeitungen las, übers Telefon zusammen. Aber es war natürlich nicht mehr zu verhindern, daß es auch in den französischen Zeitungen stand und noch Monate später, kurz vor dem ersten Treffen Adenauers mit de Gaulle und im Hinblick darauf, daran erinnert wurde.[158]

Dabei hatte Adenauer, außer mehr politischem Verstand und Takt, eigentlich auch mehr Grund als Erhard, dem Auftritt de Gaulles mit Besorgnis entgegenzusehen. Er sah ihm denn auch mit Besorgnis entgegen und riet ihm vertrauten, französischen Politikern im stillen dazu, de Gaulle möglichst zu vermeiden. In einem gewissen Widerspruch zu Erhards Frankreich-Aversionen war das deutsch-französische Einvernehmen in politischen und militärischen Dingen seit geraumer Zeit ausgezeichnet. Adenauer bewies außerordentliches Einfühlungsvermögen in die Eigenarten französischen Denkens und viel Fingerspitzengefühl für die Besonderheiten der französischen Politik. Im Herbst 1957 war er sogar insgeheim - auch Erhard wußte nichts davon - mit der französischen Regierung übereingekommen, den einst zurückgewiesenen und verhinderten Rüstungspool in Gestalt eines kontinentaleuropäischen Atomwaffenpools unter Frankreichs militärisch-technischer Führung und mit dem Einsatz umfangreicher finanzieller Mittel aus Deutschland doch noch einzurichten.[159] Strauß hatte die Verhandlungen geführt. Die Regierungsübernahme durch de Gaulle drohte der deutsch-französischen Zusammenarbeit vor dem Hintergrund der europäischen Einigung die persönlich-politischen Grundlagen zu entziehen. Das ebenso hochfahrende wie leicht verletzliche Nationalgefühl des Generals war bekannt. Man mußte erwarten, daß er Frankreichs Rolle in der internationalen Politik als die einer unabhängigen Großmacht neben den USA und Großbritannien und nicht als die einer integrierten Mittelmacht neben Deutschland verstand. Das gemeinsame Atomwaffen-Projekt wurde von de Gaulle umgehend sistiert. Es war tatsächlich nicht auszuschließen, daß - wie Brentano befürchtete - „die neue französische Regierung ... die gesamte europäische Politik zerstört."[160] Das konnte nicht Erhards Sorge sein. Nach allem, was er der EWG an Schlechtem nachgesagt hatte, hätte er damit höchst einverstanden sein müssen; auch wenn er neuerdings behauptete, „daß mir an einem Erfolg der EWG in hohem Maße gelegen ist, um so mehr, als damit mein Name und mein Ansehen verhaftet sind".[161] Erhards Bruder im Geiste, Wilhelm Röpke, hoffte im Gegensatz zu Brentano nachgerade, daß de Gaulle der europäischen Integration den Garaus machte. Erhard machte sich hingegen bald darüber Sorgen, daß Brentanos Furcht Adenauer dazu bringen könnte, um des Erhalts der EWG willen erstens die Freihandelszone preiszugeben und zweitens in der EWG durch Kapitulation „jene Grundsätze zu opfern ..., die uns aus der Not erlöst haben und den erfolgreichen Wiederaufbau bewirkten".[162] Zumindest der erste Teil der Sorge war nicht unberechtigt.

Etwa zur gleichen Zeit, als die Integration Europas durch die Regierungsübernahme de Gaulles in die Schwebe geriet, kam im Wirtschaftsministerium ein Konflikt zum Ausbruch, der mit der Integration Europas manches zu tun hatte und bisher in der Schwebe gewesen war. In seinem Zentrum stand Alfred Müller-Armack. Müller-Armack leitete seit 1952 im Range eines Ministerialdirektors die Grundlagen-Abteilung „Wirtschaftspolitik“. Er war der Denker und Konzeptor im Ministerium, schrieb die wichtigsten Positionspapiere und genoß außerhalb des Ministeriums, im Inland und im Ausland, ein Ansehen, das seine Dienststellung weit übertraf. Er vertrat Erhard zuweilen im Kabinett und meist in den Gremien der Montan-Union und der OEEC, deren langwierig-intrikate Verhandlungen Erhard ebensowenig schätzte wie die wirtschaftspolitische Verwaltungsarbeit, die ihm Westrick abnahm. Er gehörte, nicht als Leiter, aber als herausragendes Mitglied, der deutschen Delegation bei der Brüsseler Regierungskonferenz an und leitete dort mit allseits anerkanntem Geschick und großem Erfolg den wichtigsten Ausschuß. Seit dem Beginn der verzwickten Freihandelszonen-Gespräche vertrat er die Bundesrepublik auf all deren Ebenen.

Müller-Armack verband mit Erhard eine weitgehende Gemeinsamkeit der wirtschaftspolitischen Grundsätze und persönliche Sympathie, er war mit Etzel befreundet und genoß Adenauers Achtung. Nur mit Westrick kam er nicht klar. Westrick litt die Immediatstellung zum Minister, die der Abteilungsleiter beanspruchte, und die Sonderrolle, die er selbstbewußt und selbstverständlich spielte, nicht, und Müller-Armack dachte nicht daran, sich von dem Staatssekretär, den er allenfalls der Form, gewiß nicht der Rangordnung nach als *seinen* Staatssekretär anerkannte, auf Normalmaß stutzen zu lassen.

Zum ersten offenen Krach kam es, als zu derlei amtlich-persönlichen Querelen europapolitische Differenzen hinzutraten. Westrick war ein Gegner der institutionell-supranationalen Integration, des gemeinsamen Marktes und der Zollunion und warf Müller-Armack vor, bei internationalen Verhandlungen nicht auf der „Linie des Hauses“ zu bleiben. Erhard war das „Weltkind in der Mitten“, beiden menschlich geneigt, auf beide dienstlich angewiesen, zum gelegentlichen Besänftigen und Vermitteln begabt, aber unfähig, klare Verhältnisse zu schaffen. Der Konflikt schwelte.

Nachdem das Ministerium die Zuständigkeiten für die wirtschaftliche Europapolitik geerbt hatte, sah es so aus, als könnte ihm der Zündstoff entzogen werden. Man dachte daran, das übergroße Ministerium mit einem zweiten Staatssekretär auszustatten und unterhalb des Ministers in zwei weitestgehend voneinander unabhängige Arbeitsgruppen zu teilen, in die Arbeitsgruppe Allgemeine Wirtschafts- und Europapolitik unter Müller-Armack und in die Arbeitsgruppe Gewerbliche Wirtschaft, Außenwirtschaft, Geld und Kredit, ergänzt um die Ministeriumsverwaltung unter Westrick. Erhard machte sich den Gedanken zu eigen und schlug das Modell dem Kanzler vor. Adenauer überlegte sich's und lehnte es ab. Europa und die Grundsatzfragen paßten schlecht zusammen. Außerdem sei „bei dem inneren Zusammenhang aller im Wirtschaftsministerium anfallenden Arbeiten eine Aufteilung auf zwei Staatssekretäre nicht zweckmäßig.“ Mit zwei Unterstaatssekretären unter Westrick sei er einverstanden: Müller-Armack für Europa, Außenhandel und - in Gottes Namen - Grundsatzfragen, ein zweiter für die nationale Wirtschaft.[163] Der Gedanke war zweifellos vernünftig, aber er löste nur das organisatorische, nicht das persönliche Problem. Müller-Armack wollte gleichrangig und möglicher Einwirkung Westricks entzogen sein. Deshalb beharrte Erhard zunächst auf seinem Modell, ernannte Müller-Armack in der Erwartung, daß der Haushaltsausschuß des Bundestages die Ernennung billigte, zum Staatssekretär (mit der Wahrnehmung der Geschäfte beauftragt) und unterstellte ihm am 10. Februar 1958 die bisher schon von ihm geleitete Grundlagen- und die neugeschaffene Europa-Abteilung. Nur noch die anderen Abteilungen sollten Westrick unterstehen. Damit schien außer dem organisatorischen auch das persönliche Problem gelöst zu sein.[164]

Alfred Müller-Armack

Westrick und andere im Ministerium meinten freilich, daß es auf Kosten des organisatorischen Problems gelöst wäre und akzeptierten die Lösung kurzweg nicht. Westrick amtete in der Weise weiter, in der er es gewohnt war, und Müller-Armack fand sich faktisch doch wieder auf den Status eines - herausgehobenen - Abteilungsleiters zurückverwiesen. Das war möglich, weil Westricks ohnehin starke Durchsetzungsfähigkeit im Ministerium von zweierlei noch begünstigt wurde: Müller-Armack saß um diese Zeit öfter in Pariser und Brüsseler Verhandlungsräumen als in seinem Bonner Dienstzimmer und Erhard - auch nicht eben oft da - ließ, sofern er überhaupt mitbekam, was vorging, die Dinge geschehen. Müller-Armack bemühte sich um klärende Gespräche mit dem Minister. Erhard wich ihm aus. Anfang Juni wurde der tatsächliche Zustand im Ministerium in normative „Grundsätze für die Arbeitsteilung" gefaßt.[165] Inzwischen war Müller-Armack der Amtsbezeichnung nach vollgültiger Staatssekretär geworden. Die „Grundsätze" wiesen ihn als Staatssekretär zweiter Klasse aus. Westrick war der alleinige Stellvertreter des Ministers und für die gesamte Personalpolitik zuständig. Er berief die Abteilungsleiterkonferenzen ein, bestimmte deren Tagesordnungen und saß ihnen vor. Im Falle der Verhinderung übertrug er Müller-Armack oder einem Abteilungsleiter den Vorsitz. Westrick durfte Berichte von Referenten aller Abteilungen anfordern, Müller-Armack nur von Referenten seiner eigenen Abteilungen. Müller-Armack durfte dem Minister nur Vorlagen der Europa-Abteilung direkt zuleiten und nur über sie im Kabinett Vortrag halten, Westrick mußte davon in Kenntnis gesetzt werden. Vorlagen der Grundsatzabteilung gingen über Westrick an den Minister, Westrick vertrat sie, wenn Erhard verhindert war, im Kabinett. „Für wesentliche Vorgänge (aller anderen Abteilungen) ist eine Unterrichtung von Professor Müller-Armack erwünscht".

Als Müller-Armack Anfang Juli von wochenlangen, hochkontroversen und komplizierten Verhandlungen über die Grundsätze der EWG-Agrarpolitik aus dem oberitalienischen Städtchen Stresa nach Bonn zurückkehrte, fand er den Posten des Leiters seiner Grundsatzabteilung mit Erhards ghostwriter Wolfram Langer besetzt vor. Erhard fand er nicht vor. Der war am Tegernsee. Von der Besetzung der Stelle mit Langer war vor Müller-Armacks Abreise nach Stresa die Rede gewesen. Müller-Armack hatte nichts gegen Langer, wollte aber, daß vor dessen Berufung seine gefährdete Zuständigkeit für die Abteilung durch ministeriellen Machtspruch gesichert würde und daß im Zusammenhang mit der Berufung auch ein paar andere personalpolitische Entscheidungen fielen. Beides war nicht geschehen und Langer ohne Benachrichtigung und Mitzeichnung Müller-Armacks bestellt worden. Müller-Armack nahm das zum Anlaß eines offenbar sorgfältig überlegten, erst im Entwurf gefertigten, dann gründlich überarbeiteten und schließlich vollzogenen Briefes an Erhard. Er beklagte den Vorgang um seiner selbst und um des „Hauses" willen und knüpfte an die Klage „die große Befürchtung auch für unsere persönliche Beziehung ..., die die Grundlage dafür war, daß ich sechs Jahre meiner akademischen Arbeit der praktischen Wirtschaftspolitik widmete". Gemeint war wohl eher „opferte". Dann verlangte er, daß Erhard zu seiner Verfügung vom 10. Februar stehe. Er lehne es ab, „die Verantwortung mit Herrn Westrick zu teilen, der gegen alle entscheidenden positiven Konzeptionen der letzten Jahre angegangen ist".[166]

Damit hätte es genug sein können. Aber durch den aktuellen Verdruß hindurch verschaffte sich auch noch gestaute Enttäuschung Auslaß. „Ich muß Ihnen auch meine Besorgnis darüber ausdrücken, daß im letzten Jahr gegenüber der Pflege der public relation die große wirtschaftspolitische Arbeit zurückstehen mußte". Erhard habe im vergangenen Jahr die Koordination der Wirtschaftspolitik übernommen. Er nehme die Aufgabe aber nicht wahr und könne dies nicht tun, weil trotz seinem, Müller-Armacks, Drängen im Ministerium die Voraussetzungen dafür nicht geschaffen worden seien. Des weiteren „bedaure ich es, daß ich in diesen Monaten wichtigster Verhandlungen über die Freihandelszone als Ihr persönlicher Unterhändler Sie nicht erreichen konnte". Im Herbst wolle Erhard fünf Wochen lang durch Asien reisen. Das gehe nicht an. Im Herbst werde es über die Freihandelszone zum Schwur kommen. Erhard sei in diesem Jahr Präsident des Ministerrats der OEEC und könne dessen Verhandlungen nicht, wie eben jetzt im Juli, abermals fernbleiben. Vor allem aber noch einmal: „Bitte überlegen Sie, wie wir jetzt endgültig zu einer klaren und raschen Entscheidung gelangen".[167]

Erhard brachte die Entscheidung, die Müller-Armack erwartete, nicht fertig. Zehn Tage nach seinem ersten bat Müller-Armack tief verletzt in einem weiteren Brief darum, von der Leitung der Grundsatzabteilung entbunden zu werden. Was er für ihre persönliche Beziehung befürchtet hatte, das war eingetreten. Vielleicht war es auch nur offenbar geworden. Erhard antwortete fünf Wochen später. Zwischendurch mochte man darüber geredet haben. „Sehr geehrter, lieber Herr Professor Müller-Armack! Mit Ihrem Schreiben vom 25. Juli 1958 haben Sie mich gebeten, von Ihrer Aufgabe im Zuständigkeitsbereich der Abteilung I entbunden zu werden, um sich der ebenso bedeutsamen wie verantwortungsvollen Aufgabe der europäischen Integration widmen zu können. Zu diesem Zweck ist Ihnen die Abteilung E unterstellt. Ich freue mich, daß mit dieser Ihrer Entscheidung das leidige Thema der Zuständigkeitsabgrenzung ... in fruchtbarer Weise gelöst ist und daß ich durch die Konzentration Ihrer Arbeit auf die europäischen Aufgaben eines Gelingens gewiß sein darf." Folgte der Dank für hervorragende Arbeit in Abteilung I und „für Ihre treue Gesinnung und die menschliche Verbundenheit, die immer die Grundlage unserer Zusammenarbeit war und bleiben wird".[168]

Das mit der „Gewißheit des Gelingens" war natürlich façon de parler. Die Gewißheit wurde denn auch nicht bestätigt; jedenfalls nicht, soweit die Schöpfung der Freihandelszone gemeint war. Die Aussicht auf deren Gelingen wurde vielmehr zwei Wochen später ein für allemal zunichte gemacht.

Für den 14. September 1958 war die erste Zusammenkunft von Bundeskanzler Adenauer und Ministerpräsident de Gaulle vorgesehen. Am gleichen Tag, an dem Erhard jenen gestelzten Brief an Müller-Armack schrieb, bat er den Referenten für Wirtschaftspolitik im Kanzleramt, Adenauer ein paar Gedanken zu übermitteln, damit er sie „vor seinem Gespräch mit General de Gaulle prüfen" könne. Adenauer verbrachte einen ungewöhnlich langen Urlaub in Cadenabbia, Erhard vertrat ihn in Bonn. Der Anlaß seiner Gedanken war die Anregung des französischen Außenministers, die EWG zum Träger gemeinsamer europäischer Wirtschaftshilfe für den Nahen Osten zu machen. Die Anregung hatte zweifellos einen politischen Unterton. Der Nahe Osten befand sich im Aufruhr, und in Europa war die Sorge groß, daß sozialistische Revolutions-Regimes die Region dem Einfluß der Sowjetunion auslieferten. Erhard wies die Anregung dennoch scharf zurück. Erstens wolle Frankreich auf solche Weise „das im arabischen Raum verlorene Prestige mit dem deutschen Schild ... zurückgewinnen, ja sogar darüber hinaus die politische Vormachtstellung Frankreichs im engeren und weiteren Mittelmeerraum neu begründen". Und zweitens sei derlei gemeinsame Aktion ein Stück politischer Integration der Sechs, die unbedingt vermieden werden müsse. Denn „die Reise de Gaulles durch Nordafrika hat wieder einmal die ganze Schwäche dieses Systems aufgedeckt, und die pseudo-demokratische Verfassung, die dieses Land erhalten soll, ist nicht dazu angetan, uns politisch auf Gedeih und Verderb mit diesem Land zu verbinden. Diese Verbindung könnte zu einer Bindung im Sinne einer Fessel werden, die unsere politische Aktivität völlig lahmlegt".[169]

Natürlich dachte Adenauer nicht daran, die Bundesrepublik auf Gedeih und Verderb mit Frankreich zu verbinden und seine politische Aktivität lähmen zu lassen, ganz abgesehen davon, daß gemeinsame Nahosthilfe im Rahmen der EWG beides kaum zu bewirken vermochte und befürchten ließ. Falls Erhards Gedanken ihm mitgeteilt wurden, haben sie ihn gewiß unbeeindruckt gelassen. Trotzdem kommt ihnen historisch-politisches Interesse zu. Sie machen deutlich, daß Erhard mit dem Blick auf die Kanzlernachfolge neuerdings nicht mehr nur das letzte Wort in wirtschaftlichen Angelegenheiten, sondern auch eine außenpolitische Stimme beanspruchte und hören ließ. Und sie intonierten kurz vorm Beginn des komplizierten politischen Liebesdramas, das Adenauer und de Gaulle am 14. September 1958 zu schreiben und in den Hauptrollen zu spielen begannen, das Hauptthema jener einfachen Geschichte des Hasses, die sich zeitgleich und kontrapunktisch dazu zwischen Adenauer und Erhard vollzog: Erhards Unverständnis für und sein Mißtrauen in Frankreich, seine politische Abneigung gegen de Gaulle, die sich später zu persönlicher Furcht vor de Gaulle ausweitete, und sein andauernder, vom Widerwillen gegen Frankreich genährter, innerer Widerstand gegen die europäische Integration.

Adenauer hatte um den Empfang bei de Gaulle gebeten. De Gaulle empfing Adenauer nicht wochentags in seinem Amtssitz in Paris, sondern höchst bewußt am Sonntag in seinem Wohnhaus im lothringischen Colombey-les-deux-Eglises. Adenauer kam nervös und beklommen und ging hingerissen. De Gaulle bezwang ihn persönlich und beeindruckte ihn politisch, wie ihn kaum ein anderer beeindruckt und bezwungen hat. Frankreich brauche die europäische Integration nicht, und er selbst begegne ihr mit außerordentlichen Vorbehalten, sagte de Gaulle, aber er verstehe, daß Deutschland sie brauche und Adenauer sie wünsche. Frankreich werde die Verträge von Rom respektieren und wolle sie mit Leben erfüllen. Mehr noch, er schlage vor, die Gemeinschaft zum Ort regelmäßiger politischer Konsultationen zu machen. Im Abschlußkommuniqué hieß es, „daß Franzosen und Deutsche dazu berufen sind, in gutem Einvernehmen zu leben und Seite an Seite zu arbeiten". Das *mußte* man nicht als Absage an die Freihandelszone verstehen. Und Adenauer schien es auch nicht so verstehen zu wollen. Die deutsch-französische Zusammenarbeit, hatte de Gaulle im Gespräch weiter gesagt, sei die Grundlage des Aufbaus von Europa. Englands Teilnahme am Gemeinsamen Markt könne vorerst freilich nicht zur Debatte stehen. Und wenn die Freihandelszone, die England betreibe, „den Gemeinsamen Markt hindern oder stören sollte, so werden wir ihr nicht wohlwollend" begegnen.[170]

Drei Tage später eröffnete Adenauer den Bundesparteitag der CDU, sprach dabei von den „vertrauensvollen und herzlichen" Gesprächen mit de Gaulle und sagte: „Der wirtschaftliche, der politische und der menschliche Vorteil (des Gemeinsamen Marktes) wird für alle groß sein." Wie es mit der europäischen Integration weitergehe, werde man sehen. „Ich hoffe, daß Großbritannien ... durch die Schaffung der Freihandelszone (daran) zu seinem und zu unserem Nutzen mitarbeiten wird".[171]

Anfang Oktober 1958 besuchte Macmillan Bonn und man versicherte sich erneut des wechselseitigen Willens zur Freihandelszone. Adenauers Versicherung geschah unter dem frischen Eindruck einer ersten Enttäuschung und Verärgerung über de Gaulle. Am Tage des Macmillan-Besuchs erfuhr er, daß de Gaulle nach ihrem tête-à-tête in Colombey der amerikanischen und der britischen Regierung vorgeschlagen hatte, eine Organisation der freien Welt unter dem gemeinsamen Direktorium der USA, Großbritanniens und Frankreichs ins Leben zu rufen. Adenauer verhehlte seinen Grimm nicht und zeigte sich geneigt, England um so weiter entgegenzukommen. Wahrscheinlich wäre die Neigung geringer gewesen, wenn der Kanzler gewußt hätte, daß Macmillan und Eisenhower bereit waren, mit de Gaulle über dessen Vorschlag zu reden und daß Macmillans Reaktion auf Adenauers Erregung mit de Gaulle abgesprochen war.

Ebenfalls Anfang Oktober schienen fern von Bonn die Voraussetzungen dafür geschaffen zu werden, daß die stockenden Verhandlungen über die Freihandelszone wieder in Gang kamen. Monatelang hatte ein besonderer Ausschuß unter Vorsitz des Belgiers Ockrent versucht, die Einigung der Sechs auf eine gemeinsame Verhandlungsposition herbeizuführen. Schließlich war es mit starkem Zutun Müller-Armacks gelungen. Frankreich lenkte ein und stimmte der Einigung gegen verbleibende Bedenken zu. Das Verlangen nach einem Integrationsvorsprung der Sechs, alle Vorstellungen von substantieller Harmonisierung und die Absicht, gemeinsame Außenzölle einzurichten, wurden aufgegeben. An seinem Verlangen, vor einem Vertragsschluß das „Ursprungsproblem" sachgerecht zu lösen, die Landwirtschaft einzubeziehen und in der Freihandelszone, wie in der EWG, bei Zahlungsbilanzschwierigkeiten Ausgleichsabgaben erheben zu dürfen, hielt Frankreich fest, und die fünf Partner ließen sich darauf ein. Am 23. Oktober ging der gemeinsame Vorschlag dem Maudling-Ausschuß zu. Dort wurde schnell offenbar, daß auch er noch weit von den britischen Vorstellungen entfernt und keine Vertragsgrundlage war. Vor allem war England immer noch nicht bereit, den Vorteil unverzollter Nahrungsmittel- und Rohstoffimporte aus dem Commonwealth aufzugeben.[172]

Erhard erlebte das alles nicht mit. Er hatte sich Anfang Oktober auf jene Asienreise begeben, die Müller-Armack ein Vierteljahr vorher für unmöglich erklärt hatte. Mit einem Troß von 21 beamteten, parlamentarischen und journalistischen Begleitern besuchte er Indien, Birma, Thailand, Südkorea, Südvietnam, Ceylon, Pakistan und Japan, legte 40 000 Flugkilometer zurück, überwand drei Taifune, erhielt zwei Doktorhüte und nahm an 105 Besprechungen und 80 Empfängen teil, verlor elf Pfund an Gewicht, gab 717.500 DM aus, ließ sich feiern und ehren und erteilte gute Ratschläge. Den Japanern empfahl er Kosten- und Preiserhöhungen, weil Europa sich andernfalls mit protektionistischen Maßnahmen gegen den Zudrang ihrer Güter schützen müßte. Am 8. November kehrte er in die Bundesrepublik zurück. Gleich nach der Rückkehr erklärte er, daß er am 13. und 14. November zur Sitzung des Maudling-Ausschusses nach Paris reisen und die Freihandelszonen-Verhandlungen wieder flottzumachen versuchen werde.[173] Zwei Tage vorher hatte der französische Außenminister Couve de Murville in London wissen lassen, daß die französische Regierung auf die britischen Freihandelszonenpläne so wenig eingehen könne, wie die britische Regierung auf die Vorstellungen der EWG eingehen wolle. Die Verhandlungen schienen, ohne die Sache auch nur ein Stück vorangebracht zu haben, abermals blockiert zu sein und Erhard lastete die Schuld daran abermals Frankreich und neuerdings auch der Bereitschaft der EWG-Kommission an, „alles, aber auch alles", was Frankreich wolle, zu akzeptieren. „Der Standpunkt der Europäischen Kommission," schrieb er an Adenauer, „daß keine größere europäische Lösung das innere Gefüge der europäischen Wirtschaftsgemeinschaft antasten dürfte, grenzt an Größenwahn, ist unrealistisch und vor der Geschichte nicht vertretbar". Dieser Standpunkt war freilich die Voraussetzung der gesamten Verhandlungen gewesen. Das Scheitern der Verhandlungen und womöglich die Bildung einer Europäischen Freihandelszone ohne die EWG, schrieb Erhard weiter, bedeute für Deutschlands wirtschaftliches und soziales Sein eine Katastrophe.[174] Die Verhandlungen scheiterten, die EFTA entstand und die Katastrophe blieb aus.

Erhard war auch beim Scheitern der Verhandlungen nicht dabei. Adenauer verbot ihm die Reise nach Paris. In Paris tagten zur gleichen Zeit der Ministerrat der OEEC und der Maudling-Ausschuß. Erhard war Präsident des OEEC-Ministerrats, wollte an dessen Tagung mangels Vertrautheit mit der Tagesordnung und aus Desinteresse aber nicht teilnehmen, sondern sich nur in die Beratungen des Maudling-Ausschusses einmischen. Das hielt Adenauer für unmöglich. Dazu kam etwas anderes. De Gaulle war außerordentlich daran gelegen, Adenauers Verstimmung zu überwinden und die politisch-persönlichen Grundlagen deutsch-französischer Zusammenarbeit zu festigen. Zu diesem Zweck hatte er - noch höchst geheim - ein Treffen auf deutschem Boden in der letzten November-Woche vorgeschlagen. Adenauer befürchtete, daß Erhards Auftritt im Maudling-Ausschuß die atmosphärischen Voraussetzungen des Gesprächs verschlechterten. So verlautete denn, daß anderweitige Verpflichtungen Erhard daran hinderten, nach Paris zu fahren.[175]

Die Reise hätte am Gang der Dinge nichts geändert. Die französische und die britische Regierung waren gleichermaßen entschlossen, von den je eigenen Vorstellungen nicht weiter abzurücken. Nach dem ersten Verhandlungstag erklärte der französische Informationsminister Soustelle am Morgen des 14. November, daß seine Regierung die Errichtung der Freihandelszone zu den britischen Bedingungen ein für allemal ablehne. Man verhandelte gleichwohl noch einen Tag lang, ohne daß sich an den Bedingungen Wesentliches änderte, dann erklärte Maudling die Bemühungen seines Ausschusses für gescheitert.

Bei den Besprechungen des Kanzlers mit de Gaulle, zwölf Tage später in Bad Kreuznach, an denen sowohl Erhard wie auch Müller-Armack teilnahmen, stand die Freihandelszone zwar noch auf der Tagesordnung, tat dies aber als eigentlich bereits überholter Punkt. De Gaulle schnitt Erhards wiederholtes Insistieren schließlich mit den Worten ab: „Wenn ich Nein sage, meine Herren, dann meine ich Nein". Ins Kommuniqué wurde statt einer von Müller-Armack vorbereiteten Kompromißformel nur der nichtssagende Satz aufgenommen, daß man sich weiterhin darum bemühen werde, eine „multilaterale Assoziation" zwischen der EWG und den übrigen OEEC-Ländern zu schaffen.[176]

Adenauer schickte sich mit einer für Erhard niederschmetternden Geschwindigkeit in die neue Situation. Zum einen war ihm die Aussöhnung mit Frankreich im Zusammenhang mit einer Einigung Europas politische Herzenssache, die Einrichtung einer Freihandelszone aber nur eine Sache ökonomischer Opportunität. Das hätte vermutlich schon gereicht, um die Freihandelszone preiszugeben, wenn anders Aussöhnung und Einigung in Gefahr gerieten. Zum anderen hatte sich aber in eben jenen Tagen die deutschlandpolitische Lage gründlich gewandelt. Der sowjetische Ministerpräsident drohte unversehens damit, das Vier-Mächte-Abkommen über Berlin zu kündigen und Berlin zum Bestandteil der DDR zu erklären. Adenauer traute allen drei westlichen Vertragsmächten zu, daß sie sich, um einen großen Konflikt zu vermeiden, in irgendeiner Weise darauf einließen, am meisten traute er dies aber - fälschlicherweise - de Gaulle zu. Man müsse tun, was möglich sei, sagte er wenig später zu Italiens Ministerpräsident Fanfani, um Frankreichs und de Gaulles historischer Neigung zu Rußland entgegenzuwirken. Enge deutsch-französische Zusammenarbeit war derlei Möglichkeit. Die Freihandelszone stand der Möglichkeit im Wege, Adenauer gab sie auf. Zwei Tage nach dem Treffen in Bad Kreuznach sagte er im Bundesausschuß seiner Partei, daß er sich unter dem Wort „Freihandelszone" schlechterdings nichts vorstellen könne. Eher könne er sich unter dem Wort „wirtschaftliche Assoziation" etwas vorstellen, „auch wenn dieses Wort schwer auszusprechen ist." Was er sich darunter vorstellte, das sagte er nicht.[177]

Erhard verstand oder billigte die politischen Motive des Kanzlers nicht und fand natürlich keinen Trost darin, daß ausgerechnet die verhaßte Kommission unter dem schrecklichen Hallstein damit betraut wurde, die Möglichkeiten und die Mittel „wirtschaftlicher Assoziation" ausfindig zu machen. Aber es blieb ihm wenig anderes übrig, als sich damit abzufinden und zunächst einmal zu resignieren. Deshalb schickte er einen langen, leicht verwirrten Brief an Adenauer nicht mehr ab, in dem er noch einmal Frankreichs alleinige Schuld am Scheitern der Verhandlungen und Deutschlands schwer erträgliches Leiden an dessen Folgen beschwor. Ob er den darin niedergeschriebenen Satz: „Ehe aber England zu einer letzten Aussage gezwungen wurde, hat Frankreich durch seinen fast sturen Egoismus und Protektionismus England die Chance gegeben, Frankreich mit der Schuld des Zusammenbruchs der Verhandlungen zu belasten", wirklich *so* meinte, mag dahinstehen. Richtig wäre die Meinung gewesen. Ernst war es ihm sicher mit der Feststellung: „Hier geht es nicht um das deutsch-französische Verhältnis, sondern darum, ob die europäische Einigung einseitig durch französische Vorstellungen behindert werden soll". Denn ganz offenbar finde auch das autoritäre Regime de Gaulles nicht den Mut, „die französische Wirtschaft auf die rechte Bahn zu zwingen".[178] *Diese* Feststellung war freilich falsch.

Das einseitig Frankreich zur Last gelegte Scheitern der Freihandelszonen-Verhandlungen brachte die europäische Einigung im Sinne Erhards ein gutes Stück voran. Das lag nicht in der Absicht der französischen Regierung, gewiß nicht, aber die Wirtschaftspolitik der französischen Regierung machte es entgegen Erhards Urteil möglich.

Nach dem Abbruch der Verhandlungen stand zu erwarten, daß die EZU vom 1. Januar 1959 an in zwei Ländergruppen zerfiele, deren jeweilige Mitglieder sich zollpolitisch wechselseitig begünstigten, in die EWG einerseits und in die eilends gegründete europäische Freihandelsgemeinschaft EFTA andererseits. Das schien mit den Grundsätzen, Verfahren und Wirkungen der EZU nur schwer vereinbar zu sein. Die britische Regierung, die bis zuletzt an der Übernahme eines erweiterten Verrechnungs- und Kreditmechanismus in die Freihandelszone festgehalten hatte, zog daraus die Konsequenz, nun fast unversehens den Übergang von der EZU zum fast schon vergessenen Europäischen Währungsabkommen zu wagen und dafür zu werben. Der Entschluß wurde ihr durch die letzthin günstige Entwicklung der britischen Währungsreserven und den Vorschlag der USA, die Ziehungsrechte beim IMF um 50 % auszuweiten, erleichtert und war im übrigen auf die Ausländerkonvertierbarkeit beschränkt.

Nun wußte die britische Regierung, daß Ressentiment in politischen Angelegenheiten ein schlechter Ratgeber ist. Deshalb vermied sie es sorgsam, ihr Wagen und Werben als Strafaktion gegen Frankreich zu verstehen und erscheinen zu lassen. Im Gegenteil, Frankreich war der hauptsächliche Adressat ihrer Werbung. Während sich britische und französische Delegationen in Ministerratssitzungen der OEEC noch eine Weile mit scharfen Worten und Türenknallen über die Freihandelszone stritten, berieten britische und französische Sachverständige andernorts mit Wissen, aber ohne Beteiligung der übrigen EZU-Mitglieder friedlich und konstruktiv über die Möglichkeit, gemeinsam zur Konvertierbarkeit der Währungen überzugehen. Und *diese* Beratungen waren erfolgreich. Die Voraussetzung ihres Erfolges war die von Erhard gleichsam willentlich nicht wahrgenommene Wirksamkeit des Sanierungsprogramms, das die französische Regierung am Beginn des Jahres vorgelegt und im Laufe des Jahres ziemlich entschieden durchgeführt hatte, und war ferner die weit fortgeschrittene Arbeit an einem wirtschaftlichen Reformprogramm, zu dem Erhard der Regierung de Gaulle den Mut abgesprochen hatte. Die Durchführung des ersten Programms hatte die Geldmengenexpansion unter die Ausweitung der nominalen Nachfrage gedrückt und auf Kosten von Investitionen und Beschäftigung die Preise stabilisiert. Das neue Programm war darauf angelegt, den stabilitätspolitischen Erfolg zu konsolidieren und schließlich auch die Zahlungsbilanz auszugleichen, ohne daß weitere Wachstums- und Beschäftigungsverluste eintraten. Englands Ansinnen verlieh der Arbeit daran Nachdruck. Als die britische und die französische Regierung sich über die Möglichkeit und den Zeitpunkt des Übergangs zur Ausländerkonvertibilität einig geworden waren, unterrichteten sie die Bundesregierung und die Regierungen einiger anderer Länder davon. Am 27. Dezember 1958 teilten Großbritannien und die EWG-Länder dem Generalsekretär der OEEC und dem geschäftsführenden Exekutivdirektor des IMF mit, daß ihre Währungen künftig für Ausländer konvertibel seien und daß am übernächsten Tag das Europäische Währungsabkommen an die Stelle der EZU trete. Am gleichen Tag gab die französische Regierung bekannt, daß sie ein weiteres wirtschaftliches Reformprogramm in Kraft setze, zu dessen außenwirtschaftlicher Unterstützung den Franc um 15 % abwerte und im Schutz der Abwertung die Deliberalisierung der Importe rückgängig mache.

So bekam Erhard den aufgezwungenen Verzicht auf die Freihandelszone, die er ur sprünglich gar nicht angestrebt hatte und die ihm auf mittlere Sicht ökonomisch auch nichts bringen konnte, ironischerweise mit der Erfüllung seiner ursprünglichsten und bislang immer wieder vergeblich vorgebrachten ökonomischen Herzenswünsche entgolten, mit der Konvertierbarkeit der europäischen Währungen, die zwar nur als Ausländer-Konvertierbarkeit proklamiert, aber bald als allgemeine Konvertierbarkeit gehandhabt wurde, und dazu mit der Abwertung des Franc. Die Freude darüber war ihm durch die Umstände freilich verdorben worden; zum einen sowieso und zum anderen noch dadurch, daß Adenauer ihm ein weiteres Mal eine Paris-Reise untersagte. Wegen seines fortgesetzt vorwurfsvollen Insistierens auf der Freihandelszone, insbesondere wegen seiner einseitigen Parteinahme für Großbritannien in den Ministerratssitzungen der OEEC am 15. Dezember - Couve de Murville erinnerte sich noch zwanzig Jahre später der „pathétiques remontrances“, denen Erhard ihn ausgesetzt habe[179] - sei Erhard bei der französischen Regierung derzeit persona non grata. Deshalb fuhr nicht er, sondern Finanzminister Etzel mit dem neuen Bundesbankpräsidenten Karl Blessing nach Paris, um im Anschluß an die britisch-französische Übereinkunft abschließende Konvertibilitätsgespräche in den Gremien der OEEC zu führen.[180]

6. Kapitel

Ein deutsches Zerwürfnis

Ludwig Erhard war am Ende seines wirtschaftspolitischen Weges angelangt. Der Höhepunkt seiner politischen Laufbahn lag ohnedies hinter ihm. Wann er den überschritten hatte, das ist natürlich Ermessenssache und läßt sich mit Genauigkeit nicht sagen. Vieles spricht für Erhards unbestrittenen Anteil am triumphhaften Wahlsieg der Union im Herbst 1957, für die daraus folgende Erhöhung zum Vizekanzler und zum wirtschaftspolitischen Koordinator und für die Ausdehnung seiner Zuständigkeiten auf die Europapolitik. Danach war ihm fast nichts mehr nach Wunsch gegangen. Das an sich unerhebliche Kohlepreis-Debakel gleich nach der Wahl gewann - wenn man so will - im nachhinein in doppelter Weise symbolische Bedeutung. Einerseits leitete es eine anhaltende Phase wirtschaftspolitischen Mißlingens ein und andererseits bezeichnete es den Beginn einer höchst abträglichen Verknüpfung der weiteren politischen Karriere Erhards mit der Kohlekonjunktur und Kohlepolitik.

Ende 1958 war jene Verknüpfung unter grundsätzlich veränderten Umständen und im Zeichen des Mißlingens erstmals aktualisiert worden. Die Kohle war derweilen im Inland und im Ausland unter den heftigen Konkurrenzdruck des billigeren und dazu bequemeren Energieträgers Mineralöl geraten. Die konkurrenzfördernden Einfuhrerleichterungen für Mineralöl, die Erhard als Reaktion auf die preispolitische Widerborstigkeit der Zechen durchgesetzt hatte, trugen dazu einiges bei, waren aber nicht maßgeblich dafür. Die Kohle war dem Öl inzwischen technisch und ökonomisch in vieler Hinsicht schlechthin unterlegen, und die Konsequenzen jener Unterlegenheit hätten sich allemal geltend gemacht. Zu den Konsequenzen gehörten außer Kostenvorteilen für die verarbeitende Industrie und die Haushalte alsbald Absatzprobleme der Zechen, wachsende Kohlehalden und Feierschichten für Bergarbeiter; zu deren Weiterungen allgemeine wirtschaftliche Besorgnisse und soziale Beunruhigung in Westdeutschlands größtem Industriegebiet. Wenn es nach den Grundsätzen der sozialen Marktwirtschaft gegangen wäre, hätte man die Konsequenzen akzeptieren und in Ruhe darauf vertrauen müssen, daß sie als allfällige Übergangsschwierigkeiten mit vorübergehender sozialpolitischer Hilfestellung über kurzem marktfunktional überwunden würden. Das war auch Erhards Absicht. Die Absicht war aber nicht im Einklang mit der Meinung des Kanzlers und der Kabinettsmehrheit. Adenauer sah den Kohlebergbau als einen Wirtschaftszweig besonderer Art an, als den ökonomischen Kern des rheinisch-westfälischen Industriegebiets, dessen Erosion außerordentliche politische Sprengkraft freizusetzen drohte. „Unruhen im Industriegebiet ..., die von wirtschaftlichen Fragen ausgehen, kommen sehr schnell in das politische Fahrwasser hinein," sagte er am 28. November 1958 vor dem Bundesausschuß der CDU. „Von dorther werden auch die politischen Unruhen nur zu schnell ... über die ganze Bundesrepublik verbreitet. Deshalb darf man die Frage „Industriegebiet" nicht so betrachten wie eine Flaute in irgendeinem Wirtschaftszweig". Erhard wollte sie so betrachten. Er wagte im Parteivorstand einen Streit mit Adenauer und unterlag.[1] Der Kanzler nötigte seinen Wirtschaftsminister, dessen wirtschaftliche Grundsätze hintanzustellen und aus politischen Gründen eine Reihe von marktwidrigen Maßnahmen zum Schutz der Kohle zu ergreifen. Erhard folgte grollend und schimpfend, aber er folgte. Anfang 1959 wurden die Erdölgesellschaften im Rahmen eines regierungsamtlich lancierten Kohle-Öl-Kartells bestimmten Absatzrestriktionen und dazu Vorschriften für die Preisbildung unterworfen. Außerdem durften sich die Zechen künftig wirksamer Einfuhrzölle und Einfuhrkontingente für Kohle erfreuen. Die öffentliche Resonanz der Maßnahmen war höchst dissonant, für Erhard aber durchweg unerfreulich. Die einen warfen ihm vor, daß er mit der Einrichtung des Kohle-Öl-Kartells gegen sein eigenes Kartellgesetz verstoße, und die anderen denunzierten jene Einrichtung als ein Eingeständnis, daß es ohne Kartelle halt nicht gehe und das allgemeine Kartellverbot ein Fehler sei. Dabei waren die Probleme des deutschen Kohlebergbaus mit dem Kartell noch nicht einmal gelöst. Die dauerten an und bereiteten Erhard noch manches Ungemach. Zunächst einmal war aber der Ansatz zu ihrer Lösung eine ordnungspolitische Niederlage, die sich zu dem europapolitischen Scheitern gesellte und das Jahr 1959 aus Erhards Sicht so übel beginnen ließ, wie das Jahr 1958 geendet hatte.

Und das Jahr ging so weiter; wenn auch nicht im Zeichen der Wirtschaftspolitik. Wirtschaftspolitik spielte im weiteren Leben Ludwig Erhards keine bemerkenswerte Rolle mehr. Erhard war zwar noch annähernd fünf Jahre lang deutscher Wirtschaftsminister, aber in diesen fünf Jahren - von Anfang 1959 bis Herbst 1963 - geschah wirtschaftspolitisch so gut wie nichts, das besonderer Beachtung und Darstellung wert wäre. Erhard durchlebte diese Zeit ohne weitere gestaltende Absichten und Maßnahmen, merkwürdigerweise auch, ohne daß sein Ruhm und seine Popularität daran Schaden litten, gleichsam im Wartestand. Sein Lebensinhalt und sein politischer Daseinszweck bestanden nicht mehr darin, Wirtschaftsminister zu sein; sie bestanden von nun an darin, Bundeskanzler zu werden. Der Wartestand war freilich kein Stand der Ruhe. Denn so, wie sich Erhard zusehends darauf versteifte, Bundeskanzler werden zu *müssen*, so versteifte sich der Amtsinhaber darauf, daß Erhard *nicht* Bundeskanzler werden *dürfte*. Zusammengenommen ergab das die Voraussetzungen eines Konflikts mit stark tragikomischen Zügen, der jene fünf Jahre lang die Szene der bundesdeutschen Politik außerordentlich belebte und aus dem schließlich beide - Erhard und Adenauer - als Sieger und Verlierer zugleich hervorgingen: Erhard wurde gegen Adenauers Widerstand Kanzler, aber er hatte sich auf dem Weg dorthin an Adenauers Widerstand menschlich und politisch zerschlissen, und er bestätigte im Amt Adenauers Meinung, daß er zum Kanzler nicht taugte. Adenauer verließ die Walstatt aufrecht und würdevoll, Erhard verließ sie zermürbt, gebrochen und entzaubert.

Die verpaßte Chance: Der Präsidentschaftskrise erster Teil

Dabei hätte das alles nicht sein müssen. Gerade als Erhards wirtschaftspolitische „Sendung" sich erfüllte oder erschöpfte, eröffnete sich ihrem Träger die Möglichkeit des Übergangs in ein Amt, das an Würden reich und seinen Talenten höchst gemäß war.

Erhard hatte sich bald nach seiner kohlepolitischen Versündigung gegen die soziale Marktwirtschaft ins Schwarzwälder Glotterbad verfügt, um sich dort drei Wochen lang zu verschlanken und nebenher von Oskar Kokoschka malen zu lassen. Dort erreichte ihn am frühen Abend des 24. Februar 1959 ein Anruf aus Bonn. Am Telefon war der Bundeskanzler. Adenauer fragte an, ob Ludwig Erhard sich für die Wahl ins Amt des Bundespräsidenten zur Verfügung stelle. Die Frage kam nicht völlig überraschend. Erhard mußte mit ihr rechnen. Dennoch stürzte sie ihn in Verlegenheit.[2]

Die zweite Amtszeit des Bundespräsidenten Theodor Heuss lief am 22. September 1959 aus. Eine dritte sah die Verfassung nicht vor. Nun hatte Heuss das politisch-institutionell weitgehend einflußlose, moralisch-repräsentativ aber durchaus bedeutsame Amt mit soviel und so eigenartiger persönlicher Statur, menschlicher Wärme und geistiger Grazie ausgeübt, daß man sich einen anderen Inhaber nur schwer vorstellen konnte und eigentlich auch gar nicht vorstellen mochte. Viele hätten die Verfassung am liebsten geändert oder *dem* Bundespräsidenten durch eine „lex Heuss" zu einer dritten Amtszeit verholfen. Zu ihnen gehörte Konrad Adenauer, den mit Heuss ein Verhältnis wechselseitig-skeptischer Wertschätzung und Sympathie verband. Vermutlich gehörte auch Theodor Heuss selbst dazu. 75 Jahre alt inzwischen, nicht so vital zwar wie der acht Jahre ältere Kanzler, aber kregel genug, um noch ein paar Jahre auf durchaus liebgewonnene Weise weiterzumachen; genug auf Würde bedacht freilich auch, um zu wollen, daß ihm die Verlängerung der Amtszeit nach einer formellen Einigung darauf von *allen* Parteien angetragen würde. Die Initiative dazu hätte die Regierungspartei ergreifen müssen. Das unterblieb. Adenauer verschleppte die Angelegenheit. Heuss erinnerte ihn im Herbst 1958 zuweilen daran. Nicht daran natürlich, daß man sich auf die Verlängerung seiner Amtszeit einigen möge, sondern daran, daß man damit beginnen müsse, sich über seinen Nachfolger schlüssig zu werden. Adenauer überging die Mahnungen. Am 12. Februar 1959, exakt an dem Tag, an dem Erhard nach Glotterbad ging, entzog die SPD der Möglichkeit, Heuss noch eine Weile zu halten, dann den Boden. Sie nominierte einen eigenen Kandidaten. Die Tatsache machte es nötig, daß die CDU nun ihrerseits schleunigst einen Anwärter präsentierte, und die Person ließ es als geraten erscheinen, mit dessen politisch-persönlichem Kaliber nicht zu geizen. Die Person war Professor Carlo Schmid, ein Mann von der geistigen Statur Heuss', mit Heuss auch befreundet, über die Parteigrenzen hinweg geachtet und geschätzt, von den Freien Demokraten unschwer und selbst von Christdemokraten, die auf etwas längere Sicht eine große Koalition im Sinn haben mochten, ohne Selbstverleugnung wählbar. Die CDU tat sich mit der Kür des Gegenkandidaten schwer und um so schwerer, als die einen meinten, der Präsident müßte Protestant sein, weil der Kanzler Katholik wäre, wogegen andere wollten, daß ein Katholik Präsident würde, damit im Fall des Falles ein Protestant Kanzler werden könnte. Es war beinahe unvermeidlich und beim hohen Rang sowohl des Amtes, das es zu besetzen, wie der Person, der es nachzufolgen galt, nicht mehr als anständig, daß beim Nennen der Namen und beim Wägen der Fähigkeiten auch die beiden Spitzenleute der Union ins Spiel kamen. Erhard wurde von Innenminister Schröder hineingebracht. Der Vorschlag war nicht frei von Nebenabsichten. Schröder stand der Sinn nach Höherem, und Erhard stand dem dreizehn Jahre jüngeren, mit viel politischem Geschick und wenig persönlicher Verbindlichkeit begabten, ganz und gar unpopulären Mann auf dem Weg dorthin im Weg. Adenauer schien zunächst ebenso entschieden gegen Erhards Kandidatur zu sein, wie er seine eigene verwarf. Erhard selbst hatte Schröder, als der Mitte Januar bei ihm auf den Busch klopfte, wissen lassen, daß es ihn ins Amt des Präsidenten nicht drängte und daß er es im Interesse der Partei für richtig hielte, „in der aktiven Politik" zu bleiben, daß er sich einem nachdrücklichen Ruf jener Partei aber natürlich nicht verweigern könnte. Das war, bevor er fürs erste nach Glotterbad verschwand. Während er dort Pfunde verlor, gewann Schröder in Bonn für seine Absicht Anhänger. Schließlich überzeugte er auch den Kanzler. Was Adenauer überzeugte, wurde nicht so recht klar. Der schlechte Eindruck, den die andauernde Entschlußlosigkeit der Union in der Öffentlichkeit machte, und die Sorge, daß ein weniger gewichtiger Kandidat gegen Schmid unterliegen könnte, haben sicherlich wesentliche Rollen dabei gespielt. Wie sehr auch die Aussicht mitwirkte, den lästigen Mann auf elegante Weise loszuwerden und von der Kanzler-Nachfolge auszuschließen, steht dahin.

Unterdessen hatte Adenauer in seiner Eigenschaft als Parteivorsitzender und ohne weitere Legitimation einen Ausschuß von Parteigranden - Vorsitzenden, stellvertretenden Vorsitzenden, Landesfürsten, Konfidenten - ins Leben gerufen, der als geeignet erscheinende Kandidaten ausfindig machen und den zuständigen Parteigremien zur Nominierung vorschlagen solle. Am 24. Februar kam der Ausschuß erstmals zusammen. Schröder schlug Erhard vor. Krone, Höcherl und Gerstenmaier sprachen aus unterschiedlichen Gründen dagegen. Die Fraktionsvorstände Krone und Höcherl wußten, daß die Empfehlung, Erhard zu nominieren, in der Fraktion zugleich Entrüstung und Bestürzung hervorriefe; Entrüstung, weil ihr etwas außerordentlich Definitives anhaftete, und Bestürzung, weil die Mehrheit der Abgeordneten Erhards Popularität in kommenden Wahlkämpfen zu bedürfen glaubten. Bundestagspräsident Gerstenmaiers Einrede entsprang hingegen ähnlich gerichteten, wiewohl anders angelegten Karriereabsichten wie die Fürsprache Schröders. Adenauer nahm mit Nachdruck Schröders Partei. Eine starke Mehrheit des Ausschusses folgte ihm. Die Frage sei freilich, ob Erhard überhaupt zur Verfügung stehe. Schröder sagte, daß er sich der Verfügbarkeit versichert habe. Zweifel wurden laut. Um sie zu zerstreuen, rief Adenauer Erhard in Glotterbad an.

Erhard wußte nicht recht, was er wollen sollte. Adenauer brachte ihm nahe, was im Interesse von Partei und Staat erwünscht wäre. Schließlich sagte Erhard, daß man den zuständigen Gremien seinen Namen nennen möge, wenn Adenauers Meinung die einhellige Meinung des Ausschusses sei. Adenauer legte auf, und der Ausschuß beendete seine Sitzung mit dem Entschluß, Erhard als Präsidentschaftskandidaten der Union vorzuschlagen. Adenauer gab den Entschluß als einstimmigen Beschluß an die Presse weiter. So las man es anderntags in den Zeitungen.

Die Meldung brachte Erhards amtliche Umgebung und politisch-publizistische Gefolgschaft auf die Beine und die Fraktion in die von Krone und Höcherl erwartete Rage. Es gab „einen Mordskrach und viel Geschrei," sagte Adenauer wenig später. „Ich will nicht sagen: und wenig wolle", fügte er hinzu, „das denke ich mir dabei, aber ich will es nicht ausgesprochen haben. Jedenfalls gab es viel Geschrei."[3] Beim Parteivorstand und im Wirtschaftsministerium gingen Anrufe und Telegramme ein, die auf Erhards Verbleib in der Regierung drangen. Erhard blieb davon sowenig unbeeindruckt, wie er von Adenauers telefonischem Zureden unbeeindruckt geblieben war. Er unterbrach seine Kur und fuhr unentschlossen nach Bonn. Im Ministerium riet man ihm unter Verweis auf die öffentliche Meinung von der Kandidatur ab. Er sei dazu ausersehen, Kanzler zu werden. Zur Ablehnung halbwegs entschlossen, traf er im Bundeshaus mit Krone, Höcherl und Gerstenmaier zusammen. Die drei bestärkten ihn in seiner Neigung. Am Abend sprach er auf seinen Wunsch hin mit Heuss. Die beiden mochten einander. Zu Freund- und Geistesverwandtschaft wie mit Carlo Schmid reichte es bei Heuss zwar nicht, aber er begegnete Erhard mit beträchtlicher politischer Wertschätzung und starker, zuweilen etwas amüsierter menschlicher Sympathie und hätte ihn ebenso gern wie Schmid als seinen Nachfolger gesehen. Er riet in zurückhaltender Weise zu. Erhards Entschlossenheit erlitt einen Rückschlag. Wenn die Fraktion ihn nominiere, werde er sich bereithalten müssen, sagte er. Heuss hatte nach der Abendunterhaltung den Eindruck, daß Erhard sein Nachfolger würde. „Ich denke, er wird in zwei Fragen meine negativen Hobbys verlassen", schrieb er an die vertraute Freundin Toni Stolper: „Er wird nach Bayreuth gehen, denn er versicherte mir einmal, daß er musikalisch sei und er wird ... Herrn Friedrich Flick einen großen Orden geben."[4]

Am folgenden Vormittag, Samstag, den 28. Februar, sprach Erhard in Rhöndorf mit dem leicht grippekranken Bundeskanzler. Das Gespräch dauerte drei Stunden. Erhard sagte, daß er seine Kandidatur für falsch halte. Adenauer versuchte ihm klarzumachen, warum sie nötig sei. Erhard wand sich. Eine eindeutige Willensbekundung rang Adenauer ihm nicht ab. Wenn es der einhellige Wunsch von Fraktion und Partei sei, werde er selbstverständlich ... Adenauer riet ihm, sich unter dieser Voraussetzung wieder nach Glotterbad zurückzuziehen und die für Dienstag vorgesehene Beschlußfassung der Fraktion in der Ferne ruhig abzuwarten. Erhard stimmte zu und unterrichtete Krone davon, daß er an der Fraktionssitzung, in der es um sein politisches Schicksal ging, nicht teilnehmen werde. Dann fuhr er nach Frankfurt, um dort vor der Rückkehr in den Schwarzwald die Frühjahrsmesse zu eröffnen. Adenauer hatte mehr als nur den Eindruck, daß Erhard Heuss' Nachfolger würde. Er war dessen so gut wie sicher. Denn es müßte schon höchst merkwürdig zugehen, wenn es ihm nicht gelänge, die Fraktion in Erhards Abwesenheit zu dessen „einhelliger" Nominierung zu bewegen.

Die Messegäste empfingen Erhard mit überwältigendem Beifall. Erhard verstand den Empfang als Demonstration für seinen Verbleib in der Regierung. Und so war er auch gemeint. Gespräche bestätigten das. Sie bestätigten damit zugleich, was ihm, seit er von Adenauer geschieden war, im Kopf herumging und was er mit wenigen Vertrauten auch beredet hatte. Noch am gleichen Tag schrieb er es in langen, fast gleichlautenden Briefen an Adenauer und Krone nieder[5]: Das deutsche Volk sei in tiefer Erregung, und auch im Ausland lehne man seine Kandidatur für das Amt des Bundespräsidenten ab. Die Deutschen treibe die Sorge um, daß die jüngst von der Sowjetunion heraufbeschworene Berlin-Krise wirtschaftliche Störungen auslöse und daß dann der Mann fehle, „der über die Autorität und das Vertrauen verfügt, die die Gläubigkeit und die Gefolgschaft des deutschen Volkes verbürgen". Und im Ausland „befürchtet man aus meinem Ausscheiden ein Übergreifen depressiver Störungen auf die ganze europäische Wirtschaft und zudem würde für die ganze Freie Welt im ökonomischen Bereich mit mir ein Symbol niedersinken. Wenn ich das sage, so bringe ich damit zum Ausdruck, daß ich es mir wohl zutrauen würde, über alle politischen Fährnisse hinweg die deutsche Wirtschaft im Zeichen der Vollbeschäftigung sogar in einer weiteren Expansion zu halten". Falls er aber schiede und die weltwirtschaftliche Konjunktur sich abschwächte, dann sei anzunehmen, daß „die Neigung zu sozialistisch-dirigistischen Maßnahmen sich in aller Welt wieder verstärken könnte, aber damit dann die freiheitliche Ordnung im gesellschaftspolitischen Bereich endlich zu Grabe getragen wäre". Das sei eins. Dazu komme anderes. Wie lange werde Gottes Gnade noch über Adenauer walten? Hinter dem Kanzler müsse eine Gestalt in der CDU sichtbar sein, die „breite Popularität genießt und Vertrauen erweckt." Diese Gestalt könne nur Erhard sein. Und deshalb sei er sicher, „daß wir ... die Wahl des Jahres 1961 nicht nur gefährden, sondern sogar verlieren werden, wenn ich aus der aktiven Politik ausscheide". Außerdem könne sein Ausscheiden von den einen als Flucht aus der Verantwortung in einer labilen Situation und von anderen als willfährige Rücksichtnahme auf industrielle Interessen gedeutet werden. Obwohl beides falsch wäre, nähme ersteres „viel von dem Glanz ..., den ich mir gewiß nicht nur meines Namens willen, sondern um unser Land erworben habe." Letzteres aber schmälere die Glaubwürdigkeit der Partei. „Hier gilt wirklich der philosophische Satz, daß nicht so sehr die Dinge selbst entscheidend sind, sondern das Urteil der Menschen über die Dinge den Ausschlag gibt". Eingedenk all dessen ermächtigte Erhard Krone, seinen Brief vor der Fraktion zu verlesen, und bat er Adenauer, nicht weiter für seine Kandidatur einzutreten. „Denn einmal möchte ich nicht wünschen, daß sich die Fraktion gegen Sie entscheidet und zum anderen würde ich es noch mehr bedauern, wenn Sie damit eine Sache vertreten wollten, die ich vor meiner Erkenntnis und vor meinem Gewissen von Tag zu Tag mit immer größerer Entschiedenheit ablehnen muß." Dabei gehe es nicht um ihn. Er verzichte auf die Geborgenheit des Präsidentenamtes, weil „das Schicksal unseres Landes und Volkes" zur Debatte stehe.

Adenauer kannte derlei Diatriben und hatte sich daran gewöhnt. Sie ließen ihn gleichgültig. Die Konsequenzen des Briefes aber riefen seinen lodernden Zorn hervor. Im krassen Gegensatz dazu war Krone mit den Konsequenzen höchst einverstanden und über deren Herleitungen einigermaßen fassungslos. Erhards Brief trage außerordentlich große Worte, schrieb er in sein Tagebuch: „Höhenrausch. Er sieht sich schon im Palais Schaumburg regieren".[6]

Die Fraktion bekam die großen Worte nicht zu hören. Es war nicht nötig. Noch bevor sie am 3. März zusammentrat, hatte sie die Tatsache der Briefe und deren Inhalt ohne das Rankenwerk aus den Zeitungen erfahren.[7] Morgens um zehn rief Erhard überdies Staatssekretär Globke im Kanzleramt an und teilte ihm seine definitive Ablehnung der Kandidatur mit. Adenauer versuchte im Laufe des Vormittags, Erhard in mehreren Telefongesprächen wieder auf Linie zu bringen. Aber Erhard war inzwischen endgültig auf eine andere eingeschworen. Im Ministerium hatte man bereits eine ausdrückliche „Verzichtserklärung" formuliert. Erhard blieb fest. Adenauer mußte die Segel streichen. Karl Hohmann, Erhards alerter Pressesprecher, nahm ihm auch die letzte Chance, indem er noch vor der Fraktionssitzung Erhards Erklärung verlas: „Pflicht und Gewissen heißen mich, Verzicht zu üben und mein Amt als Wirtschaftsminister fortzuführen ... Gewißheit gewonnen, daß ich meine Kraft, meine Kenntnisse und Erfahrungen zum Nutzen der Bundesrepublik und des deutschen Volkes wirksamer im Bereich der aktiven Politik einsetzen kann und darum aus staatspolitischer Verantwortung dementsprechend handeln muß."[8] Adenauer blieb nur noch übrig, Erhards Rücktritt von der Kandidatur in der Fraktion als Sinneswandel zu interpretieren und zu beklagen. Der Fraktion war die Interpretation gleichgültig, und über die Tatsache war sie heilfroh.

Die Chance, mit 62 Jahren, auf dem Höhepunkt seines Ansehens, in die Rolle eines elder statesman überzuwechseln und darin, seinen Talenten und Neigungen gemäß, redend, reisend, repräsentierend, ein geruhsames zweites Jahrzehnt politischen Daseins zu verbringen, unangefochten und hohheitsvoll, mit Würde beladen und an Ehren, die ihm durchaus teuer waren, reich, geliebter Mann des Volkes „in all seinen Ständen und Schichten", der er sein wollte, und moralisches Gewissen der Nation, zu dem er sich schon als Wirtschaftsminister berufen fühlte - die Chance dazu war vertan. Ludwig Erhard hatte sie ausgeschlagen. Nicht um Wirtschaftsminister zu bleiben natürlich. Wenn es nur darum gegangen wäre, hätte er sich nicht lange besonnen. Er hatte sie ausgeschlagen, um Bundeskanzler zu werden. Es gab jemanden, der das wirklich und von Herzen bedauerte. Das war Luise Erhard, wie andere auch in Erhards Umgebung mit der Einsicht in die Fähigkeiten und Beschränktheiten ihres Mannes begabt und von allen anderen dadurch unterschieden, daß sie in seinem Windschatten nichts werden wollte, nicht Bundestagsabgeordneter und nicht Minister, wichtig und mächtig nicht, auch nicht Eingeweihter und Vertrauter der Macht, kein Mensch mit Wissen und Einfluß, schlechthin nichts. Deshalb hatte sie recht. Vielleicht ahnte Erhard das sogar. Es hörte sich so an, als er dem nachsichtsvoll erbosten Heuss ein paar Tage später sagte, daß „seine Frau die Sache liebend gern gemacht hätte".[9] Aber Richtigkeit und Ahnung konnten um diese Zeit keine Rolle mehr spielen. Erhard war in seinem Wollen und Handeln längst nicht mehr frei. Auch *das* sah Luise Erhard ein, und deshalb hatte sie

Ludwig Erhard schließlich *recht gegeben*. Es gab am Ende kein vernünftiges Argument dagegen, daß Erhard irgendwann zu der Überzeugung gelangt war, er müsse Kanzler werden, weil dies „in der inneren Gesetzmäßigkeit der Dinge liege". Er verdiene es, Kanzler zu werden, die Geschichte wolle, daß er Kanzler werde, nichts könne und dürfe ihn davon abbringen, Kanzler zu werden. Die Überzeugung war unbegründet, aber gerade in ihrer Grundlosigkeit auch unanfecht- und unaufgebbar. Erhard konnte nicht mehr dahinter zurück. Er hätte dies auch dann nicht gekonnt, wenn Amt und Brigade ihn weniger nachdrücklich darin bestätigt hätten. Er mußte Kanzler *werden*. Wessen es bedurfte, Kanzler zu *sein*, war dabei unerheblich.

Geschlagen und getreten: Der Präsidentschaftskrise zweiter Teil

Für andere war es nicht unerheblich. „Ich weiß es", schrieb Krone drei Tage nach dem „Verzicht" in sein Tagebuch, „Erhard ist kein Politiker. Er ist nicht der Kanzler, den wir brauchen". Er meinte freilich auch zu wissen, daß die Fraktion Erhard, wenn Adenauer heute oder morgen ausfiele, dennoch wählen würde.[10] An einen Ausfall Adenauers schien vorerst freilich nicht zu denken zu sein.

Kein Kanzler, ein Präsident war zu finden. Zu diesem Zweck hatte die Union nach dem Erhard-Debakel eine hinlänglich legitimierte Findungs-Kommission ins Leben gerufen. Aber die kam nicht voran. Adenauer schimpfte derweil wie ein Rohrspatz über Erhard und bekniete noch einmal Heuss damit, sich auf eine dritte Amtszeit einzulassen. Der lehnte ab. Ein Monat verging; Namen wurden genannt und vergingen mit ihm. Anfang April war die Ungewißheit noch immer so groß wie Anfang März. Die CDU begann sich lächerlich zu machen. Dann eine Sensation: Am 7. April schien der Präsident gefunden und nun doch noch ein Kanzler zu bestellen zu sein.

Was genau Adenauer dazu bewogen hatte, plötzlich doch für das Amt des Bundespräsidenten zu kandidieren, blieb ein wenig im unklaren. Im großen ganzen war es nicht schwer erfindlich. In jedem Fall war es falsch. Er selbst hat es später so dargestellt, als hätten ihn überzeugungskräftige Parteifreunde dazu überredet und am Ende damit gar überfahren. Auch das war falsch. Und keiner wußte das besser als er selbst. Als ob Adenauer sich je wider Willen hätte überfahren lassen. Natürlich hatte er den Gedanken in eigener Person ausgebrütet und es dann so eingerichtet, daß man ihn erneut um die Kandidatur bat und ihm die Bereitschaft dazu schließlich gegen gelinde Widerstände abrang. Krone und Heuss fiel zu den Gründen dafür unabhängig voneinander das gleiche ein. „Mein erster Gedanke," vermerkte Krone im Tagebuch: „Auf dem Wege de Gaulles?" Und Heuss schrieb an Toni Stolper: „Die erste Reaktion auf Adenauers Bereitschaft: Will er de Gaulle spielen?" Viele anderen dachten und reagierten ebenso. Es lag nur zu nahe.[11]

De Gaulle hatte Frankreich unterdessen mit einer neuen Verfassung versehen. Die Verfassung stattete den Staatspräsidenten mit einem Maß an Machtvollkommenheiten aus, das keinem politischen Amt in demokratischen Systemen sonstwo in der Welt zukam. De Gaulle war Staatspräsident geworden. Adenauer hatte ihn, just einen Tag nach Erhards verdrießlicher „Verzichterklärung", zu Konsultationsgesprächen aufgesucht und war höchst angetan vom neuen Status des liebgewonnenen Mannes zurückgekehrt. Heuss hörte ein Loblied auf de Gaulles außerordentlich starke Stellung im Verhältnis zu Regierung und Parlament. „Das könnte Ihnen so passen," hatte Heuss gesagt.[12]

Anfang April ließ Adenauer von Globke ein Exposé über die Befugnissse des Bundespräsidenten ausarbeiten. Das Exposé übte irgendwelche inspirierende Wirkungen auf ihn aus. Die Leute seien ja „so ahnungslos über die Situation des Bundespräsidenten für innen und außen", sagte er zu Heuss. Er werde darüber einmal ein Referat halten.[13] Das tat er erstmals am Vormittag des 6. April im kleinen Kreis der Fraktions- und der stellvertretenden Parteivorsitzenden. Danach sprach man über Kandidaten. Einer, der von Adenauers Überlegungen nichts wußte, nannte dessen Namen. Krone, der davon wußte, nahm den Gedanken auf und spann ihn aus. Etzel müsse dann Kanzler werden, sagte er. Der stellvertretende Parteivorsitzende von Hassel, von Krone vorher unterrichtet, stimmte ein: Adenauer Präsident - Etzel Kanzler. Adenauer behielt sich die Entscheidung vor. Am folgenden Morgen tagte die Findungskommission. Adenauer hielt erneut sein Referat. Man staunte. In der Pause teilte Adenauer Krone und von Hassel mit, daß er sich gestern abend zur Kandidatur entschlossen habe. Als die Sitzung fortgesetzt wurde, war es jedermann bekannt. Adenauer wurde nominiert. Am Nachmittag unterrichtete Krone mit etwas kryptischen Sätzen die Fraktion. „Mit dem Beschluß der Konferenz wird diesem Amt eine Bedeutung gegeben, die weit über die aller anderen hinausgeht". Die Linienführung der deutschen Politik müsse fortgesetzt und Adenauers „persönliche Mitbestimmung (dabei) gesichert" werden. Im übrigen habe der Kanzler sich Bedenkzeit auserbeten. Tags darauf unterrichtete Adenauer zunächst in einer Rundfunkrede die Bevölkerung von seiner Absicht, dann reiste er mit dem Grundgesetz im Gepäck an den Comer See und blieb - arbeitsam und sorgenschwer - vier Wochen dort.[14]

In Bonn machten unterdessen die Nachfolge-Kandidaten mobil. Ambitionen hatte mancher, in Frage kamen nur Erhard und Etzel. Erhard hatte Adenauer am Morgen vor dessen Abreise gesagt, daß er seinen Entschluß nicht billigen könne, und am Mittag Schröder, Strauß und Etzel beim gemeinsamen Essen wissen lassen, daß er es als schwere Brüskierung empfände, wenn man ihn nicht zu Adenauers Nachfolger wähle. Er sehe es als Unmöglichkeit an, unter einem anderen Kanzler Minister zu bleiben. Ähnliches sagte er am Nachmittag zu Pferdmenges. Adenauer selbst müsse ihn vorschlagen. Pferdmenges gab es wunschgemäß an Adenauer weiter. „Das mußt Du ihm ausreden", sagte Adenauer.[15]

Der Versuch erschien von vornherein als wenig aussichtsreich, und er wurde infolge der öffentlichen Resonanz von Erhards Kandidaten-Gebaren immer aussichtsloser. Erhard wurde von der Öffentlichkeit als Adenauers gleichsam erstgeborener Erbe, Etzel als ein unversehens auftauchender Konkurrent gesehen. Die Masse der Bevölkerung nahm Etzel als politische Erscheinung überhaupt erstmals wahr. Und es war Etzels etwas hermetischem Naturell im Widerstreit mit Erhards öffentlicher Flamboyance nicht gegeben, den Rückstand an Popularität binnen kurzem auch nur halbwegs wettzumachen. Er versuchte es gar nicht. Zumal Erhard keine Gelegenheit ausließ, um bei öffentlichen Auftritten und in großräumigen Anzeigen seine Verdienste zu rühmen, seine Kanzlereigenschaften hervorzukehren und seine Nachfolgeansprüche zu insinuieren. „Erhard geht forsch und ungehemmt auf sein Ziel los," schrieb Krone. Der Kanzler wolle freilich Etzel. „Mit Recht. Doch kommen wir an Erhard vorbei?"[16]

Etzel konzentrierte seine Kampagne auf politisch-persönliche Überzeugungsarbeit. Das war seine Stärke, und das brachte ihn voran. Er gewann in der von Erhard weiterhin vernachlässigten Fraktion und über die Fraktion hinaus Unterstützung für seine Kandidatur. Mitte April kam Otto Friedrich vom Wirtschaftstag der CDU mit dem Eindruck heim, daß die Mehrheit der Fraktion inzwischen für Etzel eingenommen wäre. Er teilte Erhard den Eindruck umgehend mit. Etzel, so heiße es, sei für das Amt besser geeignet, und man habe

Erhards Wahl zum Bundespräsidenten widersprochen, damit er Wirtschaftsminister bleibe, nicht, damit er Kanzler werde. Erhard müsse, schrieb Friedrich, der Bewegung schleunigst durch die Erklärung entgegenwirken, daß er unter einem anderen Kanzler keinesfalls Wirtschaftsminister bleiben könne. Angesichts der Drohung, daß Adenauer und Erhard gleichzeitig ausschieden, „hat mir jedermann sofort erklärt", könne „auch für die Schwankenden in der CDU gar keine andere Wahl als die Ihre in Frage kommen... Hierin müssen Sie also festbleiben".[17]

Erhard folgte dem Rat. Etzel hingegen sagte, daß er einem Kanzler Erhard treu zur Seite stehen werde. Man erinnerte Erhard andeutungsweise daran, daß er sechs Wochen zuvor für die Partei, die Bundesrepublik und die freie Welt schreckliche Dinge vorhergesagt hatte, falls er aus der aktiven Politik ausscheide. Erhard überhörte die Andeutungen und blieb fest. Seine Haltung brachte die Entscheidungssituation der Fraktion in eine eigentümliche Schieflage. Krone machte sie kenntlich. „Wenn Erhard sich für Etzel einsetzt und selbst verzichtet, wird die Fraktion sich für Etzel entscheiden. Wenn Erhard aber bei dem bleibt, was ihm winkt ..."[18] Es war kein Zweifel daran erlaubt, daß er dabei bliebe. Erhard wollte es, seine Umgebung drängte ihn dazu, die öffentliche Meinung hielt es für selbstverständlich.

Höchst zweifelhaft war aber unversehens geworden, ob es ihm hülfe. Ende April besuchte Pferdmenges Adenauer in Cadenabbia und kam mit der Nachricht zurück nach Bonn, daß Adenauer Kanzler bliebe, wenn die Fraktion nicht davon absähe, Erhard zu seinem Nachfolger zu bestimmen. „Das gibt Krach", notierte Krone. Anfang Mai reiste er selbst an den Comer See und sagte Adenauer, daß die Fraktion nach Lage der Dinge derzeit *noch* Erhard wählen würde. Adenauer gab sich weniger entschieden und ließ sein weiteres Verhalten im Unbestimmten. Bald darauf kehrte er nach Bonn zurück.[19]

Vieles spricht dafür, daß ihn dabei die Absicht begleitete, auf alle Fälle Bundeskanzler zu bleiben. Er hatte sich dazu entschlossen, Bundespräsident zu werden, nicht etwa, weil er die politische Macht preisgeben wollte, sondern weil er glaubte, sie ins Präsidentenamt mitnehmen zu können. Das Studium der Verfassung und eingehendes Nachdenken hatten ihn an seinem Glauben irre werden lassen. Das entzog seinem Entschluß den Boden. Die Aussicht, daß Erhard sein Nachfolger würde, mochte ihn in seinem Wunsch bestärken, den Beschluß zu revidieren. Ursächlich konnte sie dafür nicht sein. Die Aussicht war, als er den Beschluß faßte, ja nicht geringer gewesen als jetzt, sondern eher größer. Und Adenauer hatte das gewußt, auch wenn Krone und Hassel sagten, daß Etzel Kanzler werden *solle*. Nein, Erhards Ansprüche und Chancen aufs Kanzleramt waren nicht der wesentliche Grund für Adenauers Neubesinnung, sie waren vielmehr ein willkommenes Mittel, aus der fahrlässig verkorksten Sache herauszukommen.

Nun rückte Adenauer, als er wieder in Bonn war, natürlich nicht unvermittelt damit heraus, daß er sichs anders überlegt hatte. So ging das nicht. Dazu war die Angelegenheit in der Öffentlichkeit zu hoch aufgehängt und die Gefolgschaft der Partei inzwischen zu prekär geworden. Er hatte gelernt, daß die Fraktion bockte, wenn sie sich Überrumpelungsversuchen ausgesetzt sah. Es galt, die Öffentlichkeit und die Partei so auf den (Rück)Schritt vorzubereiten, daß er am Ende nicht mehr überraschte. Adenauer begann, sich in düsteren Visionen über die weltpolitische Lage zu ergehen. Die sei noch nie so ernst, der fragile Status Deutschlands noch nie so gefährdet gewesen.

Im November 1958 hatte die Sowjetunion eine Krise um Berlin vom Zaun gebrochen. Sie erklärte den Vier-Mächte-Status der Stadt für überholt, verlangte ultimativ, daß er innerhalb von sechs Monaten in den einer entmilitarisierten, freien Stadt umgewandelt werde und kündigte einen einseitigen Friedensvertrag mit der DDR an, infolgedessen dem ostdeutschen Staat fernerhin die Kontrolle der Zufahrtswege nach Berlin zustünde. Die ostdeutsche Führung ihrerseits bestand weithin vernehmlich darauf, daß Berlin auf dem Staatsgebiet der DDR läge und deshalb zu deren Hoheitsbereich gehörte. Die Westmächte, namentlich die USA und Großbritannien, hatten sich den Zumutungen nicht kurzweg und entschieden widersetzt, sondern auf Verhandlungen eingelassen. Gegenwärtig tagte in Genf eine Vier-Mächte-Außenministerkonferenz, zu der die Regierung der DDR, die von der Bundesregierung als eigentlich gar nicht existent angesehen wurde, ebenso wie die Bundesregierung als Beobachter zugelassen worden war. Zu allem besorgniserregenden Überfluß hatte Englands Premierminister Macmillan auch noch eine Einladung nach Moskau angenommen, war ihr inzwischen gefolgt und hatte der Sowjetregierung einen stattlichen Sterlingkredit hinterlassen. Und nun lag unversehens Amerikas standhaft-erfahrener, allen Vertrauens würdiger, von Adenauer „Freund" genannter Außenminister John Foster Dulles im Sterben. Der Westen erschien als uneinig und aufs äußerste geschwächt. Verlaß schien nur noch auf de Gaulle zu sein, solange jedenfalls, wie das deutsch-französische Einvernehmen so absonderlich gut war wie im Augenblick. Ruhte jene absonderliche Güte des Einvernehmens aber nicht großen Teils auf der sympathetischen Wertschätzung der beiden großen alten Männer füreinander? Durfte der Kanzler unter solchen Umständen seinen Posten verlassen und seine Erfahrungen, sein weltweites Ansehen, die Stärke, die daraus floß, und die Zuneigung de Gaulles mitnehmen?

Das Volk hörte die Signale. Mitte Mai ging die Rede davon, daß Adenauer seine Bereitschaft, Bundespräsident zu werden, womöglich zurückziehe.

Unterdessen wirkten die Kanzler-Kandidaten auf ihre Weise weiter auf seine Nachfolge hin: Erhard, indem er sich der Öffentlichkeit in der Pose des kommenden Kanzlers präsentierte, Etzel, indem er in den einflußreichen und entscheidenden Kreisen still für sich warb. Erhards Öffentlichkeitsarbeiter unter Leitung Karl Hohmanns legten eine Zahn zu. Der Wirbel, den sie um ihren Heros machten, ging allmählich sogar Wohlgesinnten auf die Nerven. Brentano fragte von Genf her an, ob es nicht jemanden gebe, der über die Person, Partei und Regierung schadende Peinlichkeit der bezahlten Propaganda „ein ernstes Wort mit unserem Freund Erhard sprechen kann?" Und auch Otto Friedrich riet von der „auffälligen Art", mit der Erhards „Anspruch auf das Kanzleramt" ausgestellt werde, ab. Etzel gehe mit seinem zurückhaltenden Auftreten in der Öffentlichkeit geschickter vor.[20]

Am 14. Mai sagte Adenauer in einer auf die Minister reduzierten Kabinettsbesprechung, daß es ihm die außenpolitische Lage eigentlich verbiete, aus dem Amt zu scheiden. Er gehe intensiv mit dem Gedanken um, dies nicht zu tun. Einen Tag vorher hatte er mit Erhard über die Nachfolge gesprochen. Erhard hatte abermals sein „Erstgeburtsrecht" geltend gemacht. Aber er sei als Wirtschaftsminister unentbehrlich, sagte Adenauer. Der bleibe er im Kanzleramt faktisch ja auch, sagte Erhard. Das Wirtschaftsministerium beanspruche nicht mehr als zehn Prozent seiner Arbeitskraft. Im übrigen verpflichte er sich dazu, als Kanzler alles zu tun, was der Präsident Adenauer ihm rate. Er müsse aber, wenn Adenauer ausscheide, Kanzler werden, davon könne er nicht ablassen.[21]

Fünf Tage später schrieb Adenauer - „streng geheim" -, an Krone, daß er nicht vom Amt des Kanzlers zurücktreten könne, um Präsident zu werden, weil die Fraktion in diesem Fall mit Erhard einen Nachfolger wählen wolle, der keine außenpolitischen Erfahrungen habe und dem wegen seiner bekannten negativen Einstellung zur EWG sowohl in Frankreich und Italien, wie auch im amerikanischen State Department Mißtrauen und Ablehnung entgegengebracht werde. „Die Grundlage unserer ganzen außenpolitischen Exi-

Auf dem Ackerberg am Tegernsee (1959)

stenz ist und bleibt (jedoch) der europäische Integrationsprozeß. Allein die europäische Integration veranlaßt auch die USA zum Verbleib in Europa ... Der Sinn meiner Nominierung als Kandidat und meine Annahme war Sicherung der Kontinuität der von mir geführten Politik. Ich halte diese bei der Wahl des Herrn Erhard zum Bundeskanzler nicht für gesichert ..., die Wahl des Herrn Erhard (vielmehr) für einen Fehler, der für unsere außenpolitische Lage katastrophale Folgen voraussichtlich mit sich bringen wird". Deshalb könne er, falls er Bundespräsident wäre, dem Parlament Erhard zur Wahl ins Kanzleramt nicht vorschlagen. Wenn die Fraktion, wie Krone ihm versichere, Erhard trotzdem wählte, wäre er desavouiert und müßte zurücktreten. Zu den außenpolitischen Gefahren käme eine Staatskrise. Und was das alles für die CDU bedeute, sei wohl klar. Man möge Erhard zum Verzicht bewegen.[22]

Krone wußte - ebenso, wie Adenauer es wußte -, daß dies unmöglich war. Er ging mit Pferdmenges ins Kanzleramt. Adenauer umzustimmen, erwies sich ebenfalls als unmöglich. Wenn Erhard auf seinem Anspruch bestehe, bleibe er Kanzler. Krone schlug entgegen seiner ursprünglichen Meinung vor, die Fraktion über die Nachfolge diskutieren zu lassen und ein eindeutiges Meinungsbild herzustellen. Adenauer riet dringlich davon ab. „Die Entscheidung", schrieb er nach dem ergebnislosen Gespräch an Krone, „würde von dem gesamten Ausland, wenn sie zugunsten einer Kanzlerschaft Erhards ausfällt, als eine Abkehr von unserer bisherigen außenpolitischen Haltung ausgelegt werden. Das muß vermieden werden."

Das Argument war zu verstiegen, als daß es ernst genommen werden konnte. Es äußerte denn auch Adenauers eigentliche Sorge nicht. Die bestand nicht darin, daß die Fraktion sich für Erhard entschiede. Daß dies in absehbarer Zeit geschähe, glaubte das „gesamte Ausland" ohnehin. Sie bestand eher darin, daß sie sich wider Erwarten für Etzel entschiede und ihm den Rückzug um so schwerer, wenn nicht unmöglich machte. In einem weiteren langen Brief an Krone wiederholte er seine Bedenken und kündigte an, „daß ich meine Zustimmung zur Aufstellung als Kandidat zur Wahl zum Bundespräsidenten zurückziehe", falls es nicht schnellstens gelänge, „mit Hilfe des Herrn Kollegen Erhard einen klaren Umschwung ... herbeizuführen". Krone, der noch glaubte, daß es wesentlich um Erhard ginge, war am Rande der Verzweiflung. „Der Bessere ist Etzel". Aber: „Der Kanzler unterschätzt Erhards Bedeutung für die Wahl 1961".[23]

Was Adenauer Erhard vorhielt, war in seinem Kern ja richtig. Krone zweifelte nicht daran. Und was Adenauer in den beiden „Staatsschreiben" dahinter und hinter gefälligen Beteuerungen seiner außerordentlichen Wertschätzung Erhards als Wirtschaftsminister, „mit dem ich nun fast zehn Jahre in der größten Eintracht zusammenarbeite", verbarg, war auch nicht falsch. Erhard *war* die Außenpolitik - materiell *und* habituell - fremd, und man *sah* seiner Kanzlerschaft in Frankreich ablehnend, in Italien und Amerika reserviert, in Großbritannien dafür um so erwartungsvoller entgegen. Auch Otto Friedrich machte in Paris die Erfahrung - und teilte sie Erhard sofort voll Besorgnis mit -, daß man dort über Adenauers Absicht, das Kanzleramt abzugeben, zutiefst erschrocken wäre und wenn schon, dann eher den europafreundlichen Etzel als den Europa-Skeptiker Erhard, der es außerdem „weder mit de Gaulle, noch mit Debré, noch mit Couve de Murville 'könnte'", als Nachfolger wünschte. Und von seinem großen Bruder Carl Joachim, der in den USA kenntnis- und einflußreicher Professor der Politischen Wissenschaften war, gab er die Nachricht weiter, „daß sowohl im State Department, wie im Kongreß sehr viele Leute Ihnen mit Zweifeln gegenüberstehen, was sich auf die Formel bringen ließe: „We don't trust Erhard".[24] Adenauer saugte sich das nicht aus den Fingern. Anderes ließ er unerwähnt. Sein Staatssekretär Globke trug es nach: Erhards Naivität, sein Mangel an politischem Gespür, sein Unvermögen, die Zusammenhänge zu sehen, die davon hervorgerufene Unsicherheit, die Tatsache, daß er dauernd unterwegs sei, die geringe Fähigkeit zur Verwaltung.[25] Krone wußte es ohnedies. Deshalb waren er und andere, die es auch wußten und darüber beunruhigt waren, zugleich aber glaubten, daß an Erhards Popularität nicht vorbeizukommen wäre, auf einen tröstlichen Gedanken verfallen. Erhard sollte als Regierungschef mit Männern umstellt werden, die seine Schwächen ausglichen und für außenpolitische Kontinuität sorgten: Krone selbst als einflußreicher Vizekanzler zum Beispiel, Etzel als selbstbewußt-unabhängiger Außenminister und ein Vertrauter Adenauers als Staatssekretär im Kanzleramt womöglich. Krones Vize Höcherl ging zu Adenauer, um auch ihm derlei „Lösung" schmackhaft zu machen. „Der Kanzler ist hart bis zum letzten".[26] Krone sprach mit Erhard. Erhard war inzwischen von Pferdmenges auf vornehm-schonsame Weise damit vertraut gemacht worden, daß Adenauer sich nicht dazu überwinden könne, ihn fürs Kanzleramt vorzuschlagen. Er dürfe das nicht als Unfreundlichkeit mißverstehen. Das tue er auch nicht, hatte Erhard gesagt, er verstehe es als Beleidigung. Kurz bevor Krone zu ihm kam, war ein Kanzlerbrief samt Durchschlag des ersten Adenauerbriefes an Krone bei ihm eingegangen. Adenauer bedauerte, „daß Sie diese Frage in einer solchen Weise auffassen". Er halte Erhard auf seinem Gebiet für einen vortrefflichen Mann. Wenn er daran zweifle, dann könne er es im Brief an Krone nachlesen. Aber: „Es kann jemand ein ausgezeichneter Außenminister sein und ein schlechter Wirtschaftsminister und umgekehrt. Wenn ich jetzt Wirtschaftsminister werden sollte, würde ich das ablehnen und sagen, daß meine Kenntnisse auf wirtschaftlichem Gebiet und meine Kenntnisse der Persönlichkeiten des wirtschaftlichen Lebens nicht ausreichten". Darüber möge Erhard nachdenken und dann entsprechend handeln. „Ich bitte Sie nochmals herzlich, bleiben Sie der Sache treu, denken Sie nicht an Ihre Person".[27]

Erhard war außer sich. Krone stellte fest, daß mit ihm „ein ruhiges Wort überhaupt nicht mehr zu sprechen" war. „Er will Kanzler werden".[28]

Am 22. Mai konferierten Adenauer und Erhard in Person erneut miteinander, verbohrt und unnachgiebig der eine wie der andere. Dann schien sich urplötzlich alles in Wohlgefallen aufzulösen. Am 25. Mai tagte der Fraktionsvorstand, am 26. Mai die ganze Fraktion. Adenauer war hier wie dort zugegen und bestätigte beide Male seine Bereitschaft zur Präsidentschaftskandidatur ohne den Vorbehalt, daß Erhard nicht Kanzler werden dürfe. Er sagte bloß, daß *er* sich noch nicht für Erhard entschieden habe und daß der Bundespräsident und die Fraktion sich über den Nachfolger einig sein sollten. Krone sagte, die Fraktion habe sich auch noch nicht entschieden. Kein Krach und keine Sensation.[29] Es war zu wunderbar, um auch wahr sein zu können. Was es war, ist schwer erfindlich. Des hellsichtigen Heuss schon ein paar Tage zurückliegender Eindruck kam der Sache vermutlich am nächsten: „Sein taktisches Vorhaben ist undurchsichtig, ich glaube, auch ihm selber".[30]

Adenauer reiste zur Beerdigung von John Foster Dulles in die Vereinigten Staaten, Erhard sah sich am Ziel. Er paradierte in der Pose des kommenden Kanzlers. Die Presse stellte ihn als kommenden Kanzler dar. Adenauer war kaum aus Amerika zurück, da flog auch Erhard hinüber. Die Reise war arrangiert worden, nachdem Adenauers Präsidentschafts-Kandidatur verkündet und bevor sie wieder in Frage gestellt worden war. Den Vorwand bot die Entgegennahme von Doktorhüten zweier unbedeutender Universitäten. Friedrich hatte namens seines Bruders schon damals davor gewarnt. Man mache sich mit der Sammlung schnellfertig ausgeteilter Doktorhüte in Amerika ein bißchen lächerlich. In jedem Fall wäre es besser, nicht zu reisen, bevor Erhard zum Kanzler nominiert worden sei. Auch Heuss war mit der Reise „aus optischen Gründen recht unzufrieden ... Denn das sieht so aus, als ob er um „gut Wetter" bitte oder um eine Kanzler-Lizenz".[31] Es sah nicht nur so aus, es war auch so gedacht. Die Lizenz wurde am Ende freilich in Bonn erteilt. Und sie war noch nicht erteilt worden. Wenn es noch Zweifel darüber gegeben habe, daß Erhard kein Politiker sei, schrieb die Süddeutsche Zeitung wenig später, dann habe Erhard sie zerstreut, als er am 1. Juni aus freien Stücken für mehr als eine Woche nach Amerika flog.[32]

Adenauer unterrichtete ihn gleichsam zwischen Tür und Angel über seine eigenen Reiseeindrücke und gab ihm gute Wünsche mit auf den Weg. Von Präsident- und Kanzlerschaft kein Wort. Erhard sonnte sich drei Tage lang im publizistisch verbreiteten und politisch reflektierten Glanz des künftigen deutschen Bundeskanzlers. Das etwas spärliche Besuchs- und Besprechungsprogramm des Wirtschaftsministers wurde durch Einladungen des Präsidenten und des Vizepräsidenten an den Kanzler designatus kräftig aufgewertet. Hohmann hielt ihn mit Berichten aus Bonn auf dem laufenden. Adenauers Haltung zu Erhards Kanzlerschaft sei noch immer wenig aufgeschlossen, telegraphierte er am 4. Juni. Dagegen denke die Fraktionsführung daran, Etzel zum Verzicht zu bewegen.[33] Das mochte stimmen. Und Etzel mochte zum Verzicht auch bereit sein. Sechs Tage vorher war von Hassel bei ihm gewesen und hatte gesagt, daß er aus rein sachlichen Gründen zwar uneingeschränkt für Etzels Kanzlerschaft sei. Inzwischen sei Erhard in der Öffentlichkeit aber derart hochgespielt worden, daß man nicht mehr an ihm vorbeigehen könne. Etzel sagte, daß er diese Auffassung völlig teile.[34]

All das spielte nun aber endgültig keine Rolle mehr. An jenem 4. Juni führte Erhard wirtschaftspolitische Gespräche im State Department. Am folgenden Morgen sollte der kommende Kanzler seine Aufwartung bei Präsident Eisenhower machen. Während der Besprechungen erfuhr Erhard, daß er kein kommender Kanzler war. Adenauer hatte seine Bereitschaft, für das Amt des Bundespräsidenten zu kandidieren, in einem weiteren Brief an Krone ausdrücklich und unwiderruflich zurückgezogen. Man kenne seine Einwände gegen Erhard. Er halte Erhard für wenig geeignet zum Bundeskanzler. Seit seinem Auftritt in der Fraktion sei nichts geschehen, um den Gegensatz zwischen ihm und der Fraktion „im Sinne meiner Auffassung zu beseitigen". Die Kontinuität der Politik wäre nach Erhards Wahl nicht gesichert. Er müsse Bundeskanzler bleiben.[35]

Krone hatte das kommen sehen. Erhard war kaum in den USA gelandet, als Adenauer gesprächsweise kundtat, daß er nicht Bundespräsident werde. Vergebliche Versuche, ihn davon abzubringen. Die Fraktion lasse sich das nicht gefallen. Die Wirkung in der Öffentlichkeit - verheerend! In vierzehn Tagen sei alles vergessen, die anfängliche Aufregung müsse man durchhalten, sagte Adenauer.[36] Ein Tag der Ruhe vor dem Sturm, dann der Brief. Nicht „streng geheim" diesmal. Es war ohnedies bereits heraus und sollte es auch sein.

Erhard im fernen Washington wurde telegraphisch unterrichtet. Adenauer übermittelte ihm seinen letzten Brief an Krone und Höcherl, in dem es behutsamerweise nur noch um die außenpolitischen Sorgen, nicht mehr um Erhards Person ging, und dazu einen kurzen, persönlichen Brief: „Lieber Herr Erhard! ... Ich rechne bestimmt darauf, daß Sie mir treu bleiben ... Überanstrengen Sie sich nicht."[37]

Erhard hielt an sich. Er stand die Gespräche im amerikanischen Außenministerium ohne Anzeichen geistiger Abwesenheit durch. In ihm brodelte es. Abends, beim großen Empfang in der deutschen Botschaft, brodelte er über. Inzwischen war die Sensation auch in Washington herum. Der Chefredakteur der fameusen Washington Post fragte ihn, was er tun werde. Erhard sagte: Er werde nach seiner Rückkehr verlangen, daß Adenauer ihm die Nachfolge verbindlich zusichere. Falls Adenauer die Zusicherung verweigere, werde er bei der nächsten Wahl gegen ihn kandidieren.[38] Nachdem die Gäste aus dem Haus waren, telegraphierte er an Adenauer: „Lieber Herr Bundeskanzler! Ich beschwöre Sie: Halten Sie Ihre Kandidatur aufrecht, denn jede andere Entscheidung wäre für den Staat, für seine Bürger und für die CDU ein Verhängnis ... Vertrauen Sie darauf, daß ich Ihnen dann ... treu verbunden bleibe und Ihre Politik in Ihrem Geiste fortsetzen werde. Ihr allzeit ergebener."[39] Am nächsten Morgen rief Höcherl ihn an und bat darum, daß er möglichst rasch zurückkomme und ohne weitere Erklärungen seine Arbeit aufnehme. Erhard widerrief die starken Worte, die ihm am Vorabend entpoltert waren und übte sich während des Rests seines etwas verkürzten Aufenthaltes in Zurückhaltung und Gelassenheit. Er könne und werde in fremdem Land zu Bonner Vorgängen, deren Hintergründe und Zusammenhänge ihm nur unvollkommen vertraut seien, nicht Stellung nehmen. „Zuerst muß ich nach Bonn zurückkehren, um mit meinem Freund Adenauer zu reden". Nur soviel: An seiner deutschlandpolitischen Härte seien ebensowenig Zweifel erlaubt wie an seinem Bekenntnis zum Gemeinsamen Markt.[40] Das kam in Amerika und in Deutschland gut an.

Durch die deutsche Öffentlichkeit liefen Wogen der Sympathie für den aufrechten Wirtschaftsminister und Wogen verächtlicher Abneigung gegen den verschlagenen Bundeskanzler. Die Fraktion der CDU/CSU war, als Adenauer sich ihr am Nachmittag des 5. Juni stellte, in hellem Aufruhr.[41] Im Zeichen von Adenauers Autorität und Erhards Abwesenheit glätteten sich die Wogen erstaunlich schnell. Adenauer kehrte zunächst, ohne Erhard auch nur zu nennen, die staatsmännische Verantwortung aus staatspolitischer Notwendigkeit heraus. Das nahm man ihm nicht ab. Was denn anders geworden sei in den vergangenen acht Wochen oder zehn Tagen? fragten einige Abgeordnete ehrerbietig. Sachlich nichts, gab Adenauer nun zu, aber es sei etwas Persönliches hinzugekommen. Bevor er sich entschloß, für die Präsidentschaft zu kandidieren, habe man ihm versichert, daß Etzel sein Nachfolger werde. Seit einiger Zeit höre er nun, daß zwei Drittel der Fraktion Erhard wählen würden. Erhard aber tauge nicht zum Kanzler und er, Adenauer, könne nicht in Ruhe gehen, wenn man ihn dennoch wähle. Unruhe. Gerstenmaier nahm Erhard in Schutz. Angehörige der Brigade folgten ihm. Allmählich wurde aber deutlich, daß es der Fraktion in dieser Stunde weniger um Erhard, als um eine Möglichkeit ging, daß Adenauer sein Wort hielte. Der Abgeordnete Niederalt schlug vor, ihm die Möglichkeit dadurch zu verschaffen, daß die Fraktion ihm die „praktisch-politische Vorhand" bei der Benennung des neuen Kanzlers zugestehe. Andere Abgeordnete nahmen den Vorschlag auf. Wieder andere riefen Adenauer und Krone zu, man möge die Fraktion doch mal ausdrücklich fragen, wen sie wolle. Es sei ja nie abgestimmt worden. Das Brigade-Mitglied Becker, Mönchengladbach, war sicher, daß Etzel in diesem Moment gewählt worden wäre. Der Abgeordnete Dichgans hatte diese Sicherheit ein Dutzend Jahre später noch.[42] Adenauer und Krone verhinderten eine Abstimmung. Adenauer sagte, daß der Kanzler nicht mit kleiner Mehrheit bestimmt werden dürfe. „Wenn es um den Bundeskanzler eine Kampfabstimmung gibt, dann kommt eben keiner in Frage, dann bleibt nichts übrig, als daß ich auf meinem Stuhl sitzenbleibe".

Krone wußte, daß es zwecklos war und darum gehen mußte, sich nicht noch weiter zu verrennen. Im Verein mit Höcherl und Gerstenmaier brachte er die Fraktion zu einer Resolution, in der sie Adenauers Entscheidung mit dem Ausdruck des Bedauerns ausdrücklich respektierte und dem Bundeskanzler ihr uneingeschränktes Vertrauen aussprach.[43]

Als Erhard am 9. Juni, noch immer bis ins Mark getroffen, zutiefst gekränkt und kochend vor Wut, nach Deutschland zurückflog, hatte er die Auseinandersetzung mit Adenauer, zu der er entschlossen war und von deren Zwecken und Formen er keine rechte Vorstellung hatte, bereits verloren. Die Heimreise geriet zu einer prüfungsvollen Veranstaltung. Der Abflug verzögerte sich wegen eines Triebwerkschadens um sechseinhalb Stunden. Erhard verging fast vor Ungeduld. Vor der Landung in London stellte der Pilot einen Defekt in den Bremsanlagen fest. Feuerwehrautos und Krankenwagen wurden bereitgestellt. Die Maschine setzte hart auf und rollte endlos aus. Aber sie kam ohne Schaden zum Stehen. Erhard stieg ein wenig blaß um die Nase aus und ließ sich in einen vorbereiteten Ruheraum führen. Dort wartete Hohmann mit den jüngsten Meldungen aus Bonn und guten Ratschlägen für sein Verhalten bei der Ankunft in Deutschland auf ihn. Nach einer kleinen Stunde bestieg Erhard eine eigens zurückgehaltene Linienmaschine nach Düsseldorf-Lohausen. Kurz vor der Landung schlug der Blitz in die Maschine ein. Doch es ging auch diesmal gut. Sieben Uhr abends war Erhard wohlbehalten und kampfesmutig wieder in der Bundesrepublik. Der Beifall einer großen Journalistenschar empfing, Müller-Armack begrüßte ihn. Eine Abordnung der Fraktion zu schicken war zunächst vorgesehen, dann aber unterlassen worden.

Sobald er auf deutschem Boden war, gab Erhard die in Amerika mühsam gewahrte Zurückhaltung auf. Hohmanns Rat, es auf dem Flugplatz bei der Äußerung einiger unverfänglicher Reiseeindrücke bewenden zu lassen, hielt keine drei Sätze lang vor. Von ihm sei das letzte Wort zu den Bonner Vorgängen noch nicht gesprochen. Er werde auf eine offene Auseinandersetzung dringen. Es gehe nicht darum, ob er Bundeskanzler werde. Er habe darauf nie Anspruch erhoben. Es gehe „im Augenblick um sehr viel mehr, nämlich um die Wahrung einer demokratischen Ordnung hier in unserem Lande“. Ob er das präzisieren könne? Nein, das möchte er in diesem Stadium lieber noch unterlassen. Seien Konsequenzen zu erwarten? Bleibe er Vizekanzler und Minister? „Nicht unbedingt! ... Es kommt darauf an“. Worauf? Die „geschichtliche Lüge“, daß er in den Schicksalsfragen des deutschen Volkes weniger klar und standfest als der Bundeskanzler und außerdem ein Gegner der europäischen Integration sei, müsse „aus dem Raum“. Ob er von sich aus zu Adenauer gehen werde? „Ich? Nein!“ (Händeklatschen).[44]

Erhard fuhr nach Hause. Auf dem Bonner Venusberg, Schleichstraße 8, erwartete ihn ein Kreis von Getreuen, Amtsangehörigen und Bundestagsabgeordneten. Hinzu kamen Krone, Höcherl und Fraktionsgeschäftsführer Rasner. Die einen schürten seinen Zorn und trieben ihn dazu an, den Kampf gegen Adenauer zu wagen. Der Abgeordnete Bucerius, Verleger der Illustrierten „Stern“ und des Wochenblattes „Die Zeit“, ging sogar mit dem absurden Gedanken um, Erhard durch ein konstruktives Mißtrauensvotum gegen Adenauer ins Kanzleramt zu bringen.[45] Die Fraktionsvorsitzenden bemühten sich darum, die Wogen zu glätten und Erhard auf ein energisches, am Ende aber befriedendes Gespräch mit Adenauer einzustimmen. Draußen drängte sich ein Heer von Journalisten und Photoreportern. Man schien eine Art politischen high noon in Bonn zu erwarten. Erhard wütete. Adenauer klangen in Rhöndorf die Ohren. Mit dem sei er fertig. Nichts mehr wissen wolle er von ihm. Die Freunde gingen allmählich, Krone und Höcherl blieben. Um Mitternacht hatten sie Erhard soweit, daß er am nächsten Morgen mit Krone zum Kanzler ginge.[46]

„Beim Kanzler“, schrieb Krone unterm 10. Juni 1959 in sein Tagebuch: „Wie klein ist der große Ludwig!“ Alle zorngeladene Aggressivität fiel im Angesicht des gestrengen und gefürchteten Übervaters, der ihn wohlbedacht im Vorzimmer ein wenig schmoren ließ, in sich zusammen. „Statt anzugreifen, verteidigt er sich“, larmoyant, anerkennungs- und liebebedürftig. „Was habe er nicht alles für den Kanzler getan“. Adenauer witterte Erhards Schwäche und sah seine Blöße. Krone merkte, wie er aufatmete. Adenauer ergriff die Waffe, die Erhard fallenließ. Dann griff er an. Erhard war unversehens der Beklagte. Das ging dem rechtschaffenen Krone denn doch gegen den Strich. Er sprang Erhard bei. „Der Kanzler läßt nicht locker und zählt Erhard Stück für Stück seine Sünden und sein politisches

Unvermögen vor". Erhard hörte sich's an und sagte, daß er darüber das Votum der Fraktion wolle. Man schied nach zwei Stunden unversöhnt, um sich am Nachmittag in der Fraktion wiederzutreffen. „Der Kanzler hat schon gesiegt".[47]

Erhard fuhr nach Hause und aß Kalbsfilet mit Erbsen.[48] Danach besprach er sich im Ministerium mit den engsten Mitarbeitern und Ratgebern. Man feilte an einer Resolution, die der Fraktion vorgelegt und von ihr verabschiedet werden sollte. Die Fraktion sprach ihm darin ihr Vertrauen aus, verlieh ihm einen besonderen Rang im Kabinett und stellte klar, daß nur er als Adenauers Nachfolger in Frage komme.[49]

Um fünf ein weiterer Versuch Krones, die Kombatanten zu versöhnen, bevor sie vor die Fraktion traten. Nebst Adenauer und Erhard fanden sich Gerstenmaier und Becker, Mönchengladbach, als Vertreter der Brigade in seinem Zimmer im Bundeshaus ein. Adenauer wies Erhards Resolution von sich. Krone und Gerstenmaier machten Erhard klar, daß er damit bei der friedebedürftigen Fraktion nicht durchkäme.Gerstenmaier brachte nach einigem Hin und Her schließlich Formulierungen zustande, mit denen keiner von beiden einverstanden war und die beide um des Friedens und einer scheinbaren Eintracht willen akzeptabel fanden. Um halb sechs begab man sich in die Fraktion. Zwanzig nach sechs war die Sache erledigt.

Erhard stand das erste Wort zu. Adenauer nahm sich das letzte. Erhard sagte, daß er zutiefst beleidigt sei. Bevor er erkläre, warum, müsse jeder wissen, daß er „niemals einen Anspruch auf das Amt des Bundeskanzlers erhoben habe" und selbstverständlich loyal an Adenauers Seite stehen werde, falls der 1961 wieder als Kanzler kandidiere. Beleidigt habe ihn also nicht des Kanzlers Rückzug, beleidigt hätten ihn die öffentlich ausgestreuten Zweifel an seiner deutschlandpolitischen Verläßlichkeit und seiner europäischen Gesinnung. „Irgendwoher müssen diese Dinge ja gekommen sein und daß sie nicht von mir gekommen sind, wird jedem einleuchtend sein, weil ich ja doch sicher nichts über mich selbst sagen würde, was meinem Ansehen schädlich sein müßte". Jedenfalls seien sie falsch. Er betrachte sein weltweites Ansehen als „abgewetzt" und verlange Genugtuung. „Ich habe mich für diese Partei aufgeopfert ... und daher habe ich ein Recht auf Genugtuung".

Die Fraktion hatte für die Rede keinen Beifall in petto. Adenauer erhob sich. Wenn Erhard sage, daß er abgewetzt sei, dann könne er bloß sagen: Er sei am Boden zerstört durch all das, was letzthin über ihn geschrieben wurde. „Aber man muß das alles in den richtigen Dimensionen sehen". Wenn Erhard ferner sage, daß er niemals einen Anspruch auf das Amt des Bundeskanzlers erhoben habe, dann müsse er ihn fortgesetzt mißverstanden haben. Im übrigen habe sein Rücktritt von der Präsidenten-Kandidatur mit Erhard nichts zu tun. Die Zuspitzung der außenpolitischen Lage und der Tod von Dulles seien dafür die einzigen Gründe. Das wetze Erhard nicht ab. Nie habe er gesagt, daß mit Erhard die Kontinuität nicht gewahrt wäre. Nie! Natürlich sei Erhard für den Westen, und auf seine Weise möge er auch für Europa sein. „Es hat mir völlig ferngelegen, irgendwo und irgendwie Sie zu disqualifizieren und ich freue mich von Herzen auf Ihre weitere Mitarbeit in dem Kabinett, das ich führen werde".

Es war Krone und Globke nicht ganz leicht gefallen, Adenauer zu diesen Sätzen zu bewegen. Eine kurze Debatte schloß sich an. Zwei Brigade-Angehörige traten etwas lahm für Erhard ein. Natürlich müsse man fest geschlossen zum Bundeskanzler stehen, zugleich habe man aber auch die Pflicht, „Herrn Erhard zu rehabilitieren, das habe er verdient und man könne ihn nicht im Stich lassen". Gerstenmaier leitete zu der Erklärung über, die man vor der Sitzung ausgeklügelt hatte: „Die CDU/CSU-Fraktion begrüßt die Erklärung des Bundeskanzlers, daß ihm jede Disqualifizierung Doktor Erhards ferngelegen habe. Die

Fraktion spricht Herrn Erhard ihr besonderes Vertrauen aus und bedauert Äußerungen, die sein Ansehen zu schädigen geeignet sind".[50]

Henri Nannen, den Chefredakteur des „Stern", erinnerte die Erklärung „fatal an den kleinstädtischen Streit zwischen Frau Kripgans und Frau Puvogel, der mit einer Zeitungsannonce beendet wird: „Ich erkläre hiermit, daß ich bei meinen Erzählungen über Frau Puvogel nicht die Absicht hatte, dieselbe zu beleidigen".[51]

Die Fraktion nahm die Erklärung einstimmig an. Adenauer und Erhard reichten sich mit abgewandten Gesichtern die Hände. Adenauer beglückwünschte Gerstenmaier zu seinen verdienstvollen Bemühungen. Dann verließ man den Sitzungssaal. Draußen sagte Erhard vor der Presse, daß die Sache bereinigt wäre. Es war eingetreten, was im berühmten „Streiflicht" der Süddeutschen Zeitung am Morgen vorausgesehen worden war: „daß alles beim alten bleibt, der gekränkte Erhard ein in Popularität gewickelter Fachminister, mit dessen Namen man die nächste Wahl gewinnt - und weiter nichts." Gekränkt blieb Erhard. Die Photographen baten um eine bildgerechte Wiederholung des Handschlags mit dem Kanzler. Er schlug sie aus und eilte davon.

Bonn, um die Sensation gebracht, kehrte zur politischen Tagesordnung zurück. Auf der Tagesordnung des Bundestages stand seit einigen Tagen der Bundeshaushalt. Am Morgen des folgenden Tages war der Haushalt des Bundeskanzlers dran. Die SPD nützte die Gelegenheit und rechnete Adenauer den unverantwortlich-spekulativen Umgang mit den höchsten Ämtern im Staat und menschenverachtenden Umgang mit seinen Mitarbeitern vor: Krise der Demokratie, der Staat in Gefahr. Adenauer seinerseits nützte die Gelegenheit, um im Gerangel mit Erhard nachzutreten. Er habe seinen Verzicht auf die Präsidentschaftskandidatur bereits in einer Kabinettssitzung am 14. Mai angekündigt, sagte er. Erhard sei dabei gewesen. Innenminister Schröder bestätigte das mit gefälliger Eilfertigkeit. Erhard, der an diesem Morgen ohnehin keine gute, eine bestenfalls enttäuschte, nachsichtige, überwiegend eine spöttisch-abwertende Presse hatte, saß unversehens im Lichte eines Mannes auf der Regierungsbank, dessen ganze Aufregung grundlos und künstlich gewesen war. Er saß dort wie in Trance und schwieg. Nach der Sitzung machten ihn die Getreuen scharf. Dazu gehörte nicht viel. Krone entschärfte ihn wieder. Dazu gehörte mehr, aber es gelang. Gewiß sei die Fraktion über Adenauers Foul erbost, andererseits wolle sie aber endlich Ruhe. Sie habe sich vor den Kanzler gestellt und könne nicht dulden, daß Erhard ihn bloßstelle. Wenn er es dennoch versuche, werde das am Ende ihm mehr als Adenauer schaden. Erhard hatte ein Einsehen und begnügte sich damit, zu Beginn seiner Rede zum Haushalt des Wirtschaftsministeriums am nächsten Tag eine vorformulierte Erklärung zu verlesen. Es sei richtig, daß Adenauer am 14. Mai seinen Rücktritt von der Kandidatur in Aussicht gestellt habe. In der Fraktionssitzung vom 26. Mai habe er die Kandidatur im Gegensatz dazu aber bestätigt und bei ihrem letzten Gespräch vor Erhards Amerika-Reise auch nicht wieder in Frage gestellt. „Ich mußte also nach Treu und Glaube annehmen, daß sich die Lage seit der Fraktionssitzung vom 26. Mai nicht mehr verändert hat". Adenauer war der Debatte auf Krones Drängen hin ferngeblieben. Die Fraktion rührte sich nicht. „Wo bleibt der Beifall?" rief ein SPD-Abgeordneter. Ein anderer rief: „Der Kanzler muß her". „Lügenkanzler!" Erhard fand zu gewohnter Form: „Wir werden nicht das kümmerliche Schauspiel der Selbstzerfleischung bieten", rief er. „Wir machen so etwas in der Familie aus ... Im übrigen zeigt sich echte Autorität im gewachsenen Lebensgefühl und im Wissen eines Mannes und in der Bereitschaft, sich einer demokratischen Ordnung einzufügen". *So* liebte die Fraktion ihren Erhard. Beifall brandete auf.[52]

Am Wochenende besuchten erst Erhard, dann Adenauer den Parteitag der CSU in München, der eine wie der andere von den Delegierten mit Ovationen gefeiert. Die leidige Affaire schien ausgestanden zu sein.

Für Adenauer war sie noch nicht ausgestanden. Er hatte Erhard gedemütigt, aber er hatte die Demütigung mit öffentlichen Lobversicherungen und Vertrauenserklärungen verbrämen müssen. Er wußte nicht, was ihn mehr ärgerte, der Inhalt jener Versicherungen und Erklärungen, oder die Tatsache, daß man ihn dazu hatte nötigen können. Er nahm die erste Gelegenheit wahr, um die Welt über die Ernsthaftigkeit seiner Auslassungen eines Besseren zu belehren. Am 16. Juni führte er mit der Deutschland-Korrespondentin der vielbeachteten New York Times ein längeres Hintergrundgespräch.[53] Man redete über die großen politischen Probleme der Zeit und kam von denen unvermeidlicherweise zu den kleinlichen Querelen in Bonn. „Ein Sturm im Wasserglas", könne man meinen, sagte Adenauer. Aber das meine *er* natürlich nicht. Denn das wäre ja gegen alle Regeln der Demokratie. „Wird bei Ihnen auch soviel von Demokratie gesprochen wie hier?" Flora Lewis fragte, ob eine Kanzlerschaft Erhards die Kontinuität der deutschen Politik gefährde. Es könne einer ein ausgezeichneter Wirtschaftsminister sein ..., sagte Adenauer. Vielleicht gewänne Erhard mit der Zeit ja noch politisches Verständnis; „aber zur gegenwärtigen Zeit muß man vorsichtig sein". Ob er glaubte, daß Erhard jemals Kanzler werde? Die Frage könne er nicht beantworten, sagte Adenauer. Von der Fraktion sei übrigens „auf das entschiedenste bestritten worden", daß er darin eine Mehrheit habe.

Flora Lewis schrieb auf der Grundlage der Unterhaltung, deren Niederschrift achtzehn Seiten füllte, einen zweieinhalbseitigen Artikel, in dem Adenauers Äußerungen zu Erhards Kanzlerambitionen in dezent pointierter Fassung ein gewisses Übergewicht erhielten. „The chancellor would not commit himself to the chances of Minister of the Economics, Dr. Ludwig Erhard, for eventual succession. But Dr. Adenauer implied that in his view neither Dr. Erhard nor Finance Minister Franz Etzel ... was now a serious possibility for the chancellory ... Dr. Adenauer sharply rejected the general impression in Bonn that Dr Erhard had the majority support of the Christian Democratic Union for the succession ... The chancellor repeated previous statements that Dr. Erhard was lacking political experience for the top job, although he called the minister „a very talented man" ... He called the political outcry over his decision, not to seek the presidency, „a tempest in a teapot".[54]

Am 18. Juni stand der Artikel in der New York Times. Am 19. Juni brach der herabgewürdigte Sturm erneut los. Erhard und die Fraktion waren aus unterschiedlichen Gründen bis aufs Blut gereizt und voll lautstarker Entrüstung - Erhard, weil er sich abermals erniedrigt fühlte, die Fraktion, weil sie Adenauers erneute Häme als flagranten Verstoß gegen ihren Befriedungs-Beschluß vom 10. Juni empfand. Die Begleiterscheinung ihres glühenden Zorns auf den Kanzler war eine wärmende Zuwendung zu Erhard.

Adenauer merkte schnell, daß er den Bogen überspannt hatte. Er ließ eilends verlauten, daß die New York Times seine Äußerungen aus dem Zusammenhang gerissen und überspitzt wiedergegeben habe. Das Bundespresseamt veröffentlichte eine lasche „Berichtigung", die eigentlich keine war. Das Wirtschaftsministerium und die Fraktion ließen sich damit nicht abspeisen. Die Szene für den showdown, der am 11. ausgeblieben war, war erneut gestellt. Das Wirtschaftsministerium unterzog das Wortprotokoll des Gesprächs und die Gesprächsfetzen in der Zeitung einer vergleichenden Analyse und kam zu dem Ergebnis: Der Artikel verfälscht und entstellt nicht. „Eine Abwertung Minister Erhards wird erkennbar". Adenauer spreche Erhard die politische Fähigkeit ab und sein persönliches Mißtrauen aus; er bestreite, daß Erhard der Favorit der Fraktion sei und würdige sein Anse-

Der Kanzler und die Kandidaten: Schäffer, Adenauer, Erhard, Etzel

hen herab. Eine Erklärung Erhards *vor* der Fraktion und eine Beratungsgrundlage *für* die Fraktion wurden formuliert.[55] Erhard verlas die Erklärung am Mittag des 19. Juni. Adenauer, schon im Bundeshaus und auf dem Weg in den Fraktionssaal, folgte Krones als „Rat" getarnter Anweisung, der Sitzung fernzubleiben. Er drehte bei und fuhr ins Kanzleramt zurück. Mit Dementis ist es nicht mehr getan, sagte Erhard. Dahinter stecke Methode. Er solle kleingemacht werden. Die Fraktion sei gefordert. Sie habe ihrer Verantwortung vor dem deutschen Volk zu genügen. Das Schicksal der Partei stehe auf dem Spiel.

Die „Beratungsgrundlage" enthielt zwei Forderungen: Adenauer habe künftig auf jede Wertung der Person und der Fähigkeiten von Kabinettsmitgliedern zu verzichten. Erhard werde in europäischen Angelegenheiten eine Stellung eingeräumt, die der des Kanzlers gleichwertig sei. Falls Adenauer auf die beiden Forderungen nicht eingehe, müsse er Erhard entlassen. Die weithin auf Ausgleich, nicht auf Entscheidung bedachte Fraktion ließ sich darauf auch in ihrem geballten Zorn nicht ein. Sie behandelte die Angelegenheit mit scharfen Wendungen gegen den Kanzler in der Sache dilatorisch. Sie mißbilligte Adenauers Äußerungen, gab ihre Meinung kund, daß Erhard „gegebenenfalls" das Zeug zum Bundeskanzler habe, und verlangte eine Klarstellung, die es ihm ermöglichte, „im bisherigen Rahmen" weiterzuarbeiten.[56]

Erhard verließ danach die Szene und fuhr zu einem abendlichen Vortrag nach Zürich. Dann war Wochenende. Wer Erhard wollte und wer gegen Adenauer auf Erhard setzte, drang in ihn, hart und entschieden zu bleiben. Nie sei die Situation günstiger gewesen. Wenigen Politikern schlage die Stunde zweimal, schrieb ihm Nannen. Erhard sei dies widerfahren. Die erste Stunde habe er verpaßt. Nun aber habe er noch einmal „die Gelegenheit, uns, Ihren Freunden, zu beweisen, daß in Ihnen notfalls auch die Härte steckt, die ein Kanzler braucht." Werde ihm abermals Genugtuung verweigert, dann müsse er zurücktreten. „Lassen Sie sich nicht ein zweites Mal zu billig einkaufen!"[57]

Adenauer erholte sich derweil von seinem ersten Schrecken und war am Sonntag schon wieder in der Offensive. *Ihm* sei in der Fraktion Unrecht geschehen, telegraphierte er an Krone. Er wolle die Konfrontation mit Erhard vor der Fraktion und dann deren Entscheidung.[58] Krone redete ihm das aus. Die Fraktion wollte keine Konfrontation, sondern die frohe Botschaft, daß die beiden Kampfhähne den Streit endgültig beigelegt hätten. Am Montag machte Krone sich mit Pferdmenges' Hilfe daran, die Voraussetzungen für jene Botschaft zu schaffen. Es war klar, daß dazu nicht Erhards Beharren auf den Forderungen seiner „Beratungsgrundlage" gehören könnte. Adenauer wäre eher im Boden versunken, als sie überhaupt und gar noch in Form einer Proklamation zu akzeptieren. Inzwischen hatte er auch in einem Brief an Erhard den Spieß umgedreht und Erhard unbegründeter Vorwürfe gegen ihn beschuldigt. Er wolle ihm das freilich nachsehen und im Parteiinteresse auf eine Richtigstellung verzichten.[59] Im Laufe des Tages brachte Krone Erhard dazu, daß er abends halb zehn gemeinsam mit Westrick ins Kanzleramt kam und von seinen Forderungen absah. Adenauer fand sich zu einer geläufigen Wiederholung seines Bedauerns und Vertrauens bereit. Am nächsten Tag verfaßten Globke und Westrick gemeinsam einen Briefwechsel von Minister zu Kanzler und von Kanzler zu Minister. Die Briefe wurden am Nachmittag in beider Anwesenheit vor der Fraktion verlesen. Erhard schrieb an Adenauer, daß er „um der Sache willen bereit (sei), alle persönlichen Empfindlichkeiten zurückzustellen", wenn er die Gewähr bekomme, daß er sein Amt um Kompetenzen ungeschmälert und persönlich ungestört fortführen könne. Und Adenauer schrieb an Erhard, daß er ihn nie haben kränken und herabsetzen wollen. Er sei „im Gegenteil von dem Bewußtsein durchdrungen, daß der Wiederaufbau unseres Landes, seine Rückkehr in die

Gemeinschaft der freien Völker und die hoffnungsvollen Ansätze zu einer europäischen Einigung weitgehend Ihrem hingebungsvollen Wirken ... zu danken sind“. Erhard dürfe als Politiker und Mensch seines vollen Vertrauens gewiß sein.[60] Jemand fand es schade, daß Adenauer die Kränkung Erhards nicht mit dem Ausdruck des Bedauerns zurückgenommen hätte. Aber wenn Erhard es zufrieden wäre, dann solle die Fraktion es um so mehr sein.[61] Erhard war's zufrieden. Seine Forderungen waren vergessen. Seine Stellung im Kabinett blieb unverändert. Sein Nachfolgeanspruch wurde nicht anerkannt.

Die Öffentlichkeit glaubte von Adenauers Brief kein Wort mehr, als dessen Verfasser selber glaubte, und die Zeitungen ließen keine Zweifel daran, wer in der ganzen Sache der große Verlierer war. Erhard hatte, als es um die Aufgabe *seiner* Präsidentschafts-Kandidatur ging, einen außerordentlichen Prestigegewinn erzielt. Er sei, schrieb ihm Alexander Rüstow damals, „sozusagen volksunmittelbar“ geworden.[62] Man hatte, als er mit Adenauer aneinandergeriet, erwartet, daß er mit diesem Kapital wucherte. Statt dessen hatte er sich zweimal gedemütigt, indem er sehr starken Worten sehr schwache Gesten folgen ließ und das Kapital auf diese Weise verspielte. Adenauer stand am Ende als Bösewicht da, dessen Ränke und Gemeinheiten man respektvoll übelnahm, Erhard als Leidensmann, über den man sich nachsichtig mockierte oder den man bedauerte. Den Ruf des Bösewichts verträgt eine Politikerkarriere ganz gut, die Pose des Leidensmannes schadet ihr. Erhard galt seitdem als angeschlagen. Auch viele Wohlwollende fragten sich, ob er Adenauers Bedenken mit seinem Verhalten nicht bestätigt habe. Sein Anspruch aufs Kanzleramt hatte viel von der Selbstverständlichkeit verloren, die ihm bei Beginn der langen leidigen Affäre in der Öffentlichkeit anhing.

Der Streit um Europa geht weiter

Der verlogene Briefwechsel schloß die akute Auseinandersetzung ab. Die überraschende Nominierung des bieder-bockigen Landwirtschaftsministers Heinrich Lübke zum Präsidentschaftskandidaten der CDU beendete zugleich die Präsidentenkrise. Lübkes Wahl am 1. Juli erwies schließlich, daß es eines Kandidaten von Bedeutung gar nicht bedurfte, um Carlo Schmid zu schlagen. Die Parteiraison reichte aus. Damit erwies sich auch, daß der ganze Aufruhr von falschen Voraussetzungen in Gang gebracht worden und letztlich zwecklos gewesen war.

Der grundsätzliche Konflikt zwischen dem alten Kanzler und seinem Wirtschaftsminister war natürlich nicht abgeschlossen und überwunden. Er bestand fort, brach fast übergangslos wieder auf und beherrschte beider politisches und persönliches Verhältnis bis zu Adenauers Tod. Es gab fortan schlechterdings nichts mehr, das nicht über kurzem zum Gegenstand internen oder öffentlichen Streits zwischen Adenauer und Erhard geraten wäre. Und es gab nur noch wenig, das von der öffentlichen Meinung nicht zum Prüfstein von Erhards Kanzlereigenschaften gemacht wurde. Das verlieh Erhards politischer Existenz in den folgenden vier Jahren etwas eigentümlich Selbstentfremdetes und Ungegenwärtiges. Erhard zehrte darin von zuvor erworbenem Ruhm, er handelte in fortgesetztem und meist reaktivem Bezug auf einen anderen und er wurde im Hinblick auf die Zukunft interpretiert.

Der Sache nach begann das im Sommer 1959 dort, wo das Präsidentschafts-Dramolett das Interesse an der Sachpolitik im Winter überwältigt hatte. Inzwischen war offenbar geworden, daß die Kohlepolitik, zu der Erhard sich hatte nötigen lassen, nicht nur gegen die Prinzipien westdeutscher Wirtschaftspolitik verstieß, sondern auch verfehlt war. Das

Kohle-Öl-Kartell unter Erhards Schirmherrschaft hielt nur wenige Monate. Dann zerbrach es. Die großen Ölgesellschaften kündigten den Vertrag, weil er sie am Konkurrenzkampf gegen wenige „Außenseiter" hinderte, die Öl um 20 bis 35 % billiger verkauften als das Kartell und damit große Marktanteile gewannen. Wer ein langes Gedächtnis hatte, der konnte den Zerfall des Kartells als späte Rechtfertigung von Franz Böhms verworfenem Vorschlag deuten, Kartelle grundsätzlich zu erlauben, ihnen aber keinen Rechtsschutz zu gewähren. Aber wer von denen, die Politik machen oder sie kommentieren, hat schon ein langes Gedächtnis? Und bedeutsamer als derlei Reminiszenz war ja auch, daß die Kohlekrise neue Lösungen verlangte. Die Halden waren unterdessen nicht geschrumpft, die Arbeitsplätze im Kohlebergbau mehr denn je unter dem Druck von Produktivitätssteigerungen einerseits und Absatzmangel andererseits. Im Ruhrgebiet geschah Unerhörtes: Massendemonstrationen fanden statt, und Ludwig Erhard mußte dabei als Watschenmann herhalten. Ihm gab man die Schuld, auf ihn entlud sich der Protest. Das war zwar ungerecht, hatte als eine Art Umkehr der öffentlichen Beziehung zwischen dem westdeutschen Wirtschaftswunder und Erhards Popularität aber doch auch wieder eine gewisse Richtigkeit. Doch wie auch immer, Erhard erweckte jedenfalls den Eindruck, als ließe es ihn gleichgültig, während er die unverhoffte Möglichkeit, die ordnungspolitische Scharte auszuwetzen, begrüßte und zu nutzen versuchte. Er tat dies allerdings höchst läßlich.

Erhard machte, als das Wirtschaftskabinett in der ersten Augusthälfte über geeignete kohlepolitische Maßnahmen beriet, am Tegernsee Urlaub und dachte nicht daran, den Urlaub für die Teilnahme an den Beratungen zu unterbrechen. Westrick vertrat ihn in der Runde und vertrat dabei seines Ministers Meinung, die Einfuhr und den Vertrieb von Öl trotz Scheitern des Kartells und drastischem Ölpreisfall keinen zusätzlichen Belastungen zum Schutz der Kohle zu unterwerfen. Es sollten nur die im Winter eingeführten Belastungen beibehalten und selbst diese im Zeitverlauf degressiv gestaltet werden, um einen fortdauernden Rationalisierungs- und Anpassungsdruck auf die Montanindustrie auszuüben. Das Wirtschaftskabinett war mehrheitlich anderer Meinung. Es schlug vor, außer Schweröl, das hauptsächlich industriell genutzt wurde, nun doch auch Leichtöl, das hauptsächlich Haushalte zum Heizen kauften, mit einer Steuer in Höhe von 40 bis 50 % des Preises zu belegen. Westrick traf sich mit Erhard in München, und Erhard stimmte dem Vorschlag einerseits „gegen innere Widerstände" und andererseits in dem Bewußtsein zu, daß seine Verwirklichung den Zechen nicht viel hülfe.[63] Dann begab er sich auf eine längere Reise nach Griechenland und in die Türkei.

„Unserem Wirtschaftsminister bekommt das Reisen nicht", schrieb der Publizist Paul Sethe.[64] Während das Ministerium den Steuervorschlag in seiner Abwesenheit zu einer Kabinettsvorlage verarbeitete, erhob sich heftiger, öffentlicher und politischer Widerstand gegen die Verteuerung des Heizöls und griff mit solch starkem Nachdruck um sich, daß die Vorlage als gescheitert gelten mußte, bevor das Kabinett auch nur darüber beraten hatte. Das war die Lage, als Erhard heimkehrte. Auf die Sache hin besehen hatte er durchaus seinen Gefallen daran. Er ließ denn auch umgehend verlauten, daß die Steueridee nicht seinem Denken entsprungen wäre. Politisch war die Situation aber natürlich höchst ärgerlich. Und für Adenauer machte die Verlautbarung sie noch ärgerlicher. Im Gegensatz zu Erhard verließ der Kanzler vorübergehend seinen Urlaubsort, um eine Sondersitzung des Kabinetts zur Kohlefrage höchstpersönlich zu leiten. Und er nützte die Gelegenheit dazu, Erhard anhaltende kohlepolitische Einfalls- und Tatenlosigkeit, dazu Urlaubsträgheit und Reisefreudigkeit vorzuwerfen und verlangte vom Wirtschaftsministerium ein energiepolitisches Gesamtkonzept. Die Steuervorlage wurde unerledigt zurückgegeben.

Die Vorwürfe drangen an die Öffentlichkeit. Das sollten sie wohl auch. Paul Sethe hatte gewiß nicht unrecht, als er darauf verwies, daß Adenauer damit gleichsam seinen Befriedungsbrief, der kein Versöhnungsbrief gewesen war, widerrief. „Der Sinn der Vorwürfe des Kanzlers ist ziemlich klar", schrieb er. „Vor einem Vierteljahr hat er zu Ludwig Erhard gesagt: Du bist sicher ein glänzender Wirtschaftsminister, aber zum Kanzler reicht es bei Dir nicht. Heute sagte er ihm: Nicht mal ein guter Wirtschaftsminister bist Du". Sagte es und fuhr zurück nach Cadenabbia. Erhard hingegen sagte zwei Tage später bei der Eröffnung der Frankfurter Herbstmesse, daß die Probleme des Bergbaus im Zeichen der anlaufenden Hochkonjunktur ohne soziale Härten unschwer gelöst würden. Jegliche Dramatisierung wäre fehl am Platz und nichts schlimmer als das energiepolitische Gesamtkonzept - in Erhards Terminologie: der „Energieplan" -, das hier und da von ihm gefordert werde.

Er dachte denn auch nicht daran, dergleichen zu entwickeln, sondern verfolgte mit seiner Energie die widrige Steuervorlage weiter, die ihm erst aufgedrungen und dann zurückgewiesen worden war. Als Adenauer endgültig aus dem Urlaub zurückkehrte, hatte er sowohl den Unternehmensverband Ruhrbergbau wie die Industriegewerkschaft Bergbau für sie und die ergänzende Idee gewonnen, das Steueraufkommen für Rationalisierungsmaßnahmen im Bergbau und für die Umschulung von Bergarbeitern zu verwenden wären. Unter dieser Voraussetzung passierte die Vorlage bei nächster Gelegenheit das Kabinett, brauchte dann freilich noch sieben Monate, ehe sie durch den Bundestag war und - mit verminderten Steuersätzen - rechtskräftig wurde. Unterdessen nahmen die wirtschaftlichen Schwierigkeiten des Kohlebergbaus weiter zu, und durch die Heizölsteuer wurden sie kaum gemindert. Das Problem blieb anhängig.[65]

Und das galt selbstverständlich auch für den teils auf offener Bühne, teils hinter den Kulissen ausgetragenen Konflikt zwischen dem Kanzler und seinem Minister. Es gab fast nichts mehr, das Erhard Adenauer rechtmachen konnte und zuweilen schien es so, als wäre Erhard geradezu süchtig danach, Adenauer Vorwände für herabwürdigende Äußerungen seiner zunehmend haßerfüllten Abneigung zu geben. Es mußte ihn ja doch der Hafer stechen, daß er - drei Tage nach der Anrüffelung im Kabinett - glauben konnte, den Großmeister der internationalen Politik neuerdings auch in dessen Arkanum eines Besseren belehren zu sollen. Adenauer hatte, nachdem das Berlin-Ultimatum vorerst folgenlos abgelaufen war, unter dem Eindruck amerikanischer Bemühungen, das Verhältnis zur Sowjetunion zu entspannen, einen in der Sache unverändert entschiedenen, im Ton aber friedfertig-freundlichen Briefwechsel mit dem sowjetischen Partei- und Regierungschef Nikita Chruschtschow eingeleitet. Am 27. August schrieb er an Chruschtschow, daß er weder den Sozialismus noch Sozialisten noch sozialistische Staaten hasse. Mehr noch: Er gebe sogar zu, daß der Sozialismus in „bestimmten Stadien der Entwicklung eines Volkes" fortschrittsfördernd wirken könne. Erhard las dies, und es gefiel ihm nicht, weil es sozialistische Experimente in Entwicklungsländern zu legitimieren schien. Er teilte Adenauer dies und bei der Gelegenheit auch gleich noch seinen Wunsch mit, endlich einer schon lange vorliegenden Einladung in die Sowjetunion zu folgen.[66] Den Wunsch hatte er letzthin auch schon in der Öffentlichkeit kundgetan und dabei den Zweck einer Moskaureise dargelegt: Er wolle die Sowjetführer von der Überlegenheit der westlichen Wirtschafts- und Sozialordnung überzeugen und ihnen die Vorteile nahebringen, die eine friedliche Regelung der deutschen Frage in deutschem Sinne für sie habe.[67] Adenauer fertigte ihn ab: „Ich verstehe nicht den Sinn und Zweck ... Ihres Briefes ... Allgemein bemerkt, kann ich eine Kritik von Ihnen nicht annehmen ... Ihnen eine Reise nach der Sowjetunion zu genehmigen, bin ich bis auf weiteres nicht in der Lage ... Die Kohlefrage macht mir nach wie vor größte Sorge."[68]

Der ungleiche Kampf ging weiter, und der Duktus des Briefes gab zu erkennen, daß Adenauer mehr denn je entschlossen war, ihn schonungslos zu führen. Erhard bekam das fortan ein ums andere Mal zu spüren, litt darunter jämmerlich und um so jämmerlicher, als er es im Grunde nicht begriff und nicht glauben konnte und weil er praktisch dagegen wehrlos war. Wehrlos dagegen war er, weil zweierlei für ihn nicht in Frage kam: die Anführung eines Aufstandes gegen den Alten und der Rücktritt vom Amt. Die Anführung eines Aufstandes wäre der Anstiftung zum Vatermord gleichgekommen; zum Mord an einem Vater noch dazu, von dem Erhard unabänderlich mental abhängig war und dem er ein höheres und vorrangiges Recht zu loben und zu tadeln, zu belohnen und zu strafen, auszuzeichnen und zu verwerfen, durchaus zugestand. Nur deshalb litt er doch so sehr. Er konnte sich über die Tadel, über das Strafende und Verwerfende in Adenauers Worten und Taten nicht hinwegsetzen, weil er des großen Kanzlers grundsätzliches Recht zu dergleichen in seinem Innersten anerkannte. Und noch weniger konnte er sie natürlich begreifen und glauben, weil doch sein Selbstverständnis so voll des Lobes und des Anspruchs auf Belohnung und Auszeichnung war. Er wollte, ganz im Gegenteil, daß *dessen* Berechtigung endlich auch Adenauer begriffe, und er ließ nicht von seinem Glauben, daß Adenauer es schließlich und unvermeidlich begreifen *müßte*. „Möchten Sie, sehr verehrter Herr Bundeskanzler," schrieb er ihm auch fernerhin bei wiederholter Gelegenheit ebenso rührend wie vergeblich, „doch endlich einsehen, daß ich in den elf Jahren, in denen wir zusammenarbeiten, trotz Ihrer immer wieder aufkommenden Zweifel die wirtschaftliche und soziale Situation in der Bundesrepublik immer richtig beurteilt und daß ich mir damit Anspruch auf Ihr Vertrauen erworben habe".[69] Und sobald er einen Schimmer jenes Vertrauens zu erblikken meinte, ging es ihm gut. „Erhard ist glücklich; der Kanzler hat ihn nach Cadenabbia eingeladen", notierte Krone im Mai 1960 in sein Tagebuch.[70] Nein, einer, der der väterlichen Huld so bedürftig war, der konnte sich gegen den Alten nicht erheben. Erhard wollte Kanzler werden. Er mußte Kanzler werden. Er war sicher, daß er Kanzler würde, daß ihm das Amt nach Adenauers Ausscheiden mit Notwendigkeit zufiele. Aber er hatte zugleich das peinigende Empfinden, daß, ungeachtet aller Verdienste und Ansprüche, dem Zufall und seiner Kanzlerschaft die letzte Würde und Wahrhaftigkeit fehlten, wenn sie des patriarchalen Segens entbehrten. Was war Erhard die ganze Popularität, wenn der eine das beschworene Einsehen nicht haben wollte? „Erhard war in diesen Tagen bei mir. Was wünscht er sich sehnlicher, als daß Konrad Adenauer es ist, der ihn der Fraktion als Nachfolger im Kanzleramt empfiehlt". „Ludwig Erhard wieder bei mir. Die alte Frage. Er hatte den Kanzler erneut ... gebeten, ihm doch zu erklären, daß er mit ihm für später als Kanzler einverstanden sei ... Erhard war unzufrieden und niedergedrückt."[71]

Denn Adenauer war mit Erhard als Kanzler nicht einverstanden, wurde damit nicht einverstanden und dachte deshalb nicht im Traum daran, die ersehnte Erklärung abzugeben. Wie er sie denn bloß immer noch erwarten könne, fragte Krone Erhard Anfang 1961.[72] Wie hätte Erhard es anstellen sollen, sie nicht mehr zu erwarten? Deshalb brachte er es auch nicht fertig, tatsächlich zurückzutreten, wenn Adenauer, statt ihn zu designieren, wieder und wieder auf ihn einhackte, in der Sache mal begründeter- und mal unbegründeterweise, in der Form immer boshafter und vernichtungswilliger. Der Rücktritt wäre einer Aufgabe der Erwartung gleichgekommen und hätte nur noch den Kampf übriggelassen, zu dem Erhard nicht fähig war. Ganz abgesehen davon, daß sich die Position, von der her der Kampf zu führen gewesen wäre, und die Aussicht, ihn zu gewinnen, infolge eines Rücktritts bemerkenswert verschlechtert hätten. Erhard wäre der personalen Ausstattung und der propagandistischen Möglichkeiten verlustig gegangen, die ihm das Amt boten, und er hätte seinen Rückhalt an der Öffentlichkeit zumindest stark gefährdet. Otto Friedrich hatte nicht unrecht gehabt, als er ihm nach Adenauers demütigender Aufgabe der Präsidentschaftskandidatur dringlich - und überflüssigerweise - davon abriet, als Wirtschaftsminister zurückzutreten, um als Kanzlerkandidat im Triumph wiedergeholt zu werden: Sein Rücktritt werde sich der wirtschaftlichen Entwicklung nicht weiter mitteilen, die Menschen könnten alsbald merken, daß es ohne ihn gehe, seine Popularität möchte schwinden und mit ihr das Gefühl der Fraktion, ohne ihn bei der nächsten Wahl nicht auskommen zu können.[73]

Da Erhebung und Rücktritt also gleichermaßen ausgeschlossen waren, blieb Erhard im Streit mit Adenauer nicht viel mehr als die Rolle des gewöhnlich leidenden und gelegentlich hoffenden, in seinem Leid zuweilen aufbegehrenden und in seiner Hoffnung wieder und wieder enttäuschten Dulders. Wenn diese Rolle sein Dasein in den folgenden vier Jahren auch nicht ganz und gar ausgefüllt haben mag, so hat sie es doch wesentlich bestimmt und dabei stark verdüstert und verkümmert. Vielleicht wäre das alles weniger bös' und schlimm geraten, wenn Erhard mit ein wenig mehr politisch-persönlicher Sensibilität und Geschmeidigkeit begabt gewesen und mit etwas mehr Geschick und taktischer Klugheit vorgegangen wäre. Aber es fehlte ihm das eine und er tat das andere nicht, war überdies nicht immer gut beraten, gutem Rat allerdings auch nicht leicht zugänglich und forderte die Anwürfe Adenauers und den Streit nicht selten selbst heraus.

Hauptsächlicher Gegenstand der Auseinandersetzung blieb die Europapolitik. Die Meinungen und Fronten waren seit dem Scheitern der Freihandelszonen-Verhandlungen unverändert. Sie hatten sich seither allenfalls verfestigt. England verhandelte seit einiger Zeit mit den drei skandinavischen Ländern sowie Portugal, Österreich und der Schweiz über die Einrichtung einer räumlich und sachlich beschränkten European Free Trade Association (EFTA) ohne weitere Harmonisierungsabsichten und institutionelle Grundlagen. Der erfolgreiche Abschluß der Verhandlungen stand bevor. Die EFTA war das, was Erhard sich *statt* der EWG für ganz Europa gewünscht hatte. *Neben* der EWG erschien sie ihm als Vorbote einer ökonomischen Katastrophe - an der freilich die EWG schuld war -, weil sie Europa in zwei einander abgewandte Handelsblöcke teile und wichtige Handelsverbindungen durchtrenne. Er drängte darauf, daß die EWG umgehend Verhandlungen über einen irgendwie gearteten Zuammenschluß der beiden Gemeinschaften einleitete. Das war nicht Adenauers Meinung. Der Kanzler hatte längst kein ernsthaftes Interesse mehr an einer großen europäischen Freihandelszone, ein um so größeres hingegen an der ungestörten Konsolidierung und dem Erfolg der EWG. Die EWG galt ihm als Einrichtung, in der deutsch-französische Zusammenarbeit in europäischen Zusammenhängen und auf die politische Einheit Europas hin möglich war, die große Freihandelszone als eine britisch inspirierte Veranstaltung, die der europäischen Integration widerstrebte, die deutsch-französische Freundschaft gefährdete und durch beides Deutschlands Stellung in der Welt schwächte. In dieser Sichtweise bestärkten ihn Macmillans unverwundene Extratour nach Moskau und de Gaulles berlin- und deutschlandpolitische Standhaftigkeit in jüngster Zeit. Adenauer war ihretwegen geneigt, britischen Ansinnen und Absichten zu mißtrauen und sich Frankreichs Vorstellungen und Wünsche zu eigen zu machen. Frankreich aber wünschte die innere Festigung und eine gewisse Apartheit der EWG, nicht deren Diffusion. Wenn Erhard nicht davon abließ, gegen die EWG zu polemisieren und für die Freihandelszone zu plädieren, dann - so sah es Adenauer - nahm er damit Englands Partei, stieß Frankreich vor den Kopf, verletzte Deutschlands Interessen und bewies mit alledem seinen politischen Unverstand. Mit ihm sahen dies auch Außenminister von Brentano und Franz Etzel so.

Und Erhard ließ nicht davon ab. Noch während des quälenden Präsidentschafts-Debakels, Ende März 1959, hatte er Adenauers Zorn und beiläufig auch das Kopfschütteln der Wohlgesinnten durch eine Rede am falschen Ort mit falschem Zungenschlag hervorgerufen. Der Ort war Rom, wo fast genau auf den Tag zwei Jahre zuvor der Gründungsvertrag der EWG unterschrieben worden war, der Anlaß ein halbamtlicher Vortrag im Zentrum für Studien zur internationalen Aussöhnung. Im Auditorium saß fast die gesamte, sehr EWG-freundliche italienische Regierung. Erhard sprach wie üblich frei. Weil und wie er das gewöhnlich tue, meinte Franz Etzel zur Kennzeichnung von Erhards öffentlichen Reden im allgemeinen und mit besonderem Verweis auf jene „berühmte, törichte Rede in Rom" einige Monate später, wisse Erhard „oft gar nicht mehr, was er sage und gesagt habe."[74] Daran war sehr viel Richtiges und es steckte darin ein gut Stück Erklärung sowohl seiner oratorischen Erfolge wie seiner oratorischen Verfehlungen. Wenn Erhard im Zuge war, dann strömte es ihm zu und aus ihm heraus, gewaltig und bedenkenlos, ein Wort gab das andere, hinreißend oder ärgerniserregend. In Rom sagte er, daß Europa an der EWG leiden werde, solange deren Mängel in einer großen Freihandelszone nicht aufgehoben würden. Man tue allenthalben so, als seien die Römischen Verträge der Weisheit letzter Schluß und die Institutionen, die sie geschaffen hätten, unantastbar. Man mystifiziere die Sechsergemeinschaft. Er sei nicht bereit, das mitzumachen. Europa sei eine zu ernste Sache und er ein zu guter Demokrat, als daß er sich's nehmen lassen könne, „überall die kritische Sonde anzulegen, um über alle Fährnisse zu einem guten Ende zu gelangen."[75]

Im Saale herrschte Betretenheit. Am nächsten Tag las Adenauer es in der Zeitung. Die Abmahnung folgte umgehend, im Tenor bei aller Entschiedenheit freundlicher, als dem Kanzler zumute war. „Ich muß Sie leider ... ernsthaft bitten, die augenblickliche politische Lage bei Ihren Reden zu berücksichtigen. Gerade in diesem Augenblick, in dem Großbritannien ... uns auf das schwerste schädigt, und wir auf die Hilfe Frankreichs unbedingt angewiesen sind, ist es völlig unmöglich, daß Sie eine Rede halten, die Frankreich verletzt und Großbritanniens Haltung billigt. Derartige Ausführungen stehen im größten Gegensatz zu den Ihnen doch bekannen Richtlinien meiner Politik".[76] Müller-Armack wurde tags darauf im Kabinett angeblafft, ob er die Reden seines Ministers kennte? „Sagen Sie Herrn Erhard, daß ich solche Reden nicht mehr hören möchte".[77]

Was an solchen und an Ausfällen gleicher Art willentliche Aufgeregtheit, was aufrichtige Sorge war, das ist schwer voneinander zu scheiden. Gewiß machten Adenauer in erster Linie tatsächlich höchst unterschiedliche europapolitische Zwecksetzungen gegen Erhard scharf. Andererseits schärfte der Widerwille gegen Erhard und der Widerstand gegen dessen Kanzlerambitionen aber wohl auch Adenauers europapolitische Überzeugungen und Argumentationsmuster. Das galt z. B. für die Feststellung, daß die USA nur unter der Voraussetzung deutsch-französischer Zusammenarbeit und des Fortgangs der europäischen Integration nach dem Muster der Römischen Verträge weiter zu Europa ständen. Dafür gab es weder Anzeichen noch Gründe, auch wenn die amerikanische Administration für den Integrationsansatz der Sechs sehr viel mehr und für Englands europapolitische Eigenwilligkeiten sehr viel weniger übrig hatte, als Erhard glauben machen wollte. Besser begündet und deshalb als Sorge glaubhafter war Adenauers Vorhaltung, daß Erhards öffentliche Geringschätzung der EWG und sein Drang zur Freihandelszone vor allem in Frankreich, aber auch in Italien Mißtrauen in die deutsche Europapolitik hervorriefen und dadurch zu Deutschlands und Europas Schaden nationalistisch-antieuropäischen Sentiments und Kräften in Frankreich Auftrieb verliehen. Dafür *gab* es Anzeichen. Die deutsche Botschaft in Paris stellte sie im August 1959 in einem langen Bericht ans Auswärtige Amt zusammen und resümierte: „Die französische Sorge gilt den Grundkonzeptionen eines Mannes wie Wirtschaftsminister Dr. Erhard ... Man hat guten Grund anzunehmen, daß Dr. Erhard auf jedem Posten der Mann seines Faches und seiner Doktrin bleiben würde und daß er ... das Wirtschaftliche dem Politischen oder die Perspektive unmittelbarer Vorteile für sein Land einer strengen Kontinuität" der von Adenauer im Einklang mit de Gaulle verfolgten Europapolitik schwerlich opfern würde.[78]

Erhard stritt natürlich auch nach Adenauers märzlichen Mahnungen weiterhin gegen die EWG und für die Freihandelszone, bestritt zugleich die Stichhaltigkeit solcherart Deutung seines Tuns und hatte mit dem Widerspruch keine gedankliche Mühe. „Zusammen mit einigen Mitarbeitern beim Kanzler", notierte Krone am 7. Oktober 1959, „Kontroverse mit Erhard über seine Europapolitik. Er sieht's nicht ein, daß er unsere Europapolitik zwielichtig erscheinen läßt".[79]

Er sah es nicht ein und ließ wenige Tage später eine seiner notorischen Werbeanzeigen in allen wichtigen Zeitungen erscheinen. Richtig gelöst: 6 + 7 + 5= 1! Im Klartext: Europa soll ökonomisch eins sein. Und damit es eins wird, müßten sich die EWG, die EFTA und die fünf Länder der OEEC, die keiner von beiden Gemeinschaften angehören, Irland, Island, Spanien, Griechenland und die Türkei, zusammenschließen. Darunter Erhards Konterfei vor den Fahnen der europäischen Länder, drumherum ein längerer Text mit dem sinnigen Satz: „Die Wirtschaft Europas läuft auf vielen Rädern und auf mehr als nur einer Achse". Das Ganze mit dem Faksimile von Erhards Unterschrift gezeichnet.[80]

Der Kanzler barst. Erhard wurde ins Palais Schaumburg zitiert und abgekanzelt. In der nächsten Kabinettssitzung erklärte Adenauer den Vorrang des Ausbaus der EWG vor der Einrichtung einer Freihandelszone ausdrücklich zur Richtlinie seiner Politik. Erhard sagte zu seiner Entschuldigung, daß er den Anzeigentext nicht selbst formuliert habe.[81]

Keine drei Wochen später barst Adenauer erneut. Am Morgen des 13. November wurde ihm hinterbracht, daß Erhard am Vorabend europapolitisch engagierte Bundestagsabgeordnete in seinem Haus um sich versammelt und vor ihnen gegen die EWG und gegen die Europapolitik der Bundesregierung vom Leder gezogen habe. Sogar SPD-Abgeordnete seien dabei gewesen. Das war natürlich falsch. Aber Adenauer glaubte inzwischen alles, was sich gegen Erhard verwenden ließ und verwendete es umgehend gegen ihn. „Ich bitte um gefällige Stellungnahme" - nicht nur zur Teilnahme der Oppositionellen natürlich, sondern vor allem zum Vorwurf feindseliger Haltung gegen Europa und die amtliche Europapolitik. Erhard rief Adenauer gleich nach Erhalt des schroffen Briefes an, sagte ihm, daß er falsch oder mißverständlich unterrichtet worden sei und dachte, daß sich die Sache damit erledigt hätte. Für Adenauer hatte sie sich noch nicht erledigt. Als Erhard fast vier Wochen später um ein europapolitisches Gespräch bat, schlug Adenauer die Bitte mit dem Hinweis ab, daß immer noch die „gefällige Stellungnahme" zu den Vorwürfen vom 13. November ausstehe.[82]

In der Zwischenzeit war er zu politischen Besprechungen mit Macmillan in London und mit de Gaulle in Paris gewesen. Die Gespräche mit de Gaulle waren in schönster Eintracht verlaufen, mit Macmillan hatte Adenauer sich gestritten, daß bei Herren von weniger vornehmer Gelassenheit die Fetzen geflogen wären. Macmillan hatte schließlich sogar damit gedroht, daß Großbritannien seine Truppen aus Deutschland zurückziehe, falls die Bundesregierung nicht nachdrücklich auf eine Einigung von EWG und EFTA hinwirke. „Ich fand diese Drohung ... sehr peinlich und Musik in den Ohren Chruschtschows", schrieb Adenauer ein paar Monate später an Theodor Heuss.[83] Das war eine vom Zeitverlauf abgeklärte Kennzeichnung seiner akuten Empfindungen. Der akute Zorn auf

Macmillan entlud sich auf dessen deutschen „Stellvertreter". An Anlässen dazu herrschte kein Mangel. Erhard redete bei jeder auch nur halbwegs passenden Gelegenheit geradezu zwanghaft über europapolitische Notwendigkeiten und europapolitische Verfehlungen und hielt auf diese Weise die Wut des Kanzlers auf seinen widerspenstigen Minister in jederzeit aufwallbereitem Kochen. Diesmal kochte sie im CDU/CSU-Fraktionsvorstand über: Politisch unverantwortlich, disziplinlos und was nicht alles noch. Erhard saß dabei und schwieg.[84] Nach einer Weile verließ er die Sitzung und kam zwei Tage später um einen Gesprächstermin ein. Statt ihm einen zu geben, forderte Adenauer die Antwort auf seinen vier Wochen alten Brief an. Erhard schrieb die Antwort natürlich, aber er bockte dabei auf ungewohnte Weise. Gewiß habe er an jenem Abend darüber geredet, daß Europa in wirtschaftliche Blöcke zu zerfallen drohe und daß dies verhindert werden müsse. Wer könne ihm deswegen einen Vorwurf machen? „Da ich also beim besten Willen nicht weiß, welcher Schuld man mich zeiht, sehe ich mich auch außerstande, mich zu einem mir unbekannten Gegenstand zu äußern".[85] Das war das. Aber es war noch nicht das letzte Wort, das die beiden im europapolitisch akzentuierten Streit einander in diesem Jahr zu sagen hatten. Der Knalleffekt stand noch aus. Der erfolgte höchst passend zu Silvester. Am 29. Dezember stand ein weiteres Erhard-Inserat in den Zeitungen. Seit Karl Hohmann sich das persönliche Management und die Vermarktung seines Ministers angelegen sein ließ - und dabei übrigens Erhards Vertrauen in einem Maße gewann, dessen sich allenfalls noch Ludger Westrick je hatte versehen dürfen -, wurde dieses Mittel der persönlich-vertraulichen Hinwendung des Vizekanzlers zum Volk mit vorher unbekannter Virtuosität und Regelmäßigkeit genutzt, mochten sich neidische Ministerkollegen darüber auch noch so ereifern. Die neueste Anzeige rief den Deutschen unter der Überschrift: „Seien wir wachsam und besinnlich!" am Jahreswechsel Ludwig Erhards Sorgen und Hoffnungen zu Bewußtsein, auch seine europapolitischen Sorgen und Hoffnungen selbstverständlich: „Wir laufen Gefahr, in schicksalhaften Entwicklungen zu versagen", lasen sie. „Ob Europa zusammenfindet oder sich in feindlich gespannte Blöcke zerspaltet; ob die europäische Wirtschaft bürokratisiert oder aber weltaufgeschlossen und freiheitlich zusammenwächst - in jedem Fall wird uns äußerste politische wie wirtschaftliche Wachheit und Wendigkeit abgefordert".[86] Der Satz war ebenso bedeutungsvoll wie sinnlos. Adenauer kam es auf die Bedeutung, nicht auf den Sinn an: Die EWG als Widerlager von Einheit und Freiheit in Europa. Bisher hatte er sich noch jedes Jahr dazu verstanden, Erhard zum Jahresende ein paar Sätze von gemäßigter Herzlichkeit zuzuwenden. Diesmal schrieb er: Trotz seiner Bitte um Unterlassung habe Erhard abermals eine Annonce veröffentlicht, „wie sie von dem Propagandaleiter eines großen Verkaufsunternehmens vielleicht angebracht erscheint, nicht aber für einen Bundesminister, geschweige denn für den Stellvertreter des Bundeskanzlers ... Ich bedaure, Ihnen mitteilen zu müssen, daß - wenn sich dieser Vorgang wiederholt - Sie mich zwingen, Ihre Ernennung zu meinem Stellvertreter zu widerrufen. Hochachtungsvoll Adenauer."[87]

Das war das letzte Wort, das Adenauer im abgelaufenen Jahrzehnt zu Erhard, und es war so ungefähr das erste Wort, das er im beginnenden zu Krone sprach: Wenn sich die Zusammenarbeit nicht bessere, werde er Erhard seine Stellvertretung entziehen.[88] Die Zusammenarbeit besserte sich nicht; auch jener Vorgang wiederholte sich und Erhard blieb dennoch Vizekanzler. Auf *den* Versuch konnte Adenauer es nicht mehr ankommen lassen. Dazu war Erhards Stellung in der Öffentlichkeit und beim Parteivolk immer noch zu stark und seine eigene Stellung nicht mehr stark genug. Im übrigen hatte der alte Kanzler sich von dem Schlagabtausch und den Niederschlägen im Frühjahr 1959 aber merklich besser erholt als der junge Kanzleraspirant. Otto Friedrich, der Gemütslage nach Erhard-Freund

und Adenauer-Skeptiker, erlebte sie um diese Zeit gemeinsam bei der Zehnjahresfeier des BDI und schrieb nur für sich selber auf, was sein Verstand ihn dabei erkennen ließ: Adenauer machte „den Eindruck des absolut überlegenen Politikers". Erhard wurde an ihm gemessen und erfüllte die Erwartungen nicht. Adenauer zog die langen politischen Linien und verband sie mit den wirtschaftlichen Gegebenheiten und Bedürfnissen; er entbot dem Jubilar seine Anerkennung und ersparte ihm kritische Einwände nicht; interessant all dies, souverän und witzig. „Erhard dagegen griff alle von Berg pflichtgemäß entwickelten Tagesprobleme auf und wühlte in deren Wunden". Der gleichwohl starke Beifall für den Wirtschaftsminister - auch ein Ausdruck von Sympathie für den „underdog"! Friedrich versuchte, Erhard das beizubringen. „Leider wurde sofort von umherstehenden Ohrenbläsern das Gegenteil in schmeichlerischster Form vorgetragen". Nachdem Erhard den Empfang vorzeitig verlassen hatte, machte Friedrich noch eine andere Erfahrung. Er sprach mit Langer und stellte fest, daß der Nachfolger Müller-Armacks als Leiter der Grundsatzabteilung seine persönlich-vertraulichen Briefe an Erhard kannte. „Hiernach stimmt es also, daß er heute alles mit Langer, Hohmann und wahrscheinlich Westrick durchspricht. Man kann also ebensogut (oder noch besser) eine Begegnung *mit* diesen Herren herbeiführen, weil dann gleich alles an Argumenten zutage tritt".[89]

Es stimmte. Erhard war inzwischen ein Mann unter Einfluß. Wobei die Einflußnahme nicht seinen wirtschaftlichen Anschauungen und wirtschaftspolitischen Absichten galt, sondern sich auf sein persönlich-politisches Selbstverständnis, Wollen und Gebaren richtete. Das interessierte und beschäftigte die eigentliche Führungsmannschaft des Ministeriums seit geraumer Zeit viel mehr als die Wirtschaftspolitik, die auch Erhard selbst längst nicht mehr auslastete. Deshalb wohl fühlte Alfred Müller-Armack sich nun vollends an den Rand gedrängt und für Minister und Amt von keinem weiteren Nutzen mehr. Erhard bediente sich kaum mehr seines Rats und war nur noch selten für ihn zu sprechen. Mit Westrick verstand Müller-Armack sich weniger denn je, und die Kamarilla schloß ihn aus. Die Europaabteilung war dem Ministerium eher beigegeben, als daß sie ihm angehörte, und ihr Leiter lief eher mit, als daß er in Angelegenheiten „des Hauses" noch mitsprach. Müller-Armack ging das auf die Nerven. Es verletzte auch seinen Ehrgeiz und seine Eitelkeiten. „Die Einschränkung meiner Wirkungsmöglichkeiten im Hause", schrieb er am 22. Januar 1960 an Erhard, hat „eine Grenze erreicht, bei der ich meine Verantwortung für die europäische und meine Mitverantwortung für die deutsche Wirtschaftspolitik nicht mehr wahrzunehmen vermag". Er habe die Hoffnung auf eine zumutbare Arbeitsbasis bis auf weiteres verloren. Da er mit Erhard vor dessen längerer Ägyptenreise nicht mehr darüber reden könne, ob ihm nicht nur die Hoffnung, sondern auch die Basis wiederzubeschaffen sei, oder ob er um seiner Selbstachtung willen das Amt verlassen müsse, bitte er fürs erste um Urlaub.[90]

Das Gespräch zwischen dem Minister und seinem gekränkten und enttäuschten Staatssekretär konnte auch nach Erhards Rückkehr aus Ägypten nicht gleich geführt werden. Denn Erhard kehrte als schwerkranker Mann zurück. Bisher war er trotz Übergewicht und Bewegungsmangel von gesundheitlichen Problemen verschont geblieben. Er laborierte an niedrigem Blutdruck und war morgens noch nicht recht zu gebrauchen. Außerdem war er von ziemlich unausgeglichenem Temperament, bald aktiv und drängend, bald matt und lethargisch, jetzt obenauf, dann depressiv. Die Öffentlichkeit nahm nur die eine Seite wahr. In den Zeitungen erschien er als der ewig optimistische, phantasiereiche Dynamiker. Der war Erhard nicht. Das erklärte zu einem Teil auch sein Verhalten in Situationen, in denen man Geistesgegenwart und Streitbarkeit von ihm erwartete, aber Geistesabwesenheit und

Schweigsamkeit erlebte. Nun mochten die Schwankungen des Blutdrucks und der Gemütsverfassung Erhards Wohlbefinden zeitweise beeinträchtigen, im übrigen war er von scheinbar unverwüstlicher Gesundheit. Adenauer wurde jährlich mindestens ein-, gewöhnlich zweimal von schweren Affektationen der Atemwege heimgesucht und in sein Rhöndorfer Heim verwiesen, Außenminister von Brentano galt als gesundheitlich ruiniert und brachte sich durch den unausgesetzten Konsum von Zigaretten, Kaffee und Tabletten allmählich um, Franz Blücher, Erhards Vorgänger als Vizekanzler und Etzels Nachfolger als Vizepräsident der Hohen Behörde, war bereits gestorben und Franz Etzel, Erhards Konkurrenten um die Kanzlerschaft, spielten neuerdings erhebliche Herz-Kreislauf-Probleme übel mit. „Etzel ist wegen seiner Krankheit nicht mehr der, der er war," vermerkte Heinrich Krone kummervoll. Er kam deswegen schon ein halbes Jahr nach dem widrigen Gerangel als Adenauers Nachfolger kaum mehr in Frage. Ludwig Erhard war älter als Brentano, Blücher und Etzel, 63 inzwischen, und schien von dergleichen dennoch unangefochten zu sein. Er mied Überanstrengung, gewiß, und pflegte, wenn er in Bonn war, eine gewisse Ebenmäßigkeit der Lebensführung. Er schlief, wo immer es möglich war und konnte überall schlafen. Er begab sich regelmäßig zur „Kur", vor allem um abzuspecken, und legte Wert auf kürzere und längere Ruhepausen am Tegernsee. Die zahlreichen, zumeist langen Dienstreisen nahmen ihn zwar körperlich mit, erhoben ihn aber zugleich aus den Niederungen des politischen Alltags in Bonn, ließen ihn sich *so* erleben, wie er sich verstand, boten Gelegenheit zu bildsamer Entspannung und taten ihm insgesamt wohl. Nur hätte ihm das alles wenig genützt, wenn er nicht vorweg vom Himmel mit einer physischen Robustheit versehen worden wäre, um die man ihn beneiden konnte.

Um so größer war der Schreck, als Ende Januar 1960 die Nachricht eintraf, daß Erhard in Kairo heftig erkrankt wäre. Man wußte, daß er ein wenig angeschlagen losgeflogen war. Nichts Besonderes freilich, so schien es, ein grippaler Infekt, mit dem sich's aushalten ließ und den man schnell überwand. So hatte auch Erhard selbst gedacht und nicht gezögert, die Reise trotzdem zu wagen. Er hielt die Reise für wichtig. Die ägyptische Regierung plante, am Oberlauf des Nils bei Assuan einen gigantischen Staudamm zu bauen. Zu diesem Zweck hatte sie in Ost und West um umfangreiche Auslandskredite gebeten und schließlich das ökonomisch besonders vorteilhafte und politisch scheinbar unbelastete Kreditangebot der Sowjetunion akzeptiert. Das war eins. Ein anderes war, daß Ägypten die politischen und finanziellen Beziehungen der Bundesrepublik zu Israel ausdrücklich mißbilligte und mit diplomatischer Annäherung an die DDR kokettierte. Erhard sah es als seine Aufgabe an, vermittels persönlicher Überzeugungskraft den ökonomisch-politischen Einfluß des Westens und die deutschlandpolitischen Interessen der Bundesrepublik in Ägypten zu wahren.

Im Flugzeug war Erhard matt und appetitlos. Nicht mal die Ermunterung zu einem Skat brachte ihn hoch. Das Begrüßungszeremoniell, ein erstes Gespräch mit Staatspräsident Nasser und einen abendlichen Empfang in der deutschen Botschaft stand er mit leichtem Fieber durch. Dann stieg das Fieber stark an; allergische Reaktionen kamen dazu, aus der Grippe wurde eine veritable Lungenentzündung. Der Chefarzt des Bonner Elisabeth-Krankenhauses flog nach Kairo und übernahm Erhards Behandlung. Der Zustand war beängstigend. Der Arzt veranlaßte, daß eine Bundeswehrmaschine, in die ein Bett installiert wurde, den Minister nach Deutschland zurückflog. Dort verbrachte er die nächsten Wochen im Krankenhaus. Mitte Februar war er zwar wieder auf den Beinen, aber längst noch nicht wieder bei Kräften. Die gewann er erst allmählich während eines dreiwöchigen Kuraufenthalts in Glotterbad zurück. Weitere drei Wochen Erholung am Tegernsee stellten ihn vollends wieder her. Ende März rauchte er die erste Zigarre, und Anfang April nahm Erhard nach zehnwöchiger Abwesenheit vom Ministerium die Geschäfte wieder auf.

Eigentlich hätte es seine erste Amtshandlung sein sollen, den Bundeskanzler, der seinerseits bei bester Gesundheit und, stolz darauf, drei Wochen lang durch Amerika und Japan gereist war, bei dessen Heimkehr am Flugplatz zu empfangen. Aber „Erhard fand eine Ausrede, um nicht zum Flugplatz hinauszufahren".[91] Er brachte es nicht über sich. Denn Adenauer hatte ihn auch während der Rekonvaleszenz nicht geschont, sondern hart hergenommen. Schuld daran war Hallstein, der die Stellung und die Aufgaben des Präsidenten der EWG-Kommission - auch zu Adenauers und de Gaulles zunehmendem Verdruß - außerordentlich extensiv definierte und sich als unabhängig-treibende Kraft der Entwicklung Europas empfand und benahm. So schlug er am 26. Februar, wenige Tage, nachdem Erhard in Glotterbad eingetroffen war, vor, den im Vertrag mit zwölf Jahren veranschlagten Übergang auf den gemeinsamen Markt und in die Zollunion abzukürzen. Zu diesem Zweck sollten die Binnenzölle am 1. Juli 1960 nicht nur, wie vertraglich vorgesehen, um weitere zehn Prozent, sondern um zwanzig Prozent herabgesetzt werden und überdies die erste Angleichung der Außenzölle stattfinden, die nach dem Vertrag am 1. Januar 1962 fällig wäre.

Nun hatte Erhard während der Vertragsverhandlungen die Langwierigkeit der beabsichtigten Verfahren fortgesetzt beklagt. Dennoch stimmte ihn Hallsteins Vorschlag jetzt keineswegs froh. Im Gegenteil: Er entsetzte ihn. Was als Widerspruch erscheinen könnte, hatte in Erhards Verständnis eine einfache Erklärung. Der EWG-Vertrag sei unter der Voraussetzung geschlossen worden, daß die EWG alsbald in eine große Freihandelszone eingebettet werde. Die Voraussetzung sei gleichsam „moralischer Bestandteil" des Vertrages. Da nun aber Frankreich die Freihandelszone verhindert habe und die Kommission eine multilaterale Verständigung mit der EFTA hintertreibe, diene derlei Beschleunigung in erster Linie dazu, „ein europäisches Gefälle zu schaffen und zu isolierten Lösungen für die Sechs zu kommen".[92] So konnte man das sehen. Die Beschleunigung des Abbaus der Binnenzölle begünstigte zwar den internationalen Handel innerhalb der EWG, vergrößerte gerade dadurch aber die handelspolitische Kluft zu den Ländern, die nicht der EWG angehörten und der Zollsenkungen deshalb nicht teilhaftig wurden. Das wog für Erhard schwerer als die Entlastung des EWG-„Binnenhandels". Dazu kam nun noch, daß die Angleichung der Außenzölle das deutsche Zollniveau im Handel mit den europäischen Ländern außerhalb der EWG leicht anhob und womöglich die Importe aus jenen Ländern erschwerte. Materiell nahm sich das alles nicht furchtbar dramatisch aus. Im Wirtschaftsministerium errechnete man, daß die Zollbelastung von EWG-Gütern beim Import in die Bundesrepublik infolge der Beschleunigung von 6,1 % auf 5,5 % des Einfuhrwerts abnehmen und die Zollbelastung von Gütern aus anderen Ländern von 2,6 auf 3,8 % ansteigen würde.[93] Abgesehen davon, daß noch nicht heraus war, wer die Zollsenkungen einstriche und wer die Zollerhöhungen trüge, stand nicht zu erwarten, daß zollpolitisch veranlaßte Preisänderungen um etwa 1 % eine bemerkenswerte Umlenkung von Handelsströmen auslösten. Aber um die materiellen Wirkungen ging es Erhard in Wirklichkeit ja nicht. Es ging ihm um Prinzipien, Dogmen und darauf gegründete Standpunke, so, wie es Adenauer ohne große Rücksicht auf wirtschaftliche Wirkungen um politische Überzeugungen und Erwartungen ging. Der Kanzler hielt Hallsteins Initiative für nicht sonderlich notwendig und zweckvoll, im wesentlichen wohl für eine eher unangebrachte emanzipatorische Blähung des politisch freigewordenen Mannes. Da sie aber sowohl in Frankreich wie in den USA begrüßt wurde, machte er sich zu ihrem Verfechter. Brentano und Etzel, die von Hallsteins

Vorstoß begeistert waren, unterstützen ihn nachdrücklich darin. Es wäre merkwürdig zugegangen, wenn der Eklat ausgeblieben wäre.

Erhard legte sich, während er wieder zu Kräften kam, noch in Glotterbad die Argumente zurecht. Sobald er in Gmund war, schrieb er sie auf. Dabei kam, wie üblich, eine kleine Abhandlung voll großer leidenschaftlicher Worte heraus. Früher war der Bundeskanzler erster Adressat solcher Abhandlungen gewesen. Neuerdings war dies der Fraktionsvorsitzende. Auf Adenauers Einsichtsfähigkeit mochte Erhard nicht mehr vertrauen. Außerdem war der Kanzler inzwischen mit dem Außenminister und großer Entourage zu seiner langen Reise aufgebrochen.

Erhards Abhandlung[94] memorierte die unglückliche Geschichte der Freihandelszone, deutete die sinistren Zwecke von Hallsteins Vorschlag, beschwor dessen abträgliche Wirkungen und verurteilte die Geisteshaltung, der er entsprang. „Die Hallsteinsche These, daß man Fakten schaffen müsse, weil das allein verstanden und anerkannt wird, erinnert in der Methode an Zeiten, in denen die deutsche Hybris uns ins Unglück stürzte". Und: „Man kann von den einzelnen europäischen Ländern nicht verlangen, daß sie in der Verteidigung unserer Freiheit auf Gedeih und Verderb, auf Tod und Leben zusammenstehen, aber in ihren wirtschaftlichen und sozialen Interessen fast mutwillig geschädigt werden". Schließlich: „Die totale Verwirklichung der Zollunion muß eine politische Gestalt Europas erstehen lassen". Das sei „angesichts der nationalistisch betonten Haltung Frankreichs" nur im Zeichen französischer Hegemonie möglich, in solchem Zeichen aber natürlich nicht erwünscht. Kurz, die praktische Verständigung mit der EFTA dränge und sei möglich, die Erfüllung des EWG-Vertrages habe hingegen Zeit und sei eingedenk der französischen Einstellung inopportun.

Adenauer hätte zu Erhards Exposé vieles zu sagen gehabt und dabei wenig Freundliches. Er bekam es freilich nicht zu sehen. Aber es hatte mit dem Exposé nicht sein Bewenden. Das Wirtschaftsministerium bezog auch öffentlich gegen Hallsteins Vorschlag Stellung. Ministerialdirektor Meyer-Cording ließ wissen, daß seinen Minister schon die Aussicht auf vertragsgemäße Angleichung der Außenzölle am 1. Januar 1962 mit schweren Sorgen erfüllt hätte. Hallsteins Absicht, die Angleichung auf den 1. Juli 1960 vorzuverlegen, alarmiere ihn, weil sie schwere Schäden für die bundesdeutsche Wirtschaft in petto hätte. Dessen zum Beweis präsentierte Meyer-Cording die Veränderung der respektiven Zollbelastungen infolge der Angleichung und machte dabei die Pferde scheu: Die Zollbelastung von Einfuhren aus der EWG nehme um 9 % ab, die Zollbelastung von Einfuhren aus dritten Ländern hingegen um 45 % zu. Das war richtig und zugleich sehr blöd. Aber nichts mit scheinbarem Neuigkeits- und Überraschungswert ist *so* blöd, daß es nicht zur Schlagzeile taugte.[95]

Adenauer im fernen San Francisco wären die Schlagzeilen vermutlich entgangen. Außenminister von Brentano, der in Washington geblieben war, entgingen sie nicht. Und sie regten ihn furchtbar auf. In seiner Empörung schrieb er einen vielseitigen Brandbrief an Adenauer. Der ganze aufgestaute Ärger über Erhards europapolitische Alleingänge ging darin ein: „Die Initiative, die Herr Erhard ergriffen hat ... (steht) in einem unvereinbaren Gegensatz zur Politik der Bundesregierung. Sie ist dazu geeignet, sowohl in Europa wie in den Vereinigten Staaten Zweifel an der Bereitschaft und der Entschlossenheit der Bundesregierung auszulösen, die bisherige politische Linie weiterzuverfolgen". Er, von Brentano, halte das für verhängnisvoll und die Folgen für unabsehbar. „Ich bin bestürzt, daß diejenigen, die Herrn Erhard beeinflussen, das nicht erkennen". Adenauer müsse Erhard umgehend wissen lassen, daß er dessen Auslassungen „auf das schärfste" mißbillige und ihn unmißverständlich anweisen, weitere Verlautbarungen zu unterlassen.[96] Nun regte sich auch Adenauer furchtbar auf und feuerte gleich eine ganze Salve von Briefen und Telegrammen ab. Erhard erhielt „citissime" und „mit Vorrang" die von Brentano vorgeschlagene Rüge: „Ich kann Ihnen und Ihrem Ministerium keine Äußerungen gestatten, die Zweifel an der Homogenität des Kabinetts aufkommen lassen. Ich bin entschlosssen, den EWG-Vertrag nach Geist und Inhalt zu erfüllen. Tragbare Abkürzungen der Übergangsfristen sind zu begrüßen". Schäffer, der als dienstältester Minister den Kanzler und den Vizekanzler in Bonn vertrat, wurde telegraphisch angewiesen, „allen Kabinettsmitgliedern sofort zur Kenntnis zu geben, daß ... die Politik der europäischen Integration, wie sie im Vertrag über die Montanunion, den gemeinsamen europäischen Markt und EURATOM ihren Ausdruck gefunden hat, eine unverzichtbare Grundlage der deutschen Außenpolitik" sei. Erklärungen, die im Widerspruch dazu ständen, seien unzulässig. „Ich verlange, daß solche Erklärungen unterbleiben und abgegebene Erklärungen richtiggestellt werden". Globke und Krone erhielten etwas weniger kurzfaßliche Briefe. Der Brief an Globke enthielt die Bitte, eine Aussprache mit Erhard, von Brentano und Etzel gleich nach Adenauers Rückkehr und eine anschließende Kabinettssitzung, auf der über die Sache entschieden würde, vorzubereiten.[97]

Das Telegramm an Schäffer sorgte erst einmal am Tag seines Eingangs für eine turbulente Rumpfkabinett-Sitzung. Westrick lehnte „Richtigstellungen" ab und bestand auf Erhards Recht, andere europapolitische Meinungen zu haben und zu vertreten als der Kanzler. Gut, sagte Etzel, aber dann solle er gefälligst zurücktreten. Müller-Armack, bei ungeklärter Zuständigkeit wieder im Amt, bemühte sich um Vermittlung.[98]

Als Adenauer zwei Wochen später nach Bonn zurückkehrte, war sein rascher Zorn von vielfältigen Reiseeindrücken überdeckt worden. Erhard war vom Gefühl, erneut zurückgewiesen und gekränkt worden zu sein, noch immer erfüllt. Er weigerte sich, den Kanzler am Flugplatz in Empfang zu nehmen. Am folgenden Tag, es war ein Sonntag, trank Krone in der Schleichstraße Kaffee und „bog ihn zurecht". Anschließend ging er zu seinem Freund Heinrich von Brentano.[99]

Bereits am Montag fand die Aussprache der engagierten Minister unter Adenauers Vorsitz und mit Beteiligung Hallsteins statt. Der Kanzler war um menschliche Harmonie bemüht. Er tat, als gäbe es den transatlantischen Rüffel nicht und begrüßte Erhard teilnahmsvoll. Auch in der Sache war er zu stückweitem Entgegenkommen bereit. Er hatte inzwischen erfahren, daß Hallsteins Vorschlag auch andernorts auf Widerstände stieß. Der BDI und der erstaunlich resonanzreiche Deutsche Bauernverband machten ebenfalls dagegen mobil, wenn auch mit Argumenten, die denen Erhards im Prinzip genau entgegengesetzt waren. Erhard beklagte, daß die Zollbelastung von Einfuhren aus Nicht-EWG-Ländern zunähme und daß sich die Belastungsrelationen änderten. Die Industriellen und die Landwirte störte, daß die Zölle in der EWG schneller sänken als vorgesehen. Der BDI befürchtete überdies, daß die EFTA-Länder auf eine vorzeitige Angleichung der EWG-Außenzölle mit Retorsionsmaßnahmen reagierten, die den deutschen Export schädigten. Das beeindruckte Adenauer. Die Ministerrunde vereinbarte, Hallsteins Initiative gutzuheißen und zu unterstützen, daran aber den ausdrücklichen Wunsch zu knüpfen, daß baldigst ein Ausgleich mit der EFTA angestrebt werde. So sollte am nächsten Tag im Kabinett beschlossen werden. Am Morgen dieses Tages machte die WELT mit der Schlagzeile auf: Erhard gibt Bedenken gegen den Hallstein-Plan auf. Woher sie die Nachricht hatte, blieb das Geheimnis der Redaktion. Erhard empfand sie jedenfalls als außerordentlich ehrenrührig und erregte sich darüber sehr. Das Kabinett half ihm, das Gesicht zu wahren, indem es seinen

Beschluß weiter faßte, als es der Ministervereinbarung entsprochen hätte. Hallsteins Beschleunigungs-Vorschlag wurde prinzipiell begrüßt, ohne daß die Regierung sich schon darauf festlegte, welche praktische Haltung sie bei der kommenden EWG-Ministerratstagung dazu einnehmen würde. Man erteilte vielmehr einer Ministergruppe den Auftrag, zuvor die wirtschaftlichen Wirkungen der Beschleunigung zu untersuchen. Als wäre das nicht schon vielfach geschehen. Adenauer bat Erhard, nun seinerseits Ruhe zu geben. Die Kanzlermacher im Ministerium waren anderer Meinung. Sie veranlaßten die WELT zu einem etwas verschämten Widerruf. Dabei kam ihnen zur Hilfe, daß die Bonner Wirtschaftsredaktion der Zeitung von einem getreuen und sehr regen Brigade-Mitglied geleitet wurde. So konnte man am Tage nach der Kabinettssitzung auf der zweiten Seite der WELT lesen, daß Bundeswirtschaftsminister Erhard seinen Widerstand gegen den Hallstein-Plan keineswegs aufgegeben habe. Adenauer las es, und es war um seine Contenance und den Anschein friedfertigen Einvernehmens schon wieder geschehen. Erhard wurde auf der Stelle und dringendst gebeten, den einheitlichen Willen der Bundesregierung zu respektieren und überflüssige Verlautbarungen zu unterlassen, die als geeignet erschienen, „außerordentliche Schwierigkeiten schlimmster Art hervorzurufen". Erhard ließ sich mit der Antwort fünf Tage Zeit und schrieb dann kurz und schlackenlos, was Hohmann für ihn formuliert hatte: Er sei mit dem Kabinettsbeschluß absolut einverstanden. Die von ihm selbst formulierte Meldung in der WELT stehe dazu nicht im Widerspruch. Außenpolitische Schwierigkeiten schlimmster Art vermöge er nicht zu erkennen.[100]

Bedrohliche Krankheit hin und beschwingende Reisen her - zwischen dem Kanzler, der es war, und dem Kanzler, der es werden wollte, stand es, wie es inzwischen nun mal stand. Ein Wechsel des hauptsächlichen Themas ihrer Verständnislosigkeit fand freilich statt. Europa erwies sich als vorerst ausgereizt. Das Kabinett holte am 22. April den Beschluß nach, den es am 6. April um Erhards willen aufgeschoben hatte. Es empfahl dem Ministerrat der EWG - einstimmig - die vertragliche Übergangszeit zu verkürzen, dies aber nicht schon am 1. Juli 1960, sondern erst am 1. Januar 1961 zu tun und bis dahin Verhandlungen mit der EFTA einzuleiten. Erhard hielt das für einen Kompromiß.

Hielt Erhard das für einen Kompromiß? Der Ministerrat folgte Mitte Mai dem ersten Teil der Empfehlung. Bis zum 1. Juli war die Zeit ohnehin knapp geworden. Den zweiten Teil nahm er folgenlos zur Kenntnis. Niemand unternahm irgendwelche Anstrengungen, die erwünschte Verständigung auf den Weg zu bringen. Im Sommer machte de Gaulle unmißverständlich klar, daß derlei Anstrengungen auf Frankreichs Teilnahme nicht rechnen könnten. Das war nicht neu. Doch damit nicht genug. De Gaulle stellte überdies die supranationalen Elemente und die institutionellen Grundlagen der EWG in Frage und verwarf die EWG als Gehäuse der politischen Integration Europas. „Hallstein kann seine Koffer packen", notierte Krone.[101] Einen Moment lang sah es so aus, als ließe Adenauer sich bei einer jener pompös inszenierten Begegnungen mit dem französischen Staatspräsidenten in Schloß Rambouillet darauf und überdies auf de Gaulles Verlangen nach einer disintegrativen Reform der NATO ein. Daheim in Bonn kam er unter dem Einfluß Globkes, Krones, Blankenhorns, Brentanos, Gerstenmaiers und anderer zur Besinnung und gab de Gaulle brieflich zu wissen, daß die Bundesregierung ihm bei seinen Angriffen auf die EWG und die NATO nicht folgen könne. Das deutsch-französische Verhältnis geriet unter Spannung. Zugleich entspannte sich das deutsch-britische Verhältnis. Zwei Wochen nach Adenauers Treffen mit de Gaulle kam Macmillan auf Staatsbesuch nach Bonn. Die Gespräche, zu denen Erhard übrigens nicht hinzugezogen wurde, obwohl er eigens seinen Urlaub am Tegernsee dafür unterbrochen hatte - immerhin wurde er zu den gemeinsamen Mahlzeiten gebeten -, verliefen so harmonisch, wie man es lange nicht mehr erlebt hatte. Macmillan meinte anschließend, daß er seine Tagebucheintragung: Adenauer habe seine Seele an die Franzosen verkauft, revidieren müsse. Das Kommuniqué enthielt die Feststellung, daß Kanzler und Premier in dem Willen einig seien, die Teilung Europas in rivalisierende Handelsblöcke zu vermeiden. Im Kommuniqué des verunglückten Adenauer-Besuchs in London ein halbes Jahr zuvor hatte das allerdings auch gestanden. Vielleicht war es diesmal etwas aufrichtiger, gewiß war es ebenso unverbindlich gemeint. Erhard wiegte sich dennoch in dem Glauben, daß es der Ansatz zu einer neuen Europapolitik der Bundesregierung wäre und zwar zu jener Europapolitik, die er seit je vertreten habe. Der Bundeskanzler, teilte er acht besonders vertrauten Journalisten mit, die sich am 18. August zu einem gleichsam familiären politischen Gespräch in Gmund am Ackerberg eingefunden hatten, schwenke auf seinen europapolitischen Kurs ein und bestätige damit sein überlegenes Urteilsvermögen.[102] Daran dachte Adenauer bei allem deutsch-französischen Hader natürlich im Traume nicht. Er wollte die EWG unbeschädigt erhalten und nicht seinerseits dadurch aufs Spiel setzten, daß er Absichten förderte, denen Frankreich entschieden widerstrebte. Zumal ihm die französische Regierung bald signalisierte, daß er de Gaulles Versuchsballon nicht überbewerten möge. Frankreich stehe zur EWG. Deren Eingliederung in eine große Freihandelszone lehne es allerdings ab.[103]

Was Erhard um diese Zeit noch nicht wissen konnte, war, daß die britische Regierung sich unterdessen auf europapolitische Wege begeben hatte, die nicht mehr seine Wege waren. So recht waren sie auf Erhards Wegen ja ohnehin nie gewesen. Macmillan leistete der Freihandelszone zwar noch Lippendienste, seine Regierung glaubte aber nicht mehr an deren Möglichkeit und bezweifelte allmählich auch, daß sie für England von großem Nutzen wäre. Andererseits beobachtete sie beunruhigt, daß die Länder in der EWG wirtschaftlich prosperierten, während England stagnierte und mit Beschäftigungsproblemen zu tun hatte. Sie machte sich mit dem Gedanken vertraut, daß Großbritannien in der EWG besser aufgehoben wäre als draußen und bereitete sich darauf vor, aus der EFTA allein oder mit anderen auszuscheren und der EWG beizutreten. Der Beschleunigungsbeschluß des Ministerrats trug wesentlich zu dieser Reorientierung bei. Während man im deutschen Wirtschaftsministerium Ende 1960 immer noch an EWG-übergreifenden Integrations-Konzepten bastelte, gab es für die Verwirklichung solcher Konzepte schon keinerlei politische Tragkraft und konkrete Aussichten mehr. Müller-Armacks „Plan zur Errichtung einer europäischen Zollunion", den Erhard am 10. Januar 1961 an den Bundeskanzler schickte, konnte deshalb kein Neuansatz des Bemühens um die „Lösung des EWG/ EFTA-Problems" sein. Er war ein Nachklang der Vergeblichkeit jenes Bemühens. Müller-Armack, der vier frustrationsreiche Jahre seines Lebens daran gewendet hatte, gestand mit ihm das Scheitern ein. Die Freihandelszone - aufgeben! Den Beitritt der EWG als Einheit in die EFTA - aufgeben! Die Übernahme einzelner EFTA-Länder in die EWG - vermeiden! Statt dessen zu versuchen: Die höchst komplizierte, weil differenzierte und sukzessive Zusammenfassung der EWG, der EFTA und der restlichen europäischen Länder in einer Zollunion. Müller-Armacks Papier mochte in seiner unpraktischen Verzwicktheit dem Widerwillen geschuldet sein, nach vier Jahren sang- und klanglos aufzugeben; Erhards Weitergabe des Papiers, das seinem Denken fremd sein mußte, kam hingegen einer Aufgabe gleich. Im übrigen wollte sich niemand mit dem Plan anfreunden und er blieb unbeachtet und wirkungslos.[104] Die Politik der wirtschaftlichen Integration Europas lag auf Eis, bis England, Norwegen, Dänemark und Irland sehr viel später im Jahr den Antrag stellten, über ihren Beitritt zur EWG zu verhandeln.

Feinde (1960)

Zuhause mit Frau Luise

Viel Lärm um nichts? - Die DM-Aufwertung

Dort war sie dem Streit zwischen Konrad Adenauer und Ludwig Erhard solange entzogen. Deshalb ermangelte jener Streit nun aber keineswegs des Stoffes und der Anlässe. Stoff bot die Politik in Fülle, und um Anlässe war Adenauer nicht verlegen, sei es, daß Erhards Einfalt sie ihm zuspielte, sei es, daß die eigene Niedertracht sie ihm eingab. Eins war vom anderen übrigens nur schwer zu trennen.

Wenn der Kanzler zwei Mal im Jahr mehrere Wochen lang nach Cadenabbia verschwand und den Wirtschaftsminister als Kanzlerdarsteller zurückließ, dann konnte Erhard sicher sein, daß er's ihm nicht rechtmachte und aus nichtigem oder gewichtigem Grund gleichmäßig heftig gerüffelt wurde. Klagen über unzureichende Infomation und unzulässige Eigenmächtigkeit waren selbstverständlich. Die allmählich rituelle Auszeichnung, nach Cadenabbia eingeladen zu werden und sich in einiger Ruhe und Ausführlichkeit mit dem Kanzler aussprechen zu können, wurde manchem, dem Vizekanzler aber lange Zeit nicht zuteil. Und als sie ihm dann endlich doch einmal zuteil wurde und Erhard die Welt schon in schönster Ordnung wähnte, da fertigte Adenauer ihn in drei Stunden wie einen besseren Boten ab und ließ ihn noch am gleichen Tag nach Bonn zurückfliegen. Erhard flog tief verstimmt und deprimiert, erklärte aber trotzdem vor der Presse, daß „eine echte Versöhnung" stattgefunden habe und alle Differenzen des vergangenen Jahres ausgeräumt worden seien.[105] Das war im Juni 1960 und der Parteiraison geschuldet. Man dachte bereits an den Wahlkampf im folgenden Jahr. Einigkeitsgehabe schien vonnöten zu sein. Während des langen Gesprächs mit den Brigade-Journalisten am Tegernsee im August machte Erhard keinen Hehl daraus, daß von Versöhnung in Wahrheit nicht die Rede sein konnte. Da ließ er gegen Adenauer Dampf ab, daß es nur so rauschte. Der Mann sei ihm in tiefster Seele zuwider, er traue ihm nicht mehr über den Weg. Als Politiker vermöge Adenauer über den Augenblick und das taktisch eben Opportune nicht hinauszudenken. Die Orientierung an dauernden Werten und moralischen Bindungen sei ihm fremd. Er negiere mit politisch billigen und finanziell kostspieligen Zugeständnissen an Gruppeninteressen das Gemeinwohl und untergrabe die natürliche Staatsgesinnung des Volkes. Neulich habe er, Erhard, zu Adenauer gesagt: Man dürfe nicht weiterhin Politik unter der Voraussetzung machen, daß die Menschen korrupt seien. Aber sie *sind* doch korrupt, habe Adenauer geantwortet. Mit seinem Verhalten wende er die Zuneigung der Bevölkerung von der CDU ab und den schrecklichen jungen Leuten in der SPD zu.[106]

Der Inhalt des Gesprächs blieb nicht geheim. Einer der Konfidenten, der anschließend keiner mehr war, gab seine Notizen einen Monat später an die außerordentlich umtriebige und verbindungsreiche Bonner Korrespondentin der SPD-nahen „Neuen Ruhrzeitung" weiter. Es machte Erhard nicht wenig Mühe, den sehr aufgebrachten Parteivorstand, der ausgerechnet an dem Tag zusammentrat, an dem Hilde Purwins Artikel erschien, mit der allfälligen Behauptung zu besänftigen, daß der Bericht natürlich schiere Entstellung wäre und vorne und hinten nicht stimmte. Tatsächlich enthielt jener Bericht die deftigsten Äußerungen noch nicht einmal. Adenauer selbst nahm die Sache gelassen. Er wußte ja, daß Erhard so über ihn dachte, und das Mißgeschick gönnte er ihm. Im übrigen hatten sich der Kanzler und sein Stellvertreter in der Zwischenzeit in politischer Angelegenheit wieder heftig miteinander überworfen. Die persönlichen Anwürfe spielten daneben keine große Rolle.

Erhard beendete bald nach dem Journalisten-Gespräch den für zwei Tage verdrießlicher Nutzlosigkeit unterbrochenen Urlaub und kehrte nach Bonn zurück. Gut erholt und bei „ziemlicher Klarheit und Aktivität“[107], vermerkte der getreue Wolfram Langer, aber immer noch schwer verärgert über den Kanzler. Tröstlicherweise war Adenauer auf dem Sprung nach Cadenabbia. Kurz darauf reiste er ab. Tags darauf sprach Erhard an seiner Stelle beim Oberschlesier-Treffen in Düsseldorf. Es war Sonntag, und Erhard hielt eine jener Sonntagsreden, die sein Kollege Seebohm seit Jahren im Dutzend billiger gab, ohne daß sich noch jemand daran störte. Aber Erhard war Vizekanzler. Und man wußte, daß er für den Kanzler einsprang. Er reklamierte im Verlaufe der Rede Oberschlesien für Deutschland und das Selbstbestimmungsrecht für alle Deutschen. Nach allem, was Deutsche und Polen sich gegenseitig an Leid zugefügt und durch den Bolschewismus an Leid erduldet hätten, müsse jetzt friedliches Nebeneinander auf der Grundlage der Selbstbestimmung ermöglicht werden. Im westlichen Ausland reagierte man schnell und scharf: „Bismarcks Grenzen als Bonner Ziel“, titelte die Times. Und der Pariser Combat schrieb: Wer in Frage stelle, daß die Oder-Neiße-Grenze rechtmäßig und Schlesien polnisch geworden sei, züchte im Herzen Europas das Ferment des Hasses. Die deutschen Zeitungen warfen Erhard in zurückhaltender Weise Ungeschick und Unbedachtheit vor.[108] Bonn wiegelte ab.

Das war kein guter Einstand des Kanzlerstellvertreters gewesen. Aber es kam schlimmer. Der Bund der Vertriebenen beging vom 1. bis zum 4. September einen „Tag der deutschen Heimat“ und hatte Westberlin zum Ort des Schmerzensfestes bestimmt. Die Bundesregierung war darüber nicht glücklich und hatte davon abgeraten. Die DDR-Führung denunzierte die Veranstaltung kurzweg als Revanchisten-Treffen. Das war ihr unbenommen. Am gleichen Tag, an dem Erhard die verunglückte Rede hielt, tat sie aber ein weiteres und verbot Westdeutschen während der Veranstaltungstage den Zutritt nach Ostberlin. Das war ihr nicht unbenommen, denn es verstieß gegen den Viermächtestatus der Stadt. Die Bundesregierung und die westlichen Stadtkommandanturen beließen es gleichwohl bei einem formalen Protest. Adenauer hielt die Reaktion für unzureichend. Tatsächlich fühlte die Regierung der DDR sich nicht besänftigt sondern ermuntert. Am 8. September, die Vertriebenen waren inzwischen aus Westberlin abgereist, dafür reisten Industrielle und Kaufleute an, weil am übernächsten Tag die Berliner Industrieausstellung begann, erklärte sie, daß Westdeutsche Ostberlin von nun an nur noch mit einem Passierschein betreten dürften. Erhard berief sofort das Kabinett ein. Gegenmaßnahmen wurden erwogen. Unter anderem stand zur Debatte, ob man das Interzonenhandels-Abkommen kündigen sollte. Das Abkommen verschaffte der DDR auf dem Verrechnungs- und Kreditwege, also ohne Devisenaufwand, zu äußerst günstigen Verrechnungskursen zollfreien Zugang zu bundesdeutschen Gütern. Die wirtschaftlichen Vorteile, die Ostdeutschland daraus zog, waren erheblich größer als der westdeutsche Nutzen. Die Kündigung täte der DDR-Führung weh. Und die Kündigung wäre nicht einmal ein Rechtsbruch, weil die Zusicherung ungehinderten Verkehrs zwischen den einstigen Besatzungszonen und des freien Zugangs nach Berlin als Bestandteil des Abkommens galt. Eine außerordentliche Dramatisierung des Vorgangs, deren Folgen man nicht absehen konnte, wäre sie allerdings. Erhard glaubte, die Dramatisierung vermeiden zu sollen. Überdies, meinte er, tue der Abbruch westdeutscher Lieferungen in die DDR deren Führung nicht *so* weh, daß er ihren politischen Willen lähmen könne, zumal vermutlich andere westliche Länder in die Bresche sprängen. Die Kündigung des Abkommens unterblieb. Auch sonst unternahm die Bundesregierung nichts. Erhard flog am nächsten Tag nach Berlin und beriet sich mit Berlins Regierendem Bürgermeister Willy Brandt. Auch dabei kam nichts heraus. Die Führung der DDR denunzierte seine Blitzreise als Provokation. „Ob es Herr Ulbricht wahrhaben will oder nicht,“ rief Erhard deshalb aus, als er am folgenden Morgen die Berliner Industrieausstellung eröffnete, „ich befinde mich hier auf dem Boden der Bundesrepublik". Die Zuhörerschaft jubelte.[109] Aber es stimmte nicht. Krone schrieb ins Tagebuch: „Es wäre von Erhard klüger gewesen, jetzt gerade, wo es wieder einmal um Berlin geht, die Verantwortung der Alliierten hervorzuheben und an den Viermächtestatus Berlins zu erinnern. Der Kanzler wird mir sagen: „Sehen Sie, von den Dingen versteht der Erhard nichts ...".[110]

Der Kanzler sagte noch ganz andere Sachen.

Erhard indes war von sich selbst erst mal so hingerissen, daß er vom Rednerpult wich, ohne die Ausstellung eröffnet zu haben. Man erinnerte ihn daran. Er kehrte ans Pult zurück und holte das Versäumte nach. Man möge entschuldigen, aber die Kleinigkeit sei ihm „im Vollgefühl seiner politischen Verantwortung" entgangen.[111]

Adenauer hielt es nicht länger aus. Drei Tage später teilte er seinem Stellvertreter mit, was er von dessen politischer Verantwortung und davon, wie er sie wahrnahm, dachte. Erhard mißverstehe die Funktion des Vizekanzlers offenbar gründlichst. Verantwortlich sei auch bei Abwesenheit der Bundeskanzler und sonst niemand. Erhard aber halte keine Verbindung zu ihm, lasse ihn über sein Tun und Nichttun in völliger Unkenntnis und hole nicht seine Meinung ein. Seine Meinung sei, daß die Bundesregierung zu langsam und zu schwach handele. „Pankow" werde dadurch ermutigt und die öffentliche Resonanz sei verheerend. Und da er einmal dabei war, hielt er Erhard gleich auch noch ein paar andere Sünden vor. Er möge ihm das alles nicht übel nehmen, es sei nötig.[112] Erhard hielt es für so unnötig wie einen Kropf. Er war davon überzeugt, alles gut und richtig gemacht zu haben, es nur Adenauer nicht rechtmachen zu können. Das schrieb er ihm nach einigen Überlegungen und Entwürfen. Der Brief verlange nicht nur in sachlicher, sondern auch in persönlicher Hinsicht eine gründliche Antwort. Zunächst zur Sache: Was ihn dazu bewogen habe, in der Berlin-Angelegenheit „pfleglich zu operieren und nicht den starken Mann zu spielen". Die schnelle und starke Reaktion, die Adenauer vermisse, wäre die Unterbindung des Interzonenverkehrs gewesen. Davon habe man aus folgenden Gründen abgesehen: Erstens hätte es nichts genützt. Die DDR hätte die verweigerten Güter einfach aus anderen westlichen Ländern bezogen. Erhard verschwieg, daß dies so einfach nicht war, weil die DDR dafür harte Währung brauchte, die sie nicht hatte. Zweitens habe die Bundesregierung auf dem Boden des Rechts bleiben müssen, um der DDR kein Argument für weitere Aggressionen an die Hand zu geben. Auch dies nur halb wahr: Sie wäre der DDR bloß vom Boden des Rechts gefolgt. Außerdem wußte man inzwischen, daß die Herren in „Pankow" für weitere Aggressionen keine neuen Argumente brauchten. Seit dem 13. September ließen sie auch Westberliner nicht mehr mit deren Bundespässen nach Ostberlin hinein. Sie verlangten vielmehr die Vorlage eines Berliner Personalausweises. Das war praktizierte Dreistaaten-Theorie. In Westberlin gingen die Grundstückspreise in den Keller. Ersparnisse wurden aufgelöst. Unternehmer sahen sich nach Standorten in Westdeutschland um. Die Bundesregierung rief am 14. September dazu auf, die eben mit starker westdeutscher Beteiligung stattfindende Leipziger Messe zu boykottieren, „solange diese Unrechtsmaßnahmen andauern". Drittens schließlich sei zu befürchten, schrieb Erhard weiter an den Kanzler, daß der Abbruch des Interzonenhandels die DDR-Führung zu ernsten Störungen des Verkehrs zwischen der DDR und Westberlin veranlasse. Die Störung rufe mit unabsehbaren Folgen die Schutzpflichten der Alliierten und die Bündnispflichten der NATO-Partner an. Erhard bezweifelte, daß die Verbündeten den Ruf hörten. Er hatte inzwischen bei den großmächtlichen Botschaftern anfragen lassen, ob im Falle westdeutscher Lieferbeschränkungen auch die USA, Großbritannien und Frankreich einen Boykott verhängten. Wohl kaum, war ihm zuteil geworden. „Es ist mit Recht die Frage zu stellen", schrieb er an

Adenauer, „ob die NATO-Staaten im Falle der äußersten Zuspitzung des Konflikts letzte Konsequenzen zu ziehen bereit wären, wenn sie nicht einmal über Handelssanktionen sich einigen können. Das wäre dann wohl das Allerschlimmste, was überhaupt passieren könnte!“ Die Befürchtung erwies sich als falsch. Das Resümee des Raisonnements aber war: Es gibt nur eins - stillhalten. Dies zum Sachlichen.

Über das Sachliche hinaus aber beweise Adenauers Brief „aufs neue, daß Ihr persönliches Verhältnis zu mir des (nötigen) Vertrauens ermangelt“. Unter solchen Umständen dürfe man der deutschen Öffentlichkeit nicht weismachen, daß zwischen ihnen Eintracht und Freundschaft herrsche. „Zu einem solchen Mißbrauch der menschlichen Würde werde ich mich jedenfalls nicht bereitfinden“. Die „endgültige Klärung unserer beiderseitigen Beziehungen (sei) absolut unverzichtbar“. [113]

Jene Beziehung wurde, als Adenauer drei Tage später nach Bonn zurückkehrte und es - wenn Erhard festbliebe - zum Schwur kommen sollte, noch von einer anderen, schon länger anhängigen Streitfrage akut gestört. Nachdem es im Sommer 1956 wegen der berühmten Diskonterhöhung auf Hauen und Stechen gegangen war, hatte man sich um die Konjunktur in Westdeutschland jahrelang keine Sorgen mehr machen müssen. Die Wirtschaft bewegte sich bis Anfang 1959 auf einem Pfad mittleren Wachstums, näherte sich der Vollbeschäftigung an, erreichte sie schließlich und wahrte bei verträglichen Lohnabschlüssen die Geldwertstabilität. Der Leistungsbilanzüberschuß schoß zwar weiterhin über ein vernünftiges Ziel hinaus, bereitete aber vorübergehend keine bedeutsamen wirtschaftlichen und politischen Probleme. Im Laufe des Jahres 1959 beschleunigte sich das wirtschaftliche Wachstum, der Nachfragedruck nahm zu, Arbeitskräftemangel stellte sich ein und erweiterte die gewerkschaftlichen Handlungsspielräume, der Devisenzustrom schwoll an. Die Entwicklungen setzten sich 1960 fort und gewannen an Tempo. Westdeutschland geriet in einen weiteren Boom.

Ob und - gegebenenfalls - wann die Stabilität dadurch in Gefahr geriet, ist schwer zu sagen. 1959 nahmen die Lebenshaltungskosten um 1 %, 1960 um 1,5 % zu. Falls Gefahr bestand, blieb sie demnach latent. Die Bundesbank war seit Sommer 1959 freilich davon überzeugt, *daß* Gefahr bestand und erhöhte schrittweise die Zinsen und die Mindestreserven. Außerdem machte sie die Bundesregierung mit ihren Sorgen vertraut und forderte sie zu stabilitätsgerechtem Finanzgebaren auf. Die Aufforderung blieb unbeachtet. Anfang 1960 bat der Bundeskanzler den neuen Bundesbankpräsidenten Karl Blessing, nicht etwa seinen Wirtschaftsminister Ludwig Erhard, immerhin um ein konjunkturpolitisches Gutachten. Die Zeitungen registrierten die Bitte als ein weiteres Mißtrauensvotum gegen Erhard. Müller-Armack beklagte den konjunkturpolitischen Attentismus und seine Entfernung von den konjunkturpolitischen Überlegungen des Ministeriums und bat um Urlaub.

Die Beobachtung und Beurteilung der wirtschaftlichen Verläufe und die Konzeption von Verlaufspolitik gehörten seit der Reorganisation des Wirtschaftsministeriums am Beginn der Legislaturperiode zu den Zuständigkeiten seines Nachfolgers als Leiter der wirtschaftspolitischen Grundsatzabteilung. Wolfram Langer achtete mit Eifersucht auf seine Zuständigkeiten. Mit Müller-Armack verstand er sich aus leicht erfindlichen Gründen nicht viel besser als Westrick. Sein Einfluß auf Erhard war größer als Müller-Armacks Einfluß je hatte sein können. Das machte Müller-Armack das dienstliche Leben schwer. Zusammen mit Karl Hohmann und Dankmar Seibt bildete Wolfram Langer den engsten Kreis um Erhard: Drei Männer in ihren Vierzigern, alert, ehrgeizig und effizient, deren selbsterwählte und von Erhard willig anerkannte Hauptaufgabe in der Promotion ihres kanzlerwärts strebenden Ministers bestand, hingebungsvoll, ehrerbietig und um Schmeicheleien nie verlegen, ohne Anspruch auf intellektuelle Eigenständigkeit als Ökonomen und ohne politische Statur, keine Herausforderung, belangvoll und aussichtsreich im politischen Raum nur als Erhards Gefolgsleute, ohne Erhard unbeachtlich, deshalb in ihrem Interesse auf Erhards Interessen höchst bedacht und im Umgang damit geschickter als Erhard selbst, geschickt auch darin, Erhards Zuneigung und Vertrauen zu gewinnen, zu pflegen und in wirksamen Einfluß auf Erhard umzusetzen. So sehr sie Erhards Leute waren, so sehr wurde Erhard ihr Mann. Westrick, unangefochten sowohl als Leiter des Ministeriums wie in Erhards Gunst, loyal *und* unabhängig, spielte daneben eine Sonderrolle. Seibt organisierte den dienstlichen Alltag des Ministers, Hohmann sorgte für das Erscheinungsbild und das Ansehen des „Staatsmannes" in der Öffentlichkeit, Langer entwickelte die Absichten und entwarf die Argumente zu den Tagesfragen der Wirtschaftspolitik. Im Frühjahr 1960 kam er zu dem Schluß, daß die Aufwertung der DM das bestgeeignete Mittel wäre, um den Gefahren entgegenzuwirken, die von der Hochkonjunktur auf die Stabilität ausgingen. Und es gelang ihm, Erhard für den Gedanken einzunehmen.

Die konjunkturpolitische Opportunität einer Aufwertung wurde inzwischen von Ökonomen, wirtschaftlichen Interessenten und Politikern ausgiebig und kontrovers diskutiert. Zur Debatte stand, ob die Stabilität überhaupt gefährdet wäre, ob, wenn sie es wäre, die Ursachen der Gefahr durch eine Wechselkursänderung beseitigt würden und ob, wenn sie es würden, abträgliche Begleiterscheinungen und Folgen einer Aufwertung am Ende nicht schwerer wögen als deren vorteilhafte Wirkungen. Die Erhöhung des DM-Wechselkurses konnte als Mittel der Stabilitätspolitik gelten, wenn die Gefahren für den Geldwert von hohen Leistungs- und Zahlungsbilanzüberschüssen ausgingen. Leistungsbilanzüberschüsse indizierten einen Preiskonkurrenzvorsprung deutscher Güter auf den internationalen Märkten und damit Preiserhöhungsspielräume für deutsche Produzenten. Und Zahlungsbilanzüberschüsse wurden von einem Devisenzustrom zur Bundesbank begleitet, der seinerseits einen gleichwertigen DM-Abstrom in die deutsche Wirtschaft in Gang brachte. Die volkswirtschaftliche Geldmenge nahm zu, während der Exportüberschuß das Güterangebot auf deutschen Märkten verringerte. Das Verhältnis zwischen Geldmenge und Güterangebot geriet - beim gängigen Preisniveau - außer Fasson. Wenn man annimmt, daß Marktwirtschaften eine Neigung innewohnt, jenes Verhältnis durch Erhöhung des Preisniveaus wieder in Fasson zu bringen, dann bewirkten die Zahlungsbilanzüberschüsse, daß die angezeigten Preiserhöhungsspielräume ausgeschöpft wurden. Eine Aufwertung verteuerte nun die DM für Ausländer und verbilligte fremde Währungen für Deutsche. Damit verteuerte sie zugleich deutsche Güter für Ausländer, ohne daß die auch für Deutsche teurer wurden. Ausländische Güter wurden für Deutsche billiger. Der Preiswettbewerbsvorsprung deutscher Güter und die Preiserhöhungsspielräume deutscher Unternehmer schrumpften. Man durfte vermuten, daß Ausländer weniger in Deutschland und Deutsche mehr im Ausland kauften und daß dadurch auch der Devisenzustrom abflaute. Diese Vermutung war nun freilich, was damals viele mit starken Bedenken gegen eine Aufwertung erfüllte. Sie befürchteten, daß man den Teufel mit Belzebub austriebe, die Stabilität erhielte, indem man die Nachfrage, die Produktion und die Beschäftigung untergrub. So argumentierten vor allem die Industriellen und lehnten eine Aufwertung deshalb entschieden ab. Der BDI verband die Ablehnung damit, daß er eine akute Gefährdung der Stabilität überhaupt bezweifelte. Bei der Meinungsbildung des Zentralbankrats spielte das Export- und Beschäftigungsmotiv ebenfalls eine wichtige Rolle. Womöglich noch wichtiger war für die Mehrheit der Zentralbankiers aber die Meinung, daß die Wechselkurse im Interesse ruhiger und berechenbarer weltwirtschaftlicher Entwicklungen sakrosankt sein sollten. Deshalb lehnte auch die Bundesbank, lehnte besonders entschieden deren Präsident Blessing eine Aufwertung ab. Da die Bundesbank im Gegensatz zum BDI an den Gefahren für die Stabilität nicht im geringsten zweifelte, war sie statt dessen bestrebt, dem außenwirtschaftlich bedingten Anschwellen der Geldmenge binnenwirtschaftlich entgegenzuwirken. Zu diesem Zweck verschärfte sie ihre geldpolitischen Restriktionen, und drängte sie bei der Bundesregierung auf ein stabilitätspolitisches Konjunkturprogramm.

Sie drang damit allerdings nicht durch. Im Wirtschaftsministerium teilte man inzwischen zwar die Sorge der Bundesbank, zog daraus aber keine programmatischen Konsequenzen. Erhard sprach neuerdings wieder von der volkswirtschaftlichen Unvernunft partikularer Interessen und von der schädlichen Überbeanspruchung des Sozialprodukts infolge allgemeiner Maßlosigkeit. Außerdem versuchte er, in Gesprächen mit den Sozialpartnern auf mäßige Tarifabschlüsse hinzuwirken. In mancher Hinsicht rannte er damit offene Türen ein. 1959 waren die Stücklohnkosten bei starkem Produktivitätswachstum und mäßigen Stundenlohnerhöhungen gesunken. Deshalb wohl fehlte Erhards Reden diesmal die selbstgewisse Entschiedenheit, mit der er 1955/56 hintersinnig-begehrliche Gewerkschaften und verantwortungslos-nachgiebige Unternehmer einer ausschließlichen Schuld am Verlust ökonomisch-sozialer Stabilität geziehen hatte. Und seiner öffentlichen Kampagne für Stabilität fehlte der kreuzzugsartige Furor jener Jahre.

Den mochte die Bundesbank weniger vermissen als stabilitätspolitische Konzepte und Taten. Als davon auch Mitte 1960 noch nichts zu sehen war, feuerte sie - auch um der Bundesregierung Beine zu machen - ihrerseits eine „stabilitätspolitische Breitseite" ab. Sie setzte die Leitzinsen und die Mindestreserven kräftig hinauf, kürzte die Rediskontkontingente und verhängte ein Verzinsungsverbot für Sicht- und Termineinlagen von Ausländern. Vom Gedanken an Aufwertung war sie weiterhin weit entfernt.

Nach Erhards öffentlichen Äußerungen zu urteilen, galt das um diese Zeit auch noch für den Bundeswirtschaftsminister. Erhard ließ mehrfach hören, daß Wechselkursänderungen kein Instrument der Konjunkturpolitik seien und eine DM-Aufwertung nicht zur Debatte stehe. Ob das wirklich seine Meinung war oder im wesentlichen von Rücksicht auf die ausdrückliche Meinung des Bundeskanzlers und die Stimmung im Kabinett bestimmt war, steht freilich dahin. Wenn es im Juni seine Meinung noch war, dann änderte er diese Meinung unter Langers Einfluß im Juli.[114] Zur Vorbereitung auf ein konjunkturpolitisches Gespräch, zu dem der Bundeskanzler außer den Wirtschaftsminister, den Finanzminister und den Bundesbankpräsidenten auch Pferdemenges, Abs und Berg gebeten hatte, übersandte das Wirtschaftsministerium dem Bundeskanzleramt im Namen Erhards ein Exposé, das in zwei alternative Vorschläge einmündete: Aufwertung der DM um etwa 7 %, oder - als eine Art niedrigerer Ersatzaufwertung - die Beseitigung der einst als Mittel staatlicher Exportförderung eingerichteten Umsatzsteuerrückvergütung für Exporte sowie die Aufhebung der Umsatzausgleichssteuer für Importe. Die Abschaffung der Steuerrückvergütung sollte die Exporteure dazu bewegen, die Umsatzsteuer auf die Exportpreise zu schlagen, die Abschaffung der Umsatzausgleichssteuer sollte Importgüter verbilligen.

Im konjunkturpolitischen Gespräch beim Bundeskanzler am 4. August 1960 führte dann freilich nicht Erhard, sondern Berg das große durchschlagskräftige Wort. Der BDI-Präsident denunzierte die Rede von Gefahren für die Stabilität als ungerechtfertigte Schwarzmalerei und den Gedanken an Aufwertung als unnötig und schädlich. Abs sekundierte ihm. Erhard kam dagegen nicht an. Er schwieg zumeist und stimmte am Ende einer Pressemitteilung zu, in der stand, daß es keinen Grund für stabilitätspolitische Sorgen gäbe. Daheim am Tegernsee faßte er gleichsam neuen Mut, und während seines leidvollen Zwischenaufenthalts in Bonn anläßlich des Macmillan-Besuchs gab er Adenauer seinen Unmut über Verlauf und Ausgang der Besprechung kund. Bergs Ansicht, für die ihm jedes Verständnis fehle, könne unschwer widerlegt werden. Er müsse den Kanzler vor den falschen Ratschlägen Bergs warnen. Schnelles Handeln sei geboten. Und dafür gäbe es nur zwei Möglichkeiten, die beiden nämlich, die das Wirtschaftsministerium vorgeschlagen habe.[115] Adenauer antwortete drei Tage später. Er bedauerte, „daß Sie nicht Ihre Ausführungen in der Besprechung vom 4. August 1960 gemacht haben".[116] Da Erhard im Urlaub war und Adenauer wenig später in Urlaub ging, kam es vorerst nicht zu weiteren Konjunkturgesprächen. Statt dessen sprach sich bald nach Adenauers Abreise in Bonn herum, daß er Erhards Brief an Berg weitergegeben hatte. Otto Friedrich schrieb Erhard wenig später, daß er den Brief und namentlich die Ausfälle gegen Berg zwar für falsch halte, daß die unbegreifliche Weitergabe des Briefes aber wohl mit dem Rücktritt zu beantworten gewesen wäre.[117] Erhard wurde zunächst von der Berlin-Krise absorbiert. Derweil entwarf Langer einen konjunkturpolitischen Brief an den fernen, dem Einfluß von Berg und Abs entzogenen Kanzler. Hohmann überarbeitete den Entwurf, Erhard gab dem Brief die letzte Fassung. Am 7. September ging er ab. Seine Länge, zwölf Seiten, sein Duktus, keiner beherrschte ihn so, wie der als ghostwriter zu Amtswürden gelangte Langer, und seine Redundanzen erinnerten an alte Zeiten. Unterdessen hatte Adenauer bereits ein sorgenvolles Schreiben des Bundesbankpräsidenten erhalten, in dem die Zentralbankleitung die Regierung dazu aufforderte, ihre restriktive Geldpolitik mit Steuererhöhungen und Ausgabenkürzungen zu unterstützten. Erhard unterstrich Blessings Sorge und übertrieb dabei die faktischen Gefahren kräftig[118], wies aber die fiskalpolitischen Forderungen des Bundesbankpräsidenten als sachlich inopportun und politisch unmöglich zurück. Wenn es darum gehe, das Vertrauen in die Währung zu stärken und die Sparneigung zu erhalten, sei es „völlig falsch ..., die überschüssige Kaufkraft durch Steuererhöhungen abschöpfen zu wollen, denn das würde das Vertrauen in die Stabilität unserer Wirtschaft nicht stärken, sondern nur gefährden". Und Ausgabenkürzungen ließen sich nicht durchsetzen. Etwas anderes scheine ihm eher angebracht zu sein und mehr Erfolg zu versprechen: Angesichts „der Zügellosigkeit in unserem Volk" müsse man Maßnahmen ergreifen, „die wieder die Sorge um den Arbeitsplatz und die Stetigkeit der Vollbeschäftigung, wie um die absolute Garantie des Absatzes lebendig werden" ließen. Derlei, ebenso einfache wie wirkungsvolle Maßnahmen seien vorzugsweise die tatsächliche Aufwertung der DM und aushilfsweise die steuerpolitische Ersatzaufwertung.[119]

Da war sie nun also doch wieder, die verwahrloste Verantwortung der dieserhalb zu disziplinierenden Tarifpartner. Wirtschaftspolitik als Strafaktion. Warum die Sorge um den Absatz oder den Arbeitsplatz das Vertrauen in die Stabilität der deutschen Wirtschaft zu stärken geeignet wäre, das blieb Erhards Geheimnis. Auf die steuerpolitische Ersatzaufwertung gab er unterdessen nicht mehr viel. Die verteuerte, wenn alles gutginge, Exportgüter und machte Importgüter billiger, schreckte dadurch Auslandsnachfrage ab, belebte die Importnachfrage und reduzierte den Leistungsbilanzüberschuß. Der aber war nur ein Teil des Problems; ein anderer, zunehmend wichtiger Teil war die Vermehrung ausländischer Geld- und Kapitalanlagen in der Bundesrepublik. Es traf sich unglücklich, daß andere Industrieländer und namentlich die Vereinigten Staaten unter Wachstumsschwäche litten, während die bundesdeutsche Wirtschaft boomte. Deshalb sanken dort die Zinsen, während sie in der Bundesrepublik stiegen. Die Zinsdifferenz lockte fremdes Geld nach Deutschland. Das Verzinsungsverbot für Bankeinlagen von Ausländern vermochte dagegen wenig, solange die ausländischen Anleger in den Kauf von Wertpapieren ausweichen konnten und die deutschen Produktionsunternehmen Direktkredite im Ausland aufnahmen. Das taten sie in großem Stil. Die vorübergehende Beseitigung der Umsatzsteuervergütung und der Umsatzausgleichssteuer hätte sie davon nicht abgehalten. Eine Verteuerung der DM, die den Zinsvorteil neutralisierte, wäre hingegen, so durfte man hoffen, dazu in der Lage. Erhard empfahl sie dringlich. Die Aufwertung ermögliche es, die unerwünschten Kreditrestriktionen der Bundesbank zurückzunehmen und erwecke in der Öffentlichkeit den Eindruck, daß die Bundesregierung mit einer klaren wirtschaftspolitischen Konzeption zielbewußt führe.[120]

Inzwischen schienen auch Etzel und selbst Blessing die Aufwertung für nötig zu halten. Jedenfalls notierte Krone dies als das Ergebnis eines Konjunkturgesprächs, das am 12. September beim Finanzminister stattfand. Nämlichen Tages erfuhr er von Globke, daß Adenauer in Cadenabbia „tobe, weil man in Bonn anders wolle als die Kreise jener Wirtschaft, die auf den Kanzler Einfluß haben".[121]

Einem Brief Adenauers an Erhard teilte sich jenes Toben nicht mit. Der Brief ging allerdings auch auf Erhards ausführliche Überlegungen und dringlichen Wünsche nicht ein. Adenauer bat nur kurz darum, ihm die wirtschaftlichen Wirkungen einer Aufwertung darzulegen. Im Wirtschaftsministerium holte man zu einem weiteren zehnseitigen Brief aus. Adenauer erhielt darin eingehende Aufklärung über die mutmaßlichen Wirkungen der Wechselkursänderung auf die Außenhandelspreise. Einer weiterreichenden Wirkungsanalyse enthielt man sich. Denn es sei „schlechterdings unmöglich, die Auswirkungen wirtschaftspolitischer Maßnahmen rechnerisch exakt zu erfassen. (Aber) ich, der ich von diesem „Geschäft" ja wohl einiges verstehe, möchte mich Ihnen gegenüber ausdrücklich für den Erfolg einer Aufwertung verbürgen". Sie werde die Stabilität sichern und die Wahlen gewinnen helfen, und sie werde die wieder zunehmende Unruhe und Verärgerung des Auslandes über Deutschlands Zahlungsbilanzüberschüsse beschwichtigen. Nur bald und nicht erst unter Druck müsse aufgewertet werden, weil andernfalls „der Glanz der von mir vorgeschlagenen Aktion verloren" gehe. „Schicksalhafte Stunde", „nachtwandlerische Sicherheit." „Sind wir denn nicht wirklich zusammengeschweißt, und sollte da nicht Vertrauen gegen Vertrauen stehen"?[122]

Als Erhard dies schrieb, war Adenauers Mißfallens- und Mißtrauensbekundung wegen der Berlin-Affäre bereits unterwegs. Die Antwort darauf machte einen dritten, unendlich langen Brief nötig. Das war der Brief, in dem Erhard scheinbar ultimativ „die endgültige Klärung unserer beiderseitigen Beziehungen" verlangte. Am gleichen Tag und ohne Kenntnis des Verlangens schrieb ihm der Kanzler, daß er auch in der Aufwertungsfrage nicht auf Erhard vertraue. Die Bürgschaftserklärung überzeuge ihn nicht. Das wirtschaftliche Klima beruhige sich, die Risiken einer Aufwertung seien größer als die Vorteile. Herr Berg sage, daß „die Preisgabe von Auslandsmärkten ein nicht wiedergutzumachender Fehler wäre." Sobald er zurück sei, werde er die Sache mit Erhard, Etzel und Blessing besprechen. Vorerst solle das Wirtschaftsministerium seine Absichten für sich behalten.[123]

Die Rückkehr erfolgte drei Tage später, am 20. September. Erhard verstand sich trotz allem dazu, das Empfangs-Komitee anzuführen. Zwei Tage später sprach er - Krone sei Dank - mit dem Kanzler unter vier Augen. Das Klärungs-Ultimatum schien danach aus der Welt zu sein. Der Dissens über das Interzonenhandelsabkommen und die Aufwertung blieben darinnen. Erhard verließ nun seinerseits Bonn und blieb zwei Wochen lang fort.

Das Reisen bekam dem Bundeswirtschaftsminister letzthin bekanntlich nicht mehr. Dabei fing es nicht schlecht an. Erhard flog zur Jahrestagung des IMF und der Weltbank nach Washington. Dort geriet die Bundesregierung unter starken Beschuß. Die deutschen

Zahlungsbilanzüberschüsse standen als *das* Ärgernis der internationalen Wirtschaftsbeziehungen im Mittelpunkt der Beratungen und zogen der Bundesrepublik heftige Vorwürfe und sehr nachdrückliche Aufforderungen insbesondere der Vereinigten Staaten und Englands zu, in erheblich stärkerem Umfang als bisher Kapital in Form von Entwicklungshilfe in die Dritte Welt zu exportieren. Erhard hatte die Vorwürfe zu ertragen und sich der Aufforderungen hinhaltend zu erwehren, im Grunde genommen waren sie ihm aber nicht unlieb. Für mehr westdeutsche Entwicklungshilfe trat er aus wirtschaftlichen und moralischen Gründen gegen den wirkungsvollen Widerstand des Kanzlers und des Finanzministers ohnedies seit geraumer Zeit ein. Und die scharfen Äußerungen begehrlichen Mißmuts in Washington begünstigten seine Position im Aufwertungsstreit in Bonn. An Ort und Stelle hatte er freilich den aktuellen Regierungsstandpunkt zu vertreten und eine Aufwertung in nächster Zeit auszuschließen. Das tat er.[124]

Während er damit beschäftigt war, gab die Sowjetunion dem Berlin-Konflikt eine weitere Wendung. Sie teilte den drei westlichen Alliierten in diametralem Gegensatz zur westlichen Rechtsauffassung mit, daß sie mit den Beschränkungen des Berlinverkehrs nichts zu schaffen habe. Die Regelung jenes Verkehrs sei souveränes Recht der DDR. Erhard erfuhr davon in den USA und sagte im Verlauf einer Rede vor einigen Hundert amerikanischen Geschäftsleuten, was seiner Meinung nach dagegen zu tun sei: Die *ganze* freie Welt müsse sich zu einem Embargo gegen *alle* Ostmächte zusammenfinden. Die freie Welt wollte das freilich nicht. Die einseitige Einstellung des Interzonenhandels lehnte Erhard weiterhin ab, auch wenn die amerikanische Regierung inzwischen darauf drängte und der Verdacht laut wurde, daß die Bundesregierung ökonomischer Interessen wegen damit zögere. Der Interzonenhandel, sagte er, sichere den freien Warenverkehr nach Berlin und die Lebensmöglichkeit der Westberliner.[125]

Außenminister von Brentano, der in der ersten Septemberhälfte auf Reisen gewesen war und auf die Kabinettsentscheidungen keinen Einfluß hatte nehmen können, machte sich hingegen für die Kündigung stark. Der Kanzler nahm seine Partei. Vielleicht nahm Brentano auch Adenauers Partei. Gleichviel, am 30. September stand die Frage auf der Tagesordnung des Kabinetts und sollte entschieden werden. Erhard landete an diesem Tag in Frankfurt. Sein Terminkalender sah allerdings vor, daß er nach wenigen Stunden wieder aufstiege, um nach Kabul zu fliegen. Vom Flughafen aus rief er Krone an, wütete und drohte mit seinem Rücktritt, falls das Abkommen in seiner Abwesenheit gekündigt werde. Krone verwies ihn an den Kanzler. Erhard ließ sich mit Adenauer verbinden und beschwor ihn, das Abkommen nicht zu kündigen, jedenfalls keine Entscheidung zu treffen, bevor er, Erhard, aus Afghanistan und Persien zurück sei und dem Kabinett seine Argumente vorgetragen habe. Bevor ihm das nicht zugesichert worden sei, fliege er nicht weiter. „Dann beziehn Se man direkt in Frankfurt 'ne Wohnung", sagte Adenauer. Erhard flog nach Kabul und das Kabinett beschloß, das Interzonenhandelsabkommen zu kündigen und der DDR anzubieten, über den Abschluß eines neuen Abkommens und die Revision der Verkehrsbeschränkungen zu verhandeln.[126] Die Verhandlungen wurden im November aufgenommen und im Dezember abgeschlossen. Das Interzonenhandelsabkommen trat wieder in Kraft. Die DDR bestätigte die Freiheit des Warenverkehrs zwischen Westdeutschland und Westberlin und nahm die Beschränkung des Zugangs von Westdeutschen nach Ostberlin zurück. Es blieb dabei, daß die Berliner den Ostteil der Stadt nur noch mit einem besonders gekennzeichneten Ausweis betreten durften.

Während Erhard in den ersten Oktobertagen in Afghanistan und Persien konferierte und einen weiteren Doktorhut in Empfang nahm, empfing der Bundeskanzler eine Gruppe wichtiger Industrieller und Bankiers zu einem konjunkturpolitischen Gespräch.Krone riet davon ab, dies in Erhards Abwesenheit zu tun. Adenauer bestand darauf. „Er lasse sich von Erhard nicht bestimmen". Globke teilte Krone seinen Eindruck mit, daß Adenauer „Erhard politisch vernichten" wolle. „Dann ist die Wahl 1961 verloren", notierte Krone. Am Tag nach Erhards Rückkehr erlebte er einen abermals schwer beleidigten, niedergeschlagenen Mann. „Erhard ist wie eine Mimose. Er gehe, er gehe gern, wenn der Kanzler ihn nicht mehr haben wolle". Er ging natürlich nicht, sondern ließ sich auf eines jener Versöhnungsrituale ein, die jenseits eines Augenblicks der Ruhe menschlich und sachlich längst nichts mehr bewirkten. Adenauer sagte, daß er die Unternehmer gar nicht als Kanzler, sondern als Parteivorsitzender empfangen habe.[127]

Erhards Erscheinungsbild in der Presse litt unter der beharrlichen Wirkungslosigkeit, wie Erhard selbst unter Adenauer litt. Nie sei er da und alles lasse er sich bieten. Und wozu? Man erkenne den Zweck seiner politischen Existenz nicht mehr. Wo bleibe sein stabilitätspolitisches Konzept? Erhards Versteifung auf die Aufwertung erwecke den Eindruck, daß er die Konjunkturpolitik neuerdings eher als eine Frage des Prestiges, denn des Erfolgs ansehe.[128]

Am 18. Oktober gab es eine Neuauflage des konjunkturpolitischen Gesprächs vom 4. August. Es stellte sich heraus, daß man unterdessen keinen Schritt weitergekommen war. Etzels und Blessings Aufwertungsbereitschaft schien nicht mehr als eine kurze Laune gewesen zu sein und hatte sich wieder verflüchtigt. Die starken Preissteigerungen, die Erhard im Sommer angekündigt hatte, waren nicht eingetreten. Unter diesen Umständen fanden weder die Aufwertung noch die Ersatzaufwertung Fürsprecher. Erhard gab auf. Während der konjunkturpolitischen Debatte der Bundestagsfraktion sagte er eine Woche später zwar, daß die Preisentwicklung unbefriedigend und die Entwicklung der Zahlungsbilanz prekär seien, zog daraus aber keine stabilitätspolitischen Konsequenzen. „Bei Erhard war von Aufwertung nicht mehr die Rede," schrieb Krone.[129] Man könne die Dinge „noch etwas beobachten", hatte Erhard gesagt. Es wäre jedoch gut, wenn die Fraktion das Kabinett für den Fall der Not dazu ermächtige, die Umsatzausgleichssteuer auf Importe vorübergehend auszusetzen. Adenauer unterstrich, daß es nicht um eine bedingungslose Ermächtigung für den Wirtschaftsminister gehe. Erhard, Etzel und Blessing sollten untersuchen, ob ein zeitweiser Verzicht auf die Steuer ohne Gefahren für Wirtschaft und Finanzen möglich und zahlungsbilanzpolitisch nötig sei. Wenn sie sich darüber geeinigt hätten, werde das Kabinett entscheiden. Einzelne Fraktionsmitglieder beklagten den dilatorischen Charakter und die Schwäche solcherart Konjunkturpolitik. Die Fraktion als Ganze gab sich damit zufrieden und erteilte die nutzlose Ermächtigung.[130] Die regierungsamtliche Stabilitätspolitik begab sich zur Ruhe.

Entsetzt und vergrätzt über derlei Quietismus, dazu alarmiert vom beschleunigten Devisenzustrom, unternahm die Bundesbank im November eine etwas verrückte Kehrtwende ihrer Geldpolitik. Sie senkte die Zinsen und die Mindestreserven. Der Vorgang hatte zweierlei Zweck, einen sachlichen und einen pägagogischen. Zum einen verminderte die Zinssenkung das internationale Zinsgefälle, zum anderen entzog sie der Bundesregierung das geldpolitische Ruhekissen. Die Zentralbank hoffte, daß die Einebnung des Zinsgefälles den Devisenzufluß hemmte und daß die Erleichterung des Zugangs zu überdies verbilligtem Kredit die offenbar verglimmenden Inflationsängste der Bundesregierung so kräftig schürte, daß die sich schließlich doch zu einer restriktiven Finanz- und Haushaltspolitik aufraffte. Ein wenig verrückt daran war, daß die Bundesbank meinte, ihre Geldpolitik neuerdings vorrangig an zahlungsbilanzpolitischen Notwendigkeiten orientieren zu sollen, eine

Aufwertung der DM aber weiterhin ablehnte. Im übrigen erfüllte ihr salto mortale seine beiden Zwecke nicht.

Inzwischen bezweifelten die internationalen Anleger, daß Deutschland auf mittlere Sicht um die Aufwertung herumkäme. Die Zweifel ermunterten sie zu spekulativen Kapitaltransfers, für die Zinsen keine Rolle spielten. Der Devisenzustrom hielt an. Das war eins. Zum anderen beschränkten Erhard und Etzel sich auf die Bekundung ihres Mißfallens an der stabilitätswidrigen Wende der Geldpolitik und machten keine Anstalten zu einer stabilitätsgerechten Konjunkturpolitik der Regierung. So kam es, daß die bemerkenswerteste Wirkung der zahlungsbilanzorientierten Geldpolitik darin bestand, daß ihre Wirkungslosigkeit dem Zentralbankrat die Notwendigkeit einer Aufwertung näherbrachte. Zur Überzeugung von der Notwendigkeit brachte ihn freilich etwas anderes, dem sich schließlich auch der Bundeskanzler beugte.

Im November 1960 gewann der demokratische Senator John F. Kennedy die amerikanischen Präsidentschaftswahlen gegen Eisenhowers republikanischen Vizepräsidenten Richard Nixon; im Januar 1961 löste Kennedys Administration die Regierung Eisenhower ab. Es stand zu erwarten, daß sie der Bundesrepublik mit mehr mentalen Reserven und politisch rücksichtsloser begegnete als die Eisenhower-Administration. Unterdessen war der amerikanische Finanzminister in Bonn gewesen und hatte eingedenk der deutschen Zahlungsbilanzüberschüsse und der Defizite, mit denen es die amerikanische Zahlungsbilanz neuerdings zu tun hatte, über die Vermehrung der deutschen Entwicklungshilfe und über eine Beteiligung der Bundesregierung an den Kosten des Unterhalts der amerikanischen Truppen in Deutschland verhandelt. Der Wunsch war erwartet worden und die Bundesregierung hatte die Berechtigung des Anspruchs grundsätzlich anerkannt. Ihr konkretes Angebot stand aber noch aus, als Kennedy ins Amt kam. Anfang Februar legte Erhard es vor: je 357 Millionen Dollar für Stationierungskosten und Entwicklungshilfe. Die neue amerikanische Regierung wies das Angebot als unzureichend zurück. Erhard wandte ein, daß jene Beträge die äußerste Grenze der deutschen Leistungsfähigkeit berührten.[131] Ein Besuch Außenminister von Brentanos in Washington und Gespräche des Bundeskanzlers mit Kennedys Sonderbotschafter Harriman in Bonn machten deutlich, daß man angesichts der extremen deutschen Zahlungsbilanzüberschüsse damit nicht durchkäme. Das war Erhards Stichwort. Die deutschen Zahlungsbilanzüberschüsse hätten mit der finanziellen Belastbarkeit Deutschlands tatsächlich nichts zu tun, sagte er im Kabinett und in der Fraktion, sie riefen aber den Eindruck einer Leistungsfähigkeit hervor, die nicht bestehe. Deshalb sei es nötig, die Überschüsse mit Hilfe einer DM-Aufwertung zu verringern.[132]

Eine etwas tieferdringende Analyse des finanzpolitischen und volkswirtschaftlichen Planungsstabes im Finanzministerium brachte auch Finanzminister Etzel zu dieser Konsequenz. Es gelte, hieß es darin, auf die politische Philosophie der amerikanischen und übrigens auch der englischen Regierung einzugehen und ihnen nicht immer mit „volkswirtschaftlichen Aufklärungsvorträgen" zu kommen. Die politische Philosophie gehe so: Deutschland strebe bei geringen Verteidigungsanstrengungen durch staatlich geförderte Investitionen und Exporte eine weltwirtschaftliche Vorrangstellung an. Amerika in seiner Einfalt unterstütze das, indem es Entwicklungshilfe an Länder der Dritten Welt gebe, die damit in Deutschland einkauften. Deutschland, undankbar und eigensüchtig, wie es sei, erwirtschafte hohe Leistungsbilanzüberschüsse und bringe dadurch andere Länder in Schwierigkeiten, neuerdings auch die USA. Außerdem sammle es fortgesetzt Währungsreserven an, drücke sich aber davor, einen angemessenen Teil der politisch-militärischen Lasten des Westens zu tragen. Das sei nicht einzusehen und deshalb nicht länger hinzunehmen.

Welche Folgerungen habe die Bundesregierung daraus zu ziehen? fragten Etzels Leute. Ihre Antwort lautete: Die Exportüberschüsse erregen Ärgernis. Deutschland kann sich die Rolle des internationalen Störenfrieds aber nicht leisten. Deshalb müssen die Überschüsse weg, oder man wird uns ihren Gegenwert weg*nehmen*. Letzteres gehe zu Lasten des deutschen Verbrauchs und der deutschen Investitionen, deshalb sei ersteres vorzuziehen. Die Korrektur des Wechselkurses sei das Mittel dazu.[133]

Das überzeugte Etzel. Gemeinsam mit Erhard gewann er Blessing und Pferdmenges für die Aufwertung. Am 28. Februar gingen die vier mit Krone zu Adenauer und überredeten mit vorwiegend politischen Argumenten auch ihn.[134] Das konjunkturelle Motiv der Aufwertung war vollends auf der Strecke geblieben. Blessing zum Beispiel bezweifelte ausdrücklich, daß die Wechselkursänderung bemerkenswert stabilisierende Binnenwirkungen haben würde. Sie bringe die DM aus dem Gerede. Das sei alles und nach Lage der Dinge mehr als genug. Der Beschluß des Kabinetts und dessen - rechtlich unerhebliche - Bestätigung durch den Zentralbankrat waren nach der Einigung der Dinosaurier nur noch Formsache. Beides erfolgte am 3. März. Im Kabinett gab der Kanzler dem Vorgang, der eigentlich nicht sein Ding war, dann doch noch einen sehr Adenauerschen Akzent. Erhard und Etzel schlugen eine Aufwertung um etwa 7 % von 4,20 auf 3,90 DM pro Dollar vor. „Nehmen Se vier Mark," sagte Adenauer, „das is ne grade Zahl und rechnet sich leichter".[135] So wichtig, wie der Erhard sie machte, durfte die Angelegenheit am Ende nicht sein.

Die öffentliche Resonanz der Entscheidung war gemischt und überwiegend kritisch. In Deutschland wurden vor allem die ablehnenden Stimmen laut. Man warf der Regierung vor, unter amerikanischem Druck ihr Wort gebrochen zu haben und die Hochkonjunktur zu gefährden. Im Ausland hielt man die Aufwertung für prinzipiell richtig und für praktisch unzureichend. Sie reiche nicht aus, um die deutsche Leistungsbilanz in Ordnung zu bringen. Erhard nahm das Argument auf und wendete es gegen die deutschen Kritiker ins Positive. Die Aufwertung sei nicht so dramatisch, daß sie den deutschen Export wesentlich beeinträchtigen werde. Etwas schwerer werde das Exportieren fallen, mehr nicht. Der Fraktion, die das Kabinett zu *diesem* Beschluß nicht ermächtigt hatte, machte er die Entscheidung mit der Behauptung schmackhaft, daß die Aufwertung „der beste Wahlschlager (sei), den es für die CDU/CSU geben könne".[136]

Das war sie nicht, und auch im übrigen waren die Wirkungen der Aufwertung viel weniger bemerkenswert als das politische Aufhebens, das man davon gemacht hatte. Das Exportwachstum fiel 1961 zwar deutlich geringer aus als 1960, war aber mit 7 % immer noch erheblich. Im übrigen war der Rückgang des Wachstums eher verbreiteter Konjunkturschwäche im Ausland als der Aufwertung zuzuschreiben. Das Importwachstum schrumpfte trotz Aufwertung, wobei die Zunahme der Einfuhrwerte wegen der Verbilligung ausländischer Währungen für deutsche Importeure noch weiter zurückging als die Zunahme der Einfuhrmengen. Das Ergebnis war, daß der Handelsbilanzüberschuß nicht etwa, wie erwünscht und erwartet, schrumpfte, sondern daß er von 5,2 auf 6,6 Milliarden zunahm. Da die Bundesbank im Zeichen der Aufwertung überdies an ihrem Kurs leichten und billigen Geldes festhielt, waren die Preiserhöhungsspielräume 1961 nicht geringer, sondern eher größer als 1960. Dazu kam schließlich der für die konjunkturelle Entwicklung in Westdeutschland damals typische Vorgang, daß die Lohnkosten bei auslaufender Hochkonjunktur infolge großzügiger Tarifabschlüsse bei nunmehr schwachem Produktivitätswachstum stärker stiegen als bei anlaufender Hochkonjunktur. All dies zusammen brachte die Preise nun tatsächlich in Bewegung. 1961 stiegen sie um 2,3 %, 1962 um 2,9 %.

Erhard versah die Geschichte übrigens noch mit einer Pointe der besonderen Art. Ein Jahr nach der Aufwertung, in den ersten Monaten des Jahres 1962, wies die deutsche Handelsbilanz bemerkenswert niedrigere Überschüsse aus als in den Vor- und in den entsprechenden Vorjahresmonaten. Der Rückgang veranlaßte den Wirtschaftsminister dazu, in den Rekordüberschuß des Jahres 1961 eine „tendenzielle" Abnahme der Überschüsse hineinzuinterpretieren und sich darüber im Verlauf eines sogenannten „Pressetees" beim Kanzler sehr erschrocken zu zeigen: „Man muß bedenken, was das bedeutet, wenn wir auf dem Weltmarkt nicht mehr so konkurrenzfähig sind und wenn auf dem Binnenmarkt der Zufluß von Waren immer stärker wird". Adenauer stieß nach: Dann „können wir die Bude zumachen". Anschließend fuhr er nach Cadenabbia, und Erhard hielt eine Rundfunkrede. Es gebe Stimmen, sagte er, „die das veränderte außenhandelspolitische Klima auf die Währungsaufwertung zurückführen möchten." Nichts sei falscher als dies und der „Versuch beider Sozialpartner, die Erschwerung des Wettbewerbs der Währungsaufwertung zuschreiben zu wollen, ... nur der Ausfluß des eigenen schlechten Gewissens". Denn, wenn es richtig wäre, „dann dürfte es wohl unmöglich gewesen sein, im Jahr 1961 einen Rekordüberschuß in der Handelsbilanz von 6,3 Milliarden DM zu erzielen".[137] Niemand fragte ihn, warum er damals so scharf auf die Aufwertung gewesen war, wenn er jetzt so großen Wert auf die Feststellung legte, daß sie nichts bewirkt hatte.

Wie man nicht Kanzler wird

Erhard war unterdessen 65 Jahre alt geworden, reif für den Ruhestand, aber immer noch Wirtschaftsminister in einer Regierung Adenauer - in der vierten Regierung Adenauer mittlerweile. Dabei hätte er eigentlich längst selber Kanzler oder tatsächlich im Ruhestand sein sollen. Aber es war anders gekommen, und die Annahme griff um sich, daß es immer anders käme und daß dies auch gut so wäre.

1961 war Wahljahr. Wahlzeiten sind für verfeindete Parteifreunde Zeiten des großen Krötenschluckens. Die verlogene Prätention von Freundschaft und Harmonie, der Mißbrauch menschlicher Würde - im Herbst 1960 hatte Ludwig Erhard entrüstet von sich gewiesen, dabei mitzutun, im Frühjahr 1961 ließ er sich darauf ein. Und im Sommer verabredete er mit Franz Josef Strauß und der FDP-Führung, daß man nach der Wahl Konrad Adenauer den Weg ins Kanzleramt verstellen wolle, damit sein Weg dorthin frei werde.

Anfang des Jahres erfand Krone den Wahlslogan „Adenauer, Erhard und die Mannschaft". Adenauer akzeptierte ihn nach langem Widerstand. Laßt euch euern Erhard doch vergolden, soll er schließlich gebrummt haben.[138] Erhard fiel die Akzeptanz nicht viel leichter. Auf dem Kölner Wahlparteitag im April schüttelten die Männer vor der Mannschaft einander demonstrativ die Hände. Erhards Rede erntete, wie letzthin üblich bei derlei Gelegenheit, den größeren Beifall. Was davon Zustimmung zu dem Mann und seinen Worten, was Ausdruck von Mitgefühl und Trost und zugleich Mißbilligung der Behandlung war, die ihm von Adenauer zuteil wurde, das konnte längst niemand mehr sagen. Das Wort oder die Geste, die Erhard zu seinem Nachfolger designierte, ließ Adenauer sich auch in Köln nicht entlocken. Erhard, der sich nach wie vor nichts sehnlicher wünschte, tat trotzig so, als komme es darauf nicht mehr an und sagte, wo immer es angebracht zu sein schien, daß über den Nachfolger des gegenwärtigen Kanzlers kein Zweifel sein könne. „Macht bricht sich an Stärke".[139]

Im übrigen schoß er sich in Köln auf den *Wahl*gegner ein. Der Kanonendonner war groß. Aufmerksame Beobachter vermerkten freilich, daß er einen Feind beschoß, der nicht mehr dort stand, wo er hinzielte. Die SPD hatte im Verlauf der letzten beiden Jahre programmatische Konsequenzen aus der praktischen Reorientierung ihrer Politik gezogen und im Sommer 1959 zunächst ihr wirtschafts- und gesellschaftspolitisches, ein gutes Jahr später auch ihr außen- und verteidigungspolitisches Programm neu formuliert. Dem Marxismus war ausdrücklich abgeschworen und der Eingliederung der Bundesrepublik ins westliche Verteidigungsbündnis ausdrücklich zugestimmt worden. Die SPD bekannte sich neuerdings zur *sozialen* Marktwirtschaft, zur europäischen Integration und zur NATO. Adenauer setzte das Bekenntnis bei seinen Attacken voraus und traf, wo er hinhaute. Erhard tat so, als gäbe es weder das „Godesberger Programm" noch dessen vorweggenommene Bestätigung durch die Zustimmung der SPD zu „seinem" Wettbewerbsgesetz, zum EWG-Vertrag, zur Konvertierbarkeit u.a.m. Er denunzierte das alles kurzweg als „politische Falschmünzerei" und baute sich, schrieb die Baseler Nationalzeitung, „die Strohpuppe einer marxistischen Partei auf, um sie dann mit Argumenten aus der Rumpelkammer früherer Wahlkämpfe lautstark zu zerstören ... Wo Adenauer einen Satz braucht, um den politischen Gegner an einer schwachen Stelle zu treffen, benötigt Erhard mehrere Absätze und redet dann doch an dem politischen Kern der Gegensätze vorbei".[140]

Die Aussicht der Union auf den Wiedergewinn der absoluten Mehrheit war schwer verhangen. Realistischerweise durfte man nicht damit rechnen und mußte sich auf eine Koalition einstellen. Darauf setzte der unbändig ehrgeizige Verteidigungsminister Franz Josef Strauß, der inzwischen Landesvorsitzender der CSU geworden war und seinem politisch und persönlich motivierten Verdruß über den alten Kanzler nur noch mit Mühe Zügel anlegen konnte, seine Hoffnung, Adenauer nach der Wahl loszuwerden. Und er beließ es nicht bei der Hoffnung, sondern half ihr praktisch nach. Im Juli traf Strauß sich im Hause des Kaufhausbesitzers Helmut Horten höchst geheim und konspirativ mit dem neuen Vorsitzenden der FDP und deren starken Männern in Nordrhein-Westfalen. Die FDP-Herren hatten mit dem Alten noch ein politisches Hühnchen zu rupfen. Sie warfen ihm vor, ihre Partei 1955 mit willentlicher Perfidie gespalten und das größere Spaltprodukt unsanft von sich und in die Opposition gestoßen zu haben. Eine Gelegenheit, ihm das heimzuzahlen, war ihnen erwünscht. Strauß zeigte ihnen eine. In der CDU rege sich starker Widerstand gegen eine vierte Amtszeit Adenauers, die CSU sei geschlossen dagegen. Man wolle Erhard. Die Achtung vor der Persönlichkeit und den großen Verdiensten Adenauers, dazu dessen erneute Herausstellung im Wahlkampf, verböten es freilich, daß der Stoß gegen ihn aus der Union heraus erfolge. Wenn aber die FDP nach der Wahl erkläre, daß sie in eine Regierung unter Adenauer nicht eintreten werde, dann ließe die Mehrheit der Fraktion Adenauer nur zu gerne fallen und wählte Erhard. Das leuchtete den FDP-Leuten ein. Und weil sie den Rücktritt Konrad Adenauers auch jenseits ihrer Vergeltungswünsche für überfällig hielten und Ludwig Erhard ihr Kandidat war, stimmten sie zu. Strauß besuchte Erhard in der Schleichstraße und unterrichtete ihn von dem Vorhaben. Erhard war davon sehr angetan und sagte, daß er dabei sei. Er dachte, daß es Strauß um *seine* Kanzlerschaft zu tun wäre. „Aber sehen Sie denn nicht, daß der *Strauß* hinter Ihnen steht", fragte Krone ihn später in den Wirren der Regierungsbildung. „Ja, natürlich weiß ich, daß Strauß *hinter* mir steht", antwortete Erhard.[141] Krone wußte nichts von der Abmachung. Aber er wußte und war darüber sehr besorgt, daß Strauß Bundeskanzler werden wollte, daß er Erhard für untauglich, aber unumgänglich und den praktischen, vermutlich desaströsen Erweis seiner Untauglichkeit sogar für sehr nützlich hielt. Strauß dachte daran, als Kanzlermacher in der

Übergangsregierung Erhard eine Rolle zu spielen, in der er seinerseits unumgänglich wurde. Adenauer teilte Krones Sorgen. Sie waren ein Grund mehr für seine Entschlossenheit, das Feld nicht zu räumen und für Erhard freizumachen. Es hätte dieses zusätzlichen Grundes freilich nicht bedurft.

Erhard ging nach der Absprache auf die Bühler Höhe zur Kur. Es war, als übte er sich ins Kanzlersein schon ein. Bühler Höhe war Adenauers Erholungsort gewesen, bevor er das Tessin entdeckte.

Am 8. August stürzte Erhard sich in den Wahlkampf: 39 Tage, 20 000 Kilometer, die meisten davon in einem besonderen Salonwagen der Bundesbahn, 92 Versammlungen. Die rechte Freude machte ihm das nicht mehr. Die Getreuen fanden ihn zumeist mißgelaunt und brummig. Und er selbst fand, daß man sich bei dem endlosen Einerlei des Redens allmählich selbst zum Ekel werde. Es sei, als spiele man sich als Platte vor. Von der Platte hörte man die altbekannten Sätze: „Solange ich das Schicksal der deutschen Wirtschaft in den Händen habe, wird es keine Krise geben". „Ich habe es nicht nötig, den Menschen etwas zu versprechen. Was ich tat, ist steingewordenes Wort". Dazu milde Appelle an die Bescheidenheit und an die Vernunft und gestrenge Verdikte gegen die Sozialdemokraten - alles so, wie es sich im Wahlkampf gehörte und mit dem unvergleichlich Erhardschen Appeal. „Es war nicht der Inhalt seiner Reden, der die Pinneberger so begeisterte," schrieben die Kieler Nachrichten. "Er hätte ihnen auch von chinesischer Vasenmalerei erzählen können. Man klatschte, weil Erhard da war". So ähnlich hätte es in einem halben Hundert anderer Regionalzeitungen auch stehen können. Wenn Erhards Taten steingewordenes Wort waren, dann war Erhard selbst ein fleischgewordener Mythos. Im Bewußtsein der vielen, die ihn von ferne liebten und verehrten, hatten der Mensch, seine Taten und sein Reden darüber mit der Wirklichkeit längst nichts mehr zu tun. Sie sollten auch nichts damit zu tun haben. Man hatte sich ein Bild von Erhard gemacht, das Bild gefiel und erbaute, es versöhnte mit der im übrigen widrigen Politik. Man wollte das Bild vom tatsächlichen Erhard verkörpert sehen und sah es von ihm verkörpert. Die Londoner „Times" beobachtete genau und richtig: „Professor Erhard remains Bonn's best-liked politician". „As with Professor Heuss, one of the sources of his continuing popularity is the German people's often hidden longing to see a good man succeeded at the highest political level. Another is, of course, his symbolic role as father of the economic miracle".[142]

Die Wahrscheinlichkeit, daß der „gute Mensch" nach der Wahl Kanzler würde, nahm in den ersten Wochen des Wahlkampfes stark zu. Konrad Adenauer beging gleich eine ganze Serie von Fehlern, die ihm früher nicht unterlaufen wären und die auch seine getreuesten Anhänger an ihm irre werden ließen.

Im Juni rief Chruschtschow ein zweites Berlin-Ultimatum aus. Kennedy antwortete nach langem Zögern am 25. Juli mit starken, scheinbar entschiedenen Sätzen. In der Sonntagnacht zum 13. August 1961 ließ die DDR-Führung trotzdem mit dem Bau einer Mauer quer durch Berlin beginnen. Das Entsetzen der Berliner und der Schock in Westdeutschland waren unaussprechlich. Niemand wußte, was er daraus machen sollte, und jeder befürchtete Schlimmstes. In den nächsten Tagen stellten Erleichterung und Enttäuschung zugleich sich ein, Erleichterung darüber, daß der Mauerbau nicht zum Anlaß eines großen Konflikts gedieh und Enttäuschung darüber, daß die westlichen Schutzmächte Berlins und die Bundesregierung Chruschtschow und Ulbricht völlig widerstandslos gewähren ließen. Der Bundeskanzler sah sogar davon ab, sofort demonstrativ nach Berlin zu fliegen und den Berlinern seine Solidarität mit ihrer Stadt zu bekunden. Er habe die Emotionen nicht schüren und das Klima nicht unnötig aufheizen wollen, sagte er später. Man habe das Risiko durch Besonnenheit kleinhalten müssen. Das war immerhin bedenkenswert. Wenn es auch richtig war, dann wurde es staats- und parteipolitisch falsch, als der Kanzler Berlin auch in den folgenden acht Tagen fernblieb und dann, als es keinen rechten Sinn mehr machte, am 22. August doch noch hinüberflog. Bis dahin hatte er das Feld dem Regierenden Bürgermeister Willy Brandt überlassen. Brandt aber war um diese Zeit nicht nur Berliner Bürgermeister, er war auch der Kanzler-Kandidat der SPD. Dennoch stellte er den Wahlkampf am 13. August vorübergehend ein und zeigte sich in der Rolle des verantwortlichen Staatsmannes über den Parteien. Adenauer hingegen, der am Samstag aus Cadenabbia zurückgekehrt war, nahm den Wahlkampf - scheinbar ungerührt - am Montag abend in Regensburg mit besonders perfiden Ausfällen gegen „den Herrn Brandt alias Frahm auf". Jeder wußte, wogegen das ging. Willy Brandt war unehelicher Geburt, bekehrter Sozialist und heimgekehrter Emigrant. Das sozialistische Glaubensbekenntnis und die norwegische Staatsbürgerschaft, die ihm zeitweise zu eigen gewesen waren, hatte er unterdessen aufgegeben, den Beinamen, den er sich einstmals zugelegt hatte, aber beibehalten: Willy Brandt statt Karl Herbert Frahm. Adenauers widerlicher Appell an die Prüderie und an ein Nationalgefühl der Deutschen, dessen Zweifelhaftigkeit ihm höchst bewußt war, verfehlte deren Gefühl für Anstand und kam übel an. Statt in Berlin Seite an Seite mit dem Bürgermeister Brandt Solidarität zu demonstrieren, in Regensburg und andernorts gegen den Kanzlerkandidaten Brandt alias Frahm zu Felde zu ziehen, das konnte nur hartgesottenen Adenauer-Enthusiasten gefallen. Deren gab es so viele nicht mehr, und die demoskopierte Zustimmung zur Union stürzte in der zweiten Augusthälfte von 49 auf 35 %. Bis zur Wahl nahm sie zwar kräftig wieder zu, aber das Ansehen Adenauers blieb schwer beschädigt. Die CDU/CSU gewann die Wahl weniger mit ihm als gegen ihn.

Erhards Ansehen hatte nicht gelitten. Er hatte in den Tagen der akuten Krise die Erwartungen nicht enttäuscht, hatte freilich auch keine enttäuschen können, weil keine besonderen Erwartungen an ihn gerichtet wurden. Während Adenauer sich schließlich dazu verstieg, den Bau der Mauer als bewußte Wahlhilfe Chruschtschows für die SPD anzuprangern, rief Erhard dazu auf, Berlin aus dem Wahlkampf herauszuhalten. Die Wahlkampfleitung der Union war deshalb im Fortgang des Wahlkampfes bemüht, den Kanzler mit dem Vizekanzler gleichsam zu neutralisieren. Erhards Auftritte wurden vermehrt, und es wurden erstmals Plakate verklebt, die beide, den Kapitän und den Steuermann, vereint zeigten. Adenauer mußte es leiden, Erhard erlitt es. Die CSU setzte sich in der Schlußphase des Wahlkampfes ganz offen von Adenauer ab und auf Erhards Karte. In Bayern prangten Erhards Kopf und darunter die Worte: „Dieser Mann verbürgt Deutschlands Freiheit".

Konrad Adenauer politisch und moralisch erschüttert und geschwächt, Ludwig Erhard gestärkt und gefestigt - das war ein Ergebnis des Wahlkampfes. Das Ergebnis der Wahl war, daß die Union tatsächlich ihre absolute Mehrheit verlor und daß, den Stimmanteilen und Mandaten nach, jede der drei noch im Bundestag vertretenen Parteien mit jeder anderen eine Mehrheit zustande brachte. Die CDU/CSU hatte trotz allem wieder die meisten, immerhin 45 % der Wählerstimmen gewonnen, die SPD war auf - schließlich doch enttäuschende - 36 % gekommen und die FDP mit 13 % besser gefahren als irgendwer erwartet hatte. Die Voraussetzungen für die Verwirklichung dessen, was Mende und Strauß sich mit Erhards Einverständnis vorgenommen hatten, schienen nicht besser sein zu können. Gegen Adenauers Entschlossenheit und Geschick waren sie nicht gut genug.

Der Alte ließ sich die langsam eingehenden Wahlergebnisse nach Rhöndorf melden und ging ins Bett, als er am Endergebnis nicht mehr zweifeln konnte. In Bonn machte man unterdessen die Rechnung ohne den Wirt. Erhard hielt sich im Hintergrund. Das Drängen nach dem ersehnten Amt war ihm schon einmal schlecht bekommen, er wollte einerseits geschoben und andererseits gerufen sein. Franz Josef Strauß besorgte das Schieben. Die Union habe eine Reihe geeigneter Politiker, die Adenauer nachfolgen könnten, sagte er in der Wahlnacht vor der Presse. Die CSU habe sich aber für Dr. Erhard entschieden. Vorher hatte er mit Mende die Absprache vom Sommer bekräftigt. Und Bundestagspräsident Eugen Gerstenmaier beantwortete die Frage, ob er sich eine Regierung ohne Adenauer vorstellen könne, mit einem kurzen fröhlichen: „Ganz klar!" Unklar war freilich, ob er dabei an Erhard oder eher an sich selbst im Kanzleramt dachte. Ambitionen hatte er seit langem, für befähigter als Erhard hielt er sich auch; was ihm fehlte und seinem hochfahrend-streitbaren Wesen auch nicht zugänglich war, das war eine breite Anhängerschaft und wahre Sympathie in der eigenen Partei. Die konnte allerdings, so sah es aus, ersetzt werden durch den Respekt, den er sich als Parlamentspräsident und gelegentlich unerschrockener Widersacher Adenauers bei der SPD und der FDP erworben hatte. So ging denn Gerstenmaier seit geraumer Zeit mit dem in mancherlei Gesprächen nach allen Seiten erprobten Gedanken an eine Allparteienkoalition unter seiner Führung um. Die SPD schien in der Wahlnacht Wasser auf seine Mühlen zu leiten. Sie gab kund, daß sie ein Allparteienkabinett für das Gebot der Stunde halte und bereit sei, in derlei Kabinett einzutreten. Die FDP hingegen glaubte, daß ihre unverhofft zahlreichen Wähler die letzthin offen und nachdrücklich erklärte Absicht, eine Koalition mit der Union, aber ohne Adenauer anzustreben, honoriert hätten und unterstrich diese Absicht.

Konrad Adenauer war am Montag morgen früh auf und im Amt. Dort ließ er sich von Globke über das genaue Wahlergebnis und die nächtlichen Verlautbarungen unterrichten und für 12 Uhr eine Pressekonferenz einberufen. Bevor die anderen richtig wach geworden waren und schon gar, bevor er mit irgend jemandem darüber gesprochen hatte, sagte er den Journalisten, daß er eine Allparteienkoalition für untunlich, die Fortsetzung der bisherigen Außenpolitik für die wichtigste Aufgabe der kommenden Regierung und sich selbst für am besten geeignet halte, die Aufgabe zu bewältigen. Am frühen Nachmittag empfing er zunächst Krone, der in seinem Heimatort gewählt hatte und eben erst nach Bonn zurückgekehrt war. Anschließend wußte Krone, daß der Kanzler „nicht daran (denkt), aufs Altenteil zu gehen".[143] Wenig später wußten es auch die Konkurrenten. Adenauer bat nacheinander Erhard und Gerstenmaier zu sich. Bucerius schrieb Erhard am folgenden Tag, was in diesem Moment von ihm zu erwarten gewesen wäre: „Sie hätten ... dem Kanzler mitteilen müssen, daß Sie in einer neuen Regierung Adenauer nicht zur Verfügung stünden. Begründung: nicht, daß Sie gekränkt seien - das interessiert nämlich niemanden ... sondern: (Der) Verlauf des Wahlkampfes (und) die seit dem 13. August gemachten Fehler ... haben gezeigt, daß der alte Herr seine große Schöpfung nicht mehr führen kann." Dies freundlich, aber fest, dann würdiger Abgang und Wiederholung der Verweigerung samt Begründung am nächsten Morgen im Bundesvorstand der Partei.[144] Bucerius kannte seinen Erhard inzwischen, aber er wollte ihn immer noch nicht wahrhaben.

Er halte es für nötig, daß er vorerst, wenn auch nicht die ganze Legislaturperiode lang, Bundeskanzler bleibe, sagte Adenauer erst zu Erhard, dann zu Gerstenmaier. Ob sie im Vorstand gegen ihn anzutreten beabsichtigten? Natürlich nicht, sagten Erhard und Gerstenmaier und begründeten es im Gespräch mit anderen auf die ihnen je gemäße Weise. Er „habe nicht den Ehrgeiz, als Kanzlerkiller Adenauers in die Geschichte einzugehen!", meinte Gerstenmaier.[145] Und Erhard sagte: Ein „Kampf mit Adenauer - das entspricht nicht meiner Art; für mich hätte es bedeutet, daß man die Demokratie zu einem persönlichen Handgemenge erniedrigt".[146] Erhards Art entsprachen die Erhebungen zum Prätendenten durch den Herrscher und selbstverständliche Thronfolge. Darum ersuchte er Adenauer zum ungezählten Male. Adenauer deutete Nachgiebigkeit an, ohne sich etwas zu vergeben. „Herr Erhard, ich wüßte keinen anderen wie Sie," sagte er.[147]

Er hatte die Schlacht gewonnen, bevor sie geschlagen worden war. Mehr noch, er konnte halbwegs sicher sein, daß sie unter den von ihm gründlich veränderten Voraussetzungen gar nicht erst geschlagen würde. Am nächsten Morgen gab er sich im Parteivorstand als erstem das Wort.[148] Es gehe die Rede, daß er wieder Kanzler werden solle. Und er müsse zugeben: Es wäre ein schwerer Fehler, wenn er nicht Kanzler werde. Er wolle freilich keinesfalls die ganze Legislaturperiode Kanzler bleiben, sondern „etwa in der Mitte" einem anderen Platz machen. Das bekomme Krone von ihm schriftlich. Dagegen wagte keiner etwas einzuwenden. Die Sozialausschüsse stellten sich nachdrücklich hinter Adenauer. Strauß beobachtete, daß die Sache gegen ihn lief und gab sich einverständig. Immerhin brachte er Erhard wieder ins Spiel. „Ich bin der Meinung, daß es gut ist, wenn die politische und moralische Autorität des heutigen Bundeskanzlers noch dafür geradesteht, die Krise zu bewältigen," sagte er. Aber es gelte auch, die Kontinuität der Politik dadurch zu sichern, daß man seinen Nachfolger benenne. Dies zu tun, sei seine „innige Bitte". Andere nahmen die Bitte auf und wiederholten sie. Adenauer lehnte ab. Krone sprang ihm bei. Wenn man heute jemand anders als Adenauer nominieren solle, dann könne das nur Erhard sein. „Aber, lieber Kollege Erhard, kann ich denn heute festlegen, was die Fraktion in einem Jahr oder in 18 Monaten oder in zwei Jahren machen wird? Das ist nicht möglich. Ich kann nicht die Fraktion binden". Adenauer haute in die gleiche Kerbe. Er berichtete, was er am Vortag zu Erhard gesagt hatte und erregte sich. „Genügt das denn nicht? Was soll man denn noch machen? Wo, in aller Welt, ist es jemals erhört worden, daß man einem Mann für Fragen Brief und Siegel gibt, für die wir gar nicht zuständig sind." Jemand schlug vor, daß Adenauer vor der zuständigen Fraktion wiederhole, was er Erhard in seinem Dienstzimmer gesagt habe. Erhard ergriff zum ersten Mal in der mittlerweile sehr langen Sitzung das Wort. „Ich habe dem Herrn Bundeskanzler gesagt, es sei nicht interessant, daß er vor der Fraktion erklärt, daß er keinen Besseren weiß, sondern er hätte es zu einem geeigneten Zeitpunkt vor der deutschen Öffentlichkeit sagen müssen", sagte er und erhielt „vereinzelten Beifall". „Nun will ich Ihnen auch etwas sagen", bellte Adenauer. Seit Wochen liege Erhard ihm mit dieser Erklärung in den Ohren. Fast hätte er sie abgegeben, weil er des ewigen „abscheulichen" Drängens satt gewesen sei. Und nun gehe es wieder los. Er sei entsetzt und angewidert. Dufhues und Brentano glätteten die Wogen. Erhard möge doch Vertrauen zu sich, zu seiner Sache und zu seinen Fähigkeiten haben, statt sein Heil in einer Erklärung zu suchen, die parlamentarisch-demokratischen Gepflogenheiten nicht entspreche und nach Lage der Dinge auch parteipolitisch unzweckmäßig sei, weil sie Adenauer in kommenden Koalitionsverhandlungen belaste. Es wäre ja schon gut gewesen, sagte Erhard, wenn der Bundeskanzler öffentlich „erklärt hätte, was er mir gestern gesagt hat: Wenn einmal dieser Tag kommen wird, bin ich der Meinung, wird Herr Erhard das sein". Der Vorstand war der Querelen müde, müde auch sonst, und kam zu einem schnellen Ende. Er bat Adenauer, sich erneut für das Amt des Bundeskanzlers zur Verfügung zu stellen und Koalitionsverhandlungen mit der FDP zu führen. Zur „Frage Erhard" hieß es: „Es ist die Auffassung des Bundesvorstandes, daß wir das auf sich beruhen lassen sollen".

Schlimmer hätte es für Ludwig Erhard kaum kommen können. Aber es war noch nicht alles verloren. Etwa zur gleichen Zeit, als der CDU-Vorstand Adenauer erneut zum Bundeskanzler vorschlug, gab die FDP bekannt, daß sie eben beschlossen habe, sich an einer Regierung Adenauer nicht zu beteiligen. Das paßte nicht gut zusammen und ließ Koalitionsverhandlungen als wenig aussichtsreich erscheinen. Der Vorstand der CDU/CSU-Fraktion bestätigte am nächsten Tag dennoch den Beschluß des Partei-Vorstandes und erteilte logischer-, aber auch aparterweise den beiden Parteivorsitzenden, Konrad Adenauer und Franz Josef Strauß, den Auftrag, mit der FDP zu verhandeln. Ludwig Erhard enthielt sich während der Sitzung des Wortes. Seine Anhängerschaft war führerlos. Bucerius kennzeichnete in kurzen Sätzen der Verzweiflung und des Aufbegehrens ihre Gemütslage: „Sie können ... nicht damit rechnen, daß Sie immer wieder Leute für Ihre Sache finden, wenn Sie selber für die Sache nichts riskieren! ... Ich fürchte: die Leute rechnen nicht mehr mit Ihnen, weder heute noch später ... Schon heute ist Ihr Bild im Publikum getrübt. Die Leute sagen: Wie will der mit Chuschtschow fertig werden, wenn er nicht einmal mit Adenauer fertig wird? Deshalb müssen Sie handeln, heute noch oder gar nicht".[149]

Erhard handelte gar nicht. Er stehe weiterhin zur Verfügung, wenn irgendwer ihn gegen Adenauer nominiere, gewiß, sagte er zu Mende und Dehler, als die ihn am Abend des 21. September in der Schleichstraße besuchten.[150]

Adenauer und Strauß handelten. Adenauer ermunterte auf informellen Wegen die SPD-Führung zu einem Gespräch über die politische Lage. Am 25. Oktober fand das Gespräch statt. Von Koalition war dabei nicht die Rede. Aber die SPD ließ noch gleichentags im Kanzleramt wissen, daß „Allparteienregierung" nur *eine* Option für sie wäre und daß Personalfragen für sie keine Rolle spielten. *Was* eine Rolle spielte, das hatte der stellvertretende Parteivorsitzende Herbert Wehner am Vortag in einer Funktionärsversammlung gesagt: Die SPD müsse in die Regierung, egal mit wem, weil sich nur so die Angst vorm „roten Bürgerschreck" aus Deutschland vertreiben lasse. Adenauer empfing einige Stunden nach dem Gespräch mit der SPD-Führung Krone, Pferdmenges, Arbeitsminister Blank und BDI-Präsident Berg und sagte bei der Gelegenheit, daß natürlich die Koalition mit den Freien Demokraten Vorrang habe. Wenn die FDP aber partout nicht wolle, dann in Gottes Namen mit der SPD.

Am nächsten Tag sprach Strauß mit Mende. Die Sache sei schiefgegangen, sagte er. „Der Alte ist zu allem bereit."[151] Man müsse einlenken. Die FDP kam von dem öffentlich bestiegenen hohen Roß freilich nicht so schnell runter, wie ihre verborgenen Steigbügelhalter losließen. Erich Mende hat die Situation, in die er sich unversehens versetzt fand, ausgerechnet Adenauer später geschildert: „Da kamen Ihre Herren, Herr Bundeskanzler, und sagten: ... Wenn Sie das Tor aufstoßen, werden wir mit 200 Mandaten hinterherkommen ... Dann, als wir das Tor aufgestoßen und uns für Ludwig Erhard als Kanzler öffentlich engagiert hatten, standen wir allein auf der Tenne und hatten am Ende nicht einmal einen Kanzlerkandidaten, der gegen Sie anzutreten bereit war".[152]

Am Morgen nach Mendes Gespräch mit Strauß beschloß zunächst die Landesgruppe der CSU und dann die neuformierte CDU/CSU-Fraktion, was ihnen der Fraktionsvorstand vorschlug: Adenauer soll Kanzler bleiben, Erhard und Strauß führen die Koalitionsverhandlungen. Erhard und Strauß stimmten dem Beschluß ausdrücklich zu. Erhard sagte, daß er natürlich zu den Beschlüssen des Partei- und des Fraktionsvorstandes stehe. Krone dankte für das klärende Wort.[153] Am nächsten Tag sagte Erhard zu Mende, daß die Fraktion Adenauer nur mit der Aufnahme von Koalitionsverhandlungen beauftragt, ihn aber noch nicht als künftigen Kanzler nominiert habe. Das wußte Mende besser, und er ließ in öffentlicher Rede anklingen, daß die FDP es vielleicht doch mit Adenauer versuchen werde. Tags darauf beschloß die FDP-Fraktion, mit der Union in Koalitionsverhandlungen unter vorläufigem Ausschluß der Kanzler-Frage einzutreten. Inzwischen wiesen die Freien Demokraten aber auch den Gedanken an eine Allparteienregierung nicht mehr so weit von sich wie in der Wahlnacht. Mende sprach darüber mit Brandt, und jeder von beiden sprach mit Gerstenmaier. Gerstenmaier winkte eingedenk der Erfahrungen, die er in den Vorständen und der Fraktion seiner Partei gemacht hatte, ab.

Mit Erhard waren die Liberalen bis auf weiteres fertig. Fast jeder war das. Bucerius warf ihm vor, daß er seine Freunde im Stich und die CDU vor die Hunde gehen lasse. Und Krone notierte: „Für das Geschäft der Politik taugt er nicht. Wenn er das nur einsähe". Erhard hingegen drang einsichtslos in Krone, daß er Adenauer dazu bringen müsse, ihn in der Regierungserklärung zum Nachfolger auszurufen. Am folgenden Tag fragte er an, ob der Fraktionsvorsitzende erfolgreich gewesen sei.[154]

Das war Anfang Oktober, und eine Regierungserklärung war noch in weiter Ferne. Die Koalitionsverhandlungen begannen eben erst und sie zogen sich hin. An Erhard gingen sie vorbei. Noch vor ihrem Abschluß variierte er die unerledigte Forderung, zum Nachfolger designiert zu werden. Er verlangte jetzt gewissermaßen eine Teilhabe an der Kanzlerschaft Adenauers, die eine andere Nachfolge-Lösung ausschloß. Adenauer sollte ihm zusichern, daß er ihn über alle außenpolitischen Vorgänge zuverlässig informiere und zu allen wichtigen Gesprächen hinzuziehe. Nachdem er das Verlangen publik gemacht hatte, brachte Krone ein Gespräch darüber zustande: Adenauer, Erhard und Pferdmenges als Notar. Adenauer, der Ruhe in den eigenen Reihen brauchte, sagte vage zu, nahm die Zusage, als Erhard sie anderntags vor der Fraktion bestätigt und damit offiziell gemacht haben wollte, aber gleich wieder zurück. Er habe nicht gesagt, daß er seinen Stellvertreter zu den außenpolitischen Sachen hinzuziehen wolle, und er werde das auch nicht sagen. Zum einen griffe derlei Zusage in die Rechte des Außenministers ein und zum anderen lasse sie ihn als Kanzler auf Abruf erscheinen. Unter solchen Umständen nehme er das Amt nicht an. „Ich stelle anheim!" Erhard steckte sofort zurück. Es gehe doch nur um den Wunsch, daß er in seiner Eigenschaft als Vizekanzler „durch eine menschliche und persönliche Fühlungnahme ... über den Gang der Ereignisse vollständig unterrichtet" werde. Die Fraktion quittierte das mit starkem Beifall, und die Sache war erledigt.[155]

Während Erhard sich weder energisch dagegen wehrte noch damit abfinden konnte, schickte sich die FDP allmählich in eine zeitlich begrenzte Kanzlerschaft Adenauers. Da sie glaubte, ihrer Klientel eine Koalition mit den Sozialdemokraten nicht zumuten zu dürfen, blieb ihr wenig anderes übrig. Am 21. Oktober beschloß ihr Bundeshauptausschuß nach langer, langer Beratung, daß man auf der Grundlage eines tags zuvor redigierten Koalitionsabkommens in die vierte Regierung Adenauer einträte. Die wortmächtig bezogene Position sollte allerdings nicht ohne ein letztes Auftrumpfen geräumt werden. Ein Bauernopfer wollte man an Königs statt doch immerhin haben. Wenn Adenauer schon bleibe, dann müsse wenigstens Außenminister von Brentano gehen. Was der Unsinn sollte, das vermögen vermutlich nur Politiker zu begreifen. Heinrich von Brentano war kein eben starker, phantasievoller und durchsetzungsfähiger Außenminister. Aber er war ein feiner, charaktervoller und umsichtiger Mann, den man eigentlich nicht dafür zur Rechenschaft ziehen durfte, daß er bis ins Mark loyal und überdies am kurzen Zügel die Außenpolitik seines Kanzlers getrieben hatte, wenn man den Verbleib jenes Kanzlers im Amt akzeptierte. Der Kanzler hielt denn auch zunächst an von Brentano fest. Da die FDP mit dem Wunsch nach einem neuen Außenminister weniger forsch und weit vorgeprescht war als mit der Ablehnung des alten Kanzlers, fiel ihr ein geordneter Rückzug diesmal leichter. Außer Adenauer könnte sie auch Brentano akzeptieren, wenn ihr der Posten eines Staatssekretärs im Auswärtigen Amt zugestanden und wenn außerdem ein Europa-Ministerium geschaffen und mit einem ihrer Ministrablen, nämlich mit dem weltgewandt-liebenswürdigen, reisefreudigen und nicht arbeitswütigen Walter Scheel besetzt würde. Adenauer hätte sich damit wohl einrichten können. Aber der Vorschlag brachte, obgleich er ihm das Amt erhielte, Heinrich von Brentano und dazu Ludwig Erhard gegen sich auf, jeden auf dessen besondere Weise. Die Europapolitik sei die Grundlage der westdeutschen Außenpolitik, schrieb Brentano an Adenauer. Und sie werde dies bleiben. Deshalb müsse es, ganz unabhängig davon, wer Außenminister werde, als undenkbar gelten, die Europa- aus der Außenpolitik herauszubrechen und ausgerechnet einem Mann aus jener Partei zu überantworten, die bisher alle Schritte europäischer Integration abgelehnt habe. „Sie wissen, ... daß Sie auf mich persönlich keine Rücksicht nehmen sollen, wenn es um die Bildung Ihres vierten Kabinetts geht. Aber ich bitte Sie ebenso herzlich wie dringend", Rücksicht auf diese Überlegungen zu nehmen.[156] Erhard schrieb, daß man vor schwierigsten handels- und wirtschaftspolitischen Problemen in Europa stehe, bei deren Lösung man ohne ihn nicht auskomme. „Es würde weder in Deutschland noch in der übrigen Welt verstanden werden, wenn ausgerechnet die Bundesrepublik Deutschland durch die Schaffung eines besonderen Europa-Ministeriums ihren Wirtschaftsminister entmachtete, dessen Rang und Ansehen kaum zu übertreffen sind."[157]

Die Einrichtung des Europa-Ministeriums scheiterte weniger an den unterschiedlichen Einwänden der beiden Minister als an einer unvorhersehbaren und rational schwer faßlichen Gemütsaufwallung der Unionsfraktion. Am 24. Oktober lehnte sie das ganze - mittlerweile in einem Koalitionsabkommen zusammengefaßte - Verhandlungsergebnis ab. Die FDP verweigerte zunächst die Wiederaufnahme der Verhandlungen und erneuerte ihr Verlangen nach der Ablösung Heinrich von Brentanos. Adenauer wollte seinen Außenminister aus Gründen der Loyalität und der Parteiraison eigentlich auch weiterhin halten, aber er trat so halbherzig dafür ein, daß Brentano schließlich entnervt aufgab und von sich aus erklärte, daß er der nächsten Regierung nicht angehören wolle.

Am gleichen Tag brachte Adenauer die Verhandlungen mit der FDP wieder in Gang. Den Freien Demokraten fiel es nicht sonderlich schwer, auf das Europa-Ministerium zu verzichten. Auf einem Ministerium mit außenpolitischen und außenwirtschaftlichen Zuständigkeiten für Walter Scheel bestanden sie aber. Neuerdings dachten sie dabei an ein Ministerium für Entwicklungshilfe. Erhard gefiel der Gedanke natürlich ebensowenig, wie ihm der Gedanke an das Europa-Ministerium gefallen hatte. Er erhob umgehend Einwände dagegen. Adenauer wies sie ebenso umgehend zurück. Die Entwicklungshilfe sei materiell nicht sehr bedeutungsvoll und administrativ ohnehin schlecht traktiert worden. Erhard ereiferte sich. Westrick und Langer rieten nach den Erfahrungen der letzten Wochen davon ab, die Sache allzu hoch aufzuhängen. Hohmann feuerte Erhard an und setzte sich durch. Erhard antwortete Adenauer am 2. November, daß die Entwicklungshilfe in nächster Zeit „eine ausschlaggebende Bedeutung in der gesamten Weltpolitik ... erlangen wird, ... daß die Entwicklungshilfe mit meinem Namen und Ansehen untrennbar verbunden ist" und daß deshalb die Einrichtung eines selbständigen Entwicklungshilfeministeriums für ihn „unter keinen Umständen .. tragbar" sei.[158]

Am 4. November beriet die Fraktion über das Ergebnis der Neuverhandlungen mit der FDP. Das Ergebnis nahm sich in der Substanz nicht wesentlich anders aus als das vorhergehende. Dennoch akzeptierte die Fraktion es diesmal, rational unfaßbar auch in ihrer Nachgiebigkeit. Am 7. November, mehr als sieben Wochen nach der Wahl, sollte Konrad Adenauer endlich zum Bundeskanzler gewählt werden. Krone bat die Fraktion, ihn zu ermächtigen, dem Bundespräsidenten entsprechende Mitteilung zu machen. Die Fraktion stimmte ab. Erhard war bei der Abstimmung nicht mehr im Saal. Er hatte im Verlauf der Sitzung natürlich die Unmöglichkeit eines Entwicklungshilfeministeriums zur Sprache gebracht. Er sagte, daß er schließlich ein Gesicht zu verlieren habe. „So, wie er immer der CDU die Treue gehalten habe, so verlange auch er jetzt Treue“. Er sprach sich in Rage. Über das Ministerium müsse mit der FDP neu geredet werden. Er sehe sich außerstande, es zu akzeptieren. Adenauer blieb gelassen. Wenn man Erhards Verlangen nachgebe, könne in drei Tagen der Bundeskanzler nicht gewählt werden, und das wiederum könne man vor dem Volk und dem Ausland nicht vertreten. Nach der Wahl wolle man zusehen. Im übrigen nehme Erhard das Ministerium zu wichtig. Krone sagte, daß er sich um Erhard Anliegen kümmern werde, daß man es jetzt aber in der Tat auf sich beruhen lassen solle. In sein Tagebuch schrieb er später: „Ein armseliges Bild ... Diese kleine und törichte Argumentation eines Mannes, der in dieser Notzeit Kanzler werden will. Armes Deutschland! Und hinter Erhard stehen sie alle, die einen Posten haben wollen.“ Erhard rannte hinaus. Was denn los sei, fragten die wartenden Journalisten. „Ich hab's bloß dick“, sagte Erhard. Die Abgeordnete Kalinke kam hinterhergerannt. Er möge zurückkommen. Erhard ließ sie stehen und rannte weiter.[159]

In den nächsten Tagen wußte niemand so recht, ob er die Einrichtung eines Entwicklungshilfeministeriums als Grund für seinen Rücktritt nähme oder nicht. Adenauer, der es auch dick hatte, dachte ernsthaft daran, der Unsicherheit dadurch eine Ende zu machen, daß er kurzerhand von sich aus einen anderen Wirtschaftsminister beriefe. Seine Wahl war bereits auf Fritz Hellwig gefallen, der inzwischen als Vizepräsident der Hohen Behörde in Luxemburg amtierte. Krone und andere machten ihm klar, daß er dies der Fraktion nun doch nicht zumuten könne.[160]

So beendete Erhard die Unsicherheit, ganz so, wie jeder es erwarten durfte, am Ende selbst. Er akzeptierte das Scheel-Ministerium unter der Voraussetzung, daß es das Wort Entwicklungshilfe nicht im Namen trage, die Zuständigkeiten des Wirtschaftsministeriums nicht beschneide und weder „Federführung“ noch einen Koordinationsauftrag erhalte. Adenauer sagte zu, daß er Erhards Wünsche bei der Regierungsbildung berücksichtigen werde.[161] Unter dieser Voraussetzung wählte Ludwig Erhard Konrad Adenauer am 7. November 1961 zum vierten Mal zum Bundeskanzler. Vorher gab er ihm schriftlich, daß er dies tun werde. Die Hand gab er ihm hinterher nicht. Am nächsten Tag gab Adenauer den Fraktionsvorsitzenden Krone und Mende schriftlich, daß er nicht beabsichtige, den nächsten Wahlkampf für seine Partei zu führen. Er wolle vielmehr das „Amt als Bundeskanzler so rechtzeitig niederlegen, daß mein Nachfolger in diesem Amt eingearbeitet ist, dies zu tun“.[162] Was rechtzeitig und wer der Nachfolger wäre, das blieb offen.

Indes blieb das Scheel-Ministerium nicht jenes Messer ohne Heft und Klinge, mit dem Erhard sich einverstanden erklärt hatte. Nachdem es einmal da war, kriegte es natürlich auch einen Namen und was zu tun. Langer verhandelte mit Scheel darüber. Der Verhandlungsspielraum war nicht sehr groß und um so kleiner, als die Fraktion auf den Abschluß der Regierungsbildung drängte und mit Erhards Kompetenzengeiz bald die Geduld verlor. Am Ende lautete der Name „Ministerium für wirtschaftliche Zusammenarbeit“, als machte das die Sache, wenn es denn ernstlich eine gewesen wäre, nicht schlimmer. Und die Aufgabe war Entwicklungshilfepolitik.[163]

In Wartestellung - europapolitische Hoffnungen und stabilitätspolitische Appelle

Die Regierungsbildung wurde unter Krämpfen zehn Wochen nach der Wahl abgeschlossen. Für Erhard von größerer Bedeutung als die Einrichtung des Ministeriums für wirtschaftliche Zusammenarbeit waren die Wechsel im Außen- und im Finanzministerium. Heinrich von Brentano hatte sich koalitionspolitischen Idiosynkrasien geopfert oder war ihnen geopfert worden, das wurde nie so ganz klar; Franz Etzel, politisch und menschlich unangefochten, zwang schlechte Gesundheit zur Aufgabe. Von der Möglichkeit, daß er Adenauers Nachfolger werde, war schon vorher kaum mehr die Rede gewesen. Mit dem Abschied vom Amt schied er auch als Kandidat vollends aus.

Finanzminister an seiner Stelle wurde der FDP-Abgeordnete Heinz Starke, Erhards einstiger Mitarbeiter in der Zweizonen-Wirtschaftsverwaltung, später sein Verbindungsmann zu den Freien Demokraten, ein hypernervöser, gesundheitlich ebenfalls ungefestigter Mann von höchster Reizbarkeit, der sich mit Erhard und mit dem Erhard sich binnen Wochen hoffnungslos zerstritt. Adenauer beobachtete es mit sinistrem Vergnügen und hielt Starke im Streit die Stange, so gut und soweit es ging.

Neuer Außenminister wurde der bisherige Innenminister Gerhard Schröder. Schröder war ein eleganter Mann von fünfzig Jahren, hochbefähigt und brennend ehrgeizig, im menschlichen Umgang kühl bis ans Herz hinan und nicht frei von - vielleicht nur habitueller - Arroganz, nicht geliebt, aber zunehmend respektiert in der Partei, ausstrahlungsarm in der Öffentlichkeit, in Typus und Gebaren Erhards gerades Gegenteil, Erhard verwandt allerdings in einer starken Neigung zu Großbritannien und in kaum minder starken Vorbehalten gegen Frankreich, verwandt auch in der Überzeugung, daß Deutschlands und Europas politisches Heil nur in enger atlantischer Partnerschaft mit den USA zu finden wäre. Dies und ein selbstbewußt hervorgekehrter Hang zu ministerieller Eigenständigkeit, der ihn von seinem Vorgänger Heinrich von Brentano unterschied, brachten Schröder alsbald in einen politisch-persönlichen Gegensatz zu Adenauer. Dergleichen mußte neuerdings aber nicht mehr unbedingt schaden. Wenn man einigermaßen geschickt damit umging, konnte es dem Ansehen und der Karriere sogar förderlich sein. Schröder *ging* geschickt damit um. Aus einem weithin ungeschätzten Innenminister, der seinerseits das Amt nicht geschätzt, sondern darin ausgeharrt hatte, wurde ein geachteter Außenminister, dem man mehr zutraute und mit dem man rechnete. Deshalb erwies sich Schröders Bestallung für Erhard als Gewinn und Herausforderung zugleich. Schröder lag mehr als Brentano auf Erhards außenpolitischer Wellenlänge. Das stärkte Erhards Position im Konflikt mit dem Bundeskanzler. Andererseits trat Schröder allmählich in die von Etzel freigegebene Rolle eines aussichtsreichen Konkurrenten um die Kanzler-Nachfolge ein.

Erhards eigene Aussichten auf das begehrte Amt waren von den Vorgängen zwischen der Wahl und dem Abschluß der Regierungsbildung merklich verdüstert worden, und sie hellten sich nur zögernd wieder auf. Die FDP ließ bei jeder passenden Gelegenheit vernehmen, daß er ihr Kandidat nicht mehr wäre, und auch in der CDU glaubte außer wenigen Erhard-sans-phrase-Leuten niemand mehr, daß er das Zeug zum Kanzler hätte. Strauß, dessen Erwartungen enttäuscht worden waren, rückte von ihm ab, und Krone, der ihm persönlich wohlgesinnt war, notierte ein ums andere Mal, daß es als Kanzler mit ihm schwerlich gehe: „Erhard, der das Kabinett leitete, gab nicht nur seinen Kritikern Wasser auf die Mühle. Nichts von Konzentration und Führung. Was soll das einmal werden, wenn er Kanzler ist." „Groß und schwer vor uns die Frage, wer der kommende Bundeskanzler wird. Mir wird immer klarer, daß es der nicht schafft, der es wird".[164] Selbst einsichtige Brigade-Abgeordnete konnten Zweifel kaum mehr unterdrücken und sahen sich anderweitig um.

Erhard tat in nächster Zeit wenig, das derlei Skepsis beiseite rücken und ihn für das oberste Amt neu empfehlen konnte. Als Wirtschaftspolitiker trat er kaum mehr überzeugend, geschweige denn handelnd in Erscheinung. Das Amt interessierte und bewegte ihn nicht mehr. Er hatte ja schon vor zweieinhalb Jahren gemeint, daß es mit einem Zehntel seiner Arbeitskraft abzutun sei. Statt als Wirtschaftsminister zu tun, wofür er gerühmt wurde, übte er sich als Vizekanzler ein wenig ruhmlos in Außen- und Verteidigungspolitik. „Nie ist die Sorge der Erhard-Anhänger um die Kronprinzen-Zukunft ihres Pausbacks drükkender, als wenn der Thronfolger selbst zur politischen Aktion schreitet", schrieb der SPIEGEL, der ihm eigentlich wohlwollte, nach einer Serie Erhardscher Interviews und Artikel zur Außenpolitik. „Ein jedes Mal probierte der Dauphin vor dem Spiegel der öffentlichen Meinung die Kanzlerkrone auf. Und jedes Mal wurde deutlich, was Konrad Adenauer seit Jahr und Tag behauptet: Sie paßt noch immer nicht". Von dem Wunsch geleitet, Eigenständigkeit außenpolitischen Denkens zu demonstrieren, offenbarte er wieder und wieder Unkenntnis der konkreten Zusammenhänge und verlor sich in unklaren Andeutungen („Die taktisch-politische Situation verlangt vielleicht eine etwas andere Behandlung, wie ich meinen möchte".) und raunenden Beschwörungen (Außenpolitik „hat ihr eigentliches Feld innerhalb der Gestaltung einer Friedensordnung".).[165]

Außerdem pflegte Erhard neuerdings verstärkt seine unglückliche Liebe zu „philosophischen" Betrachtungen über den Sinn und das Wesen gesellschaftlichen Daseins in staatlicher Verfassung und über die Motive und das Ethos politischen Handelns. Unglücklich war die Liebe deshalb, weil solche Betrachtungen über das Niveau von Politiker-Weisheiten kaum je hinauskamen und weil sie außerdem niemanden interessierten. „Die Zeiten sind vorbei", so tonte das, „wo sich die Lebensbereiche des Menschen in einzelne Fachgebiete aufteilen ließen. Das Leben ist allumfassend geworden. Wir sind in eine neue Zeit eingetreten ... Mit einer neuen Ideologie und Philosophie müssen wir uns selbst und anderen glaubhaft machen, daß die Sache des freien Westens die bessere ist. Die Kraft muß vom Geistigen her kommen. Deshalb ist es nötig, daß wir alle zusammenstehen ... Die Macht ist in meinen Augen immer öde, sie ist gefährlich, sie ist brutal und sie ist im letzten Sinne sogar dumm".[166]

Soweit Erhard sich mit Wirtschaftspolitik noch abgab, beschäftigten ihn mit Vorrang weiterhin die beiden Themen, die schon in der vorhergehenden Legislaturperiode die Zeichen gesetzt hatten: „Europa" und „Stabilität".

1960, als Erhard noch auf die große Freihandelszone hindrängte, hatte die britische Regierung einen langen und zunächst langsamen Anlauf auf die EWG zu begonnen. Anfang 1961, als er dem Kanzleramt Müller-Armacks Konzeption einer großeuropäischen Zollunion zur Weiterbehandlung zuschickte, machte sie ihre Absicht auf internationaler Bühne offenkundig. Im Februar gab Lordsiegel-Bewahrer Edward Heath im Ministerrat der Westeuropäischen Union kund, daß Großbritannien mit den sechs Mitgliedsländern der EWG darin übereinstimme, daß die „Beteiligung Großbritanniens an der Entwicklung der europäischen Einigung im Interesse aller Mitgliedsstaaten liegt".[167] Das war feinste Diplomatendiktion, die das Erwünschte kurzweg voraussetzte und die Probleme dadurch scheinbar aufhob. In Wirklichkeit war es höchst fraglich, ob die Sechs untereinander einig waren; einig zunächst eimal darüber, welcher Art die „Entwicklung der europäischen Einigung" künftig sein sollte, und einig erst danach auch darüber, daß Englands Beteiligung daran in ihrer aller Interessen läge. Bekanntlich hatte de Gaulle sich beim Treffen mit dem deutschen Bundeskanzler in Rambouillet im Sommer 1960 von der EWG als Vehikel der Einigung ziemlich entschieden ab- und dem Gedanken an eine sachlich weitreichende Konföderation der kontinentaleuropäischen Nationalstaaten ohne Souveränitätsverzicht und supranationale Einrichtungen zugewendet. Adenauer schien dem Gedanken unterm persönlichen Einfluß seines Urhebers erst zugetan zu sein, wies ihn unter dem Einfluß seiner Berater dann aber zurück. De Gaulle machte ihn hingegen in einer großen Pressekonferenz publik. Unmut und Verstimmung auf beiden Seiten war die Folge. Im Winter söhnte man sich jedoch aus. Die eigentümliche Magie einer weiteren persönlichen Begegnung sorgte dafür, daß einer dem anderen ein Stück entgegenkam, der französische Präsident dem deutschen Kanzler wohl ein größeres Stück. De Gaulle nahm von seiner weitreichenden Absicht soviel zurück, daß die Organisation und die Funktionen der NATO nicht mehr davon berührt wurden, und er gestand der EWG ein Daseins- und Entwicklungsrecht neben der von ihm erstrebten „organisierten Zusammenarbeit" zu. Von Konföderation war nicht mehr die Rede. Die Verständigung de Gaulles mit Adenauer war die Voraussetzung dafür, daß das, was von de Gaulles Idee übrigblieb, in den Kreis praktischer Überlegungen der Sechs einbezogen wurde. Wenige Tage, bevor Heath von Englands grundsätzlichem Wunsch kündete, den Europäischen Gemeinschaften beizutreten, setzten die Staats- und Regierungschefs der Gemeinschaftsländer einen Ausschuß ein, der bis Mai konkrete Vorschläge für die Entwicklung der politischen Einheit Europas erarbeiten sollte. Den Vorsitz der Kommission übernahm der französische Diplomat Christian Fouchet. Die Niederlande beantragten, daß Großbritannien an den Ausschuß-Beratungen beteiligt würde. Frankreich lehnte das allerdings mit Erfolg ab.

Während die britische Regierung sich im Verlauf der nächsten Monate in Einzelgesprächen mit den Regierungen der EWG-Länder einerseits und der wichtigeren Commonwealth-Ländern andererseits darauf vorbereitete, einen formellen Antrag auf Beitritt zu den Europäischen Gemeinschaften zu stellen, verrichtete die Fouchet-Kommission ihre Arbeit und legte den sechs Staats- und Regierungschefs bei deren nächster - von Mai auf Juli verschobenen - Konferenz in Bonn ihre Vorschläge vor. Die Konferenz billigte die Vorschläge, erklärte ihren ausdrücklichen Willen, auf dem Weg zu einem konföderativen Europa voranzuschreiten und beauftragte die Fouchet-Kommission mit dem Entwurf eines europäischen Statuts. Die Bonner Erklärung enthielt den Wunsch, daß andere Staaten nach Abschluß des Werks unter Übernahme gleicher Verantwortung und Verpflichtungen der Konföderation beiträten. Die britische Regierung begrüßte den Willen, den Auftrag und den Wunsch. Die Idee eines zwischenstaatlich organisierten Europas lag ihr ja sehr viel mehr als der Gedanke an Supranationalität, der in der EWG seinen schwachen praktischen Ausdruck gefunden hatte. Bald darauf, am 10. August 1961, stellte sie beim Ratspräsidenten der EWG gleichwohl den Antrag, zunächst einmal über die Aufnahme Großbritanniens in die Wirtschaftsgemeinschaften zu verhandeln. Der Antrag traf fast allerorten auf nachdrückliche Zustimmung. Nur Frankreich verhielt sich reserviert. Die Hallstein-Kommission rief ihn zum Wendepunkt in der europäischen Nachkriegsgeschichte aus, knüpfte daran allerdings die Erwartung, daß England nach einer angemessenen Übergangszeit mit gleicher Verantwortung und gleichen Verpflichtungen in den EWG-Vertrag einträte und jenen Vertrag nicht etwa zu verändern begehrte. Ludwig Erhard verwies ihr das umgehend als unbilligen Übermut und trat für weitgehende Rücksichtnahme auf die besondere Lage Englands ein. Im übrigen fühle er sich durch das Beitrittsgesuch voller Genugtuung in seiner Europapolitik bestätigt. Wer sich seines Kampfes gegen die Gründung der EWG und für die Einrichtung einer großen Freihandelszone erinnerte, mochte sich fragen, worin

Die Familie: Tochter Elisabeth, Ludwig, Frau Luise, Enkelinnen

genau Erhard sich bestätigt fühlte. Außenminister von Brentano fühlte sich auch bestätigt, und *beide* konnten schlechterdings nicht recht haben.

Berechtigterweise freuen durfte sich natürlich der eine wie der andere. Und beide taten dies. Hingegen konnte nur einer von ihnen der Sitzung präsidieren, bei der die Beitrittsverhandlungen vom Ministerrat der EWG und vom britischen Delegationsleiter Edward Heath offiziell eröffnet wurden. Der Vorsitz stand einem deutschen Minister zu, weil Deutschland gerade die im Turnus wechselnde Ratspräsidentschaft der EWG innehatte. Auf Grund einer interministeriellen Vereinbarung wurde die Präsidentschaft mal vom Außenminister und mal vom Wirtschaftsminister (oder von deren Staatssekretären) wahrgenommen. Es kam auf die Materie an, die zur Debatte stand. Die Abgrenzung war freilich etwas unscharf. Wegen der Unschärfe war fraglich gewesen, wem der Vorsitz bei den vorbereitenden Verhandlungen *im* Ministerrat der Sechs gebührte. Um eine Auseinandersetzung darüber zu vermeiden, blieb Heinrich von Brentano der Sitzung kurzweg fern. Das ließ sich bei ihm mit Krankheit immer begründen. Wem der Vorsitz bei der Eröffnung der Vertragsverhandlungen gebührte, war nicht unklar. Handelsvertragsverhandlungen gehörten unzweifelhaft zu den Zuständigkeiten des Außenministeriums. Gleichwohl meinte Erhard, der Sitzungen der verschiedenen europäischen Räte mied, wenn immer es möglich war und manchmal auch, wenn Adenauer oder Müller-Armack es für unmöglich hielten, daß er auf die Präsidentschaft *dieser* Sitzung „im Hinblick auf die Wahrung meines internationalen Ansehens" keinesfalls verzichten dürfte. Er sei es schließlich gewesen, schrieb er an Brentano, der sich „in erster Linie ... um eine solche Lösung bemühte". Deshalb „müßte (es) als eine beleidigende Zurücksetzung empfunden werden, wenn ich gerade bei dieser ersten Sitzung nicht in Erscheinung träte. Das ist politisch fast unmöglich". Er bat Brentano darum, ihm den Vorsitz zu überlassen.[168] Heinrich von Brentano war ein nobler Mann. Er vermochte zwar nicht einzusehen, daß es Erhards Ansehen abträglich wäre, wenn man sich an die Abmachungen hielte, trat aber, um Erhards Empfindlichkeit zu schonen, dennoch zurück.[169] So kam es, daß die EWG am 10. Oktober 1961 unter Ludwig Erhards Vorsitz in Paris Beitrittsverhandlungen mit Großbritannien, Irland und Dänemark aufnahm. Heath erklärte bei dieser Gelegenheit, daß sein Land grundsätzlich in den EWG-Vertrag einzutreten beabsichtige, nur wünsche, daß in Zusatzprotokollen gewisse Sonderregelungen für seine Mitgliedschaft getroffen würden, Sonderregelungen vor allem für die Wirtschaftsbeziehungen zum Commonwealth, für den Handel mit den EFTA-Ländern, aus deren Kreis es ausscheide, und für die britische Landwirtschaft. Von Brentano trug unter Erhards Präsidentschaft die deutsche Verhandlungsposition vor. Es war sein letzter internationaler Auftritt vor der erzwungenen Aufgabe des Amtes. Deutschland begegne dem britischen Beitrittsgesuch mit großem Wohlwollen und sei willens, den britischen Wünschen entgegenzukommen, soweit Ratio und Praxis der Gemeinschaft dies zuließen. Am folgenden Tag wurde Erhard von de Gaulle empfangen und erfuhr aus berufenem Mund, daß der französische Präsident dem britischen Gesuch *nicht* mit Wohlwollen, sondern mit größter Skepsis begegnete. Ob Erhard meine, daß man an die Aufrichtigkeit des Antrags glauben dürfe? Erhard bemühte sich in längerer Rede, de Gaulle von der Aufrichtigkeit zu überzeugen. Es war vergebens.[170]

Die eigentlichen Verhandlungen mit England begannen einen Monat später in Brüssel. Dabei waren die Minister natürlich nicht mehr zugegen. Die deutsche Verhandlungsführung lag beim Außenministerium; Müller-Armack, der damit nach drei Jahren weitgehender Wirkungslosigkeit noch einmal eine handfeste Aufgabe bekam, vertrat das Wirtschaftsministerium. Das nächste halbe Jahr ging mit der Erkundung von Verhandlungsnotwendigkeiten und Verhandlungsspielräumen hin. Erhard war damit nicht weiter befaßt. Es interessierte ihn auch nicht. Er wollte Englands Beitritt um jeden Preis.

Es traf sich zufällig, daß am Tag des Verhandlungsbeginns der Fouchet-Ausschuß das Ergebnis seiner Beratungen über ein Europäisches Statut vorlegte. Die Vorlage wurde freilich von de Gaulle verworfen und deshalb nicht weiterbehandelt. Fouchet arbeitete auf Weisung seines Präsidenten einen neuen Entwurf aus. Dieser Entwurf näherte sich nun wiederum den ursprünglichen Absichten de Gaulles so stark an, daß er für die fünf Partner Frankreichs, Deutschland eingeschlossen, als unannehmbar galt. Die Eigenständigkeit der EWG wurde darin wieder in Frage gestellt und mit ihr der Sinn der britischen Beitrittsverhandlungen. Insbesondere Adenauer fühlte sich durch die Vorlage, die fast alles zurücknahm, was er ein Jahr zuvor mühsam mit dem französischen Staatspräsidenten ausgehandelt hatte, desavouiert und stellte sich auf die Hinterbeine. De Gaulle merkte wohl, daß er den Bogen überspannt hatte und bat Adenauer sehr kurzfristig um ein informelles Treffen zu zweit. Adenauer entsprach der Bitte, und man vereinbarte, am 15. Februar 1962 in Brenners Parkhotel in Baden-Baden zusammenzukommen. Der deutsche Bundeskanzler fuhr einigermaßen verdrossen, zu Festigkeit entschlossen und deshalb mit geringen Erwartungen in den Schwarzwald. Aber das Unerwartete geschah. De Gaulle lenkte erheblich weiter ein als gedacht. Auf der Grundlage des neuen Kompromisses schienen sowohl die Arbeit des Fouchet-Ausschusses wie die Brüsseler Verhandlungen mit Aussicht auf Erfolg fortgesetzt werden zu können.

Die Erfolgsaussichten des Fouchet-Ausschusses verdüsterten sich allerdings bald wieder. Holland und Belgien konnten sich immer schwerer des Eindrucks erwehren, daß die politische Union eine wesentlich französisch-deutsche Veranstaltung zu werden versprach, in der ihnen bloß Randrollen zugewiesen und ihre nationalen Interessen nicht gesichert waren. Der Eindruck war nicht schlechthin falsch. Seinetwegen verlangten sie erneut - und diesmal in ausdrücklichem Einklang mit der britischen Regierung - die Beteiligung Englands an den Beratungen und stellten für alle Fälle ein Junktim zwischen der Annahme eines Europäischen Statuts und Englands Beitritt zur EWG her. De Gaulle lehnte die Beteiligung der britischen Regierung weiterhin ab und war über das Junktim höchst verstimmt. Im April 1962, als die Brüsseler Beitrittskonferenz gerade aus der Phase vorbereitender Klärungen und Gespräche ins Stadium zielgerichteter Verhandlungen überging, lief sich die Arbeit am Europäischen Statut bereits wieder fest. In den nächsten Monaten stellte sich heraus, daß sie auch nicht mehr flottzubekommen war. Da de Gaulle die politische Union wünschte, die EWG aber bestenfalls in Kauf nahm und England vom Kontinent nach Möglichkeit fernhalten wollte, war das keine gute Voraussetzung für den Erfolg der Brüsseler Verhandlungen. De Gaulle deutete das wenig später in einer seiner großen, streng stilisierten Pressekonferenzen an. Nationalstaaten, nicht Integration, seien die Realität des politischen Lebens in Europa. Integration bedinge einen Föderator. Den gebe es in Europa nicht. Im übrigen seien Großbritannien und Europa einander nach wie vor fremd. Großbritanniens politischer Blick sei in Wahrheit nicht über den Kanal, sondern weiterhin über den Atlantik gerichtet. Es bekunde sein Interesse an der Einigung Europas nicht, weil es ein starkes unabhängiges Europa wünsche, sondern weil es - in Übereinstimmung mit den USA - die Stärke und Unabhängigkeit Europas zu unterlaufen beabsichtige.

Macmillan versicherte ihm kurz darauf anläßlich eines Staatsbesuches in Frankreich das Gegenteil: Er stimme de Gaulles Europa-Vorstellungen weitgehend zu. England sei zur Bindung an ein geeintes Europa bereit. Die Besonderheit seiner Beziehungen zu den USA und auch zum Commonwealth löse sich teils auf, teils trete sie dahinter zurück.

De Gaulle nahm es zur Kenntnis, wollte es aber nicht glauben. So ganz und gar stimmte es auch nicht. Einen weiteren Monat später sah der französische Staatspräsident sein zweckbedachtes Mißtrauen von einem Vorschlag des amerikanischen Präsidenten bestätigt. Am 4. Juli 1962 schlug Kennedy mit großer Geste eine atlantische Partnerschaft zwischen den Vereinigten Staaten und einem erweiterten Europa vor. Auf welche Gebiete die Partnerschaft sich erstrecken und wie sie aussehen sollte, das blieb vorerst unbestimmt. Einigermaßen konkret war nur die Absicht, durch kräftig-wechselseitige Zollsenkungen im Rahmen des GATT den Handel zu intensivieren.[171] Vorerst vage blieb die Idee einer multilateralen Atomstreitmacht im Rahmen der NATO. Doch wie auch immer, für de Gaulle war das Angebot „atlantischer Partnerschaft" durch die Regierung der Vereinigten Staaten allemal gleichbedeutend mit einem amerikanischen Führungsanspruch und deshalb Anathema. An die rasche und unvermittelte Möglichkeit einer Europäischen Union nach seinem Bild und unter französischer Führung konnte er um diese Zeit allerdings auch nicht mehr glauben. Deshalb hatte er den Gedanken daran unterdessen aufgegeben oder zurückgestellt. Was von beiden, war ihm vermutlich selbst nicht vollends klar. Statt mit ihm, ging er neuerdings mit der Absicht um, eine engere politische Bindung zunächst nur mit Deutschland einzugehen, sei es um deren selbst willen und sei es womöglich auch als Anstoß und Fluchtpunkt einer schließlich doch weiterreichenden Einigung.

Zwei Jahre und auch ein Jahr zuvor noch wäre der deutsche Bundeskanzler für derlei besondere Bindung an Frankreich, die unvermeidlicherweise als Distanzierung von England und Amerika empfunden werden mußte, nicht zu gewinnen gewesen. Neuerdings lag aber auch ihm der Gedanke nicht mehr so fern. Mit Macmillan kam er seit je nicht klar. Seit Dulles' Tod und mehr noch seit Kennedys Amtsantritt hatte er aber auch mit der amerikanischen Administration seine Schwierigkeiten. Er verdächtigte sowohl die britische wie die amerikanische Regierung einer grundsätzlichen Bereitschaft zu weitreichenden Konzessionen an die Sowjetunion in deutschland- und letzthin namentlich in berlinpolitischen Angelegenheiten und eines Mangels an Offenheit und Vertrauen überdies. Verhandlungsangebote, die er für überflüssig hielt, und unzureichende Unterrichtung über Verhandlungsinhalte schienen den Verdacht zu bestätigen. De Gaulle machte dies alles nicht mit, sondern wandte sich nicht weniger entschieden als der deutsche Bundeskanzler gegen die angelsächsische Versuchung zur Preisgabe von Rechtspositionen um der Aussicht auf Ruhe und Frieden willen. Um der wahrscheinlich trügerischen Aussicht auf einen jedenfalls faulen Frieden willen, meinte Adenauer. Während er sich von Kennedy und Macmillan in deren Schwäche verlassen und hintergangen fühlte, vermittelte de Gaulle ihm in deutschlandpolitischen Belangen den Eindruck von Stärke und Verläßlichkeit. Deshalb war Adenauer für den Vorschlag exklusiv-enger Zusammenarbeit mit Frankreich auch auf Kosten angelsächsischer Verstimmung im Sommer 1962 empfänglich. „Unter Umständen", hatte er den Leiter des außenpolitischen Referats im Kanzleramt schon Ende April wissen lassen, „müßten wir bereit sein, mit den Amerikanern einige Jahre in Spannung zu leben. Wir müßten mehr auf das deutsch-französische und das europäische Pferd setzen".[172] In den folgenden Wochen verfestigte sich diese Absicht und richtete sich, da das „europäische Pferd" offenbar nicht ans Laufen zu bringen war, auf das „deutsch-französische Pferd". De Gaulle tat wohlbedacht ein übriges und lud den Bundeskanzler zu einem grandios inszenierten Staatsbesuch nach Frankreich ein.

Das symbolreiche Spektakel begann zwei Tage, bevor Kennedy seine Botschaft von atlantischer Partnerschaft aussandte. Tags darauf hatte es seinen ersten Höhepunkt, als de Gaulle bei einem festlichen Diner im Elysée-Palast in sorgfältig präparierter Rede deutsch-französische Verbrüderung zum Telos des historischen Leidens der beiden Völker aneinander erhob. Der vorläufige Höhepunkt wurde drei Tage später von einem mystifizierten Hochamt in der Krönungskathedrale von Reims übergipfelt, und am 8. Juli mündeten die Versöhnungsrituale in de Gaulles nüchterne Frage, ob man - falls die politische Union der Sechs scheitern sollte - „nicht den Vertrag zu zweit schließen könnte?" Adenauer zögerte einen Moment und wich aus. De Gaulle wiederholte die Frage und Adenauer sagte: Ja.[173]

Ludwig Erhard hatte an alledem keinen Teil. Wie hätte Adenauer ihn zu der großen Staatsvisite nach Frankreich mitnehmen und wie hätte Erhard von dem Verbrüderungserlebnis ergriffen werden sollen? Ihn erfüllte die starke Hinneigung zu Frankreich, wie zunächst fast jedermann, der in Bonn eine politische Stimme beanspruchte, mit skeptischsten Bedenken. Und die Skepsis nahm in dem Maße zu, in dem Adenauer zu erkennen gab, daß er seinerseits sich de Gaulles Bedenken gegen Englands Teilnahme an einer politischen Union und gegen Englands Eintritt in die EWG zu eigen machte.

Der Kanzler war kaum von Paris nach Bonn zurückgekehrt, als er mit der Absicht herauskam, einen Kabinettsausschuß ins Leben zu rufen und die Zweckmäßigkeit des britischen Beitritts in dessen weiteren politischen Zusammenhängen von ihm überprüfen zu lassen. Die Absicht verhieß Erhard nichts Gutes, auch wenn der Kanzler damit nicht durchkam. Der neue Außenminister wünschte nicht weniger entschieden als der alte Wirtschaftsminister, daß Großbritannien der EWG beiträte, und gegen den Widerstand von beiden war das Kabinett für den Ausschuß nicht zu gewinnen. Die Zeiten hatten sich geändert. Der Dissens war aber in der politischen Welt; er blieb darin, entfaltete sich und begann nach geraumer Zeit auf eigentümliche Weise zu mutieren, überwuchs und überdauerte dabei das Problem des britischen Beitritts zur EWG, schaffte einander feindliche Lager, „Gaullisten" und „Atlantiker" mit ungenauen Namen, und bestimmte wie nichts sonst die letzten Jahre von Erhards politischer Existenz; Jahre, die Erfullung hätten bringen sollen und - wesentlich deshalb - Erschöpfung brachten.

Vorerst trat die Europapolitik im Kampf des Kanzlers gegen den Prätendenten allerdings wieder hinter die Konjunkturpolitik zurück. 1961 waren die Preise um fast 2 ½ % gestiegen, 1962 stiegen sie um 3 %. Das waren immer noch erträgliche, aber gleichwohl unerwünschte Raten. Der internationalen Konkurrenzfähigkeit taten sie allerdings keinen bemerkenswerten Abbruch. In anderen Ländern stiegen die Preise ebenso schnell, und die Bundesrepublik erfreute sich trotz der geringen Aufwertung weiterhin eines internationalen Preisvorteils. Die Exporte hatten 1961 um stattliche 7 % zugenommen, und der Handelsbilanzüberschuß war so groß gewesen wie nie zuvor. Das Exportwachstum war - von extrem hohem Niveau her - allerdings rückläufig, und der Rückgang hielt ins Jahr 1962 hinein an. Der Grund dafür war eine allgemeine Konjunkturabschwächung in den westlichen Industrieländern. Der Bundeskanzler zeigte sich im Frühjahr 1962 höchst beunruhigt über den Rückgang des Exportwachstums, den er der Einfachkeit halber als Exportrückgang begriff. Im Gegensatz zu ihm hätte der Wirtschaftsminister, eingedenk seiner stabilitätsorientierten Aufwertungskampagne ein bis anderthalb Jahre zuvor, eigentlich ganz froh darüber sein sollen. Er zeigte sich aber kaum weniger beunruhigt darüber. Mitte März gaben sie ihrer Unruhe vor ausgewählten Journalisten gemeinsam beredten Ausdruck. Dabei wurde deutlich, daß die vordergründig gleichen Sorgen sehr unterschiedlich akzentuiert waren. Der Bundeskanzler ängstigte sich vor allem wegen des „Exportrückgangs". Die Preissteigerungen beunruhigten ihn vor allem als vermeintlicher Grund jenes „Rückgangs", weniger an sich und als solche. Der Wirtschaftsminister fühlte sich hingegen vor allem von der Preisentwicklung alarmiert. *Ihn* schien die Verminderung des Exportwachstums weniger an sich und als solche, mehr als Symptom von Destabilisierung zu beunruhigen. „Die Stabilität der Währung", so sagte er, „steht über der Konjunktur und über der Beschäftigung; ehe wir da ins Schlampen kommen - dann soll in Gottes Namen die Konjunktur und die Beschäftigung rückläufig sein, nach dem Sprichwort: Wer nicht hören will, muß fühlen. Aber die Stabilität, das ist das Wohl des Volkes".[174] Was genau er sich dabei dachte, das blieb im unklaren. Völlig klar war Erhard sich inzwischen aber wieder über die Ursachen der Destabilisierung, und mit der Klarheit war er auch wieder in seinem argumentativen Element: Die Stabilität, das Wohl des Volkes, wurde von des Volkes eigener Hybris gefährdet, und jene Hybris fand ihren schlimmsten Ausdruck in der Zügellosigkeit der Tarifpartner. Wobei das aktive und deshalb vor allem schuldige Element in der zügellosen Partnerschaft die Gewerkschaften waren. Die Unternehmer machten sich durch Nachgiebigkeit bei vollen Bestellbüchern zwar mitschuldig, der durchsetzungsfähige Anstoß kam aber von den Gewerkschaften und war politisch motiviert. „Das ist kein soziales Anliegen, sondern dahinter steht ein politischer Wille oder ein politisches Drängen." Freilich seien auch die Folgen nicht nur wirtschaftlicher sondern auch politischer Art. Deutschlands Erscheinungsbild und Ansehen in der Welt würden davon in Mitleidenschaft gezogen. Man frage sich im Ausland: „Was sind die Deutschen eigentlich für ein merkwürdiges Volk?" Wenn dieses Volk so unbeherrscht seine ökonomischen Grundlagen zerstöre, „wann bricht eigentlich die Hybris dann im politischen Bereich auf? Kann ein so undiszipliniertes Volk nicht mal zu Kurzschlußhandlungen kommen, die uns stören, die den Frieden und die Sicherheit der Welt gefährden?" Auch deshalb müsse man dem Übermut und der Zügellosigkeit durch eine gewisse Kontrolle der Tarifautonomie entgegenwirken.

Adenauer fuhr nach dem gemeinsamen Presseparlando nach Cadenabbia, Erhard machte sich zu einem auffallend gewerkschaftsfeindlichen Feldzug für Maßhalten und gegen die Unbeschränktheit der Tarifautonomie auf. Fünf Tage nach dem Pressetee hielt er eine Brandrede im Fernsehen. Darin warf er den Gewerkschaften vor, die Arbeitskräfteknappheit zu Lasten des wirtschaftlich-sozialen Wohls der Nation zum Versuch einer Vermögensumverteilung zu mißbrauchen. „Das deutsche Volk besteht aber nicht nur aus Tarifpartnern. Es widerspricht dem Wesen einer demokratisch-parlamentarischen Ordnung, die Stabilität der Währung dem Ermessensspielraum von Tarifpartnern zu überantworten".[175] Eine Serie von Reden ähnlichen Inhalts und gleichen Tenors folgte. Erhard kam damit aber neuerdings nicht mehr sonderlich gut an. Die Gewerkschaften und die SPD wehrten sich entschieden dagegen, bei jedem Preisanstieg als Bösewichte mit finsteren, politischen Hintergedanken hingestellt zu werden, obwohl sich die Einkommens- und Vermögensverteilung in den fünfziger Jahren merklich zu Ungunsten ihrer Klientel verschoben hatte. Der linke CDU-Flügel hielt Erhard vor, daß er Klassenkampf von oben betreibe. Und die unabhängigen Zeitungen nahmen gewöhnlich ihre Partei und mahnten ein stabilitätspolitisches Program anstelle von Schuldzuweisungen und Wohlverhaltensappellen an.[176]

Wer sich fragte, warum in Erhards Verständnis die Tarifautonomie der demokratisch-parlamentarischen Staatsordnung widerspreche, da doch nach verfassungsrichterlichem Verständnis *nur* die Tarifautonomie und keine andere Ordnung des Arbeitsmarktes mit dem Grundgesetz vereinbar war, der bekam darauf wenig später in anderen Zusammenhängen eine etwas unvermittelte und höchst unerwartete Antwort. Ende April erhöhte das Volkswagenwerk die Inlandspreise. Erhard war darüber aufs äußerste empört. Er begreife nicht, sagte er vor der Fraktion, wie ein großes Industrieunternehmen, ein Industrieunternehmen noch dazu, das zu 40 % in Staatsbesitz sei, dem amtlichen Willen, die Preise niedrig zu halten, derart in den Rücken fallen könne.[177] Um es auf den Weg der Tugend zurückzuzwingen, empfahl er dem Kabinett, die Autozölle zu senken. Mittlerweile war der Bundeskanzler aus dem Urlaub zurück und machte deutlich, daß es mit der Einigkeit, die das Pressegespräch vermuten lassen konnte, nicht weit her war. Er lehnte es ab, eine *allgemeine* wirtschaftspolitische Maßnahme gegen das Verhalten *eines* Unternehmens zu richten und empfahl, auf alle Fälle zunächst mit dem VW-Vorstand zu reden. Das geschah, und die Geschichte wiederholte sich. Der Vorstand des Volkswagenwerks beharrte auf der Preiserhöhung, wie die Zechenvorstände darauf beharrt hatten. Jetzt war Erhard nicht mehr empört, sondern auf wutentbrannte Weise schier fassungslos. Die Fassungslosigkeit äußerte sich in Ansichten über das Wesen der Marktwirtschaft, die - soweit dem Verständnis ohne weiteres zugänglich - nun wiederum für deren Verfechter schwer zu fassen waren. Er habe, so sagte Erhard, in der Auseinandersetzung mit VW die übergeordnete Autorität des Staates vertreten. „Die Bundesregierung bemühe sich darum, dem Kostenauftrieb Einhalt zu gebieten. Aber was habe man denn noch in der Hand, wenn das größte und ertragreichste Unternehmen ... glaube, daß es Kostenerhöhungen einfach auf die Preise abwälzen könne?" Er erwarte, daß die großen Unternehmen ihre Politik mit dem Wirtschaftsminister abstimmten. „Auch die Politik der Unternehmen sei ein Stück der deutschen Politik überhaupt, und man müsse sich klar sein, daß die Zeiten des Wachstums vorüber seien. Es sei notwendig, die Gesetze der sozialen Marktwirtschaft auf diese Situation auszurichten, und diese Gesetze könne man nicht nur mit dem Rechenstift fixieren."[178]

Verschiedene „Gesetze" der sozialen Marktwirtschaft bei Wachstum und Stabilität einerseits und bei Stagnation und Instabilität andererseits? Und im Falle von Stagnation und Instabilität jene „Gesetze" als Anspruch des Staates auf bestimmende Eingriffe in die Lohn- und Preisbildung? So nahm es sich aus, wenn man die Attacken auf die Tarifautonomie und auf die Freiheit unternehmerischer Preisbildung unter Berufung auf die demokratisch-parlamentarische Ordnung und die staatliche Autorität zusammenfaßte. Franz Böhm machte die Fraktion darauf aufmerksam, daß Erhard jene Attacken allenfalls im Namen des Gemeinsinns, aber gewiß nicht im Namen der Marktwirtschaft reiten dürfe. Die Fraktion hörte nicht auf ihn. Sie hörte diesmal auch nicht auf den Bundeskanzler, der die Zollsenkung weiterhin verwarf. Sie bekannte sich zu der Auffassung von Brentanos, „daß man nicht in einer schrankenlosen freien Wirtschaft lebe" und forderte das Kabinett dazu auf, dem Bundestag einen Zollgesetzentwurf vorzulegen, der VW und anderen Preissündern demonstrierte, daß die Staatsautorität nicht mit sich umspringen ließe.[179] Das Kabinett folgte der Aufforderung, und die Vorlage ging durch. Erhard hatte einen politischen Sieg errungen. Daß er ihn mit Argumenten errungen hatte, die sich gegen *das* Gesetz richteten, nach dem er angetreten war, schien ihn nicht zu stören.

Außerdem beendete der Sieg das politische Gefecht nicht. Das ging nach Erhards Rückkehr von einem kleinen Zwischenurlaub auf Rhodos erst richtig los. Inzwischen hatte Erhard soviel von Gefahren für die Stabilität und von den grauenhaften Folgen des Stabilitätsverlusts orakelt, daß fast alle Welt mit den beschworenen Sorgen infiziert worden war und von der Regierung ein stabilitätspolitisches Programm erwartete. Das fragwürdige Autozollgesetz wurde nicht als dessen Ersatz angesehen. Mehr aber hatte Erhard nicht in petto und auch nicht vor. Daran blieb im Verlauf eines Fernsehgesprächs, das er zwei Monate später live mit einem prominenten Journalisten führte, kein Zweifel. Erhard wich allen konkreten Fragen aus und wand sich im allgemeinen. Das war nicht neu, aber neuerdings nahm man es ihm nicht mehr einfach ab. Bucerius schrieb ihm kurz darauf, wie das Gespräch auf ihn gewirkt hatte. Was er schrieb, waren die Sätze eines mehrfach enttäuschten, aber immer noch erwartungsvollen Liebhabers. Vielleicht waren sie deshalb gleichermaßen scharfsichtig und scharf formuliert. Das Gespräch habe Erhard sehr geschadet, schrieb Bucerius. „Ihre Freunde kennen sich in Ihrer Wirtschaftspolitik nicht mehr aus ... Die „Intelligenz“ ist im Begriff, Sie zu verlassen ... Ihre Warnrufe haben die Bürger aufgeschreckt; sie erkennen Gefahren und erwarten „Maßnahmen,“ zumindest Erklärungen. Statt dessen hörten sie „Wortfetzen über Maßhalten, unvernünftige Gewerkschaften und so weiter“ und fühlten sich „angepflaumt, wenn Sie ihnen sagen: die Marktwirtschaft ist schon richtig, aber vielleicht taugt ihr nicht dafür“. Nötig sei eine „declaration of policy“, sehr fest, sehr genau, mit ruhigen Worten.[180]

Erhard ließ Bucerius durch Hohmann telephonisch für den Brief danken. Der Dank fiel ein wenig rauh aus. Dem Rat folgte er nicht. Er war eher aufs Gegenteil aus. Das äußerst wohlgesinnte Handelsblatt hatte die Schwäche des Fernsehauftritts damit begründet, daß ein tatenfroher, aber am kurzen Zügel geführter Erhard den konjunktur- und stabilitätspolitischen Unwillen des Bundeskanzlers „deckte“.[181] Das Gegenteil war der Fall. Adenauer drängte auf ein Konjunkturprogramm, und Erhard wiegelte ab. Wenige Tage vor dem Interview hatte ein konjunkturpolitisches Gespräch des Wirtschaftskabinetts mit Industriellen im Kanzleramt stattgefunden, bei dem Erhard wie gewöhnlich schwieg. Wenige Tage danach forderte Adenauer ihn zur Vorlage eines umfassenden Programms auf, „das geeignet ist, die Preise und die Währung zu stabilisieren und gleichzeitig ein angemessenes Wachstum und die Vollbeschäftigung sicherzustellen.“ Appelle reichten nicht mehr aus. Erhard antwortete, daß bereits die Ankündigung und die Durchführung jenes Konjunkturgesprächs im Kanzleramt das Vertrauen in die Geldwertstabilität geschwächt und die unsinnigsten Befürchtungen hervorgerufen habe. In Anrufen, Briefen und Telegrammen an ihn komme „die Meinung, ja die Sorge zum Ausdruck, daß es nun mit der DM in der Tat abwärtsgehen würde“. Ein Konjunkturprogramm könne die Unruhe nur vergrößern.[182]

Der Krach war einmal mehr da. Wer denn seit Monaten in ungezählten Reden, Interviews und Artikeln die Gefährdung des Geldwerts beschworen habe? blaffte Adenauer. Und warum Erhard in jener Besprechung, die er für so verheerend halte, nicht gesagt habe, daß von der Gefahr keine Rede mehr sein könne und dürfe? Die Forderung, ein Programm vorzulegen, erhalte er aufrecht. Was Erhard ihm bislang über die wirtschaftlichen Aussichten und die ihnen angemessene Wirtschaftspolitik gesagt und geschrieben habe, sei „wenig durchdacht und nicht befriedigend“.[183] Zu Globke sagte er, daß er vor seinem Ausscheiden noch zwei Aufgaben lösen müsse: „Die Herstellung eines engeren Verhältnisses zu Frankreich und die Stabilisierung der deutschen Wirtschaft“.[184] Er war inzwischen davon überzeugt, daß Erhard nicht einmal *dazu* taugte.

Die Überzeugung war natürlich richtig, zum Vorwurf gewendet aber ebenso natürlich ungerecht. Adenauers Absicht, die Aufgabe selbst zu lösen, war ebenso verwegen wie unnötig. Wenn die westdeutsche Wirtschaft und Währung tatsächlich so sehr außer Form und deshalb stabilisierungsbedürftig gewesen wären, wie Adenauer und Erhard einmütig sagten, wenn sie ausnahmsweise nicht aufeinander einschlugen, dann hätte es Erhard gewiß nicht vermocht, sie wieder auf die Reihe zu bringen. Auch wenn er sich noch so oft damit brüstete, daß er „kein Pharisäer, sondern der für das wirtschaftliche und soziale Schicksal des deutschen Volkes verantwortliche Mann“ sei.[185] Niemand hätte das vermocht, auch Adenauer nicht, weil die Sicherung und gar die Wiederherstellung von Vollbeschäftigung und Stabilität mit wirtschaftspolitischen Mitteln in Marktwirtschaften schlechterdings unmöglich ist. Es war in der akuten Situation aber auch gar nicht erforderlich. Die westdeutsche Wirtschaft war nicht außer Fasson. Sie erlebte von 1961 an einen der kurzen, sanften Abschwünge, die sich in den fünfziger und frühen sechziger Jahren mit kräftigen Aufschwüngen abwechselten. In derlei Abschwüngen gingen die Wachstumsraten leicht zurück und der Preisauftrieb beschleunigte sich zunächst etwas. Die Wachstumsraten gingen zurück, weil sich unter dem Einfluß des internationalen Konjunkturzusammenhanges die Dynamik des Exports zeitweise abschwächte und/oder weil sich die Investitionsbereitschaft vorübergehend etwas erschöpfte. Und der Preisauftrieb beschleunigte sich, weil schon gegen Ende der Hochkonjunktur das Produktivitätswachstum nachließ, während die Gewerkschaften sich dazu anschickten, durch hohe Lohnforderungen einen Lohnrückstand auszugleichen, der bei starkem Produktivitätswachstum und bescheidenen Lohnabschlüssen in der ersten Phase der Hochkonjunktur entstanden war. Beides, die Schwäche des Produktivitätswachstums und die hohen Lohnforderungen der Gewerkschaften, hielt in den Abschwung hinein an. Natürlich wurden die Gewerkschaften dabei auch von dem Wunsch geleitet, die Einkommensposition der Arbeitnehmer dauerhaft zu verbessern. Dazu waren sie da. Die Arbeitgeber neigten bei knappem Arbeitskräfteangebot und hohem Auftragsbestand dazu, den Lohnforderungen weitgehend nachzugeben und den Anstieg der Lohnkosten, der dadurch zustande kam, nach Möglichkeit in die Preise abzuwälzen. Die internationalen Preis- und Wechselkursrelationen ließen das ohne schwere Beeinträchtigung der Konkurrenzfähigkeit im Inland und im Ausland zu, und die Geldmengenvermehrung infolge hoher Zahlungsbilanzüberschüsse schaffte ziemlich unabhängig vom geldpolitischen Willen der Bundesbank die monetäre Voraussetzung dafür. Nach einiger Zeit verkehrten sich die Entwicklungen. Im Zuge des Abschwungs hielten die Gewerkschaften sich zunächst mit ihren Lohnforderungen wieder mehr zurück. Dann wurde der Abschwung von einem neuen Exportdrive und der Belebung der Investitionstätigkeit überwunden. Dank umfangreichen Investitionen nahm auch das Produktivitätswachstum wieder zu und sorgte im Verein mit mäßigen Tarifabschlüssen für einen Rückgang der Inflationsrate.

Der günstige Prozeßverlauf war ebensowenig naturgegeben oder politikgemacht wie das anhaltend starke Wirtschaftswachstum, das ihm zugrunde lag. Wie jenes, war er das Produkt zeitbedingt-vergänglicher, glücklicher Umstände, die Konjunkturpolitik entbehrlich machten. Deshalb hatte Erhard im Streit mit Adenauer recht, wenn er von einem aufwendigen Konjunkturprogramm abriet. Unrecht mußte er dann aber notwendigerweise gehabt haben, als er monatelang die Pferde scheu gemacht, das deutsche Volk der „Hybris", die Tarifpartner der Zügellosigkeit und die Gewerkschaften politischer Ranküne bezichtigt, ihr Verhalten als Zerstörung der wirtschaftlich-sozialen Grundlagen und des politischen Ansehens der Bundesrepublik gebrandmarkt und deshalb die Marktwirtschaft in Frage gestellt hatte.

Der Feldzug gegen die „Hybris" und der konjunkturpolitische Streit mit Adenauer gingen denn auch aus wie das berühmte Hornberger Schießen. Als Erhard Adenauers zweiten Brief empfing, war er bereits in Urlaub. Als er vom Tegernsee zurückkam, fuhr Adenauer nach Cadenabbia. Anfang Oktober erst war man wieder gemeinsam in Bonn. Zwischendurch verlangte außer dem Bundeskanzler allerdings auch die Fraktion nach einem konkreten Konjunkturprogramm der Regierung. Noch bevor der Kanzler vom Comer See zurückkehrte, mußte Erhard ihr Rede und Antwort stehen. Ein halbes Jahr zuvor hatte er mit einer stabilitätspolitischen Brandrede im Bundestag Triumphe gefeiert. Diesmal fiel er in der eigenen Fraktion durch. Statt ein Programm vorzulegen, extemporierte er einen oberflächlichen und unbestimmten Lagebericht, der in das Resümee auslief, daß es für die westdeutsche Wirtschaft „keine einheitliche Aussage" gebe. „Das sei aber kein Unglück. Die zu erwartenden Strukturwandlungen würden sich vollziehen, müßten aber nicht dramatische Ausmaße annehmen. Die Welt sei in Bewegung, und auch das deutsche Volk müsse in ihr seinen Standpunkt beziehen. Ein solcher Vorgang könne ein Volk sogar wieder einen. Daß in der Bundesrepublik die Geister verwirrt worden seien, könne niemand leugnen ... Nun seien die Ansätze für eine Besinnung und Einkehr gemacht. Jetzt müsse das Bewußtsein des Volkes wachgemacht werden für das, was dem Volk not tut, was gefährlich ist und dafür, daß man selbst das Schicksal in der Hand habe, wenn man gewillt sei, es fest in die Hand zu nehmen."

Beifall dafür blieb aus. Von Brentano, der von Krone wieder den Fraktionsvorsitz übernommen hatte, „dankte für diesen Bericht, bemerkte jedoch, daß es dabei allein nicht bleiben solle. Die Fraktion stehe vor Entscheidungen und habe Anspruch darauf, etwas mehr an Konkretem zu hören". Dafür erhielt er Beifall. Erhard aber hatte Konkretes nicht zu bieten. Er verwies auf den Beschluß den Kabinetts, die Ausgaben des Bundes im nächsten Jahr nicht stärker als das Sozialprodukt wachsen zu lassen. Der Beschluß leite eine neue Politik ein, mit ihm „sei man glaubhaft geworden." Der durchweg ordentlich ausgeglichene Bundeshaushalt war allerdings nie ein stabilitätspolitisches Problem gewesen. Außerdem wußte man natürlich noch nicht, um wieviel das Sozialprodukt 1963 wüchse. Erhard nahm kurzweg an, daß es 5 % wären. Tatsächlich waren es dann nur 2,75 %. Im übrigen vertröstete Erhard die Abgeordneten auf eine Regierungserklärung zur Wirtschafts- und Sozialpolitik, die der Bundeskanzler eine Woche später dem Parlament vortrüge. Es sei abgemacht, ihm nicht vorzugreifen und „über die Maßnahmen zur Preisstabilisierung noch Stillschweigen zu bewahren." Die Fraktion murrte, fand sich aber notgedrungen damit ab und entließ Erhard nach einer Reihe sehr kritischer Diskussionsbeiträge höchst unzufrieden.[186] Sie wäre wahrscheinlich noch unzufriedener gewesen, wenn sie gewußt hätte, daß Adenauer auf Erhards konjunkturpolitische Vorschläge für die Regierungserklärung nach wie vor wartete. Als der Wirtschaftsminister drei Tage später mit Krone und den Ministern für Finanzen, Arbeit und Wohnungsbau eigens nach Cadenabbia flog, um mit dem Kanzler über jene Erklärung zu reden, nahm er nicht mehr an Konkretem mit, als sein Vortrag vor der Fraktion enthalten hatte. Auch Adenauer mußte sich damit abfinden. Die Regierungserklärung blieb stabilitätspolitisch leer, und das von Erhard erst geweckte und dann enttäuschte Interesse an einem Stabilitätsprogramm verlor sich alsbald in den politischen Aufregungen des kommenden Winters.

„Erhards Stern sinkt, der von Schröder steigt. Das zeigte die Fraktionssitzung in Berlin am 1. und 2. Oktober", notierte Krone in diesen Tagen.[187] Wenn Erhard Kanzler werden wollte, mußte er bald Kanzler werden. Sein Kanzlerpotential verschliß sich. Anders als noch vor drei oder vier Jahren, glaubte inzwischen bis in die famöse Brigade und den Kreis der Vertrauten hinein eigentlich kaum noch jemand, daß er sich für das Amt besonders gut eignete. Was seine Chancen darauf gleichwohl erhielt, das war seine Werbewirksamkeit als überzeugungskräftiger Wirtschaftswundermann, der Wählerstimmen und Mandate garantierte. Neuerdings litt aber auch die Überzeugungskraft, und die Abgeordneten mochten sich fragen, wie lange es dauerte, bis daran die Werbewirksamkeit Schaden nähme. Es fiel auf, daß Erhards Presse schlechter wurde. Die Umfrageergebnisse waren noch gut. Aber Bucerius hatte Erhard schon nach dem verunglückten Fernsehgespräch davor gewarnt, sich davon täuschen zu lassen. Es brauche seine Zeit, bis Kritik der Meinungsmacher und aufkeimende Zweifel sich in Verlust an Zustimmung der Wähler umsetzten; schließlich passiere es jedoch. Der Prozeß schien im Gange zu sein, und es war nicht mehr auszuschließen, daß die Fraktion den Zustimmungsverlust bei der Wahl des Kanzler-Nachfolgers vorwegnahm.

Nein, es blieb Erhard nicht mehr viel Zeit, um Kanzler zu werden. Und der Amtsinhaber ging mit dem Gedanken um, die knappe Zeit möglichst zu erschöpfen. Adenauer hatte in seinem Brief an Krone und Mende zwar geschrieben, daß er rechtzeitig vor der nächsten Wahl zurücktrete; aber er hatte wohlweislich zu schreiben vermieden, was rechtzeitig sei. Jetzt ließ er hier und dort hören und weitergeben, daß er 1964 für einen geeigneten Zeitpunkt halte. 1964 müsse ein neuer Bundespräsident gewählt werden. Dafür sei Erhard immer noch der geeignete Mann. Krone solle dann Kanzler werden. Und wer weiß, ob er damit durchgekommen wäre, wenn er sich im Verein mit Franz Josef Strauß keine Regierungskrise eingebrockt hätte, die dergleichen Überlegungen den Boden entzog. Paradoxerweise erwies diese Krise ein weiteres Mal Erhards politische Schwäche und machte Erhard dennoch den Weg ins höchste politische Amt frei.

SPIEGEL-, Regierungs-, Erhard-Krise

Es begann mit einer SPIEGEL-Geschichte. Einen Tag nach der Regierungserklärung des Kanzlers machte das „Hamburger Nachrichtenmagazin" unter der Überschrift „Bedingt abwehrbereit" mit einem Artikel über die Bundeswehr, die Verteidigungspolitik und den Verteidigungsminister auf.[188] Der Artikel enthielt NATO-Interna und Details über das jüngste NATO-Manöver „Fallex 62", deren Herkunft als obskur erschienen und deren Verbreitung den Herausgeber Rudolf Augstein, seine Chefredakteure und den Geschichten-Schreiber Conrad Ahlers dem Verdacht des Verrats militärischer Geheimnisse aussetzte. Daß die Geschichte dem Verteidigungsminister Franz Josef Strauß schaden, ihn womöglich unmöglich machen sollte, war kein Geheimnis. Der SPIEGEL bewarf Strauß seit geraumer Zeit mit Dreck, wann immer er konnte. Strauß erleichterte ihm die Sache dadurch, daß er einen erheblichen Teil des Drecks durch zweifelhaftes politisches und persönliches Gebaren selbst produzierte. Wie die SPIEGEL-Macher ihre Geschichte, die allemal ein gefundenes journalistisches Fressen war, auch als Gelegenheit begriffen, den Verteidigungsminister zu demontieren, so begriff Strauß den Anschein von Geheimnisverrat als Gelegenheit, sich an Augstein und Konsorten für angetanen Harm zu rächen. Nachdem er dem Kanzler schon zwei Tage nach dem Erscheinen des Artikels geschrieben hatte, daß die „hier angewandte Methode publizistischen Terrors Gegenstand einer ernsten Untersuchung und Ausgangspunkt energischer Maßnahmen werden" sollte, unterrichtete er ihn fünf Tage später voll Genugtuung davon, daß die Bundesanwaltschaft ein Ermittlungsverfahren gegen den Spiegel eingeleitet und zu diesem Zweck das Verteidigungsministerium um ein Gutachten über die Geheimnishaltigkeit von „Bedingt abwehrbereit" gebeten habe. Er selbst sei überzeugt davon, daß die Geschichte schweren Geheimnisverrat beinhalte.[189]

Nun lag der Bundeskanzler mit seinem Verteidigungsminister in Dauerfehde, traute ihm nicht über den Weg und wäre ihn, ebenso wie Erhard und Schröder, nur zu gerne losgewesen. Im Sommer hatte es vorübergehend so ausgesehen, als würde er ihn los. In Bayern wurde am 22. Oktober 1962 gewählt, und Strauß kokettierte eine Weile mit dem Gedanken, nach der Wahl als Ministerpräsident gen München zu ziehen. Inzwischen war er aber längst wieder entschlossen, als Verteidigungsminister in Bonn zu bleiben. Es ist deshalb nicht völlig auszuschließen, daß Adenauer die SPIEGEL-Geschichte und deren Weiterungen als Gelegenheit begriff, Strauß so heftig auflaufen zu lassen, daß er aufgeben mußte. Sehr wahrscheinlich ist es allerdings nicht. Ein Strauß als Verteidigungsminister war eine fortgesetzte Anfechtung, aber ein Sturz des Verteidigungsministers über den SPIEGEL war ein politisches Debakel, das der Kanzler sich nur in letzter Verzweiflung wünschen konnte. Und so schlimm, daß sie letzte Verzweiflung hervorrief, war die Anfechtung dann doch wieder nicht. Deshalb war Hintersinn wohl nicht im Spiel, als Adenauer Strauß dazu ermunterte, alles zu tun, was zur Aufklärung der Umstände jenes „schweren Geheimnisverrats" nötig und möglich sei. Der SPIEGEL ließ ja auch an Adenauer kein gutes Haar, und was er Strauß als hauptsächlichen militärpolitischen Sündenfall vorwarf, Bestrebungen nämlich, die Bundeswehr mit Nuklearwaffen auszurüsten, gehörte mehr oder weniger stillschweigend zu den Richtlinien von Adenauers Politik.

Der solcherart ermutigte Verteidigungsminister machte den Vorschlag, das Gutachten und möglicherweise erwünschte und erforderliche Amtshilfe seines „Hauses" für die Bundesanwaltschaft am zuständigen Justizminister vorbeizulenken. Am Vortag hatte er vom Präsidenten des Bundesnachrichtendienstes erfahren, daß Minister Wolfgang Stammberger von der FDP während des Zweiten Weltkriegs als Wehrmachts-Leutnant in einem Militärstrafverfahren wegen Unterschlagung und Urkundenfälschung verurteilt worden war. Der SPIEGEL wisse davon, und Stammberger wiederum wisse dies. Man könne nicht ausschließen, daß er sich dem Blatt durch die vorzeitige Preisgabe geplanter Aktionen als gefällig erweise. Da andererseits natürlich auch er, Strauß, als Betroffener und Interessierter mit den Maßnahmen der Bundesanwaltschaft nicht in Verbindung gebracht werden dürfe, sollten die nötigen Informationen und Absprachen zwischen Verteidigungsministerium, Justizministerium und Bundesanwaltschaft über die Staatssekretäre Volkmar Hopf und Walther Strauß, beide CDU, laufen. Adenauer stimmte zu, und so geschah es.

Wenige Tage später übergab Hopf dem Generalbundesanwalt das Gutachten und besprach in Karlsruhe Fragen möglicher Amtshilfe durch das Verteidigungsministerium. Am 23. Oktober fertigte der Ermittlungsrichter beim Bundesgerichtshof auf Antrag des Generalbundesanwalts wegen Verdachts auf Landesverrat einen Haft- und Durchsuchungsbefehl gegen den SPIEGEL und dessen leitende Leute aus. Drei Tage später wurden die Geschäfts- und Redaktionsräume der Zeitschrift durchsucht. Was man fand, reichte der Strafverfolgungsbehörde dazu aus, um Augstein, die Chefredakteure des Blattes sowie Autor Ahlers am 27. Oktober in Untersuchungshaft zu nehmen. Für die Einleitung eines Strafverfahrens reichte es später nicht aus. Wobei unklar blieb, ob der SPIEGEL von einem Oberst des Bundesnachrichtendienstes frühzeitig von den Absichten der Bundesanwaltschaft benachrichtigt worden war und belastende Dokumente vor der Durchsuchung beiseite geschafft hatte.

Die Verhaftung von Conrad Ahlers vollzog sich einigermaßen problematisch. Ahlers machte Urlaub in Andalusien. Statt sich auf das etwas umständliche Zusammenwirken von deutscher und spanischer Polizei zu verlassen, telephonierte Franz Josef Strauß in der Nacht vom 26. zum 27. Oktober mit dem Militärattaché der deutschen Botschaft in Madrid und gab Anweisung, die Festnahme und Auslieferung herbeizuführen. Zuvor hatte er mit dem Bundeskanzler telephoniert und ihm gesagt, daß Ahlers drauf und dran sei, sich von Benidorm nach Tanger abzusetzten. Adenauer sagte, Strauß solle tun, was nötig und verantwortbar sei, um das zu verhindern. Die spanische Militärdiktatur jener Tage machte möglich, was nach den rechtsstaatlichen Grundsätzen, die in der Bundesrepublik gelten sollten, eigentlich unmöglich war.

Die Durchsuchung der SPIEGEL-Räume und die Verhaftung der SPIEGEL-Leute gab der Angelegenheit ein anderes Gesicht und der Entwicklung eine andere Richtung. Aus einer publizistischen wurde eine politische Affäre. Die Polizeiaktion, hinter der die politischen Motive so deutlich hervorschauten, daß sie gar nicht vermutet werden mußten, erregte die öffentliche Meinung als Angriff auf die Rechtsstaatlichkeit rasch sehr viel mehr als des SPIEGELS vermeintlicher Angriff auf die militärische Sicherheit des Vaterlandes. Die Regierung und namentlich Strauß gerieten unter Legitimationsdruck. Die Regierung hielt dem Druck nicht stand und zerbrach. Die Bruchlinie war vorgezeichnet. Im zurückliegenden Jahr hatte sich gezeigt, daß die Christlich-Liberale Koalition, die man per Zangengeburt ins Leben gezerrt hatte, kaum lebensfähig, nicht mal ein Zweckbündnis, sondern bloß eine Streitgemeinschaft war, in der so gut wie nichts ging. Es war unter diesen Umständen nicht zu erwarten, daß die FDP eine Gelegenheit ungenutzt ließe, sich auf Kosten der Union politisch-populäre Erleichterung zu verschaffen. Die Gelegenheit bot der Umstand, daß ihr Justizminister, obwohl Dienstherr der Bundesanwaltschaft, mit der Nacht- und Nebelaktion gegen den SPIEGEL nicht befaßt worden war. Die FDP mußte darüber hocherfreut sein und tat, als wäre sie zutiefst empört. Am letzten Oktobertag trat Stammberger demonstrativ zurück. Und an Allerseelen beschloß der FDP-Vorstand, daß die beiden CDU-Staatssekretäre, die ihr als Schuldige namhaft gemacht worden waren, über die Klinge springen müßten. Andernfalls träten alle FDP-Minister zurück. Adenauer wollte es im ersten Zorn über die freidemokratische Hochfahrenheit darauf ankommen lassen. Globke und Krone bewegten ihn zu Nachgiebigkeit. Walther Strauß wurde entlassen, Volkmar Hopf beurlaubt. Das Bauernopfer brachte vorübergehend Ruhe an einer Streitfront, eröffnete aber eine neue. Die Unions-Fraktion fühlte sich von den Vorgängen überrannt und von Adenauer und Strauß hinters Licht geführt. Sie glaubte nicht an Eigenmächtigkeit der beiden Staatssekretäre und fand es schäbig, daß sie ausgerechnet den Freien Demokraten zum Fraß vorgeworfen wurden. Adenauer bekam den Mißmut des parlamentarischen Fußvolks in einer Fraktionssitzung am 6. November sehr deutlich zu spüren.

In den folgenden Tagen zog dann allerdings Strauß die Pfeile so nachhaltig auf sich, daß der Kanzler fürs erste aus dem Schußfeld geriet. Im Verlauf mehrerer Fragestunden im Bundestag, wurde der Verteidigungsminister nach seiner Beteiligung an der Aktion gegen den SPIEGEL und namentlich nach seiner Rolle bei der Festnahme von Conrad Ahlers gefragt. Strauß schwieg, wich aus, sagte Halbwahres, schließlich gab er zu, daß er Oberst Oster angewiesen hatte, für Ahlers Festnahme zu sorgen. Von der Opposition und in der Öffentlichkeit wurde sein Rücktritt verlangt. Die SPD forderte den Bundeskanzler in aller Form auf, Strauß zu entlassen. Die FDP nahm die Forderung auf. Die zeitweise Koalitionsruh' war wieder hin. Strauß selbst dachte nicht an Rücktritt. Er dachte vielmehr, daß er - ein bißchen außerhalb der Legalität, wie es der ihm nicht eben gewogene, aber doch loyale Innenminister Höcherl spitzbübisch formulierte - politisch im Recht sei. Überdies berief er sich, erst vor sich selbst, dann in einem langen Brief an Adenauer, nur in Andeutungen auch vor Dritten, auf die grundsätzliche Kenntnis und die grundsätzliche Billigung seines Verhaltens durch den Bundeskanzler. Der Bundeskanzler wußte, daß Strauß zumindest *dazu* berechtigt war und schien zunächst gewillt zu sein, ihn zu halten.

Aus anderen Gründen nahm auch Erhard Strauß in Schutz. Letzthin hatte Strauß sich doch wieder für seine Kanzlerschaft ausgesprochen und ihn feinsinnig den „Bindestrich zwischen CDU und CSU“ genannt.[190] Daß dies weniger ein Votum für ihn als ein Votum gegen Strauß' Intimfeind Schröder war, nahm Erhard nicht wahr und dankte es Strauß, indem er jetzt dessen „Verdienste ... um den Schutz deutschen Lebens“ gegen seine „Fehler ... in der Wahl der Mittel“ aufwog und deretwegen auf Nachsicht plädierte: „Ein Pharisäertum steht uns schlecht an“.[191] Pharisäer, das waren im alten Israel die Angehörigen der

Mit Franz Josef Strauß

Volkspartei, die sich von den strengen Gesetzen des jüdischen Glaubens leiten ließen und wünschten, daß jene Gesetze auch im politischen Leben Geltung hätten.

Die halbe und terminologisch ein wenig verunglückte Ehrenrettung half nichts. Je heftiger Strauß am Amt klebte und je nachdrücklicher die CDU-Granden ihn darin zu bestärken schienen, um so mehr gefiel die FDP sich in der Rolle des Wahrers von Rechtsstaatlichkeit und demokratischem Anstand in Deutschland. Am 19. November traten ihre Bundesminister zurück, weil sie mit Strauß nicht mehr in einer Regierung sitzen könnten. Ein gleichzeitiges Interview ihres stellvertretenden Parteivorsitzenden Wolfgang Döring im Corrierre della Sera ließ allerdings deutlich hörbar anklingen, daß es der FDP schon nicht mehr nur um Strauß, sondern auf etwas weitere Sicht auch um Adenauer ging. „Wir halten die Frage Adenauer nur zurück," sagte Döring, „um die Verwirrung nicht noch zu vergrößern. Wir machen einen Schritt nach dem andern." Dergleichen Großsprecherei rief einerseits in der CDU Ärger hervor, weil man dort die „Frage Adenauer" für eine Frage hielt, die nicht die FDP zu stellen hätte. Andererseits gab sie nur im Klartext wider, was man in der Union grummelte und rumorte. Die Mehrheit der Fraktion war Adenauers bitter leid und wollte ihn um so lieber und schneller loswerden, als im Zuge der SPIEGEL-Krise, die genaugenommen eine Regierungs-Krise war, das öffentliche Ansehen des Kanzlers wieder einmal rapide verfiel. Kaum mehr als ein Drittel der Bevölkerung war noch mit ihm einverstanden.

Daß die „Frage Adenauer" gestellt, allerdings von der CDU gestellt und allenfalls zusammen mit den Freien Demokraten beantwortet werden sollte, war also auch in der Union eine inzwischen weitverbreitete Meinung. Es war freilich nicht nur eine weitverbreitete, sondern wegen des außerordentlich nervösen, gereizten, vergrätzten Zustandes der mit sich und der politischen Welt zerfallenen Fraktion auch eine höchst diffuse Meinung. Man wartete auf den Mann, der sie aufnahm, zu einem politischen Willen konzentrierte und Tat werden ließ. Nach Lage der Dinge konnte dieser Mann immer noch nur Ludwig Erhard sein. Der Glaube in der Fraktion an ihn nahm ab, und die Enttäuschung über ihn nahm zu. Die Freien Demokraten dachten, wenn es um Adenauers Nachfolge ging, ohnedies nicht an ihn, sondern wieder an Eugen Gerstenmaier und neuerdings vermehrt an Gerhard Schröder. Aber Erhard hatte beiden und jedem anderen nach wie vor seine singuläre Popularität voraus. Und die wog, je schlechter das Erscheinungsbild der Partei war, im Hinblick auf die nächste Wahl um so schwerer. Eine unklare Mehrheit der Fraktion hätte ihn auf der Stelle gewählt und hätte ihn trotz mancher Zweifel gern gewählt, damit Ruhe einkehrte und ein neuer Anfang gemacht würde. Sie wollte ihn wählen. Erhard mußte es nur selber auch wollen. Die Getreuen und die Unverdrossenen, allen voran Bucerius in seinem bewunderungsvollen Haß auf Adenauer, stachelten seinen Willen an. Erhard schien ein weiteres Mal in Versuchung zu geraten. Und ein weiteres Mal vermochte er es nicht. Es war ihm nicht gegeben, nach der Kanzlerschaft zu greifen - und wenn sie noch so greifbar war.

Dabei wäre sie ihm beinah ein für allemal entrückt worden. Denn Adenauer griff rasch entschieden nach allem, was geeignet sein konnte, seine Kanzlerschaft zu sichern und zu verlängern. Einen Tag nach dem Rücktritt der FDP-Minister, am 20. November 1962, boten auch die CDU/CSU-Minister ihren Rücktritt an. Die Koalition war geplatzt. Das war der Zweck der Übung. Die vierte Regierung Adenauer gab es nicht mehr. Der Bundeskanzler saß, wie er zwei Tage später vor dem Bundesvorstand seiner Partei sarkastisch bemerkte, „augenblicklich - rein theoretisch betrachtet - ... ziemlich pik solo da". Er selber dachte freilich keinen Augenblick daran, auch seinerseits zurückzutreten. Er zeigte sich vielmehr fröhlich entschlossen, innerhalb der nächsten zwei Wochen eine neue Regierung mit der

FDP zu bilden. So wolle es die Fraktion, und ein anderes Bündnis komme nicht in Frage. Übermäßige Eile sei freilich nicht geboten, weil der Bundespräsident bis zum 5. Dezember in Indien sei und ohnehin weder Minister entlassen noch Minister ernennen könne. Solange verwalteten die zurückgetretenen Minister ihre Ämter weiter. Mehrere Vorstandsmitglieder wandten ein, daß man so ungerührt von der öffentlichen Erregung und von den politischen Eruptionen vielleicht doch nicht zur Tagesordnung übergehen dürfe. Erhard beklagte sich in etwas verquollener Rede über Mangel an Unterrichtung und schlechten Stil.[192] Damit hatte es sein Bewenden. In der Öffentlichkeit trat er markiger auf. Auf dem Landesparteitag der CDU in Hamburg rief er aus, daß er nun mit großer Entschiedenheit alles tun werde, damit die Vorgänge um die SPIEGEL-Affäre aufgeklärt würden. „Dieser Spuk muß ein Ende haben".[193]

Das war am Sonntag, den 25. November. Am gleichen Tag wurde in Bayern gewählt. Die Bayern straften die FDP für den Angriff auf ihren prominentesten, in seiner Derbheit geschätzten politischen Repräsentanten und ermunterten Franz Josef Strauß zum Durchhalten. Die CSU gewann erstmals eine absolute Mehrheit, die FDP schaffte nur mit knapper Not den Einzug in den Landtag. Strauß sah seine Stellung in Bonn durch das Wahlergebnis als gestärkt an und erwartete mit Bestimmtheit seine Wiederernennung zum Verteidigungsminister in einer fünften Regierung Adenauer. Adenauer hingegen war sich inzwischen darüber klar geworden, daß Strauß' Berufung einen öffentlichen Proteststurm auslöste, in der eigenen Partei zumindest auf starke Widerstände stieße und bei der FDP nicht durchzusetzen wäre. Andererseits mußte er besorgt sein, daß Strauß, wenn er ihn nicht wiederberiefe, gegen ihn auspackte, die Fraktionsgemeinschaft zwischen CDU und CSU auflöste und sich einer Koalition mit der FDP verweigerte.

Angesichts dieses Dilemmas machte ihm der ganz und gar auf Adenauer eingeschworene Wohnungsbauminister Paul Lücke einen aufregenden Vorschlag. Am Montag nach der Bayern-Wahl wurde Lücke im Kanzleramt vorstellig und ließ Adenauer wissen, daß er in einer Regierung mit Strauß nicht mehr sitzen möge und übrigens auch des nutzlosen Gerangels mit der übermütigen FDP müde sei. Ob man nicht versuchen sollte, unter folgenden Voraussetzungen eine große Koalition zustande zu bringen: Unbegrenzte Kanzlerschaft Adenauers, Einigung auf die schnelle Einführung eines Mehrheitswahlrechts, das die Freien Demokraten den Parlamenten fernhielte, gemeinsame Verabschiedung der problematischen Finanzverfassungsreform und der umstrittenen Notstandsgesetze. Die Chancen des Versuchs ständen nicht schlecht. Sein politischer Freund, der von Adenauer hochgeschätzte CSU-Abgeordnete von und zu Guttenberg, sei seit Monaten mit dem einflußreichen SPD-Abgeordneten Herbert Wehner in freundlich-vertraulichem Gespräch und über die Erwünschtheit einer solchen Lösung einig.

Das war richtig, so merkwürdig es auch anmutete. Ob Adenauer von der absichtsvoll verschwiegenen Beziehung zwischen dem hochkonservativen, standesstolzen Freiherrn und dem Sozialdemokraten aus proletarischem Milieu und mit kommunistischer Vergangenheit wußte, steht dahin. Krone wußte von ihr und kannte auch ihren hauptsächlichen Zweck. „Am 22. August war Baron Guttenberg bei mir und berichtete von seinem letzten Gespräch mit Herbert Wehner", hatte er im Sommer notiert. „Guttenberg kommt es bei seinem Plan vor allem darauf an, Erhard als Kanzler auszuschalten und Strauß nicht mehr im Kabinett zu haben. Außerdem will er mit einem Mehrheitswahlrecht eine wichtige Voraussetzung für das Funktionieren des demokratischen Systems schaffen".[194]

Lücke fragte Adenauer, ob er es für angebracht halte, daß er selbst mit Wehner rede und die praktischen Möglichkeiten einer großen Koalition zum gegenwärtigen Zeitpunkt erkunde. Adenauer hielt es für angebracht. Lücke kehrte in sein Ministerium zurück und rief Wehner an. Wehner kam unverzüglich, man sprach drei Stunden miteinander, verstand und verständigte sich. Die Dauer von Adenauers Kanzlerschaft sei die Sache der CDU, sagte Wehner. Die SPD habe damit nichts zu schaffen. Das Mehrheitswahlrecht wolle auch er. Im übrigen sehe er nichts, worüber CDU und SPD nicht einig werden könnten. Er halte die große Koalition für wünschenswert und werde die Zustimmung seiner Partei dafür gewinnen. Lücke informierte noch am gleichen Abend Adenauer und Krone. Durch einen Zufall erhielt auch Strauß von der Tatsache des Gesprächs und dessen Inhalt in groben Zügen Kenntnis.

Am nächsten Morgen gab Lücke Adenauer im Kanzleramt einen ausführlicheren Bericht. Krone und von Brentano wurden hinzugezogen. Beide waren von Lückes Initiative angetan. Krone hätte schon bei der Regierungsbildung nach der Wahl eine Koalition mit den verläßlichen Sozialdemokraten dem Bündnis mit den windigen Freidemokraten vorgezogen, und Brentano war nicht nur ein Opfer der FDP, er litt auch seit einem Jahr an der Unberechenbarkeit der FDP-Fraktion im Bundestag. Mit seiner Hilfe erreichte es Adenauer, daß ihn die fraktionierte Fraktion gleichentags mit Koalitionsverhandlungen ohne Verweis auf eine bestimmte Partei beauftragte. Dabei wurde freilich deutlich, daß sie ihn nur mit Widerwillen überhaupt und zu irgend etwas beauftragte. Krone verließ die Sitzung stark deprimiert. Selbst Adenauer war über den Zustand und das Verhalten des Abgeordneten-Haufens schwer erschüttert. Ob er nicht einfach hinschmeißen solle, fragte er Krone.[195]

Noch vor der Sitzung hatten beide und Heinrich von Brentano versucht, Franz Josef Strauß den Verzicht aufs Ministeramt nahezubringen. Es war vergebens gewesen. Adenauer ins Gesicht hinein wies Strauß das Ansinnen zurück, hinter dessen Rücken, aber in Gegenwart Krones, erging er sich in Verwünschungen und Drohungen gegen den Kanzler, der es nicht bleiben dürfe. Am Nachmittag wurde er in die Kommission aufgenommen, die Adenauer bei Koalitionsverhandlungen beraten und auf die Finger sehen sollte.

Und Ludwig Erhard?

„Erhard sieht sich als den, der Lösung und Erlösung bringt," vermerkte Krone ein wenig verächtlich.[196]

Aber Erhard tat nichts, das Erlösung bringen konnte. Er wartete darauf, daß die Erlösung über ihn käme und ihm dann gutgeschrieben würde; etwa so, wie das Wirtschaftswunder über ihn gekommen und ihm gutgeschrieben worden war. Wunder geschehen jedoch nur einmal.

Adenauer überwand seine Erschütterung. Er schmiß nicht hin. Er lud die Freien Demokraten auf übermorgen abend zu Koalitionsgesprächen mit der Verhandlungskommission der CDU/CSU ins Kanzleramt ein. Unterdessen pflegte und intensivierte er an der Kommission vorbei die Beziehungen zur SPD. „Immer wieder das Thema Lücke-Wehner", notierte Krone.[197]

Lückes und Guttenbergs Gespräche mit Wehner nahmen den Charakter von Vorverhandlungen an. Am Vormittag des 29. November, vor dem abendlichen Treffen mit der FDP-Führung, schrieb Adenauer Guttenberg einen Brief, der eigentlich an Wehner gerichtet war. Er habe mit Interesse von den Gesprächen Lückes und Guttenbergs mit Wehner Kenntnis genommen. Die Voraussetzung einer großen Koalition wäre die Bereitschaft der SPD, schnell ein Mehrheitswahlrecht einzuführen. „Ich darf Sie bitten, mit Herrn Wehner aufgrund der gemachten Vorschläge weitere Einzelheiten zu klären".[198] Wehner hatte um dergleichen ausdrückliche „Legitimation" der Gespräche ersucht. Er mußte seinem Parteivorstand etwas vorzeigen können, wenn er ihn unversehens zu Koalitionsverhandlungen mit der CDU/CSU bewegen wollte. Guttenberg folgte Wehner zu einer Tagung des „Kuratoriums Unteilbares Deutschland" nach Berlin und verhandelte dort mit ihm weiter. Man ging ins einzelne und wurde konkret: Das Mehrheitswahlrecht und Adenauers zeitlich nicht begrenzte Kanzlerschaft als Grundlagen des Bündnisses. Auf diesen Grundlagen brauche man über die Grundsätze der Außen- und Verteidigungspolitik nicht lange zu reden. Über die Wirtschafts- und Sozialpolitik müsse man reden, könne dies aber mit Aussicht auf Einigung auch. Die Ministerien wurden bereits verteilt, Namen genannt. Ollenhauer müsse Außenminister werden, Erhard könne Wirtschaftsminister bleiben, sagte Wehner, auch Vizekanzler, wenn die SPD einen zweiten Vizekanzler stelle. Jedem Minister sollte ein Abgeordneter der je anderen Couleur als Staatsminister beigegeben werden. Am Abend war man soweit, daß Wehner den SPD-Parteivorsitzenden Erich Ollenhauer und den Fraktionsvorsitzenden Fritz Erler einweihte. Beide waren mit der Absicht und den Voraussetzungen ihrer Verwirklichung einverstanden, Ollenhauer unumwunden, Erler etwas zögernd. Die Unterrichtung Willy Brandts stellte Wehner in Aussicht. Auf dessen Votum schien er nicht viel zu geben.

Unterdessen trafen die Verhandlungskommissionen der CDU/CSU und der FDP unter etwas burlesken Umständen im Kanzleramt zusammen. Adenauer hatte als friedlich-freundlichen Beginn ein kleines Abendessen spendiert. Die FPD-Herren brachten es freilich nicht über sich, mit Strauß an einem Tisch zu essen. So speiste die Unions-Delegation für sich an der für alle vorgesehenen weißgedeckten Tafel, und die FDP-Matadoren aßen in ihrem Trotz und in einem Nebenraum von Holz. Immerhin, sie aßen. Derweil stritten sich die CDU/CSU-Leute darüber, ob sie nach dem Affront an diesem Abend noch mit ihnen verhandeln sollten. Brentano war am heftigsten dagegen, Adenauer setzte durch, daß man es täte. Die FDP dankte es ihm nach seinem eigenen Empfinden schlecht. Mende versuchte einen verbindlichen Einstieg, aber Döring fuhr ihm in die Parade und fragte unvermittelt, ob die CDU auch mit der SPD verhandeln wolle und wann Adenauer abtrete. Es dauerte einige Zeit, ehe das Gespräch in sachliche Bahnen kam und ruhig wurde. Nachdem Strauß und sein CSU-Kollege Dollinger sich verabschiedet hatten, weil sie mit dem Nachtzug zur Sitzung des CSU-Landesvorstandes nach München mußten, wurde es beinahe noch gemütlich. Globke holte „einige ausgezeichnete Flaschen Wein" aus dem vortrefflich bestückten Keller des Kanzleramtes. „Es tut mir nicht leid darum," sagte Adenauer später vor der Fraktion, „weil ich selbst mitgetrunken habe". Aber die Verhandlungen hätten doch einen „denkbar schlechten Eindruck" bei ihm hinterlassen. Immerhin hatte man sich auf den 3. Dezember vertagt und verabredet, daß je zwei Delegationsmitglieder die Tagesordnung für die nächste Sitzung klärten.[199]

Am nächsten, am Morgen des 30. November, tagten in München der Parteivorstand der CSU und in Berlin der Parteivorstand der SPD. Mittlerweile hatte Strauß die Erfahrung gemacht, daß sich auch in der CDU kaum noch ernstzunehmende Befürworter seiner Wiederernennung zum Verteidigungsminister fanden. In München gab er „mit viel großen Worten" seinen Verzicht bekannt.[200] In Berlin bekundete der SPD-Vorstand seine ernste Bereitschaft zu Koalitionsverhandlungen mit der Union. Adenauer erfuhr es sofort und handelte schnell. Er lud die Verhandlungskommission sowie Krone, Lücke, den ihm kürzlich aufgenötigten geschäftsführenden Parteivorsitzenden Josef Hermann Dufhues und auch Erhard zu Gesprächen darüber ins Kanzleramt ein. Drei der zusätzlich Gebetenen waren der großen Koalition geneigt, außerdem das Kommissionsmitglied Brentano. Strauß spuckte Gift und Galle darüber, daß die Sache bisher an ihm vorbeigelenkt worden war, gewann der Absicht, mit der SPD statt mit der schändlichen FDP zu koalieren, aber vieles ab. Erhard war dagegen. „Er sieht seine Felle wegschwimmen," meinte Krone.[201] Die drei übrigen Ausschuß-Mitglieder nahmen Erhards Partei. Alle drei wollten in einer CDU/CSU-FDP-Regierung, entweder gleich oder später unter Erhard, Minister werden. Der anfängliche Streit und die anschließenden Besprechungen zogen sich hin. An ihrem Ende einigte man sich darauf, am Montag, den 3. Dezember, alle Parteigremien - Präsidium, Bundesvorstand, Fraktionsvorstand und Fraktion - zu versammeln, damit sie über ein Mandat zu Verhandlungen mit der SPD entscheiden könnten. Die Verhandlungen mit der FDP wurden von jenem Montag auf Dienstag nachmittag verschoben.

Am Sonntag abend trafen sich die Brigade-Abgeordneten, um eine Verhinderungs-Strategie zu besprechen. Was dabei herauskam, wurde in den montäglichen Dauerberatungen weder deutlich noch war es erfolgreich. Am ehesten erfolgversprechend wäre wohl immer noch die plötzliche Schilderhebung des ewigen Prätendenten gewesen. Der aber war auch in höchster Not nicht dazu zu bringen. In der Vorstandssitzung am nächsten Morgen schwieg er. Andere schlugen sich in seinem Interesse; Schmücker und Barzel, die Minister werden wollten und es in einer großen Koalition nicht werden konnten, Arbeitsminister Blank, der - ähnlich wie Erhard - keine Sozialdemokraten, nur Sozialisten kannte, auch Gerstenmaier, der früher als fast alle anderen mit den Sozialdemokraten auf gutem politischen Fuß gewesen war und sich nun unversehens links überholt und ausmanövriert fand. Adenauer war in großer Form. Mit Gelassenheit und Witz, chuzpe, Schlagfertigkeit und taktischem Geschick hatte er den Verlauf und den Ausgang der Beratungen in der Hand. Die Gespräche mit Wehner wurden als Sondierungen hingestellt, von denen er bis zuletzt nichts gewußt und die deshalb den Verhandlungsauftrag der Konmmission bislang auch nicht berührt hätten. Die Verhandlungen mit der FDP stellte er noch skurriler dar, als sie sich abgespielt hatten, die FDP als Koalitionspartner machte er nach Käften unmöglich („Wer hat die ganze Schweinerei denn über uns gebracht? Nur die FDP - und sonst niemand".) und die Vorteile einer Koalition mit der SPD kehrte er in einer Weise hervor, die man kaum fassen konnte: Wenn die „Verhandlungen mit der SPD Erfolg haben, dann wird unser Ansehen in der Welt ganz außerordentlich gesteigert werden". Am Ende stellte er unwidersprochen fest, daß sich gegen die Aufnahme jener hochachtbaren Verhandlungen keine Stimme erhöbe.[202]

So, mit gesteigerter Virtuosität, auch in der viel heikleren Fraktionssitzung. Dort erhob Erhard seine Stimme. Aber was er sagte, tat nichts für seine und seiner Mannen Sache. Er begegne der SPD nicht feindlich. Aber „wenn man schon, wie manche Leute, die SPD als Gefahr für Deutschland angesehen habe, solle man jetzt nicht in eine Entwicklung hineinschliddern, die das ja vollende. Wenn man aber die Frage des Mehrheitswahlrechts vor der Regierungsbildung entscheiden könne, stehe man hinterdrein in einer großen Koalition und wie die in Weimar gewirkt habe, wisse man. Dazu solle man nicht ohne weiteres die Hand bieten. Er könne nicht sagen, daß Wehner sich nicht gewandelt hätte, man könne aber auch nicht verlangen, das zu glauben ... Habe sich ... etwa die SPD Strauß gegenüber honorig benommen? Das könne man nicht sagen. Im übrigen sei man auch selber an dem Übermut der FDP schuld, die man zu teuer eingekauft habe ... Er spreche sich nicht unter allen Umständen für die FDP aus. Aber diese habe vielleicht auch dazugelernt ... Er gebe hier keine Liebeserklärung für die FDP ab, habe aber auch nicht die Absicht, eine Vertrauenskundgebung für die SPD zu veranstalten ... Über die Nachfolgefrage wolle er nicht sprechen, weil er die Gemütlichkeit nicht stören wolle. Aber in der Umarmung der SPD werde man erdrückt werden".[203]

Später konnte man dann in Zeitungen lesen: „When Dr. Adenauer tried to form a coalition with the socialists, Mr. Erhard was the most important christian democrat who violently opposed him".[204] Das Presse-Referat des Wirtschaftsministeriums war sein Geld wahrlich wert.

Von Gemütlichkeit in der Fraktion konnte freilich keine Rede sein. Es ging hoch her. Die Masse der Fraktion kam mit Adenauers Windungen nicht mit. Sie wollte davon eigentlich nichts wissen, und sie wollte *Adenauer* nicht mehr. Aber sie wußte nicht, was und wen sie statt dessen wollen sollte. Deshalb gab sie Adenauer, was *der* wollte: Ein Mandat für Koalitionsverhandlungen mit der SPD. Krone blieb skeptisch. „Wir bekommen es nicht durch, sagte ich dem alten Herrn. Doch, war seine Antwort."[205]

Zunächst einmal sorgte Adenauer dafür, daß die ersten offiziellen Koalitionsgespräche mit der SPD vor der zweiten Verhandlungsrunde mit der FDP anberaumt wurden. Die SPD-Führung stand auf Abruf und fand sich - Ollenhauer, Erler und Wehner - am folgenden Morgen im Kanzleramt ein. Erhard war aus dem Rennen. Er hatte sich des Einflusses auf das weitere Geschehen begeben. Es vollzog sich an ihm. Und er durfte eigentlich kaum mehr hoffen, daß es sich noch einmal zu seinen Gunsten wendete. Aber es geschah.

Die Verhandlungsdelegationen begegneten einander vertrauensvoll und versicherten sich der Ernsthaftigkeit des Willens, eine gemeinsame Regierung zu bilden. In der Außen- und Sicherheitspolitik gebe es eine gemeinsame Basis. Beim Notstandsrecht bestehe Aussicht auf Verständigung. Über Fragen der Wirtschafts- und Sozialpolitik müßten Gespräche geführt werden. Das Mehrheitswahlrecht freilich, sagte Ollenhauer, könne die SPD als Vorbedingung nicht akzeptieren. Der SPD-Vorstand hatte sich zwar mit Zweidrittelmehrheit für ein Mehrheitswahlrecht ausgesprochen, inzwischen deutete sich aber an, daß er in dieser Frage nicht die SPD-Fraktion repräsentierte. Im Gegensatz zur Parteiprominenz, die auf sichere Wahlkreise rechnen konnte, wurde vielen Hinterbänklern bei der Aussicht auf ein Mehrheitswahlrecht um ihre Plätze auf den Hinterbänken bange. So verhielt es sich übrigens auch in der Union. Die Delegationen schieden mit unterschiedlichen Hoffnungen voneinander; die SPD-Männer und die starke Mehrheit der CDU/CSU-Mannschaft hofften, daß die Schwierigkeit sich überwinden ließe, die Erhard geneigte CDU-Minderheit hoffte, daß sie unüberwindlich würde. Am nächsten Tag beriet die SPD-Fraktion.

Vorher kamen die FDP-Oberen zur zweiten Verhandlungsrunde ins Kanzleramt. Denen saß der Schreck in den Gliedern. Der schroffe Döring überließ das Wort wieder dem sanften Mende. Die Delegation der Union gewann den Eindruck, daß die FDP unschwer zu haben wäre. Adenauer, Brentano und Krone verhandelten dilatorisch. Sie warteten auf das Ergebnis der SPD-Fraktionssitzung und hielten die Freien Demokraten hin.

Die Sitzung der SPD-Fraktion endete ohne das Ergebnis, das sie wünschten. Die Fraktion verwarf nicht kurzweg die Möglichkeit, in einer Koalition mit der CDU/CSU ein Mehrheitswahlrecht zu verabschieden, aber sie wollte darauf nicht von vornherein festgelegt sein. Unter dieser Voraussetzung sollten Ollenhauer, Erler und Wehner die Gespräche mit der Union fortsetzen und dabei die weitere Kanzlerschaft Adenauers doch immerhin zum Beratungsgegenstand machen.

Adenauers Nerven gaben nach. Er war ja in diesen Tagen so ausgeglichen im Wollen und so selbstgewiß im Tun nicht, wie er sich darstellte. Außerdem war er bald 87 Jahre alt. Krone und Gerstenmaier hatten ihn zwischendurch zutiefst resigniert und depressiv erlebt. So erlebten ihn Krone, Lücke und von Guttenberg auch am Abend jenes 5. Dezember. Man diskutierte die Frage, ob das Gespräch mit der SPD trotz der Unentschiedenheit ihrer Fraktion fortgesetzt werden sollte. „Es hat keinen Sinn mehr", sagte Adenauer. Und Krone, der eine historische Stunde ungenutzt verstreichen sah, gab ihm recht.[206] Adenauer schrieb Ollenhauer, daß die CDU nur auf Grundlage der Absprachen zwischen Wehner und von Guttenberg weiterverhandeln könne. „Diese vorbereitenden Absprachen gehen von meiner Kanzlerschaft aus mit dem Ziele, mit Hilfe eines Mehrheitswahlrechts stabile Verhältnisse in unserer Demokratie zu schaffen.“[207] Die Zielangabe war das Argument, mit dem er den Vorstand und die Fraktion gutenteils gegen deren Willen auf seine verschlungene Linie gebracht hatte. Er traute sich nicht mehr zu, das Argument zurückzunehmen und sie dennoch auf Linie zu halten. „Das Gespräch mit der SPD ist aber noch nicht abgebrochen“, schrieb Krone bei Nacht in sein Tagebuch.[208] Vordergründig war das richtig, aber Krone wußte, daß es nichts mehr zu sagen hatte.

Am schnellsten stellte Franz Josef Strauß sich auf die veränderte Lage ein. Noch bevor die Gespräche nach einem zweiten kurzen Treffen tatsächlich abgebrochen wurden, stellte er sich der Welt wieder als strammer Gegner einer großen Koalition und als Befürworter einer Wiederaufnahme der Regierungsarbeit mit der FDP dar. An seinen Verzicht auf das Verteidigungsministerium fühlte er sich unter den veränderten Voraussetzungen nicht mehr gebunden. Er sehe allerdings ein, daß er aus optischen Gründen nicht gleich zurückkehren könne. Deshalb solle das Ministerium vorübergehend mit einem Platzhalter besetzt werden, der den Platz in der Regierung Erhard wieder für ihn freimache.[209]

Unterdessen war Adenauer in nächtlicher Verzweiflung auf die absurde Idee verfallen, den Bundestag auflösen zu lassen. Globke und Krone brachten ihm unschwer bei, daß es dafür, bei Tageslicht besehen, keinen Grund und keine Chance gab. Was er denn tun solle? Er solle die Gemüter mit der Erklärung beruhigen, daß er im Sommer des folgenden Jahres zurücktrete. „Als ob es die selbstverständlichste Sache sei, stimmte der Kanzler zu“. Wenig später gab er die Absicht der Fraktions-Kommission für die Regierungsbildung bekannt: Bei Wiederbeginn der parlamentarischen Arbeit nach der nächsten Sommerpause scheide er aus.[210]

Damit war es offiziell und kaum mehr widerruflich. Ludwig Erhard konnte aufatmen. Er erstand wie Phönix aus der Asche; schwer ramponiert vom Eindruck der Unentschiedenheit und des Ungeschicks, mit denen er taktiert hatte und um einen weiteren Teil seines Ansehens gebracht von der Leichtigkeit, mit der er beiseite geschoben worden war. Aber bei einer Mehrheit in Partei und Öffentlichkeit immer noch im Lichte der Unentbehrlich- oder Unumgänglichkeit. Als Stimmenbringer blieb er gut. Das Wahlvolk bekam seine Schwächen und Untauglichkeiten ja nur sehr vermittelt mit. Außerdem war es vorläufig noch dazu geneigt, das, was es mitbekam, als Feinsinn und Edelmut zu deuten, die in der Politik rar und als Kontraste zu Adenauers Schroff- und Gemeinheiten nur zu begrüßen wären. Weil das so war, konnten sich nach Adenauers Resignation nicht viele im politischen Bonn vorstellen, daß jemand anders als Ludwig Erhard im nächsten Sommer Bundeskanzler würde, ganz gleich, ob sie das für gut und richtig hielten oder nicht. Am wenigsten konnte Ludwig Erhard sich selbst das vorstellen, am ehesten noch Konrad Adenauer, der sich ein Wort zugunsten Erhards als Nachfolger auch weiterhin nicht entlocken ließ. Und am liebsten stellte Gerhard Schröder sich's vor.

„Ein großer Mann unserer Geschichte geht“, schrieb Krone. „Ich stehe ihm nahe. Sie werfen Steine auf ihn, diese kleinen Geister, auch in unseren Reihen. Sie rufen nach Erhard, und der kann die Zeit nicht abwarten. Wie bald werden sie erkennen, wie armselig wir dastehen.“[211]

Am nächsten Tag wurden die Koalitionsverhandlungen mit der FDP fortgesetzt. Die Freien Demokraten waren nach dem SPD-Schock und Adenauers Ankündigung leichten

Kaufs zu haben. Zwei ihrer Minister wurden auf Wunsch der CDU ausgetauscht. Anstelle des schwierigen Starke wurde Rolf Dahlgrün, der verbindliche Justiziar der Phönix-Gummiwerke, Finanzminister. Als Ersatz für Stammberger hätte die FDP gern Dehler wieder ins Justizministerium gebracht. Das machte Adenauer aber nicht mit. Deshalb kam der linksliberale Schwabe Ewald Bucher. Beide wurden später von Erhard übernommen und beide bereiteten ihm, jeder auf seine Weise und jeder ohne böse Absicht, schweren Ärger.

Die Ministerlese in der Union machte größere Schwierigkeiten und zog sich hin. Zu viele aus dem zerfahrenen Haufen wollten Minister werden, schwer war es, die vieldimensionalen Ansprüche und Widersprüche, Eifersüchte und Enttäuschungen auszutarieren. „Die Fraktion bietet ein unschönes Bild", diktierte der eifrige Vermerke-Schreiber Kai-Uwe von Hassel. „Der Gedanke der Zusammengehörigkeit ist schwach, das Gefühl für Mannschaft und Team nicht vorhanden. Jeder überlegt sich, was er in den künftigen Konstellationen werden kann ... Mein Eindruck: viele der Akteure stellen sich um eine Stufe über das Niveau, auf das sie eigentlich hingehörten; viele halten sich für bedeutender, als sie sind".[212]

Krone riet Adenauer zu dem Versuch, gleichsam im Vorgriff auf Erhards kaum vermeidliche Kanzlerschaft eine Regierung zu bilden, auf die man sich nach seinem Abgang verlassen könne. Außerdem solle er Erhard an der Regierungsbildung beteiligen. Das fiel Adenauer schwer. Aber Erhard drängte sich auch nicht nach Mitwirkung. „Erhard schweigt und will es mit niemandem verderben".[213]

Das größte Problem war die Besetzung des Verteidigungsministeriums. Strauß stand auf dem Sprung. Es gab Gerüchte, daß Erhard ihm den Wiedereinzug ins Kabinett als Gegenleistung für die Stimmen der CSU bereits zugesichert hätte. Erhard bestritt das, gab aber in persönlich-politischen Gesprächen, Interviews und öffentlichen Reden auffallend oft seinen Eindruck kund, daß es die dynamische Persönlichkeit von Strauß nicht lange in der zweiten Reihe hielte. Führende CDU-Männer warnten ihn vor der Absicht, Strauß ins Kabinett zu nehmen. Man werde ihn unter diesen Umständen nicht wählen. Es war schwer vorherzusagen, ob Adenauer Erhard die Sache schwerer oder leichter machte, als er Strauß' Drängen, einen zeitweisen Platzhalter von der CSU zum Verteidigungsminister zu machen, widerstand und nach einigem Hin und Her den stellvertretenden CDU-Parteivorsitzenden und Schleswig-Holsteinischen Ministerpräsidenten Kai-Uwe von Hassel ernannte. Von Hassel galt als politisches Schwergewicht und war in der Partei so populär, daß er gegen seinen Willen auch von Strauß kaum zu verdrängen wäre.[214]

Am 14. Dezember 1962 konnte die fünfte Regierung Adenauer schließlich vereidigt werden. Man „gibt ... dem Kabinett keine lange Lebensdauer," schrieb Krone hellsichtig. „Dann kommt Erhard und dann - die große Koalition, aber ohne das neue Wahlrecht. Wir müssen das alles erst durchkosten".[215]

Neuer Ärger mit Frankreich

Während auf der Bonner Kleinkunstbühne das politische Mantel- und Degenstück aufgeführt wurde, das Ludwig Erhard die Kanzlerschaft erst zu entrücken schien und sie ihm dann ein großes Stück näherbrachte, ging außerhalb Bonns die Weltgeschichte weiter. In Brüssel verhandelte die EWG mit Großbritannien, Dänemark und Irland über deren Beitritt in die Gemeinschaft. Die Verhandlungen entbehrten des Schwungs und einer wechselseitigen Großzügigkeit, in der sich der gemeinsame Wille kundtäte, über partikulare ökonomische Interessen und politische Ressentiments hinweg das große Einigungsziel zu erreichen. Der Verhandlungsstil ihrer Delegation gab zu erkennen, daß die britische Regierung immer noch mehr der Not gehorchend als dem Drange, deshalb weiterhin zögernd und wie über sich selbst erschrocken nach Europa aufgebrochen war. Sie hatte eigentlich ihren Frieden mit der Gemeinschaft noch nicht gemacht, der sie beitreten wollte.[216] Ihr Beitrittsantrag erfolgte zwar mit der Versicherung, daß sie die Römischen Verträge akzeptierte, manche ihrer hartnäckig vertretenen Verhandlungspositionen stellten dann aber doch Teile davon in Frage. Das machte es Frankreichs Widerwillen gegen Englands Aufnahme leichter. Es vermochte de Gaulle dazu, seine nationalpolitischen Aversionen und Ambitionen dadurch zur Geltung zu bringen, daß seine Leute in Brüssel sich auf die Integrität der ökonomisch-politischen Grundlagen der Gemeinschaft beriefen. Dabei fand die französische Delegation Hallsteins Kommission gewöhnlich an ihrer Seite. Daß die übrigen Fünf unter Deutschlands Führung im Gegensatz zu Frankreich bereit zu sein schienen, Englands Beitritt unter Wahrung des Sinns auch auf Kosten von Wortlaut und Grundsätzen der Verträge zu ermöglichen, kam den Verhandlungen nicht zugute. Es hemmte ihren Fortgang eher. Der immer latente und häufig offenkundige Dissens zwischen Frankreich einerseits und den Fünf andererseits verführte England dazu, die Lösung von Verhandlungsproblemen nicht so sehr in Flexibilität und eigener Konzessionsbereitschaft, wie in dem Bemühen zu suchen, mit „den Fünf" eine gemeinsame Front gegen Frankreich herzustellen. Das blieb de Gaulle nicht verborgen und bestärkte ihn in seiner Abneigung gegen England und dessen Teilnahme an Europa.

Er machte aus dieser Abneigung im übrigen keinen Hehl. Nachdem man in Brüssel in ernsthafte und zumindest ziel*orientierte* Verhandlungen eingetreten, und mehr noch, nachdem in Paris dem Willen zu enger, auch exklusiver französisch-deutscher Partnerschaft feierlicher Ausdruck gegeben worden war, ließ er wenig Gelegenheiten aus, von der Zweifelhaftigkeit des englischen Gesuchs zu künden und von der Verfehltheit des Willens, dem Gesuch zu entsprechen. Jene Kundgebungen spalteten die Bundesregierung von Sommer 1962 an in zwei Lager. Die übergroße Mehrheit verfocht Englands Beitritt, ungeachtet des wenig entgegenkommenden Verhandlungsstils der britischen Regierung, nicht ohne Leidenschaft. Ihre Wortführer waren Ludwig Erhard und der bis in den Habitus hinein anglophile Außenminister Gerhard Schröder. Beide wünschten den britischen Beitritt auch um einen hohen Preis an Vertragstreue; Erhard wünschte ihn um jeden Preis. Eine kleine Minderheit schlug sich hingegen auf die Seite de Gaulles und begegnete Englands Aufnahme in die Gemeinschaft immer skeptischer und allmählich ablehnend. Deren Wortführer war Konrad Adenauer. Wobei ein wenig unklar blieb, ob Adenauer neuerdings Bedenken gegen den britischen Beitritt anmeldete, weil er selbst England nicht in der Gemeinschaft haben wollte, oder ob er dies tat, weil de Gaulle dagegen war. De Gaulles Ablehnung wog gewiß schwer und wog um so schwerer, je mehr man sich nach einer triumphalen Deutschlandreise des französischen Staatspräsidenten im September 1962 einer gewissen Formalisierung der deutsch-französischen Zusammenarbeit annäherte.

Seitdem berieten und entwarfen beamtete Vertreter beider Regierungen den Text eines Abkommens, das möglichst bald von den Staats- und Regierungschefs und deren Außenministern unterschrieben werden sollte. De Gaulle, so ging Adenauers wiederholtes Argument, sähe es als eine Art von Verrat an der gemeinsamen Sache an, wenn Deutschland ihm nicht hülfe, Großbritannien von der Gemeinschaft fernzuhalten. Erhard und Schröder, mit dem Erhard wesentlich besser, Adenauer wesentlich schlechter klarkamen als vormals mit Heinrich von Brentano, ließen sich davon nicht sonderlich beeindrucken. Und der Bundeskanzler fand keine Mittel und Wege mehr, sie seinem - in der Sache auch ziemlich unklaren

- Willen botmäßig zu machen. Die deutsche Verhandlungsdelegation in Brüssel erhielt ihre Instruktionen vom Außenminister, der sich seinerseits mit dem Wirtschaftsminister unschwer darüber verständigte, und blieb auf Ermöglichung des britischen Beitritts geeicht. Während man den sachlichen Voraussetzungen jenes Beitritts gleichwohl nur mühsam näherkam, machte der Entwurf des deutsch-französischen Regierungsabkommens über Freundschaft und Zusammenarbeit vergleichsweise rasche Fortschritte. Im Dezember schon verständigte Schröder sich mit seinem Amtskollegen Couve de Murville in Paris über den Inhalt des Abkommens. Danach blieb nur noch letzte Formulierungsarbeit zu tun. Man sah vor, daß der Bundeskanzler zur feierlichen Unterzeichnung des Abkommens Ende Januar 1963 mit Gefolge nach Paris führe.

Bevor es soweit war, wurde freilich zweifelhaft, ob er dies tatsächlich tun sollte. Bekanntlich hatte Präsident Kennedy genau an einem jener Julitage, an denen Adenauer von de Gaulles Majestät und Frankreichs Zauber absichtsvoll umstrickt worden war, die Welt mit dem Gedanken an eine atlantische Partnerschaft Nordamerikas mit einem möglichst geeinten Europa bekanntgemacht. Der Verwirklichung des Gedankens sollten die substantielle Senkung der Zölle und die Beseitigung anderer Handelshindernisse im Rahmen des GATT und außerdem die Einrichtung multilateraler Atomstreitkräfte im Rahmen der NATO dienen. Zu ersterem Zweck legte die amerikanische Regierung dem Kongreß den Entwurf eines trade expansion act vor, dessen Annahme sie zu den nötigen Verhandlungen ermächtigen sollte. Die Vorlage hatte mit Englands Beitrittsgesuch und den Brüsseler Verhandlungen zunächst nichts zu tun. Ihr hauptsächliches Motiv war die inzwischen notorische Defizitposition der amerikanischen Leistungsbilanz. Kennedys weltoffen-liberale, ökonomische Berater glaubten, daß die Defizite protektionistischen Verklemmungen des internationalen Handels geschuldet und durch dessen spürbare Befreiung von Hindernissen zu beseitigen wären. Es war aber fast unvermeidlich, daß Kennedys Vorhaben und der Brüsseler Vorgang in Beziehung zueinander gerieten und zwar in konfliktorische Beziehung. Die Vereinigten Staaten wünschten den Beitritt Englands zur EWG. Sie meinten, daß er die Bedingungen wirkungsvoller transatlantischer Wirtschaftspartnerschaft im Zeichen des Freihandels erheblich verbesserte. Die Aussicht auf ein deutsch-französisches Sonderbündnis erfüllte sie hingegen mit ausdrücklichem Unbehagen.

Ludwig Erhard teilte die Meinung und das Unbehagen der amerikanischen Regierung, ihr trade expansion act und das Zollsenkungsangebot entzückten ihn. Weltweite Handelsfreiheit galt ihm ja nach wie vor als bestgeeignetes und unersetzliches Mittel wirtschaftlicher Integration; neuerdings auch dazu geeignet, „über die fast unerträgliche Enge und Isolierung der Sechs" hinwegzuhelfen. Das ließ er die amerikanische Regierung in Gesprächen, auch mit Kennedy selbst, im Herbst 1962 unverblümt wissen.[217] Er war ihr Mann. Das wußte man in Washington.

Frankreich hingegen konnte der Idee eines atlantischen Freihandelsraumes aus wirtschaftlichen und politischen Gründen kaum mehr abgewinnen, als dem Gedanken an Englands EWG-Mitgliedschaft. De Gaulle war davon überzeugt, daß derlei „Partnerschaft" vor allem den ökonomischen Interessen Amerikas diente und gewiß die politische Vormachtstellung der USA festigte. Kennedys und Erhards Vorstellung, daß Englands Beitritt jenem umfassenderen Freihandelsraum vorarbeitete, nahm ihn gegen den Beitritt um so mehr ein. Dazu kam, daß er auch dem allmählich konkretisierten amerikanischen Vorschlag, eine multilaterale Atomstreitmacht (MLF) ins Leben zu rufen, mit Mißtrauen begegnete. Er vermutete - und dies nicht zu Unrecht -, daß der Vorschlag nicht nur nebenher ein gegen Frankreich gerichtetes Motiv hätte. Frankreich werkte seit einigen Jahren an einer nationalen Atomwaffe, force de frappe, klein aber mein, und war auf bestem Wege, damit Erfolg zu haben. De Gaulle ließ keinen Zweifel daran, daß er nicht die geringste Neigung hatte, die force de frappe, wenn es sie denn einmal gab, aus der eigenen in die Verfügungsmacht der NATO übergehen zu lassen. Die USA fürchteten um das angelsächsische Atomwaffenmonopol, das im wesentlichen *ihr* Atomwaffenmonopol war. Der Vorschlag, multilaterale Atomstreitkräfte im Rahmen der NATO einzurichten, war *auch* ein Mittel gegen diese Furcht. Im besten Fall war zu hoffen, daß Frankreich die höchst kostspielige Entwicklung der force de frappe zugunsten seiner Beteiligung an einer gemeinsamen Atomwaffe aufgab. Im weniger günstigen Fall konnte man immerhin noch darauf setzen, daß Deutschlands Beteiligung an der MLF die Bundesregierung davon abhielte, sich im Zeichen der neuartigen deutsch-französischen Verbundenheit allzu tief auf die außen- und verteidigungspolitischen Eskapaden des französischen Staatspräsidenten einzulassen. Daß Frankreich die Teilnahme ausschlüge, mußte befürchtet werden. Daß Deutschland ihm darin folgte, war hingegen nicht zu erwarten. So stark konnte Adenauers Geneigtheit zu de Gaulle nicht sein, daß sie die machtpolitische Selbstverleugnung ausgliche, die mit dem Verzicht auf Teilnahme verbunden wäre. Der Kanzler und die Seinen litten ja doch unter der politischen Notwendigkeit, sich durch Selbstbeschränkung vom Atomwaffen*besitz* ausgeschlossen zu haben und weiterhin ausschließen zu müssen. Sie meinten, Deutschland dadurch zu politischer Minderwertigkeit verurteilt zu sehen. Die Beteiligung an einer multilateralen Atomstreitmacht verschaffte immerhin ein selbstwertsteigerndes Recht auf Mit*verfügung* über Atomwaffen.[218]

De Gaulle und Adenauer bestätigten die amerikanischen Erwartungen am gleichen Tag. Es war der 14. Januar 1963. De Gaulle gab an diesem Tag eine Pressekonferenz, Adenauer empfing den Stellvertreter des amerikanischen Außenministers. De Gaulle hat sein Lebtag keine berühmtere Pressekonferenz gegeben. Derlei Auftritte waren allemal Rituale von stärkstem persönlichen Ausdruckswillen und hohem politischen Bedeutungsgehalt. So ausdrucksstark und bedeutungsschwer wie diesmal waren sie nur einmal. Unter anderem überschattete, was de Gaulle in sorgsam vorbereiteter und wohlgesetzter Rede als Antworten auf Tage zuvor eingereichte und ausgewählte Fragen vortrug, wie nichts sonst den Rest von Ludwig Erhards politischer Laufbahn. De Gaulles Rede war lang und gefällig, ihre Botschaft kurz und brüsk. Sie lautete, daß Frankreich die Teilnahme an einer MLF ablehne, weil es sich der freien Verfügung über eine eigene Atomwaffe nicht begeben wolle, und daß England für Europa noch nicht reif und seine Aufnahme in die Gemeinschaft gegenwärtig unmöglich sei, weil es sich aus überlieferten Strukturen, Bindungen und Voreingenommenheiten nicht lösen könne. Frankreich brauche die Verfügung über eine eigene Atomwaffe, weil der Einsatz von Atomwaffen, über die Amerika verfüge, zur Verteidigung Europas nicht mehr gesichert sei. Und die Aufnahme Englands in die EWG sei auch deshalb unerwünscht, weil sie den Gemeinsamen Markt über kurzem in eine „communauté atlantique collosale" unter amerikanischer Herrschaft verwandelte.

Die Bestürzung außerhalb Frankreichs war groß und weitverbreitet. In Deutschland war sie fast allgemein. Dabei galt die Erschütterung weniger de Gaulles Absage an die MLF, als seinem Bannspruch gegen England. Man war sich schnell darüber im klaren, daß beides zwar ursächlich miteinander zusammenhing, aber jedes für sich gesonderte Konsequenzen hatte. Der ursächliche Zusammenhang ergab sich aus de Gaulles Deutung jüngsten britischen Verhaltens in Sachen nationaler oder integrierter Atomstreitmacht.

Im Dezember hatte Premierminister Macmillan in Rambouillet - ohne Dolmetscher - eingehend mit de Gaulle darüber gesprochen. Am Ende hatte de Gaulle den Eindruck gehabt, daß die britische Regierung den amerikanischen Avancen ebenso ablehnend begegnete wie er selbst und zu nuklearer Zusammenarbeit mit Frankreich und Unabhängigkeit von Amerika bereit wäre. Macmillan entnahm ihrem Gespräch hingegen, daß er de Gaulle einen Gefallen täte, wenn er Kennedy dazu bewegte, Frankreich ebenso wie England mit amerikanischen Polaris-Raketen auszurüsten. So tat er ihm denn den Gefallen, als er nur wenige Tage nach dem Gespräch in Rambouillet mit Kennedy in Nassau auf den Bahamas zusamentraf.[219] Kennedy war einverstanden; das amerikanische Angebot an Frankreich erging, es war freilich mit der Erwartung verbunden, daß Frankreich die gelieferten Rakten in die beabsichtigte MLF integrierte. Es wurde schnell offenbar, daß Macmillan sich geirrt hatte. De Gaulle wertete die Absprache auf den Bahamas als britische Unterwerfung unter amerikanische Wünsche und dazu als Verrat an seiner eigenen Vertraulich- und Gutgläubigkeit, und nahm sie außerordentlich übel. Die „verräterische" Abmachung begründete seine Gegnerschaft gegen die MLF und Englands EWG-Zugehörigkeit natürlich nicht, aber sie bestimmte den Zeitpunkt und die Schärfe, an dem und mit der er der Gegnerschaft Ausdruck gab.

Adenauer erfuhr davon während seines Gesprächs mit dem amerikanischen Undersecretary of State George Ball. Unter dem Eindruck der Nachricht sicherte er Ball trotz gewissen strategischen und politischen Bedenken die prinzipielle und virtuelle Bereitschaft der Bundesregierung zu, Westdeutschland an einer multilateralen Atomstreitmacht zu beteiligen, die aus 25 Überwasserschiffen mit gemischter Besatzung bestehen sollte. Unklar und alsbald außerordentlich umstritten blieb hingegen, wie die Bundesregierung auf den Verruf Englands reagieren sollte. Die Frage erhielt dadurch ihre besondere Bedeutung, daß man im europäischen Ausland und in den USA nur die Bundesregierung für fähig hielt, de Gaulle vom plötzlichen Abbruch der Beitrittsverhandlungen abzuhalten, und daß die inzwischen fixierte Absicht, genau acht Tage später ein deutsch-französisches Freundschafts- und Kooperationsabkommen zu unterschreiben, an dem de Gaulle viel lag, dafür eine wirksame Handhabe zu bieten schien.

Ludwig Erhard erlebte de Gaulles Pressekonferenz und die Aufregung, die sie hervorrief, ein wenig weit vom Schuß. Sein letzter längerer Urlaub lag bereits vier Monate zurück, und er hatte sich zu einer mehrwöchigen Kur nach Bad Wiessee begeben. Seine Berater im fernen Bonn rieten ihm, mit der Kur fortzufahren. Erhards Anwesenheit in Bonn erscheine nicht als geboten.[220] Erhard folgte dem Rat. Die Überlegungen, ob der Bundeskanzler nach de Gaulles Pressekonferenz überhaupt noch zur Unterzeichnung des deutsch-französischen Abkommens nach Paris fahren sollte, und ob er - falls er führe - versuchen sollte, de Gaulle zu einer Änderung seiner Haltung zu bewegen, fanden ohne ihn statt. Die Frage: Fahren oder nicht fahren? war dabei schnell beantwortet. Adenauer dachte nicht daran, von der Reise abzusehen. Man hätte ihn erschlagen müssen, um ihn daran zu hindern. Das wollte niemand. Den meisten leuchtete seine Feststellung, daß der deutsch-französische Vertrag mit Englands EWG-Beitritt herzlich wenig zu tun habe, durchaus ein. Zumal auch Außenminister Schröder nachdrücklich dafür eintrat, die Dinge auseinanderzuhalten und die Kirche im Dorf zu lassen. Auf das etwas abstruse Argument, mit dem Erhard in seinem Furor später hausieren ging: Da die Mehrheit der - nie befragten - Deutschen Englands Zugehörigkeit zur EWG wolle, sei de Gaulles Zurückweisung ein Vergehen an der deutschen Demokratie, kam ohnehin keiner.[221] Nicht entziehen konnte Adenauer sich der aus dem Kabinett, aus der Fraktion, von den anderen Parteien und aus dem Ausland an ihn gerichteten Aufforderung, Freund de Gaulle die Isoliert- und Verfehltheit seines Standpunktes vor Augen zu führen und dessen Aufgabe nahezulegen. Er unterzog sich der Aufgabe allerdings nicht mit sonderlicher Leidenschaft und großem Nachdruck. Eher machte er de Gaulle dessen Beharren auf der Ablehnung Englands mundgerecht. Ihr Gespräch endete mit de Gaulles Feststellung, daß sein Außenminister bei der nächsten Runde in Brüssel, am 28. und 29. Januar 1963, darauf bestehen werde, die Verhandlungen mit England, Dänemark und Irland vorerst abzubrechen und statt ihrer die Beratungen über die Vollendung der Agrarpolitik in der Sechsergemeinschaft voranzutreiben. Adenauer sagte: Er werde seinem Kabinett eine Untersuchung der Auswirkungen einer Erweiterung des Gemeinsamen Marktes vorschlagen. „Er mache sich wirklich Sorgen, ob die Organisation bei einer solchen Erweiterung nicht zu schwach wäre". De Gaulle war davon überzeugt.[222]

Der Paris-Besuch des Kanzlers, in dessen Mittelpunkt die Unterzeichnung des historischen Abkommens stand, aus dem auf Adenauers Wunsch hin in den allerletzten Tagen noch ein völkerrechtlich bedeutsamer, allerdings auch ratifizierungsbedürftiger Vertrag geworden war, sollte ein möglichst ungestörtes Fest persönlicher und politischer Freundschaft werden. Und er wurde dies. Der Ort des großen Ereignisses, an dem außer Adenauer auf deutscher Seite Außenminister Schröder, Verteidigungsminister von Hassel und Familienminister Heck, nicht aber Vizekanzler Ludwig Erhard teilnahmen, war die Salle Murat im Elysée-Palast, die Zeit der Nachmittag des 22. Januar 1963. Die Herzen flossen über, Küsse fielen. Frankreich und Deutschland vereinbarten Kooperation durch regelmäßig-formalisierte Konsultation, namentlich auf dem Felde der Außen- und Sicherheits- sowie der Jugendpolitik. Ein Ding von hoher symbolischer Bedeutung und großer praktischer Wirkungskraft, das Konrad Adenauer als Vollendung seines politischen Lebenswerks an- und dessen Sinn und Nutzen Ludwig Erhard nicht recht einsah.

Der Ärger kam nach. Die deutsche Delegation war kaum wieder in Bonn, als der amerikanische Botschafter Dowling erst höchst aufgeregt bei Staatssekretär Carstens, dann etwas herabgestimmt beim Bundeskanzler selbst erschien. Kennedy empfinde Bitternis darüber, daß Deutschland den Vertrag unterschrieben, kurz nachdem de Gaulle Englands EWG-Beitritt abgelehnt habe. Das Abkommen könne die Beziehungen der USA zu Deutschland tiefgreifend verändern. Ob das geschehe, hänge davon ab, ob die Bundesregierung Frankreich doch noch dahin brächte, dem englischen EWG-Beitritt zuzustimmen. Die Amerikaner hätten den Eindruck, daß der Vertrag Deutschland vor die Alternative stelle, es entweder mit den USA oder mit Frankreich zu verderben. Adenauer rückte den Botschafter und die Umstände Stück für Stück zurecht, ohne auf de Gaulle etwas kommen zu lassen und ohne ganz und gar dessen Partei zu nehmen. Dowling ging mit dem Bescheid, daß die Bundesregierung den britischen EWG-Beitritt zu den Bedingungen der Römischen Verträge weiterhin wolle und verfolge, daß sie es aber nicht für möglich und sinnvoll ansehe, die Beitrittsverhandlungen unverzüglich fortzusetzen. „Man müsse jetzt etwas Zeit verstreichen lassen und dann wieder anfangen". Adenauer werde die Zeit abzukürzen trachten, wenn sie ihm *zu* lang zu werden scheine. Zu ungeduldig möge man aber nicht sein und im übrigen die „Dinge nicht so tragisch nehmen".[223]

Im Fraktionsvorstand und im Kabinett tönte es am nächsten Tag etwas anders. Dort brauchte Adenauer die einhellige Billigung des Vertrages und er wuße, daß er die nur bekäme, wenn er die Fortsetzung der Beitrittsverhandlungen in Aussicht stellte. So tat er dies denn; in kräftigem Widerspruch zu seinem Gespräch mit de Gaulle und in immerhin noch deutlicher Abweichung von seinem Plädoyer auf Geduld vor Dowling. „Ich glaube, de Gaulle gibt nach," schrieb Krone nach der Sitzung ins Tagebuch.[224] Der Glaube war unbegründet. Der Kanzler hätte ihm das sagen können.

Inzwischen nahm Erhard wieder am Geschehen teil. Sein Auftritt legte die Vermutung nahe, daß seinen Knappen sehr daran gelegen gewesen sein mochte, ihn so lange so weit wie möglich davon fernzuhalten. Krone, der Erhard persönlich gern hatte, beobachtete ihn dabei und beobachtete im Vergleich dazu Gerhard Schröder, den er persönlich überhaupt nicht gern hatte. „Erhard hat sich heute im Vorstand der Fraktion und im Kabinett politisch um Kopf und Kragen geredet. Er hielt ein Kolleg, voll von Grundsätzen und Zahlen, und merkte nicht, daß es allein darauf ankommt, die Verhandlungen in Brüssel ... wieder in Gang zu bringen. Schröder hat sich meisterlich benommen. Der Alte war ganz entzückt von seinem Schüler; und der freute sich ob seines Sieges, auch über Erhard ... Ob Erhard durchhält? Wo er sich in die Politik begibt, merkt man, daß er kein Politiker ist. Es war heute peinlich".[225]

Es wurde noch peinlicher. Das Kabinett stimmte dem deutsch-französischen Vertrag widerspruchslos zu. Auch Erhard stimmte ihm zu. Zwei Tage später reiste er mit Müller-Armack nach Brüssel, um ausnahmsweise neben Schröder an der nächsten, buchstäblich kritischen Runde der Beitrittsverhandlungen teilzunehmen. Er kam einen Tag vor den eigentlichen Verhandlungen in der belgischen Hauptstadt an und führte einträchtige Vorgespräche mit Heath, Spaak und dem niederländischen Außenminister Luns. Das EWG-amtliche Brüssel vibrierte vor einer längst unbegründeten Spannung. Couve de Murville löste die Spannung am Nachmittag des 28. Januar in einer EWG-Ministerkonferenz. Frankreich werde sich an Verhandlungen über den Beitritt Englands zur EWG bis auf weiteres nicht mehr beteiligen. Schröder schlug vor, die Kommission mit einer Bestandsaufnahme der bisherigen Verhandlungen zu beauftragen und auf deren Grundlage die Verhandlungen an einem vorweg bestimmten Tag wieder aufzunehmen. Die anderen Delegationen begrüßten und akzeptierten den Vorschlag. Frankreich lehnte freilich die Befristung der Pause und die Verpflichtung auf einen Wiederbeginn der Verhandlungen ab. Über den müsse aufgrund des Kommissionsberichts entschieden werden. Jeder wußte, was das hieß. Am Nachmittag des 29. Januar wurde die britische Delegation unterrichtet. Couve begründete als Stimme seines Herren die französische Haltung. Heath sagte, was falsch und ungerecht daran sei. Böse Rede und bittere Widerrede gingen im Verhandlungssaal hin und her. Dann verließen die Delegationen den Saal im Gefühl, einen europäischen Scherbenhaufen zu hinterlassen. Erhard trat gemeinsam mit Schröder vor die Presse. Er hielt mühsam an sich. Man habe eben an einer Trauerfeier teilgenommen. Die Verhandlungen seien beerdigt worden. Die Geschichte werde am Ende zu ihrem Recht kommen und die Versöhnung Europas herbeiführen. Dennoch dürfe man „die ganze Tragik dieser Stunde (nicht) verkennen; es ist eine schwarze Stunde Europas."[226]

In der Zurückgezogenheit des Konferenzraumes, den das belgische Außenministerium der deutschen Delegation während der Beitrittsverhandlungen zur Verfügung stellte, hielt er die Zurückhaltung dann nicht mehr aus. Man möge noch einmal vor die Presse treten, schlug er Schröder vor, und den Journalisten sagen, daß der deutsch-französische Vertrag unter den veränderten Umständen null und nichtig wäre. Schröder brachte ihm bei, daß die Umstände sich nicht verändert hätten, daß man zu derlei Erklärung durch nichts legitimiert wäre und daß er den Vertrag trotz allem für richtig und wichtig hielte. Beiläufig habe auch Erhard im Kabinett nicht dagegen gesprochen, obwohl er de Gaulles Haltung kannte. So unterblieb das. Und die nächtens im Kreis von Vertrauten bei viel tröstlichem und inspirierendem Whisky ausgebrütete Idee, eine neue Sechsergemeinschaft mit England statt mit Frankreich ins Leben zu rufen, verflog am nächsten Morgen mit dem Rausch.[227] Bei Tageslicht besehen, blieben Erhard nur zwei Möglichkeiten: Er konnte zurücktreten, weil er die Frankreich- und Europapolitik der Regierung nicht mehr mittragen mochte, oder er mußte sich in die Politik, die ihm widerstand, schicken. Staatssekretär Müller-Armack wählte die erste Möglichkeit. Er suchte um Entlassung nach und machte das Gesuch publik. Erhard blieb. In die Lage schicken mochte er sich freilich nicht.

Bereits am nächsten Tag beriet das Kabinett über jene Lage und die Konsequenzen, die daraus zu ziehen wären. Die Mehrheit der Minister hatte erwartet, daß de Gaulle einlenkte, und war im Aufruhr darüber, daß er dies nicht getan hatte. Das machte Erhard Mut zu Wut. Mut und Wut brachten ihn - so schien's - nun aber gleich um den Verstand. Der Zufall wollte es, daß man den 30. Januar 1963 schrieb. „Heute vor 30 Jahren," sagte Erhard, „habe Hitler die Deutschen unter sein Joch gezwungen; gestern habe de Gaulle ein Gleiches mit Europa getan".[228]

Adenauer konnte nicht verhindern, daß die Minister eine Entschließung formulierten, diskutierten und verabschiedeten, mit der sich die Bundesregierung von Frankreichs Haltung und Verhalten distanzierte. Sie werde ihre Politik der Einigung Europas fortsetzen und tun, was möglich sei, um die Einheit der Sechs wiederherzustellen und die rasche Aufnahme Großbritanniens zu bewirken. Deutlicher konnte man's nicht sagen. Erhard war es nicht genug. Er war in Fahrt und hatte inzwischen soundsooft gesagt bekommen, daß Entschlossenheit Kanzler mache. Es müsse mehr geschehen, sagte er. Was denn? fragte man. Das wisse er nicht, mehr jedenfalls. Die Resolution sei zu schwach. Sie werde seiner Einstellung nicht gerecht. Er distanziere sich davon. Er gehe. „Er stand schon; als dann aber noch ein Wort in der Erklärung geändert wurde und der Kanzler ihm gut zuredete, setzte er sich wieder und stimmte zu ... Am Nachmittag in einer Sitzung des Verteidigungskabinetts tat (er) den Mund nicht auf".[229]

In den folgenden Tagen schien ihn der Mut dann vollends zu verlassen. Sowohl im Fraktionsvorstand wie im Kabinett bot er ein Bild beleidigter Unentschiedenheit. Er „brummt und schmollt", schrieb Krone. Schröder glänzte: Für den deutsch-französischen Vertrag ohne Wenn und Aber, aber auch für den britischen Beitritt, für die MLF und für atlantische Partnerschaft. Eins schließe das andere nicht aus. Von einer Notwendigkeit zur Wahl müsse nicht die Rede sein. Das schrieb er in überzeugenden Briefen an Heath, Couve und Rusk und das brachte er, virtuos und souverän, den Ministerkollegen und den Abgeordneten nahe.[230] Erhard hingegen glaubte, daß Deutschland vor einer Wahl stünde und war nicht im Zweifel darüber, wie die Wahl ausfallen müßte. Er machte sich nach dem kurzen Aufbäumen im Kabinett aber nicht dafür stark, jedenfalls nicht dort, wo es angebracht gewesen wäre.

Doch plötzlich: „Erhard findet den Mut zum Protest - in einem Interview in der Süddeutschen Zeitung".[231]

So war es. Am Samstag, den 2. Februar, hatte Erhard sich mit dem Chefreporter der Süddeutschen im Bonner Königshof getroffen und ihm offenbart, was er in den Sitzungen des Kabinetts und der Fraktion für sich behielt. Am folgenden Dienstag war es zu lesen und sorgte für beträchtlichen Wirbel. Fast alle größeren Blätter im Inland und im Ausland druckten die Kernsätze nach und knüpften mehr oder weniger bedeutungsvolle Kommentare daran. Die Fraktion aber veranstaltete deswegen ein kleines Scherbengericht über Erhard. Die Kernsätze des Interviews lauteten: Er, Erhard, werde auch dann „eine klare Linie zugunsten der atlantischen Gemeinschaft und gegen kleineuropäische Sonderbündeleien" durchhalten, wenn sich dadurch die Kluft zwischen Adenauer und ihm erweitere. Der Beitritt Englands und die atlantische Partnerschaft müßten Vorrang vor der Vertiefung der deutsch-französischen Freundschaft haben, die im übrigen durch Institutionalisierung eher gestört als gefördert werde. Deshalb müsse der Vertrag vor der Ratifizierung noch einmal „gründlich auf alle politischen, wirtschaftlichen und militärischen Aspekte hin" überprüft werden. Die Führung in der westlichen Gemeinschaft gebühre dem amerikanischen Präsidenten. Ohne die wesentliche Hilfe der USA werde es auch nicht gelingen, „die Verkrustungen, in der dieses Europa wieder zu erstarren droht, aufzusprengen". Dabei wünsche er „einen möglichst großen Wurf vom Ganzen her", der von „einer großen geistigen Idee, die zündend wirkt", inspiriert sei. Es klang an, daß Erhard den trade expansion act für derlei „zündende geistige Idee" hielt. Schließlich sagte er, daß er - „weder aus persönlichem Übermut, noch aus kleinlichen Ressentiments heraus" natürlich, sondern um der Sache willen - bereit sei, „einem Ruf als Bundeskanzler zu folgen, wenn meine Partei und der Bundestag dies beschließen".[232]

Das war eine enigmatische Bemerkung. Wenn sie nichts Besonderes meinte, war sie eigentlich überflüssig. Jedermann wußte, daß Erhard nicht nur bereit war, einem Ruf zu folgen, sondern bei jeder Gelegenheit auf solchen Ruf drängte. Es mochte deshalb wohl sein, daß Erhard in losem Einvernehmen mit der amerikanischen Regierung der Koalition auf zunächst verblümte Weise ein konstruktives Mißtrauensvotum gegen Adenauer nahelegte. In den vorhergehenden Tagen war er gleich mehrfach mit dem amerikanischen Botschafter, der sonst wenig mit ihm zu tun hatte, zusammengetroffen. Und einen Tag, bevor das Interview erschien, unterrichtete der französische Botschafter den Bundeskanzler davon, daß er „aus absolut sicherer Quelle" von einer bemerkenswerten Rede des britischen Chefunterhändlers Edward Heath vor Vertretern der EFTA-Staaten wisse. In dieser Rede habe Heath gesagt, „daß die Regierung der USA mit der Unterstützung der britischen Regierung innerhalb von 14 Tagen in Bonn eine Regierungskrise auslösen würde."[233] Adenauer gab sich gelassen, nahm die Warnung aber sehr ernst und sah der nächsten Zusammenkunft des Bundestages mit großer Unruhe entgegen.

Wenn in Washington und London tatsächlich derlei Gedanken gesponnen worden sein sollten und wenn Erhard sich in abermaliger Fehleinschätzung seiner Möglichkeiten tatsächlich darin verfangen hatte, dann zerriß sein unglückseliges Interview das Gespinst. Die Fraktion nahm übel. Erhards Gegner und die Lauen mißbilligten den Inhalt und die Veröffentlichung des Gesprächs. Fraktionsgeschäftsführer Rasner griff im ersten Zorn zum Telephon, rief Hohmann an und sagte, das sei's nun wohl gewesen und mit Erhards Kanzlerschaft aus.[234] Den Rest der Fraktion verärgerte oder enttäuschte Erhard durch sein Verhalten in ihrer Sitzung am gleichen Nachmittag. Danach war er fürs erste unten durch. Adenauer tat in seinem langen einführenden Bericht so, als gäbe es Erhards Interview nicht. Er witterte. Brentano jedoch distanzierte die Fraktion davon. Beifall. Erhard meldete sich nicht zu Wort. So billig wollten ihn nicht alle davonkommen lassen. Unversehens sah er sich „unqualifizierten Anrempeleien" ausgesetzt. Der Abgeordnete Süsterhenn fragte, wer, bitte schön, im Kabinett die Richtlinien der Politik bestimme? Andere verlangten, daß Erhard sich zu Stil und Sache äußere. Erhard kam nicht umhin. Er stand auf und sagte, daß dafür hier nicht der Ort und jetzt nicht die Zeit seien. Er habe aus „innerster Gewissensnot" gehandelt. Die könne ihm niemand ab- und dürfe ihm niemand übelnehmen. „Dann setzte er sich wieder und die Fraktion schüttelte den Kopf." Erst draußen vor den Journalisten bedauerte auch Adenauer das Interview mit milden Worten, die schlimmer waren als ein Donnerwetter. Ob es nun im Kabinett wieder eine einheitliche Linie gebe?, wurde er gefragt. Leider noch nicht, sagte der Kanzler.[235]

Die Kabinettssitzung am nächsten Morgen diente dazu, die Linie noch vor der Bundestagsdebatte zu ziehen. Erhard brachte Müller-Armacks Vorschlag ins Gespräch, den Vertrag unter dem Vorbehalt zu ratifizieren, daß er erst nach der Wiederaufnahme von Beitrittsverhandlungen mit England in Kraft träte. Schröder widersprach. Das Kabinett folgte ihm.

Der Bundeskanzler sagte in seiner Regierungserklärung, daß es zum deutsch-französischen Vertrag und zur Politik der europäischen Einigung im Kabinett keine Meinungsverschiedenheiten gebe. Erhard saß während der dreitägigen Parlamentsdebatte zwischen ihm und Schröder auf der Regierungsbank, bleich und wortlos, lemurenhaft. Adenauer und Schröder erläuterten die Haltung der Regierung. Brentano, Strauß und Mende sprachen für die Koalitionsfraktionen, Ollenhauer und Erler vertraten die Opposition. Erhard schwieg. Es war, als wäre er nicht da.[236]

Wie man schließlich doch Kanzler wird

Nach den knapp vier Wochen, die mit de Gaulles aufwühlender Pressekonferenz am 14. Januar 1963 begannen und mit einer schläfrigen Bundestagsdebatte am 9. Februar 1963 endeten, glaubten viele in Regierung, Fraktion und Öffentlichkeit, während dieser Zeit einen nächsten Bundeskanzler in Bestform erlebt zu haben. Wobei die einen glaubten, daß er der nächste Bundeskanzler werden *sollte,* und die anderen, daß er der nächste Bundeskanzler auch tatsächlich *würde*. Keiner dachte dabei an Ludwig Erhard. Die einen fanden sich vornehmlich in der Fraktion, die anderen vornehmlich in der Presse: „Erhard von den meisten verlassen"; „Aufruhr um Erhard"; „A setback to Dr. Erhard"; „Erhard aber schweigt"; „Erhard ohne Glück"; „Der Wind bläst Erhard ins Gesicht"; „Wird nun Schröder Bundeskanzler?"; „Der neue Mann: Außenminister Schröder"; „Schröder statt Erhard" und so weiter und so weiter. Das waren in der zweiten Februarwoche die Zeitungsüberschriften und darunter las man, daß sich Erhards Aussichten, Bundeskanzler zu werden, infolge eigenen Ungeschicks schnell und stark verdüsterten, während Schröders Stern dank überlegenen Fähigkeiten aufstieg und leuchtete. Nicht einmal Blätter, deren Wirtschaftsredakteure und Bonner Korrespondenten zur Brigade gezählt wurden, schrieben dagegen an. Schließlich stimmte selbst Bucerius' ZEIT ein. „Erhards Chancen sinken", titelte sie und wußte natürlich, daß die Chancen um so mehr sänken, je öfter es die großen Zeitungen verkündeten.

Als Bucerius Erhard während der SPIEGEL-Krise mit ermunternden und gewiß auch enervierenden Briefen traktiert hatte, war er einer Antwort nicht gewürdigt worden. Statt dessen hatte Hohmann ihn am Telephon „angeschnauzt". Jetzt schrieb Erhard ihm, beleidigt und vorwurfsvoll, auf Entschuldigung, Widerruf und neue Lobversicherung bedacht. Aber Bucerius ließ es sich nicht mehr gesagt sein, er ließ vielmehr in einer spontanen und langen, handschriftlichen Antwort seine ganze Enttäuschung auf einmal heraus. Er empfinde Erhards Brief als ungerecht. „Keine Zeitung und kein Politiker hat sich so für Sie gestritten, wie „ZEIT" und ich". Und was habe Erhard getan? In der Präsidenten-Affäre, als Adenauer „die höchsten Staatsämter lümmelte (und Sie zugleich mit)?" Genugtuung habe er verlangt. Aber „ein Staatsmann verlangt nicht Genugtuung". Als die Mauer gebaut wurde und Adenauer von allen guten Geistern verlassen war? „Leider ... fanden auch Sie damals kein Wort, das die Nation von Ihnen überzeugt hätte". Nach der Wahl, als die Wählerschaft und die Partei erwartungsvoll auf ihn schauten? Gescheut und gebeugt habe er sich. „Das Risiko des Rücktritts war Ihnen zu groß, (die) halbe Zusicherung, in zwei Jahren Nachfolger zu werden," gut genug. „Ein Staatsmann ist man aus eigenem Recht, nicht durch Auftrag seines gescheiterten Vorgängers". In der SPIEGEL-Krise, die schnell zu einer Staatskrise wurde? „Von Ihnen: kein Wort". Aber: „*Sie* hätten die Dinge ordnen müssen; *Sie* mußten das verletzte Recht wiederherstellen". Schließlich, „als de Gaulle mit Adenauer klüngelte?" Einen Anlauf habe er genommen - und abgebrochen. „Ja, wo wollen Sie die Schlacht denn schlagen? ... Heute lachen mich doch meine Leute aus, wenn ich ihnen sage: Erhard wird dies oder jenes machen".[237]

Bucerius war nicht mehr Bundestagsabgeordneter und CDU-Mitglied, als er das schrieb. Er hatte es in einer Partei, die sich - meinte er - von Adenauer beliebig kujonieren ließ, nicht länger ausgehalten und den Bettel hingeworfen. Er konnte sich das leisten. Aber was er schrieb, entsprach - seiner expressiven Form entnommen - durchaus dem, was auch eine Mehrheit der CDU/ CSU-Bundestagsabgeordneten inzwischen dachte und sagte. Zu Erhards Glück dachte ein erheblicher Teil davon allerdings weiter. Der Mehrheit der CDU-Abgeordneten sei bei dem Gedanken an eine Kanzlerschaft Erhards inzwischen höchst unwohl, erfuhr, wer sich in der Fraktion umhörte. Sie zöge Schröder vor. Andererseits meine jener erhebliche Teil dieser Mehrheit immer noch, daß man an Erhard nicht vorbeikomme. Mit der schrumpfenden Minderheit, die zu Erhard hielt, ergab er eine Mehrheit, die ihn, wenn schon nicht wollte, so doch womöglich wählte.[238] Etwas verrückte Verhältnisse mithin, politische Verhältnisse halt. Auch die Öffentlichkeit verlor allmählich ihr Vertrauen in Erhards Kanzlereigenschaften. Nach der Bundestagswahl hatten noch 54 % der Bundesbürger gesagt, daß Erhard ihre erste Wahl für Adenauers Nachfolger sei, neuerdings sagten das nur noch 40 %.[239] Aber auch die 40 % waren noch sehr viel mehr, als irgendein anderer Kandidat vorweisen konnte. Schröder favorisierten jetzt 17 %. An den 3 % gemessen, die ihn schon vor anderthalb Jahren genannt hatten, war das viel. An Erhards 40 % gemessen, war es immer noch wenig. Deshalb meinte die zweiflerische Mitte, daß mit Schröder wohl besser regieren, mit Erhard aber immer noch besser die nächste Bundestagswahl zu gewinnen wäre. Und das schien am Ende doch wichtiger zu sein. Regieren, das konnten andere für Erhard; Wahlen gewinnen, das konnte nur Erhard selbst - solange er es noch konnte. „Ich mache gar keinen Hehl daraus", schrieb der desillusionierte Brigade-Abgeordnete Ernst Müller-Hermann an Schröder, „daß eine Kanzlerschaft Schröders die sachlich bessere Lösung wäre. Aber ich bin ziemlich sicher, daß Erhard dann einem Kabinett nicht angehören würde. Hier liegt der kritische Punkt ... Ich neige bis heute der Auffassung zu, daß wir auf Professor Erhard nicht verzichten können ... Kommt man aber zu dieser Überlegung, dann muß man alles tun, um Erhard aufzubauen statt abzuwerten". Schröder möge bei der Abwertung nicht mittun, sondern sich während Erhards Übergangskanzlerschaft auf „1965" vorbereiten.[240]

Soweit war es gekommen. Erhard war zwar noch der populärste Politiker der Bundesrepublik, aber man schien seine Popularität bereits pflegen und gegen ihn selbst, seine Parteifreunde und die Presse in Schutz nehmen zu müssen. Gegen Adenauer, der die Turbulenzen zwischen Paris, Brüssel und Bonn sehr viel aufrechter als Erhard überstanden hatte, natürlich ohnehin. Für Adenauer wog die Überzeugung, daß Erhard unfähig wäre zu regieren, schwerer als die Vermutung der Abgeordneten, daß die Union nur mit Erhard glimpflich über die nächsten Wahlen käme. Er blieb entschlossen, Erhard so rücksichtslos abzuwerten, wie es nur ging und wo immer sich's anbot. Das Ziel war politische Vernichtung. Globke war das schon vor geraumer Zeit aufgegangen, und dem Meinungsforscher Erich Peter Neumann sagte Adenauer es jetzt mit brutaler Direktheit. Neumann machte ihn Anfang März in Cadenabbia mit den jüngsten Umfrageergebnissen bekannt: 40 % nur noch für Erhard. „Den bring' ich auch noch auf Null", sagte Adenauer abseits aller Ferienlaune.[241] Und er meinte es so.

Hätte er es halblang gemacht; wahrscheinlich wäre er erfolgreich gewesen. Oder hätte er sich dazu vermocht, den Ritterschlag aus freien Stücken einem anderen zu geben; die Fraktion wäre teils darüber so beglückt und teils dagegen so wehrlos gewesen, daß sie die Designation ganz zweifellos durch Wahl bestätigt hätte. Aber Adenauer brachte weder das eine noch das andere über sich.

An Schröder hatte er letzthin seinen Gefallen gehabt. Das aufgestaute Mißtrauen verflüchtigte sich aber nicht so schnell. Und tatsächlich und wahrhaft, sein Mann wurde Schröder durch den geschickten Ausgleich der Frankreich-Politik des Bundeskanzlers mit der „atlantischen Option", der die große Mehrheit in Regierung und Partei anhing, ja auch nicht. Das war eins. Dazu kam etwas anderes. Das offene und umstandslose Bekenntnis zu einem Nachfolger, gleichgültig zu welchem, setzte Adenauers inneres Eingeständnis voraus, daß seine Zeit abgelaufen war und daß es eine Zeit nach ihm gab, daß er nicht nur gehen mußte, sondern auch gehen durfte, weil einer da war, der es gut und ihm recht zu machen versprach. Derlei Eingeständnis war seinem Naturell aber so fremd wie nur etwas und das umstandslose Bekenntnis deshalb unmöglich. So gab er zwar hier und da zu erkennen, daß er Schröder im Gegensatz zu Erhard das Kanzleramt zutraute und ihn als Nachfolger vorzöge. Aber er nahm auch dann nicht nachdrücklich Schröders Partei, als ihm Wohlgesinnte und Besorgte dazu rieten, weil es das einzige und ein ziemlich sicheres Mittel sei, Erhard zu verhindern. Statt dessen versuchte er, Erhard „auf Null zu bringen". Das war ein vergebliches Unterfangen, weil Adenauer *dazu* die Mittel fehlten und weil die Mittel, die er wählte, dem Zweck zuwider waren. Sie stimmten die Fraktion verdrießlich. Und was die Fraktion in solchem Falle an Adenauer verdroß, das nahm sie für Erhard ein. So kam es, daß Erhard aus der letzten Auseinandersetzung um die Kanzler-Nachfolge doch noch als Sieger hervorging, obwohl ihm nur noch merklich weniger als die Hälfte der Bevölkerung, kaum mehr ein Drittel der Fraktion und kein einziger Spitzenmann in der Union zutrauten, das Amt angemessen und erfolgreich zu versehen.

Die letzte Auseinandersetzung begann am 17. Februar 1963. An diesem Tag wurde in Westberlin gewählt. Willy Brandt gewann die Wahl mit großer absoluter Mehrheit. Die CDU fiel auf den Bauch. Sie verlor 10 % der Stimmen. Wahlen in Rheinland-Pfalz und Niedersachsen standen bevor. Ähnliche Verluste wurden befürchtet. Defaitismus machte sich breit. Die Partei verzweifelte an ihren Wahlchancen und machte ihr desaströses öffentliches Erscheinungsbild dafür verantwortlich. Wenn die Sorge über ihr Erscheinungsbild sie überfiel, dann überfiel sie unvermittelt und unvermeidlich auch die unbeantwortete Nachfolgefrage. In der ersten Sitzung des Fraktionsvorstandes nach dem Berliner Wahl-Debakel wurde sie stimmkräftig gestellt. Von Brentano nahm sie taktvoll auf. Adenauer war nicht anwesend. Brentano sagte, daß die Nachfolge in Adenauers Gegenwart besprochen und mit seiner Zustimmung geregelt werden solle. Besprochen und geregelt werden müsse sie nun aber. Die Presse erfuhr natürlich davon und griff den Besprechungen ebenso natürlich vor. Wenig reizt Journalisten mehr als personalpolitische Spekulationen. Kandidaten wurden ausfindig gemacht und auf den Prüfstand gestellt. Daß es im Ernst nur um Erhard und Schröder gehen konnte, war kaum zweifelhaft. Brentano und Krone, Gerstenmaier, Hassel und Hallstein wurden als Außenseiter genannt. Schröder läge vorn, meinte die Mehrzahl der Journalisten.[242] Genaugenommen meinten sie, daß er vorne liegen sollte und daß die Verlautbarung ihrer Meinung ihn womöglich auch nach vorn brächte. Damals, am 22. Februar, erschien jener leidige Zeit-Artikel: Erhards Chancen sinken.

Erhard und Adenauer wurden vom Wiederaufleben der Nachfolgediskussion auf unterschiedliche Weise unangenehm berührt. Adenauer störten die schlichte Tatsache des Wiederauflebens und dazu die Vermutung, daß die Fraktion ihm weiterhin Erhard aufnötigen wollte. Erhard störten der Verlauf der Diskussion und sein Eindruck, daß die Fraktion beim Wort Nachfolger nicht mehr mit Selbstverständlichkeit an ihn dachte. Der Eindruck war richtig. Man dachte neuerdings an eine Art Kandidatenschau und Kandidatenanhörung, nach der die Fraktion ihre Wahl träfe. Kanzler und Prätendent reagierten auf die widersprüchlichen Verstörungen in der ihnen je gemäßen Weise. Adenauer putzte Erhard runter, Erhard stellte sich auf „historische" Kothurnen und beklagte die Undankbarkeit und die Ungerechtigkeit der politischen Welt.

Am 25. Februar reiste Erhard nach Brüssel. Dort trat an diesem Tag der EWG-Ministerrat zusammen. Erhard blieb den Sitzungen des Rats aber mehr oder weniger demonstrativ fern, obwohl auch Schröder nicht da war, und führte am Rande der Tagung Einzelgespräche mit italienischen, belgischen und niederländischen Ministern über geeignete Wege zur Wiederaufnahme der Beitrittsverhandlungen mit England. Zwei Tage später ging Adenauers brüske Abmahnung bei ihm ein. Die Gespräche wären inopportun, schädlich und überdies mit dem Auswärtigen Amt nicht abgesprochen gewesen. „Wenn der Wirtschaftsminister es für nötig hält, irgendwie politisch tätig zu werden, muß er sich vorher mit dem Auswärtigen Amt verständigen, eventuell muß meine Entscheidung eingeholt werden". Im übrigen befinde sich das Entlassungsgesuch Müller-Armacks noch immer in der Schwebe. Müller-Armack solle es zurückziehen, oder Erhard möge es weiterreichen. Kurz darauf mahnte der Kanzler in ähnlich kurzfaßlicher Weise ein energiepolitisches Programm an, das er Mitte Januar beim Wirtschaftsminister in Auftrag gegeben hatte.[243] Solche Briefe beantwortete Erhard nicht mehr mit seitenlangen Rechtfertigungen, Selbstdeutungen und Treueschwüren; er nahm Adenauers Ton vielmehr auf und gab ihn zurück. Die Brüsseler Besprechungen bewegten sich im Rahmen seiner Zuständigkeiten. Sie seien zwar mit dem Auswärtigen Amt nicht abgesprochen gewesen, aber er wisse sich mit Schröder einig. Das internationale Vertrauen, das er sich „als Garant einer freiheitlichen multilateralen europäischen Ordnung" im Zusammenwirken mit den USA erworben habe, (sei) ein positives Element der deutschen Politik." Deshalb seien seine Gespräche nicht schädlich gewesen. Er weise Adenauers Kritik zurück. Über das Rücktrittsgesuch seines Staatssekretärs befinde er im Einvernehmen mit Müller-Armack und sonst niemand. „Sie werden verstehen, daß ich unter den gegebenen Umständen der Kabinettssitzung vom 28. Februar fernbleibe".[244]

„Der Erhard ist beleidigt und kommt heute nicht," sagte Adenauer süffisant zu Globke.[245]

Nein, er kam nicht. Er verwendete die Zeit, die er dadurch gewann, auf den Entwurf eines zwölfseitigen Briefes an Heinrich von Brentano. Der Brief wurde von der aufwühlenden Sorge diktiert, daß die Fraktion drauf und dran wäre, sich von ihm abzuwenden und ihm die verdiente Kanzlerschaft zu verweigern. Und er war vollendeter Ausdruck des Unverständnisses, daß diese Sorge angebracht zu sein schien. Der Brief, das war Erhard durch und durch, in jedem Satz und jedem Wort, in jeder Überhebung und aller Verwirrtheit des Gedankens und der Sprache. Es war ein unsäglicher Brief.

Die Art und Weise, in der in aller Öffentlichkeit über die Kanzlernachfolge verhandelt werde, sei mehr als beschämend, so hub er an. Das Schicksal der Union stehe deswegen auf dem Spiel. Wenn er, Erhard, sich bereit erklärt habe, das schwere Amt zu übernehmen, so habe er sich wahrhaftig nicht selbst gekürt. Es sei die Partei, die auf ihn setze. „Da ich schließlich kein hergelaufener Politiker und nicht irgendeiner in unserer Partei bin, dessen Verdienste um Land und Volk wohl dem Urteil der Geschichte unterliegen, aber bestimmt nicht an einem Abstimmungsergebnis der Fraktion gemessen werden, frage ich Sie ..., ob

Sie es mit dem Ansehen unserer Partei und der Würde meiner Person für vereinbar halten, daß ich mich ... nach Art eines „Schönheitswettbewerbs" zur Wahl stellen soll, um mich dann vielleicht als erster, zweiter oder dritter Sieger auf dem Podest dem deutschen Volk vorstellen zu lassen". Jeder mit Mehrheit nominierte Kanzler sei „im eigenen Land und in den Augen der Welt" von vornherein um Ansehen und Geltung gebracht. Er jedenfalls sei nicht geneigt, „sich zum Handelsobjekt solcher Art erniedrigen zu lassen" und behalte sich „ausdrücklich jede weitere Entscheidung vor". „Was auch mutet die CDU/CSU eigentlich dem deutschen Volke zu? In Deutschland hat ein Politiker Ansehen erworben - ich meine mich - mit der Wirkung, daß sein Profil und seine Popularität unserer Partei zu wahrhaft reichlichem Nutzen geworden ist. Diese gleiche Partei zerstört nunmehr das Gesicht dieses Mannes und erwartet, daß die Bevölkerung diesen politischen Veitstanz noch honoriert." Er werde jetzt kein Loblied auf sich singen. Aber „um der geschichtlichen Wahrheit willen": Er habe 1948 der Partei zu einem wirtschafts- und gesellschaftspolitischen Profil verholfen und die Weichen in Richtung einer freiheitlichen Lebensordnung und einer weltweit offenen Politik gestellt. „Habe ich etwa seit dieser Zeit versagt?" Wer widerstand, als man 1950 der Arbeitslosigkeit mit kreditfinanzierten Arbeitsbeschaffungsprogrammen zu Leibe wollte? Wer verhinderte in der Korea-Krise den Rückfall in die Bewirtschaftung? Wer hat den Durchbruch zur Konvertierbarkeit geschafft? „Wer sah denn das europäische Problem von Anfang an richtig?" Er könne diese Aufzählung fast beliebig fortsetzen, um darzutun, daß er die Aufgaben der Zeit, nicht selten gegen die Mehrheit in Kabinett und Fraktion, stets richtig erkannte. Jetzt sei er „ob der Sicherung unseres demokratischen Lebens und der deutschen Zukunft tief besorgt". Präsidialdemokratie à la Frankreich und Kanzlerdemokratie à la Deutschland, damit komme man nicht weiter. Er wolle „*die Demokratie*". Nun sei er ja noch Ende vergangenen Jahres der unbestrittene Kandidat für die Kanzler-Nachfolge gewesen. Jetzt sei er es nicht mehr. Was habe er in der Zwischenzeit falsch gemacht? Er habe auf den unglückseligen Zusammenhang zwischen de Gaulles Absage an die europäische Einigung einerseits und dem deutsch-französischen Vertrag andererseits aufmerksam gemacht. Er habe dies getan, um „das Bewußtsein des deutschen Volkes wachzurütteln und es aus seinem sanften Wohlstandsschlummer einmal aufzurütteln". „Mir kam es darauf an, das Zwielicht, das über unserem Lande lagerte, zu zerstreuen und vor der Welt Nachdenklichkeit zu bezeugen". Die Haltung Frankreichs widerspreche dem Geist und dem Sinn der Römischen Verträge und beschwöre für das deutsche Volk große Gefahren herauf: Die Enge und Isoliertheit eines kleineuropäischen Wirtschaftsraums, das Hinausgraulen der Amerikaner aus Europa, die Vision eines Kontinentaleuropa vom Atlantik bis zum Ural. „Und können wir etwa übersehen, daß Frankreich nicht in diesem „europäischen Europa" eine Hegemonie anstrebt", zu deren Verwirklichung es sich Deutschlands bedienen will? „Ich weiß nicht, was daran tadelnswert ist, wenn ich aus Gewissenspflicht meine Bedenken vortrage". Andererseits wisse er, daß man ihm vorhalte, nach den „unqualifizierten Anrempelungen des Abgeordneten Süsterhenn" darüber nicht in eine Diskussion mit der Fraktion eingetreten zu sein. Jetzt, „nachdem die Öffentlichkeit bewußt und einseitig irre geführt worden ist", könne er auf diese Diskussion „weniger denn je verzichten". Eins aber lehne er mit Entrüstung ab: „Als Bittsteller vor der Fraktion zu erscheinen und um die Gunst der Abgeordneten für ein Kanzlermandat zu buhlen ... Jeder Tag, der das deutsche Volk nur immer mehr verwirrt, dient der Selbstzerstörung unserer Partei ... Wenn schon die CDU eine derart selbstmörderische Politik betreibt und deren Folgen nicht erkennt und bedenkt, will ich jedenfalls vor der Geschichte nicht mitschuldig werden".[246]

Glücklicherweise verließen solche Diatriben das „Haus“ nicht mehr unzensiert. Hohmann machte sich darüber her, mit langen Strichen und zahlreichen Neuformulierungen in energisch-kantiger Schrift. Westrick befaßte sich damit. Mehrere Neufassungen entstanden. Die gröbsten Peinlichkeiten, namentlich die Äußerungen der eitelsten Selbstgefälligkeiten und des etwas sonderbaren Verständnisses von parlamentarischer Demokratie, verschwanden nach und nach. Dafür kam ein wenig mehr Gedankenstrenge in den gerafften Text. Wahrscheinlich wäre es den „Getreuen“ dennoch am liebsten gewesen, wenn der Brief ganz unterblieben wäre. Aber das war nicht zu machen. Dazu fand Erhard ihn zu nötig und zu berechtigt. Was Brentano und außer ihm auch Dufhues am 2. März 1963 erhielten, konnte sich immerhin sehen und lesen lassen.[247] Sonderliche Bedeutung im Kürverfahren erlangte es nicht. Eine andere Briefaktion zur gleichen Zeit wurde wichtiger.

Anfang März konnte man Adenauers Bannstrahl gegen Erhard wegen dessen Brüsseler Alleingängen und Erhards ungewöhnlich entschiedene Antwort darauf erst in der Frankfurter Allgemeinen, dann auch in anderen Zeitungen lesen. Das Erstaunen über die Veröffentlichung und über den Inhalt der Briefe war gleichermaßen groß. Zunächst wurde naheliegenderweise vermutet, daß die Veröffentlichung einem Ungeschick oder einer Indiskretion des Wirtschaftsministeriums geschuldet wäre. Dann aber kam heraus, daß die Briefe der Frankfurter Allgemeinen vom Bundeskanzler zugespielt worden waren. Was Adenauer sich dabei gedacht hatte, ist schwer erfindlich. Jedenfalls war es falsch. Es sollte Erhard schaden und es nützte ihm. Die Partei entrüstete sich darüber, daß ihre schmutzige Wäsche in der Öffentlichkeit gewaschen wurde, und die Öffentlichkeit fand Adenauers herrischen Ton im Umgang mit seinem verdienstvollen Stellvertreter verfehlt und schwer erträglich, Erhards Antwort hingegen würdig und respektheischend. Einige hielten Adenauers Anwürfe für einen Grund zu Erhards Rücktritt.[248] Sie wußten nicht, daß Adenauer noch ganz anders konnte und Erhard noch ganz anderes hingenommen hatte. Gleichviel, die Enthüllung und die öffentliche Erregung darüber brachten die Lösung der Nachfolgefrage das entscheidende Stück voran. Adenauer wäre an Verzögerung gelegen gewesen. Außerdem belebten und konkretisierten sie das vage und zu Erschlaffung neigende Gefühl in der Fraktion, Erhard irgendwie Dank und Schutz schuldig zu sein. Erhards Aussichten auf die Kanzlerkür waren danach wieder merklich lichter als vorher.

Zugleich rückte die Kür selbst erstmals in greifbare Nähe. Nachdem Brentano im Vorstand der Fraktion den Bruch scheinbar gekittet und einen vielbekakelten Händedruck der Unversöhnlichen zustande gebracht hatte[249], bat er die Gesamtfraktion am 5. März um die Ermächtigung, ihr nach einigem Umtun und Umhören in nicht zu ferner Zeit einen Kanzlerkandidaten zur Wahl vorzuschlagen. Bis dahin solle die Personaldiskussion, nachdem erst Adenauer und dann Erhard noch einige Worte an die Fraktion gerichtet hätten, als abgeschlossen gelten. Adenauer und Erhard sprachen, beide kraftlos und uninspiriert. Adenauer wollte nach Lage der Dinge eigentlich niemand mehr hören. Und er fand im Gegensatz zu früheren Gelegenheiten diesmal die Wendungen nicht, die dennoch aufhorchen machten. Er redete gegen Widerspruch, Unruhe, sogar Gelächter an. Erhard wollte man hören, aber was und wie er es sagte, enttäuschte. Statt werbend vorwärts zu weisen, wühlte er in seinen und der Partei Wunden: Gegensätze seien offenbar geworden, unverständlicherweise vertrauliche Briefe an die Öffentlichkeit gelangt, er habe sich gegen Vorwürfe verteidigen müssen, gegen ungerechtfertigte Vorwürfe, denn er habe der europäischen Einigung genützt und dazu brauche er die Zustimmung des Auswärtigen Amtes nicht, schon gar nicht die Zustimmung von Staatssekretären, mit Schröder verstehe er sich glänzend, niemals in der deutschen Geschichte sei das Verhältnis zwischen zwei Ministern besser gewesen. Weil er bestrebt gewesen sei, das Richtige zu tun, habe er sich gegen falsche Deutungen schützen müssen. „Wenn jemand wie er nach 15 Jahren Amtstätigkeit so lange in der Verantwortung stehe und sich so persönlich angesprochen fühle, dann werde ein solcher Mann nichts tun, was nicht mit aller Kraft dem Wohle des Volkes dient", es gehe um die deutsche Zukunft, „darum wolle er mit dem Appell schließen, die Entscheidung schnell zu fällen".

Die Fraktion hörte sich das in Ruhe an, aber keine Hand rührte sich zum Beifall. „Dr. von Brentano dankte für diese Ausführungen. Es gehe jetzt weniger darum, sich für gestern zu rechtfertigen, als sich zu entschließen, was man morgen tun wolle," sagte er. Die Fraktion gab ihm das erbetene Mandat. Brentano wiederholte, daß die Nachfolgefrage selbstverständlich im Einvernehmen mit dem Bundeskanzler beantwortet werden müsse.[250]

„Brentano geht auf Schröder los," notierte Krone. „Hassel ist auch für Schröder."[251]

Schröder hielt sich heraus. Er machte Urlaub in Pontresina und gab sich unbeteiligt.

Am 14. März tagte der Bundesvorstand der CDU und beauftragte seinerseits den geschäftsführenden Vorsitzenden Dufhues mit der Auswahl eines Kandidaten. Auch Dufhues kannte Erhards Schwächen und war für Schröder. Adenauer fuhr wütend nach Cadenabbia. In Bonn brüteten die Auguren und brodelten die Gerüchte. Führende CDU-Leute dächten daran, Erhard anstelle von Hallstein zum Präsidenten der EWG-Kommission zu machen. Solche Gerüchte sind nie ganz falsch. Aber was an diesem richtig sein mochte, das war natürlich nur eine ganz und gar unpraktische Wunschvorstellung. So bekam man Erhard nicht aus dem Weg. Die Meldung wurde dementiert.[252]

Am letzten Märztag verlor die CDU den Erwartungen gemäß auch in Rheinland-Pfalz kräftig an Wählerstimmen. Ihr Verlust war Erhards Gewinn. Je schlechter die Partei in der Wählergunst dastand, um so wertvoller wurde für Abgeordnete, die Abgeordnete bleiben wollten, Erhards Popularität. Dennoch vermutete der stellvertretende Parteivorsitzende von Hassel Anfang April in einer Analyse von Zustand und Zukunft der CDU, daß Erhard und Schröder im Falle einer Wahl zwischen allen Kandidaten, die im Gespräch seien, in der Fraktion und in den Gremien der Partei auf je 25 - 30 %, Adenauer für eine Ausdehnung seiner Amtszeit auf die ganze Legislaturperiode immerhin auf etwa 20 % der Stimmen rechnen könnten.[253] Der Fraktionsgeschäftsführer Rasner reiste nach Cadenabbia und warb bei Adenauer für Schröder: Wenn Adenauer sich für Schröder wirklich stark mache, werde die Fraktion Schröder auch wählen. Das tat Adenauer nicht. Als wenig später auch Brentano ihn besuchte, ließ er zwar Vorteilhaftes über Schröder hören, machte sich aber vor allem erneut gegen Erhard stark und drang im übrigen darauf, die Kür auf den Herbst zu verschieben, damit es nicht ein halbes Jahr lang zwei Kanzler gebe, einen, der es nicht mehr ganz und einen anderen, der es noch nicht ganz sei. Das schade beiden.[254] An dem Argument war etwas dran. Aber darum ging es Adenauer natürlich nur in zweiter Linie. In erster Linie ging es ihm um die verwegene Erwartung, daß während des halben Jahres etwas geschähe, das die Fortsetzung seiner eigenen Kanzlerschaft als unausweichlich erscheinen ließe. Brentano hingegen wußte, daß der Stimmungslage seiner Fraktion eine weitere Verzögerung der Designation nicht zuzumuten war.

Erhard ließ sich unterdessen von Ratgebern gesagt sein, daß es schlecht ankomme, wenn er immer wieder auf sein Recht und seinen Anspruch poche, Kanzler zu werden und erlegte sich Zurückhaltung auf.

Am 19. April 1963 kehrte Adenauer nach Bonn zurück. Brentano und Dufhues waren soweit und wollten, daß, was doch geschehen müßte, gleich geschähe. Die nächste Sitzung des Fraktionsvorstandes war am 22., die nächste Fraktionssitzung am 23. April. Brentano eröffnete die Vorstandssitzung mit dem Wunsch, daß man sich heute auf einen Vorschlag einige, über den morgen die Fraktion beschließen könne. Einen Namen nannte er zunächst nicht. Adenauer meldete sich zu Wort und sagte, daß man sich vier Herren genauer ansehen müsse: von Brentano, Krone, Schröder und Erhard. Dabei wußte er, daß von Brentano und Krone nicht in Frage kamen. Von Brentano konnte nicht Kanzlermacher und Kandidat in einem sein, und Krone hatte Adenauer wieder und wieder gesagt, daß ihm zu dem Amt, wenn auch nicht die Befähigung, so doch bestimmte Eigenschaften fehlten. Beide lehnten ab, als Kandidaten angesehen zu werden. Das tat auch Gerhard Schröder. Vielleicht beging er damit den schwersten taktischen Fehler seiner politischen Laufbahn. Schröder dachte wohl, sein Pulver für die Zeit nach einer kurzen Kanzlerschaft Erhards trockenhalten zu sollen, und bedachte nicht, daß ihn ein Scheitern von Erhards Kanzlerschaft in Mitleidenschaft zöge. So kam es jedoch. Vielleicht war der „Fehler" aber auch unvermeidlich und deshalb eigentlich kein Fehler. Die Entscheidung kam für Schröder zu früh. Schröder hatte gute Gründe für die Annahme, daß eine Mehrheit der Fraktion ihn für den Besseren hielt und sich dennoch keine Mehrheit fände, die ihn gegenwärtig gegen Erhard wählte. Er hatte sich in der Fraktion und in der Öffentlichkeit Respekt und Ansehen erworben, aber er war nicht beliebt und populär geworden. Beliebtheit und Popularität widersprachen seinem Naturell. Popularität war aber bei dem Drittel der Abgeordneten, das weder auf Erhard noch auf ihn festgelegt war, zur Zeit sehr gefragt. Der öffentliche Segen des Patriarchen hätte ein gutes Stück Popularität ersetzen können. Aber der Segen war ihm nicht zuteil geworden. Schröder befürchtete, daß er gegen Erhard unterläge und daß ihm die Herausforderung, wo man Einigkeit erwartete, außerdem schwer und nachhaltig verübelt würde. Deshalb sagte er im Einklang mit, dabei aber wohl anderen Sinnes als Adenauer, daß er es für falsch halte, schon morgen einen Kanzler zu nominieren, der erst in sechs Monaten gewählt werde. Er „stehe für ein solches Verfahren nicht zur Verfügung".

So gab es denn nur noch den einen, der dafür zur Verfügung stand. Höcherl bat Adenauer, der Fraktion die Wahl Erhards anderntags selbst zu empfehlen. Als ob mir das einer glaubte, sagte Adenauer.[255] Er tat das Gegenteil. Nachdem von Brentano die Fraktion zu dem „mutigen Entschluß" ermuntert hatte, Erhard auf Vorschlag des Vorstandes als Kanzler-Nachfolger zu benennen, sagte Adenauer ihr, daß er dagegen sei. Der Bundeskanzler müsse Politiker sein. Und Erhard sei kein Politiker. Die meisten hielten das für richtig, mißbilligten aber, daß Adenauer es sagte. Strauß, 47, der letzthin schon deshalb wieder für Erhard die Trommel gerührt hatte, weil er Schröder nicht ausstehen konnte, wiederholte es freilich mit einer Herablassung, die viel schlimmer war als Adenauers nüchterne Feststellung: Erhard habe 1948 Bedeutsames bewirkt. Inzwischen sei aber nicht mehr die Wirtschaft, sondern die Politik unser Schicksal. Das müsse Erhard sich bewußt machen. „Nicht immer habe dieser den Zugang zu den arcana imperii gefunden oder gesucht ... Aber es bestehe die Hoffnung, daß ein Mann wie Professor Erhard mit seinen 67 Jahren noch durchaus entwicklungsfähig ist".

Unter diesem Prätext bestimmte die Fraktion der CDU/CSU Ludwig Erhard zum Nachfolger Konrad Adenauers als Bundeskanzler. Die Fraktion hatte 251 Mitglieder, 225 waren anwesend, 159 gaben Erhard ihre Stimme. Erhard bedankte sich für das Vertrauen und sagte, daß er jetzt nicht über seine Leistungen, seine Standhaftigkeit und seine Härte reden werde. Das alles sei bewiesen. Er verspreche, Konrad Adenauers Erbe zu wahren, und er hoffe, es zu mehren. Adenauer bekundete seinen Willen, ihm im Interesse des deutschen Volkes „alles weiterzugeben". Händedruck. Starker Beifall.[256]

Adenauer verließ den Fraktionssaal mit dem Gefühl, die schwerste Niederlage seines Lebens erlitten zu haben. „Die dritte Entlassung war die schlimmste", sagte er später zu Gerstenmaier.[257] Ludwig Erhard verließ den Saal als Sieger. Er war am Ziel. Aber Erhard war ein zermürbter Sieger, und das Ziel war falsch. Deshalb war sein Leiden an der Politik nicht beendet. Es wurde nur unterbrochen.

Das Presseecho auf die Wahl war freundlich, aber verhalten. Es klang darin die Ernüchterung wider, die in den vergangenen Jahren nach und nach an die Stelle einstigen Erhard-Enthusiasmus getreten war. Die meisten fanden es irgendwie recht und billig, daß er's nach dem langen Gezerr' und den mit Anstand ertragenen Demütigungen am Ende doch geschafft hatte. Große Stücke erwartete man von ihm als Kanzler nicht. Die in öffentlicher Rede vorgetragene Meinung des Tübinger Politologen Theodor Eschenburg, daß es nicht lange dauern werde, bis diejenigen, die Adenauer jetzt abgewählt hätten, ihn sich zurückwünschten, wurde freilich nur vereinzelt nachgedruckt.[258]

Vorbereitendes

In den folgenden Wochen klärten sich die Voraussetzungen künftiger und das hieß von nun an: Erhardscher Außen- und Sicherheitspolitik im Spannungsfeld zwischen Paris und Washington, zwischen deutsch-französischer Freundschaft und transatlantischer Partnerschaft. Jene Voraussetzungen gerieten prekär und problematisch. Zwei Tage nach der Designation erfolgte die erste Lesung des deutsch-französischen Vertrages im Bundestag. Wenig später gab das Parlament dem Vertrag in Verbindung mit einer einseitigen Präambel seine Zustimmung. Die Präambel war eine ratifizierungstaktische Notwendigkeit, ein völkerrechtliches Unding, ein politischer Nonsens und für de Gaulle ein einziges beleidigendes Ärgernis. Sie besagte, daß der Vertrag am deutschen Streben nach europäischer Einigung und weltweiter Handelsliberalisierung sowie an Deutschlands aktiver NATO-Mitgliedschaft nichts änderte. Nötig war das Vorwort, weil anders der Vertrag im Bundestag keine Mehrheit gefunden hätte. Ein völkerrechtliches Unding war es, weil es nicht anging, ein zweiseitiges Abkommen bei der Ratifizierung einseitig auf besondere Weise zu interpretieren; politischer Nonsens, weil der Vertrag das, was die Präambel beschwor, gar nicht in Frage stellte, und für de Gaulle ein Ärgernis, weil sie ihm unterschob, daß er die westdeutsche Politik auf Wege locken wollte, die an den wahren Interessen der Bundesrepublik vorbeiführten. Wegen der letzten drei Gründe hatten sowohl Adenauer wie auch Schröder das ungrade Dinge anfangs bekämpft, wegen des ersten Grundes aber schließlich in Kauf genommen. „Besser ein Vertrag mit Präambel als gar kein Vertrag".[259] Erhard hingegen gehörte zu den entschiedendsten Verfechtern des Vorspanns und meinte, nur unter seiner Voraussetzung den Vertrag in Kauf nehmen zu können. Es erwies sich freilich, daß die Präambel ein bald vergessenes Stück Papier und der Vertrag lebendige politische Wirklichkeit war, die ihm als Kanzler viel und ungut zu schaffen machte.

Die parlamentarische Proklamation, daß die Bundesrepublik weiterhin die Aufnahme Englands in die EWG wünschte und partnerschaftliche Verteidigungsanstrengungen im Rahmen der NATO begrüßte, brachte auf dem Weg zur Wiederaufnahme der Beitrittsverhandlungen und zur integrierten Atomstreitmacht ja noch kein Stück voran. Die EWG-Kommission legte im Frühjahr das Resumé des winterlichen Verhandlungsstandes vor, das Schröder angeregt hatte. Es lief darauf hinaus, daß ein erfolgreicher Abschluß der Verhandlungen bei deren Abbruch als möglich, aber ungesichert, und gewiß nicht als greifbar erschien. Frankreich sah sich dadurch nicht veranlaßt, seine Haltung zu revidieren und der Wiederaufnahme von Verhandlungen zuzustimmen. Aber das hatte im Ernst ohnehin niemand erwarten können. Im übrigen stand eine baldige Wiederaufnahme inzwischen gar nicht mehr zur Debatte. Unterdessen hatte die britische Regierung von sich aus erklärt, daß sie die Verhandlungen vor den nächsten Unterhauswahlen nicht fortzusetzen beabsichtige. Die Wahlen standen für Herbst 1964 an. Ein Sieg der Labour-Partei wurde für wahrscheinlich gehalten. Die Labour-Partei war eine Gegnerin des britischen EWG-Beitritts.

Obwohl der Kommissionsbericht bei seiner Vorlage also keinen praktischen Nutzen mehr haben konnte, erfüllte er Schröders Zweck. Zeit war vergangen, die Gemüter hatten sich beruhigt, ein innerer Bruch war vermieden und die Grundlage für gemeinschaftliche Politik der Sechs erhalten worden. Auf dieser Grundlage gelang am 9. Mai 1963 abermals auf Schröders Initiative hin ein zunächst formaler Interessenausgleich in den beiden wichtigsten Fragen, die zwischen den Teilnehmern derzeit strittig waren. Eine Frage betraf die Etablierung von Marktordnungen für Agrargüter, die insbesondere dem innergemeinschaftlichen Absatz französischer Erzeugnisse auf Kosten der Zufuhr von außen nützten, die andere betraf die Teilnahme der Gemeinschaft an der von Kennedy angeregten und schon im vorhinein nach ihm benannten Zollsenkungsrunde des GATT, an der Deutschland ein besonderes Interesse bekundete. Der Ministerrat beschloß die Fortsetzung der gemeinschaftlichen Agrarmarktordnungspolitik im Zusammenhang mit einer konstruktiven Beteiligung der Gemeinschaft an der Kennedy-Runde. Den deutschen Vorschlag, während der vorerst unbegrenzten Verhandlungspause zumindest halbwegs formelle Kontakte zwischen dem EWG-Ministerrat und der britischen Regierung aufrechtzuerhalten, lehnte Frankreich ab. Problematisch blieben außerdem die Grundsätze, nach denen bei den Zollsenkungsverhandlungen zu verfahren wäre.[260] Darüber und über die Frage, ob und wann mit den Verhandlungen begonnen werden sollte, beriet die Ministerkonferenz des GATT eine Woche später in Genf. Zwei Konzepte standen zur Debatte. Die Vereinigten Staaten empfahlen, grob gesagt, alle Zölle von weniger als 5 % kurzweg zu beseitigen und alle Zölle von mehr als 5 % zu halbieren. Kanada und Großbritannien schlossen sich der Empfehlung an. Die EWG schlug hingegen vor, sogenannte „Zielzollsätze" zu bestimmen: Zollfreiheit für Grundstoffe, 5 % für Halbwaren, 10 % für Fertiggüter und anschließend die Differenzen zwischen den gültigen und den Zielzollsätzen zu halbieren. Der Vorschlag war französischen Ursprungs. Er verfolgte den Zweck, daß Länder mit hohen Zöllen ihre Sätze stärker senkten als Länder mit niedrigen Zöllen und hatte eine dezent antiamerikanische Färbung. Der Zolltarif der Vereinigten Staaten enthielt nämlich erheblich mehr hohe Zölle als der EWG-Tarif. Die USA lehnten den Vorschlag denn auch zunächst ab. Einig war man sich hingegen darüber, daß nur über die Zölle auf gewerbliche Güter verhandelt und der internationale Handel mit Agrargütern durch besondere Warenabkommen traktiert werden sollte.

Erhard war in Genf in seinem Element. Er neigte mehr dem amerikanischen Vorschlag zu, weil die Halbierung der Sätze das internationale Zollniveau stärker senkte als die Halbierung der Differenzen. Aber er konnte sich der Berechtigung des Verlangens, daß hohe Zölle weiter herabgesetzt würden als niedrige, nicht ganz verschließen. Am wichtigsten war ihm, daß die Verhandlungen überhaupt in Gang kamen und zu irgendwelchen substantiellen Ergebnissen führten. Deshalb bemühte er sich in den Beratungen und mehr noch durch vermittelnde Gespräche außerhalb der Beratungen um einen Kompromiß. Und nicht zuletzt diesen Bemühungen war es zu verdanken, daß tatsächlich ein Kompromiß gelang, ein Formelkompromiß vorerst nur, aber immerhin ein Kompromiß, auf dessen Grundlage die Konferenz beschließen konnte, nach nötigen Vorbereitungen Anfang Mai 1964 mit den Verhandlungen zu beginnen. Der Kompromiß sah vor, daß die Zollsätze im Prinzip nach amerikanischen Vorstellungen um die gleiche Quote gesenkt werden sollten. Die Höhe der Quote ließ er offen. In drei Fällen waren Ausnahmen vom Prinzip möglich: erstens bei wesentlichen Disparitäten zwischen den Zöllen verschiedener Länder beim gleichen Gut, zweitens für Länder, die ein besonders niedriges Zollniveau hatten und drittens für Entwicklungsländer. Die erste Ausnahme schaffte Verhandlungsspielraum für die französischen Wünsche. Sie wurde aber auch von den Experten im deutschen Wirtschaftsministerium sehr begrüßt. Ein internationales trade negotiation committee wurde damit beauftragt, die Verhandlungen inhaltlich und prozedural vorzubereiten und dabei Kriterien für die Behandlung „wesentlicher Zolldisparitäten" auszumitteln.

Trotz dem dilatorischen Charakter der Beschlüsse hatte Erhard guten Grund, mit dem Ergebnis der Genfer Tagung zufrieden zu sein und jenes Ergebnis auch als persönlichen Erfolg zu empfinden. Andererseits strafte es seine fortgesetzte Behauptung Lügen, daß die EWG in isolierter Enge erstarre und Frankreichs wegen die schiere „Potenzierung des nationalen Protektionismus" sei. Die EWG war auch in ihrer Begrenztheit auf die Sechs nicht mit Notwendigkeit das Widerlager eines europäischen Freihandelsraums, sondern konnte sehr wohl dessen förderlicher Bestandteil sein.[261]

Während Frankreich sich auf die wirtschaftliche Variante der von Kennedy lancierten atlantischen Partnerschaft einließ, blieb es der militärischen Variante entschieden abgewandt. Andererseits verargte es de Gaulle der Bundesregierung nicht, daß sie den amerikanischen Vorschlag einer multilateralen Atomstreitmacht aufgenommen und sich politisch zu eigen gemacht hatte, Adenauer zögernd und skeptisch, Schröder und von Hassel entschlossen und zuversichtlich. Im Laufe der Monate erwies es sich, daß die Skepsis des Bundeskanzlers besser begründet war als die Zuversicht der Minister. Die Kennedy-Runde nahm konkrete Formen an, die MLF blieb ein ungefüger Gedanke. Das lag nicht etwa daran, daß Frankreich die Mitwirkung daran verweigerte, es lag vielmehr daran, daß die Vorstellungen der Vereinigten Staaten und die Vorstellungen Großbritanniens zusehends weiter auseinandergingen. Die amerikanische Regierung dachte an eine seegestützte Streitmacht, die aus atomwaffenbestückten Überwasserschiffen mit gemischter Besatzung bestand, und wollte, daß die Entscheidung über den Einsatz einstimmig getroffen würde. Die britische Regierung hatte starke Vorbehalte gegen den militärischen Nutzen der Überwasserflotte und war auf Mehrheitsentscheidungen aus, die der US-Regierung die Möglichkeit nahmen, jeden Einsatz durch ihr Veto zu verhindern. In mancher Hinsicht teilte Macmillan ja de Gaulles und Adenauers Sorge, daß die amerikanische Bereitschaft, zur Verteidigung Europas so frühzeitig Atomwaffen einzusetzen, wie man es in Europa für nötig hielt, nicht mehr als gesichert gelten könnte. Da die amerikanische Regierung weder von den Überwasserschiffen noch von ihrem Veto abließ, schwand das Interesse Englands an der MLF zusehends dahin. Schröder und von Hassel bemerkten bei Treffen mit ihren britischen Amtskollegen, daß deren Reserven von Mal zu Mal größer wurden. Sie begegneten jenen Reserven mit dem wiederholten Verweis auf die hohe politisch-psychologische Bedeutung einer multilateralen Atomstreitmacht und hielten an ihrem Willen, die Bundesrepublik an einer MLF nach amerikanischen Vorstellungen zu beteiligen, unverrückt fest. Erhard lag, soweit er mit den Dingen schon vertraut war, ganz auf ihrer Linie. Ihr Wille fand wegen des britischen Rückzugs freilich keine praktischen Anhaltspunkte, und die MLF blieb bis auf weiteres Vorstellung. Je länger sie dies nun blieb und je unglaubwürdiger sie dadurch wurde, um so reizvoller erschien für manche andere der Gedanke, es statt dessen doch mit der von de Gaulle nahegelegten sicherheitspolitischen Zusammenarbeit mit Frankreich und womöglich mit einer deutschen Beteiligung an der force de frappe zu versuchen. Einer von ihnen war Konrad Adenauer, der diesen Gedanken schon im Winter kurz erwogen, dann aber zugunsten der Zustimmung zur MLF verworfen hatte. Und beim Reiz des Gedankens blieb es nicht. Ludwig Erhard bekam das als Bundeskanzler heftig zu spüren.

Soweit war es noch nicht. Im Sommer 1963 erlebte er zunächt noch als Vizekanzler und deshalb im Schatten Adenauers die rasch aufeinanderfolgenden Staatsbesuche Kennedys und de Gaulles in der Bundesrepublik. Er erlebte sie freilich auch schon als Kanzler designatus und deshalb stärker beteiligt und mit mehr Aufmerksamkeit bedacht als bei früheren Gelegenheiten dieser Art. Ihn durch Übergehen zu nullifizieren und durch Abweisungen zu demütigen, wie Adenauer in vergangenen Jahren beliebt hatte, das war nach der Schilderhebung nicht mehr möglich.

Die Deutschland-Aufenthalte des amerikanischen und des französischen Präsidenten waren höchst unterschiedlich angelegt: als großes öffentliches Spektakel der Kennedy-Besuch, als erste Konsultationen nach Maßgabe des deutsch-französischen Vertrages de Gaulles Reise. Kennedy besuchte Deutschland zum ersten Mal; im Vordergrund standen die demonstrativen und repräsentativen Absichten des Aufenthalts, ähnlich wie bei de Gaulles Deutschland-Reise im September 1962, nur noch vordergründiger und noch hinreißender. Die Nation lag dem Charisma des jungen Präsidenten zu Füßen, und die petrefaktische Würde des alten Kanzlers bekam von der Phrenesie etwas ab. Erhard war dabei, blieb aber notwendigerweise undeutlich. Die politischen Gespräche zwischen dem Präsidenten und dem Kanzler liefen gleichsam mit. Am zweiten, über atlantische Partnerschaft, nahm Erhard gemeinsam mit Schröder und von Hassel teil. Kennedy wies auf die hohe Bedeutung hin, die seine Regierung der MLF und der Zollsenkungsrunde beimesse. Man müsse alles tun, um die MLF zu realisieren und die Zollverhandlungen erfolgreich abzuschließen. Adenauer unterstrich das deutsche Interesse an der multilateralen Atomstreitmacht, Erhard den deutschen Wunsch, daß die Zölle ohne viele Ausnahmen um 50 % gesenkt würden.[262] Erhard hatte im Gegensatz zu Adenauer ein offenkundiges Faible, oder besser: ein offenkundiges liking für Kennedy und kam persönlich gut mit ihm zurecht. Als Kanzler hatte er es allerdings nicht mehr mit ihm zu tun. Er sah Kennedy in jenen späten Junitagen zum letzten Mal. Seine erste Amerika-Reise als Kanzler galt der Beisetzung des ermordeten Präsidenten.

Mit de Gaulle *hatte* er es zu tun, vom ersten bis zum letzten Tag im Kanzleramt. Und für de Gaulle hatte Erhard kein Faible, ebensowenig, wie der für ihn. Mit ihm kam er nicht zurecht. Die ersten deutsch-französischen Konsultationen nach der beiderseitigen Ratifizierung des Vertrags bestätigten das. De Gaulle gab dem Nachfolger die Ehre. Kurz nach seinem ersten Zwei-Stunden-Gespräch mit dem Bundeskanzler im Palais Schaumburg empfing er ihn zu einer kurzen Unterredung in der französischen Botschaft. Erhard sprach, de Gaulle hörte zu. Erhard sagte, daß er sich bei aller Anerkennung des Wertes der EWG bemühen werde, die Einigung ganz Europas herbeizuführen. Außerdem werde er sich die enge Zusammenarbeit mit den USA angelegen sein lassen. In wenigen Jahren werde Frankreich erkennen, daß dies auch in seinem Interesse liege. Im übrigen müsse man sich bald darüber schlüssig werden, ob man über die wirtschaftliche Integration hinaus zu einer bundesstaatlichen Einigung Europas voranschreiten könne oder aber die wirtschaftliche Integration abbrechen solle. Fahre man nämlich mit der wirtschaftlichen Integration nach Maßgabe der Römischen Verträge fort, dann hätten die Teilnehmerländer sich bis zum Ende der Übergangszeit „so vieler wesentlicher Souveränitätsrechte entäußert“, daß für de Gaulles Konzept eines „Europa der Vaterländer“ kein Raum mehr sei. Er wolle nicht sagen, was er vorziehe, Bundesstaat oder Abbruch, er weise nur auf die Problematik hin. „General de Gaulle war von meinen Ausführungen sichtbar beeindruckt". Jetzt, sagte de Gaulle, komme es aber zunächst einmal darauf an, den europäischen Agrarmarkt zu vollenden.[263]

In den gleich darauf und am nächsten Vormittag folgenden Plenarsitzungen der beiden Delegationen wurde vollends deutlich, daß de Gaulles Beeindrucktheit ihre Grenzen hatte. Der französische Präsident erkannte die Existenz des Problems, das der deutsche Kanzler in Wartestellung konstruierte, schlechterdings nicht an und wurde mokant, als Erhard darauf herumritt. Die Fortentwicklung des politischen Europa stehe fürs erste nicht mehr zur Debatte, sagte de Gaulle. Andererseits wolle er aber keine Zweifel daran lassen, daß die Entwicklung des Gemeinsamen Marktes „für Frankreich absolut lebenswichtig und entscheidend ist". Jeder wußte, daß de Gaulle dabei vor allem den gemeinsamen Agrarmarkt im Sinn hatte. Dessen Vollendung sei der Testfall deutsch-französischer Zusammenarbeit, sagte er. Einer der Testfälle, sagte Adenauer. Erhard wurde gebeten, über die GATT-Verhandlungen zu berichten. Er setzte dazu an, war aber unversehens bei seinem Dollpunkt. Ohne supranationale politische Gewalt sei der gemeinsame Markt eine Gefahr, weil die wirtschaftlichen Vorgänge darauf unbeherrschbar würden. Sein Amtskollege Giscard d'Estaing kam auf die GATT-Verhandlungen zurück, legte deren Probleme dar und setzte sie in Beziehung zur Agrarpolitik der Gemeinschaft. Erfolgversprechende Verhandlungen über weltweite Warenabkommen setzten Einigkeit über die Ordnung der Landwirtschaft in der EWG voraus. Erhard wiederholte, daß die wirtschaftlichen Probleme des Gemeinsamen Marktes ohne politische Einigung nicht zu lösen seien. „Staatspräsident de Gaulle beglückwünschte Bundesminister Professor Erhard zu seiner Hartnäckigkeit". Schröder griff den im Mai in Brüssel fallengelassenen Gedanken andauernder Kontakte des EWG-Ministerrats zur britischen Regierung auf. Die Bundesregierung halte eine lose, informelle Verbindung weiterhin für erwünscht. Couve sagte, daß seine Regierung deren Zweck nicht recht zu sehen vermöge. Er auch nicht, meinte Adenauer. England habe doch einen Vertreter bei der Kommission. Erhard verstand Frankreichs „entschiedenen Widerstand" gegen Kontakte mit England nicht. Man müsse auch im Interesse der Gemeinschaft miteinander im Gespräch bleiben. Die Kommission sei dafür nicht geeignet. Sie dürfe nicht in die Rolle eines europäischen Überministeriums geraten. „Staatspräsident de Gaulle gibt seiner Bewunderung für die Hartnäckigkeit Bundesminister Erhards Ausdruck. Immerhin erscheint es ihm als ein gewisser Widerspruch, wenn er einerseits eine politische Organisation Europas wünscht, andererseits aber Großbritannien einbeziehen will". Erhard sagte, daß man die Frage jetzt nicht vertiefen könne. Wenn aber „Staatspräsident de Gaulle von seiner Hartnäckigkeit gesprochen hat, so möchte (er) wünschen, daß dies keine Kritik, sondern ein Lob sein sollte." Allgemeine Betretenheit, die sich schließlich in befreiendem Lachen auflöste. De Gaulle lachte mit.[264]

Natürlich wußte Erhard, daß es *kein* Lob, sondern de Gaulles Variante der abschätzigen Behandlung gewesen war, die ihm Adenauer gewöhnlich hatte angedeihen lassen. Der Sorge, daß ihm fortan auf internationaler Bühne widerführe, was ihm zuhause künftig erspart bliebe, fühlte Erhard sich gleichwohl enthoben. „Nach einer Gewissenserforschung sei er zu dem Schluß gekommen", ließ er in einem wenig später veröffentlichten Interview wissen, daß sein unbefriedigendes Verhältnis zu de Gaulle vor allem eine Rangfrage sei. Bislang sehe und behandle de Gaulle ihn als Figur zweiten Ranges. „Wenn ich Kanzler bin, werden wir gewissermaßen auf gleicher Ebene arbeiten. Und dann können wir miteinander reden". Wobei de Gaulle nicht etwa darauf rechnen solle, „daß ich ihm Avancen mache. Ich werde ihn auf mich zukommen lassen." Adenauer bekam bei der Gelegenheit gleich auch noch das Seine ab. „Bisher haben wir uns durchgewurstelt", sagte Erhard. „Ich werde unser Haus in Ordnung bringen".[265] In einem weiteren Interview setzte er noch eins drauf: „Ich will versuchen", meinte er da, „unserer Demokratie Herz und Seele zu geben, um die Menschen wissen zu lassen, was Demokratie überhaupt ist".[266]

Zwischendurch war er an den Tegernsee gefahren, um auf dem Ackerberg einen sechswöchigen Urlaub zu verbringen und über die Regierungsbildung nachzudenken. Außerdem lernte er Außenpolitik. Schröder wies die zuständigen Abteilungen des Auswärtigen Amtes Mitte Juli an, kurze, zwei- bis dreiseitige Dossiers zu verfassen, anhand deren sich der kommende Bundeskanzler mit den wichtigsten außenpolitischen Problemen der Bundesrepublik vertraut machen könnte. Argumentationsrichtung und Schlußfolgerungen der Bestandsaufnahme gab er vor.[267] Nach Erhards Rückkehr ins Amt sprach er zweimal ausführlich mit ihm darüber. Danach boten sich Erhard die außenpolitische Lage, die Optionen und Handlungsspielräume am Beginn seiner Kanzlerschaft folgendermaßen dar:

Die bewegenden Fragen westdeutscher Außenpolitik stellten sich auf vier Feldern des internationalen Staatenlebens. Die vier Felder überschnitten und die Vorgänge darauf beeinflußten einander. Die vier Felder waren: Deutschland- und Berlinpolitik im weiteren Zusammenhang des Ost-West-Konflikts, Sicherheitspolitik im Rahmen der NATO, europäische Integration sowie die zweiseitigen Beziehungen zu den ganz großen und den großen Mächten: USA, UdSSR, Großbritannien und Frankreich.

Das unverrückbare Ziel der Deutschlandpolitik war die Wiedervereinigung der beiden Teile Deutschlands durch Selbstbestimmung ihrer Bewohner. Man zweifelte nicht daran, daß dies gegenwärtig nur ein Fernziel war. Unentschiedenheit bestand darüber, ob das Problem durch deutschlandpolitische Initiativen bei Gelegenheit aktualisiert oder in Hoffnung auf eine Konstellation, in der sich die UdSSR dazu veranlaßt fühlte, die „Zone" preiszugeben, lediglich offengehalten werden sollte. Derlei vage Hoffnung setzte man in die „Verbürgerlichung der sowjetischen Gesellschaft", in die Kosten und Unterstützungsbedürftigkeit der industriellen Entwicklung des Sowjetreiches, namentlich der wirtschaftlichen Erschließung Sibiriens, und in die Zuspitzung des Konflikts der Sowjetunion mit China. Eine Anerkennung der „DDR" kam natürlich nicht in Frage; nach Möglichkeit sollte auch an der „Hallstein-Doktrin" festgehalten werden. Die Hallstein-Doktrin besagte, daß die Bundesrepublik keine diplomatischen Beziehungen zu Ländern unterhielt, die ihrerseits diplomatische Beziehungen zur „DDR" pflegten. Die einzige Ausnahme machte die Sowjetunion. Außerdem war nach Kräften zu verhindern, daß die „DDR" außerhalb des Ostblocks sonstwie als Staat in Erscheinung trat. Man war sich freilich darüber klar, daß es zusehends schwieriger und auch fragwürdiger wurde, die Doktrin und die Verhinderungs-Strategie durchzuhalten. Im übrigen galt, daß man über vieles mit sich reden ließe, wenn dadurch die Verhältnisse in der „Zone" „menschlicher" würden. Worüber, das wollte man nicht sagen, wußte es wohl auch nicht recht. Bis zur Wiedervereinigung waren die politische Verbindung Westberlins zur Bundesrepublik und der ungehinderte Zugang nach Westberlin zu sichern. Man hatte den Eindruck, daß dies auch die Haltung der westlichen Garantiemächte wäre, nach den Berlinkrisen der vergangenen Jahre womöglich eine wieder festere Haltung als letzthin. Der deutsche Anspruch auf die vormals deutschen Gebiete östlich von Oder und Neiße „erodierte" hingegen. Man zweifelte nicht daran und war unschlüssig, ob man das als unvermeidlich hinnehmen oder der Erosion mit einer Initiative begegnen sollte.

Die unveränderliche Voraussetzung der Deutschland- und Berlinpolitik war die Zugehörigkeit der Bundesrepublik zur NATO. Das westliche Verteidigungsbündnis war der sicherheitspolitische Rückhalt Westdeutschlands. Die Bundesregierung hielt die unersetzliche *Organisation* deshalb für alles in allem richtig. Die neue NATO-*Strategie* erfüllte sie hingegen mit einer gewissen Unruhe. Sie befürwortete, wenn auch zögernd und skeptisch, das wesentlich amerikanisch bestimmte Konzept „gradueller Abschreckung“ und „flexibler Verteidigung“ und damit auch den Aufbau und den Unterhalt starker konventioneller Streitkräfte. Aber sie trat in latentem Gegensatz zu den USA für einen frühen Einsatz taktischer Atomwaffen ein und glaubte nicht, daß die Gefahr einer unaufhaltsamen atomaren Eskalation so unmittelbar und so groß wäre, wie die Amerikaner annahmen. Die Verfügung über eigene Atomwaffen strebte sie nicht an, wünschte auf weitere Sicht aber Mitverfügung über eine integrierte Atomstreitmacht in der NATO. Deshalb hielt sie an ihrer Bereitschaft fest, die Bundesrepublik an einer MLF zu beteiligen, zweifelte inzwischen aber daran, daß die MLF bald entstünde. Die Beteiligung an der force de frappe schloß sie aus.

Die Bundesregierung begrüßte natürlich alle Bemühungen, zu allgemeiner und kontrollierter Abrüstung zu gelangen, lehnte es jedoch ab, daß Westdeutschland Bestandteil von „militärisch verdünnten Zonen“ oder von Gebieten mit militärischem Sonderstatus würde.

Ihr europapolitisches Leitbild blieb der föderative Zusammenschluß der europäischen Nationalstaaten zu den „Vereinigten Staaten von Europa“. Sie wußte, daß dies - ähnlich wie die deutsche Wiedervereinigung - bestenfalls ein Fernziel war. Gegenwärtig stand in Frage, ob man auf Bemühungen, Europa politisch zu einen, vorerst ganz verzichten und sich auf den Ausbau der drei Gemeinschaften konzentrieren sollte, oder ob neben den Wirtschaftsgemeinschaften eine intergouvernementelle Staatenverbindung nach dem Muster der WEU mit Zuständigkeit für die Außen- und Verteidigungspolitik anzustreben wäre. Die Bundesregierung veranschlagte den Nutzen solcher Art des Zusammenschlusses als gering, fragte sich andererseits aber, ob die wirtschaftliche ohne politische Integration auch nur auf mittlere Sicht bestehen könne. Der Wunsch, Großbritannien an der europäischen Integration zu beteiligen, sorgte für zusätzliche Unsicherheit.

Die bilateralen Beziehungen zu den großen Mächten wurden durch den offenen Gegensatz zwischen den USA und Frankreich kompliziert. Die Bundesregierung sah engste und möglichst einvernehmliche Beziehungen zu den Vereinigten Staaten als unerläßlich an und wünschte freundschaftliche Zusammenarbeit mit Frankreich. Sie stellte fest, daß eins das andere nicht ausschlösse: „Die Alternative zwischen Frankreich und den USA, von der gelegentlich gesprochen wird, besteht nicht“. Aber sie vermutete, daß es nötig werden könnte, in wichtigen Belangen für die USA oder für Frankreich zu optieren. Welche Wahl in solchem Fall zu treffen wäre, schien klar zu sein: „Die USA sind unser wichtigster Partner in der Ost-West-Auseinandersetzung. Eine Verteidigung Berlins und auch des Gebiets der Bundesrepublik ist ohne sie unmöglich. Pflege engster Beziehungen zu den USA steht daher an erster Stelle aller außenpolitischen Überlegungen, die wir anstellen.“ *So* klar war es aber doch wieder nicht. Die Vereinigten Staaten verfolgten seit geraumer Zeit eine Politik der Entspannung des Ost-West-Konflikts, England unterstützte sie dabei. Die Bundesregierung war darüber besorgt, daß der Versuch, zu einem Ausgleich mit der Sowjetunion zu gelangen, die Stellung Berlins gefährden, die Teilung Deutschlands verfestigen und die Abtrennung der Gebiete östlich von Oder und Neiße verewigen könnte. Frankreich nahm an den Entspannungsbemühungen nicht teil. Die Bundesregierung mußte sich fragen, ob ihre deutschland- und berlinpolitischen Interessen bei Frankreich nicht besser aufgehoben wären als bei den USA, die zwar die Mittel, aber womöglich nicht den Willen hatten, sie zu wahren und zu verteidigen. Sie fragte sich weiter, ob Frankreich im Falle eines deutsch-französischen Gegensatzes dazu versucht sein könne, seinerseits auf Deutschlands Kosten einen Ausgleich mit der Sowjetunion anzustreben, im Falle enger deutsch-französischer Zusammenarbeit hingegen die USA davon abhielte, handfeste deutsche Interessen einer fragwürdigen Entspannung zu opfern. Und schließlich fragte sie sich, ob Deutschland Frankreich bei dem, was zwischen ihnen strittig war, deswegen ein gutes Stück entgegengehen sollte. Strittig waren die Organisation der NATO, die atomare Bewaffnung und die europäische Integration. Die Bundesregierung wünschte die Verschmelzung der nationalen Streitkräfte in der NATO, de Gaulle neigte dazu, die französischen Truppen aus der NATO herauszulösen; die Bundesregierung wollte Deutschland an einer multilateralen Atomstreitmacht beteiligen, de Gaulle baute an seiner nationalen force de frappe; die Bundesregierung strebte nach politischer Überformung und dabei regionaler Erweiterung der wirtschaftlichen Integration, de Gaulle wollte Beschränkung auf die wirtschaftliche Integration der Sechs. In jener Beschränkung hatte die Vollendung der Agrarpolitik für ihn Vorrang vor der Beteiligung an der Kennedy-Runde.

Die zweiseitigen Beziehungen mit Großbritannien und mit der Sowjetunion stellten sich dem Außenministerium demgegenüber als wesentlich einfacher dar. Das Verhältnis zu England entbehrte der besonderen Erwartungen und Ansprüche, die den Verhältnissen zu den USA und zu Frankreich eigentümlich waren. Es wurde gegenwärtig durch die persönlichen Antipathien belastet, die der britische Premierminister und der deutsche Bundeskanzler einander entgegenbrachten. Erhard und Schröder wurden in London geschätzt und waren ihrerseits außerordentlich anglophil. Solange eine konservative Regierung in Whitehall amtete, war mit distanziert-freundlichem Umgang zu rechnen. Die britische Entspannungsneigung wog politisch weniger schwer als die amerikanische, und die britische Reserve gegen die MLF wurde als bedauerlicher Dissens, aber nicht als Problem angesehen.

Von aktiven Beziehungen der Bundesrepublik zur Sowjetunion ließ sich kaum sprechen. Das deutsch-sowjetische Verhältnis wurde vom schroffen deutschland- und berlinpolitischen Gegensatz der beiden Regierungen bestimmt. Die Bundesregierung war darauf bedacht, daß jener Gegensatz in engster Gemeinschaft mit den westlichen Siegermächen ausgetragen würde, und erlegte sich hinsichtlich zweiseitiger Verhandlungen große Zurückhaltung auf. Im Zeichen der aufeinanderfolgenden Berlin-Krisen war an bilaterale Kontakte ohnehin nicht zu denken gewesen. Letzthin hatte Chruschtschow sein Interesse an Gesprächen mit Adenauer bekundet. Der Bundeskanzler war nicht vollends abgeneigt, zögerte aber. Schröder war dagegen. Es war abzusehen, daß die Gespräche bis zum Herbst nicht zustande kämen. Ob die Gesprächsbereitschaft auf den Nachfolger übertragen würde, blieb abzuwarten.[268]

Erhard waren diese Umstände, Zusammenhänge und Fragen natürlich nicht fremd. Daß er aber auch nicht wirklich vertraut damit war, sondern sich Urteils- und Handlungsfähigkeit erst noch aneignen mußte, erwies sich in den letzten Julitagen und in der ersten Augusthälfte von 1963. Erhard mußte seinen Urlaub ein paar Mal unterbrechen, um an Kabinettssitzungen teilzunehmen, die einem vermeintlich hochdramatischen und sehr umstrittenen Vorgang galten.

Im Frühjahr hatten Kennedy und Macmillan Chruschtschow gemeinsam dazu aufgefordert, vor einiger Zeit abgebrochene Verhandlungen über die Beendigung von Kernwaffen-Versuchen in der Atmosphäre fortzuführen. Die Bundesregierung wurde davon unterrichtet. Adenauer begrüßte den Zweck des erstrebten Abkommens, begegnete dem Streben selbst aber höchst skeptisch. Er wertete jenes Streben als Teil der Entspannungspolitik, die ihn um die Integrität Westberlins und die Wiedervereinigung Deutschlands besorgt sein ließ. Chruschtschow folgte der Aufforderung Kennedys und Macmillans nach einigem Zögern. Die Verhandlungen fanden ohne weitere Information der Bundesregierung statt und führten Ende Juli zu einem Ergebnis. Kennedy teilte Adenauer das Ergebnis am 23. Juli mit. Was er ihm mitteilte, bestätigte und übertraf wohl gar Adenauers schlimmste Befürchtungen. Er war darüber aufs äußerste erregt. Die Erregung galt weniger dem Inhalt des Abkommens als dessen weiterer Behandlung. Die drei Signatarmächte forderten alle Länder in der Welt dazu auf, dem Vertrag beizutreten. Die Aufforderung richtete sich ebensowohl an die DDR wie an die Bundesrepublik. Die amerikanische und die englische Regierung waren offenbar bereit, den Alleinvertretungsanspruch der Bundesregierung zu übergehen und die Unterschrift „Pankows" unter einem internationalen Abkommen zu dulden, das auch ihre Unterschriften trug. Außerdem erwarteten sie, daß die Bundesregierung neben dem „Zonenregime" unterschriebe. Und mehr noch: Der Vertrag sah vor, daß sich die Unterzeichner zu gelegentlichen Konferenzen trafen. Die Regierung der DDR würde an derlei Konferenzen mit gleichen Rechten wie die Bundesregierung teilnehmen. Ein erster großer Schritt zur Anerkennung der „DDR" schien getan, andere Schritte danach kaum mehr aufzuhalten zu sein. Der Bundeskanzler meinte, daß die Bundesrepublik von den USA verraten und verkauft worden wäre und lehnte es ab, den Vertrag zu unterschreiben. Frankreich hatte bereits die Verhandlungen abgelehnt, und de Gaulle dachte selbstverständlich nicht an einen Beitritt zum Vertrag. Schröder trat im Gegensatz zu Adenauer für den Beitritt der Bundesrepublik ein. Ihm gefielen die Umstände des Vertrages auch nicht. Aber er glaubte, daß die Bundesregierung um die Unterschrift nicht herumkäme und deshalb schnell unterschreiben sollte. Das Kabinett spaltete sich. Adenauer, Krone, Barzel und andere CDU/CSU-Minister auf der einen, Schröder, von Hassel, Erhard und die FDP-Minister auf der anderen Seite. Außerhalb des Kabinetts waren auch Brentano und Strauß gegen die Unterschrift. Die SPD war dafür.

Die deutsche Haltung zum Atomwaffen-Teststop-Abkommen geriet in mancher Hinsicht zum ersten Testfall der Frage, ob die Bundesregierung an der Seite von und im Vertrauen auf Frankreich Stellung gegen die USA beziehen und diese Stellung durchhalten konnte. Und die Beantwortung der Frage geriet in mancher Hinsicht zum ersten Testfall der außenpolitischen Urteils-, Argumentations- und womöglich Durchsetzungsfähigkeit des künftigen Bundeskanzlers. Erhard bestand den Test nicht. Er sagte „ein paar allgemeine Sätze und überließ anderen die Diskussion. Es zeigte sich auch dieses Mal," schrieb Krone, „daß Erhard für Fragen dieser Art wenig Sinn hat und daß dann von ihm auch keine Initiative ausgeht, daß er nicht steht und kämpft". Am Ende müsse die Bundesregierung ja doch zustimmen. Das war von Anfang an seine Meinung. Und mit ihr hatte sich's.[269]

Nun war die Meinung nicht einmal so falsch. Am Ende stimmte die Bundesregierung wirklich zu, obwohl die Skeptiker immer noch glaubten, daß der Vertrag deutsche Interessen verletzte. Inzwischen war es Adenauer aber gelungen, die Bedingungen und Konsequenzen des Beitritts der DDR durch entschiedene Interventionen bei der amerikanischen und der britischen Regierung für die Bundesrepublik um einiges erträglicher zu gestalten. Im Gegensatz zu allen anderen Unterzeichner-Staaten wurde die DDR ihre Unterschrift nur in Moskau, nicht auch in Washington und London los. Außerdem erklärten die Regierungen der beiden westlichen Signatar-Staaten ausdrücklich, daß der Beitritt Ostdeutschlands zum Teststop-Abkommen keine Anerkennung seiner Regierung beinhalte. Natürlich war das Mimikri, aber es war bedeutungsvolles Mimikri von jener Art, die nun mal einen großen Teil der Politik ausmacht und die einer verstehen muß, der in der Politik bestehen will.[270]

Die Frage, ob die Bundesrepublik sich unter Umständen gemeinsam mit Frankreich gegen die USA und Großbritannien stellen sollte, war für diesmal verneint worden. Aber die Zahl und die Entschiedenheit derer, die sich angesichts des zumutsvollen Entspannungstrips der Angelsachsen Mut zu einem „Ja" machten, nahm offenbar zu. Bislang hatten

Krones Aufzeichnungen immer nur die Sorge reflektiert, daß der Bundeskanzler de Gaulle zu weit nachgäbe und folgte. Jetzt schrieb Krone erstmals: „Wir müssen unser Verhältnis zu Frankreich aktivieren".[271] Die Lager der „Atlantiker" und der „Gaullisten" formierten sich.

Erhard war unterdessen mit der Regierungsbildung und der Vorbereitung seiner Regierungserklärung beschäftigt. Brentano, Dufhues und Strauß, die FDP-Größen, der Finanzminister, der Bundesbankpräsident und der Vorsitzende der CDU-Sozialausschüsse reisten zu diesem Zweck an den Tegernsee, und Erhard seinerseits reiste zu Adenauer nach Cadenabbia. Die Zusammenstellung des Kabinetts machte Schwierigkeiten und Erhard war nicht der Mann, solche Schwierigkeiten mit Geschick und Autorität zu überwinden. Dabei sollten die meisten Minister ja auf ihren Posten bleiben und wollten dies auch. Einige Neubesetzungen waren aber doch nötig oder erschienen Erhard als erwünscht. Und die hatten es in sich.

Die Notwendigkeit ergab sich daraus, daß Erhard als Wirtschaftsminister ausschied und daß ein geeignetes Ministerium für Mende her mußte. Der FDP-Vorsitzende wollte nun doch endlich Vizekanzler und Ressortchef werden, hatte aber kein Interesse an einem der FDP-Ministerien. Sich selbst gedachte Erhard durch Westrick zu ersetzen. Er sagte dem getreuen Mann das Amt auch zu. Die Fraktion wollte freilich ihren stellvertretenden Vorsitzenden Schmücker, und der meinte, das als standhafter Brigadier auch verdient zu haben. Erhard sann ihm in Würdigung der Verdienste das Wohnungsbauministerium an, von dem aus Lücke ins Arbeitsministerium wechseln sollte. Blank, mit dem Erhard sich nicht verstand, hätte zu gehen. Das nun empfanden die Sozialausschüsse trotz mancher Kritik an Blank als Attacke auf ihre ministerielle Domäne und zugleich als Attacke auf das sogenannte „Sozialpaket", das mit dem Namen Blank verbunden war. Das war nicht falsch. Das „Sozialpaket" enthielt eine Neuordnung der Krankenversicherung, die Einführung der Lohnfortzahlung für kranke Arbeiter und eine Reform des Familienlastenausgleichs. Die Sozialausschüsse sahen seine Verabschiedung als eine sozialpolitische Großtat an, die aufs dringlichste zu wünschen wäre. Erhard sah darin eher einen Generalangriff auf die sozialpolitische Belastbarkeit der Wirtschaft und des Bundeshaushalts, den es abzuwehren gelte. Die Entfernung Blanks begünstigte die Abwehr. Schließlich beabsichtigte Erhard, einen Landwirtschaftsminister zu berufen, der mehr auf seiner Linie lag als der gegenwärtige. Die organisierten Bauern, die Erhard seit je mißtrauten, und die Fraktion wollten hingegen, daß Schwarz bliebe. Soweit gingen mithin die Absichten und Wünsche erheblich auseinander. Einig waren sich die Fraktion und Erhard hingegen darin, daß Mendes Wunsch, Gesamtdeutscher Minister zu werden, nicht erfüllt werden sollte. Die Sache wurde nun dadurch nicht besser, daß Erhard einer Auseinandersetzung mit der Fraktion auswich und glaubte, sie nach seiner Wahl zum Kanzler vor vollendete Tatsachen stellen zu können. Krone versuchte, ihn eines anderen zu belehren. Nach einer Weile gab er es auf. „Ich rufe Erhard nicht mehr an". Statt dessen rief er Ende September Dufhues an. Es werde Zeit, daß jemand Erhard klarmache, wie es in der Fraktion aussehe. Dufhues war dafür der geeignete Mann. Und Erhard gab nach. Schmücker wurde Wirtschaftsminister, Blank blieb Arbeits-, Schwarz Ernährungsminister. Westrick ging enttäuscht mit Erhard als Staatssekretär ins Kanzleramt. Erhard gab allerdings auch der FDP nach. Um für Mende das erstrebte Ministerium freizumachen, mußte der junge, ehrgeizige Rainer Barzel dran glauben, den Adenauer erst vor einem dreiviertel Jahr zum Gesamtdeutschen Minister erhoben hatte und der die Entlassung nur schwer verwand. Strauß und Gerstenmaier gingen leer aus.[272] Die Regierungsbildung war kein verheißungsvolles Vorspiel der Kanzlerschaft gewesen. *Wie* wenig verheißungsvoll, das sollte Erhard freilich erst an deren Ende wissen.

7. Kapitel

Der Nachfolger

Anfänge

Der Start in die Kanzlerschaft war verheißungsvoller. Erhard wurde am Vormittag des 16. Oktober mit 279 gegen 180 Stimmen bei 24 Enthaltungen zum Bundeskanzler gewählt. Er nahm die Wahl an. Die 24 Abgeordneten, die sich enthielten, gehörten ausschließlich den Koalitionsfraktionen und überwiegend der CDU/CSU-Fraktion an. Adenauer war nicht unter ihnen. Er wählte Erhard und damit niemand daran zweifeln konnte, zeigte er seinen Stimmzettel dem Fraktionsgeschäftsführer Rasner, bevor er ihn einwarf. Aber es gab andere in den eigenen Reihen, die Erhard, wie er am folgenden Tag in der Fraktion meinte, „ihr Herz noch nicht so ganz voll geschenkt" hatten.[1] Erhard war freilich zuversichtlich, daß er auch diese Herzen alsbald gewänne. Adenauer waren die Herzen immer herzlich egal gewesen, er hatte sich mit den Stimmen begnügt. Das aber sollte Erhards Selbstverständnis und Absicht nach anders werden. Mehr Mensch- und Gemütlichkeit sollte in der deutschen Politik Einzug halten. Dabei wollte Erhard dennoch ein starker Kanzler sein. Man hatte ihm so oft Schwäche vorgeworfen, daß er gar nicht anders konnte, als den Willen und die Fähigkeit zur Stärke zu bekunden. Außerdem hielt er sich ja tatsächlich für stark. Andererseits wollte er, wenn man ihn beim Wort nahm, ein Kanzler ohne Macht sein. Denn die Macht, so hatte er vor nicht langer Zeit in öffentlicher Rede gesagt, „ist in meinen Augen immer öde, sie ist gefährlich, sie ist brutal, und sie ist im letzten Sinne sogar dumm". Man druckte den Satz gern nach. Viele fanden ihn irgendwie eindrucksvoll und rechneten ihn Erhard zugute. Der SPIEGEL überschrieb seine lange, halb lästerliche, halb wohlmeinende, streckenweise sehr treffende, streckenweise ziemlich falsche Titelgeschichte aus Anlaß der Kanzler-Wahl damit: „Macht ist dumm".[2] Manche mochten sich wohl auch fragen, warum dann Erhards ganzes Sinnen und Trachten darauf gerichtet gewesen war, Kanzler zu werden, und wie er ein starker, ja, wie er überhaupt Bundeskanzler sein könnte, ohne die ewig öde, gefährliche, brutale und dumme Macht innezuhaben und zu gebrauchen. Aber womöglich mußte man ihn ja nicht beim Wort nehmen.

Seinem Kabinett jedenfalls verhieß er bei dessen erster Sitzung Führung, Autorität und Anteilnahme an allen politischen Dingen, versprach ihm allerdings auch bessere Unterrichtung, größere Freiheit der Meinung und des Wortes, mehr Kollegialität und Harmonie als man bisher gewohnt gewesen sei.[3] Der Fraktion sicherte er zu, daß er sein letztes geben werde, um ein erfolgreicher Bundeskanzler zu sein, der für seine Partei die nächsten Wahlen gewann.

Bei dieser Gelegenheit, 24 Stunden nach dem Amtsantritt, erfolgte auch die demonstrative Emanzipation von Adenauer. Vierzehn Jahre lang hatte Erhard Adenauer in dessen Gegenwart nie anders als „Herr Bundeskanzler" genannt. Etwas anderes wäre ihm schlechterdings nicht über die Lippen gekommen. Er selbst war von dem Herrn Bundeskanzler hingegen nur zu oft als bloßer „Erhard" adressiert worden. Nun aber war Erhard der Herr

Der Amtseid (16. Oktober 1963)

Bundeskanzler und der sagte: „Hier teile ich die Auffassung Adenauers, daß diese Wahl schicksalhaft ist".[4] Wer sich das leisten konnte, der hatte es wohl geschafft. Aber wer es wirklich geschafft hatte, der brauchte sich das eigentlich nicht zu leisten.

In der deutschen Öffentlichkeit traf Erhards Rangerhöhung auf breite Zustimmung, im Ausland rief sie wohlgesinnte Erwartungen hervor. Nicht in Frankreich natürlich, dort trauerte man - Regierung und Presse gleichermaßen - Adenauer nach und begrüßte Erhard zweiflerisch. Im übrigen aber wurde die erwartungsvolle Zustimmung zum Kanzlerwechsel und zum neuen Kanzler im Inland und im Ausland nicht unwesentlich von der Erleichterung darüber genährt, daß man den Alten endlich los war. In Deutschland galt das vorwiegend „atmosphärisch", im Ausland hatte es handfestere Gründe. Zum Teil waren jene Gründe die Kehrseite des Bedauerns, das Adenauers Abgang in Frankreich hervorrief. In Italien und den Benelux-Ländern wich die mißtrauische Sorge, daß Europa in seiner gegenwärtigen Begrenztheit auf die Sechs unter ein französisch-deutsches Kondominium geriete. Und in den Vereinigten Staaten und Großbritannien mochte man glauben, daß de Gaulles außen- und verteidigungspolitischer Selbstherrlichkeit ohne starken moralischen und womöglich am Ende auch materiellen Rückhalt an Deutschland engere Grenzen gesetzt wären. Außerdem hoffte man, bei der Regierung Erhard eher als bei Adenauer Verständnis für „Entspannungspolitik" zu finden und des enervierenden Verlangens nach Rücksichtnahme auf die deutschlandpolitischen „Dollpunkte" ledig zu werden.

Die lange, in der Fraktion nicht unumstrittene Regierungserklärung, die Erhard am 18. Oktober im Bundestag vortrug, bestätigte und verstärkte die weithin freundlichen Empfindungen. Erhard hielt eine Rede, gegen die man wenig einwenden konnte, weil sie des Konkreten und Genauen vielfach entbehrte, und deren besinnliche und mahnende Töne allenthalben gefielen. Erhard gebärdete sich ein bißchen als entrückter Philosophenkönig und ein bißchen als gestrenger, aber gerechter Oberlehrer. Die Mischung riß nicht eben hin, aber sie kam gut an. Die Deutschen hörten es gern, wenn mit warmer, weicher Stimme in hochfliegenden und allgemeinen Wendungen gegen Gruppeninteressen und für Gemeinsinn, gegen Gefälligkeitsdemokratie und für Staatsgesinnung, gegen die Niederungen des Materialismus und für die höheren Werte des Seins plädiert wurde. Sie konnten damit so ganz und gar einverstanden sein und es in seiner Unverbindlichkeit gleich wieder vergessen. Im wohltönenden Presseecho hallte denn auch weniger der praktisch-politische Inhalt als die Art der Erklärung wider. Kaum ein Artikel, der nicht auf den neuen Ton, die neue Sprache, den neuen Stil, das Bekenntnis zu neuen Aufgaben hinwies. Im übrigen wurde Erhard als Mann der Mitte und ehrlicher Makler voll guten Willens gezeichnet. Als das, was er sein wollte, als starke Führungspersönlichkeit mit einem klaren Programm und scharf umrissenen Absichten, erschien er nicht.[5] Aber auch das kam ihm zunächst eher zugute. Der starken, auch harten und schroffen Führungspersönlichkeit war man nicht wenig überdrüssig und die programmatische Unschärfe entzog die neue Regierung vorerst der parlamentarischen und der publizistischen Auseinandersetzung und verschaffte ihr einen leichten und flotten Start. Die Debatte über die Regierungserklärung wurde mangels Diskussionsmasse von den üblichen und ursprünglich auch vorgesehenen zwei Beratungstagen auf einen Tag verkürzt, und die Diskussion an diesem einen Tag war nicht mehr als eine rücksichtsvolle Aussprache.[6]

In den nächsten Monaten konzentrierte Erhard sich auf die Außenpolitik. Das wurde von ihm erwartet, und er hatte sich vorgenommen, gleich zu Beginn Klarheit über die außenpolitische Haltung seiner Regierung zu schaffen und dabei die, wie er und sein Außenminister meinten, Schieflage der westdeutschen Außenpolitik zu beseitigen. Außerdem gedachte er den Schwung des Wechsels zu einer europapolitischen Initiative zu nutzen, obwohl sein Außenminister von der nicht viel hielt. Erhard wollte es denen zeigen, die meinten, daß er Außenpolitik nicht könnte, und er wollte dem Außenminister zeigen, daß er dabei nicht von ihm abhängig war.

Dies waren seine Überlegungen und Absichten: Den Beziehungen zu den Vereinigten Staaten kam ein absoluter Vorrang zu, weil die Bundesrepublik im Krisenfall nur mit Hilfe Amerikas überleben könnte. Erhards Vertrauen auf Amerikas Hilfe war unbegrenzt. Dabei hielt er das Verhältnis zu den Vereinigten Staaten für schlechter, als es sein müßte und sein dürfte. Er war entschlossen, es zu verbessern. Weil er weiter meinte, daß der hauptsächliche Grund für die Störungen Adenauers entschiedene Hinwendung zu Frankreich wäre, war er damit zugleich entschlossen, jene Hinwendung zu korrigieren und sichtlich auf Distanz zu Frankreich zu gehen. Das war nicht nötig, aber für Erhard unvermeidlich. Dabei war es falsch, politisch und persönlich, persönlich noch mehr als politisch. Der politische Schaden ließ sich reparieren, der persönliche nicht. Erhards Kanzlerschaft ging im wesentlichen an seiner auf Unwillen gegründeten Unfähigkeit frühzeitig zuschanden, seine Abneigung gegen Frankreich mit seiner Vorliebe für die Angelsachsen vernünftig zu vermitteln. Es war ja höchst merkwürdig und für Erhard gleichermaßen symptomatisch und verderblich: Erhard ließ in den ersten Monaten seiner Kanzlerschaft keine Gelegenheit zu der Feststellung aus, daß von einer Wahl zwischen Frankreich und den USA natürlich keine Rede sein könne. Die Feststellung war so richtig, wie sie trivial war. Adenauer wäre sie niemals in den Sinn und über die Lippen gekommen. Erhard war sie im Sinn, und der Mund floß ihm davon über, aber er nahm sie sich selber nicht ab. Er zitierte unermüdlich de Gaulle, der ihm bei ihren ersten Begegnungen nach seinem Amtsantritt sagte, daß einen „schlechten Witz“ mache, wer die Bundesrepublik vor derlei Wahl stelle, und verhielt sich zugleich so, als wäre er eine Figur in jenem schlechten Witz. Er meinte, die besondere Verbundenheit der Bundesrepublik mit Amerika und England nicht überzeugender als durch die verbale und praktische Negation einer besonderen Verbundenheit mit Frankreich demonstrieren zu können. Westdeutschland *mußte nicht* wählen, aber Erhard *hatte* gewählt und konnte seinem ganzen Naturell nach nicht anders, als diese Wahl in seiner Politik auch bemerklich zu machen. In Frankreich wurde das übelgenommen, in den USA und in Großbritannien nicht besonders honoriert. In Deutschland aber schied es das Kabinett und die Regierungspartei alsbald in „Atlantiker“, die Erhard stützten, und in „Gaullisten“, die ihm opponierten. Die Bezeichnungen waren in ihrer scheinbaren Ausschließlichkeit so unsinnig, wie der Konflikt in seiner scheinbaren Grundsätzlichkeit irreal war. Erhard rieb sich daran freilich sehr real auf, objektiv unnötiger- und subjektiv unvermeidlicherweise. Das war in den Ansätzen seiner außenpolitischen Überlegungen bereits angelegt, wurde in deren Veräußerung aber nicht sofort sichtbar. Erhard beschwor in seiner Regierungserklärung zwar die atlantische Partnerschaft, aber er feierte auch die deutsch-französische Freundschaft. Außerdem teilte er mit, daß er zunächst dem französischen Präsidenten in Paris und dann erst dem amerikanischen Präsidenten in Washington seine Aufwartung machen werde. Besuche in London, Rom, Den Haag und Brüssel sollten mit einigem Abstand folgen. Die Reihenfolge war ihm allerdings von den außenpolitischen Beratern abgerungen worden. Erhard wäre lieber zuerst in die Vereinigten Staaten gereist und bestand darauf, daß er zumindest gleich am Tage seiner Rückkehr aus Paris und nicht erst zwei oder drei Wochen später nach Washington aufbräche.[7] Und im ersten Gespräch, das Erhard als Kanzler mit einem ausländischen Besucher von politischem Rang, mit dem ehemaligen amerikanischen Außenminister Dean Acheson führte, machte er keinen Hehl daraus, daß er nur deshalb zuerst nach Paris fahre, „um die Politik Adenauers nicht in der Öffentlichkeit zu desavouieren." Dabei sei ihm aber wohlbewußt, „daß das eigentliche politische und für Deutschland bedeutsame Gespräch mit dem amerikanischen Präsidenten stattfinden werde".[8]

In den nächsten Tagen kamen erst der französische, dann der amerikanische Botschafter zu Erhard, um die Riten der Reisen und die Inhalte der Gespräche zwischen ihm und ihren Präsidenten mit ihm abzustimmen. Bei den Unterredungen, wie auch bei allen künftigen Unterredungen mit ausländischen Besuchern, nahmen Staatssekretär Westrick und Ministerialdirigent Horst Osterheld, der von Adenauer übernommene und von Adenauer überwältigte, zu Erhard kritisch aber loyal eingestellte Leiter des außenpolitischen Büros im Kanzleramt, teil. Osterheld war einer der drei Spitzenbeamten unterhalb des Staatssekretärs, die beim Übergang von Adenauer zu Erhard allesamt auf ihren Posten blieben. Die anderen waren die Leiter der beiden, in insgesamt dreizehn Referate gegliederten Abteilungen, die neben dem kleinen außenpolitischen Büro das ganze Kanzleramt ausmachten. Adenauer hatte Wert darauf gelegt, das Amt klein, lenkbar und effektiv zu halten, und Erhard änderte zunächst wenig daran. Im Laufe seiner Amtszeit dehnte sich der Stellenplan des Amtes freilich kräftig aus.

Die Referate waren sogenannte „Spiegel-Referate". Jedes Referat war für die Angelegenheiten von zwei oder drei Ministerien zuständig, hielt enge Verbindung zu „seinen" Ministerien und den Kanzler über die Vorgänge darin auf dem laufenden. Einem Kanzler, der sich seiner zu bedienen verstand, verschaffte der Apparat einen ausgezeichneten, niemandem sonst zugänglichen Überblick über die Gesamt- und Differenziertheit der Regierungspolitik und bei Bedarf auch tiefe Einblicke in die personellen Umstände und die sachliche Tätigkeit aller Ministerien. Adenauer hatte sich glänzend darauf verstanden und den Ministern mit seinen Personal- und Sachkenntnissen nicht selten das Leben schwer gemacht. Erhard verstand sich nicht darauf, konnte sich seiner ganzen Art und seinem Politikverständnis nach auch nicht darauf verstehen und machte mit Mangel an Personal- und Sachkenntnis nicht selten sich selbst das Leben schwer. Er dachte natürlich, Politik auch im Kanzleramt „aus der Souveränität des freischaffenden Künstlers gestalten" zu sollen und zu können.[9] Dazu bedurfte er keines bürokratischen Apparats, sondern menschlicher Wärme und informellen Zuspruchs. Beides brachte er in Gestalt des größeren Teiles seines Küchenkabinetts mit. Außer Westrick zogen auch Seibt als persönlicher Referent und Hohmann als Leiter eines zuvor unbekannten „Kanzlerbüros" ins Palais Schaumburg ein. Langer rückte zum Staatssekretär im Wirtschaftsministerium auf. Die drei anderen hatten jederzeit auf eigenen Wunsch und ohne gerufen zu werden Zugang zu Erhard. Mit ihnen vor allem besprach Erhard seine - oder ihre - Politik; nicht immer gemeinsam und deshalb auch nicht immer konsistent. Denn das Binnenverhältnis der drei war nicht von schierer Harmonie bestimmt; namentlich Westrick und Hohmann konkurrierten in gewisser Weise miteinander um das besondere Wohlwollen Erhards, das besonderen Einfluß auf Erhard verschaffte. Jeder hatte dabei seine Vorteile und zog daraus seinen Gewinn. Hohmann genoß Erhards ganze Zuneigung, managte ihn, machte dabei außerordentlich schnelle Karriere und empfahl sich für Westricks Nachfolge. Westrick hingegen verfügte über den Apparat, mit dem Erhard nichts anfangen konnte. Mit Hilfe des Apparats, dazu mit viel Geschick, Takt und Können, wurde er auf seine alten Tage eine Art Nebenkanzler. Manche gewannen sogar den Eindruck, daß er der eigentliche Kanzler wäre. „Wer heute und immer das Wort führt, ist nicht Erhard, sondern Westrick", notierte Krone noch vor Jahresende. Und in der Öffentlichkeit ging alsbald das Spottwort um: Ist es wichtig, oder wollen Sie den Kanzler allein sprechen?[10]

Das galt freilich nur für Verhandlungen und Gespräche mit deutschen Kontrahenten und Partnern. Dort war Westricks Wortführerschaft nötig, weil Erhard häufig unzureichend informiert und in der Argumentation ein wenig unsicher war. Bei Erhards Unterredungen mit ausländischen Besuchern war Westrick zwar regelmäßiger dabei, als Globke Adenauer assistiert hatte, überließ die Gesprächsführung aber weitestgehend Erhard. Auch das war nötig, weil bei Fremden keine Zweifel daran aufkommen durften, wer der erste Mann in Bonn war. Es war aber auch eher möglich, weil Erhards Gespräche mit ausländischen Botschaftern, Ministern und Präsidenten gewöhnlich einen Grad von Allgemeinheit hatten, der ins einzelne gehende Kenntnisse und präsente Argumentationssicherheit entbehrlich machte.

In den Unterhaltungen, die er noch in der ersten Woche seiner Amtszeit mit dem französischen Botschafter de Margerie und mit dem amerikanischen Botschafter McGhee über seine für Ende November vorgesehenen Besuche in Paris und Washington führte, wurden teils gleiche, teils unterschiedliche Beratungsgegenstände vereinbart. Erhard wollte mit de Gaulle und mit Kennedy über Deutschlands Rolle im atlantischen Bündnis und über Deutschlands Stellung zur Kennedy-Runde reden. Außerdem beabsichtigte er, mit de Gaulle die Opportunität und die Aussichten einer deutschen Europa-Initiative und mit Kennedy die Möglichkeit eines „großen Wurfs" in der Deutschlandpolitik zu beraten.[11]

Die Wiederaufnahme von Bemühungen, Europa politisch irgendwie zu einigen, hielt Erhard für nötig, weil die nationalen Regierungen auf bestem - oder richtiger: auf schlechtem - Wege seien, so viele Kompetenzen an die Kommission der EWG abzutreten, daß sie die Verantwortung für ihre Länder nicht mehr zu tragen vermöchten. Andererseits könne die Kommission jene Verantwortung nicht übernehmen. Dafür sei sie nicht geschaffen. Irgend jemand müsse sie aber übernehmen. Deswegen könne die politische Einigung nicht weiter auf die lange Bank geschoben werden. So sagte Erhard, wieder und wieder. Vielleicht glaubte er es auch. Recht überzeugend klang es nicht. Und falsch war es auch. Wenn es nur um den Übergang von wirtschaftspolitischen Zuständigkeiten der Länderregierungen an die Kommission ging, dann kam Europa ohne politische Einigung noch lange aus. Die Überzeugungskraft seiner Absichtserklärungen wurde ferner dadurch beeinträchtigt, daß Erhard der Idee keine halbwegs konkrete Vorstellung ihrer Verwirklichung beigab. Er hatte keine konkrete Vorstellung davon. Er betonte sogar immer wieder, daß er keine hätte: Fouchet I nicht und nicht Fouchet II und auch sonst keine. Es fiel unter diesen Umständen zu glauben schwer, daß Erhard wirklich wollte, was er sagte.

Den „großen Wurf" in der Deutschlandpolitik wollte er gewiß. Die Voraussetzungen dafür hielt er für günstiger denn je. Jeder, den es irgend anging, bekam sie während der folgenden Monate in fast identischen Wendungen zu hören: Chruschtschow stehe vor großen Problemen, die er nicht alle zugleich bewältigen könne. Da sei die von der ideologischen Kontroverse zum machtpolitischen Konflikt mutierte Auseinandersetzung mit China, dann die Notwendigkeit „Sibirien wirtschaftlich und sozial zu durchbluten" und schließlich die „Verbürgerlichung" der sowjetischen Gesellschaft. Chruschtschow sei auf westliche Hilfe angewiesen. Jedenfalls müßte Hilfe ihm hochwillkommen sein. Er suche ja auch darum nach. Kreditwünsche lägen vor. Den Wünschen dürfe keinesfalls entsprochen werden. Langfristiger Kredit an die Sowjetunion, der Chuschtschow aus der Bredouille hülfe, müßte im Westen schlechthin Anathema sein. Denn je größer die Probleme, um so größer, dachte und sagte Erhard, auch die Bereitschaft der sowjetischen Führung, sich auf ein politisches Geschäft einzulassen. Die Bundesrepublik sei zu großen Opfern bereit. Die Rede vom „großen Wurf" lief auf den Glauben hinaus, die Wiedervereinigung in absehbarer Zeit kaufen zu können. Daß dies Erhards Vorstellung sei, hatte schon Berlins Bürgermeister Willy Brandt bei gelegentlichen Gesprächen ungläubig vermerkt.[12] Bis dahin dürften westliche Positionen der Deutschland- und Berlinpolitik nicht durch Entspannungspolitik aufgegeben oder zumindest aufgeweicht werden.[13] Darüber wollte Erhard mit Kennedy reden. Botschafter McGhee sagte, daß Kennedy diese Überlegungen interessant finde. Der amerikanische Präsident seinerseits wolle mit dem Bundeskanzler übrigens auch über die amerikanische Zahlungsbilanz und den deutschen Devisenausgleich reden.

Gleich anschließend ging McGhee zu Schröder und machte den Außenminister mit dem umfangreichen Besuchsprogramm bekannt, das er Erhard vorgeschlagen und das Erhard bereitwillig akzeptiert hatte. Außer Gesprächen mit dem Präsidenten und wichtigen Ministern Unterredungen mit Senatoren, Bankiers, Geschäftsleuten und dazu eine Rede mit Debatte im National Press Club. Schröder erschrak. Er fände es besser, sagte er, wenn „der Herr Bundeskanzler vielleicht nicht seinen ganzen Unternehmensgeist gleich auf die erste Amerikareise" konzentrierte, sondern nur die Leute sähe, „die er unbedingt sehen müsse". Im Presseklub könnten ihm ja auch unerwünschte Fragen gestellt werden.[14] Wobei offenblieb, ob Schröder mehr die Fragen oder mehr die Antworten fürchtete.

Das Außenministerium verhielt sich zu dem außenpolitischen Eifer des neuen Kanzlers mit der reservierten Gelassenheit, die selbstbewußte Profis für strebsame Amateure übrighaben. In einer Europa-Initiative konnte es keinen Sinn ausmachen, weil es dafür, solange Frankreich nicht mit und die Benelux-Länder nicht ohne Großbritannien geeint sein wollten und solange Großbritannien europapolitisch ohnehin paralysiert war, keinen Ansatzpunkt, geschweige denn irgendwelche Erfolgschancen sah. Einer Deutschland-Initiative erkannte es Sinn zu und um so mehr, als es selbst mit einer umging. Dabei glaubte es allerdings nicht an die Möglichkeit einer raschen Lösung der Deutschland-Frage und dachte deshalb auch nicht an den „großen Wurf" in Form eines Geschäfts, der Erhard vorschwebte. Schröder war vielmehr darauf aus, durch Aktualisierung des Problems und Bekundung guten Willens zu verhindern, daß die Deutschland-Frage gar zu weit an den Rand der Welt-politik geriet, dort zu einem Gegenstand west-östlicher Entspannungspolitik wurde und im Interesse von Entspannung eine Antwort erfuhr, die den status quo zum status aeternitas machte.

Während Erhard mit großem Eifer einen schwungvollen Auftritt auf den Bühnen der internationalen Politik vorbereitete, geriet er innenpolitisch in erste Bedrängnis. Eine Schonfrist war ihm nicht vergönnt. Dabei bekam er es gleich in den Anfangswochen auch mit dem zweiten der beiden Probleme zu tun, die seine Kanzlerschaft fortan überschatteten. Das zweite Problem war der Bundeshaushalt. Das Problem war nicht vollends neu, aber es spitzte sich neuerdings zu und wurde erstmals offenbar. Mehr als zehn Jahre lang hatten die Bundesfinanzminister aus dem vollem schöpfen können. Die Bundesrepublik war mit vergleichsweisen hohen Steuersätzen ins Leben getreten. Unter dieser Voraussetzung bescherten das starke Wirtschaftswachstum und die Wirkungen der Einkommensteuerprogression dem Bundeshaushalt einen kräftig anschwellenden, sehr ergiebigen Einnahmestrom. Zeitweise war er unnötig ergiebig. Die Ausgaben blieben erheblich dahinter zurück. Der Bundeshaushalt war Jahr um Jahr nicht nur, wie es sich gehörte, auf ordentliche Weise ausgeglichen, er wies sogar satte Überschüsse aus. Das war, seit es einen zentralen deutschen Staatshaushalt gab, noch nicht vorgekommen, jedenfalls nicht über viele zusammenhängende Jahre hinweg. Der hauptsächliche Grund dafür, daß es in den fünfziger Jahren vorkam, war der Westdeutschland auferlegte Verzicht auf eine kostspielige Armee. Die Überfülle der Bundeskasse hatte Erhard bekanntlich zu wiederholten und gelegentlich auch erfolgreichen Forderungen veranlaßt, die Steuern zu senken. Andere hatten sie zur Durchsetzung ausgabenwirksamer staatlicher Leistungen genutzt. In den späten fünfziger Jahren begann die haushaltspolitische Lage sich allmählich zu wandeln. Das wirtschaftliche Wachstum büßte von seiner anfänglichen Dynamik ein. Die Einbuße machte sich im Verein mit den Steuersenkungen in einer Verminderung des Einnahmenwachstums bemerkbar. Zugleich nahmen die Ausgaben stark zu. Die Bundesrepublik wurde souverän und sollte wehrhaft werden. Die Aufrüstung begann und kostete zusehends mehr Geld. Daneben wurde für wirtschaftliche und soziale Zwecke mehr ausgegeben. Manche der neuen oder vermehrten Ausgaben gingen auf Initiativen der Bundesregierung zurück, andere wurden der Regierung vom Parlament aufgedrängt. Nicht wenige dienten der Befriedigung von Gruppeninteressen zur Werbung von Wählerstimmen. Erhard hatte gegen diese Art von „Gefälligkeitsdemokratie" letzthin häufig seine Stimme erhoben, war damit aber nicht durchgedrungen. Er hielt den Ausgabenanstieg und dessen Ursachen aus mehreren Gründen für unerquicklich. Zum einen hatte er etwas dagegen, daß der Staat für die Einkommenssituation seiner Bürger in die Verantwortung genommen wurde. Das war Kollektivismus. Zum anderen glaubte er, daß im Streit organisierter partikularer Interessen um staatliche Pfründen der Gemeinsinn zerrieben werde, der die Gesellschaft zusammenhielt und dem Staat Halt gab. Und schließlich sah er fortgesetzte Zunahme des Staatsanteils am Sozialprodukt als eine Überforderung der wirtschaftlichen Kräfte an, in der sich das Walten schierer ökonomischer Unvernunft äußerte. Zumindest *diese* Sichtweise wurde von vielen geteilt. Deshalb bemühte sich die Bundesregierung seit geraumer Zeit darum, das Wachstum des Bundeshaushalts in den Grenzen des Sozialproduktwachstums zu halten. Erfolgreich war das Bemühen freilich nicht gewesen. Der Haushalt war gleichwohl ins Gedränge geraten. Das Gedränge äußerte sich unter anderem in einem andauernden Gerangel des Bundes mit den Ländern um beide Anteile an der Einkommensteuer. Die Einkommensteuer stand nach den Bestimmungen des Grundgesetzes Bund und Ländern gemeinsam zu; die jeweiligen Anteile hatte das Grundgesetz aber unbestimmt gelassen, sie wurden von Jahr zu Jahr oder für mehrere Jahre durch ein Bundesgesetz festgelegt, das der Zustimmung des Bundesrats bedurfte. Der Streit um die Anteile im Haushaltsjahr 1964 und kontroverse Bestrebungen, die Quoten ein für allemal zu fixieren, waren im Gange, als Erhard Kanzler wurde. Niemand konnte absehen, wozu sie führten. Unabhängig davon berieten die Regierung und die Koalitions-Fraktionen über die Bindung des Wachstums der Bundesausgaben an das Wachstum des Sozialprodukts. Damit wurden sie wenige Wochen nach Erhards Amtsantritt fertig. Das Sozialproduktwachstum wurde mit knapp 5 % veranschlagt und das Volumen des Bundeshaushalts auf 60,3 Milliarden begrenzt. Die Begrenzung ließ keinen Raum für ausgabenwirksame Vorhaben. Der Zuwachs war bereits durch laufende Vorhaben konsumiert. Erhard verkündete, daß er die Grenze mit allen Mitteln verteidigen werde. Denn „ich bin überzeugt davon, das deutsche Volk hat geradezu eine Sehnsucht danach, wieder einmal härter angepackt zu werden und eine Regierung zu besitzen, die handelt und hart operiert und auch einmal Nein zu sagen vermag."[15] Schon wenige Tage später wurde er beim Wort genommen. „Strauß treibt den ersten, ernsten Keil in die Koalition", notierte Krone unterm 14./15. November. „Zusammen mit dem Landesausschuß der CSU will er von Erhard mehr Geld für die Kriegsopfer".[16]

Ob Strauß sich tatsächlich als treibende Kraft betätigte, ist ungewiß. In der Öffentlichkeit wurden Wort und Sache jedenfalls von der stellvertretenden Vorsitzenden des Bundestags-Ausschusses für Kriegsopfer- und Heimkehrerfragen, der CSU-Abgeordneten Maria Probst, geführt. Es ging bei der Sache um eine spürbare Erhöhung der Kriegsopfer-Renten.

Frau Probst forderte namens ihres Ausschusses und mit Rückendeckung ihrer Partei Aufbesserungen, die den Bundeshaushalt von 1964 an circa 1,2 Milliarden DM kosteten, und fand dafür in den Koalitionsfraktionen eine Mehrheit. In die Haushaltsplanung paßten aber nur etwa 650 Millionen DM. Die Regierung schlug einen Kompromiß vor. Die erwünschte Rentenerhöhung sollte in vollem Umfang akzeptiert, aber etappenweise durchgeführt werden, damit ein Teil der zusätzlichen Belastung des Haushalts erst im Jahr 1965 anfiele. Erhard begründete und vertrat den Kompromiß vor der Fraktion, vor dem Parteivorstand und vor der Öffentlichkeit als das Äußerste, was möglich sei, mit deutlichen Worten. „Ich lasse unsere Währung und unsere Stabilität unter keinen Umständen zerstören". Notfalls werde er nicht zögern, sich gegen die eigene Fraktion auf Artikel 113 des Grundgesetzes zu berufen, um die Gefahr abzuwehren.[17] Art. 113 ermächtigte die Bundesregierung dazu, Gesetze abzulehnen, die ihre Haushaltspläne sprengten. Die Fraktion schwankte. Sie wollte keinen offenen Konflikt mit der neuen Regierung gleich in deren ersten Monaten. Andererseits bestanden die Kriegsopferverbände auf der sofortigen Rentenerhöhung um den vollen Betrag. Sie kündigten handfeste Proteste gegen die Etappen-Lösung an. Ihre Forderung war populär. Auch viele Abgeordnete mochten nicht einsehen, daß die Anfänge von Haushaltsdisziplin ausgerechnet auf dem Rücken von „Opfern" und Bedürftigen ausgetragen würden. Erhard bestritt, daß die Mehrzahl der „Opfer" noch bedürftig sei.[18] Ihm lag natürlich auch daran, einen offenen Konflikt mit der Fraktion zu vermeiden; auf eine Kraftprobe schien er es aber wegen der grundsätzlichen Bedeutung des Falles und einigermaßen siegessicher ankommen lassen zu wollen.

Pièce de Résistance: de Gaulle

Wie die Kraftprobe ausgehen würde, war höchst ungewiß, als Erhard am Abend des 20. November mit geringer Begleitung - Schröder, Westrick und wenige hohe Beamte - im Sonderzug, dessen Gemütlichkeit er höher schätzte als die Geschwindigkeit des Flugzeugs, nach Paris aufbrach. Das Herz schlug ihm dabei nicht wenig. Die innere Unruhe, die Sorge, daß er gegen de Gaulle nicht bestände, und der betonte Wille, sich als eigenständig-entschiedene Führungspersönlichkeit neben dem galligen Mann mit seinem Bedeutsamkeitsgebaren zu erweisen, waren groß.

Erhard wollte zweimal mit dem französischen Staatspräsidenten „unter vier Augen" sprechen. Die Augen der Dolmetscher zählen bei derlei Gelegenheiten nicht. Im ersten Gespräch sollte es um die Einheit von EWG-Agrarpolitik und Kennedy-Runde sowie um Erhards Absicht gehen, eine neue Europa-Initiative zu lancieren. Im zweiten stand die Verteidigungspolitik auf der Tagesordnung. Erhard hielt das erste Gespräch für wesentlich wichtiger, weil es gemeinsames Handeln unter der Voraussetzung voneinander abweichender, aber vermittelbarer Einstellungen und Interessen beträfe, wogegen das zweite nur der Feststellung entgegengesetzter und unvermittelbarer Positionen und Absichten gelten könnte.

Die deutsche Delegation kam nach vierzehnstündiger, zeitweise unterbrochener Fahrt am folgenden Morgen um 10 Uhr auf dem Gare de l'Est an. Ministerpräsident Pompidou und Außenminister Couve de Murville empfingen sie mit großem Zeremoniell.[19] Es war das erste Mal, daß Erhard dergleichen zuteil wurde. Er hatte seine Freude daran. Man fuhr ins Hotel Bristol in der Rue Faubourg Saint Honoré, keine fünfhundert Meter vom Elysée-Palast entfernt. Das Hotel war Erhard nicht unbekannt. Dort hatte er schon als Minister bei seinen zahlreichen Paris-Aufenthalten Zimmer bezogen. Alle Regierungsmitglieder taten dies. Er machte sich ein wenig frisch, dann brachte ihn ein Wagen zum Amtssitz des französischen Präsidenten: ein schweres, schönes eisernes Portal, salutierende Wachen, die kurze Auffahrt im Hof, eine breite Treppe. Erhard betrat den Palast zum ersten Mal. De Gaulle kam ihm nicht entgegen. Das stand nur Staatsoberhäuptern zu. Er erwartete ihn in seinem Arbeitsraum. Erhard war beim Gang durch die Hallen und Flure des 250 Jahre alten und etwas musealen Baus, in dem die Geliebte Ludwig XV., die Gattin Napoleons I. und Napoleon III. höchstselbst gelebt hatten, beklommen zumute. Osterheld begleitete ihn. Im Vorzimmer des Präsidenten blieb er zurück und hielt sich mit einem Aktenbündel für Auskünfte bereit. So war es auch schon zu Adenauers Zeiten gehalten worden. De Gaulles deutschlandpolitischer Berater Pierre Maillard tat ein Nämliches.

Erhard betrat das Innerste vom Inneren der französischen Staatsmacht. De Gaulle empfing ihn würde- und achtungsvoll. Man nahm zuseiten eines halbhohen Empire-Schrankes unterhalb eines mächtigen Spiegels in schweren, steifen Polsterstühlen Platz; de Gaulle, Riese im Sitzen beinahe mehr noch als im Stehen, von ehrfurchtgebietender Haltung, mit mächtig-langgezogenem Kopf, der gleichwohl irgendwie zu klein, jedenfalls unproportioniert wirkte, und eindrucksvoll zerfurchten Zügen, viel Nase und wenig Mund, dazwischen ein Bärtchen, von dem man wissen mußte, um es wahrzunehmen, majestätisch in Erscheinung und Attitüde, das Sinnbild französischer Grandeur; daneben Erhard, rund und gedrungen, unbedeutend von Gestalt und ein wenig unwohl in seiner Haut, glatt noch immer, wenn auch etwas vergrämt inzwischen das Gesicht, von Majestät keine Spur und des Staatsmännischen nicht recht habhaft, das Sinnbild deutschen Wohlstands. Unterschiedlicher konnten zwei, die von den Zufällen der politischen Zeitenläufte auf gleiche Höhe gestellt und dort aufeinander verwiesen worden waren, nicht sein. Präsident und Kanzler: Der eine schätzte den anderen gering, und der andere hielt den einen für ein politisches Petrefakt, das aller Welt das Leben schwermachte und sich dennoch höchsten, obschon hier und da und dann und wann eines etwas ingrimmigen Respekts erfreute. Er, Erhard selbst, war ja nicht frei davon. Deshalb saß er da mit der unrealistischen Absicht, de Gaulle politisch zu widerstehen und persönlich zu beeindrucken.

Das Gespräch begann mit dem Austausch von Heucheleien jener Art, ohne die Politik unmöglich wäre.[20] De Gaulle versicherte Erhard seiner besonderen Sympathie und Wertschätzung, Erhard sagte, daß er sehr bewußt zuerst nach Paris gekommen sei, um auf diese Weise ein Bekenntnis zur Politik seines Vorgängers abzulegen, das die Absicht einschließe, jene Politik getreulich fortzuführen. Dies abgetan, kam man rasch zur Sache - jeder zu seiner. Politische „Vier-Augen-Gespräche“ unter Staats- und Regierungshäuptern sind üblicherweise ja keine Dialoge, in denen der eine argumentierend auf die Auslassung des anderen eingeht, sondern ineinandergeschobene Monologe, in denen beide ihre Positionen vortragen und ohne sonderliche Rücksicht auf die Äußerungen des je anderen entfalten oder auch bloß wiederholen. Mangels zureichender Vertrautheit mit den genaueren Umständen und Konsequenzen dessen, worüber sie reden, kann das kaum anders sein. „Chef-Gespräche“ dienen, vom Atmosphärischen abgesehen, im wesentlichen der Verkündung allgemeiner Absichten, der Feststellung grundsätzlicher Standpunkte und der Bestätigung von Vereinbarungen, die zwischendurch von den Experten erarbeitet wurden.

Das erste Gespräch zwischen de Gaulle und Erhard diente zunächst der Feststellung ihrer unterschiedlichen Ansichten über den Zusammenhang von EWG-Agrarpolitik und Kennedy-Runde. De Gaulle sagte, daß die Einrichtung des gemeinsamen Agrarmarktes einen zeitlichen Vorrang vor gemeinsamer Außenhandelspolitik habe. Dabei konnte er sich auf den Vertrag von Rom und auf spätere Abmachungen berufen. Im stillen meinte er, daß

Auf dem Prüfstand: Erstmals bei de Gaulle im Elysée

sie für Frankreich auch einen sachlichen Vorrang habe. Nach dem akzeptierten Zeitplan der Kommission und des Rats stand zum Ende des Jahres der Erlaß von Marktordnungen für Milch, Fleisch und Reis sowie die Verabschiedung eines einheitlichen Getreidepreises an. Frankreichs Interesse an den Marktordnungen richtete sich darauf, daß sie den Absatz von Gütern, die in der Gemeinschaft produziert wurden, vor dem Import aus Drittländern bemerkenswert begünstigten. Den einheitlichen Getreidepreis wünschte es sich relativ niedrig, weil die französischen Bauern Getreide zu relativ niedrigen Kosten erzeugten. Sie konnten auch noch bei Preisen bequem bestehen, bei denen Getreideproduzenten in anderen EWG-Ländern und namentlich in Deutschland bereits erhebliche Verluste machten und aufgeben mußten, falls sie nicht subventioniert wurden. Subventionen herkömmlicher Art waren nach den Regeln der EWG-Agrarpolitik aber künftig ausgeschlossen. Es stand mithin zu erwarten, daß sich den französischen Getreidebauern im Zeichen eines niedrigen, einheitlichen Getreidepreises neue Absatzmöglichkeiten boten. Die Franzosen werteten die Tatsache, daß europäische Agrarmarktordnungen mit einheitlichen Preisen den französischen mehr als den deutschen Bauern nützten, als billige Gegenleistung dafür, daß der gemeinsame Markt für gewerbliche Güter besonders der deutschen Industrie zugute kam. Das war nicht ganz von der Hand zu weisen, aber für Erhard gleichwohl schwer verdaulich. Er wollte die drei neuen Agrarmarktordnungen nur in zeitlicher und sachlicher Verbindung mit einer inhaltlich näher bestimmten Bereitschaftserklärung der Sechs, im Rahmen der Kennedy-Runde Weltagrarmarkt-Abkommen zu schließen, die Drittländern einen nicht zu engen Zugang zum europäischen Agrarmarkt offenhielten. Und den einheitlichen Getreidepreis wollte er am liebsten gar nicht. Mit dem ersten Wunsch wurde er seiner Rolle als Fürsprecher des freien Welthandels gerecht. Nebenher, aber sehr bewußt, vertrat er damit auch amerikanische Handelsinteressen. Mit dem zweiten Wunsch vertrat er die Interessen der deutschen Bauern, geriet dadurch aber ein wenig in Widerspruch mit sich selbst. Es lag ja nicht nur im Interesse der französischen Bauern, sondern war auch im Einklang mit der ökonomischen Vernunft, die Erhard gewöhnlich hochhielt, daß *die* Bauern im Gemeinsamen Markt Getreide erzeugten, die dies zu möglichst niedrigen Kosten tun konnten. Freilich, die ökonomische Vernunft war eins, und ein anderes war die politische Stärke des Deutschen Bauernverbandes. Erhard plädierte dafür, die Verabschiedung der drei Markt-ordnungen mit einer Einigung über die Grundsätze von Weltagrarabkommen zu verbinden und die Festsetzung des einheitlichen Getreidepreises von beidem zu trennen und in die Zukunft zu verschieben. Er halte es aus deutscher Sicht für unmöglich, darüber in absehbarer Zeit einig zu werden. Dann lenkte er von den aktuellen Problemen ab und zu seiner Idee über, erneut die politische Einigung Europas in Angriff zu nehmen. So leicht ließ de Gaulle sich nicht ablenken. Er kehrte zu den aktuellen Problemen zurück, trennte den für ihn selbstverständlichen Erlaß der drei Marktordnungen von der gemeinsamen Haltung in der Kennedy-Runde und verband jene Haltung mit der zeitgerechten Bestimmung des einheitlichen Getreidepreises. Er nehme zur Kenntnis, was Erhard gesagt habe, „halte es aber nicht für sehr ermutigend." Jetzt lenkte Erhard ein. Deutschland wolle sich natürlich seinen Verpflichtungen nicht entziehen, und an seinem, Erhards, eigenen guten Willen könne ohnehin kein Zweifel sein.

De Gaulle bedankte sich und ließ sich nun auf die Frage ein, ob auch er es für angebracht halte, der Gemeinschaft neue Impulse für eine politische Einigung zu geben. Er hielt es für sowenig angebracht wie der deutsche Außenminister. Letzten Endes sei die politische Einigung nötig, gegenwärtig aber kaum möglich. Seine Initiative sei gleichsam versandet, er werde keine neue ergreifen. Andererseits werde er sich einer fremden Initiative nicht widersetzen. Was Erhard dazu ermuntere und wie er sich derlei Initiative vorstelle? Erhard sagte, daß sich die Situation in den vergangenen anderthalb Jahren verändert habe. „Zu seiner Überraschung reiften die Dinge schneller als erwartet". *Was* reifte, sagte er nicht. Wie er sich die Sache vorstelle?, fragte de Gaulle erneut. Ein Treffen der Regierungschefs, sagte Erhard, damit deutlich werde, „daß hier ein originärer politischer Wille vorhanden sei". Meinetwegen, sagte de Gaulle. „Die Einladung müßte natürlich von der italienischen Regierung ausgehen". Denn es sei die italienische Regierung gewesen, die es unterlassen habe, eine neue Konferenz der Sechs einzuberufen, nachdem Holland und Belgien sich dagegen ausgesprochen hatten, den Fouchet-Plan ohne England weiterzuverfolgen. Das sei der Stand der Dinge und die italienische Regierung gleichsam noch im Wort. Er habe keine Einwände dagegen, daß sie ihr Wort einlöse und die „erloschene Flamme wieder zum Brennen bringe". Erhard sagte, daß er der italienischen Regierung dies vorschlagen werde. *Seine* Europa-Initiative war unversehens und vom ihm wohl auch unvermerkt auf ein französisches Gleis geraten, das schon einmal zu nichts geführt hatte.

Unterdessen war es ein Uhr geworden. De Gaulle bat zum gemeinsamen Essen im größeren Kreis. Viel Zeit für Ruhe und Erfrischung blieb nicht. Kurz vor vier fuhr Erhard zum Amtssitz des französischen Ministerpräsidenten, Hôtel Matignon, Rond Point - Ecke Avenue de Montaigne, zu einem Gespräch mit Ministerpräsident Pompidou, den beiden Außenministern und den beiden Botschaftern. Das Gespräch behandelte ausschließlich Fragen der Wirtschaftspolitik. Pompidou betonte Frankreichs Interesse am Erfolg der Kennedy-Runde unter der Voraussetzung gemeinsamer Marktordnungs- und Agrarpreispolitik in der EWG. Erhard fühlte sich in der Gegenwart des jovialen, im übrigen auch sachverständigen Mannes behaglicher und redete freier. Die Außenminister kamen nicht zu Wort.[21]

Um fünf wieder in den Elysée, weniger beklommen als am Vormittag womöglich, wiewohl zu der schwierigeren Unterredung.[22] Am Morgen war Erhard Fachmann und in seinem Element gewesen, jetzt war dies de Gaulle. Es ging um die Sicherheits- und Verteidigungspolitik. De Gaulle sagte, daß die Politik eines Staates in erster Linie dessen Verteidigung zu gelten habe, und er erbot sich, Erhard des näheren darzulegen, welche Folgerungen Frankreich daraus ziehe. Erhard ging auf das Anerbieten nicht gleich ein. Er wollte zunächst loswerden, was er sich zurechtgelegt hatte. Es lag leider nicht mehr sehr geordnet da. Er sei ebenso wie de Gaulle der Ansicht, „daß man Staat und Verteidigung nicht trennen könne", sagte Erhard. Anders als de Gaulle glaube er aber nicht, daß es im Kriegsfalle erst eine Schlacht um Deutschland und dann eine Schlacht um Frankreich gebe. „Im übrigen sei das Ganze zu schauerlich, um es überhaupt durchzudenken". Man müsse der Sowjetunion klarmachen, daß die nukleare Abschreckung der NATO total sei. Ein Anlaß zur Annahme, daß konventionelle Teilkriege möglich wären, käme der Einladung zu derlei konventionellen Teilkriegen gleich. Darin seien Frankreich und Deutschland sich wohl einig. Uneinig seien sie sich hingegen über folgendes: Frankreich glaube nicht an die Bereitschaft der USA, Europa mit allen Mitteln zu verteidigen, Deutschland verlasse sich darauf.

De Gaulle sagte, die Sache sei doch heute so: Amerika und Rußland wüßten, daß beide stürben, wenn einer den anderen mit Atomwaffen angriffe. Da sie leben wollten, griffen sie einander nicht mit Atomwaffen an. Was also werde geschehen, wenn es zu einem Konflikt um Deutschland komme? Nicht heute und morgen, Rußland habe genug mit sich selbst zu tun und sei nicht kriegerisch gestimmt, aber vielleicht in fünf oder zehn Jahren. „Amerika werde zunächst konventionell kämpfen; denn ein konventioneller Krieg bedeute weder für Rußland noch für Amerika Lebensgefahr. Er bedeute allerdings Lebensgefahr für Deutschland und Frankreich", weil Rußland konventionell überlegen sei. „Hätten dagegen Deutschland und Frankreich, die Europäer, nukleare Waffen (und) könnten sie Rußland töten, dann würde Europa genausowenig wie Amerika von Rußland angegriffen". Deshalb baue Frankreich die force de frappe und weigere sich, sie zu integrieren. „Frankreich wolle das Bündnis mit Amerika; denn dieses Bündnis stärke Europa", weil es die russischen „Angriffsgelüste" vermindere. „Was es nicht wolle, sei die amerikanische Integration, denn es könne nicht sein Schicksal, das heißt seine Atombombe, den Amerikanern in die Hand geben". Wer daran glaube, könne die MLF als Trost und Hoffnung verstehen. Die force de frappe werde Wirklichkeit sein. Klein, gewiß, viel kleiner ein für allemal als die sowjetische und die amerikanische Atommacht. Aber sie werde groß genug sein, um Rußland „einmal zu töten". Das reiche, auch wenn Rußland Frankreich zehnmal töten könne. Wenn Deutschland auf die Allianz und die militärische Integration mit Amerika setze, nun gut. Frankreich fühle sich dadurch nicht gestört und wäre glücklich, wenn Amerika den deutschen Erwartungen im Kriegsfall gerecht würde. Es sei dessen aber nicht sicher. Es gebe keine gleichsam natürliche Solidarität zwischen Amerika und Deutschland, wohl aber gebe es derlei natürliche Solidarität zwischen Deutschland und Frankreich. Wenn Deutschland falle, falle Frankreich hinterdrein. „Auch er glaube nicht an zwei Schlachten, er glaube vielmehr an eine deutsch-französische Schlacht, in der beide Länder absolut solidarisch seien. Wenn Deutschland angegriffen würde, werde Frankreich seine Atombombe einsetzen, denn es gehe dabei sofort um die Verteidigung Frankreichs. Bei Amerika aber könne man dessen nicht so sicher sein". Die Amerikaner sagten zwar, *daß* sie ihre Atombombe zur Verteidigung Europas einsetzen würden, sie sagten aber nicht, wann und wo. „So sei die Wirklichkeit".

Erhard kriegte das so schnell nicht auf die Reihe. Völlig plausibel war es ja auch nicht, überwältigend in seiner etwas grobschlächtigen Klarheit der Gedankenführung und in der Eindringlichkeit des Vortrags schon.

„Dies sei ein recht trübes Bild," sagte Erhard, „denn die Konsequenz sei, daß man bei einem ernsten Konflikt nur die Wahl zwischen der Art des Todes habe".

De Gaulle ließ es an Geduld nicht fehlen.

„Dies stimme insofern nicht", sagte er, „als Europa, wenn es Atomwaffen hätte, eben auch zu jenen gehörte, die die Russen nicht angreifen würden".

Erhard gab zu, daß es den Amerikanern „nicht leichtfalle, für Europa zu sterben. Sicherlich hätten die Russen auch keine Lust, Amerika anzugreifen. Aber es gebe eben Dinge, die man rational nicht mehr erklären könne, die ein Glaubensbekenntnis seien, und so sei das deutsche Vertrauen auf Amerika zu verstehen".

Den Eindruck hatte de Gaulle ohnehin.

Erhard redete weiter: zur Ehrenrettung der Vereinigten Staaten, zugunsten der militärischen Integration, in zartem Zweifel über die Schlagkraft der force de frappe. Dabei kam ihm redend ein Gedanke, den er für so trefflich hielt, daß er ihn bei jeder kommenden Gelegenheit zitierte. „Der General habe davon gesprochen, daß man mehr als einmal nicht sterben könne. Vielleicht seien andere der Auffassung, daß Rußland nur ein halbes Mal und Europa dafür fünfmal sterben müßte. In dieser Situation aber würde er sich äußerst unwohl fühlen".[23] Rußland könne nur von Amerika abgeschreckt werden.

An dieser Stelle hätten der Präsident und der Kanzler das Gespräch abbrechen können. Sie hatten einander eigentlich nichts mehr zu sagen. Aber die vorgesehene Zeit war noch nicht herum und deshalb sprachen sie noch eine dreiviertel Stunde lang weiter. Erhard wiederholte, daß er sich nicht vorstellen könne, von Amerika im Stich gelassen zu werden.

De Gaulle wies ihn darauf hin, daß Amerika in den zwei Weltkriegen erst eingegriffen habe, „als Frankreich schon gefallen und England sehr malade gewesen sei, und auch dann nur, weil die Japaner die amerikanischen Schiffe in Pearl Harbor versenkt hätten". Erhard fühlte sich bemüßigt einzuräumen, daß es auch in Deutschland zuweilen Zweifel an der amerikanischen Haltung gebe. Und dennoch. De Gaulle wiederholte, daß Frankreich Deutschlands Bedürfnis, sich eng an die Vereinigten Staaten anzulehnen, verstehe und billige, zumal Frankreich Europa eine atomare Verteidigung noch nicht bieten könne. Er seinerseits bitte um Verständnis dafür, daß Frankreich einer anderen Linie folge. Das Verständnis verstehe sich von selbst, sagte Erhard.

Dann verließ er de Gaulles Arbeitszimmer. De Gaulle begleitete ihn. Osterheld, der wieder draußen wartete, sah sie herauskommen, Erhard strahlend, erleichtert, als wäre ihm ein Stein vom Herzen gefallen. Er hatte das Gefühl, bestanden und dabei ein gutes persönliches Verhältnis zu de Gaulle gewonnen zu haben. Äußerst glücklich sei er, sagte er den Journalisten, die im Bristol warteten. Es sei sehr gut gelaufen. Das meine auch de Gaulle. Man sei einander „in voller Aufgeschlossenheit, ja, in Herzlichkeit begegnet".[24] Später, in einiger zeitlicher Distanz und unter dafür geeigneten Umständen, kam zu dem Glücksempfinden das stolze Gefühl dazu, de Gaulle auch ein bißchen das Fürchten gelehrt zu haben. Frankreich wisse neuerdings, sagte er dann wohl zu amerikanischen und englischen Gesprächspartnern, von denen er annahm, sie hörten dies gern, daß es mit Deutschland nicht mehr umspringen und seiner Gefolgschaft gewiß sein könne.[25]

Der erste Besuchstag klang mit einem Diner aus, das Pompidou zu Ehren Erhards gab. Dabei geschah Erschreckendes und Sonderbares. Pompidou war grippekrank und stand unter starken Medikamenten. Erhard hielt seine Tischrede. Plötzlich gab es neben ihm einen schweren Schlag; Teller schepperten und Gläser klirrten. Pompidou war in sich zusammengefallen, sein Oberkörper lag leblos neben Erhard auf der Tischplatte. Erhard kümmerte sich nicht darum. Er hielt in seiner Rede inne. Bestürzte Rufe erschollen, man sprang auf, eilte herbei und bemühte sich um Pompidou. Erhard nahm Platz. Pompidou kam nicht zu sich. Man räumte ihn von der Tafel. Erhard nahm keinen ersichtlichen Anteil daran. Seine Rede nahm er auch nicht wieder auf. Das Diner nahm seinen Fortgang. Nach einer halben Stunde war Pompidou wieder bei sich, kehrte in den Saal zurück und plauderte mit Erhard bei Kaffee und Cognac.[26]

Am nächsten Vormittag, es war der 22. November und de Gaulles 73. Geburtstag, trafen die beiden Delegationen zu einem abschließenden Plenargespräch zusammen. Bei dieser Gelegenheit sagte de Gaulle, daß einen schlechten Witz mache, wer Deutschland eine Entscheidung zwischen seinem nächsten und seinem mächtigsten Verbündeten abverlange. Ihm liege derlei Witz fern. Und Erhard wiederholte, dankbar dafür, daß Deutschland auf Amerikas Bereitschaft, Deutschland mit Atomwaffen zu verteidigen, vertraue, weil es darauf vertrauen *müsse*. Das Vertrauen in Amerika sei Schicksalsfrage und Glaubensbekenntnis in einem. Das habe er gestern schon General de Gaulle gesagt. Osterheld bekam Zweifel daran, daß es am Vortag zwischen Präsident und Kanzler tatsächlich so gut gelaufen wäre, wie Erhard aufgrund der ehrenvollen und netten Behandlung, die de Gaulle ihm hatte zuteil werden lassen, euphorisch glaubte. Wenn Erhard als Politiker auf internationaler Bühne ernst genommen werden wolle, dann dürfe er dergleichen nicht wieder sagen, meinte er zu Westrick. Westrick gab ihm recht.[27]

Am Nachmittag sprach Erhard vor der Presse Diplomatique, am Abend trat die deutsche Delegation die Rückreise an. Noch auf französischem Boden erfuhr sie im Sonderzug über Funk, daß wenige Stunden zuvor Präsident Kennedy erschossen worden war. Erhard flog deshalb drei Tage später nicht, wie vorgesehen, zu dem „eigentlichen politischen und für Deutschland bedeutsamen Gespräch" mit dem jungen amerikanischen Präsidenten, sondern zu dessen Beerdigung nach Washington.

Bei dieser Gelegenheit traf er sowohl mit dem neuen US-Präsidenten Lyndon Johnson, wie auch mit dem neuen britischen Premierminister Alexander Douglas-Home kurz zusammen. Macmillan war, krank und verbraucht, exakt an dem Tag aus dem Amt geschieden, an dem Erhard das seine antrat. Douglas-Home war in den vergangenen drei Jahren sein Außenminister gewesen.

Johnson versicherte Erhard, nachdem er ihn samt Bundespräsident Lübke und Außenminister Schröder eine halbe Stunde lang im Vorzimmer hatte warten lassen, daß die USA zu ihren militärischen Verpflichtungen in Europa stünden, und er bat Erhard, sich in Europa für die Zwecke der Kennedy-Runde starkzumachen.[28] Darum brauchte man Erhard nicht eigens zu bitten.

Douglas-Home ließ Erhard wissen, daß er besonderen Wert auf enge Zusammenarbeit mit Deutschland lege, weil andernfalls die Führung in Europa an Frankreich falle.[29] Die Botschaft war ganz in Erhards Sinn. Wenn Douglas-Home ihm nur auch hätte sagen können, wie enge Zusammenarbeit angesichts der britischen MLF-Resistenz, seiner vorläufigen Abwendung von der europäischen Einigung und seiner Bereitschaft, der Sowjetunion langfristige Kredite zu gewähren, aussehen sollte.

Wenige Tage nach Erhards Rückkehr ins Palais Schaumburg lud Johnson den deutschen Bundeskanzler als ersten europäischen Regierungschef, dem er als Präsident die Ehre gab, zu den politischen Gesprächen ein, die mit Kennedy nicht mehr möglich gewesen waren. Er bat ihn, zwischen Weihnachten und Neujahr auf seine Ranch in Stonewall, Texas, zu kommen. Erhard war höchst beglückt darüber und mächtig stolz darauf. Krone fragte sich: Was will Johnson von ihm?[30]

Verdrießliches

Vorerst forderten freilich die Widrigkeiten der inneren Politik ihren Mann. Bei seiner Rückkehr fand Erhard einen Brief des CSU-Parteivorsitzenden voll Blitz und Donner vor. Strauß machte sich nun doch zum ausdrücklichen Fürsprecher der sofortig-umfassenden Kriegsopferrenten-Erhöhung, beschwerte sich über die Art, in der er deswegen vom Koalitionspartner und von Leuten aus Erhards Umgebung angerempelt wurde, und gab im Zorn zu erkennen, daß er sich schon bei der Regierungsbildung von Erhard schlecht behandelt gefühlt und dies ebensowenig vergessen hatte wie Erhards „Kneifen" nach der letzten Bundestagswahl. „Es ist nicht gut, wenn Mitarbeiter von Ihnen, die Ihnen auch in der Vergangenheit nicht nur genützt haben, ... treue Freunde vor den Kopf stoßen ... Ich bedaure, daß Sie nicht bei den Entscheidungen persönlicher und sachlicher Art geblieben sind, die Sie am Tegernsee ... in Aussicht gestellt haben ... Ich kann mir die Bemerkung nicht ersparen, daß es um unsere Sache besser bestellt wäre, wenn man im Jahre 1961 in der CDU den Mut gehabt hätte, nur sich dem anzuschließen, was ich in der Wahlnacht und nachher offen ausgedrückt habe". Mit diesen Tönen im Ohr fiel es schwer, davon „überzeugt zu sein, daß wir (die CSU) Ihren politischen Erfolg wollen". Erhard nahm den Brief dennoch leicht; jedenfalls nahm er keine sonderliche Rücksicht darauf. Er barst nach den Jahren der Demütigung vor Selbst- und Sendungsbewußtsein und dazu vor Gefühlen von Machtvollkommenheit. Es kam zu einem Gespräch in Strauß' Bonner Wohnung, dessen

Strauß sich später als „frostig“ erinnerte. Obwohl Strauß ihn davor warnte, die Rentengeschichte zu einer Sache seines Prestiges und seiner Autorität zu machen und „am Beispiel der Kriegsopfer ein Exempel zu statuieren“, tat Erhard genau dies. Seine Standhaftigkeit im Streit um die Kriegsopferversorgung geriet ihm allmählich zum Ausdruck einer Zeitenwende.[31]

Der Anschein von Demut, mit dem er seinen Amtsantritt vollzogen hatte, hielt ja nicht lange vor. Sechs Wochen danach war aus dem „Wechsel im Amt“ in Erhards Reden doch der „Beginn einer neuen Epoche“ in der Innen- und der Außenpolitik geworden. Eine „geistige Umkehr im Denken des Volkes“ erscheine als unabdingbar. Er fühle sich aufgerufen, sie zu bewirken. „Die Methoden von gestern“ seien nicht mehr brauchbar. Er werde neue anwenden. „Ich bin kein Zauberer, aber ich werde das tun, was mir das innere Gewissen und die Verantwortung vor dem deutschen Volk vorschreibt“. Keinesfalls werde er dem Drängen der Verbände nachgeben. Unpopularität kümmere ihn wenig. „Ich kann nicht anders ... wenn ich nicht stehe, bricht die Flut über uns herein“.[32]

Wenn schon die Zeiten anders werden sollten, der Mann blieb, wie er war. Erhard schüttete die Sache mit Prinzipien zu, bezog davor Stellung, unbeugsam und heldenmütig, überschätzte dabei, der Prediger des rechten Maßes, sich und die Bedeutung des Vorgangs maßlos und fiel am Ende um so schmerzhafter auf den Bauch. Und dies alles am untauglichen Objekt und ohne wahre Not.

Strauß hatte ihm vorgerechnet, daß es bei genauer Hinsicht im nächsten Haushalt noch um ganze 200 Millionen DM ginge, die durch gewisse Umschichtungen im Rahmen der magischen 60,3 Milliarden unschwer aufzubringen sein müßten. Die Rechnung beeindruckte ihn nicht. Ebensowenig beeindruckte ihn das Argument, daß sich der einigermaßen abstrakte „Haushaltsposten“ als Fülle kleiner Einkommenserhöhungen konkretisierte, die „längst überfällig“ wären. Erhard bestritt, daß die Masse der Kriegsopfer auf Versorgungsleistungen noch angewiesen wäre. Er selbst zum Beispiel, sagte er in seiner ersten großen Bundespressekonferenz als Kanzler, sei ja auch Kriegsopfer (Beschädigungsgrad: 40 %), verzichte aber seit langem auf die Versorgungsleistungen, die ihm zuständen. Das sei eine Frage der Moral. Er hätte es besser nicht gesagt. Die odiösen „Verbände“ gruben nach und brachten Peinliches zutage. Erhard war die Kriegsopferrente 1941 aberkannt worden, weil er jahrelang der Aufforderung, sich einer ärztlichen Feststellungsuntersuchung zu unterziehen, nicht nachgekommen war. In der Bundesrepublik lebte Erhards Anspruch auf Rente (Beschädigungsgrad: 20 %) wieder auf. Und Erhard verzichtete nicht auf die Auszahlung, die Auszahlung unterblieb vielmehr wegen seines relativ hohen Gehalts. Die treuherzige Verzichts- und Bescheidenheits-Attitüde war daneben gegangen.[33]

Man nahm ihm die Bescheidenheit sowieso nicht mehr recht ab. Während Erhard mit haushälterischer Strenge die Kriegsopfer pars pro toto für das ganze Volk zum Maßhalten aufrief, war bekannt geworden, daß ihm im Park des Palais Schaumburg eine Dienstvilla für 2,3 Millionen DM gebaut und für weitere 300 000 DM eingerichtet werden sollte: 300 qm Wohnfläche und ein Schwimmbad für Ludwig und Luise und dazu 500 qm Repräsentationsräume. Man mochte ja Verständnis dafür haben, daß der Bundeskanzler Erhard es für etwas würdelos hielt, weiterhin im bundeseigenen Reihenhaus des Wirtschaftsministers Erhard auf dem Venusberg zu wohnen. Aber „das Volk“ fragte sich bei allem Verständnis in spießerlicher Enge, ob es denn überhaupt und noch dazu, wenn Maßhalten das Gebot der Stunde wäre, so aufwendig sein müßte.[34] Erhards Nachfolger fragten sich später, ob es, da es nun einmal so aufwendig war, nicht auch ein bißchen gefälliger und behaglicher gegangen wäre. Sepp Ruf baute unter die alten, mächtigen Bäume des naturgeschützten Parks zwei versetzte, kastenartige Bungalows aus Stahl und Glas, mit flachen Dächern aus Bitumen um je ein Atrium, die das Entzücken der Connaisseurs und irgend etwas zwischen wohlmeinender Kritik, spottgeneigter Verständnislosigkeit und degoutierter Ablehnung beim Rest der Menschheit hervorriefen, und den kommenden Kanzlern zu allfälligem Verdruß gereichten. Erhard hingegen fand, daß ihm das binnen eines Jahres zugerichtete Haus auf den Leib gebaut war, und muß sich deshalb darin wohl gefühlt haben. Wer ihn als Politiker noch besser verstehen wolle als beim Hören seiner Reden, der müsse ihn in seinem Kanzler-Haus erleben.[35] Was er damit gemeint haben könnte, ist in seiner dunklen Bedeutsamkeit schwer zu erschließen.

Die Frage der Kriegsopferversorgung war noch unentschieden, als das öffentliche Interesse und Erhards Aufmerksamkeit in der zweiten Dezemberwoche vorübergehend davon abgezogen wurden. Zuvor hatte Erhard, Straußens Vorstellungen zum Trotz, der Fraktion noch einmal mit dem Gebrauch des Art. 113 GG gedroht und eine Rede vor den Verbänden der Kriegsopfer abgesagt, weil die sich weigerten, seine Rede damit zu honorierten, daß sie den Aufruf zu einem Protestmarsch nach Bonn zurücknahmen. Der Marsch fand am 10. Dezember bei klammem, kaltem Wetter statt, gespensterhaft friedlich. Erhard denunzierte ihn als schlechten politischen Stil, der die Demokratie in Mitleidenschaft ziehe.[36]

Unterdessen plagte er sich mit einem zweiten Problem, bei dem humanitärer Appeal und politische Grundsätze im Gedränge miteinander waren. Am 5. Dezember hatte Berlins Regierender Bürgermeister einen Brief des stellvertretenden Ministerpräsidenten der DDR erhalten, gelesen und behalten. Abusch bot Brandt an, Westberlinern, die seit dem Bau der Mauer vor beinahe zweieinhalb Jahren ihre Verwandten in Ostberlin nicht mehr hatten besuchen können, in der kommenden Weihnachtszeit tageweisen Zugang nach Ostberlin zu gewähren. Zu diesem Zweck sollten bei eigens zu etablierenden, amtlichen Einrichtungen der DDR auf Westberliner Boden „Passierscheine" beantragt und empfangen werden können. Die Regierung der DDR sei bereit, darüber mit dem Senat von Westberlin zu verhandeln und ein Abkommen zu schließen.

Das Angebot war ein vertracktes Ding. Deshalb hatte die Führung der DDR es gemacht. Sein humanitärer Gehalt war so bezwingend, daß es großer Herzenskälte und Gnadenlosigkeit oder bester Gründe und stärkster Überzeugungskraft bedurfte, um es abzulehnen. Zugleich mußte es wegen seines politischen Hintersinns aber als unannehmbar gelten. Wer offiziell zuließ, daß DDR-Behörden auf Westberliner Boden amtlich tätig wurden, der erkannte die DDR faktisch an. Und wer sich überdies darauf einließ, daß jene Tätigkeit durch ein Abkommen zwischen „Pankow" und dem Westberliner Senat geregelt wurde, der fand sich gleich auch noch mit der östlichen „Drei-Staaten-Lehre" ab.

Brandt setzte die Bundesregierung noch am gleichen Tag von dem intrikaten Vorschlag in Kenntnis und kam am nächsten Tag nach Bonn, um mit Erhard und den zuständigen Ministern darüber zu beraten. Dabei ergab sich, daß man grundsätzlich einig war: Alles, was nach Anerkennung der Staatlichkeit Ostdeutschlands und der Drei-Staaten-Theorie aussähe, wäre zu vermeiden. Nicht mehr einig war man sich hingegen darüber, was schon und was noch nicht Anerkennung wäre. Recht schlüssig freilich auch nicht. Das machte die Sache aber nur komplizierter. Drei Positionen wurden vertreten. Brandt und Mende wollten die Passierscheine auch um den Preis einer Definition von „Anerkennung", die Grundsatztreuere als Aufgabe politischen Terrains deuten konnten. Das Außenministerium plädierte um den Preis der Passierscheine für eine politisch unnachgiebige Haltung. Erhard wollte möglichst die Passierscheine und möglichst unnachgiebig sein.[37]

Direkte Verhandlungen mit der DDR-Regierung kamen allerdings auch für den Westberliner Senat nicht in Frage. So verfiel man auf die Idee, daß sich der westdeutsche Leiter der Treuhandstelle für den Interzonenhandel als Gesprächspartner anböte. „Pankow" wies das Angebot als Einmischung der westdeutschen Regierung in eine Angelegenheit, für die sie nicht zuständig sei, zurück. Brandt reiste am 9. Dezember erneut nach Bonn und führte Erhard und dem Außenministerium vor Augen, „daß die Bevölkerung von Berlin für unsere juristischen Unterscheidungen ... kein Verständnis habe". Dann schlug er vor, „der anderen Seite in einem Schriftstück ohne Anrede und Unterschrift, das durch eine Privatperson überbracht würde, mitzuteilen, daß ein Senatsrat zur Verfügung stehe, um ein Gespräch über die technische Vorbereitung der anstehenden Fragen zu führen". Mende und Krone begrüßten den Vorschlag. Carstens leistete hinhaltenden Widerstand dagegen und versicherte sich dabei des Zuspruchs der Botschafter Amerikas und Frankreichs.[38]

Der DDR-Regierung kam es in der Tat auf die Sache, nicht auf die Form an. Sie akzeptierte das Schreiben von niemand an niemand und das Angebot von Gesprächen auf nachgeordneter Ebene. Die Gespräche fanden statt. Dabei galt es, ostdeutsche Amtshandlungen auf Westberliner Boden zu verhindern. Das geschah in folgender Weise: Man einigte sich darauf, daß ostdeutsche Postbeamte Anträge auf Passierscheine in Westberliner Schulen entgegennahmen und nach Ostberlin brachten. Dort wurden die Anträge geprüft und die Passierscheine ausgestellt. Die ostdeutschen Postbeamten trugen die Passierscheine in die Westberliner Schulen und händigten sie aus. Soweit, so gut. Die DDR-Regierung wollte nun allerdings, daß dieses handliche Verfahren seinen dokumentarischen Niederschlag in einem Abkommen fände, in dem Ostberlin als Hauptstadt der DDR bezeichnet würde und aus dem überdies hervorginge, daß es im Auftrag des Regierenden Bürgermeisters von Westberlin und des stellvertretenden Ministerpräsidenten der DDR geschlossen wurde. Das ging zu weit. Brandt flog zum dritten Mal nach Bonn. Carstens sagte, daß am besten gar kein Abkommen geschlossen, sondern bloß ein „Gedächtnisprotokoll" verfertigt werde. Erhard stimmte ihm zu. Brandt bezweifelte, daß sich „die andere Seite" damit zufriedengebe. Allenfalls, sagte Carstens, sei an eine Abmachung zu denken, die von dem verhandelnden Senatsrat in technischer Funktion, aber nicht im politischen Auftrag unterschrieben werde. Erhard war auch damit einverstanden. Brandt nahm an, daß den Wünschen der DDR-Regierung damit immer noch nicht genügt wäre: Ob man sich etwas vergebe, wenn in einer Präambel der Abmachung auf Abuschs Brief und das adressen- und absenderlose Schriftstück („Der Regierende Bürgermeister läßt mitteilen ...") irgendwie Bezug genommen werde? Gewiß, sagte Carstens unter Erhards Beifall: Unmöglich! Eher solle die Sache scheitern. Das glaubte Brandt den Westberlinern weder zumuten zu können noch zu sollen.[39] Als er nach zwei weiteren Verhandlungstagen sicher zu sein meinte, daß es auch die DDR-Regierung auf ein Scheitern ankommen ließe, lenkte er ein. Am Abend des 16. Dezember teilte er dem Kanzleramt und den zuständigen Ministerien mit, daß er sich auf folgende Unterzeichnungsformel einlassen wolle: „Auf Weisung des Chefs der Senatskanzlei, die im Auftrage des Regierenden Bürgermeisters von Berlin gegeben wurde". Korber. Das war der Name des Senatsrats, der die Verhandlungen geführt hatte. Brandt erbat die Zustimmung der Bundesregierung, machte die Unterzeichnung des Abkommens aber nicht davon abhängig.[40]

Erhard war über den Gang der Dinge nicht unfroh. Er gönnte den Berlinern das Wiedersehen von Herzen und empfand es als angenehm, daß Brandts Entschlossenheit ihn einer Entscheidung gegen die Humanität oder im Widerspruch zu der prinzipienstrengen Haltung, die er unter Carstens' unmittelbarem Einfluß eingenommen hatte, enthob. Nach Lage der Dinge könne es jetzt nur noch darum gehen, daß die Alliierten, die Bundesregierung und der Berliner Senat das Abkommen mit Erklärungen umstellten, die auf den westlichen Rechtsanspruch pochten. Westrick und Carstens fertigten am Vormittag des 17. Dezember die Entwürfe solcher Erklärungen, Westrick an seinem Schreibtisch im Bonner Bundeskanzleramt, Carstens fern von seinem Schreibtisch im Stuttgarter Landtag. Dort war auch Erhard.

In Stuttgart fanden an diesem Tag der Staatsakt und die Trauerfeier für Theodor Heuss statt. Heuss war nach längerem Leiden, körperlich hinfällig und frischen Geistes, fünf Tage zuvor gestorben. Sein Tod ging Erhard nahe. Er hatte sich von Heuss gemocht gewußt und ihm geistes- und wesensverwandt gefühlt. Dabei waren sie grundverschieden gewesen. Einer von zweien, die er neben sich als Gestalter von Nachkriegsdeutschland gelten ließ, war gegangen. Der andere, acht Jahre älter als Heuss, stand aufrecht, willensstark und streitbar unter den Trauergästen. Auch ihm ging Heuss' Tod nahe. Adenauer wußte, was er und Deutschland an Theodor Heuss gehabt hatten. Der einzige, den *er* als Gestalter von Nachkriegsdeutschland neben sich gelten ließ, war gegangen.

Die Trauergemeinde begab sich vom Landtag in die Stuttgarter Stiftskirche. Carstens folgte ihr mit den „Erklärungen“ in der Tasche, die im Bonner Kanzleramt inzwischen fertiggestellt und ans Büro des Stuttgarter Landtagspräsidenten durchgegeben worden waren. Eile schien geboten. Die Trauerfeier hatte noch nicht begonnen. Erhard las. Die Bundesregierung und der Berliner Senat erklärten gemeinsam, daß Senatsrat Korber auf Weisung des Chefs der Senatskanzlei im Auftrag des Regierenden Bürgermeisters von Berlin ein Abkommen mit einer Regierung unterschrieben hatte, die es ihrer Auffassung nach nicht gebe. Und die westalliierten Stadtkommandanten fügten hinzu, daß es eigentlich auch das Abkommen nicht gebe, weil Berlin völkerrechtliche Verträge nicht schließen dürfe. Im übrigen begrüßten alle miteinander den Inhalt des Abkommens. Erhard billigte die Texte ohne weiteres Bedenken. Die Bundesregierung war mit sonderbaren Verrenkungen über ihren deutschland- und berlinpolitischen Schatten gesprungen. Oder genauer: Sie hatte sich vom Berliner Senat darüber hinwegschubsen lassen. Gleichviel, „die Menschen in Berlin jubeln“.[41]

Erhard zog es an den Tegernsee. Vorher mußte aber noch ein Streit mit Frankreich ausgetragen werden. Es war in Paris tatsächlich nicht so gut gelaufen, wie Erhard erleichtert und ehrlichen Herzens glaubte. Vor einer Woche hatte sich sehr kurzfristig der französische Botschafter bei ihm melden lassen. Seine Regierung schickte ihn in dringlicher Mission. Sie hatte am Vorabend durch Landwirtschaftsminister Schwarz erfahren, daß die Bundesregierung sich nicht in der Lage sähe, bis zum nahen Ende des Jahres einer europäischen Marktordnung für Milch und Milchprodukte zuzustimmen. De Margerie sollte Erhard die Verwunderung und die Besorgnis der französischen Regierung mitteilen. Verwundert sei sie, weil Erhard de Gaulle die Annahme im ersten Elysée-Gespräch noch einmal zugesichert habe, und besorgt, weil es ihr ohne verabredungsgemäße Verabschiedung der drei Marktordnungen sehr schwerfalle, in die Kennedy-Runde einzutreten.[42]

Erhard hatte nicht den Eindruck, de Gaulle etwas zugesichert zu haben. Er habe seinen guten Willen bekundet und auf die Schwierigkeiten hingewiesen, die er deswegen mit den Bauern und dem Parlament habe. Das stimmte. De Gaulle hatte die Schwierigkeiten anerkannt und seinerseits auf die Mai-Abmachung im Ministerrat der EWG verwiesen: Frankreich bekennt sich zu den Zwecken der Kennedy-Runde und stimmt der gemeinsamen Teilnahme an den Verhandlungen zu, falls bis Jahresende Marktordnungen für Milch, Fleisch und Reis verabschiedet wären. De Gaulle möge ihn nicht mißverstehen, hatte Erhard gesagt, die Bundesregierung wolle sich ihren Verpflichtungen nicht entziehen. Daran zweifle er nicht, sagte de Gaulle, aber vielleicht gebe es unüberwindliche Hindernisse, dann müsse man den gemeinsamen Markt überdenken. Für so ernst sehe er die Lage nicht an, sagte Erhard und leitete zu seiner politischen Einigungsabsicht über.[43]

Jetzt sagte Westrick zu de Margerie: Wenn er recht verstehe, werde Frankreich der Teilnahme an der Kennedy-Runde nicht zustimmen, bevor die drei Marktordnungen verabschiedet seien. Nun gut. Die Kennedy-Runde solle ja ohnehin nicht vor Mai beginnen. Er verstand völlig falsch.[44]

Drei Tage später wurde der deutsche Botschafter in Paris spätabends zu Couve de Murville gebeten. Die französische Regierung habe den Eindruck, daß Bonn de Margeries Demarche auf die gar zu leichte Schulter nehme. Für Frankreich stehe nicht bloß eine landwirtschaftliche Marktordnung auf dem Spiel, über die man ein bißchen früher oder ein bißchen später entscheiden könne. „Für Frankreich handele es sich ... um eminent politische Fragen, nämlich um die ganze Zukunft des europäischen Einigungswerks". Er verstehe die Dramatisierung nicht, sagte Klaiber. Couve verstand die Widersetzlichkeit der Bundesregierung nicht.[45] Beides war auch schwer zu verstehen, jedenfalls mit Kategorien der politischen Vernunft.

Die beiden Regierungen verstanden einander nicht, weil sie einander nicht verstehen wollten und warfen sich das wechselseitig vor. Das ging an, weil die dilatorische Vagheit der Absprachen, mit denen sie ungelöste Probleme von Zeit zu Zeit überdeckten, willentliches Unverständnis im beiderseitigem Bewußtsein, recht zu haben, ermöglichte und auf Wunsch nahelegte. Deshalb sind derlei Absprachen nicht notwendigerweise von Übel. Die Politik kommt ohne sie nicht aus und häufig nur über sie voran. Manchmal, nicht selten, lösen sich die Probleme unter der Decke von selber auf, manchmal sind sie durch Zeitvergang, Umstände- und Personenwechsel auf lächerlich einfache Weise lösbar geworden, wenn man sie wieder aufdeckt. Hier war es aber eher so, daß der Umstände- und Personenwechsel die Lösung erschwerte, und zwar dadurch erschwerte, daß die Absprachen durch unterschiedliche Interpretation zu einem Teil des Problems gerieten. Man hatte im Mai ein Junktim zwischen der Einrichtung neuer Marktordnungen und der Teilnahme der EWG an der Kennedy-Runde hergestellt und sich auf den 31. Dezember 1963 als Einigungstermin festgelegt. Die französische Regierung meinte, mit ihrer Zustimmung zu den Genfer GATT-Beschlüssen das ihre getan zu haben und die Etablierung der Marktordnungen zum vorgegebenen Zeitpunkt erwarten zu dürfen. Und dies um so mehr, als Erhard den Termin bestätigt habe. Die Bundesregierung meinte hingegen, über die Zustimmung zu den Genfer Beschlüssen hinaus Anspruch auf Fixierung einer gemeinsamen Verhandlungsposition zu haben und die Einrichtung der Marktordnungen bis dahin verzögern zu dürfen. Erhard bestritt, daß er den Termin bestätigt habe. Vielmehr habe er, so erinnerte er sich, „de Gaulle nachdrücklich zu verstehen gegeben, daß der 31. Dezember 1963 kein politisches Datum für das Inkrafttreten eines gemeinsamen Agrarmarktes sein könne".[46] Schröder sprach von einem unverbindlichen „Arbeitsdatum" und lehnte es ab, die Bundesregierung unter Druck setzen zu lassen.[47]

Am 21. Dezember bestellte de Gaulle höchstselbst den deutschen Botschafter zu sich. Er habe den Eindruck, daß Deutschland den gemeinsamen Agrarmarkt aus irgendwelchen Gründen nicht wolle. Wenn der Eindruck richtig sei, solle die Bundesregierung dies ausdrücklich sagen, damit man die nötigen Konsequenzen ziehen könne. Botschafter Klaiber bat darum, der Bundesregierung nur ja kein Ultimatum zu stellen, sondern ihr noch etwas Zeit zu geben. Sie sei guten Willens. Zeit sei genug gewesen, sagte de Gaulle. Er stelle kein Ultimatum, er wünsche, daß die Bundesregierung ihre Zusagen einhalte. Das sei alles.[48]

Am Abend dieses Tages hätte niemand in Europa zu sagen gewagt, ob und - gegebenenfalls - in welcher Weise der französische Staatspräsident die EWG auffliegen ließe, wenn der Absatz von Milch, Käse, Butter usw. nicht fristgerecht in europäische Ordnung gebracht würde. Die Vorstellung, daß er sie auffliegen ließe, fiel schwer, weil Frankreich nicht wenig Nutzen aus ihr zog. Und sie fiel doch auch wieder leicht, weil man sicher war, daß es de Gaulle um ökonomischen Nutzen vorrangig nicht ging. Worum es ihm ging, war weniger leicht erfindlich. Die wenigsten wollten die Probe aufs Exempel machen. Schröder schien einer der wenigen zu sein. Er wolle nicht nachgeben, notierte Krone, aber „er muß es. Ich habe Erhard mitteilen lassen ..., was hier auf dem Spiele steht, und er sieht es ein“.[49]

Am folgenden Tag ging es hoch her. In Brüssel präsentierte die Kommission einen neuen Kompromißvorschlag, der Deutschlands Bauern ein gutes Stück weiter entgegenkam als der alte. Frankreich war damit einverstanden, den Niederlanden gefiel die Regelung für Margarine nicht. Sie stritten für eine bessere. Das einige Europa blieb halt eine große Sache, die in sehr kleiner Münze bezahlt wurde. In Bonn berieten das Kabinett, die Fraktionsführung und die Landwirtschaftspolitiker fast pausenlos in wechselnder Zusammensetzung. Allmählich waren alle für den Kompromiß gewonnen: Schmücker und Schwarz, Struve, der Vormann der Bauern in der Fraktion, Strauß und Barzel, der für den schwerkranken Brentano kommissarisch den Fraktionsvorsitz übernommen hatte, am Ende auch Schröder. „Und jetzt macht Erhard Schwierigkeiten. Und aus welchem Grunde? Wegen der Margarine“. Krone war fassungslos. So ganz hatte Erhard wohl doch nicht eingesehen, was auf dem Spiele stand. Er dachte an die Margarine.[50]

Tags drauf wurde in Brüssel auch das geklärt. Die EWG war wieder mal über die Runden und ihr Eintritt in die Kennedy-Runde gesichert. Die Art und Weise, in der das Ergebnis zustande gekommen war, ließ freilich für die Entwicklung des deutsch-französischen Verhältnisses und damit auch für den Prozeß der europäischen Einigung wenig Gutes erwarten. Erhard dürfte das nicht allzusehr bekümmert haben. Er setzte auf Amerika und atlantische Partnerschaft. Dabei verkannte er ein wenig, daß Amerika seinerseits der atlantischen Partnerschaft die Einigung Europas auf der Grundlage eines deutsch-französischen Ausgleichs voraussetzte und daß ihm an der Intensität und Wärme des Verhältnisses zu Deutschland, die Erhard wünschte und erreichen zu können glaubte, gar nicht besonders lag.

Ein Freund? - Johnson

Woran dem neuen Präsidenten besonders gelegen war, das erfuhr Erhard wenige Tage später beim Besuch auf dessen Ranch in Texas, die auch den Bundeskanzler Adenauer im Schmucke eines Cowboyhuts zu Gaste gesehen hatte. Womöglich ging die Erfahrung im Hullaballoo, mit dem Johnson die politischen Gespräche umgab, aber etwas unter. Es menschelte arg in Stonewall. Deshalb *war* man in Stonewall und nicht in Washington: Barbecue und Dorfkirchen-Gottesdienst, Texashüte und deutsche Weihnachtslieder, Nettigkeiten über Nettigkeiten, dazwischen Politik.

Erhard unterbrach seinen Weihnachtsurlaub dafür. Er tat es gern, denn er freute sich auf die Reise. Schröder und Westrick begleiteten ihn. Die Ehefrauen waren auch dabei. Man flog am 27. Dezember nach Houston, übernachtete dort und reiste am nächsten Morgen nach Austin weiter. Dort empfing Johnson die deutsche Delegation und flog mit ihr im Hubschrauber auf seine Ranch.[51] Bald nach der Ankunft das erste Vier-Augen-Gespräch.

Johnson bot sich darin und in den weiteren Gesprächen als ein Präsident dar, der mit den außenpolitischen Sachverhalten und Zusammenhängen offenbar noch wenig vertraut und im übrigen unfähig oder nicht willens war, einen Gedankengang über mehr als drei Sätze hinweg systematisch zu entwickeln und zu verfolgen. Er hatte ein paar politische Fixpunkte, auf die er mal mit großer Direktheit, mal mit raffinierter Beiläufigkeit zu sprechen und wieder und wieder, nicht selten im unerwartetsten Moment, zurückkam. Im übrigen war seine Rede zusammenhanglos und sprunghaft und ihr Sinn zuweilen etwas düster. Johnson wußte ziemlich genau, was er wollte, und wenig sonst. Er war entschieden, zu tun oder zu bekommen, was er wollte. Er hatte nur geringe Neigung, dabei Rücksicht auf andere zu nehmen und hielt es für einigermaßen überflüssig, viele Worte darüber zu verlieren. Er war von etwas ungehobelter Jovialität, mit dem Freundschaftsgestus schnell bei der Hand, um Schmeicheleien sonderzahl nicht verlegen, anscheinend unkompliziert, sympathisch, familiär. Erhard fühlte sich in seiner Gegenwart unendlich viel wohler, weil anerkannt und ebenbürtig, als in de Gaulles Gegenwart. Im Gespräch mit Johnson war er seiner selbst sicher. Gerade das machte allerdings, daß er - vertrauensselig und hingebungsvoll zum schnellen, leichten Wort verführt - in der Sache viel unsicherer war.

Johnson begann ihr erstes Gespräch mit Schmeicheleien, daß sich die Balken bogen.[52] Er begrüßte den verantwortlichen Staatsmann der mächtigsten Nation Europas, dem er vertraue und an den er glaube, dessen Urteil er schätze und dessen Rat er wünsche. Erhard hielt es für richtig, gleich mit den ersten Sätzen Deutschlands besondere Verbundenheit mit Amerika dadurch zu unterstreichen, daß er auf deutliche Distanz zu Frankreich ging. Das deutsch-amerikanische Verhältnis sehe er für problemlos an; mit Frankreich hingegen finde Deutschland in vielen wesentlichen Fragen nicht auf gemeinsamen Grund. Das sei bislang nicht offenbar geworden, „weil das Verhältnis zwischen Dr. Adenauer und General de Gaulle so emotional oder sentimental gewesen und die politische Seite nicht genügend in den Vordergrund getreten sei". Inzwischen habe er de Gaulle aber Bescheid gegeben und Klarheit über Deutschlands Lebensinteressen und seine Verpflichtungen gegen die Welt geschaffen. Johnson sagte: Frankreich und Deutschland könnten jetzt zeigen, daß sie entschlossen seien, Seite an Seite zu stehen. Amerikas Engagement für Deutschland sei total. Erhard möge ihm mitteilen, wie man die atlantische Partnerschaft stärken könne. Amerika sei bereit, Erhard bei allem, was er zur west-östlichen Entspannung beitrage, zu unterstützen. Mit Frankreich habe Amerika keine unüberbrückbaren Meinungsverschiedenheiten. Er verstehe de Gaulle und wolle fest mit ihm zusammenarbeiten. „Besonders glücklich sei er über die Absprachen zwischen Herrn Strauß und Herrn McNamara betreffend der Rüstungskäufe, die es Amerika erlaubten, die sechs Divisionen in Deutschland aufrechtzuerhalten."

Da war er, der erste jener Fixpunkte, um die sich Johnsons Deutschland-Denken drehte. Erhard konnte nicht ahnen, daß er keine drei Jahre später zum definitiven politischen Stolperstein für ihn würde.

Vor knapp drei Jahren war bekanntlich die DM aufgewertet worden, um die Bundesrepublik dem Drängen der neuen amerikanischen Regierung zu entziehen, die defizitäre US-Zahlungsbilanz durch die Übernahme von Stationierungskosten zu entlasten. Das war nur halb gelungen. Die Aufwertung änderte nichts an den amerikanischen Defiziten, und das Verlangen nach deutscher Unterstützung blieb wirksam. Die Bundesregierung konnte sich ihm auf Dauer nicht entziehen. Im Oktober 1961 vereinbarte Verteidigungsminister Strauß, wohl ohne Erhards Wissen, in einem Briefwechsel, nicht mit seinem Kollegen McNamara, wie Johnson sagte, sondern mit McNamaras Stellvertreter Gilpatrick, daß die Bundesrepublik zwar keine Stationierungskosten für die US-Truppen in Deutschland zahlte, wohl aber amerikanische Aufwendungen für jene Truppen, die der deutschen Zahlungsbilanz zugute kamen, durch Rüstungskäufe in Amerika ausglich. Im September 1962 wurde die Vereinbarung erneuert und erweitert. Im Juli 1963 hatte die amerikanische Regierung das Bundesverteidigungsministerium wissen lassen, daß sie auf die Fortsetzung und erneute Ausweitung der Abmachung „größten Wert" lege und in den Jahren 1963 und 1964 mit Aufträgen im Wert von 1,3 Milliarden Dollar rechne.[53] 1,3 Milliarden Dollar waren über 5 Milliarden DM und beinahe 5 % des Bundeshaushalts, die dem Verteidigungsminister einiges Kopfzerbrechen bereiteten. Zum einen war es nicht leicht, die Mittel aufzubringen, und zum anderen hatte die Bundeswehr für amerikanische Rüstungsgüter in solchen Mengen eigentlich gar keine Verwendung. Von Hassel hatte gleichwohl zugesichert, daß man Aufträge im Wert von 1,3 Milliarden Dollar anstreben und wohl auch vergeben werde.

Erhard war das sogenannte „Offset-Abkommen" inzwischen natürlich bekannt. Ob ihm beim Gespräch mit dem amerikanischen Präsidenten auch dessen Einzelheiten und die damit verbundenen Nöte gegenwärtig waren, steht dahin. Wenn sie ihm gegenwärtig waren, nahm er die Nöte leicht. Die Bundesrepublik habe ihr möglichstes getan, sagte er, damit die Anwesenheit der amerikanischen Streitkräfte in Deutschland die US-Zahlungsbilanz nicht belaste, das sei richtig. Und er „glaube, daß das Problem auch in Zukunft gelöst werden könne." „Dies sei höchst wesentlich", sagte Johnson.[54]

Damit schien er fürs erste gesagt zu haben, was er sagen wollte. Er überließ Erhard das Wort. Und Erhard redete und redete. Er berichtete auf seine Weise von den Besprechungen mit de Gaulle: „De Gaulle sei gegen jegliche Gespräche mit Sowjetrußland und gegen alle Versuche, zu einem modus vivendi zu kommen". Auch „bei einem kleinen Angriff, ja sogar bei etwas größeren Grenzzwischenfällen" wolle er sofort den „vollen nuklearen Schlag". Er gab der großen Erwartung, die er in die Kennedy-Runde setze, lebhaften Ausdruck. Er führte Johnson die politischen Gefahren des Passierscheinabkommens vor Augen. Er evozierte gegenwärtige Schwierigkeiten der Sowjetführung (Konflikt mit China, wirtschaftlich-soziale Durchblutung Sibiriens, fortschreitende Verbürgerlichung) und sagte, daß man ihr mit langfristigen Krediten nicht darüber hinweghelfen dürfe, sondern versuchen solle, deutschlandpolitisches Kapital daraus zu schlagen. „Präsident Johnson las an dieser Stelle aus einem detaillierten Memorandum des Landwirtschaftsministers vor, wonach sich für die amerikanische Landwirtschaft aus den Brüsseler Marktordnungen große Nachteile ergeben". Erhard sagte, daß er die Sorgen verstehe, aber für grundlos halte. „Er werde weiterhin darauf achten, daß der Gemeinsame Markt nicht autark werde". Johnson rechnete Erhard noch vor, daß die Bundesregierung zuwenig Entwicklungshilfe leiste, dann endete das erste Gespräch.

Am Nachmittag unterhielt man sich einigermaßen zweck- und ergebnislos im großen Kreis: Marktordnungen und Kennedy-Runde, die Möglichkeiten politischer Einigung Europas, die MLF.

Danach fuhr Johnson persönlich Erhard, Schröder und Rusk zu seiner zweiten, zehn Meilen entfernten Ranch, damit man dort gemeinsam den Wildwechsel beobachte. Rusk fürchtete um sein Leben, Erhard, an Autounfälle bei überhöhter Geschwindigkeit gewöhnt, nahm es gelassener. Während man im Dämmerlicht und in aller Beschaulichkeit mit mehr oder weniger Interesse die äsenden Rehe beäugte, ließ Johnson unvermittelt die zweite Mine springen. Kongreßabgeordnete fragten ihn immer wieder, sagte er zu Erhard, ob die USA so viele Soldaten in Europa stationieren müßten. Flugzeuge könnten sie doch schnell dorthin bringen, wenn es nötig würde. Big lift! Das sei eben erfolgreich geübt worden.

Ferner klagten die Abgeordneten darüber, daß die USA 10 %, Deutschland aber nur 5 % des Sozialprodukts für die Verteidigung ausgäben. Was man ihnen darauf erwidern könne?

Erhard kam in Argumentationsnot. Europa sei ohne amerikanische Streitkräfte nicht zu verteidigen, sagte er. Namentlich Deutschlands Existenz hänge von ihrer Anwesenheit ab. Deshalb fühle Deutschland sich Amerika so tief verbunden, stehe in Treue fest zu ihm und trage zur Entlastung seiner Zahlungsbilanz bei. Big lift in allen Ehren. Er bezweifle aber, daß im Kriegsfall Zeit dafür bleibe. „Überdies glaube er, daß sich die amerikanischen Truppen gerade in Deutschland besonders wohl fühlten". Wenn sie könnten, wie sie möchten, sagte Johnson ungerührt, kämen die Soldaten lieber heute als morgen in die Vereinigten Staaten zurück.[55]

Am nächsten Morgen ging man gemeinsam in die Kirche. Der Gottesdienst wurde aufmerksamerweise in deutscher Sprache gehalten. Kinder aus Familien deutscher Herkunft, die in der Nähe zusammenlebten und deutsche Traditionen pflegten, sagten deutsche Gedichte auf. Erhard war für dergleichen so empfänglich, wie Johnson berichtet worden war, und außerordentlich gerührt.

Anschließend zogen die beiden Chefs sich zu einem weiteren Gespräch unter vier Augen zurück.[56] Das Thema war die Berlin- und Deutschlandpolitik im Zusammenhang des West-Ost-Konflikts. In den amerikanischen Morgenzeitungen stand, daß Erhard ein Gegner von Entspannungspolitik und darüber mit dem Präsidenten uneins sei. Erhard stellte das richtig. Die Bundesregierung habe kein Recht, gegen amerikanische Entspannungspolitik zu sein, sie wolle vielmehr dazu beitragen. Johnson fühlte sich durch Erhards Flexibilität ausdrücklich ermutigt und sagte, daß Entspannungsbemühungen natürlich militärische Stärke voraussetzen. Deshalb sei es wichtig, daß die USA nicht weniger als 50 Milliarden Dollar und die Bundesrepublik nicht weniger als 20 Milliarden DM für die Verteidigung ausgaben. Erhard fragte Johnson, ob er Chruschtschow nicht klarmachen könne, daß Amerika auf das Selbstbestimmungsrecht für ganz Deutschland niemals verzichten werde und daß die Bundesrepublik bereit sei, dafür große materielle Opfer zu bringen? Das schien nicht zu sein, worauf Johnson hinauswollte. Aber worauf wollte er hinaus? Er mache sich keine Illusionen, sagte er. Wichtig sei, daß Amerika einen Verteidigungshaushalt von 50 Milliarden Dollar habe. Ebenso wichtig sei, daß die Bundesrepublik ihre Verteidigungsausgaben bei 20 Milliarden DM halte und Rüstungsgüter in Amerika kaufe. Andererseits sei er besorgt darüber, daß so wenig Vorstellungen von Entspannung entwickelt würden. Wenn das so weitergehe, „laufe man Gefahr, in einen Krieg hineinzuschlittern". „Na!", vermerkte Schröder später leicht süffisant am Rande der Gesprächsmitschrift. „Er hoffe daher," fuhr Johnson fort, „daß der Herr Bundeskanzler als großer Volkswirtschaftler und Politiker ihm Ideen übermittle." Alles „wäre soviel einfacher, wenn man Chruschtschows Bedrängnis ausnutzen könnte, um die Probleme abzuwürgen".

Erhard hatte Grund, einigermaßen ratlos zu sein. Wollte Johnson nun Entspannung, oder wollte er abwürgen?

Man müsse zunächst genau wissen, wie die Bedrängnis Rußlands aussehe, sagte er. Er habe von Rusk erfahren, daß in den USA eine Untersuchung darüber angestellt werde. Wenn er deren Ergebnisse kenne, „könne er auch mehr Vorstellungskraft entwickeln". Johnson sagte: Man solle nicht nur vom Frieden reden, sondern auch etwas dafür tun. Adenauer habe immer bloß gesagt, man dürfe den Russen nicht trauen und müsse vorsichtig sein. Daß man den Russen nicht trauen dürfe, wisse er. Aber was weiter? Erhard ergriff die Gelegenheit, auch auf Distanz zu Adenauer zu gehen. Adenauer glaube neuerdings, daß man nur noch unbeweglich ohne jedes Entgegenkommen darauf zu warten brauche, bis die Sowjetunion angesichts ihrer Schwierigkeiten nicht mehr ein noch aus wisse. Dann werde Chruschtschow weich. Er halte diesen Glauben für falsch. Diktatoren in Bedrängnis würden zu unberechenbaren Abenteurern. „Man müsse daher sehr pfleglich vorgehen“. Er verstehe Johnson und fühle sich ihm verbunden.

Was Erhard verstanden hatte und was Johnson verstanden haben *sollte*, war nicht recht auszumachen. Johnson fiel dazu nichts ein. Das Gespräch geriet ein wenig aus den Fugen und nahm dezent absurde Züge an. Johnson sagte völlig unvermittelt, daß er de Gaulle sehr gut verstehe und ihm traue. „Er wolle aber nicht in die Lage eines Jünglings kommen, der mit heraushängendem Hemd in der Welt herumlaufe und Geld austeile“. Vielmehr wolle er die amerikanische Hemisphäre konsolidieren, Seite an Seite mit Deutschland stehen und den Russen klarmachen, daß Amerika stark, aber friedfertig sei. Man müsse für den Frieden aber auch etwas tun. Das beste zu diesem Zwecke sei, „die Verpflichtung gegenüber Deutschland einzuhalten, die deutschen Rüstungskäufe in Amerika weiterzuführen, den deutschen Verteidigungshaushalt mit 20 Milliarden und den amerikanischen Verteidigungshaushalt mit 50 Milliarden aufrechtzuerhalten. Dann sollten hervorragende Wirtschaftler sich bemühen, Einigungsbereiche zu finden, um die Spannungen etwas zu vermindern ... Deutsche und Amerikaner seien Brüder“.

Johnson dachte an den Weltfrieden, Erhard sprach von Handelsfreiheit. Er sagte, daß man sich in Deutschland bei jedem Präsidentenwechsel frage, ob der neue Präsident den Handel pflege oder isolationistisch denke, Freihändler oder Protektionist sei. Die Bundesregierung habe in Brüssel hart gestritten und wolle, daß die Kennedy-Runde ein Erfolg werde. „Er selbst sei sogar bereit, nach Genf zu gehen, um das durchzukämpfen“.

Bevor beide einander gar nichts mehr zu sagen wußten oder nur noch Nonsens redeten, bat Johnson seinen Sicherheitsberater McGeorge Bundy herein. Bundy brachte die Sache schnell und unmißverständlich mit Redefiguren, deren auch Johnson sich schon bedient hatte, auf den Punkt: In Amerika werde die Frage gestellt, was man Rußland für die Stärkung der westlichen Stellung in Berlin anbieten könne. Und der häufigste Vorschlag sei: eine politische Aufwertung Ostdeutschlands. Die amerikanische Regierung tue sich mit den Fragen und Vorschlägen schwer. Johnson hoffe von Erhard zu erfahren, was man „als vernünftige Gegenleistung“ für russische Konzessionen in Berlin ansehen könne.

Erhard geriet in Bedrängnis. Er wich aus. „Rußland wisse, daß es Ostsibirien wirtschaftlich und sozial durchbluten müsse,“ sagte er. Wenn Chruschtschow andererseits erkenne, „daß das Selbstbestimmungsrecht der Völker nicht aufgehalten werden könne und daß Amerika niemals die universelle Durchführung dieses Rechts aufgeben werde“, dann müßte es doch möglich sein, die Wiedervereinigung Zug um Zug für deutsche Aufbauleistungen in Ostsibirien einzuhandeln. Der Plan sei kühn, aber vielleicht realistischer als die Hoffnung auf kleine Fortschritte.

McGeorge Bundy ließ sich von seinem Punkt nicht abbringen. Er insistierte. Viele Leute in Amerika meinten, daß die sowjetischen Schwierigkeiten so groß nicht wären. Man könne Chruschtschow die Entspannung nicht abkaufen, sagten sie. Entspannung aber müsse sein, Entspannung bei Festigung des status quo von Westberlin. Sie scheitere an der Starrheit der westlichen Einstellung zu Ostdeutschland. „Was solle die amerikanische Regierung diesen Leuten sagen?“

Erhard wußte es nicht. Er redete drauf los. Wenn man damit anfange, die SBZ anzuerkennen, dann habe man zwei deutsche Staaten. Einen Mittelweg zwischen den Wirtschafts- und Sozialsystemen der beiden Teile Deutschlands gebe es nicht. Kontakte seien möglich und auch vorhanden. „Man könne versuchen, die Dinge zu normalisieren“, der Weg in

Beginn einer Freundschaft? Erhard mit Cowboyhut zwischen Lyndon und Ladybird Johnson

Richtung Anerkennung dürfe aber nicht beschritten werden. „Eines seiner Erlebnisse in den Vereinigten Staaten sei jedoch, daß er die Dinge jetzt ernsthafter sehe als nur von Deutschland aus. Er sei nicht engstirnig und ... werde sich sicherlich alles Gesagte überlegen". Johnson sagte: Entspannung sei besser, als womöglich in ein Inferno zu geraten.

De Gaulle hatte natürlich recht. Amerika wollte für Deutschland nicht sterben.

Erhard redete weiter, ahnungs- und besinnungslos. Er sagte: „Die Russen hätten doch auch den Vertrag unterschrieben, daß ein Friedensvertrag mit Deutschland nach gesamtdeutschen Wahlen geschlossen werden solle".

Schröder plazierte ein Fragezeichen an den Rand des Textes.

Man solle freie Wahlen abhalten und die Deutschen selbst ihr Schicksal bestimmen lassen, sagte Erhard. Die Bundesrepublik sei bereit, sich dabei internationaler Kontrolle zu unterwerfen. „Wozu die Bundesrepublik bereit sei, dazu müsse Chruschtschow doch auch Ulbricht überreden können".

Die Logik war bestechend, aber sie wurde dem Problem nicht gerecht.

Nach der Wiedervereinigung, „aber das sage er nur höchst vertraulich", werde „auch die Frage der deutschen Grenzen kein unlösbares Problem sein und ... Deutschland mit seinen östlichen Nachbarn ein friedvolles Verhältnis finden können".

Darauf wurde Erhard keine Antwort mehr zuteil. Es machte ja auch wenig Sinn, weiter aneinander vorbeizureden. „Da der Präsident kurz vor Beendigung der Übersetzung dieser letzten Worte des Herrn Bundeskanzlers den Raum verlassen und der Herr Bundeskanzler eine Vereinbarung für ein Fernsehinterview hatte, endete das Gespräch."

Am Mittag war großes volkstümliches Spießbratenessen mit zweihundert Gästen in der Schule von Stonewall. Dann wurde die deutsche Delegation per Hubschrauber nach Austin gebracht. Dort gab Erhard braten- und freudesatt erste Interviews. Glücklich sei er über die Gespräche mit Johnson und zufrieden in jeder Hinsicht. Noch am Abend flog er nach Deutschland zurück. Aus der Luft sandte er Johnson das übliche, aber ein unüblich überschwengliches Danktelegramm. „Ich werde dem deutschen Volk sagen können, in welch hohem Maße unsere beiden Regierungen im Geist, in den Idealen und den Zielen eins sind".[57] Schicksalsgemeinschaft, Zusammenstehen, um Friede und Freiheit nicht bange. Johnson antwortete schmeichelhaft und herzlich. Erhard glaubte, einen persönlichen Freund und damit einen politischen Vorteil gewonnen zu haben.

Das gute menschliche Einvernehmen zwischen dem Präsidenten und dem Kanzler wurde auch bei der Unterrichtung des Kabinetts, das noch am Tag der Rückkehr zu einer Sondersitzung zusammenkam, auf einer anschließenden Pressekonferenz und eine Woche später in der Fraktion besonders hervorgehoben. Es werde in den nächsten Jahren ein wichtiges Element der deutsch-amerikanischen Beziehungen sein. Es sah so aus, als legte Erhard sich sein Verhältnis zu Johnson als Äquivalent und Gegengewicht zu Adenauers Verbundenheit mit de Gaulle zurecht und der Öffentlichkeit zugleich nahe. Die deutsch-amerikanische Zusammenarbeit trete in eine neue Phase ein, die Gespräche hätten beide Länder ein gutes Stück weitergebracht.[58]

Allein, wohin?

Johnson hatte Erhard kaum mißverständlich zu erkennen gegeben, daß er sich mit der Sowjetunion in der Berlin- und Deutschlandfrage auf Deutschlands Kosten vergleichen wollte. Allein die Denkvoraussetzungen jenes Ausgleichswillens ließen Adenauer und ähnlich Gesinnten die Haare zu Berge stehen. Die amerikanische Regierung schien in letzter Konsequenz dazu bereit zu sein, sich mit der Teilung Deutschlands abzufinden und die DDR unausdrücklich als legitimes Staatswesen anzuerkennen, wenn die Sowjetunion dafür „Konzessionen" im Konflikt um Berlin machte und Ruhe gab. Wobei sie unter „Konzessionen" nicht mehr verstand als den eigentlich selbstverständlichen Verzicht auf die Anfechtung der praktischen und politischen Daseinsrechte Westberlins. Auch Erhard konnte das nicht gefallen. Und es gefiel ihm nicht. Andererseits vermochte er sich der Bereitschaft nicht entschieden zu widersetzen. Jedenfalls tat er dies nicht. Das war eins. Ein weiteres war: Im Communiqué der Ranch-Gespräche bekundete Amerika seinen Wunsch und seinen Willen, die sechs in Deutschland stationierten Divisionen dort auch stationiert zu lassen. Erhard sah das als ein wichtiges Ergebnis seines Besuches an. Die Willensbekundung war aber vor allem die Kehrseite verbreiteter Zweifel an der Notwendig- und Tragbarkeit der Stationierung und klang arg bemüht. Außerdem hatte Johnson sie in den Gesprächen gutenteils widerrufen. Die Bundesregierung konnte sich nicht darauf verlassen, daß sie lange gelte. Sie konnte sich um so weniger darauf verlassen, je länger der aufreibend-unsinnige Krieg in Vietnam andauerte, in den die Vereinigten Staaten sich immer tiefer verstrickten. Auch wegen der hohen Kosten jenes Krieges hatte Johnson, drittens, nachdrücklich und mit Erfolg darauf bestanden, daß die Bundesrepublik die Kostenbelastung, die sich aus der Stationierung ergab, in vollem Umfang durch Rüstungskäufe in den USA ausgliche.

So groß, wie Erhard schrieb und sagte, war der Einklang der Geister und Interessen nicht. Und auch der Versuch, Frankreich gegen Amerika auszuspielen, war offenkundig mißlungen. Das war politisch natürlich nur gut so, persönlich aber gewiß ein wenig enttäuschend. Erhard betonte zwar immer wieder, wie glücklich er sei, nicht zwischen Amerika und Frankreich wählen zu müssen. Er wäre aber noch glücklicher gewesen, wenn Johnson unter Verrufung de Gaulles *ihn* gewählt hätte. Johnson hatte hingegen großen Wert darauf gelegt, billigendes Verständnis für und Meinungseinklang mit de Gaulle an den Tag zu legen.

All das beeinträchtigte freilich Erhards frohes Empfinden nicht, daß er auch die zweite außenpolitische Bewährungsprobe mit Glanz bestanden hätte und rasch in die Rolle eines bedeutenden Staatsmannes hineinwüchse. Er beendete das Jahr am Tegernsee endlich wieder einmal bei Seelenfrieden, in Selbstsicherheit und mit lichten Zukunftsaussichten. Osterheld hätte es gern gesehen, wenn er vorher noch den französischen Botschafter von seinen texanischen Gesprächen informiert oder einen bereits vorgefertigten Brief an de Gaulle ausgefertigt hätte. Erhard unterließ beides.[59]

Die erste Niederlage und weitere Auslandsbesuche

Das neue Jahr begann ein wenig widrig. Am 5. Januar wurde Adenauer 88 Jahre alt. Der Geburtstag wurde nicht ganz so groß wie die vorhergehenden Geburtstage, für Erhards Gusto aber immer noch viel zu groß gefeiert. Wenn es nach ihm gegangen wäre, hätte er sich der Feier entzogen und noch weitere Urlaubstage auf dem Ackerberg genossen.

Der alte Mann begann zu mäkeln. Erhard hatte vor viereinhalb Jahren gesagt und vor viereinhalb Monaten gemeint, daß er mit ihm fertig wäre. Inzwischen ahnte er, daß er nie mit ihm fertig würde. Es half ihm nichts, die Fraktion bedrängte ihn, und er mußte den Tegernsee verlassen und dem putzmunteren Altbundeskanzler in Bonn seine Reverenz erweisen.[60]

Am nächsten Tag, Heilige Drei Könige, erhielt er einen unmöglichen Brief.[61] Absender war der Vorsitzende des Staatsrats der DDR, unbekümmert offenbar darum, daß es ihn für das Kanzleramt der Bundesrepublik gar nicht gab. Der Brief wurde selbstverständlich, sagte Erhard später vor dem CDU-Vorstand, ungeöffnet zurückgeschickt.[62] Vorher ließ er ihn allerdings abschreiben. Deshalb konnten später immerhin die Historiker lesen, daß Ulbricht Erhard einen deutsch-deutschen Vertrag über Kernwaffenverzicht und gemeinsame Teilnahme an einer kernwaffenfreien Zone vorschlug. Der Vertragsentwurf lag bei. Er war - in der Politik *läßt* sich unmöglich steigern - noch unmöglicher als der Brief.

Die Bundesregierung laborierte noch an den politischen Folgeschmerzen des Passierscheinabkommens, und es lag ihr so fern wie nur etwas, sich nun auch ihrerseits mit Pankow vertraglich gemein zu machen und noch dazu in einer Sache, die in Bonn ohnehin Anathema war. Im übrigen war sie gerade dabei, die Deutschlandfrage in deren hergebrachter Form - wie kann Deutschland wiedervereinigt werden? - und nicht etwa in einer entspannungsseligen Neufassung - wie können sich zwei deutsche Staaten miteinander in der Welt einrichten? - dort auf die Tagesordnung der aktuellen Politik zu bringen, wo allein sie ihrer Ansicht nach beantwortet werden konnte. Schröder hatte nach der Vergeblichkeit eines ersten Versuchs im Sommer 1963 jüngst erneut eine Vier-Mächte-Initiative angeregt. Mitte Dezember fragte er seine westalliierten Außenministerkollegen am Rande einer NATO-Tagung in Paris, was sie von einer Deutschland-Initiative der Bundesregierung in Gestalt eines Verhandlungsvorschlags hielten, der etwas flexiblere als die gewohnten Positionen enthielte und erst von der Bundesrepublik und den drei Westmächten, anschließend dann womöglich in Abwesenheit der Bundesrepublik von den Westmächten mit der Sowjetunion beraten würde. Die Kollegen hielten nicht *über*mäßig viel davon, sprachen sich aber auch nicht dagegen aus und sicherten ihre Bereitschaft zu, über derlei Papier zu beraten.[63] Das Papier entstand in enger Anlehnung an ein im Inland und im Ausland vielbeachtetes Konzept des „Kuratoriums Unteilbares Deutschland“ und lag Anfang des Jahres vor.

Es setzte voraus, daß Selbstbestimmung ein Prinzip von universeller Geltung wäre, daß den Deutschen jenseits von Mauer und Demarkationslinie das Recht auf Selbstbestimmung vorenthalten würde und daß Europa keinen gesicherten Frieden fände, solange dies so bliebe. Deshalb schlug es vor, nach einer bestimmten Übergangszeit in beiden Teilen Deutschlands eine verbindliche „Volksbefragung über das Verfahren der Wiedervereinigung“ durchzuführen. Während der Übergangszeit sollte ein Ständiger Rat der Vier Mächte für Deutschland den Vereinigungsplan ausarbeiten, der zur Abstimmung gestellt wurde, und ein Wahlgesetz für ganz Deutschland vorbereiten. Daneben sollten humanitäre Kommissionen im Auftrag der Vier Mächte schon in der Übergangszeit das menschliche Leiden an der Teilung lindern. Gedacht war an Familienzusammenführung, an den Besuch der Gräber von Angehörigen und an freie Begegnungen zu kulturellen, beruflichen und sportlichen Zwecken. Außerdem sollten alle politischen Häftlinge freigelassen werden. Die Bundesregierung winkte mit dem Scheckbuch: Schon die Garantie eines Mindestmaßes an Menschenrechten im anderen Teil Deutschlands wollte sie mit Interzonenhandelskrediten honorieren. Vor der Volksbefragung sollten alle politischen Parteien sowie Presse, Rundfunk und Fernsehen in allen Teilen Deutschlands ungehindert tätig werden dürfen. Der Ständige Rat überwachte dies und die Befragung selbst. Nach der Vereinigung wäre an eine Friedenskonferenz zu denken, auf der „eine gerechte Entscheidung über die deutschen Gebiete jenseits von Oder und Neiße frei zu vereinbaren“ wäre. Das klang weniger freigiebig als Erhards vertrauliches Wort in Texas. Um die Herstellung eines freundschaftlichen Verhältnisses zu Polen und den anderen östlichen Nachbarn könnte und sollte man sich auf der Grundlage bindender Gewaltverzichtserklärungen und der Anerkennung des Selbstbestimmungs- und Heimatrechts vorher schon bemühen. Im Zusammenhang mit solchen Regelungen wollte die Bundesregierung zur Entspannung und zur kontrollierten Abrüstung beitragen.[64]

Die Bundesregierung beriet den Entwurf des Außenamts in der ersten Januarhälfte, nahm ihn an und ließ ihn am 15. Januar über Botschafter Knappstein der „Washingtoner Botschaftergruppe" zur Beratung vorlegen. Die Botschaftergruppe bestand aus den Botschaftern Großbritanniens, Frankreichs und Deutschlands in den Vereinigten Staaten sowie aus einem Vertreter des amerikanischen Außenministeriums und diente dazu, deutschlandpolitische Fragen vorzuklären. Die Bundesregierung erwartete natürlich nicht, daß ihre Initiative irgendwelche Aussichten auf nahen Erfolg hätte. Erfolg war nicht ihr Zweck. Es war ihr Zweck, der Welt und namentlich den USA zu Bewußtsein zu bringen, daß Wiedervereinigung unter Einschluß Berlins das unverrückte Ziel deutschen politischen Strebens und die Voraussetzung west-östlicher Entspannung wäre und daß der Anspruch auf Wiedervereinigung der Sicherung des Status von Westberlin nicht aufgeopfert werden dürfte. Ob zumindest *dieser* Zweck erreicht würde, blieb abzuwarten.

Zu seinem Ende kam in diesen Tagen schließlich der Streit um die Kriegsopferversorgung. In der ersten Fraktionssitzung im neuen Jahr hatte Erhard in dieser Sache nochmal kräftig auf den Putz gehauen. Er werde unter keinen Umständen seine Hand dazu bieten, daß die deutsche Bevölkerung unterm Einfluß von Gruppeninteressen ihre Zukunft verfrühstücke.[65] Das war brav gesprochen. In der darauffolgenden Woche gab er der Fraktionsmehrheit nach. Die Rentenerhöhung wurde in einem Zug durchgeführt, Art. 113 GG nicht angerufen und das Geld innerhalb der 60,3 Milliarden-Grenze durch Haushaltsumschichtungen aufgebracht. Das war leichter als gedacht getan. Dran glauben mußten vor allem Etatposten von höchster politischer und moralischer Wertschätzung und geringster Wehrhaftigkeit, die Ausgaben für Wissenschaftsförderung und Entwicklungshilfe vor allem.[66]

In der zweiten Januarhälfte erfolgten die Antrittsbesuche in London und Rom. Sie schlossen die erste offensive Erkundung des außenpolitischen Terrains und die rasche, weil vorweg entschiedene Verschiebung deutscher Stellungen darauf ab und brachen zugleich den etwas neubesenhaftigen Schwung des Anfangs. Am 15. Januar ging es zunächst in die britische Hauptstadt. Erhard reiste mit Schröder und erstmals ganz und gar gelassen. In London erwartete ihn weder jener hochfahrende General, vor dem er ein heimliches Grauen hatte, noch der mächtigste Mann der Welt, dem er partout zu gefallen und dessen besondere und ausdrückliche politisch-persönliche Zuneigung er zu gewinnen wünschte. Dort erwartete ihn ein britischer Gentleman von der feinsten Sorte und der liebenswürdigsten Art, Sir Alexander Frederic Douglas, kürzlich noch 14. Earl of Home, neu im Amt wie Erhard selbst und nach eigenem Bekunden auf enge, ebenbürtige Zusammenarbeit mit Deutschland aus. Einige vorhersehbare Enttäuschungen erwarteten ihn dort allerdings auch. Die enge Zusammenarbeit zwischen England und Deutschland, die auch Erhard und Schröder innigst wünschten, fand keine rechten praktischen Anhaltspunkte.

Erhard hielt es trotz wenig ermutigender Erfahrungen für angebracht, sich und Deutschlands Freundschaft auch in Downing Street 10 durch betonte Abwendung von Frankreich zu empfehlen.[67] „Unter Adenauer und Brentano habe de Gaulle erwarten ... können, daß Deutschland bedingungslos den französischen Kurs verfolge." Wenn er es nicht schon gemerkt habe, werde de Gaulle bald merken, daß er dies „unter einem Bundeskanzler Erhard und einem Außenminister Schröder" nicht mehr erwarten dürfe. „Er wisse nicht, ob de Gaulle daraus dann früher oder später auch Konsequenzen zu ziehen gewillt sei. Dies sei jedenfalls eine Chance, wenn man auch nicht mit Sicherheit sagen könne, daß er sie ergreifen werde. Was aber dann aus Europa werden solle, wisse er nicht.“ Deutschland werde jedenfalls nie auf Großbritanniens Beteiligung an der Integration Europas verzichten.

Dunkel war der Rede Sinn. Was folgte, war schierer Unsinn.

„Wenn de Gaulle ... zu der Überzeugung käme, daß es für Europa wesentlich auf die französische force de frappe ankomme, dann hätte er eine Hegemonie Frankreichs in Europa errichtet. Wenn er aber andererseits wisse, daß die Deutschen hierbei nicht mitspielen würden, und wenn die MLF aufgebaut werde, dann sei er nicht mehr in dieser Position und könnte sich keiner Illusion hingeben. Dann sei die Zeit gekommen, in der man wirksam mit de Gaulle sprechen könne. Deswegen liege der deutschen Seite so viel an der MLF.“

Douglas-Home ließ Erhards bedeutungsvolles Raunen über das deutsch-französische Verhältnis auf sich beruhen. Von einer Europa-Initiative in nächster Zukunft riet er ab. Englands Teilnahme an einem Europa mit übernationalen Institutionen schloß er auch längerfristig aus. Und das MLF-Projekt wollte er bis zu den britischen Wahlen auf Eis gelegt wissen.

Das mußte nicht notwendigerweise als grundsätzlicher Gegensatz des Meinens und Wollens gedeutet werden. Wenn es um die Ost-West-Beziehungen und um die deutsche Frage ging, war derlei Deutung aber kaum vermeidlich. Die britische Regierung fand die jüngsten deutschlandpolitischen Vorschläge der Bundesregierung ganz interessant, maß ihnen jedoch keine praktische Bedeutung zu. Im Widerstreit mit jenen Vorschlägen setzte sie auf Entspannungs- und Abrüstungsbemühungen, die von einer Lösung der deutschen Frage unabhängig waren und womöglich zu deren Entschärfung beitrugen. Zu diesem Zweck behielt sie sich eigenständig-unmittelbare Kontakte mit der Sowjetführung vor. Die sowjetische Idee, einen Nichtangriffspakt zu schließen und zum Schutz vor Überraschungsangriffen Bodenbeobachtungsposten der je anderen Seite in der Bundesrepublik und in der DDR tätig werden zu lassen, lehnte sie nicht rundheraus ab. Die Bundesregierung hingegen hielt zweiseitige Gespräche mit der Sowjetunion für untunlich, und der Gedanke an einen Nichtangriffspakt sowie an Bodenbeobachtungsposten war ihr ein ziemlicher Greuel. Am schlimmsten aber war, daß die britische Regierung sich nicht davon abbringen ließ, umfangreiche, langfristige privatwirtschaftliche Kredite an die Sowjetunion zu dulden und sogar zu verbürgen. Das schlug Erhards „kühnem“ Handelsprojekt nachgerade ins Gesicht. Trotzdem wünschte die britische Regierung - und ließ keinen Zweifel daran, wieviel ihr an dem Wunsch lag -, daß auch sie nach amerikanischem Vorbild für zahlungsbilanzwirksame Stationierungskosten mit deutschen Rüstungskäufen in Großbritannien entschädigt würde. Erhard gab sich etwas zugeknöpfter als in Stonewall. Aber er konnte natürlich England schwer verweigern, was er Amerika zugestand.[68]

Es muß ihm nach den Erfahrungen in Stonewall und London sehr angenehm gewesen sein, daß er zwei Wochen später in Rom weder mit Geldforderungen noch mit deutschlandpolitischen Zumutungen konfrontiert wurde. Die Gespräche mit dem neuen italienischen Ministerpräsidenten Aldo Moro, dem Erhard sich - weiß der Himmel, was ihn dazu drängte - als jemand vorstellte, der im Dritten Reich „verfemt und geächtet“ gewesen sei und „seine Professorentätigkeit nicht (habe) ausüben dürfen“, betrafen fast ausschließlich die Europapolitik.[69] Dabei wurde Erhards Initiative zur politischen Einigung fürs erste ziemlich sang- und klanglos begraben. Erhard und Moro zeigten sich darin einig, daß Verhandlungen über die politische Einigung nicht ohne England stattfinden sollten. Deshalb, sagte Moro, kämen derlei Verhandlungen vor den britischen Wahlen eigentlich nicht in Frage und nach den Wahlen wegen de Gaulles Widerstand vermutlich nicht zustande. Im übrigen frage er sich, ob Großbritannien die Teilnahme an einem geeinten Europa wirklich wolle. Das fragte Erhard sich nicht, er setzte das voraus. Ansonsten gab er Moro recht. „Man befinde sich in einem echten Dilemma ... Was können wir tun? Zunächst (den) Gemeinsamen Markt stärken, denn engere Zusammenarbeit schafft auch politische Kraft".[70]

Das war ein argumentativer Salto der Sonderklasse. Ursprünglich war Erhards Initiative ja von der Annahme inspiriert worden, daß die Zusammenarbeit im Gemeinsamen Markt nicht zu politischer Einheit und deshalb zum Gegenteil politischer Stärke führe. Am Ende galt es als abgemachte Sache, daß die Einladung zu einem Gipfeltreffen über Fragen der politischen Einigung Europas, zu der Erhard die italienische Regierung im Einvernehmen mit de Gaulle hatte ermuntern wollen, unterblieb. Schröder war's zufrieden und Erhard nahm vermutlich immer noch nicht wahr, daß er eine politische Seifenblase hatte steigen lassen, der das Schicksal, bald zu platzen, vorherbestimmt gewesen war.

Weniger zufrieden war Schröder damit, daß bei den römischen Gesprächen allem vernünftigen Ermessen nach auch die MLF auf der Strecke blieb. Die italienische Regierung wollte an einer integrierten Atomstreitmacht ohne England nicht teilnehmen und so gut wie niemand in der Welt wollte, daß die MLF eine bilateral deutsch-amerikanische Angelegenheit würde.[71]

Mit Erhards Staatsbesuch in Rom, dessen protokollarischer Höhepunkt übrigens ein Empfang bei Papst Paul VI. war, gingen die notorischen hundert Tage zu Ende, die Debütanten in hohen Ämtern zumindest redensartlich als Probe- und Schonzeit zugestanden werden. Erhard war natürlich sicher, daß er die Probe glänzend bestanden hätte. Er bedauerte ausdrücklich, daß er nicht die Möglichkeit habe, den Bundestag aufzulösen. Andernfalls würde er es augenblicklich tun und anschließend einen grandiosen Wahlsieg einfahren.[72] Wahrscheinlich täuschte er sich darin nicht einmal. Die Mehrheit der Bevölkerung glaubte um diese Zeit gewiß auch, daß er sich als Kanzler bewährte. Erhards öffentliches Erscheinungsbild war vortrefflich. Aber das war seit einem Dutzend Jahre erheblich besser als er selber. Daran hatte sich nichts geändert.

Die politischen Zustände und Aussichten hinter dem Erscheinungsbild waren weniger vortrefflich. Die Beziehungen zu Frankreich waren atmosphärisch gestört und litten, auf ihre Zukunft hin besehen, daran, daß Erhard und Schröder es auf die Störung geradezu anlegten. Die Anbiederung an die Vereinigten Staaten wurde nicht honoriert, sondern barg die Gefahr, ausgenutzt zu werden. Die britische lag im Gegensatz zur französischen Politik mit der regierungsamtlichen Definition deutscher Interessen vielfach im Streit. Dafür war die Atmosphäre gut. Die Europa-Initiative hatte sich an der Unbedachtheit ihrer Ursprünge und an dem Dilettantismus, mit dem sie lanciert wurde, aufgerieben. Regierung und Fraktion waren dabei, sich über außenpolitische Verhaltensweisen und Vorgänge zu entzweien.

Die Kritiker der Kühle, mit der neuerdings Frankreich, und der Nachsicht, mit der Großbritannien behandelt wurde, die Kritiker auch von Entspannungspolitik, die an herkömmlichen deutschlandpolitischen Positionen rüttelte, hatten vorerst noch nicht Erhard, sondern zunächst Schröder im Visier. Aber Schröder machte Erhards und Erhard vertrat Schröders Außenpolitik. Baron zu Guttenberg war der fraktionelle Wortführer der Kritiker, Adenauer ihr Übervater, Strauß, Krone, Dufhues und Brentano gehörten dazu, hielten sich aber noch bedeckt. Die Größe der Anhängerschaft lag im dunkeln. Manche glaubten, daß mehr als die Hälfte der Fraktion eher den außenpolitischen Ansichten Guttenbergs und Adenauers, als der Außenpolitik Schröders und Erhards zugeneigt wäre. Wie groß aber auch immer, der Zwiespalt beunruhigte die kompetenten Freunde der Erhard-Schröderschen Außenpolitik in der Fraktion sehr. Einer der besten und in seiner geistig-politischen Unabhängigkeit integersten von ihnen, Kurt Birrenbach, schrieb Erhard Ende Januar, daß er den Riß nicht ignorieren dürfe, weil der sich sonst zum Schaden der Regierung vertiefe. Er müsse sich vielmehr samt seinem Außenminister der Auseinandersetzung mit den Gegnern stellen. Erhard sagte das vage zu, tat es dann aber nicht.[73]

Auch innenpolitisch konnte Erhard auf die Gefolgschaft der Fraktion offenbar nicht rechnen. In Sachen Kriegsopferversorgung hatte sie seine großen und starken Worte am Ende enragiert und kaltblütig zugleich desavouiert, und dadurch nicht wenig an seiner Autorität und an seinem Prestige gezehrt.

In der Koalition stand es ebenfalls nicht zum besten. Neben den vielen kleinen, persönlich-politischen Mißhelligkeiten, die den macht- und pfründeorientierten Zweckbündnissen politischer Parteien notwendig eingeboren sind und im Zweckbündnis von CDU/CSU und FDP inzwischen kräftig und lästig ins Kraut geschossen waren, legte sich der Eintracht eine große Meinungsverschiedenheit in wichtiger gesetzgeberischer Sache in den Weg. Die Sache war das sogenannte „Sozialpaket". Darin sollten nach dem Wunsch von Arbeitsminister Blank und den CDU-Sozialausschüssen eine durchgreifende Verbesserung des Familienlastenausgleichs, die Einführung der Lohnfortzahlung für kranke Arbeiter und eine Krankenkassenreform, die für Versicherte mit höheren Einkommen das Kostenerstattungsprinzip an die Stelle des Sachleistungsprinzips setzte und eine allgemeine Selbstbeteiligung an den Krankheitskosten verfügen wollte, fest verschnürt durchs Parlament gebracht werden. Die Verschnürung schien notwendig zu sein, weil die Bestandteile des Pakets finanziell aufeinander bezogen waren. In sachlicher Hinsicht verhieß die Verabschiedung des Pakets die weitestreichende und wirksamste Sozialreform seit dem Rentengesetz von 1957. Erhard war kein völlig überzeugter Freund des Vorhabens, hatte es aber dennoch nach langen Gesprächen mit Katzer in sein Regierungs- und Gesetzgebungsprogramm übernommen. In der CDU/CSU-Fraktion schien es eine Mehrheit dafür zu geben. Die FDP aber legte sich vor allem gegen die Lohnfortzahlung quer.[74]

Schließlich gab es Ungemach im Kabinett und drohte Ungemach im Amt. Anfang des Jahres kam auf, daß der neue Vertriebenenminister eine stark braun eingefärbte Weste hatte. Erhard zitierte ihn zu sich. Warum er ihm das nicht gesagt habe? Er habe ihn nicht danach gefragt, sagte Krüger. Aber Frechheit siegte in diesem Fall nicht. Erhard zog überraschend schnell und entschieden die Konsequenzen. Er mochte dabei den „Fall Oberländer" vor Augen haben. Oberländer war ebenfalls Vertriebenenminister gewesen und trotz seiner offenkundigen NS-Vergangenheit gegen wiederholte Forderungen, ihn zu entlassen, von Adenauer gehalten worden, bis es nicht mehr ging. Erhard feuerte Krüger umgehend. Das wurde in der Öffentlichkeit positiv vermerkt, und so geriet der personalpolitische Mißgriff sogar zu einem kleinen Prestigegewinn für den Kanzler.

Von der Öffentlichkeit unbemerkt geriet allerdings auch Erhards eigene Rolle im Dritten Reich einen Moment lang ins Zwielicht. Innenminister Höcherl sah sich veranlaßt, ein sehr ernstes und sehr vertrauliches Gespräch mit ihm darüber zu führen. Erhard gestand im Gegensatz zu dem, was er Moro volltönend weisgemacht hatte, kleinlaut ein, „daß er im Dritten Reich auch für das Dritte Reich tätig gewesen sei. Aber nur im wirtschaftlichen Bereich, und es liege nichts vor, was er befürchten müsse".[75] Das stimmte, und es genügte ihm, um sich kurzen Gedächtnisses und besten Gewissens auch künftig in die Nähe des Widerstandes gegen des Nationalsozialismus zu bringen.

Daß Ungemach im Kanzleramt drohte, beunruhigte Erhard selbst womöglich weniger als einige seiner Kabinettskollegen. Westrick wurde im Herbst siebzig. Das Beamtenrecht zwang ihn, als Staatssekretär nach dem 70. Geburtstag den Dienst zu quittieren. Man konnte sich ausrechnen, wer an seine Stelle träte, wenn er ausschiede: Wolfram Langer, den Erhard zum Staatssekretär erhöht und mit der Lizenz im Wirtschaftsministerium zurückgelassen hatte, sich jederzeit unter Umgehung des Amtsweges, auch an seinem Minister vorbei, unmittelbar an den Kanzler zu wenden. „Das gäbe ein sehr persönliches Regiment", sagte Westrick zu Krone. Das konnte Krone sich gut vorstellen. Und die Vorstellung gefiel ihm gar nicht. Vielen anderen ging es ebenso. Langer hatte sich mit außerordentlichem Einfühlungsvermögen, das von seinem ökonomischen Sachverstand unterstützt wurde, Erhards Zuneigung und Vertrauen erworben. Die Mittel, deren er sich dazu bediente, und der Gebrauch, den er davon machte, hatten ihm aber zugleich die Abneigung und das Mißtrauen vieler anderer zugezogen. Man glaubte nicht so recht, daß es ihm, gleich Westrick, wirklich um Erhard und die Sache ginge. Andererseits, sagte Westrick weiter zu Krone: „Ohne einen engsten Berater komme Erhard nicht aus".[76] Das war Krone klar. Man begann zu überlegen, wie es am geschicktesten anzustellen wäre, daß Westrick Erhard erhalten bliebe. Schließlich verfiel man auf den Gedanken, ihn zum Minister ohne Ministerium zu machen und mit der Leitung des Kanzleramtes zu beauftragen.

Entgegen Erhards Versicherungen, daß er ein vorwiegend „innenpolitischer Bundeskanzler" sein werde, der die westdeutsche Gesellschaft zu einem wahren Verständnis ihrer selbst brächte und sie endlich lehrte, was Demokratie eigentlich wäre, stand auch im nächsten halben Jahr die Außenpolitik ganz und gar im Vordergrund seiner Tätigkeit. Es wurde zusehends deutlich, daß Erhards Amtsantritt kein perikleisches Zeitalter in der Bundesrepublik eingeleitet hatte. Innen- und gesellschaftspolitische Initiativen blieben aus. Wie auch anders? Erhard war kein Mann der praktischen Initiativen und der gestaltenden Tat, auch wenn er sich selbst so verstand und fortgesetzt so darstellte.

„Erhard war immer dann gut, wenn er nichts tat", resümierte Otto Friedrich seine politischen und persönlichen Erfahrungen mit dem fernen „Freund".[77] Das war in seiner Doppeldeutigkeit sehr richtig. Unter bestimmten Umständen kann Nichtstun eine Tat sein. Erhard hatte solche Umstände angetroffen und mit Nichtstun sein politisches Glück gemacht. Später hatte er es fertiggebracht, sich glückliches Geschehen als Tat anrechnen zu lassen. Solange er Wirtschaftsminister war, ging das wohl an. Marktwirtschaft vollzieht sich, gleichgültig, ob der Wirtschaftsminister etwas tut oder nicht. Und was er tun *kann*, das ist von bestenfalls bescheidener Wirksamkeit, im guten wie im üblen. Deshalb meinen die meisten modernen Staaten denn ja auch, auf einen Wirtschaftsminister verzichten zu können. Sie haben keinen. Der Finanzminister erledigt nebenher mit, was in Deutschland der Wirtschaftsminister zu besorgen hat.

Politik vollzieht sich nicht, sie muß gemacht werden. Dazu war Erhard nicht geschaffen. Die Insider hatten das gewußt. Als er Kanzler war, wurde es offenbar. Die Erwartungen, die Erhard hervorgerufen hatte, verflüchtigten sich. An ihre Stelle trat allmählich der Eindruck, daß man in eine „Ära des Nichtstuns" eingetreten wäre, „gewichtig an edlen Gefühlen und leicht an Grundsätzen", Maßnahmen und Entscheidungen. Um die Mitte des Jahres 1964 hatte er sich durchgesetzt.

Erneut zu de Gaulle

Das galt für die Innen-, nicht für die Außenpolitik. Außenpolitik *mußte* Erhard treiben, und er *wollte* sie treiben. Auch für die Außenpolitik galt freilich, daß er immer dann gut war, wenn er nichts tat. Denn die Art, *wie* er im ersten Halbjahr 1964 Außenpolitik trieb, bestätigte vollends Adenauers Diktum, daß Erhard Außenpolitik nicht könne. Sein gedanklicher Ansatz war falsch, die Praxis vielfach peinlich und das Ergebnis einigermaßen lamentabel. Am Ende war das Verhältnis zu Frankreich nicht mehr nur gestört, sondern bis auf weiteres zerstört, und die Erwartung enttäuscht, daß dies von den Vereinigten Staaten und Großbritannien durch besondere Rücksichtnahme auf deutsche Wünsche und Interessen honoriert würde. Das Gegenteil war der Fall: Je ausschließlicher Erhard auf die USA setzte und je emphatischer er sich Johnson anbiederte, um so mehr meinte die amerikanische Regierung der Bundesrepublik abverlangen und zumuten zu können, und um so gleichgültiger wurde Erhard von Johnson behandelt.

Es begann mit einer weiteren Paris-Reise. Erhards Antrittsbesuch bei de Gaulle war als Treffen außerhalb der Reihe halbjährlicher Konsultationen gewertet worden, die der deutsch-französische Vertrag vorschrieb. Das Arbeitstreffen stand an. Erhard sah ihm mit Mißvergnügen entgegen. Am Tag vor der Abfahrt empfing er den amerikanischen Botschafter, klagte ihm sein Leid und entschuldigte sich gewissermaßen dafür, daß er überhaupt nach Paris fahre. Deutschland habe mit Frankreich nichts als Meinungsverschiedenheiten und Konflikte. Mißstimmung und Streit seien unausweichlich.[78] Zum hergebrachten Dissens über den Gemeinsamen Markt und die Kennedy-Runde, über MLF und force de frappe, über die NATO und den Ost-West-Konflikt waren zwei weitere Beschwernisse von ganz unterschiedlicher Art und Bedeutung gekommen.

Vor einigen Wochen hatten französische Sicherheitskräfte den französischen Oberst Argoud aus Deutschland verschleppt. Argoud war Deserteur und Rebell gegen de Gaulles Algerienpolitik und wurde in Frankreich als organisierter Terrorist, der dem Staatspräsidenten nach dem Leben trachtete, verfolgt. Argoud hatte sich der Verfolgung durch die Flucht nach Bayern entzogen und dort - von der Polizei unbehelligt, sagten die Franzosen - seine finsteren Machenschaften fortgesetzt. Männer des französischen Geheimdienstes machten ihn ausfindig, wurden seiner habhaft und „verbrachten" ihn unrechtmäßigerweise nach Paris, damit er dort vor Gericht gestellt werde. Die Erregung in Deutschland war groß. Obwohl die französische Regierung bestritt, mit der - unbestrittenen - Verletzung deutschen Hoheitsgebiets irgend etwas zu tun zu haben, meinte das Außenministerium, den Kasus mit einigem Aplomb als Gegenstand der hohen Politik behandeln und in Paris zu ausführlicher und Genugtuung verschaffender Sprache bringen zu sollen. Erhard ließ sich darauf ein. Das war ein zusätzliches Gravamen. Das andere betraf wirklich die hohe Politik.

Frankreich hatte kürzlich im Alleingang die diplomatischen Beziehungen zur Volksrepublik China aufgenommen. Daran störte Erhard und Schröder zweierlei: die Tatsache und der Mangel an vorhergehender Konsultation. Die kommunistische Volksrepublik China wurde - ähnlich wie die DDR - im Westen als staatsrechtlich inexistent und die nationalchinesische Regierung auf Formosa - ähnlich wie die Bundesregierung - als politische Vertretung des ganzen chinesischen Volkes angesehen. Erhard mochte befürchten, daß Frankreich mit der Anerkennung Rotchinas anderen Ländern ein Beispiel gäbe und daß die verbreitete Anerkennung Rotchinas die Anerkennung der DDR über kurz oder lang nach sich zöge. Außerdem verstand und beklagte er sie als bösen Streich gegen die USA, die ihrer und seiner Meinung nach in Südvietnam für ganz Südostasien und gegen China die Freiheit verteidigten. Das sagte er McGhee und versicherte ihn der „absoluten und unerschütterlichen" Treue Deutschlands zu Amerika. „Er ... würde fünfmal lieber in die Vereinigten Staaten gehen und sich dort mit dem Präsidenten unterhalten, als nunmehr nach Paris zu einer Begegnung mit de Gaulle".[79] Osterheld, der in Erinnerung an Adenauers diplomatische Gespräche schmerzerfüllt dabeisaß, war über derlei Herzensergießungen ebenso fassungslos wie über die antifranzösischen Diatriben, zu denen Erhard sich offenbar bemüßigt fühlte, sobald er Amerikanern gegenübersaß.[80] Zum einen war es politisch allemal unklug und zum anderen verkannte es die amerikanische Einstellung zu Frankreich und zur deutsch-französischen Freundschaft mit entschiedener Unbelehrbarkeit.

Der deutsche Botschafter in Washington hatte über jene Einstellung aus Anlaß der Wiederkehr des Tages, an dem der deutsch-französische Vertrag unterschrieben worden war, eindringlich berichtet.[81] Zuerst habe der Vertragsschluß wie ein Schock gewirkt, schrieb Knappstein. Dann aber setzte eine merkwürdige Entwicklung ein. „Man begann, (die) Notwendigkeit einer deutsch-französischen Aussöhnung zu verstehen und gutzuheißen". Inzwischen habe es sich erwiesen, daß der Vertrag die deutsche Position in den USA erheblich gestärkt habe. Die „Aufwertung" eines mit Frankreich verbündeten Deutschland ergebe sich aus der Besonderheit des Verhältnisses der USA zu Frankreich. Deutschland genieße in Amerika gewisse Sympathien, die in Respekt gründeten und ohne Tiefgang seien. Mit Frankreich verbinde die Amerikaner eine in Jahrhunderten bewährte Herzensfreundschaft. „Irgendwie sind die meisten Amerikaner verhinderte Franzosen. Das ... gibt der französischen Politik ... einen ungewöhnlichen Vorsprung" vor der Politik der meisten anderen Länder. Frankreich könne kaum etwas wirklich falsch machen und nichts, das die amerikanisch-französischen Beziehungen ernsthaft gefährde. Man erlebe es gerade jetzt wieder, da Frankreich diplomatische Beziehungen zu China aufnehme: Zunächst rascher, lauter Protest, dann die ersten Stimmen, „daß die französische Maßnahme doch verständlich sei und diese oder jene gute Seite habe", alsbald Zustimmung. Die amerikanische Regierung komme mit der französischen gegenwärtig nicht besonders gut zu Rande. Aber sie sei darüber eher bestürzt und ratlos, als daß es sie wirklich gegen Frankreich einnehme.

Das brauchte Erhard gar nicht zu lesen, er hatte es selbst erfahren, als Johnson während ihrer Ranch-Talks an unerwartetster Stelle jegliche grundsätzliche Meinungsverschiedenheit mit Frankreich kurzweg leugnete und sein Verständnis für de Gaulle beschwor.

Die amerikanische Regierung wünsche und hoffe, schrieb Knappstein weiter, daß Deutschland auf der Grundlage des deutsch-französischen Vertrages auf Frankreich einwirke und zwischen den USA und Frankreich vermittle. „Damit schließt sich das Dreieck. Das französisch-amerikanische Verhältnis ist „schlecht", aber fest ... begründet und ... unerschütterlich ... Das deutsch-amerikanische Verhältnis ist „gut", aber oberflächlich und leicht verletzlich. Es ist ... besser geworden und hat sich etwas vertieft, seitdem man glaubt, die Deutschen könnten helfen, die andere Seite des Dreiecks, das alte französisch-amerikanische Verhältnis zu reparieren und zu verbessern".

Entweder las Erhard so was nicht oder er glaubte es nicht oder er brachte es in seinem politischen Koordinatensystem nicht unter. Er mochte Frankreich und de Gaulle nicht und wollte sich nicht vorstellen, daß irgendwer - außer Adenauer - Frankreich und de Gaulle mögen könnte. Wenn es richtig war, daß die Amerikaner den Franzosen nichts wirklich übelnehmen konnten, dann war ebenso richtig, daß Erhard Frankreich alles übelnahm und hinter allem, was sie taten, Übelwollen wähnte. Wobei er sich selber nicht darüber klar war, ob er wegen seines Wahns übelnahm oder ob er Übelwollen wähnte, um begründet und zurecht übelnehmen zu dürfen. Und weil er sich in seiner unüberwindlichen Egomanie in die Gemüts- und Interessenlagen anderer nicht hineinversetzen und deshalb sein Verhalten auch nicht darauf einstellen konnte, war er von dem Glauben nicht abzubringen, daß er Deutschland Amerika näherbrächte, wenn er es - schimpfend -möglichst weit von Frankreich distanzierte. Außerdem konnte er nicht anders. Das Land war ihm zu widrig und wurde ihm durch den Riesen an Gestalt und Geltung, der darin herrschte, noch widriger.

Er mußte dennoch, mit Behauptungswillen gewappnet, reisen. Am Abend des 13. Februar 1964 verließ der diesmal mit Ministern und Beamten gut bestückte Sonderzug Bonn, und am folgenden Morgen saß Erhard de Gaulle in Paris bei einem der gefürchteten Vier-Augen-Gespräche gegenüber. „Zwei Welten", notierte Krone bei einer späteren Gelegenheit.[82] So war es. De Gaulle und Erhard bewegten sich auf verschiedenen Ebenen des Politikverständnisses und der Artikulation ihres Verständnisses. Sie konnten zusammen nicht kommen.

Erhard wollte mit de Gaulle auch gar nicht zusammenkommen. Wenig später sagte er in einer Unterhaltung mit vertrauten Journalisten voller Stolz und um zu unterstreichen, wie gut er seine Sache mal wieder gemacht hatte, daß er de Gaulle die ganze Zeit nur widersprochen habe.[83] Das stimmte natürlich nicht, wenn man es auf die tatsächlichen Gespräche bezog, die er mit dem französischen Präsidenten geführt hatte. Aber es kennzeichnete den politisch-persönlichen Seelenzustand des deutschen Bundeskanzlers in jenen Gesprächen ziemlich genau: Uneinigkeit in beinahe allem als Voraussetzung und Selbstbehauptung durch Widerspruch als Mittel deutscher Frankreichpolitik.

De Gaulle *wollte* mit Erhard zusammenkommen. Er hielt nichts von ihm. Aber das spielte keine Rolle. Er hielt viel von Deutschlands Bündnis mit Frankreich. Und er wußte, daß es dieses Bündnis mit Erhard oder auf absehbare Zeit gar nicht gäbe. Erhard hatte ja recht gehabt, auch wenn er es anders meinte: Es machte für de Gaulle einen Unterschied, ob Erhard als Wirtschaftsminister oder als Bundeskanzler mit ihm sprach. De Gaulle behandelte den Bundeskanzler außerordentlich achtungsvoll und entgegenkommend. Aber auch er konnte dabei natürlich kein vollends anderer werden, als er war. Sowenig Erhard de Gaulle in dessen raumgreifender und weitblickender, analytisch eindringlichen und konzeptuellen Art der Behandlung weltpolitischer Zustände, Problemlagen und Möglichkeiten folgen konnte, sowenig konnte de Gaulle sich zu Erhards gewöhnlich narrativem und häufig referierendem Stil herbeilassen. Erhard hatte sich's schnell zur Gewohnheit gemacht, in diplomatischen Gesprächen die diplomatischen Gespräche nachzuerzählen, die er letzthin mit anderen Regierungschefs geführt hatte, und daraus implizite oder explizite Schlüsse zu ziehen: Johnson sagte zu mir ... Ich habe ihm geantwortet ... Daraufhin sagte er ... Ich glaube, er ist der Meinung ... Da Erhard nun kein sehr aufmerksamer Zuhörer war, außerdem schnell vergaß und schließlich dazu neigte, sich die Dinge so zurechtzulegen, wie sie ihm gefielen, war nicht gesichert, daß die Referate allemal in vollem Einklang mit dem tatsächlich Gesprochenen und die Schlußfolgerungen zulässig und gut begründet waren. Erhard vermengte darin, teils bedenken-, teils gedankenlos das, was gesagt worden war, mit dem, was seiner Ansicht nach hätte gesagt werden sollen - von den anderen und auch von ihm selber hätte gesagt werden sollen..

In der Anfangsphase des Gesprächs mit de Gaulle mußte der französische Staatspräsident den Eindruck gewinnen, daß ihm nicht der deutsche Bundeskanzler, sondern nacheinander der amerikanische, der britische und der italienische Botschafter gegenübersäßen.[84] Erhard berichtete von Amerikas Mißvergnügen am uneinigen Europa, von Amerikas Sorgen wegen des Zustands der NATO und von der Bestürzung über die Anerkennung Chinas.

De Gaulle überhörte nicht, wem vor allem das Mißvergnügen, die Sorge und die Bestürzung gelte. Erhard berichtete weiter von Englands politischer Immobilität und von Italiens Abneigung gegen eine Europa-Initiative im Rahmen der Sechs. De Gaulle dankte für die Wiedergabe von Erhards Reiseeindrücken. Dann holte er zu einem Extempore über die weltpolitische Lage aus, das die Äußerungen amerikanischer und britischer Politik auf deren grundsätzliche Bestimmungsgründe zurückführte, daraus die Konsequenzen für die französische Politik zog, Deutschland zu einem Einschwenken auf die Linie jener Politik einlud und Erhard ein wenig den Atem nahm.

„Talleyrand habe einmal gesagt: „Übertriebenes zählt nicht". Was die Amerikaner insbesondere hinsichtlich der französischen Haltung sagten, sei übertrieben, zähle also nicht". Im übrigen seien die Amerikaner und die Briten verständlicherweise „melancholisch". Die Welt befinde sich in einem großen Wandlungsprozeß. Die Nachkriegsepoche gehe zu Ende. Die bisherigen Voraussetzungen der internationalen Politik verlören an Geltung. Eine neue Epoche, deren Ordnungs- und Gestaltungselemente noch nicht abzusehen seien, beginne. Amerikas und Englands Verhältnis zur Welt müsse sich ändern. Beide würden damit nicht fertig und seien deshalb unsicher und unentschlossen. Amerika habe mit zahlreichen Problemen zu tun und hätte für keines Lösungen. Im Ost-West-Konflikt wünsche es einen Ausgleich mit Rußland, glaube aber eigentlich nicht an dessen Möglichkeit. Europa begegne es mit Unverständnis und Ratlosigkeit. Es werde mit Kuba nicht wirklich fertig und lasse sich - gleichsam anstelle Frankreichs - immer tiefer auf einen Krieg in Vietnam ein, den es ebensowenig wie Frankreich gewinnen könne. Und England wisse gleich gar nicht, was es tun solle: Es streichle die Amerikaner, weil es daran gewohnt sei, und schenke zugleich den Russen manches Lächeln, „ohne eine rechte Hoffnung zu haben, daß etwas daraus werden könnte". Die Reste des britischen Engagements im Mittelmeer, in Asien und Afrika machten allerorts Fiasko. „Das mache die Engländer traurig". In der Deutschland-Frage verhielten sie sich unentschieden und in bezug auf Europa gar widersprüchlich: Sie wollten „nach Europa gehen, ohne nach Europa zu gehen". Unter diesen Umständen halte Frankreich es für angebracht, seiner eigenen politischen Wege zu gehen. „Es wolle damit niemanden verletzen, es wolle vor allem nichts zerreißen. Es wolle aber auch nicht in der Ungewißheit der anderen gefangen bleiben". Eine Station auf diesem Wege sei die Anerkennung Chinas. China sei ein Element jener neuen Epoche, von der er gesprochen habe. Es gehe schlechterdings nicht an, das Riesenreich weiterhin zu ignorieren, weil man sein Regime verabscheue. Außerdem lege die Wandlung des chinesisch-sowjetischen Verhältnisses von Freundschaft in Unverträglichkeit eine veränderte Haltung des Westens zu China nahe. Und schließlich sei, anders als Amerika glaube, Südostasien nicht gegen China zu gewinnen, sondern bestenfalls im Einvernehmen mit China zu neutralisieren und halbwegs zu befrieden. Die Sache sei den Versuch wert. Um ihn zu unternehmen, müsse man aber Beziehungen zu China haben. Es stimme nicht, daß man sich der politischen Anerkennung Ostdeutschlands nicht mehr mit guten Gründen verweigern könne, wenn man China anerkenne. Die Volksrepublik China sei das Ergebnis einer Revolution, „in China und nur von Chinesen gemacht", die SBZ sei ein Produkt des Ost-West-Konflikts und beruhe auf der Präsenz der Roten Armee in Ostdeutschland. Das sei zweierlei.

Frankreich wünsche nun, seine eigenständige, aber nicht etwa bündnislose oder gar gegen Amerika gerichtete Politik mit Deutschland abzusprechen und möglichst gemeinsam mit Deutschland zu betreiben. Dabei verstehe und respektiere es die Sonderstellung, in der Deutschland zu Amerika stehe. Frankreich fühle sich von der Hinneigung Deutschlands zu Amerika und von den Avancen, die Amerika Deutschland mache, nicht unangenehm berührt.

Erhard „bedankte sich für diese Darlegungen der allgemeinen Auffassungen des Generals“. Dann „widersprach“ er ihm. Die Amerikaner könnten sich aus Südostasien nicht zurückziehen, weil sie glaubten, daß die Region dann kommunistisch würde. In Europa hielten sie Deutschland für ihren treuesten Bündnispartner. Entspannungsillusionen machten sie sich nicht mehr. Überall, wo er, Erhard, hingekommen sei, trete man für die NATO, für atlantische Partnerschaft und für Deutschlands Wiedervereinigung ein. „Die Freundschaft des deutschen Volkes für Frankreich entspringe drei Wurzeln: der Befreiung von der geschichtlichen Tragik, der Überzeugung, daß Frankreich unter allen Umständen zu Deutschland stehen werde in der Frage der Wiedervereinigung und im Berlin-Problem, und darauf aufbauend der engen Gemeinschaft der beiden Völker“. Er glaube, daß Rußland nicht die einzige Gefahr in der Welt sei. China müsse man mitrechnen. Die weitere Entwicklung des Verhältnisses der beiden Mächte, ob zunehmend feindlich oder wieder freundlich, lasse sich „nicht mit absoluter Gültigkeit“ vorhersagen. In jedem Fall müßte die freie Welt ihre Kräfte noch stärker einen. „Die Amerikaner sagten, man werde mit dem Kommunismus nicht fertig, wenn man ihn nicht gemeinsam bekämpfe“. Und er glaube, daß England und Italien schließlich an der MLF teilnähmen, „weil sie befürchteten, daß die freie Welt sich sonst noch mehr trenne“. De Gaulle bezweifle, daß Amerika nicht entschieden genug bereit sei, Europa mit allen Mitteln zu verteidigen. Er, Erhard, sei besorgt, daß Amerika sich enttäuscht aus Europa zurückziehen könnte, wenn „nicht alle dasselbe Spiel spielten“ und ihm hinreichenden Dank für seinen ubiquitären Einsatz wüßten.

Noch deutlicher konnten zwei einander in der Sache und deren Reflexion, in Urteil und Argumentation sowie im politischen Willen kaum verfehlen. Eigentlich machte es keinen Sinn, daß sie noch einmal miteinander sprachen. Das Protokoll sah es freilich vor und so taten sie's am nächsten Morgen denn. Das Gespräch war mühsam, streckenweise ärgerlich und insgesamt belanglos. Erhard wollte von seiner verunglückten, aber in Deutschland sehr populären Europa-Initiative noch nicht lassen. Ob man nicht, da Italien sich verweigere, die Ratsmacht der EWG zu einer Einladung ermuntern solle, fragte er. Das sei eine gute Idee, sagte de Gaulle. Nur werde sie an Italiens und der Niederlande Unwillen, ohne Großbritannien zu verhandeln, wenig ändern.

Dann kam Erhard, nachdem Schröder am Vortag schon ausführlich mit Couve de Murville darüber verhandelt hatte, auf den „Fall Argoud“ zu sprechen. Er bat de Gaulle um eine ausdrücklich-schriftliche Entschuldigung für die Übergriffe der französischen Polizei. De Gaulle hielt das Verlangen „für leicht übertrieben“, ließ sich aber, „um dem Herrn Bundeskanzler Freude zu machen“ darauf ein, Erhard einen Brief zu schreiben, in dem er die Mißlichkeit der Umstände, unter denen Argoud in Deutschland ergriffen wurde, bedauerte. Erhard möge in einer Antwort auf den Brief „sein Bedauern über die Nachlässigkeit der deutschen Behörden in der Überwachung Argouds zum Ausdruck bringen“. Erhard sagte das zu. Dafür war über die Hälfte des einstündigen Gesprächs draufgegangen.[85]

De Gaulles Brief traf vier Tage später in Bonn ein. Für die verabredete Antwort brauchte Erhard sieben Wochen. Das Auswärtige Amt war nämlich der Meinung, daß es für ein Eingeständnis von Versäumnissen keinen Grund gebe und widersetzte sich dem Kanzlerbrief.[86]

Abschließend sprach Erhard mit de Gaulle über Lateinamerika. Der Präsident plante eine große Reise zur Intensivierung von Frankreichs politischen und wirtschaftlichen Beziehungen zu Mittel- und Südamerika. Deutschland wolle dort auch aktiver werden, sagte

Erhard. Johnson habe ihm dies anempfohlen. Ob Deutschland und Frankreich nicht zusammenarbeiten könnten? *Diese* Art der Zusammenarbeit gefiele gewiß auch Amerika und versöhnte es womöglich gar mit dem deutsch-französischen Vertrag. De Gaulle ging auf den Vorschlag ein und erstreckte ihn auf Afrika. Europa dürfe Lateinamerika und Afrika nicht weiterhin der Wahl zwischen Amerika und Rußland ausgesetzt sein lassen. Es müsse dort aktiv werden. Und wenn er Europa sage, dann meine er vor allem Deutschland und Frankreich. Auf sie komme es an. Deshalb solle man „sich absprechen und etwas Gemeinsames organisieren". Erhard retirierte umgehend. Natürlich bedürfe die Zusammenarbeit keiner Institutionalisierung. Es gehe nur darum, daß die zuständigen Minister in ständigem Kontakt seien und sich über Schwerpunkte und Arbeitsteilungen absprächen. „Hier könne die deutsch-französische Solidarität, ohne irgendwie spektakulär zu sein, deutlich sichtbar werden".[87]

Damit endete der zweite Austausch der Meinungen, dem zum Gespräch im eigentlichen Sinn so gut wie alles fehlte. Dazwischen und danach sprach man wie üblich im größeren Kreis miteinander. Frankreich warb dabei um Deutschland. Der deutsche Bundeskanzler, sein Außen- und sein Verteidigungsminister widerstanden dem Werben.[88]

Frankreich wolle ein politisch geeintes Europa, sagte der französische Präsident. Da derlei mit England gegenwärtig nicht zu machen sei, wolle es die Einigung der Sechs mit einem deutsch-französischen Kern. Der deutsche Kanzler bat um Verständnis für England und beschwor die Furcht der kleinen Vier vor einer deutsch-französischen Hegemonie.

Der französische Präsident sagte, daß letzten Endes Frankreich und Deutschland die militärische Verantwortung für Europa tragen müßten, weil zu bezweifeln sei, daß Amerika sie mit allen Konsequenzen trüge. Deshalb wäre zu wünschen, daß Frankreich und Deutschland ihre Aufrüstung koordinierten und gemeinsame Projekte entwickelten. Der deutsche Kanzler schlug eine Lanze für Amerika, das überall Gutes tue und überall verkannt werde. Und der Verteidigungsminister berichtete, daß gemeinsamen Rüstungsanstrengungen zahlreiche politische, psychologische und militärische Hindernisse und dazu die Notwendigkeit, in großem Stil Rüstungsgüter in Amerika, in kleinerem Umfang Waffen in Großbritannien zu kaufen, im Wege stünden.

Der französische Premierminister empfahl gemeinsame Bemühungen zur Koordinierung der Finanz-, Sozial- und Steuerpolitik in der EWG. Ein paar Wochen später ergänzte Finanzminister Giscard d'Estaing die Empfehlung unter Berufung auf de Gaulle durch den Vorschlag, die EWG-Länder zu einer Währungsunion mit gemeinsamen Geldzeichen zusammenzuschließen und womöglich mit einer deutsch-französischen Währungsunion den Anfang zu machen. Anders sei wirtschaftliche Stabilität in Europa nicht zu erreichen und auf Dauer zu erhalten.[89] Der deutsche Bundeskanzler sagte, daß er die französische „planification" für ein gefährliches Abenteuer halte und in Europa nicht wolle. Und im Plan einer deutsch-französisch initiierten Europäischen Währungsunion vermochte man in den deutschen Ministerien nur wenig mehr als französischen Hintersinn, der nicht in deutschem Interesse war, zu entdecken. Der Vorschlag laufe auf eine Spaltung der EWG zunutze der französischen Wirtschaft hinaus und habe überdies eine antiamerikanische Tendenz. Eine offizielle Reaktion darauf unterblieb.[90]

Erhard referierte und kommentierte die deutsch-französische Begegnung, die auf deutscher Seite eher eine Abwendung gewesen war, höchst unterschiedlich. Es kam darauf an, mit wem er sprach. Den noch in Paris auf ihn eindringenden Journalisten sagte er, auch in seiner Erleichterung darüber, es wieder einmal hinter sich gebracht zu haben, wie glücklich er über den Verlauf und die Ergebnisse sei, wie trefflich man trotz mancher Meinungsunterschiede menschlich miteinander auskomme.[91] Vor der Fraktion sprach er drei Tage später von der Offenheit und Freimütigkeit der Beratungen, die zu einer Vertiefung der Freundschaft geführt hätten. Über deren Inhalt sprach er nicht.[92] Noch einmal, zwei Tage später, führte Erhard eine Tradition fort, die Adenauer begründet hatte. Er lud ausgewählte Journalisten zum „Kanzler-Tee". Für Adenauer war das ein virtuos gehandhabtes Mittel der Informationspolitik gewesen. Der Kanzler versorgte Presseleute, die er seines besonderen, stets auch ein wenig heuchlerischen Vertrauens würdigte, mit „Hintergrundmaterial", das benutzt, aber nicht als wörtliche Rede zitiert werden durfte. Benutzt werden *sollte* es aber. Adenauer leuchtete die Hintergründe natürlich so aus, wie er sie in der Öffentlichkeit beleuchtet haben wollte. Er leitete das Gespräch mit einem längeren Referat ein, das die Themen anschlug, und achtete darauf, daß es die Richtung nahm und den Klang hatte, den er wünschte. Erhard übernahm die Einrichtung, tradierte sie aber auf seine Weise. Er verfolgte allem Anschein nach keine besonderen Zwecke damit, sondern verstand sie als Gelegenheit, sich einmal ungehemmt ausreden zu können. Kein Referat am Anfang. Die Journalisten wurden aufgefordert, munter drauflos zu fragen, und Erhard plauderte munter drauflos. Die vertrauensselige Offenheit seiner Plauderei war unendlich, ihr Informationswert konvergierte gegen Null. Nach einiger Zeit löste sich das politische Gespräch in eine allgemeine Unterhaltung auf, die nicht mehr mitzustenografieren war.

Bei diesem ersten „Tee" plauderte Erhard in den fließend-beliebigen Zusammenhängen, die immer mehr zum Kennzeichen seines Rede- und Konversationsstils wurden, vor allem über das Treffen mit de Gaulle. Dabei kam zutage, wie er dieses Treffen und den Mann *eigentlich* erlebt und empfunden, inzwischen auch *nach*empfunden hatte. Erstmals wohl sei mit de Gaulle „ein echtes politisches Gespräch geführt worden." Dabei habe er, Erhard, die ganze Zeit nichts anderes getan, als de Gaulle widersprochen. In Europa sei mit de Gaulle nicht voranzukommen. „De Gaulle hat ja von den Dingen wirklich keine Ahnung". Namentlich die Wirtschaft sei bei ihm ein weißer Fleck. „Da wagt er auch nicht, mit mir zu diskutieren. Das ist verständlich genug". De Gaulles Sicht der weltpolitischen Zusammenhänge sei falsch. „Er glaubt, China sei eine politische Realität - wobei er zugibt, daß seine China-Konzeption rein spekulativer Art ist. Ich habe gefragt, können Sie die Gründe sagen? Er hat es auch getan. Aber ich habe gesagt, Sie täuschen sich; mindestens gibt es eine andere Theorie, ich kann auch nicht beweisen, ob sie richtig ist, aber sie ist mindestens so richtig wie die Ihre -, also die politische Spekulation geht in die politische Philosophie hinein". De Gaulle traue Amerika nicht und wolle seine eigene Außenpolitik betreiben. „Da habe ich gesagt, also die Amerikaner eine eigene Außenpolitik, die Franzosen, die Engländer und wir Deutsche, jeder treibt seine eigene Außenpolitik. Das ist der Anfang vom Ende". Wenn Deutschland nicht auf die Bündnistreue Amerikas vertraue, könne es schlechterdings gar keine Außen- und Verteidigungspolitik machen. Die force de frappe sei ein Mittel französischer Hegemonie in Europa, die MLF ein Mittel zur Stärkung der atlantischen Gemeinschaft. So offen könne man mit de Gaulle sprechen, „ohne daß die Freundschaft Schaden leidet". Im Gegenteil, die Freundschaft sei erst jetzt, da „man die heißen Eisen nicht (mehr) unter dem Tisch läßt", wirklich gut und fest.[93]

Noch vor dem plauderhaften „Kanzler-Tee" hatte Erhard selbstverständlich den amerikanischen Botschafter vom Verlauf der Reise und vom Inhalt seiner Gespräche mit dem französischen Staatspräsidenten unterrichtet. Der französische Botschafter durfte auf derlei prompte und persönliche Information nach Amerika-Besuchen des Bundeskanzlers bekanntlich nicht rechnen. Die eifrige Ehrerbietigkeit, mit der im Gegensatz dazu McGhee behandelt wurde, hatte freilich ihre Kehrseite in der Unzuverlässigkeit der Übermittlung.

Im Gespräch mit den Journalisten stellte sich die Zusammenkunft in Paris als eine Art herzhaften Raufens mit einem Freunde dar, den man soweit ganz gern hatte, mit dem wegen seiner ignoranten Eigenwilligkeiten im übrigen aber nicht viel anzufangen war. Im Gespräch mit dem amerikanischen Botschafter geriet sie zu einer Art Schlacht, die Erhard für die Vereinigten Staaten gegen de Gaulles unverantwortliche China-Politik geschlagen habe. Der Sinn und die Dauerhaftigkeit der Freundschaft wurden in Zweifel gezogen. Wie erwartet, habe nichts zusammengestimmt, sagte Erhard. De Gaulle wolle mit der Anerkennung Chinas an die Stelle des russisch-amerikanischen Dualismus einen Pluralismus setzen, „weil damit die Welt vielleicht befriedet werden könne". Erhard habe ihm deutlich zu verstehen gegeben, daß er die Anerkennung für falsch halte. De Gaulle glaube, daß die Anerkennung durch Frankreich Chinas Bereitschaft vergrößere, Indochina zu neutralisieren. Erhard habe ihm nachdrücklich gesagt, „daß er (dies) für eine blanke Illusion halte". Er gebe ihm Brief und Siegel, daß sich der Kommunismus in ganz Indochina ausbreite, sobald Amerika, das dort unbedankt „für die Erhaltung der Freiheit in der Welt" kämpfe, den Rückzug antrete. De Gaulle meine, China gegen Rußland stärken zu sollen, um Rußland in der Deutschland-Frage nachgiebiger zu stimmen. Erhard habe erwidert, daß Rußland China nicht fürchte und daß de Gaulle den Chinesen ja wohl seine force de frappe nicht überlassen wolle. Größer sei die Wahrscheinlichkeit, „daß sich die Sowjets und die Chinesen hinter dem Rücken Frankreichs einigten". Dann habe man den Salat. De Gaulle habe ihm in aller Ruhe und mit Respekt zugehört und ihn immer ausreden lassen. Aber das ändere nichts daran, daß Frankreich Weltpolitik auf eigene Faust betreiben und dabei, so komme es Erhard vor, die Rolle eines Friedensengels spielen wolle. Falsch und wenn es Schule mache, katastrophal dies alles.[94]

Nichts davon hatte de Gaulle *so* gesagt und gemeint. Deshalb hatte Erhard ihm auch nicht so geantwortet, wie er es darstellte. Gewiß hätte er dies gern getan. Aber ebenso gewiß hätte er es nie gewagt. „Bei dieser Äußerung habe er, der Bundeskanzler, ihn, de Gaulle, sofort unterbrochen und ... auf die Gefahr dieser Überlegungen hingewiesen".[95] Denkbar zwar, aber praktisch unmöglich.

Meinungsverschiedenheiten übrigens auch, sagte Erhard weiter, in Sachen Europa, Kennedy-Runde, NATO, MLF, bei denen er keine Handbreit vom deutschen Standpunkt gewichen sei. Brav, brav, dachte McGhee. Und er sagte: „Der Herr Bundeskanzler habe sich sehr geschickt verhalten". Nur brauchten derlei Meinungsverschiedenheiten die deutsch-französische Freundschaft natürlich „in keiner Weise zu beeinträchtigen". Sie dürften dies auch nicht. Das war vermutlich das letzte, was Erhard an dieser Stelle vom amerikanischen Botschafter hören wollte. Er sagte, „daß die deutsche Seite die Freundschaft mit Frankreich solange halten und pflegen werde, solange Hoffnung darauf bestehen werde, daß auf ihrer Grundlage eine europäische Politik verfolgt werden könne. Eine derartige europäische Politik werde aber nicht in einer deutsch-französischen Isolierung geführt werden, sondern im Rahmen der weiteren Atlantischen Gemeinschaft. Sollte sich die unglückliche Situation ergeben, daß es unmöglich sei, die Franzosen weiter auf dieser Linie zu halten, so werde man sich einer neuen Lage gegenübersehen, die aber das deutsch-amerikanische Verhältnis nicht berühren werde".[96]

Da Erhard glaubte, daß Frankreich „auf dieser Linie" längst nicht mehr wäre, konnte man das kryptische Geraune durchaus als latente Kündigung der deutsch-französischen Freundschaft verstehen. Andererseits *mußte* man es nicht so verstehen. Denn Erhard verstand ja selbst nicht immer, was er raunte.

Im Widerstreit außenpolitischer Interessen

Während er es darauf anlegte, dem deutsch-französischen Verhältnis jeglichen Anschein der von Frankreich gewünschten Besonderheit zu nehmen, gewann das deutsch-amerikanische Verhältnis trotz allem Buhlen die besondere Harmonie und Enge nicht, die Erhard so sehr wünschte. Die amerikanische Administration merkte schnell, daß sie mit der Regierung Erhard in deren Nibelungentreue anders umspringen konnte als mit der allweil mißtrauischen und in ihrem Mißtrauen zuweilen ziemlich quengeligen Regierung Adenauer. Und Präsident Johnson war ganz der Mann, von der Einsicht Gebrauch zu machen. Erhard, der sich für seinen Freund hielt und aufrichtig glaubte, daß persönliche Freundschaft in der internationalen Politik ungeachtet unterschiedlicher Interessen eine Rolle spielen könnte, war ihm dabei so gleichgültig wie nur einer. Die Interessen aber *waren* unterschiedlich, viel unterschiedlicher als die deutschen und die französischen Interessen. Erhard begriff das nur nie, weil er Meinungen und Interessen nicht auseinanderhalten konnte. So kam es zu der merkwürdigen Erscheinung, daß Deutschland sich unter Erhards Regentschaft bei weitgehender Einheit der Interessen unterschiedlicher Meinungen wegen von Frankreich entfernte, während die Bundesregierung in dem praktizierten Glauben, daß die unterschiedlichen Interessen Amerikas und Deutschlands sich in einem allgemeinen Gleichklang der Meinung aufheben ließen, auf die Regierung der Vereinigten Staaten eindrang - und kühl abgewiesen wurde.

Die Interessensunterschiede betrafen im wesentlichen zweierlei. Eins war das Wirkungsverhältnis zwischen Entspannungspolitik und Wiedervereinigung, das andere war das Spannungsverhältnis zwischen dem amerikanischen Verlangen nach vollständigem Devisenausgleich durch deutsche Rüstungsaufträge und der deutschen Zahlungsfähigkeit.

In der Bundesrepublik galt nach wie vor Wiedervereinigung als überragendes politisches Interesse der Deutschen und als Voraussetzung von Entspannung. Die Vereinigten Staaten - und ähnlich Großbritannien - räumten hingegen west-östlicher Entspannung, ohne damit genauere Vorstellungen zu verbinden, neuerdings einen Vorrang vor der Wiedervereinigung ein. Günstigstenfalls galt ihnen Entspannung als Mittel oder Verbesserung der Möglichkeit einer Wiedervereinigung. Im weniger günstigen Fall sahen sie den zumindest vorläufigen Verzicht auf Wiedervereinigung als Voraussetzung von Entspannung an. Es ist unerheblich, welche Sichtweise realistischer und welche Haltung vernünftiger war. Vermutlich gaben sie einander an Realismus und Vernunft nicht viel nach. Jedenfalls teilte Erhard die deutsche Sichtweise und mußte von ihr her mit der amerikanischen Haltung irgendwie ins reine kommen. Er tat dies auf bewährte Weise. Er redete sich froh. Er betonte bei jeder Gelegenheit, daß Amerika (und Großbritannien) in Sachen Wiedervereinigung fest zu Deutschland stünden und an die Möglichkeit von Entspannung nicht mehr recht glaubten. In Wirklichkeit verhielt es sich anders.

Amerika und England fühlten sich vom deutschen Wunsch, Bemühungen um Wiedervereinigung wieder ins Zentrum der internationalen Politik zu rücken, gestört und zogen daraus Konsequenzen. Mitte Februar ließ der amerikanische Vertreter im Washingtoner Botschafter-Lenkungsausschuß wissen, daß seine Regierung die Deutschland-Initiative der Bundesregierung für unzweckmäßig halte, weil sie „in dieser Zeit relativer Entspannung ein Element der Beunruhigung mit sich bringe". Die britische Regierung war gleicher Meinung. Beide zeigten wenig Neigung, sich den deutschen Plan zu eigen zu machen und ihn - wie die Bundesregierung wünschte - als Vier-Mächte-Vorschlag mit der Sowjetunion zu besprechen.[97] Seine Beratung in der Botschaftergruppe wurde nicht kurzweg eingestellt, aber sie vollzog sich bei amerikanisch-britischer Unlust im Zeichen einer gewissen Sinn- und Nutzlosigkeit. Parallel dazu ließen Außenminister Rusk und Botschafter McGhee in Gesprächen mit Schröder und anderen wenig Zweifel daran, daß Amerika für eine gemeinsame Initiative nicht zu gewinnen wäre. Gleichwohl bedankte Erhard sich Anfang Mai bei Johnson für die amerikanische Unterstützung der deutschen Vorstellungen in der Botschaftergruppe.[98] Drei Tage später wurde das Projekt bei einer Konferenz der vier Außenminister in Den Haag entgegen Schröders Verlangen auf Drängen Rusks mit Unterstützung Butlers faktisch ad acta gelegt. Couve hielt sich bedeckt.[99] Erhard reagierte auf die zeitweise Einsicht, daß den Amerikanern Entspannung vor Wiedervereinigung ginge, mit einer beinahe rührenden Ratlosigkeit. Wenn die Vereinigten Staaten glaubten, über Entspannung auf Randgebieten der internationalen Politik zu einer Aussöhnung von Ost und West zu gelangen, sagte er in diesen Tagen zu dem einflußreichen amerikanischen Journalisten Walter Lippmann, „dann müßte eben auch einmal das Randgebiet Deutschland ins Gespräch kommen".[100] Die Amerikaner wollten es in *ihrem* Gespräch mit der Sowjetunion nun aber mal nicht haben. Johnson machte das wenig später in einer großen außenpolitischen Rede in Lexington für jedermann hörbar deutlich. Sie wollten vielmehr, daß Deutschland die amerikanischen Entspannungsbemühungen ohne Rücksicht auf Wiedervereinigungs-Fortschritte unterstützte und dachten neuerdings daran, daß die Bundesregierung über die Wiedervereinigung selbst mit der Sowjetunion ins Gespräch käme.

Im Mittelpunkt der Entspannungsbemühungen standen derzeit die Absicht, militärische Bodenbeobachtungsposten in den beiden Teilen Deutschlands zu etablieren, und der amerikanische Vorschlag, die Zahl der Kernwaffenträger in Ost und West nicht weiter zu vermehren, neuartige Kernwaffenträger nicht mehr zu entwickeln und Kernwaffen nicht weiterzugeben. Die Bundesregierung lehnte die Bodenbeobachtungsposten ab und hatte gegen die Nichtvermehrung, Nichtentwicklung und Nichtverbreitung erhebliche Bedenken. Sie befürchtete, daß dadurch ein nukleares Übergewicht des Ostens in Europa verfestigt und die Bundesrepublik von der Mitverfügung über Kernwaffen ein für allemal ausgeschlossen würde. Keinesfalls wollte sie Nichtvermehrung und Nichtverbreitung *vor* Einrichtung der MLF, an die zu glauben sie nicht aufgab. Frankreich nahm mit anderer Begründung eine noch entschiedener ablehnende Haltung gegen „non-proliferation" ein. Für de Gaulle kam die Beteiligung an derlei Bemühungen schlechterdings nicht in Frage. Niemand erwartete, daß er sich daran beteiligte. Von der Bundesregierung wurde es selbstverständlich erwartet.

Unmittelbare Gespräche mit der Sowjetführung wurden nicht von ihr erwartet. Die amerikanische und die britische Regierung ließen aber beinahe ostentativ wissen, daß sie gegen solche Gespräche nichts hätten.[101] Den Anlaß dazu boten deutliche Anzeichen von Gesprächsbereitschaft, die der sowjetische Partei- und Regierungschef durch seinen Bonner Botschafter dem deutschen Bundeskanzler übermitteln ließ. Anfang März kam Smirnow nach einem längeren Aufenthalt in Moskau mit dem Auftrag zu Erhard, ihm anhand eines Sprechzettels „einige Gedanken und Erwägungen" Chruschtschows vorzutragen. Die „Gedanken und Erwägungen" enthielten sachlich nichts Neues, waren aber halbwegs verbindlich formuliert und liefen in den Vorschlag aus, gemeinsam darüber zu reden. Als Smirnow ging, ließ er seinen Sprechzettel zu gefälliger Lektüre auf dem Tisch liegen.[102] Chruschtschows Botschaft bekam dadurch den Charakter eines Briefs an Erhard, ohne der Form nach einer zu sein. So feinnervig geht es zu in der Diplomatie.

Die Bundesregierung tat sich mit der feinnervigen Übermittlung nicht ganz leicht. Eingedenk der sowjetischen Unbeweglichkeit in der deutschlandpolitischen Sache konnte sie sich nicht recht vorstellen, daß aus dem Dialog viel herauskäme, und sie schloß nicht aus, daß Chruschtschows verhaltenes Angebot eher auf Störung der deutschen Beziehungen zu den westlichen Verbündeten angelegt, als auf irgendwelche substantiellen Ergebnisse aus war. Daß sie ohne Konsultationen und ohne das Einverständnis der Verbündeten darauf einginge, kam für die Bundesregierung ohnehin nicht in Frage. Adenauer hatte in den letzten Monaten seiner Kanzlerschaft mit dem Gedanken an einen deutschlandpolitischen Alleingang gespielt, Erhard hingegen keine Gelegenheit für die Feststellung ausgelassen, daß die Bundesregierung allein mit der Sowjetunion nicht reden solle und wolle. Dabei traute er sich ein irgendwie nützliches Gespräch mit Chruschtschow natürlich durchaus zu. Chruschtschows Wink reizte ihn. Freilich wohnte allen unmittelbar-bilateralen deutschlandpolitischen Beratungen der Bundesregierung mit der Sowjetführung die Gefahr inne, daß sie die Vier-Mächte-Verantwortung für die Wiedervereinigung Deutschlands in Vergessenheit geraten ließ. Deshalb war die überraschende Aufgeschlossenheit, mit der die amerikanische und die britische Regierung der Anregung begegneten, eine doppeldeutige Angelegenheit. Einerseits war sie ein Beweis von Vertrauen, und andererseits war sie in sachlicher und zeitlicher Verbindung mit der Weigerung, sich den Deutschland-Plan der Bundesregierung zu eigen zu machen, ein Hinweis darauf, daß Wiedervereinigung für Amerika und England derzeit kein Thema wäre. Manche vermuteten sogar, daß sie durch ausdrücklich-öffentliche Billigung eines Gesprächs zwischen Erhard und Chruschtschow die Bundesregierung dazu nötigten, das Gespräch zu suchen, um an dessen vorhersehbarem Mißerfolg die Sinn-, weil Nutzlosigkeit von Wiedervereinigungsanstrengungen zu demonstrieren.

Es traf sich zufällig, daß nicht nur die Ablehnung einer Vier-Mächte-Konferenz und die Ermunterung zu einem deutsch-sowjetischen Dialog über die Deutschland-Frage auf den gleichen Tag fielen, sondern daß an jenem Tag, am 11. Mai 1964, auch noch der amerikanische Verteidigungsminister mit durchsetzungsfähigem Nachdruck auf dem engen Begründungszusammenhang zwischen der Stationierung amerikanischer Truppen in Deutschland und dem rüstungswirtschaftlichen Devisenausgleich durch Deutschland bestand. Aber es war in all seiner Zufälligkeit symptomatisch für die kühle Funktionalität, mit der die deutsch-amerikanischen Beziehungen von den Vereinigten Staaten angesehen und traktiert wurden.

Die Bundesregierung befand sich mit dem Devisenausgleich in großen und zunehmenden Schwierigkeiten. Der volle Ausgleich beanspruchte gut ein Achtel der westdeutschen Verteidigungsausgaben und die Amerikaner beanspruchten den vollen Ausgleich. Rüstungsgüterkäufe dieses Umfangs überstiegen aber einerseits den Bedarf und überforderten andererseits den Haushalt, zunächst den Verteidigungshaushalt und wenn man an dessen Ausweitung dachte, auch den ohnehin kritischen Gesamthaushalt. Damit nicht genug, machte der amerikanische Anspruch auch noch schlechte Schule. Die Briten sahen nicht ein, daß sie weniger gutgestellt sein sollten als die Amerikaner und verlangten eine ähnliche Regelung. Dabei hatte die Bundeswehr für das, was man in England kaufen sollte, gleich gar keinen Bedarf. Übermäßig teuer war es außerdem. Briten wie Amerikaner beriefen sich bei ihren Forderungen übrigens auf Zusagen des Bundeskanzlers bei dessen Staatsbesuchen in London und Texas. Erhard bestritt hingegen, derlei Zusagen gegeben zu haben. Und alle hatten recht. Erhard hatte tatsächlich den vollen Devisenausgleich nicht zugesagt. Insofern hatte er recht. Er hatte auf entsprechende Forderungen hin seinem sicheren Empfinden Ausdruck gegeben, daß sich eine befriedigende Lösung der Offset-Frage finden lasse. Da für die amerikanische und die britische Regierung weniger als der volle Ausgleich nicht befriedigend war, hatten sie dies als dilatorische Zusage des vollen Ausgleichs verstanden. Insofern hatten auch sie recht. Ganz unabhängig davon, wer recht hätte, hatten sie aber vor allem die besseren Karten. Und es war nicht daran zu zweifeln, daß sie die Karten auszuspielen gedächten.

Ende April erreichte die Bundesregierung der amerikanische Entwurf eines „Protokolls“ von Gesprächen, in denen die Verteidigungsminister McNamara und von Hassel deutsche Rüstungskäufe in Amerika im Wert von 1,4 Milliarden Dollar in den Jahren 1965 und 1966 vereinbarten. Die Gespräche zum Protokoll sollten in einigen Wochen in Bonn stattfinden. Da Wirtschaftsminister Schmücker zuvor noch nach Washington reiste, fragte er bei dieser Gelegenheit seinen nächsten amerikanischen Kollegen, Finanzminister Dillon, ob es wegen der Enge im Bundeshaushalt nicht etwas weniger sein dürfe. Dillon sagte: „Die amerikanische Regierung werde eine Herabsetzung der deutschen Rüstungskäufe in den USA, gleichgültig aus welchen Gründen, als Anzeichen dafür ansehen, daß Deutschland die Stationierung amerikanischer Streitkräfte nicht mehr oder nicht mehr in dem bisherigen Umfang für notwendig halte. Sie würden dann die in Deutschland stationierten Streitkräfte vermindern“.[103] Unter dem Eindruck dieses Junktims berieten hohe Beamte aus den betroffenen Ministerien einigermaßen ratlos über den Entwurf des Protokolls der erst noch zu führenden Gespräche. Der Vertreter des Auswärtigen Amtes sagte, daß die Bundesregierung den amerikanischen Forderungen nachkommen müsse, „da andernfalls mit tiefgreifenden Folgen für das deutsch-amerikanische Verhältnis zu rechnen sei“. Der Mann aus dem Wirtschaftsministerium war hingegen der Ansicht, daß den Amerikanern nur zugesagt werden dürfe, was mit den dafür freien Mitteln des Verteidigungshaushalts auch bewältigt werden könne. Der Staatssekretär im Verteidigungsministerium teilte einerseits die Meinung seines Kollegen aus dem Auswärtigen Amt und meinte andererseits, daß eigentlich nicht der Verteidigungsminister, sondern der Finanzminister für eine Vereinbarung über den Devisenausgleich zuständig sei - und dann auch die Verantwortung für deren Erfüllung zu tragen habe. Der Vertreter des Finanzministeriums wies das Ansinnen und die Verantwortung ab und bezweifelte zugleich, daß dem Verteidigungshaushalt in Zukunft genügend Mittel zugewiesen werden könnten, um die Forderungen der Amerikaner zu erfüllen. Schließlich zog man die Quersumme aus den voneinander abweichenden Meinungen und empfahl dem Kabinett, in *seinen* Protokollentwurf hineinzuschreiben, daß es den vollen Devisenausgleich durch Rüstungskäufe anstrebe, aber nicht zusichern könne.[104]

So geschah es. Aber McNamara blieb davon unbeeindruckt. Zunächst einmal ließ er sich von seinen 1,4 Milliarden Dollar nichts abhandeln. Er akzeptierte am Ende zwar, daß die Bundesregierung 1964/65 nur für 1,35 Milliarden Dollar Rüstungsgüter in Amerika kaufte, ließ dabei aber erkennen, daß Dillons Drohung keine bloßen Worte gewesen waren. Er kündigte an, daß er die restlichen 50 Millionen Dollar durch den Rückzug amerikanischer Stäbe aus Deutschland einsparen werde. Außerdem setzte er sich mit dem Verlangen durch, daß übers Jahr, im Mai 1965, über die Verlängerung des Abkommens verhandelt würde. Es war abzusehen, daß die Bundesrepublik dabei nicht mit einer Verringerung ihrer Verpflichtungen wegkäme, ohne daß die Vereinigten Staaten aktive Streitkräfte zurückzögen. Sicherheitsberater Bundy notierte nach McNamaras Rückkehr für den Präsidenten: „We think it is now clear to the Germans that we mean what we say about the unpublicized but clear connection between offset arrangements and the level of our forces in Germany.“[105]

Die Überanstrengung des Bundeshaushalts durch Rüstungskäufe blieb auf mittlere Sicht erhalten und drohte sogar zuzunehmen, weil die britische Regierung sich nach dem erzwungenen Zugeständnis an die amerikanische um so weniger davon abbringen lassen wollte, für ihre zahlungsbilanzwirksamen Stationierungskosten ebenfalls in vollem Umfang durch Rüstungskäufe entschädigt zu werden. Von Hassel erfuhr das, als er Ende Mai London besuchte.

Bei dieser Gelegenheit erfuhr er auch, daß eine Beteiligung an der MLF für Großbritannien nicht in Frage kam.[106] Eigentlich konnte man das in Bonn längst wissen. Aber man wollte es dort nicht wahrhaben. Namentlich Erhard wollte dies nicht. Er hatte sich in den Kopf setzen lassen, daß die MLF für Deutschland eine große Sache wäre. Und gegen das, was in seinem Kopf einmal „saß“, hatte es die Wirklichkeit allemal schwer. Die englische Regierung hatte ihre zunehmenden Bedenken gegen das Projekt nie verborgen; die italienische Regierung sagte ihm, daß sie ohne England nicht mitmachen werde; bei seinen Antrittsbesuchen in Den Haag und in Brüssel im Frühjahr 1964 ließ man ihn wissen, daß die niederländische und die belgische Regierung von der Sache allemal nicht viel und ohne England und Italien gleich gar nichts hielten - Erhard aber redete fortgesetzt davon, daß alle miteinander auf dem Weg in die MLF seien und die MLF deshalb ihrerseits auf gutem Wege.

„Wirklich?“ fragte McGhee, nachdem Erhard ihm mit überstarkem Nachdruck von der niederländischen Bereitschaft gesprochen hatte. Ja, sagte Erhard, es sei „vielleicht eines der positivsten Ergebnisse aller seiner bisherigen Reisen gewesen ..., daß sich für die MLF große Aufgeschlossenheit gezeigt habe“. Der Grund dafür: Alle sähen die MLF als vorzüglich geeignetes Mittel dazu an, die Vereinigten Staaten eng an Europa zu binden und die Möglichkeit auszuschließen, daß Amerika Europas eines Tages überdrüssig werde, sich von ihm abwendete, Europa dadurch „in tragischer Weise“ von der force de frappe abhängig machte und es dergestalt den Gefahren einer französischen Hegemonialpolitik aussetzte. „Davor hätten alle Völker einen großen Horror“.[107]

Wahrscheinlich glaubte Erhard das wirklich, als er es McGhee erzählte. So, wie er wahrscheinlich wirklich geglaubt hatte, daß sich „die Einstellung der USA zur EWG ... vollständig geändert“ habe, als er *dies* drei Tage zuvor der holländischen Regierung als Erfahrung seiner Amerikareise vermittelte. Früher habe Amerika die EWG als Vorstufe zur politischen Einigung Europas angesehen, jetzt betrachtete sie die Gemeinschaft „hauptsächlich (als) Instrument der wirtschaftlichen Diffamierung dritter Staaten“. „Das ist wohl ein Mißverständnis“, schrieb Schröder an den Rand der Niederschrift des deutsch-niederländischen Gesprächs.[108] So konnte man eins wie das andere nennen.

Die Vereinigten Staaten dachten nicht nur von der EWG viel positiver, als Erhard den Holländern weismachen wollte, sie hatten inzwischen auch von den Aussichten auf eine *multi*laterale Atomstreitmacht ein anderes Verständnis, als Erhard McGhee nahezubringen versuchte. Mitte April meldete sich ihr NATO-Botschafter Finletter bei Erhard und überbrachte den Wunsch seiner Regierung, den MLF-Vertrag bis Jahresende unter Dach und Fach zu bringen - und sei es angesichts der verbreiteten Einwände und Abneigungen als *bi*lateralen deutsch-amerikanischen Vertrag. Erhard wand sich. Er mußte wissen, daß die Abneigung der europäischen Verbündeten gegen eine deutsch-amerikanische Atomstreitmacht noch stärker war als ihre Abneigung gegen die MLF nach amerikanischem Muster. Er hatte sich immer und überall dagegen ausgesprochen, daß die multilateral gedachte auf eine bilateral gemachte Streitkraft hinausliefe. Er konnte sich denken und bekam noch einmal gesagt, daß die Amerikaner den widerspenstigen Partnern dadurch Beine machen wollten, daß sie sich Deutschlands Bereitschaft versicherten, notfalls zu zweit zu beginnen. Er wiederholte, daß sich seinen Reiseeindrücken zufolge England, Italien und die Niederlande positiv zur MLF stellten und versicherte Finletter dann - noch immer in Windungen - der deutschen Bereitschaft zu einem bilateralen Abschluß, schon um klarzustellen, „daß wir uns nicht etwa an anderen nuklearen Projekten (force de frappe) beteiligen wollten“. Für einen Wahlschlager hielt er den Vertragsschluß auch.[109]

Der Wunsch und der Glaube, daß schließlich doch eine multilaterale Streitmacht zustande käme, blieben von der Versicherung zunächst unbeeinträchtigt. Die andauernde und frisch bestätigte Ablehnung des Vorhabens durch die britische Regierung machte freilich deutlich, daß Wunsch und Glaube nur als Wunschglaube ineinander aufgingen. Realistischerweise durfte spätestens nach von Hassels Besuch in London nicht mehr erwartet werden, daß man es in absehbarer Zeit zu einer MLF brächte. Abzuwarten blieb, ob die Vereinigten Staaten es auf die Verärgerung ankommen ließen, die eine deutsch-amerikanische BLF in West und Ost mit Sicherheit auslöste.

Merkwürdig denn also noch einmal: Die deutsch französischen Beziehungen waren hinter einer Fassade freundlicher Gesten und schöner Worte schlecht, obwohl es dafür kaum sachliche Gründe gab, und die deutschen Beziehungen zu den Vereinigten Staaten und Großbritannien galten als gut, obwohl es auch dafür kaum sachliche Gründe gab. Die Regierungen beider Länder stellten zugunsten west-östlicher Entspannung die Wiedervereinigung Deutschlands in Frage. Die britische Regierung verweigerte sich der Teilnahme an einer MLF, die Westdeutschland die höchst erwünschte Mitverfügung über Atomwaffen brächte. Die amerikanische Regierung schlug Bodenbeobachtungsposten vor, deren Einrichtung Deutschland politisch-militärisch diskriminierte, und Rüstungsbegrenzungen, die deutscher Ansicht nach ein atomares Übergewicht der Sowjetunion in Europa fixierten und die Bundesregierung deshalb beunruhigten. Dazu setzten beide die Bundesregierung unter einen finanziellen Druck, den der Bundeshaushalt kaum mehr aushielt.

Dafür hatten sie ein regeres Interesse an der Kennedy-Runde des GATT als Frankreich. Aber nicht mal dieses Interesse war mit dem deutschen gänzlich kompatibel. Die Kennedy-Runde wurde Anfang Mai 1964 termingerecht eröffnet. Erhard war zu seinem Leidwesen nicht dabei. Er hätte das Kind, das er nach den erfolgreichen Vermittlungsanstrengungen vor einem Jahr zu Recht auch als *sein* Kind ansah, natürlich gern mit aus der Taufe gehoben. Dafür waren aber nicht die Regierungschefs, sondern die Außen- und die Wirtschaftsminister zuständig. Die einigten sich ohne große Schwierigkeiten darauf, daß es der Zweck künftiger Verhandlungen wäre, die Zölle auf *gewerbliche* Güter allgemein und grundsätzlich um die Hälfte zu senken. Vom Grundsatz sollte freilich abgewichen werden, wenn die Unterschiede zwischen den nationalen Zöllen für ein und dasselbe Gut gar zu groß wären. In solchen Fällen wollte man auf eine gewisse Angleichung hinwirken. Bis September sollte zunächst einmal eine Liste der Ausnahmen zusammengestellt werden. Allen Zweifeln zum Trotz erhob Frankreich weder gegen die Absicht noch gegen das Verfahren irgendwelche Einwände.

Noch nicht einig wurden sich die Vereinigten Staaten und die EWG über Zwecke und Methoden der Verhandlungen über landwirtschaftliche Güter. Die Agrarmarktordnungen der EWG waren auf den präferenziellen Absatz innergemeinschaftlich erzeugter Produkte auf dem gemeinsamen Markt angelegt. Die Vereinigten Staaten wollten verhindern, daß dies über kurz oder lang auf den Ausschluß fremder Erzeugnisse vom Gemeinsamen Markt hinausliefe. Am liebsten wären ihnen zu diesem Zweck gewisse Absatzgarantien der EWG gewesen. Erhard hatte bei der Gründung der EWG Abnahmegarantien für die Überseegebiete der Mitgliederländer mit Vehemenz und Erfolg verworfen, weil sie ein Verstoß gegen die marktwirtschaftliche Vernunft seien. Auf Absatzgarantien für die USA und andere Exporteure von Agrargütern, die auch in der EWG produziert wurden, schien er sich hingegen einlassen zu wollen, weil sie den Zugang zum Gemeinsamen Markt offenhielten. Die anderen EWG-Länder wollten sich allerdings nicht darauf einlassen, weil es Handelslenkung und eine „negative Präferenz“ mit sich brächte: Nichtmitglieder genössen Absatzgarantien, die Mitglieder müßten zusehen, wo sie mit ihren Erzeugnissen blieben. So hatte man sich denn darauf geeinigt, den USA Verhandlungen über die zulässige Höhe sogenannter „Stützungsbeträge“ vorzuschlagen. Damit waren, vereinfacht gesagt, Beträge gemeint, mit denen der Absatz heimischer Produkte zu Haus und im Ausland subventioniert und der Absatz fremder Erzeugnisse belastet wurden.[110]

Da die EWG in der Kennedy-Runde als *ein* Verhandlungspartner auftrat, setzte der Vorschlag allerdings gemeinsame Preise als Grundlage einheitlicher Stützungsverfahren und -beträge voraus. Die waren beabsichtigt, aber es gab sie noch nicht. Der gemeinsame Getreidepreis hätte schon Ende 1963 verabschiedet werden sollen, war aber deutscher Widerstände wegen nicht verabschiedet worden. Seine Bestimmung stand auch ein halbes Jahr später noch aus. Und die Bundesregierung wünschte, daß man sich auch weiterhin möglichst viel Zeit mit der Bestimmung ließe. Ihr Problem war, daß der gemeinsame Preis merklich niedriger als der gegenwärtige deutsche Getreidepreis wäre. Das brachte die deutschen Bauern gegen ihn auf und es war zu befürchten, daß seine Verabschiedung sie gegen die Bundesregierung und die Union aufbrächte. Das wollte Erhard nicht. Er redete ja mehr davon, daß die Demokratie und das gemeine Wohl vor die Hunde gingen, wenn man den Interessentenwünschen bereitwillig nachgäbe, als daß er es fertigbrachte, sich den Interessentenwünschen entschlossen in den Weg zu stellen. Die Kriegsopfer hatten sich gegen seine markigen Worte durchgesetzt, und dem Streit mit den Bauern versuchte er auf Kosten eines Streits mit den EWG-Partnern, der keine Wählerstimmen in Gefahr brachte, auszuweichen. Auf ein paar Argumente in krassem Widerspruch zu seinem marktwirtschaftlichen Credo kam es ihm nicht weiter an. Der Ausgleich mit den USA solle nicht allein über den Preis, sondern auch über Absatzgarantien gesucht werden. Der deutsche Getreidepreis sei nämlich, auf die Produktionskosten hin besehen, gar nicht zu hoch. Deshalb sei gewiß, daß die Bundesregierung seiner Senkung in den Jahren 1964/65 keinesfalls zustimmen werde. Wann und unter welchen Umständen sie ihr zustimmen werde, sei hingegen ungewiß. Das sagte er am 19. März vor dem Bundestag, und er wiederholte es fünf Wochen später bei einem Besuch der EWG-Kommission.[111] Da war ihm vermutlich noch nicht vollends klar, wie sehr es bei der Bestimmung des gemeinsamen Getreidepreises nicht nur um eine Auseinandersetzung mit Frankreich und der gleichermaßen ungeliebten Kommission, sondern auch um die Interessen der Vereinigten Staaten und den Erfolg der Kennedy-Runde ging. Bei der Eröffnung der Runde im Mai wurde es klar. Die Vereinigten Staaten legten auf zufriedenstellende Abkommen über den Handel mit Agrargütern großen Wert. Absatzgarantien kamen für die EWG zu Recht nicht in Frage. Verhandlungen über „Stützungsbeträge“ setzten EWG-einheitliche Preise und Stützungsverfahren voraus. Die Annahme des gemeinsamen Getreidepreises galt als Probe aufs Exempel der Bereitschaft und der Fähigkeit, EWG-einheitliche Agrarpreise auszumitteln und in Kraft zu setzen. Und deshalb war Erhards Sicherheit, „daß die Kennedy-Runde nicht an der deutschen Haltung zum Getreidepreisproblem scheitern wird“,[112] stark formuliert, aber schwach begründet. Die amerikanische Regierung machte ihm auch in diesem Fall das Leben schwerer, als er sich selbst und anderen eingestehen mochte.

Im Widerstreit parteiinterner Meinungen

Unterdessen war die Außenpolitik zum Gegenstand heftiger Auseinandersetzungen im Inneren des Landes geraten. Dergleichen ist nicht ungewöhnlich. Ungewöhnlich aber war, daß die Kritik an der regierungsamtlichen Außenpolitik vornehmlich aus der Partei des Regierungschefs und seines Außenministers kam. Die Opposition hielt sich zurück. Die SPD hatte sich vor einem halben Jahrzehnt darauf eingeschworen, grundsätzlich staatstragende außenpolitische Gemeinsamkeit mit der Regierung zur Schau zu stellen, und war entschlossen, nach dem Kanzlerwechsel auf dieser Linie zu bleiben. Erhard gab ihr zunächst auch keinen Grund, davon abzuweichen. Die sozialdemokratische Parteiführung hielt die Außenpolitik, die er in der Regierungserklärung ankündigte, und das, was sie in den ersten Monaten von seiner tatsächlichen Außenpolitik sah und hörte, für prinzipiell richtig: den Wunsch nach einem engen und guten Verhältnis zu den USA, den Willen zur MLF, den Neuansatz zur politischen Einigung Europas und dazu eine vorsichtige Auflokkerung der Beziehungen zu den osteuropäischen Ländern. Sie begrüßte den Austausch von Handelsmissionen mit Polen, Rumänien, Ungarn und Bulgarien, mit dem Schröder noch zu Adenauers Zeiten begonnen hatte und den er unter Erhard fortsetzte. Mit der Zeit gewann sie freilich den Eindruck, daß die grundsätzlich richtige Politik nur halbherzig verfolgt und wenig wirkungsvoll praktiziert würde. Aber erst, nachdem Erhard auf dem CDU-Parteitag im März 1964 aus lieber Gewohnheit, wiewohl ganz unnötigerweise, schweres rhetorisches Geschütz gegen „die Sozialisten" aufgefahren hatte,[113] gab sie dem Eindruck in der Haushaltsdebatte des Bundestages auch streithaften Ausdruck. Erhard rede nur, er regiere nicht. Europa trete entgegen seinen Ankündigungen und anderslautenden Versicherungen auf der Stelle. Die Bundesrepublik verliere in der Welt an Geltung und Einfluß. Deshalb lehne die SPD-Fraktion den Haushalt des Kanzleramtes ab. Bei der Abstimmung über den Haushalt des Auswärtigen Amtes übte sie in feinsinniger Abstufung der Verantwortlichkeiten nur Enthaltung.[114]

Auf das Verdikt, daß Erhard nur rede und nicht regiere, fiel Rainer Barzel in der Debatte die sibyllinische Antwort ein: Wer das sage, der habe Erhard nicht begriffen.[115] Barzel versah weiterhin für den krebskranken Heinrich von Brentano den Vorsitz der Unions-Fraktion. Er tat dies mit außerordentlichem Einsatz, geschickt, alert, wirkungsvoll, und gewann dadurch mit seinen gerade 40 Jahren schnell eine Schlüsselstellung in der Partei. Erhard mußte künftig mit ihm rechnen. Barzel ließ vorläufig offen, in welcher Weise. Erhard erwartete natürlich und glaubte, aus persönlichen und amtlichen Gründen auch erwarten zu dürfen, daß er *auf* Barzel rechnen könnte. Barzel war, als er merkte, daß Adenauer sich nicht mehr lange hielte, behutsam, aber erkennbar auf Distanz zu dem alten Bundeskanzler gegangen und hatte sich für Erhards Kanzlerschaft ausgesprochen. Beim Übergang zu Erhard war er dann zwar des Ministeramts verlustig gegangen, der Verlust hatte sich aber als unbeabsichtigte Voraussetzung des Eintritts in den viel einflußreicheren Fraktionsvorsitz erwiesen. Als Fraktionsvorsitzender spielte er die Rolle eines Mittlers zwischen dem Gefolgschaftsverlangen der Regierung und den Unabhängigkeitsansprüchen der in sich uneinigen Fraktion. Die Rolle war problematisch und verheißungsvoll zugleich. Barzel glühte vor Ehrgeiz. Natürlich verstand er die Fraktionsführung auch als Aufgabe, deren Lösung seine Karriere befördern konnte, und er war entschlossen, sie in einer Weise zu lösen, die sie beförderte. Ob das eine Lösung wäre, die Erhard stärkte, oder eine Lösung, die Erhard in Frage stellte, ließ sich noch nicht absehen. Deshalb waren Erhards Loyalitätserwartungen nicht von vornherein falsch, aber sie waren auch nicht unbedingt richtig. Barzel wartete ab. Er mied klare Stellungnahmen. Er unterrichtete den Kanzler gelegentlich von Unmut oder Unruhe in der Fraktion und bat um Aussprache. Ausdrücklicher Kritik an der Regierungspolitik enthielt er sich. Ausdrücklicher Zustimmung allerdings auch. So widersprach er eben auch dem Vorwurf nicht, daß Erhard, statt zu regieren bloß rede, sondern raunte, daß Erhard nicht begriffen habe, wer das sage. Daraus konnte jeder - er selber eingeschlossen - machen, was er wollte.

Andere in der Parteiführung, die politische Statur nicht mehr erwerben mußten, sondern bereits hatten, und die ihre politischen Verhaltensweisen deswegen weniger den Umständen unterwarfen, als daß sie die Umstände durch ihr Verhalten zu bestimmen versuchten, begannen hingegen im Frühjahr 1964 gegen die Außenpolitik der Regierung Front zu machen. Unangenehmerweise für Erhard war ihre Kritik viel grundsätzlicher als die Kritik der Opposition. Sie erhoben nicht nur gegen den Stil, sondern vor allem gegen die Substanz der westdeutschen Außenpolitik Einwände. Die Einwände richteten sich im wesentlichen gegen zweierlei, zum einen gegen die Willfährig- oder Wehrlosigkeit, mit der die Bundesregierung sich unter Abschwächung des Anspruchs auf Wiedervereinigung in die amerikanisch-britische Entspannungspolitik schicke, und zum anderen gegen die Abwendung von Frankreich. Im Grunde war das freilich eins, weil die Kritiker meinten, daß im engen Bunde mit Frankreich nicht nur der Wiedervereinigungsanspruch ungebrochener zu vertreten wäre, sondern auch andere Interessen der Bundesrepublik wirkungsvoller zur Geltung gebracht werden könnten. Die Häupter dieser Gruppe waren die beiden Parteivorsitzenden Adenauer und Strauß, ihr Herold war der Baron zu Guttenberg. Wobei zumindest Adenauer und Strauß nicht nur von sachlichen, sondern auch von sehr persönlichen Motiven bewegt wurden. Adenauer wollte recht behalten und bewiesen haben, daß Erhard Außenpolitik nicht verstände und auf furchtbare Weise falsch machte. Und Strauß nahm an, daß seine Zeit um so eher käme, je schneller die Untauglichkeit Erhards offenbar würde, und um so sicherer, je dramatischer das Versagen anmutete. Ohne derart ausgeprägt persönliche Beweggründe und deshalb weniger aktiv und weniger scharf in den Äußerungen ihrer Sorgen und Unzufriedenheit, vertraten Krone und Dufhues, Lücke und Heck und vom Krankenbett her, vornehm aber entschieden, auch Heinrich von Brentano ähnliche Standpunkte. Gerstenmaiers beweglicher Geist wehte wie üblich, wo er wollte: nicht ganz bei Adenauer und Strauß, bei Erhard und Schröder aber noch weniger. Außer ihnen allen gab es viele irgendwie Gleichgesinnte in der Fraktion und in der Partei, die nicht im Lichte standen und die man im Dunkeln nicht sah. Deshalb konnte auch niemand sagen, *wie* viele es waren und wie viele im Gegensatz zu ihnen die offizielle Außenpolitik begrüßten und guthießen. An prominenten Verfechtern, die Adenauer und Strauß, Dufhues und Gerstenmaier in der Öffentlichkeit und in den Parteigremien die Waage hielten, mangelte es jener offiziellen Außenpolitik jedoch auffällig. Man wußte, daß Erhard, Schröder und Verteidigungsminister von Hassel *für* die Regierungspolitik standen; wer von einigem politisch-persönlichen Gewicht in Regierung, Parlament und Parteiführung *hinter* ihnen stand, das wußte man nicht so recht. Dafür mochte es einen sachlichen und einen persönlichen Grund geben. Erhards und Schröders Außenpolitik bewegte die Gemüter nicht und regte die Phantasie nicht an. Eine von der Vernunft angeratene und als Glaubensbekenntnis ausgezeichnete Politik des Vertrauens in die USA, die sich als gefälliges Verhalten gegen die amerikanische Regierung äußerte, dazu die Anerkennung eines gewissen Vorrangs oder zumindest Vorlaufs von Entspannungsversuchen vor Wiedervereinigungsansprüchen - das konnte man für realistisch, notwendig und richtig halten. Aber warum und wie sollte man sich dafür ereifern? Die aktive Freundschaft mit dem benachbarten Frankreich und deren unbestimmten

Wahlkämpfer
Adenauer und Erhard

und unsicheren, aber um so erregenderen politischen Möglichkeiten - das war etwas anderes. Dafür schien Ereiferung zu lohnen und wegen ihrer praktischen Geringschätzung durch die Regierung auch nötig zu sein. Das war der sachliche Grund. Der persönliche war, daß weder Erhard noch Schröder unter den Spitzenpolitikern der Union wirkliche Freunde hatten. Schröder wurde von vielen respektiert, aber nur von wenigen gemocht. Keiner stand ihm menschlich nahe. Erhard wurde von den meisten noch immer für unentbehrlich gehalten und von vielen gemocht, aber mit kaum einem pflegte er auch nur halbwegs vertrauten Umgang. Keiner fühlte sich ihm aus persönlicher Zuneigung oder politischer Hingabe eng und unverbrüchlich verbunden.

Vor allem das Gefühl seiner wahltaktischen Unentbehrlichkeit entzog Erhard persönlich denn auch zunächst den Angriffen auf seine Politik. Baden-Württemberg stand vor der Wahl. Man erwartete, daß Erhard der CDU die Wahl gewinnen hülfe. Deshalb schoß man sich vorerst auf Schröder ein. Namentlich Adenauer tat dies. Adenauer hatte es im Widerspruch zu ursprünglich erklärten Absichten fertiggebracht, auf dem Parteitag im März wieder zum CDU-Vorsitzenden gewählt zu werden, obwohl ihn eigentlich niemand mehr wählen wollte. Erhard hatte es, ebenfalls im Widerspruch zu ursprünglich erklärten Absichten, von Gefühls und Geschicks wegen nicht fertiggebracht, die Wahl zu verhindern, obwohl er wissen mußte, daß Adenauer wieder Parteivorsitzender werden wollte, um ihn wirkungsvoller bekämpfen zu können. Er fühlte sich stark genug, den Angriffen entgegenzutreten und „wie Winkelried die Speere auf sich zu vereinen". So sagte er. Wer die Außenpolitik der Bundesregierung kritisiere, der solle sich gefälligst unmittelbar an die Adresse des Bundeskanzlers wenden und nicht den Umweg über den Außenminister nehmen. Der Bundeskanzler bestimme die Richtlinien der Politik, der Außenpolitik zumal, er bestimme auch ihren Gang und trage dafür die Verantwortung. Schröder handle nach seinem Willen und mit seinem Einverständnis und erfreue sich seines uneingeschränkten Vertrauens.[116]

Das war brav, wenn auch nicht ganz richtig gesprochen. Danach zog Erhard in den Wahlkampf. Acht Apriltage lang durchfuhr er mit dem geschätzten Sonderzug und den engsten Mitarbeitern Deutschlands Südwesten, regierte ambulant, sprach auf fast 40 Kundgebungen und wurde in halb so vielen Rathäusern empfangen. Es war die erste Landtagswahl seit dem Kanzlerwechsel und die letzte vor der Wahl zum Bundestag im Sommer 1965. Deshalb ging es für Erhard nicht nur darum, die unsicheren Mehrheitsverhältnisse im Stuttgarter Landtag zum Vorteil der CDU zu wenden, es ging ihm auch um ein Plebiszit für den Bundeskanzler Ludwig Erhard. Zu diesem Zweck führte er einen sehr persönlichen Wahlkampf, selbstbezogener denn je und selbstgerecht wie nie, die Reden vom Lob der eigenen Partei fast frei und von einem ingrimmigen Zorn auf die SPD erfüllt. Der Korrespondent der Neuen Zürcher Zeitung beobachtete die Auftritte mit einigem Befremden: Erhards plebiszitgeneigtes Mißverständnis der parlamentarischen Demokratie, seine moralische Entrüstung und den gleichermaßen gekränkten und kränkenden Ton anstelle politischer Argumente in der Auseinandersetzung mit der Opposition, das ewige Pochen auf Verdienste, die längst vergangen und vergessen waren, und die bombastischen Phrasen, in denen Erhard sich selbst vergaß: „An dieser Figur wird jede falsche, verlogene Propaganda abprallen ... Ich habe den Nationalsozialismus am eigenen Leibe leidvoll erfahren ... Ich werde, wo es not tut, den freien Mut haben, die letzte Verantwortung zu tragen, und wenn ich es alleine tun müßte". Aber, so schloß er seinen Artikel, Erhards „Art der gemütansprechenden Selbstdarstellung, die auf den (ausländischen) Beobachter so eminent deutsch wirkt, findet beim einfachen Volk verständnisvolles Echo."[117] So war es;

immer noch war es so. Die CDU gewann die Wahl in Baden-Württemberg, und Erhard sah sich bestätigt.

Lange brachten Wahlkampf und Wahlsieg die innerparteiliche Kritik freilich nicht zur Ruhe. Strauß übernahm jetzt die Wortführerschaft. Anfang Mai verlangte er, daß die zweite Lesung des Teststopp-Abkommens im Bundestagsausschuß für auswärtige Angelegenheiten ausgesetzt und zunächst eine grundsätzliche Aussprache über die außenpolitische Linie der Bundesregierung geführt werde. Der Zusammenhang zwischen Verlangen und Begründung wirkte etwas sonderbar und leuchtete dem Ausschuß denn auch nicht ein. Er setzte sich darüber hinweg und die Lesung fort.[118] Erhard fühlte sich nicht so frei. Er beklagte sich bei Brentano über die „kaum mehr verständliche Haltung, die unser Kollege Franz Josef Strauß einnimmt".[119] Aber er verstand nur zu gut, was es damit auf sich hatte und daß er nicht einfach von ihr absehen konnte. Er bat Straß, ihm seine Einwände gegen die Außenpolitik der Bundesregierung schriftlich und systematisch darzulegen, damit man sich darüber gesprächsweise auseinandersetzen könnte.

Strauß ließ sich dafür drei Wochen Zeit. Er studierte Akten und besprach sich mit politischen Freunden. Dann schrieb er Erhard einen vergleichsweise kurzen Brief, der die systematischen Einwände schuldig blieb, aber die gesamte Außenpolitik in Frage stellte. Die systematischen Einwände müsse er schuldig bleiben, weil das auffälligste Merkmal deutscher Außenpolitik neuerdings deren Unklarheit sei. Erhard habe gesagt, daß er die Außenpolitik Adenauers fortführe, andere redeten davon, „daß mit der Ara Erhard-Mende-Schröder und so weiter eine neue Außenpolitik eingesetzt hat". Es gehe aber nicht an, „daß mit dem Begriff der Außenpolitik Erhards verschiedene ... Vorstellungen ... und Erwartungen verbunden werden". Bestimmte Positionen und Ziele dürften nicht in Zweifel gezogen werden. „Welche?" schrieb Erhard an den Rand. Jetzt schon könne man sagen, fuhr Strauß fort, „daß die Bundesrepublik Deutschland heute nicht mehr in dem gleichen Maße wie früher die politischen Prioritäten der Westalliierten und der Bündnispartner beeinflussen kann". „Wer trägt die Schuld?" glossierte Erhard und ließ darüber rätseln, ob er die Tatsache des Einflußverlusts anerkannte und wen er in solchem Fall als Schuldigen im Sinn hatte. Strauß zog aus seinen Gravamen den Schluß, daß die gesamte Außenpolitik zu interner Debatte gestellt werden und daß die Debatte „Definitionen und Formulierungen" hervorbringen und zu Aktivitäten veranlassen müsse, „die einen weiteren Kursverlust der Bundesrepublik an der großen Börse der internationalen Politik verhindern". Hauptthemen hätten zu sein: Ostpolitik, Europapolitik, atlantische Bündnispolitik und NATO-Strategie, Entspannungspolitik, Vollzug des deutsch-französischen Vertrages.[120]

Erhard erhielt den Brief am Tegernsee. Denn Pfingsten, das liebliche Fest, war gekommen, und er erholte sich, wie Ostern schon einmal, zwei Wochen lang am Ackerberg von den Bonner Strapazen. Der Brief wurde traktiert, als handelte es sich um das Schreiben eines ausländischen Regierungschefs. Erhard ließ ihn noch am Tage des Empfangs in vierfacher Ausfertigung „geheim und sehr dringend" per Fernschreiben von „bukagmund" an „bukabonn. Herrn Staatssekretär Dr. Westrick" durchgeben.[121] Westrick traf die nötigen Vorkehrungen. Drei Tage später reisten Strauß, Schröder und Barzel, dazu Westrick und Carstens, zu einer zweitägigen außenpolitischen Klausur nach Gmund. Inhalt und Ergebnis der Besprechung behielt man weitgehend für sich. Das bißchen, was bekannt wurde, deutete allerdings darauf hin, daß man die gemeinsamen „Definitionen und Formulierungen" als Ausgangspunkte einer kraftvollen Politik *nicht* gefunden hatte. Erhard sagte in der Fraktion zwar, daß alle Meinungsverschiedenheiten, wenn es sie denn gegeben habe, beigelegt worden seien. Deshalb „sollten (wir) angesichts der Geschlossenheit der Partei und der Aufgaben, die vor uns liegen, nach außen nichts mehr erkennbar werden lassen, was innerhalb unserer Partei nicht existiert".[122] Vielleicht glaubte er das in seiner verqueren Logik sogar. Schröder und Strauß aber wußten mit Sicherheit, daß es nicht stimmte. Wer mit den Dingen vertraut war und genau hinhörte, konnte es ebenfalls wissen. Erhard hatte sich um des lieben Friedens willen von Strauß ein paar „Formulierungen" aufdrängen lassen, die er zwar brav nachsprach, an die er aber *nicht* glaubte und von denen her Schröder gewiß nicht zur Aktion schritte. Eine lautete, daß die enge deutsch-französische Freundschaft die Voraussetzung aller Politik europäischer Einigung und daß die europäische Einigung Voraussetzung wirkungsvoller atlantischer Partnerschaft wäre. So dachte Strauß, aber so dachten Erhard und Schröder nicht. Und daß er, Erhard, sich mit de Gaulle in dem Wunsch einig sei, das Gespräch über die Fouchet-Pläne innerhalb der Gemeinschaft und ohne England wiederaufzunehmen und voranzubringen, das stimmte schlechterdings nicht. Jedenfalls hatte Erhard in Den Haag und in Brüssel oder zum amerikanischen Botschafter ganz anderes gesagt.

Die internationalen Zeitungen stürzten sich übrigens auf die überraschende Feststellung: „Erhard favors 'six' top talks about political integration"; „Neuer Schritt Erhards in der Europapolitik: Idee einer EWG-Gipfelkonferenz". In London war man darüber nicht wenig erstaunt..

Eine zweite „Formulierung", die Eintracht vorgab und Dissens barg, besagte, daß sich die Deutschlandpolitik der Bundesregierung „unter gar keinen Umständen" ändern werde. „Wir münden nicht in eine Politik der Bewegung ein, das überlassen wir Brandt".[123] So wollte es Strauß, aber die Bundesregierung wollte keinen Ärger mit den USA.

Eine „Formulierung" zur Politik in Sachen MLF und force de frappe war nicht gelungen. Erhard tat vor der Fraktion so, als wäre die deutsche Beteiligung an der MLF unumstritten und die MLF selbst auf bestem Wege.[124] Tatsächlich bezweifelte Strauß dies und war darüber nicht böse. Denn er hielt die MLF für ein militärisch untaugliches und politisch fragwürdiges Ding. Deshalb hatte er am Tegernsee auf den Versuch gedrängt, die atomare Zusammenarbeit zwischen Deutschland und Frankreich wiederaufzunehmen, die er und Chaban-Delmas 1958 vereinbart hatten und die von de Gaulle kurz darauf unterbunden worden war. Die Zeiten hätten sich geändert, und die Aussichten seien der Mühe wert. Carstens erkundigte sich bei Blankenhorn, der damals Botschafter in Paris gewesen war, was es mit dem Kooperations-Abkommen und dessen Sistierung auf sich habe. Blankenhorn behauptete, es nicht zu wissen, obwohl er bei Strauß' Gesprächen mit Chaban dabeigewesen war.[125] Das Auswärtige Amt ließ es gut sein. Schröder und Carstens hatte ohnehin nicht die mindeste Absicht, Straußens Wunsch und Rat zu folgen.

Das pfingstliche Befriedungs- und Harmonisierungsgespräch am Tegernsee hatte allenfalls die Atmosphäre, gewiß nicht die Grundsätze, Zwecke und nächsten Absichten der westdeutschen Außenpolitik geklärt. Der Konflikt blieb latent, und es dauerte nicht mehr als sechs Wochen, bis er mit vermehrter Heftigkeit neu aufbrach.

Unterdessen machte auch die Wirtschaft wieder einmal politische Sorgen. Die Sorgen waren wie gewöhnlich größer als die Nöte. Aber politisch kam es auf die Sorgen mehr als auf die Nöte an. Die westdeutsche Wirtschaft befand sich seit Mitte 1963 in einem kräftigen Aufschwung. Der Aufschwung war, wie allemal seit 1950, von beschleunigtem Exportwachstum eingeleitet und vorübergehend getragen worden. Neuerdings hatten, auch dies nach gewohntem Muster, die Investitionen die Führungsrolle übernommen. Hauptsächliche Gründe für die Beschleunigung des Exportwachstums waren ein weltweiter Konjunkturaufschwung und Verschiebungen der internationalen Preisrelationen. In der Bundesrepublik waren die Preise in den letzten Jahren weniger angestiegen als im Ausland. Erhard wurde deswegen nicht müde, Deutschland als die letzte Bastion wirtschaftlicher Ordnung zu bezeichnen, deren Fall Europa vollends ins Chaos stürze. Der weltweite Konjunkturaufschwung regte die internationale Nachfrage allgemein an, der relative Preisrückgang lenkte einen überdurchschnittlichen Teil der vermehrten Nachfrage in die Bundesrepublik. Die zusätzliche Auslandsnachfrage war der hervorragende Grund der neuerwachten Investitionslust. Weitere Gründe waren das niedrige Investitionsniveau in der jüngst vergangenen Zeit sowie eine günstige Entwicklung der Kosten. Sehr mäßige Lohnabschlüsse und kräftige Produktivitätssteigerungen übten in der Frühphase des Aufschwungs einen starken Druck auf die Stückkosten aus. Unter derart bekömmlichen Umständen sorgten das vereinte Wachstum der Exporte und der Investitionen dafür, daß sich der jährliche Anstieg des Sozialprodukts mehr als verdoppelte und 1964 stattliche 6,5 % ausmachte. Soweit, so gut. Und sogar noch besser: Der Preisauftrieb nahm im Zuge der Wachstumsbeschleunigung nicht etwa zu, er nahm ab. Das teilten freilich erst die später erhobenen Statistiken mit. Der unmittelbare Eindruck war anders. Die Bundesbank, maßgebliche Ökonomen und viele Politiker sahen Anzeichen für eine Beschleunigung des Inflationstempos. Welche auch immer. Jedenfalls gaben die Anzeichen Anlaß zu erheblicher Unruhe. Die Unruhe war um so größer, als das Niveau der Preissteigerungen im vorhergehenden Abschwung relativ hoch geblieben war. Seit Frühjahr 1964 wurde von der Bundesregierung abermals ein stabilitätspolitisches Programm erwartet. Und die Bundesregierung brachte abermals keins zustande, das eine parlamentarische Mehrheit fand. Erhard nahm daran erstaunlich wenig Anteil. Er ließ es dabei bewenden, nach alter Gewohnheit, aber inzwischen ziemlich lust- und temperamentlos, seine geläufigen Redewendungen über Maßhalten, Disziplin und Hybris abzuspulen, ohne recht deutlich machen zu können, an wen sie sich richteten. Als das Kabinett im Mai in Gegenwart des Bundesbankpräsidenten über Notwendig- und Möglichkeiten der Konjunkturdämpfung beriet, blieb er daheim auf dem Ackerberg. Aus der Beratung kam nichts heraus. Hinterher fragte Krone Blessing, ob er den Abschnitt „Maßhalten" aus *seinen* Reden jetzt besser striche. Ja, sagte Blessing.[126] Und als einen Monat später, im frühen Juni, die Konjunktursorgen und die Konjunkturpolitik in der Fraktion zur Debatte standen, war Erhard ebenfalls nicht zugegen. Diesmal war er mit großen Erwartungen auf Amerikareise. Die Debatte endete auf die Sache hin besehen so, wie die Beratung im Kabinett. Es kam nichts dabei heraus. Auf die Stimmung hin besehen, endete sie für Erhard unerfreulicher. Die Fraktion ging von der Regierung enttäuscht und über ihre Einfalls- und Tatenlosigkeit einigermaßen verärgert auseinander. Das war nicht ganz fair, weil sie ihr auch nicht sagen konnte, was stabilitätspolitisch wirkungsvoll und auch durchsetzbar wäre. Der Abgeordnete Schmidt (Wuppertal), Brigadier sans phrase einst, etwas desillusioniert inzwischen, aber Erhard geneigt noch immer, brachte die Sache auf den Punkt: Viele verlangten harte Eingriffe, aber keiner wolle sie wirklich. Jeder wolle die Vorteile der Expansion - auf Kosten der anderen.[127] Politisches Sinnen und Trachten ist nun freilich keine Frage von Fairness. Daß die Fraktion kein stabilitätspolitisches Programm hatte, war eins; ihre Erwartung, daß die Regierung eins vorlegte, und der Verdruß darüber, daß die Erwartung nicht erfüllt wurde, waren etwas ganz anderes. „Die Preisstabilität sei die entscheidende Frage für 1965", sagte der Abgeordnete Stein. Wenn die Regierung sich nicht anstrenge, sie zu lösen, werde man die Wahl verlieren. „Wer draußen im Land herumkomme, der wisse, daß gefragt wird, ob Erhard wirklich führt oder nicht".

Die Ökonomen halfen Erhard auch nicht weiter. Dabei nahm eben jetzt ein kleiner Ausschuß seine Arbeit auf, den Erhard sich lange gewünscht hatte. Das war der „Sachverständigenrat zur Begutachtung der gesamtwirtschaftlichen Entwicklung". Der Gedanke an derlei „Rat" war Erhard in den späten fünfziger Jahren gekommen. Er hatte dabei ein Gremium weiser und neutraler Männer im Sinn, die im Streit der wirtschaftlichen Interessen, namentlich im Lohnstreit, die ökonomische Vernunft vertraten. Es hatte mehrere Jahre gedauert, ehe der Gedanke durch die Mühle der Gesetzgebung gedreht worden war. Herausgekommen war dabei schließlich ein Fünfer-Rat, dessen Mitglieder sich durch hervorragende Sachkenntnisse und ökonomisch-politische Unabhängigkeit auszeichneten. Die Aufgabe der „Fünf Weisen" bestand darin, der Bundesregierung einmal im Jahr eine Analyse der gesamtwirtschaftlichen Entwicklung vorzulegen, dabei gegebenenfalls Fehlentwicklungen oder Gefahren kenntlich zu machen und schließlich auf Mittel und Wege hinzuweisen, mit denen die Mißstände zu beheben und auf denen die Gefahren zu umgehen wären. Anders als Erhard ursprünglich gewünscht hatte, sollte der Rat nach dem Wortlaut des Gesetzes, das ihn ins Leben rief, weder eindeutige Stellung in wirtschaftlichen und wirtschaftspolitischen Auseinandersetzungen beziehen noch ausdrücklich wirtschafts- und tarifpolitische Verhaltens- und Maßnahmenvorschläge unterbreiten.

Das erste Jahresgutachten des Rats war im November 1964 fällig. Die Sachverständigen hatten aber das Recht und die Pflicht, mit Sondergutachten herauszukommen, wenn sie die konjunkturelle Entwicklung zwischen den Jahresgutachten besonders beunruhigte und wenn ihnen rasche Abhilfe geboten zu sein schien. Dazu fühlten sie sich im Juni gedrängt. Die Gefahr, schrieb der Rat an den Bundeskanzler, daß die Preise von Herbst 1964 bis Herbst 1965 „beträchtlich" stiegen, sei groß, und gering sei die Wahrscheinlichkeit, daß die Gefahr mit den Maßnahmen, die von der Bundesregierung bisher erwogen oder vorgesehen worden seien, wirksam gebannt werde. Folgte die analytische Begründung der Gefahr und der unzureichenden Wirksamkeit dessen, was die Bundesregierung dagegen allenfalls zu tun beabsichtigte. Schließlich stellte der Rat fest, was sinn-, weil wirkungsvollerweise dagegen getan werden sollte. Die Analyse war scharfsinnig und treffend, die Schlußfolgerung ungesichert und deshalb fragwürdig und die Empfehlung politisch unpraktikabel. So bot sich das erste Gutachten des Sachverständigenrates als Muster vieler künftiger Gutachten dar. Das akute Problem ergab sich dem Rat zufolge aus den umfangreichen Exporten und den hohen Exportüberschüssen. Der Exportsog rief einen Investitionsboom hervor und lastete im Verein damit die Kapazitäten aus. Die Übernachfrage schaffte Preiserhöhungsspielräume, die ihrerseits die Neigung zu Lohnzugeständnissen vergrößerten. Zugleich bewirkten die Export*überschüsse* einen Devisenzustrom, dessen Monetisierung die Geldmenge so sehr ausweitete, daß dem Preisauftrieb kein Widerstand durch Geldknappheit entgegengesetzt wurde. Das war die Lage. Die Folgerung daraus: Wenn dem Auftrieb nicht anderweitig wirksam begegnet würde, stiegen die Preise im Verlaufe des nächsten Jahres stark an. Was die Bundesregierung und die Bundesbank bisher getan hatten, um ihm zu begegnen, und was sie zu tun beabsichtigten, könnte nicht als wirksam angesehen werden. Die Bundesregierung hatte gewohnheitsgemäß an die Tarifpartner appelliert und sah gewohnheitsgemäß Zollsenkungen und die Einschränkung der öffentlichen Ausgaben vor. Die Appelle nahm längst niemand mehr ernst und sie waren in der akuten Situation überdies verfehlt, weil es einen bemerkenswerten Lohnrückstand gab, mit dem sich die Gewerkschaften nicht länger abfinden konnten. Zollsenkungen nützten wenig, weil nicht Mangel an Importen, sondern das Übermaß der Exporte dem Problem ursächlich zugrunde lag. Die Einschränkung der öffentlichen Ausgaben *wäre* nützlich. Aber es schien den Weisen höchst zweifelhaft zu sein, daß sie auch durchsetzbar wäre. Die Zweifel erwiesen sich als berechtigt. Und was schließlich die Absicht der Bundesbank anging, Kapitalerträge von Ausländern in Deutschland mit einer Sondersteuer zu belegen, so galt für sie ähnliches, wie für die Absicht, die Zölle zu senken. Sie traf den Kern des Problems, den Exportsog, nicht. Der war, meinte der Rat, nur durch eines wirksam zu treffen, durch die spürbare Verteuerung der Exporte nämlich. Die Exportverteuerung konnte durch allgemeine Preiserhöhungen oder durch eine Währungsaufwertung erreicht werden. Da nun Preiserhöhungen das waren, was man verhindern wollte, kamen sie als Mittel dazu logischerweise nicht in Frage. So schlug der Sachverständigenrat denn eine Aufwertung der DM durch die Freigabe ihres Wechselkurses vor.[128]

Der Vorschlag war ökonomisch ziemlich sinnvoll, politisch war er leider ganz und gar aus der Welt. Erstens hatte die Bundesregierung sich wiederholt mit nachdrücklichen Worten gegen eine Aufwertung der DM ausgesprochen. Zweitens war die Aufwertung in der interessierten Öffentlichkeit kaum vermittel - und in den Regierungsfraktionen gewiß nicht durchsetzbar. Drittens war die zumindest vorübergehende, besser noch dauerhafte Freigabe des Wechselkurses, die der Rat als Aufwertungs*verfahren* empfahl, mit den Regeln des IMF nicht vereinbar und setzte den Austritt der Bundesrepublik aus dem Fonds und die Übernahme einer Sonderrolle im Weltwährungssystem voraus. Daran war nicht zu denken. Erhard nahm den Lagebericht und die Empfehlung zur Kenntnis. Vielleicht stimmte er beidem sogar zu. Konsequenzen vermochte er nicht daraus zu ziehen. Das Problem blieb anhängig. Glücklicherweise wog es nicht ganz so schwer, wie der Sachverständigenrat vermutete. Der Preisauftrieb nahm nach zeitweiser Abschwächung tatsächlich wieder zu, verhielt aber in erträglichen Grenzen. Dennoch wurde er als ärgerlich und beunruhigend empfunden. Man erwartete, daß die Regierung unter der Führung des Wirtschaftswundermannes etwas dagegen unternähme. Die Regierung konnte sich den Erwartungen nicht entziehen und konnte sie nicht erfüllen. Das zog ihre Legitimation in Mitleidenschaft und verhieß nichts Gutes.

Gespräche mit Johnson! - Gespräche mit Chruschtschow?

Das Gutachten des Sachverständigenrats ging ein, als Erhard seine zweite Kanzlerreise nach Amerika gerade hinter sich hatte und ihm der erste Empfang de Gaulles in Bonn bevorstand. Außerdem hatte er den Weg zu einem Treffen mit Chruschtschow beschritten. Das alles beschäftigte ihn verständlicherweise mehr als das „Preisklima". Die Außenpolitik hatte ja auch den vorhergehenden Kanzler mehr beschäftigt.

Es ist ungewiß, ob zwischen Erhards erwartungsvoller Reise nach Washington und der offiziellen Übermittlung seines Wunsches, einmal mit Chruschtschow zusammenzutreffen, nur ein zeitlicher Zusammenhang bestand, oder ob auch an einen sachlichen Zusammenhang gedacht war. Jedenfalls wies Staatssekretär Carstens den deutschen Botschafter in Moskau drei Monate, nachdem Smirnow auf den Busch geklopft hatte, und fünf Tage, bevor Erhard nach Übersee aufbrach, an, sobald wie möglich den sowjetischen Regierungschef aufzusuchen und ihn anhand des mitgesandten „Sprechzettels" von der Bereitschaft des deutschen Bundeskanzlers in Kenntnis zu setzen, mit ihm zu sprechen. Wobei die Erklärung der Bereitschaft gern als Ausdruck eines Wunsches bei Chruschtschow ankommen dürfe. Die Westmächte seien unterrichtet - von der Bereitschaft freilich nur, nicht auch von dem Wunsch. Den Sprechzettel möchte Groepper nach bewährter Übung beim Fortgehen mitzunehmen vergessen. Mündlich solle er übrigens hinzufügen, daß Erhard Chruschtschow gern in Bonn empfinge, falls auch der Sowjetführer ein Gespräch unter

Voraussetzung einiger Grundsätze, die auf dem Sprechzettel standen, für nützlich und erfolgversprechend halte.[129]

Es ergab sich, daß Groepper mit Chruschtschow sprach, während Erhard in Washington mit der amerikanischen Regierung konferierte. Die Amerikareise ließ sich nicht gut an. Erhard wünschte, zwei-, besser dreimal, insgesamt drei bis vier Stunden lang, mit Johnson allein, von Freund zu Freund zu sprechen. Der Wunsch wurde der amerikanischen Regierung übermittelt. Die Amerikaner antworteten, daß Johnson ein Vier-Augen-Gespräch von 15 Minuten für ausreichend halte. Im übrigen ständen Erhard und seiner Entourage der Außen- und die Fachminister zur Verfügung.[130] Adenauer wäre unter diesen Umständen vermutlich nicht gefahren. Aber Adenauer wären die Umstände natürlich nicht zugemutet worden.

Erhard nahm einen Umweg nach Washington. Am 9. und 10. Juni besuchte er zunächst Kanada. Dort herrschte wie stets holde Eintracht. Man hatte wenig miteinander zu tun und deshalb keine Probleme miteinander. Daß auch Kanada von der MLF nichts hielt, brauchte Erhard nicht weiter zu stören. Am folgenden Tag empfing er zunächst die juristische Ehrendoktorwürde der berühmten Harvard-Universität. Er hatte sich längere Zeit dezent darum bemüht und war sehr stolz darauf. Er halte „diese Auszeichnung für eine der höchsten ..., welche die Welt zu vergeben habe“, sagte er.[131] Am Nachmittag sprach er mit dem Generalsekretär der Vereinten Nationen, am Abend verlas er eine sorgfältig vorbereitete Rede vor dem Council on Foreign Relations, in der er den deutschen Anspruch auf Wiedervereinigung mit den amerikanischen Entspannungsbemühungen zu vermitteln versuchte. „Zu wenig intensiv, zu philosophisch“, notierte Osterheld. Am Tag zuvor hatte zufälligerweise Strauß in Chicago geredet und Entspannungspolitik kurzweg als gefährliche Illusion denunziert. Erhard sagte: „Wir wollen nicht weniger, sondern mehr Entspannung“.[132]

Der 12. und der 13. Juni dienten den politischen Gesprächen in Washington. Die kurze persönliche Aussprache mit Johnson wurde in eine Konferenz der deutschen Delegation erst mit Rusk, dann auch mit anderen Ministern und dem Präsidenten eingeschoben. Johnson bat Erhard aus der Besprechung heraus zu sich, hörte sich ein längeres statement Erhards an, richtete seinerseits ein längeres statement an Erhard, nahm sich dafür nicht nur 15, sondern immerhin 40 Minuten Zeit und begleitete Erhard anschließend zurück in den größeren Kreis. Erhard bekräftigte die unverbrüchliche Freundschaft Deutschlands zu Amerika, äußerte die Hoffnung, daß trotz der amerikanisch-britischen Ablehnung von Vier-Mächte-Verhandlungen „die Prüfung der Frage der deutschen Wiedervereinigung fortgesetzt werde“, sagte, daß Deutschland die MLF weiterhin für erstrebenswert halte und andere europäische Länder bei mancherlei Skepsis ihr zuneigten, weil sie ein Mittel gegen de Gaulles Hegemonie- und Unabhängigkeits-Ambitionen sei, versprach schließlich, Amerika in Vietnam politisch, wirtschaftlich und finanziell zur Seite zu stehen und keinesfalls China anzuerkennen. Johnsons Gegenrede bestätigte, was de Gaulle Erhard nahezubringen versucht hatte. Der amerikanische Präsident war „melancholisch“. Nichts als Schwierigkeiten habe er im eigenen Land und in der Welt, sagte er. Amerika gebe überall sein Bestes und sei nirgendwo beliebt. Außerhalb Amerikas honoriere man Amerikas Leistungen nicht, und innerhalb Amerikas werfe man ihm, dem Präsidenten, der in einem halben Jahr wiedergewählt werden wolle, das vor. Frankreich habe China anerkannt und wende sich - nicht ohne Resonanz in Amerika - gegen seine Politik in Südostasien. England und andere trieben Handel mit Cuba. Deutschland tue dies alles nicht. Dafür sei er dankbar. Mit dem Herrn Bundeskanzler verbinde ihn eine enge persönliche Beziehung. Aber viele in Amerika seien in Sorge darüber, daß Deutschland den Verteidigungshaushalt und die Entwicklungshilfe

Ehrendoktor der Harvard Universität (11. Juni 1964)

Mit den Johnsons (12. Juni 1964)

kürze und seine Offset-Verpflichtungen nicht erfülle. Er hoffe, daß die Sorge unbegründet sei. Im übrigen glaube er „an die Notwendigkeit und das Zustandekommen der Wiedervereinigung". Erhard fand gerade noch Zeit, für die freundschaftlichen Gefühle, die Johnson ihm entgegenbringe, die er erwidere und die er als „ein stabilisierendes Element in der freien Welt" ansehe, zu danken, sein Verständnis für die amerikanische Melancholie zu bekunden und die getreuliche Erfüllung der Offset-Verpflichtungen zuzusichern, bevor der Präsident sagte, daß man nun über alle Fragen „ungestört und in brüderlichem Geiste" miteinander gesprochen habe und die Unterredung im größeren Kreis fortsetzen solle. Über Einzelheiten könne Erhard ja mit den Ministern Rusk, McNamara und Herter reden. Im größeren Kreis hörte Osterheld ihn sagen, daß er mit dem Bundeskanzler - in vierzig Minuten, von denen zwanzig für die Übersetzung draufgegangen sein mußten - „Vietnam, Cuba, die Entspannung, Rotchina, Ostkredite, NATO, Zypern, die MLF, de Gaulle und Südamerika ... erledigt" habe. Er nahm an, daß es genau *so* gewesen wäre.[133]

Bei den übrigen Gesprächen kam nicht viel mehr heraus als bei dem Spitzengespräch, und der ganze Besuch geriet zu einer daheim bemüht überspielten und dennoch nicht übersehenen Enttäuschung, die Strauß' Verdikt, daß Deutschland in der Welt an Achtung und Einfluß verliere, nachträglich recht gab. Die leise Hoffnung, Johnson oder Rusk doch noch für eine gemeinsame Deutschland-Initiative gewinnen zu können, erwies sich als eitel. Johnson ging auf Erhards zarte Andeutungen nicht ein, und Rusk wies Schröders robustere Ermunterung robust zurück.

Selbst ein viel kleinerer Wunsch ging schon zuweit und blieb unerfüllt. Just und wohl nicht zufällig an dem Tag, an dem sich die amerikanische und die westdeutsche Regierung in Washington besprachen, schloß die sowjetische mit der ostdeutschen Regierung in Moskau einen Freundschaftsvertrag. Der Vertrag war von geringer materieller Bedeutung. So beurteilten Rusk und Johnson ihn auch. Schröder und Erhard überschätzten ihn nicht, hielten aber doch eine Erklärung des Inhalts für geboten, daß derlei Vertrag die Vier-Mächte-Verantwortung für *ganz* Deutschland nicht berühre. Besonders lieb wäre es ihnen gewesen, wenn die Westmächte sich dazu verstanden hätten, solch eine Erklärung gemeinsam mit der Bundesrepublik abzugeben. Sie baten darum. Rusk aber meinte, daß eine gemeinsame Stellungnahme allemal unangebracht und vor den amerikanischen Wahlen besonders unangebracht sei. Johnson schloß sich der Meinung an. Erhard insistierte nicht und die Erklärung unterblieb.[134] Zwei Wochen später erst machten die drei Westmächte ihren Standpunkt ohne Beteiligung der Bundesrepublik klar.

Im fernen Moskau geriet unterdessen der deutsche Botschafter infolge des Vertrags in einige Verlegenheit. Für den Tag nach dessen Unterzeichnung war die Unterredung anberaumt, an deren Ende er Chruschtschow nach Bonn einladen sollte. Er telegraphierte nach Washington, ob der Vertrag die Einladung hinfällig mache? Schröder ließ zurücktelegraphieren: Nein, der Auftrag des Botschafters bleibe gültig.[135] Groepper entledigte sich des Auftrags weisungsgemäß. Der sowjetische Regierungschef nahm sich für den deutschen Botschafter mehr Zeit als der amerikanische Präsident für den deutschen Bundeskanzler. Groepper verlas, von Chruschtschows cholerischem Temperament wieder und wieder unterbrochen, seinen Sprechzettel und fügte hinzu: „Wenn Sie glauben, daß es nützlich sein könnte, die in unseren Beziehungen sich ergebenden Fragen in persönlichen Gesprächen zu erörtern, würde der Herr Bundeskanzler sich freuen, wenn Sie, Herr Ministerpräsident, eine Einladung zu einem Besuch in die Bundesrepublik Deutschland und einem Meinungsaustausch annehmen würden". Anschließend stritt man heftig und herzhaft über Unvereinbares. Das gehörte zum Ritual, auch wenn jeder wußte, daß nichts dabei herauskommen konnte. Chruschtschow sagte: Über Wiedervereinigung müsse die Bundesregierung mit der Regierung der DDR reden. Die Wiedervereinigung sei eine deutsche und nichts als eine deutsche Angelegenheit. Niemand sonst sei dafür zuständig. Groepper widersprach. Rede und Widerrede verstiegen sich hierhin und dorthin. Zweimal kündigte Chruschtschow an, daß er das Gespräch wegen Sinnlosigkeit abbreche und setzte es selbstverständlich fort. Schließlich fragte er, warum die Einladung nicht in dem Dokument stehe, das Groepper überbringe. Groepper sagte, daß er kein formelles Dokument überbringe, sondern einen formlosen Sprechzettel hinterlasse. Eine offizielle Einladung passe nicht in einen formlosen Sprechzettel. Chruschtschow war sichtlich zufrieden und ließ sich noch einmal die russische Übersetzung der Einladung hersagen. Dann bedankte er sich dafür. Er werde sich die Sache durch den Kopf gehen lassen. Grundsätzlich halte er Gespräche für nützlich.

Am folgenden Tag telegraphierte der Botschafter einen ausführlichen Bericht über das Gespräch nach Washington.[136] Dort hatten Schröder und Erhard aus nicht ganz erfindlichen Gründen inzwischen Angst vor der eigenen Courage bekommen. Weder das Kabinett noch die Verbündeten waren von der Absicht, Chruschtschow einzuladen, informiert worden. Carstens telegraphierte umgehend zurück, daß Groepper Chruschtschow *nicht* in die Bundesrepublik eingeladen, sondern nur von der Möglichkeit einer Einladung gesprochen habe. In diesem Sinn werde man die Presse unterrichten. Groepper telegraphierte nach Bonn, daß die beabsichtigte Verlautbarung Chruschtschow brüskiere und ihn, den Botschafter, in Teufels Küche bringe, weil er seinen westmächtlichen Kollegen bereits zugesagt habe, sie, wie es wechselseitige Übung bei allen wichtigen Anlässen sei, über das Gespräch mit dem Ministerpräsidenten zu unterrichten. Das Auswärtige Amt antwortete: Es bleibe dabei, Groepper habe Chruschtschow *nicht* eingeladen.[137] Das wurde außer der Öffentlichkeit auch dem Kabinett, der Fraktion und dem CDU-Parteivorstand weisgemacht.[138] Wenige, darunter Adenauer und Krone, wußten es besser, behielten ihr besseres Wissen aber für sich.[139] Die Presse bekam trotzdem einiges von den wahren Umständen spitz. Die Angelegenheit geriet in ein ungutes Zwielicht.

Zum Vorteil des diplomatischen Geschicks, das dabei waltete, hatte auch Chruschtschow kein Interesse daran, die Einladung und deren vage Annahme an die große Glocke zu hängen. Seine Stellung als Partei- und Regierungschef wankte bereits. Im Westen ahnte man nicht, wie sehr sie wankte. Chruschtschow konnte sich einen Alleingang auf unsicherem Grund nicht mehr leisten. Deshalb kam es ihm womöglich nicht ungelegen, daß Bonn die offizielle Einladung öffentlich leugnete. Andererseits wünschte er wohl wirklich, mit Erhard zu reden. Deshalb verfiel er auf die Idee, die Umstände, Themen und Aussichten des erwünschten Dialogs durch einen persönlichen Vertrauten in Bonn erkunden zu lassen. In ähnlicher Mission bewährt war der Chefredakteur der Regierungszeitung Istwestija. Außerdem war er Chruschtschows Schwiegersohn.

Eine knappe Woche nach Groeppers Gespräch mit dem sowjetischen Ministerpräsidenten erhielt Erhard einen Brief des Verlegers der CDU-nahen „Ruhr-Nachrichten". Lambert Lensing schrieb, daß sein Korrespondent in Moskau mit Herrn Alexeji Adschubeij, dem Chefredakteur von Istwestija, schon seit längerem über die Möglichkeit einer privaten Einladung Adschubeijs in die Bundesrepublik im Gespräch sei. Die Ruhr-Nachrichten und zwei andere Zeitungen hätten ihre grundsätzliche Bereitschaft bekundet, die Einladung auszusprechen und ein Besuchsprogramm zu arrangieren. Jüngst nun habe Adschubeij so nachdrücklich an seinen Wunsch erinnert und als genehmen Termin dafür die zweite Julihälfte genannt, daß Korrespondent Lathe zur Berichterstattung nach Dortmund gebeten worden sei. Heute fliege er mit einer ausdrücklichen Einladung bestückt zurück. Von Hase und Hohmann seien bereits unterrichtet. Er aber lege Wert darauf, auch Erhard persönlich davon in Kenntnis zu setzen. „Sollte Herr Adschubeij im Laufe seines Besuchs den Wunsch äußern, von Ihnen, sehr verehrter Herr Bundeskanzler, empfangen zu werden, werden wir diesen Wunsch an Sie weiterleiten".[140]

Keiner konnte daran zweifeln, daß Adschubeij den Wunsch äußern würde. Jeder wußte, daß der Wunsch der Zweck seiner Reise war. Lathe hinterließ von Hase eine schriftliche Zusammenfassung seiner Gespräche, die der Dringlichkeit des Wunsches wortreichen Ausdruck gab und den Eindruck erweckte, daß ein Gespräch Erhards mit Adschubeijs, das zu einem Gespräch Erhards mit Chruschtschow führte, die schönsten Aussichten eröffnete.[141] Erhard neigte denn auch dazu, sich darauf einzulassen. Schröder war entschieden anderer Meinung. Er hätte es am liebsten gesehen, wenn Adschubeijs Deutschland-Besuch sich vermeiden oder zumindest verschieben ließe. Falls er käme, sollte Erhard den Schwiegersohn aber keinesfalls empfangen.[142] Das Kabinett schien diese Meinung zu teilen, die Frage blieb aber vorerst unentschieden. Die Rußland-Politik der Bundesregierung war infolge von Geheimnistuerei und Unentschlossenheit in merkwürdige Konfusionen geraten: Das Auswärtige Amt hatte Chruschtschow zwar zu Erhard einladen lassen, wollte anscheinend aber nicht, daß Erhard Chruschtschow auch wirklich traf. Es blieb abzuwarten, wie der Widerspruch aufzulösen wäre.

„Je suis resté vierge"

Erst einmal stand die nächste Runde der regelmäßigen Konsultationen mit der französischen Regierung an. De Gaulle und seine Leute wurden zu diesem Zweck in Bonn erwartet. Erhard empfand das Treffen als Erfüllung einer lästigen Pflicht und sah ihm mit Mißvergnügen entgegen. Besondere Bedeutung maß er ihm nicht bei. Es wurde das bedeutungsvollste Treffen seiner unglücklichen und deshalb glücklicherweise kurzen Karriere als Außenpolitiker. Hinterher waren sowohl das französisch-deutsche Verhältnis wie Erhards Karriere ruiniert. Das deutsch-französische Verhältnis hat sich vom dem Ruin erholt, Erhards Karriere nicht.

Das Treffen wurde routiniert, ohne die Erwartung, daß etwas dabei herauskommen könnte, und ohne die Absicht, daß etwas dabei herauskommen sollte, vorbereitet. „Am Nachmittag Besprechung von Kanzler und zuständigen Ministern über den bevorstehenden de Gaulle-Besuch", notierte Krone eine Woche vor dem Eintreffen der Franzosen. „Es wurde ... ein Disput zwischen Schröder und mir. Schröder hält nichts von Frankreich und de Gaulle. Bis zum Hämisch-Kritischen im Wort geht diese Abneigung. Auch Erhard und Westrick halten nicht viel von Frankreich ... Immer wieder - Erhard weiß und versteht nichts von Politik ... Diese oberflächlichen Sätze und Selbstverständlichkeiten. Er präpariert sich auch nicht; so weiß er eben nichts".[143]

In der Zwischenzeit hatten sich die „gaullistischen" Befürworter einer betont engen Zusammenarbeit mit Frankreich einigermaßen formiert und versuchten, von vornherein Einfluß auf die Bonner Besprechungen zu nehmen. Strauß schrieb Erhard unter Berufung auf die Gespräche am Tegernsee, welches *seine* Erwartungen wären. Er erwarte, daß die deutsche der französischen Regierung die Einrichtung von gemeinsamen Arbeitsgruppen vorschlage, die zum einen über deutsch-französische Schritte zur politischen Einigung Europas im Rahmen der EWG beraten und zum anderen einen gemeinsamen Standpunkt zur nötigen Reform der NATO zu finden versuchen sollten.[144] Das war nicht nur Strauß' Erwartung. Wenige Tage später sprach Konrad Adenauer im Düsseldorfer Industrieklub und plädierte dafür, daß beim Besuch de Gaulles eine ernsthafte deutsch-französische Initiative zur Einigung Europas auf den Weg gebracht werde. Und noch einmal ein paar Tage später trafen am Rande der Neuwahl Heinrich Lübkes zum Bundespräsidenten der Fraktionsvorstand sowie Adenauer, Strauß und Krone mit Erhard und Schröder in Berlin zu einem Vorgespräch zusammen. Dabei wurde gegen Erhards und Schröders Einwände beschlossen, den Franzosen zumindest die Bildung eines Arbeitsausschusses für Fragen der politischen Union vorzuschlagen.[145] Schröder sagte nicht, daß er die Botschaften in Rom, Brüssel, Den Haag und Luxemburg zwei Tage zuvor angewiesen hatte, in „ihren“ Außenministerien zu sondieren, wie dort auf einen deutschen Vorschlag reagiert würde. Für den gleichen Zweck sollten sie eine *Sechser*kommission ins Leben rufen und noch vor dem de Gaulle-Besuch darüber berichten.[146]

Mit dem NATO-Reformausschuß setzten Strauß, Krone und Guttenberg sich nicht durch. Zuvor hatte das Auswärtige Amt Erhard übrigens bereits mit den üblichen „Sprechzetteln“ für dessen Vier-Augen-Gespräche von Regierungs- zu Staatschef munitioniert. Der Zettel zum „NATO-Problem“ führte Erhard ein weiteres Mal die Unvereinbarkeit der deutschen und der französischen Haltung zur NATO und damit diesmal auch die Überflüssig-, weil Unsinnigkeit eines gemeinsamen Ausschusses vor Augen. De Gaulle wolle die Desintegration der Verteidigungsmittel und eine Verminderung des politischen Einflusses der USA in der NATO. Außerdem strebe er für Frankreich die Rolle einer europäischen Vormacht und in dieser Eigenschaft eine bevorrechtigte Stellung im Bündnis an. Deutschland sehe die militärische Integration und das politisch-militärische Engagement der Vereinigten Staaten in Europa als Voraussetzung und Garantie seiner Sicherheit an. Die NATO sei gesund. Frankreichs Vormachtstreben widerspreche dem Gleichheitsgrundsatz und gefährde die Gesundheit. Erhard solle de Gaulle um eine Darstellung seiner Reformabsichten bitten und ihm sagen, daß Deutschland derlei Reform für unnötig und unerwünscht halte.

„Unter Adenauer wäre diese Unverfrorenheit nicht möglich gewesen“, schrieb Krone auf eine Kopie des Papiers, die nach dem de Gaulle-Besuch an ihn gelangte.[147]

Andererseits wurde die Absicht, de Gaulle die Bildung eines deutsch-französischen „Europa-Ausschusses“ vorzuschlagen, Erhard nicht nur von Adenauer und Strauß aufgedrängt. Ein alter Vertrauter versuchte ebenfalls, ihn dafür einzunehmen. Am gleichen Tag, an dem Strauß Erhard eher fordernd schrieb, schrieb Alfred Müller-Armack, der bei Erhards Wechsel ins Kanzleramt ins Professorenamt zurückgekehrt war, ihm eher werbend und unterbreitete ein sehr konkretes, sehr detailliertes und durchaus realistisches Arbeitsprogramm für die erwünschte Kommission. Das Programm setzte beim wirtschaftspolitischen Ausbau der EWG an, schritt zu deren politischer Überformung im Sinne der Fouchet-Pläne fort und schloß die Aufnahme förderlicher Beziehungen zur EFTA ein. Es gehe nach Entwicklung und Lage der Dinge um die Einsicht, „daß in der EWG ... viele wirtschaftspolitische Möglichkeiten stecken, die zugleich *politische* Bedeutung haben, daß die Bundesrepublik und Frankreich bei allen Unterschieden ein Fundament gemeinsamer Überzeugungen besitzen und daß es darauf ankommt, von dieser Basis her eine gemeinsame Aktivität innerhalb der EWG und in ihren Beziehungen nach außen zu entwickeln“.[148] Erhard sprach einen Tag vor de Gaulles Ankunft mit Müller-Armack über das Konzept. In den desaströsen Regierungsverhandlungen spielte es dann freilich keine Rolle.

Das Desaster begann am Freitag, dem 3. Juli, morgens Viertel nach zehn. Erhard empfing de Gaulle und ein gutes halbes Dutzend französischer Minister auf dem Flugplatz in

Wahn. De Gaulle flog. Man fuhr auf direktem Wege ins Palais Schaumburg. Um elf begann das erste Anderthalbstunden-Gespräch unter vier Augen.[149] Die beiden großen Themen standen zur Debatte: Europa und die NATO. De Gaulle führte das Gespräch auffällig anders, als er die früheren Gespräche geführt hatte; höflich und um Erhard bemüht noch immer, aber zusehends von Erhard enttäuscht und spürbar am Rande seiner Geduld doch neuerdings auch. Erhard kam schnell, aber einigermaßen undeutlich zu der ihm aufgetragenen Sache. „Er glaube, daß im Rahmen des deutsch-französischen Vertrages eine gemeinsame Prüfung angestellt werden soll, ob und in welcher Weise unseren Partnern neue ... Formen einer engeren politischen Zusammenarbeit vorgeschlagen werden könnten."

Die Botschaften in Rom, Brüssel und Den Haag hatten unterdessen durchgegeben, daß man dem deutschen Gedanken, die Fouchet-Kommission wiederzubeleben, dort reserviert bzw. skeptisch bzw. ablehnend begegnete.

De Gaulle mied alle argumentativen Umwege. Er sagte, daß er den Sinn der „Prüfung" nicht einzusehen vermöge. Italien und die Benelux-Länder wollten ein politisches Europa nicht, und Deutschland wolle nicht die politische Zusammenarbeit mit Frankreich. Deutschland nehme gerne Frankreichs Freundschaft entgegen, die Frankreich auch gerne gebe, aber Deutschland könne sich nicht dazu entschließen „zu wählen". „In der Alternative aber, entweder eine den Vereinigten Staaten untergeordnete Politik zu betreiben oder eine wirklich europäische Politik zu betreiben, das heißt, eine von Amerika unabhängige, wenn auch nicht gegen Amerika gerichtete Politik, sei Deutschland nicht entschlossen. Er respektiere die Gründe dafür, müsse aber andererseits diesen Tatbestand feststellen". Deshalb könnten Frankreich und Deutschland gemeinsam gegenwärtig nichts Wesentliches unternehmen. Frankreich bedaure das, halte es andererseits nicht für furchtbar schlimm und ziehe seine Konsequenzen.

Erhard verstand nicht recht. „Er sei etwas enttäuscht", sagte er. De Gaulle habe ihm doch selbst gesagt, daß es ein „schlechter Witz" wäre, „Deutschland vor die Wahl zwischen einer Freundschaft mit Amerika oder mit Frankreich zu stellen". Er wäre glücklich, wenn der General diese Haltung auch weiterhin einnähme. Das tue er, sagte de Gaulle. Der Gedanke, daß man zwischen Freundschaften wählen müsse, liege ihm fern. Frankreich sei Amerikas Freund und Deutschland solle natürlich Amerikas Freund bleiben. Bei aller Freundschaft müsse man doch aber die eigene Politik der amerikanischen nicht unterordnen. Freundschaft mit Amerika sei für Europa notwendig und selbstverständlich, Abhängigkeit von Amerika nicht. Für ihn mache ein einiges Europa nur als politisch-militärisch und wirtschaftlich unabhängiges Europa Sinn. Deutschland sehe das anders. Er akzeptiere die Gründe dafür und schließe daraus, daß aus Europa vorerst nichts werde.

Erhard schwamm. Wenn er schwamm, schwätzte er. Er sagte, daß er in erster Linie Deutscher und dann Europäer sei. Europa habe einen Eigenwert, „der sich in einer geistigen, kulturellen und sittlichen Kraft darstelle. Diese müsse geformt werden". Er wolle weder von Amerika noch von einem anderen Staat abhängig sein. Er sei kein Höriger der Vereinigten Staaten. „Seine Haltung sei dadurch bestimmt, daß er in der Sicherheitsfrage Deutschland, ja ganz Europa an Amerika gebunden erachte ... Wenn er wüßte, wie man innerhalb der NATO Europa stärken könnte, würde er alles daran setzen, um das zu erreichen ... Er wäre dem General daher dankbar, wenn er ihm einmal sagen würde, wie er sich die Entwicklung der NATO vorstelle, bzw. wie er glaube, daß die europäische Sicherheit ohne die derzeitige Organisation der NATO gewährleistet werden könnte". Damit war er bei der „unverfrorenen" Aufforderung des Auswärtigen Amtes.

Vor dem Debakel: Mit de Gaulle am 3. Juli 1964

De Gaulle sagte: Die NATO integriere die Streitkräfte der Mitgliederländer nach amerikanischem Ermessen und unter amerikanischem Oberbefehl und sei in dieser Form überholt. Wenn sie über*leben* wolle, müsse sie in ein Bündnis zwischen Amerika und einem von Deutschland und Frankreich integrierten Europa umgeformt werden, in ein Bündnis gleich starker und gleichberechtigter Partner, die sich wechselseitigen Beistand zusicherten. Der allmähliche Aufbau einer europäischen Atomstreitkraft mache dies möglich. Und damit Erhard es auch verstände, sagte de Gaulle es gleich noch einmal. Er wiederhole: ... Es klang einleuchtend und überzeugend. Erhard wußte nicht, was er dazu sagen sollte. Seine Sprechzettelweisheiten ließen ihn im Stich. Nicht ohne Grund wurde manchem, vielleicht auch Schröder, angst und bange, wenn er an die Möglichkeit eines „Vier-Augen-Gesprächs" zwischen ihm und Chruschtschow dachte.

Erhard wußte nicht, was er sagen sollte, aber er mußte etwas sagen. Er konnte ja nicht tun, was er bei Begegnungen mit weniger wichtigen ausländischen Besuchern nicht selten tat. Er konnte das Gespräch nicht mangels Stoff und Interesse abbrechen.[150] So redete er denn darauf los, als wäre er von allen guten Geistern verlassen: Ähnliches habe Präsident Kennedy ihm auch gesagt, meinte er, nur mit ein bißchen anderen Worten. Über die Neuverteilung der militärischen Lasten könne man mit Amerika sicher reden. Man müsse sich aber darüber im klaren sein, was das bedeute. „Die derzeitige Anwesenheit von sechs amerikanischen Divisionen in Deutschland habe nicht nur eine militärische Bedeutung, sondern sie gewährleiste die politische und soziale Ruhe in Deutschland, da die Menschen den Eindruck hätten, hinter diesem Schild in Ruhe arbeiten zu können. Andererseits sei nicht zu bezweifeln, daß die Welt in Bewegung geraten sei. Man müsse diese Dinge daher überlegen, und dabei hätten Deutschland und Frankreich eine besondere Verantwortung". Nur wenn Frankreich und Deutschland sich verständigten, könne Europa entstehen, wobei Europa natürlich nicht nur militärisch gesehen werden dürfe, sondern auch „eine geistige, moralische und kulturelle Idee" umfasse. „Niemand anderer könne dies Erbe antreten als die Europäer selbst. Deswegen glaube er, daß man nicht aus dem Augenblick heraus resignieren sollte". Ein gleichberechtigtes Europa müsse nach Möglichkeit ein umfassendes Europa sein, mehr als Frankreich und Deutschland. „Der Kern der europäischen Verpflichtungen ruhe jedoch bei Frankreich und Deutschland". Europa stehe und falle mit der Haltung und dem Willen Frankreichs und Deutschlands. „Falle es aber, so falle es zurück in Denkformen und Kategorien einer unglücklichen Vergangenheit, und das wäre keine Lösung".

De Gaulle tat selbstverständlich auch diesmal, wovon Erhard Botschafter McGhee nach dem letzten Mal stolz berichtet hatte. Er ließ den Bundeskanzler ausreden. Dann sagte er: Richtig, deshalb hätten Frankreich und Deutschland ihren Freundschaftsvertrag geschlossen. Die Frage sei, ob sie ihn jetzt oder später als Ferment der europäischen Einheit nutzten. Immer wenn Frankreich und Deutschland einig und entschlossen gewesen seien, hätten die anderen mitgemacht. *So* sei Europa dorthin gelangt, wo es sich befinde. Über den Fortschritt zur politischen Union seien Deutschland und Frankreich zeitweise einig, sie seien aber nicht hinreichend entschlossen dazu gewesen. Das habe der Einigkeit die Überzeugungskraft genommen. Deshalb stagniere Europa.

„Der Herr Bundeskanzler erwiderte, er könne General de Gaulle nicht vollständig folgen. Er glaube aber, daß sie sich sehr nahe seien". Daran schloß er Sätze, denen ihrer inkohärenten Unverbindlichkeit wegen de Gaulle unmöglich folgen konnte. Erhards Glaube war unbegründet. Zwischen ihm und de Gaulle lagen Welten. De Gaulle war des Gesprächs müde. Man trat redend noch ein wenig auf der Stelle. Schließlich kam Erhard auf seinen anfänglichen Vorschlag zurück: Eine deutsch-französische Arbeitsgruppe, die überlegte, wie man Europa politisch gestalten könne, und deren Überlegungen man anschließend den Partnern in der EWG vortrüge. Falls die damit einverstanden wären, werde man weitersehen. Das waren nicht die Vorstellungen, die Adenauer, Strauß und Genossen mit der Kommission verbanden. De Gaulle leuchteten sie am Ende des Gesprächs noch weniger ein als an dessen Anfang. Die Luft sei voll von Ideen, hatte er unmittelbar zuvor gesagt, in der Politik komme es darauf an, mit Entschlossenheit einen elementaren und praktischen Anfang zu machen. Aber de Gaulle war ein Mann von Anstand und Gesittung. Er „bedankte sich für die Ausführungen des Herrn Bundeskanzlers und versprach, sie sich zu überlegen“.

Weil de Gaulle ein Mann war, der auf diplomatischen Anstand und persönliche Gesittung in der Politik Wert legte wie kaum einer sonst, fiel besonders auf, daß er Erhard bei der nachmittäglichen Konferenz der beiden Delegationen zehn Minuten lang auf sein Erscheinen warten ließ.[151] Es schien ihm an der Zeit zu sein, seine Geringschätzung Erhards öffentlich kundzutun. Und pikanter oder perfider konnte er sie nicht kundtun. Er kam mit Verspätung von Adenauer. Er hatte das Gespräch, zu dem er den alten Kanzler in dessen Abgeordnetenbüro im Bundeshaus aufsuchte, wohlbewußt über die vorgesehene Zeit hinaus ausgedehnt, während der neue Kanzler zum Gespräch mit ihm bereitsaß. Mit dem einen lohnte noch zu reden, mit dem anderen lohnte es eigentlich nicht mehr.

Und damit nicht genug. De Gaulle mochte bei der Unterredung mit Adenauer wohl auch ein wenig „melancholisch“ geworden sein. Er erfuhr, daß mit dem alten Bundeskanzler die Politik zu machen wäre, der sich der neue mit hilflosen Floskeln verweigerte. Die beiden „Freunde“ kamen schnell überein, daß die sowjetischen Entspannungs-Avancen bloßer Bluff wären, auf den die amerikanische und die britische Regierung freilich hereinfielen. Um so wichtiger sei es, sagte Adenauer, daß Europa sich unter Frankreichs Führung politisch einige. Zu diesem Zweck schlage er de Gaulle vor, eine gemeinsame Kommission darüber beraten zu lassen, wie vom deutsch-französischen Vertrag her zu einer europäischen politischen Union zu gelangen wäre. De Gaulle stand noch unter dem Eindruck des enttäuschenden Gesprächs mit Erhard. Die Idee sei der Prüfung wert, sagte er zögernd, aber ... aber die grundsätzliche und vorweg zu beantwortende Frage sei, ob Deutschland für das von Amerika unabhängige und mit Amerika verbündete Europa, das er im Sinn habe, bereit sei. Die Frage sei, ob Deutschland sich zu dieser Wahl entschließen könne. Adenauer sagte, „daß das deutsche Volk jetzt reif sei, eine Wahl in diesem Sinne zu treffen“. Wenn Deutschland und Frankreich wirklich entschlossen wären, sagte de Gaulle, entschlossen auch, die Wirtschaftsgemeinschaft in Frage zu stellen, falls die anderen bei der politischen Union nicht mitmachten, „dann ginge alles gut“. Denn dann *machten* die anderen mit. Solange sie an Deutschlands Entschlossenheit zweifelten, machten sie *nicht* mit. Adenauer sagte, daß er selbst um den Preis der EWG entschlossen wäre. In der Gesellschaft Belgiens und Hollands werde es ihm ohnehin allmählich unheimlich. „Nur weil Herrn Luns (Europa) nicht gefalle, stünden alle Räder still“. De Gaulle sicherte Adenauer zu, daß Frankreich die Einrichtung der gemeinsamen Kommission akzeptieren werde, wenn Deutschland sie förmlich vorschlage.[152] Erhard hatte ihn dazu nicht bewegen können.

Unterdessen hatte Schröder im Gespräch mit Couve de Murville deutlich zu erkennen gegeben, daß er von der Kommission nichts hielt, weil nichts Wirksames von ihr zu erwarten wäre. Die anderen würden nicht akzeptieren, was Frankreich und Deutschland ihnen vorschlügen. Und zwingen könne man sie dazu nicht. Andererseits sei der Europagedanke in seiner Partei und in Teilen der deutschen Öffentlichkeit so lebhaft und stark, daß es gut wäre, wenn man ihm in den kommenden Besprechungen ein wenig Reverenz erweisen könne. „Er frage sich ..., ob man nicht ... eine Geste machen könnte, die den Anschein erwecke, daß etwas geschehe". Später fügte er ins Dolmetscherprotokoll vor „den Anschein" handschriftlich das Wort „wenigstens" ein. „Aber was kann man tun, um sich den Anschein zu geben, daß man etwas täte?" fragte Couve lächelnd. Schröder gab darauf keine Antwort.[153]

Die Regierungsbesprechung wurde abgewickelt. Die Fachminister berichteten von dem, was seit dem letzten Treffen auf ihren Arbeitsgebieten vorgefallen war und worüber man am Vormittag miteinander geredet hatte. Die Deutschen berichteten positiv und auf Optimismus gestimmt, so, als ob die deutsch-französische Welt in schönster Ordnung wäre; die französischen Minister sprachen eher unfroh und wenig zuversichtlich. Verteidigungsminister Messmer beklagte den andauernden Mangel an gemeinsamen Rüstungsprojekten, Finanzminister Giscard die Zunahme des Ungleichgewichts in der deutsch-französischen Handelsbilanz und die Stagnation der wirtschaftlichen Integration Europas, Landwirtschaftsminister Pisani die Verzögerung der Entscheidung über den gemeinsamen Getreidepreis.

Abends ein „Herrenessen" mit Tischreden in gedämpfter Stimmung.

Am nächsten Morgen trafen Erhard und Pompidou erstmals sowie Schröder und Couve erneut zusammen. Unterdessen hatte Adenauer den Bundeskanzler und den Außenminister über den Inhalt seines Gesprächs mit de Gaulle unterrichtet. Schröder bemühte sich, seinen französischen Amtskollegen davon zu überzeugen, daß die gemeinsame Arbeitsgruppe, die Adenauer vorgeschlagen und de Gaulle akzeptiert hatte, völlig nutzlos wäre und besser unterbliebe. Über eine europäische Union nach dem Muster der Fouchet-Pläne brauche man nicht neu zu beraten. Deutschland halte sie für erwünscht, und er bedaure, daß damals keiner der Pläne - gleichgültig ob I oder II - von den Sechs angenommen worden sei. Über Europas Rolle in der Atlantischen Allianz, die de Gaulle neuerdings mit der Einigung Europas in Zusammenhang bringe, gingen die deutschen und die französischen Ansichten aber so weit auseinander, daß eine Einigung gegenwärtig nicht zu erreichen sei. In fünf bis zehn Jahren vielleicht. Wozu also jetzt darüber beraten? Couve hielt sich an die Gedankengänge und Formulierungen seines Präsidenten. Was er von der gemeinsamen Kommission halten sollte, wußte er noch nicht recht. Man kam über die Feststellung der Sachverhalte und Meinungsverschiedenheiten nicht hinaus.[154]

Erhard fühlte sich unterdessen in Pompidous bonhommialer Gegenwart wohl, aber es gab außer dem Protokoll eigentlich keinen Grund, daß sie miteinander redeten. Sie hatten keine Themen. Dafür konnte Erhard nichts. Es lag an der unglücklich-mediaten Stellung des französischen Regierungschefs zu seinem Staatspräsidenten. So sprach man denn, um dem Protokoll Genüge zu tun, eine Stunde lang ziemlich absichts- und ergebnislos über Wirtschaftsfragen. Das trug zu Erhards Wohlgefühl bei.

Das Wohlgefühl schwand beim nachfolgenden zweiten Gespräch mit de Gaulle schnell.[155] Das Gespräch war im Programm eigentlich nicht vorgesehen. Erhard hatte ad hoc darum gebeten. Die Bitte erwies sich als sinnlos, weil er de Gaulle nichts anderes zu sagen hatte als gestern. De Gaulle hatte ihm nichts anderes zu antworten. Es war, als sprächen zwei Taube miteinander in unablässigen Wiederholungen und mit unablässiger Zunahme ihrer Gereiztheit über das Unverständnis des je anderen. Erhard war sofort wieder bei der Kommission, die Schröder nicht wollte und die er neuerdings für einen Königsweg zu - ja, zu was eigentlich? - halten schien. De Gaulle sagte: Kommissionen seien gut und schön, wenn man zu einer gemeinsamen und unabhängigen Politik entschlossen sei. Er bezweifle, daß Deutschland dazu entschlossen wäre. Man könne diese Frage nicht so apodiktisch mit Ja oder Nein beantworten, sagte Erhard. Deutschland wolle Europa, und es wolle die NATO in deren jetziger Form. De Gaulle möge das doch bitte respektieren. Das tue er ja, sagte de Gaulle, und deshalb stelle er respektvoll fest, daß man in Europa derzeit nicht weiterkomme. Derzeit könne man nicht mehr tun, als die deutsch-französische Freundschaft zu pflegen und die Hoffnung am Leben zu erhalten. Eines Tages werde man zu einer politischen Gemeinschaft kommen, weil man ganz einfach dazu kommen müsse, nicht zuletzt übrigens um Deutschlands willen. Deutschland müsse wiedervereinigt werden. Andernfalls gebe es keinen Frieden in der Welt. Mit Amerika werde Deutschland seine Wiedervereinigung jedoch nicht erreichen. Amerika fürchte sich vor China und wolle den Ausgleich mit Rußland. Deshalb werde Deutschland durch eine unabhängige europäische Politik wiedervereinigt, oder es werde nicht wiedervereinigt. Aber gut, zu dieser Einsicht sei Deutschland noch nicht gelangt. So werde man in Verbindung miteinander bleiben und abwarten.

Er verstehe de Gaulles Resignation nicht, sagte Erhard. „Er selbst resigniere nicht“. De Gaulle habe eine Vision von Europa in einem atlantischen Bündnis. Zu der könne man nicht ohne weiteres ja sagen, man müsse sie einmal gemeinsam überprüfen, um etwas zu haben, „was man sozusagen schwarz auf weiß nach Hause tragen könne“.

Und so weiter und so weiter und so weiter, über eine Stunde lang. Es war grotesk. Am Ende sagte de Gaulle: Falls Deutschland die gewünschte Kommission ausdrücklich und konkret vorschlage, werde Frankreich den Vorschlag prüfen. Dann begaben sich beide mißvergnügt zur zweiten Besprechung der Delegationen, die im Kabinettssaal seit geraumer Zeit im Gange war.

Es war üblich, daß die Minister ausführlich von den Chef-Gesprächen informiert wurden. Erhard faßte sich diesmal kurz. Und das bißchen, was er sagte, stimmte nicht. De Gaulle und er hätten beschlossen, sagte er „in nüchternen, schlürfenden Sätzen“[156], „die deutsch-französischen Konsultationen ... zu einem permanenten Gespräch zu gestalten, mit dem Ziel der Herbeiführung eines geeinten Europa und einer gemeinsamen Politik auf politischem, militärischem und wirtschaftlichem Gebiet.“[157] In Wirklichkeit hatte Erhard sich der gemeinsamen Politik verweigert, und de Gaulle hatte unter dieser Voraussetzung den Nutzen des „permanenten Gesprächs“ bezweifelt. Im übrigen, sagte Erhard weiter, habe man offen miteinander gesprochen und festgestellt, „daß beide Länder in positiver Zielsetzung zusammenstünden“. Das war’s. Für Erhard. Für de Gaulle nicht. Der französische Staatspräsident widersprach dem deutschen Bundeskanzler in verbindlichster Form und knüpfte daran eine Stegreifrede, die es in und an sich hatte. Jeder Satz saß und jeder Ton stimmte. Die Minister und Beamten lauschten interessiert, fasziniert, gebannt und tief berührt.

Man habe offen miteinander geredet, sagte de Gaulle. Das sei wahr. Dabei sei offenbar geworden, daß Deutschland und Frankreich trotz Vertrag und geistiger Bereitschaft noch keine gemeinsame Politik hätten. Deshalb werde bis auf weiteres auch Europa keine gemeinsame Politik haben. Frankreich respektiere, was Deutschland als Begründung dafür anführe. Der Tag, an dem die beiden Völker ihre Politik im Interesse Europas vereinten, werde aber mit Notwendigkeit kommen. Die weltpolitische Entwicklung dränge darauf hin. Deutschland werde sich der Einsicht nicht auf Dauer verschließen können, daß seine Interessen, daß namentlich sein Interesse an Wiedervereinigung, in einer deutsch-französischen Politik europäischer Einigung besser aufgehoben seien, als in einem engen Zusammenhang mit der amerikanischen Politik. Deshalb sei Frankreich nicht entmutigt. Es wappne sich mit Geduld. Die deutsch-französischen Beziehungen blieben unterdessen bestehen

Vieraugengespräch im Kanzleramt

und sollten erweitert und intensiviert werden. „Es sei fast unglaubhaft und dennoch wahr, daß es für Frankreich heute keinen Staat auf der Welt gäbe, mit dem es aus Seelenneigung und natürlichen Gegebenheiten mehr zu einer Zusammenarbeit bereit sei als mit dem heutigen Deutschland“.[158]

Hingebungsvoller konnte der bedeutende Mann mit dem tiefen Empfinden für die Größe der französischen Nation um das politisch und moralisch dezimierte Deutschland nicht werben. Die Hingabe galt dem falschen Mann. „Je suis resté vierge“, sagte de Gaulle kurz darauf zu Adenauer: Ich bin Jungfrau geblieben.[159] Jedermann im Saal sah Erhard an, nachdem de Gaulle geendet hatte. Die große Geste und das erhabene Wort verlangten nach einer halbwegs adäquaten Antwort. Erhard saß in buddhahafter Entrücktheit und schwieg. Die Luft stand still. Beklommenheit machte sich breit, Lähmung. Erhard schwieg. Irgend etwas mußte geschehen. Schröder bat die Dolmetscherin, die Übersetzung des Ministerberichts zu beenden, in der sie beim Eintritt von Präsident und Kanzler unterbrochen worden war.[160] Der Affront war ungeheuerlich. De Gaulle hat ihn nie vergessen und verziehen. Wenn er des Beweises noch bedurft hätte, daß er es in Deutschland neuerdings mit einem Kanzler zu tun hatte, der seinem Auftrag nicht gewachsen war, dann hatte er ihn ein für allemal bekommen.

Die Besprechung ging zu Ende. De Gaulle lud als Abschluß des Treffens zum „Frühstück“ in die französische Botschaft. Dort sprach er mit Adenauer und berichtete mit gallisch-galliger Drastik von seiner Enttäuschung. Erhard hatte er aufgegeben. Mit der praktischen Gemeinsamkeit deutsch-französischer Politik meinte er es aber offenbar weiterhin ernst. Er unterhielt sich nicht nur mit Adenauer, sondern empfing mehrere deutsche Politiker und Beamte, mit denen er zu reden wünschte, in kurzer Privataudienz. Einer von ihnen war Staatssekretär Carstens. Im Verlauf des Gesprächs fragte de Gaulle, was Deutschland sich von der MLF verspreche. Einfluß auf die nukleare Planung und die nuklearen Entscheidungen, sagte Carstens. De Gaulle sagte: „Warum gehen Sie nicht mit uns zusammen? Wir haben die Bombe auch. Bei uns können Sie weit mehr beteiligt werden“.[161] Der französische Staatspräsident bot dem Staatssekretär im Auswärtigen Amt an, worauf Strauß am Tegernsee hinzuwirken empfohlen hatte: die Wiederaufnahme der nuklearen Zusammenarbeit mit Frankreich, die er nach seinem Amtsantritt unterbunden hatte. Warum er das gerade Carstens anbot, entzieht sich der Kenntnis. Vielleicht, weil er mit ihm französisch und ohne Dolmetscher reden konnte[162] und weil er der brisanten Sache zunächst einen eher beiläufigen als offiziellen Anstrich geben wollte. Carstens schrieb ein „geheimes“ Protokoll seiner Unterredung mit de Gaulle, legte es Schröder vor und empfahl, Erhard davon zu unterrichten. Das geschah. Westrick und Osterheld wurden ebenfalls eingeweiht. Osterheld trat leidenschaftlich dafür ein, die Gelegenheit nicht ungenutzt zu lassen, sondern Interesse zu bekunden, Fragen zu stellen, Bereitschaft zu zeigen. Erhard, Schröder und Westrick ließ die Gelegenheit kalt. Sie übergingen de Gaulles scheinbar beiläufigen Vorschlag mit Stillschweigen und setzten weiterhin auf die geisterhafte MLF, an deren Übergang vom Geist zur Erscheinung außer ihnen längst niemand mehr glaubte.[163]

Osterhelds Plädoyer für die nukleare Partnerschaft mit Frankreich verhallte übrigens im Dom zu Roskilde. Dort hatte Carstens ihn unterrichtet, und dort noch hatte er Erhard, Schröder und Westrick beschworen. Es war der 9. Juli 1964. Man war auf Staatsbesuch in Dänemark. Zwischendurch hatte Erhard selbstverständlich McGhee empfangen, Amerika eine erhebliche Menge Streicheleinheiten zuteil werden lassen und dem Botschafter über seine Gespräche mit de Gaulle einen Haufen Unsinn erzählt, den er für so geheim ansah, daß er am besten nur dem Präsidenten zu Gesicht käme und danach gleich verbrannt würde. „Es sei der tiefste Beweis der Freundschaft, die er für den Präsidenten empfinde, daß er ihn über die Gespräche mit de Gaulle so genau informiere". Wenn de Gaulle davon erführe, „so wäre das höchst bedauerlich".[164] Das mochte wohl sein, wenn auch nicht wegen der Genauigkeit der Unterrichtung.

Gefahr drohte freilich zunächst aus ganz anderer Richtung. An eben jenem 9. Juli erhielt Westrick in Kopenhagen ein längeres Telegramm. Dessen Absenderin war die anscheinend allgegenwärtige und vielwissende Korrespondentin Hilde Purwin, die weiland Minister Erhards Anti-Adenauer-Diatriben publik gemacht hatte. Diesmal wußte sie mit unbezwingbarer Schadenfreude von einer „Fronde" zu berichten, die der Abgeordnete Adenauer gegen den Kanzler Erhard organisierte.[165] Tatsächlich war Adenauer am Vortag mit Strauß, Krone und Dufhues zusammengetroffen. Strauß war über den Verlauf und den Ausgang des deutsch-französischen Treffens sowie über das außerordentlich verstimmte Echo, das aus der Pariser Presse widerhallte, schier aus dem Häuschen. Der Parteitag der CSU stand an. Dort wollte er in kräftig-ultimativen Wendungen die Aktivierung der deutschen Frankreich- und Europapolitik fordern. Die anderen waren in der Sache seiner Meinung, stimmten Strauß um der Sache willen aber im Ton herab. Adenauer bat ihn, keine aufgeregte, sondern eine kluge Rede zu halten. Auf ihn komme es jetzt an.[166]

Aufgeregt war zunächst einmal Erhard. Frau Purwin hatte Strauß Äußerungen über die Reichweite und die Begrenzungen der Richtlinienkompetenz des Bundeskanzlers entlockt, die so klangen, als gingen er und Adenauer mit Gedanken an Erhards Entmachtung um. „Die Richtliniengewalt ist nichts Absolutes und Unumschränktes." In der nächsten Präsidiumssitzung der CDU werde Erhard zusichern müssen, sie nur noch nach Absprache mit den beiden Parteivorsitzenden auszuüben.[167] Erhard wähnte, daß man die Gelegenheit seiner werbenden Reise ins freundliche Ausland zu einer hinterhältigen Verschwörung gegen ihn nutzte. Dolche würden in Bonn geschliffen. Westrick rief Krone an und fragte, was los wäre. Ob er umgehend zurückkommen müsse? Krone hielt ihn davon ab.

Die „Frondeure" wollten keinen Krach mit Erhard, sie wollten eine, wie sie meinten, ausgewogenere Politik - und mit Erhard die nächsten Wahlen gewinnen. Gleich nach Erhards Rückkehr aus Kopenhagen ging Adenauer mit Krone zu ihm und berichtete beschwichtigend über das Gespräch mit Strauß und Dufhues. „Erhard war böse" und wollte dies bleiben. Er sagte aufgebracht, daß de Gaulle ihn in ihren Gesprächen vor die Wahl gestellt habe, sich für Frankreich oder für Amerika zu entscheiden. Das sei die Frage, die Deutschland jetzt beantworten müsse. Entweder log er, oder er hatte es nicht besser verstanden. Beides war gleich schlimm. Krone fragte, ob de Gaulle Deutschland wirklich vor diese Wahl gestellt habe. Er könne das nicht glauben. Erhard beharrte bei seiner Behauptung. Adenauer mischte sich ein. „Herr Bundeskanzler, das ist nicht wahr", sagte er. „Das ist wohl wahr!" sagte Erhard. Adenauer wiederholte: „Es ist nicht wahr, denn wenn de Gaulle das Ihnen gesagt hätte, wäre er verrückt und Herr de Gaulle ist nicht verrückt". Schröder und Westrick wurden unruhig. Sie versuchten, ein wenig einzulenken. Vielleicht habe de Gaulle es nicht wörtlich so gesagt, aber gemeint sei es doch so. Erhard ging darauf nicht ein. De Gaulle habe es so *gesagt*: Man könne es im Protokoll nachlesen.

Am Nachmittag tagte das Kabinett. Was morgens noch Schutzbehauptung oder falsche Erinnerung sein mochte, hatte sich inzwischen zum Glauben verdichtet. Erhard sagte auch den Ministern, daß de Gaulle ihn vor die Wahl Frankreich *oder* Amerika gestellt habe. Krone widersprach mit taktvoller Behutsamkeit. Er müsse Erhards Auffassung respektieren. Sein Eindruck von den deutsch-französischen Gesprächen sei jedoch anders. Erhard blaffte, daß es hier nicht um Eindrücke, sondern um Tatsachen gehe.[168]

In der Zwischenzeit hatte sich Rainer Barzel als Weltkind in der Mitten über die Gesprächs-Mitschriften hergemacht. Er fand darin nicht, was Erhard behauptete. Er fand das Gegenteil davon. De Gaulle hatte Erhard nicht vor die Wahl zwischen Frankreich und Amerika gestellt, er hatte ihm wieder und wieder die Umstände und Konsequenzen einer deutschen Option für Europa vor Augen geführt und ihn wieder und wieder des französischen Respekts einer deutschen Option für Amerika und der gleichwohl anhaltenden Freundschaft Frankreichs versichert.

Diese Version übernahm Erhard auch in spätere Berichte über seine Gespräche nicht. Die Behauptung, daß er von de Gaulle vor die Wahl gestellt worden wäre, gab er allerdings auf. Es sei natürlich „nicht so, wie es manchmal primitiv dargestellt wird", sagte er einige Wochen später erst vor dem Vorstand und dann vor dem Plenum der Fraktion, „daß der französische Staatspräsident sagte: Sie haben zwischen der Freundschaft zwischen Amerika und Frankreich zu wählen ... Das ist natürlich dummes Zeug".[169] Danach wußte die Partei- und die Fraktionsführung der Union aus berufenem Munde, daß der Bundeskanzler bei seinen Berichten über diplomatische Gespräche manchmal „dummes Zeug" redete.

Erhard blieb in Rage. Manche vermuteten, daß die Rage von beflissenen Vertrauten geschürt wurde. Andauernde Rage war nicht Erhards Art. Aber vielleicht hatte sich seine Art unter der Last des Amtes und dem Zudrang des Gefühls, daß er sie nicht zu tragen vermöchte, ja geändert. Er meinte, öffentlich klarstellen zu müssen, wer der Herr im Hause sei. Er verkannte, daß ihm dies nur durch sein Tun und Verhalten, nicht mit Worten gelänge. Er haute rhetorisch auf die Pauke und wählte dazu eine Gelegenheit, die falscher nicht sein konnte. Er wählte den Parteitag der CSU in München. Erhard sprach an dessen Schlußtag. Er sprach vor Strauß. Vor Erhards Rede hatten die beiden im Münchner Hotel Regina miteinander gesprochen. Erhards Zorn war dabei anscheinend nicht besänftigt worden. Oder Erhard steigerte sich redend wieder in seinen Zorn hinein. Seine Rede war vorbereitet, das Manuskript mit entschiedenen und schroffen Wendungen gespickt. Erhard aber ging über das, was er sich am Schreibtisch notiert hatte, am Rednerpult noch hinaus. „Dem Erhard ist das Wort weggelaufen", schrieb Krone, „er gießt Öl ins Feuer". Er hat „den schwarzen Gaullisten den Kampf angesagt ... wie ein Held".[170]

Erhard sagte, daß die bisherige Integration Europas nicht zuletzt seinen Bemühungen zu verdanken sei und daß er deren Fortgang wolle, aber nicht nach den hegemonialen, Amerika abgewendeten Vorstellungen de Gaulles. De Gaulle sehe Deutschland als einen Satelliten der Vereinigten Staaten an. Das sei falsch. Deutschland fühle sich nicht von Amerika abhängig, es fühle sich von Amerika geschützt und könne ohne diesen Schutz nicht sicher leben. Dann fügte er hinzu: Dies seien die Grundlagen der deutschen Außenpolitik. Und diese Außenpolitik sei *seine* Politik. Er bestimme die Richtlinien der Politik und trage die Verantwortung dafür. Die Verantwortung sei unteilbar, und er bestehe darauf, daß auch die Richtlinienkompetenz unteilbar sei. Wer eine andere Politik wolle, der könne ja versuchen, über ein konstruktives Mißtrauensvotum daran zu gelangen. Solange er Kanzler sei, werde er die Richtlinien der Politik ohne Wenn und Aber bestimmen. Diskussion sei gut, aber sie müsse aufrichtig und dürfe nicht von Verleumdungen, Verdächtigungen und falschen Unterstellungen vergiftet sein. Wer der Regierung vorwerfe, daß sie es bei den jüngsten deutsch-französischen Gesprächen auf einen Bruch mit Frankreich angelegt habe, der sei es nicht wert, an der Diskussion teilzunehmen.

Strauß hörte sich das alles reglos an. Dann ging er zum Rednerpult. Er bebte vor Wut. Aber er dachte an Adenauers Mahnung und hielt an sich. Er dankte dem Bundeskanzler mit „sorgfältig gewählten Worten" für „seinen wichtigen Diskussionsbeitrag". Man habe die gleichen europapolitischen Grundsätze und Ziele. Aber die CSU könne sich nicht länger mit Bekundungen des guten Willens zufriedengeben. Ein praktischer Anfang müsse gemacht werden. Die deutsch-französische Freundschaft habe eine geistige Umwälzung bewirkt, die nicht ungenutzt bleiben dürfe. „Das Eisen muß geschmiedet werden, solange es heiß ist." Es gebe Aspekte der französischen Politik, mit denen er nicht einverstanden sei. „Aber das entbindet uns nicht davon, Lösungen zu erarbeiten und neue Formeln zu finden, die der Einigung Europas auf den richtigen Weg helfen".[171]

Erhards Rede hatte eine schlimme Sache für ihn selbst noch schlimmer gemacht. De Gaulle fühlte sich vor den Kopf gestoßen. In Paris richtete man sich, den meinungsbildenden Zeitungen zufolge, auf eine Zeit „der Dürre" und „der Leere" mit nur noch geringem Willen zur Verständigung und allenfalls schwachen Aussichten auf schleppenden Fortschritt ein. „Die Amerikaner", schrieb Krone ins Tagebuch, „können Erhard jetzt noch mehr zumuten. Was hat er denn noch für Karten in der Hand?" Strauß und die CSU waren auf Erhard böse, die Mehrheit der CDU-Führung zweifelte an ihm und der Rückhalt in der Fraktion schwand.[172] Erhard bekam dies alles noch in den letzten Wochen vor der Sommerpause zu spüren.

Französisch-deutscher Hader

Sein Donnerwort, daß die westdeutsche Außenpolitik *seine* Politik sei, weil er deren Richtlinien bestimme, glaubte ihm von den halbwegs Eingeweihten längst keiner mehr. Und es war auch nicht richtig. Die Richtlinien der westdeutschen Außenpolitik bestimmte Gerhard Schröder und Ludwig Erhard machte sich Schröders Politik zu eigen. Dadurch wurde sie in gewisser Weise natürlich auch seine Politik. Aber die Politik eines Außenministers Strauß oder Gerstenmaier hätte Erhard sich ebenso zu eigen gemacht. Er hätte sie sich ebenso zu eigen machen müssen, weil ihm mangels umfassend-gründlichen Aktenstudiums, konzeptioneller Talente und gedanklicher Klarheit gar nichts anderes übriggeblieben wäre. Deshalb war Schröders Außenpolitik eben doch nicht seine Politik. Es kam ja nicht von ungefähr und entsprang nicht nur wahltaktischen Überlegungen, daß die „Frondeure" nicht auf Erhards, sondern auf Schröders Ablösung hinwirkten. Sie wußten, daß ein anderer Minister auch eine andere Politik machen könnte.

Schröder war nicht wenig erstaunt gewesen, als er Erhard nach dessen zweitem Gespräch mit de Gaulle von dem Beschluß künden hörte, einen deutsch-französischen Ausschuß ins Leben zu rufen, der in Permanenz über die politische, militärische und wirtschaftliche Einigung Europas beraten werde. Er wäre wahrscheinlich noch erstaunter gewesen, wenn er gewußt hätte, daß solch ein „Beschluß" gar nicht gefaßt worden war. Er nahm ihn freilich auch ohne derlei Kenntnis nicht sehr ernst. Erhard hatte auch gesagt, daß die Bundesregierung Frankreich alsbald entsprechende Vorschläge zuleiten werde. Schröder sagte zu Journalisten, daß man im Auswärtigen Amt mit gespanntem Interesse darauf warte, welche Richtlinien der Herr Bundeskanzler dafür vorgeben werde.[173] Tatsächlich wartete man nicht. Auf der Dänemark-Reise im Sonderzug brachten Schröder und Carstens Erhard von dem Gedanken ab, und noch am Tage der Rückkehr leitete Carstens dem Bundespressesprecher eine „Sprachregelung für den Komplex der europäischen politischen Union" zu. Der deutsch-französische Vertrag sei ja die bilaterale Verwirklichung des Fouchet-Plans. „Es hat also keinen Sinn zu verlangen, daß Deutschland und Frankreich bei der Schaffung einer politischen Union vorangehen sollen ... Jetzt kommt es darauf an, die

Verhandlungen mit den anderen Partnern wieder in Gang zu bringen". Zugleich wurde im Außenministerium eine Arbeitsgruppe eingerichtet, die sich darüber Gedanken machen sollte, auf welcher materiellen Grundlage und in welchen Formen das geschehen könnte.[174]

Erhard bediente sich der „Sprachregelung" bereits in einem weiteren Gespräch mit McGhee am Tage nach seinem starken Auftritt in München, und er hielt sich später auch in seinem kargen Bericht vor der Fraktion daran. Der angekündigte Vorschlag unterblieb. Der gemeinsame deutsch-französische Ausschuß erblickte nie das Licht der Welt.

Er hätte wohl auch dann nicht das Licht der Welt erblickt, wenn der Vorschlag ergangen wäre. Die Bundesregierung hatte es mit Frankreich bis auf weiteres verdorben, und die französische Regierung ließ sie das umgehend spüren. De Gaulle und seine Mannschaft waren kaum wieder in Paris, als sie sehr nachdrücklich daran erinnerten, daß die EWG-Länder sich auf einen gemeinsamen Getreidepreis einigen müßten, bevor die Zollverhandlungen der Kennedy-Runde mit Aussicht auf Erfolg begonnen werden könnten. Die Bundesregierung war die einzige Regierung, die sich aus Angst vor den organisierten Bauern dazu nicht durchringen konnte. Sie meinte, daß man über die Ordnung der Welt-Agrarmärkte verhandeln und beschließen könnte, bevor der gemeinsame Getreidepreis verabschiedet wäre. Bei allseits gutem Willen war das tatsächlich nicht ausgeschlossen. Der gute Wille lag nicht in Frankreichs Interesse. Außerdem hatte Erhard de Gaulle im Winter schnellfertig zugesagt, daß die Sache bis Ende des Jahres ausgestanden sei. Dennoch war Frankreich vor dem verunglückten Bonner Treffen offenbar bereit gewesen, Deutschlands Standpunkt zu übernehmen und den Einheitspreis zumindest nicht vor der Bundestagswahl im September 1965 festzulegen. Ende Mai hatte de Gaulle im Gespräch mit Staatssekretär Lahr sein Verständnis für Erhards Wahlnöte bekundet und gesagt, daß Frankreich infolgedessen nicht besonders drangen werde. Lahr sagte, daß der französische Landwirtschaftsminister anders rede. „Aber hören Sie doch," sagte de Gaulle, „Frankreich hat es nicht eilig".[175] Jetzt, sechs Wochen später, hatte Frankreich es wieder eilig. Damit nicht genug. Zur gleichen Zeit ließ das französische Wirtschaftsministerium die Bundesregierung wissen, daß Frankreichs Regierung daran dächte, längerfristige Kredite zu genehmigen und zu garantieren, mit deren Hilfe die Sowjetunion Investitionsgüter im Wert von ca. 1 Milliarde DM in Frankreich bestellen könnte. England habe damit begonnen. Frankreich sehe nicht ein, warum es nicht folgen solle.[176]

Das war eine bittere, überdies mit Perfidie glasierte Pille. Die Ankündigung lief dem drängend vertretenen Wunsch der Bundesregierung zuwider, daß die wirtschaftlichen Schwierigkeiten der Sowjetunion nicht durch langfristige westliche Kredite vermindert würden. Und ihre Begründung wies darauf hin, daß Frankreich es mit der Mißachtung des Wunsches bloß dem Land nachtäte, mit dem Deutschland die MLF machen und das es gegen Frankreichs Absichten auch in den Prozeß der politischen Einigung Europas einbeziehen wollte. Erhard hatte in den Gesprächen mit de Gaulle wiederholt gesagt, daß die EWG, an der Großbritannien vorerst kein Interesse mehr zeige, und die politische Union, an der es weiterhin interessiert sei, räumlich ja nicht identisch sein müßten.

Erhard beschwor de Gaulle in einem persönlichen Brief, den ihm das Auswärtige Amt zur Unterschrift vorlegte, von dem Verstoß gegen „unsere gemeinsame Kreditpolitik" abzusehen. Man begebe sich damit auf einen höchst gefährlichen Weg.[177] De Gaulle wußte nichts von „gemeinsamer Politik" und beschied Erhard zwei Wochen später mit höflicher Sachlichkeit abschlägig.[178]

Zwischendurch, am 23. Juli, gab er eine jener berühmten, sehr terminbewußten und sorgsam präparierten Pressekonferenzen, die allemal größter Aufmerksamkeit gewiß waren und zuweilen größte Aufregung verursachten. Die jüngste gehörte zu denen, die außer Aufmerksamkeit, zumindest in Deutschland, auch Aufregung hervorriefen. Die Aufregung war nicht so groß wie nach der Pressekonferenz vom Januar 1963, weil der Anlaß weniger schockierend war. Aber sie war immerhin erheblich und der Anlaß schockierend genug. De Gaulle stellte den deutsch-französischen Vertrag und die europäische Einigung in Frage. Wenn Deutschland und Frankreich nicht einig seien und die Dinge vorantrieben, sagte er, dann trete die europäische Integration auf der Stelle. Das vertrage sie auf die Dauer nicht. In einem Gespräch mit Gerstenmaier verglich er Europa später mit einem Radfahrer, der entweder vorankomme oder umfalle. In der Pressekonferenz klang ziemlich unmißverständlich an, daß de Gaulle den Umfall des Radlers, will sagen: den Auseinanderfall Europas infolge deutschen Versagens derzeit für wahrscheinlicher ansah als das Vorwärtskommen. Gleichwohl werde Frankreich Geduld üben, „sofern nicht schwerwiegende äußere Geschehnisse alles in Frage stellen sollten und es veranlassen würden, seinen Kurs mehr oder weniger zu ändern“.[179]

Zwei Tage nach der Konferenz konnte man in der internationalen Ausgabe der New York Times eine Erklärung für den geäußerten Unmut des französischen Staatspräsidenten lesen. Unter der Überschrift: „Bonn Rebuffs de Gaulle on Atomic Partnership“ und Berufung auf hochrangige Quellen berichtete der Bonner Korrespondent der Zeitung, daß Erhard im Verlauf der letzten deutsch-französischen Konsultationen das Angebot de Gaulles abgelehnt habe, Deutschland am Aufbau der force de frappe zu beteiligen. Darüber sei de Gaulle enttäuscht, und deshalb gebrauche er starke Worte. Das war *so* nicht richtig, aber richtig war es. Wer die Meldung lanciert hatte, wurde nicht bekannt. Es gab nicht viele, die dafür in Frage kamen. Die französische Regierung schloß nicht aus, daß Erhard selbst es gewesen wäre. Manches, namentlich die Feststellung, daß de Gaulle Erhard und nicht Carstens die atomare Partnerschaft vorgeschlagen habe, sprach tatsächlich dafür. Mit Sicherheit hatte Erhard Botschafter McGhee von de Gaulles Angebot - und seiner Ablehnung - unterrichtet. McGhee gab es unter Einschluß der abschätzigen Wendungen, deren Erhard sich dabei bedient hatte, an seine Regierung weiter. Couve de Murville zitierte den deutschen Gesandten zu sich und ließ ihn wissen, daß „eine Krise in den deutsch-französischen Beziehungen bevorsteht, wenn es nicht gelingt, diese Angelegenheit aus der Welt zu schaffen“. Von Hase dementierte und das Dementi wurde offenbar geglaubt.[180]

Das schaffte „diese Angelegenheit“, es schaffte aber nicht die Krise aus der Welt. Denn die Krise stand ja nicht bloß bevor, sie war da. Die deutschen „Gaullisten“ empfanden sie als tief, dramatisch und verzweiflungsvoll. Die politischen Beamten des Auswärtigen Amtes versuchten, ihr mit analytischen Betrachtungen und beschwichtigenden Maßnahmen zu begegnen. Bei den analytischen Betrachtungen kamen Staatssekretär Carstens und der für die Frankreich- und Europapolitik zuständige Abteilungsleiter zu sehr unterschiedlichen Schlußfolgerungen.

Carstens' Untersuchung bot sich als eigentümliche Verbindung von Kleinmut und Mißtrauen dar.[181] Vollends schlüssig war sie auch nicht. De Gaulle wolle Deutschland dazu benützen, Frankreich eine Stellung in der Weltpolitik zu verschaffen, die der Stellung Amerikas ebenbürtig sei. An der Einigung Europas sei er nicht um deren selbst willen interessiert. Sie gelte ihm nur als zusätzliches Mittel zu seinem nationalen Zweck. Er erwarte, daß Deutschland seine Politik „überall“ unterstütze und nehme den Rückzug der USA aus Europa in Kauf. Vielleicht wünsche er ihn sogar. Dafür biete er die Unterstützung der deutschen Wiedervereinigungspolitik, den Schutz Deutschlands durch die force de frappe und vielleicht eine Beteiligung an der force de frappe. Das gehe nicht auf und für Deutschland deshalb nicht an. Zugegebenermaßen lasse die amerikanische Unterstützung der Wiedervereinigung viel zu wünschen übrig. Faktisch gebe es sie nicht. Aber Deutschlandpolitik ohne die USA sei vollends hoffnungslos. Deutschlands Sicherheit stehe und falle mit der amerikanischen Bereitschaft, bei einem Angriff sofort, bevor den sowjetischen Truppen tiefe Einbrüche ins Gebiet der Bundesrepublik gelungen seien, Atomwaffen einzusetzen.

Bedauerlicherweise lag eine Erklärung der amerikanischen Bereitschaft, Atomwaffen einzusetzen, bevor sowjetische Truppen auf deutschem Boden waren, nicht vor. Beim kommenden NATO Manöver Fallex 64 wurde der Einsatzbefehl ausgelöst, als der Feind Hannover erreicht hatte.[182]

Deutschland könne sich aber auch deshalb nicht auf Frankreichs Ansinnen einlassen, fuhr Carstens fort, weil die Bundesrepublik in engem politisch-militärischem Bunde mit Frankreich kein gleichberechtigter Partner würde, sondern in die Abhängigkeit von Frankreich geriete.

Warum eigentlich? mochte man sich fragen. Warum erschien es trotz der wirtschaftlichen Stärke Deutschlands als unvermeidlich, daß Frankreich Deutschland politisch dominierte? Warum glaubte man, den „bekannten Rücksichtslosigkeiten" Frankreichs schlechthin ausgeliefert zu sein und sich eine gemeinsame Politik bei Ebenbürtigkeit nicht zutrauen zu dürfen?

Carstens' konsequente Schlußfolgerung war, daß man auf de Gaulles Wünsche und Vorschläge nicht eingehen könne und mit de Gaulles bedrohlich geäußertem Zorn darüber leben müsse. Vorrang hätten die Vertiefung des deutsch-amerikanischen Verhältnisses, die MLF und eine Europapolitik, der von vornherein zumindest „die Sechs" und womöglich noch andere zustimmten. Dabei sollte das Verhältnis zu Frankreich natürlich nicht vor die Hunde gehen. Deshalb empfahl Carstens, daß die Bundesregierung sich jeder offenen Kritik an der französischen Politik enthalte und demonstrativ von Freundschaft spreche, daß sie um gemeinsame Rüstungsproduktionen bemüht sei, ernsthafte Anstrengungen mache, um in Sachen Getreidepreis voranzukommen und die Franzosen immerhin frage, wie sie sich eine deutsche Beteiligung an der force de frappe vorstellten.

Letzteres kam nach der Indiskretion und dem darauffolgenden Eklat allerdings kaum mehr in Frage. Dem gemeinsamen Getreidepreis stand die Furcht des Kanzlers vor dem Deutschen Bauernverband im Weg und gemeinsame Rüstungsproduktionen wurden von den Offset-Verpflichtungen gegen die Vereinigten Staaten behindert. Es blieben der Verzicht auf Kritik und die Freundschafts-Beteuerungen.

Ministerialdirektor Janßen deutete de Gaulles Absichten anders und zog aus der Deutung andere Schlußfolgerungen.[183] Im Gegensatz zu Carstens glaubte er de Gaulle. Deshalb glaubte er auch an die Möglichkeit gemeinsamer Politik mit Frankreich. Der französische Staatspräsident wolle ein unabhängiges und gleichberechtigtes Europa im Bündnis mit Amerika. Er befürchte zu Recht, daß Europa solange nicht sicher sei, wie es vom Schutz durch amerikanische Atomwaffen abhänge und sehe seine Bedenken von der amerikanischen Entspannungspolitik bestätigt. Er habe auf den deutsch-französischen Vertrag als unerläßliche Grundlage jedweder Europapolitik gesetzt, sei spürbar enttäuscht, daß der Vertrag politisch unerfüllt bleibe, gebe die Hoffnung aber nicht auf, daß Deutschland doch noch zur Einsicht komme. Was für die deutsche Politik daraus zu folgern sei: Deutschland brauche Frankreich mehr, als Frankreich Deutschland brauche. Deutschland werbe um

Vertrauen in der Welt, Frankreich genieße Vertrauen. Das Werben falle Deutschland an Frankreichs Seite leichter. „Gerade der deutsch-französische Vertrag hat das Ansehen Deutschlands überall in der Welt ... gesteigert". Eine Störung des deutsch-französischen Verhältnisses schade Deutschland mehr als Frankreich. Frankreich stehe es jederzeit frei, den Ausgleich mit den USA zu suchen, „ und vieles spricht dafür, daß es (ihn) zu seinen Bedingungen haben kann, wenn die amerikanischen Wahlen vorüber sind".

„Das glaube ich nicht," schrieb Carstens an den Rand, „jedenfalls nicht, soweit dadurch unsere Interessen verletzt würden". Aber es geschah, jedenfalls amerikanischer Absicht nach.

Janßen traute der deutschen Politik mehr zu als Carstens. Er glaubte, daß Deutschland im deutsch-französischen Bündnis ein gleichberechtigter Partner wäre und in der Welt an Gewicht gewänne. Nur mit Frankreich gemeinsam könne man die USA dazu bewegen, die Interessen Europas und Deutschlands für wichtiger zu halten als den Interessenausgleich mit der Sowjetunion. „Der deutsch-französische Vertrag *muß* deshalb aktiviert werden".

Das las man an der Spitze des Auswärtigen Amtes nicht gern. Schröder hinterließ deutliche Zeichen der Mißbilligung des Mannes und seiner Ansichten auf Janßens Positionspapier. „Worauf stützt sich diese Behauptung des Verfassers? ... Diese französische Schutzbehauptung ist für Leichtgläubige überzeugend ... Was ist das für eine Ausdrucksweise? ... Ziemlich krauses Gedankengut". An Carstens schrieb er: „War Ihre Würdigung dem Verfasser noch nicht bekannt? So unausgegorene Darstellungen richten Schaden an, wenn sie frei herumlaufen, ohne korrigiert zu werden".

Janßen wurde nicht ausdrücklich gemaßregelt. Davor waren Carstens' ausgleichendes Temperament und die streithafte Aufmerksamkeit Adenauers, der seine Pappenheimer in den Ämtern kannte und weiterhin ein Auge auf sie hatte. Aber er wurde von der Beschäftigung mit den französischen und den europäischen Dingen zunächst merklich abgedrängt und alsbald zum Botschafter beim Vatikan ernannt. Carstens' Analyse aber wurde allen Abteilungen des „Hauses" und den wichtigsten Auslandsmissionen zugestellt. Die Politik des Auswärtigen Amtes und der Bundesregierung folgte ihren Deutungen.

Sie gab auch die Motive und den Ton einer „Mitteilung" an, die Erhard zwei Wochen nach dessen Pressekonferenz auf etwas umwegige Weise an de Gaulle gelangen ließ. Dabei hatten Erhard und das Kanzleramt mit der Mitteilung so gut wie nichts zu tun. Das Auswärtige Amt verfaßte den Text und expedierte ihn. Ursprünglich war an einen weiteren persönlichen Brief des Kanzlers an den Präsidenten gedacht worden. Dann zog man die unpersönliche Form der Übermittlung auf diplomatischem Wege aber vor. Da de Gaulle sich in jenen Sommertagen nur zeitweise in Paris aufhielt und für den deutschen Botschafter von dieser Zeit nichts erübrigen konnte, erhielt der deutsche Gesandte den Auftrag, Erhards Mitteilung dem amtierenden französischen Ministerpräsidenten vorzutragen und ihm, falls Joxe dies wünsche, anschließend seinen „Sprechzettel" zu hinterlassen. Also geschah es. Bekanntlich kommunizierte man auf diese Weise auch mit der sowjetischen Regierung. Erhard gab de Gaulle zu wissen, daß er die bisherigen Wirkungen des deutsch-französischen Vertrages positiver werte und die Übereinstimmung der politischen An- und Absichten für größer ansehe als der Präsident. Und er wünschte zu wissen, was de Gaulle mit der Feststellung gemeint habe, daß Frankreich solange geduldig warten werde, wie große äußere Ereignisse es nicht zu einer Änderung seiner Haltung bestimmten. Er nehme an, daß der Präsident damit nicht die Möglichkeit einer Änderung der deutsch-französischen Beziehungen habe andeuten wollen. Als wäre die nicht schon eingetreten. Im übrigen erklärte er sich dazu bereit, über alles, was de Gaulle bedrücke, ein gründliches Gespräch mit ihm zu führen. Als könnte de Gaulle noch in der Illusion befangen sein, daß mit dem deutschen Bundeskanzler ein gründliches Gespräch zu führen wäre.[184]

Die französische Regierung beantwortete Erhards Mitteilung mit einem aide mémoire, das dem deutschen Botschafter betont protokollwidrig von einem Abteilungsleiter im Außenministerium übergeben wurde. Das Schriftstück war in kühlstem Ton gehalten und blieb in der Sache unverbindlich. De Gaulle war durch die Form der Übermittlung und die Oberflächlichkeit der Stellungnahme zu seinen herausfordernden Äußerungen zusätzlich verärgert, und das deutsch-französische Verhältnis war bis auf weiteres ziemlich im Eimer.[185]

Anders als Erhard in stiller Einfalt annahm, wurde das Verhältnis zu den USA und zu Großbritannien dadurch nicht enger und von seiten der Angelsachsen rücksichtsvoller. Es stimmte ja nicht, daß die Amerikaner und die Briten ihn um so lieber hatten, je weiter er sich in Sache und Gebärde von Frankreich distanzierte und je mehr er auf de Gaulle schimpfte. Namentlich das Schimpfen diente vor allem seiner eigenen mentalen Entlastung, war psychologisch zwar unschwer verständlich, aber politisch natürlich höchst unklug. Es beeindruckte die amerikanische und die britische Regierung nicht, kam ihnen aber durchaus gelegen. Sie honorierten es nicht, nutzten es aber aus. Das ist ihnen nicht vorzuwerfen. Sie vertraten die amerikanischen und die britischen Interessen. Dazu sind Regierungen da.

Botschafter McGhee hatte schon im Verlauf des ersten Gesprächs, das er nach dem deutsch-französischen Treffen mit Erhard führte, versucht, sich eines wichtigen Auftrags seines Präsidenten zu entledigen. Er war damit allerdings nicht durchgedrungen, weil Erhard - übervoll der Eindrücke und Idiosynkrasien - nur Ohren für seinen eigenen Bericht gehabt hatte.[186] Deshalb ließ er sich eine Woche später mit einer Botschaft Johnsons eigens bei Erhard melden. Am nächsten Morgen ging er wegen der gleichen Sache, zu der unterdessen ein zweites Gravamen hinzugekommen war, auch zu Schröder. Das war inzwischen üblich geworden und wurde nicht nur von McGhee so gehalten. McGhee wünschte im Namen Johnsons vor allem zweierlei, erstens eine demonstrative Erklärung der Bundesregierung, daß sie die amerikanische Politik in Indochina unterstütze, und zweitens die Intensivierung der faktischen Wirtschaftshilfe für Südvietnam. Eine Liste förderungsbedürftiger Projekte hatte McGhee bei sich.[187] Das Außenministerium tat sich weniger mit der Liste als mit der Erklärung schwer. Johnson hatte Erhard bei dessen Besuch in Washington dazu veranlaßt, derlei Erklärung ins Schlußkommuniqué aufzunehmen: „Die beiden Regierungschefs waren auch gemeinsam der Auffassung, daß die Regierung der Republik Vietnam in ihrem Widerstand gegen die Vietkong voll unterstützt werden muß. Der Bundeskanzler erklärte, daß seine Regierung die Hilfe für Südvietnam auf politischem und wirtschaftlichem Gebiet erweitern würde". Das war Johnson nicht genug. Wer las Kommuniqués über Staatsbesuche? Er wünschte etwas weithin Hallendes, das ihm im Wahlkampf hülfe. Andererseits war es de Gaulle, der Kommuniqués las, viel zuviel gewesen. Er hielt die amerikanische Indochinapolitik für falsch und deren deutsche Unterstützung für eine unnötige, aber eben symptomatische Unterordnung der deutschen Politik unter amerikanische Ziele. Im deutschen Außenministerium war man inzwischen zu der Ansicht gelangt, „daß die Franzosen die Lage (in Vietnam) richtig beurteilen"[188], und unsicher, wie die Bundesregierung sich künftig dazu einstellen sollte. Man wand sich und hielt McGhee ohne feste Zusage hin.

Dessen anderes Anliegen betraf den schrecklichen Getreidepreis. Nachdem Frankreich den Fortgang der Kennedy-Runde wieder in Frage stellte, falls die EWG sich auf keinen gemeinsamen Getreidepreis einigte, drängten die USA auf die Einigung. Zugleich drängten sie weiter darauf, daß der gemeinsame Preis möglichst niedrig ausfiele. Sie nahmen unter Mißachtung von Erhards Nöten im eigenen Interesse Frankreichs Partei.

Unterdessen drängte die britische Regierung in *ihrem* Interesse auf eine vorteilhaftere Offset-Regelung, während sie zugleich das deutsche Drängen auf einen schnellen Abschluß des MLF-Vertrages mit größtem Mißmut beobachtete. Außenminister Butler teilte Staatssekretär Carstens beides freundlich, aber unumwunden mit. Man erwarte „ein wesentlich günstigeres Angebot" als das jüngst vorgelegte, man erwarte es ganz einfach. Carstens hielt dagegen. Von den Finanzierungsschwierigkeiten einmal abgesehen, falle es dem Verteidigungsministerium nicht eben leicht, Rüstungsgüter von hinlänglicher Qualität und zu angemessenen Preisen in England ausfindig zu machen. Butler überhörte das. „Es komme darauf an, daß der Herr Außenminister dem Herrn Bundesminister der Finanzen ‚einheize'".[189] Fertig. Ende Juli 1964 unterzeichneten die beiden Regierungen ein Abkommen, in dem die Bundesregierung zusicherte, die Belastung der britischen Zahlungsbilanz infolge der Stationierung britischer Truppen in Deutschland „soweit wie möglich" auszugleichen. Ein Betrag wurde nicht genannt. Die Bundesregierung wertete das als Verhandlungserfolg.[190] Es war keiner. Der politisch-moralische Druck, die Belastung „vollständig" auszugleichen, war vielmehr stark, und die Unsicherheit über die Höhe der Zahlungsverpflichtungen beklagenswert.

Beweis von Führungskraft

So sehr Erhard darin irrte, daß er sich die Amerikaner und die Engländer durch Distanzierung von Frankreich besonders geneigt machte, so sehr irrte er auch mit seiner Annahme, in München einen Erfolg errungen und seine heimischen Gegner, voran Strauß und Adenauer, in die Schranken verwiesen zu haben. Strauß und Adenauer ließen sich von Worten nicht bezwingen und schon gar nicht von den starken Worten eines schwachen Mannes. Adenauer war Erhards rach- und ränkesüchtiger Feind und blieb es; Strauß war derweil vom interessierten Befürworter von Erhards Kanzlerschaft zum enttäuschten Opponenten des Kanzlers Erhard geworden und wurde durch den Münchner Auftritt vom Opponenten zum Feind. Natürlich verstand er Erhards rhetorisches Getöse nicht als Zurechtweisung, sondern als Kampfansage, und er wäre nicht Strauß gewesen, wenn er den Kampf gemieden hätte. Er nahm ihn auf und führte ihn, wo immer sich eine Gelegenheit dazu bot. Die nächste schien allemal die beste Gelegenheit zu sein. Die nächste Gelegenheit war die Absicht der Bundesregierung, die Telephongebühren zu erhöhen.

Die Absicht war der Sache nach gut begründet und hätte unter normalen Umständen und bei einigem Geschick unschwer verwirklicht werden sollen. Die Bundespost war in den roten Zahlen. Die Verluste ergaben sich daraus, daß die Erhöhung der Leistungsentgelte mit den Kostensteigerungen letzthin nicht mehr Schritt hielten und daß die Post verpflichtet war, unabhängig von ihrer Ertragslage erhebliche Beträge an den Bundeshaushalt abzuführen. Dem Problem war auf dreierlei Weise beizukommen. Man konnte versuchen, durch Rationalisierung die Kosten zu senken. Der Versuch war nötig und vernünftig, kostete aber Zeit und behob die akute Notlage nicht. Man konnte die von der Reichs- auf die Bundespost übernommene „Ablieferungspflicht" beseitigen. Das setzte einen Beschluß des Parlaments voraus und brächte den ohnehin latent defizitären Haushalt des nächsten Jahres um Einnahmen, die anderweitig beigetrieben werden müßten. Und man konnte die Postgebühren erhöhen. Das wirkte sofort, lag in den Zuständigkeiten der Bundesregierung und vermied den Einnahmeausfall. Deshalb entschied sich die Bundesregierung für diese dritte Möglichkeit. Das war ihr gutes Recht. Dabei entschied sie sich ferner dafür, nicht *alle* Postgebühren, sondern nur die Telephongebühren, die aber kräftig, zu erhöhen. Das war unter kalkulatorischen Gesichtspunkten nicht einzusehen und in sozialer Perspektive richtig. Es war nicht einzusehen, weil die Post mit dem Telephon schon vor der Gebührenerhöhung stattliche Gewinne machte, und gleichwohl richtig, weil circa 90 % der Erhöhung zu Lasten von Unternehmen, Ämtern, Organisationen und nur der kleine Rest zu Lasten der Haushalte gingen. Allerdings entschied sie sich dafür, während sie der privaten Wirtschaft allerwege Preisdisziplin predigte. Das war ein unglückliches Zusammentreffen. Und schließlich entschied sie sich dafür, ohne vorher die Fraktionen zu konsultieren. Das war zumindest ungeschickt.

Das unglückliche Zusammentreffen und das taktische Ungeschick machten aus der banalen Angelegenheit eine Staatsaktion. Die öffentliche Meinung fiel über die amtliche Preiserhöhung zum falschen Zeitpunkt her, und die übergangenen Abgeordneten stimmten in ihrer Verärgerung mehr oder weniger nachdrücklich in die Kritik ein. Mit großem Nachdruck taten dies die FDP-Fraktion und die Landesgruppe der CSU. Strauß lancierte eine Kampagne der Boulevardpresse gegen die Gebührenerhöhung, deren schrille Töne sich um die Tatsachen wenig scherten, aber außerordentlich starken Widerhall hatten. Die SPD sah und nutzte das alles mit stiller Freude. Am 1. August sollte die Gebührenerhöhung in Kraft treten. Eine Woche vorher beantragte sie, daß angesichts der Erregung, in die das deutsche Volk deswegen versetzt worden sei, der Bundestag während der mittlerweile ausgebrochenen Parlamentsferien zu einer Sondersitzung einberufen werde, damit er die Bundesregierung zur Rücknahme ihres Beschlusses auffordern könnte. Derlei Sondersitzung aus dramatischem Anlaß hatte es bis dahin nur einmal gegeben - nach dem Bau der Berliner Mauer. Der Fraktionsvorstand der CDU hätte die auffällige Sitzung, die nicht nur die Koalition, sondern auch die Union einer Zerreißprobe aussetzte, gern vermieden. Barzel und Rasner gingen zu Erhard und schlugen ihm eine Kompromißformel vor: Die Bundesregierung hält an ihrem Beschluß fest, setzt ihn aber nicht schon am 1. August, sondern erst am 15. Oktober 1964 in Kraft. Der Bundestag bekommt Gelegenheit, nach den Ferien dazu Stellung zu nehmen. Erhard lehnte ab. Er wünsche Klarheit und nach deren Anfechtung in jüngst vergangener Zeit die öffentliche Bestätigung seiner politischen Führungskraft und Führerschaft. Die Vorstellung davon, worin sich Führungskraft äußerte, ist jedem unbenommen. Die Sondersitzung fand statt. Am Vormittag des Tages, an dessen Nachmittag sie stattfand, beriet eine ziemlich vergrätze, uneinige und über ihr Abstimmungsverhalten unsichere Unionsfraktion in Anwesenheit des Bundeskanzlers. Erhard sagte, daß es ihm nicht etwa um Kraftmeierei, sondern nur um die Sache und außerdem um die Demokratie gehe. Keiner verstand, warum die Demokratie in Verruf geriete, wenn die Fraktion den Antrag der SPD nicht geschlossen zurückwiese. Es interessierte aber auch niemanden. Die Sache hielten unterm Eindruck des Presseechos fast alle für falsch. Barzel sagte: Gleichwohl bleibe der Fraktion nichts anderes übrig, als die Bundesregierung zu unterstützen. So leicht machte Strauß es Erhard nicht. Er setzte als Gegenleistung für die widerwillige Unterstützung eine Entschließung der Fraktion durch, die das Kabinett dazu aufforderte, alsbald einen Gesetzentwurf vorzulegen, der die Abgabenpflicht der Post beseitigte und den Bund- umgekehrt - dazu verpflichtete, der Post durch Kapitalzuschüsse die Möglichkeit zu durchgreifender Modernisierung zu verschaffen. Erhard sträubte sich ein wenig gegen die Zumutung, weil sie die Belastung des Haushalts, der er durch die Gebührenerhöhung ausgewichen zu sein glaubte, wieder aktualisierte, gab aber schnell nach.[191]

Die Abstimmung im Plenum des Bundestags wäre trotzdem beinahe schiefgegangen. Entgegen Erhards Versicherung, daß die FDP inzwischen für die Gebührenerhöhung gewonnen wäre, verlangte die freidemokratische Fraktion, daß der Erhöhungsbeschluß bis Ende des Jahres ausgesetzt werde. Nur die FDP-Minister hatten ihrem Bundeskanzler versprochen, für die Erhöhung am 1. August zu stimmen. In der Unionsfraktion machte sich Defätismus breit. Viele befürchteten, daß sie, um die Regierung rauszuhauen, für eine Sache stimmten, die sie eigentlich nicht wollten, und dabei auch noch verlören. Sie fragten sich, ob sie auch mit der Aussicht auf eine Abstimmungsniederlage die unpopuläre Entscheidung bestätigen und nur die beiden anderen Parteien als Wahrer von Volkes Interessen erscheinen lassen sollten. Barzel bat um Unterbrechung der Sitzung, damit die Fraktion sich darüber verständigen könnte. Die Fraktion ließ sich erneut auf die sofortige Erhöhung einschwören, und die Abstimmung wurde gewonnen. Die Gebührenerhöhung trat zwei Tage später in Kraft. Der gute Ruf der Demokratie blieb gewahrt, und Erhard hatte die Führungskraft, die er meinte, bewiesen.[192]

Hatte Erhard Führungskraft bewiesen? Die Öffentlichkeit beruhigte sich nicht. Die Presse gab ihrer Erregung und Strauß gab der Presse weiter Nahrung.[193] Strauß fand sich mit der Entscheidung nicht ab. Er hatte nie vorgehabt, sich damit abzufinden. Die Fraktionsentschließung, die er Erhard aufnötigte, beinhaltete nach seinem Verständnis keine Ergänzung der Gebührenerhöhung, sie beinhaltete deren Alternative. Die Sache war noch nicht ausgestanden. Was heute als Erfolg erschien, erwies sich ein Vierteljahr später als Voraussetzung einer schweren Demütigung.

Zunächst einmal ging Erhard allerdings mit dem Bewußtsein des Erfolgreichen in einen langen Urlaub. Dabei begleitete ihn außer dem Erfolgsgefühl auch die Zuversicht, daß er womöglich noch in diesem Jahr mit dem sowjetischen Partei- und Regierungschef zusammentreffen würde. Chruschtschows Schwiegersohn Adschubeij folgte der Einladung, die er sich von der Neuen Ruhrzeitung schwer abweisbar erbeten hatte, am 20. Juli, und es wurde schnell offenbar, daß der wesentliche Zweck seiner Reise eine Audienz beim Bundeskanzler war. Da die sowjetische Parteizeitung Prawda sich zur gleichen Zeit heftiger und einigermaßen geschmack-, wenn auch nicht ganz grundloser Angriffe auf den eben wiedergewählten Bundespräsidenten befleißigte, rieten jedoch die meisten davon ab, ihn zu empfangen.[194] Viele hatten die Einladung ja von vornherein für fragwürdig angesehen und lieber vermieden. Erhard war hin- und hergerissen. Einerseits brannte er darauf, mit Adschubeij zu sprechen, andererseits sah er ein, daß man Chruschtschows Emissär nicht mit offenen Armen empfangen und dabei so tun könnte, als gäbe es die Tritte gegen Lübke nicht. Adschubeij wurde hingehalten. Er machte aus seinem Ärger darüber, aber auch aus seinem Drang, mit Erhard zu sprechen, keinen Hehl. Dreimal in wenigen Tagen wurde der sowjetische Gesandte deswegen im Auswärtigen Amt vorstellig, einmal intervenierte Botschafter Smirnow bei Westrick. Westrick und Schröder mahnten die Antwort auf die vor sechs Wochen durch Botschafter Groepper übermittelte Einladung an. Im Nu war eine „Antwort" da, die freilich so wenig eine Antwort war, wie die „Einladung" hinterher eine Einladung hatte sein sollen. Alles weitere könne mit Adschubei besprochen werden. Am 28. Juli wurde Adschubeij schließlich vorgelassen. Selbst wenn man in Bonn noch anders gewollt hätte, hätte man inzwischen nicht mehr anders gekonnt. Erhard wurde von Schröder und Westrick flankiert. Adschubeij hätte gern Frau Adschubeij mitgebracht, damit ihr zumindest der Gruß und ein paar freundliche Worte des berühmten Kanzlers zuteil würden, der phänotypisch ihrem Vater so ähnlich war. Das wurde - als Übermaß an Familiarität - ausgeschlagen. Das Gespräch der Herren verlief in den bekannten und ein wenig ausgefahrenen Gleisen der politischen Kommunikation zwischen Deutschland und der Sowjetunion lebhaft und verbindlich. Gegen sein Ende hin bat Adschubeij darum, mit Erhard noch ein wenig allein zu sprechen. Schröder und Westrick verließen nicht ohne Bedenken den Raum. Adschubeij fragte Erhard, ob die Einladung, die Groepper Chruschtschow überbracht habe, ernstgemeint gewesen sei. Ja, sagte Erhard, unter der Voraussetzung, daß Chruschtschow bereit sei, „freimütig" über *alles* zu reden, auch über die deutsche Wiedervereinigung. Adschubeij sagte, daß er seinem Schwiegervater dies ausrichten wolle, und Erhard gewann den Eindruck, daß Chruschtschow sich auf die Bedingung einlassen und bald nach Bonn kommen werde.[195] Er fuhr zufrieden an den Tegernsee und blieb dort den ganzen August und dazu noch die erste Septemberwoche.

Die Politik ließ Erhard natürlich auch auf dem Ackerberg nicht völlig los und der politische Ärger holte ihn zuweilen ein. Manchmal zog Erhard den Ärger auch an. Das passierte ihm diesmal. Ende August gab er dem Bayerischen Rundfunk ein Interview. Der Interviewer fragte unter anderem, ob der Bundeskanzler über Anzeichen eines neuen Nationalismus in der Bundesrepublik beunruhigt sei. Derlei Anzeichen gab es. Es gab sie in Politik und Publizistik, sonderlich stark waren sie nicht. In anderen Ländern wären sie unbeachtet geblieben. In Deutschland blieben sie nicht unbeachtet. Im Lande selbst und mehr noch im Ausland war man besorgt deswegen. Ein abgewogenes Wort des Kanzlers, Beruhigung und Mahnung in einem, war am Platz. Erhard fand das Wort nicht. Statt dessen fand er vorwurfsvolle Sätze, die ihn in einen neuen Strauß mit Strauß verwickelten. Auch er sei besorgt, sagte er, aber er hoffe, „daß die Bayern diesmal standhafter sind, als das in den früheren Jahren der Fall gewesen ist". Die CSU habe „dem Nationalismus oder sogar dem nationalen Sozialismus" zwar eine Absage erteilt, aber er habe dennoch das Gefühl, „daß unter dem Feigenblatt einer konservativen Politik sich wieder stark nationalistische Strömungen entwickeln könnten". Das werde er nicht dulden, dagegen werde er kämpfen.[196]

Man mochte sich fragen, von welchen Teufeln er bei dergleichen Gestammel geritten wurde. „Ich bin natürlich auch da, wie so oft, gröblich mißverstanden worden", sagte er ein paar Wochen später der amerikanischen Journalistin Flora Lewis. Dann erklärte er ihr, wie er es gemeint hatte. Und die Erklärung war so etwas wie eine Erklärung dafür, daß er „so oft gröblich mißverstanden" wurde. Natürlich wolle keine Partei, daß in Deutschland wieder ein Nationalismus hochkomme. „Aber so unterschwellig spürt man manchmal solche Töne, als ob ... Starke Worte in bezug auf die deutsche Position und unser Recht usw. werden gern gehört, das ist verständlich, habe ich auch nichts dagegen. Aber wenn es so etwas gibt, wenn sich daraus eine Gefahr einmal entwickeln könnte - ich würde sagen, das macht in Deutschland kein Mensch mehr mit. Aber dann sollte es auch im Keim erstickt werden".[197]

So hatten Strauß und die Landesleitung der CSU es nicht verstehen können, und deshalb baten sie am Morgen nach dem Interview fernschriftlich und nicht frei von Schärfen um Erläuterungen. Erhard antwortete, daß er *das*, was die CSU seinen Worten entnehme, natürlich nicht habe sagen wollen. Die CSU ließ die Antwort als Entschuldigung veröffentlichen. Damit hätte es gut sein können. Nun aber goß die SPD Öl ins verglimmende Feuer. Ob Erhard womöglich Nachrichten über Vorgänge in der CSU habe, die seine dunklen Worte und die helle Aufregung von Strauß darüber erklärten? Strauß' Zorn gegen Erhard flammte neu auf. Trotz allen abwiegelnden Erklärungen habe der Bundeskanzler die Bayern und den politischen Konservatismus vor den Kopf gestoßen. Falls er ihn, Strauß, persönlich gemeint habe, weil ihm seine gelegentliche Kritik an der Regierung nicht passe, dann möge Erhard zur Kenntnis nehmen, daß er mit derlei Kritik, wenn sie nötig sei, auch künftig nicht sparen werde. Die starken Worte verdrossen nun wiederum Erhard. Kurzentschlossen lud er den bayerischen Ministerpräsidenten Goppel, mit dem inzwischen ein klärendes Gespräch auf dem Ackerberg verabredet worden war, wieder aus. Im Urlaub wolle er doch lieber zufriedengelassen werden. Er sei aber selbstverständlich bereit, Goppel in Bonn zu empfangen. Die bayerische Staatskanzlei gab bekannt, daß der Ministerpräsident nicht beabsichtigte, beim Bundeskanzler zu antichambrieren. Die Aussprache unterblieb. Als Erhard am 7. September 1964 um sechs von 89 kg leichter nach Bonn zurückkehrte, waren die deutsch-bayerischen Beziehungen etwa ebenso schlecht wie die deutsch-französischen.[198]

In Bonn war vier Tage zuvor die Nachricht eingetroffen, daß Chruschtschow gewillt wäre, einer Einladung in die Bundeshauptstadt zu folgen und dort ohne Einschränkung der Tagesordnung mit dem Bundeskanzler über alle politischen Fragen von gemeinsamem Interesse zu reden. Erhard war ein wenig stolz auf die unbeschränkte Bereitschaft.[199] Er sah dem Besuch spannungsvoll, wenn auch merkwürdig erwartungslos entgegen. Man dachte an das Ende dieses oder an den Beginn des nächsten Jahres. Worüber und zu welchem Zweck er mit Chruschtschow reden wollte, das war ihm vorerst noch nicht klar. Er machte sich auch keine großen Gedanken darüber. Für ihn war das Gespräch schon deshalb bedeutungsvoll, weil es stattfand. Die Bundesregierung erwarte natürlich nicht, sagte er wenig später zu Flora Lewis, „daß Herr Chruschtschow auch nur um ein Jota von seiner Politik abgehen würde - aber wir auch nicht." Das eröffnete die Aussicht auf ein anderes Gespräch zwischen Tauben. Er halte es trotzdem für nützlich, „diesen Mann sozusagen mal zu erleben, sein Gebaren usw." Das Kernproblem des deutsch-sowjetischen Verhältnisses sei zweifellos die Wiedervereinigung, sagte Flora Lewis. Wenn Chruschtschow nun sage: „Ja, also gut, was haben Sie vorzuschlagen?" „Na", sagte Erhard, „das kann vielleicht im Gespräch sich dahin entwickeln - aber ich habe auch keinen Deutschlandplan".[200]

Das Außenministerium hatte bekanntlich einen Deutschlandplan, aber es hatte nach wie vor nur geringen Gefallen an Chruschtschows Besuch. Schröder hielt von Gesprächen um der Gespräche willen wenig und von Erhards Vier-Augen-Gesprächen mit fremden Staats- und Regierungschefs nichts. Und von diesem Gespräch hielt er um so weniger, als Strauß es in seinem Mai-Brief an Erhard für wünschenswert erklärt hatte. Außerdem war er in Sorge darüber, daß ein deutsch-sowjetischer Dialog das Verhältnis der Bundesrepublik zu ihren Verbündeten in einer eigentümlich-doppeldeutigen Weise nachteilig beeinflussen könnte. Einerseits kam er dem Wunsch namentlich Amerikas und Großbritanniens entgegen, ihre Mitverantwortung für die deutsche Wiedervereinigung möglichst vergessen zu machen und die deutsche Frage als ein wesentlich deutsch-sowjetisches Problem erscheinen zu lassen, das auf absehbare Zeit nicht zu lösen und an das deshalb besser nicht zu rühren wäre. Andererseits aber war er geeignet, sie mit einem irrationalen Mißtrauen zu erfüllen. Eins schien zum anderen nicht recht zu passen, war nach den Regeln der politischen Logik aber unschwer damit vereinbar. Beides sollte nach Kräften vermieden werden.

Darin stimmte Erhard Schröder zu. Deshalb legte er großen Wert darauf, die Verbündeten schnellstens von Chruschtschows Gesprächsbereitschaft zu unterrichten und sie wissen zu lassen, daß er das Gespräch nach sorgfältiger Abstimmung mit ihnen zu führen beabsichtige. Dabei begriff er die Abstimmung als eine günstige Gelegenheit, dem deutsch-französischen Verhältnis etwas aufzuhelfen.

Frankreich hatte im Gegensatz zu Amerika und Großbritannien nie Zweifel daran gelassen, daß es den deutschen Wunsch nach Wiedervereinigung unterstütze und die deutsche Wiedervereinigung für eine vordringliche Aufgabe der internationalen Politik halte. Einem deutschen Alleingang begegnete de Gaulle hingegen mit betonter Reserve. Adschubeijs Empfang durch Erhard hatte er dezent mißbilligt. Womöglich regte Erhard deshalb im Gespräch mit Botschafter de Margerie an, daß er und de Gaulle sich vor Chruschtschows Besuch noch einmal träfen, „damit auch nicht der geringste Zwischenraum entstehen könne, der nicht durch gegenseitige Verständigung ausgefüllt sei".[201] Die Anregung wurde in Paris wohlwollend aufgenommen. Sie hätte gewiß auch die deutschen „Gaullisten" besänftigt. Sie war freilich mit dem vorgesetzten Außenminister nicht abgesprochen worden. Der las am Tag nach Erhards Unterredung davon im „Figaro" und nahm es nicht wohlwollend auf. Schröder hielt es vielmehr für untunlich, weil den deutschen Interessen zuwider, daß Erhard vor dem Chruschtschow-Besuch noch einmal mit de Gaulle spräche. Er telephonierte umgehend mit Westrick und fragte gestrenge, „ob vielleicht Herrn de Margerie eine derartige Zusage gegeben sei". Westrick war bei Erhards Gespräch mit dem Botschafter dabei gewesen. Bewahre, sagte er, und machte aus Erhards Anregung eine Frage de Margeries, die Erhard mit dem Hinweis auf das nächste deutsch-französische Routinetreffen erledigt habe. Dennoch solle man das „Gerücht" im Figaro nicht dementieren, weil das in Paris als Unfreundlichkeit interpretiert werden könnte.[202] Das mochte wohl sein. Das „Gerücht" wurde denn auch nicht ausdrücklich dementiert, die Anregung aber gleichwohl rückgängig gemacht. Regierungssprecher von Hase und Erhard selbst verneinten fortan Journalistenfragen, ob es stimme, daß man in Bonn an ein Sondertreffen Erhards und de Gaulles oder an einen früheren Termin des gewöhnlich halbjährlichen Treffens denke. Vielleicht finde das Routinetreffen ja ohnehin statt, bevor Chruschtschow nach Bonn komme.

Zugleich drang Schröder bei Botschafter McGhee auf eine Geste der amerikanischen Regierung, die seine Sorge milderte, daß Chruschtschows Besuch in Bonn vor allem als ein Beitrag zur Entspannung durch Stabilisierung des deutschlandpolitischen status quo erschiene.[203] Die Geste wurde verweigert. Statt dessen gingen der Bundesregierung amerikanische Anregungen für ihre Gespräche mit der sowjetischen Delegation zu, denen zu entnehmen war, daß die amerikanische Regierung den Besuch in genau jenes Licht zu rücken wünschte, das Schröder meiden wollte. Sie empfahl Erhard, mit Chruschtschow in erster Linie über Angelegenheiten zu sprechen, an denen der sowjetische Parteichef ein vorrangiges Interesse habe: Abrüstung, Nichtangriffs-Vereinbarungen, Nichtweitergabe von Atomwaffen, Einrichtung von kernwaffenfreien Zonen. Das waren Angelegenheiten, an denen die Bundesrepublik nach Lage der Dinge *kein* vorrangiges Interesse hatte. Die Wiedervereinigung, an der sie ein vorrangiges Interesse hatte, sollte nach amerikanischer Vorstellung mit großer Behutsamkeit, nicht etwa als Voraussetzung, sondern als Mittel allgemeiner Entspannung, ins Gespräch gebracht werden. Dabei könne man vielleicht andeuten, daß Wiedervereinigung nicht sofort mit der Aufgabe der sozialistischen Wirtschafts- und Gesellschaftsverfassung verbunden sein müßte. Die Oder-Neiße-Grenze brauche man nicht ausdrücklich anzuerkennen, aber es wäre doch gut, wenn man zu erkennen gebe, daß sie im Zusammenhang mit einem Friedensvertrag akzeptiert werde.[204]

Was der Getreidepreis mit der multilateralen Atomstreitmacht zu tun hat

Während eine eigens formierte Arbeitsgruppe im Auswärtigen Amt mit der gedanklichen und planerischen Vorbereitung des diffizilen deutsch-sowjetischen Treffens begann, beendete die Gruppe ihre Arbeit, die nach dem verunglückten deutsch-französischen Treffen formiert worden war, um Erhards Ankündigung, daß die deutsch-französischen Beziehungen institutionell gestärkt und sachlich erweitert werden sollten, in eine europapolitische Initiative zu transformieren. Sie erfüllte einen Auftrag ihres Ministers, an dessen Zweck und Nutzen der Minister gar nicht glaubte. Der Plan, den Carstens mit Schröders Segen am 25. September 1964 dem Kabinett präsentierte, diente vor allem der Ablenkung. Er ging auf Überlegungen des belgischen Außenministers Spaak zurück. Spaak war kurz nach de Gaulle in Bonn gewesen und hatte ohne die Absicht, selbst initiativ zu werden, mit Erhard und Schröder darüber gesprochen. Daraus war folgender Vorschlag des Auswärtigen Amtes geworden: Die Bundesregierung forderte die EWG-Partner dazu auf, in einem zeitlich begrenzten Regierungsabkommen regelmäßige Konsultationen über außen-, verteidigungs- und kulturpolitische Fragen zu vereinbaren. Außerdem sollte - als „kommunitäres Organ" - ein „Beratender Ausschuß" eingesetzt werden, der einen Vertrag über eine dauerhafte politische Gemeinschaft vorbereitete und über Möglichkeiten des Einbezugs anderer Länder in jene Gemeinschaft beriet. Der Vertragsentwurf sollte während der Laufzeit des vorläufigen Abkommens von den beteiligten Regierungen besprochen und möglichst angenommen und in Kraft gesetzt werden.[205]

Der Vorschlag versuchte, wie ernstgemeint und vertrauensvoll auch immer, den beiden hauptsächlichen Kontrahenten in Sachen politischer Einigung jeweils ein Stück entgegenzukommen. Die anfängliche Beschränkung des Beginns auf die EWG entsprach französischen Wünschen. Die Vorläufigkeit des Abkommens, der Verzicht auf das supranationale Sekretariat, das die Fouchet-Pläne vorgesehen hatten, und der Gedanke an die Möglichkeit regionaler Erweiterung kam holländischen Vorstellungen entgegen. Das Kabinett akzeptierte die Empfehlung. Am gleichen Tag war große, sorgsam vorbereitete Pressekonferenz. In Nordrhein-Westfalen und in Niedersachsen standen Kommunalwahlen an, und Erhard sollte dem Wahlvolk noch einmal als druckvoller und handlungsstarker Leiter der deutschen Politik vorgeführt werden. Der Plan für eine neue Europa-Initiative der Bundesregierung schien sich dafür gut zu eignen. Erhard trug den Plan vor, hoffnungsfroh wie eh und je, als wäre der europapolitische Stein der Weisen diesmal gefunden. Zugleich ließ er die Bauern wissen, daß die Bundesregierung einem gemeinsamen Getreidepreis nicht vor dem 1. Juli 1966 zustimmen werde. Im übrigen bestritt er, daß die deutsch-französischen Beziehungen sich verschlechtert hätten. Sie seien lediglich auf realistische Grundlagen gestellt worden.[206]

Zufälligerweise kamen fünf Tage später die leitenden Männer der anderen Regierung, die für den Plan gewonnen werden mußte, nach Bonn. Und es stellte sich heraus, daß die niederländische Regierung wohl nicht dafür zu gewinnen wäre. Erhard wollte es nicht gleich glauben, mußte sich's am Ende aber gesagt sein lassen. Die niederländische Argumentation war ein bißchen verwickelt. Was die Holländer europapolitisch erstrebten, das war in nächster Zeit nicht zu haben. Darüber machten sie sich selbst keine Illusionen mehr. Sie strebten nach einem supranational integrierten Europa, das Großbritannien einschloß. Großbritannien wollte aber bis auf weiteres an einem Europa mit supranationalen Institutionen nicht teilnehmen. Das gab die niederländische Regierung zu, und sie verschloß sich nicht schlechthin dem Gedanken, daß die politische Integration Europas von Englands abweisender Haltung nicht ewig aufgehalten werden dürfte. Andererseits bezwecke der deutsche Vorschlag ja gar kein supranationales Europa. An der lockeren Zusammenarbeit, die er bezwecke, wolle England vielleicht doch teilnehmen. Zumindest müsse man ihm die Möglichkeit zur Teilnahme einräumen. Wobei zu überlegen bleibe, ob derlei lockere Zusammenarbeit die Mühe überhaupt wert wäre. Derlei Überlegungen wollte die niederländische Regierung anstellen. Sie werde die deutschen Vorschläge prüfen und dann zustimmend oder ablehnend dazu Stellung nehmen.[207]

Die Zusicherung, darüber nachzudenken, war für Erhard soviel wie Zustimmung. Und er wußte auch, wem die Zustimmung zu verdanken wäre. Wenige Tage nach dem Treffen sagte er erst in der Fraktion und dann bei einer weiteren Pressekonferenz, daß es der Bundesregierung gelungen sei, Holland zur Teilnahme an einer Europäischen Politischen Union ohne England zu bewegen.[208] Die niederländische Regierung scheute sich nicht, von der Bundesregierung ein Dementi zu verlangen. Aber sie war um Takt bemüht. So erschien kurz nach Erhards Pressekonferenz der niederländische Botschafter bei Staatssekretär Carstens und bat freundlich um rasche öffentliche Richtigstellung. Sein Außenminister habe gesagt, daß Holland allenfalls dann an einer politischen Union der Sechs teilnehmen könne, wenn dies keine Union von „Vaterländern" sei. Im übrigen sei eine Stellungnahme zu den deutschen Vorschlägen nur in Aussicht gestellt und nicht schon abgegeben worden. Regierungssprecher von Hase waltete mit behutsamer Umständlichkeit seines schwierigen Amtes und die deutsche Europa-Initiative durfte als gescheitert gelten, bevor sie noch offiziell auf den Weg gebracht worden war.[209]

Und das war nicht die einzige Enttäuschung, die Hollands Regierung Erhard bereitete. Dabei hatte er vor der Begegnung jedem versichert, daß man ganz und gar einig sei und keinerlei Probleme miteinander habe. Die Niederländer zeigten sich schier entsetzt darüber, daß Deutschland glaubte, die Einigung auf den gemeinsamen Getreidepreis noch mindestens zwei Jahre hinausschieben zu können, ohne daß die EWG Schaden nähme und die Kennedy-Runde aufflöge. Es gab in Westeuropa keine zwei Politiker, die einander mehr zuwider gewesen wären als der große Charles de Gaulle und der zumindest ebenso lange niederländische Außenminister Josef Luns. Daß es notwendig und überdies mit Erhard verabredet wäre, noch in diesem Jahr den gemeinsamen Getreidepreis zu verabschieden, darüber waren sie sich einig. Ja, wenn er könne, wie er möchte, sagte Erhard. Er müsse aber auf die bäuerlichen Wähler Rücksicht nehmen. Die Zustimmung zum Einheitspreis komme politischem Selbstmord gleich.[210] Die Zeiten lagen weit zurück, in denen er gegen den Interessenpartikularismus in Adenauers „Gefälligkeitsdemokratie" gewettert und von des deutschen Volkes Sehnsucht danach, hart angepackt zu werden, orakelt hatte, unendlich weit, mehr als ein Jahr.

Schließlich erfuhr die deutsche von der niederländischen Regierung beim Gespräch in Bonn einmal mehr, daß sich für die MLF in Holland keine Mehrheit finde. Darauf konnte sie sich besser einstellen. Sie hatte es insgeheim schon getan. Ende September berichtete ihr Ständiger Vertreter bei der NATO in Paris, daß die multilateralen Beratungen amerikanischer, deutscher, britischer, italienischer, belgischer, niederländischer, griechischer und türkischer Experten über einen Vertragsentwurf, der nach Johnsons und Erhards Vorstellungen noch in diesem Jahr unterschrieben werden könnte, nicht nach Wunsch vorankämen. England unterlaufe sie durch „konstruktiv aufgemachte Vorschläge" und die Italiener, die Belgier und die Holländer verhielten sich unentschlossen. Griechenland und die Türkei seien infolge ihres Konflikts um Zypern gelähmt. Zugleich gerate das Projekt sowohl in der UNO wie auf der Genfer Abrüstungskonferenz unter wirksamen Beschuß. Die Sowjetunion trage den Angriff vor, viele neutrale Länder folgten. Schließlich lasse nun doch auch Frankreich Mißbehagen laut werden. Kurz, das Projekt gehe einer Krise entgegen. Wenn nicht bald Entscheidendes geschehe, sei ein Debakel - ähnlich dem EVG-Debakel vor zehn Jahren - nicht länger auszuschließen.[211]

Das Auswärtige Amt hielt die MLF für so wichtig, daß es derlei Debakel unter fast allen Umständen vermeiden wollte. Es folgte Botschafter Grewes Rat, sich weiterhin mit geringen Erfolgsaussichten um die Teilnahme Italiens und der Niederlande an einer MLF nach amerikanisch-deutschen Vorstellungen zu bemühen, aber nicht mehr davor zurückzuschrekken, den Vertrag vor Jahresende notfalls nur mit Amerika und niemandem sonst zu schließen. Er tat sogar noch mehr, er ergriff die Initiative zu der Notlösung. Als die Holländer in Bonn eintrafen, reiste Grewe mit einem Brief Erhards an Johnson im Gepäck nach Washington. Erhard schrieb, daß er es für wünschenswert halte, den MLF-Vertrag zu unterschreiben, bevor die Generalversammlung der Vereinten Nationen im Januar 1965 Gelegenheit zu einer Entschließung hätte, „die uns auffordern würde, bis zum Abschluß eines Abkommens über die Nichtverbreitung von Atomwaffen alle Verhandlungen und sonstigen Dispositionen zu unterlassen, die den status quo auf dem Gebiet der Kontrolle über Atomwaffen in irgendeiner Weise verändern". Da nun bis Jahresende gewiß nicht alle acht und vielleicht nicht mal drei oder vier Regierungen unterschriftsbereit seien, sollten Amerika und Deutschland gegebenenfalls allein vorangehen, „um durch unser Beispiel andere zu einem Beitritt anzuspornen".[212]

Johnson antwortete schon eine Woche später. Er hielt sich bedeckt. Er teile Erhards Auffassung, „daß wir an dem Zeitplan festhalten sollten, den wir in unserem Kommuniqué vom letzten Juni aufgestellt haben". Das hieße: Unterschrift vor Jahresende. Aber er meinte auch, „daß wir nicht zulassen (dürfen), daß dieses große Unternehmen als eine rein deutsch-amerikanische Angelegenheit dargestellt wird". Was das hieß, ließ er den „Freund" nicht wissen. Es hieß, daß die amerikanische Regierung den kurz erwogenen Gedanken, die MLF notfalls nur mit der Bundesrepublik zu machen, inzwischen verworfen hatte, ihn zu taktischen Zwecken aber noch im Zwielicht hielt. Intern nannte sie das „a masterful bit of ambiguity". Jetzt, schrieb Johnson an Erhard, wären erst einmal die britischen Unterhauswahlen am 15. Oktober und die amerikanischen Präsidentschaftswahlen am 4. November abzuwarten. Dann werde man weitersehen.[213] Unterdessen hatte Erhard die Möglichkeit eines bilateralen Vertragsschlusses noch vor Jahresende schon in einer Weise publik gemacht, die sehr nach Wahrscheinlichkeit klang[214] und damit das zweite Thema angeschlagen, das im Rest des Jahres 1964 die deutsche Politik beherrschte. Das erste war der gemeinsame Getreidepreis.

Das dritte hätte eigentlich die Vorbereitung des Chruschtschow-Besuchs sein sollen. Die Vorbereitungen wurden aber Mitte Oktober eingestellt, weil der Besuch hinfällig geworden war. Am 17. Oktober kam Botschafter Smirnow zu Erhard und teilte ihm mit, daß Chruschtschow am Vortag aus gesundheitlichen Gründen um seine Entbindung von den Ämtern des Partei- und des Regierungschefs gebeten hatte. Der Bitte war entsprochen und die Nachfolge auf der Stelle geregelt worden. Die beiden Ämter wurden künftig nicht mehr in Personalunion versehen. Der stellvertretende Ministerpräsident Alexej Kossigyn war zum Regierungschef aufgerückt, und Staatspräsident Leonid Breschnew führte von nun an die Partei. Das war Erhard nicht neu. Die Nachricht war bereits um die Welt und hatte alle Welt, auch die Welt der Geheimdienste, überrascht. Danach war Chruschtschow allerdings nicht auf eigenen Wunsch hin abgelöst, sondern wegen Nepotismus und Faulheit gestürzt worden. Gleichviel, Smirnow versicherte, daß der Personalwechsel keinen Wandel der sowjetischen Politik nach sich ziehe. Erhard sagte, daß er auch an Gesprächen mit Kossigyn interessiert sei. Beide wußten, daß an einen Besuch des neuen Mannes in Bonn vorerst nicht zu denken wäre. Im Auswärtigen Amt und andernorts rätselte man ein Weilchen darüber, ob womöglich Chruschtschows weitgediehene Besuchsabsichten ein Grund seines plötzlichen Sturzes gewesen wären, hielt dies aber schließlich für höchst unwahrscheinlich. Wenn überhaupt, dann habe allenfalls die eigenwillig familiäre Art der Anbahnung als ein weiteres Beispiel für Selbstherrlichkeit, nicht aber die Absicht selbst eine Rolle gespielt.

Die Aussichten auf ein Treffen des deutschen Bundeskanzlers mit dem sowjetischen Ministerpräsidenten waren jedenfalls dahin. Erhard bedauerte das. Schröder fühlte sich eher erleichtert. Dagegen beschwerte ihn, daß einen Tag vor Chruschtschows Sturz die Labour Party die britischen Parlamentswahlen gewonnen hatte. Erhard machte der Sieg der „Sozialisten“ natürlich auch nicht froh. Man hatte damit rechnen müssen, auf den Erfolg der Konservativen aber immerhin hoffen dürfen. Die Hoffnung hatte sich nicht erfüllt, und die deutsche Außenpolitik mußte sich auf Labour einstellen. Was das genau bedeutete, war noch nicht vollends abzusehen. Aber es mußte befürchtet werden, daß es wenig Gutes bedeutete. Die Labour Party verhielt sich zur Teilnahme an Europa noch skeptischer als die Konservativen. Das mochte angehen. Wer verhielt sich - mit unterschiedlicher Begründung - derzeit nicht skeptisch zur europäischen Integration? Beunruhigender war die Einstellung der Labour Party zur MLF. In ihrem Wahlmanifest „The New Britain“ hatte sie angekündigt, daß eine Labourregierung den Aufbau einer britischen Abschreckungsmacht unterbinden und die MLF ablehnen werde. Die MLF führe zur unerwünschten Verbreitung von Atomwaffen und begünstige insbesondere die Bundesrepublik. Es war ungewiß, welche praktisch-politischen Konsequenzen die neue Regierung aus der Ankündigung zöge und wie die anderen, wie vor allem die Vereinigten Staaten, darauf reagierten.

Vorerst geriet die MLF nach Erhards wiederholter Andeutung, daß Deutschland und Amerika sie möglicherweise allein ins Leben riefen, zu einem weiteren Gegenstand der Auseinandersetzung zwischen Deutschland und Frankreich. Und damit geriet sie unvermeidlicherweise auch zu einem weiteren Gegenstand der Auseinandersetzung zwischen Erhard und den „Frondeuren“.

Bis dahin hatte de Gaulle zunächst Adenauer und später Erhard immer wieder versichert, daß ihn weder die MLF noch Deutschlands Teilnahme daran irgendwie störten. Die Versicherung war ihm leichtgefallen, solange er daran glaubte, daß die Verhandlungen ohnedies scheiterten und die MLF nicht zustande käme. Daran *hatte* er geglaubt, und der Glaube erwies sich schließlich auch als richtig. Erhards Ankündigung machte de Gaulle an seinem Glauben aber vorübergehend irre. Außerdem brachte ihm der Wunsch der Bundesregierung, lieber eine deutsch-amerikanische Atomwaffe ohne „europäische Akzente“ als gar keine Atomwaffe mit deutscher Teilnahme zu schaffen, abermals zu Bewußtsein, daß Deutschland für ein von Amerika unabhängiges Europa derzeit nicht zu haben wäre. Deshalb störte ihn die MLF neuerdings. Frankreich begann, die Aussicht darauf zu beklagen und Deutschlands Drängen dahin als besonders bemerkenswerten Audruck des Mangels an Willen zu deutsch-französischer Zusammenarbeit im Interesse eines selbständigen Europa zu verrufen.

Die deutschen „Gaullisten“ vernahmen die Botschaft und übernahmen sie als Argument gegen die Regierungspolitik in ihr Repertoire. Strauß führte das Wort. Strauß gab seit Sommer keine Ruhe mehr und setzte Erhard unter Druck, wo und wie immer es ging. So hatte er auch nie vorgehabt, sich mit der Erhöhung der Telefongebühren abzufinden, die gegen seine Einwände durchgesetzt worden war. Er fand sich mit nichts ab, das seinen Vorstellungen zuwiderlief. Wochenlang schürte er die anhaltende Pressekampagne gegen die Gebührenerhöhung. Dann erlitt die CDU bei den niedersächsischen und den nordrhein-westfälischen Kommunalwahlen kräftige Rückschläge. Die Telefongebühren hatten damit nichts zu tun, und Erhard konnte auch sonst wenig dafür. Aber Strauß brachte es in Zusammenhang miteinander und Erhard dadurch in Bedrängnis. Anfang Oktober legte die CSU dem Bundestag einen Initiativantrag vor. Darin war sie geübt. Erhard litt darunter nicht zum ersten Mal. Diesmal beantragten die bayerischen Brüder, daß schnellstens die Ablieferungspflicht der Post abgeschafft würde. Ihr Verlangen griff dem Gesetzentwurf der Bundesregierung vor, den die Unionsfraktion im August angefordert hatte, der bislang aber nicht eingereicht worden war. Die CSU verlangte nicht, daß die Regierung die Telefongebühren wieder senkte. Aber jeder, der mit der Sache halbwegs vertraut war, wußte, daß dies der Sinn ihres Antrags war. Erhard verlor die Nerven. Er hatte nicht mehr viel davon. Und diejenigen, die er noch hatte, waren dünn und spröde geworden. Er wies Postminister Stücklen an, die Gebühren in drei Teufels Namen wieder herabzusetzen. Stücklen war das recht, denn er gehörte der CSU an und war von Anfang an ein untergründig aktiver Gegner der Erhöhung gewesen. Erhard konnte es nicht recht sein. Er hatte gemeint, an der Gebührenerhöhung seine Führungsstärke demonstrieren zu sollen, und war am Ende in seiner ganzen Führungsschwäche vorgeführt worden. Als innenpolitisch taten- und entschlußlos war seine Regierung ohnehin schon erschienen, nun wirkte sie bei dem bißchen, was sie tat, auch noch orientierungslos und sprunghaft. Ihre Anhänger in der Fraktion wußten nicht mehr recht, ob es noch Sinn machte, sich für ihre Absichten zu engagieren, wenn morgen nicht mehr galt, was gestern als unerläßlich dargestellt worden war. Fehler würden verziehen und vergessen, hieß es, Unentschiedenheit und Schwäche seien tödlich. Erhards Gegner aber freuten sich des stillen Triumphs. Sie wußten so gut, wie es die enttäuschten Freunde wußten, daß Erhards Popularität sich eher am Hin und Her von Telefongebühren als an seiner Geringschätzung Frankreichs und an der Überschätzung atlantischer Partnerschaft verschliß.[215]

Die innerparteilichen Kämpfe, die sich nach dem letzten deutsch-französischen Regierungsgespräch angekündigt hatten und die im Herbst entbrannten, drehten sich dennoch um Deutschlands Position und Rolle in der internationalen Politik. Natürlich drehten sie sich darum. Zum einen war Deutschlands Rolle in der Weltpolitik ja wirklich wichtiger als die Telefongebühren. Zum anderen regte sie die Phantasie mehr an und gab im Streit mehr her. Und drittens war jeder, der in den Auseinandersetzungen eine Stimme beanspruchte und auf Gehör rechnen durfte, in erster Linie Außenpolitiker. Alle Politiker in der ersten Linie sind in erster Linie Außenpolitiker; zumindest ihrem Selbstverständnis, Ehrgeiz und Anspruch nach. Das ist falsch, aber es ist so. Erhard schien eine Ausnahme gemacht zu haben und hatte doch auch wieder keine gemacht. Denn Erhard war ja kein Politiker, sondern nur zeitweise ein politisches Glückskind gewesen.

In Franz Josef Strauß ballten sich die Leidenschaft für die Außenpolitik und das Leiden an Schröders Außenpolitik zu einer explosiven Ladung. Wobei dahinsteht, wieweit das Leiden sich daraus ergab, daß seine Leidenschaft des Amts ermangelte. Böse Zungen behaupteten, daß er sich als Gaullist aufführe, weil Schröder Atlantiker sei, und daß er ebenso eindringlich den Atlantiker gegeben hätte, wenn Schröder Gaullist gewesen wäre.[216] Aber das waren böse Zungen. Böse Zungen übertreiben leicht, und Übertriebenes zählt bekanntlich nicht. Andererseits kann man nur übertreiben, was da ist und was bleibt, wenn man das

Übertriebene abrechnet. Doch wie immer auch Überzeugung und Rankünе im Gemenge lagen, Strauß erschien seit Sommer 1964 jedenfalls als leidenschaftlicher Gaullist, und *das* war, was für Erhard zählte.

Am 19. Oktober ging der Kampf in seine nächste Runde. Strauß schrieb Erhard einen streithaften Brief.[217] Der Ton war rauh geworden. Es war ein Montag, und am Montag morgen besprachen sich neuerdings die Vorsitzenden der Koalitionsfraktionen mit dem Bundeskanzler. Erhard mochte die Besprechungen nicht, hatte sich der Einrichtung jenes sogenannten „Montagskreises" aber nicht länger erwehren können. An diesem Montag fiel der „Kreis" aus. Erhard ließ das Gespräch kurzfristig absagen. Strauß erfuhr davon, nachdem er um des Treffens willen buchstäblich bei Nacht und Nebel im Auto von einer Wahlkampfveranstaltung in Kaiserslautern nach Bonn zurückgefahren war. Das schlug er Erhard einleitend um die Ohren. „Vielleicht können Sie anordnen, daß ich von Terminänderungen zuverlässig verständigt werde". Dann schrieb er ihm „vorsorglich", worüber er am Morgen hatte reden wollen. Die Bundesregierung beabsichtige offenbar, in Kürze einen MLF-Vertrag zu unterschreiben, über den mit der Fraktionsführung noch nicht diskutiert worden sei. Carstens habe anstelle des kranken Außenministers darüber vor fünf Tagen im Auswärtigen Ausschuß berichtet. Was er berichtet habe, stimme zumindest mit den Vorstellungen der CSU nicht überein. Die CSU befürworte die MLF unter zwei Voraussetzungen: Die MLF müsse wirklich eine multilaterale und dürfe nicht nur eine amerikanisch-deutsche Angelegenheit sein, und der Vertrag müsse eine „Europaklausel" enthalten, die es immerhin als möglich erscheinen lasse, daß Frankreich seine force de frappe eines Tages mit der MLF vereine. Dies erscheine als möglich, aber nur *dann*, wenn der Vertrag vorsehe, daß die „Autorität" eines politisch geeinten Europa ohne Zustimmung der USA über den Einsatz der Streitmacht verfügen könne. Carstens habe nun gesagt, daß die Zustimmung Italiens, Hollands, Griechenlands und der Türkei noch in diesem Jahr „mit Wahrscheinlichkeit erwartet werden könne". Soweit, so gut. Ganz und gar nicht gut sei hingegen, was er zur „Europaklausel" gesagt habe. Die Bundesregierung bemühe sich um eine Europaklausel, habe er - auf besondere Nachfrage übrigens erst - gesagt. Danach solle der Vertrag allerdings nur die Absicht ausdrücken, daß eine Europäische Politische Union einstmals in die Rechte einträte, die zunächst den teilnehmenden Staaten zukämen. Den europäischen Teilnehmern käme nun aber bestenfalls ein Vetorecht, gewiß keine Einsatzbefugnis zu. Sie könnten den Einsatz verhindern, aber nicht durchsetzen. Wenn sie ihn verhinderten, bliebe den USA die Möglichkeit, ihre nationalen Atomwaffen einzusetzen. Wenn die USA ihr Veto gegen den Einsatz der MLF einlegten, bliebe Europa nichts. Unter diesen Umständen mache die Beteiligung an der MLF keinen Sinn und bewirke gleichwohl, daß Frankreich und Deutschland sich noch weiter voneinander entfernten. Wenn die von Carstens dargelegten Ansichten die Ansichten der Bundesregierung seien, „dann hätten wir allerdings schwerwiegende Unterschiede in den Denkansätzen und in wesentlichen Einzelfragen unserer Politik. Mit freundlichen Grüßen. Strauß."

Carstens' Ansicht *war* die Ansicht der Bundesregierung. Nur war, was Carstens im Auswärtigen Ausschuß gesagt hatte, nicht wirklich seine Ansicht. Erstens hielt er die Zustimmung anderer Länder zum MLF-Vertrag nicht wirklich für wahrscheinlich. Zweitens bemühte die Bundesregierung sich nicht um eine Europaklausel. Sie bemühte sich vielmehr darum, auf Europäisierung gerichtete Wünsche und Vorschläge Italiens möglichst zu neutralisieren, weil sie derlei „Klauseln" nicht zu Unrecht für praktisch bedeutungslos, wohl aber für geeignet ansah, das Entstehen der MLF zu verhindern. Sie glaubte nicht, daß die USA sich darauf einließen. Und schließlich lehnte die Bundesregierung ein Vetorecht der europäischen Länder ab. Das schwäche die MLF. Die Entscheidung über ihren Einsatz solle ausschließlich und unbedingt den USA zustehen. Unter dieser Voraussetzung war eine Europaklausel nicht nur praktisch bedeutungs-, sondern auch grundsätzlich inhaltslos.[218]

Besondere praktische Bedeutung konnte ihr im Ernst natürlich auch Strauß nicht zumessen, auch der gehaltvolleren nicht, von der in seinem Brief die Rede war. Dazu lag die politische Einigung Europas in zu weitem Felde. Nicht die praktische Bedeutung, sondern ihr taktischer Wert war, was ihn daran interessierte. An der Europäisierungsfrage ließen sich die politischen Differenzen mit Erhard und Schröder aktualisieren und dramatisieren, ohne daß er die noch zu seiner Zeit als Verteidigungsminister getroffene Entscheidung Adenauers denunzieren mußte, die Bundesrepublik an den Verhandlungen über die MLF zu beteiligen. Wie groß und grundsätzlich jene Differenzen und wie gering der Wille, sich miteinander zu vergleichen, geworden waren, das offenbarte noch am gleichen 19. Oktober die Landesvorsitzenden-Konferenz der Union. Adenauer präsidierte ihr, Strauß nahm daran teil, und beide wählten sie als Forum für ein Scherbengericht über die Außenpolitik der Bundesregierung. Erhard hatte einen Konfidenten unter den Teilnehmern und bekam es am nächsten Tage schriftlich.[219] „Wir betreiben eine ganz verfehlte Außenpolitik", hatte Adenauer mehrfach aufs äußerte erregt gerufen. „Ich bin verzweifelt über die Lage Deutschlands und die Politik der letzten Jahre". Deutschlands Zukunft sei an der Seite Frankreichs, Frankreich aber werde schlecht behandelt und abgewiesen, während Amerika immer und überall auf deutsche Nachgiebigkeit rechnen könne. De Gaulle werde der Bundesrepublik dafür über kurz oder lang die Quittung präsentieren, indem er sich mit den USA und Großbritannien „zu unseren Lasten" verständige. Strauß setzte, was Adenauer vorwurfsvoll beklagte, in konkrete Forderungen um. Er sprach, als rede durch ihn de Gaulle. Das deutsch-französische Verhältnis müsse zu zwei Zwecken neu gestaltet werden; wobei die Zwecke zugleich die Mittel der Neugestaltung seien. Der eine Zweck sei die europäische Union, der andere sei die Reform der NATO. Dabei störe die MLF. Deshalb sei er „im Grunde" ihr Gegner. Europa brauche eine europäische Atommacht in europäischer Verfügungsgewalt. Es gebe klare Anzeichen dafür, daß auf die amerikanische Bereitschaft, Europa nuklear zu verteidigen, kein Verlaß mehr sei. Also: Begründung einer deutsch-französischen Aktionsgemeinschaft, die andere zur Teilnahme an der politischen Einigung Europas und an einer Reform der NATO im Interesse europäischer Unabhängigkeit einlade. Wenn vorerst niemand folge, „müsse (zu zweit) abgefahren werden", um für die anderen vollendete Tatsachen zu schaffen. Um die Beziehung zu den Vereinigten Staaten brauche einem dabei nicht bange zu sein. Jeder amerikanische Präsident wäre zu gutem Einvernehmen mit einer französisch-deutschen Union schlechthin genötigt.

Es war niemand im Raum, der ein durchdringendes Wort zur Rechtfertigung der Regierungspolitik eingelegt hätte. Krone stellte in heftigem Wortwechsel mit Adenauer ein paar verstellte Tatsachen richtig, stimmte Adenauer und Strauß im Grundsätzlichen aber zu. Auch Eugen Gerstenmaier, noch ein passionierter Außenpolitiker, dem zur Berufung das Amt fehlte, schlug sich der Sache nach auf Strauß' und Adenauers Seite. Daß er dabei seine eigene Partei blieb, verstand sich von selbst. Politischer Solitär ist man ein für allemal. Es war bekannt, daß Gerstenmaiers sicherheitspolitische Vorstellungen von der Linie Schröders und Erhards abwichen und den Absichten de Gaulles zuneigten. Schon im Mai hatte der weltläufige Mann in Tokio, ein wenig fern vom Schuß und dennoch der Aufmerksamkeit gewiß, den zunächst noch unbestimmten Gedanken vorgetragen, daß die NATO bislang als Kreis mit einem Zentrum erschienen sei. Seit die USA sich verstärkt im pazifischen Raum engagierten, werde es nun aber nötig und sei eingedenk der Kräfteverhältnisse nicht mehr als billig, daß Europa mehr für die Verteidigung des atlantischen Raums leiste. Unter diesen Umständen empfehle es sich, die NATO nicht länger als Kreis mit einem Zentrum, sondern künftig als Ellipse mit zwei Brennpunkten, einer in Washington und ein anderer in Paris oder Brüssel, zu sehen. De Gaulle hatte die Überlegungen wohlmeinend-interessiert zur Kenntnis und freundliche Verbindung zu Gerstenmaier aufgenommen. Er wußte, wie man politische Freunde gewann und pflegte. Als Gerstenmaier in der Landesvorsitzenden-Konferenz das Wort ergriff, hatte er schon den Koffer gepackt. Er fuhr nach Paris, weil de Gaulle ihn zu einem ausführlichen Gespräch gebeten hatte. Seine Rede gab kund, daß er schon vorweg „Gaullist" geworden war. Er stimmte Strauß in allem zu: Die europäische Integration sei aus einer deutsch-französischen Union heraus ohne Rücksicht auf anderweitiges Widerstreben voranzutreiben und die NATO-Reform sofort in Angriff zu nehmen. Ihr Ziel solle ein Zweierdirektorium sein. Was dabei aus der MLF würde, blieb offen.

Erhard las das alles und bedeckte den Rand der Aufzeichnung mit Ausrufungs- und Fragezeichen sowie mit verbalen Äußerungen der Empörung: „Skandal!" Die Streitfragen waren gestellt, die Positionen bezeichnet, die Fronten abgesteckt. Ein Ausgleich schien kaum möglich zu sein. Er war auch nicht gewollt. Es konnte nur um Gewinnen oder Verlieren gehen. Wobei die Schwäche der an politisch-persönlichem Gewicht starken Gegner Erhards und Schröders darin lag, daß sie Erhards bis zur Wahl noch zu bedürfen glaubten und daß sie den persönlichen Sieg einander nicht gönnten. Das verschaffte Erhard Zeit, aber keine Ruhe. Der Konflikt spitzte sich zu.

Am Ende der Woche, die so streithaft begann, konferierten Carstens und Gerstenmaier in Paris; der eine höchst kontrovers mit Couve de Murville, der andere höchst harmonisch mit de Gaulle, beide über die gleichen, die letzthin immer gleichen Themen: Getreidepreis und MLF. Carstens und Gerstenmaier bekamen gesagt, daß Frankreich die MLF jetzt entschieden ablehne, weil ihm klargeworden sei, daß sie Deutschland von Amerika vollends abhängig mache und eine gemeinsame deutsch-französische Politik ausschließe. Im übrigen sei die europäische Integration in Gefahr, eine „böse Wende" zu nehmen, wenn es bis Jahresende zu keiner grundsätzlichen Entscheidung über den Getreidepreis komme. Frankreich verliere die Geduld. An eine Behandlung der deutschen Europa-Initiative sei ohne derlei Entscheidung selbstverständlich nicht zu denken. Die Verhandlungen in der Kennedy-Runde müßten auf der Stelle treten. Carstens und Couve schieden im Unfrieden[220], Gerstenmaier und de Gaulle in Eintracht voneinander. Carstens und Gerstenmaier zogen denn auch ganz unterschiedliche Schlußfolgerungen aus ihren Gesprächen. Der Staatssekretär teilte Erhard die seinen mündlich mit, der Bundestagspräsident schrieb Erhard einen Brief.

Carstens riet, den MLF-Vertrag ohne Rücksicht auf Frankreich so schnell wie möglich abzuschließen und Frankreich von Deutschlands Bereitschaft zu unterrichten, den gemeinsamen Getreidepreis im Juli 1967 festzulegen. Beides war ohnedies Erhards Absicht. Die Preis-Botschaft wollte er de Gaulle durch Westrick persönlich überbringen lassen, um zumindest auch etwas für die Atmosphäre zu tun. Carstens schlug vor, darüber vorher mit Schröder zu sprechen. Erhard rief Schröder an, und Schröder sagte: Nein. Westricks Mission erwecke den Eindruck, als wäre die Bundesregierung über de Gaulles Mißmut beunruhigt. Und den sollte sie nicht erwecken.[221] Westrick blieb in Bonn. Die Reise nach Paris hätte ihren Zweck auch verfehlt. Erhard hatte de Gaulle die Teilnahme der Bundesrepublik an einer Preisregelung vor Jahresende zugesichert. Und de Gaulle war nicht mehr geneigt, ihn aus der Zusicherung zu entlassen.

Das teilte Gerstenmaier Erhard wenige Tage später schriftlich mit und dazu de Gaulles Ungnade in Sachen MLF. Deshalb empfehle er dem Bundeskanzler zwei Richtlinien-Entscheidungen folgenden Inhalts: Erstens, die Bundesregierung verständigt sich mit den EWG-Partnern bis zum 15. Dezember 1964 über Grundsätze und Verfahren der Agrarpreisangleichung und versucht dabei zu erreichen, daß ihr die Vereinheitlichung des Getreidepreises nicht vor den Bundestagswahlen abverlangt wird. Zweitens, die Bundesregierung gibt zwar noch nicht die MLF, wohl aber die Absicht auf, in den nächsten sechs Wochen einen MLF-Vertrag zu unterschreiben, und behandelt ihr bisheriges Engagement in der Sache als vorläufige „Arbeitshypothese".[222]

Damit hätte Erhard politisch leben können. Er lebte später auch damit. Wenn Gerstenmaier sein Außenminister gewesen wäre, wären dessen Vorschläge auch die Richtlinien seiner Politik gewesen. Sein Außenminister war aber Schröder. Dessen Richtlinien verliefen anders.

Es war mithin nur konsequent, daß Schröder und nicht Erhard Ende Oktober/Anfang November unter feindlichen Beschuß geriet. Erst ließ Gerstenmaier ein paar oratorische und publizistische Minen gegen ihn springen, selber sichtlich auf dem Sprung, Schröder im Amt nachzufolgen, falls es ihn träfe. Dann feuerte Adenauer ausgerechnet am Tage Allerheiligen einen veritablen Sechspfünder ab. Adenauers Interview in „Bild am Sonntag" verursachte nun freilich solch öffentliches Getöse, daß es die Fraktion auf den Plan rief. Die Mehrheit der Abgeordneten war über unverhüllt zur Schau gestellte Uneinigkeit, die das „Erscheinungsbild" der Partei beeinträchtigte, allemal mehr erbost als über schlechte Politik. Deshalb wollte sie Adenauer und alle, die es noch anging, abmahnen und sich hinter ihrem Kanzler sammeln. Das gab Erhard eine Chance. Er nutzte sie nicht.

Die Fraktionssitzung am 3. November[223], die für den Aufwasch vorgesehen war, begann mit Vorwürfen an die „Frondeure" und endete mit einer Ovation für Gerstenmaier. Zwischendurch hatte Erhard mehrfach seinen Anspruch auf die Loyalität und die Unterstützung der Fraktion geltend gemacht, ohne es zu vermögen, ihr in zusammenhängender Rede und überzeugenden Wendungen zu sagen, für welche Politik er Hingabe und Treue beanspruchte: „Ich erwarte ..., daß ich Ihrer gewiß sein kann ... Ich bin immer für Sie da, möchte aber auch gewiß sein können, daß Sie zu mir stehen ... Die Politik der Bundesregierung ist eindeutig, in der Außenpolitik und im Hinblick auf die Stabilität". Duktus und Tenor der Debatte wandelten sich nach und nach zu seinen Ungunsten. Die Kritiker der Kritiker verschossen gleichsam aus den Schützenlöchern heraus ihr Pulver. Erhard führte sie nicht zum Angriff. Die Beschossenen blieben in Deckung und hielten still. Allmählich wurde Kritik auch an der Regierung laut: die Telefongebühren, der Zerfall des Sozialpakts, konzeptionslose Energiepolitik. Dann sprach Adenauer, knapp und klar, entschieden in der Sache, verbindlich und werbend im Ton. Erhard antwortete nicht. Es wäre nötig gewesen. Aber er hatte es noch immer nicht raus. Schröder konnte ihm nicht zur Hilfe kommen. Er war krank und fehlte. Strauß fehlte übrigens auch. Er hatte einen - glimpflich abgegangenen - Unfall erlitten. Deshalb führte Guttenberg für die CSU das Wort. Er führte es zugunsten Adenauers und gegen Erhard. Adenauer habe sich an der Einigkeit der Partei versündigt? Möglich. Aber es sei aus berechtigter Sorge um sein Lebenswerk geschehen. Einigkeit sei gut, aber sie setze eine klare Linie, ein klares Profil, „eine feste und klare und überzeugende Führung" voraus. Jetzt fühlte Erhard sich zum Widerspruch ermuntert. „Ich darf verkünden", sagte er, „daß in diesen Tagen die deutschen Vorschläge zur politischen Union Europas in den Hauptstädten übergeben werden. Es entspringt meiner Initiative, daß ich ...". Daran knüpfte er Äußerungen, die jene Klarheit des politischen Profils und die

Überzeugungskraft der Führung, die Guttenberg gefordert hatte, eher verbargen als in Erscheinung treten ließen: „Wir sollten diesem alten Kontinent ein stärkeres ... Gewicht verleihen. Aber dann muß dieses Europa zusammenstehen als Einheit, unabhängig und selbständig. Das bedeutet dann auch ein selbständiges Amerika ... Der französische Präsident macht es uns nicht leicht, in der Agrarpolitik oder der MLF Entscheidungen zu fällen, ohne daß wir in den Geruch kommen, überhaupt nicht mehr eigenständig zu entscheiden ... Wir sind bereit, in der militärischen Zusammenarbeit mit Frankreich noch weiter zu gehen. Aber wir können das Prinzip der NATO nicht preisgeben, und das ist meiner Ansicht nach ebenso wichtig ... Die MLF ist nicht aktuell genug. Aber sie dient doch dem Schutz Europas ... Wir wollen sehen, wie sich das durch die Ereignisse in England und das Verhalten de Gaulles gestaltet".

Erhard war in die Defensive geraten. Statt zu überzeugen, rechtfertigte er sich. Die Grundlagen seiner Politik seien keine anderen als die Grundlagen von Adenauers Politik. Er verteidigte sich gegen die Vorwürfe der Männer, die er anzuklagen gekommen war. Anstelle Schröders sprang ihm der Abgeordnete Birrenbach bei. Erhard und Schröder werde vorgeworfen, daß sie das deutsch-französische Verhältnis durch falsche Behandlung de Gaulles atmosphärisch verdürben. Es gehe im wesentlichen aber nicht um Atmosphäre. Im wesentlichen gehe es um schwerwiegende Interessengegensätze, die sie im Atmosphärischen reflektierten.

Das forderte Gerstenmaier heraus. Gerstenmaier war noch immer voll der Eindrücke seines Gespräches mit de Gaulle. Er redete in Zungen. Gewiß gebe es auch im Zeichen der deutsch-französischen Versöhnung nationale Interessen und das Recht, sie zu vertreten. Deutschlands nationale Interessen und die Freundschaft und Zusammenarbeit mit Frankreich widersprächen einander doch aber nicht. Sie gingen ineinander auf. Die Freundschaft, die natürlich sehr viel mit Atmosphäre zu tun habe, und die Zusammenarbeit mit Frankreich seien die notwendige Grundlage für die Einigung Europas und für die Stärkung Europas in der atlantischen Allianz. Es sei doch schlechterdings nicht richtig, daß eine NATO-Reform, die de Gaulles Vorstellungen aufnehme, das Bündnis schwäche. Er wehre sich gegen de Gaulles Vermutung, daß man sich auf die amerikanische Sicherheitsgarantie nicht ohne weiteres verlassen könne. Man dürfe den Gedanken aber auch nicht tabuisieren. In jedem Fall sei es unvermeidlich geworden, die NATO dem Zugewinn Europas an wirtschaftlicher und militärischer Stärke und an Stärke des Selbstbewußtseins anzupassen. Wer die NATO erhalten und kräftigen wolle, müsse sie im großen reformieren. Deshalb stehe Deutschland nicht vor der Alternative, die NATO im Verein mit Amerika zu erhalten oder sie im Verein mit Frankreich zu zerstören. Diese Behauptung sei „unwahr und lebensgefährlich! Wir stehen nicht vor einer alternativen Entscheidung, sondern es gibt konstruktive Möglichkeiten, bei denen wir alle miteinander stärker werden können". Die aber setzten Deutschlands Einigung mit Frankreich, und die Einigung mit Frankreich setze gegenwärtig die Regelung der unsinnig verfahrenen Getreidepreis-Sache voraus. Derlei Regelung sei, so meine er nach seinem Gespräch mit de Gaulle sagen zu können, unter Schonung deutscher Interessen möglich, und sie sei im Interesse des Fortgangs der Integration Europas auch nötig. Also: „Großzügig und sachlich ... tun, was notwendig ist, ... weg mit der Alternative und auch Mut zur Atmosphäre!"

Beifall brandete auf, starker Beifall, zum ersten Mal in der ätzenden Sitzung. Gerstenmaier hatte geschafft, was vor ihm keiner geschafft hatte. Er hatte die Gemüter bewegt und die Seele der Fraktion bezwungen. Es war gleichgültig, ob er das eher mit der politischen Botschaft oder eher mit deren rhetorischer Einkleidung bewirkt hatte. Die Debatte, die als

Abrechnung mit den „Frondeuren“ begonnen hatte, endete mit einer Akklamation ihrer politischen Forderungen. Barzel schloß sie mit dem Ausdruck seiner Befriedigung darüber, daß sie „keine gefährlichen Kontroversen“ offenbart hatte. Erhard verließ die Sitzung, persönlich rücksichtsvoll behandelt und politisch geschlagen.

Und als gelte es, die Niederlage zu vollenden und für jeden sichtbar zu machen, übernahm kurz darauf ausgerechnet Adenauer in Begleitung Krones die Mission, die Erhard seinem Westrick zugedacht und die Schröder ihm ausgeredet hatte. Freilich war nicht nur der Mann, sondern auch der Auftrag ein anderer. Im übrigen reiste Adenauer nicht vorrangig seinetwegen nach Paris. Er tat dies vielmehr, um sich auf de Gaulles Betreiben hin am 9. November 1964 als erster Deutscher in die außerordentlich noble Académie des Sciences Morales et Politiques aufnehmen zu lassen. Mehr Ehre konnte Frankreich ihm nicht antun. Und de Gaulle tat sie ihm natürlich in politischer Absicht hochbewußt an. Ein Gespräch mit dem Staatspräsidenten war eingeplant. Adenauer sagte, daß er dabei mit seiner Regierung eines Sinnes sein und sich auf den Beifall der Fraktion berufen wolle. Der Beifall der Fraktion war Gerstenmaiers leidenschaftlichem Appell zuteil geworden. Zwei Tage danach trafen Adenauer und Erhard zusammen, um sich mit Gerstenmaiers Hilfe auf den Inhalt der Botschaft für de Gaulle zu einigen. Sie schienen sich auf eine Botschaft nach Gerstenmaiers Vorstellungen zu einigen. Danach sollte Adenauer dem Präsidenten die deutsche Bereitschaft übermitteln, vor Jahresende einen gemeinsamen Getreidepreis festzulegen, der allerdings erst Mitte 1967 in Kraft träte. Außerdem sollte er de Gaulle wissen lassen, daß die Bundesregierung nicht mehr an den schnellen Abschluß eines MLF-Vertrags dächte und keinesfalls mit Amerika allein abschlösse.[224]

Es war allerdings fraglich, ob es Erhard mit der Botschaft wirklich ernst war. Am Abend nach der merkwürdigen Fraktionssitzung hatte er den amerikanischen Botschafter empfangen und ihm anderes gesagt. Die Bundesregierung halte an ihrer Absicht fest, die MLF schnellstens, wenn schon nicht bis Jahresende, so doch spätestens bis zum 1. Februar 1965 und nötigenfalls auch allein mit den USA „unter Dach und Fach zu bringen ... Eine Alternative gebe es nicht, und es wäre leichtfertig, sich dem Druck (de Gaulles zu) beugen“. In der Getreidepreis-Frage glaube er mit der Zusicherung durchzukommen, daß die Bundesregierung bis Mitte 1967 an einer Regelung teilnehmen werde. Die Drohungen de Gaulles halte er für Bluff.[225]

Adenauers Paris-Reise begab sich mit publizistischem Begleitschutz und unter ebensolchem Störfeuer. Den Begleitschutz bot Gerstenmaier mit einem Interview in der „Bild-Zeitung“, die allmählich zur populären Plattform für die Meinungsmache der parteiinternen Gegner der Regierungspolitik geriet. Gerstenmaier empfahl der Bundesregierung eine schnelle Getreidepreisregelung und Nachdenklichkeit in MLF- und NATO-Angelegenheiten. Schröder reagierte darauf und auf das vorhergehende „Bild“-Interview Adenauers mit Interviews in der Mainzer Allgemeinen Zeitung und in den Ruhr-Nachrichten, die exakt am Tag von Adenauers Gespräch mit de Gaulle erschienen. Er verwarf Adenauers Kritik an der Außenpolitik der Bundesregierung und warf der französischen Regierung deren Haltung zum Getreidepreis und zur MLF als Verstösse gegen den ständig beschworenen „Geist der Freundschaft“ vor. Adenauer bekam Schröders Auslassungen noch vor seinem mittäglichen Treffen mit de Gaulle zu Gesicht. Er setzte umgehend ein zorniges Telegramm an Erhard ab: „Während ich hier versuche, Ihren Auftrag zu erfüllen, erscheint das Interview des Bundesaußenministers, das eine Ihrem Auftrag völlig entgegengesetzte Wirkung hat und mich auf das empfindlichste diskreditiert“.[226] Erhard rief ihn im Bristol an. Adenauer gab den Inhalt des Gesprächs kurz darauf an de Gaulle weiter. Es bleibe bei dem, was zwischen ihnen verabredet worden sei, habe Erhard gesagt. „Er wolle auch weiterhin mit Dr. Adenauer die Sache zusammen machen". Ob er das bitte nochmal wiederholen könne. Erhard habe es wiederholt. Deshalb könne er, Adenauer, dem französischen Staatspräsidenten nun sagen, daß die Bundesrepublik bis zum 15. Dezember 1964 den gemeinsamen Getreidepreis, den die Kommission vorschlage, annehmen werde. Mit der MLF habe es die Bundesregierung nicht mehr eilig, keinesfalls werde sie sich zu einer BLF allein mit den USA verstehen. Das sagte Krone am gleichen Tag auch zu Ministerpräsident Pompidou. De Gaulle und Pompidou erläuterten noch einmal, warum Frankreich an der MLF neuerdings so heftigen Anstoß nehme: Man habe erkannt, daß Amerika sie als Mittel begreife, um Frankreich zu isolieren. Amerika leide es nicht, daß ihm das Atomwaffenmonopol im atlantischen Bündnis abhanden gekommen sei, und hoffe, Frankreich durch Isolierung zu veranlassen, seine Atomwaffen amerikanischem Einsatzbefehl zu unterstellen. Das aber wolle Frankreich nicht. Frankreich wolle, daß Europa im Bündnis mit Amerika von Amerika unabhängig sei, weil es sich auf den amerikanischen Schutz nicht mehr verlassen könne. Adenauer stimmte ihm zu. Man solle die MLF vergessen. Dann fragte er, wieweit die force de frappe gediehen sei „und ob es möglich wäre, daß auch andere Länder an ihr teilhätten". De Gaulle sagte: Die force de frappe werde gerade einsatzfähig, und in sechs Monaten könne Frankreich alle großen Städte in der Sowjetunion zur gleichen Zeit zerstören. Sie bleibe in ausschließlich französischer Verfügung, solange es keine politische Organisation in Europa gebe, die kollektive Verantwortung trage und gemeinsame Politik mache. Sobald es derlei Organisation gebe, werde die force de frappe „zu einem Teil der Verteidigungsmittel Europas". Bis dahin müsse Deutschland auf den Bau von Atomwaffen weiterhin verzichten. Danach solle es den Verzicht überprüfen.[227]

Die Gesprächszeit war abgelaufen. Adenauer hatte noch viel auf dem Herzen und bat de Gaulle um ein zweites Gespräch am folgenden Tag. Das gehe nach Schröders Interview eigentlich nicht an, sagte de Gaulle. Er wolle sich's aber überlegen und Adenauer bis zum Abend eine Mitteilung zukommen lassen. Adenauer beklagte die Unvernunft der Zeitenläufte, die ihn derlei Behandlung aussetzten. Immerhin empfing de Gaulle ihn am nächsten Morgen noch einmal. Das Gespräch drehte sich um den andauernden Willen der Sowjetunion, Westeuropa zu vereinnahmen, und um die zunehmende Geringschätzung der Gefahr durch die Vereinigten Staaten. Diesmal setzte Adenauer die Akzente, und de Gaulle stimmte ihm zu. Nur über eins wurden sie sich nicht einig. Adenauer vertrat Erhards Meinung, daß westliche Länder der Sowjetunion keine langfristigen Kredite geben sollten, de Gaulle rechtfertigte seine Entscheidung, Kredite mit siebenjähriger Laufzeit zuzulassen. Zum Schluß versicherte er, daß Adenauer in Frankreich noch nie so hoch im Kurs gestanden habe wie gerade jetzt und daß ihre Gespräche dem deutsch-französischen Verhältnis nur hätten guttun können.[228] Ersteres glaubte der Mann ohne Amt ihm nicht, weil er - widersinnigerweise - ein Mann ohne Amt sei. Letzteres hielt er für leider allzu richtig, ohne schon darauf zu vertrauen, daß seine Gespräche dem Verhältnis auch wirklich guttäten.

Immerhin schien es sich nicht schlecht anzulassen. Am Abend holte Barzel ihn „nicht aus ... Höflichkeit, sondern aus politischen Gründen" vom Flugplatz ab.[229] Und schon am folgenden Morgen traf Adenauer auf Initiative des Fraktionsvorsitzenden mit Erhard zusammen. Krone und Westrick nahmen an dem Gespräch teil. Wieder einen Tag später gab Barzel der Fraktion bekannt, daß dabei Einigkeit erzielt worden sei. So ganz schien er der Botschaft freilich selber nicht zu trauen. Wer ihn frage, wie lange das vorhalte, fügte er hinzu, dem sage er: Solange die Fraktion sich nichts anderes gefallen lasse.[230]

Die Einigkeit stand in der Tat auf schwachen Füßen, wenn sie denn überhaupt stand. Fast zur gleichen Zeit, als Barzel sie verkündete, telegraphierte Westrick an Verteidigungsminister von Hassel nach Washington, daß in Adenauers Gesprächen mit de Gaulle weder zum Getreidepreis noch zur MLF Festlegungen erfolgt seien. „In der Getreidepreisfrage hat Dr. Adenauer die Möglichkeit einer Kompromißlösung angedeutet, wobei unterstellt wird, daß in Fragen der europäischen Einigung Fortschritte erzielt werden können".[231] Entweder hatte Adenauer Erhard falsch unterrichtet. Das wäre merkwürdig, denn er war sich dessen, was er in politischen Gesprächen sagte, sehr bewußt, hatte immer noch ein zuverlässiges Erinnerungsvermögen und mußte damit rechnen, daß Schröder und Westrick schnellstmöglich und aufmerksamst die Dolmetscherprotokolle seiner Unterredungen mit dem französischen Staatspräsidenten lasen. Oder man wollte im Kanzleramt nicht wahrhaben, wovon er Erhard unterrichtete. Der Streit war für den Augenblick zur Ruhe gekommen, die Streitfragen waren aber nach wie vor unentschieden.

„Dieser arme Mann ..."

Der Konflikt zerrte an Erhards Nerven, und seine Unfähigkeit, ihn durch eine klare, entschiedene Politik aus der Welt zu schaffen, zehrte an seinem öffentlichen Ansehen. Ein großer Teil der Presse neigte immer noch, gleichsam gewohnheitsgemäß, dazu, ihn mit Wohlwollen und Nachsicht zu behandeln und in der Auseinandersetzung mit seinen innerparteilichen Gegnern, namentlich mit Adenauer, Erhards Partei zu nehmen. Aber in das Wohlwollen und die Nachsicht mischten sich zunehmend kritische Anmerkungen und spitze Töne. Es ließ sich beim besten Willen nicht übersehen, daß ihm im ersten Jahr seiner Kanzlerschaft nichts Bemerkenswertes gelungen, aber manches auffallend schiefgegangen war. Die Umfrageergebnisse schwankten zwar, tendierten dabei aber nach unten. Im Herbst 1964 wurde ein erster Tiefpunkt erreicht. 37 % der Befragten nur glaubten, daß Erhard das Zeug zum Bundeskanzler habe und seine Sache gut mache. Kritische Kommentatoren bezweifelten nicht nur seine Eignung für das schwere Amt, sie bezweifelten allmählich auch, daß ihm dessen Anforderungen recht bewußt seien und daß er sich den Anforderungen mit der erforderlichen Energie und dem rechten Fleiß stelle. Man vermerkte seine häufigen und langen Reisen an den Tegernsee und seine kurzen Arbeitstage. Er kam gegen neun, aß gewöhnlich um eins daheim zu Mittag, kehrte kaum vor drei zurück ins Amt und verließ seinen Schreibtisch selten nach sieben. Daß er kein Aktenleser war, wußte man. Auch im Kanzleramt wurde beschriebenes Papier von seinem Schreibtisch möglichst ferngehalten. Westrick trug ihm das wichtigste vor. Politik als zähe Arbeit am Detail, die umfassende und präzise Kenntnissse verlangte, lag Erhard nicht. So ließ er sie links liegen. „Er präpariert sich nicht, so weiß er eben nichts", notierte Krone.[232] Erhard las nicht nur weniger, er schrieb auch weniger Briefe als Adenauer und empfing weniger Besucher.[233] Barzel beklagte sich um diese Zeit im Montagskreis darüber, daß er in den letzten Wochen etwa zehn Briefe an den Kanzler geschrieben habe, die allesamt noch unbeantwortet seien. Westrick bat die Abteilungsleiter, sie „kurz unter Hinweis auf die Montagsgespräche (zu) beantworten".[234] Für viele Besucher brachte Erhard kein wirkliches Interesse auf. Osterheld erlebte wieder und wieder, daß in Gesprächen mit ausländischen Besuchern, wenn es nicht gerade die Botschafter der großen Mächte waren, nach wenigen Minuten der Gesprächsstoff ausging und die Unterhaltung vorzeitig beendet wurde.[235] Andererseits dauerten Kabinettssitzungen mangels Konzentration und Führung meistens länger als zu Adenauers Zeiten, und brachten die Dinge gleichwohl seltener zur Entscheidungsreife. Erhards politische Referate und Diskussionsbeiträge im Kabinett, in der Fraktion, in anderen Gremien waren nie sonderlich argumentationssicher, folgerichtig, genau und verständlich gewesen. Seit er Kanzler war und über Dinge sprechen mußte, mit denen er nicht hinreichend vertraut war und die er nicht beherrschte, wurden sie vollends zusammenhangslos und fahrig und wurden es um so mehr, als Erhard im stillen zumindest ahnen mochte, daß seine Reden ausreichender Kenntnis häufig ermangelten: Selbstverständlichkeit reihte sich an Platitüde und Platitüde an Selbstverständlichkeit, Wortbombast wurde über Unverstand gehäuft, Sinn verlor sich in Satzkatarakten. An schlechten Tagen - und Erhard hatte nur noch wenig gute - wirkten Teile seiner Reden wie veritable Kabarettnummern und wie schlechte, weil grotesk überzeichnende, noch dazu. In seinen öffentli chen Reden geriet überdies eine hergebrachte Neigung zum beinahe unwiderstehlichen und in seiner Allgegenwart als zunehmend ridikül empfundenen und billig ironisierten Drang. Je weniger Erhard mit den Überforderungen des neuen Amtes und den inneren und äußeren Anfechtungen, die daraus folgten, fertig wurde, um so mehr tröstete er sich mit der Bekundung seiner unvergänglichen Leistungen, seiner historischen Größe und seiner politischen Unentbehrlichkeit. „Wenn der Strom der Kritik allzu heftig wird“, schrieb der SPIEGEL, „greift Erhard zu einem probaten Hausmittel und entkorkt ... eine Erhard-Originalabfüllung, Spätlese 1948“.[236] Das war im April und von einer gewissen amüsierten Süffisanz.

Mitte November erlebte der Hamburger Moraltheologe Helmut Thielicke, selbst nicht eben ein Mann von übertriebener Bescheidenheit, Erhard als Tischredner beim Kulturkongreß der CDU und war über den Auftritt so fassungslos, daß er ganz und gar unamüsiert an Eugen Gerstenmaier schrieb. Jeden habe Erhards Rede mit tiefer Sorge erfüllt. „Ich glaube, daß dieser bedauernswerte und respektable Mann bald sanatoriumsreif ist (um es noch milde auszudrücken). Er sagte einmal ungefähr folgendes: „Ich kann nur mit Grauen daran denken, daß der Mann, der unser Volk aus tiefster Nacht wieder ans Licht seines heutigen Wohlstands geführt hat, eines Tages nicht mehr sein könnte“. Wir sahen uns fragend und ratlos an: Wen könnte er mit dieser hochpathetischen Floskel meinen? Und schon fuhr er fort: „Ich habe es nicht nötig, mich hier selbst zu rühmen ...“ Er hatte also sich selber gemeint. Das war makaber“.

Makaber war das natürlich nicht gleich. Erhard war deswegen auch nicht schon reif für die Nervenheilanstalt. Und Thielickes politisch ahnungslose Forderung, ihn als Kanzler schnellstens abzulösen, blieb selbstverständlich unerhört. An seiner psychologischen Deutung der Rede mochte aber manches dran sein: „Dieser arme Mann, der ein so glänzender Wirtschaftsminister innerhalb bestimmter Perioden war, erkennt genau, daß er seiner jetzigen Aufgabe nicht gewachsen ist. Seine große Empfindlichkeit und sein guter Charakter lassen ihn unter seinem Versagen entsetzlich leiden und machen ihn entsprechend wehrlos. Unter diesem schrecklichen Druck flüchtet er sich in ein übersteigertes Sendungsbewußtsein, in einen Martyriumsrausch und in Sentimentalitäten. Was soll da werden?“[237]

Das fragte sich um diese Zeit auch Alfred Müller-Armack. Müller-Armack fiel aufs Gemüt, daß Erhard unter dem Druck der unbewältigten Aufgabe noch einer anderen, in vieler Hinsicht komplementären Neigung zusehends weiter nachgab. Die Kehrseite des sentimentalen Sendungsbewußtseins war eine Art trutziger Wagenburgmentalität. Erhard verschanzte sich mit den Getreuen, bei denen er weiterhin Bestätigung fand, im Kanzleramt und verstand abweichende Meinungen, geschweige denn Kritik vor allem als Ausdruck von Undank, Unverstand und Übelwollen. Dem Rat Außenstehender war er immer weniger zugänglich, dem Rat der wenigen, denen er noch vertraute, deswegen immer mehr ausgeliefert. Müller-Armack hatte zu den wahrhaft Vertrauten nie gehört und war bei Erhards Wechsel ins Kanzleramt auf eigenen Wunsch hin und im Innersten doch unwillig an die Universität zurückgekehrt. Erhard hatte ihn ziehen lassen und ihn, eher einer sentimentalen Regung als einem Bedürfnis folgend, zu einer Art persönlich-halboffiziellen Berater bestellt. Seitdem traktierte Müller-Armack ihn von Zeit zu Zeit mit Memoranden zur Wirtschafts- und Europapolitik und mit allgemeinen Ratschlägen. Dabei folgte er der Maxime, daß nötiger und guter Rat nicht in Lobversicherung, sondern in kritischer Reflexion und gegebenenfalls in Widerspruch bestände und deshalb vowiegend unbequemer Rat zu sein hätte. Im Oktober behelligte er Erhard unter dieser Voraussetzung mit Ratschlägen zur Energiepolitik. Die Probleme des deutschen Bergbaus waren grundsätzlich ungelöst und wurden eben wieder akut. Politische Entscheidungen standen an. Die Bundesregierung schob sie vor sich her, und Erhard hielt Reden, die den Bergbau arg verdrossen, weil er sich durch sie gekränkt fühlte.[238] Müller-Armack warf Erhard beides vor und sagte, was seiner Ansicht nach zu tun wäre. Erhard gefielen weder der Vorwurf noch der Vorschlag. Während eines abendlichen Telephongesprächs kam es darüber zu einem heftigen Streit. Keiner lenkte ein, man verabschiedete sich unversöhnt. Müller-Armack ließ drei Wochen vergehen, dann kündigte er Erhard schriftlich die „von mir mit großem inneren Aufwand geführte Beratung", weil er sie „aus dem Mangel an Resonanz bei Ihnen als gescheitert ansehen" müsse. Er ließ es bei der Kündigung freilich nicht bewenden. Er nutzte vielmehr die Gelegenheit dazu, Erhard in jener freundschaftlichen Gesinnung, „zu der ich mich trotz persönlicher Enttäuschungen im letzten Jahre bekannt habe", zu sagen, wo er stehe und welche Konsequenzen daraus zu ziehen wären. Erhards Position und Politik befänden sich in einer allgemeinen Krise. „Ich hoffe nur, daß Sie über diese zutreffend informiert werden". Die Kritik an seiner Regierungsführung, am Mangel echter Entscheidungen und an der Widersprüchlichkeit seiner Reden wachse von Tag zu Tag. Seine politischen Freunde wendeten sich in Scharen von ihm ab. Wenn es so weitergehe, dann sei zu bezweifeln, daß er bis zur Wahl durchhalte. Er stehe jetzt vor der Alternative, so weiterzumachen und dem „progressiven Schwund des Vertrauens", der auch schon die Wählermassen erreiche, seinen Lauf zu lassen, oder „eine sofortige Reorganisation Ihrer Arbeitsweise und Ihres Amtes" durchzuführen. In solchem Falle gelte es, weniger Reden zu schwingen, „die sichtlich nicht mehr ankommen", und mehr konzeptionelle Arbeit zu leisten, eigene Initiativen zu entfalten und „Weisungen von eindeutiger Klarheit" zu geben, die „unter dem Einfluß anderer Kräfte" nicht wieder umgestoßen werden. Schließlich müsse er internationale Verhandlungen sehr viel sorgfältiger als bisher vorbereiten. „Nachdem meine Versuche, Sie in der Gesellschaftspolitik, in der Europapolitik und in der Energiepolitik zum Handeln zu veranlassen, fehlgeschlagen sind, habe ich zwar selbst keinen Glauben, daß Sie auch nur bereit sind, eine solche Umstellung zu vollziehen; aber die Dinge sind für uns alle zu gefährlich, als daß ich Sie nicht klar darauf hinweisen möchte, daß Sie bei der Weiterführung Ihres bisherigen Regierungsstils Ihre und unsere Chancen verspielen".[239]

An Müller-Armacks Brief schrieben die Enttäuschung und der Ärger mit. Deshalb mochte darin manches dramatisch überzeichnet sein. Andererseits war er in intimer Kenntnis von Erhards Anlagen und Attitüden und in aufrichtiger Sorge geschrieben. Deshalb war er im wesentlichen richtig und behielt er im Zweifel recht. Erhard stellte Amt und Arbeitsweise nicht um. Wie hätte er das können? Die Dinge nahmen ihren Lauf; nur nicht so schnell, wie Müller-Armack befürchtete.

Ein Einbruch und ein „Durchbruch"

In den letzten sechs Wochen des Jahres 1964 gingen zunächst einmal die Kämpfe gegen den einheitlichen Getreidepreis und für die MLF verloren. Der Kampf gegen den Getreidepreis wurde eingestellt, nachdem er die Bundesrepublik in der EWG isoliert, die Kennedy-Runde in Gefahr gebracht und deshalb auch die USA bedenklich gestimmt hatte. Die MLF scheiterte, weil Großbritannien und Frankreich sie nicht wollten und weil den USA ein deutsch-amerikanisches Bündnis im Bündnis, das England und Frankreich gegen sich hatte, die Mühe und den Ärger nicht wert war.

Am 4. November war Johnson mit mehr als komfortabler Mehrheit zum Präsidenten aus eigenem Recht gewählt worden. Erhard wünschte und erwartete, daß er nun so schnell wie möglich nach Europa käme und in persönlichen Gesprächen mit de Gaulle, dem britischen Premierminister und ihm selbst, vielleicht auch mit allen gemeinsam, Vertrauensgrundlagen schaffte, auf denen sich ein Ausgleich der unterschiedlichen Meinungen, Interessen und Absichten finden ließe. Das entsprach seinem Politikverständnis, und davon redete er schon seit Monaten. Johnson aber hatte anderes im Sinn. Er wollte - oder glaubte, dies zu müssen, ob er wollte oder nicht - seine Energie und Amerikas Kräfte auf den Krieg in Vietnam konzentrieren, dazu *seinen* Frieden mit allen drei europäischen Verbündeten machen und jene Verbündete im übrigen *deren* Querelen überlassen. Das wurde rasch offenbar und verdüsterte die Aussichten auf die MLF um so mehr, als zugleich offenbar wurde, daß die britische Labour-Regierung zwar eine atlantische Atomstreitmacht anstrebte, das amerikanisch-deutsche MLF-Konzept aber ablehnte.

Davon unterrichtete Außenminister Gordon-Walker in der ersten Novemberhälfte erst die amerikanische und dann die Bundesregierung, ohne schon vollends abgeschlossene und präzise Gegenvorstellungen zu unterbreiten. Verteidigungsminister von Hassel, der sich kurz nach Walker in Washington aufhielt, um nach den ziemlich erschreckenden Erfahrungen in Fallex 64 über beruhigende strategische Konsequenzen zu sprechen und auf die „genauere Definition des Zeitpunktes des Einsatzes nuklearer Waffen" zu drängen, bekam noch gesagt, daß die amerikanische Regierung nicht vorhabe, deswegen von ihrem Konzept und dessen baldiger Verwirklichung abzurücken. Er bekam freilich auch schon gesagt, daß der politische und publizistische Widerstand gegen die MLF in den Vereinigten Staaten zunehme.[240] Wenig später, am 23. November 1964, gab der britische Premierminister Wilson eine verteidigungspolitische Erklärung im Unterhaus ab. Er sagte, daß Großbritannien eine multilaterale Atomstreitmacht, die im wesentlichen aus Überwasser-Schiffen mit gemischter Besatzung bestehe, auch deshalb ablehne, weil sie im Lauf der Zeit Deutschlands Finger an den atomaren Abzugshahn bringen könne. Außerdem müsse die MLF in Einklang mit dem Prinzip der Nichtverbreitung von Atomwaffen und mit vorrangigen Bemühungen um Entspannung und Rüstungskontrolle gebracht werden. Das klang aus Labour-Mund in offiziellen deutschen Ohren allemal nach militärisch verdünnten Zonen unter Einschluß Deutschlands und deshalb übel. Erhard war über die Rede denn auch außerordentlich beunruhigt und verärgert. Da sich Schröder ohnehin gerade in Washington aufhielt, ließ er ihn durch Carstens bitten, die amerikanische Regierung erneut auf das gemeinsame Projekt einzuschwören.[241]

Unterdessen hatte de Gaulle die Bundesregierung über seinen Vertrauten Maurice Schumann an sein Angebot vom Juli erinnert und sie wissen lassen, daß er darauf „brenne ..., die Frage einer Europäisierung der force de frappe mit (ihr) zu erörtern". Unmittelbarer Empfänger der Botschaft war abermals Carstens. Carstens wiederholte seine Empfehlung, zumindest auf das Gesprächsangebot einzugehen. Schröder vermerkte auf der schriftlichen Fassung der Empfehlung: „Die Franzosen können doch wohl kaum erwarten, daß wir zwei Jahre über MLF bis zur Unterschriftsreife verhandeln und dann auf vage Andeutungen hin abspringen". Noch vor seiner Amerikareise sprach er während einer Zugfahrt von Bonn nach Darmstadt, wo an diesem Tage Heinrich von Brentano beerdigt wurde, mit Erhard darüber und war schnell mit ihm darin einig, de Gaulles Avancen erneut unbeachtet zu lassen.[242]

Erhard sagte ein paar Wochen später mit jener Unverblümtheit, die er für gute Diplomatie hielt, zum amerikanischen Botschafter, wofür er jene Avancen ansah. Frankreich habe sich mit der force de frappe wirtschaftlich übernommen und kokettiere mit Deutschland, damit es ihm aus der Patsche helfe. Darauf lasse er sich nicht ein. Er wolle deutsches Geld nicht „in einen Wolfsrachen" werfen. De Gaulle möge Frankreich ruinieren und die force de frappe dann in die Konkursmasse einbringen. Die MLF sei hingegen eine gute Geldanlage.[243]

Fraglich war nur, ob sie überhaupt je eine Geldanlage würde. In den ersten Dezembertagen nahmen die britischen Vorstellungen feste und in einen offiziellen Text gefaßte Gestalt an. Am 7. Dezember reiste Premierminister Wilson nach Washington und trug sie der amerikanischen Regierung vor. Vier Tage später wurden sie Schröder von Außenminister Gordon-Walker in London erläutert. Darin war die MLF der Sache und dem Namen nach aufgegeben. Die „Regierung Ihrer Majestät" schlug vor, anstelle der MLF eine „Atlantic Nuclear Force" (ANF) ins Leben zu rufen, die alle der NATO anvertrauten nuklearen Waffen unter *einem* Kontrollsystem zusammenfaßte, den nichtnuklearen Mitgliedern, namentlich aber Deutschland, größeren Einfluß auf die nukleare Planung und Strategie im Bündnis verschaffte und jedem Land, das nicht sofort beiträte, namentlich aber Frankreich, zu jedem späteren Zeitpunkt zugänglich wäre. Zu diesem Zweck wollte die britische Regierung auf die Entwicklung einer nationalen Abschreckungsmacht künftig verzichten und ihren gesamten Atomwaffenbestand, mit der geringen Ausnahme einiger V-Bomber, die sie für bleibende Verpflichtungen außerhalb des NATO-Raums benötige, in die ANF einbringen. Das waren eine Bomber- und eine U-Boot-Flotte. Sie erwartete, daß die USA gleich viele U-Boote und als Äquivalent für die Bomber einige Mittelstrecken-Raketen zur Verfügung stellten. Das Eigentum an den Bombern, U-Booten und Raketen sowie deren Bedienung bliebe den Amerikanern und den Engländern vorbehalten. Die Unterstellung unter NATO-Kommando konnte aber nicht rückgängig gemacht werden. Daneben sollten „Einheiten mit gemischter Besatzung und im gemeinsamen Eigentum", geschaffen werden, „an welchen sich die ... Nicht-Atommächte beteiligen könnten". Falls dieses Kontingent aus Überwasserschiffen bestände, wollte England daran nicht teilnehmen. Andererseits müßten dann die Vereinigten Staaten daran teilnehmen, damit das Nichtverbreitungs-Prinzip gewahrt bliebe. Großbritannien drängte allerdings darauf, von der - neu zu bauenden - Überwasser-Flotte abzusehen, weil sie militärisch unnütz und politisch unerwünscht wäre, und statt dessen an die gemischte Bedienung von bereits vorhandenen amerikanischen Minuteman-Flugkörpern zu denken. Alle Atomstreitkräfte würden einer neu einzurichtenden Behörde unterstellt, in der alle Mitglieder vertreten wären und gegen deren Einsatzentscheidungen den USA, dem Vereinigten Königreich, gegebenenfalls Frankreich sowie allen Teilnehmern an den gemischten Einheiten ein Veto zustände. Die Behörde handelte nach den Weisungen der Regierungschefs und wäre die politische Autorität eines ausschließlich für die ANF zuständigen Oberbefehlshabers.[244]

Erhard, Schröder und von Hassel hielten das alles für höchst verfehlt. Andererseits war nichts davon eigentlich neu. Das Dokument faßte nur verbindlich zusammen, was die britische Regierung im einzelnen und nicht immer ganz und gar widerspruchsfrei bereits hier und dort von sich gegeben hatte. Deshalb überraschte und erschreckte es die Bundesregierung nicht sonderlich. Etwas anderes erschreckte sie hingegen sehr. Und den Schreck hatte sie schon weg, als das britische Memorandum einging.

Sie hatte tags zuvor erfahren, daß die amerikanische Regierung den britischen Vorschlag nicht kurzweg ablehnte. Johnson machte die zunehmend kritische Haltung, die der Kongreß und die Öffentlichkeit zur MLF einnahmen, und das beinahe demonstrative Wohlwollen, mit dem sie Frankreich und de Gaulle begegneten, schwer zu schaffen. Er begriff das abweichende britische Konzept als Gelegenheit, die Sache auf die lange Bank zu schieben und dort - mit Adenauers Worten - womöglich verkümmern zu lassen. Zugleich wandte er sich mit wieder größerem Nachdruck den amerikanischen Plänen für ein Nichtverbreitungs-Abkommen zu. So hatte er Wilson bei dessen Besuch in Washington versichert, daß er das ANF-Projekt für durchaus erwägenswert halte, und im übrigen die Erwartung kundgetan, daß England und Deutschland sich einigten, bevor die USA mit Europa weiterverhandelten.[245]

Erhard bat McGhee zu sich und versuchte ihm klarzumachen, warum die Bundesregierung den britischen Vorschlag nicht für erwägenswert und Einigungsbemühungen deshalb für wenig erfolgversprechend halte. Auf die Überwasser-Flotte könne nicht verzichtet werden, sie dürfe auch nicht kleiner sein als geplant und Großbritannien müsse sich daran beteiligen. Die Absicht, Schiffe durch Bomber zu ersetzen, lehne die Bundesregierung ab, weil die britischen Bomber nicht viel mehr seien als geformter Schrott. Dagegen bestehe die Bundesregierung darauf, daß die MLF ohne weitere Umstände dem Alliierten Oberbefehlshaber Europa (SACEUR) unterstellt und weder eine besondere politische noch eine zusätzliche Kommandobehörde dafür eingerichtet würden. Die Unterstellung unter SACEUR betone den wesentlich europäischen Charakter der Streitmacht, die Einrichtung eigenständiger Behörden verflüchtige ihn. Andererseits solle das Vetorecht auf die USA beschränkt bleiben.

Erhard nützte die Gelegenheit, um McGhee auch mitzuteilen, wie weit der Wille der Bundesregierung von jüngsten Äußerungen Adenauers und Strauß' entfernt sei. Adenauer habe Anfang November *nicht* in seinem Auftrag mit de Gaulle gesprochen und was Strauß sage, beeindrucke ihn nicht, weil es falsch sei. Was Strauß sage, sei der Widerhall de Gaulleschen Denkens. Beide dächten und sagten, daß eine MLF überflüssig wäre, weil die USA und die Sowjetunion einander mit ihren strategischen Atomwaffen ohnehin in Schach hielten. „Man müsse aber anders argumentieren": So wie die Dinge gegenwärtig lägen, könne die Sowjetunion einen auf Europa begrenzten Krieg für möglich und erfolgversprechend halten, weil sie daran zweifle, daß die USA bereit seien, Europa mit Atomwaffen zu verteidigen und daraufhin selbst zerstört zu werden. Gebe es aber die MLF, könne die Sowjetunion nie ganz sicher sein, daß nicht wenigstens die eingesetzt werde.[246]

Das war ebenso kurios wie verwirrt. Erhard stritt gegen Ansichten von de Gaulle und Strauß, die beide *so* nicht vertraten, indem er sich Gedanken de Gaulles in einer Weise anverwandelte, die jene Gedanken um ihren Sinn brachte. De Gaulle und Strauß hielten die MLF für untauglich, eine europäische Atomstreitmacht aber keineswegs für überflüssig. Im Gegenteil: Sie wünschten derlei Streitmacht, weil sie der amerikanischen Bereitschaft, Europa atomar zu verteidigen, nicht trauten. Erhard mochte ihr trauen, *ver*traute anscheinend aber nicht mehr darauf, daß die Sowjetunion daran glaubte. Praktisch kam das aufs gleiche raus. Es ließ so und so eine europäische Atomstreitmacht als geraten erscheinen, die von Amerika unabhängig wäre. Die MLF wäre *nicht* unabhängig. Sie sollte es nicht sein. Die Vereinigten Staaten konnten ihren Einsatz allemal verhindern. Die Sowjetunion mußte die MLF bei einem begrenzten Angriff nicht mehr fürchten als das ausschließlich amerikanische Potential. Mit dieser Begründung wurde sie von de Gaulle und Strauß, auch von Adenauer, Krone und anderen verworfen. Statt dessen hatte Strauß wenige Tage zuvor auf der zweiten internationalen Wehrkundetagung im Sinne de Gaulles empfohlen, die NATO in ein europäisch-amerikanisches Schutzbündnis auf Gegenseitigkeit umzuwandeln und sich für die militärische Organisation Europas unter veränderten politischen Umständen und in nuklearstrategischer Perspektive des Konzepts der Europäischen Verteidigungsgemeinschaft zu erinnern.[247]

Während Erhard in Bonn mit dem amerikanischen Botschafter sprach, verhandelte Schröder in London mit Wilson und Gordon-Walker. Die beiden Außenminister und der britische Premierminister beharrten mit Entschiedenheit, wenn auch in verbindlichsten Wendungen, auf ihren weit voneinander abweichenden Standpunkten. Auf der NATO-Ministerratstagung, die kurz danach stattfand, wurde deutlich, daß es sich in ihrer Distanz zueinander um zwei isolierte Standpunkte handelte. Schröder trat dort noch einmal mit starkem Nachdruck für das alte MLF-Konzept ein, verteidigte damit aber eine Position, die alle anderen aufgegeben hatten, ohne sich der britischen bemerkenswert anzunähern. Frankreich reagierte auf den Parforce-Ritt mit aggressiver Schärfe.

Was die USA wollten, wurde derweil immer unklarer. Kurz nach der NATO-Tagung sprach Schröder mit McGhee. McGhee sagte sibyllinisch, daß Johnson die MLF „nicht erzwingen" wolle. Sie müsse sich „natürlich entwickeln". Schröder gewann den Eindruck, daß die Amerikaner das Interesse an der MLF verlören und deshalb selbst nicht mehr ernsthaft nach Lösungen suchten.[248] Ein analytischer Bericht des deutschen Botschafters in Washington rückte den Eindruck in etwas andere Perspektive. Knappstein schrieb, daß Johnson den Wunsch nach einer schnellen Verwirklichung des MLF-Projekts tatsächlich aufgegeben habe. Sein „Interesse an einer Lösung des nuklearen Problems in der Allianz unter Verwendung des MLF-Gedankens" bestehe aber unter veränderten Voraussetzungen fort. Die Änderung der Voraussetzungen schlage sich in einem Wandel der Zwecke und Verfahren nieder. Die neuen Voraussetzungen seien: Großbritanniens Bereitschaft, bei Einrichtung einer ihm genehmen NATO-Atomstreitkraft auf eine nationale Abschreckungsmacht zu verzichten, und die große Zustimmung, die Frankreichs starker Widerstand gegen die MLF in Amerika erfahren habe. Deshalb sei ihm - erstens - die britische Teilnahme jetzt mindestens ebenso wichtig wie die Befriedigung deutscher Interessen, und deshalb werde er - zweitens - kein Konzept gutheißen, das nicht gründlich mit Frankreich diskutiert wurde und Frankreich die Tür offenhalte. Amerika wünsche die multilateralen Streitkräfte noch, dränge aber nicht mehr darauf. Es trete die Initiative, die es vor zwei Jahren übernommen habe, an Europa ab und warte darauf, daß England und Deutschland sich einigten und mit Frankreich verständigten.[249]

Die Analyse entsprach alles in allem den Tatsachen, die inzwischen in einer präsidialen Direktive höchsten politischen Ausdruck gefunden hatten. Die MLF war preisgegeben. Sie war politisch tot, ohne gleich beerdigt zu werden. Das ist das übliche. Die amerikanische Regierung redete, um den Deutschen gefällig zu sein und sie von einer verärgerten Hinwendung zu Frankreich abzuhalten, noch ein Weilchen von ihrer prinzipiellen Nützlichkeit, ohne damit praktische Absichten zu verbinden.[250]

Er werde sich von de Gaulle nicht erpressen lassen, hatte Erhard im Herbst wieder und wieder gesagt. Er werde nicht etwa die MLF aufgeben, damit Frankreich vorläufig auf die

Bestimmung des gemeinsamen Getreidepreises verzichte. Eins habe mit dem anderen nichts zu tun. Das war sachlich richtig. Es gelang auch, beides auseinanderzuhalten. Es nützte nur nichts. Am Ende des Jahres war die MLF aufgegeben und der gemeinsame Getreidepreis angenommen.

Mitte November stimmte die französische Regierung einer gemeinsamen Ausnahmeliste der EWG für die Verhandlungen über die Senkung der Industriezölle in der Kennedy-Runde zu. Die Zustimmung versetzte sie in die Lage, Deutschlands andauernden Widerstand gegen die Vereinheitlichung der Getreidepreise als einziges Hindernis des gedeihlichen Fortgangs der Kennedy-Runde hinzustellen. Das und eine erneute Intervention der US-Regierung brachten Schröder zu der Einsicht, daß die Bundesregierung sich den Widerstand nicht länger leisten konnte. Am 19. November empfahl er Erhard, möglichst bald die deutsche Bereitschaft zur Annahme des gemeinsamen Preises zu erklären, den die Kommission seit einem Jahr vorschlug.[251] Im Grunde genommen war das zehn Tage vorher im Gespräch Adenauers mit de Gaulle auf Drängen Gerstenmaiers ja bereits geschehen. Erhard bestritt allerdings den offiziellen Charakter der Erklärung. Das entsprach nicht ganz der Wahrheit und war auch nicht ganz falsch, weil das Kabinett noch nicht mit der Frage befaßt gewesen war. Nach Schröders Brief wurde es damit befaßt. Außerdem verhandelten Erhard und sein Landwirtschaftsminister mit den Bauernverbänden über großzügige Ausgleichs- und Entschädigungsregelungen. Am 30. November einigte man sich. Den Landwirten wurden zusätzlich zu den Ausgleichsmaßnahmen der Gemeinschaft Steuerentlastungen, Betriebskostensubventionen und Sozialleistungen im Wert von jährlich 840 Millionen bis 1,1 Milliarden DM zugestanden. Das war mehr, als sie durch die Preisherabsetzung an Einnahmen einbüßten.[252] Tags drauf gab Wirtschaftsminister Schmücker im Ministerrat der EWG die lange erwartete Bereitschaftserklärung ab. Zur gleichen Zeit berichtete Erhard der Fraktion davon. Er bestritt, daß er „umgefallen" sei. Er bestritt nicht, daß die Entscheidung Geld kostete. „Aber für welche Zwecke haben wir nicht schon Geld ausgegeben!". Nur einer ergriff nach Erhard zur Sache noch das Wort. Das war Konrad Adenauer. Er sagte, daß man Zeuge eines Vorgangs von außerordentlicher Bedeutung sei, zu dem man „unseren verehrten Bundeskanzler" nur beglückwünschen könne und für den man ihm danken müsse.[253] Es fiel ihm nicht schwer, das zu sagen; denn *er* hatte sich durchgesetzt. Außerdem glaubte es ihm kein Mensch.

Zwei Wochen später, am 15. Dezember, erfolgte die Einigung im Rat der EWG und die Verabschiedung der gemeinsamen Getreidepreise, die am 1. Juli 1967 in Kraft treten sollten. Erhard sprach wieder am gleichen Tag vor der Fraktion. Nun sagte auch er, daß „die Einigung ... ein erstrangiges Ereignis von außerordentlicher Bedeutung" sei, mit der er sich unschätzbare Verdienste für die Einigung Europas erworben habe. Und im Gegensatz zu Adenauer glaubte er das auch. Ein „Durchbruch" sei gelungen, de Gaulle nunmehr bereit, über die politische Union „auf der Ebene der von uns vorgeschlagenen Konstruktion zu verhandeln". Holland zögere auch nicht länger. Ein neuer Anfang! „Und er ist getragen und beflügelt durch eine wirklich neue europäische Solidarität, die sich jetzt in Brüssel entzündet hat".[254]

Als Poesie gut - wenn man von dem „entzündet" absieht. Leider hielt Außenminister Schröder fast zur gleichen Stunde im NATO-Ministerrat eine prosaische Rede, die Frankreich so sehr ärgerte, daß es seine Beteiligung an Verhandlungen über das deutsche Europa-Konzept umgehend ausschloß.

Unterdessen hatten die Vereinigten Staaten bereits ihre Unzufriedenheit über die - zu hohen - Getreidepreise und dazu ihre Sorge bekundet, daß die Ausgleichszahlungen an die deutsche Landwirtschaft zu Lasten der Verteidigungsausgaben und namentlich der Offset-Käufe gehen könnten. Tatsächlich war die Finanzierung des Ausgleichs noch ungeklärt und die Sorge der Amerikaner nicht unberechtigt. Die Planung des Haushalts im Rechnungsjahr 1965 wies schon vor den Zugeständnissen an die Landwirtschaft einen ungedeckten Finanzierungsbedarf von ca. 1,5 Milliarden DM aus.[255] Außerdem war in stabilitätspolitischer Absicht wiederum ein Ausgabenplafond vorgesehen worden. Die Anforderungen überschritten den Plafond bereits. Finanzminister Dahlgrün machte Erhard darauf aufmerksam, daß die zusätzlichen Ausgaben ohne Kürzungen im Verteidigungshaushalt, die ihrerseits Neuverhandlungen über den Devisenausgleich als nötig erscheinen ließen, kaum unterzubringen wären.[256]

Als Erhard vom 20. Dezember bis zum 5. Januar an den Tegernsee retirierte, hatte er wenig Gründe, wohlgefällig auf das vergangene Jahr zurückzublicken und zuversichtlich auf das kommende Jahr vorauszuschauen. Die MLF-Verhandlungen standen vor dem Scheitern, und die Europa-Initiative schien auch diesmal nicht ins Stadium von Verhandlungen zu gelangen. Die Stabilität war weiterhin in Gefahr und der Haushaltsausgleich ungesichert. An deutscher Wiedervereinigung schien außer den Deutschen selbst niemand mehr ein Interesse zu haben, und das ewige deutsche Drängen darauf, sich gleichwohl dafür zu engagieren, wurde als zusehends lästig empfunden. De Gaulle gab sich unversöhnt, auf Johnson war kein Verlaß, Wilson störte und die innere Opposition lag auf der Lauer.

Versöhnung im Schloß?

Das neue Arbeitsjahr begann mit Adenauers 89. Geburtstag. Seinetwegen mußte Erhard wieder früher vom Tegernsee nach Bonn zurückkehren, als er eigentlich wollte. Und er *mußte* deswegen immer noch früher zurückkehren. Nach der Feier fand ein außenpolitisches Grundsatzgespräch mit Schröder, Barzel, Strauß und Westrick statt. Barzel hatte das Gespräch verlangt und durchgesetzt.[257] Barzels Ansehen und Selbstbewußtsein waren im abgelaufenen Jahr etwa in dem Maß gewachsen, in dem Erhards Ansehen und Selbstbewußtsein geschrumpft waren. Seit Anfang Dezember führte er die Fraktion nicht mehr nur stellvertretend, sondern als deren gewählter Vorsitzender. Und er *führte* sie in des Wortes engerer Bedeutung; entschieden und geschickt, effizient und - ambitioniert. Das Geschick und die Effizienz verschafften ihm, da sie mit einer gewissen Unbehaglichkeit des persönlichen Habitus einherkamen, nicht eben die Zuneigung, wohl aber die Zustimmung, den Respekt und die Wertschätzung der Fraktion. Und die Wertschätzung, der Respekt und die Gefolgschaft der Fraktion gaben den schnell erwachten Ambitionen Rückhalt. Anfang 1964 hätte Barzel im Traum nicht erwarten dürfen, Erhards Nachfolger zu werden, wenn Erhard aus irgendwelchen Gründen *bald* abträte. Anfang 1965 dachte er daran sehr konkret und nicht wenig aussichtsreich. Bis in jüngste Zeit hatte er eher daran interessiert sein müssen, Erhard als Kanzler eine längere Weile zu stützen und zu halten, ohne in den Sog des Ansehens- und Vertrauensverlusts der Regierung zu geraten. Nachdem schneller als erhofft die Zeit gekommen war, in der er selbst als Aspirant auf Erhards Amt galt, entfiel das Interesse. Erhard konnte nicht mehr einfach auf Barzel als - vorsichtigen und vermittelnden - Helfer gegen die „Frondeure", er mußte jetzt auch mit Barzel als Konkurrent rechnen. Er merkte das natürlich nicht gleich, weil es nur allmählich und zuletzt Erhard offenbar wurde. *Was* hingegen offenbar wurde, war Barzels Wille, in die Meinungsbildung der Regierung einbezogen zu werden und auf die Entscheidungen des Kanzlers Einfluß zu

Grund zur Freude ? - Erhard mit Barzel

nehmen. Der Wille war stark, vom Amt, das Barzel versah, legitimiert und deshalb, so erwies sich, höchst durchsetzungsfähig.

Es war eine merkwürdige Gesprächsrunde, die jener Wille dem Kanzler gegen dessen Widerwillen gleich nach der Rückkehr aus dem Urlaub aufgenötigt hatte. Keiner verstand sich wahrhaft mit irgendeinem anderen. Schröder, Strauß und Westrick waren einander spinnefeind und beobachten Barzel mit Ungunst und Mißtrauen. Barzel lavierte zwischen Schröder und Strauß und war darauf aus, daß beide in ihrem Ehrgeiz einander paralysierten. Alle vier miteinander, wenn auch jeder auf seine Weise und mit anderen Konsequenzen, hielten Erhard als Kanzler für untauglich. Schröder war das recht, weil es ihn zum eigentlichen, so gut wie unabhängigen Leiter der deutschen Außenpolitik erhob. Westrick *wäre* es vielleicht recht gewesen, wenn es Schröder *nicht* dazu erhoben hätte. Er war mit Schröders Politik nicht durchweg einverstanden, er kam persönlich nicht mit Schröder klar und es verdroß ihn, daß Schröder den Kanzler zu fast allem, was er wollte, an Westrick vorbei auch brachte. Er sei „sauer", sagte er wenig später zu Osterheld und sparte in seinem Ärger nicht mehr mit kritischen, ja abfälligen Bemerkungen über Erhards Persönlichkeit und Talente.[258] Für Strauß und Barzel war Erhards Untauglichkeit ein Nährboden ihrer eigenen Ambitionen. Dabei glaubte Strauß, seiner politischen Position und seinem Temperament gemäß, jenen Ambitionen eher durch Rauheit und offene Opposition zu dienen, während Barzel den seinen eher durch Geschmeidigkeit und den Anschein von Unterstützung zu nützen hoffte. Erhard seinerseits mißbilligte und fürchtete Strauß, folgte politisch gewöhnlich Schröder, den er merkwürdigerweise auch persönlich mochte, hörte politisch neuerdings auch auf Barzel, den er persönlich nicht besonders mochte, und verließ sich - zu Recht aber nicht mehr billig - noch immer auf Westrick.

Die fünf so zueinander oder besser: gegeneinander gestellten Männer, die nebst dem eben gefeierten Konrad Adenauer in den nächsten zwei Jahren über die deutsche Politik und damit zugleich über Ludwig Erhards politisches Schicksal bestimmten, kamen bei ihrem abendlichen Gespräch mehr oder weniger überein, die MLF bis zu den Wahlen auf sich beruhen zu lassen, das Verhältnis zu Frankreich mit bestem Willen und nach Kräften zu verbessern und die drei Westmächte für eine gemeinsame, offene und überzeugende Bekundung ihres deutschlandpolitischen Engagements zu gewinnen.

Die Vertagung der MLF war ein von Erhard und Barzel vorbesprochener Formelkompromiß zwischen der endgültigen Aufgabe des Projekts, die Strauß mit Nachdruck, Barzel andeutungsweise und Westrick unausdrücklich vertraten einerseits, und Schröders entschiedenem, Erhards unentschiedenem Wunsch, es doch noch zu verwirklichen andererseits. Der Kompromiß und seine Formelhaftigkeit reflektierten in gewisser Weise die Haltung der amerikanischen Regierung zur MLF und die Mitteilungen, die sie der Bundesregierung darüber zugehen ließ. Am Morgen war McGhee bei Erhard gewesen und hatte ihm gesagt, daß man die MLF in Amerika nicht schlechthin aufgegeben, sie aber eigentlich immer nur als *eine* Option angesehen habe, neben der man andere Optionen - im Lichte des Nichtverbreitungsprinzips übrigens - überlegen und prüfen müsse. Wobei die amerikanische Regierung allerdings von sich aus zunächst keine neuen Überlegungen und Prüfungen anstellen werde, sondern dies - abwartend - den Europäern, namentlich den Deutschen und den Briten, überlasse. Ähnliches schrieb Rusk eine Woche später an Schröder. Während Erhard sich mit einem vorübergehenden Ausdruck der Enttäuschung in die Umstände schickte, gaben Schröder und Carstens - schwer ergrimmt, wie McGhee nach Washington berichtete - keineswegs auf. Sie führten McGhee vor Augen, daß die Preisgabe der MLF wie ein Sieg de Gaulles wirkte und ließen ihn bewußt im unklaren darüber, ob sie durch eine Reorientierung der deutschen Bündnispolitik auch tatsächlich zu einem würde. In Washington war man eine Weile ernsthaft besorgt, daß die Bundesregierung sich unterm Druck der „Gaullisten" auf atomare Gemeinsamkeit mit Frankreich einließe.[259]

Das war natürlich weder Erhards noch gar Schröders Absicht. Intern, im Bundesverteidigungsrat, lastete Schröder im Verein mit von Hassel vielmehr de Gaulle den Hauptteil der Schuld am gegenwärtigen MLF-Debakel an und drängte darauf, das Projekt über das Debakel hinweg weiterzuverfolgen, damit de Gaulle nicht den Eindruck gewänne, daß die Sache vom Tisch sei.[260] Auch im übrigen dachte der Außenminister nicht daran, die Mißhandlung durch Amerika in eine Verbesserung des Verhältnisses zu Frankreich umzumünzen. Er versuchte vielmehr, de Gaulles gewiß nicht absichtslosen Vorschlag abzuwehren, das fällige Routinetreffen möglichst bald und - ein wenig außerhalb der Routine - möglichst intim, ohne große Minister- und Beamtenentourage in Schloß Rambouillet stattfinden zu lassen. Der Versuch mißlang allerdings. Abgesehen davon, daß die „Gaullisten" bei einer Zurückweisung zum Sturm geblasen und den Staatsnotstand ausgerufen hätten, war Erhard von der Bitte zum halbprivaten Plausch nach Rambouillet viel zu geschmeichelt, als daß er sie hätte ausschlagen können. Am Abend des 5. Januar wurde beschlossen, daß er sie annähme, und Erhard versicherte wenig später die Fraktion seiner Bereitschaft, im Gespräch mit de Gaulle „bis an die Grenzen des Möglichen" zu gehen.[261] Was das konkret heiße, blieb ungesagt. Die definitiven deutschen „Atlantiker" beunruhigte es in seiner Unklarheit nicht wenig und um so mehr, als de Gaulle von der abweisenden Schroffheit des letzten halben Jahres neuerdings auf sanftmütige Verlockung mit einem sachte drohenden Unterton umgeschaltet hatte.[262] Frankreich wünsche unverändert die enge freundschaftliche Zusammenarbeit mit Deutschland und sei willens, deutschen Vorstellungen und Interessen zu diesem Zweck weit entgegenzukommen. In Rambouillet müsse sich herausstellen, ob sein guter Wille dabei einer praktischen Möglichkeit begegne. Das Treffen werde für die weiteren deutsch-französischen Beziehungen entscheidend sein.[263] Die Sorge der „Atlantiker" war groß, daß der Druck der Gaullisten, die Pariser Beschwörungen und die Atmosphäre in Rambouillet, die selbst Adenauer Stunden bereuter Schwäche bereitet hatte, Erhard gleichsam bis zur Selbstvergessenheit zusetzen könnten. Kurt Birrenbach gab ihr Ausdruck. Eine Woche vor der Reise nach Rambouillet, schrieb er an Erhard, daß sowohl die Wiederannäherung an Frankreich wie eine Beschleunigung der europäischen Einigung als höchst wünschenswert erschienen, daß jegliches Bemühen darum jedoch an drei französischen Absichten bzw. Widerständen seine Grenze finden müsse: an der Absicht, ein „europäisches Europa" zu begründen, an der Absicht, die Verteidigung Europas unabhängig von Amerika zu organisieren, und am Widerstand gegen alle Formen politischer und militärischer Integration.[264]

Erhard beruhigte Birrenbach und dessen Freunde. Und er beruhigte ohne Aufforderung und Not auch die Amerikaner. Vier Tage vor dem Treffen mit de Gaulle empfing er wie üblich McGhee und sagte ihm, daß Deutschland sich auf den nuklearen Schutz durch die USA verlasse und mit Frankreich allenfalls im Rahmen einer integrierten NATO-Atomstreitmacht zusammenarbeiten werde. Am deutschen Verhältnis mit Amerika habe sich nichts geändert. Deutschland bleibe Amerikas treuester Verbündeter und stehe zu ihm. Er werde mit de Gaulle über die Einigung Europas reden. Das dürfe aber „nicht so verstanden werden, als wolle er von den Vereinigten Staaten abrücken; im Gegenteil, er hoffe, damit und darin im Sinne Johnsons zu handeln." Nach weiteren vorauseilenden Entschuldigungen für die prospektive Freundlichkeit beim Gespräch mit dem französischen Staatspräsidenten wurde es Westrick zuviel. Er „warf ... ein, der Botschafter habe ja schon gesagt, daß die USA die deutsch-französische Freundschaft sehr begrüßten und wünschten."[265]

McGhee übermittelte Erhards Demutsgeste umgehend nach Washington, und Sicherheitsberater Bundy notierte für Johnson: „There never was much to worry about in Erhards visit to de Gaulle; now there is nothing".[266] Das stimmte, aber man hätte es im Weißen Haus ja nicht wissen müssen. Zumal man dort mitnichten geneigt war, Erhards Treueschwüre mit adäquaten Bekenntnissen zu entgelten. Er halte es für schlechthin unangebracht, hatte Johnson nach McGhees Bericht über dessen vorhergehende Unterhaltung mit Erhard gesagt, daß Deutschland ihn mit ewig wiederholten Fragen zur Festigkeit der amerikanischen Absichten oder zur Richtung seiner Politik behellige. Rusk gab es an den Botschafter weiter, und der gab bei nächster Gelegenheit zu, daß derlei Attitüde in der Tat „irrational und unreif" sei. So aber sei zur Zeit nun mal die ganze deutsche Politik. Da man das kaum ändern könne, müsse man sich in Geduld üben „and wait them out".[267] Unter dieser Voraussetzung wurde der deutsche Wunsch, daß die drei Westmächte gemeinsam mit der Bundesrepublik eine demonstrative, wenn auch praktisch nutzlose Wiedervereinigungs-Initiative auf den Weg brächten, in Washington dilatorisch behandelt.

Nicht anders wurde er in Paris traktiert. Auch de Gaulle lehnte eine deutschlandpolitische Viermächte-Initiative den Deutschen ins Gesicht hinein nicht kurzweg ab, hielt sie aber eigentlich für unangebracht und war im stillen entschlossen, sich nicht darauf einzulassen. Er hatte dafür allerdings andere Gründe als Johnson. Die Amerikaner wollten die Initiative nicht, weil der vorrangige Zweck ihrer Ostpolitik Entspannung und die ausdrückliche Aktualisierung der Viermächte-Verantwortung für die deutsche Wiedervereinigung dem Zweck zuwider war. De Gaulle wollte sie nicht, weil er die Möglichkeit deutscher Wiedervereinigung inzwischen in die vorrangigen Zwecke *seiner* Politik - die politisch-militärische Verselbständigung Europas unter französisch-deutscher Führung - hineingedacht hatte. Erhard erfuhr das bei seinem Besuch in Rambouillet.

Die winterliche Begegnung im Schloß am Stadtrand von Paris unterschied sich in allem vom sommerlichen Treffen in den Bonner Amtsgebäuden, nur im mittelfristigen Ergebnis nicht. Sie sollte sich nach dem übereinstimmenden Willen de Gaulles und Erhards in allem davon unterscheiden, weil Erhard auf eine harmonische Begegnung mit positivem Ausgang innenpolitisch angewiesen war und weil de Gaulle die Beziehungen zu Deutschland nicht weiter zu belasten, sondern zumindest atmosphärisch zu klären und wieder zu erwärmen wünschte. Die Verabschiedung des gemeinsamen Getreidepreises und die faktische Aufgabe des MLF-Projekts machten ihm die Offensive des persönlichen Charmes und den Anschein politischen Entgegenkommens leicht.

Und die beiden Männer machten sich's in Rambouillet auch ziemlich leicht. Sie ließen die grundsätzlichen Fragen nach den Formen, Zwecken und Zielen französisch-deutscher Zusammenarbeit, auf die es de Gaulle ankam, entschlossen unberührt und beantworteten die Fragen, die Erhard stellte, so undeutlich, daß Erhard die Antworten als politischen Erfolg vermarkten konnte und de Gaulle sich dabei nichts vergab. Man feierte den Wiederbeginn von Frieden und Freundschaft, ohne die politischen Differenzen zu überwinden und ohne eine Grundlage zu schaffen, auf der Friede und Freundschaft Bestand haben konnten. Erhard kennzeichnete den politischen Charakter seiner Kamingespräche mit dem französischen Staatspräsidenten im nachhinein sehr treffend, wenn er wiederholt vor der Presse, zum amerikanischen Botschafter, im Kabinett und in der Fraktion voller Stolz sagte, daß er auch nicht eine atlantische Position aufgegeben habe, und mit rührender Offenherzigkeit hinzufügte: Das sei ihm von de Gaulle allerdings auch nicht abverlangt worden. So war es, und deshalb war Erhards weitere Feststellung, daß nach Rambouillet „Mißverständnisse, die zu echten Spannungen und Feindseligkeiten führen, nicht mehr zu erwarten" seien, natürlich nackter Unfug.[268] Als ob es vorher um Mißverständnisse gegangen wäre. Und als ob man Einverständnis herstellte, indem man Kontroversen auswich.

Erhard war am 19. Januar 1965 mit betont kleinem Gefolge nach Paris geflogen. Für Westrick, Carstens, von Hase, Hohmann, Osterheld und ihn selbst setzte man den sonst bevorzugten Sonderzug nicht unter Dampf. Der Aufenthalt und die Gespräche im Schloß liefen ohne Protokoll und festen Zeitplan ab. Erhard sprach mehrmals mit de Gaulle und dazu noch einige Male mit Ministerpräsident Pompidou unter vier Augen. Pompidou blieben die Gespräche über wirtschaftliche Dinge überlassen. Über Wirtschaft, sagte de Gaulle, und Erhard berichtete auch dies daheim getreulich, könne er selbst sich mit Erhard „auf kein vertieftes Gespräch einlassen; denn Sie sind da ein gewiefter Fachmann".[269] Zwischen den Zwiegesprächen Debatten im größeren Kreis, gemeinsame Essen und zur abendlichen Unterhaltung ein Film: Cousteau denn freilich doch und nicht Brigitte Bardot - schade eigentlich.

In den ebenso langwierigen wie leeren politischen Gesprächen ging es im wesentlichen um drei deutsche Anliegen, um die lahmende Europa-Initiative, um die deutschlandpolitische Demonstration der Westmächte und um Deutschlands nukleare Beteiligung.[270] De Gaulle sprach über all das verständnisvoll und nach mancherlei Einwänden am Ende scheinbar nachgiebig. „Ein ganz anderer de Gaulle. Ganz andere Töne", sagte Erhard später.[271] Die Untertöne hatte er überhört. Der Präsident fand sich schließlich dazu bereit, auf einer Konferenz der Staats- und Regierungschefs über die Formen politischer Zusammenarbeit in der EWG zu verhandeln, bevor man sich über deren Inhalte schlüssig geworden sei. Frankreich akzeptiere den deutschen Vorschlag bis auf jenen supranationalen „Beratenden Ausschuß", dem es ein intergouvernementelles Sekretariat vorziehe, und lasse sich auf das Risiko von Verhandlungen ein. Schröder solle sich mit Couve de Murville zunächst über Inhalte, Verfahren und Ort einer Außenministerkonferenz verständigen, die vielleicht im Juni stattfände und ihrerseits die Gipfelkonferenz vorbereitete. Die könne dann im Oktober sein. Ob man den Verlauf mit Rücksicht auf die Bundestagswahlen nicht etwas abkürzen könne? fragte Erhard, Außenministertagung im Mai, Gipfel im Juli. Seinetwegen, sagte de Gaulle. So erzählte Erhard es weiter. Er verschwieg, daß de Gaulle auch sagte: Gleichzeitig und unabhängig von den Vorverhandlungen über die politische Form Europas gingen in Brüssel die Verhandlungen über landwirtschaftliche Marktordnungen, Gemeinschaftspreise und Finanzierungsfragen weiter. „Wenn es gelänge, die Brüsseler Fragen abzuschließen, (werde) im Juni eine große Freude unter den Sechs herrschen ... Im Klima dieser öffentlichen Zufriedenheit könnten dann die Außenminister die politischen Fragen aufgreifen, und einer solchen Außenministerkonferenz könnte Anfang Juli zum Beispiel in Rom ein Treffen der Staats- und Regierungschefs auf dem Fuße folgen." Im Schlußgespräch sagte er es noch einmal: „Zunächst sollten bis Juni die noch offenen Agrarfragen gelöst werden, ... dann (könnten) die Regierungschefs zusammentreten."

Frankreichs Zustimmung zu einer deutschlandpolitischen Viermächte-Geste, die Erhard als zweiten Erfolg von Rambouillet mit heimbrachte, wurde nicht mit derlei Bedingungen versehen, dafür wurde sie so allgemein und obenhin gegeben, daß sie praktisch zu nichts verpflichtete. Erhard und de Gaulle waren sich darin einig, daß der Zweck eines Wiedervereinigungsvorschlags nicht dessen Erfolg sein könne. Beide wußten, daß die Sowjetunion den Vorschlag ablehnen würde. Uneins waren sie darüber, wie die Wiedervereinigung Deutschlands tatsächlich zu bewirken wäre. Erhard schien immer noch zu glauben, daß sie zu kaufen sein müßte. Jedenfalls hatte er noch vor zwei Wochen zu McGhee gesagt: „Wenn Rußland nur dann Kredite bekommen hätte, wenn es dafür die Wiedervereinigung zuließe - dann hätten wir sie schon".[272] De Gaulle war Politiker und glaubte dies natürlich nicht. Er hatte andere Vorstellungen von den Möglichkeiten deutscher Wiedervereinigung. Es waren - noch höchst unklare - Vorstellungen von Umständen und Vorgängen, in deren Zusammenhang sich die Eingliederung Ostdeutschlands in die Bundesrepublik ein Vierteljahrhundert später wirklich vollzog.

Durch eine Verständigung der USA mit der Sowjetunion komme die Wiedervereinigung gewiß nicht zustande, sagte er. Die Sowjetunion habe derzeit kein Interesse daran, Ostdeutschland aufzugeben, und die USA haben kein Interesse daran, ihr die Aufgabe abzuverlangen. Beide hätten vielmehr ein Interesse daran, sich miteinander auszugleichen und von deutschen Belangen dabei nicht stören zu lassen. Deshalb habe Deutschland die Vereinigung keinesfalls von der amerikanischen Politik und in naher Zukunft, sondern allenfalls auf längere Sicht von der Einigung Westeuropas und von politisch-ökonomischen Bewegungen in Osteuropa zu erwarten. Der Tag werde kommen, an dem die Völker Osteuropas in ihrem Drang zur Emanzipation von der Sowjetunion ihre Widerstände gegen die Einigung Deutschlands verringerten oder sogar ein Interesse mit der Wiedervereinigung verbänden, und an dem auch die Sowjetunion mehr Vorteile als Beschwernisse darin erblickte. Die Voraussetzung dafür sei ein einiges, starkes und unabhängiges Westeuropa, das seinerseits alle akuten Bedenken gegen ein großes, mächtiges Deutschland fallengelassen habe und sich zu Rußlands Nutzen in „eine vollständige europäische Entente vom Osten bis zum Westen" erweitern könne.

Erhard widersprach de Gaulle nicht. Warum und wie hätte er das tun sollen? Andererseits interessierte ihn die Vision aber auch nicht sonderlich. In Deutschland rege sich die „Ungeduld des Herzens", sagte er. Das Warten werde unerträglich. Die Menschen verlangten nach einer großen, energischen Geste, die sie erkennen lasse, daß die Westmächte zu ihrer Verantwortung ständen und die deutsche Frage nicht aus den Augen verlören. De Gaulle besann sich lange. Man speiste und besah danach den Unterwasserfilm. Dann sagte er: Wenn England und Amerika dazu bereit seien, dann werde auch Frankreich an einer Wiedervereinigungs-Initiative teilnehmen. Die jüngsten Erfahrungen seien freilich nicht ermutigend. Der deutsche Wunsch sei ja nicht neu. „Die Amerikaner (hätten) sich offensichtlich wenig darum gekümmert ..., die Engländer (seien) noch weniger interessiert gewesen (und) die praktische Nutzwirkung einer solchen Unternehmung (sei) kaum zu erkennen. ... Dennoch nehme er die Anregung des Herrn Bundeskanzlers gerne auf." .

Am nächsten Tag nutzte er das Zugeständnis, um Erhard und Westrick die Bedenklichkeit des anhaltenden deutschen Interesses an der MLF vor Augen zu führen. Der Wunsch, wiedervereinigt zu werden, und der Wunsch nach Beteiligung an der atomaren Bewaffnung klängen in ost- *und* in westeuropäischen Ohren nicht gut zusammen. An der strategischen Planung des Westens müsse die Bundesrepublik natürlich beteiligt werden. Darauf habe sie einen Anspruch. De Gaulle verlangte keine ausdrückliche Absage an die MLF oder an die ANF. Das schien kaum mehr nötig zu sein. Er konnte einigermaßen darauf vertrauen, daß Deutschland den britischen ANF-Vorschlag ohnehin ablehnte, daß England auf dem Vorschlag beharrte und daß Amerika im Zeichen britisch-deutscher Uneinigkeit nicht daran dachte, das MLF-Konzept zu aktualisieren. Genauso kam es. Andererseits aktualisierte de Gaulle sein zweimal willentlich überhörtes Angebot nicht, Deutschland an der force de frappe zu beteiligen.

Man schied am Nachmittag des 20. Januar in schönster Harmonie und ohne ein Kommuniqué herauszugeben. Erhard wertete den Besuch als großen Erfolg, stellte ihn, wo immer sich eine Gelegenheit dazu bot, als Erfolg dar und bekam von der französischen

Presse und den deutschen Parteifreunden bestätigt, daß er ein Erfolg gewesen wäre. In seinem unverschämten Glück darüber deutete er auch gleich das sommerliche Debakel von Bonn zu einem Erfolg mit Zeitzündung um. Er habe de Gaulle im Sommer widerstanden und dadurch Respekt abgenötigt. Jetzt lenke de Gaulle ein, er korrigiere sich, er sei, nachdem drohende Härte ihn nicht weiterbrachte, die Liebenswürdigkeit in Person. „Mein Nein in der einen oder anderen Frage war also gute Politik".[273]

De Gaulle hatte keinen Millimeter eingelenkt und sich schon gar nicht korrigiert. Er hatte den Getreidepreis bekommen und bestand auf dem termingerechten Abschluß des gemeinsamen Agrarmarktes. Er nahm mit guten Gründen an, daß die MLF ad infinitum vertagt wäre, und hielt an seinen NATO-Reformvorstellungen fest. Französisch-deutsche Zusammenarbeit und europäische Einigung in seinem Sinne hatte er auf Wiedervorlage zu einer Zeit gelegt, in der die Umstände in Deutschland ihnen womöglich günstiger waren. Unter diesen Voraussetzungen diente die Liebenswürdigkeit dazu, das deutsch-französische Verhältnis bei guter Stimmung halbwegs über die Runden zu bringen. Mit Erhards „guter Politik" hatte sie nichts zu tun.

Außer dem deutschen Bundeskanzler hielt auch der amerikanische Sicherheitsberater McGeorge Bundy das Treffen in Rambouillet für einen Erfolg und für die Bestätigung „guter Politik". Es entnehme Amerika der letzten schwachen Sorgen, resümierte er schon zwei Tage danach für Johnson, daß die Bundesregierung sich in ihrem Ärger über die Preisgabe der MLF mehr als erwünscht Frankreich zuwende. Andererseits sei Frankreich mit jener Preisgabe der argumentative Wind aus den Segeln genommen worden. Johnsons Entscheidung habe mithin einen „gefährlichen Bruch in der Allianz abgewendet". Das sei eins. Das andere sei de Gaulles neuartige Idee, die Wiedervereinigung zu „europäisieren". Sie sei, schrieb Bundy dem Präsidenten für ein Gespräch mit dem deutschen Botschafter auf, „such obvious nonsense that you should win this particular trick without much backfire". Die Bundesregierung wolle ja daran glauben, daß Deutschland für die Wiedervereinigung die Unterstützung der Vereinigten Staaten brauche und habe. Deshalb sei es nach de Gaulles hintersinnigem Gedankenflug „time for one more reassurance".[274] Knappstein bekam die Versicherung, so billig und unverbindlich, wie Bundy sie vorschlug.[275]

Für *keinen* rechten Erfolg hielt Schröder den famösen Schloßbesuch. Das sagte er Erhard nicht, aber er ließ es Westrick spüren. Ihr Verhältnis wurde noch schlechter als es schon war. Natürlich störte Schröder nicht die vage deutschlandpolitische Absprache. Ihn störte vielmehr, daß Erhard Deutschlands fortbestehendes Interesse an der MLF nicht nachdrücklich genug bekundet und abermals aussichtslose europapolitische Aktivitäten einzuleiten versucht hatte. Ersteres konnte er nicht mehr ändern, letzteres unterlief er wieder.

Erhard und de Gaulle hatten verabredet, daß ihre Außenminister sich über eine vorbereitende Außenministerkonferenz besprachen. Frankreich erwartete, daß der deutsche Außenminister die Initiative dazu ergriffe. Das Ganze war ja ein deutscher Vorstoß, in den Frankreich sich freundlich ergab. Genaugenommen war es aber gar nicht dies, sondern eine Verbohrtheit des deutschen Bundeskanzlers, in die sich dessen Außenminister *nicht* freundlich ergab. Erhard hätte Schröder anweisen müssen, schnellstens in Unterhandlungen mit Couve de Murville einzutreten. Derlei Anweisungen war er nicht gewohnt. Couve wartete vergebens auf Schröders Einladung zum Gespräch. Wenn er denn wartete. Während Erhard mit de Gaulle in Rambouillet sprach, hatte Schröder mit Couve am Quai d'Orsay verhandelt. Dabei waren sich die Außenminister darin einig gewesen, daß eine europapolitische Konferenz der Staats- und Regierungschefs als „nicht opportun erscheine". Es wäre besser, „unsichtbar auf diplomatischer Ebene weiterzuarbeiten."[276] Das geschah.

Schröder ließ Erhards Absprache mit de Gaulle nicht unbeachtet, aber er modelte sie nach seinem Gusto. Er wies seine Beamten an, in den laufenden deutsch-französischen Konsultationen über die Sache zu reden, und war im übrigen darum bemüht, die Initiative an den italienischen Außenminister abzutreten. Deshalb wurde „der Erfolg von Rambouillet" schon zwei Monate nach dem Besuch fraglich.

Ich ganz allein ...

Viel Zeit, sich seiner zu erfreuen, war Erhard allerdings auch vorher nicht vergönnt. Just an dem Tag, an dem er von Paris nach Bonn zurückflog, wurde dort bekannt, daß der ägyptische Staatspräsident Nasser vorhatte, den Staatsratsvorsitzenden der DDR, Walter Ulbricht, mit all den Ehrbezeugungen, die einem Staatsoberhaupt zukamen, in allernächster Zeit in Kairo zu empfangen. Die Absicht versetzte das amtliche Bonn umgehend in helle Aufregung, und was sich daraus entwickelte, brachte Ludwig Erhard binnen sechs Wochen erstmals in eine Lage, in der nur noch der Stoß zum Sturz fehlte.

Die Absicht versetzte Bonn in Aufregung, weil die ausdrückliche Einladung an Ulbricht als faktische Anerkennung der DDR gedeutet werden könnte und womöglich so gedeutet werden mußte. Die Anerkennung der DDR aber nötigte zum Abbruch der Beziehungen Westdeutschlands zu Ägypten. Das war praktizierte Hallstein-Doktrin: Die Bundesrepublik unterhält keine offiziellen Beziehungen zu Ländern, die offizielle Beziehungen zu „Pankow" unterhalten. Der Glaube an die Sinnhaftigkeit und den politischen Nutzen des Prinzips erodierte, aber die Doktrin selbst galt und viele befürchteten, daß der Verzicht auf ihre Anwendung in einem Fall eine Fülle anderer Fälle hervorriefe. Das wiederum galt als schwerer Schlag gegen den politischen Alleinvertretungsanspruch der Bundesrepublik und gegen den Wiedervereinigungsanspruch aller Deutschen. Andererseits war freilich zu befürchten, daß die Anwendung der Hallstein-Doktrin im Falle eines Staatsbesuchs von Ulbricht in Ägypten ein Dutzend anderer arabischer Staaten dazu veranlaßte, ihrerseits die diplomatischen Beziehungen zur Bundesrepublik abzubrechen. Es war eine Frage des Standpunkts und der Sichtweise, was als unerfreulicher erschien. Unerfreulich wäre jedenfalls beides. Deshalb brachte Nassers Ankündigung die westdeutsche Politik in arge Verlegenheit.

Und das sollte sie auch. Denn die Ankündigung hatte eine Vorgeschichte. Die Geschichte hatte vor mehr als sieben Jahren begonnen und war bis jüngst nur wenigen Eingeweihten bekannt gewesen. Seit 1957 belieferte die Bundesrepublik Israel unter strengster Geheimhaltung und über mancherlei Umwege mit militärischen Ausrüstungen und Waffen. Außer Adenauer und Strauß wußten davon nur die Fraktionsvorsitzenden und wenige parlamentarische Vertrauensmänner. Erhard wußte bis zu seinem Amtsantritt nichts davon. Danach erfuhr er, daß Adenauer anläßlich einer gleichermaßen spektakulären, bewegenden und für die politisch-moralische Respektabilität Westdeutschlands bedeutsamen Begegnung mit Israels Ministerpräsident Ben Gurion am 14. März 1960 im New Yorker Waldorf Astoria Hotel eine weitere Zusage gegeben, die Strauß in Verhandlungen mit seinem israelischen Kollegen Shimon Peres später in ein informelles Abkommen umgesetzt hatte. Danach verpflichtete sich die Bundesregierung, Israel im Lauf der nächsten Jahre militärische Ausrüstungen und Waffen im Wert von 250 Millionen Dollar zu liefern. Das Abkommen war, als Erhard Kanzler wurde, erst zum Teil erfüllt. In vieler Hinsicht waren die geheimen Waffenlieferungen *auch* eine Entschädigung für den Vorenthalt der offenen Anerkennung des Staates

Israel durch die Bundesrepublik. Im Zusammenhang mit dem Den Haager Wiedergutmachungs-Abkommen hatte die Bundesregierung Israel die Aufnahme diplomatischer Beziehungen angetragen. Damals war Israel das noch als Zumutung erschienen. Seit geraumer Zeit wünschte nun Israel die Aufnahme offizieller Beziehungen zur politischen Festigung seiner militärisch bedrohten Lage, und die Bundesregierung glaubte, dies Israels feindlichen arabischen Nachbarn nicht zumuten zu sollen. Teile des Vorderen Orients waren letzthin auf eine ihm eigene Weise sozialistisch geworden, und der Einfluß der Sowjetunion hatte stark zugenommen. Das traditionell gute, von Kolonialismus unbelastete, vom Nationalsozialismus unbeeinträchtigte und mit Entwicklungshilfe gepflegte Verhältnis der Bundesrepublik zu den arabischen Staaten war gleichwohl gut geblieben. Es war anzunehmen, daß es sich infolge der ausdrücklichen Anerkennung Israels bemerkenswert verschlechterte, wenn nicht zum Unverhältnis wandelte. Adenauer hatte, vorrangig wohl in einer sehr persönlichen, historisch-biographischen Perspektive und gegen den entschiedenen Widerstand seines Außenministers, in den letzten Monaten seiner Kanzlerschaft ernsthaft daran gedacht, die Bedenken fahren zu lassen und die Anerkennung zu wagen. Am Ende hatte er den Gedanken aber doch aufgegeben. Erhard dachte, als er ihm nachfolgte, nicht daran; dachte andererseits aber auch nicht daran, die vereinbarten Waffenlieferungen an Israel einstellen zu lassen. Bei seinem insgesamt etwas verunglückten Besuch in Washington im Juni 1964 war er nun von Johnson damit bedrängt und schließlich dazu überredet worden, daß Westdeutschland es außerdem übernahm, Israel mit 150 von Amerika erbetenen M-48-Panzern zu versorgen. Erst im Zusammenhang mit dieser Transaktion wurden Schröder und Carstens von Verteidigungsminister von Hassel vollständig in das weiterreichende Abkommen und dessen clandestine Abwicklung eingeweiht. Das Auswärtige Amt riet von der weiteren Erfüllung des Abkommens und von den zusätzlichen Panzerlieferungen ab, drang aber nicht durch. Im Herbst standen dann Meldungen über deutsche Rüstungslieferungen nach Israel in den Zeitungen und riefen in den arabischen Ländern erhebliche Aufregung hervor. Der Ursprung der Meldungen blieb ungeklärt. Einige glaubten an einen Erfolg des ägyptischen Geheimdienstes, andere an israelische oder deutsche Indiskretionen. Neu war übrigens nicht so sehr, daß arabische Staaten mehr oder weniger genaue Kenntnis von militärischen Ausrüstungen deutscher Herkunft in Israel erlangten, neu war vor allem ihre feindselige Empörung darüber. Bis dahin hatten sie es bei gelegentlichen Andeutungen belassen und sich mit Dementis begnügt. Der wesentliche Grund dafür mochte sein, daß in Ägypten bekanntermaßen deutsche Raketenexperten und Atomwissenschaftler arbeiteten, deren Tätigkeit wiederum Israel beträchtlich auf die Nerven ging. Die israelische Regierung bemühte sich bei der Bundesregierung darum, daß sie die gefährlichen Fachleute mit wirksamem Nachdruck zur Rückkehr bewegte, setzte sie in ihrem Zögern aber keinem starken öffentlichen Druck deswegen aus. Wenn man so will, hielten die deutschen Rüstungslieferungen nach Israel und die Arbeit deutscher Rüstungsexperten in Ägypten einander in Schach und sowohl Israel wie Ägypten von dem Versuch ab, die Bundesregierung zur Einstellung der Lieferungen bzw. zur Abberufung der Techniker zu zwingen.

Das änderte sich Anfang November 1964. Und das Auswärtige Amt trug das Seine zu der Änderung bei. Schröder widersetzte sich dem Wunsch der israelischen Regierung, die Pressemeldungen nach alter Übung kurzweg und entschieden zu dementieren.[277] Er begriff die Meldungen als Gelegenheit, zumindest der Verlängerung des laufenden Abkommens vorzubeugen, und beabsichtigte zu diesem Zweck, die arabischen Staaten auf diplomatischen Wegen und die Öffentlichkeit in demonstrativer Form davon zu unterrichten, daß die Bundesrepublik zugegebenermaßen geringe Mengen Waffen an Israel geliefert habe, aber keine neuen Lieferverpflichtungen eingehen werde. Zugleich sollte der Regierung in Kairo mitgeteilt werden, daß man gegen die Tätigkeit deutscher Rüstungsexperten in Ägypten nichts unternähme, es aber schön fände, wenn Ägypten sich ihrer aus Einsicht entledigte. Am 9. November teilte der Außenminister dem Bundeskanzler die Absicht in einem ungewöhnlich langen, „streng geheimen" Brief mit und bat um dessen Zustimmung. Die von manchen gewünschte Anerkennung Israels komme nach wie vor nicht in Frage, weil sie die sofortige Aufnahme diplomatischer Beziehungen aller arabischen Staaten zu „Pankow" zur Folge habe.[278] Der Brief war die nachträgliche Dokumentation von Gesprächen, die Schröder und Carstens an den vorgehenden Tagen mit Erhard geführt hatten. Sein Inhalt entsprach alles in allem Erhards Meinung um diese Zeit, wobei vieles dafür spricht, daß die Meinung das Ergebnis der Gespräche war. In einer Unterhaltung mit dem Leiter der Israel-Mission in Köln, der von Schröders Absicht Kenntnis erhalten hatte und als Sonderbotschafter seines Ministerpräsidenten zu Erhard kam, um ihn von deren Durchführung abzuhalten, folgte Erhard ganz und gar Schröders Argumentation und Schlußfolgerungen. Als Shinnar ihn auf die existentielle Bedrohtheit des Judenstaates hinwies, fragte er, „ob die USA den Arabern nicht sagen könnten, sie sollen Israel in Ruhe lassen". Shinnar sagte nicht: Ach, Herr Bundeskanzler, wenn das Staatenleben und die Politik doch bloß so einfach wären. Er sagte: Das tun sie ja. Aber es nützt nichts. Erhard sagte: Er müsse „Herrn Shinnar auf die Gefahr hinweisen, daß die arabischen Staaten eines Tages die SBZ anerkennen könnten, was natürlich unabsehbare Folgen hätte".[279]

Zu der öffentlich-demonstrativen Aufkündigung der Militärhilfe, die Schröder wünschte, verstand Erhard sich unterm Zureden Westricks und anderer dann freilich doch nicht. Er unterzeichnete zunächst nur einen sehr reservierten, dezent vorwurfsvollen Brief an Ministerpräsident Eshkol und lud Staatspräsident Nasser unter mancherlei tiefen Verbeugungen nach Bonn ein. Das Auswärtige Amt trat mit den arabischen Ländern in diskrete Verbindung und entwarf eine Kabinettsvorlage, durch die Deutschlands Verhältnis zu den Ländern des Nahen Ostens grundsätzlich geregelt werden sollte.[280] Die Vorlage war noch nicht beraten worden, als im Januar 1965 Nassers abscheuliche Absicht bekannt wurde, Ulbricht in Ägypten zu empfangen. Die Kunde kam mit der Nachricht einher, daß die ägyptische Einheitspartei den Präsidenten dazu aufgefordert hatte, die Beziehungen zur Bundesrepublik abzubrechen, falls die Bundesregierung die Waffenlieferungen an Israel nicht umgehend einstellte. Schröder hatte den arabischen Staaten Erhards Freundschaftshand hingehalten, Ägypten verlangte den Arm. Man fragte sich in Bonn, was Nasser zu der Herausforderung bewegte und wurde sich über die Antwort nicht recht einig. Schröder, der mit seinen Warnungen recht behalten wollte, sagte, daß die fortgesetzten Waffenlieferungen an Israel die Einladung Ulbrichts mit einer gewissen Notwendigkeit provoziert hätten. Erhard, der die Warnungen überhört hatte, sagte hingegen, daß Nasser von der Sowjetunion, die Ägypten eben wieder einen umfangreichen Kredit gegeben hätte, dazu genötigt würde. Die Waffenhilfe mit Israel habe damit wenig zu tun.[281] Am Ende konnte das auf sich beruhen, weil die Konsequenzen letztlich wichtiger waren als die Motive.

Eine kalte Januarwoche lang blieb ungewiß, ob Nasser seine Ankündigung wahrmachte. Das Kabinett beriet derweil zweimal mehrstündig in Anwesenheit Adenauers, Gerstenmaiers und Hallsteins darüber, wie die Einladung zu verhindern und was zu tun wäre, wenn sie doch erfolgte.[282] Gerstenmaier pflegte vergleichsweise intensive und gute politische Beziehungen mit Jerusalem und war im Herbst, von vornherein widerwillig und schließlich nutzlos, in semi-offizieller Mission in Kairo gewesen. Hallstein galt als Fachmann für die gleichnamige Doktrin. Die Bemühungen, Nasser durch mal werbende, mal drohende diplomatische Interventionen von der Einladung abzubringen, erwiesen sich als vergebens. Am 27. Januar sprach er die Einladung aus. Die Situation war da, und Erhards Elend begann.

Das Kabinett war sich deweil nämlich nicht darüber schlüssig geworden, ob der Empfang Ulbrichts in Kairo als Anerkennung der DDR zu werten und was zu tun wäre. Schröder verurteilte einmal mehr das Abkommen mit Israel, warf Israel Erpressung vor und mochte nicht zugeben, daß jemand schon die „DDR" anerkannte, wenn er deren Häuptling als Staatschef empfing. Er schlug vor, die Waffenlieferungen an Israel sofort ein- und Ägypten einen 500 Millionen-Kredit in Aussicht zu stellen.[283] Dafür gab es im Kabinett keine Mehrheit. Westrick plädierte im Gegensatz zum Außenminister für harte Reaktionen, sobald Ulbricht in Ägypten einträfe. Strauß verteidigte die Rüstungsabkommen, wünschte deren Verlängerung und überdies die Aufnahme offizieller Beziehungen zu Israel. Gerstenmaier trat für offizielle Beziehungen *statt* Waffenlieferungen ein. Die Beziehungen zu Ägypten sollten nicht abgebrochen, der Abbruch durch Ägypten aber in Kauf genommen werden. Barzel plädierte dafür, das laufende Abkommen mit Israel zu erfüllen, aber keine neuen Verpflichtungen einzugehen. Wer die Beziehungen zu wem abbrechen könnte, sollte oder müßte, das ließ er vorläufig offen.[284] Noch war es ja nicht soweit, Ulbricht noch immer in „Pankow". Erhards vorläufige Entscheidung war ein Querschnitt der kontroversen Meinungen. Das laufende Abkommen sollte erfüllt, Israel allerdings nahegelegt werden, statt militärischer Ausrüstungen Geld zu akzeptieren. Die Aufnahme diplomatischer Beziehungen mit Israel vor den Bundestagswahlen schloß Erhard aus. Die Reaktion auf Ulbrichts Eintreffen in Ägypten behielt er sich vor.[285]

Die israelische Regierung lehnte die Umwandlung der deutschen Lieferverpflichtungen in Geldzahlungen weniger aus militärischen als aus politischen Gründen ab. Sie lehnte es ab, damit einverstanden zu sein, daß ausgerechnet Deutschland sich die Mißachtung der Lebensinteressen Israels abpressen ließ, wenn es sich schon nicht dazu überwinden konnte, das Daseinsrecht Israels ausdrücklich anzuerkennen. Westrick sagte, daß - ganz im Gegenteil - die Bundesregierung „die Lebensinteressen Deutschlands nicht wegen der Fortführung von geschenkweise gegebenen Lieferungen aufs Spiel setzen (könne), die zudem für Israel keinen unersetzlichen Wert hätten."[286] Das war am 11. Februar. Unterdessen hatte der Versuch eines ausländischen Diplomaten, in Kairo zwischen der deutschen und der ägyptischen Regierung zu vermitteln, die Lage weiter kompliziert. Der Vermittler war Spanier und die deutsche Bitte um Vermittlung wegen der autokratischen Verfassung Spaniens und der geringen Wertschätzung des Franco-Regimes im demokratischen Ausland von vornherein nicht ohne diplomatischen Hautgout. Dazu kam, daß die spanische Regierung, ihrem eigenen Eingeständnis zufolge, nicht begriff, „daß die jüngste deutsche Vergangenheit die Bundesregierung zu einer besonderen Pflege ihres Verhältnisses zu Israel verpflichtet". Sie hatte „wenig Verständnis dafür, daß man zugunsten von drei Millionen uns nicht wohlgesonnenen Israelis die traditionelle Freundschaft von 100 Millionen Arabern aufs Spiel setzt." Unklare Instruktionen taten ein Übriges. Der Marqués de Nerva erfüllte seinen Auftrag mehr schlecht als recht. Seine Zwischenträgerei erweckte in Ägypten und von dort aus in der Welt den Eindruck, als habe die Bundesregierung vollständig kapituliert. Die laufenden Lieferungen an Israel würden gestoppt. Deutschland werde keine diplomatischen Beziehungen zu Israel aufnehmen. Mit dem Ulbricht-Besuch fände es sich ab, wenn er den Charakter eines bloßen Höflichkeitsbesuchs erhielte.[287] Das entsprach im großen ganzen der Meinung des Außenministers, war aber mitnichten die akzeptierte Absicht der Bundesregierung und mußte widerrufen werden. Nachdem erst Israel den Anschein von Kapitulation übelgenommen hatte, nahm gleich darauf Ägypten den Widerruf übel. Im Inland und im Ausland mehrte sich die - uneinheitliche, aber zunehmend schroffe - Kritik an den Vorgängen, die zu den gegenwärtigen Verklemmungen geführt hatten sowie an der Unentschlossenheit und dem Ungeschick, mit denen die Bundesregierung jene Verklemmungen zu lösen trachtete.[288] Die Bundesregierung ihrerseits fühlte sich von den Verbündeten im Stich gelassen und klagte darüber, daß weder die Vereinigten Staaten noch Großbritannien noch Frankreich, weder in Kairo noch in Jerusalem mit einigem Nachdruck ihre Interessen verträten. Erhard empfing kurz hintereinander die Botschafter der drei Mächte und drängte weitgehend erfolglos auf Unterstützung.[289]

Israel zeigte nach dem Nerva-Eklat noch weniger Neigung als vorher, die Bundesregierung aus ihren Verpflichtungen zu entlassen. Die Bundesregierung hingegen zeigte sich darüber enttäuscht. Dabei war ihr mehrheitlich klar, daß sie sich trotz vielfältiger Kritik an der *Tatsache* ihrer geheimen Rüstungslieferungen an Israel deren vertragsbrüchige *Beendigung* nicht leisten konnte. Erhard sagte denn auch in vertrautem Kreise, daß die Abmachung eingehalten werde, wenn Israel darauf bestehe. Neue Verpflichtungen kämen freilich nicht in Frage.[290] Der Bundestag beriet inzwischen ohnehin über den Entwurf eines Gesetzes, das Waffenlieferungen in Spannungsgebiete verbot.

Nachdem der Versuch, Nasser mit Zeichen guten Willens zu beeindrucken, verunglückt war, versuchte die Bundesregierung es mit Drohungen. Im Gegensatz zu Schröders Vorschlag, Ägypten einen Riesenkredit für den Fall in Aussicht zu stellen, daß der Besuch unterbliebe, beschloß sie am 15. Februar, die laufende Wirtschaftshilfe einzustellen, falls der Versuch stattfände. Die Fraktion stimmte dem Beschluß ausdrücklich zu.[291] Eins war so vergeblich wie das andere. Am 24. Februar traf Ulbricht in Alexandria ein und fuhr nilabwärts nach Kairo. Was einem Staatsoberhaupt an äußeren Ehren zuteil werden konnte, wurde ihm zuteil. In Bonn standen derweil die Hallstein-Doktrin und mit ihr alsbald Erhard auf dem Prüfstand. Der Urheber der Doktrin beriet am Tage nach Ulbrichts Ankunft mit Erhard und Schröder. Schröder wollte weiterhin nicht wahrhaben, daß der Besuch ein „Staatsbesuch" wäre, und lehnte scharfe Reaktionen ab. Hallstein hatte es bei Erhard allemal schwer. Ungeschickterweise war Westrick trotz der krisenhaften Entwicklung in Urlaub gegangen und darin zu allem Unglück auch noch krank geworden. Um so leichter setzte Schröder sich fürs erste durch. Nicht einmal die Wirtschaftshilfe wurde dem Kabinettsbeschluß und der ausdrücklichen Zustimmung der Fraktion entsprechend sofort eingestellt.

Die odiöse Reise des widrigen Mannes nahm ihren vielbeachteten Fortgang. Ulbricht lud Nasser nach Berlin ein. Nasser akzeptierte, während die Annahme seiner Einladung nach Bonn noch ausstand. Außerdem kündigte er an, daß Ägypten ein Generalkonsulat in der DDR eröffnen werde. In der westdeutschen Öffentlichkeit machte sich die Meinung breit, daß es mit dem verzögert-schwächlichen Ende der Wirtschaftshilfe nicht genug sein könne. Erhard, ohne bestimmte *eigene* Meinung, blieb davon und vom Drängen politischer Kräfte und Kreise nicht unbeeindruckt. Im Laufe der Tage neigte er seinen Äußerungen nach allmählich einer starken Reaktion zu. Als starke Reaktion war neben oder anstelle des Abbruchs der diplomatischen Beziehungen zu Ägypten jetzt auch die Aufnahme diplomatischer Beziehungen zu Israel in der politisch-öffentlichen Diskussion. Am 2. März beriet ein erweiterter Kabinettsausschuß darüber. Erhard plädierte unentschieden für entschiedene Maßnahmen. Schröder und Carstens hielten dagegen. Der Ausschuß kam schließlich überein, einen angesehenen Politiker auf eine good-will-Reise nach Jerusalem zu schikken. Dabei sollte er der israelischen Regierung die Bereitschaft der Bundesregierung übermitteln, Generalkonsulate miteinander auszutauschen. Ein paar Tage später wurde der Abgeordnete Birrenbach für die Mission ausersehen. Die Bereitschaftserklärung war übrigens nur als halbformelles Angebot neu, als informellen Vorschlag hatte die israelische Regierung sie bisher abgelehnt.[292]

Am gleichen Tag schrieb Hallstein an Adenauer und einen Tag darauf Adenauer unter Berufung auf Hallstein an Erhard: Die Beziehungen zu Ägypten müßten umgehend abgebrochen werden. Außerdem verlangte Adenauer, daß der Kanzler mit Vertretern der Fraktion spreche.[293] Erhard sicherte es zu.

Zunächst tagte am 4. März abermals viele Stunden lang das Kabinett, am 5. März erneut. Erhard war jetzt ausdrücklich für den Abbruch der offiziellen Beziehungen zu Ägypten, das Kabinett war noch mehrheitlich dagegen. Die Debatte zog sich hin „wie ein dickflüssiger Brei“.[294] Am Ende weder eine Abstimmung noch eine Richtlinienentscheidung. Zwischen den beiden Sitzungen empfing Erhard die Botschafter der drei Westmächte. Alle drei rieten im Einklang mit der Kabinettsmehrheit vom Abbruch der Beziehungen zu Ägypten ab. McGhee tat dies mit so viel gestischem und verbalem Nachdruck, daß Frankreichs Botschafter Seydoux es kaum fassen konnte. Kein Russe könne Ulbricht deutlicher kommandieren als McGhee eben Erhard kommandiert habe, sagte er zu Osterheld. McGhee hatte gebrüllt, daß der Westen auf Deutschlands günstigen Einfluß im Nahen Osten nicht verzichten könne. Der Bruch treibe Ägypten in die Arme der Kommunisten. Er müsse unterbleiben. Erhard wehrte sich wacker, aber die geschlossene Haltung der verbündeten Mächte frommte seiner Entschiedenheit nicht.[295]

Die Unfähigkeit zur Entscheidung beschäftigte die deutsche und die internationale Öffentlichkeit mittlerweile fast mehr als die Entscheidungskonstellation und die Entscheidungsfolgen. Zumindest dem Ansehen der Bundesregierung und namentlich des Bundeskanzlers konnte keine Entscheidung mehr schädlicher sein, als es der weitere Verzicht auf eine Entscheidung war. Unverständnis und Häme füllten die Zeitungsspalten; die Karikaturisten hatten gute Zeiten: Der zweigeteilte Kanzler - Ludwig ist dafür, Erhard dagegen.

Es konnte nicht ausbleiben, daß der Vorgang mit einer anderen politischen Hängepartie in Verbindung gebracht wurde. In zwei Monaten, am 8. Mai, waren zwanzig Jahre seit dem Ende des Dritten Reichs vergangen. Nach zwanzig Jahren verjährte in Deutschland Mord. Wenn man es dabei sein Bewenden haben ließ, konnten vom 8. Mai an Täter, die sich im Dritten Reich des Völkermordes und der Kriegsverbrechen schuldig gemacht hatten und bislang unentdeckt oder unbeklagt geblieben waren, nicht mehr verfolgt und bestraft werden. Der Justizminister wollte aus rechtssystematischen Gründen, daß es sein Bewenden dabei hätte. Erhard fand die Vorstellung unerträglich und wollte aus Gewissensgründen, daß die Verjährungsfrist für Völkermord nicht gelte. Im vergangenen Herbst war im Kabinett darüber abgestimmt worden. Erhard unterlag. Er behielt die Niederlage nicht für sich, sondern machte publik, daß er die Kabinettsentscheidung nur respektiere, aber nicht teile. Das war in einer Sache von eminent moralischer Bedeutung sein gutes Recht und wurde anerkennend vermerkt. Das Problem war damit aber nicht aus der Welt. Es bewegte die kritische Öffentlichkeit während des Winters in starkem Maße und blieb ein Hauptgegenstand der politischen Diskussion. Wobei rasch deutlich wurde, daß die Verjährungsfrage nicht nur eine Frage von Recht und Moral, sondern auch eine wesentlich politische Frage war. Im Ausland wurde weithin erwartet, daß Völkermord und Kriegsverbrechen am 8. Mai *nicht* verjährten. Es wurde Unverständnis dafür bekundet, daß sie verjähren könnten. Das beeinflußte die deutsche Debatte in zweierlei Weise. Einerseits rief es Trotzreaktionen hervor: Soll das denn nie ein Ende haben dürfen; wir lassen uns vom Ausland nicht vorschreiben, was Recht und Gesittung ist, nationales Selbstgefühl und so weiter und so weiter. Andererseits erfüllte es mit der Sorge, daß die Bundesrepublik Erhebliches von dem prekären moralisch-politischen Ansehen, das sie sich in der Welt mühsam erworben hatte, wieder verlöre, wenn die Verjährung einträte. Zu Recht verlöre, meinten nicht wenige in allen politischen Parteien und sozialen Gruppen. Das Meinungsbild in der CDU war uneinheitlich. Die anfangs weitreichende Zustimmung zur Verjährung schwand rapide dahin. Der Berliner Abgeordnete Ernst Benda warb für einen Initiativ-Antrag, der den Zweck verfolgte, die Verjährungsfrist um zehn Jahre zu verlängern. Fünfzig Unterschriften hatte er dafür Anfang Februar bereits beisammen, mit annähernd hundert durfte er rechnen. Die Regierung konnte der parlamentarischen Billigung ihres Beschlusses mithin nicht sicher sein, sie mußte vielmehr eine Allparteienmehrheit gegen die Verjährung befürchten. Die wäre Erhard der Sache ja nur recht gewesen, politisch nahm sich dergleichen aber natürlich nicht gut aus. Der Parteiführung gefiel Bendas Antragsaktivität deshalb gar nicht. Der Regierungsbeschluß gefiel ihr allerdings auch nicht. Adenauer machte schließlich einen Vorschlag, der zwischen „nationalem Selbstgefühl“ (und wahltaktisch Opportunem) einerseits und außenpolitisch Notwendigem andererseits lavierte. Er empfahl, am Prinzip der Verjährung nicht zu rütteln, die Verjährungsfrist für NS-Verbrechen aber nicht schon am 8. Mai 1945, sondern erst am 15. September 1949 beginnen zu lassen. Zwischen der Kapitulation und der Gründung der Bundesrepublik habe es keine rechtsfähige Gewalt in Deutschland gegeben. Die Rechtspflege habe mithin stillgestanden. Wenn die Rechtspflege ruhe, könnten Verjährungsfristen nicht laufen. Wer etwas anderes sage, den ließe er als Prüfer „glatt durchs Assessorexamen fallen“, wahrscheinlich schon durchs Referendarexamen.[296] Das wären Fehlentscheidungen gewesen, weil in Deutschland unter Besatzungsherrschaft das Recht sehr wohl verwaltet und gepflegt worden war. Aber es ging ja nicht um Bestehen oder Nichtbestehen von Examen, es ging um politisch-moralisches Bestehen oder Nichtbestehen in einer problematischen Situation. Adenauers Vorschlag hatte den Vorzug, es zwar niemandem ganz, aber fast allen mehr oder weniger recht zu machen. Erhard nahm sich seiner erfreut an. Er brachte es zuwege, daß der Kabinettsbeschluß aufgehoben wurde. Anschließend brachte er es dann freilich nicht über sich, einen neuen herbeizuführen. Die Richtlinienkompetenz komme bei Gewissensfragen nicht in Betracht. Das war nobel gedacht und gehandelt. Politisch aber war es zugleich höchst untunlich. Die Bundesregierung erschien in einer Angelegenheit, die für das Selbstverständnis und das Ansehen des Landes von hervorragender Bedeutung war, als meinungs-, das Land selbst als führungslos.

Daran hatte sich, als es in der „hoffnungslos vermurksten“ Nahost-Affäre[297] zur *Krise* in des Wortes klinischer Bedeutung kam, nichts geändert. Kritiker der deutschen Politik im Ausland merkten nicht nur analoge Entscheidungsunfähigkeit an, sondern brachten das Drücken um die Entscheidung hier wie dort als beklagenswerte moralische Unentschiedenheit in einen argumentativen Zusammenhang miteinander. Dabei dachten sie natürlich nicht in erster Linie an Deutschlands Beziehung zu Ägypten, sondern an seine Beziehungen zu Israel. Sie erwarteten außer einem eindeutigen Votum gegen Verjährung von Judenmord die unverweilte und uneingeschränkte Anerkennung des Judenstaats.

Am Morgen des 6. März erschien Fraktionsgeschäftsführer Rasner bei Erhard und berichtete ihm von einem vorabendlichen Gespräch mit Adenauer, Gerstenmaier und Krone. Man hatte sich darüber unterhalten, ob es notwendig und möglich sei, den Kanzler abzuwählen. Die demoskopisch ermittelte Zustimmung zu Erhard war unterdessen auf 34 %

gefallen. Rasner sagte, daß es notwendig werde, wenn Erhard nicht umgehend, noch heute, im Sinne der Kabinettsmehrheit entscheide, daß die Beziehungen zu Ägypten *nicht* abgebrochen würden. Er bezweifelte freilich selbst, daß die Abwahl gegenwärtig schon möglich wäre. „Das Gespräch war mehr ein quälendes Wissen um das Unvermögen des Kanzlers, ... als der Wille und die Absicht, einen neuen Kanzler zu nehmen", hatte Krone über das Treffen notiert. „Am weitesten ging der alte Kanzler".[298] Selbstverständlich. Dabei war Adenauer im Gegensatz zu den anderen in der Sache ausnahmsweise mit Erhard einig. Beide wollten den Bruch mit Ägypten, den Erhard freilich nicht wagte.

Am gleichen Samstag kam Barzel aus Amerika zurück. Als er losflog, hatte er den Bruch ebenfalls gewollt. In den Vereinigten Staaten hatte er sich eines anderen belehren lassen. Er ging umgehend zu Erhard und drang gleich Rasner in ihn, den Willen der Kabinettsmehrheit zu sanktionieren. Erhard gab dem Drängen nach einem weiteren Gespräch mit Schröder, Carstens, Birrenbach und Barzel nach. Er entschied. Er entschied gegen seine Meinung; zumindest entschied er gegen seine Worte: Die Beziehungen zu Ägypten würden nicht abgebrochen.

Am Sonntag gab man die Entscheidung bekannt. Birrenbach flog am gleichen Tag im Auftrag der Bundesregierung nach Israel. Mit der Entscheidung gegen den Abbruch der Beziehungen zu Ägypten hatte Erhard es freilich noch nicht geschafft. Der Fraktionsvorsitzende war nach seinen Gesprächen mit Israels Botschafter in Amerika ebenfalls dazu entschlossen, die Anerkennung Israels durchzusetzen. Das war ein löblicher Entschluß, der im Zusammenhang mit der Entscheidung gegen den Bruch mit Ägypten allerdings nicht ganz schlüssig anmutete. Der Verzicht auf den Abbruch der Beziehungen zu Ägypten bedeutete die Aufgabe der Hallstein-Doktrin, und die Anerkennung Israels provozierte, was die Aufgabe der Doktrin vermeiden sollte. Aber Politik kann ganz schlüssig nicht immer sein. Vielleicht dachte Barzel, daß Ägypten und seine arabische Gefolgschaft die Provokation nur beschrien, aber am Ende doch nicht damit beantworteten, daß sie nun ihrerseits die Beziehungen zur Bundesrepublik abbrachen und Beziehungen zur DDR aufnahmen. Das dachte damals mancher.

Jedenfalls sah Erhard sich am Sonntag dem heftigen Verlangen Barzels, Strauß' und Dufhues' ausgesetzt, die überfällige Aufnahme voller diplomatischer Beziehungen mit Israel ohne weiteres Säumen zur Richtlinie seiner Politik auszurufen. Erhards Entscheidungskapazität war freilich fürs erste erschöpft. Außerdem gab es in diesem Falle keine Kabinettsmehrheit, der er sich nur anzuschließen brauchte. Das Meinungsbild war unklar. Klar war allerdings, daß der Außenminister die Anerkennung Israels strikt ablehnte. Erhard zögerte und bockte. Barzel geriet an die Grenzen seiner Contenance. Zweimal drohte er ein wenig melodramatisch damit, sein Amt niederzulegen. „Ich mache das nicht mehr mit". „Das" war die Richtungs-, weil Führungslosigkeit der deutschen Politik. Schließlich ging sogar die Rede davon, am nächsten Tag die Fraktion einzuberufen und Erhard durch Gerstenmaier oder Kiesinger ersetzen zu lassen. Unterm zunehmenden Druck der starken Männer rang Erhard sich am Ende durch. Wobei er in der Sache nicht so sehr sich selbst, wie den argumentativen Einfluß seines Außenministers überwinden mußte. Dem Gefühl nach neigte er der Aufnahme voller Beziehungen zu Israel zu. Andererseits hatte er Schröder fünf Wochen zuvor versichert, daß sie bis zu den Bundestagswahlen nicht in Frage kämen.[299] Schröder wurde vor der Entscheidung nicht mehr konsultiert und das Kabinett wurde vor vollendete Tatsachen gestellt. Am Sonntag noch ging eine „Fünfpunkte-Erklärung" an die Öffentlichkeit, die über die Nahostpolitik der Bundesregierung wieder Klarheit schaffte. Danach war der Empfang Ulbrichts in Kairo keine Anerkennung, sondern nur eine Aufwertung der „SBZ“. Die wurde als unerfreulicher Akt gedeutet und mit Einstellung der Wirtschaftshilfe beantwortet. Außerdem strebte die Bundesregierung die Aufnahme diplomatischer Beziehungen zu Israel an. Waffen in Spannungsgebiete würde sie freilich nicht mehr liefern.[300]

Birrenbachs Mission war überholt, bevor sie recht begonnen hatte. Der Widerspruch zwischen seinem Auftrag und Erhards Erklärung stiftete in Jerusalem einige Verwirrung und brachte den Entschluß zumindest dort um einen unmittelbaren Erfolg.

Erhard aber tat schon am nächsten Tag so, als wäre das alles sein Wille und Werk, und überdies eine politische Großtat gewesen. Er habe sich nicht länger mit halben Erklärungen zufriedengeben wollen, sagte er im Parteipräsidium, das *vor* der Entscheidung zu einer Krisensitzung einberufen worden war. Er sei es müde gewesen, immer nur zu reagieren. Die Anerkennung Israels sei eine Tat, mit der er die Bundesregierung freigekämpft und mit der er ihrer Politik wieder festen Boden unter den Füßen verschafft habe. Jetzt fühle er sich wohl. Das wiederholte er, wo immer es angebracht zu sein schien: Er sei es gewesen, der „wirklich“ alle Fäden in der Halt gehalten und das Problem schließlich „allein gelöst“ habe. Die Lösung werde zur Befriedung im Nahen Osten beitragen.[301] „Erhard hat wieder Mut bekommen“, notierte Krone. „Und Barzel wartete auf die Stunde, da er sich auf dessen Stuhl setzt. Wenn es sein muß, noch vor der Wahl“.

Tatsächlich hatte Barzel im Präsidialamt schon mal zart vorgefühlt, ob Lübke ihn als Kanzler wohl akzeptieren könnte.[302]

Schröder schließlich mußte sich in die Situation schicken, fand sich aber nicht ohne weiteres damit ab. Zwei Tage nach Erhards Entscheidung spielte er der Presse den „streng geheimen“ Brief zu, den er Erhard im November 1964 zur Nahostpolitik geschrieben hatte. Die politisch interessierte Öffentlichkeit sollte den Eindruck gewinnen, daß die deutschlandpolitisch desaströsen Folgen, die von der Entscheidung zu erwarten seien, vermieden worden wären, wenn Erhard Schröders Rat damals befolgt hätte. Nachdem er das eine Geheimschreiben an Erhard im Zorn publik gemacht hatte, verfaßte Schröder zwei Wochen später ein anderes, in dem er die grundsätzliche Aufgabe der Hallstein-Doktrin und die Aufnahme diplomatischer Beziehungen zu den Ostblockstaaten vorschlug. Der Vorschlag war konsequent. Aber er war auch deutschlandpolitisch revolutionär. Erhard lehnte ihn ab. Der Vorschlag widerstand ihm, und er wäre damit in der Fraktion und in der Partei auch nicht durchgekommen. Das Verhältnis zwischen dem Kanzler und seinem Außenminister war erstmals ernsthaft gestört.[303]

Kurz darauf riefen in der Tat zwölf arabische Staaten ihre Botschafter aus Bonn zurück und drohten mit dem Abbruch ihrer Beziehungen, sobald die Bundesrepublik Beziehungen zu Israel aufnähme. Dennoch unternahm Birrenbach im Laufe der nächsten Wochen zwei weitere Reisen nach Israel und vereinbarte nicht ohne Schwierigkeiten die Aufnahme offizieller politischer und die Beendigung der inoffiziellen militärischen Beziehungen zwischen der Bundesrepublik und Israel. Die Vereinigten Staaten halfen der Bundesregierung immerhin *dabei*, indem sie mit Rüstungslieferungen an Israel, die Deutschland bezahlte und auf seine Offset-Verpflichtungen angerechnet bekam, in unerfüllte Teile des Strauß-Peres-Abkommens eintraten. Es dauerte bis Mitte Mai, ehe die Sache perfekt war.[304] Die arabischen Staaten machten den ersten Teil ihrer Drohung wahr und brachen die Beziehungen zur Bundesrepublik ab. Beziehungen zur DDR nahmen sie nicht auf.

... und die Formierte Gesellschaft

Mehr als sechs Wochen lang, vom 20. Januar bis zum 7. März 1965, hatten die deutsche Politik und der Mann, der ihre Richtlinien bestimmte, im Bann von Nassers Herausforderung gestanden, weil es nun mal Erhards menschliche Bestimmung nicht war, Richtlinien zu bestimmen. Nachdem Barzel, der letzthin sowohl im Elysée-Palast wie im Weißen Haus empfangen und demonstrativ als jemand von Bedeutung behandelt worden war, ihm das in der Pose des starken, fähigen, kommenden Mannes für diesmal abgenommen hatte, fühlte Erhard sich wieder wohl, und anderes trat aus dem Schatten der Nahostpolitik wieder hervor. Was da hervortrat, war nicht geeignet, Erhards Wohlsein lange zu erhalten. Noch am Tag der befreienden Tat traf der britische Premierminister Wilson zu seinem ersten Besuch in Bonn ein. Der Besuch war eigentlich schon für Ende Januar eingeplant gewesen. Statt dessen hatte dann aber Erhard nach London fahren müssen, um an den Trauerfeierlichkeiten für Winston Churchill teilzunehmen. Jetzt kam Wilson über Berlin nach Bonn. Bevor er mit Erhard sprach, hatte er mit dessen *sozialdemokratischem* Konkurrenten um die Kanzlerschaft, mit dem Berliner Bürgermeister Willy Brandt, gesprochen. Das war natürlich nicht als Affront gedacht, der die ideologischen Differenzen zwischen der britischen und der Bundesregierung hervorkehren sollte, sondern eine schlichte Sache terminlicher Koordination. Aber es war - wenn man so will - ein absichtsloses Symptom für die politischen Differenzen, die Bonn jenseits aller Ideologie mit London hatte. Es war ja sonderbar: Erhard und Schröder, dazu Carstens und von Hassel, fühlten sich in einer Art natürlichen Einklangs mit England und deshalb politisch zu England hingezogen, mit Frankreich hingegen in einem elementaren Konflikt und deshalb von ihm abgestoßen. Andererseits wurde Deutschland von Frankreich wieder und wieder umworben und verlockt, und von Großbritannien mehrfach politisch gekränkt und seit geraumer Zeit finanziell bedrängt. Frankreichs Werben mißtrauten sie schwer und Englands Kränkungen verwanden sie leicht. So geriet auch Wilsons märzlicher Bonn-Besuch eigentümlich zwiespältig. Man versicherte sich in gefälligen Reden wechselseitigen Wohlmeinens, prinzipieller Eintracht und des besten Willens, die Beziehungen zueinander weiter zu vertiefen, und schrieb dies alles auch ins Kommuniqué. Zwischendurch aber bestanden die britischen Gäste auf ihrem Konzept der ANF, das die deutschen Gastgeber unverändert für verfehlt hielten. Überdies verbanden sie den Gedanken an die ANF enger als vorher mit dem Wunsch, in Mitteleuropa militärisch verdünnte Zonen einzurichten, die Deutschland einschlossen und deshalb bei der Bundesregierung im Verdacht waren, Deutschland zu diskriminieren. Von ihrer Bereitschaft, der Sowjetunion langfristige Kredite einzuräumen, die Erhard für eine wesentliche Behinderung der deutschen Wiedervereinigung ansah, ließen sie sich nicht abbringen. Im übrigen verlangten sie mit unnachgiebiger Entschiedenheit eine bessere Regelung des Devisenausgleichs. Das laufende, bekanntlich etwas vage und dem guten Willen der Bundesregierung ausgelieferte Abkommen sollte vorzeitig beendet und durch ein neues ersetzt werden, das verbindliche Ausgleichsbeträge enthielt. Wobei die Beträge so anzusetzen wären, daß sie die Stationierungskosten der britischen Truppen in Deutschland voll ausglichen. Andernfalls müßten Truppen abgezogen werden.[305] Das neue Abkommen wurde im Sommer unterschrieben und mehrte die Haushaltsprobleme, die der Finanzminister und sein Kanzler in zunehmender Ballung vor sich herrollten. Schröder hatte im unmittelbaren Anschluß an den Besuch gleichwohl erklärt, daß er „einen guten Verlauf ohne jede Störung genommen habe".[306] Vielleicht glaubte er das sogar.

Wenige Tage später ließ er Erhard wissen, daß er mit Italiens Außenminister Fanfani übereingekommen sei, Venedig und nicht Bonn zum Ort der EWG-Außenministerkonferenz über die politische Union zu machen und dementsprechend natürlich auch Fanfani die Einladung zur Konferenz zu überlassen. Der Form genügend, bat er den Kanzler um dessen Zustimmung. Erhard gab sie und setzte sich damit in besonders ungeschickter Weise in Widerspruch zu seiner Absprache mit de Gaulle.[307] Das war der Zweck von Schröders Übung. Es war nicht ohne jeden sinistren Reiz, wie der deutsche Außenminister den ungeliebten französischen Staatspräsidenten, mit dem er sich über Wert und Nutzen der geplanten Konferenz aus entgegengesetzten Gründen ziemlich einig war, gegen seinen eigenen Kanzler in Stellung brachte. Erhard hatte mit de Gaulle vereinbart, daß der deutsche sich mit dem französischen und nicht mit dem italienischen Außenminister über die Konferenz besprach. Er hatte weiterhin vereinbart, daß Deutschland und Frankreich dazu einluden, nicht etwa Italien - und schon gar nicht in der Person Fanfanis, der 1962 als Ministerpräsident und 1964 als Außenminister schon zweimal Einladungen zu ähnlichen Zwecken wider Erwarten unterlassen hatte. Schröder wußte selbstverständlich, daß de Gaulle es übelnähme, wenn die Vereinbarungen nicht eingehalten würden. Erhard hätte es auch wissen sollen. Tatsächlich wurden in Paris Klage und Beschwerde laut, und die Schröder mißliebigen Konferenzen gerieten in Bedrängnis. Das mochte dem Außenminister, konnte aber Erhard nicht recht sein und um so weniger recht, als es umgehend die deutschen Gaullisten, voran Konrad Adenauer, auf den Plan rief.

Adenauer nahm die verstimmten Töne aus Paris zum Anlaß eines weiteren Interview-Feldzugs gegen die deutsche Frankreichpolitik und kündigte außerdem an, daß er auf dem CDU-Parteitag, mit dem am 28. März 1965 der Wahlkampf eröffnet werden sollte, die gesamte deutsche Außenpolitik als falsch und schlecht verrufen oder aber gar nicht reden würde. Eins war für die Union so übel wie das andere, weil beides für den politischen Gegner ein gefundenes Fressen wäre. Am Morgen des Eröffnungstages war die Sache noch immer unentschieden und Adenauer von stärkster Widerborstigkeit. In der Vorstandssitzung ging es hoch her. Die Parteioberen redeten auf ihren Vorsitzenden ein wie auf einen störrischen Esel. Die Wahl, die Gefahr, der Macht verlustig zu gehen, wenn man nicht einig sei! Adenauer sagte: „An unsere Einigkeit glaubt kein Mensch". Er hielt für den Esel Erhard. „Nehmen Sie es mir nicht übel, Herr Bundeskanzler, das, was Sie eben gesagt haben, ist so selbstverständlich auch meine Meinung, daß ich darüber gar kein Wort zu verlieren brauche". Erhard war über den Gang der Debatte „einigermaßen entsetzt". Er griff zu einer Notlüge. Er habe sich mit de Gaulle in Verbindung gesetzt und mitgeteilt bekommen, daß Frankreich zu seiner Bereitschaft, bei der Förderung der politischen Union mitzuwirken, stehe.[308] Das stimmte nicht ganz, weil Botschafter Klaiber eben erst dazu aufgefordert war, mit de Gaulle darüber zu reden. Aber es trug dazu bei, daß Adenauer auf dem Parteitag sprach, ohne die Außenpolitik der Bundesregierung in die Pfanne zu hauen. Auf dem Parteitag noch wurde dann auch öffentlich und, wie man meinte, wahlwirksam verkündet, daß de Gaulle im Gespräch mit Klaiber seine Absicht bestätigt habe, an der von Erhard angeregten Gipfelkonferenz teilzunehmen. Erhard kam mit der Kunde gerade über den Parteitag hinweg. Viel länger hielt sie nicht vor. Gleich danach stellte der französische Regierungssprecher Peyrefitte sie richtig. Sein Präsident habe die Bereitschaft zur Teilnahme diesmal wie damals davon abhängig gemacht, daß Europa sich zu einer gemeinsamen Politik entschließe. Die Richtigstellung war nur halbrichtig. Diesmal hatte de Gaulle seine Teilnahme allerdings davon abhängig gemacht, damals in Rambouillet nicht. Damals hatte er nur verlangt, daß man sich vorher auf die Vollendung des Agrarmarktes einigte. Unterdessen war übrigens Couve de Murville in Rom gewesen, hatte mit Fanfani über den Sinn und die Aussichten der vorbereitenden Außenministerkonferenz geredet und anschließend verlauten lassen, daß derlei Konferenz in absehbarer Zeit nichts als Meinungsverschiedenheiten über die Zwecke einer politischen Einigung Europas offenbaren könne und deshalb besser unterbleibe.[309]

Erhards unendliche Europa-Initiative war zum dritten Mal auf Grund gelaufen; ob eher Schröders oder eher de Gaulles Abneigung sie darauf gesteuert hatte, tat am Ende wenig zur Sache. Sie hatte nun mal so wenig Wasser unter dem Kiel, daß sie schlechterdings nicht manövrierfähig war. Erhard unternahm gleichwohl noch einen hoffnungslosen und kaum wirklich ernstzunehmenden Versuch, sie wieder flottzubekommen. Adenauer half ihm dabei. Beide schrieben von Osterheld vorformulierte Briefe an de Gaulle und schlugen vor, im Juni sofort die Staats- und Regierungschefs tagen zu lassen. De Gaulle antwortete dem akuten und dem alten Kanzler ohne langes Säumen und lehnte den Vorschlag ab. Erhard war „tief enttäuscht." Anfang April schon hatte die „Times" geschrieben, daß die deutsch-französischen Beziehungen wieder so schlecht seien wie vor Rambouillet.[310] Das war übertrieben und zählte *doch*, weil es der Entwicklung nur vorausgriff.

Erhards kleine Schwindelei, die sich am Ende als großer Trugschluß erwies, hatte den CDU-Parteitag womöglich vor einem Eklat bewahrt. Das war gelungen. Eine Vision des Kanzlers sollte ihm ein wenig Glanz verleihen. Das mißlang, weil die Vision bei genauer Hinsicht keine Vision, sondern eigentlich auch ein Schwindel war - ein Etiketten-Schwindel. Auf dem Etikett stand „Formierte Gesellschaft". Formierte Gesellschaft war ein Wort, bei dem kein Begriff war. Das Wort gab sich den Anschein, eine konstruktive Idee zu benennen, benannte aber nur ein diffuses Unbehagen und war vor allem dazu gedacht, Erhards schwindendem Ansehen als sozialökonomischer Denker und Lenker aufzuhelfen. Das wurde unschwer durchschaut, und die Rede von formierter Gesellschaft bewirkte in ihrer gedanklichen Dürftigkeit das Gegenteil ihres Zwecks.

Der Urheber des Worts und der Rede war ein sogenannter „Sonderkreis", den Erhards public-relations-Mann und Konfident Karl Hohmann, Leiter des „Kanzlerbüros" im Range eines Ministerialdirektors inzwischen, im Herbst 1964 formierte.[311] Seinem Selbstverständnis nach machte der „Sonderkreis" mit Erhards im übrigen untergegangener Ankündigung Ernst, daß er als Kanzler den Rat der Männer des Geistes und des Worts einholen und bei der Gestaltung seiner Politik beachten werde. Hohmann saß ihm vor, sein geistiger Kopf war der Publizist Rüdiger Altmann und sein helles Köpfchen, der Rundfunk-Redakteur Johannes Groß. Außerdem beteiligten sich der Mannheimer Wahlforscher Rudolf Wildenmann und ein halbes Dutzend Männer, deren Namen keiner mehr nennt. Müller-Armack, der bis zu seinem Ausscheiden aus dem Wirtschaftsministerium über die gesellschaftspolitische Ausweitung des Konzepts der sozialen Marktwirtschaft nachgedacht und Erhard mit Versatzstücken für dessen Reden versorgt hatte, wurde übergangen. Voraussetzung der Teilnahme war der Wunsch, daß die CDU die Wahl gewänne und Ludwig Erhard wieder Kanzler würde. Die Teilnehmer einte der Glaube, daß die CDU die Wahl ohne Erhard mit Sicherheit verlöre, durch Erhard aber nicht mit der gleichen Sicherheit gewänne. Dem gegenwärtigen Stand der Umfrageergebnisse zufolge verlor sie allemal. Deshalb unternahm es der Sonderkreis, dem Produkt „Erhard" ein neues Image zu verschaffen, weil das alte nicht mehr zugkräftig sei. Die Unternehmung umfaßte neben Überlegungen, welchen Schlips der Kanzler bei Fernsehauftritten tragen, ob sein Dienstwagen eine wehende Standarte führen und daß er besser nicht gemeinsam mit dem etwas armselig wirkenden Bundespräsidenten auftreten sollte, die Suche nach einer Amtstat, die den Deutschen die Handlungsfähigkeit ihres Kanzlers vor Augen führte, nach einem Slogan, der ihnen seine Unersetzlichkeit einhämmerte, und nach einer neuen Verheißung, die mit seiner Person verbunden wurde. Dabei fand Altmann die „Formierte Gesellschaft". Hohmann gefiel die Worthülse nicht. Aber niemandem fiel eine bessere ein. Und so blieb es denn bei ihr.

In der Hülse steckte Erhards alte Klage, daß die Gesellschaft in organisierte Gruppen zerfalle, in deren Konflikten um möglichst hohe Anteile am Sozialprodukt und um möglichst großen Einfluß auf die politischen Entscheidungen die Staatsgesinnung, der Gemeinsinn und schließlich auch Wohlstand und Wachstum allmählich vor die Hunde gingen. Der Pluralismus helfe nicht weiter, sagte Erhard Ende des Jahres zu Johnson, sondern führe bloß zum Kollektivismus. Die moderne Industriegesellschaft brauche ein neues Leitbild.[312] „Formierte Gesellschaft" sollte jenes Leitbild sein. Die „formierte" war das Gegenstück zur fragmentierten Gesellschaft. In ihr traten die Verbände im öffentlichen Leben hinter die Individuen zurück, herrschten nicht die Interessen, sondern die Vernunft, kamen Ein- und Rücksicht deshalb vor Konflikt, waren Staatsgesinnung, Gemeinsinn und Wohlfahrt gut aufgehoben. Sie galt es zu erstreben. Das schrieb Altmann Erhard in die Parteitagsrede, und Erhard trug es als politische Willensäußerung wortmächtig und klangvoll vor. Nicht in die Rede geschrieben hatte Altmann ihm, wie die institutionelle Neuordnung, die der formierten Gesellschaft vorausgesetzt war und 150 Jahre politisch-soziale Entwicklung negierte, zu bewerkstelligen wäre. Deshalb trug Erhard darüber nichts vor. Er wußte es sowenig, wie Altmann es wußte.

Dem unklaren Gedanken von „formierter Gesellschaft" stand die wenig konkretere Idee zu Seite, ein Deutsches Gemeinschaftswerk zu schaffen, das bislang vernachlässigte Kollektivaufgaben wie Städtebau, Bildung und anderes mehr in Angriff nähme, und zu diesem Zweck einen Teil des Steueraufkommens von Bund und Ländern zugeführt bekäme.

Der „visionäre" Teil von Erhards Rede rief denn auch außer allgemeinem Erstaunen über Unerwartetes zunächst zwiespältige Reaktionen hervor. Die Wohlmeinenden vermuteten Tiefe dort, wo sie Konkretheit vermißten. Die weniger Wohlmeinenden mokierten sich über krausen Wortbombast, der gute Politik ersetzten sollte. Von einem neuen Spezialistentum habe der Kanzler gesprochen, schrieb die Süddeutsche Zeitung und wünschte ihm einen Spezialisten „zur Vermeidung allzu krasser logischer, manchmal sogar philologischer Ungereimtheiten in Kanzlerreden". Formierte Gesellschaft - ein schönes Wort und bei näherem Hinsehen doch „nur das Deckblatt ... für eine Zigarre aus lauter Unvereinbarkeit, Widerspruch und Wunschdenken".[313] Viele der Wohlmeinenden merkten das alsbald auch und erwarteten, daß Erhard für Konkretion, Klarheit und Genauigkeit sorgte. Erhard versprach das selbstverständlich und blieb es notwendigerweise schuldig. Die Worthülse klapperte noch eine Weile in der politischen Diskussion herum, ohne an praktischem Gehalt oder auch nur an wahltaktischem Wert zu gewinnen. Erhard mußte ohne begrifflich verdichtete und glaubwürdige gesellschaftspolitische Verheißung, die an die Stelle des kaum mehr wählerbezwingenden Begriffs „soziale Marktwirtschaft" trat, in den Wahlkampf ziehen.

Davor zog es ihn allerdings zu einem vierwöchigen Frühjahrsurlaub an den Tegernsee. Dort, in Gmund, markierte er das, was er in Bonn nicht war, den starken Kanzler. Er schrieb Urlaubsbriefe, wie einst Adenauer welche geschrieben hatte. Einen bekam Wirtschaftsminister Schmücker. Erhard hatte in der Zeitung gelesen, daß man in Brüssel unter Langers Vorsitz Überlegungen zur mittelfristigen Koordination der Wirtschaftspolitik in der EWG

Am Schreibtisch im Bundeskanzleramt mit Hohmann

anstellte. Er sah Planung allerorten und war über das „gefährliche Treiben ... hell entsetzt ... Wenn wir innerhalb der EWG dahin gelangen, daß wir alle Fehler und Entartungen der Sozialpolitik eines jeden Landes addieren oder in der Wirtschaftspolitik Technologen an falschen Ideologien herumbasteln lassen, dann kann das Unheil seinen Lauf nehmen". Daran dachte natürlich kein Mensch, und am allerwenigsten dachten daran Schmücker und Langer. Was aber Erhard sich bei dem Satz dachte: „Ich wünsche ... nicht, daß die Bundesregierung am Ende doch noch von jenen Elementen hereingelegt wird, die es nicht verwinden können, daß ich ihre ach so schönen Pläne, Programmierungen und Planifikationen zunichte gemacht habe", das wußte nur er allein.[314] Es war schierer, selbstgefälliger Unfug.

Einen anderen Brief bekam Westrick. Er möge Arbeitsminister Blank „in meinem Namen und Auftrag" untersagen, Lohnerhöhungen von 8, 5 % im Jahre 1965 zu prognostizieren. Das komme einer amtlichen Billigung von Lohnerhöhungen dieses Ausmaßes gleich. Statt dessen hätte Blank sagen müssen, „daß eine solche Politik der Gewerkschaften die Schuld an den steigenden Preisen trägt".[315]

Die dritte Abmahnung erhielt Vizekanzler Mende. Der hatte den sowjetischen Botschafter samt Gattin zu einem Abendessen in seine Wohnung gebeten und „ als Stellvertreter des Bundeskanzlers" beim Essen politische Gespräche mit ihm geführt. Das gehe nicht an, ohne daß er zuvor die Zustimmung Erhards, der zwar in Kur, aber gleichwohl im Amt sei, eingeholt habe.[316]

Jupiter tonans am Tegernsee. Aber Brief-Blitze verschaffen nicht Respekt; die gewünschte Wirkung setzt Respekt voraus. Erhards Blitze schlugen nicht ein, sie enttäuschten und verärgerten bloß.

Mißlingen in Washington und Bonn

Am 4. Mai kehrte der Briefe-Schreiber nach Bonn zurück und sprach noch am gleichen Tag mit Barzel, Strauß und Schröder. Eine Woche vorher hatte de Gaulle der politischen Einigung Europas eine entschiedene öffentliche Absage erteilt und dabei zugleich auch den Gedanken an besonders enge und besonders geartete Zusammenarbeit mit Deutschland widerrufen. Frankreich werde sich wieder völlig auf sich selbst besinnen und seine politischen Unternehmungen im eigenen Interesse planen und im Vertrauen auf die eigene Kraft durchführen. Zur gleichen Zeit hatte sich der sowjetische Außenminister Gromyko in Paris aufgehalten und war dort mit großer Aufmerksamkeit behandelt worden. Adenauer sah die ewig wiederholte Befürchtung, daß Frankreich zu Lasten Deutschlands den Ausgleich mit Rußland suchte, wenn Deutschland sich seinem Werben verweigerte, so gut wie bestätigt. De Gaulle hatte schon bei früherer Gelegenheit gesagt, daß die Sowjetunion nicht mehr die Absicht verfolge, Westeuropa politisch zu überwältigen. Die anderen Gaullisten waren zumindest erschrocken und ratlos, einige im ersten Moment über de Gaulle auch sehr verärgert.[317]

Einerseits teilten Erhard und Schröder die Sorgen der Gaullisten, andererseits fühlten sie sich durch de Gaulles Rede aber auch erleichtert. Die Rede schien die Nötigung zu fortgesetzt falscher Rücksichtnahme auf Frankreich von ihnen zu nehmen und eine ungehemmtere Hinwendung zu England und Amerika zu ermöglichen. Beide wünschten, gleichsam um klare Verhältnisse zu schaffen, de Gaulles einseitige Aufkündigung des besonderen französisch-deutschen Verhältnisses mit der Absage des im Juni fälligen französisch-deutschen Routinetreffens in Bonn zu beantworten. Schröder hielt daran nach Erhards Rückkehr fest, Erhard aber ließ sich umstimmen.[318] Vor dem Treffen mit de Gaulle wollte er allerdings nach Amerika reisen. Dort war er zuletzt im vergangenen Sommer gewesen. Sein Wunsch, daß Johnson nach der Wahl ins Präsidentenamt Europa und dabei selbstverständlich auch die Bundesrepublik besuchte, hatte sich nicht erfüllt. Es drängte Johnson anscheinend auch nicht, Erhard in Washington zu sehen und zu sprechen. Eine Einladung lag nicht vor, und es wurde an keine gedacht. Es hätte auch Erhard nicht drängen sollen, Johnson aufzusuchen. Es gab mit Rücksicht auf die deutschen politischen Interessen nichts, das nützlicherweise zwischen dem deutschen Bundeskanzler und dem amerikanischen Präsidenten persönlich besprochen werden mußte. Aber es gab manches, das Erhard und die deutsche Politik im persönlichen Gespräch in Verlegenheit bringen konnte: Johnsons Vorstellungen von Entspannungspolitik z. B., sein dringlicher Wunsch, daß die Bundesregierung Amerikas Krieg in Vietnam mit Geld und guten Worten und womöglich auch mit Menschen unterstützte, und das leidige Offset-Abkommen, mit dessen Erfüllung der Finanz- und der Verteidigungsminister sich zusehends schwerer taten. Erhard hatte im vergangenen Jahr erfahren, daß Johnson ihm die Verlegenheiten nicht ersparte. Die Erfahrung hatte ihn aber nicht an seinem Glauben irre werden lassen, daß Johnson sein Freund und ein Gespräch mit ihm deshalb so leicht, erfreulich und nützlich wäre, wie ein Gespräch mit de Gaulle notwendigerweise schwierig, spannungsvoll und letztlich unergiebig war. Weil das kommende Gespräch mit de Gaulle nun besonders schwierig und spannungsvoll zu werden versprach, wollte Erhard sich dafür bei Johnson auch ein bißchen Zuspruch holen.

Die Einladung wurde in gewisser Weise erzwungen. Nachdem die vornehme Columbia-Universität die Bestellung eines Doktorhutes durch den Wirtschaftsminister nicht angenommen hatte, war sie jetzt gewillt, dem Bundeskanzler von sich aus einen zu verabreichen. Das paßte vor der Wahl in jedem Fall gut und paßte in diesem Fall um so besser, als die amerikanische Regierung die Entgegennahme des Hutes in Washington nicht einfach ignorieren konnte, sondern den deutschen Kanzler, wenn er denn einmal in Lande war, auch zu Gesprächen bitten mußte. Die New York Herald Tribune vermerkte nicht ohne jene Häme, die seit einiger Zeit das verbreitete Wohlwollen verdrängte, dessen Erhard sich in der nationalen und internationalen Presse vormals erfreut hatte: „Die Ehrendoktorwürde, die ihm die Columbia-Universität verleiht, wird den Eindruck erwecken, daß die Amerikaner (im Gegensatz zu einer beträchtlichen Anzahl Westdeutscher) eine große Achtung vor seinen geistigen Fähigkeiten haben. Seine Zusammenkunft mit Präsident Johnson wird die Vorstellung bestärken, daß er sich mit dem höchsten Vertreter der USA gut versteht".[319]

Das einstündige Gespräch, das Erhard nach einem drei Tage langen Aufenthalt in New York am 4. Juni mit Johnson führte, unterstrich vor allem seinen eigenen Eindruck, daß er sich mit dem Präsidenten vorzüglich verstände, als Mensch und Staatsmann hoch von ihm geschätzt würde und deshalb auf politische Rücksichtnahme bei ihm rechnen könnte. Der Eindruck war falsch und doch nicht gänzlich unberechtigt. Da man in der kurzen Unterhaltung allen Streitpunkten auswich oder sie nur kurz antippte, konnte, wer wollte, tatsächlich glauben, daß es Konflikte im amerikanisch-deutschen Verhältnis nicht gäbe und reine Harmonie herrschte. Man versicherte einander, mit gleichgültiger Emphase der eine, davon hingerissen der andere, freundschaftlichster Empfindungen und schimpfte gemeinsam auf de Gaulle. De Gaulle sei böse auf ihn, sagte Erhard, weil er gemerkt habe, daß er bei ihm - im Gegensatz zu Adenauer - auf die sentimentale Tour nicht weiterkomme. Johnson versprach Erhard, daß er trotz Vietnam-Krieg keine amerikanischen Truppen aus Deutschland abziehen werde, und Erhard bestätigte Johnson, daß Amerika in Südvietnam die Freiheit verteidige und seine Zuverlässigkeit unter Beweis stelle. Johnson fragte ihn, ob er Nordvietnams Hauptstadt Hanoi auch auf die Gefahr hin bombardieren solle, daß dabei Russen ums Leben kämen. Erhard sagte, daß man gegen Abenteurer entschieden und fest vorgehen müsse, so zum Beispiel, wie er jüngst gegen Nasser vorgegangen sei.[320]

Bei seiner Rückkehr nach Bonn sagte er, daß die Besprechungen in Washington „eine Reihe von wichtigen Ergebnissen gebracht" hätten.[321] Das glaubten ihm allenfalls noch die treuesten Anhänger. Die ZEIT artikulierte die Meinung der Mehrheit: „Erhards Reise an den Potomac ... lief von Anbeginn auf nichts anderes hinaus als auf den Austausch wohltönender und sogar ehrlich gemeinter Loyalitätsbekundungen. Dazu aber bedurfte es einer weiten Reise nicht".[322]

Das wichtigste Ergebnis der Reise war denn auch persönlicher Natur. Erhard hatte sich für das Treffen mit de Gaulle, der eine Woche später in Bonn eintraf, Mut gemacht; Mut auch dazu, den Forderungen und Vorschlägen zu widerstehen, die ihm Strauß noch vor der Amerika-Reise in einem drängenden Brief, einem beigefügten Memorandum und einem scharf geführten Gespräch zur Kenntnis gebracht hatte: Deutschland sei drauf und dran, außenpolitisch isoliert zu werden. Die Bevölkerung spüre das und werde es die Union bei der Wahl spüren lassen, falls das Treffen mit de Gaulle scheitere. Deshalb solle die Bundesregierung der französischen Regierung vorschlagen, die Einigung Europas, die nukleare Verteidigung und die Deutschlandfrage als politischen Problemzusammenhang zum Gegenstand gemeinsamer Studien zu machen und zu diesem Zweck durch eine Art Zusatzabkommen zum deutsch-französischen Vertrag fünf Arbeitsgruppen für folgende Themen ins Leben rufen: europäische politische Zusammenarbeit, Deutschlandfrage, NATO-Reform, operative Forschung und gemeinsame Rüstungsvorhaben. Die Voraussetzungen für einvernehmliche Ergebnisse seien gut, weil die Interessen Frankreichs und Deutschlands weitgehend übereinstimmten. Beide hätten den gleichen potentiellen Gegner und die gleichen Sicherheitsbedürfnisse, denen letztlich nur durch eine unabhängige „europäische nukleare Abschreckung" genügt würde. Wobei die europäische nukleare Abschreckung zugleich die Bedingung einer Entspannungspolitik sei, der nicht die gegenwärtige Gefahr innewohne, daß sie zu Lasten Europas und namentlich Deutschlands gehe, die vielmehr als geeignet erscheine, die Trennung Europas in feindliche Blöcke und dabei auch die Teilung Deutschlands zu überwinden und ein befriedetes „Europa vom Atlantik bis zum Ural" zu schaffen.[323]

Das war „de Gaulle pur". Ob es als Verfahrensvorschlag noch sonderlich realistisch war, kann dahinstehen. Denn es war fern von Erhards Meinung und Absicht. Die Amerika-Reise und das staatsmännische Einvernehmen mit Johnson bestärkten Erhard in seiner Meinung und Absicht: engste politische und militärische Anlehnung an die USA, Unabdingbarkeit der militärischen Integration im Bündnis, gewiß keine „Europäisierung" der deutschen Frage. Dabei, hatte Erhard Anfang Mai gesagt, könne nichts anderes herauskommen als ein Deutschland in der Rolle eines „französisch-russischen Protektorats".[324] Und das möchte, mußte er im stillen denken, de Gaulle so gefallen. Er nahm sich vor, höflich, aber sehr deutlich mit dem französischen Präsidenten zu reden. Als vorbeugende Maßnahme gegen mögliche Angriffe de Gaulles ließ er sich vom Auswärtigen Amt ein „Schuldkonto" Frankreichs zusammenstellen.[325]

De Gaulle kam wieder mit der üblich umfangreichen Begleitung am Vormittag des 11. Juni in Wahn an und führte gleich darauf das erste Gespräch mit Erhard. Im Laufe der nächsten dreißig Stunden kamen zwei weitere Gespräche dazu. Man begegnete einander zuvorkommend. Beide waren guten Willens, aber keiner glaubte mehr, daß der gute Wille zu irgend etwas Konstruktivem führen könnte. Alles, was sie zueinander sagten, hatten sie voneinander schon gehört. Über weite Strecken wirkten die Gespräche so, als wäre seit der ersten Begegnung im Winter 1963 die Zeit stehengeblieben. Die Standpunkte waren so gut wie unverändert und unverändert unvereinbar. Da beide, Präsident und Kanzler, sich damit abgefunden hatten, de Gaulle enttäuscht und resignierend, Erhard zufrieden und ein wenig stolz auf seine Widerstandskraft, war das kein Grund für ein neues Zerwürfnis. Es hätte mit zu Harmonie aufgeputzter Vergeblichkeit sein Bewenden haben können. Und lange Zeit sah es so aus, als hätte es damit auch sein Bewenden. Nach der Plenarsitzung am Ende des ersten Tages wies Erhard auf eine „bunte Palette der Gemeinsamkeiten" hin, und de Gaulle betonte „die Notwendigkeit engerer und vertiefter deutsch-französischer Zusammenarbeit". Die „Palette der Gemeinsamkeiten" war allerdings nicht sichtbar geworden, und an engerer Zusammenarbeit hatten Erhard und Schröder kein Interesse. Nicht eben gut soweit, aber doch besser, als mancher erwartet hatte. Und es wurde noch besser: Beim abendlichen Essen war wohlklingend Metaphorisches zu hören. Erhard brachte die „Quellen des europäischen Lebens" zu rhetorischem Sprudeln, und de Gaulle ließ die Einigung Europas redeweise als Bau einer Kathedrale erscheinen. Am nächsten Morgen gab der Präsident nach einem letzten „Vier-Augen-Gespräch", das im wesentlichen Meinungsverschiedenheiten enthielt, leichthin dem Wunsch des Kanzlers nach, eine Presseerklärung herauszugeben, die die Meinungsverschiedenheiten möglichst überginge und auf einen positiven Grundton gestimmt wäre. Hohmann und Osterheld hatten den Entwurf schon fertig. Unter solch bekömmlichen Voraussetzungen begann die abschließende Plenarsitzung. Wenn sie auch so geendet hätte, wäre Erhard das ganze Treffen wohl ebenso als Erfolg angerechnet worden wie die Begegnung in Rambouillet. Westrick sagte später zu Adenauer, daß Schröder dies nicht gewollt und Erhard darum gebracht habe. Das mochte von der Abneigung gegen den Außenminister absichtsvoll verzeichnet, mußte deshalb aber nicht vollends falsch sein.

Neben den dauerhaft-grundsätzlichen politischen Differenzen, mit denen die beiden Regierungen zwar nicht besonders freundschaftlich, aber doch friedlich leben konnten, gab es einen aktuell-praktischen Konflikt, den de Gaulle und Erhard mehrfach berührt, aber nicht eingehend behandelt hatten. Es ging dabei um die Finanzierung der EWG-Agrarpolitik. Und Wirtschaftsfragen wagte de Gaulle mit Erhard bekanntlich nicht vertieft zu diskutieren. Sie langweilten ihn wohl ganz einfach. Außerdem hatte er dafür Ministerpräsident Pompidou. Mit dem war Erhard denn auch in die Einzelheiten gegangen, ohne zu einem abschließenden Ergebnis zu gelangen. Das war auch nicht ihre Aufgabe, dafür hatten sie ihrerseits ihre Fachminister. Die verhandelten darüber ausgiebig. Das Streitpotential war, nur aufs Materielle hin besehen, eigentlich nicht sehr groß. Die Finanzierung sollte bis zum 30. Juni 1965 beschlossen sein. Die Bundesregierung hatte dem Termin vor Jahren zugestimmt, hätte ihn jetzt aber gern um ein oder zwei Jahre hinausgeschoben. Frankreich wünschte hingegen, daß er eingehalten würde. Außerdem war man sich über die Höhe des deutschen Finanzierungsbeitrags nicht einig. Die Bundesregierung bot 31 % als äußerste Grenze an, die französische Regierung meinte, daß Deutschland die Vorteile, die seine Industrie aus dem gemeinsamen Markt zöge, mit einer etwas höheren Quote honorieren sollte. Die Differenz bestand aus Beträgen, die, an den Offset-Forderungen der USA und selbst Großbritanniens gemessen, quantités négligables waren.

De Gaulle hatte schon in Rambouillet gesagt, daß er die termingerechte Verabschiedung der Agrarmarktfinanzierung für eine Voraussetzung von Verhandlungen über Erhards

Unionspläne ansehe. In Bonn wiederholte er es. Wenn man sich über die Agrarfinanzierung einig geworden sei, am besten noch heute, dann könne gegen Ende des Jahres eine Konferenz der Staats- und Regierungschefs über die politische Union stattfinden. Das war nach allem, was man zwischendurch aus Paris gehört hatte, mehr, als erwartet werden durfte. Andererseits klang es *wegen* dessen, was man zwischendurch aus Paris gehört hatte, in manchen deutschen Ohren womöglich nicht sehr verläßlich. Erhard sagte, daß es ihm angenehmer wäre, wenn de Gaulle die Gipfelkonferenz nicht von der Agrarfinanzierung abhängig machte, weil das den Eindruck erwecke, als erkaufe Deutschland die Konferenz. Aber es mache doch keinen Sinn, über eine politische Union zu konferieren, wenn nicht mal in der EWG zustande komme, worauf man sich prinzipiell bereits geeinigt habe, sagte de Gaulle. Dagegen hatte Erhard wenig anzuführen. Außerdem glaube er, daß eine Einigung unschwer möglich sein müsse. Dann bat er Außenamts-Staatssekretär Lahr, einen deutschen Einigungsvorschlag zu verlesen, dessen Wortlaut er selbst vermutlich noch nicht kannte. Lahr hatte den Vorschlag - angeblich als Zusammenfassung der vorangegangenen Verhandlungen - erst am Morgen entworfen. Anschließend war er im Auswärtigen Amt von Schröder, Finanzminister Dahlgrün und einigen Staatssekretären, durchweg von Gegnern einer Regelung zum vorgesehenen Zeitpunkt, besprochen und daraufhin kurz vor der Plenarsitzung ins Kanzleramt gebracht worden. Erhard sprach gerade mit Pompidou. Lahr ließ ihn bitten, das Papier noch vor der Plenarsitzung zu lesen. Ob er dies wirklich wünschte, das ist fraglich, und daß Erhard nicht die nötige Ruhe und Aufmerksamkeit zur Lektüre fände, dessen konnte er sicher sein.

Wie auch immer, was Lahr im Plenum verlas, überraschte nicht nur die Franzosen, sondern auch Westrick, Wirtschaftsminister Schmücker und andere deutsche Teilnehmer. Danach akzeptierte die Bundesregierung den Termin. Viel anderes blieb ihr nicht übrig. Aber sie beharrte darauf, höchstens 31 % der Kosten zu übernehmen, verlangte, daß die Finanzierungsregelung relativ kurz befristet wäre, und unterstrich einige Wünsche, deren Erfüllung in zeitlichem und sachlichem Zusammenhang mit der Finanzierungsregelung zugesichert werden sollte. Deutschland wünsche, daß der gemeinsame Agrarmarkt nicht vor, sondern zugleich mit der Zollunion vollendet werde. Bald darauf sollten auch die Steuergrenzen entfallen. Außerdem wären die gemeinsame Handelspolitik - gegenwärtig mit besonderem Augenmerk auf die Kennedy-Runde -, die gemeinsame Verkehrs- und die gemeinsame Energiepolitik kraftvoll voranzutreiben. Die Franzosen wiesen den Vorschlag nicht kurzweg zurück, erklärten ihn aber als Grundlage einer Einigung für korrekturbedürftig. Das müsse sich mit gutem Willen bis zur Abreise machen lassen.

Es ließ sich nicht machen. Lahr verhandelte vor und nach dem abschließenden Essen in Schloß Ernich mit seinem französischen Kontrahenten ohne genaue Anweisungen des Kanzlers und mit dem Wissen, daß sein Minister eine Einigung nicht wünschte. So kam trotz der französischen Bereitschaft, sich mit 31 % abzufinden und auf die meisten deutschen Wünsche einzugehen, natürlich auch keine Einigung zustande. Die französische Regierung verlangte, daß die Finanzierungsregelung bis zum Ende der Übergangszeit in Kraft bliebe. Die Bundesregierung wollte sich nur auf eine Laufzeit von einem Jahr einlassen. Der Meinungsunterschied konnte auch in einer zusätzlichen Besprechung der Delegationen nicht ausgeräumt werden. So endete das gesamte Treffen entgegen seinem betont friedlich-freundlichen Verlauf doch noch mit einem scharfen Mißklang. De Gaulle sagte, daß er unter diesen Umständen „eine günstige Atmosphäre für eine Konferenz der sechs Regierungschefs“ nicht mehr vorauszusehen vermöge. Er sehe sich gezwungen, „zu allen in den beiden Tagen besprochenen Punkten Vorbehalt anzumelden, da es nicht gelungen sei, sich zu einigen, die Brüsseler Verhandlungen termingerecht bis zum 30. Juni abzuschließen." Das sei für die deutsch-französischen Beziehungen keineswegs tödlich. „Schade sei es dennoch." Frankreich werde weiterhin abwarten und hoffen.[326]

Die auf Harmonie gestimmte gemeinsame Presseerklärung unterblieb. De Gaulle und seine Leute fuhren nicht so gekränkt, verletzt und verdrossen wie vor einem Jahr, aber doch wieder ziemlich verärgert nach Hause. Und Erhard hatte bei den deutschen Gaullisten schließlich doch keine Punkte gemacht, mochte er in der Öffentlichkeit auch noch so oft sagen, daß die Begegnung mit de Gaulle ein großer Erfolg gewesen sei. Man habe jetzt den Stil für gemeinsame Gespräche gefunden.[327]

Da man sich in Bonn nicht geeinigt hatte, vermochte man sich auch in Brüssel nicht zu einigen. Erhard gab in den verbleibenden drei Wochen keine Weisung, im EWG-Ministerrat so zu verhandeln, daß die in Bonn verdorbene Einigung mit Frankreich möglich würde. Im Grunde genommen wollte ja auch er sie nicht. Das feder- und verhandlungsführende Außenministerium fühlte sich von Einwänden und Widerständen, die Italien und Holland gegen die Agrarmarktfinanzierung geltend machten, nicht eben zu Nachgiebigkeit ermuntert, und so kam es, daß Couve de Murville die Verhandlungen am 1. Juli für gescheitert erklärte und die französische Regierung noch am selben Tag eine Krise der ganzen Gemeinschaft ausrief: Die Partner hielten ihre Zusagen nicht ein und verhinderten durch unangebrachte Forderungen vernünftige Kompromisse. Frankreich ziehe daraus die Konsequenzen und nehme an den Ministerratssitzungen vorerst nicht mehr teil. Das weitere Schicksal der Wirtschaftsgemeinschaft war ungewiß geworden. Erhards von Unglück, Ungeschick und Übelwollen verfolgte politische Einigungs-Initiative mußte endgültig abgeschrieben werden.

Um die Kanzlerschaft aus eigenem Recht

Man darf bezweifeln, daß Erhard eins von beidem zu Herzen gegangen ist. Beides dürfte ihn eher mit stiller Freude erfüllt haben. Die EWG war nach wie vor nicht wirklich sein Ding und ihm oft genug ein Ärgernis. Und politische Einigung, die England ausschloß, widersprach allem, wofür er gestritten hatte, bevor er Kanzler wurde. Doch was immer er empfand, stark und lange hat es ihn nicht bewegt. Denn in Deutschland brach gleich darauf der Wahlkampf aus. Darin ging es um das politische Schicksal Ludwig Erhards. Und das lag ihm allemal näher als das Schicksal der EWG.

Erhard brauchte bei der Wahl am 19. September 1965 nicht einfach einen Sieg; er brauchte einen großen, überwältigenden Sieg, wenn er politisch überleben wollte; einen Sieg, der seine innerparteilichen Gegner überwältigte. Bislang war er ja nicht eigentlich Kanzler aus eigenem Recht, sondern bloß Kanzler-Nachfolger gewesen. Er hatte sich, seit er's geworden war, vom Schatten des Vorgängers nicht freigemacht, er wurde vielmehr immer mehr davon verdunkelt. Als er Kanzler wurde, hatte es unter den Eingeweihten und Verständigen viele gegeben, die ihm die Fähigkeit für das anspruchsvolle Amt absprachen, inzwischen gab es keinen mehr, der ihm die Fähigkeit dafür zuerkannte. Buchstäblich keinen. Erhard hatte unterdessen alle Zweifel bestätigt und alle Erwartungen enttäuscht. Natürlich gab es trotzdem welche, die wollten, daß er wieder Kanzler würde. Schröder, Westrick und von Hassel zum Beispiel, die allesamt keine Chancen hatten, selber Kanzler zu werden und Amt oder Einfluß verlören, wenn es ein anderer würde. Dann gab es die vielen, die es im Grunde nicht wollten, aber wider Willen wünschen mußten, weil Erhard selbstverständlich als Matador der CDU in den Kampf ging und sein Abtritt die Niederlage der Partei vorauszusetzen schien. Und schließlich waren da die wenigen, die es in Gedanke und Tat darauf anlegten, eine weitere Kanzlerschaft Erhards zu verhindern, ohne daß die Partei von der Herrschaft verdrängt würde: Adenauer und Strauß, Gerstenmaier und Krone, von Guttenberg und Lücke, ein paar andere adenauertreue Kabinettsmitglieder und als ihr Verbündeter der eigenen Art auch Bundespräsident Heinrich Lübke. In einer Sonderrolle Rainer Barzel.

Die Sonderrolle Barzels ergab sich daraus, daß er - wie die anderen auch - Erhard los sein, dabei aber zugleich sein Nachfolger werden wollte. Das jedoch kam, wenn man Erhard auf die Weise loswurde, die den anderen im Sinn lag, nicht in Frage. Was den anderen, den meisten nicht zum ersten Mal, im Sinn lag, war eine große Koalition mit der SPD. Die große Koalition war auch die Wunschvorstellung des Bundespräsidenten. Ein Kanzler Barzel war der SPD aber schwerlich zu vermitteln, ganz abgesehen davon, daß zumindest Gerstenmaier, Strauß und Krone eine Kanzlerschaft Barzels ohnedies nicht wollten. Wenn man an einen CDU-Kanzler der großen Koalition dachte, dann dachte man an Gerstenmaier oder, wegen dessen geringer Resonanz in der eigenen Fraktion auch an Lücke. Deshalb kam es Barzel letztlich mehr zupaß, wenn Erhard noch einmal Kanzler einer Regierung der kleinen Koalition mit der FDP würde und sich in Kürze vollends verschlisse. Derweil wollte er mit Unterstützung Konrad Adenauers, der ihn schätzte und den er pflegte, im kommenden Frühjahr Parteivorsitzender werden und sich unumgänglich machen.[328] So hielt er sich zwar zu Adenauer, beteiligte sich aber nicht an dessen offener und seiner Konfidenten hintergründiger Annäherung an die SPD. Daß Erhard ihn neuerdings väterlich „mein lieber, junger Freund Barzel" nannte und ein wenig tolpatschig sein Loblied sang, ließ ihn kühl bis ans Herz hinan. „Wenn manchmal meine staatsmännische Weisheit bestritten wird von draußen," sagte Erhard in der letzten Fraktionssitzung vor dem Ende der Legislaturperiode, „in einem kann ich sie beweisen, nämlich, daß ich erkannt habe, unser junger Freund Barzel ist der richtige Mann an der Spitze der Fraktion".[329] Nun ja, und immerhin und gewiß ganz ohne Hintersinn gesagt.

Unterdessen war die Hinwendung Adenauers zur SPD in einem Treffen mit dem sozialdemokratischen Parteivorsitzenden und Kanzlerkandidaten Willy Brandt sichtbar geworden. Die gemeine Geringschätzung, mit der Adenauer „den Herrn Brandt alias Frahm" im vergangenen Wahlkampf mißhandelt hatte, schien, da es jetzt gegen einen gemeinsamen Gegner ging, von beiden vergessen worden zu sein. Der gemeinsame Gegner war ungeschickt genug, das Treffen verhindern zu wollen, und hängte es mit der selbstverständlichen Vergeblichkeit seines Bemühens noch höher, als es ohnehin schon hing. Die Initiative zu dem Gespräch war von Brandt ausgegangen und der Anlaß ein Ereignis, das Erhard auch schon mißfiel. Kurz vor seiner Reise nach Bonn hatte de Gaulle den Führer der deutschen Opposition im Elysée empfangen und mit ihm so interessiert und angetan gesprochen, daß die Terminkalender-Zeit erheblich überschritten wurde. Brandt erbot sich und legte Wert darauf, Adenauer vom Inhalt des Gesprächs zu unterrichten. Ein Gespräch mit Erhard halte er hingegen nicht für nützlich. Adenauer nahm das Anerbieten dankend an. Erhard war erschüttert. Er drang in Adenauer, das Gespräch mit Brandt „unter allen Umständen" abzulehnen. Brandt könne ihm schlechterdings nichts Interessantes sagen. „Das penetrante Anliegen des Herrn Brandt" sei nichts „als ein durchsichtiges Wahlmanöver", und das Gespräch unter Adenauers Rang und Würde. Das fand Adenauer nicht. Er fand vielmehr, daß Offenheit fürs Gespräch mit dem Gegner eine Sache politischer Fairneß sei. Als ob ihm die je Beschwer gemacht hätte. Er sprach fairerweise mit Brandt und deutete hinterher mit gebotener Zartheit an, daß ihm die frankreich- und europapolitischen Vorstellungen des gegnerischen Aspiranten nicht übel und womöglich besser gefielen als die Vorstellungen des feindlichen Bundeskanzlers. Erhard blieb nichts weiter übrig, als den Affront selbstbewußt zu übergehen oder ihn beleidigt zu beklagen. Er beklagte ihn, erst in einem zweiten Brief an Adenauer, dann auch in der Öffentlichkeit. Dabei setzte er Affront gegen Affront. Dummerweise geriet ihm, was als Hieb gegen Adenauer gedacht war, zur Beleidigung de Gaulles. Wie *er* Brandts Besuch beim französischen Staatspräsidenten beurteile, fragte ihn der Interviewer einer Illustrierten. „Den nehme ich nicht ernst", sagte Erhard. „Riesenwirbel in Bonn" deshalb, schrieb „Bild". Die französischen Zeitungen druckten es vielsagend kommentarlos nach, und die deutschen Blätter erinnerten Erhard daran, daß de Gaulle keine unernsten Gespräche führe, „nicht einmal mit Erhard".[330]

Die eher hintergründigen Gespräche über die Möglichkeiten einer Regierung der großen Koalition fanden mit Wissen und Willen Adenauers wieder zwischen Guttenberg und Lücke einerseits und Herbert Wehner andererseits statt. Auch Wehner ließ erkennen, daß mit der SPD eine Frankreich-Politik zu machen wäre, die den Wünschen der Unions-Gaullisten näher läge als die gegenwärtige Regierungspolitik. Mitte Juli unterrichteten Lücke und Guttenberg Erhard loyalerweise von ihren Kontakten zu Wehner, denn Lücke war immerhin Mitglied von Erhards Kabinett. Wie er gegebenenfalls zu einer Regierung der großen Koalition stände? Die müsse an ihm nicht scheitern, sagte Erhard, er vermöge sich auch als Kanzler in einer großen Koalition zu sehen. So jedenfalls gaben Lücke und von Guttenberg den Inhalt des Gesprächs an Wehner weiter. Was der denn seinerseits von Erhard halte? „Er tut mir leid", sagte Wehner.[331]

Er konnte einem auch leid tun. Denn Erhard litt. Er litt unter seiner Unzulänglichkeit, unter den Angriffen und Konspirationen der Frondeure in der eigenen Partei und unter der Sorge, daß er die Wahl verlore oder bestenfalls so knapp gewänne, daß es wie ein Verlust wirkte. Die Umfrageergebnisse wiesen auf einen noch unentschiedenen Ausgang hin, und Erhards allseitige Koalitionsbereitschaft war Ausdruck seiner Sorgen. Das Vertrauen darauf, Wahlen kraft seiner Persönlichkeit zu gewinnen, war ihm abhanden gekommen. Es gab auch keinen Grund mehr dafür. Gewiß, er kam beim Wahlvolk noch immer besser an als alle anderen - Adenauer sinniger- und widrigerweise vielleicht ausgenommen. In der politisch-kritischen Öffentlichkeit aber war längst kein Staat mehr mit ihm zu machen. Eine Brigade Erhard, die in Funk und Presse bedenkenlos das hohe Lied vom tüchtigen und braven Manne sang, gab es nicht mehr. Die „öffentliche Meinung" über Erhard bewegte sich neuerdings zwischen wohlwollender Nachsicht für die Person und kritischer Schärfe für den Politiker.

Bei zwei Gruppen, die Erhard nach Ausweis seiner unerledigten Regierungserklärung für den Staat und sich selbst besonders hatte einnehmen wollen, traf er auf weitverbreitete und sehr entschiedene Ablehnung. Das waren die Intellektuellen und die Studenten. Die Ablehnung galt nur zum kleineren Teil der Person Ludwig Erhards, zum größeren Teil dem Repräsentanten einer Verfassung von Staat und Gesellschaft im weiteren Sinn, die zu Recht und zu Unrecht für arm an Geist und reich an sozialer Ungerechtigkeit, für spießig und eng, autoritär und auch gefährlich angesehen wurde. Die Sichtweise und die Stimmung, die der Ablehnung zugrunde lagen und die sie zugleich nährten, waren nicht auf die Bundesrepublik beschränkt, sondern auch andernorts anzutreffen. Die westliche Welt war auf dem Weg in eine Krise der politischen, sozialen und kulturellen Daseins- und Wertordnungen, die sich nach dem Krieg etabliert und allmählich verfestigt hatte. Die Intellektuellen und die Studenten artikulierten die Krise und trugen die Bewegung, die sich aus der

Artikulation entwickelte. Deren gleichermaßen destruktive und reformerische Kraft entfaltete sich erst, als Ludwig Erhard nicht mehr Kanzler war. Erhard bekam im Wahlkampf des Jahres 1965 nur die ersten, noch schwachen Anfänge davon zu spüren. Er reagierte darauf mit Unverständnis und Ratlosigkeit. Das mochte angehen. Aber er reagierte auch mit hochfahrend-selbstgerechten Denunziationen, die nicht angingen und jede Möglichkeit diskursiver Auseinandersetzung von vornherein zunichte machten. Er durfte sich anschließend nicht mehr wundern, wenn ihm die kritische Intelligenz nur noch mit Verachtung und die Masse der Studenten mit belustigtem Radau begegneten. Er wunderte sich natürlich dennoch.

Außer dem ständigen Beleidigt- und Gereiztsein, das einen plagt, der es allen rechtmachen will und keinem mehr rechtmachen kann, der ewige Wertschätzung beansprucht und zunehmende Geringschätzung erfährt, mochte ihn zu seinen blindwütigen Ausfällen antreiben, daß die Menschen von Geist und Wort, die *er* anzuziehen wünschte, sich eher von Willy Brandt angezogen fühlten. Willy Brandt schien zu gelingen, was in gewisser Weise Kennedy gelungen war und was Erhard - weil ihm im Grunde beides fremd war - nie gelingen konnte: die Versöhnung von Geist und Macht. Namhafte Schriftsteller, Künstler und Wissenschaftler machten in sozialdemokratischen Wählerinitiativen mit und schlugen sich mit Witz für „Willy". Für Erhard brüteten Altmann und Groß die „formierte Gesellschaft" aus.

Zwei der Willy-Werber ärgerten Erhard ganz besonders. Der eine war der schon weltberühmte, seehundbärtige Roman- und Novellenschreiber Günther Grass, der andere Rolf Hochhuth. Hochhuths Ruhm war jünger als der Ruhm von Grass, weniger gut begründet und in seiner Berechtigung gleichermaßen umstritten. Er rührte von bislang nicht mehr als einem Theaterstück her, dem historisch-politische Brisanz mit offenbar unwiderstehlichem Schwung über seine ästhetische Dürftigkeit hinweggeholfen hatte: Der Stellvertreter - die ins Drama übersetzte Dokumentation einer Mitverantwortung Papst Pius XII. für den Holocaust. Und jener Hochhuth, gerade 34 Jahre alt, bartlos und auch sonst eher unauffällig von Angesicht und Statur, hatte sich hingestellt, mit Vokabeln aus dem Wörterbuch des Marxismus geklappert, über Unzulänglichkeiten der westdeutschen Sozialpolitik Klage geführt und die westdeutsche Gesellschaft eine Klassengesellschaft genannt. Erhard platzte der Kragen. Er platzte ihm dort, wo er ihm gefahrlos platzen durfte, dafür um so vernehmlicher. Am 9. Juli 1965 sprach er auf dem Wirtschaftstag der CDU, zwei Tage später bei der Bundestagung der CDU-Sozialausschüsse. Beide Einrichtungen hatten außer der Parteizugehörigkeit wenig miteinander gemein. Sie waren politisch-ideologisch verbundene, wirtschaftlich-soziale Antipoden. Erhard sagte ihnen dennoch fast wörtlich dasselbe. Nachdem er wenige Tage zuvor auf einer Großkundgebung der Jungen Union an die Adresse der studentischen Jugend gesagt hatte, daß es „einen Intellektualismus (gibt), der in Idiotie umkippt, wenn der Intellektuelle nur die Unzufriedenheit schürt, von der Sache aber nichts versteht", und dafür mit Buh-Rufen und Pfiffen bedacht worden war[332], sagte er jetzt und erhielt dafür unterschiedlich starken Beifall: „Heute ist das ja Mode, daß die Dichter unter den Sozialpolitikern sind. Wenn sie das tun, das ist natürlich ihr gutes, demokratisches Recht, dann müssen sie sich aber auch gefallen lassen, so angesprochen zu werden, wie sie es verdienen, nämlich als Banausen und Nichtskönner, die über Dinge urteilen, von denen sie einfach nichts verstehen ... Ich habe keine Lust, mich mit Herrn Hochhuth zu unterhalten über Wirtschafts- und Sozialpolitik, um mal ganz deutlich zu sagen, das Kind beim Namen zu nennen. Ich würde mir auch nicht anmaßen, Herrn Professor Heisenberg gute Lehren zu erteilen über Kernphysik. Ich meine, das ist alles dummes Zeug. Die sprechen von Dingen, von denen sie von Tuten und Blasen keine Ahnung haben. Die begeben sich auf die Ebene, auf die parterreste Ebene eines kleinen Parteipolitikers und wollen mit dem hohen Grad eines Dichters ernstgenommen werden. Nein, so haben wir nicht gewettet. Da hört der Dichter auf, da fängt der ganz kleine Pinscher an, der in dümmster Weise kläfft".[333]

Erhard, der Heisenberg der Wirtschaftspolitik - nur daß Heisenberg auch die Grundbegriffe und elementaren Zusammenhänge der Physik beherrschte, wogegen Erhard mit den Begriffen und Denkzusammenhängen der Nationalökonomie noch immer seine Mühe hatte. „Wenn nämlich", las man sieben Wochen später in einem SPIEGEL-Gespräch als Erklärung von Inflation, „wenn nämlich die nominelle Erhöhung des Volkseinkommens den realen Zuwachs des Sozialprodukts übersteigt, und wenn dann dieses Geld in den Konsum fließt, dann müssen die Preise zwangsläufig steigen".[334] Da hörte der Ökonom auf, da fing ...

Erhard aber fuhr, nachdem er mit seinem fahrlässigen verbalen Befreiungsschlag das schlimmste rhetorische Eigentor seiner Karriere geschossen hatte - den „Pinscher" wurde er nicht wieder los und das Wort war im Wahlgetümmel mit Sprechchören und auf Transparenten nur zu leicht gegen ihn zu wenden: „Oberpinscher" -, erst einmal an den Tegernsee, um für den Endspurt bis zur Wahl dringend benötigte Kräfte zu schöpfen.

Anfang August ging der Endspurt los. Die CDU eröffnete ihn exakt sechs Wochen vor der Wahl, am Sonntagnachmittag, den 8. August um 15.30 Uhr, mit einer Großkundgebung in der Dortmunder Westfalenhalle. Erhards Lieblingsmarsch erscholl, der Hohenfriedberger, dann - im Stile eines Karnevalschlagers - das Ludwig-Erhard-Lied:

> Wir sind in all den Jahren
> mit Ludwig Erhards CDU
> doch wirklich gut gefahren ...
> Der Willy ist so gut nicht ...
> besser ist der Ludwig.

Das hatte Pfiff, war Erhard aber natürlich nicht vorzuwerfen - der Hohenfriedberger schon eher. Die Parteioberen marschierten zwischen mehr als 20 000 Anhängern hindurch auf die Bühne: Adenauer und Erhard, Dufhues und Gerstenmaier, Barzel, Hassel, Krone. Schröder fehlte. Vorstellung: Der Beifall für Erhard lebhaft, für Adenauer frenetisch. Dann Rede nach Rede. In Adenauers Rede fiel nicht einmal der Name Erhards, statt dessen ein gutes Wort für Strauß. Unmutsbekundungen. Adenauer nahm sie auf und brauchte zwei Sätze, um die Stimmung wieder zu seinen Gunsten zu wenden. Unendlicher Jubel. Erhard hatte es neuerdings auch auf der Rednerbühne gegen den alten Kanzler schwer. Er lobte sich. Das langweilte allmählich. Er tadelte die Interessenverbände: „Was wir noch nicht überwunden haben oder einige Phasen, in die wir noch hineinlaufen wollen, werden wir sie nicht rechtzeitig erkennen, ist die, ist eigentlich das, was die Gruppen, was die Organisationen in ihren Funktionären als die vermeintliche Willensbildung ihrer Mitglieder vortragen". Das verstand keiner. Er hieb auf die SPD ein, daß es eine Art oder eigentlich schon keine Art mehr war, und wandte sich zum wiederholten Male schroff gegen die Möglichkeit einer großen Koalition. Das gefiel und verwirrte doch zugleich, weil Adenauer und Gerstenmaier kein wirklich böses Wort gegen die Sozialdemokraten verloren und sagten, daß man nicht schon *vor* der Wahl über die Möglichkeit oder Unmöglichkeit von Koalitionen reden solle. Die Zeitungen registrierten den Unterschied mit Sorgfalt. Je öfter und lautstärker Erhard künftig gegen eine Regierung der großen Koalition Stellung bezog, um so lebhafter wurden die öffentlichen Spekulationen darüber.[335]

Erhard fuhr unmittelbar von Dortmund aus in den Wahlkampf, erst in Richtung Norden, nach und nach durch die ganze Republik. Beförderungsmittel und ambulante Wohnung zugleich war der hochgeschätzte Sonderzug, elf Wagen, von denen drei dazu dienten, eine kleine Kavalkade schwarzer Mercedes-Limousinen zu transportieren, die den Kanzler und seinen Troß, Beamte, Berater, Journalisten, tagsüber von Ort zu Ort bewegten. Erhard hatte sich ein besonders prächtiges Exemplar der noblen Gattung ausgeguckt: S-KE-600, eine Sonderanfertigung für Englands Königin Elisabeth II., die im Frühsommer auf festlichem Staatsbesuch in Deutschland gewesen war. Nicht mal das Nummernschild mußte ausgewechselt werden: S stand für Stuttgart ein für allemal und KE mußte nicht für Königin Elisabeth, es konnte auch für Kanzler Erhard stehen. Bei vielen weckte das Gefährt mehr Interesse als sein Insasse. Rund 25 000 Kilometer legte Erhard bis zur Wahl im Auto der Queen und im Zuge Görings zurück. Bei 500 Gelegenheiten sprach er: mal nur fünf Minuten lang und gleich vom Auto aus (K= Kanzler-0), mal zehn bis fünfzehn Minuten lang außerhalb des Autos, aber ohne längeren Aufenthalt (K-1 und K-2), schließlich halbstündig und länger bei vollständigen Kundgebungen (K-3). Länger als vorgesehen sprach er im übrigen fast immer. Wer ihn erst am Abend hören wollte, konnte getrost eine Stunde nach dem ausgedruckten Beginn erscheinen. Erhard kam mit Sicherheit noch später und sagte: „Entschuldigen Sie bitte, daß ich zu spät gekommen bin, aber deutsche Menschen haben mich aufgehalten. Ich denke, das ist ein Entschuldigungsgrund".[336]

Etwa zwei Millionen deutsche Menschen mögen ihn in den sechs Wochen vom 8. August bis zum 19. September gehört und gesehen haben. Nach Bonn, zum Regieren, kehrte Erhard derweil nur selten zurück. Das Kanzler-, das Auswärtige und das Presseamt versorgten ihn mit den wichtigsten Informationen und die mitreisenden Journalisten mit „Gesprächsanmerkungen des Bundeskanzlers zur Tagespolitik", die Erhard weder getan hatte noch auch nur kannte, die aber am nächsten Tag in den Zeitungen standen und den Eindruck erweckten, als stehe der Bundeskanzler trotz Wahlkampf denkend und handelnd im Zentrum des politischen Geschehens. Gewöhnlich schlief der Bundeskanzler nach einem whiskyreichen Ausklang des vergangenen Tages noch, wenn seine „Anmerkungen" über Funktelefon im Sonderzug eingingen.[337]

Seltene Zwischenaufenthalte in Bonn waren aber unumgänglich. Vor allem zweierlei verlangte nach Kabinettsberatungen und Beschlüsssen. Eins hatte in mancher Hinsicht mit den Wahlkampf zu tun, das andere eigentlich nicht. Es wurde aber in ihn hineingezogen.

Im ersten Halbjahr 1965 hatte der Bundestag nicht weniger als 56 finanzwirksame Gesetze beschlossen. Drei Viertel davon gingen auf Regierungsvorlagen zurück, der Rest war Initiativanträgen der drei Fraktionen geschuldet. Die Gesetze erhöhten die laufenden, und mehr noch die zukünftigen Ausgaben des Bundes und senkten Steuern. Viele Regierungsvorlagen wurden nicht so verabschiedet, wie die Regierung sie einbrachte, sondern vorher zu Nutz und Frommen der Begünstigten umformuliert. Regierung und Parlament überschlugen sich dabei, Wählergruppen zu kostspieligem Gefallen zu sein. Erhard sagte wiederholt, daß es die Menschen beleidige, wenn man sie dergestalt zu korrumpieren trachte, beteiligte sich aber mit dem größten Einzelbetrag an der „Korruption" und ließ ihr im übrigen freien Lauf. Mitte Juni schrieb ihm Finanzminister Dahlgrün einen zahlengespickten Brandbrief. Nach Lage der gesetzlichen Dinge weise der Haushalt 1965 ein Kassendefizit von ca. zwei Milliarden DM aus. 1966 gebe es einen bislang ungedeckten, aus gesetzlichen oder politischen Gründen aber nicht abweisbaren Bedarf von ca. fünf Milliarden DM.

1967 werde sich der ungedeckte Bedarf auf acht Millionen DM erhöhen. Der Zustand der Bundesfinanzen sei konjunkturpolitisch unverantwortlich, und die Entwicklung werde in eine schwere Haushaltskrise führen, „wenn nicht mit aller Entschiedenheit wirksame Gegenmaßnahmen ergriffen werden".[338]

Am 12. August kam das Kabinett zusammen, um wirksame Gegenmaßnahmen zu beraten und womöglich zu beschließen. „Eine Kabinettssitzung zum Gotterbarmen. Weder Leitung noch Führung", notierte Krone.[339] Beschlüsse kamen nicht zustande. Jeder Minister wehrte sich mit Händen und Füßen, schwerwiegenden Gründen und letztlich mit Erfolg dagegen, daß ausgerechnet die Ausgaben seines Ressorts bemerkenswert gekürzt würden. Und die einzig durchschlagend wirksame Gegenmaßnahme gegen die Spendierlust des Parlaments, die Anwendung des Art. 113 GG, mit der Erhard in öffentlicher Rede wieder winkte, schien sich im Kabinettssaal zu verbieten, weil damit nur Gesetze als Ganzes verhindert werden konnten. Da nun die weitaus meisten finanzpolitisch belangvollen Gesetze auf Regierungsvorlagen zurückgingen, wäre die Anwendung des verlockenden Artikels einer nachträglichen Desavouierung der Regierungspolitik gleichgekommen. Man konnte den Bauern ja nicht eine Milliarde Ausgleichs- und Beruhigungsmittel zusagen und sie ihnen nach der Verabschiedung des nötigen Gesetzes im Bundestag mit Hilfe von Art. 113 GG wieder entziehen. So unterblieb dergleichen, und das Kabinett gab seinem Nachfolger auf, „das ganze seit 1949 geschaffene Gesetzgebungswerk, soweit es Ausgaben betrifft, sorgfältig (zu) durchkämmen". „Hier stecken nach meiner Überzeugung mancherlei Möglichkeiten der Einsparung", sagte Erhard zum SPIEGEL.[340] Die FAZ druckte eine Karikatur: Erhard füllig aufs Sofa gelagert, Filzlatschen an den Füßen, die Zigarre im Mund. Hinter ihm stürzen die Interessenten sich auf die offene „Bundeskasse", vor ihm rauft der Deutsche Michel sich die Haare. Sagt der Erhard zum Michel: „Du mußt mir doch recht geben - sind diese Interessentengruppen nicht schrecklich?"

Was Erhard noch dazu nötigte, den Wahlkampf zu unterbrechen und mit dem Kabinett zu beraten, war der Entwurf eines Vertrages über die Nichtverbreitung von Atomwaffen, den die amerikanische Regierung am 17. August 1965 der Genfer Abrüstungskonferenz präsentierte. Die Vorlage kam der Bundesregierung allemal und kurz vor der Wahl besonders ungelegen, aber sie kam nicht unerwartet. Nichtverbreitung stand nach dem Teststopp-Abkommen im Zentrum amerikanischer Entspannungspolitik. Johnson hatte Kennedys Ansätze dazu anfangs nur zögernd weiterverfolgt und, so sah es aus, hinter die Einrichtung der MLF zurückgestellt. Seit er die Konzeption der alliierten Atomstreitmacht zur Sache der Europäer erklärt hatte, war die Nichtverbreitungsabsicht wieder in den Vordergrund getreten. Vielleicht verhielt es sich auch umgekehrt. Je tiefer Johnson sich in den unsinnigen Krieg in Vietnam verstrickte, um so größer wurde sein Interesse an Entspannung des Ost-West-Verhältnisses und, als besonders geeignetes Mittel zu diesem Zweck, an einem Nichtverbreitungsvertrag. Die britische Regierung teilte sein Interesse, entwickelte eigene Vorschläge und ließ keinen Zweifel daran, daß sie Nichtverbreitung für wichtiger hielt als die ANF. Ende Juli schickte Johnson Sonderbotschafter Harriman zu Erhard, um den deutschen Kanzler einerseits von der Intensivierung des Krieges in Vietnam und andererseits von seiner Absicht zu unterrichten, der Sowjetunion bald einen Nichtverbreitungsvertrag vorzuschlagen. Er bat Erhard um die weitere moralische und materielle Unterstützung der Kriegführung in Vietnam und um sein Einverständnis mit der Nichtverbreitungsinitiative. Erhard sicherte die Unterstützung zu und hielt sich an die Zusicherung. Er ließ keine Gelegenheit aus, den Vietnamkrieg, der in den USA auf zunehmend heftige moralisch-politische Widerstände stieß und die Nation schließlich zu zerreißen drohte, mit hehren Worten zu rechtfertigen: „Unsere amerikanischen Freunde bluten in Südvietnam für die ganze freie Welt“. Die Zustimmung zum Nichtverbreitungsvorschlag fiel ihm hingegen schwer, wenn jener Vorschlag nicht die Feststellung enthielt, daß die MLF mit dem Nichtverbreitungsgrundsatz im Einklang wäre, und wenn der Abschluß eines Vertrages nicht von Fortschritten auf dem Weg zur Wiedervereinigung abhängig gemacht würde. Erhard bat Harriman um amerikanische Rücksichtnahme auf die deutschen Wünsche. Wobei sich die deutschen Wünsche zu dem einen Wunsch zusammenfassen ließen, auf die ganze Nichtverbreitungsgeschichte zu verzichten. Denn die Sowjetunion hatte bereits nachdrücklich kundgetan, daß der Nichtverbreitungsgrundsatz und die MLF für *sie* nicht miteinander vereinbar waren, und daß sie Nichtverbreitung für eine und Deutschlandpolitik für eine ganz andere Sache hielt. Harrriman sagte ein wenig undeutlich, daß ein Nichtverbreitungsvertrag nuklearer Mitbestimmung Deutschlands in der NATO nicht im Wege sei, und sehr deutlich, daß eine Bindung des Nichtverbreitungsvertrages an deutschlandpolitische Zugeständnisse für die USA nicht in Frage komme.[341] Erhard ließ es sich gesagt sein und insistierte nicht. An seiner Stelle tat Westrick dies zwei Wochen später bei einem Gespräch mit dem amerikanischen Gesandten. Hillenbrand bekräftigte, was Harriman Erhard gesagt hatte.[342]

Der Vorschlag, den die USA der Abrüstungskonferenz im August unterbreitete, war denn auch frei von jeder Rücksichtnahme. Er sah vor, daß die Besitzer von Atomwaffen sich dazu verpflichteten, jene Waffen weder „unmittelbar noch mittelbar durch ein Militärbündnis“ in die Verfügungsgewalt von Nichtbesitzern gelangen zu lassen. Nichtbesitzer hätten darauf zu verzichten, die Verfügung über Atomwaffen zu erstreben. Von Wiedervereinigung war darin keine Rede. Die Bundesregierung fand den Entwurf unerfreulich und unfreundlich, aber sie schwieg dazu. Adenauer hielt ihn für einen einzigen Skandal und für nackten Verrat und schwieg nicht. Er schrie es zwei Tage später bei einer Wahlversammlung in Münster heraus: Grauenvoll, ungeheuerlich, grundfalsch und gefährlich, das Ende der NATO und die Auslieferung Europas an die Sowjetunion.[343] Der Ausbruch war teils ehrlich gefühlt und teils unsinnige Dramatisierung, in der sich das Mißtrauen, das Adenauer in die Politik der Vereinigten Staaten setzte, und die Verachtung, die er für Johnson empfand, mit seinem aktiven Leiden an der Politik der Bundesregierung, die sich Amerika zu allem erbötig zeigte, und seiner Geringschätzung des Bundeskanzlers, der Johnson hingerissen und verbrüderungstrunken als seinen „hochgeschätzten Freund“ adressierte, verband und Ausdruck verschaffte. Der heftige Hieb gegen Erhard und Schröder war unverkennbar. Für den Hieb und für die Form des ganzen Verdammungsurteils hatte Adenauer sich wenige Tage später im Parteipräsidium zu rechtfertigen. Er tat es und nahm nichts zurück. In der Sache stimmte man ihm weitgehend zu. Schröder war nicht zugegen, Erhard fühlte sich ohne ihn verlassen und wußte wenig zu sagen.[344] Das Kabinett beriet am 1. September über den amerikanischen Entwurf. Schröder führte das Wort und wies die Richtung. Erhard hatte wieder Boden unter den Füßen und folgte ihm. Der Nichtverbreitungsgedanke und die amerikanische Absicht, ihn in einen Vertrag umzusetzen, an dem die Bundesrepublik teilnähme, wurden im Prinzip akzeptiert. Man solle nicht sofort von dem Versuch ablassen, deutschlandpolitische Fortschritte mit dem Vertrag zu verknüpfen, dürfe allerdings nicht den Glauben hegen und nähren, daß etwas dabei herauskommen könne. Wichtiger sei die Vereinbarkeit von Nichtverbreitung und MLF. Der Entwurf schließe sie aus. Dagegen sei Stellung zu beziehen.[345] Das geschah. Die Auseinandersetzung mit den USA und Großbritannien einerseits und mit den deutschen „Gaullisten“ andererseits blieb der kommenden Bundesregierung überlassen - wenn es denn wieder eine „atlantische“ Bundesregierung wäre.

Damit es wieder eine würde, stürzte Erhard sich in die letzte Runde des Wahlkampfes. Zweieinhalb Wochen Reisens und Redens lagen noch vor ihm. Spaß machte ihm das nicht mehr. Es hatte ihm von vorherein keinen Spaß gemacht und war ihm von Protestkundgebungen, die sich bei seinen Wahlkundgebungen häuften, vollends verleidet worden. Von 1949 vielleicht abgesehen - aber da war er jung und energiegeladen gewesen - hatte Erhard ja nie Wahl*kampf* im engeren Sinn des Wortes geführt. Er war als werbender Messias durchs Land gezogen, der sich freundlich herbeiließ und dem man gläubig huldigte. Die gläubige Anteilnahme an seiner Person, die nach seinem Tun nicht fragte, hatte ihn bestätigt und beschwingt. Er fühlte sich gut in Wahlkämpfen und hatte Grund dazu. So sollte es seinem Selbstverständnis nach auch sein. Aber es war nicht mehr so. Er füllte noch immer die Säle und Plätze, aber er interessierte nicht mehr wirklich. Was er sagte und wie er es sagte, rief keine Begeisterung und gewöhnlich nur mäßigen Beifall hervor. Es ließ gleichgültig oder veranlaßte zu Protest. Er hielt *eine* Rede, immer wieder, in unterschiedlicher Länge. Die Rede feierte wie eh und je das Wirtschaftswunder und ihn als dessen Schöpfer. „Er stellt diesen Vorgang nicht als einen arbeitsreichen, volkswirtschaftlichen Prozeß dar, sondern als einen geradezu mystischen Schöpfungsakt, der sich vollzogen zu haben scheint als Folge der Verschmelzung Erhardscher Ideen mit den heimlichen Wünschen aller Deutschen".[346] Erhards Berater sagten ihm, daß er mit dem Wort „ich" doch ein wenig sparsamer umgehen möge. Aber er konnte davon nicht lassen. Die Rede geißelte die organisierte Artikulation des Interessenpluralismus und orakelte von „formierter Gesellschaft". Das hätten ihre Glanzstücke sein sollen, aber es waren ihre pièces de résistances, weil der Redner selbst nicht verstand, was er verhieß. Und die Rede drosch auf die „Sozialisten" ein. Nach den ersten Tagen im August empfahlen ihm Psychologen, es damit nicht zu übertreiben. Das sei nicht der Erhard, den die Massen meinten. Die wollten ihn, den „Dicken", den Guten, den Gemütlichen als Mann des Ausgleichs, der Fairneß und der Lauterkeit, nicht als geifernden Gauch.[347] Erhard versuchte einige Tage lang, es sich zu Herzen und die Zunge in Gewahrsam des Herzens zu nehmen. Dann brach es wieder durch. Er brauchte das. Es trieb ihn an. Er mußte sich durch Aggression Mut machen. Und gegen Adenauer, Strauß und Gerstenmaier konnte er seine Aggression doch nicht gut wenden.

Die Rede enthielt so gut wie nichts zur Tagespolitik und zu den Problemen der Zukunft. Erhard schloß sie mit den Worten: „Sie wählen am 19. September nicht nur einen neuen Bundestag, Sie wählen auch den Bundeskanzler. Er steht vor Ihnen. Ich gestehe offen ein, ich will und werde Bundeskanzler bleiben".[348] Aus welchem Grund und zu welchem Zweck er wieder Bundeskanzler werden wollte, das hatte er nicht klarzumachen vermocht. Er hielt es auch nicht für nötig, das klarzumachen.

Erhard sprach natürlich auch weiterhin frei, ohne Manuskript, nicht mal mit Notizen. Aber er war nicht mehr in rhetorischer Form. Er wirkte überanstrengt und verdrossen. Es war ihm anzumerken, daß er vorformulierte Versatzstücke aneinanderreihte, geistesabwesend häufig, mit sinnwidrigen Versprechern und beim versehentlichen Griff ins falsche Fach mit unsinnigen Feststellungen. Da nun Erhard nicht mehr wesentlich als Medium, durch das es redete, sondern als redender Mensch erlebt wurde, fielen der inhaltslose Wortpomp und das unzeitgemäße Pathos, die rückwärtsgewandte Selbstgefälligkeit und das gedankliche Einerlei seiner Rede auch Wohlmeinenden zusehends auf die Nerven. „Auf fast jeder Versammlung gibt es Leute, die ... überdrüssig den Platz des Schauspiels vorzeitig verlassen, kopfschüttelnd oder auch unter vernehmbaren Bekundungen intellektueller Enttäuschung. Frei von Enthusiasmus, eher angenehm eingelullt, geht dann später die Masse der Versammlungsteilnehmer auseinander". Diejenigen, die schweigend oder murrend gingen, nahm Erhard nicht wahr. Aber es gab neuerdings auch welche, die blieben und seine Rede mit Zwischenrufen störten, die ihn herausforderten und ihn ridikülisierten, wenn er sich der Herausforderung nicht stellte, sondern Geschichte vortrug, wo Argumente erwartet wurden, die ihn schließlich niederbrüllten, wenn er rasch entnervt in Beschimpfungen auswich. Das geschah ihm vor allem an den Universitätsorten, in Heidelberg und Göttingen, Marburg und Tübingen zum Beispiel, aber auch in den Großstädten, wo kritische Jugend mit einer politisch wachen Arbeiterschaft zusammenfand, in München, Hamburg, Frankfurt. Es geschah nicht ihm allein, aber er machte es den jungen Leuten besonders leicht und wurde besonders schlecht damit fertig. „Ich habe viele Versammlungen erlebt und Sie können sich denken, daß man mich nicht so leicht aus der Ruhe bringt", sagte er wohl, wenn Pfiffe ihn empfingen - und war beim ersten Zwischenruf draußen. Ließ sich entweder auf ein kleinliches Gezänk mit dem Zwischenrufer ein, verhedderte sich hoffnungslos und schrie, wenn ihm nichts anderes mehr einfiel: „Kommunist!". Oder geriet außer Fassung, stand atem- und hilflos, aber nicht mitleiderregend, brachte seine Ansprache nicht zu Ende, wich und sprach hinterher von „organisiertem Mob".[349]

Davon konnte die Rede in Wirklichkeit nicht sein. Die öffentliche Systemkritik und das kritische Protestverhalten, die sich 1965 erstmals in einen bundesdeutschen Wahlkampf mischten, waren weder organisiert noch eine Sache des „Mobs". Sie waren spontan, argumentativ begründet und politisch-intellektuell anspruchsvoll. Sie gaben freilich wenig auf vergangene Taten und verblaßten Ruhm und stellten grundsätzlich in Frage, was Erhard für selbstverständlich hielt. Dazu fand er keine Einstellung, keine Worte zur Kritik und keine Gesten gegen den Protest. Er hatte in den beiden Jahren seiner Kanzlerschaft nicht nur als Politiker den erwarteten Schiffbruch erlitten, er hatte sich auch als Repräsentant und Symbol überlebt.

Die Wahl gewann er trotzdem. Jedenfalls gewann die Union. Sie erhielt fast 48, die SPD nur 30, die FDP knapp 10 % der Stimmen. Erhard empfand den Sieg natürlich als persönlichen Triumph. „Ich glaube", sagte er kurz nach Mitternacht vor den Fernsehkameras, „es ist auch eine Bestätigung der Politik, für die ich verantwortlich zeichne, für meine Persönlicheit und für meine Amtsführung".[350] Vielleicht war es eher ein Triumph deutscher Wählerträgheit. Aber gleichviel, alles Überlegen und Taktieren der Frondeure war fürs erste hinfällig geworden. Daß Adenauer noch zwei Tage vor der Wahl ein Gespräch mit Brandt angekündigt und Erhard unterm Zuspruch von Strauß öffentlich zurechtgewiesen hatte: Es widerspreche der Verfassung, daß einer im Wahlkampf fortgesetzt „Ich werde Kanzler" sage - nach der Wahl zählte das nicht mehr. Das Wahlergebnis schloß schlechthin aus, daß jemand anders als Ludwig Erhard Bundeskanzler wurde. Dagegen vermochte auch ein Brief nichts zu ändern, in dem der erhardfeindliche und statusbedachte Bundespräsident die drei Parteivorsitzenden kurz vorm 19. September daran erinnerte, daß *er* den Kanzler vorzuschlagen habe. Es sollten deshalb keine Namen genannt werden, bevor mit ihm gesprochen worden sei. Bei jenem Gespräch mit ihm mußten ausgerechnet die Parteivorsitzenden Adenauer und Strauß den Bundespräsidenten bitten, Erhard vorzuschlagen.[351]

8. Kapitel

Der Fall

Regierungsbildung

Wenn man Ludwig Erhard später nach Schwächen und Fehlern seiner Kanzlerschaft fragte, dann fiel ihm nicht viel ein. Die Regierungsbildung nach dem großen Wahlsieg von 1965 hätte wohl schneller und entschiedener vor sich gehen müssen. Wenn es nur das gewesen wäre. Aber es war auch das.

Am Morgen nach der Wahl tagte das CDU-Parteipräsidium, am Nachmittag der Parteivorstand. Niemand sprach von großer Koalition, allen war klar, daß Ludwig Erhard wieder Kanzler werden müßte. Adenauer wehrte sich vergebens dagegen, daß die Nominierung noch am gleichen Tag erfolgte.[1] Am Dienstag vormittag gab die CSU-Pressestelle bekannt, daß auch Franz Josef Strauß von seinem Vorstand damit beauftragt worden war, dem Bundespräsidenten Erhard als Kanzler vorzuschlagen.[2] Nachmittags gingen Adenauer und Strauß zu Lübke und entledigten sich der undankbaren Aufgabe. Lübke hatte viele Gründe, aber keinen Anlaß, sich dem Vorschlag zu verweigern.

Die Bitten der Vorstände, daß Erhard sich erneut für das Kanzleramt zur Verfügung stellte, war gleichbedeutend mit der Bitte, Koalitionsverhandlungen mit der FDP zu führen. Damit hatte man es freilich wenig eilig. Drei Wochen wurden der Diskussion und Klärung in den eigenen Reihen vorbehalten. Zu diesem Zweck etablierte sich eine Kommission unter Barzels Vorsitz, der außerdem Adenauer, Dufhues, Strauß, die stellvertretenden Fraktionsvorsitzenden und natürlich Erhard angehörten. Die Mehrheit der Kommissionsmitglieder hielt von einer neuen Kanzlerschaft Erhards - gelinde gesagt - wenig und wollte zumindest die Wiederernennung Schröders zum Außenminister verhindern. Von Hassel vermutete, daß die Zusammensetzung des Ausschusses nicht zuletzt diesem Zweck diente. Er vermutete dies, weil er, obwohl Erster Stellvertretender Parteivorsitzender, ausgeschlossen worden war.[3] Die CSU beteiligte sich an der Kommissionsarbeit unter der verklausulierten Voraussetzung, daß nur mit einem möglichen Koalitionspartner verhandelt werde, „der weder das Vorschlagsrecht anderer Koalitionspartner noch das Berufungsrecht des Bundeskanzlers für die Zusammensetzung der Bundesregierung bestreitet".[4] Im Klartext hieß das: Die FDP muß vor dem Beginn von Verhandlungen ihren anhaltenden und neuartikulierten Widerstand gegen die Berufung von Strauß in ein Ministeramt und ihren Anspruch auf abermalige Ernennung Mendes zum Minister für Gesamtdeutsche Fragen aufgeben. Die FDP hatte zu beidem keine Neigung.

Schröder, Strauß und Mende - das waren die personalpolitischen Stolpersteine, über die hinweg Erhard die Regierungsbildung irgendwie zustande bringen mußte. Das machte ihm solche Mühe, daß eine löbliche Absicht, die ihm gleich zu Beginn der zweiten Amtszeit öffentliche Zustimmung verschaffen sollte und zu Recht auch verschafft hätte, dabei auf der Strecke blieb. Im März war der Präsident des Bundesrechnungshofes zum Bundesbeauftragten für die Wirtschaftlichkeit in der Verwaltung bestellt und mit dem Entwurf einer Kabinettsreform beauftragt worden. Einen Tag vor der Wahl hatte er das Ergebnis seiner Überlegungen präsentiert. Die Regierung sei entgegen sachlicher Notwendigkeit infolge personal- und proporzpolitisch verursachter Mutation auf mittlerweile zwanzig Ministerien angewachsen. Abgesehen von unnützem Personalaufwand in überflüssigen Ressorts leiste die Übergröße des Kabinetts Kompetenzkonflikten, Uneinigkeit und Indiskretionen Vorschub, die das öffentliche Erscheinungsbild der Regierung beeinträchtigten. Er schlage deshalb vor, sieben Ministerien aufzulösen und deren Aufgaben von den verbleibenden übernehmen zu lassen. Zur Auflösung böten sich an: die Ministerien für den Bundesrat, für wirtschaftliche Zusammenarbeit und für den Verteidigungsrat, das Familien-, das Gesundheits- und das Schatzministerium sowie das Ministerium für Vertriebene, Flüchtlinge und Kriegsgeschädigte.[5] Die Empfehlung entsprach Erhards Wünschen. Außerdem wünschte Erhard, das Kabinett bei der Neubildung wesentlich zu verjüngen. Schließlich rieten ihm seine Vertrauten, daß er unverbesserliche Adenauer-Leute wie Lücke und Krone, Heck und Blank nicht wiederberiefe. Das leuchtete Erhard ein. Wenn er alles, was er wünschte und was ihm einleuchtete, auch verwirklichte, dann wäre die Regierungsbildung nicht nur mit einer Kabinettsreform verbunden gewesen, sondern einer Kabinettsrevolution gleichgekommen. Die Revolution blieb freilich aus. Das neue Kabinett war fast das alte, nicht eben eine Augenweite, und die Art, wie es zustande kam, verhalf Erhards öffentlichem Ansehen nicht auf, sie nutzte es weiter ab.

Es stellte sich alsbald heraus, daß es aus Erhards Sicht falsch gewesen war, die Koalitionsverhandlungen auf die lange Bank zu schieben. Der Aufschub gab dem grundsätzlichen Konflikt um und zwischen Schröder, Strauß und Mende Zeit, Ableger zu treiben und die Regierungsbildung dadurch noch mehr zu belasten, als er sie allemal belastet hätte. Wenige Tage nach der Wahl sagte Schröder im Fernsehen, daß er gerne wieder Außenminister würde, und brachte damit die Mehrheit der Koalitions-Kommission weiter gegen sich auf. Außerdem wurde mit Ärger vermerkt, daß sich Amtsträger der Evangelischen Kirche für ihn verwendeten und seine Berufung zu einer Sache des innerparteilichen Konfessionsproporzes machten.[6] Auch der FDP-Vorsitzende Mende setzte sich für den Verbleib Schröders ein. Zur gleichen Zeit kam die FDP mit dem Gedanken heraus, der DDR-Führung die Einrichtung „gemischter Kommissionen“ vorzuschlagen, in denen Fragen des innerdeutschen Personen- und Warenverkehrs, des Kulturaustauschs und anderes mehr besprochen werden sollten. Das klang für deutschlandpolitische hardliner nach vorläufigem Sich-Abfinden mit der deutschen Teilung und nach Anerkennung des „Zonen-Regimes“ und paßte mit Schröders Überlegungen zusammen, zumindest auf mittlere Sicht diplomatische Beziehungen zu Ostblockstaaten aufzunehmen. Strauß nahm die „Selbstempfehlung“ des Außenministers, dessen Namen er nur noch mit Mühe zu Papier brachte, und den unzeitigen FDP-Vorschlag zum Anlaß, seiner Forderung nach Ablösung Schröders und Mendes in der Öffentlichkeit, in den Parteigremien und in Briefen an Erhard Nachdruck zu verleihen.[7] Im Gegenzug unterstrich die FDP, daß für sie ein Minister Strauß unerträglich wäre. Noch fühlte Erhard sich unterm Eindruck des Wahlsieges stark genug, um öffentlich auf den Tisch zu hauen. Er ließ von Hase auf der Bundespressekonferenz eine Erklärung verlesen, in der er sich „in einer ungewöhnlich festen Tonart“ gegen alle Versuche verwahrte, ihm bei der Regierungsbildung reinzureden. „Der Bundeskanzler wird sein Recht uneingeschränkt wahrnehmen“.[8] Kurz darauf sprach er mit Mende. Anschließend schrieb Mende ihm in kargen Sätzen, daß die FDP sein Vorschlagsrecht nicht in Zweifel ziehe, aber natürlich „davon ausgehe“, daß auch „ihre Rechte gemäß Art. 38 Abs. 1 GG bei der Wahl des Bundeskanzler gemäß Art. 63 GG“ nicht in Zweifel gezogen würden.[9] Das war feinstes Politikerdeutsch, als Tatsachen-Feststellung ganz und gar überflüssig und als Drohung unmißverständlich.

Die Drohung blieb latent, während in den folgenden Tagen erst einmal der Streit um Schröder ausgefochten wurde. Schröder machte es sich und seinen Freunden nicht leicht. Er war ein couragierter und charaktervoller Mann, der für die Politik stand, die er - nicht ohne gewisse Voreingenommen- und Hintertriebenheiten - vertrat, überzeugungsstark, selbstsicher und in seiner Selbstsicherheit auch mit intellektueller Lust am Streit begabt. Er wollte wieder Außenminister werden, aber er wollte es aufrecht und unverklemmt wieder werden. Anfang Oktober gab er der Rheinischen Post ein Interview, in dem er die Unterschiede seiner Außenpolitik zu den außenpolitischen Vorstellungen Adenauers und Strauß' abermals herausstellte. Kurz danach kam die ihm mehrheitlich abgeneigte Koalitionskommission nach vielen Einzelgesprächen und Beratungen in kleinen Gruppen zu zwei ganztägigen Sitzungen zusammen. Am Nachmittag des zweiten Tages wurde Schröder hinzugezogen. Er fand sich vor einem Tribunal wieder. Alle griffen ihn wegen der Tatsache, fast alle auch wegen des Inhalts seines Interviews an. Nur Erhard hielt ihm die Stange. Er hatte sich entschlossen, Schröder wiederzuberufen. Schröder machte die Außenpolitik, die Erhard für richtig hielt, und Erhard kam unter diesen Umständen ohne Schröder nicht aus. Jeder andere, der als Außenminister in Frage kam, hätte ihn zum politischen Spielball der „Gaullisten" gemacht entweder, weil er selber „Gaullist" war, oder weil er mangels Erfahrung, parteilichen Rückhalts und Muts den „Gaullisten" weniger erfolgreich Paroli bieten konnte, als Schröder dies tat. Womöglich hätte Erhard ihn trotzdem zum Opfer gebracht, wenn der Widerstand gegen Schröder nicht nur breit, sondern überdies geschlossen und dadurch nachdrücklicher gewesen wäre. Das war aber nicht der Fall. Eigentlich wollten nur Adenauer und Lübke, die beide keine eigenen Ambitionen hatten, Schröder unbedingt loswerden. Alle anderen stritten ja nicht nur gemeinsam gegen Schröder, sondern konkurrierten auch miteinander, sei es um Schröders oder sei es auf etwas längere Sicht um Erhards Nachfolge. Keiner glaubte recht, daß Erhards neues Regiment von langer Dauer wäre, alle waren darauf bedacht, es nicht von langer Dauer sein zu lassen. Unter dieser Voraussetzung schien es einerseits nicht furchtbar attraktiv zu sein, selber Außenminister zu werden, und andererseits nicht ungefährlich, wenn ein Konkurrent es würde. Vielleicht wurde man selbst als Außenminister in Erhards Scheitern verwickelt und machte sich dadurch als sein Nachfolger unmöglich, vielleicht spielte der Konkurrent aber als Außenminister eine Rolle, die ihn zum Nachfolger besonders empfahl. Barzel legte sich frühzeitig darauf fest, nicht Minister zu werden, sondern als Fraktionsvorsitzender auf seine Chance zu warten.[10] Er wollte aber mitnichten, daß derweil Strauß oder Gerstenmaier Außenminister wurden. Strauß wäre es, selbstvertrauensvoll und ohne eine ebenso günstige Ausgangsposition außerhalb des Kabinetts wie Barzel, wohl gern geworden, ließ aber auch hören, daß Erhard Schröder und Mende in Gottes Namen wiederberufen möge. Das werde seine Kanzlerschaft verkürzen.[11] Gerstenmaier, den Adenauer und Lübke präferieren mochten, konnte hingegen ebensowenig auf Strauß' wie auf Barzels Unterstützung rechnen. Auch für sich tun konnte Gerstenmaier mangels breiter Anhängerschaft nicht viel; er konnte sich nur empfehlen und bereithalten.

All dies machte es Erhard leichter, auf Schröder zu bestehen. Er seinerseits versuchte, Adenauer und Strauß die Zustimmung zu Schröder dadurch leichter zu machen, daß er versicherte, den Außenminister künftig an kürzere Zügel zu nehmen. Der Versuch mißlang selbstverständlich. Dennoch entstand in der Öffentlichkeit der Eindruck, daß Schröders Gegner auf dem Rückzug wären.[12] Das mochte sein. Resigniert hatten zumindest Adenauer und Strauß aber noch nicht.

Strauß schrieb Erhard zwei Tage später einen langen Brief.[13] De Gaulle werde die Wiederernennung Schröders als Entscheidung gegen Frankreich und deswegen als Ermunterung zu einer Politik verstehen, die sich gegen Deutschland wendete. Es sei de Gaulles Absicht gewesen, gemeinsam mit Deutschland Europa zu bauen, künftig werde er seine Politik entschiedener als jüngst schon unter die Formel stellen: Frankreich und Rußland bringen Europa den Frieden. Die deutsche Außenpolitik gerate in eine schicksalhafte Krise.

Adenauer sagte ähnliches in einem weiteren seiner allmählich notorischen Sonntagszeitungs-Interviews und wies dabei auch auf das zweifelhafte Recht des Bundespräsidenten hin, die Ernennung von Ministern zu verweigern. Das mochte ein Ausdruck echter politischer Verzweiflung sein. Ein bißchen närrisch war es inzwischen aber auch und für die „Parteifreunde" höchst ärgerlich überdies. Das bekam Adenauer am Tage nach dem Interview bei einer Sitzung zu spüren, in der die CDU-Abgeordneten der Fraktion den Bericht der Vorbereitungskommission entgegennahmen und die Mitglieder einer Delegation für Koalitionsverhandlungen mit der FDP bestellten. Er hatte seiner Sache damit einen Bärendienst erwiesen. Erhard wehrte sich gegen die fortgesetzten Angriffe in der Öffentlichkeit. Damit fand er bei der Fraktionsmehrheit immer Zustimmung. Schröder hielt ein langes, höchst geschicktes außenpolitisches Kolleg, das den meisten sachlich einleuchtete und fast alle beeindruckte. Am Ende der Sitzung galt Schröders Wiederberufung als abgemachte Sache. Strauß konnte Adenauer nicht zu Hilfe kommen. Er nahm an der Sitzung nicht teil. Er tagte zur gleichen Zeit mit der CSU-Landesgruppe in München.[14]

Was er zur Sache zu sagen gehabt hätte, war Erhard und Schröder aber bekannt. Es war ihnen ohnehin bekannt und eben noch einmal schriftlich und in systematischem Zusammenhang dargelegt worden. Erhard hatte Strauß nach dessen aufgeregtem Brief um derlei Darlegung gebeten. Strauß war der Bitte umgehend nachgekommen und hatte Erhard noch vor der Fraktionssitzung ein „Arbeitspapier zum Regierungsprogramm" geschickt.[15] Das „Arbeitspapier" war so etwas wie eine „gaullistische Regierungserklärung" zur deutschen Außenpolitik. Die Erklärung nahm sich folgendermaßen aus: Die deutsche Außenpolitik hatte zwei wesentliche, für alles andere maßgebliche Aufgaben. Sie hatte die Wiederherstellung der deutschen Einheit aktiv zu betreiben und die Sicherheit der Bundesrepublik zu gewährleisten. Die Aufgaben waren gegenwärtig unter folgenden weltpolitischen Voraussetzungen zu lösen. Die UdSSR gab sich jenseits des deutschen Wiedervereinigungsanspruchs verständigungsbereit, trieb in Wahrheit aber „weiterhin eine offensive, auf die Zerstörung des westlichen Sicherheitssystems gerichtete Weltpolitik". Die USA verhielten sich hingegen in Europa defensiv, glaubten an die Möglichkeit eines Ausgleichs mit Moskau auf der Grundlage des europäischen und deutschen status quo und betrieben derlei Ausgleich. Frankreich hatte die amerikanischen Interessen und Absichten erkannt und daraus die richtigen Konsequenzen gezogen. Es bot Deutschland an, mit ihm gemeinsam eine bewegliche und offensive Ostpolitik zu treiben, die geeignet sein konnte, die Teilung Europas und Deutschlands auf mittlere Sicht zu überwinden. Politisch-soziale Bewegungen in Osteuropa schienen zwar noch schwache, aber reale Ansatzpunkte und Chancen dafür zu bieten. Großbritannien war für die Teilnahme an einer solchen Politik derzeit nicht zu gewinnen.

Wie war die Lage Deutschlands in dieser Konstellation? Sie war schlecht. Die Bundesrepublik hatte sich in der internationalen Politik weitgehend isoliert. Das hingebungsvolle Vertrauen auf die Unterstützung durch die USA hatte sich als verfehlt erwiesen. Amerika setzte sich im eigenen Interesse über deutsche Interessen hinweg. England war noch weniger geneigt, Rücksicht auf deutsche Wünsche zu nehmen. Beispiele dafür waren die amerikanische Preisgabe der MLF, das britische Konzept der unzumutbaren ANF, die angelsächsischen Nichtverbreitungsabsichten und die Weigerung, sie zumindest mit einem Vorstoß zur deutschen Wiedervereinigung zu verbinden. Frankreichs politische Zwecke und Vorschläge entsprachen deutschen Interessen, aber die Bundesregierung nahm jene Vorschläge nicht auf. Das deutsch-französische Verhältnis war „auf einem Tiefpunkt" und sah „einer Schicksalsstunde entgegen".

Aus politischem Auftrag, internationaler Lage und deutscher Position ergab sich dieses Programm: Deutschland mußte aus der Isolierung herausfinden und zu diesem Zweck durch Belebung des deutsch-französischen Vertrages im Verein mit Frankreich eine politische Union und eine militärische Organisation Europas anstreben. Die Verteidigungsorganisation sollte im Rahmen der NATO ein Verhältnis wechselseitiger Abhängigkeit zwischen Amerika und Europa an die Stelle der einseitigen Abhängigkeit Europas von Amerika setzen. Deutschland wäre darin gleichberechtigte nukleare Beteiligung einzuräumen. Mitsprache bei der nuklearen Planung in der NATO war kein ausreichender Ersatz dafür. Der Einbezug Deutschlands in kernwaffenfreie Zonen und Nichtverbreitungsabsichten nach angelsächsischen Vorstellungen war abzulehnen. Entschieden festzuhalten war hingegen am Alleinvertretungsanspruch, an Berlin-Klauseln in allen internationalen Verträgen und an der Hallstein-Doktrin. Die Beziehungen zu den Ostblockstaaten durften nicht weiter formalisiert werden und keinesfalls offiziell-diplomatischen Charakter gewinnen. Jeder rechtlichen oder tatsächlichen Aufwertung der „DDR" mußte entgegengewirkt werden. Gesamtdeutsche Kommissionen kamen nicht in Frage. Vorleistungen irgendwelcher Art an die Sowjetunion waren abzulehnen.

Carstens wurde mit einer „Stellungnahme" zu Strauß' „Arbeitspapier" beauftragt. Er entledigte sich des Auftrags nicht weniger schnell, als Strauß Erhards Bitte gefolgt war. Dabei kam nun wiederum so etwas wie eine „Regierungserklärung der Atlantiker" zur deutschen Außenpolitik heraus.[16]

Carstens und mit ihm Schröder und Erhard, der anhand von Carstens' „Stellungnahme" seine Antwort an Strauß formulieren ließ,[17] sahen Strauß' Lageanalyse und deshalb auch seine Schlußfolgerungen für weitgehend falsch an. Ihrer Ansicht nach verhielten sich die USA in Europa nicht defensiv und bloß auf Ausgleich bedacht. Sie verstanden sich vielmehr weiterhin als Gegner der Sowjetunion, versuchten Rußland zu schwächen und waren auch in der Deutschlandfrage aktiv. Andererseits hatte Frankreich keineswegs eine Ost- und eine Verteidigungspolitik im Sinn, die deutschen Interessen diente. Es teilte vielmehr in wichtigen Fragen den Standpunkt der Sowjetunion und damit einen Deutschland widrigen Standpunkt. Vor allem jedoch verfolgte Frankreich ohne Rücksicht auf Deutschland und andere das Ziel, seinen weltpolitischen Einfluß zu vergrößern. „Ein wichtiger Teil der französischen politischen Konzeption ist ... der Ausbau seiner Vorrangstellung uns gegenüber ... Darum wendet es sich gegen jede Form einer deutschen Teilnahme an einem nuklearen Waffensystem".

Das nahm sich, insbesondere wenn Carstens es schrieb, nicht weniger apart aus als die Feststellung einigungspolitischer Aktivität der USA, kurz nachdem Harriman dergleichen Erhard ins Gesicht hinein „brutal zurückgewiesen" hatte: „That is not the American aspect".[18]

Von deutscher Isolierung, fuhr Carstens fort, konnte keine Rede sein. Das Verhältnis zu den USA und Großbritannien war gut; die deutschen Schwierigkeiten mit Frankreich waren die Schwierigkeiten, die alle Welt mit Frankreich hatte. Sie waren wesentlich de Gaulle anzulasten. Die Beteiligung an französischen Bestrebungen zur Reorganisation der NATO verbot sich. Über die Erwünschtheit und die Möglichkeiten der Einrichtung von alliierten Atomstreitkräften war „unter Abwägung aller Gesichtspunkte" zu befinden. Die deutschlandpolitischen Festlegungen - Alleinvertretungsanspruch, Berlin-Klausel, Hallstein-Doktrin - versprachen nicht mehr den gleichen Erfolg wie in den fünfziger Jahren und sollten zugunsten einer flexibel anpassungsfähigen Haltung aufgegeben werden. Die Aufnahme diplomatischer Beziehungen zu Ostblockstaaten stand vorläufig nicht zur Debatte. Andererseits ließ sich gegen die Festigung der internationalen Position und das Vordringen der „DDR" außerhalb des Ostblocks so gut wie nichts machen.

Carstens' Stellungnahme bestätigte alle Einwände, die Adenauer und Strauß gegen Schröders Außenpolitik erhoben. Es war abzusehen, daß Erhard keine Ruhe fände, wenn er an seiner Entscheidung für Schröder festhielte.

Während die Antwort an Strauß entstand, spitzte sich der Streit um Mende zu. Am 12. Oktober, mehr als drei Wochen nach der Wahl, begannen endlich die Koalitionsverhandlungen. Erhard führte eine Delegation, der außerdem Barzel, Strauß, Dufhues, Rasner und drei weniger wichtige Mitglieder angehörten. Adenauer hatte auf das „Vergnügen von Koalitionsverhandlungen" ausdrücklich verzichtet.[19] Zunächst sprach man selbstverständlich über „Sachfragen". Das gehörte zu den koalitionsbildnerischen Ritualen, sollte deren Ernsthaftigkeit betonen und den Eindruck erwecken, als ginge es dabei vor allem um politische Inhalte und nicht um Personen, Macht und Pfründen. Die *Koalitions*partner hatten sich in der praktischen Politik der vergangenen Legislaturperiode über fast alles heftigst und vielfach unversöhnlich gezankt. Die *Verhandlungs*partner stellten außerordentlich schnell Einigkeit in allen wesentlichen Punkten fest. Am Nachmittag des 13. Oktober war es soweit. Der CDU-Abgeordnete Wuermeling sagte ein paar Tage später, es sei so schnell gegangen, weil ohnehin keiner vorhabe, sich an die Einigung zu halten.[20] Auf Papier gebannt wurde das Ergebnis vorsichtshalber nicht. Am 14. Oktober kam man zu den wichtigeren Personalia, und mit der Einigkeit war es aus. Erhard hatte sich inzwischen zu der Entscheidung drängen lassen, Mende nicht wieder zum Gesamtdeutschen Minister zu berufen. Er bot ihm ein anderes gewichtiges Ressort an.[21] „Gesamtdeutscher" sollte womöglich von Guttenberg werden. Nun war das „Ministerium für gesamtdeutsche Fragen" jenseits einer gewissen symbolischen Bedeutung eine ziemlich unerhebliche Einrichtung, ein Ministerium für Fragen halt, auf die es keine Antworten wußte. Wenn es Mende um politisch-persönliche Statur gegangen wäre, dann hätte er als Innen- oder Finanzminister viel mehr von sich hermachen können. Aber es durfte ihm, gewiß auch zum Leidwesen des schönen, eitlen Mannes, um Statur nicht gehen, weil die Anfechtung des Anspruchs der FDP das Gesamtdeutsche Ministerium mit einem Streit- und Prestigewert versah, der seine Unerheblichkeit schlechthin negierte. So erklärte die FDP, daß sie Mendes Zurückweisung als unerträglichen Versuch verstehe, sie von der Außen- und Deutschlandpolitik der kommenden Bundesregierung fernzuhalten. Im übrigen wiederholte sie, daß Strauß keinesfalls Minister werden dürfe. Erhard hingegen wurde anderntags im CDU-Vorstand für seine Absage an Mende ausdrücklich belobigt und bedankt. Dem allerdings wurde bei seinem löblichen Bestreben schon bald im Busen bang. Die FDP bockte mehr, als einer Partei, die viele Wählerstimmen verloren und keine rechte koalitionspolitische Alternative hatte, wohl anzustehen schien. Sie ließ wissen, daß sie Erhard nicht zum Bundeskanzler wählte, wenn Erhard Mende nicht zum Gesamtdeutschen Minister beriefe, und daß sie außerdem gemeinsam mit der SPD den Zusammenschluß der CDU- und der CSU-Abgeordneten zu *einer* Fraktion und damit den Anspruch der Union auf das Amt des Bundestagspräsidenten anföchte.[22]

Unversehens war die große Koalition wieder im Gespräch. Barzel schloß auch die Möglichkeit einer Minderheitsregierung und die Wahl des Bundeskanzlers in drei Durchgängen nicht aus. Im dritten Wahlgang reichte die relative Mehrheit, der Gewählte bedurfte allerdings der Bestätigung durch den Bundespräsidenten. Erhard wußte, daß Heinrich Lübke nichts lieber täte, als die Bestätigung zu verweigern. Barzel wußte es auch. Drei Tage, nachdem Dufhues namens des CDU-Vorstands Erhard dafür gedankt hatte, daß er der FDP das Gesamtdeutsche Ministerium vorenthielt, bot Erhard Mende das Amt an. Jetzt dankte ihm die FDP und nahm ihrerseits das Verdikt gegen Strauß zurück. Am nächsten Morgen tagten die Abgeordneten der CDU und die Landesgruppe der CSU getrennt voneinander. Erhard sage vor den CDU-Abgeordneten, daß es ihm nicht leichtgefallen sei, über seinen eigenen Schatten zu springen, um die kleine Koalition zu ermöglichen. „Aber ich gehöre nicht zu den kleinen Geistern, die Urteile fürchten".[23] Das mochte sein, die Enttäuschung war dennoch groß. Und sie wurde noch größer, als die CSU nach dem Zugeständnis an die FDP ein fünftes Ministerium verlangte - und von Erhard ohne Konsultation der CDU-Granden zugesichert bekam. Von Hassel beobachtete, daß unter den Abgeordneten Lustlosigkeit, Depression und Verzweiflung grassierten. Barzel warf Erhard vor, ihn übergangen und getäuscht zu haben, und drohte wieder einmal damit, das Amt niederzulegen. Norddeutsche Landesverbände machten gegen die regionale und konfessionelle Zusammensetzung des unverkleinerten und unverjüngten Kabinetts, das Erhard inzwischen auf Lager hatte, mobil. Die Wahl des Bundeskanzlers, die für den nächsten Nachmittag vorgesehen war, durfte nach dem doppelten Kniefall vor der FDP und der CSU als gesichert gelten; mit einem allseits akzeptablen Kabinett würde der neue Kanzler aber nicht gleich aufwarten können.[24]

Adenauer unternahm letzte untaugliche Versuche, zumindest doch noch Schröder zu verhindern. Nach der Sitzung schrieb er verzweiflungsvoll an Lübke: „US ist entschlossen, den status quo in Europa nicht zu ändern. England ist ... durchaus gegen uns eingestellt. Frankreich ist mit Recht von uns enttäuscht ... Wir werden eine Macht zweiten oder dritten Grades und fallen schließlich Rußland anheim ... Ich flehe Sie an: Verweigern Sie die Ernennung Schröders. Sie haben das Recht dazu. Machen Sie davon Gebrauch!"[25]

Lübke hätte nur zu gern davon Gebrauch gemacht. Aber er wußte inzwischen, daß sein Recht zweifelhaft und die Verweigerung in einem verfassungsrechtlichen Organstreit mit dem Bundeskanzler am Ende nicht durchzusetzen war.

Am Morgen des Wahltages trug der designierte Bundeskanzler dem CDU-Teil der Fraktion die Grundzüge seiner Regierungserklärung vor. Als er damit fertig war, sagte er: „Diese Rede ist ein Torso und läßt alle Deutungen offen".[26] Das hielt Adenauer für Grund genug, Erhard nicht schon am Nachmittag zu wählen. Er ergriff sofort nach ihm das Wort und sagte, daß Erhard überzeugende Auskunft darüber schuldig geblieben sei, wie er das Haushaltsproblem zu lösen gedenke, und daß er außerdem gelogen habe. „Was die nukleare Verteidigung anbelangt," hatte Erhard gesagt, „habe ich immer zu eruieren versucht, ob es eine Chance gibt, jemals mit Frankreich zu einer Verständigung über die Zusammenarbeit zu kommen. Die Antwort auf diese Frage lautet nein". Zu ihm habe de Gaulle anders gesprochen, sagte Adenauer. „Meinetwegen verzichten Sie darauf, nähere Ausführungen zu bekommen. Sie sind ja frei und nur Ihrem Gewissen verpflichtet".[27]

Die Abgeordneten verzichteten und wählten Ludwig Erhard am Nachmittag des 20. Oktober 1965 zum Bundeskanzler. Erhard erhielt 272 Stimmen. 291 Abgeordnete der Koalitionsparteien waren im Saal. Auch diesmal hatten ihm ein paar „ihr Herz noch nicht so ganz voll geschenkt". Erhard wurde noch selbigen Tages ernannt und vereidigt.

Am folgenden Tag bastelte er an seiner unfertigen Regierung. Besondere Schwierigkeiten bereitete die Besetzung des Innenministeriums. Die CSU nominierte dafür Franz Josef Strauß. Der bisherige Amtsinhaber Höcherl sollte das hinzugewonnene Landwirtschaftsministerium übernehmen. Erhard bot Strauß das Innenministerium an. Damit hatte Strauß, was er - abgesehen vom Auswärtigen Amt - wollte. Er war für wieder ministrabel erklärt worden und hatte vom Bundeskanzler ein Ministerium angeboten bekommen. Er dachte natürlich nicht daran, in einer Regierung Erhard, deren frühzeitiges Ende als beschlossen erschien, bevor sie im Amt war, neben Schröder und Mende das undankbare Innenministerium zu verwalten. Er lehnte Erhards Angebot ab[28] und blieb Speerspitze der inneren Opposition. Erhard versuchte, anstelle von Strauß einen anderen, wenn auch gemäßigten und mit Adenauer entzweiten Oppositionellen der Kabinettsdisziplin zu unterwerfen. Josef-Hermann Dufhues lehnte aber ebenfalls ab. Schließlich fiel die Wahl auf den jungen und wendigen nordrhein-westfälischen Kultusminister Paul Mikat. Der nahm an. Das schien geklärt zu sein. [29]

Kaum schien es geklärt zu sein, da wurde es um Schröder wieder mulmig. Am frühen Abend des 21. Oktober rief Adenauer Westrick an.[30] Adenauer hatte Besuch von Baron Guttenberg und war aufs äußerste erregt. Was ihn so erregte, hatte wiederum Guttenberg durch einen Anruf des Legationsrats Hans Graf Huyn erfahren: Das Außenministerium habe mit der britischen Regierung ein Konsultationsabkommen geschlossen, das dem deutsch-französischen Vertrag gleiche und ihn dadurch vernichte. Huyn hatte davon bei einer morgendlichen Referentenbesprechung der Unterabteilung I A des Auswärtigen Amtes gehört. Westrick wußte von nichts. Er rief Carstens zu Hause an. Adenauer alarmierte Barzel, Strauß und Dufhues. Carstens sagte Westrick, daß Adenauers Behauptung nicht stimme, und wunderte sich im übrigen über Westricks Unkenntnis.

Nach dem überaus erfreulichen Besuch der Queen in Deutschland war der Gedanke aufgekommen, den deutsch-britischen Beziehungen etwas mehr Form und Halt zu geben. Die Beamten des Auswärtigen Amtes übersetzten den Gedanken in ein Konzept. Das Konzept sah keinen Vertrag und auch keine sonstwie verpflichtenden Regelungen vor, wohl aber die Verstetigung und Intensivierung der wechselseitigen Konsultationen. Schröder gab dem Konzept im Sommer seinen Segen. Während des Wahlkampfes beruhte es auf sich. Kurz nach der Wahl trug Schröder den Plan dann aber Erhard vor. Erhard billigte die Absicht, dem britischen Außenministerium noch *vor* der Formierung des neuen Kabinetts einen entsprechenden Vorschlag zu unterbreiten. Am 4. Oktober wurde Botschafter Blankenhorn damit beauftragt, am 20. Oktober entledigte Blankenhorn sich des Auftrags. Die britische Regierung wollte die Anregung prüfen. Drei Tage später, Erhard versuchte gerade, das Innenministerium an den Mann zu bringen, sprach der Leiter der Unterabteilung für Europäische Angelegenheiten im Auswärtigen Amt zu seinen Referenten. Unter den Zuhörern war Graf Huyn. Abteilungsleiter Frank dachte laut darüber nach, wie man „die Zusammenarbeit in Europa ohne Souveränitätsverzicht irreversibel machen könne ... Man könne sich fragen, ob ein gesamteuropäisches Netz bilateraler Konsultationen hierzu dienlich sein könne. Konsultationen, wie wir sie ganz pragmatisch auch mit Großbritannien anstreben würden". So erinnerte Frank sich selbst an die Verlautbarung seiner Gedanken. Huyn hatte sie anders vernommen, sie hatten sein frankophiles und der CSU gehörendes Herz aufgewühlt, und er hatte trotz aller ausdrücklichen Vertraulichkeit des Gedankenfluges von Guttenberg angerufen.

Westrick ließ Erhard fragen, ob es stimme, daß Schröder ihn unterrichtet und seine Zustimmung erhalten habe. Osterheld sah, daß Erhards Hände zitterten. „Kein Wort hat

Das zweite Kabinett Erhard (von Erhard aus im Uhrzeigersinn): Schröder, Lücke, Jäger, Krone, Westrick, Dollinger, Stücklen, v. Hassel, Höcherl, Dahlgrün, Schmücker, Gradl, Stoltenberg, Seebohm, Niederalt, Frau Schwarzhaupt, Katzer, Heck, Bucher, Mende

Schröder mir gesagt," sagte er. „Er mag vielleicht irgend etwas gebrummelt haben, aber nichts von dem da".

Die Sache schlug schnell große Wellen. Adenauer und Strauß drangen am nächsten Tag in Barzel, Schröders Berufung vor der Fraktion zu widersprechen. Barzel schien drauf und dran zu sein, dies zu tun. Er telephonierte mit Carstens und hörte von ihm das gleiche wie Westrick. Er glaubte es allerdings nicht recht und sagte zu Carstens, daß er nicht mehr wisse, ob er unter diesen Umständen der Kabinettsliste zustimmen werde. Am Nachmittag sprach er mit Erhard und Schröder. Westrick war auch dabei. Erhard begann das Gespräch mit erneuter Beteuerung seiner Unkenntnis und Unschuld. Schröder habe ihm nichts gesagt, und er habe nichts zugestimmt. Schröder war mit Gesprächsvermerken gut versehen. Es gelang ihm, Erhards Erinnerung an die Unterhaltung wachzurufen. Erhard sagte: Jedenfalls sei ihm nicht zu rechtem Bewußtsein gekommen, wozu Schröder ihn veranlaßte. Barzel wiederholte, daß er sich frage, ob er der Kabinettsliste zustimmen könne. Anscheinend gebe es einen bemerkenswerten politischen Dissens zwischen dem Kanzler und dem Außenminister, ganz abgesehen davon, daß die Fraktion übergangen worden sei.

Schließlich stimmte er zu. Schröder überzeugte ihn von Erhards Einverständnis mit seinen Absichten und beschwichtigte die Erregung über deren politischen Sinn und Zweck. Die Kabinettsliste hatte sich unterdessen freilich noch einmal geändert. Mikat war über Nacht anderen Sinnes geworden. Er wollte doch lieber Kultusminister in Nordrhein-Westfalen bleiben und nicht Bundesinnenminister werden. Erst der vierte Kandidat nahm das Angebot nicht nur an, sondern blieb auch bei der Annahme. Das war Paul Lücke, dessen Erhard sich nach Ansicht seiner Berater eigentlich hatte entledigen sollen.

Am 26. Oktober konnten die Minister vereidigt werden, und die Bundesrepublik hatte eine neue Regierung. Das heißt: So recht neu war sie eigentlich nicht. Ganze vier Minister waren ausgetauscht worden. Drei wechselten den Platz im Kabinett. Dreizehn blieben, was sie waren, unter ihnen die „Gaullisten" Heck und Krone. Nicht nur der langwierig-streitbare Vorgang, auch das Ergebnis der Regierungbildung rief in der Öffentlichkeit Enttäuschung hervor. Was Erhard durch den Wahlsieg an Prestige zurückgewonnen haben mochte, das hatte er in den sechs Wochen danach mit Zögern und Unentschiedenheit, Widersprüchlichkeiten und unfreien Entscheidungen wieder vertan. Und dabei war nicht mal eine Mannschaft herausgekommen, die sich Erhard in Loyalität politisch und persönlich eng verbunden fühlte.

„Johnson-Treatment"

Am Tage nach der Ernennung trat, was dabei herausgekommen war, zur ersten Kabinettssitzung zusammen. Erhard sagte, woher künftig der Wind wehen solle. Er verlange Disziplin und Verschwiegenheit und wünsche, von allen Absichten der Ministerien frühzeitig unterrichtet zu werden. Außerdem behage es ihm nicht, daß die Minister soviel reisten. Es war, als ob die Geschichte sich wiederholte - als Farce.

Nach den gestrengen, natürlich in den Wind gesprochenen Worten wendete das Kabinett sich dem Problem zu, das ihm politisch auf den Nägeln brannte, dem Ausgleich des gefährdeten Haushalts. Da die Anwendung des Art. 113 GG aus bekannten Gründen nicht in Frage kam, dachte Erhard neuerdings an die Vorlage eines „Haushaltssicherungsgesetzes", durch dessen Annahme der Bundestag gesetzlich beschlossene Ausgaben auf die Maße des Finanzierbaren reduzierte. Das Kabinett setzte eine Kommission ein, die dafür Vorschläge erarbeiten sollte. Von Hassel und der neue Arbeitsminister Katzer befürchteten, daß man damit in der Fraktion nicht weit kommen werde, und empfahlen deshalb, auch Steuererhöhungen in Betracht zu ziehen. Erhard und die FDP-Minister wollten Steuererhöhungen nach Möglichkeit vermeiden.[31]

Die Kommission arbeitete mit gebotener Schnelligkeit. Schon eine Woche später verabschiedete das Kabinett ihre Vorschläge. Danach sollte das Ausgabenvolumen des Bundeshaushalts im Rechnungsjahr 1966 um 8,5 % größer sein als 1965 und 69,4 Milliarden DM betragen. Der Grundsatz, daß der Haushalt nicht schneller wüchse als das Sozialprodukt, konnte nicht eingehalten werden. Das Wachstum des Sozialprodukts wurde mit nur 4 % veranschlagt. Um immerhin den Plafond von 69,4 Milliarden DM einhalten zu können, war es nötig, die Anforderungen und Ansätze um ca. sieben Milliarden DM zu senken. Etwas mehr als vier Milliarden DM sollte durch Minderausgaben, die keine Gesetzesänderung voraussetzten, etwas weniger als drei Milliarden DM mit Hilfe eines Haushaltssicherungsgesetzes eingespart werden. Durch das Haushaltssicherungsgesetz wollte man zugleich die Branntwein- und die Schaumweinsteuer erhöhen. Die Erhöhung sollte die Differenz zwischen dem starken Ausgabenwachstum und der geringeren Zunahme des Steueraufkommens ausgleichen, die sich infolge des Sozialproduktwachstums ergab. Der Verteidigungshaushalt war mit 1,3 Milliarden von den Einsparungen betroffen. Von Hassel sagte, daß er die Kürzungen akzeptiere, unter diesen Umständen aber die Offset-Abkommen nicht erfüllen könne. Erhard und die anderen Minister nahmen es zur Kenntnis.[32]

Der Kabinetts-Beschluß wurde als Ausweis rascher und energischer Handlungs- und Entscheidungsfähigkeit der neuen Regierung umgehend bekanntgemacht. Die Kritik daran war allgemein. Die Fraktion beschwerte sich darüber, daß sie aus der Presse davon erführe. Strauß äußerte in einem langen Brief an Erhard sein „Befremden“ über die verfahrene Lage und erinnerte daran, daß alle finanzwirksamen Gesetze in „Koalitionsbesprechungen unter Ihrem Vorsitz ... erörtert und beschlossen“ wurden.[33] Die FDP kündigte an, daß sie sich Steuererhöhungen widersetzen werde. Die Beamten, die Landwirte, die Forschungs- und Bildungseinrichtungen und alle, die sonst betroffen waren, protestierten gegen Ausgabenkürzungen. Noch am Tage des Beschlusses kam Botschafter McGhee zu Westrick und von Hassel und teilte ihnen mit, daß seine Regierung über die Verminderung des Verteidigungshaushalts höchst beunruhigt sei. Sie erwarte, daß die Bundesregierung auch in Zukunft den vollen Devisenausgleich leiste. Andernfalls müsse sie die Stationierungsstärke überprüfen.[34]

Unter dieser Voraussetzung verlas Erhard am 10. November seine Regierungserklärung. Sie wirkte ein wenig matt und hatte kein eben begeistertes Echo.[35] „Wie lange bleibt der Kanzler Erhard?“ fragte sich Krone. „Die Kritik wächst und die Enttäuschung. Weiß Erhard über sich Bescheid? Westrick spricht jetzt öfter seine Sorgen aus“.[36]

Die Strapazen des Wahlkampfes und der Regierungsbildung forderten ihren Tribut in Form einer starken Grippe. Untergründig ging die Rede, daß es nicht nur die Grippe sei. Erhard leide an Depressionen.[37] Die Rede ging nicht zum ersten Mal, und derlei Rede ist selten völlig unbegründet. In welcher Weise und in welchem Maße sie begründet war, das wurde freilich nie bekannt.

Die erste Auslandsreise des wiedergewählten Kanzlers mußte der Krankheit wegen um ein paar Wochen verschoben werden. Diesmal folgte Erhard mit der ersten Reise dem Drang seines politischen Herzens. Er fuhr nach Washington. Trotz aller vorhergehenden Enttäuschungen setzte er nicht geringe Erwartungen in die Reise und freute sich darauf. Er war ebenso beständig in seiner Zuneigung und in seinem Vertrauen auf Gegenliebe wie in seiner Abneigung und seinem Verdacht auf üblen Hintersinn. Wenn Johnson in einem Interview sagte, daß Erhard sein europäischer Lieblingspolitiker und de Gaulle ein mürrischer, grollender Opa sei, dann nahm er das beim Nennwert, freute sich darüber königlich und glaubte immer noch, daß es Bemerkenswertes über die deutsch-amerikanischen Beziehungen einerseits und die französisch-amerikanischen Beziehungen andererseits aussagte.[38]

Erhard wollte mit Johnson vor allem über multilaterale Atomstreitkräfte und Nichtverbreitungsabsichten sprechen. Er rechne mit weitgehender Verständigung im vertrauensvollen Gespräch, sagte er Anfang Dezember zu amerikanischen Journalisten. Die beiderseitigen Vorstellungen lägen nahe beieinander. Es ist nicht eben leicht erfindlich, was ihn zu der Annahme veranlaßte. Außer Palmströms berühmter Schlußfolgerung und dem Verlaß darauf, daß Johnson seinem Lieblingspolitiker auch etwas zuliebe täte, gab es dafür keine Gründe. Ein Jahr lang hatte man sich in Sachen MLF und ANF nicht um einen Zentimeter von der Stelle bewegt. Die amerikanische Regierung sagte nicht ausdrücklich, daß die MLF für sie gestorben sei, aber sie sagte immer wieder, daß sie die Einigung der Europäer abwarte. Außerdem ließ sie durch ihr Verhalten auf der Abrüstungs-Konferenz in Genf erkennen, daß ihr ein Nichtverbreitungsvertrag sehr viel wichtiger war als eine multilaterale Atomstreitmacht. Die Einigung der Europäer mußte inzwischen als ausgeschlossen gelten, weil England weiterhin die MLF und Deutschland weiterhin die ANF entschieden ablehnten. Um die Deutschen mit dem aufgeschobenen Verzicht zu versöhnen, war im Herbst auf McNamaras Vorschlag hin ein „special committee“ für nukleare Planung der NATO eingerichtet worden. Die Bundesregierung war darin vertreten, sah die Beteiligung an der nuklearen Planung allerdings nicht als ausreichenden Ersatz für den materiellen Mitbesitz und die faktische Mitverfügung über Atomwaffen an. Sie wandte sich auch gegen jeglichen Nichtverbreitungsvertrag, der sie von Mitbesitz und Mitverfügung ausschlösse. Schröder und von Hassel forderten die Einrichtung der MLF letzthin wieder mit großem Nachdruck und wünschten, in Washington eine Erneuerung des amerikanischen Versprechens zu erlangen. Zweifler wurden als Besserwisser und Flagellanten abgetan.[39]

Im Verlaufe seines Gesprächs mit den amerikanischen Journalisten wurde Erhard gefragt, ob er damit rechne, daß Johnson ihn wegen eines stärkeren deutschen Engagements in Südvietnam unter Druck setze. Der amerikanische Präsident hatte dem Kongreß eben eine weitere Erhöhung der Mittel für den Vietnamkrieg vorgeschlagen und war dabei seinerseits mit der Frage nach dem Beitrag der Verbündeten zur Verteidigung der Freiheit in Südostasien bedrängt worden. „Nein,“ sagte Erhard. Krone, der Erhard gern nach Washington begleitet hätte, ihn aber nicht begleiten durfte, war weniger sicher und riet ihm, sich gegen unerfüllbare Forderungen zu wappnen.[40]

Reisetag war Sonntag, der 19. Dezember. Erhard wurde von Schröder, von Hassel, Carstens und Hohmann begleitet. Westrick war erstmals nicht dabei. Sein Verhältnis zu Erhard war nicht mehr das, was es lange Zeit gewesen war. Westrick wußte inzwischen, daß er seine Möglichkeiten, Erhard durch die Fährnisse des Kanzlerdaseins zu steuern, überschätzt hatte. Außerdem war er im Laufe der Jahre gemäßigter „Gaullist“ und ein scharfer Gegner Schröders geworden. Wobei das Wechselverhältnis von persönlicher Gegnerschaft und politischer Orientierung letzter Klarheit sicherlich entbehrte. In jedem Fall riet er Erhard nicht selten anders als Schröder, ohne damit durchzudringen. Das verdroß und machte ihn gegen Erhards wohlbekannte Schwächen empfindlicher. Zugleich minderte es Erhards Vertrauen in ihn. Das kränkte Westrick. Er verdanke Erhard manches, hörte Osterheld ihn sagen, aber am Ende verdanke Erhard ihm doch mehr.[41] Dankbarkeit war aber nun mal nicht Erhards Stärke.

An dem Sonntag, an dem Erhard mit Schröder und ohne Westrick nach Washington flog, wurde übrigens Charles de Gaulle erneut zum französischen Staatspräsidenten gewählt. Es bedurfte dazu eines zweiten Durchgangs. Im ersten Durchgang, zwei Wochen zuvor, hatte de Gaulle wider Erwarten nicht die absolute Mehrheit gewonnen. Erst im zweiten setzte er sich knapp gegen François Mitterrand durch. Mitterrand war Sozialist. Erhard hätte es dennoch vorgezogen, wenn er der knappe Sieger gewesen wäre. Es war ihm nicht vergönnt, und er mußte zusehen, wie er auch weiterhin mit dem großen widrigen Mann fertigwurde.

Das hatte freilich seine Weile. Am nächsten Tag stand erst einmal das Treffen mit dem „hochgeschätzten Freund“ Johnson bevor. Als es am Montag um halb zwölf soweit war, zeigte sich allerdings schnell, daß Freundschaftsbekundungen von Politiker zu Politiker eins, und ein anderes politische Interessen waren.[42] Erhard und Johnson waren an völlig verschiedenen Dingen interessiert und wollten deshalb über völlig Verschiedenes miteinander reden. Erhard kam mit der nuklearen Beteiligung der Bundesrepublik. Die müsse geregelt sein, bevor man an Nichtverbreitungsverträge denke. Johnson wehrte das Ansinnen nicht kurzweg ab, gab aber zu erkennen, daß er es für überholt ansah. Eine multilaterale Atomstreitmacht sei militärisch nicht nötig, und „er verstehe nicht, ... warum die Deutschen glaubten, überschüssiges Geld für eine nukleare Organisation loswerden zu müssen.“ Dann kam Johnson mit dem, was ihn interessierte: die uneingeschränkte Erfüllung des Offset-Abkommens sowie mehr politische und finanzielle und überdies militärische Unterstützung in Vietnam. Erhard versicherte ihn allen politisch-moralischen Zuspruchs der Bundesregierung, bat um Rücksichtnahme auf deren angespannte Haushaltssituation und brachte rechtliche Bedenken gegen die Entsendung deutscher Soldaten nach Vietnam vor. Die Freunde gingen ohne Verständigung und unbefriedigt auseinander.

Am Abend trafen sie beim festlichen Dinner im Weißen Haus erneut zusammen. In den Tischreden fand die Freundschaft wieder ihren Platz. Johnson sparte nicht mit schmeichlerischer Herzlichkeit. Erhard glaubte jedes Wort und konnte sich vor rednerischem Überschwang kaum lassen. Nach dem Essen bat Johnson Erhard in ein anderes Zimmer. Vor zwei Jahren hatte er ihn zu den äsenden Rehen gefahren. Der Stellvertretende Außenminister Ball und Botschafter McGhee begleiteten den Präsidenten und den Kanzler. Erhard wurde nur vom Dolmetscher begleitet. Johnson kam flott zur Sache. Amerika garantiere Europas Sicherheit und kämpfe in Südvietnam für die Freiheit. Niemand danke ihm das so, wie es sich gehöre. Die Stationierung der Truppen in Deutschland und der Krieg in Vietnam kosteten viel und immer mehr Geld und belasteten die amerikanische Zahlungsbilanz. Die Bundesregierung aber reduziere ihren Verteidigungshaushalt und wolle den vollen Devisenausgleich nicht leisten. Er erwarte, daß noch vor Jahresende 100 Millionen Dollar überwiesen würden. Außerdem wünsche er, daß die Bundesregierung eine Sanitätskompanie und ein Pionierbataillon nach Vietnam entsende. Erhard führte Johnson die Begrenztheit der deutschen Zahlungsfähigkeit erneut vor Augen und wiederholte, daß der Einsatz deutscher Soldaten in Vietnam aus rechtlichen Gründen unmöglich sei. Er schäme sich dafür, daß Deutschland Amerikas Verdienste nicht besser entgelten könne, aber er müsse um Verständnis bitten. Nichts lag Johnson ferner als Verständnis. Was folgte, war in Washington als Johnson-Treatment bekannt. Der Präsident reckte sich zu seiner vollen Höhe und trat bedrohlich an Erhard heran. Die ohnehin kräftige Stimme wurde noch kräftiger. Ein verbaler Sturzbach, Larmoyanz im Wechsel mit Drohungen, Drohungen im Wechsel mit Schmeicheleien, ergoß sich über den unbehaglich in seinen Stuhl gedrückten Kanzler. Johnson gestikulierte heftig. Erhard möge Haushaltsschwierigkeiten haben, gegen seine

Schwierigkeiten seien sie eine Lappalie. Er brauche Hilfe, schnelle Hilfe, konkrete Hilfe. Wer denn, wenn nicht Deutschland, solle sie leisten? Für wen denn habe Amerika mehr getan als für Deutschland? Johnson zählte es im einzelnen auf. Jetzt sei es Zeit, sich zu revanchieren. Jetzt zeige sich, wer Amerikas wahre Freunde seien. Erhard duckte sich. Schieres Entsetzten ergriff ihn. Er war fassungs- und wurde nahezu wortlos. Ball und McGhee warfen sich „heimlich erschrockene Blicke zu". Sie waren „bestürzt, mit welcher Leidenschaft und Heftigkeit (Johnson) argumentierte". Sie versuchten, ihren Präsidenten zu besänftigen. Der aber ließ nicht locker. Er wiederholte, daß er fest mit Deutschlands schneller und massiver Hilfe rechne. Die Bundesregierung möge den anderen ein Beispiel geben. Damit war Erhard nach einer Viertelstunde entlassen. Er fuhr gleichsam unter Schock ins Gästehaus der amerikanischen Regierung hinüber. Dort erlebte die deutsche Delegation ihn wortkarg und gedrückt. Bald zog er sich in seinem Schmerz zurück.[43]

Am nächsten Vormittag sprach er noch einmal bei Licht und regulär mit dem wieder beruhigten, aber deshalb nicht nachgiebigeren Präsidenten. Johnson bestand auf 100 Millionen Dollar Offset-Zahlungen, dazu auf 50 Millionen Dollar zur Unterstützung des Kriegs in Vietnam bis Jahresende und mittelfristig auf dem vollen Devisenausgleich. Außerdem drängte er abermals darauf, schnellstens 200 deutsche Sanitätssoldaten und 1000 Pioniere nach Vietnam zu schicken. Erhard sagte 130 Millionen Dollar zu und versicherte Johnson im übrigen seines festen, wiewohl von Haushaltsschwierigkeiten und rechtlichen Hindernissen beengten Willens.

Unterdessen hatten sich McNamara und von Hassel darauf geeinigt, das laufende Offset-Abkommen um zwei Jahre zu verlängern. Der deutsche Verteidigungsminister wußte, daß sein Sparhaushalt die zur Erfüllung des Abkommens nötigen Beträge nicht hergab.

Das Kommuniqué über die ganze verdrießliche Begegnung war eine Meisterleistung an Ungenauigkeit. Der Widerstreit des Meinens und Wollens wurde in unverbindlichen Formeln aufgehoben. Die amerikanische Regierung stellte der Bundesrepublik nukleare Beteiligung in geeigneter Form in Aussicht, die Bundesregierung versicherte Amerika ihre Bereitschaft zum Devisenausgleich; die amerikanische Regierung bestätigte Deutschlands Anspruch auf Wiedervereinigung, die Bundesregierung Amerikas Anspruch auf Unterstützung im Vietnamkrieg; beide Regierungen bekannten sich zum Grundsatz der Nichtverbreitung von Atomwaffen.[44]

Erhard konnte sich kaum verhehlen, daß die Reise eine einzige Enttäuschung gewesen war, aber er sagte sowohl im Kabinett wie in der Öffentlichkeit das Gegenteil: Sie sei ein Erfolg gewesen, der „beträchtlich über das übliche Maß der Bestätigung guter Beziehungen" hinausgehe, und deshalb ein guter diplomatischer Abschluß des Jahres.[45]

Auch noch Parteivorsitzender

Nachdem er es gesagt hatte, brachte ihn der Sonderzug nächtlicherweise zum dringend erwünschten Urlaub an den Tegernsee. Der Urlaub währte vom 22. Dezember bis zum 24. Januar. Seine Dauer veranlaßte erneut zu Fragen nach der körperlichen und seelischen Belastbarkeit und Leistungsfähigkeit des Bundeskanzlers. Kurz nach Jahresbeginn unterbrach Erhard die Erholung auf dem Ackerberg drei Tage lang, um in Bonn am Neujahrsempfang des Bundespräsidenten für das diplomatische Korps und an den Fest- und Feierlichkeiten zu Adenauers 90. Geburtstag teilzunehmen. „Daß ich mit meinem 90. Geburtstag Ihren Urlaub störe, tut mir leid, aber ich kann es ja nicht ändern," hatte Adenauer ihm feinsinnig geschrieben.[46]

Der Neujahrsempfang war gewöhnlich eine ziemlich schläfrige Angelegenheit. Erhard sorgte dafür, daß der Empfang am 5. Januar 1966 ungewöhnlich geriet. Noch während der Regierungsbildung war wieder die große Koalition ins politische Gespräch geraten. Nach der Regierungsbildung verschwand sie nicht daraus. Verständlicherweise ärgerte Erhard dies. Das Plädoyer für eine Regierung der großen Koalition war ein Mißtrauensvotum gegen seine Regierung. Fast jeder wußte, daß außer Adenauer, Gerstenmaier und anderen auch der Bundespräsident die große Koalition für wünschenswert hielt. Und wer es noch nicht wußte, der konnte es gegen Ende des Jahres in einem Interview Lübkes mit der Zürcher Weltwoche lesen. Erhards Leute wußten *und* lasen es und rieten ihrem Chef, baldmöglichst dagegen Stellung zu beziehen. Erhard verband seine schriftlichen Neujahrswünsche für den Präsidenten mit der Feststellung, daß ihn dessen Interview „politisch auf das tiefste bestürzt und ... menschlich gekränkt" habe. Es trage Unruhe und Unsicherheit ins deutsche Volk.[47] Hohmann meinte, daß es mit der stillen Beschwerde nicht genug sein könnte.[48] So nutzte denn Erhard die nächste, wenn auch nicht eben die beste Gelegenheit, um sich gegen den präsidentiellen Defätismus auch öffentlich zu verwahren. Die nächste Gelegenheit war der Neujahrsempfang. Man erwartete eine freundliche Plauderei vom Kanzler, der aber wies den Präsidenten mit überraschend scharfen Worten in die Schranken. Das nun wiederum ärgerte den standesstolzen Heinrich Lübke. Er gab Erhard in gleicher Münze heraus und wiederholte vor der versammelten Diplomatenschaft, was er dem Schweizer Journalisten gesagt hatte: Die kleine Koalition könne die großen Probleme der Zeit nicht lösen, die große Koalition werde immer nötiger. Bundestagspräsident Gerstenmaier wünschte dem Bundespräsidenten, daß er sich im neuen Jahr die Unbefangenheit bewahre, das zu sagen, was er für richtig halte, auch wenn es nicht jedem gefalle. Andere nahmen es weniger sanguinisch und versuchten zu vermitteln. Vergebens. Die beiden konnten es nicht miteinander, und zumindest Lübke wollte es mit Erhard auch nicht können. Bei einer eilends anberaumten Aussprache zwischen Präsident und Kanzler kam es vollends zum Krach. Erhard ging anschließend zutiefst verstimmt zum großen Empfang der CDU für deren Vorsitzenden, und es erheiterte ihn nicht, daß er einen Adenauer in Bestform erlebte, bei vortrefflicher Laune, aufrecht und straff, präsent und witzig wie je, unverwüstlich offenbar, keiner, der ans Aufgeben dachte, einer, der Erhard zumindest politisch überleben wollte.[49]

Da Erhard einmal in Bonn war, präsidierte er am nächsten Tag auch noch dem Kabinett, das bei dieser Gelegenheit den Bundeshaushalt für das Jahr 1966 verabschiedete. Seit man sich Anfang November auf dessen Volumen und auf die Mittel zu seinem Ausgleich geeinigt hatte, war das Haushaltssicherungsgesetz im Parlament beraten und angenommen worden. Erhard war auf diesen Ausweis der Handlungsfähigkeit seiner Regierung und der Koalition nicht wenig stolz. Der Stolz war leider schwach begründet. Die Koalitionsparteien hatten die erwünschten Einsparungen von drei Milliarden DM im nächsten Haushalt nämlich dadurch ermöglicht, daß sie Ausgaben in spätere Haushalte verlagerten. Das minderte die akuten und vergrößerte die künftigen Probleme. Gelöst waren auch die akuten Probleme noch nicht. Das Haushaltssicherungsgesetz erlaubte es der Regierung, die Ausgaben auf 69,1 Milliarden DM zu begrenzen, aber es sicherte mitnichten den Haushalt(sausgleich). Der hing auch von den Steuereinnahmen ab. Deren Ansätze aber waren von vornherein fragwürdig gewesen und wurden bei zusehends abflauender Konjunktur immer fragwürdiger. Einer „geheimen Vorschau" auf die Haushalte der Jahre 1966 bis 1970, die Finanzminister Dahlgrün dem Kabinett einen Monat später vorlegte, war zu entnehmen, daß 1966 trotz Sicherungsgesetz eine Deckungslücke von 1,4 Milliarden DM klaffte und daß sich die Lücke bis zum Ende der Legislaturperiode nach und nach auf acht Milliarden DM erweiterte.[50]

Erhard konnte nur wenig frohen Mutes an den Tegernsee zurückfahren. Seine Mannschaft im Kanzleramt machte sich um das Erscheinungsbild und das Schicksal ihres unglückseligen Matadoren beträchtliche Sorgen. Die SPD hatte die Union in der Wählergunst längst wieder überholt. Die öffentliche Meinung vom Bundeskanzler war mehr als verhalten. Die politischen Journalisten hatten ihr einstiges Hätschelkind schlechthin fallengelassen. Kaum einer nahm an, daß Erhard die Legislaturperiode durchstünde. Ihr Tenor war: „Erhard kann nicht regieren". Er tut nichts. Er hat keine Autorität. In Fraktion und Partei vermochte man nur noch wenige wirkliche Freunde Erhards auszumachen. Und selbst der Leitung des Kanzleramtes schienen die Erhard-Knappen nicht mehr sicher sein zu können. Der SPIEGEL bereitete eine Titelgeschichte über das Amt vor und hatte mit Westrick Gespräche darüber vereinbart. Der Pressereferent im Kanzlerbüro riet Hohmann, „die Vorbereitungen an sich zu ziehen", damit die Geschichte nicht „einseitig zu Lasten des Kanzlers und des Amtes unter Schonung seines Chefs geht". Im übrigen machte man sich beinahe schon verzweifelte Gedanken darüber, wie einem weiteren Verfall des Ansehens von Erhard entgegenzuwirken und wie Erhard neues Ansehen zu verschaffen wäre. Der Sonderkreis, dem die Totgeburt der „formierten Gesellschaft" gelungen war, wurde reaktiviert und mit dem Entwurf eines zugkräftigen innenpolitischen Aktionsprogramms auf der Grundlage längerfristiger Finanzplanung befaßt. Ein „politisches Planungsreferat" im Kanzleramt sollte ins Leben gerufen und eine neue „Presse-Claque" engagiert werden. Erhard müsse regelmäßig wenige handverlesene Journalisten zum Essen und zu vertraulichen Gesprächen in den Bungalow einladen und auf diese Weise journalistische Loyalitäten schaffen.[51] Das alles mochte gut gemeint sein, aber nichts davon gelang. Und der Mann, dem es gelten sollte, wäre dadurch ja auch nicht anders geworden.

So hatte es etwas durchaus Providentielles, als Westrick in seiner Ansprache an Erhard zu dessen 69. Geburtstag sagte: „Wir werden auch künftig Enttäuschungen mit Ihnen tragen und Freude mit Ihnen teilen".[52] Etwas Resignatives hatte es natürlich auch. Westrick glaubte nicht mehr daran, daß es noch viel Freude zu teilen gäbe. Früher war ihm zu Erhards Geburtstagen Herzlich-Heiteres eingefallen. Da hatten die beiden einander nahegestanden. Das war nicht mehr der Fall. Erhard wurde einsam. Genauer: Er wurde nicht einsam, sondern war dies immer gewesen, weil eine gewisse geistig-seelische Hermetik zu seinem Wesen gehörte. Aber er hatte es nicht gespürt, und es war nicht sichtbar geworden. Seit geraumer Zeit wurde es spür- und sichtbar. Die „Freunde" und „Vertrauten" wandten sich von ihm ab, weil er von sich aus keine Verbindung zu ihnen hielt, weil sie ihn nicht mehr erreichten und weil sie ihm politisch nicht mehr folgen konnten. Acht Tage nach seinem 69. Geburtstag, den er gut erholt und eigentümlich unbeteiligt feierte,[53] starb unerwartet der etwas jüngere Wilhelm Röpke. Erhard wird davon betroffen gewesen sein; ob er Röpkes Tod noch als persönlichen Verlust empfand, ist jedoch fraglich. Man verstand einander nicht mehr und hatte schon längere Zeit nicht mehr miteinander gesprochen und Briefe gewechselt. Röpke stand im Lager der außenpolitischen Gegner. Er hielt Erhards Politik für falsch. Sein letzter Zeitschriftenaufsatz gab davon letztmals Kunde. „Es ist erstaunlich," schrieb er am 14. Januar 1966 und ausgerechnet im „Rheinischen Merkur", der den journalistischen Kampf gegen Erhards und Schröders Außenpolitik zum Daseinszweck erhoben hatte: „Es ist erstaunlich, mit welcher ... Beflissenheit Bonn die Wärme den Vereinigten Staaten und daneben Großbritannien, die Kälte aber Frankreich vorbehalten hat ... Der Anti-Gaullismus ist nicht auf Deutschland beschränkt, aber er ist nirgendwo abstoßender, weil nirgendwo undankbarer und einsichtsloser". De Gaulle habe Deutschland klug und vorurteilslos die Hand gereicht. „Es wäre grausam zu fragen, was die Wortführer des deutschen Volkes ... mit dieser freundlich entgegengestreckten Hand getan haben".[54] Wer so schrieb, der hatte sich mit Erhard nichts mehr zu sagen.

Nun war ja die „freundlich entgegengestreckte Hand" von Schröder und Erhard nicht geradezu abgehackt worden, und de Gaulle hatte sie auch noch nicht endgültig zurückgezogen. Als Röpkes Artikel erschien, stand das nächste deutsch-französische Treffen bevor, und die deutsche Botschaft in Paris vermutete, daß de Gaulle Erhard erneut zu gemeinsamer Politik auffordern würde.[55] Die atmosphärischen und politischen Voraussetzungen der Begegnung wurden in den letzten Januartagen erheblich verbessert. In Luxemburg gelang ein Kompromiß zwischen Frankreich einerseits und den fünf übrigen EWG-Ländern unter Deutschlands Führung andererseits, der die Entscheidungsverfahren der gemeinschaftlichen Organe neu regelte, eine verträgliche Finanzierung des Agrarmarktes in Aussicht stellte und Frankreich veranlaßte, sich wieder an den Beratungen und Beschlüssen des EWG-Ministerrats zu beteiligen. Die akute Krise der Gemeinschaft war damit ausgestanden und eine weiterreichende Verständigung Deutschlands mit Frankreich schien wieder möglich geworden zu sein. Man sollte meinen, daß dies unterm Eindruck der amerikanischen Forderungen und Zurückweisungen sowie der britischen Verweigerungen als sehr willkommene Möglichkeit verstanden wurde. Die „Gaullisten" verstanden es natürlich auch so, obwohl sie von den ziemlich verheerenden Washingtoner Erfahrungen Erhards Genaueres gar nicht wußten. Ihre Sorge, daß Deutschlands Interessen schließlich bei niemandem mehr aufgehoben wären und zu aller Spielball würden, wurde von der Nachricht vergrößert, daß de Gaulle im Sommer nach Moskau reiste. Es war einmal mehr Strauß, der Erhard zwei Tage vor dessen Paris-Reise in einem langen Brief damit bedrängte:[56] „Unter diesen Umständen muß ich nochmals in aller Deutlichkeit sagen, daß eine ausschließlich auf Washington und London abgestützte deutsche Außenpolitik nicht den deutschen Interessen entspricht, sondern Ausdruck einer optimistisch idealistischen Grundhaltung ist ... Unter diesen Umständen empfehle ich nochmals, sich um beinahe jeden Preis mit de Gaulle zu einigen ... Wir können von ihm eine Unterstützung in unserer Ostpolitik nicht erwarten, wenn wir uns nicht mit ihm in den Fragen der Westpolitik ... einigen". De Gaulle fahre nach Moskau, weil die deutsche Karte nicht gestochen habe. Er müsse „die Bundesrepublik (aber) wieder als Partner sehen, statt sie als Fürsorgezögling und Erziehungsobjekt der Sieger des letzten Krieges unter gemeinsame Kontrolle stellen zu wollen ... Die Zukunft Europas, eine langfristig angelegte Ostpolitik der Wiedervereinigung Deutschlands durch Wiedervereinigung Europas und die Sicherung der europäischen Hälfte des atlantischen Bereichs erfordern ein deutsch-französisches Zusammengehen und damit auch Korrekturen auf deutscher Seite".

Ähnliches sagte Krone zu Westrick. Wenn de Gaulle Erhard tatsächlich noch einmal zu gemeinsamer Politik auffordere: „Annehmen und das ohne viel Wenn und Aber". Im Tagebuch fügte er freilich hinzu: „Mir ist klar, mit Schröder geht das alles nicht".[57]

Erhards Marginalien zu Strauß' Brief zeigten, daß es auch mit Erhard nicht ging: „Unerhört". „Schief". „Absurd" dort, wo Strauß die Einigung um beinahe jeden Preis verlangte. Und dort, wo er davon sprach, daß für de Gaulle die deutsche Karte nicht gestochen habe: „Ja, die französische Hegemonie". Ein weiterer Fehlschlag war mithin vorauszusehen, und das Treffen wurde einer; kein desaströser Fehlschlag wie im Sommer 1964 und kein mißlautender wie im Sommer 1965, ein harmonischer Fehlschlag gewissermaßen.

Es schien sich einzuspielen, daß im Winter in Paris etwas von dem im Sommer in Bonn zerschlagenen Porzellan gekittet und durch betont behutsames Auftreten vermieden wurde, daß neues in die Brüche ging. Das war vor einem Jahr in Rambouillet mehr schlecht als recht gelungen, und es gelang auch dieses Jahr im Elysée-Palast. Die Voraussetzung dafür war, daß alles, was von Belang und vermutlich umstritten war, der Tagesordnung und den Gesprächen möglichst ferngehalten wurde. Das gab der zweitägigen Begegnung, zu der Erhard am Morgen des 7. Februar mit großem Gefolge im Sonderzug anreiste, den Anschein von Frieden und Freude und nahm ihr jeden politischen Gehalt. Ihr Sinn ruhte gleichsam in sich selbst. Die Tatsache, nicht irgendwelche Ergebnisse des Treffens waren dessen Zweck. Erhard sprach zweieinhalb Stunden mit de Gaulle, obwohl die beiden einander nicht mehr das Geringste zu sagen hatten. Falls de Gaulle tatsächlich vorgehabt haben sollte, Erhard ein weiteres Mal zu gemeinsamer Politik zu bewegen, dann hatte er die Absicht schon angesichts der deutschen Tagesordnungswünsche aufgegeben, oder er gab sie im Verlauf ihrer ersten Unterredung auf. Der Versuch unterblieb. Erhard war höchst zufrieden mit dem ziellosen Gang der Verhandlungen. Die Banalität der Sätze, mit der de Gaulle sie schloß, machte deutlich, wie wenig der französische Präsident zufrieden war. Es gebe etwas, das nie mehr verschwinde, sagte er, „nämlich das Gefühl, daß wir beide Europäer und Nachbarn sind. Wir haben es aufgegeben, uns miteinander zu schlagen und haben ein unbestreitbares Interesse daran, uns gegenseitig zu verstehen. Wir wollen uns nicht verwunden! Auf dieser Grundlage müssen wir weiterarbeiten ... Wir wollen das Gefühl der Freundschaft so gut wie irgendmöglich pflegen". Gleichgültiger konnte man die eben abgeschlossenen Konsultationen *und* drei Jahre mühsamer und ergebnisloser Praxis des deutsch-französischen Vertrages kaum resümieren.[58]

Erhard war während des gesamten Paris-Aufenthaltes ohnehin von etwas anderem als dem deutsch-französischen Verhältnis bewegt und an dessen Ende auch erregt worden. Er wollte neuerdings CDU-Parteivorsitzender werden und erfuhr am zweiten Tag in Paris, daß andere dies mit guter Aussicht auf Erfolg verhindern wollten.

Adenauer hatte bereits vor Monaten bekanntgemacht, daß er sich beim Parteitag im März 1966 nicht wieder zur Wahl stellte. Seitdem mutierten die Personalkombinationen. Adenauer selbst wußte mit Sicherheit, wen er nicht als neuen Vorsitzenden wollte, und hatte, nachdem sein Wunschkandidat Lücke kein rechtes Interesse zeigte, eine Präferenz für Barzel. Die meisten anderen Parteigrößen waren in der Ablehnung Erhards, nicht aber in der Absicht, ihm Barzel vorzusetzen, mit Adenauer einig. Sie bevorzugten Dufhues, und Dufhues schien sich auch wählen lassen zu wollen. Im Winter sah es lange Zeit so aus, als *würde* er gewählt. Das freute Barzel nicht gerade. Barzel wollte in seinem empfindsam brennenden Ehrgeiz natürlich lieber selber Vorsitzender werden, damit er bald darauf um so sicherer Bundeskanzler würde. Aber er konnte mit Dufhues gut und gerne leben, weil Dufhues nicht auch Bundeskanzler werden wollte. Er hätte keine Chance gehabt, dies zu werden. Deshalb dachte Barzel nicht daran, Dufhues herauszufordern und seine eigenen Chancen durch einen offenen Streit um das Parteiamt zu mindern. Auch Erhard konnte aus ganz ähnlichen Gründen wie Barzel mit Dufhues als Vorsitzendem gut und gerne leben und dachte noch weniger als Barzel daran, Dufhues' Kandidatur zugunsten einer eigenen in Frage zu stellen. Mitte Januar aber schloß Dufhues sie selbst mit gesundheitlichen und beruflichen Gründen aus. Und umgehend zeigte sich, daß Erhard mit Barzel und Barzel mit Erhard nicht gut und gerne leben konnten, wenn der je andere Parteivorsitzender war.

„Ich höre, daß nunmehr Barzel nach vorn geht," notierte Krone unterm 14. Januar.[59] So war es, und Erhard mußte Barzel zu Zwecken der politischen Selbsterhaltung entgegentreten, ob er wollte oder nicht. Ursprünglich und eigentlich wollte er nicht. Westrick war inzwischen soweit, daß er ihm abriet. Aber der Kreis und der Sonderkreis um Hohmann drängten ihn und Westricks Einfluß war Hohmanns nicht mehr ebenbürtig. In den nächsten Wochen wurde die Partei mit Erhards Wunsch und Wille, Parteivorsitzender zu werden, gleichsam infiltriert, ohne daß Erhard seine Kandidatur ausdrücklich anmeldete. Er erwartete wohl, was er auch als Kanzlerkandidat erwartet hatte: daß er sich nicht bewerben müßte, sondern gebeten würde. Er wurde nicht gebeten. Statt dessen kam Barzel zu ihm und warnte vor einer Kampfabstimmung. Unterm Eindruck der Warnung reiste Erhard nach Paris. In Paris erfuhr er, daß Barzel sich in seiner Abwesenheit der Unterstützung zweier großer CDU-Landesverbände versichert und dies einigermaßen triumphierend publik gemacht hatte. Erhard fühlte sich gedemütigt und bebte vor Zorn. Westrick gab das Beben an Krone durch. Gleich nach seiner Rückkehr erklärte Erhard ausdrücklich, daß er für den CDU-Vorsitz kandidiere.[60] Fünf Tage später erhielt er einen Brief des gegenwärtigen Vorsitzenden. Adenauer schrieb, daß Erhard seines wieder aufgefrischten Wissens und trotz vorhergehender Mahnungen noch immer nicht Mitglied der Partei wäre, deren Vorsitzender er werden wollte. Das stimmte, und Erhard hielt sich darauf im stillen einiges zugute. Er sei doch nicht der kleine Postbote Meier, der einer Partei *beitrete*, sagte er spitzbübisch in vertrautem Kreise, er habe sich mit einer Partei *verbündet*. Adenauer bekam eine indignierte Antwort. Der „vermeintliche Schönheitsfehler" wurde nun aber rasch getilgt. Lästerliche Journalisten fragten, wie groß die Summe der Mitgliedsbeiträge sei, die Erhard nachbezahlen müsse.[61]

Tatsächlich wollte Barzel es auf eine Kampfabstimmung nicht ankommen lassen. Sein erfolgreiches Werben in den Landesverbänden hatte dazu dienen sollen, Erhard bange zu machen und von der Kandidatur abzuhalten. Nachdem es das Gegenteil bewirkt hatte, lenkte er mit zunächst fortgesetzter Drohgebärde ein. Er brachte Erhard über Mittelsmänner dazu, ihn anzurufen und zu einem Gespräch zu bitten. Darin ging es am 15. Februar zumindest anfangs rauh zu, am Ende einigte man sich auf einen Kompromiß: Erhard würde dem Namen nach Parteivorsitzender, Barzel sein einziger Stellvertreter, Vorsitzender eines neuformierten Parteipräsidiums und der eigentliche Leiter der Partei. Erhard, dem es allemal mehr auf Amtsinhaberschaft als auf Ausübung eines Amtes ankam, war's zufrieden.[62] Der Parteivorstand mußte den Deal freilich noch bestätigen. Das tat er nicht ohne weiteres. Er fand sich tags darauf eher damit ab, als daß er beschloß, Erhard als neuen Vorsitzenden zu nominieren. Dufhues sagte: Nach allem, was er von den Landesvorsitzenden gehört habe, wäre die Entscheidung bei einer Wahl zwischen Erhard und Barzel völlig offen. Da man aber nicht Kampf, sondern Verständigung wünsche, solle Erhard Vorsitzender und Barzel erster Stellvertreter werden. Er füge „mit allem Freimut" hinzu, „daß die Führung der Partei keine Angelegenheit des Bundeskanzleramtes in seinen vielfältigen Verzweigungen sein kann und sein darf". Westrick nahm das „mit besonderem Schmunzeln zur Kenntnis".[63]

Mit der Reorganisation der Parteiführung fand der Vorstand sich hingegen nicht so leicht ab. Die herausgehobene Stellung, die Barzel für sich wollte, drohte in der Diskussion unterzugehen. Das kam Adenauer gelegen. Er versuchte, Barzel wieder gegen Erhard scharfzumachen. Die Diskussionsleitung bot ihm ein letztes Mal Gelegenheit zu dergleichen. Er faßte den *Stand* der Debatte wiederholt und hartnäckig in einer Weise zusammen, die dem *Gang* der Debatte nicht vollends gerecht wurde und Barzel zu einem Rücktritt von dem

Kompromiß und zum Antritt gegen Erhard provozieren sollte. Aber er hatte damit kein Glück. Barzel ließ sich nicht provozieren. Bei allem Ehrgeiz und aller Ungeduld lag ihm das rückversicherte Taktieren am Ende doch mehr als der kühne Vorstoß. Deshalb gelang es Adenauer nur, einen Zustand der Verwirrung herzustellen, in dem es unmöglich war, überhaupt ein neues Modell der Parteiführung zu verabschieden. Statt derlei Modell zu beschließen, beschloß der Vorstand, eine Entwirrungskommission einzusetzen. Daß Erhard Parteivorsitzender würde, stand bei deren Beratungen nicht mehr in Frage. Alsbald vernahm man, daß es auch höchste Zeit wäre, ihm das Amt zu übertragen. Nach seiner Wahl zum Vorsitzenden, sagte Erhard, werde wieder Ordnung in die Partei kommen. Vor drei Jahren hatte er gesagt, daß er nach der Wahl zum Kanzler das deutsche Haus in Ordnung und den Deutschen endlich Demokratie beibrächte. Damals war ihm das nicht übelgenommen worden. Jetzt wurde es übelgenommen, weil jeder wußte, daß es nicht ernst zu nehmen wäre.[64]

Bei den Kommissionsberatungen ging es derweil darum, den Erhard-Barzel-Kompromiß durch einen Kompromiß zu ersetzen, der Barzels Höhendrang mit dem Prestigebewußtsein konkurrierender Kollegen und dem Proporzbedarf der vielfältig zerklüfteten Partei vermittelte. Barzel ließ sich auch auf diesen Kompromiß ein, und so wurden Ludwig Erhard auf dem 14. Bundesparteitag der CDU in Bonn am 23. März 1966 zum Parteivorsitzenden, Rainer Barzel ohne besondere Befugnisse zu seinem ersten und von Hassel sowie Lücke zu weiteren Stellvertretern gewählt. Erhard erhielt 413, Barzel 385 von 548 Stimmen. Erhard wurde durch das Ergebnis mitgeteilt, daß er nicht mehr, Barzel, daß er noch nicht der Liebling und die Hoffnung des Parteivolks war.

Erhards Wahl war natürlich absurdes politisches Theater. Jeder wußte, daß Erhard zum Parteivorsitzenden noch weniger geschaffen war als zum Kanzler - er selbst diesmal eingeschlossen, wenn man das Wort „noch" wegließ. Erhard hatte nicht die geringste Absicht, Parteivorsitzender zu *sein*. Er wollte Vorsitzender *werden*, weil er Kanzler bleiben wollte. Aus keinem anderen Grund. Das konnte nicht gutgehen und es ging nicht gut.

Als wolle er es dem Nachfolger noch einmal zeigen, setzte übrigens der alte und nicht der neue Vorsitzende den meistbeachteten Akzent auf dem alles in allem ziemlich matten Parteitag. Adenauer blieb bis zuletzt im guten wie im argen für jede Überraschung gut. Was er in Bonn sagte, hielt man für eine ziemlich arge Überraschung. Dabei war es richtig und allenfalls etwas voreilig.

Kürzlich hatte die Sowjetunion in Taschkent einen Frieden zwischen Indien und Pakistan vermittelt. Adenauer erinnerte in seiner breitangelegten Vermächtnisrede daran und sagte dann: „Das ist für mich ein Beweis dafür, daß die Sowjetunion in die Reihe der Völker eingetreten ist, die den Frieden wollen". Wer es hörte, glaubte seinen Ohren nicht zu trauen. Die Aufregung war ungeheuer. Die Masse der Parteitagsdelegierten glaubte Adenauer nicht. Wahrscheinlich glaubte er sich selber auch noch nicht so ganz und gar. Er probierte den Gedanken - wohl auch unterm Einfluß und zur Rechtfertigung de Gaulles - redend aus, jetzt und später mehrfach wieder. Es war ihm Ernst damit und keine rasche Laune.[65] Erhard ließ den Gedanken nicht an sich heran. Und die Delegierten waren ihm dankbar dafür. Es rückte ihr politisches Weltbild wieder gerade, als er am nächsten Tag in seiner endlos langen Kandidaten-Rede sagte, daß die Spannungen in der Welt von der aggressiv-expansiven, imperialistischen Sowjetpolitik hervorgerufen würden, daß die Sowjetunion Deutschland nach wie vor militärisch bedrohe und daß sie den Beweis ihrer Friedensliebe nicht - wie Dr. Adenauer meine - in Asien, sondern nur in Ost- und Mitteleuropa erbringen könne. Bevor sie das getan habe, verbiete es sich, „Phantasien nachzuhängen und Illusionen zu huldigen“. Konkrete und realisierbare Vorstellungen täten not. Nur an dieser Stelle wich Erhard vom Wortlaut des Redetextes ab, den seine Leute vorbereitet und verteilt hatten, und für nichts bekam er soviel Beifall wie für die Abweichung. Manche meinten, daß sie ihm bei der Wahl zum Vorsitzenden 30 zusätzliche Stimmen eingetragen habe. Im übrigen wurde die Rede, die einer Regierungserklärung mehr als einer Parteitagsrede glich und immer noch und gleichermaßen unbegreifbar von formierter Gesellschaft kündete, mit geringem Enthusiasmus aufgenommen.[66]

Als Erhard von konkreten und realisierbaren Vorstellungen zum Ost-West-Verhältnis sprach, mochte er die deutsche „Friedensnote“ im Sinn haben, die er an einer anderen Stelle seiner Rede ausdrücklich ankündigte und die drei Tage nach der Rede, am 25. März 1966, fast allen Regierungen in der Welt, auch den osteuropäischen Regierungen, überreicht wurde.[67] Die Bundesregierung gab mit ihr der Welt demonstrativ davon Kunde, daß die Deutschen in Frieden, Freiheit und Einheit zu leben wünschten. Die Wiederherstellung der Einheit sei ihre vorrangige Aufgabe. Sie nähmen für deren Lösung auch Opfer auf sich und schlössen Gewalt aus. Deutschland habe sich mit seinen Nachbarn im Westen friedlich verständigt und wolle sich auch mit den östlichen Nachbarn friedlich verständigen. Das Ziel der Bundesregierung „ist eine gerechte, auf friedlichen Vereinbarungen beruhende europäische Ordnung, in der alle Völker frei als gute Nachbarn miteinander leben können“. Die Gerechtigkeit der Ordnung setze die Einigung Deutschlands voraus. Die Tschechoslowakei solle wissen, daß Deutschland das Münchner Abkommen für „zerrissen“ ansehe und ihm „keine territoriale Bedeutung mehr“ beimesse, Polen hingegen möge einsehen, daß die „Regelung der Grenzfrage ... bis zum Abschluß eines Friedensvertrages mit ganz Deutschland aufgeschoben ist und daß Deutschland völkerrechtlich in den Grenzen vom 31. Dezember 1937 fortbesteht, solange nicht eine frei gewählte gesamtdeutsche Regierung andere Grenzen anerkennt“. Verständigung bedürfe des Friedens und diene ihm. Aber der Friede sei nicht gesichert. Die Bundesrepublik wolle zu seiner Festigung beitragen. Sie habe dies bereits getan, indem sie der Herstellung von Massenvernichtungswaffen vertraglich abgeschworen und auf die Rüstung für einen Angriffskrieg verzichtet habe. Außerdem seien alle ihre Kampfverbände ins westliche Verteidigungsbündnis integriert. „Im Rahmen dieses Bündnisses tritt sie ... dafür ein, daß alle Bündnispartner an der Verantwortung für die nukleare Verteidigung beteiligt werden“. Unter dieser Voraussetzung schlage sie zur Sicherung des Friedens folgendes vor: Auch alle anderen Nicht-Nuklear-Staaten sollten auf die Herstellung atomarer Waffen feierlich verzichten und die Beachtung des Verzichts internationaler Kontrolle unterwerfen. Und die Nuklear-Mächte sollten vereinbaren, daß sie Kernwaffen nicht der „nationalen Kontrolle anderer Länder überließen“. Darüber hinaus wäre ein Abkommen anzustreben, infolge dessen die Zahl der Atomwaffen in Europa vermindert würde, ohne daß sich die Kräfteverhältnisse änderten. Derlei Abkommen müßte allerdings „mit entscheidenden Fortschritten bei der Lösung der politischen Probleme in Europa verbunden werden“. Schließlich biete die Bundesregierung den Austausch von Gewaltverzichtserklärungen und Vereinbarungen über den Austausch von Manöverbeobachtern mit allen osteuropäischen Staaten an.

Die „Friedensnote“ wurde im Außenministerium formuliert und im Kanzleramt redigiert. Sie war eine Konsequenz der Einsicht, daß mit einer Dreimächte-Initiative zur Deutschlandfrage auf absehbare Zeit nicht mehr zu rechnen und eine autoritative Feststellung der deutschen Politik im unklaren Gedränge von Wiedervereinigungsanspruch und Entspannungsbemühungen, von atomaren Beteiligungswünschen und Nichtverbreitungsabsichten höchst wünschenswert geworden wäre. Deshalb kam sie einer Serie von Verbeugungen auf engem politischem Raum nach allen Seiten gleich, die notwendigerweise mit mancherlei Anrempelungen verbunden waren. Der SPIEGEL glossierte sie mit den Worten: „Frieden auf Erden und den Deutschen das Wohlgefallen der Welt".[68] Das klang ganz witzig, wurde dem Zweck und dem Inhalt des Dokuments aber nur vordergründig gerecht. Die Bundesregierung ließ sich in der Note auf Entspannung ein, bestand aber auf einem Junktim von Entspannung und Wiedervereinigung; sie zeigte den osteuropäischen Staaten ihr freundlichstes Gesicht, gab aber keine hergebrachten Positionen auf; sie plädierte für Nichtverbreitung und Abrüstung, hielt aber ihre Option für die MLF oder eine andere nukleare „hardware"-Lösung offen. Sie stellte mithin die meisten im Inland und im Ausland ein gutes Stück und niemanden ganz zufrieden. Die SPD stimmte ihr zu, obwohl sie sich, ebenso wie die FDP, etwas mehr deutschland- und ostpolitische Beweglichkeit gewünscht hätte. Und auch die Gaullisten waren mit ihr einverstanden, obwohl ihnen der Anspruch auf atomare Beteiligung nicht eindeutig genug und im Verhältnis dazu die Abrüstungsbereitschaft zu weitreichend war.

Die Note sollte natürlich faktisch nichts bewirken. Sie sollte vielmehr West und Ost politische Wirkungsfelder und Wirkungsmöglichkeiten unter der Voraussetzung bestimmter deutscher Standpunkte und Interessenlagen vor Augen führen, guten Willen demonstrieren und - gewiß - good will heischen. Das wurde erreicht, im Westen und in den neutralen Ländern selbstverständlich mehr als im Osten. In den folgenden Wochen gingen aus aller Welt sehr freundliche Reaktionen ein und wurden von der Bundesregierung zusammengestellt und publik gemacht. Die Sowjetunion nahm der Bundesregierung die Aufrichtigkeit ihres Friedenswillens und ihre Abrüstungsbereitschaft allerdings nicht ab. Das war zwar falsch, der Sowjetregierung aber trotzdem nicht zu verdenken. Die Bundesregierung glaubte ja auch nicht an den Friedenswillen der Sowjetunion. Polen wies in scharfem Ton die Feststellung zurück, daß Deutschland dem Rechte nach noch in den Grenzen von 1937 existiere und die territoriale Einheit Polens mithin unrechtmäßig sei. Damit war zu rechnen gewesen, obwohl die polnische Regierung inzwischen wußte, daß der Rechtsstandpunkt, auf den die Note pochte, mit dem politischen Willen der Bundesregierung nicht mehr im Einklang war. Anfang 1965 schon hatte das Außenministerium nach langen internen Überlegungen mit Erhards Zustimmung und auf dem Umweg über den deutschen und den polnischen Botschafter in Ankara höchst geheim bei der polnischen Regierung anfragen lassen, wie sie wohl auf ein ausdrücklich-formelles Angebot der Bundesregierung reagierte, die Frage der deutschen Ostgrenze zugleich - pari passu - mit der Wiederherstellung der deutschen Einheit zu beantworten und nicht erst danach. Die Anfrage *enthielt* selbstverständlich die ebenso selbstverständlich unausgesprochene Versicherung, daß jene Ostgrenze die Oder-Neiße-Grenze wäre. Andernfalls hätte sie keinen politischen Sinn gemacht. Die polnische Regierung hatte gleichwohl eine abweisende Reaktion in Aussicht gestellt, und das Angebot war unterblieben.[69] Die offenen Formulierungen in der Note blieben hinter den geheimen Andeutungen bei den damaligen Sondierungen weit zurück. Um so schroffer war die polnische Antwort. Die Antwort der tschechoslowakischen Regierung war nur wenig freundlicher. Auch das war zu erwarten gewesen. In der CSSR vertrat man den Standpunkt, daß das Münchner Abkommen von vornherein rechtswidrig und deshalb ungültig gewesen wäre. Der Standpunkt wurde auch von vielen westdeutschen Juristen und Politikern geteilt. Schröder und Carstens gehörten zu ihnen. Der Bundeskanzler meinte hingegen und setzte die Aufnahme seiner Meinung in die Note durch, daß jenes unglückselige Abkommen ursprünglich und grundsätzlich rechtskräftig gewesen sei und seine Rechtskraft erst verloren habe, als das Deutsche Reich im Krieg selbst dagegen verstieß.

Von den erwarteten Miß- und Unmutskundgebungen abgesehen, kam die Note aber gut an und konnte auf der Habenseite der Bundesregierung verbucht werden.[70] Andererseits bewegte sie nichts und niemanden so recht, und deshalb hielt sie den zusehends beschleunigten Schwund des politisch-populären Kredits der Bundesregierung kaum auf. Bewegt wurden die Politik und die politische Öffentlichkeit im Frühjahr 1966 von anderen Vorgängen, die deshalb auch die Position und das Erscheinungsbild der Regierung und Erhards stärker beeinflußten, als die Friedensnote dies tat. Eins war de Gaulles Entscheidung, Frankreich aus der militärischen Integration der NATO zurückzuziehen, das andere die Konjunkturentwicklung und deren Rückwirkungen auf den ungesicherten Bundeshaushalt.

Letzter Konflikt mit de Gaulle

Am 21. Februar, zwei Wochen nach dem inhaltsarmen deutsch-französischen Treffen, gab de Gaulle eine weitere jener Pressekonferenzen, die eigentlich öffentliche Regierungserklärungen waren. Diese Erklärung machte nur deshalb nicht gleiche Sensation wie die im Januar 1963, weil de Gaulle nicht ähnlich geradewegs mit seinen Absichten herausrückte wie damals. Er artikulierte wieder einmal seine Zweifel an der Zeitgemäß- und Sachgerechtheit der NATO-Organisation. Das war nicht neu. Die Notwendigkeit des Bündnisses nahm er von den Zweifeln aus, auch dies wie je. Dann sagte er, daß Frankreich seine Truppen aus der militärischen Integration herauslösen und wieder in nationale Verfügung nehmen werde. Außerdem wünsche er, daß alle NATO-Dienststellen von französischem Boden verschwänden. Auch das war nur in der Prononciertheit des Ausdrucks, nicht in der Sache selbst überraschend. De Gaulle hatte schon wiederholt gesagt, daß Frankreich es für unerläßlich halte, die 1969 fällige Verlängerung des NATO-Vertrages mit einer durchgreifenden Veränderung der NATO-Organisation zu verbinden. Jeder wußte, daß mit Veränderung Desintegration zumindest der amerikanischen und der europäischen Streitkräfte und Ersatz der Integration durch einen wechselseitigen Beistandspakt gemeint waren. Die Ankündigung des einseitigen Rückzugs konnte unschwer als Konsequenz der Einsicht verstanden werden, daß für derlei Veränderung in der Allianz keine Mehrheit zu finden sei. Ihr Zeitpunkt hatte vielleicht etwas mit der eben wiederholten, für Frankreich schwer begreiflichen und deshalb lange Zeit nicht recht akzeptierten Erfahrung zu tun, daß insbesondere Deutschland für Gemeinsamkeit mit Frankreich und für Unabhängigkeit von einem verbündeten Amerika nicht zu gewinne wäre. Der Zeitpunkt, zu dem die Ankündigung verwirklicht werden sollte, blieb in de Gaulles Pressekonferenz ungenannt. Vermutlich war de Gaulle sich selbst noch nicht schlüssig darüber. Man nahm an, daß er an 1969 dächte.

Erhard und Schröder waren wütend. Sie waren nicht böse darüber, offen auf de Gaulle wütend sein zu können. Erhard wollte sofort mit einer entschieden ablehnenden Verlautbarung reagieren. Man hielt ihn zurück.[71] Fünf Tage nach de Gaulle gab er seinerseits eine Pressekonferenz, die der Pressekonferenz de Gaulles nicht nur an Dramatik nachstand. „Wir haben eine tapfere Regierung“, kommentierte die Frankfurter Rundschau, „nach den Worten ihres eigenen Chefs jedenfalls. Bundeskanzler Erhard verkündete der in Bonn versammelten Presse in der ihm eigenen Bescheidenheit: 'Wir haben den Mut gehabt, alle neuralgischen Probleme anzupacken'.“ Tatsächlich könne davon die Rede nicht sein. Erhards Mut sei ein ganz anderer. „Tapfer hält er es nämlich Tag für Tag durch, nicht zu regieren (und) alles auf sich zukommen zu lassen“.[72] Erhards erste Erregung hatte sich gelegt; seine Auslassungen zu de Gaulles Ankündigung fielen dilatorisch aus. Nur in einem schien er entschieden zu sein. Wenn Frankreich an der Integration der Streitkräfte nicht mehr teilnehme, dann müßten selbstverständlich die französischen Truppen abgezogen werden, die in Deutschland stationiert seien. Nichtintegrierte französische Soldaten auf deutschem Boden seien unzumutbar, und eine Beschränkung der Integration auf die in Deutschland stationierten Truppen sei ebenfalls nicht akzeptabel. Im übrigen sei Frankreichs Rückzug aus der Streitkräfteintegration aber noch gar nicht aktuell.[73] Man konnte sie auf sich zukommen lassen. Erhard irrte sich.

Am 9. März schrieb de Gaulle dem Kanzler einen Brief.[74] Er schrieb ihn mit der Hand. Kurz vorher hatte er einen Brief sehr ähnlichen Inhalts an Johnson geschrieben, kurz danach schrieb er auch an Wilson und Italiens Präsidenten Saragat. Der Brief überraschte Erhard nicht. Die Bundesregierung war von der französischen Regierung darauf vorbereitet worden. De Gaulle schrieb, daß Frankreich den Zeitpunkt für gekommen halte, „die Vereinbarungen militärischen Charakters im Zusammenhang mit der NATO zu ändern, soweit es Frankreich betrifft". Das Bündnis selbst solle über 1969 hinaus in Kraft bleiben. „Für uns Franzosen handelt es sich darum, die derzeit praktizierten Bestimmungen den gegenüber früher sehr veränderten Umständen anzupassen". Die neuen Umstände seien Konflikte, die Europa nichts angingen, in die es aber wider Willen hineingezogen werden könnte, und gewisse, nicht näher gekennzeichnete Entwicklungen im Osten. Ihretwegen entziehe Frankreich seine Streitkräfte der Befehlsgewalt der NATO. Damit sei keine wesentliche Änderung der deutsch-französischen Beziehungen verbunden. Erhard markierte diese Feststellung mit einem Fragezeichen. Die Bündnisverpflichtungen aufgrund des NATO-Vertrages, fuhr de Gaulle fort, „die besonderen Pflichten aus den Pariser Verträgen vom 23. Oktober 1954" und die besondere Solidarität, die Vernunft, Gefühl und geographische Lage nahelegten und „deren lebendiger Ausdruck der Vertrag vom 22. Januar 1963" sei, blieben von seiner Entscheidung unberührt. Er hoffe sogar, daß aufgrund seiner Entscheidung „jene Art von Gemeinschaft, welche die Bundesrepublik und die französische Republik herzustellen damals beschlossen hatten, vor allem und besonders im Bereich der Verteidigung Gestalt gewinnt".

Die offenbar unvergängliche, im Ausdruck mahnende Hoffnung war selbstverständlich eitel. Erhard antwortete noch am gleichen Tag. Als er antwortete, wußte er, daß Johnson de Gaulles Entscheidung umgehend, innerhalb von drei Stunden, nicht unfreundlich, aber entschieden mißbilligt hatte. Er hielt sich in Inhalt und Tenor an die amerikanische Reaktion. Deutschland beklage Frankreichs Vorhaben. Die militärische Integration sei ein unerläßlicher Bestandteil seiner Sicherheit. De Gaulles Ankündigung stelle die Bundesregierung vor schwierige Fragen, die sie im Geiste der deutsch-französischen Freundschaft mit den Verbündeten beraten werde.[75]

Danach unterrichtete der Kanzler das Kabinett, anschließend empfing er den amerikanischen Botschafter. Im Gespräch mit McGhee wurde rasch deutlich, daß Amerika daran gelegen war, die vorhersehbare und nun halt eingetretene Sache nicht zu dramatisieren und dadurch womöglich über sich hinauswachsen zu lassen. Johnson ärgerte sich, wollte de Gaulle aber nicht seinerseits verärgern. Erhard hingegen meinte, daß man dem ewigen Störenfried und Spielverderber den Ärger nicht ersparen sollte. Als mit der Zeit auch alle anderen Bündnispartner ähnlich reagierten wie die USA, verstand er die politische Welt nicht mehr. Eigentlich wäre es doch richtig, de Gaulle vor ein internationales Tribunal zu zitieren und ihm die Leviten zu lesen. Statt dessen sei jedermann bemüht, ihn zufriedenzustellen und zu besänftigen.[76]

Entgegen erstem Anschein entnahm ihn die selbstherrliche Entscheidung des französischen Staatspräsidenten nicht mal dem Druck der deutschen Gaullisten. Adenauer, der zwei Tage vor Eingang des Briefs mit dem Präsidenten in Paris über dessen Absichten gesprochen hatte, Strauß und Barzel, Gerstenmaier, Krone und wie sie hießen, waren über die Entscheidung unmittelbar erschrocken und enttäuscht und fühlten sich - nicht zum ersten Mal - von de Gaulle in ihrem politischem Streben und in ihrer Kritik an der Bundesregierung desavouiert. Das Gefühl schwand freilich auch diesmal schnell. Es ging ihnen mit de Gaulle ähnlich, wie es Amerika mit Frankreich ging: De Gaulle konnte letztlich nichts wirklich falsch machen. Als die Fraktion am 15. März über den Fall und seine Folgen debattierte, war die Bundesregierung bereits wieder frankreichpolitischen Vorhaltungen von Strauß und anderen ausgesetzt. Sie habe doch gewußt, daß de Gaulle mit dem Gedanken an Austritt umgehe. Was habe sie getan, um seinen Gedanken eine andere Richtung zu geben? Warum kein intensives Gespräch mit de Gaulle über militärische Zusammenarbeit, europäische Atomstreitmacht und NATO-Reform? Erhard bestritt einmal mehr die Möglichkeit militärischer, namentlich nukleare Zusammenarbeit und gemeinsamer Politik mit Frankreich. Im übrigen führte er die Schwierigkeiten, die de Gaulles Entscheidung für das deutsch-französische Verhältnis heraufbeschwöre, erneut auf deren harten Kern zurück: „Was ist mit den französischen Truppen auf deutschem Boden?"

Das war die nun doch schneller als erwartet aktualisierte Frage, und Erhard gab vorerst noch die gleiche Antwort darauf wie zu der Zeit, als sie noch nicht aktuell zu sein schien. Er könne sich französische Truppen unter französischem Oberbefehl auf deutschem Boden nicht vorstellen. Neu hinzu kam: Die Bundesregierung wolle darüber nicht allein, sondern im Kreis der Verbündeten mit Frankreich verhandeln. „Mehr kann ich Ihnen in diesem Augenblick nicht sagen, es sei denn, Sie stellen Fragen, auf die ich eine Antwort wüßte".[77]

Strauß konnte sich, nachdem der erste Ärger über de Gaulle gewichen war, nichtintegrierte französische Truppen auf deutschem Boden, die irgendwie ins „operative Konzept der NATO" einbezogen waren, durchaus vorstellen und hielt dafür, daß über Verbleib oder Nichtverbleib ein ausschließlich deutsch-französischer Dialog zu führen wäre.[78] Schröder war hingegen entschlossen, die französischen Truppen des Landes zu verweisen.

Während sich das politisch-öffentliche Interesse von der Sache zeitweise ab- und dem CDU-Parteitag zuwandte, arbeiteten die beamteten Experten des Auswärtigen Amtes an Expertisen über den Rechtsstatus der französischen Streitkräfte in der Bundesrepublik. Die französische Regierung hatte inzwischen nämlich zu erkennen gegeben, daß sie den Wunsch und auch das Recht habe, ihre Truppen in Deutschland zu lassen. Das Recht gebe ihr der Stationierungsvertrag, der 1954 im Zusammenhang mit dem Deutschlandvertrag, dem Vertrag über den NATO-Beitritt der Bundesrepublik und einer Entschließung des Nordatlantikrates zur Durchführung des NATO-Vertrages geschlossen worden war. Die Fachleute des Außenministeriums hatten den ministeriellen Auftrag, diesen Rechtsstandpunkt zu widerlegen. Und sie widerlegten ihn. Ende März präsentierten sie der politischen Leitung des Amtes eine „Aufzeichnung", die in länglicher Argumentation feststellte, daß die Verträge und Entschließungen vom 22. und 23. Oktober 1954 eine Einheit darstellten, daß Frankreichs Entscheidung gegen die Ratsentschließung verstoße und daß jener Verstoß die Bundesregierung dazu ermächtige, französische Rechte zu suspendieren, die sich aus dem Aufenthaltsvertrag ergäben. Schröder schrieb mit seinen steilen, klaren, entschiedenen Schriftzügen an Erhards Adresse auf die erste Seite des Papiers: „Ich teile diese Beurteilung in allen wesentlichen Punkten. Wenn Sie zustimmen, sollten wir für entsprechende - diskrete - Vorbereitungen sorgen."[79]

Als er das schrieb, lag Frankreichs NATO-Partnern und mithin auch der Bundesregierung ein zweites Memorandum der französischen Regierung in gleicher Sache vor. Das neue Dokument konkretisierte das erste. Frankreich teilte darin mit, daß es seine Streitkräfte am 1. Juli 1966 dem NATO-Oberbefehl entziehen und seine Mitarbeit in den alliierten Hauptquartieren einstellen werde. Die alliierten Einrichtungen und die amerikanischen sowie die kanadischen Truppen, die in Frankreich Dienst täten, hätten das Land bis zum 1. April 1967 zu verlassen. Im übrigen bot die französische Regierung an, mit der NATO über die Zusammenarbeit der französischen mit den alliierten Streitkräften im Kriegsfall zu beraten, und mit der Bundesregierung über den Verbleib der französischen Streitkräfte in Deutschland zu verhandeln. Wobei sie als Verhandlungsgrundlage den Aufenthaltsvertrag von 1954 ansah.

Nach diesem Memorandum schien es nötig zu sein, daß die Bundesregierung sich bald über ihre Haltung zu de Gaulles Entscheidungen, Zumutungen und Verhandlungsangeboten schlüssig würde. Schröder nahm die Sache in die Hand. Erhard war im Osterurlaub. Zwischen dem - fast fünfwöchigen - Weihnachtsurlaub und dem - fast dreiwöchigen - Osterurlaub hatte er beinahe zehn Wochen lang in Bonn Dienst getan. In seinen öffentlichen Reden forderte er die Deutschen fortgesetzt dazu auf, wieder länger zu arbeiten. Es stünde uns gut an, mehr zu arbeiten, um die Aufgaben der Zukunft lösen zu können, sagte er[80], nahm sich selbst davon aber offenbar aus.

Am 2. April traf Schröder sich mit von Hassel. Die beiden wurden sich unschwer darüber einig, daß die Sache in der nächsten Kabinettssitzung zu behandeln und nach Möglichkeit ein Entschluß zu fassen wäre, der es Frankreich außerordentlich schwermachte, seine Truppen in Deutschland zu belassen. Sie hielten es für angebracht, daß der Kanzler dafür seinen Urlaub einen Tag lang unterbräche und die Sitzung höchstpersönlich leitete. Schröder drängte bei Erhard darauf, und Erhard gab Schröders Drängen nach. Am 5. April kam er nach Bonn. Schröder holte ihn vom Flugplatz ab und stimmte ihn ein. Unterdessen hatten seine Experten in aller Eile ein weiteres Positionspapier und Carstens hatte die erwünschte Entschließung verfaßt. Das Papier „entdeckte", wie man meinte, die eigentlichen Gründe für de Gaulles Entscheidung und begründete die Haltung, die Deutschland dazu einzunehmen hätte. De Gaulle wolle sich aus der Bindung an Amerika lösen und der Sowjetunion vertrauensvoll und gesprächsbereit zuwenden, um in der Rolle eines Mittlers, der mal diese, mal jene Karte spiele, weltpolitischen Einfluß geltend machen zu können. Außerdem glaube er in seiner Enttäuschung darüber, daß der deutsch-französische Vertrag „nicht die erhofften Früchte" bringe, die Deutschen durch eine Hinwendung zu Moskau „zum Nachdenken darüber zu veranlassen, wie sie ihren Vertragspflichten besser nachkommen". „Unglücklich formuliert," schrieb Schröder an den Rand, „gemeint ist: ihm mehr zu Willen sein". In der Aufzeichnung hieß es weiter, daß de Gaulle nun zwar die Desintegration der französischen Streitkräfte, zugleich aber wohl die weitere Stationierung eines Teils davon in Deutschland wolle. Französische Truppen auf deutschem Boden symbolisierten Frankreichs Status einer Siegermacht und wären ein „Faustpfand für seine Beteiligung in deutschen Angelegenheiten". De Gaulles Wunsch gebe der Bundesregierung die Möglichkeit, den Verbleib an strikte politische, rechtliche und militärische Bedingungen zu knüpfen. Falls Frankreich die Bedingungen nicht akzeptiere und seine Truppen zurückziehe, sei wenig verloren. Europa könne ohne Frankreich verteidigt werden. Der Abzug beeinträchtige lediglich die Fähigkeit, einen Angriff mit konventionellen Mitteln abzuwehren. Es müßten früher Atomwaffen eingesetzt werden. „Das ist ein Ziel, welches wir ohnehin anstreben". Außer militärischen habe der Abzug natürlich auch politische Wirkungen. Das deutsch-französische Verhältnis litte. „Es ist aber nicht gesagt, daß Frankreich deshalb den Vertrag vom 23.1.1963 kündigt".[81]

„Schröder riskiert den totalen Bruch mit Frankreich," schrieb Krone am 5. April nach einem gemeinsamen Gespräch mit Erhard und ohne Kenntnis des Schriftstücks in sein Tagebuch.[82] Schröder riskierte den Bruch nicht nur, er legte es darauf an. Carstens formulierte unter Voraussetzung der Überlegungen, denen das Schriftstück Ausdruck gab, den Entwurf der Entschließung, die das Kabinett anderntags verabschieden sollte. Deren wesentliche Punkte lauteten: Deutschland hält an der integrierten Verteidigung fest. Die Bundesregierung beabsichtigt, *alle* Probleme, die sich durch Frankreichs Rückzug aus der integrierten Verteidigung ergeben, mit allen NATO-Partnern zu erörtern. Dazu gehört die Frage nach dem Verbleib oder dem Nichtverbleib der französischen Streitkräfte in Deutschland. Jene Streitkräfte können nur unter zwei Bedingungen in Deutschland bleiben. Erstens müssen sie eine genau bestimmte Aufgabe im Rahmen der NATO-Strategie übernehmen und im Verteidigungsfall wieder einem gemeinsamen Oberbefehl unterstellt werden. Und zweitens muß ein neuer Rechtsstatus für sie vereinbart werden. Der Aufenthaltsvertrag von 1954 erlischt, sobald Frankreich sich nicht mehr an die gleichzeitige NATO-Ratsentschließung hält. Die neue Vereinbarung muß die Möglichkeit ihrer Kündigung enthalten.[83]

Kurz nachdem Erhard in Bonn eingetroffen und von Schröder instruiert worden war, beriet Erhard außerdem mit von Hassel, Westrick, Krone und den Staatssekretären im Außen- und im Verteidigungsministerium über den Entwurf. Erhard hielt den Entwurf für richtig und die Entschließung für nötig. Krone zog die Rechtsauffassung des Außenministeriums in Zweifel und plädierte für behutsameren Umgang mit Frankreich. Schröder sagte, daß der Bundeskanzler die Richtlinien der Politik bestimme und jetzt erklären müsse, welche Haltung gegen Frankreich einzunehmen sei. Das hörte Erhard gern. Deshalb hatte Schröder es gesagt. Erhard sagte zu Krone: Man müsse Frankreich doch endlich einmal klarmachen, daß es für uns Grenzen gebe. Die Entschließung sei gut. Das Volk verlange ein klare und deutliche Sprache und wolle genau Bescheid wissen.[84]

Es mochte sein, daß das Volk deshalb soviel für Erhard übrig hatte.

Am nächsten Morgen um neun war Kabinettssitzung. Die Sitzung zog sich sechs Stunden lang hin.[85] Die Minister waren ohne Vorlagen. Carstens trug die politische Lage vor, von Hassel gab „eine militärische Instruktionsstunde". Erhard eröffnete die Diskussion. Schröder ließ die anderen kommen. Das war seine übliche Taktik. Er war ein Meister im kenntnisreichen und scharfsinnigen, auch schneidenden Widerspruch, nach dem für weniger Beschlagene und Beredte häufig nicht mehr viel zu sagen blieb. Krone ging in die Offensive. Es sei erwünscht, daß die französischen Streitkräfte in Deutschland blieben. Unter dieser Voraussetzung solle einerseits mit Frankreich und andererseits mit den übrigen NATO-Partnern über die Konsequenzen des französischen Rückzugs aus der Integration zeitgleich beraten werden. Couve de Murville werde am 18. April in Bonn erwartet. Der Besuch sei eine gute Gelegenheit, den Wunsch zu äußern und bilaterale Verhandlungen über die nötige Revision des Stationierungsvertrages von 1954 einzuleiten. Jener Vertrag werde durch de Gaulles Entscheidung nicht hinfällig. Die Pariser Verträge und die gleichzeitige Ratsentschließung bildeten keine Einheit. Zu Erhards Überraschung nahmen fast alle anderen Minister ausdrücklich Krones Partei. Lücke und Heck, Jäger und Schmükker, auch Scheel und Mende traten besonders nachdrücklich für pfleglichen Umgang mit Frankreich ein. Die Anti-Schröder-Front mochte auch vom Ärger über das Husarenstreichartige des außenministerlichen Vorgehens geschlossen werden. Erhard blieb bei seiner Meinung. Genauer: Er blieb bei seinen Emotionen. Über die Rechtslage, auf die es am Ende natürlich nicht ankam, wußte er nur das, was Schröder ihm gestern mundgerecht vorgelegt hatte. Das erwies sich später als nicht durchschlagskräftig. Die politische Bedeutung der Sache schien ihm zu entgehen. Er ereiferte sich. Was Frankreich tue, sei Vertragsbruch. Deutschland sei verloren, wenn man die Verträge von 1954 aufsplittern lasse. „Wer will vor der Geschichte verantworten, daß auf unbegrenzte Zeit unter französischem Oberbefehl hier Truppen stationiert blieben? ... Es ist eine Einheit. Wir können fremde Truppen hier hinnehmen, weil sie integriert waren; wenn sie nicht mehr integriert sind, können wir sie nicht hinnehmen". Schließlich legte er dem Kabinett den Resolutionsentwurf vor. Die Debatte lebte noch einmal auf. Die große Mehrheit der Minister lehnte die schroffen Wendungen, die Frankreich willentlich vor den Kopf stießen, ab. Schröder verteidigte sie mit kalter Leidenschaft. Gegen de Gaulle helfe nur Klarheit und Härte. De Gaulle sei „der härteste, klarste und kälteste Politiker in der westlichen Welt". Das war wohl richtig, und Schröder bewunderte de Gaulle deswegen. De Gaulle war so, wie ein Politiker seiner Meinung nach sein mußte und wie er selbst zu sein und zu erscheinen wünschte. De Gaulle verfahre in einer Weise, sagte Schröder weiter, die unnachahmlich sei, weil nur jemand sie sich leisten könne, der de Gaulles Ansehen in der Welt genieße. Er sagte nicht, daß er de Gaulle darum beneide. Aber so war es; Schröder beneidete de Gaulle um dessen Ansehen und die politischen Handlungsspielräume, die sich daraus ergaben, und der Neid war ein sehr persönliches Motiv seiner Politik. Weil Schröder gern so gewesen wäre wie de Gaulle, aber nicht so sein konnte, wollte er de Gaulle zumindest Paroli bieten und zeigen, daß er ihm gewachsen war. „Wenn wir eine feste Position beziehen, werden wir die Partie gewinnen und Ansehen erreichen, sonst ist die Partie verloren". Worin Gewinn oder Verlust beständen, das blieb - sachlich - unbestimmt. Das Kabinett folgte dem Außenminister und dessen Kanzler nicht. Es verlangte Neuformulierungen, die der Entschließung ihre Härte, Klarheit und Kälte nahmen und die deutsche Bereitschaft zu Verhandlungen im Zeichen guten Willens signalisierten. Die neugefaßte Resolution wurde widerspruchslos angenommen. Erhard und Schröder stimmten stillschweigend zu. Was Erhard sich dabei dachte, steht dahin. Er flog sofort danach zum Tegernsee zurück und kümmerte sich fürs erste nicht weiter um die Sache. Schröder hingegen gedachte, die Ablehnung seiner Absichten zu ignorieren und seinen Weg zu gehen.

Bevor Couve nach Bonn kam, versicherte er sich dazu der Unterstützung der amerikanischen und der britischen Regierung. Er glaubte, sich deren zu versichern. Auf Schröders Drängen hin schickte die amerikanische Regierung den einstigen Hochkommissar McCloy als Sonderberater des Präsidenten für die Frage der französischen Truppen in Deutschland nach Bonn. Vom 15. bis zum 17. April berieten McCloy und der britische Botschafter in Bonn mit Schröder und von Hassel über den Verbleib und dessen Bedingungen. McCloy vertrat eine dezidiert frankreichfeindliche Position. Für die war er bekannt. Die deutschen Minister meinten, daß er die Position seiner Regierung verträte. Vielleicht tat er das auch. Nur konnte man frankreichfeindlicher Position in der amerikanischen Regierung bekanntlich niemals sicher sein. De Gaulle zerstöre die NATO, sagte McCloy. Man müsse ihn stellen. Wenn Frankreich bis zum 1. Juli keine Vereinbarung unterschreibe, die seinen Streitkräften eine bestimmte Aufgabe und einen neuen Rechtsstatus zuweise, müsse es Deutschland räumen. Das gefiel Schröder. Er sagte, was der neue Rechtsstatus unter anderem beinhalten sollte: die Notwendigkeit periodischer Mitteilungen der französischen an die deutsche Regierung über Stärke und Gliederung der französischen Streitkräfte in Deutschland, die Unterstellung der französischen Garnisonen unter deutsche Standortkommandanten, Kontrollen beim Grenzübertritt französischer Soldaten, das Erfordernis deutscher Zustimmung zu allen Bewegungen französischer Truppen in Deutschland, das Recht der Bundesregierung schließlich, bei wichtigen personellen Veränderungen in den französischen Kommandobehörden konsultiert zu werden. Eine amerikanisch-britisch-deutsche Arbeitsgruppe „auf hohem Niveau" solle über die Bedingungen im einzelnen beraten. Anschließend könne auf der Grundlage des Beratungsergebnisses im NATO-Ministerrat mit Frankreich darüber verhandelt werden. Der Vorschlag wurde akzeptiert. Man war sich darüber einig, daß Schröders Gespräch mit Couve de Murville am 18. April nur ein Meinungsaustausch sein, aber keine deutsch-französischen Verhandlungen auf den Weg bringen sollte.

Nach Abschluß der Besprechungen suchte McCloy Erhard auf. Beide glaubten nicht recht daran, daß de Gaulle die Forderungen des deutschen Außenministeriums akzeptierte. Erhard vermerkte nicht ohne Genugtuung, daß de Gaulle sich in der Zwickmühle befinde. Akzeptiere er, dann erleide er eine Niederlage. Akzeptiere er nicht, müßten die französischen Truppen Deutschland verlassen. Und das sei für ihn auch schwer erträglich. Ein drittes gebe es nicht: die Anwesenheit französischer Streitkräfte auf der Grundlage des Stationierungsvertrages von 1954.[86]

Schröder erfuhr am nächsten Tag von Couve de Murville, daß de Gaulle seine Forderungen tatsächlich nicht akzeptierte und genau jenes Dritte im Sinn hatte - allerdings *ohne* sich in der Zwickmühle zu fühlen. Der deutsche Außenminister ging seinen französischen Amtskollegen, der ihm im Typus gar nicht so fern lag und mit dem er dennoch oder deshalb so wenig konnte, forsch an. Frankreich müsse wissen, daß die Bundesregierung den Abzug der französischen Truppen verlangen werde, wenn bis zum 1. Juli deren Auftrag und Status nicht genau geklärt seien. Couve blieb gelassen. Er lege Wert auf die Feststellung, daß Frankreich kein Bittsteller sei, sagte er. Die Bundesregierung möge entscheiden, ob sie die französischen Soldaten im Land behalten wolle oder nicht. Wenn nicht, dann ziehe man sie ab. Wenn ja, dann sei die Rechtsgrundlage für ihren Verbleib natürlich der weiterhin gültige Aufenthaltsvertrag von 1954. Über Anpassungen an die veränderten Umstände ließe sich miteinander - von deutscher zu französischer Regierung - ebenso reden wie über das Verhalten der Streitkräfte im Kriegsfall. Einen Bündnis-Automatismus könne die französische Regierung allerdings nicht akzeptieren. Sie werde sich vorbehalten, von Fall zu Fall zu prüfen, ob ein „unprovozierter Angriff" vorliege, der den Einsatz ihrer Streitkräfte erforderlich mache.[87]

Die französische Regierung dachte dabei an ein irgendwie geartetes Ausgreifen des Vietnam-Krieges auf Europa. Das wäre für sie allemal ein provozierter Angriff und kein Bündnisfall.

Schröder berichtete zwei Tage später über sein Gespräch mit Couve im Kabinett. Der französische und der deutsche Standpunkt seien unverändert weit voneinander entfernt. Der unbestimmte Begriff „unprovozierter Angriff" erschwere die Annäherung. Die Kabinettsmehrheit unter Krones Führung bestritt, daß Schröder den „deutschen Standpunkt" vertreten habe und verwahrte sich dagegen, daß in der Öffentlichkeit dieser Eindruck erweckt werde. Schröder blieb davon unberührt. Man müsse ganz hart bleiben. Frankreich müsse für die weitere Stationierung von Truppen in Deutschland einen „verläßlichen Preis" bezahlen. Falls bis zum 1. Juli keine Vereinbarung über den Auftrag und einen neuen Rechtsstatus zustande gekommen sei, entstehe ein vertragsloser Zwischenzustand. Die französischen Truppen seien dann ohne Rechtsgrundlage in Deutschland. Lükke warnte davor, Frankreich unter Zeitdruck zu setzen. Justizminister Jäger wünschte, daß ein Kabinetts-Ausschuß im Auftrag des Bundeskanzlers die Rechtsgrundlagen der französischen Truppenpräsenz prüfe. Schröder bestand auf der ausschließlichen Zuständigkeit des Außenministeriums. „Erhard, wie immer, ohne viel nachzudenken, erging sich in oberflächlichen Redewendungen". Er wiederholte, daß man die Einheit der Verträge nicht auflösen dürfe, weil „wir" andernfalls „verloren" wären. Man könne „doch nicht wieder zum Besatzungsstatut zurückkehren". Als ob das jemand wollte, notierte Krone. Erhards Auftrag unterblieb; ein Beschluß wurde nicht gefaßt. Schröder fühlte sich ermächtigt, entschieden *seine* Linie zu verfolgen.[88]

Anfang Mai übergab Carstens dem Botschafter Seydoux die deutsche Antwort auf das französische aide mémoire vom 29. März. Die NATO-Vertreter der anderen 14 Verbündeten erhielten am gleichen Tage Abschriften des Dokuments. Die Zeitgleichheit war Politik. Das Außenministerium mißbilligte im Einklang mit dem Bundeskanzler und dem Verteidigungsminister und namens der Bundesregierung den französischen Rückzug aus der militärischen Integration, weil es Frankreichs Meinung nicht teilte, daß die Sowjetunion Europa nicht mehr bedrohe. Es begrüßte Frankreichs Bereitschaft, seine Truppen in Deutschland stationiert zu lassen und bat darum, die Verbündeten davon zu unterrichten, wie Frankreich sich deren Zusammenwirken mit den NATO-Truppen vorstelle. Nach „Auffassung der deutschen Regierung" müßten die französischen Streitkräfte eine „genau umrissene Aufgabe im Rahmen der gemeinsamen Verteidigung" übernehmen und im Falle eines (das hieß: *jedes*) Angriffs unverzüglich unter gemeinsamem Oberbefehl dafür verfügbar sein. Dafür wären schon im Frieden die nötigen Vorkehrungen zu treffen. Auch unter diesen Umständen entzöge allerdings Frankreichs Schritt der Anwesenheit französischer Truppen in Deutschland die Rechtsgrundlage. Eine neue müsse geschaffen werden. Die Bundesregierung sei willens, dies zu tun. „Die neuen Vereinbarungen müßten auf den Grundsätzen der Gleichberechtigung und der Gegenseitigkeit beruhen, der Hoheitsgewalt des Aufnahmestaates Rechnung tragen und dementsprechende Bestimmungen über ihre Geltungsdauer enthalten".[89]

Schröder wußte und Erhard ahnte, daß die militärische Rolle, die sie den französischen Streitkräften ansannen, die Aufforderung, darüber mit *allen* Verbündeten zu verhandeln, ihre Feststellung des Wirkungszusammenhanges zwischen Rückzug aus der Integration und Stationierungsrecht für Frankreich unannehmbar waren; der Tenor des Memorandums dazu schwer erträglich. Und zumindest Schröder wollte auch, daß all dies so wäre. Die Kabinettsmehrheit, die Fraktionsführung, namentlich Strauß und Barzel sowie der außenpolitische Arbeitskreis der Union wußten es auch und wollten es nicht. Der Arbeitskreis tagte am gleichen Tag, an dem Carstens Seydoux die schroffe Antwort erteilte, und machte seinem aufgestauten Ärger über Inhalt und Verfahren der offiziellen deutschen Außenpolitik durch deren einhellige Verurteilung Luft. Selbst ein Mann wie Birrenbach, der sich lange gegen die Gaullisten für Schröder und Erhard geschlagen hatte, stimmte mit ein. Man beklagte die Selbstherrlichkeit der amtlichen Außenpolitik, den Mangel an Unterrichtung und die Gleichgültigkeit gegen die Willensbildung in der Fraktion. Man warf Schröder und von Hassel vor, die Franzosen zu vergraulen, obwohl die Unionsmehrheit wolle, daß man ihnen entgegenkomme, damit ihre Truppen blieben. Zugleich verharmlosten sie den Abzug von 15 000 amerikanischen Soldaten aus Deutschland.[90]

Letzteres war richtig; wobei man natürlich darüber streiten konnte, ob es auch als Vorwurf berechtigt war. Die amerikanische Regierung hatte jüngst tatsächlich 15 000 Soldaten aus der Bundesrepublik zurückgerufen. Sie sagte, daß es sich dabei um eine Übergangsmaßnahme und bei den Soldaten nicht um Kampftruppen handle. Schröder, von Hassel und Erhard ließen keine Gelegenheit aus, um die Unbedenklichkeit des Vorgangs zu betonen.[91] Der Arbeitskreis glaubte ihnen nicht. Er unterstütze die Außenpolitik der Regierung nicht mehr und sei nicht länger bereit, sie zu dulden, sagte der Abgeordnete Aigner. Und der Arbeitskreisvorsitzende von Guttenberg stellte fest, „daß der Ausschuß einmütig diese Ansicht teile". Von Hassels V-Mann im Kreis faßte seinen Bericht über die Sitzung so zusammen: „Die außerordentlich gut besuchte Ausschußsitzung machte deutlich, daß die Fraktion der CDU/CSU schwerste Bedenken gegen die derzeitige Außen- und Verteidigungspolitik der Regierung hat. Die auffallend scharfe Form, in der die Diskussion ablief, zeigt, daß es mit Beschwichtigungen nicht mehr getan ist ... Die Hinwendung zu Frankreich war allgemein unverkennbar, wenn auch niemand die Partnerschaft mit den USA auch nur in Frage stellt. Sie ist für jeden selbstverständlich".

Von Hassel zeigte den Bericht Carstens.[92] Erhard bekam dergleichen nicht zu sehen. Er sprach hingegen wenige Tage später mit Botschafter McGhee und erfuhr bei dieser Gelegenheit, daß die amerikanische und die britische Regierung den Rechtsstandpunkt des deutschen Außenministeriums nicht oder nicht mehr teilten. Der Aufenthaltsvertrag bleibe in Kraft, wenn Frankreich aus der Integration ausscheide. Es klang an, daß die USA und Großbritannien den Verbleib der französischen Truppen auf dieser Rechtsgrundlage lieber sähen als deren Abzug. Erhard sagte trotzdem, daß die Bundesregierung Frankreich ein Ultimatum stellen werde, falls am 1. Juli keine Vereinbarung vorliege. Beim Hinausgehen traf McGhee auf Schröder. Schröder war unverändert entschlossen. Er werde die Franzosen nicht so nachgiebig behandeln, wie viele verlangten. Er biete ihnen einen neuen Vertrag an. Wenn sie den nicht unterschrieben, werde er Frankreich eine Frist setzen - und dann hätten die französischen Truppen abzuziehen! McGhee wußte nun, woher Erhard seine Ultimatums-Idee hatte.[93]

Andererseits wurde allmählich fraglich, wie lange Schröder Erhard für seine Absicht noch hätte. „Im Kanzleramt dämmerts", notierte Krone am Tag nach McGhees Gespräch mit Erhard. „Westrick rief an". Westrick war bei dem Gespräch dabeigewesen. Es hatte die Sorge in ihm wachgerufen, daß die Bundesrepublik am Ende allein dastünde. „Was tun, fragt Westrick". Ob Erhard nach Paris fahren solle? Wozu, wenn er nicht wisse, was er wolle, sagte Krone. Er solle sich gefälligst auf den Kabinettsbeschluß vom 6. April besinnen und Frankreich endlich Verhandlungen anbieten. Das forderte zur gleichen Zeit auch Strauß. Er empfahl, den Verbleib der französischen Truppen künftig auf den deutsch-französischen Vertrag zu gründen. „Das wäre die Kampfansage an Schröder, und dazu fehlt es an Mut."[94]

Am 18. Mai beantwortete die französische Regierung das deutsche Memorandum. Sie vergab sich nichts an Entschiedenheit in der Sache und an Schärfe des Tons. Die langen juristischen Auslassungen, deren sich die Bundesregierung befleißigt habe, drängen nicht zum politischen Kern der Sache vor. Frankreich sei bereit, seine Truppen abzuziehen. Falls Deutschland es vorziehe, sie im Lande zu behalten, möge es dies sagen. Dann könne die französische mit der deutschen Regierung auf der Grundlage des Stationierungsvertrages über die praktischen Bedingungen des Aufenthalts und das französische mit dem interalliierten Oberkommando über den Auftrag der französischen Truppen und deren Zusammenarbeit mit den NATO-Einheiten verhandeln. So einfach sei das.[95]

Erhard wurde schwach. Allmählich trieb ihn die Sache um und er begann zu befürchten, daß man auf Schröders Wegen nicht durchkäme. Schröder blieb fest. Drei Tage nach dem Eingang der französischen Note sprach er vor dem evangelischen Arbeitskreis der CDU, der so etwas wie seine parteiinterne Hausmacht war, und bestätigte seinen Standpunkt und seine Forderungen: „Einen Rückfall in besatzungsähnliche Zustände können wir nicht akzeptieren“.[96] Dann reiste er mit Erhard nach London. Erhards Gedanken schienen der Reisegeschwindigkeit nicht ganz folgen zu können. Bei der Begrüßung in Englands Hauptstadt sagte er, daß er gekommen sei, um die deutsch-französische Freundschaft zu fördern.[97] In mancher Hinsicht widerfuhr ihm dies sogar. Die britische Regierung gab in den Gesprächen zu erkennen, daß sie den Abzug der französischen Truppen aus Deutschland nicht gerne sähe. Kurz zuvor war die sehr um Ausgleich bemühte Antwort der amerikanischen Regierung auf das zweite französische aide mémoire in Bonn bekannt geworden. Dazu kam der Widerstand gegen Schröders Politik in der Fraktion. Erhard bekam es mit der Angst zu tun. Auch Hohmann riet ihm nun, in die Erklärung, die Erhard noch am Tag der Rückkehr aus London im Bundestag abgeben wollte, den ausdrücklichen Wunsch nach Verbleib der französischen Truppen und ein Verhandlungsangebot einzuflechten. In nächtlicher Arbeit entwarf Hohmann gemeinsam mit dem hocherfreuten Osterheld den Redetext. Erhard fummelte wie üblich ein wenig an dessen Wortlaut herum und akzeptierte ihn.[98] Am 25. Mai sprach er zunächst vor der Fraktion. Danach verabschiedete die Fraktion ohne Aussprache und einstimmig eine vom Vorstand präsentierte Resolution, die ihrem Vertrauen darauf Ausdruck gab, daß Frankreich Deutschland im Notfall verteidigen werde, und den Wunsch kundtat, daß die französischen Streitkräfte in Deutschland blieben. Die Bundesregierung wurde aufgefordert, über den Verbleib unverzüglich Verhandlungen aufzunehmen und im Geiste der Freundschaft zu führen. Der Noten seien genug gewechselt. Anzustreben wäre ein Vertrag, der den französischen Streitkräften Rechte einräumte, die den Rechten integrierter fremder Truppen in Deutschland etwa gleichkämen, und der Frankreich keine Bindungen abverlangte, die es durch seinen Rückzug aus der Integration abzustreifen im Begriff war.[99] Im Anschluß an die Fraktionssitzung trug Erhard dem Plenum des Bundestages den ausformulierten Redetext vor und sagte, daß er die Frage, „ob wir wünschen, daß die französischen Truppen in Deutschland bleiben, ausdrücklich noch einmal mit einem ganz klaren und eindeutigen Ja“ beantworte. Es verstehe sich von selbst, daß die Truppen einen Auftrag im Rahmen der gemeinsamen Verteidigung übernehmen müßten. De Gaulle erkenne das an. Er, der Bundeskanzler, versichere, daß die Bundesregierung nicht beabsichtige, Frankreich bei der Bestimmung des Auftrags hinterrücks in die Integration zurückzunötigen. Andererseits halte er an der Einheit der Pariser Verträge und Entschließungen von 1954 fest und meine, daß der Verbleib der französischen Truppen auf neues Recht gegründet werden müsse. Darüber wolle die Bundesregierung mit der französischen Regierung verhandeln, und wenn man bis zum 1. Juli noch nicht einig geworden sei, werde es eben „Übergangsregelungen“ geben.[100]

Dies gesagt, fuhr Erhard an den Tegernsee und blieb dort knapp zwei Wochen lang. Es war Pfingsten und mithin Urlaubszeit. Im Paris nahm man wachen Sinnes und zufrieden auf, was er sagte. Botschafter Seydoux meinte später, Erhards Bundestagsrede sei der Wendepunkt einer höchst bedenklichen Entwicklung gewesen.[101] De Gaulle reagierte schnell und außerordentlich symbolbewußt darauf. Er hielt zu Pfingsten eine große Rede in Verdun. Die Rede erinnerte an die deutsch-französischen Schlachten im Ersten Weltkrieg, die sich eben zum fünfzigsten Mal jährten, und feierte, beschwor auch die deutsch-französische Freundschaft und den Vertrag, der sie besiegelt hatte und beflügeln sollte. Strauß las davon in Spanien, wo *er* urlaubte, und beschwor seinerseits Erhard, die demonstrativ gereichte Hand zu ergreifen. Die Bundesregierung müsse auf die Rede antworten. Frankreich erwarte das. Dabei solle sie auch von der Forderung ablassen, daß Frankreich den Auftrag seiner Truppen in Deutschland auf politischer Ebene mit den übrigen 14 NATO-Mitgliedern aushandle. Es reiche, wenn die französische Regierung die vertraglichen Beistandspflichten bestätige und die Aufgabe ihrer Streitkräfte von den Generalstäben bestimmt werde. So entsprach es de Gaulles Vorstellungen. Deutschland müsse Mittler zwischen Frankreich und den anderen sein, nicht Vorkämpfer gegen Frankreich. „Ich habe guten Grund, wegen der Formulierungen und der Reden des Herrn Außenministers der Meinung zu sein, daß wir in dieser Auseinandersetzung auf dem falschen Fuß Hurra geschrien haben". Barzel sei gleicher Meinung.[102]

Erhard laborierte schon seit zwei Wochen an einem Brief, der de Gaulle gute Wünsche und deutsche Bitten für dessen nahe bevorstehende Moskau-Reise übermitteln sollte. Man sah ihn auf Zeitungskarikaturen hinter einem großen Bogen sitzen, rechts hinter ihm Schröder im feinen Zwirn und mit verkniffener Miene, links Strauß im Bayern-Janker, feixend, und alle drei mit der Feder auf dem Papier.[103] Am 9. Juni wurde der Brief schließlich fertig. Am Ende trug er mehr Straußens als Schröders „Handschrift". Geschrieben hatte ihn im wesentlichen Osterheld. Erhard wiederholte darin den Wunsch der Bundesregierung und ergänzte den Wunsch durch die *Erwartung*, daß die französischen Truppen in Deutschland blieben. Vom ursprünglichen Entwurf des Außenministeriums war so gut wie nichts übriggeblieben. Schröder gab ihm trotzdem seinen Segen.[104] Das hieß freilich nicht, daß er *auf*gab.

Inzwischen hatte der NATO-Ministerrat über die französischen Truppen in Deutschland beraten. Dabei war deutlich geworden, daß so gut wie alle Partner den Verbleib der Entfernung vorzogen und wünschten, daß Frankreich der Verbleib politisch-psychologisch möglichst leichtgemacht werde. Namentlich die amerikanische Regierung war darauf bedacht, weiteren Krach mit Frankreich zu vermeiden. Außenminister Rusk kam im Anschluß an die Ministerratssitzung eigens nach Bonn und sagte Erhard, daß Amerika an guten deutsch-französischen Beziehungen viel liege. Erhard ließ erkennen, daß die freundlichen, beinahe lockenden Wendungen, mit denen Osterheld und Hohmann letzthin seine Reden und Briefe tönten, eins und seine wahre Meinung immer noch ein anderes waren. Er verdächtigte de Gaulle weiterhin eines rücksichtslosen Strebens nach Hegemonie in Europa, garnierte den Verdacht mit abschätzigen Worten zur Persönlichkeit des schlimmen Mannes und sagte, daß er dem Gang und dem Ausgang der „Bleibeverhandlungen" mit Frankreich pessimistisch entgegensehe.[105] Er *wollte* ihnen pessimistisch entgegensehen und Schröder *brauchte* noch nicht aufzugeben.

De Gaulle beantwortete Erhards Brief noch vor seiner Abreise nach Moskau betont freundschaftlich und optimistisch. Er werde in der Sowjetunion für die deutsche Einigung im Rahmen einer europäischen Friedensordnung eintreten und den Kanzler von der Haltung der Sowjetführung umgehend unterrichten. Da die Bundesregierung den Wunsch habe, daß die französischen Truppen in Deutschland blieben, sei Frankreich bereit, über deren Status und Aufgaben zu verhandeln. „Ein positiver Abschluß dieser Verhandlungen wird die deutsch-französischen Beziehungen festigen".[106]

Schröder strengte sich unterdessen an, den positiven Abschluß nach Kräften zu erschweren. Inzwischen war es Mitte Juni geworden. Bis zum Rückzug Frankreichs aus den integrierten Streitkräften und Stäben blieben noch zwei Wochen. Die deutsch-französischen Verhandlungen hatten noch nicht einmal begonnen. Sie begannen am 20. Juni zwischen hohen Beamten der Außenministerien. Es war unmöglich, daß sie bis zum 1. Juli zu einem Regierungsabkommen führten. Deshalb hielt Schröder es für nötig, daß die Bundesregierung an jenem 1. Juli eine einseitige Erklärung über den künftigen Status der französischen Truppen in Deutschland abgebe. Der Entwurf war schon fertig und dem Kanzleramt zugestellt, als de Gaulles Brief eintraf. Die Kabinettsmitglieder bekamen ihn nicht zu sehen. Schröder las ihn in der nächsten Kabinettssitzung lediglich vor und bat um Zustimmung. Kern der Erklärung war die hartnäckige Feststellung, daß am 1. Juli Frankreichs Rechte aus dem Aufenthaltsvertrag hinfällig würden, und war die Ankündigung, daß bis zur Vereinbarung einer neuen Rechtsgrundlage ein deutscher General als Repräsentant der deutschen Gebietshoheit zum Regierungsbeauftragten für die französischen Truppen bestimmt würde. Erhard war mit Schröders Absicht einverstanden. Trotzdem kam Schröder nicht ohne weiteres damit durch. Die Mehrheit der Minister verwahrte sich gegen das Handstreichartige des Vorgehens und meldete Bedenken gegen den Inhalt der Erklärung an. Der Entwurf wurde zu gründlicher Beratung an den Verteidigungsrat überwiesen. Der trat noch gleichentags zusammen und beschloß, eine verbindlichere Erklärung mit der französischen Regierung vorweg zu verabreden. Erhard war auch damit einverstanden. Die Verabredung gelang halbwegs. Frankreich hätte einen Briefwechsel vorgezogen, fand sich mit einer einseitigen Erklärung, die das Aufenthaltsrecht nicht ausdrücklich bestritt und als Regierungsbeauftragten keinen General vorsah, jedoch ab und reagierte betont friedlich darauf.[107] Die Verhandlungen, die währenddessen ausgesetzt worden waren, wurden Mitte Juli fortgesetzt. Nicht lange allerdings. Schröder hatte den verhandelnden Ministerialdirektor Meyer-Lindenberg mit Instruktionen versehen, die der Fraktionsentschließung vom 25. Mai auffallend widersprachen. Die Fraktion wünschte, daß die Regierung auf einen Vertrag hinwirkte, der die französischen den interalliierten Truppen auf deutschem Boden alles in allem gleichstellte. Erhard hatte dem Wunsch zugestimmt. Schröder ließ der französischen Regierung unter anderem ihr Einverständnis mit Grenzkontrollen und Überwachung der Truppenbewegungen im Inneren Deutschlands abfordern, dazu die Versicherung, daß sie die Bundesregierung regelmäßig über die Stärke und Gliederung der Streitkräfte unterrichtete und bei wichtigen Personalveränderungen konsultierte, schließlich die Bestätigung eines Rechts deutscher Behörden, die französischen Einrichtungen bei dringendem Verdacht auf Vergehen oder Verbrechen zu durchsuchen. Die Verhandlungen darüber liefen sich schnell fest und wurden abermals unterbrochen.[108]

Bei diesem Stand der Dinge wurde de Gaulle zum sommerlichen Routinetreffen in Bonn erwartet. De Gaulle machte bei der Vorbereitung des Besuches freilich klar, daß es sich um ein Routinetreffen diesmal nicht handelte, daß es vielmehr ums ganze ginge. Er gedachte, nur für wenige entscheidende Stunden und nur in Begleitung des Ministerpräsidenten sowie des Außen- und des Verteidigungsministers zu kommen und mit Erhards praktischem Bekenntnis zum deutsch-französischen Vertrag oder seiner, de Gaulles, Kündigung der deutsch-französischen Freundschaft wieder zu gehen. Die deutschen Gaullisten verstärkten noch einmal ihren Druck auf Erhard. Krone schrieb ihm, daß die „Kündigung" nicht in Frage kommen dürfe. Deutschland könne auf die Partnerschaft mit Frankreich nicht verzichten. Es habe nicht die Wahl zwischen Frankreich und Amerika. Jeglicher Bilateralismus isoliere die Bundesrepublik. Die Verhandlungen über den Verbleib der französischen Truppen seien der akute Prüf- und Stolperstein jener Partnerschaft. Erhard möge sich auf den Kabinettsbeschluß vom 6. April besinnen und danach handeln.[109]

Erhard besann sich. Seine engere Umgebung, die mindestens ebensosehr um ihn und um sich wie um die deutsch-französische Freundschaft fürchtete, half der Besinnung nach. Erhard rückte von Schröder ab. Er sagte ihm, „daß er mit den Franzosen nicht in einen politischen Kriegszustand geraten wolle". Als am Tag vor dem Besuch der französischen Delegation Schröder und Krone im Kabinett so heftig aufeinanderprallten wie nie zuvor, schlug Erhard sich auf Krones Seite. Und er blieb auf Krones Seite, als er am 21. Juli sein letztes „Vier-Augen-Gespräch" mit de Gaulle führte. Er wiederholte wahrheitsgemäß, daß Deutschland den Verbleib der französischen Streitkräfte wünsche, fügte hinzu, daß Frankreich an die Möglichkeit ihres Rückzugs nicht weiter denken dürfe, und sagte - immer noch der starke Mann - : „Sollten sich Schwierigkeiten einstellen, werde er persönlich einschreiten!". In der „Plenarsitzung" hörte Schröder aus Erhards Mund, daß Frankreich ein guter Verbündeter seiner Verbündeten sei und immer auf der Seite der Freiheit stehe. Das habe de Gaulle in Moskau bewiesen. Dank dafür. Wegen kleiner Streitfragen dürfe das Ganze nicht in Gefahr geraten. Schröder hörte es und mußte sich's gesagt sein lassen. De Gaulle sagte, daß Frankreich sich militärisch nicht wieder festlegen, einen Angriff auf Deutschland aber natürlich als Angriff auf sich selbst empfinden werde. Wenn die Bundesregierung es wünsche, blieben die französischen Truppen in Deutschland - und zwar kostenlos. Im übrigen verstehe er, „daß Deutschland die Integration und den USA-Oberbefehl in Europa für nötig hält. Wir sind Ihnen deshalb nicht böse".[110]

Damit schieden Präsident und Kanzler und sahen einander nie wieder. Das hatte seine untergründige historische Richtigkeit. Der Kreis war abgeschritten und die beiden waren wieder dort angelangt, wo sie im Winter 1963/64 aufgebrochen waren. Es war abzusehen, daß sie immer wieder dort ankämen. Damals, am Beginn ihrer ungleichen, verständnis- und aussichtslosen Beziehung, hatte de Gaulle fast wörtlich das gleiche gesagt. Seitdem war viel geschehen und nichts vorangekommen. Die deutsch-französische Freundschaft war nicht in deutsch-französische Zusammenarbeit umgesetzt worden. Darunter hatte die Freundschaft gelitten, aber sie war als Potential erhalten geblieben. Der Dank dafür gebührte nicht Erhard sondern de Gaulle. Erhard hatte Freundschaft mit Frankreich nie empfunden, hatte sie persönlich weder empfinden können noch empfinden wollen und hatte ihre historisch-politische Größe und Bedeutung im Gegensatz zu de Gaulle und Adenauer sowenig begriffen, wie er Jahre zuvor die historisch-*politische* Bedeutung der wirtschaftlichen Einigung Kontinentaleuropas begriffen hatte. Deshalb setzte er sie mehrfach, mal willentlich, mal fahrlässig, aufs Spiel; und hätte er es kaum bedauert, wenn sie zuschanden gegangen wäre. De Gaulle bewahrte sie davor, indem er politische Verweigerungen und persönliche Brüskierungen im Interesse des bedeutsamen Beginns, mit dem er selbstverständlich auch französische Interessen verband, ein ums andere Mal verwand und die Bereitschaft zu weiterreichender Verständigung und intensiver Gemeinsamkeit erneuerte. Dazu ermunterte ihn gewiß auch die Kenntnis davon, daß es in Deutschland eine stetig wachsende Gruppe einflußreicher Politiker gab, die den frankreichpolitischen Kurs der Regierung heftig mißbilligte, deswegen zunehmenden Druck auf den Kanzler und dessen Außenminister ausübte und immer ungeduldiger auf eine Gelegenheit wartete, um beide loszuwerden.

Wirtschaftliche Probleme kündigen sich an

Die Gelegenheit kam. Sie kam noch vor Jahresende und hatte mit der Außenpolitik unmittelbar nichts zu tun. Erhard stürzte am Ende nicht über die Außenpolitik sondern über den Bundeshaushalt. Aber er wäre über den Haushalt nicht gestürzt, wenn er nicht drei Jahre lang so hoffnungslos verirrt durch die Außenpolitik gestolpert wäre. Die Schwierigkeiten mit dem Haushaltsausgleich gaben ihm nur den letzten Stoß. Und auch das hatte seine historische Richtigkeit.

Die latenten Haushaltsprobleme wurden im Sommer 1966 aktualisiert. Das Haushaltssicherungsgesetz hatte die Schwierigkeiten bekanntlich nur in die Zukunft verlagert. Die

Zukunft kam früher als gedacht, weil die konjunkturelle Entwicklung schlechter als erwartet war. Dafür konnte Erhard nichts. Er hatte freilich auch nichts für die gewöhnlich gute Konjunktur in den vergangenen 15 Jahren gekonnt. Dennoch war die wirtschaftliche Entwicklung die wesentliche Ursache seiner öffentlichen Wertschätzung und seines Ansehens als Politiker gewesen. Deshalb hatte es seine eigene Logik, daß ihm wirtschaftliche Probleme schließlich zum politischen Verhängnis wurden.

Erhard war unter günstigen wirtschaftlichen Umständen ins Kanzleramt gekommen. Seit Mitte 1963 zogen die Exporte einmal mehr kräftig an und - wie üblich - mit einiger Reaktionsverzögerung die Investitionstätigkeit hinter sich her. Beides zusammen beschleunigte 1964 das letzthin abgeschwächte wirtschaftliche Wachstum. Der Wachstumsschub begab sich im Zeichen der Nachwirkungen langfristiger Tarifabschlüsse auf niedrigem Niveau und war deshalb mit einem Rückgang der Inflationsrate verbunden. Das änderte sich 1965. Das vielbesprochene Preisklima heizte sich auf. Dafür gab es zwei Gründe. Ein Grund waren erhebliche Lohnerhöhungen. Die deutsche Wirtschaft befand sich in einem Zustand dauernder Überbeschäftigung. Wenn das Wachstum der Nachfrage bemerkenswert zunahm, intensivierte sich binnen kurzem der Wettbewerb um die knappen Arbeitskräfte. Mittel des Wettbewerbs waren Lohnzugeständnisse der Unternehmen oberhalb der Tarifabschlüsse. Die sogenannte Lohndrift, der Abstand zwischen den tarifvertraglich vereinbarten und den tatsächlich geleisteten Lohnsteigerungen, belief sich 1965 auf stattliche vier Prozentpunkte. Der andere Grund für die Verschlechterung des Preisklimas und den allmählichen Umschwung der Preisentwicklung war das Finanzgebaren der öffentlichen Hände. Die Entwicklung der öffentlichen Ausgaben folgte ohnedies einem Wachstumstrend, der über dem Sozialproduktswachstum verlief. 1965 wich das Ausgabenwachstum überdies nach oben vom Trend ab. Zugleich wurden die Steuern gesenkt. Wahlen standen an. Die Bundesrepublik verzeichnete zum ersten Mal in ihrer Geschichte ein öffentliches Finanzierungsdefizit. Sie hat seitdem keinen Finanzierungsüberschuß mehr verzeichnet. Das erste Defizit betrug 1,25 % des Bruttosozialprodukts. Die kräftige Zunahme der Arbeitseinkommen im Zusammenhang mit Steuersenkungen und Verbesserungen von Sozialleistungen verlieh dem privaten Verbrauch Schubkraft. Die gleichzeitig starke Zunahme der Exportnachfrage, der Investitionsneigung und der Ausgaben für den privaten und für den öffentlichen Verbrauch war größer als die Zunahme des realen Sozialprodukts. Der Überschuß machte sich in beschleunigten Preissteigerungen geltend. Dabei hatte der Preisauftrieb erstmals nichts mit den außenwirtschaftlichen Verhältnissen zu tun. Die Exporte nahmen zwar auch 1965 kräftig zu; die Importe wuchsen aber erheblich stärker. Das Jahr schloß mit einem Handelsbilanzdefizit ab. Und weil die Übertragungsbilanz ohnehin defizitär war, seit der Zustrom von Gastarbeitern einen korrespondierenden Abstrom von Devisen ausgelöst hatte, wies zum ersten Mal nach der glücklich überstandenen Devisenkrise von 1950/51 auch die Leistungsbilanz ein Defizit aus. Dieses Defizit war im Gegensatz zum Finanzierungsdefizit der Gebietskörperschaften vorübergehend. Besorgnis rief es gleichwohl hervor.

Das vorübergehende Defizit war noch nicht abzusehen, als die Bundesbank von ihrem Eindruck, daß sich das Preisklima verschlechterte, und von ihrer Erfahrung, daß sie auf die Bundesregierung kaum rechnen konnte, zu ersten stabilitätspolitischen Maßnahmen veranlaßt fühlte. Sie ergriff derlei Maßnahmen vor allem dort, von woher bislang die hauptsächlichen Gefahren für den Geldwert gedräut hatten. Im März 1965 untersagte sie den Banken, Termineinlagen von Ausländern zu verzinsen. Außerdem belegte sie die Verzinsung deutscher Wertpapiere, die sich im Besitz von Ausländern befanden, mit einer - „Coupon-Steuer" genannten - Abgabe in Höhe von 25 %. Außerdem förderte sie den Kapitalexport mit vorteilhaften SWAP-Sätzen. Die Maßnahmen erfüllten ihren unmittelbaren Zweck. Sie schränkten den Nettokapital-Zustrom nach Deutschland ein. Deshalb war außer der Leistungsbilanz auch die Zahlungsbilanz defizitär.

Vielleicht verhinderte die Bundesbank dadurch, daß der Preisauftrieb noch stärker war. Unterbinden konnte sie ihn wegen seines wesentlich heimischen Ursprungs auf diese Weise nicht. Das wußte sie auch. Sie hielt dennoch daran fest, erhöhte außerdem den Diskontsatz und forderte die Bundesregierung auf, sie mit finanzpolitischen Maßnahmen zu unterstützen. Die Unterstützung blieb aus. Erhard leugnete die Gefahr für den Geldwert natürlich nicht. Er übertrieb sie eher. So war er es gewohnt. Er bestritt auch nicht die Mitverantwortung der Bundesregierung für die Stabilität. Da er aber nicht wußte, wie er der Verantwortung gerecht werden konnte, beließ er es vorerst beim Gewohnten, warf den Tarifpartnern, den Verbrauchern und den - gutenteils „sozialistischen" - Kommunen Verantwortungslosigkeit vor und forderte alle Welt zum Maßhalten auf. Das Haushaltssicherungsgesetz *nach* der Wahl im Herbst 1965 war dann ein stabilitätspolitischer Schritt in die richtige Richtung, ein später Schritt allerdings, der überdies nicht weit führte und eine neue Umkehr in die falsche Richtung vorbereitete.

Inzwischen war, anfangs unvermerkt, die Konjunktur über ihren oberen Wendepunkt bereits hinweg. In der zweiten Hälfte des Jahres 1965 schwächte sich zunächst das Exportwachstum ab, dann ließ infolge des Kostenanstiegs, erster Finanzierungsschwierigkeiten und zunehmenden Mißtrauens in die ungewohnte und deshalb besorgniserregende öffentliche Defizitwirtschaft die unternehmerische Investitionsneigung nach. Die Entwicklungen hielten ins Jahr 1966 hinein an, wobei nun auch die weitere Verflachung des Exportwachstums die Investitionstätigkeit bremste. Im ersten Halbjahr 1966 waren die volkswirtschaftlichen Anlageinvestitionen nur noch wenig größer als im ersten Halbjahr 1965, danach waren sie geringer als im gleichen Zeitraum des Vorjahrs. Die gesamtwirtschaftliche Wachstumsrate schrumpfte sehr zusammen. Manche Branchen waren von der Schrumpfung kaum, andere waren um so heftiger betroffen. Der Abschwung brachte *auch* ein unbewältigtes Strukturproblem der westdeutschen Industriewirtschaft zum Ausdruck.

Dabei hielt der Preisdruck an. Das war nichts Ungewöhnliches. Bisher war es immer so gewesen, daß die Kräfte des Preisauftriebs, die im Verlaufe eines Aufschwungs freigesetzt wurden, in der Anfangsphase des darauffolgenden Abschwungs verarbeitet werden mußten. Dafür reichte die anschließende Entspannung dann in die Anfangsphase des nächsten Aufschwungs hinein. Bisher war die westdeutsche Wirtschaft mit diesen Phasenverschiebungen nicht schlecht gefahren. Bisher hatten sich die Zunahme und das Nachlassen des Preisdrucks freilich auf einem ziemlich niedrigen Niveau der Inflationsraten abgespielt, und die Konjunkturabschwächungen waren nie sonderlich stark gewesen. Beides verhielt sich diesmal anders. Die jüngste Preiswelle verlief auf relativ hohem Niveau und der Abschwung, der 1965 unmerklich einsetzte und 1966 merklich an Fahrt gewann, war stärker als vorhergehende Abschwünge. Die Preise stiegen 1966 um ca. 3,5 %, das Sozialprodukt wuchs um 3 % . Eine höhere Inflations- und eine niedrigere Wachstumsrate hatte es in der Bundesrepublik noch nicht gegeben. Nun gab es sie gleich in Kombination miteinander.

Die Kombination brachte die Wirtschaftspolitik in ein Dilemma. Die Eindämmung des Preisauftriebs erforderte Maßnahmen, die der Beschleunigung des Wachstums entgegenwirkten, und die Beschleunigung des Wachstums erforderte Maßnahmen, die der Eindämmung des Preisauftriebs zuwider waren. In wirtschaftspolitischen Dilemmata sind Wirtschaftswundermänner gefordert. Aber es gibt keine Wirtschaftswundermänner. Es gibt nur

Männer, die unter bestimmten Umständen aus Einsicht und mit Fortune das Richtige tun. So ein Mann war Ludwig Erhard 1948 gewesen. Er versagte 1966 nicht. Er führte nur vor, daß er ein Wirtschaftspolitiker normalen Zuschnitts war, dem unter anderen Umständen die Einsicht versagt war und das Glück fehlte. Das war nach der Devisenkrise nicht mehr offenbar geworden, weil die wirtschaftliche Entwicklung Erhard vor keine bemerkenswert wirtschaftspolitischen Probleme mehr gestellt hatte. Jetzt tat sie dies, und es wurde offenbar.

Die Bundesbank kam mit dem Dilemma unschwer zurecht. Sie hatte den gesetzlich fixierten Auftrag, die Währung zu sichern, und sollte im Rahmen ihres Auftrags die Wirtschaftspolitik der Bundesregierung unterstützen. Sie bemühte sich darum, ihren Auftrag zu erfüllen, indem sie Geld knapper und teurer machte. Sie erhöhte von Mitte 1965 allmählich die Leitzinsen und die Mindestreserven. Damit unterstützte sie zwar nicht die Wirtschaftspolitik der Bundesregierung, weil es eine regierungsamtliche Stabilitätspolitik nicht gab, aber sie handelte so, wie es die Bundesregierung und namentlich der Bundeskanzler für richtig hielten und wünschten. Denn Ludwig Erhard neigte bis weit ins Jahr 1966 hinein dazu, das Dilemma mit der bündigen Feststellung zu leugnen, daß die Konjunktur gut sei und keinen Anlaß zu Besorgnis gebe. Und als er dieser Feststellung selbst nicht mehr recht trauen konnte, entschied er sich fast bedenkenlos für Stabilität auf Kosten von Beschäftigung und Wachstum. Das klang dann so: „Wenn das deutsche Volk nicht hören will, dann muß es eben fühlen. Dann wird eben ein Stück Freiheit nach dem anderen verlorengehen.“[111] Oder so: „Wir gehen den Weg der Stabilität, auch wenn wir dabei noch einmal durch ein Tal der Nöte für den deutschen Staatsbürger hindurch müssen“.[112] Und es wurde - jetzt kommt der große Zampano! - noch immer so überhöht: Das deutsche Volk müsse dem Bundeskanzler schon „die Gedanken zutrauen, die notwendig sind, unsere Zukunft zu retten. Wir gehen in eine neue Zeit und brauchen dafür eine neue Gesinnung“.[113] Das Volk traute ihm die rettenden Gedanken nicht mehr zu. Es tat recht daran, weil Erhard die Gedanken nicht hatte. Und mit Gesinnung war es nicht getan.

Das spürte Erhard alsbald am eigenen politischen Leibe. Nicht die gewiß unbekömmlichen Preiserhöhungen, die er ausschließlich ins Visier nahm, weil sie Deutschland bereits „ziemlich nahe an den Rand des Abgrunds“ geführt hätten[114], sondern die Abschwächung des Wachstums und die Beschäftigungssorgen, die daraus erwuchsen, brachten *ihn* an den Rand des Abgrunds und schließlich darüber hinaus.

Da das Wachstum hinter den Erwartungen zurückblieb, blieb auch das Steueraufkommen dahinter zurück. Das brachte den vermeintlich „gesicherten“ Bundeshaushalt für das Rechnungsjahr 1966 wieder ins Defizit und erschwerte die Planung des kommenden Haushalts, dessen Ausgabenansätze ohnedies erheblich höher lagen als die relativ großzügig geschätzten Finanzierungsmöglichkeiten. Das Kabinett betraute erneut einen Ministerausschuß mit der Aufgabe, Wege aufzufinden und vorzuschlagen, auf denen Einnahmen und Ausgaben in Übereinstimmung miteinander zu bringen wären. Da der Kommission fünf Männer angehörten, bekam sie den Namen „Streichquintett“ verpaßt. Das klang sehr viel neckischer, als die Tätigkeit der fünf war. Auch sehr viel mehr nach Harmonie. Es wurde nämlich rasch offenbar, daß der Kraftakt „Haushaltssicherungsgesetz“ die Nachgiebigkeit und Kompromißbereitschaft der Ressorts weitgehend erschöpft hatte. Insbesondere Familienminister Heck und Arbeitsminister Katzer lehnten die weitere Rücknahme von Sozialleistungen, die vor der Wahl gesetzlich zugesichert worden waren, entschieden ab. Andererseits wies die FDP nach wie vor Steuererhöhungen als Mittel des Haushaltsausgleichs von sich. Erhard war grundsätzlich ihrer Ansicht, sagte dies auch öffentlich, schloß dabei aber die Möglichkeit von Steuererhöhungen als Ausflucht in letzter Not nicht vollends aus.

Natürlich geriet, wenn der Bund sparen mußte, unvermeidlicherweise auch der besonders umfangreiche und als besonders ergiebig erscheinende Verteidigungshaushalt unter den Rotstift der Sparkommissare. Und es lag nahe, den Rotstift bei Ausgaben anzusetzen, die sachlich überflüssig waren. Sachlich überflüssig war ein beträchtlicher Teil der Offset-Ausgaben. Die Bundeswehr brauchte die Masse der Waffen und Ausrüstungen längst nicht mehr, die der Verteidigungsminister aufgrund der Devisenausgleichsabkommen in den USA und in Großbritannien kaufen mußte. Bedauerlicherweise scherten die amerikanische und die britische Regierung sich daran so wenig wie an den Haushaltsproblemen der Bundesregierung. Johnson hatte Erhard in nächtlicher Klausur das Fürchten gelehrt, als der um Minderung und Aufschub bat. Statt Aufschub zu gewähren, hatte er Vorleistungen verlangt. Erhard war inzwischen über den Schreck weg und hielt den amerikanischen Präsidenten unverdrossen wieder für seinen lieben Freund. Selten habe es zwei Staatsmänner gegeben, die einander so gut verstanden und so sehr vertrauten wie Johnson und er, sagte er[115] und glaubte es auch. Derweil sagte McNamara zu von Hassel, daß die Erfüllung des Offset-Abkommens für die amerikanische Regierung „nicht nur eine sehr schwierige, sondern sogar eine Kernfrage" sei. Hassel hatte danach keinen Zweifel daran, „daß wir diese Situation nicht ernst genug nehmen können, wenn wir weiterhin mit der militärischen Hilfe in Europa in dem bisherigen Umfang rechnen wollen". „Gefährliche Aussage", schrieb Erhard an den Rand der Gesprächsaufzeichnung, die Hassel ihm schickte, und der Himmel mochte wissen, was er sich dabei dachte.[116]

Wenig später, Anfang Juni, konnte er es mit eigenen Ohren hören. Da ließ Außenminister Rusk ihn in behutsameren Wendungen, als sie McNamara zu eigen waren, wissen, daß es für die amerikanische Regierung einen engen Wirkungszusammenhang zwischen der Stärke ihrer Truppen in Deutschland und den deutschen Offset-Leistungen gebe. Erhard bat Rusk, davon um Himmels Willen nichts an die Öffentlichkeit dringen zu lassen, und nahm sich vor, seinem Freund Johnson derlei Junktim möglichst bald auszureden und ihn abermals um Duldung eines gewissen Zahlungsverzugs zu bitten. Da er weder im Juli noch im August einen Termin in Washington bekam, schrieb er dem Präsidenten am 5. Juli zunächst einmal, daß die Bundesregierung ihren Ausgleichsverpflichtungen wohl nicht in vollem Umfang nachkommen könne.[117]

Unterdessen hatte die britische Regierung bei Erhards Besuch in London ein weiteres Mal mit Nachdruck zusätzliche Forderungen angemeldet. Die vereinbarten Leistungen reichten nicht aus. Im nächsten Abkommen müsse die Bundesregierung höhere Beträge zusichern und im Rahmen des laufenden Abkommens solle sie sobald wie möglich einen Nachschlag zahlen. Im Umgang mit den Briten, zumal mit den britischen „Sozialisten", war Erhard widerstandsfähiger als im Umgang mit den Amerikanern. So hatte er das Ansinnen zunächst gänzlich abgelehnt und nach weiterem Drängen nur zugestanden, daß Experten die Nachforderungen „prüften" und die beiden Finanzminister darüber berieten.[118] Die Beratungen waren im Gange, als die Haushaltslage unterm Einfluß des kräftigen Konjunkturabschwungs zusehends kritischer wurde. Zwischendurch ließ der britische Verteidigungsminister Healey den Kollegen von Hassel wissen, „daß ernsthafte politische Schwierigkeiten entstehen könnten, wenn der Devisenausgleich „nicht befriedigend gelöst" werde.[119] Wie hatte Erhard nach seinem London-Besuch vor der Fraktion beziehungsreich gesagt: „Es hat sich ... erwiesen, daß die Freundschaft zwischen den beiden

Ländern ... aus der Sache heraus und den Übereinstimmungen heute fest begründet ist. Wir brauchen keinen Vertrag dazu".[120]

Letztmals Wahlkampf

Die Folgen des Abschwungs für den Bundeshaushalt wirkten auf Erhards Kanzlerdasein wie eine Art untergründig schleichendes Gift. Die Sorgen um den Arbeitsplatz äußerten sich als offene Attacke. Erhard erlebte und erlitt den Angriff im letzten Wahlkampf seines politischen Lebens. Gewählt wurde am 10. Juli 1966 in Nordrhein-Westfalen. Für die Bundesregierung stand dabei viel auf dem Spiel und die Aussichten waren schlecht. Auf dem Spiel stand zunächst einmal die Mehrheit der Union im Bundesrat. Eine Unionsmehrheit garantierte die Zustimmung des Bundesrats zu Regierungsvorlagen zwar nicht - Erhard hatte das als Wirtschaftsminister mehrfach erfahren -, aber sie nahm zumindest der Opposition die Möglichkeit, die Regierungspolitik systematisch zu behindern. Auf dem Spiel standen ferner aber auch die öffentliche Resonanz der Regierungspolitik und die Wertschätzung des Kanzlers. Die öffentliche Meinung wollte es, daß die Wahl im Kernland der Bundesrepublik als stichprobenartige Wiederholung der letzten Bundestagswahl und ihr Ergebnis als Bestätigung oder Desavouierung des Bundestagswahl-Ergebnisses im Lichte zehnmonatiger Erfahrungen mit der neuen Bundesregierung verstanden würde. Die Aussicht auf Bestätigung war - gelinde gesagt - verhangen. Anfang Mai führte die SPD allen Umfragen zufolge weit vor der CDU. Die Wähler glaubten, daß die SPD mit fast allem besser fertig würde als die CDU, namentlich mit den wirtschaftlichen Problemen und den sozialen Bedürfnissen. Wobei sich die Geringschätzung der CDU weniger auf die nordrhein-westfälische, als auf die Bundesregierung bezog. Der CDU-Ministerpräsident Franz Meyers war der populärste Politiker im Lande und der wertvollste Aktivposten der Partei im kommenden Wahlkampf. Erhard fand den Umfrageergebnissen zufolge nur noch bei weniger als einem Drittel der Bundesbürger Anklang.[121] Vielleicht wäre es besser gewesen, Meyers sein Glück allein versuchen zu lassen. Meyers schlug das vorsichtig vor. Aber möglich war es natürlich nicht. Die CDU konnte ihren Bundeskanzler im Wahlkampf nicht verstecken. Und Erhard konnte nicht kneifen, selbst wenn er das gewollt hätte. Er wollte es aber auch nicht. Er glaubte ja weiterhin, daß er seine Sache gut machte, und vertraute darauf, daß die Wähler dies eher als die Journalisten honorierten. Die Journalisten ließen längst kein gutes Haar mehr an ihm und hatten ihn neuerdings zu einem bevorzugten Objekt ihres Hohns und Spotts erkoren. Erhard ließ den S-KE-600 aufpolieren und begab sich in den Wahlkampf.

Wie sich die Bilder glichen!

Der nordrhein-westfälische Wahlkampf im Frühsommer 1966 geriet zum etwas schärfer konturierten und mit grelleren Farben versehenen Abbild des Bundestagswahlkampfes im Spätsommer 1965. Es begann damit, daß Erhard sich zur Einstimmung und noch außerhalb des eigentlichen Wahlkampfes abermals mit seinen intellektuellen Kritikern anlegte. Als er sich um Pfingsten herum auf dem Ackerberg erholte, wurde in Gmund dem Werk eines anderen Mannes, der den Tegernsee zu seiner Wahlheimat gemacht hatte, durch die Eröffnung eines kleinen Museums Ehre angetan. Der Mann war der norwegische Zeichner Olaf Gulbransson, der einst die Mächtigen und ihr Gehabe im Simplizissimus zur Kenntlichkeit verzeichnet hatte. Erhard hatte mit Gulbransson wenig zu tun und nichts gemein. Aber die Gegenwart des Bundeskanzlers schmückte derlei Ereignis selbstverständlich. Des-

Die Leidenschaften: Fußball (mit Bundestrainer Sepp Herberger) ...

und Skat mit Frau Luise

halb bat man ihn, dabei zu sein, die Schirmherrschaft zu übernehmen und eine Rede zu halten. Weiß Gott, wer sie ihm aufschrieb. Er las sie jedenfalls vor. Und die Presse hatte ihr gefundenes Fressen daran. „Man duckt sich und hofft, daß es schnell vorübergehen möge: wenn Politiker Museen und Theater eröffnen," schrieb später die Süddeutsche Zeitung. Und die ZEIT: „In Tegernsee ... ist unser Bundeskanzler wohl auf der falschen Taufe gewesen ... Olaf Gulbransson hätte sehr gelacht".[122]

Zu Gulbranssons Zeiten, las Erhard, habe noch Mut und Standhaftigkeit dazu gehört, „den herrschenden Gewalten mit Witz und Geist zu trotzen, während allzu viele unserer Zeitgenossen dem heute für sie völlig risikolosen und wahrscheinlich gerade deshalb geistlosen Geschäft nachgehen, alles politische Geschehen grundsätzlich herabzuwürdigen ... Wo nicht Geist ist, kann nur Ungeist regieren, wo es an Humor gebricht, obsiegt der Stumpfsinn. Wo das menschliche Schaffen zum entseelten Geschäft wird, erstickt das Leben in öder Schablone. Jene Armen im Geiste, die ihn ersatzweise gerade dadurch zu demonstrieren suchen, daß sie in fader Geistreichelei und ohne Gesinnung nicht mehr um ihren sittlichen Standort wissen, müssen notwendigerweise einer substanzlosen Anarchie zutreiben. ... Alle Wohlmeinenden aber ... sollten sich dessen bewußt bleiben, daß es nie und nimmer jene Kreaturen sind, die mit ihrer billigen Ware unsere Zeit gestalten möchten, sondern Männer, die aus innerstem Anliegen heraus ..., unabhängig von Lob und Tadel, indem sie sich selbst zu vollenden suchen, dem Ganzen dienen".[123]

Wie vollkommen mußte einer, der aus innerstem Anliegen heraus dem Ganzen diente, von fader Geistreichelei um seine Sicherheit und Ruhe gebracht worden sein, und wie sehr mußte es ihm an Humor gebrechen, daß er so verzweiflungsvollen Unsinn von sich gab?! Keine von den großen Zeitungen ließ sich den Happen entgehen. Im Kanzleramt merkte man, was für einen kapitalen Bock Erhard geschossen hatte. Pressesprecher von Hase versuchte ein halbherziges Dementi. Was man über die Kanzlerrede in der Zeitung lese, entspreche nicht deren Wortlaut.[124] Das machte die Sache aber nur noch schlimmer. Denn man hatte alles auf Band.

Der Wahlkampf ließ sich ruhig an. Erhard ging zunächst in die ländlichen Gegenden am Niederrhein und in Westfalen. Dort waren die Menschen friedlich und freundlich. Erhard sagte ihnen, daß er es nicht nötig habe, sich zu rühmen. Die Zuhörer bewunderten den königlichen Mercedes. Der Mercedes „ist der beste Wahlhelfer für den Prediger des Maßhaltens", stand in den Zeitungen. Mitte Juni meinte Erhard, „etwas von der Stimmung in diesem Lande" zu wissen. Er sagte der Fraktion, daß sich in Nordrhein-Westfalen eine Wandlung zugunsten der CDU vollziehe. Auch mit der Lage im Kohlebergbau sei für die Opposition „kein Geschäft mehr zu machen".[125] Er irrte sich und bekam dies schmerzhaft bewiesen, als er mit seinem Wahlkampftroß ins rheinisch-westfälische Industrierevier einzog. Dort wollten die Menschen von seiner „pastoralen Demagogie" nichts wissen: „Ich bin zu Ihnen gekommen, um Ihnen gegenüber den üblen, düsteren Verleumdungen der Opposition wieder das Bewußtsein der Stärke zu vermitteln. Gehen Sie in sich; bleiben Sie standhaft; zeugen Sie für sich selbst. Lassen Sie sich von Funktionären nicht irremachen. Nehmen Sie Ihr Herz fest in die Hand, prüfen Sie, was bisher gut und böse war". Nicht etwa schlecht - „böse"! „Seien Sie gefeit, suchen Sie in sich selbst".[126]

Die Menschen im Ruhrgebiet suchten einen Ausweg aus der Strukturkrise, die sich vom Kohlebergbau her in ihrer Region ausbreitete. Sie hatten Angst um ihre Arbeitsplätze. Sie wollten nicht hören, was Erhard ihnen ansann: „Ich predige Ihnen Besinnlichkeit und Zivilcourage". Sie wollten hören, was er ihnen mit Bedacht vorenthielt: eine politische Botschaft, die sie irgendwie betraf. Da er ihnen nichts zu sagen hatte, ließen sie ihn alsbald nicht mehr recht zu Wort kommen. Wo immer er hinkam, empfingen ihn Spruchbänder und Plakate mit abweisenden Parolen: „Maßhalten, dann Maulhalten, dann Durchhalten". Das war dumm, aber es war nicht dümmer als die Rede von gut und böse. Nirgendwo kam Erhard mit seiner Standardrede sehr weit, manchmal kaum über die Anrede hinaus. Dann Pfiffe, Zwischenrufe, Sprechchöre: „Erhard zurücktreten, Erhard weg". Erhard hatte seit der Bundestagswahl nichts dazugelernt. Er vermochte den Attacken nicht mit Witz zu wehren. Aber er nahm die Angreifer auch nicht ernst und versuchte nicht, ihnen argumentierend zu begegnen. Das war, wie andere Wahlkampfredner zeigten, durchaus möglich. Erhard hatte aber nur die eine Rede drauf und machte sich nicht die Mühe, eine andere zu erfinden. Statt dessen schimpfte er und setzte auf einen groben Klotz einen gröberen. „Noch nie zuvor habe ich soviel Dummheit, Frechheit und Gemeinheit auf einem Haufen gesehen". „Schamloses Gesindel". „Diese Lümmel und Uhus wären schon in den Windeln verkommen, wenn ich in Deutschland nicht gewesen wäre mit meiner Politik". „Ich habe keine Lust, gegen organisierten und feigen Mob anzutreten". Aber: „Ich werde dafür sorgen, daß diese Kräfte niemals in Deutschland an die Macht kommen".[127]

Die Wahl am 10. Juli ging verloren. Der SPD fehlte ein halbes Prozent zur absoluten Mehrheit, die CDU fiel auf weniger als 43 % zurück. Jeder war sich darüber im klaren, daß nicht Meyers, sondern Erhard die Wahl und daß Erhards Kanzlerschaft dadurch ihre letzte Stütze verloren hatte. In den Zeitungen wurde am Montag gefragt, wann er wohl zurücktrete. Erhard selbst tat in der üblichen Vorstandssitzung am Morgen danach freilich so, als ginge ihn die Niederlage etwas an, ohne daß sie viel mit ihm zu tun hätte: „Wir haben allen Grund, unserer Enttäuschung Ausdruck zu geben ... Es ist eine allgemeine Ermattung offenbar bei der CDU eingetreten. Ich glaube, es muß von der Partei aus unsere wichtigste Aufgabe sein, nun die Zügel energisch zu straffen, und zwar in einem großangelegten Plan wieder in die Offensive überzugehen; denn manche Müdigkeit in den Wahlkreisen und viele Äußerungen, die dazu gemacht worden sind, lassen darauf schließen, daß innerhalb der CDU gewisse Erscheinungen sichtbar geworden sind, die einen starken Gegensatz erkennen lassen, aber vor allen Dingen auch nicht mehr die Geschlossenheit und den Mut zeigen, nach außen hin sich zu bekennen und eine offensive Politik zu treiben". Das Protokoll verzeichnete „lebhafte Unruhe". Die folgenden Redner hängten der Katz' die Schelle um. Jeder wisse, daß die Wahl als Bundeswahl empfunden worden und das Ergebnis mithin als Absage an die Bundespolitik zu verstehen sei. Folgten unterschiedlich zusammengestellte Sündenregister der Bundespolitik. Adenauer hatte in ähnlich gelagerten Fällen seine Funktion als Vorsitzender und Versammlungsleiter dazu genützt, derlei Vorhaltungen sofort aufzunehmen und ihnen mit Schärfe und Witz zu widersprechen oder sie scheinbar duldsam und nachsichtig zurechtzurücken. Dadurch kaufte er anderen Teilnehmern den Schneid zur kritischen Rede ab und verhinderte, daß die Anwürfe sich ballten. Die Debatte geriet allmählich in weniger verfängliche Bahnen. Erhard rief kommentarlos einen Redner nach dem anderen ab und ließ es zu, daß sich der artikulierte Unmut gegen die Regierung gleichsam selbst nährte und nach und nach den ganzen Tagungsraum erfüllte. Die meisten Sprecher scheuten noch davor zurück, den Kanzler in Person anzugehen. Da Erhard aber immer wieder seine persönliche Verantwortung für die Politik der Bundesregierung betonte, war er selbstverständlich der Esel, der gemeint war, wenn man den politischen Sack schlug. Die Vorstandssitzung hinterließ den Eindruck, daß er nach der Wahlniederlage gemeinsam mit der Regierungspolitik zu vorerst noch verhaltener Debatte stand und sich durch politischen Erfolg oder durch den Beweis von Führungsstärke für die Kanzlerschaft neu legitimieren mußte, wenn er noch längere Zeit Kanzler bleiben wollte.[128]

Der Eindruck war bei Hohmann und seinen Leuten stärker als bei Erhard selbst. Drei Tage nach dem Wahldebakel hatte man im „Kanzlerbüro“ schon die „Folgerungen“ daraus gezogen.[129] Vor allen Dingen müsse Erhards Image verbessert werden. Das war das Übliche. Die politischen Inhalte waren weniger wichtig als die Präsentation der Politik. Richtig war die Politik, die sich gut verkaufen *ließ*, und gut war sie, wenn sie gut verkauft *wurde*. Die Analyse ergab, daß Erhards Politik sich nicht mehr gut verkaufen ließe und deshalb geändert werden müßte, wenn Erhards Bild in der Öffentlichkeit neu erstrahlen sollte. Im Falle der Außen- und Deutschlandpolitik hieße dies: Erhard solle den Deutschen klipp und klar sagen, „daß eine Wiedervereinigung auf absehbare Zeit nicht möglich ist“, ohne den Anspruch darauf und ohne das Alleinvertretungsrecht der Bundesrepublik in Frage zu stellen. Er solle die Gebiete östlich von Oder und Neiße ausdrücklich aufgeben und unter dieser Voraussetzung ein deutsch-polnisches Gespräch vorschlagen. Er solle sich ferner „an die Spitze einer Bewegung stellen“, deren Ziel die Umwandlung der NATO aus einem militärischen Bündnis in eine politische Aktionsgemeinschaft wäre. Und er solle schließlich das Verhältnis mit Frankreich in Ordnung bringen. Dies vor allem.

Der letzte Vorschlag beeinflußte womöglich Erhards Verhalten beim Treffen mit de Gaulle, der eine Woche später in Bonn eintraf. Die drei anderen Empfehlungen kamen mentalen und politischen Überforderungen gleich. Im übrigen wußten natürlich auch die Imagepfleger im Kanzlerbüro, daß sich Erhards politisches Schicksal bald und deshalb nicht an der Außen-, sondern an der Wirtschafts- und Finanzpolitik entschiede. Die ökonomische Lage und mehr noch deren Reflektion im Bewußtsein der Menschen verlangten nach einer raschen und entschiedenen stabilitätspolitischen Tat und deren werbender Vermarktung. Das Bundespresseamt müsse ein Sonderreferat einrichten, das sich nur diesem Zweck widmete.

Erstmals Zweifel an der Wirtschaftspolitik

Die Einsicht, daß Erhard sich in Kürze an der Wirtschafts- und Finanzpolitik bewährte oder über sie stürzte, war richtig und fiel nicht schwer. Auch die innerparteiliche Kritik richtete sich neuerdings nicht mehr vorrangig gegen die Außenpolitik, sondern gegen Erhards Umgang mit den wirtschaftlichen Schwierigkeiten. Schon in der Woche vor der Wahl hatte Strauß ihm dazu zwei ungewöhnlich lange und sehr grundsätzliche Briefe geschrieben. Strauß widmete sich seit einiger Zeit ökonomischen Studien. Im selbstbewußten Ton der Briefe vermeinte man einen Widerhall seines Glaubens zu hören, daß er inzwischen auch von den wirtschaftlichen Dingen mehr verstände als der Kanzler. Ihr Inhalt tat kund, daß er die allgemeine und die akute Problematik der wirtschaftlichen Entwicklung anders als der Kanzler deutete. Der erste Brief übersetzte gleichsam Alarmrufe ins Deutsche, die letzthin in Frankreich Furore gemacht hatten. Jene Alarmrufe galten der Feststellung, daß technisch-industrieller Fortschritt fast nur noch in Amerika gemacht werde, daß die Amerikaner Europa an ihren Fortschritten gar nicht oder nur zu hohen Kosten teilhaben ließen und daß sie ihrerseits in großem Stil in Europas moderne Industrien investierten. Der Chefredakteur des Pariser „Exprès“ verdichtete die drei Feststellungen kurz darauf in einem vielgelesenen Buch zu dem Schlagwort „amerikanische Herausforderung“. Die Herausforderung wurde darin als amerikanischer Versuch verstanden, in Europa ein wissenschaftlich-technisches Vakuum zu schaffen, dadurch die Entwicklungsfähigkeit der europäischen Industrie zu untergraben und Europa zu einer Art industriellen Satelliten der Vereinigten Staaten zu machen. Strauß verstand sie auch so, führte Erhard die Gefahr vor Augen und forderte ihn auf, staatliche Forschungsförderung und Industriepolitik - möglichst in Kooperation mit Frankreich - zu den Richtlinien seiner Politik zu machen.[130]

Der Brief dramatisierte die Befunde und die Gefahren in einer spezifisch politischen Perspektive. Richtig an ihm war, daß Wachstum und Wohlstand von der Intensität des technischen Fortschritts und von der Innovationskraft der Wirtschaft, nicht etwa von der Wiederverlängerung der Arbeitszeit abhingen, die Erhard den Deutschen fortgesetzt abforderte. Erhard konnte mit dem Brief nicht viel anfangen. „Im Grunde richtig gesehen", schrieb er an den Rand, wo Strauß schrieb, daß ein Erschlaffen des schöpferischen Geistes die wirtschaftliche Position Europa gefährde. Und: „aber wie? de Gaulle?" dort, wo Strauß eine Politik verlangte, die Europas technische und wirtschaftliche Unabhängigkeit wahrte oder schaffte.

Der andere Brief ging ihm näher. Der andere Brief galt den akuten wirtschaftlichen Problemen. Die sah und gewichtete Strauß anders als Erhard. In mancher Hinsicht nahm er dabei Argumente aus dem ersten Brief wieder auf. Die Bundesrepublik habe es derzeit mit einem Stabilitäts- *und* mit einem Wachstumsproblem zu tun. Die Zeit des technisch-industriellen „catching-up" und des Überflusses an Arbeitskräften sei vorbei und komme nicht wieder. Die deutsche Wirtschaft könne künftig nur noch „aus sich heraus" wachsen. Dazu müsse sie kräftig investieren. Die Investitionstätigkeit werde nun aber von der restriktiven Geldpolitik der Bundesbank schwer beeinträchtigt. Und schlimmer noch, die Geldpolitik erfülle nicht mal ihren stabilitätspolitischen Zweck. Sie sei damit überfordert, weil die Finanzpolitik sie nicht unterstütze. Aufgrund dieser Erfahrung müsse die Finanzpolitik zu Zwecken der Konjunktursteuerung aktiviert und „die Konjunkturpolitik künftig so gestrafft und koordiniert werden, daß die Kreditpolitik von der alleinigen Last der Verantwortung befreit" und nicht mehr zu investitions- und wachstumswidrigen Übersteigerungen genö tigt werde.[131]

Strauß' Briefe demonstrierten mit autoritativen Wendungen, daß ihr Schreiber neuerdings auch in der Wirtschafts- und Finanzpolitik eine maßgebliche Stimme beanspruchte und daß diese Stimme gegen die amtliche Politik sprach.

Erhard bestritt nicht, daß die Finanzpolitik stabilitätswidrig war, auch wenn er weiterhin dazu neigte, die Gefährdung des Geldwertes hauptsächlich dem Arbeitsmarkt zuzuschreiben. Das Kabinett bemühte sich inzwischen nicht mehr nur darum, die Bundesausgaben zu vermindern. Es hatte einen Tag, bevor Strauß an Erhard schrieb, den Entwurf eines „Stabilitätsgesetzes" verabschiedet, der das Haushaltsgebaren *aller* Gebietskörperschaften einheitlichen Grundsätzen zu unterwerfen und dem Bund beschränkenden Einfluß auf die Ausgaben und die Verschuldung der Länder und der Gemeinden zu verschaffen trachtete. Außerdem sollte das Gesetz eine Rechtsgrundlage für die zeitweise Begrenzung von Bankkrediten an Unternehmen und Haushalte und für eine konjunkturgemäße Variation der zulässigen Abschreibungssätze legen. Der Entwurf verstieß gegen Art. 109 des Grundgesetzes, demzufolge die Länder in ihrem Haushaltsgebaren unabhängig waren. Das Gesetz setzte deshalb eine Verfassungsänderung voraus, zu der man die Mitwirkung der Opposition brauchte. Die Verfassungsänderung wiederum griff in die Verwaltungshoheit der Länder ein und bedurfte deshalb der Zustimmung durch den Bundesrat. Mitwirkung und Zustimmung waren nicht kurzweg auszuschließen, aber mitnichten gesichert. Zum einen befand der Bund sich mit den Ländern eben in einem heftigen Konflikt über die Höhe der beiderseitigen Anteile an der Einkommensteuer und zum anderen hatte die SPD wissen lassen, daß sie ein konjunkturpolitisches Grundlagengesetz im Prinzip begrüße, dabei aber ein Gesetz im Sinn habe, das nicht nur der Stabilitätssicherung, sondern auch der Wachstumsförderung zu dienen vermöge.

In gewisser Weise aktualisierte Strauß' Brief an Erhard die Forderung der Opposition. Und Strauß stand damit in der Union nicht allein. Zwei Wochen später meldete auch Barzel sein kritisches Mitspracherecht in der Wirtschafts- und Finanzpolitik an. Am 19. Juli führte er gemeinsam mit Strauß ein konjunkturpolitisches Gespräch mit Erhard, tags darauf beriet er mit Etzel und einer Gruppe politisch engagierter Unternehmer, und wieder einen Tag später faßte er seine „Vorstellungen von einem ökonomischen Gesamtprogramm" in einem „streng vertraulichen" Brief an Erhard zusammen. Barzel war mit Strauß einer Meinung darin, daß „wir ... ein Gesamtprogramm zur Stärkung unserer Wirtschaftskraft" brauchten. Das Stabilitätsgesetz allein bringe „weder die Stabilität noch den nötigen Aufschwung". Außerdem kenne man die Klippen, die der Gesetzentwurf zu umschiffen habe. Auch deshalb dürfe man nicht gar zu ausschließlich darauf setzen. Er deute an, was seines Erachtens zu geschehen habe, wozu das Stabilitätsgesetz aber nichts beitrage: Lockerung der Geldpolitik, Restitution des schwer gestörten Kapitalmarktes, Bewältigung der Strukturprobleme in der Kohle- und der Stahlindustrie, technische und wirtschaftliche Zusammenarbeit in Europa.[132] Barzels Erachten war mit Strauß' Ansichten und Forderungen so gut wie identisch. Die Öffentlichkeit erfuhr davon und von dem Dissens mit dem Bundeskanzler durch gezielte Indiskretion.[133]

Während im Kanzleramt Antworten auf die Briefe der beiden Fraktionsführer vorbereitet wurden, ging Erhard in den Sommerurlaub. Es war der vierte Urlaub im laufenden Jahr. Selbst in seiner näheren Umgebung stieß die Tatsache, daß er inzwischen gut ein Drittel des Jahres am Tegernsee ausspannte, auf Unverständnis und unverhohlene Kritik. Dabei stellte Erhard das Arbeiten dort nicht gänzlich ein. Ein kleiner Stab von Mitarbeitern, Referenten, Sekretärinnen, der unvermeidliche Hohmann, der Fahrer und zahlreiche Sicherheitskräfte begleiteten ihn und faßten Posten in einem als Ferienkanzleramt hergerichteten Haus in der Nähe seines Anwesens, das sich durch Zukäufe allmählich zu einem stattlichen Besitz von 8 000 qm Grund und Boden in feinster Lage ausgewachsen hatte.[134] Erhard ging fast täglich hinüber und erledigte dies und das. Außerdem empfing er im eigenen Haus politische Besuche. Einer der Besucher war Alfred Müller-Armack. Müller-Armack kam, um dem Kanzler seine Sicht der ökonomischen Lage und einige wirtschaftspolitische Überlegungen nahezubringen. Er wollte ihm helfen. Aber man verstand einander nicht mehr. Erhard fühlte sich von Müller-Armack eher verraten. Sowohl die Lagebeurteilung wie die wirtschaftspolitischen Konsequenzen waren denen von Strauß und Barzel so verwandt, daß eine gewisse geistige Urheberschaft zu vermuten stand. Erhard hielt die Lagebeurteilung für falsch und die wirtschaftspolitischen Folgerungen deshalb für verfehlt. Man trennte sich, ohne einander gedanklich nähergekommen zu sein. In den folgenden Wochen erfüllte Müller-Armack den Wunsch der Fraktionsführung, seine Überlegungen aufzuschreiben. Dabei entstand ein zwanzigseitiges Exposé über „die konjunkturelle Lage, das Stabilisierungsgesetz und die nächsten wirtschaftspolitischen Aufgaben". Am 7. September war es fertig. In der Woche drauf wurde es verschickt. Erhard erhielt auch ein Exemplar, allerdings erst am 29. September.

Müller-Armack legte darin begründet dar, daß nicht mehr die Preisstabilität, sondern das wirtschaftliche Wachstum in Gefahr sei. Der Blick auf die gesamtwirtschaftlichen Daten verleite dazu, die Gefahr zu übersehen. Die Konjunktur sei „gespalten". Die Verbrauchsgüterindustrie erfreue sich hoher Zuwachsraten, die Investitionsgüterindustrie stagniere, die Produktionsgüterindustrie, namentlich die Kohle- und Stahlindustrie, befinde sich in einer Strukturkrise. Die Investitionsgüterindustrie, von deren Entwicklung und Modernität das wirtschaftliche Wohl und Wehe der Bundesrepublik abhänge, leide unter der Zerrüttung des Kapitalmarktes, die ihrerseits der Überbeanspruchung durch die öffentliche Hand und der teils falschen (Coupon-Steuer), teils nicht mehr gerechtfertigt restriktiven Geldpolitik der Bundesbank zuzuschreiben sei.

Die Differenziertheit der Lage und Probleme verlange nach differenzierten Maßnahmen. Die einseitige Orientierung auf Stabilitätspolitik sei falsch geworden. In das Stabilisierungsgesetz würden zu große Erwartungen gesetzt. Als Mittel zur Koordination der Haushaltspolitik von Bund, Ländern und Gemeinden im Rahmen des Sozialprodukt-Wachstums sei es natürlich grundsätzlich zu begrüßen. Den akuten konjunkturellen und strukturellen Problemen werde es jedoch nicht gerecht. Eine Verminderung der öffentlichen Investitionen, Kreditplafonds und die Einschränkung von Abschreibungsmöglichkeiten wirkten gegenwärtig prozyklisch und dürften nicht zur Debatte stehen. Im Gegenteil: Zur Wiederbelebung der privaten Investitionen müßten die Kreditrestriktionen gelockert und die Coupon-Steuer abgeschafft, zur Exportförderung Abschreibungserleichterungen und Kreditvergünstigungen eingeführt werden. Der strukturell bedingte Druck auf die Kohle- und Stahlindustrie solle durch Subventionen und durch die Ermöglichung von Wettbewerbsbeschränkungen gelindert werden. Man komme nicht darum herum, statt einer „Wirtschaftspolitik der Beteuerungen" eine Wirtschaftspolitik des Handelns zu treiben, „die auf eine Sanierung notleidend gewordener Bereiche unserer Wirtschaft ausgerichtet wird und differenziert gezielt strukturelle wie konjunkturelle Entwicklungen in gleicher Weise umfassend angeht. Wir müssen der Illusion entsagen, daß die Marktwirtschaft ohne eine entsprechend marktwirtschaftlich orientierte, aktive Wirtschaftspolitik alles von selbst zurechtrückt. Soziale Marktwirtschaft, wenn sie richtig verstanden wird, sieht in der Wettbewerbswirtschaft nicht einen Vollautomatismus, der keiner Bedienung bedarf, sondern ... einen Halbautomaten, der wirtschaftspolitische Steuerung voraussetzt".[135]

Erhard las das nicht. Ein Referent faßte Müller-Armacks zwanzigseitiges Memorandum auf dreieinhalb Seiten zusammen. Die dreieinhalb Seiten las der Bundeskanzler und schrieb den freien Platz dabei mit Bemerkungen voll, die zu erkennen gaben, daß ihn nicht nur sachliche Differenzen, sondern auch eine persönliche Abneigung von dem einstigen Freund trennten.

„Die primäre Gefahr ist eine permanent fortschreitende Rezession, nicht aber ein weiteres Absinken des Geldwerts," referierte der Referent. „Gott sei Dank", glossierte Erhard. Deshalb sei die Abschaffung der Coupon-Steuer und eine allgemeine Lockerung der Kreditrestriktionen erforderlich, hieß es in der Zusammenfassung. „Falsch", schrieb Erhard. Er las: Einerseits setze die Bundesregierung übergroße Erwartungen in das Stabilitätsgesetz, andererseits verstoße ihr nächster Haushalt mit einem Ausgabenwachstum um 7 % gegen dessen wichtigsten Grundsatz. Und schrieb: „Wie Bild-Zeitung!". Erwünscht wäre „eine vom Staat geführte Lohnpolitik, die unter Beibehaltung der Tarifautonomie für alle Branchen die Lohnsteigerungen gleichmäßig auf die Produktivitätsrate zurücknimmt", stand im Referenten-Resümee. „Auftrag für Müller-Armack!" setzte Erhard an den Rand.[136]

Eine Antwort erhielt Müller-Armack nicht. Barzel und Strauß hatten hingegen Mitte August aus Gmund Antworten erhalten, lange, eingehende, für beide allerdings ganz und gar unbefriedigende Antworten. Strauß wurden achtzehn, Barzel neun Seiten plus eine Anlage zuteil. Die Anlage war - „zur Dokumentation dessen, daß ich die Entwicklung der letzten Jahre richtig gesehen und vorausgesagt habe"[137] - Erhards aufgeregte und ärgerniserregende Rundfunkansprache vom 21. März 1962. Zwischendurch war vieles und höchst

Unterschiedliches geschehen, mit dem die Rede nichts zu tun hatte und nichts zu tun haben konnte. Erhard hätte sich die „Dokumentation" denn auch besser untersagt. Strauß rieb sie ihm gleich in der ersten Fraktionsvorstandssitzung nach den Ferien unter die Nase: Wenn er denn alles richtig vorhergesehen habe, „so erhebe sich die Frage, was er während seiner dreijährigen Regierungszeit unternommen habe, um diese Gefahren abzufangen".[138]

Die Gefahr, die Strauß, Barzel und Müller-Armack beunruhigte, erkannte Erhard nun freilich nach wie vor nicht an. Er bestritt in seinen Brief-Abhandlungen an die beiden Fraktionsführer alle Anzeichen einer bemerkenswerten Rezession. Konjunktursorgen seien Ausdruck von Hysterie. Als er das schrieb, schrumpften das Sozialprodukt und die Beschäftigung bereits. Die Zahl der Arbeitslosen wuchs im nächsten Jahr auf mehr als eine halbe Million an. Dafür fand Erhard in herbstlichen Reden den beruhigenden Ausdruck: Konsolidierung des Arbeitsmarktes.[139]

Beunruhigend sei weiterhin und sei weiterhin *nur* die Gefährdung der Stabilität. Deshalb dürfe an eine Aufgabe der restriktiven Geldpolitik noch nicht gedacht werden: „Würde ... die Bundesbank die Kreditbremse lockern und damit die Wirtschaft vermeintlich entlasten, so würden die für Investitionszwecke frei werdenden Mittel, weil sie zunächst nur Nachfrage ohne Gütervermehrung auslösen, zwangsläufig inflationstreibend wirken und die westdeutsche Wirtschaft „in ein fast unübersehbares Chaos treiben". Daß neue Nachfrage womöglich der nötige Anstoß für Gütervermehrung wäre, kam Erhard nicht in den Sinn. Der restriktiven Geldpolitik müsse vielmehr mit den Mitteln des Stabilitätsgesetzes Unterstützung zuteil werden. Da Stabilität die Grundbedingung aller wirtschaftlichen Entwicklung sei, sei das Stabilitätsgesetz ein wirtschaftspolitisches Grundlagengesetz, mit dem „alle Bereiche des deutschen wirtschaftlichen und sozialen Lebens angesprochen" würden. Ein weiterreichendes „Gesamtprogramm", wie Barzel und Strauß es wünschten, erübrige sich mithin. Was wahrlich nicht heiße, daß er, Erhard, keine „Gesamtkonzeption" habe. In Wahrheit sei es doch so, „daß die CDU vor mir überhaupt kein wirtschaftspolitisches Programm hatte ... Uns fehlt es nicht an einer Konzeption, sondern an dem Mut und der Härte, sie durchzusetzen". Hohmann strich den letzten Satz im Entwurf des Briefes. Erhard bestand darauf, daß er aufgenommen wurde. Er lehne es ab, fuhr er fort, „an allen Ecken und Enden eine Aktivität vorzutäuschen, wenn kein Zweifel darüber bestehen kann, wo die eigentlichen Wurzeln des Übels zu suchen sind". Damit war der Kreis zur mitgelieferten Rede vom März 1962 geschlossen. Am Grunde des Übels lagen die Interessenvertreter im allgemeinen und die „sozialistischen Gewerkschaften" im besonderen, dazu die allgemeine Feigheit, sich des „Treibens" und des „Gesinnungsterrors" der Gewerkschaften zu erwehren. Statt dessen laste man die Schuld der Regierung an. Das sei ja auch risikoloser. Der Regierung gebe es aber wieder einmal Anlaß zu „der entscheidenden Frage", ob der Tariffreiheit nicht Grenzen zu setzen seien.[140]

Strauß bekam überdies mitgeteilt, daß Erhard die „amerikanische Herausforderung" nicht als Herausforderung, sondern als Chance verstand. Es sei nun mal so, daß die USA Europa an technischem Wissen und an Kapitalkraft erheblich überlegen seien. Amerika habe halt „das Glück" gehabt, „seine Wirtschaft noch im Pionierstil entwickeln zu können, ohne auf soziale Sentiments allzusehr Rücksicht nehmen zu müssen". Deshalb sei es für die USA rationeller, „technisches Wissen zu produzieren und zu exportieren, während es für die Bundesrepublik günstiger ist, mit diesem importierten Wissen selbst Waren zu erzeugen und diese zu exportieren ... Gegen diesen Prozeß angehen zu wollen, würde bedeuten, gegen die Grundtendenzen der internationalen Arbeitsteilung anzukämpfen". Nicht

Unabhängigkeitsstreben sei mithin das Gebot der Stunde, sondern das Gegenteil davon: enge technische und wirtschaftliche Zusammenarbeit mit Amerika.[141]

Wenn sie es nicht ohnehin gewußt hätten, wäre Barzel und Strauß nach diesen Briefen klargewesen, daß mit Erhard auch wirtschaftspolitisch kein Staat mehr zu machen war. Über Adenauer hatte Krone schon gleich nach dem nordrhein-westfälischen Wahldebakel aufgeschrieben: „Der alte Herr geht auf Erhards Abgang los!"[142] Nach dem Ende der Parlamentsferien galt das zumindest auch für Strauß. Barzel mochte meinen, daß der für ihn günstigste Zeitpunkt eines Sturzes noch nicht gekommen sei, und neigte dazu, Erhard bis auf weiteres mal zu stützen und mal zu stoßen.

Götterdämmerung

Ein nahes Ende von Erhards Kanzlerschaft war inzwischen im politischen Gespräch. In den Zeitungen wurde darüber spekuliert. Die SPD forderte zum Wohl des deutschen Volkes Erhards Rücktritt. Die Fraktionsführung des Koalitionspartners gab öffentlich ihre Meinung kund, daß Erhards Verbleib im Amt Deutschland zum Nachteil gereiche.[143] Und selbst aus dem Kabinett drang die Unzufriedenheit mit Erhards Amtsführung an die Öffentlichkeit. Das nahm Erhard am Tegernsee, ausgeruht und stark, zum Anlaß, an alle Minister „geheim" und „nur persönlich" den gleichen Brief zu schreiben: „Es ist in der Öffentlichkeit der Eindruck entstanden, als ob die gegen den Bundeskanzler vorgetragene Kritik durch Aussagen von Kabinettsmitgliedern genährt wurde. Ich habe aufgrund konkreter Hinweise Anlaß zu der Annahme, daß solche Meldungen zutreffend sind". Die ministerielle Kritik betreffe die Laschheit, mit der er Kabinettssitzungen leite. Er habe in der Tat der Diskussion Raum gegeben, weil das Kabinett eine Gesamtverantwortung trage und jeder die Möglichkeit haben müsse, seine Meinung zu sagen. Aber er könne auch anders. Jedenfalls sei er „nicht willens, es länger hinzunehmen, daß ein Minister außerhalb des Kabinetts in sogenannten vertraulichen Kreisen oder mit vorgehaltener Hand einer durchsichtigen Kritik am Regierungschef Vorschub leistet. Ich spreche es deshalb mit großem Ernst aus: Wenn ich zuverlässige Kenntnis erhalte, daß sich ein Kabinettsmitglied in der vorgenannten Weise illoyal verhält, werde ich nicht zögern, daraus die Konsequenzen zu ziehen". Wer kein Vertrauen mehr zu seiner Politik habe, möge ihm das „in aller Form" mitteilen. „Ich würde in einem solchen Fall dann nicht zögern, dem Herrn Bundespräsidenten seine Entlassung vorzuschlagen. Ich bitte Sie, mir den Erhalt des Schreibens zu bestätigen".[144]

„Dieser Brief ist weder klug noch würdig," schrieb Krone auf den unklugen und würdelosen Brief. „Den kann man nicht beantworten, sondern nur zurückweisen".[145] Von Hassel schrieb vier Wochen nach dem Eingang an Erhard, daß er in der Fülle der Amtsgeschäfte leider nicht dazu gekommen sei, den Empfang zu bestätigen.[146] Was die anderen Minister daraus machten, ist nicht bekannt. Ernstgenommen hat die Mahnung sicher keiner.

Die Anwürfe aus der SPD und der FDP tat Erhard in einem Interview mit „Welt am Sonntag" als Auswüchse der Saure-Gurken-Zeit und schlechten politischen Stil ab. Das nehme *er* nicht ernst. So bekomme man ihn nicht mürbe. In der Woche darauf bereitete ein großangelegtes und vielzitiertes Gespräch mit dem diplomatischen Korrespondenten der WELT die Rückkehr des Kanzlers nach Bonn vor. Erhard bot sich darin selbstbewußt und stark, energievoll und kämpferisch dar. Sein Selbstvertrauen sei unerschüttert. Nein, er sei nicht an sich irre geworden. Wenn er an etwas irre geworden sei, dann am deutschen Volk. Er frage sich, „ob das deutsche Volk wirklich den Freiheitswillen hat, den ich ihm einzuimpfen versucht habe". Genug Zivilcourage, um sich der Manipulationen von Interessenvertretern zu verweigern, habe es jedenfalls nicht.

Eigentlich hätte er, Erhard, das Recht haben sollen, das Volk aufzulösen und ein neues zu wählen.

Das hatte er nicht. Aber die Absicht aufzugeben hatte er auch nicht. „Ich habe mich immer dann am glücklichsten gefühlt, wenn es hart herging". Es gebe nur ein Mittel, um ihn loszuwerden. Dieses Mittel sei das konstruktive Mißtrauensvotum. „Aber den Scherbenhaufen möchte ich sehen, den es dann gäbe. Es soll erst mal einer kommen, der es besser macht als ich". An eine Kabinettsreform denke er allerdings - Verkleinerung und Verjüngung noch vor Jahresende. Die Wirtschaft komme in Ordnung. „Über das gröbste sind wir schon hinweg". Es sei „doch verrückt, ... von einem Verfall der Konjunktur zu sprechen."

Der wohlwollende WELT-Mann stellte ähnlich wie die FDP-Rebellen fest, daß dem Kanzler der Realitätssinn abhanden gekommen sei.

Erhard sagte: „Von mir wird noch manches harte Wort gesprochen werden, wenn ich nach Bonn zurückkomme. Ich bin richtig dazu aufgelegt".[147]

Am 25. August kehrte er nach Bonn zurück. Am 26. August wäre es nötig gewesen, manch hartes Wort zu sprechen. Das Kabinett beriet über den Bundeshaushalt des Rechnungsjahres 1967. Während es beriet, verbreitete dpa die offizielle Meldung, daß der Kanzler und sein Finanzminister vorhätten, Ausgaben in Höhe von 1,5 Milliarden DM zu streichen. Tatsächlich wurden 100 Millionen DM gestrichen und der Haushalt mit einem Ausgabenvolumen von rund 74 Milliarden DM verabschiedet.[148] Die Ausgabenansätze waren um mehr als 7 % größer als die Ansätze des laufenden Jahres. Niemand glaubte Erhards wiederholte Beteuerung, daß die Zunahme vom nominalen Wachstum des Sozialprodukts gerechtfertigt werde. Tatsächlich wuchs das nominale Sozialprodukt 1967 auch nur um 2 %. Richtiger noch: Das real geschrumpfte Sozialprodukt wurde von Preiserhöhungen um 2 % aufgebläht.

Im übrigen war nicht einmal gesichert, daß die 74 Milliarden das letzte Wort wären. Die Bundesregierung geriet mit den Offset-Einkäufen in Amerika zusehends und willentlich in Rückstand. Das gültige Abkommen lief bis zum 30. Juni 1967. Bis dahin standen noch Aufträge im Wert von 3,6 Milliarden DM aus. Der Verteidigungshaushalt des Jahres 1966 war erschöpft. Er gab Offset-Zahlungen nicht mehr her. Unpassenderweise erhielt Erhard gerade in diesen Tagen Johnsons Antwort auf seinen Brief vom 5. Juli: „You and I agreed that the current offset agreement will be fully met". Erhard nahm sich gleichwohl vor, Ende September nach Washington zu reisen und bei Johnson einerseits einen Zahlungsaufschub und andererseits ein Anschlußabkommen zu wesentlich günstigeren Bedingungen zu erwirken. Erhard vertraute fest darauf, daß Johnson seinen Wünschen nachgab. Der Präsident verehrt mich und ich verehre ihn, sagte er. Johnson werde nichts tun, „was uns wirklich in einen Gegensatz bringt".[149] Als hätte er das nicht schon wiederholt getan. Wenn Johnson den Aufschub zugestand, wurden 1967 Zahlungen fällig, die in den 74 Milliarden DM nicht enthalten waren. Gestand er ihn nicht zu, geriet der laufende Haushalt aus seinem gänzlich ungesicherten Gleichgewicht. Und auch damit noch nicht genug. Die Ausgaben galten natürlich als gedeckt. Anders durfte der Haushalt dem Parlament nicht vorgelegt werden. Sie *waren* aber nur unter zwei Voraussetzungen gedeckt. Die eine Voraussetzung war, daß Sozialprodukt und Steueraufkommen in dem Maße zunahmen, das Erhard voraussagte. Die andere war, daß der Bund weiterhin 39 % des Einkommen- und Körperschaftsteuer-Aufkommens bekam. Darüber wurde mit den Ländern verhandelt. Die Länder boten 35 % und schienen unabhängig von der Couleur ihrer Regierungen geschlossen entschlossen zu sein, kein Prozent mehr herauszurücken. Jedes Prozent entsprach etwa 500 Millionen DM.

Trotzdem sagte Erhard am Morgen nach der Verabschiedung des Haushalts im CDU-Parteipräsidium: „Die Beratungen über den Bundeshaushalt in der gestrigen Kabinettssitzung seien mit einem Ergebnis abgeschlossen worden, das die Bemühungen der Regierung glaubwürdig erscheinen lasse". Glaubwürdigkeit konnte die Regierung brauchen. Die letzten Umfragen waren nämlich mit dem Ergebnis abgeschlossen worden, daß die SPD derzeit bei 52 %, die CDU/CSU aber nur bei 39 % der Bevölkerung auf Zustimmung rechnen konnte. Kaum mehr ein Viertel der Wählerschaft meinte, daß Erhard einiges doch ganz gut machte. Das Präsidiums-Mitglied Amrehn wies darauf hin, „daß in der Partei auf allen Ebenen eine Diskussion über den Bundeskanzler und über den Parteivorsitzenden im vollen Gange sei". Niemand widersprach.[150]

Drei Tage, nachdem Erhard vom Tegernsee her in Bonn angekommen war, verließ er Bonn wieder und begab sich im Sonderzug mit Schröder und Gefolge auf eine einwöchige good-will-Tour nach Oslo und Stockholm. Man riet ihm davon ab, dies zu tun, aber er hörte nicht auf den Rat. Die Skandinavien-Reise war eine Reise, wie er sie gern hatte: der politische Anlaß und Anspruch gering, das Maß an Ehrungen groß und das Rahmenprogramm reichhaltig. Dazu versah er sie mit einem kleinen Knalleffekt. In Oslo schien er allemal von irgendwelchen oratorischen Teufeln geritten zu werden. Vor acht Jahren hatte er de Gaulle in Oslo diktatorischer Gelüste verdächtigt. Diesmal sagte er: „Ich glaube nicht, daß wir bemüht sein sollten, die politische Integration der EWG zu fördern, weil ich glaube, je stärker die EWG in den Augen der übrigen Welt und vor allem der freien Nationen ein politisches Gehäuse hat und politisches Instrument wird, um so schwieriger wird die Verständigung sein". Dem Rest der Rede war zu entnehmen, daß er die Verständigung über eine europäische Freihandelszone meinte. In Stockholm wiederholte er die Rede.[151]

Erhard saß noch nicht wieder richtig an seinem Bonner Schreibtisch, als Strauß anrief und ihn wegen der Redepassage zurechtstieß. Drei Tage später wiederholte er die Zurechtweisung im Fraktionsvorstand. Empört sei er über die Meldung gewesen. Er halte nichts von Plänen einer sogenannten „großen Freihandelszone". „Er hasse die verschrobenen liberalistischen Gedankengänge der Freien und der Gleichen! Dabei käme nichts heraus".[152] Europa der Freien und Gleichen - das war Erhards gegen Frankreich und de Gaulle gewendete Formel. Erhard duckte sich. Mittlerweile war in der Öffentlichkeit eine rege Diskussion darüber im Gange, ob der Kanzler in Oslo und Stockholm einer grundsätzlichen Revision der deutschen Europapolitik Ausdruck gegeben habe - Revision im ursprünglichsten Sinn des Wortes. Das Erstaunen und die Ungewißheit waren um so größer, als Erhard kurz vor der Reise in einem Interview mit der schwedischen Zeitung Aftenposten gesagt hatte: „Der politische Zusammenschluß Europas, für den die Bundesregierung nach wie vor eintritt, soll ... noch enger werden".[153]

Von Hase tat das übliche. Erhard sei falsch zitiert worden. Man hatte das Wortprotokoll seiner Reden. Erhard drehte ein paar argumentative Pirouetten, um die Vereinbarkeit der Rede mit seinem unveränderten politischen Einigungswillen zu demonstrieren. Die Neue Zürcher Zeitung hatte des Rätsels Lösung. Er habe seinen Gastgebern wohl etwas sagen wollen, was die gerne hörten.[154] Und das war's.

Das war's, und es kam nicht mehr sonderlich darauf an. Erhards Abschied vom Kanzleramt war nur noch eine Frage des Zeitpunkts und der Umstände, keine grundsätzliche Frage mehr. Am Tage vor seiner Rückkehr aus Stockholm kam Familienminister Heck, der zugleich geschäftsführendes Mitglied des CDU-Vorstandes war, zu Krone und sagte, daß Erhard gehen müsse. Er bringe nichts mehr zuwege.[155] Adenauer rief den Kanzler gleichentags in aller Öffentlichkeit zum Rücktritt auf.[156] Erhard sagte zu Bild: „Daß ich zurücktreten soll - das ist die höchst subjektive Auffassung des Bundestagsabgeordneten Adenauer".[157] Neuerdings meinte aber sogar Schröder hinter vorgehaltener Hand, „daß wir nach einem neuen Kanzler Ausschau halten müßten". Er selbst schaute dabei nicht weit. Gerstenmaier komme nicht in Frage, Barzel dürfe nicht in Frage kommen.[158] Letzteres dachten auch Adenauer, Strauß und Dufhues. Barzel dachte darüber anders, war aber unsicher, ob er es jetzt schon schaffte.

Am Morgen nach dessen Rückkehr wies er den Kanzler erst einmal an, das Kabinett bis auf weiteres unverändert zu lassen.[159] Tags darauf führte Erhard ein langes Hintergrundgespräch mit Chefredakteuren deutscher Zeitungen und sagte auf die Frage, ob er an eine Umbildung oder an eine Verkleinerung des Kabinetts denke: „Im Augenblick sehe ich keinen Anlaß, irgend etwas zu ändern". Im weiteren Verlauf der Legislaturperiode vielleicht.[160] Das WELT-Interview, in dem er vor Selbstbewußtsein und Tatendrang zu bersten schien, lag zwei Wochen zurück.

Am 8. September wurde bekannt, daß die Steuereinnahmen unter dem Einfluß der Rezession erheblich hinter den Erwartungen zurückblieben. Danach waren im laufenden Haushalt nicht mehr nur 3,6 Milliarden DM Offset-Ansprüche von der Hoffnung gedeckt, die Ausgaben gestundet zu bekommen; der Haushalt wies unversehens auch eine offene Deckungslücke von etwa einer Milliarde DM aus. Außerdem waren unter diesen Umständen die optimistischen Einnahmeschätzungen für das nächste Jahr nicht aufrechtzuerhalten. Zur Unsicherheit über den Einkommensteuer-Anteil und die Offset-Regelung kam die Aussicht auf Mindereinahmen von mehr als einer Milliarde DM im Jahr 1967.

Am gleichen Tag fand die erste Sitzung des Fraktionsvorstandes nach der Sommerpause statt. Barzel leitete sie mit der Feststellung ein, daß „dies ... die bisher schwerste Situation für die Union sei". Im weiteren Verlauf seiner Rede sagte er, daß er noch immer auf das ökonomische Gesamtprogramm der Regierung warte und zu warten nicht aufhören werde. Erhard hatte kein Programm in petto und hielt auch weiterhin keines für nötig. „Es sei unverständlich, ... von Krise zu sprechen ... (Das) Konjunkturbild kann sich sehen lassen". Er gebe allerdings zu: Kohle und Stahl hätten Probleme, denen man mit Subventionen und Wettbewerbsbeschränkungen begegnen solle. „Unsere Vorstellungen vom Mißbrauch wirtschaftlicher Macht könnten bei den veränderten Verhältnissen nicht mehr obwalten".[161]

Strauß las Erhard in einer langen Rede schonungslos die Leviten: Was er getan habe, um die wirtschaftlichen Gefahren zu bannen, die er angeblich vorausgesehen und vorausgesagt habe? Was er tun wolle, wenn die SPD der Verfassungsänderung nicht zustimme? Sagen, daß ihm die Opposition verwehre, Gesetze durchzubringen, die er für nötig halte? Das gehe doch wohl nicht an! Was für ein Alternativprogramm er habe? Wenn sich jetzt herausstelle, „daß der Haushalt 1966 mit einer Milliarde überzogen sei", stimme die Finanzplanung offenbar nicht. Zu allem Überfluß die Reden in Oslo und Stockholm. Die falsche Behandlung Frankreichs und die Unfähigkeit, Einfluß auf die amerikanische Politik zu gewinnen, ohnedies. „Großer Beifall".[162]

Bis zur ersten nachsommerlichen Sitzung der Gesamtfraktion bereitete von Guttenberg einen Handstreich vor. Strauß und Lücke wurden eingeweiht. Ein Strohmann führte ihn. Barzel eröffnete die Sitzung mit dem üblichem Bericht des Vorsitzenden. Dann gab Erhard eine matte Erklärung ab. Keine Hand rührte sich zu Beifall. Barzel fragte, ob das Wort zu

Erhards Erklärung gewünscht werde. Der Abgeordnete Petersen wünschte das Wort und stellte namens zahlreicher Freunde den Antrag, sofort eine Fraktionskommission zu bilden und mit dem Auftrag zu versehen, im Laufe der nächsten Woche Leitlinien für ein umfassendes, sowohl Sach- wie Personalfragen umfassendes Regierungsprogramm auszuarbeiten. Strauß solle den Vorsitz übernehmen, von Guttenberg ihr Mitglied sein, die Minister Heck, Katzer, Lücke und Schröder sollten als Sachverständige hinzugezogen werden. Erhards und Barzels Pulse gingen schneller. Barzel war nicht mal als einfaches Kommissionsmitglied vorgesehen. Er nahm beleidigt das Wort. Er verstehe den Antrag als Mißtrauensvotum gegen den Fraktionsvorsitzenden. Erhard sagte, daß er das Ergebnis der Kommissionsarbeit nicht beachten werde. Mehrere ältere Abgeordnete widersprachen dem Vorschlag. Strauß und Lücke merkten, daß die Überrumpelung nicht gelang und rieten Petersen, den Antrag zurückzuziehen. Petersen folgte dem Rat. Die Debatte wendete sich den Sach- und den Personalfragen zu, in die der Ausschuß Klarheit und Linie hätte bringen sollen. Dabei zeigte es sich, daß mit der Ablehnung jenes Ausschusses keine Vertrauenserklärung für den Bundeskanzler verbunden gewesen war. Die Kritik an der Regierungspolitik war heftig. Strauß gab mit einer fulminanten, enthusiastisch akklamierten Rede abermals den Ton an.[163]

Im Gegensatz zu ihm taten sich die meisten Abgeordneten mit persönlichen Angriffen auf Erhard noch immer schwer. Deshalb führten sie eine Art Stellvertreterkrieg. Sie schossen auf Westrick. Das war nicht neu. Auch die Presse neigte seit einiger Zeit dazu. Daran war Westrick nicht ganz schuldlos. Anders als Globke gab er sich mit hintergründigem Einfluß und stillem Machen nicht zufrieden. Das widersprach seinem Naturell. Er war nicht frei von Ehrgeiz und wollte in politische Erscheinung treten. Er bot sich der Öffentlichkeit tatsächlich als so etwas wie „der allzu vordergründige Mann im Hintergrund" dar. Deshalb konnte es auf die Länge kaum ausbleiben, daß man ihm *das* als Versäumnisse und Fehlleistungen vorwarf, was er bei aller Intelligenz und allem politischen Gespür und trotz großem Arbeitseinsatz gegen Erhards Unzulänglichkeit *nicht* auf die Reihe zu bringen vermochte. Aber es war gleichwohl ungerecht, weil es alles das, was er auf die Reihe brachte, für selbstverständlich nahm und ihm nicht zugute hielt. Erhard hätte es besser wissen müssen. Und wenn er es wegen seines einsichtslosen Selbstverständnisses nicht besser wußte, dann mußte er aus Loyalität und als notorischer „Verantwortungsträger" für Westrick stehen und zeugen. Das tat er nicht. Die Fraktion lud ihren aus Enttäuschung erwachsenen Zorn auf Westrick ab und Erhard schwieg. Er ließ Westrick fallen. Westrick schrieb noch am gleichen Tag sein Entlassungsgesuch. Er habe den Eindruck, daß er dem Kanzler nach 15 Jahren vertrauensvoller Zusammenarbeit neuerdings Schwierigkeiten bereite und wolle durch seinen Rücktritt den Weg für eine Kabinettsumbildung freimachen.[164]

Am nächsten Tag fand Westrick keine Gelegenheit, Erhard das Gesuch zu übergeben. Erst war Kabinettssitzung, dann ging der Kanzler in den Bundestag. Dort stand die Erste Lesung der Regierungsvorlage zur Änderung des Art. 109 GG und des Entwurfs eines Gesetzes zur Förderung der wirtschaftlichen Stabilität auf der Tagesordnung. Er sehe sich verpflichtet, sagte Erhard vor dem Plenum, „dazu einige allgemeine Bemerkungen zu machen". Eine Bemerkung lautete: „Das sogenannte magische Dreieck, das Stabilität, wirtschaftliches Wachstum und außenwirtschaftliches Gleichgewicht auf eine gemeinsame Formel zu bringen sucht, entspricht nicht zuletzt einer sozialistischen Wirtschaftsphilosophie und kann gerade von dieser Seite nicht als zu nebelhaft angeprangert werden". Erhard hatte sie an unpassendster Stelle mit eigener Hand in den Redetext seines Referenten eingefügt.[165] Die „sozialistische Seite" war natürlich weit davon entfernt, jenes „magische Dreieck" als „nebelhaft" abzutun; die Sozialdemokraten beanstandeten vielmehr, daß der Entwurf neben gesetzlichen Vorkehrungen zur Förderung der Stabilität nicht auch gesetzliche Vorkehrungen zur Förderung des Wachstums enthalte. Ohne deren Aufnahme würden sie der erwünschten Änderung des Grundgesetzes nicht zustimmen. Das war zu erwarten gewesen. Erhard kam nicht mehr in die Verlegenheit, darüber befinden zu müssen, ob er der Aufnahme zustimmte oder auf das Gesetz verzichtete. Als die Frage zur Debatte stand, war er nicht mehr Kanzler. Aus dem Entwurf eines Gesetzes zur Förderung der Stabilität wurde ein Gesetz zur Förderung von Stabilität und Wachstum.

Über Westricks Rücktrittsgesuch dachte Erhard nicht lange nach. Er nahm es an und bat Westrick, die Geschäfte weiterzuführen, bis ein Nachfolger - wieder im Range eines Staatssekretärs - ernannt worden sei. Westrick führte die Geschäfte noch, als Erhards eigener Nachfolger ernannt wurde. Dabei standen zwei Kandidaten gleichsam auf dem Sprung, als Erhard Westricks Bitte um Entlassung nachkam. Der eine Kandidat war selbstverständlich Hohmann, der andere Fraktionsgeschäftsführer Rasner. Rasner war ein allseits geschätzter Mann mit Übersicht und Energie. Erhard hatte ihm im Zusammenhang mit der letzten Regierungsbildung zugesichert, daß er ihn hole, wenn Westrick über kurz oder lang ausscheide. Jedenfalls hatte Rasner es so verstanden und von Hassel so berichtet.[166] Eigentlich wollte Erhard Rasner aber natürlich nicht. Rasner war ihm ungewohnt, erschien ihm als Delegierter der Fraktion und nähme dem treuen und gewohnten Hohmann den Platz weg. Rasner wollte wohl auch nicht mehr aus vollem Herzen. Aber er hielt sich für verpflichtet und bot sich an. Erhard zögerte und hielt ihn hin. Rasner nahm übel und schrieb Erhard einen bösen Brief. Er stehe „nicht mehr zur Verfügung". Hohmann war der Fraktion nicht zu vermitteln, Langer noch weniger. Erhard wendete sich rührenderweise an Hallstein. Wenn der etwas werden wollte, dann Erhards Nachfolger, gewiß nicht sein Staatssekretär. Die Staatssekretäre im Finanz-, im Innen- und im Verteidigungsministerium lehnten ebenfalls ab. Die Öffentlichkeit verfolgte die vergebliche Suche mit amüsiertem Interesse.[167]

Der unbarmherzige Freund

In der letzten Septemberwoche wurde die Suche unterbrochen. Erhard flog zu Johnson. Viele rieten ihm ab, Wohlmeinende und Übelwollende gleichermaßen. Sein Besuch sei in Washington nicht eigentlich erwünscht; er habe sich eher aufgedrängt. Er glaube, seiner politischen Schwierigkeiten mit einem Erfolg der Reise Herr zu werden. Aber Johnson stecke in nicht geringeren Schwierigkeiten. Und ungeschickterweise stehe es so, daß die Schwierigkeiten des einen durch das vergrößert würden, was die Schwierigkeiten des anderen verringern könnte. Erhard möge sich ausrechnen, wer der eine und wer der andere wäre. Erhard reiste.

Man sollte meinen, daß er als ein verzweifelt Hoffender reiste. Dem äußeren Anschein nach unternahm ein Teil der Bundesregierung einen Familienausflug. Nicht nur die Ehefrauen Erhards, Schröders und von Hassels waren mit von der Partie, auch Tochter Elisabeth und deren Mann stiegen zu. Krone meinte, auch Erhards Hausdame gesehen zu haben.[168] Das blieb unbewiesen. Die Presse mokierte sich über die Teilnahme des zurückgetretenen Westrick, obgleich dessen Frau zuhause blieb.

Die Gesellschaft flog am Samstag, den 24. September, morgens um 10 Uhr mit einer Sondermaschine der Lufthansa in Köln-Wahn los und kam um 14 Uhr Ortszeit in Washington an. Unterstaatssekretär Ball begrüßte den Kanzler auf dem Flugplatz. Der Samstagnachmittag war für eine Rundfahrt durch Washington, der Sonntag für einen Ausflug auf den Mount Vernon und für den Besuch der National Gallery reserviert.[169] Deutsche Zeitungen druckten Karikaturen, auf denen man Erhard in Hemdsärmeln, den Hut keck auf dem Hinterkopf, die Minister und die Gattinnen im Schlepptau, spazierstockschwingend aufs Weiße Haus zumarschieren sah. Von dessen Freitreppe her winkten Lyndon und Ladybird Johnson herzliches Willkommen. Auf dem Rasen der präsidialen Residenz ein Schild: Hier dürfen Familien Kaffee kochen.

Ganz so war es natürlich nicht. Der Kanzler, Schröder und einige hohe Beamte unterließen sogar den Museumsbesuch und führten bereits am Sonntag nachmittag Vorgespräche im State Department. Die Materie war kompliziert. Erhard kam es vor allem auf die Stundung der fälligen und auf das Zugeständnis geringerer Offset-Zahlungen in der Zukunft an. Mit Verhandlungen darüber konnte es aber nicht sein Bewenden haben. Das Offset-Abkommen hatte seinen politisch-militärischen Ort in einem atlantischen Verteidigungs- und Sicherheitskonzept, über das Klarheit und deutsch-amerikanische Einigkeit zu herrschen schien, als Strauß und Gilpatrick es erstmals schlossen. Inzwischen war ein halbes Jahrzehnt vergangen, die Klarheit war geschwunden und die Einigkeit höchst zweifelhaft geworden. Es mußte darum gehen, beides wiederherzustellen. Die Bundesregierung war besorgt darüber, daß die NATO-Strategie der „flexible response", die auf amerikanisches Betreiben an die Stelle einer Strategie „massiver nuklearer Vergeltung" getreten war, Rußland zu einem konventionellen Angriff auf Deutschland nachgerade einlüde. Sie wollte das Wechselverhältnis zwischen dem Umfang der amerikanischen Truppen in Deutschland und dem Umfang der deutschen Offset-Zahlungen an Amerika nicht anerkennen, das die US- Regierung zwar nicht aussprach, aber argumentativ vertrat und andeutend bereits praktiziert hatte. Und sie lehnte Nichtverbreitung auf Kosten nuklearer Beteiligung ab. Kürzlich hatte Johnson in einem Brief an Erhard vorgeschlagen, über die Stärke der amerikanischen und der britischen Truppen in Deutschland und die Höhe der deutschen Offset-Zahlungen an die Vereinigten Staaten und an Großbritannien Dreiergespräche zu führen. Der Vorschlag ging auf einen „Hilferuf" der britischen Regierung zurück: Sie könne sich den Unterhalt der Rheinarmee ohne bemerkenswerte Erhöhung des Devisenausgleichs nicht mehr leisten. Die Bundesregierung scheute derlei Dreiergespräche, bei denen ihr zwei Verhandlungspartner mit gleichen Interessen und in stärkerer Position gemeinsam ihre Forderungen präsentierten. Sie wünschte, weiter mit jedem gesondert zu verhandeln, oder zumindest vor Dreiergesprächen im Dialog mit den USA grundsätzliche und präjudizierende Einigkeit nicht nur über Stationierung und Finanzierung, sondern im Zusammenhang damit auch über das strategische Konzept der NATO und die nukleare Beteiligung der Bundesrepublik herzustellen.[170]

Die Vorgespräche im State Department gaben Erhard und Schröder zu erkennen, daß sie sich mit ihren Wünschen schwertäten. Am folgenden Morgen erwies es sich. Die Delegationen tagten zunächst im Außenministerium. Johnson hielt sich aus diesen Gesprächen wie üblich heraus, Erhard nahm wie üblich daran teil. Man versicherte sich wechselseitigen Verständnisses für die Position des je anderen, beharrte aber auf der eigenen Position. Erhard brachte die Unterredung schnell auf den für ihn lebenswichtigen Punkt. Im Rahmen des bis Mitte 1967 laufenden Offset-Abkommens ständen Zahlungen in Höhe von circa 900 Millionen Dollar aus. 250 Millionen könnten bis Jahresende aus dem Haushalt

Wirtschaftspolitische Entscheidungsträger: Kanzler Erhard, Finanzminister Dahlgrün, Wirtschaftsminister Schmücker, Bundesbankpräsident Blessing

noch geleistet werden. Das war neu und mit der Absicht verbunden, einen Nachtragshaushalt einzubringen. Der daheimgebliebene Finanzminister weigerte sich freilich, dies zu tun, weil er nicht wußte, wo er das Geld dafür hernehmen sollte, ohne die Steuern zu erhöhen. Und Steuererhöhungen lehnte er im Einklang mit seiner Partei ab. Für die verbleibenden 650 Millionen Dollar bat Erhard um Stundung. Er sagte nicht, wie lang der Zahlungsaufschub sein sollte. Aber er dachte an eine Tilgung in vier Jahresraten. Das Folgeabkommen müsse wesentlich niedrigere Ausgleichsbeträge vorsehen. Erhard erinnerte daran, daß die Bundesrepublik ein hohes Handelsbilanzdefizit mit den Vereinigten Staaten habe, daß die Bundesregierung umfangreiche amerikanische Kapitalanlagen in Deutschland dulde, daß die Bundesbank einen großen Teil ihrer Währungsreserve in US-Schatzanweisungen halte. Die amerikanische Regierung möge dies doch bitte in Betracht ziehen und ein wenig honorieren. Rusk sagte, daß über die finanziellen Dinge der Präsident mit dem Kanzler persönlich reden werde.[171]

Um elf schlug Erhards Stunde.[172] Johnson wußte, daß er Erhards politisches Überleben in der Hand hatte. Seine Berater hatten ihn eindringlich von den innenpolitischen Schwierigkeiten des deutschen Kanzlers unterrichtet. „Erhard is a man with a dilemma and no plan to get out of it. We must lead him out". Das war die Meinung des neuen Sicherheitsberaters Walt Rostow. Die Führung des Außenministeriums teilte die Meinung, Minister Rusk allerdings weniger entschieden als sein Stellvertreter Ball. Verteidigungsminister McNamara und Finanzminister Fowler lehnten sie ab. Sie drangen darauf, daß die Bundesregierung das laufende Abkommen vollständig und fristgerecht erfüllte und in Dreiergesprächen dazu genötigt würde, auch in Zukunft hohe Ausgleichszahlungen zu leisten. Namentlich McNamara verstand und empfahl amerikanische Unnachgiebigkeit in der Sache als ein Mittel, die Bundesregierung zur Erhöhung des deutschen Verteidigungshaushalts und zu besserer Ausrüstung der Bundeswehr zu zwingen. Dies wiederum hielt er für nötig, um die Funktionstüchtig- und Glaubwürdigkeit der in Deutschland mit Mißtrauen betrachteten „flexible response"-Strategie zu erhöhen.

Erhard trug zum dritten Mal in gleichlautenden Wendungen seine Probleme und die deutschen Wünsche vor. Johnson hörte ihn an und sagte ein paar verständnisvolle Worte. Dann wurde offenbar, daß McNamara und Fowler, nicht Rostow und Ball ihn überzeugt hatten. Er verstehe den Sinn von Erhard Rede nicht ganz. Bisher habe man auf das deutsche Wort doch stets vertrauen können. Erhard möge Schwierigkeiten haben, seine, Johnsons, Schwierigkeiten seien größer. Was könne er seinen Kritikern im Senat, die neben anderem verlangten, daß er ein paar Divisionen aus Europa abziehe, denn noch sagen, wenn Deutschland seine Verpflichtungen nicht erfülle? Erhard sagte, daß es bitter sei, vom amerikanischen Präsidenten zu hören, daß er auf das deutsche Wort nicht mehr vertraue. Niemand habe und werde es an Loyalität weniger fehlen lassen als die Deutschen.

Er ging schwer getroffen und tief erschüttert mit Johnson zu den Delegationen hinüber. So habe er den Präsidenten noch nie erlebt, sagte er später. Das stimmte nicht. Er hatte ihn schon schlimmer erlebt. Aber da war es nicht *so* sehr darauf angekommen, und er hatte es später nicht mehr wahrhaben wollen. Johnson schlug vor, daß die Verteidigungs- und die Finanzminister am Nachmittag noch einmal prüften, ob es eine Alternative zur ordnungsgemäßen Erfüllung des Abkommens gäbe. Die Bestimmung der amerikanischen Verhandlungspartner nahm das Ergebnis der Prüfung vorweg. McNamara und Fowler lenkten keine Handbreit ein. Von Hassel und Bundesbankpräsident Blessing, der anstelle des Finanzministers verhandelte, hatten ihnen wenig entgegenzusetzen. Blessing wollte ihnen auch wenig entgegegensetzen, weil die faktische Gestaltung und Abwicklung des gewünschten

Zahlungsaufschubs die Bundesbank in einer Weise engagierten, die er eigentlich nicht für vertretbar hielt.[173]

Das mühevoll formulierte Kommuniqué camouflierte das Ergebnis der Prüfung. „Der Bundeskanzler versicherte dem Präsidenten,“, hieß es darin, „die Bundesregierung werde ihr Bestes tun, um dem laufenden Devisenausgleichsabkommen nachzukommen“. Das gab Erhard die Möglichkeit, noch drei Wochen lang so zu tun, als könne „das Beste“ am Ende doch noch etwas anderes sein als volle Erfüllung. „Der Bundeskanzler erläuterte dem Präsidenten“, ging es weiter, „daß die Bundesrepublik in Zukunft nicht in der Lage sein werde, die sich aus der Stationierung amerikanischer Truppen in Deutschland ergebenden Devisenkosten in vollem Umfang durch Einkäufe von Rüstungsmaterial auszugleichen. Es wurde vereinbart, daß diese Frage zu den in den Dreimächtegesprächen zu prüfenden Problemen gehören werde“. Außerdem sollten dazu die Frage nach dem verbliebenen Ausmaß der Bedrohung und die Frage nach dem Umfang der für Abschreckung und Verteidigung nötigen Streitkräfte gehören.[174]

Die Abwicklung des alten Abkommens war entgegen deutschen Wünschen von der Vereinbarung eines neuen Abkommens getrennt und das Dreiergespräch war akzeptiert worden. McNamara hatte erklärt, daß er die deutsche Absicht, statt 700 künftig nur noch 350 Millionen Dollar Devisenausgleich im Jahr zu leisten, für inakzeptabel ansehe.[175] Die MLF wurde im Kommuniqué nicht mehr, das gemeinsame Interesse an Nichtverbreitung und kontrollierter Abrüstung mit Nachdruck erwähnt.

Abends war großes festliches Dinner im Weißen Haus. Johnson sagte über Erhard - wie einst Swift über Händel -, daß er ein Deutscher und ein Genie sei, und schenkte ihm einen Zigarrenschneider aus purem Gold. Nach Meeresfrüchten, Lammcarré, glasierten Baby-Karotten und gratinierten grünen Bohnen, Kopfsalat und Bel-Paese gab es feinsinnigerweise Luisenbirnen zum Nachtisch. Zum Geschenk erhielt Luise Erhard einen indianischen Teppich und zwei Bücher über moderne Architektur. Für Tochter Elisabeth fielen eine Schlafzimmeruhr und eine goldene Schlüsselkette ab. Ein Kammerorchester spielte Beethoven, Bach und Copeland.[176]

Am nächsten Vormittag taten Erhard und Johnson dem Besuchsprogramm genüge und unterhielten sich kurz über Dinge, die sie beide - von anderem gedanklich okkupiert - nicht sonderlich interessierten. Danach lud Johnson dem Programm zuwider Erhard dazu ein, mit ihm nach Cape Canaveral zu fliegen und sich das amerikanische Raumfahrtprogramm erläutern zu lassen. Erhard folgte der Einladung. Die Minister und die Staatssekretäre begleiteten ihn. Unterdessen flogen „die Damen“ mit der Lufthansa-Maschine zu einem Stadtbummel nach New York. Der Rest der Delegation blieb in Washington. Im Laufe des Abends sollten die drei Gruppen auf dem Luftwaffenstützpunkt Andrews wieder zusammenfinden und von dort um 22 Uhr nach Köln-Wahn abfliegen.

Aber es war, als hätte sich in den USA alles wider Erhard verschworen. Das Wetter wurde schlecht. Das Präsidentenflugzeug und die Boeing 707 der Lufthansa konnten in Andrews Air Force Base nicht landen. Alternativen wurden erwogen. Schließlich entschied man sich für den funkelnagelneuen Dulles International Airport. Erhard und das politische Personal trafen kurz vor zehn dort ein. Die Restdelegation kam wenig später. Die Damen waren aber noch nicht einmal in der Luft. Ihr Flieger hatte wegen des schlechten Wetters in New York keine Starterlaubnis erhalten. Auch die Intervention des deutschen Generalkonsuls hatte ihm keine erwirken können. Der Bundeskanzler mußte warten. Dulles International Airport war auf wartende Bundeskanzler aber noch nicht eingestellt. „In Andrews Air Force Base hatte die amerikanische Regierung eine große Bar mit Getränken sowie ein

Vom „Freund" verraten und verlassen: Mit Johnson in Cape Kennedy

Büfett mit warmen und kalten Speisen und geschultem Servierpersonal bereitgestellt". Im Dulles Flughafen mußten eilends ein Aufenthaltsraum hergerichtet und ein paar Erfrischungen besorgt werden. Schalterpersonal wurde zum Servieren abgeordnet. Erhard fühlte sich in seiner Würde sehr gekränkt und schimpfte wie ein Rohrspatz. Der deutsche Gesandte und Erhards persönlicher Referent bekamen den Auftrag, der Flughafenleitung „mit aller Klarheit" zu sagen, „daß der Herr Bundeskanzler die (Lufthansa-)Maschine unmittelbar nach ihrer Landung zu besteigen wünsche". Halb elf flog die Boeing schließlich in New York ab, halb zwölf kam sie an. Man ließ Erhard trotz aller Klarheit des Wunsches aber nicht gleich an sie heran. Das Flugzeug müsse erst betankt werden. Wenn man damit warte, bis die Delegation drin sei, verzögere sich die Sache womöglich so sehr, daß die Maschine nicht wieder losfliegen könne, weil unterwegs nach Wahn die Zeit verstriche, die fliegendes Personal ohne Unterbrechung Dienst tun dürfe. Erhard mußte es eine weitere halbe Stunde in der unwürdigen Unterkunft aushalten. Er barst vor Zorn. Seibt rief gleich am nächsten Morgen in der deutschen Botschaft in Washington an und verlangte eine gründliche Untersuchung und eine penible Darstellung der Ursachen und Umstände des Debakels. Der Gesandte entledigte sich des Auftrags noch am gleichen Abend - citissime - mit einem fünfseitigen verschlüsselten Fernschreiben.[177]

Der Sturz

Derweil erschien in der Presse die ganze Reise als ein einziges politisches Debakel. Erhard hatte gehofft und darauf vertraut, und hatte es in seinem Vertrauen als so gut wie sicher dargestellt, daß er mit dem Aufschub der offenen Offset-Zahlungen aus Washington zurückkäme. Die Skepsis war groß, die Erwartungen waren aber zugleich hochgespannt gewesen. Die Erwartungen wurden enttäuscht, die Skepsis bestätigt. Natürlich hätte Erhard den Aufschub als großen persönlichen Erfolg gefeiert. Ebenso natürlich wurde ihm die Abfuhr als großer persönlicher Mißerfolg angerechnet. Die Reise hatte ihm neuen Respekt verschaffen und seine politische Stellung festigen sollen; sie brachte ihn um den Rest seines Ansehens und besiegelte sein politisches Schicksal.

Am Tag nach der Rückkehr beschloß das Kabinett, dem Parlament seinen Entwurf des Haushalts für das Rechnungsjahr 1967 und den Entwurf eines Gesetzes über die Aufteilung der Einkommen- und Körperschaftsteuer zuzuleiten. Der Haushaltsentwurf tat, als gäbe es das ungelöste Offset-Problem nicht. Davon abgesehen setzte seine Durchführung ein zweites Haushaltssicherungsgesetz voraus, durch das mehr als 20 finanzwirksame Bundesgesetze geändert würden. Und der Entwurf des Anteile-Gesetzes beanspruchte 39 % der Einkommens- und Körperschaftsteuer für den Bund.

Am gleichen Tag folgten Dufhues, Heck und der junge, äußerst agile, energische und ehrgeizige rheinland-pfälzische CDU-Landesvorsitzende Helmut Kohl einer Einladung Gerstenmaiers in dessen Landhaus im Hunsrück und berieten mit ihm über Erhards Ablösung. Der baden-württembergische Ministerpräsident Kiesinger war ebenfalls gebeten worden, mußte wegen anderer Verpflichtungen aber absagen. Zugleich erschien ein Interview mit Gerstenmaier im Rheinischen Merkur: Er habe sich bisher dazu verpflichtet gefühlt, sagte Gerstenmaier darin, Erhard bis zur Erschöpfung beizustehen. Es gebe allerdings Umstände, unter denen man die Loyalität zum Land über die Loyalität zu einer Person stellen müsse. Adenauer sagte im ZDF, daß er Gerstenmaiers Meinung verstehe und teile. Die Westdeutsche Allgemeine Zeitung behauptete später, daß Gerstenmaier im

Hunsrück seine Bereitschaft bekundet habe, sich im Wege eines konstruktiven Mißtrauensvotums gegen Erhard zum Kanzler wählen zu lassen. Das wurde dementiert.[178]

Unterdessen nahm Erhard die Suche nach einem Staatssekretär wieder auf und fand ein halbes Dutzend Absagen. NATO-Botschafter Grewe wollte annehmen, erfuhr aber vorher, daß Erhard zugleich auch jemand anders gefragt hatte, war darüber verärgert und lehnte ebenfalls ab.[179]

Fünf Tage nach der würdelos verzögerten Rückkehr aus Washington, am 3. Oktober 1966, begann Bundeskanzler Erhards Sturz aus dem Amt. Er begann mit Rainer Barzels ausdrücklicher Feststellung: „Ludwig Erhard ist und bleibt Bundeskanzler".[180] Wenn derlei Beteuerungen tönen, ist es um den Mann, dem sie gelten, geschehen. Barzel hatte schon vor Erhards Amerika-Reise zu Globke gesagt, daß der Kanzler noch vor Jahresende weichen müsse.[181] Da wußte er noch nicht recht, wie das zu bewerkstelligen wäre. Nach der Reise hatte er eine Ahnung davon. Die Fraktionsführung verlangte von der Bundesregierung vollständige und ordentlich ausgeglichene Haushalte.

Der 3. Oktober war ein Montag. Montags tagte der CDU/CSU-Fraktionsvorstand. Vor der Sitzung trafen Barzel und Strauß sich mit Erhard, Schröder und Gerstenmaier zu einer Aussprache, bei der es vordergründig um Einigkeit und Tatkraft, in Wirklichkeit um Ambitionen, Positionsbestimmungen und wechselseitiges Mißtrauen ging. Erhard wollte Kanzler bleiben, Barzel, Gerstenmaier und Schröder wollten Kanzler werden, Strauß wollte den Kanzler machen. Anschließend formulierte der Vorstand eine Resolution, die einerseits Gerstenmaier zur Ordnung rief: keine öffentlichen Personaldiskussionen mehr, und andererseits Erhard an die Kandare nahm: Die Fraktion achtet die sachliche und personelle Entscheidungsfreiheit des Kanzlers, erwartet von ihm aber Konsequenzen, die ihren Vorstellungen entsprechen. Zu den Konsequenzen gehörten der ordnungsgemäße Ausgleich des Haushalts und ein rascher Abschluß der Bleibeverhandlungen mit Frankreich.[182]

Mit jenen Verhandlungen hatte es seine fast schon übliche Bewandnis. De Gaulle und Erhard schienen sich grundsätzlich geeinigt zu haben. Erhard wies seinen Außenminister aber nicht an, im Sinne der Einigung zu verfahren. Schröder ließ von bestimmten Forderungen nicht ab, die Franzosen ließen sich auf bestimmte Forderungen nicht ein. Die Verhandlungen bewegten sich nicht von der Stelle. Mitte August waren sie unterbrochen und seither nicht wieder aufgenommen worden. De Gaulle sprach erneut davon, daß er die französischen Truppen zurückziehen werde, wenn man sie in Deutschland nicht wünsche. Erhard wurde vom Fraktionsvorstand dazu aufgefordert, die Sache schleunigst und mit großem Entgegenkommen in Ordnung zu bringen.

Barzel teilte das Ergebnis der Vorstandssitzung den Journalisten mit und sagte: Ludwig Erhard ist und bleibt unser Bundeskanzler.

Dienstags tagte die Fraktion. An diesem Dienstag tagte sie viereinhalb Stunden lang. Barzel berichtete von der Vorstandssitzung. Anschließend war Erhard dran. Er begann mit dem Ausdruck seiner „tiefen Empörung ... über das, was in Interviews in der letzten Woche geleistet wurde". Dann bestritt er, daß die Amerika-Reise ein Mißerfolg gewesen sei. Gute und fruchtbare Arbeit habe er geleistet. Er tat so, als werde über die ausstehenden 900 Millionen Dollar mit guter Aussicht auf eine verträgliche Lösung noch verhandelt und als wäre die Verminderung der Jahresrate im nächsten Abkommen so gut wie akzeptiert: „Also die Einjahrestranche beträgt so 750 Millionen Dollar, also in zwei Jahren 1,4 Milliarden, also rechnen Sie es sich aus, und das also würde bedeuten, eine Reduzierung auf die Hälfte. Also von 720 Millionen DM auf 1315 Millionen DM, das sind die korrekten Ziffern".[183] Und so weiter. Barzel eröffnete die Aussprache. Gerstenmaier hielt an sich. Nach-

Umstellt! Von links: Schröder, Dufhues, Adenauer, Gerstenmaier, Erhard, Barzel, Rasner

dem der erste Redner von „Einzelturnern", Mangel an Solidarität und moralischer Krise der Union gedröhnt hatte, hielt er es aber nicht mehr aus. Er hätte geschwiegen, sagte er, „wenn es bei den für mich über die Grenze schon hinausgehenden Eingangsworten des Herrn Bundeskanzlers sein Bewenden gehabt hätte". Nach Majonicas politischer Predigt müsse er reden. Das war sein gutes Recht. Als ob das Elend der Union nicht von begründetem Ansehens- und Vertrauensverlust der Regierung, sondern von seiner Reaktion darauf herrühre, sagte er. Das war richtig. Was folgte, war falsch. Es folgte eine anfangs fulminante politische Rede, die allmählich außer Fasson und gegen ihr Ende hin zu unbeherrschter Ereiferung in eigener Sache geriet: „Ich will Ihnen mal was sagen ... Damit Sie es ganz genau wissen ... Jetzt paßt mal auf, meine lieben und neuen jungen Freunde." Wenn Gerstenmaier davor eine Chance gehabt haben sollte, von der Fraktion für das Amt des Bundeskanzlers nominiert zu werden, danach hatte er die Chance nicht mehr. Wahrscheinlich hatte er aber schon vorher keine Chance gehabt. Denn es war nicht die erste Rede dieser Art. Gerstenmaier bestand darauf, daß er zu seinem Interview berechtigt und daß dessen Inhalt richtig gewesen sei. Wenn die Fraktion daran zweifle, dann müsse er sich fragen, was er mit derlei moralisch unorientiertem Haufen denn noch zu tun habe.[184]

Strauß nahm unaufgebracht und mit weniger aufgeregten Wendungen, „wenn ... auch gemäß meiner Art etwas laut", Gerstenmaiers Partei. Er frage die Fraktion, ob alles in Ordnung wäre, wenn es keine Interviews gäbe oder wenn die Interviews aus „ambrosianischen Lobgesängen" beständen. „Wäre dann alles in Ordnung"? Er behalte sich Interviews vor. Dann ging es gegen Erhard. Schonungslos. „Aber es ist ja eine Stunde der Wahrheit". Die Amerika-Reise: falsch, weil nichts Gutes dabei herauskommen *konnte*. Und es *sei* ja auch nichts Gutes dabei herausgekommen. Die Dreiergespräche, die herausgekommen seien: schlecht, weil sie Frankreich ausschlössen, zu Recht verärgerten und zusätzlich gegen Deutschland einnähmen. Der Haushalt: konjunkturpolitisch anfechtbar, unvollständig und dazu ungesichert. Die Notwendigkeit des zweiten Haushaltssicherungsgesetzes: politisch verheerend. Die Annahme, daß der Bund 39 % von der Einkommen- und Körperschaftsteuer erhalte: illusionär. Es gehe in erster Linie nicht darum, persönliche Gegensätze unter der Decke zu halten, in erster Linie gehe es darum, richtige und gute Politik zu machen und sie glaubhaft zu vertreten.

Soweit, so deutlich. Anschließend wurde Strauß kunstvoll undeutlich. Die Kunst bestand darin, daß die Botschaft trotzdem klar war: Derlei richtige und gute Politik war von *dieser* Regierung und *dieser* Koalition nicht länger zu erwarten. Eine andere Regierung, und zwar die Regierung einer großen Koalition sei das Gebot der Stunde.[185]

Erhard versuchte, sich zu wehren. Zur Sache hatte er wenig zu sagen. Er habe noch mit keinem Staatsmann der Welt so hart verhandelt wie mit Johnson. Die wirtschaftliche Lage sei gut. Der Haushalt und das Stabilitätsgesetz müßten durch. Das sei die gemeinsame Bewährungsprobe. „Und noch ein persönliches Wort": Vor einem Jahr habe er über alles Erwarten glanzvoll die Wahl gewonnen. „Was ist seit dieser Zeit eigentlich geschehen?" Nichts. Nur, „daß wir ... uns von der SPD praktisch die Argumente (haben) soufflieren lassen und ... darauf hereingefallen" sind.[186]

Das persönliche Wort machte keinen Eindruck. Es brachte den überwiegend kritischen Tenor aus der Debatte nicht heraus. Am Ende sprach die Fraktion dem Kanzler trotzdem mit nur neun Gegenstimmen ihr Vertrauen aus. Sie tat dies in offener Abstimmung. „Geben Sie sich keiner Illusion hin", sagte Barzel drei Tage später im Parteivorstand, „in Wirklichkeit waren die Verhältnisse sehr viel ernster".[187]

Die Vorstandssitzung verlief ähnlich wie die Fraktionssitzung. Erhard redete end- und ratlos. Er zog, meinte er, „eine sehr positive Bilanz". Was jetzt nottue, sei „eine Stunde der

Besinnung. Man spricht immer von der Stunde der Wahrheit. Die Wahrheit ist ja nicht so absolut. Aber unter Besinnung kann ich mir sehr wohl konkret etwas vorstellen".[188]

Gleich der erste Redner kam konkret zur Sache. Der Haushalt 1967 sei eine Delegitimation des Stabilitätsgesetzes. Der Bund schlage damit stabilitätspolitisch kräftig über die Stränge und verlange zugleich ein haushaltspolitisches Aufsichtsrecht über die Länder. Außerdem weise er, ebenso wie der laufende Haushalt, eine Deckungslücke auf. Dazu kämen die unbeantwortete Offset-Frage und das Illusionäre des Glaubens an die „39 %". Erhard sagte: Wenn die Länder ihm keine 39 % gäben, müßten *sie* ihm sagen, wie der Bundeshaushalt ausgeglichen werden solle. Nachdem der Vorstand ihn noch ein paar Stunden lang ausgiebig gezaust hatte, sprach auch er dem Kanzler sein Vertrauen aus: „Ludwig Erhard ist und bleibt unser Bundeskanzler." Ein Kanzler, der Vertrauen hat, braucht keine Vertrauenserklärungen.

Am folgenden Tag beriet der CSU-Vorstand darüber, ob die Partei ihre Minister aus der Regierung zurückziehen und auf diese Weise ihr Mißtrauen in den Kanzler demonstrieren sollte. In Bayern standen Wahlen bevor. Manche glaubten, daß sie in sichtbarer Distanz zu Erhards Regierung eher, als bei weiterer Beteiligung an ihr, zu gewinnen wären. Es blieb im unklaren, ob Strauß den Coup vorschlug oder verhinderte.[189]

Mitte Oktober tagte die Fraktion der Union in Berlin. Das tat sie jedes Jahr, um ihre Verbundenheit mit der Stadt sichtbar werden zu lassen. In diesem Jahr nannte sie in Berlin die Bedingungen, unter denen das Vertrauen galt, das sie ihrem Kanzler zwei Wochen zuvor ausgesprochen hatte. Genauer: Die Fraktion akzeptierte die Bedingungen, die ihr Vorstand formulierte. Die Bedingungen lauteten: Die Bundesregierung hat einen ordentlich ausgeglichenen Haushalt vorzulegen. Der Haushalt darf keine Belastungen vor sich herschieben. Deshalb wünscht die Fraktion, mit den Daten einer mittelfristigen Finanzplanung der Bundesregierung bekanntgemacht zu werden. Der Ausgleich des Haushalts soll vorrangig durch Ausgabenkürzungen angestrebt werden. Die Kürzungen dürfen sich nicht auf die Leistungen für die Landwirte erstrecken und müssen im übrigen sozial verträglich und gerecht sein. Nächst Ausgabenkürzungen sollte es die Regierung mit dem Abbau von Steuervergünstigungen versuchen. Wenn sie mit beidem nicht hinkäme, wären die Steuern zu erhöhen. Die Bedingungen wurden demonstrativ der Öffentlichkeit bekanntgemacht.[190]

Barzel und Strauß wußten, daß die Regierung mit Ausgabenkürzungen, die den Verteidigungshaushalt, die Sozialleistungen und die landwirtschaftlichen Subventionen ausnähmen, und mit dem Abbau von Steuervergünstigungen nicht hinkommen konnte. Erhards politisches Schicksal entschied sich an der Frage, ob er gegen seine eigene Absicht die FDP dazu brächte, Steuererhöhungen zuzustimmen. Barzel und Strauß wollten, daß er sie nicht dazu brächte. Sie wollten Erhard los sein.

Ihr Wille wurde in den folgenden Tagen durch zweierlei noch verstärkt. Am 20. Oktober begannen in Bonn die Dreiergespräche, die sie für taktisch unklug und außerdem für eine weitere Belastung des deutsch-französischen Verhältnisses hielten. Amerikas Delegierter McCloy tat gleich zu Beginn kund, daß die laufende Offset-Vereinbarung nicht zur Debatte stehe, sondern erfüllt werden müsse. Die Fraktionsführung gewann den Eindruck, daß Erhard sie mit seinem Bericht über die Washingtoner Verhandlungen ein wenig hinters Licht geführt hatte.[191] Tags drauf stimmte der Bundeskanzler dem Vorschlag seines Außenministers zu, daß die Bundesregierung sich gegen den Verbleib des NATO-Rats in Paris ausspräche. De Gaulle verlangte einerseits zwar, daß die militärischen Hauptquartiere, die in Paris ansässig waren, außer Landes verlegt wurden, hätte es andererseits aber gern gesehen, wenn das politische Beratungs- und Entscheidungsgremium der Allianz in Paris bliebe. Die amerikanische Regierung wollte ihm den Gefallen in ihrer Verärgerung und mit dem Argument, daß die politische Behörde am Ort des militärischen Kommandos sein müßte, nicht tun. Einige Länder widersetzten sich zunächst ihrer Forderung, den Rat zusammen mit SHAPE nach Brüssel zu verlegen. Nach und nach gaben sie unter amerikanischem Druck ihren Widerstand auf. Zuletzt fehlte nur noch das Ja der Bundesregierung zu einem einstimmigen Beschluß. Erhards Zustimmung zu Schröders Vorlage[192] stellte die Einheit gegen Frankreich her und zog dem Kanzler umgehend einen scharfen Verweis von Strauß zu. Die Entscheidung widerspreche dem Wunsch der Fraktion, „daß man einen sichtbaren Schritt auf Frankreich hin mache". Strauß faßte sie mit der neuen Erkenntnis zusammen, „daß die Verhandlungen des Dreier-Gremiums sich nicht auf die Abwicklung der bestehenden Verpflichtungen ... erstrecken", und erklärte: „Es ist meine feste Absicht, mich in dieser Politik nicht mitverantwortlich zu machen. Ich bitte Sie deshalb um Verständnis, wenn ich an Besprechungen über die Lösung unserer finanzpolitischen und außenpolitischen Probleme vorerst nicht teilnehme".[193]

So fand das erste Koalitionsgespräch über den Ausgleich des nächsten Haushalts in der Nacht vom 24. auf den 25. Oktober 1966 ohne Strauß statt. Es war deshalb nicht weniger streithaft. Inzwischen hatte der Finanzausschuß des Bundesrates eine Deckungslücke von 4 Milliarden DM festgestellt und dem Bundesratsplenum empfohlen, den Entwurf abzulehnen. Erhard war vom CDU-Staatssekretär im Bundesfinanzministerium und von seinen Fachreferenten im Kanzleramt davon überzeugt worden, daß es ohne Steuererhöhungen von 1967 an nicht gehe. Die Steuerschätzungen hätten sich als überhöht erwiesen. Der Widerstand gegen den Bundesanteil sei stark und werde vom Recht begünstigt. Der Haushalt 1966 könne „nicht ohne einen nennenswerten Fehlbetrag abgeschlossen werden", der im nächsten Jahr zu decken wäre. Die Ausgabenansätze seien „nach dreimaliger Kabinettsberatung auf ein Maß herabgesetzt worden, das es gerade noch gestattet, die politischen Ziele der Bundesregierung zu verwirklichen. Weitere Kürzungen von wesentlicher Bedeutung erscheinen daher nicht vertretbar ... Der bisherige Standpunkt, Steuererhöhungen unter allen Umständen zu vermeiden, läßt sich unter diesen Umständen nicht aufrechterhalten".[194]

Erhard trug das am Nachmittag des 24. Oktober im Fraktionsvorstand vor und bestätigte damit alle haushaltspolitischen Vorwürfe der vergangenen Wochen. Man einigte sich darauf, daß 1967 die Tabak- und die Branntweinsteuer erhöht und eventuell Ergänzungsabgaben auf die Einkommensteuer eingeführt werden sollten. Die FDP lehnte Steuererhöhungen allerdings weiterhin als unerwünscht *und* unnötig entschieden ab. Ihr Parteivorsitzender hatte jüngst die Möglichkeit einer Koalition mit der SPD anklingen lassen. Außenpolitisch stehe man den Sozialdemokraten ohnehin näher als der Union.[195]

Unter diesen Voraussetzungen begannen abends um acht im Kanzlerbungalow Einigungsverhandlungen zwischen Delegationen der beiden Parteien. Sie dauerten bis nachts um zwei und endeten ergebnislos. Keine Seite schien die Einigung wirklich zu wollen. Barzel führte für die CDU eine scharfe Klinge, die Fraktionsführung der FDP gab wacker heraus. Erhard und Mende wurden gegen ihren Willen mitgerissen. Niemand könne ihm vorwerfen, weich verhandelt zu haben, sagte Erhard am nächsten Tag voll Stolz in der Fraktion. Zweimal wurde die Sitzung kurz vorm endgültigen Knall unterbrochen. Schließlich ging man in hellem Zorn aufeinander und ohne zu wissen, wie es weitergehen sollte, auseinander. Morgens um elf war die Fraktion zu einer Sondersitzung bestellt. Barzel gab ihr einen melodramatischen Bericht vom Kampfgeschehen, nannte den Bericht nüchtern und sagte: Jetzt sei der „Punkt erreicht, wo nur noch klare Entscheidungen helfen können ... Wo man fest zu dem stehen müsse, was CDU/CSU auch programmatisch ausmache ... Man wolle keine wilden Geschichten machen, aber auch nicht kleistern, wenn etwas nicht mehr zu kleistern sein sollte". Beifall. Erhard hielt eine lange legitimatorische Rede, die in die Feststellung seiner Überzeugung auslief, daß man Steuererhöhungen brauche, „daß uns gar kein anderer Ausweg bleibt", daß - nun doch - „die Stunde der Wahrheit ... angebrochen" sei. Kein Beifall. Strauß nahm sofort nach ihm das Wort, dankte Barzel für die nächtliche Verhandlungsführung, zerstäubte Erhards Rechtfertigungen und sagte, daß die FDP jetzt gestellt werden müsse. „Ein letztes Gespräch mit der FDP halte er zwar noch für notwendig, aber dabei könne es sich nicht darum handeln, auf die Vorstellung der FDP einzugehen".[196]

Das Gespräch fand noch am gleichen Nachmittag auf Einladung der CDU statt. Diesmal nahm Strauß daran teil. Das frommte der Aussicht auf Einigung nicht. Das Gespräch endete wie das vorhergehende. Die FDP schien Steuererhöhungen nicht mehr rundweg auszuschließen, verlangte zuvor aber die Kürzung von Sozialleistungen. Barzel und Strauß wiesen das Ansinnen ab. Die Verhandlungsdelegation der Union ging vom Bungalow direkt in die Fraktion und teilte das Scheitern mit. „Es sei kein Zweifel", sagte Strauß, „daß die FDP ernsthafte Anzeichen des Umfallens gezeigt habe. Andererseits könne die CDU/CSU nicht die Last auf sich nehmen, Veränderungen des sozialen Besitzstandes in Kauf zu nehmen". Das war nicht, worum es ihm zu tun war. Erhard stimmte „Kollegen Strauß" dennoch „völlig zu". Zwischen der Haltung des Bundeskanzlers und der Haltung der Fraktion (sei) nicht die geringste Differenz erkennbar" gewesen. Auch er habe die Auffassung vertreten: „Hier müssen wir die Dinge unter allen Umständen durchstehen". Beifall. „Ich habe dem Kollegen Strauß gesagt, jetzt stehen wir wirklich kurz vor der Kapitulation, wenn wir auch noch einen Schritt weitergehen". Beifall.[197]

Eine Woche später sagte Erhard zu Otto Friedrich: Er sei ja nicht von gestern. „Der schlimmste Eindruck, den er gehabt habe, sei, daß der FDP-Rückzug hintergründig aus der CDU heraus provoziert worden wäre (Barzel!), um ihn zu stürzen und selbst ans Ruder zu kommen".[198]

Der Eindruck war richtig. Aber es war auch richtig, daß Erhard sich an der Provokation beteiligt und nachgerade eifrig dazu bekannt hatte. Strauß verpflichtete ihn nach dem Bekenntnis vor der Fraktion noch einmal darauf. Heute sei es nicht möglich gewesen, „die FDP auf ein so hartes Nein (zu Steuererhöhungen, V.H.) festzulegen, wie man es zwar nicht gewünscht, aber im Sinne der Klärung für erforderlich gehalten habe". In den nächsten Tagen müsse man ihr „die letzte Feststellung (aber) aufzwingen": Zustimmung zu Steuererhöhungen oder Beendigung der Koalition. Strauß verlangte von der FDP einen offenen Umfall erster Güte und wußte, daß sie sich den nicht leisten konnte. Die Fraktion stimmte seinem Verlangen einstimmig zu.[199]

Etwa zur gleichen Zeit tagte auch die FDP-Fraktion und kam „in Übereinstimmung mit dem Bundesfinanzminister und den anderen Kabinettsmitgliedern der FDP (zu) der Auffassung, daß der Bundeshaushalt 1967 ohne die von der CDU/CSU gewünschte Ergänzungsabgabe ... und ohne die von der CDU/CSU gewünschte Erhöhung von Verbrauchssteuern ausgeglichen werden kann". Die Auffassung wurde als Pressemitteilung veröffentlicht.[200]

Am nächsten Tag beriet das Kabinett. Es beriet erst über den laufenden und dann über den kommenden Haushalt, insgesamt zehn Stunden lang. Während es beriet, schwor Barzel die Fraktion erneut darauf ein, daß Ausgabenkürzungen, die „unausgewogen" und „nicht sozial gerecht" seien, für die Union nicht in Frage kämen. Eine Diskussion darüber unterband er.[201]

Das Kabinett verabschiedete zunächst einen Nachtragshaushalt in Höhe von gut 2 Milliarden DM für 1966. Dann wandte es sich dem Ausgleich des Haushalts für 1967 zu. Der Finanzminister schlug die Beseitigung von Ausbildungsbeihilfen, Einkommensobergrenzen für den Bezug von Kindergeld, einen Verzicht auf die Erhöhung der Kriegsopferrenten und eine Anhebung der Rentenversicherungsbeiträge vor. Die Minister der CDU und der CSU lehnten die meisten Vorschläge als sozialpolitisch unzuträglich ab. Nach langem Drängen Erhards erlaubte Dahlgrün schließlich seinem Staatssekretär, die wesentlichen Daten der Finanzplanung bis 1971 vorzutragen. Dabei wurde offenbar, daß die Haushalte in der Planung progressive Finanzierungslücken aufwiesen, die selbst dann nicht geschlossen wurden, wenn man alle Vorschläge des Finanzministers akzeptierte. Erhard wußte das seit 15 Monaten. Dahlgrün hatte ihn im Juni 1965 vor einer Finanzkrise in naher Zukunft gewarnt und vorbeugende Maßnahmen dagegen angemahnt. Der Bundeskanzler hatte die Warnung für sich behalten und die Mahnung unbeachtet gelassen.[202] Er behielt die frühzeitige Warnung auch jetzt für sich. Der Finanzminister wies loyalerweise nicht darauf hin. Nach Staatssekretär Grunds Vortrag räumten die FDP-Minister Mende, Dahlgrün und Bucher ein, daß Steuererhöhungen wohl nicht zu umgehen seien. Ihr Kollege Scheel fehlte. Das Kabinett fand in langen Auseinandersetzungen zu einem Formelkompromiß. Im Bemühen um den Haushaltsausgleich müßten zunächst alle Einsparungsmöglichkeiten ausgeschöpft werden. Sollte sich dabei herausstellen, daß sie nicht ausreichten, wären auch Steuererhöhungen ins Auge zu fassen.[203]

Der Vorstand der Unionsfraktion mußte sich am nächsten Tag, dem Morgen des 27. Oktober 1966, darüber schlüssig werden, ob der Kompromiß den Forderungen der Fraktion genügte. Bevor er damit fertig war, wurde ihm die Entscheidung abgenommen. Der FDP-Fraktionsvorsitzende von Kühlmann-Stumm rief in die Sitzung hinein Barzel an und teilte ihm mit, daß die FDP-Minister mit Billigung ihrer Fraktion zurücktraten. In Wirklichkeit verhielt es sich umgekehrt. Die „Bild-Zeitung" machte an diesem Morgen mit der Schlagzeile auf: „Die FDP fiel wieder um". Daraufhin hatte die FDP-Fraktion ihre Minister zum Rücktritt gezwungen. Mende habe es nicht fassen können, erzählte Erhard Otto Friedrich. Er sei, noch bevor Kühlmann mit Barzel telephonierte, zu ihm gekommen und habe geweint. „Die Tränen seien ihm über das Gesicht gelaufen". All das sei so sinnlos. Offiziell gab die FDP bekannt, „daß unter den gegenwärtigen politischen Umständen eine der langfristigen Stabilität dienende Haushaltsentscheidung nicht erwartet werden" könne. Deshalb träten die FDP-Minister zurück. Mende fügte später hinzu, daß mit dem Rücktrittsgesuch der Minister auch die Koalition gekündigt und die Regierung Erhard von Stund' an eine Minderheitsregierung sei. Der Unions-Fraktionsvorstand beantwortete die Meldung nach Beratungen in Erhards Gegenwart mit der von Strauß formulierten Feststellung, daß die FDP abermals eine Regierungskrise ausgelöst habe und dadurch das Ansehen und die Stabilität der deutschen Politik gefährde. „Die FDP trägt für die entstandene Lage allein die Verantwortung ... Die CDU/CSU wird getreu ihrer grundsätzlichen Staatsauffassung die Stabilität von Wirtschaft und Währung durchsetzen".[204]

Eine Erklärung war die andere wert.

Erhard nahm den Rücktritt der FDP-Minister noch am gleichen Tag an. Der Fraktionsvorstand ließ ihm keine andere Wahl. Die Auflösung der Koalition mußte Erhard dadurch bestätigen, daß er Mende und Kollegen nicht bat, die Geschäfte bis zur Ernennung von Nachfolgern weiterzuführen, sondern CDU-Minister damit beauftragte, dies in Personalunion zu tun. Das ergab die dritte „Erklärung" des Tages, eine „Erklärung" des Bundeskanzlers, die außerdem von dessen Bemühen kündete, „sobald als möglich wieder eine Regierungsmehrheit zu schaffen".[205]

Niemand außer Erhard glaubte, daß dem Bemühen Erfolg beschieden sein könnte. Niemand außer Erhard und den Hohmännern wollte, daß ihm Erfolg beschieden wäre. Aber jeder tat natürlich so, als nehme er die Ankündigung ernst. Einen Tag lang.

Am nächsten Tag beschloß das dezimierte Kabinett einen Ergänzungshaushalt, der die Ausgaben des Bundes im Jahr 1967 auf 75 Milliarden DM erhöhte, und dazu die Vorlage eines Steuergesetzentwurfes, für den es keine Aussicht auf eine Bundestagsmehrheit hatte. Nachmittags beriet eine Fraktionsdelegation mit Erhard darüber, wie es weitergehen solle. Dabei forderte Strauß den Bundeskanzler erstmals dazu auf, persönliche Konsequenzen zu ziehen.[206]

Das war nicht Erhards Absicht. Er ließ - letztmals - den Sonderzug unter Dampf setzen und fuhr übers Wochenende nach Nordhessen in den Landtagswahlkampf. Die CDU in Südhessen hatte unterdessen darum ersucht, daß er von Auftritten in ihrer Region absehe. In Nordhessen sagte er, daß er nicht kapitulieren, sondern weitermachen werde nach dem Gesetz, nach dem er angetreten. Gegen Kritik sei er immun. Sonntagsreden.[207] Am Montag verlangte die SPD, daß er gemäß Art. 68 GG im Bundestag die Vertrauensfrage stelle. Der bayerische Ministerpräsident forderte ihn auf einer Wahlkampfkundgebung der CSU dazu auf, einem neuen Mann Platz zu machen. Landesorganisationen der CDU legten ihm den Rücktritt nahe.[208]

Dienstag, Allerheiligen, war Ruhe.

Allerseelen tagte erst der engere Fraktionsvorstand, dann der Fraktionsvorstand, schließlich die Fraktion. Der engere Fraktionsvorstand verständigte sich über Erhard hinweg darauf, daß eine neue Regierung unter neuer Führung zu bilden wäre. Erhard wurde davon vor der Vorstandssitzung unterrichtet. Im Vorstand sagte Strauß, daß Ministerpräsident Goppel „der überwiegenden Wählermehrheit Ausdruck" verliehen habe.[209] Niemand widersprach. Erhard strich entnervt die Segel. Er sagte, daß die Bildung einer Mehrheitsregierung an seiner Person nicht scheitern werde. Jedenfalls sagte Barzel nachmittags zur Fraktion, daß Erhard dies gesagt habe. Beim Wort genommen, machte es eigentlich wenig Sinn. Erhard ließ die Fraktion denn auch etwas im unklaren darüber, wie es zu verstehen wäre. Er sagte, daß er sich Art und Form eines „etwa notwendig werdenden Rücktritts" natürlich vorbehalte und über seinen „etwaigen Nachfolger" ebenso natürlich mitbestimmen möchte. Barzel tremolierte einige Elogen auf „diesen Mann Ludwig Erhard", dessen Erklärung den Respekt vor ihm ins Unermeßliche wachsen lasse, und untersagte den Abgeordneten eine Debatte über jene Erklärung. Jetzt müßten zunächst die Parteigremien Gelegenheit zur Stellungnahme haben.[210] Der Parteivorstand war für Dienstag, den 8. November, einberufen worden.

Erhard schien zu resignieren. Otto Friedrich fand ihn am Tage nach der Sitzungsserie gefaßt vor. „Ja, wissen Sie, wenn man erst einmal hindurch ist und sich entschieden hat, dann wird man ruhig und gelassen", sagte er. „Ich bin jetzt darüber hinweg". In Wirklichkeit war er weder entschieden noch gelassen. Und „darüber hinweg" kam er jahrelang nicht. Er werde zusammen mit der Kanzlerschaft auch den Parteivorsitz niederlegen, sagte er weiter. Mit der CDU sei er fertig und die CDU ihrerseits - von „Machtgier, Charakterlosigkeit, Neid, Ehrgeiz und Mißgunst" beherrscht - wohl auch ziemlich am Ende. „Wenn er noch jung wäre, würde er eine eigene Partei gründen".[211]

Aber er war nahe 70 und wußte, daß der Abschied vom Kanzleramt ein Sturz ins politische Nichts wäre. Deshalb verzögerte er den Abschied und hoffte, daß er sich auf wundersame Weise am Ende doch vermeiden ließe. Die Erklärung vom 27. Oktober, daß er sich um eine neue parlamentarische Mehrheit bemühen werde, blieb unwiderrufen.

Inzwischen hatte die SPD formgerecht beantragt, daß der Bundestag den Kanzler dazu auffordere, die Vertrauensfrage zu stellen. Bundestagspräsident Gerstenmaier weigerte sich, den Antrag auf die Tagesordnung zu nehmen. Der Bundestag habe kein Recht zu derlei Aufforderung. Dessen Ältestenrat war anderer Ansicht und beschloß, den Antrag am 8. November im Plenum zu verhandeln. Er beschloß mit den Stimmen der SPD und der FDP. Erhard sagte, daß man ihm einen „Schauprozeß" machen wolle, und wünschte, daß die Parlamentsdebatte unterbliebe. Aber er tat nicht, was sie erübrigt hätte. Er trat nicht zurück.

Die Debatte fand am Morgen des Tages statt, auf dessen Nachmittag der CDU-Parteivorstand einberufen worden war. Am Tag zuvor beriet das CDU-Parteipräsidium. Strauß nahm als Gast an der Beratung teil. Das Präsidiumsmitglied Amrehn beklagte gleich zu Beginn die Verwirrtheit der Lage. Erhard habe seine Bereitschaft zum Rücktritt kundgetan. Die Bekundung der Bereitschaft werde draußen als Rücktrittserklärung verstanden. Dem Verständnis zuwider gebe Erhard aber die Absicht nicht auf, sich wieder eine parlamentarische Mehrheit zu suchen. Wobei er freilich nur an die FDP, nicht auch an die SPD denke. Er verhandle, wenn es denn sein müsse, auch mit der SPD, sagte Erhard. Das Präsidium machte den Mummenschanz nur halb mit. Es stimmte „dem Vorschlag von Bundeskanzler Professor Dr. Erhard zu, im Einvernehmen mit der CDU/CSU-Fraktion Verhandlungen mit der FDP und der SPD aufzunehmen, um die Voraussetzungen für die Bildung einer parlamentarischen Mehrheit zu klären". Es ließ im unklaren, *wer* die Verhandlungen führen sollte.[212]

Am nächsten Vormittag forderte der Bundestag den Kanzler mit 255 gegen 246 Stimmen dazu auf, die Vertrauensfrage zu stellen. Der Kanzler mußte der Aufforderung nicht nachkommen. Art. 68 GG gab ihm die Möglichkeit, sich das Vertrauen des Parlaments aussprechen zu lassen, er sah aber nichts vor, das ihn dazu verpflichtete, sich das Mißtrauen aussprechen zu lassen. Erhard kam der Aufforderung denn auch nicht nach. Die Aufforderung *war* aber bereits der Ausdruck mehrheitlichen Mißtrauens. Spätestens danach war es undenkbar, daß die SPD oder die FDP Koalitionsverhandlungen mit Erhard führten.

Nur Erhard selbst schien es auch jetzt noch für denkbar zu halten, und der Parteivorstand tat sich am Nachmittag merkwürdig schwer, ihm den Gedanken auszureden. Erhard leitete die Sitzung mit einer langen Rede ein. Er erzählte die Geschichte der Regierungskrise und zeichnete ein gefälliges Bild der wirtschaftlichen Lage. Er schimpfte gewohnheitsgemäß auf die SPD und bestritt dem engeren Fraktionsvorstand der Union das Recht, ihn aus dem Amt zu komplimentieren. Die FDP stehe bereit, um mit der Union über eine neue Regierung zu verhandeln. Personen, sei ihm versichert worden, spielten keine Rolle. „Ich habe noch keine Termine vereinbart, ich wollte das alles mit Ihnen erst absprechen". Anschließend redeten die Delegierten anderthalb Stunden lang um den heißen Brei herum. „Ich habe den Eindruck, daß in der Fraktion die Mehrheit ... nicht mehr daran glaubt, daß Herr Bundeskanzler Erhard eine neue Mehrheit im Bundestag erreichen wird," sagte einer. Und ein anderer: „Sie wissen, Herr Bundeskanzler, daß ich jemand bin, den Sie unbedingt zu Ihren Freunden in diesem Kreise zählen können ... Sie können mir also glauben, daß ich es ehrlich meine, wenn ich sage: Sie sollten diese Verhandlungen nicht führen". So ging es weiter. Nebel erfüllte den Konferenzraum. Schließlich wurde es dem rheinland-pfälzischen Landesvorsitzenden zu dumm. „Jeder weiß, um was es geht," sagte er mit der resoluten Unbekümmertheit, die ihm im Vorstand schnell Respekt und mehr Einfluß verschafft hatte, als seinen 36 Jahren eigentlich zukam, „keiner spricht es aus ... Es wird all das vorgetragen, was eigentlich eine Ausflucht vor uns selbst ist". Das Parteivolk erwarte aber, daß der Vorstand Klarheit schaffe. „Deswegen meine ich, wir sollten jetzt schlicht und einfach die Namen auf den Tisch bringen". Er meinte die Namen derer, die als Verhandlungsführer in Frage kämen und „brachte sie auf den Tisch". Jeder wußte, daß er damit die Namen von Kanzlerkandidaten nannte. Erhards Name war nicht dabei. Kohl sagte: Genannt werden - dem Alphabet nach - unser Freund Barzel, unser Freund Gerstenmaier, unser Freund Kiesinger und unser Freund Schröder. Strauß, der wieder als Gast dabei war, nahm den

Faden auf und empfahl, die vier Kandidaten ohne weitere Diskussion und Präjudizierung der Fraktion zur Wahl vorzuschlagen. Der Vorstand folgte der Empfehlung. Die Wahl sollte zwei Tage später sein. Erhard wußte nicht, wie ihm geschehen war. Seine Gedanken verwirrten sich. Er wähnte sich im falschen Gremium und schloß die Sitzung mit den Worten: „Dann darf ich Ihnen herzlich für Ihr Erscheinen ... danken. Es ist dies ein Abschied, den wir nehmen ... Ich habe diesem Gremium seit 17 Jahren angehört. Sie können überzeugt sein, daß ich mit Würde und mit Anstand diesen Posten niederlegen werde".[213]

Es war ein für allemal aus. Schon auf die Bestimmung des Nachfolgers und auf dessen Verhandlungen mit möglichen Koalitionspartnern nahm Erhard keinerlei Einfluß mehr. Die Volksvertreter der CDU/CSU wählten am 10. November 1966 ihren Kanzlerkandidaten in Latenz. Akut wählten sie nur einen Verhandlungsführer. Doch einerlei, der Meinung des Volkes nach hätten sie Gerstenmaier wählen müssen. Jüngste Umfragen hatten ergeben, daß 17 % der Deutschen Gerstenmaier, 10 % Barzel, 3 % Schröder und 1 % Kiesinger als den Mann ansahen, der für das hohe Amt am besten geeignet wäre. 12 % dachten an Strauß, 10 % an Brandt. Von den CDU/CSU-Wählern waren 22 % für Gerstenmaier, 21 % für Strauß, 15 % für Barzel, 5 % für Schröder und 2 % für Kiesinger.[214] Die Fraktion wählte Kiesinger. Gerstenmaier schied vor der Wahl aus dem Rennen aus, Strauß war nicht drin. Beide votierten für Kiesinger, um Barzel und Schröder zu verhindern. Kiesinger war der Bonner Szene fünf Jahre lang fern und an den Auseinandersetzungen der letzten Monate nicht beteiligt gewesen. Das kam ihm zugute. Er hatte keine besondere Anhängerschaft in der Fraktion, aber er hatte die wenigsten Feinde. So bekam er denn im dritten Wahlgang eine absolute Mehrheit. Barzel fiel mit unerwartetem Aplomb durch. Im ersten Wahlgang gab ihm etwas mehr als ein Fünftel, im dritten nur noch ein Zehntel der Fraktion ihre Stimmen. Das Ergebnis verletzte ihn schwer. Erhard erfüllte es mit grimmiger Genugtuung.[215]

In den nächsten Wochen führte eine Verhandlungskommission unter Kiesingers Führung Koalitionsverhandlungen „nach beiden Seiten". Erhard wurde anstandshalber zum Mitglied der Kommission bestellt, legte das Mandat aber erwartungsgemäß vor den ersten Verhandlungen nieder. Von Rücktritt vor dem erfolgreichen Abschluß der Verhandlungen wollte er freilich nichts wissen.[216] Am 26. November führten die Verhandlungen mit der SPD zur Einigung auf eine große Koalition.

Erhard unterzog derweil das Sachprogramm, auf dessen Grundlage die SPD mit der CDU verhandelte, einer wütenden Kritik in Marginalien: „Quatsch", „Olle Kamellen", „Sprüche", „Wischi Waschi".

Das Wirtschaftsprogramm der Bundesregierung müsse dem Rückgang der Investitionen und des Wachstums entgegenwirken: „Frechheit und Dummheit sind immer gepaart".

Die Wirtschaftspolitik solle sich auf Vorausschätzungen der wirtschaftlichen Entwicklung stützen: „War noch immer falsch".

Die Bundesregierung müsse den Strukturwandel fördern und dessen Wirkungen mildern: „Leider Müller-Armack".

Die mittelfristige Finanzplanung solle durch einen Prioritäten-Katalog ergänzt werden: „Wo nichts ist, helfen auch Prioritäten nichts".

Ein Soforthilfeprogramm zur Sanierung der Gemeindefinanzen sei nötig: „Damit die SPD-Mehrheit dort nicht verlorengeht".

Die soziale Sicherung solle zeitgerecht entwickelt und dürfe durch Stabilitätsbemühungen nicht gefährdet werden: „Als ob wir nicht schon zuviel getan hätten - schauerlich."[217]

Neben derlei kritischem Bestreben, bei dem einem im Busen bang werden konnte, bastelte Erhard an einer Abschiedsrede, die er als Rechenschaftsbericht und Vermächtnis verstand und die zum Zeugnis eines verwirrten Geistes geriet, zur Apotheose eines öffentlichen Redens, das im Fortgang der Zeit zusehends mehr zur Parodie seiner selbst geworden war[218]: „In diesen Tagen der Gerüchte und Kombinationen halte ich es für meine Pflicht, Ihnen unmittelbar über die Lage, so wie ich sie sehe und wie sie der Wahrheit entspricht, zu berichten ... Ich habe immer zur Sache gesprochen, um die es mir ging, nie zur Person". 1948! „Ich stellte dem deutschen Volk das Ziel vor Augen ...". Das aber dürfe nicht mehr wahr sein. „Wenn parteipolitische Blindheit sich mit Machthunger und dem kalten Ehrgeiz politischen Strebertums paaren, dann ergibt das für uns alle keinen guten Klang". Gewiß habe seine Regierung auch Fehler gemacht. Wer mache denn keine? „Nur Scharlatane oder Pharisäer können damit hausieren gehen ... Die ganze gestörte Welt steht fassungslos vor diesem frevelhaften Akt der Selbstzerfleischung". Die Hetze der Interessenvertreter aller Sorten! Die neue Bundesregierung werde vor der gleichen Situation stehen wie die seine, „es sei denn, daß sie bereit ist, Ungleichnamiges auf eine Formel zwingen zu wollen und im bloßen Kompromiß als einzigem Ausweg gar völlig handlungsunfähig zu werden". Er sei nie an einem Kanzlersturz beteiligt gewesen. Die CDU rief ihn, weil das Volk ihn wollte. Er folgte dem Ruf aus Verantwortungsgefühl. Nun müsse er ohne Verschulden gehen. Das sei nicht einzusehen, aber er tue es mit Anstand, um zu zeigen, „daß die Demokratie in Deutschland gefestigt ist". Er habe nie „den berühmten starken Mann spielen wollen, der mit großer Geste Unruhe stiftet". Die sogenannten starken Männer würden nur zu oft zu Unfreien und Getriebenen, „die sich dem Diktat der Straße beugen oder Diktatoren werden müssen. Das alles soll aber nicht heißen, daß in den entscheidenden Bereichen der deutschen Politik Besinnung nottut". Er sei dem Volk und seinem Wohl verpflichtet gewesen. Mit dem Volk sei er „eine gute Bindung auf Treu und Glauben" eingegangen, „nicht mit den hartnäckigen Verfechtern von Sonderinteressen ... nicht mit jenen Umsetzern einer sogenannten offentlichen Meinung". Die Bundesregierung habe die Wirtschaft wieder in Ordnung gebracht. „Und dann kommen ein paar Leute daher, die möchten ... das alles als ein Nichts ... erscheinen lassen". Falsche Behauptungen zum Zwecke parteipolitischer Macht oder persönlicher Karriere? „Ich mag an solche Motive nicht glauben. Aber das Ergebnis der Kampagne liegt vor uns. Es sind Scherben". Er habe geirrt, als er glaubte, daß man die Gunst des Volkes auch über weniger gute Zeiten hinweg als stabilisierende Kraft fest in Rechnung stellen könne. „Die Krise kommt, weil in ihrem Vorfeld die Standfesten schweigen und nur noch die Opportunisten reden". Wenn es zutreffe, daß viele Menschen einen anderen Kanzler wollten, dann werde er sein Amt zur Verfügung stellen. Er treffe diese Entscheidung ohne Groll und Enttäuschung.

Nachdem das Bündnis mit den Sozialdemokraten perfekt und die Posten verteilt waren, wählte die Unionsfraktion Kurt Georg Kiesinger am 30. November 1966 auch ausdrücklich zum Kanzlerkandidaten. Adenauers Wahl war Kiesinger nicht, auch wenn Adenauer Kiesinger wählte. So recht seine Wahl wäre auch ein anderer nicht gewesen, und fürs erste kam es ihm vor allem auf das eine an: „Hauptsache, einer ist wech!".[219]

Der eine trat noch am Abend dieses Tages endlich zurück und hielt über Rundfunk und Fernsehen seine öffentliche Abschiedsrede. Es war nicht die Rede, die er selber aufgeschrieben hatte. Die Vertrauten, die mit ihm gehen mußten, hielten ihn davon ab, sie vorzutragen und schrieben ihm eine vernünftige. Erhard las sie vor, aber er glaubte nicht, was er las. Er glaubte an das, was er geschrieben hatte. Und das tat er zehn Jahre später immer noch. Im Juni 1976 vermerkte der alte Erhard auf dem Manuskript der im doppelten Sinn des Wortes ungehaltenen Rede: „Wichtig. Abschiedsrede Dezember 1966. Aufbewahren".[220]

Mit der Entlassungsurkunde

Der Abgang

9. Kapitel

Nachklang

Erhard lebte nach seinem Verstoß aus dem Kanzleramt noch zehn Jahre und fünf Monate. Sein Leben fiel in die öffentliche Bedeutungslosigkeit zurück, aus der es 1945 unversehens aufgetaucht war. Erhard faßte nicht eigentlich wieder Fuß. Die zehn Jahre seines politischen Nachlebens waren so unerheblich wie die 50 Jahre seines politischen Vorlebens. Das war es, was ihn von Adenauer, de Gaulle oder Churchill, an denen er sich maß, unüberwindlich trennte und den Durchschnittspolitikern, von denen er sich anmaßend distanzierte, zuordnete: Erhard war „bedeutend" nur als Amtsperson, als bloße Persönlichkeit kam ihm Bedeutung nicht zu. Deshalb stürzte er mit seinen 69 Jahren viel tiefer, als drei Jahre zuvor der 87jährige Adenauer gestürzt war. Die Kraft, die Energie, die besonderen Fähigkeiten einer herausragenden Persönlichkeit konnten ihn nicht auffangen, weil er sie nicht besaß. Adenauer war der Macht verlustig gegangen, aber er blieb politisch aktiv, wahrte seinen Anspruch auf Gehör, konnte der öffentlichen Beachtung seines politischen Wollens und Handelns weiterhin sicher sein und erhielt sich mehr an Einfluß, als seinem Nachfolger zustatten kam. Erhard begab sich mit der Macht umgehend auch der politischen Handlungsfähigkeit und fand alsbald fast keine öffentliche Beachtung mehr. Zwar blieb er Bundestagsabgeordneter sein Leben lang, war im Parlament aber so entbehrlich wie nur einer. Ausschußarbeit machte er natürlich nicht, und im Plenum erhob er erstmals im Frühjahr 1971 seine Stimme. Adenauer brachte es in den dreieinhalb Jahren, die ihm nach dem Sturz zu leben noch verblieben, widerwillig, zögernd, schließlich aber mit großer Arbeitsdisziplin fertig, drei Bände „Erinnerungen" zu schreiben und einen vierten Band vorzubereiten. Erhard kündigte erst fortgesetzt an, daß er der Welt zu Nutz und Frommen seine Memoiren schreiben werde, tat dann auch so, als schriebe er sie, hinterließ am Ende aber keine Zeile. Er hatte die Arbeitsdisziplin *nicht*, die dazu nötig war.

Als er das Kanzleramt verließ, sagte er, daß er sich der wissenschaftlichen Arbeit wieder zuwenden werde, von der er ja doch herkomme und die ihm allemal mehr als die Politik Herzensneigung und sein eigentliches Element gewesen sei. Die Behauptung der starken Neigung und des besonderen Talents zur ökonomischen Wissenschaft war freilich nicht viel mehr als die eine Hälfte seiner höchst persönlichen Lebenslüge. Deren andere Hälfte war die Behauptung, daß widerständige Haltung ihn im Dritten Reich um die Möglichkeit gebracht habe, die Leidenschaft und Begabung im Professorenamt auszuleben. Jetzt hätte er sie seiner Ankündigung gemäß ausleben können. Das unterblieb, weil ihm wissenschaftliche Arbeit nicht gemäß war. Sein Leben verrann, ohne daß Erhard ihm noch einmal Fülle und Gewicht zu geben vermochte.

Erhard hatte außerdem gesagt, daß er das Kanzleramt ohne Enttäuschung und Groll verlasse. Das war ebenso ernst zu nehmen wie das rezitative „Ich habe es nicht nötig, mich zu rühmen", mit dem er in öffentlichen Reden zu Arien des Eigenlobs überging. Seine Enttäuschung war grenzenlos, und Grollen und Schmollen wurde zunächst, viele, viele Monate lang, zum Inhalt seines plötzlich sinnentleerten Lebens. Während der neue Mann nebenan im Palais Schaumburg des enteigneten Amtes waltete und buchstäblich nichts von ihm wissen wollte, brütete Erhard im Bungalow über der Geschichte seines Sturzes. Dabei kam eine Version jener Geschichte heraus, in der die Wirklichkeit nur sehr selektiv, er selbst als Mann von Fleisch und Blut mit seinem Widerspruch und in seiner Unzulänglichkeit gar nicht, Kräfte des Bösen dafür zuhauf vorkamen: das ruchlose Streben der SPD nach der Macht, das unwahrhaftige Schüren einer hysterischen Krisenstimmung, die groteske Zuweisung von Verantwortung für die Haushaltsmisere, innerparteiliche Machenschaften aus Ehrgeiz, Eitelkeit und Mißgunst. Diese Version versuchte er in den folgenden Monaten zu verbreiten; ohne allerdings den rechten Glauben dafür zu finden. Denn sein Bild in der Presse und sein Ansehen in der Öffentlichkeit blieben noch jahrelang so spottschlecht, wie sie im Verlaufe seiner Kanzlerschaft geworden waren.

In den Bundestag ging Erhard im Gegensatz zu Adenauer vorerst nicht. So schnell brachte er den sichtbaren Abstieg von den Höhen der Regierungsbank in die Niederung der Abgeordnetenpulte nicht über sich. Nachdem er ihn im nächsten Jahr über sich gebracht hatte, führte ihn der Abstieg in die erste Reihe direkt neben den schlimmen Alten. Nur ein schmaler Gang trennte beide voneinander - und ein Abgrund. Kein Blick und kein Wort reichten darüber hin. Im April 1967 starb Adenauer. Erhard gab ihm die letzte Ehre. Man sah ihn weinen.

Adenauers letzten - den 91. - Geburtstag hatte er nicht mitgefeiert. Er war am 20. Dezember wie üblich an den Tegernsee gefahren und blieb ohne jene lästige Unterbrechung, zu der ihn früher das Amt genötigt hatte, bis zum 16. Januar dort. Dann kam er zurück, weil es Zeit wurde, sich in Bonn nach einer neuen Bleibe umzusehen. Kiesinger fand den Bungalow zwar schrecklich und hätte den Erhards gern Wohnrecht auf Lebenszeit darin eingeräumt, wenn der Bund ihm eine andere Residenz angemietet hätte. Aber das ging schlecht an, und deshalb mußte der neue Kanzler in das Schrecknis rein und der alte aus dem Haus, das er für eine Art zweiter Haut ausgab, raus. Da das Haus in der Schleichstraße nach Ludwig und Luise Erhards Umzug in den Bungalow an die Familie von Tochter Elisabeth weitervermietet worden war und auch weitervermietet bleiben sollte, suchten die Eltern etwas anderes und fanden es alsbald nahe dem Bundestag in ruhiger Wohnlage: Johanniterstraße 8, ein mittelgroßes, zweistöckig-spitzgiebliges Bürgerhaus auf kleinem Grundstück, in dem zuvor der Botschafter Uruguays gewohnt hatte. Darin verbrachte Erhard den langen Rest seines Bonner Lebens. Seine Frau, die von zunehmend anfälliger Gesundheit war und das Rheintal-Klima schlecht vertrug, blieb mehr und mehr am Tegernsee. Im Erdgeschoß des Hauses wurden für den Altbundeskanzler ein weitläufiges Arbeitszimmer und Büroräume für zwei Sekretärinnen und einen persönlichen Referenten eingerichtet. Im Obergeschoß befanden sich die Wohnräume. Wegen der dienstlichen Nutzung des Gebäudes übernahm der Bund den größeren Teil der Miete. Außerdem bezahlte er den Referenten, die beiden Sekretärinnen und den vertrauten Fahrer, dazu den Unterhalt fürs Auto. All das kostete ihn 85 000 DM im Jahr und erregte Ärgernis. Man stellte kleinlich fest, daß Erhard rund 7 000 DM Pension und circa 4 000 DM Diäten bezog, rechnete aus, daß er die bekanntlich überstrapazierte Bundeskasse mit insgesamt fast 220 000 DM im Jahr belastete und erregte sich darüber. „Was soll Ludwig Erhard eigentlich mit einem Sekretariat anfangen?“ fragte die Frankfurter Rundschau, die ihn nun mal nicht leiden konnte. „Er hat sich als Kanzler nicht überarbeitet und wird es heute vermutlich noch viel weniger tun. Womit verbringt er denn heute seine Zeit? Er schmollt. Soll ihm sein Referent dabei helfen?“[1]

Das war im Juni 1967, und richtig daran war, daß Erhard noch immer schmollte. Es hatte ihn im Januar nicht lange in Bonn gehalten, obwohl sein 70. Geburtstag anstand.

Oder richtiger: Es hatte ihn nicht lange gehalten, *weil* sein Geburtstag anstand. Die Partei wollte ihn feiern und bei dieser Gelegenheit ihren Frieden mit ihm machen. Erhard wollte gefeiert werden, die Feierei aber mit einer Demutsgebärde verbunden sehen. Deshalb sagte er, daß er eine offizielle Feier nicht wünsche, daß sein Privathaus auf dem Ackerberg am 4. Februar 1967 aber natürlich jedem offenstehe, der sich ihm noch verbunden fühle und zu ihm bekennen wolle.[2] Er wünschte eine Wallfahrt an den Tegernsee. Und er bekam sie natürlich. Das Parteipräsidium, der Fraktionsvorstand und der Kanzler, der aufmüpfige Bundestagspräsident, die abtrünnigen FDP-Minister, Schröder, der zum Verteidigungsminister ab-, Strauß, der zum Finanzminister aufgestiegen war - sie alle, alle kamen mit Geschenken reich beladen. Erhard hatte wissen lassen, daß ihm nebst Verbundenheit und Bekenntnis auch „altes Silber" willkommen wäre.[3] Kiesinger brachte 70 Flaschen Sekt, die waren immer recht. Schröder überreichte feinsinnig-ironisch eine Schallplattenaufnahme von „Nathan der Weise". Die wurde nie ausgepackt. Die Heuchelei und die Verlogenheit feierten kräftig mit. Nicht mit feierten Adenauer und die SPD. Adenauer hatte eine wahrhaftige Grippe und die SPD keinen Anlaß, sich zu Erhard zu bekennen.[4]

Der eigenen Partei wurde das „Bekenntnis" schlecht entgolten. Erhard tat, worunter er als Kanzler gelitten und worüber er geklagt hatte. Er gab Interviews. Anfang März stand ein besonders verdrießliches in der „Schweizer Illustrierten". De Gaulle habe ihm gleich zu Beginn seiner Kanzlerschaft ein Kondominium über Europa angetragen. Gemeinsam könne man Europa in die Knie zwingen. Er, Erhard, habe das natürlich abgelehnt. De Gaulle sei deswegen beleidigt gewesen und habe zu Adenauer gesagt, daß er Bonn als Jungfrau verlasse. Andererseits habe de Gaulle schon Anfang 1964, und zwar ein für alle Mal, Erhards Vorschlag zurückgewiesen, atomare Zusammenarbeit und Partnerschaft zwischen Frankreich und Deutschland zu pflegen.[5] Als Erhard das, was er wohl für eine Legitimation seiner Frankreichpolitik hielt, fünf Monate später in einem Interview mit der italienischen Zeitung La Stampa wiederholte, wurde er von einem Doktoranden der Politischen Wissenschaften aus Bad Godesberg beim Bonner Landgericht wegen vorsätzlichen Landesverrates (§§ 100 und 353 StGB) angezeigt. Die Augsburger Allgemeine schrieb, daß es nun an der Zeit wäre, „Erhard aus dem Verkehr zu ziehen".[6] Das Bonner Landgericht gab die Sache an das Bundesverfassungsgericht ab. Dort verlief sie sich nach einiger Zeit im Sande. Aus dem Verkehr zog Erhard sich mit derlei verantwortungslosen Auslassungen, denen gelegentliche Ausbrüche gegen die - zunächst höchst erfolgreiche - Wirtschaftspolitik der neuen Regierung, nicht aber irgendwelche praktisch-politische Tätigkeit zur Seite stand, von selbst.

Im Mai 1967 legte er den Parteivorsitz nieder, den er nie eigentlich ausgeübt hatte. Aus diesem Anlaß hielt er seine letzte Parteitagsrede. Offenbar gab es niemanden mehr, der ihn davor bewahrte, die Reden zu halten, die er sich selber ausdachte. Als er den Vorsitz nur 14 Monate zuvor übernahm, hatte ihm der uralte und ewig neue Adenauer bekanntlich die Schau gestohlen, indem er die Parteitagsdelegation mit der ebenso richtigen, wie für ihn originellen Feststellung verwirrte, daß die Sowjetunion in den Kreis der friedliebenden Staaten eingetreten sei. Erhard verwirrte nur. Mit der ebenso falschen, wie für ihn unoriginellen Feststellung zum Beispiel, daß er die wirtschaftliche und die politische Entwicklung vor einem Jahr richtig vorhergesehen und die richtigen Maßnahmen dagegen vorgeschlagen habe. Und dazu mit solchen Sätzen: „Wie wenig das gesellschaftliche und politische Leben eine Atomisierung oder eine Zerspaltung in Innen- und Außenpolitik verträgt, geht zum Beispiel daraus hervor, daß die Verteidigungspolitik als ein die ganze Welt bewegendes Thema sowohl innenpolitische Aspekte hat, ohne deswegen aber, außenpolitisch gesehen, weniger bedeutsam zu sein". Die Schau stahl er damit niemandem. Erhard demonstrierte vielmehr, daß er der Partei nichts Hörenswertes mehr zu sagen hatte, und die Partei quittierte es mit spürbarer Kühle. Sie verabschiedete ihren Einjahresvorsitzenden ohne großen Beifall.[7]

Erhard reiste wieder. Das mochte er vermißt haben. Im Juli folgte er einer privaten Einladung in die USA. Freund Johnson wurde davon unterrichtet und bat ihn zum Essen. Man verstand sich beim Essen vortrefflich. Nach seiner Rückkehr sagte Erhard, daß der Regierungswechsel in Bonn das Vertrauensverhältnis zwischen Deutschland und Amerika erheblich gestört habe. Noch sei die Störung nicht behoben. Er habe sich darum bemüht, aber es sei ihm nicht leichtgefallen, für Deutschlands betonte Hinwendung zu Frankreich bei Johnson Verständnis zu finden.[8] Die Vorstellung fiel schwer.

In New York begann Erhard bei Gelegenheit der Amerika-Reise damit, seinen Nachruhm zu vermarkten. Er kam mit dem Beginnen freilich nicht weit. Er hatte zuviel Selbstgefälligkeit und zuwenig Cleverness dafür. Am 10. Juli 1967 heuerte ihn die Bauer International Corporation als Berater und als Aufsichtsrat einer neugegründeten Tochterfirma mit Sitz in Frankfurt an. Der Bauer-Konzern tat mancherlei, darunter mancherlei Fragwürdiges, und setzte damit 250 Millionen DM um. Vor allen Dingen exportierte er amerikanische Nahrungsmittel nach Europa. Sein Hauptgesellschafter und Geschäftsführer war John Peter Bauer, 42, der Sohn eines jüdischen Fabrikanten aus Fürth, der vor seiner Emigration im Jahre 1933 die Bekanntschaft des Instituts-Assistenten Erhard gemacht und nach 1945 als Bekanntschaft mit dem bayerischen Wirtschaftsminister Erhard erneuert hatte. Damals war Bauer um die Restitution seines enteigneten Vermögens eingekommen und Erhard war ihm behilflich gewesen. Seitdem hatte man Verbindung gehalten, bis Bauer senior im Jahre 1965 gestorben war. Den Junior traf Erhard in New York zum ersten Mal. Der wechselseitige Rapport schien auf Anhieb gut zu sein. Erhard unterschrieb einen Vertrag, der ihn zu nichts Bestimmtem verpflichtete.[9] Das gefiel ihm; denn er hatte nicht die geringste Absicht, sagte er später, irgend etwas für Bauer zu tun. Er fand sich lediglich dazu bereit, „in Würdigung der redlichen Arbeit seines aus meiner Heimatstadt Fürth stammenden Vaters August Bauernfreund, aber nicht zuletzt auch in Ansehung des tragischen politischen Schicksals der Familie Bauernfreund, einer an mich herangetragenen Bitte" John P. Bauers zu entsprechen. Die Bereitschaft sei „seine private Form der Wiedergutmachung" gewesen.[10] Bauer honorierte die Wiedergutmachung mit 140 000 DM.[11]

Erhard bezog das Honorar nicht ganz zwei Jahre lang. Anfang Mai 1969 traf er von Südamerika kommend in New York ein. Hinter ihm lag eine zweite lange Reise durch mehrere lateinamerikanische Länder. Die erste hatte er im Februar 1968 absolviert. Der nationale Raum sei ihm zu eng geworden, sagte er zuweilen wohl, seine Weltgeltung im Ausland ungebrochen. Dem abgedankten Staatsmann, der immer den Mut habe, zu sagen was er denke, sei die Rolle eines Ratgebers der regierenden Staatsmänner zugewachsen.[12] Was er den regierenden Diktatoren in Brasilien und Argentinien mutig sagte, gefiel allerdings in Deutschland manchen nicht. Die Zeitungen, die an Interviews mit Erhard inzwischen nicht mehr interessiert waren und auch sonst wenig von ihm zu berichten wußten, zitierten und kommentierten es höchst indigniert. „Ich glaube nicht," sagte Erhard, "daß wir alle jene Regierungen als despotisch klassifizieren können, die diktatorische Vollmachten besitzen, denn auch diktatorische Regierungen können sehr gut von einem hochstehenden moralischen Bewußtsein und sozialer Verantwortung geleitet sein". Zuweilen seien derlei Diktaturen nachgerade notwendig und erwünscht. „Die Währungsreform zum Beispiel, die in Deutschland so erfolgreich, aber auch mit soviel Härte durchgeführt wurde, hätte sich kaum in einem parlamentarischen System verwirklichen lassen. Es war die Diktatur der Besatzungsmächte - und ich gebrauche diesen Ausdruck in Anführungszeichen - die über genügend Machtmittel verfügte, um das Notwendige zu tun".[13] Letzterer Gedanke war ja so falsch nicht. Aber der Zusammenhang, in den Erhard ihn redend brachte, war natürlich hanebüchen, und die gefallsüchtige Legitimation der Militärregimes in Brasilien und Argentinien, die wahrhaftig keine Diktaturen in Anführungszeichen waren, eine einzige Peinlichkeit. „Der Applaus in der Kriegsakademie in Rio de Janeiro war verständlich und zeugte von aufrichtiger Dankbarkeit: Ludwig Erhard hat sich um das brasilianische Militärregime verdient gemacht", schrieb die Süddeutsche Zeitung.

Zugleich erregte sich Raul Prebisch, der Direktor des Instituts für wirtschaftliche und gesellschaftliche Entwicklung Lateinamerikas bei den Vereinten Nationen, ein Ökonom von „Weltgeltung " auch er, mit wütenden Worten darüber, daß Erhard sich um die Wirtschaft und die Menschen Südamerikas *nicht* verdient gemacht habe. Sein öffentliches Reden dort zeuge vielmehr von „vollständiger Unkenntnis" der ökonomisch-sozialen Probleme des Kontinents und lasse genau jenes Verantwortungsbewußtsein vermissen, das der ehemalige Bundeskanzler den Militärherrschern so bereitwillig attestierte. Erhard habe kein Recht dazu, höchst einträglich über Dinge zu reden, von denen er nichts verstehe.[14] Erhard erzählte mit immer gleichen Wendungen *seine* Heldengeschichte der „sozialen Marktwirtschaft" in Deutschland sowie eine Schreckensgeschichte der wirtschaftlichen Integration Europas und riet den Südamerikanern, das eine nachzumachen und das andere tunlichst zu unterlassen. Dafür kassierte er jedesmal ein paar tausend Mark. Daß seine Geschichten nicht stimmten, daß einerseits die Frühgeschichte der westdeutschen Wirtschaftsordnung und Wirtschaftspolitik mit dem Lehrstück aus dem Buch des reinen Wirtschaftsliberalismus, an das er sich erinnerte, wenig gemein hatte und daß andererseits die EWG der industriellen Entwicklung Europas zu unbestrittenem Vorteil gereichte, daß - abgesehen von beidem - andere Verhältnisse womöglich andere Lösungen verlangten - all das scherte ihn nicht.

So kam er mit hochstehendem moralischen Bewußtsein, davon überzeugt, daß er sein Bestes gegeben hatte, und vom Beifall der Mächtigen und Einflußreichen, vor denen er sprach, in der Überzeugung bestätigt, am 3. Mai 1969 von Santiago nach New York. Dort fragten ihn Journalisten, ob es richtig sei, daß er im Auftrag einer Gruppe deutscher Unternehmen über den Kauf der Allan-Wood-Stahlwerke verhandeln werde. Davon wußte Erhard sowenig wie von den ökonomischen und sozialen Verhältnissen Lateinamerikas. Davon konnte er freilich auch nichts wissen. Es gab weder den Auftrag noch die Unternehmergruppe. Was es gab, das brachten in den folgenden Wochen die Zeitungen, namentlich Business Week, der SPIEGEL und der Industriekurier genüßlich ans Licht. Es gab Erhards lukrative Wiedergutmachung für John Peter Bauer, und es gab von John Peter Bauer gefälschte Telegramme und fingierte Telephonanrufe Erhards. Die Depeschen und Telefonate riefen den Eindruck hervor, als wolle Erhard namens interessierter deutscher Industrieller über den Kauf von Anteilen an den Allan-Wood-Stahlwerken verhandeln, und verfolgten den schlichten Zweck, den Kurswert des Pakets von Wood-Aktien in Bauers Portefeuille in die Höhe zu treiben. Erhards Referent und eine schöne, erst willfährige, dann rachsüchtige Frau waren in die Groteske auch verwickelt. All dessen hatte Erhard sich natürlich nicht verdacht, als er ohne Kenntnis und Prüfung von jetzt auf gleich den Vertrag mit Bauer unterschrieb. Er war aufrichtig empört, verstieß den Referenten und trennte sich von Bauer. Der Referent trollte sich schweigend. Bauer aber war es leid um das nutzlos vertane Geld und er nannte Erhard einen „Schweinehund", den er fertigmachen werde. Dazu hatte sich noch keiner verstiegen, und zum Fertigmachen kam's auch nicht.[15]

Den Einkommensverlust konnte Erhard verschmerzen, weil er sich just zu dieser Zeit auf eine andere wohldotierte Untätigkeit einließ. Ende 1968 war er mit Bernhard Cornfeld, dem eben vierzigjährigen Präsidenten einer jüngst gegründeten, außerordentlich expansiven Gesellschaft für internationale Geldanlagen ins geschäftliche Gespräch gekommen. Cornfelds Investors Overseas Services (IOS) machten mit dem aggressiven Vertrieb von Investmentfonds-Anteilen stark wachsende Umsätze, viel von sich reden, sich aber keinen sonderlich guten Namen. Kürzlich hatten sie sich mit Vehemenz dem deutschen Markt zugewendet und Erhards einstigen Vizekanzler Erich Mende zu ihrem geschäftsführenden Repräsentanten in Deutschland bestellt. Im Dezember 1968 bot Cornfeld auch Erhard eine Führungsposition in seinem Unternehmen an. Erhard zeigte sich höchst interessiert. Am 14. Dezember traf er mit Cornfeld im Bonner Hotel Königshof zusammen und sagte zu, sich für 200 000 DM im Jahr mit IOS zu verbünden. Einen Vertrag unterschrieb er diesmal allerdings nicht gleich. Cornfeld machte den Coup dennoch als perfekt publik und schreckte damit sowohl den CDU-Vorstand wie die deutschen Banken auf. Den Parteifreunden war der Gedanke unangenehm, daß ihr Ehrenvorsitzender im bevorstehenden Wahlkampf als Führungskraft einer etwas dubiosen ausländischen Investmentgesellschaft bloßgestellt würde, und den Banken der Gedanke, daß Erhard der IOS einen Anschein von Seriosität gäbe, der ihr - meinten sie - nicht zukomme. Gemeinsam griffen sie Erhard ans nationale Portepee und appellierten an seine Würde. Die Banken stellten außerdem einen gut dotierten Vertrag mit einer deutschen Investmentgesellschaft in sichere Aussicht. Erhard hatte ein Einsehen. Als Cornfeld verbindlich handelseinig mit ihm werden wollte, erinnerte er sich seiner Zusage nicht mehr. An die Zusage der deutschen Banken erinnerte er sich. Ende März unterschrieb er einen Vertrag, der ihn vom 1. Mai 1969 an zum Mitgesellschafter und zum Aufsichtsrats-Vorsitzenden der Investmentgesellschaft „Argenta" machte, eines Unternehmens, das drei junge Anlageberater, die in Cornfelds IOS das Geschäft gelernt hatten, mit Unterstützung und Beteiligung von fünf respektablen deutschen Privatbanken gegründet hatten und betrieben. Der Vertrag sicherte Erhard ein Monatssalär von 12 000 DM zu. Natürlich war es für Ludwig Erhard nicht damit getan, daß er für viel Geld einen beliebigen Job übernahm. Als die Übernahme nach seiner Rückkehr aus Amerika bekanntgegeben wurde, verlieh er ihr die für ihn unerläßliche Weihe. Investmentsparen sei die notwendige Ergänzung des Kontensparens. Investmentsparen habe positive Wirkungen auf die Geisteshaltung des Volkes. Es dränge den Zug zum Kollektivismus zurück. Die neue Form des Vertriebs - nicht über die Bankschalter, sondern durch Vertreter von Tür zu Tür - sei ein Durchbruch zur Zukunft. Er wolle das alles „durch persönlichen Einsatz ... unterstützen".[16]

Die Abkehr von Cornfelds IOS bewahrte Erhard davor, daß sein Name wenige Jahre später mit dem ziemlich desaströsen, weil für viele Anleger sehr kostspieligen Zusammenbruch des unsoliden Unternehmens in Verbindung gebracht werden konnte. Der Einstieg bei Argenta trug ihm hingegen das stattliche Zusatzeinkommen nicht lange ein. Die jungen Männer überwarfen sich alsbald mit den betulichen Banken. Anfang 1970 übernahmen sie deren Geschäftsanteile. Gleich darauf schmissen sie Erhard wegen Faulheit raus. Er hatte den „persönlichen Einsatz" für die bedeutungsvolle Sache gar zu sehr vermissen lassen und für circa 100 000 DM in acht Monaten eine Pressekonferenz gegeben, einen Artikel geliefert und der Geschäftsführung zwei Stunden lang gesprächsweise zur Verfügung gestanden. Erhard bestritt es nicht und machte keinen Hehl daraus, daß er an aktive Mitarbeit nie gedacht habe. Er ging widerstandslos, obwohl sein Vertrag über fünf Jahre lief.[17]

Damit war Erhards kurze Karriere als Unternehmensberater und Geschäftsmann beendet. Neue Angebote gingen nicht ein. Es hatte sich erwiesen, daß er seinerseits nichts zu bieten hatte. Die Einladungen zu Vortragsreisen in ferne Länder blieben gleichfalls aus. Erhard geriet in Vergessenheit und wurde dabei sichtbar alt. Die prallen Backen fielen ein, das Doppelkinn schrumpfte, das runde Gesicht streckte sich, tiefe, scharfe, vertikale Falten von den Nüstern und den Mundwinkeln her schienen von schwerem Gram zu künden. Die Augen schauten müde und erwartungslos. Erhard war 73. Mit 73 war Adenauer Bundeskanzler geworden.

Erhard saß weiterhin im Bundestag. Seit er das Kanzleramt verlassen hatte, erschöpfte sich sein Abgeordnetendasein im Sitzen. Aber er wünschte 1969 gleichwohl wieder zu kandidieren, damit sein Dasein den Anschein eines öffentlichen Zwecks behielte, und niemand konnte ihm den Wunsch abschlagen. Die Wahlkampfauftritte waren trostlos. Erhard war nicht gefragt. Wo er trotzdem sprach, blieben die Versammlungssäle leer und seiner Rede Sinn dunkel: „Das Leben ist nicht rechenhaft zu gestalten, und das menschliche Gestalten ist nicht machbar zu machen".[18] Er gewann zum sechsten Mal den Wahlkreis, in dem er nicht wohnte und um den er sich von Wahl zu Wahl nicht kümmerte. Jeder CDU-Kandidat hätte ihn gewonnen. Die CDU/CSU stellte im Bundestag wieder die größte Fraktion. Aber die SPD und die FDP stellten erstmals die Regierung. Erhard war Oppositioneller geworden. Als Oppositioneller hielt er im Mai 1971, viereinhalb Jahr nach dem Sturz, seine erste Abgeordnetenrede. Er ergriff das Wort zu einer Sache, zu der er es in den frühen Jahren seiner Ministerschaft oft und widersprüchlich ergriffen hatte. Und es zeigte sich, daß er unterdessen ein anderer geworden und sich doch treu geblieben war.

Das internationale Währungssystem steckte in einer Krise. Die Bundesrepublik wurde von der Krise besonders nachteilig betroffen. Spekulative DM-Käufe blähten die Geldmenge auf und heizten die Inflation an. Die Bundesregierung versuchte, den spekulativen Devisenzustrom zu unterbinden, indem sie auf vorerst unbestimmte Zeit den Wechselkurs der DM freigab. Das war in der akuten Situation richtig und entsprach überdies Erhards grundsätzlicher Vorstellung von einer vernünftigen internationalen Währungsordnung. Er stimmte der Entscheidung des sozialdemokratischen Wirtschaftsministers ausdrücklich zu. Die Zustimmung erregte Aufsehen. Bevor man es erlebte, hätte man es nicht für möglich gehalten, daß Erhard den „Sozialisten" öffentlich bescheinigte, wirtschaftspolitisch recht getan zu haben. Er schien denn auch gleich darauf vor sich selber zu erschrecken und nahm die Bescheinigung in einem Zeitungsartikel, den jemand anders für ihn schrieb, wieder zurück. Die Freigabe des Wechselkurses sei zwar prinzipiell richtig, praktisch falsch sei aber, daß sie unter dem Prätext „zeitweilig" erfolge. Das ermutige die Spekulanten, statt sie zu entmutigen und honoriere die Spekulation am Ende auch noch. Das traf allenfalls zu, wenn die Bundesregierung die Absicht hatte, nach Ablauf der Zeit, in der flexible Kurse galten, zum alten Kurs zurückzukehren. Die Absicht hatte sie nicht. Es war aber noch nicht Erhards letztes Wort. Im Herbst revidierte er sich erneut. Inzwischen hatte die DM auf den Märkten kräftig an Wert gewonnen. Die Aufwertung brach die unerwünschten Devisenwogen, erschwerte aber natürlich zugleich den Export und begünstigte die Einfuhr. Das beunruhigte Erhard. Und deshalb sagte er jetzt in einer öffentlichen Rede, daß die Kurse mit etwas weiteren Bandbreiten bald wieder gebunden werden sollten.[19] Sein alter „Freund" Otto Friedrich las davon in der Zeitung und schrieb an den Rand der Notiz: „Er sollte doch schweigen! Bei ihm muß man Abs zustimmen, der gesagt hat: Das Beste, was Erhard getan hat, ist das, was er nicht getan hat".[20]

Am 4. Februar 1972 wurde Ludwig Erhard 75 Jahre alt. Der Geburtstag halbierte sein politisches Nachleben. Der Sturz lag fünf Jahre und zwei Monate hinter, das Lebensende fünf Jahre und drei Monate vor ihm. Der Geburtstag bezeichnete auch im übrigen eine Art

Wendepunkt. Die Union nahm ihn zum Anlaß, hinter dem unzulänglichen Kanzler den „Vater des Wirtschaftswunders“ wiederzuentdecken. Und die öffentliche Meinung ließ sich in gewisser Weise auf die Wiederentdeckung ein, enthielt sich im Umgang mit Erhard mehr und mehr der kritischen Schärfe und der bissigen Mokanterie und tauchte das gegenwärtige Erscheinungsbild des körperlich und geistig zusehends hinfälligen Mannes ins unscharfe und schmeichelhafte Licht freundlicher Erinnerungen.

Die Wiederentdeckung in der Partei hatte zwei ineinander verwobene Gründe. Der eine Grund war, daß die Union in der Opposition war und wieder an die Macht wollte. Der andere, daß die westdeutsche Wirtschaft gemeinsam mit der Weltwirtschaft um diese Zeit in Turbulenzen geriet, deren die Regierung der sozialliberalen Koalition nicht Herr wurde. Es lag nahe und war für die CDU/CSU selbstverständlich, ihr Mitverschulden daran vorzuwerfen, das vergangene „Wirtschaftswunder“ gegen die akuten Fehlentwicklungen auszuspielen und jenes „Wunder“ in der wiederaufgeputzten Person seines „Vaters“ wählerwerbend für sich zu reklamieren. Die Wählerwerbung als letzter Zweck mißlang. Die Wiederentdeckung des Mythos aber stiftete Tradition. Die Tradition wurde von der zuweilen dramatischen Verschärfung der wirtschaftlichen Probleme in Erhards letzten Lebensjahren genährt, äußerte sich im faktisch unbegründeten Wandel von Erhards öffentlichem Erscheinungsbild und hielt, da sie von Versagen und Enttäuschung nicht wieder gebrochen werden konnte, über den Tod hinaus an. Es war merkwürdig und konsequent zugleich: Erhard fielen Ansehen und Ruhm als Repräsentant und Symbol des Wirtschaftswunders zu, er vertat beides als handelnder Politiker und zog erneute Wertschätzung und bleibenden Nachruhm als personifizierter Kontrast wirtschaftlicher Problemlagen auf sich.

Nach der unvermeidlichen Wallfahrt zum Tegernsee am 4. Februar 1967 waren Erhards Geburtstage nicht mehr öffentlich gefeiert worden. Undenkbar, daß der regierende Bundeskanzler deswegen widerwillig aus dem Urlaub gekommen wäre. Kiesinger kam nicht mal, obwohl er in Bonn war. Auch sonst kamen schon zum 71. Geburtstag nur noch wenige, um Erhard im Haus an der Johanniterstraße - nicht etwa am fernen Tegernsee - zu gratulieren. Und es wurden von Jahr zu Jahr weniger. Dann erfolgte die Besinnung. Schröder, Müller-Armack und Hohmann bereiteten zum 75. Geburtstag eine voluminöse Festschrift vor, und der Parteivorstand lud auf den 4. Februar 1972 zu einem gigantischen Empfang in den Königshof ein. Ausrichter des Spektakels war aparterweise Rainer Barzel. Barzel hatte unterdessen immerhin sein Zwischenziel erreicht und war nach einem Zwischenspiel Kiesingers Parteivorsitzender geworden. Das Endziel hatte er weiter fest im Auge. Er hatte einst das Seine getan, um Erhard aus dem Kanzleramt hinauszuhelfen; jetzt hoffte er, daß Erhards aufpolierter Ruhm einiges täte, um ihm ins Kanzleramt hineinzuhelfen. Er legte großen Wert darauf, neben Erhard das Defilee der Gratulanten abzunehmen. Erhard ließ es sich gefallen. Ein paar Jahre lang war Barzel die eigentliche bête noire in seiner Geschichte vom tragischen Ende der Kanzlerschaft Ludwig Erhards gewesen. Inzwischen hatte er zumindest nach außen hin seinen Frieden mit dem „ehrgeizigen, eitlen, mißgünstigen und charakterlosen“ Mann gemacht und ihm ungeachtet einstiger Gegensätze bescheinigt, daß er „die deutsche Nachkriegsgeschichte entscheidend mitgeprägt“ habe.[21]

An der Festschrift, die Barzels altneuer Konkurrent um die Kanzlerschaft mit herausgab, durfte der Vorsitzende trotzdem nicht mitschreiben. Er war auch bei der festlichen Übergabe des Werkes in der Godesberger Redoute am Tage vor dem Geburtstag nicht dabei. Ein sonderbares Buch bekam Erhard da ausgehändigt. 69 Männer und vier Frauen hatten darin aufgeschrieben, was ihnen von ihrem Umgang mit Erhard in Erinnerung geblieben war oder was ihnen sonst zu Erhard einfiel. „Ludwig Erhard - Beiträge zu seiner politischen Biographie“ hieß das 675 Seiten starke Werk. Und das Sonderbare daran war, daß Erhard eine politische Biographie nicht zu haben schien. Den Beiträgern war wenig und noch weniger Bemerkens- und Berichtenswertes in Erinnerung geblieben oder eingefallen. Sie evozierten weder eine besondere Persönlichkeit, die tiefe, dauerhafte Eindrükke hinterlassen hatte, noch machten sie die Leistungen namhaft, die dem Mann ohne Eigenschaften, der aus dem Buch widerschien, herausragende historisch-politische Bedeutung verliehen. „1948“ natürlich und das liberale Credo - das kam sehr vielen in den Sinn. Aber je mehr es in den Sinn kam, um so deutlicher wurde, wie wenig ihnen und den anderen sonst noch einfiel. Sonst bot sich das Werk gewissermaßen als Illustration und Bestätigung von Abs' Paradoxon dar: „Das Beste, was Erhard getan hat, war, daß er nichts getan hat“. Gewiß wollten alle Gutes über Erhard schreiben. Das war der Zweck des Unterfangens. Über Gutes in Form von Nichtstun ließ sich aber schlecht schreiben.

Erhard genoß das Buch trotzdem und genoß noch mehr das Riesenfest am nächsten Tag. 1 500 Gäste erschienen ihm zu Ehren. Es gab auch wieder reichlich „altes Silber“. Die Gratulanten begegneten einem alt gewordenen Mann, um dessen Gesundheit es nicht mehr gut bestellt war. Der Kreislauf machte ihm zusehends zu schaffen. Seine Bewegungen waren schwerfällig und unsicher geworden. Der Arzt hatte ihm die schwarzen Zigarren verboten und von der kleinen Flasche Scotch abgeraten, die er im Lauf des Tages trank. Der Trubel um seine Person beglückte und erschöpfte ihn. Das Reden, das ihm früher eine leichte Lust gewesen war, bereitete ihm sicht- und hörbare Mühe. Die Worte kamen ihm schwer von den Lippen und ordneten sich nicht immer recht zu Sätzen.[22]

Trotzdem ließ er sich auch in den 7. Deutschen Bundestag wählen. Der 6. Bundestag wurde im Sommer 1972 vorzeitig aufgelöst. Die sozialliberale Koalition verlor durch den Übertritt mehrerer Abgeordneter in die CDU - unter ihnen Erhards Vizekanzler Erich Mende - ihre parlamentarische Mehrheit. Erhard begrüßte die Neuwahl. Es werde höchste Zeit, „daß in unserem Land wieder Freiheit, Recht und Ordnung herrschen“.[23] Er überließ seinen sicheren Wahlkreis einem jüngeren Kandidaten und begnügte sich mit einem Platz auf der Landesliste. Wahlkampf meinte er aber auch diesmal treiben zu sollen. Es ist fraglich, ob er sich und seiner Partei einen Gefallen damit tat. Erhard präsentierte sich in schlechter Verfassung. Er litt an Konzentrationsschwäche und gelegentlichen Ausfallerscheinungen. Es konnte passieren, daß es ihm die Sprache verschlug oder daß er närrisches Zeug redete. Man sah ihm das nicht nach, sondern gab seinen Unmut darüber kund.[24] Auf Wahlkundgebungen werden präsente Politiker und keine geistesabwesenden Relikte erwartet.

Die sozialliberale Koalition gewann bei der Wahl die Mehrheit zurück, die sie im Parlament verloren hatte. Erhard blieb oppositionell. Eine neue Würde und ein letztes Amt fielen ihm im 7. Bundestag freilich zu. Er war zum ältesten Mitglied des Hohen Hauses und damit zu dessen Alterspräsidenten avanciert - Nachfolger, wenn auch nicht unmittelbarer Nachfolger Adenauers noch einmal. Das Bundestagsplenum hörte mit Respekt und Andacht seine kurze Eröffnungsrede, danach hörte es begreiflicherweise nicht mehr viel von ihm.

Anfang 1973 starb Lyndon Johnson. Konrad Adenauer war 1967 gestorben, Charles de Gaulle 1970. Ludwig Erhard blieb in der Welt zurück, aber es war nicht mehr eigentlich seine Welt. Er kündigte zum wiederholten Male an, daß er nicht so sehr seine Erinnerungen wie seine Erfahrungen niederschreiben werde, damit sie künftigen Generationen Beispiel und Lehre wären. Aber er tat es nicht.

Mit einer anderen Absicht war er unterdessen auch nicht weit vorangekommen. An seinem 60. Geburtstag hatte Erhard bekanntlich eine Ludwig-Erhard-Stiftung ins Leben *gerufen*, ohne daß jene Stiftung auch ins Leben *getreten* wäre. An seinem 70. Geburtstag hatte er den Ruf wiederholt. Und diesmal war dem Ruf nach einiger Zeit eine Gründung gefolgt.[25] Das lag inzwischen mehr als fünf Jahre zurück, und die Stiftung war über die Gründung derweil nicht bemerkenswert hinausgelangt. Es gab sie. Sie siedelte in der Johanniterstraße 8. Aber sie war dort nicht recht aufzufinden, weil es ihr an den Mitteln fehlte, um ihrem Zweck zu genügen. Der Zweck war Förderung von Wissenschaft und Forschung, und die Mittel sollten durch Beiträge und Spenden hereinkommen. Sie kamen auf diese Weise aber kaum herein, und der Zweck blieb unerfüllt. Die Stiftung hatte nichts zu stiften. Da schien sich im Frühjahr 1973 die Aussicht auf eine andere Form der Finanzierung zu eröffnen. Der Ölmilliardär Paul Getty hatte jüngst einen Teil seines schwer ermeßlichen Vermögens in eine National Arts Foundation überführt, die ebenfalls Wissenschaft und Forschung fördern sollte. Erhard wurde darauf aufmerksam gemacht, machte den Präsidenten der Foundation auf sich und sein Interesse an Geld aus der Getty-Stiftung aufmerksam und bat um die Vermittlung eines Gespräches mit dem alten Midas. Obwohl gesellschaftswissenschaftliche Forschungen nicht zum ausdrücklichen Zweck der Foundation gehörten, war Getty mit dem Ausdruck seiner Hochachtung bereit, Erhard in seinem britischen Domizil nahe London zu empfangen. Der 15. oder der 16. März wären ihm recht. Man könnte meinen, daß Erhard jedes Datum recht war, um Getty die ausnahmsweise Förderungswürdigkeit seiner mittellosen Ambitionen nahezubringen. Die Meinung wäre falsch. Erhard schien zu glauben, daß er Getty mit seinem Besuch und der Bitte um Geld eine Gunst erwiese; etwa so, wie er geglaubt hatte, private Wiedergutmachung *für* den millionenschweren John P. Bauer zu leisten, als er *von* John P. Bauer 200 000 DM kassierte. Er bedauerte, am 15. und 16. März schon anderweitig verpflichtet zu sein, und schlug zwei spätere Termine vor. Getty ließ seinen Stiftungspräsidenten wiederholen, daß er Erhard bewundere, und schlug seinerseits einen noch späteren Termin vor. Erhard schrieb zurück, daß er leider auch an diesem Tag nicht nach Sutton Place kommen könne, weil er da an der Jahrestagung der Mont Pelerin-Society teilnehmen müsse. Ob eine Woche oder zwei Wochen später genehm seien? „Im Nachgang zum Schreiben von Herrn Professor Erhard" nahm seine Sekretärin wenige Tage darauf einen der beiden Vorschläge zurück. Getty selbst oder sein Präsident wurden des Gezerrs müde. Der Präsident schrieb, daß er jetzt erst einmal in die USA fliege und vor Mitte Mai nicht wiederkomme. Dann könne man weitersehen. Fast drei Wochen später schrieb die Sekretärin „im Auftrag von Herrn Professor Erhard" zurück und fragte, ob es nicht doch an dem Tag gehe, den Erhard genannt und nicht widerrufen habe. Darauf erfolgte keine Anwort, weder vor noch nach Mitte Mai.[26]

Unterdessen verfertigte Müller-Armack ein wenig konkretes Exposé zum Zweck und zu den Verfahrensweisen des beabsichtigten Unternehmens. Dem Exposé war zu entnehmen, daß man mit der Erwartung umging, Gettys National Arts Foundation und die Ludwig-Erhard-Stiftung gleichsam ineinander aufgehen zu lassen. Müller-Armack dachte jedenfalls an eine groß angelegte Einrichtung mit Schwerpunkten in den USA, Großbritannien, Frankreich und Deutschland, die alles ermutigen und fördern sollte, was „der Woge des Linksintellektualismus Widerstand zu leisten" vermochte.[27]

Anfang Juli schrieb Erhard unter Umgehung des Präsidenten der Foundation direkt an Getty, erinnerte an dessen Einladung und schickte ihm das Exposé. „In der Zwischenzeit habe ich einige Gedanken entwickelt, die, wie ich hoffe, für Ihr Vorhaben von Nutzen sein könnten".[28] Zum Briefträger und Vermittler eines neuen Gesprächstermins wurde der deutsche Botschafter in London, Erhards vormaliger Pressesprecher von Hase ausersehen. Erhard stehe im Juli und August jederzeit zur Verfügung. Von Hase kam dem Wunsch nach, wurde von Getty freundlich empfangen, aber ohne Terminabsprache wieder entlassen. Auch Erhards Gedanken schienen Getty nicht sonderlich zu beeindrucken. Das Gespräch kam erneut nicht zustande.

In den folgenden Monaten entwickelte auch Hohmann Erhards Gedanken über eine Stiftung „zur Sicherung einer freiheitlichen Gesellschaftsordnung". Inhaltlich wich, was er entwickelte, nicht weit von den Gedanken Müller-Armacks ab. Aufs Praktisch-Organisatorisches hin besehen war es handfester. Hohmann hatte ein etwas bescheidener dimensioniertes Unternehmen mit 25 Beschäftigten im Sinn, das Stipendien vergab, Preise aussetzte, Forschungsprojekte initiierte, Tagungen durchführte und Propagandaarbeit leistete. 1,7 - 2 Millionen DM im Jahr sollte der Spaß kosten. Das setzte ein Stiftungskapital von 25 - 30 Millionen DM voraus. Im März 1974 schickte Erhard Getty auch Hohmanns Überlegungen als „meine beiliegende Studie über die bedrohliche innere Verfassung unserer westlichen Gesellschaften".[29] Man darf vermuten, daß er „bedrohlich" schrieb, aber „bedroht" meinte. Anfang April trafen die beiden tatsächlich zusammen. Getty war offenbar auch von Erhards Studie nicht überzeugt worden, und Erhards Vortrag und Argumentation vermochten ihn gleichfalls nicht zu überzeugen. Ende Juni schrieb er an Erhard: „I do not feel I can make a substantial contribution now, but I shall keep it in mind and perhaps do something later."[30]

Natürlich dachte er in Wirklichkeit nicht daran, später was zu tun. Später brachten Friedrich und Birrenbach bei der deutschen Industrie ein Stiftungskapital von 1,5 Millionen DM auf. Das sicherte der Ludwig-Erhard-Stiftung das Leben, ohne ihr bemerkenswerte Wirkungsmöglichkeiten zu eröffnen.[31]

Als Erhard im Sommer 1974 vom Tegernsee nach Bonn zurückkehrte, mußte er wegen schwerer Kreislaufstörungen und akuter Erschöpfungszustände mehrere Wochen lang ins Krankenhaus. Von da an häuften sich die Klinikaufenthalte. Gewöhnlich war es der Kreislauf, mal ein fiebriger Infekt, mal Rippenbrüche infolge eines Sturzes. Beängstigende Herzrythmusstörungen kamen dazu. Zeitweise hielt Erhard sich zwar tagsüber im Haus an der Johanniterstraße auf, verbrachte aber zumindest die Nächte unter ärztlicher Aufsicht im Krankenhaus, weil ein plötzlicher Herzstillstand zu befürchten war. Erhard war in seinen hohen Siebzigern ein schwerkranker und ein sehr hinfälliger Mann geworden. Er ging am Stock.

Im Sommer 1975 starb - 82jährig - Luise Erhard. 52 Jahre war sie Ludwig Erhards Ehefrau gewesen. Sie hatte sich gewünscht, ihren Mann nach dem Abschied vom Kanzleramt mehr als zuvor und in Ruhe und Frieden für sich zu haben: Philemon und Baucis am Ackerberg. Der Wunsch war ihr nicht erfüllt worden, weil Erhard vom Anschein öffentlicher Aktivität und Wichtigkeit nicht lassen konnte, und weil er nicht gewußt hätte, was er ohne die äußerlichen Beanspruchungen durch eine offizielle Rolle mit sich selbst anfangen sollte. Da Luise Erhard länger und länger am Tegernsee geblieben war, während Ludwig Erhard in Bonn herumwurstelte, hatten sie am Ende ihres langen Ehelebens einander eher weniger als öfter gesehen. Erhard nahm der Gefährtin Tod gleichwohl schwer mit.

Im Jahr darauf ließ er sich abermals in den Bundestag wählen. Er war einem Abgeordnetendasein im eigentlichen Sinn längst nicht mehr gewachsen. Aber ein Abgeordnetendasein im eigentlichen Sinn hatte er von vornherein nicht geführt und nie zu führen beabsichtigt. Und nun war er mit dem Platz im Parlament auch noch verheiratet. Es war wieder ein Platz auf den Stühlen der Opposition.

Sein 80. Geburtstag wurde ähnlich groß gefeiert wie der 75. Er stand die Feier durch. In seiner Ansprache sagte er, daß man künftig vom Podium des Parlaments her wieder mehr von ihm hören werde. Wer ihn dabei erlebte, konnte es nicht glauben.

Anfang März 1977 nahm er am Bundesparteitag der CDU in Düsseldorf teil. Als er Düsseldorf am Abend des 9. März verließ, stieß sein Mercedes mit einem Dienstwagen der schleswig-holsteinischen Landesregierung zusammen. Erhards Fahrer hatte 1,3 Promille Alkohol im Blut. Erhard saß neben ihm und wurde mit der Brust gegen die Tür geschleudert. Es schien ihm - wie üblich - außer Prellungen nichts getan zu haben. Nur die Autos waren hin.[32] Erhard fuhr an den Tegernsee. Dort bekam er Schmerzen. Die Schmerzen nahmen zu. Er ließ sich untersuchen. Eine Rippe war gebrochen und ein Brustwirbel verletzt. Er lief Gefahr, daß Splitter in die Lunge eindrangen. Erhard kehrte nach Bonn zurück und ging am 24. März ins Krankenhaus. Bei der Behandlung stellten sich unvermeidlicherweise schwere Kreislaufschwierigkeiten ein. Erhards Zustand schwankte. Ein paar Mal konnte er die Klinik stundenweise verlassen. Am 3. Mai verlor er das Bewußtsein. Am 5. Mai 1977, morgens um 2.50 Uhr, setzte das Herz aus.[33]

Als Toter kehrte Erhard noch einmal in den Kabinettssaal des Palais Schaumburg zurück. Seine Leiche wurde darin einen Tag lang aufgebahrt, damit das offizielle Bonn und alle, denen es Herzensanliegen war, persönlichen Abschied von ihm nehmen konnten. 15 000 Menschen passierten den Sarg. Am 11. Mai fand der Staatsakt im Bundestag statt. Bundespräsident Scheel sagte in einer ungewöhnlichen Trauerrede, daß Erhard ein verdienstvoller Wirtschaftsminister und ein ungeeigneter Bundeskanzler gewesen sei. Er sagte es in dezenten Andeutungen. Nicht wenige nahmen es ihm trotzdem übel.

Der tote Erhard wurde gleichen Tags mit einem Trauerkondukt der Bundeswehr an den Tegernsee gebracht. Die politische Prominenz folgte, um auch beim feierlichen Staatsbegräbnis auf dem Gmunder Bergfriedhof zugegen zu sein. Generale standen Totenwache, Trommelwirbel, Ordenskissen - alles, wie es sich gehörte. Der evangelische Militärbischof Kunst predigte in der katholischen Klosterkirche des Ortes Tegernsee über Offenbarung 2, Vers 10: „Sei getreu bis an den Tod, so will ich Dir die Krone des Lebens geben". Das war Erhards Konfirmationsspruch gewesen. Musik aus Bachs Johannes-Passion und aus der h-Moll-Messe erklang. Ein Geländewagen fuhr den Sarg zum Bergfriedhof hinauf. „Die fahrn an Erhard mit'm Unimog - und mir hätten so a schöns Roß im Stall," sagte ein Bergbauernmädchen, das ihn von fern gekannt hatte. Das hätte ihm gefallen sollen, wenn er es noch hätte hören können.

Am Grab spielte man das Lied vom guten Kameraden und den Hohenfriedberger. Erhards Wunsch, daß auch sein Lieblingsstück erklinge: Glory Glory hallelujah, wurde nicht erfüllt.[34]

Anmerkungen

Kapitel 1 (Seiten 11-36)

1 Bergler (1969), S. 37.
2 Erhard an die Tochter am 30.4.1944, LESt NE IV 1).
3 Ludwig Erhard, Wilhelm Vershofen - Der Lehrer und Freund, LESt NE I 4) 70, S. 2.
4 Zit. nach Caro (1965), S. 52.
5 Der Aufsatz nachgedruckt in Caro (1965), S. 58.
6 Die Geschichte spielte im Sommer 1953. LESt NE I 4) 63.
7 Erhard an Schacht, 21.1.1957, LESt I 4) 63.
8 LESt NE/01. Danach alle kommenden Zitate.
9 Bergler (1969), S. 140 f.
10 Zitiert nach „Meine Wirtschaftspolitik ist richtig!“ Ein Beitrag zur „Wirtschaftspolitik“ des Dr. Ludwig Erhard, Hrsg. v. Bund-Verlag, Köln 1952, S. 13, 24 f.
11 Das Folgende nach Ludwig Erhard, Marktordnung und Betriebswirtschaft, in: Der praktische Betriebswirt, 17. Jg., Nr. 2, 1937, S. 111 f.; ders., Voraussetzungen und Prinzipien der Marktforschung, in: A. Predöhl, Marktforschung als Gemeinschaftsaufgabe von Wissenschaft und Wirtschaft, Wuppertal 1939, S. 31 ff., ders., Einfluß der Preisbildung und Preisbindung auf die Qualität und die Quantität des Angebots und der Nachfrage, in: G. Bergler und L. Erhard, Hg., Marktwirtschaft und Wirtschaftswissenschaft, Fs. Wilhelm Vershofen, Berlin 1939, S. 47 f., ders., Die Marktordnung, in: K. Theisinger, Hg., Die Führung des Betriebes, Fs. W. Kalveram, Berlin 1942, S. 274 f.
12 Erhard an Brose, 11.9.1948, LESt NE I 3) 29, Briefwechsel mit Vershofen aus dem Jahr 1953 in LESt NE I 4) 70.
13 LESt NE 666.
14 Ludwig Erhard, Kriegsfinanzierung und Schuldenkonsolidierung, Frankfurt a. M. 1972. Danach das folgende Referat und die Zitate.
15 Zum Folgenden Brackmann (1993), S. 155 f.
16 Erhard an die Tochter, 11.7.1944, 12.7.1944, LESt NE IV 1).
17 Erhards Exposé in: Wolfgang Schumann, (1972), S. 291 ff.

Kapitel 2 (Seiten 37-92)

1 Binder an Zangen, 9.2.1948. Mannesmann-Archiv M 12/173.
2 LESt NE 729.
3 Der Schriftwechsel im Archiv der Ludwig-Maximilians-Universität München E II - N L. Erhard.
4 Die Neue Zeitung v. 23.9.1946 und v. 14.10.1946.
5 Die Neue Zeitung v. 23.6.1947.
6 Die Neue Zeitung v. 18.8.1947 und v. 23.8.1947.
7 Zit. nach Brackmann (1993), S. 257.
8 DER SPIEGEL Nr. 10 v. 6.3.1948.
9 Abgedruckt in und zitiert nach Karl Hohmann, Hg., Deutsche Wirtschaftspolitik. Der Weg der sozialen Marktwirtschaft, Düsseldorf 1962, S. 37 f.
10 BA Koblenz Z 1/650. Memorandum v. 4.12.1946.
11 Caro (1965), S. 45 f.
12 Erhard an Röpke, 7.10.1959, LESt NE I 4) 59.
13 Akten zur Vorgeschichte, Bd. 4, S. 552 f.

14 Ebd., S. 598 f.
15 HADB B 330/4598.
16 Clay im Gespräch mit Joachim Schwelien, LESt NE 646.
17 Nach Hohmann (1962), S. 66.
18 Ebd., S. 64.
19 Noelle-Neumann, in: Ludwig Erhard (1972), S. 168.
20 Akten zur Vorgeschichte, Bd. 5, S. 56.
21 Beratung über das Festkontengesetz am 1.10.1948. HADB B330/4598.
22 Akten zur Vorgeschichte Bd. 4, S. 703 f., 788 f.
23 Hardach (1994), S. 255.
24 Sitzung des ZBR am 22.2.1949. HADB NL Vocke 395.
25 Konrad Adenauer und die CDU der britischen Besatzungszone. Hg. v. d. Konrad-Adenauer-Stiftung, Bonn 1975, S. 657 ff.
26 Ebd., S. 838 f.
27 Verhandlungen des Deutschen Bundestages 1950, S. 1158.
28 Erhard an Blücher, 14.7.1949, LESt NE I 3) 27, Erhard an Heuss, 14.7.1949, LESt NE I 3) 30.
29 Die Neue Zeitung Nr. 103 v. 30.7.1949.
30 Wengst (1985), Morsey (1978, 1980).
31 Erhard an Wolkiser, 25.10.1949, LESt NE I 4) 74.

Kapitel 3 (Seiten 93-160)

1 Erhard an Adenauer, Persönlich! Geheim! 24.11.1949, LESt NE I 1) 1.
2 Ebd.
3 Adenauer, Briefe 1949 - 1951, S. 140.
4 Otto Friedrich, Unterhaltung mit Erhard am 25.6.1950, ACDP I-093-013/1
5 Erhard an Adenauer, 15.6.1950, LESt NE I 1) 1.
6 Die Kabinettsprotokolle der Bundesregierung Bd. 1, 1949, Boppard 1982, S. 285 ff.
7 Foreign Relations of the United States (FRUS) 1949, Vol. III, Washington 1974, S. 448 - 454.
8 Kabinettsprotokolle 1949, S. XXX ff.
9 FRUS 1949, Vol. III, S. 454 - 476.
10 Erhard an Wolkiser, 25.10.1949, LESt NE I 4) 74.
11 Süddt. Ztg. v. 14.10.1949; Augs. Allg. Ztg. v. 4.1.1950.
12 Reichhaltiges Material, auf das sich die folgende Darstellung stützt, im BA Koblenz, B 102/ 17040, 17073,17071,17076,17078,17081,17077,17075,17082,17083.
13 Memorandum v. 4.11.1949, BA B 102/ 17076.
14 Der persönliche und der offene Brief in LESt NE I 4) 43.
15 Süddt. Ztg. v. 14.10.1949.
16 Zum Folgenden Hentschel (1989), S. 722 ff.
17 Augs. Allg. Ztg. v. 4.1.1950; Tages-Nachrichten des Bundesministeriums für Wirtschaft Nr. 617 v. 9.1.1950.
18 Hanes am 21.1.1950; BA Koblenz B 136/1306.
19 Vocke an Erhard, 17.1.1950, LESt NE I 4)71.
20 Kabinettsprotokolle 1950, Sitzung v. 24.1.1950.
21 Ebd. S. 193 ff.
22 52. Sitzung des ZBR v. 9./10.2.1950, HADB 22.
23 Verhandlungen des Dt. Bundestages, 1950, S. 1158.
24 HADB NL Vocke 2025.
25 Stellungnahme zu dem Memorandum der Wirtschafts- und Finanzberater der AHK v. 15.2.1950, LESt NE I 1)1.
26 McCloy an Adenauer, 20.2.1950, HADB NL Vocke 3403.

27 Denkschrift des Wimi v. 18.2.1950, HADB Nl Vocke 3403.
28 53. Sitzung des ZBR am 22./23.2.1950. HADB 23.
29 54. Sitzung des ZBR am 1.3.1950. HADB 23, Kabinettsprotokolle 1950, S. 249 f.
30 Hessische Nachrichten v. 24.3.1950, Die Freiheit, Mainz, 24.3.1950.
31 Kabinettsprotokolle 1950, Sitzungen v. 13. und 25.4.1950; die Vorlage in HADB 3345, Erhard an Adenauer, 21.4.1950, LESt NE I 1)1.
32 Vocke an McDonald, 5.6.1950, HADB 2033.
33 Frankfurter Rundschau v. 5.6.1950.
34 Adenauer, Briefe 1949 - 1951, S. 182.
35 Erhard an Schäffer, 24.4.1950, LESt NE I 4)50. Schäffer an Erhard, 16.5.1950, Erhard an Schäffer, 25.5.1950, LESt NE I 4)64; Erhard an Adenauer, 15.6.1950, Erhard an Adenauer, 24.6.1950, LESt NE I 1)1. Schäffer an Erhard, 6.7.1950, LESt NE I 4)64. Erhard an Pferdmenges, 26.7.1950, LESt NE I 4)57, Erhard an Schäffer, 26.7.1950, LESt NE I 4)64. Erhard an Adenauer, 26.7.1950 LESt NE I 1)1, Erhard an Kuhlemann, 26.7.1950, LESt NE I 4)50.
36 Zur Entstehung des Bundesbankgesetzes mit ausgiebigen Quellen-Nachweisen Hentschel, Die Entstehung (1988).
37 Kabinettsprotokolle 1950, Sitzungen v. 9.6.,4.7. und 9.7.1950, Erhard an Preusker, 4.7.1950, LESt NE I 4)57, Schäffer an Erhard, 19.7.1950, Erhard an Schäffer, 26.7.1950, LESt NE I 4) 64.
38 Erhard an Adenauer, 15.6.1950, LESt NE I 1)1; Friedrich, Unterhaltung mit Erhard am 25.6.1950, ACDP I-093/013/1.
39 Erhard an Adenauer, 4.5.1950, LESt NE I 1)1. Kölnische Rundschau v. 28.4.1950; Die Neue Zeitung v. 29.4.1950.
40 Zur Gründung der EGKSt mit ausgiebigen Quellen-Nachweisen Hentschel, Deutschland und die Gründung (1988).
41 Kieler Nachrichten v. 9.11.1949, NWDR v. 11.11.1949; Frankfurter Rundschau v. 11.11.1949; Ruhr-Nachrichten v. 11.11.1949.
42 Augs. Allg. Ztg. v. 4.1.1950.
43 Die Neue Zeitung Nr. 115 v. 15.5.1950.
44 Erhard an Blankenhorn, 5.6.1950, LESt NE I 4)37, Erhard an Adenauer, 15.6.1950, LESt NE I 1)1, Frankfurter Rundschau v. 5.6.1950.
45 Friedrich, Unterhaltung mit Erhard am 25.6.1950, ACDP I-093-013/1.
46 Erhard an Adenauer, 3.8.1950, LESt NE I 1)1; Erhard an Vocke, 2.8.1950, LESt NE I 1)1.
47 Erhard an Adenauer, 2.8.1950, LESt NE I 1)1.
48 Kabinettsprotokolle 1950, Sitzung v. 15.9.1950.
49 Erhard an Raymond, 11.9.1950. LESt NE I 4)69.
50 Tages-Nachrichten Nr. 813 v. 18.9.1950, Vocke an Erhard, 22.9.1950, LESt NE I 4)71.
51 Tages-Nachrichten Nr. 739 v. 23.6.1950; Vermerk I A 5 v. 16.8.1950, Hanes am BMW, 28.8.1950, BA B 102/13718, Schalfejew an Hanes, 15.9.1950, BA B 146/473, Vocke an Erhard, 19.9.1950, HADB 2021.
52 Vocke an Erhard, 22.9.1950, Erhard an Vocke, 26.9.1950, LESt NE I 4)71.
53 69. Sitzung ZBR, HADB ZBR 31.
54 Kabinettsprotokolle 1950, S. 713; Erhard an Adenauer, 23.9.1950, LESt NE I 1)1; Platow-Brief v. 9.10.1950.
55 Adenauer an Erhard, 18.10.1950, LESt NE I 1)1.
56 BA B 146/464 und 473; Aide-Mémoire for the Members of the Managing Board on the German Position vis-a-vis EPU, 20.10.1950; EZU, The Problem of Germany, 23.10.1950, HADB 13044; Vocke an Erhard, 24.10.1950, HADB 3377; Vocke an Erhard, 7.11.1950, HADB NL Vocke 2021.
57 Blücher in der 107. Kabinettssitzung, 31.10.1950, Kabinettsprotokolle 1950, Cairncross, 9.11.1950, in: Die Korea-Krise (1986), S. 207 f; Cairncross zu Mangoldt, 16.11.1950, HADB 13044 (Gutachten).
58 Vermerk Schalfejew, 7.11.1950, BA B 102/12783.

59 Erhard an Bernard, 20.11.1950, HADB 2021; Auslandsabt. an Vocke, 23.11.1950, HADB 3377, Graf für Erhard, 4.12.1950, BA B 102/12783.
60 Tages-Nachrichten Nr. 874 v. 1.12.1950.
61 Aktenvermerk Vocke, 11.12.1950, HADB 3377.
62 Vorläufige Stellungnahme des BMW v. 27.7.1959, BA B 136/2473, Entwurf für Richtlinien, 27.8.1950, BA B 146/263; Kabinettsprotokolle 1950, S. 629 f.
63 Adenauer, Briefe 1949 - 1951, S. 154.
64 Erhard an Berg, 3.7.1950. LESt NE I 4)36.
65 Montanmitbestimmung (1984), S. 162 f.
66 Ebd. S. 184.
67 Erhard an Adenauer, 11.12.1950, BA B 146/265; Kabinettsprotokolle 1950, S. 767.
68 Vogel an Erhard, 13.12.1950, LESt NE I 4)57; DIHT-Rundschreiben mit Anlagen, 19.12.1950, ACDP I-093-013/1.
69 Kabinettsprotokolle 1951, S. 275.
70 Schwarz (1986), S. 863.
71 LESt NE I 4)41.
72 Erhard an Adenauer, 9.12.1950, LESt NE I 1)1.
73 Report on the Implementation, HADB 13044, Mangoldt an MP-Min., 12.2.1951, HADB 3321; Schäffer an Vocke, 14.2.1951, HADB 2043; Vocke an Adenauer, 15.2.1951, BA B 136/2594.
74 Erhard an Adenauer, 7.2.1951, LESt NE I 1)2, Die Korea-Krise (1986), S. 256 f.
75 Tages-Nachrichten Nr. 938 v. 23.2.1951. Die Neue Zeitung Nr. 46 v. 23.2.1951.
76 Vertrauliche Notiz für Vocke, 8.1.1951, HADB NL Vocke 3377.
77 Adenauer an Erhard, 24.2.1951, LESt NE I 1)2.
78 Vocke an Adenauer, 5.2.1951, St. BK AH 10.05.
79 Zit. nach Adenauer, Briefe 1949 - 1951, S. 588 (Anm. 7).
80 Osterheld (1992), S. 12.
81 Graf war Leiter des Landwirtschaftsamts Fürth gewesen, in dem Erhard nach Kriegsende vorübergehend Unterschlupf gefunden hatte. LESt NE 746.
82 Erhard an Adenauer, 19.3.1951, 10.12.1951, LESt NE I 1)2.
83 Erhard an Adenauer, 2.3.1951; Adenauer an Erhard, 4.3.1951, LESt NE I 1)2. Frankf. Rundschau v. 17.3.1951, Erhard an Lenz, 21.3.1951, LESt NE I 4)51.
84 Die Freiheit v. 19.7.1950, Die Neue Zeitung v. 29.7.1950, Süddt. Ztg. v. 29.7.1950 (Das Streiflicht), Die WELT v. 29.7.1950.
85 Die Korea-Krise (1986), S. 301 f. (126. Sitzung des Dt. Bundestages).
86 Mangoldt an Blücher, 23.2.1951, HADB 2033; Mangoldt Nr. 267 mit dem Wortlaut des Direktorium-Berichts, 24.2.1951, HADB 2015, Mangoldt Nr. 268, 25.2.1951, HADB 3321.
87 Die Korea-Krise (1986), S. 288 f.
88 Ebd. S. 284 f. Schwartz (1991), S. 296.
89 Erhard an Vocke, 10.3.1951, HADB 2021.
90 Die Korea-Krise (1986), S. 293; Bundesgesetzblatt, Teil I, Nr. 12, 1951, S. 163 f. Erhard an Friedrich, 9.3.1951, LESt NE I 4)43.
91 Adenauer an McCloy, 27.3.1969, in: Korea-Krise (1986), S. 347 f.
92 Ebd. S. 299 f.
93 Schäffer an Erhard, 14.3.1951, BA B 134/3270 (2); Erhard an Schäffer, 15.3.1951, BA-B 134/3269 (2); Schäffer an Erhard, 16.3.1951, LESt NE I 4)64.
94 Adenauer an Erhard, 19.3.1951, LESt NE I 1)2.
95 Erhard an Adenauer, 19.3.1951, LESt NE I 1)2.
96 Tages-Nachrichten Nr. 941 v. 26.2.1951; Nr. 959 v. 19.3.1951.
97 Die ZEIT v. 21.3.1951: In der Rolle des Sancho Pansa.
98 Niederschrift über die Besprechung am 15.3.1951, BA B 136/2364; Berg an Adenauer, 2.4.1951, HADB 2014, Memorandum des BdI v. 28.3.1951 (Broschüre), Forderungen des DGB zur Wirtschaftspolitik, 12.3.1951 (gedruckt), FS Adenauer an Blücher, 5.4.1951, BA NL Blücher 79.

99 Erhard an Schäffer, 5.4.1951, Schäffer an Erhard, 6.4.1951, LESt NE I 4/64, FAZ v. 9.4.1951, Erhard an Adenauer, 9.4.1951, LESt NE I 1)2, Erhard an Berg, 12.4.1951, LESt NE I 4)36.

Kapitel 4 (Seiten 161-226)

1 Noelle-Neumann, in: Ludwig Erhard (1972), S. 168.
2 Erhard an Adenauer, 3.8.1950, LESt NE I 1)1.
3 Süddeutsche Zeitung v. 19.11.1949.
4 AHK v. 28.4.1950, Erhard an Adenauer, 5.5.1950, LESt NE I 1)1, Jerchow (1979).
5 Erhard an Vershofen, 25.4.1953, LESt NE I 4)70.
6 FAZ v. 15.4.1963.
7 Berg an Erhard, 22.6.1950, Erhard an Berg, 3.7.1950, LESt NE I 4)36.
8 BA B 102/17082.
9 Adenauer an Erhard, 10.3.1951, Erhard an Adenauer, 12.3.1951, Adenauer an Erhard, 18.3.1951, LESt NE I 1)2.
10 BA B 102/17087, Adenauer, Briefe 1951-1953, S. 98, 515, Erhard an Etzel, 15.12.1953, LESt NE I 4)41.
11 Schulte an Erhard, 16.1.1952, Erhard an Schulte, 19.1.1952, LESt NE I 4)69; Berg an Erhard, 23.1.1952, Erhard an Berg, 30.1.1952, LESt NE I 4)36.
12 BA B 102/17083.
13 LESt NE 145,15.
14 Richter an Blücher, 11.8.1951, Erhard an Richter, 20.8.1951, LESt NE I 4)37; Neuer Vorwärts Hannover v. 17.8.1951.
15 Erhard an Adenauer, 3.10.1958, LESt NE I 1)6.
16 Tages-Nachrichten Nr. 1157 v. 20.11.1951.
17 Friedrich an Adenauer, 3.10.1951, Friedrich an Erhard, 1.11.1951, 5.11.1951; Erhard an Friedrich, 21.12.1951, Friedrich an Erhard, 28.12.1951, LESt NE I 4)43.
18 Erhard an Schäffer, 24.9.1951, LESt NE I 4)64, Erhard an Adenauer, 10.10.1951, Adenauer an Erhard, 11.10.1951, Erhard an Adenauer, 12.10.1951, LESt NE I 1)2, Erhard an Pferdmenges, 31.10.1951, LESt NE I 4)57, Erhard an Adenauer, 13.2.1952, LESt NE I 1)3, DIE WELT v. 18.4.1952.
19 Dazu und zum Folgenden mit detaillierten Nachweisen Hentschel, Die Entstehung (1988), S. 17ff.
20 Erhard an Adenauer, 3.7.1952; LESt NE I 1)3, Süddeutsche Zeitung v. 3.7.1952; Erhard an Adenauer, 17.7.1952, LESt NE I 1)3; Adenauer an Blücher, 17.8.1952, Adenauer, Briefe 1951 - 1953, S. 268.
21 Erhard an Berg, 10.7.1952, Berg an Erhard, 6.10.1952, in: Wirtschaft und Wettbewerb 1952, S. 733 ff., 857 ff.
22 Erhard an Berg, 21.1.1953, LESt NE I 4)36.
23 Berg an Erhard, 10.3.1953, LESt NE I 4)36.
24 Erhard an Naegele, 21.3.1953, BA B 102/17079.
25 Material zum Vorhergehenden in BA B 102/ 17083.
26 Frankfurter Rundschau v. 15.3.1952.
27 Tages-Nachrichten Nr. 1295 v. 15.5.1952, NZZ v. 14.9.1953.
28 Erhard an Blücher, 14.3.1952, LESt NE I 4)37.
29 Erhard an Hallstein, 12.11.1952, LESt NE I 4)46.
30 Erhard an Röpke, 7.10.1953, LESt NE I 4)59.
31 Tages-Nachrichten Nr. 1295 v. 15. Mai 1952.
32 Tages-Nachrichten Nr. 1626 v. 29.6.1953.
33 Vocke an Erhard, 11.12.1952 und 23.2.1954, HADB NL Vocke 2021.
34 H.K. v. Mangoldt, Die EZU und ihre Aufgaben bei der Neuordnung des internationalen Zahlungsverkehrs, Kiel 1953. S. 7 f.

[35] Vocke an Erhard, 23.2.2954, HADB NL Vocke 2021.
[36] Müller-Armack in: Ludwig Erhard (1972), S. 479.
[37] Erhard an v. Mangoldt, Juli 1952, v. Mangoldt an Erhard, 24.7.1952, LESt NE I 4)52.
[38] Tages-Nachrichten Nr. 1530 v. 28.2.1953, Handelsblatt v. 2.3.1953: Deutsche Gegenfragen in Rom.
[39] BMW, Konvertibilität der Währungen, 10.3.1953, HADB NL Vocke 3394.
[40] Emminger, Zusammenfassender Bericht, 22.5.1953, HADB B 330/3172; ders., Aufwertung, 5.6.1953, HADB NL Vocke 3379, FAZ v. 14.5.1953: Erhard in London.
[41] Dies der gutgemeinte Titel eines populären Buches. Stackelberg (1967).
[42] „Meine Wirtschaftspolitik ist richtig!" Hrsg. v. Bund-Verlag, Köln 1952.
[43] Pünder an Erhard, 16.6.1952, Erhard an Pünder, 19.6.1952, LESt NE I 4)57.
[44] Westfälische Rundschau v. 17.4.1953: Diamanten-Erhard.
[45] Friedrich an Erhard, 3.5.1952, Erhard an Friedrich, 18.10.1952 und 10.6.1953, ACDP I-093-013/2.
[46] DER SPIEGEL v. 9.9.1953, S. 11 - 17: Die Flucht nach vorn.
[47] Erhard an Graf, 16.10.1952, LESt NE I 4)44, Erhard an Seeling, 4.11.1952, LESt NE I 4)61.
[48] Erhard an Schäffer, 15.1.1953, LESt NE I 4)57, Erhard an Schäffer, 19.1.1953, LESt NE I 4)64, Schäffer an Adenauer, 27.1.1953, Erhard an Adenauer, 12. und 13.2.1953, LESt NE I 1)3, Schäffer an Adenauer, 23.2.1953, Schäffer an Erhard, 11.5.1953, LESt NE I 4)64.
[49] Erhard an Adenauer, 16.4.1952, HADB Nl Vocke 2011.
[50] Erhard an Pferdmenges, 22.9.1953, 19.10.1953, LESt NE I 4)57, Erhard an Schäffer, 9.10.1953, Schäffer an Erhard, 12.10.1953, LESt NE I 4)64, Schäffer an Etzel, 21.10.1953, LESt NE I 4)41.
[51] Erhard an Strauß, 12. und 13.1.1954, LESt NE I 4)68, Erhard an Adenauer, 13.1.1954, LESt NE I 1)3, Strauß an Erhard, 13. und 14.1.1954, LESt NE I 4)68.
[52] Tages-Nachrichten Nr. 1689 v. 10.9.1953.
[53] NZZ v. 14.9.1953, FAZ v. 21.9.1953, New York Times v. 19.9.1953, Handelsblatt v. 24.9.1953.
[54] Zit. nach Frankf. Rundschau v. 12.11.1953: „Der selbstgerechte Herr Doktor".
[55] Het Financielle Dagblad, 10.11.1953. Übersetzung in ACDP I-093-013/2.
[56] Hamburger Abendblatt v. 20.11.1953.
[57] NZZ v. 23.11.1953 und 11.12.1953, Le Monde v. 26.11.1953, Handelsblatt v. 27.11.1953, Erhard an Adenauer, 7.12.1953, LESt NE I 1)3, Friedrich: „Aktennotiz" und „Abendunterhaltung" v. 17.12.1953, ACDP I 093-013/2.
[58] Erhard an Etzel, 15.12.1953, LESt NE I 4)41.
[59] Erhard an Haffner, 24.2.1954, LESt NE I 4)46.
[60] Ilau an Erhard, 17.12.1953 und 19.12.1953, LESt NE I 4)48, Böhm an Erhard, 22.12.1953, ACDP I-200-006/3.
[61] Notizen Friedrichs v. 14.1. und v. 26.2.1954, ACDP I-093-013/2.
[62] Ilau an Erhard, 6.2.1954, LESt NE I 4)48.
[63] BA B 102/17084.
[64] Erhard an Adenauer, 15.2.1954 (incl. Memorandum), LESt NE I 1)3.
[65] Erhard an Adenauer, 6.3.1954, ebd., Vocke an Erhard, 23.2.1954, HADB Nl Vocke 2021, Schwäbische Donau-Zeitung v. 16.3.1954, FAZ v. 17.3.1954.
[66] Nach Hamburger Abendblatt v. 20.4.1954.
[67] Z. B. Erhard an Altmeier, 14.5.1954, LESt NE I 4)34.
[68] BA B 102/17066.
[69] Süddeutsche Zeitung v. 26.6.1954: Der Mann am Schalthebel der Wirtschaft.
[70] Erhard an Adenauer, 1.7.1954, LESt NE I 1)3.
[71] Adenauer an Erhard, 18.6.1954, Erhard an Adenauer, 7.7.1954, LESt NE I 1)3.
[72] Erhard an Adenauer, 14.7.1954, ebd.
[73] Emminger, Bericht v. 21.7.1954, HADB ZBR 78, Industriekurier v. 22.7.1954.
[74] Industriekurier v. 3.9.1954, Erhard an Adenauer, 18.10.1954, LESt NE I 1)3.

75 Aufzeichnung für den Bundeskanzler, 19.10.1954, LESt NE I 1)3.

76 Erhard an Berg, 13.1.1954, Berg an Erhard, 22.11.1954, BA B 136/6894, Erhard an Adenauer, 13.11.1954, LESt NE I 1)3.

77 Industriekurier v. 27.11.1954, Mendès-France über Erhards Wirtschaftspolitik in: Das Wirtschaftsbild Nr. 328, Archiv des Presse- und Informationsamts der Bundesregierung, Bestand Erhard, Rundfunkreportage aus dem „Club des Echos", ebd. FAZ v. 8.12.1954, Saarbrücker Zeitung v. 9.12.1954, Le Monde v. 9.12.1954.

78 Etzel an Erhard, 13.12.1954, LESt NE I 4)76.

79 Sondernotiz Friedrichs v. 14.9.1954, ACDP I-093-013/2, Erhard an Etzel, 6.10.1954, LESt NE I 4)41, Erhard an Vershofen, 12.10.1954, LESt NE I 4)70.

80 BA B 102/ 17066.

81 Schleussner an Böhm, 13.11.1954, ACDP I-200-035.

82 Böhm, Der derzeitige Stand der Kartellgesetzgebung, 3.1.1955, ACDP I-200-006/3.

83 Bericht über die Jahrestagung des Währungsfonds, 9.10.1954, HADB ZBR 80; Tages-Nachrichten Nr. 2004 v. 4.10.1954.

84 Kurzbericht über die Sitzung v. 13. - 15.10.1954, HADB NL Vocke 3380, Bericht über die Sitzung v. 7. und 8.12.1954, HADB ZBR 82; OEEC, Ministerial Examination v. 12.1.1955, HADB B 330/2642.

85 ZBR-Sitzung v. 22./23.6.1955, HADB ZBR 86, OEEC Ratsentscheidung v. 10.6.1955, ebd., Emminger an Vocke, 7.7.1955, ebd., das Abkommen v. 5.8.1955, HADB N2/K22.

86 Erhard an Werkmeister, 29.8.1955, LESt NE I 4)73.

87 Erhard an Adenauer, 24.1.1955, LESt NE I 1)3.

88 Lahr (1981), S. 229.

89 Memorandum v. 11.1.1955, ACDP I-236-031/3.

90 Saarbrücker Zeitung v. 25.1.1955, FAZ v. 4.2.1955, Frankf. Rundschau v. 4.2.1955.

91 Tages-Nachrichten Nr. 2101 v. 4.2.1955.

92 Erhard, Gedanken zu dem Problem der Kooperation oder der Integration, LESt NE I 1)3.

93 Erhard an Abs, 4.4.1955, LESt NE I 4)36, Adenauer an Erhard, 13.4.1955, LESt NE I 1)3.

Kapitel 5 (Seiten 227-324)

1 Tages-Nachrichten Nr. 1981 v. 6.9.1954.

2 Erhard an Adenauer, 25.5.1955, LESt NE I 1)3.

3 Schwarz (1991), S. 374.

4 Industriekurier v. 1.6.1955.

5 Etzel an Hallstein, 17.6.1955, BA Nl Etzel 254.

6 Zur englischen Rolle im Prozeß der europäischen Einigung jüngst Lamb (1995), S. 102 ff.

7 Adenauer an Erhard, 5.11.1955, Erhard an Adenauer, 12.11.1955, Adenauer an Erhard, 19.12.1955, LESt NE I 1)3.

8 Erhard, „Wer ist ein guter Europäer?", in: Bulletin des Presse- und Informationsamtes Nr. 145 v. 6.8.1955.

9 Erhard an Brentano, 23.11.1955, LESt NE I 4)38.

10 Erhard an Werkmeister, 29.8.1955, LESt NE I 4)73.

11 Erhard an Adenauer, 28.9.1955, LESt NE I 1)3.

12 DIE WELT v. 28.7.1955, FAZ v. 5.8.1955, Adenauer an Erhard, 6.8.1955, LESt NE I 1)3, Westfälische Rundschau v. 16.8.1955, Düsseldorfer Nachrichten v. 25.8.1955.

13 Erhard an Adenauer, 9.12.1955, LESt NE I 1)3, FAZ v. 9.12.1955.

14 Adenauer, Erinnerungen 1955 - 1959, S. 254 ff., (Tb-Ausgabe).

15 Erhard an Adenauer, 11.4.1956, LESt NE I 1)4.

16 Tages-Nachrichten Nr. 2114 v. 19.2.1955.

17 Erhard an Berg, 4.4.1955, LESt NE I 4)36.

18 Tages-Nachrichten Nr. 2275 v. 4.9.1955, Nr. 2279 v. 9.9.1955, Nr. 2281 v. 12.9.1955.
19 FAZ v. 13.9.1955.
20 Notiz v. 1.10.1955, ACDP I-093-015/3.
21 Fraktionssitzung v. 13.9.1955, ACDP VIII-001-1007/2.
22 Tages-Nachrichten Nr. 2288 v. 20.9.1955.
23 Friedrich über Berg am 1.10.1955, ACDP 0-093-015/3.
24 Adenauer an Erhard, 30.9.1955, LESt NE I 1)3.
25 Erhard an Adenauer, 29. u. 30.9.1955, LESt NE I 1/3.
26 Tages-Nachrichten Nr. 2301 v. 5.10.1955.
27 Notiz Friedrichs v. 1.10.1955, ACDP I-093-015/3.
28 Tages-Nachrichten Nr. 2303 v. 6.10.1955.
29 Gutachten v. 11.10.1955, HADB Nl Vocke 3397.
30 Vermerk (Wolff) v. 9.10.1955, HADB Nl Vocke 3381.
31 Vocke an Erhard, 11.10.1955, HADB Nl Vocke 2021.
32 Fraktionssitzung v. 11.10.1955, ACDP VIII-001-1007/2, S. 60 f.
33 Fraktionssitzung v. 10.11.1955, ebd. S. 94.
34 Adenauer an Erhard, 13.4.1956, LESt NE I 1)4.
35 Fraktionssitzung v. 10.11.1955, ACDP VIII-001-1007/2,S. 93 f., Erhard an Adenauer, 17.11.1955, LESt NE I 1)3.
36 Ebd.
37 BdI an Etzel, 7.7.1955, Etzel an Erhard, 8.7.1955, ACDP I-236-018/1.
38 Etzel an Müller-Armack, 8.12.1955, ACDP I-236-018/1.
39 Erhard an Stücklen, 24.11.1955, LESt NE I 4)68.
40 Erhard an Adenauer, 9.12.1955, LESt NE I 1)3.
41 Ebd.
42 Erhard an Adenauer, 30.1.1956, LESt NE I 1)4.
43 Adenauer an Erhard, 6.2.1956, LESt NE I 1)4.
44 Ebd.
45 Erhard an Adenauer, 27.4.1956, LESt NE I 1)4.
46 Ebd.
47 Erhard an Adenauer, 16.2.1956, LESt NE I 1)4.
48 214. Sitzung des ZBR v. 7. und 8.3.1956, Wortprotokoll, HADB ZBR 92. Auch für das Folgende.
49 Erhard an Adenauer, 12.3.1956 (Anlage), LESt NE I 1)4.
50 Adenauer an Erhard, 17.3.1956, LESt NE I 1)4.
51 Erhard an Adenauer, 16.3.1956, LESt NE I 1)4.
52 Adenauer an Erhard, 21.3. 1956 (streng persönlich!), LESt NE I 1)4.
53 Tages-Nachrichten Nr. 2435 v. 22.3.1956.
54 Fraktionssitzung v. 20.3.1956, ACDP VIII-001-1007/2. S. 187 f.
55 Erhard an Adenauer, 11.4.1956, LESt NE I 1)4.
56 Adenauer an Erhard, 13.4.1956, LESt NE I 1)4.
57 Erhard an Adenauer, 27.4.1956, LESt NE I 1)4.
58 Vocke an Schäffer, 13.4.1956, HADB Nl Vocke 2043, Vocke an Adenauer, 20.4.1956, HADB Nl Vocke 2021; 219.Sitzung des ZBR am 18.5.1956, HADB ZBR 94.
59 Adenauer an Erhard, 22.5.1956, LESt NE I 1)4.
60 Abdruck in HADB Nl Vocke 2025.
61 Erhard an Adenauer, 22.5.1956, LESt NE I 1)4.
62 Adenauer an Erhard, 22.5.1956, LESt NE I 1)4.
63 Archiv der Gegenwart, 30.5.1956, S. 5796 f.
64 V.d. Lippe für Vocke, 24.5.1956, HADB Nl Vocke 3381.
65 Böhm an Strauß, 18.1.1953, ACDP I-200-035/1.
66 Tages-Nachrichten Nr. 2484 v. 25.5.1955 und 2486 v. 28.5.1955, FAZ v. 28.5.1955; Koerfer (1987), S. 121 ff.

[67] Fraktionssitzung v. 29.5.1956, ACDP VIII-001-1007/2, S. 233 f.
[68] Lemmer, Situationsbericht für Vocke, 30.5.1956, HADB Nl Vocke 3381, Kölnische Rundschau v. 30.5.1956.
[69] Erhard an Adenauer, 11.4.1956, LESt NE I 1)4.
[70] Erhard, Sinnvolle Maßstäbe für eine Produktivitätsrente (Sept. 1956), HADB Nl Vocke 2050.
[71] Etzel an Adenauer, 4.6.1956, LESt NE I 4)41.
[72] Friedrich an Erhard, 5.6.1956, ACDP I-093-013/2.
[73] Fraktionssitzung v. 19.6.1956, ACDP VIII-001-1007/2, S. 251 ff., Erhard an Krone, 23.6.1956, ACDP I-028-57/1, Handelsblatt v. 25.6.1956, Tages-Nachrichten Nr. 2508 v. 23.6.1956.
[74] Erhard an Krone, 23.6.1956, ACDP I-028-57/1.
[75] Erhard an Adenauer, 4.7.1956, LESt NE I 1)4.
[76] Erhard an Adenauer, 26.7.1956, LESt NE I 1)4.
[77] HADB Nl Vocke 2050. Die Denkschrift datiert vom 7.9.1956.
[78] Erhard an Adenauer, 8.10.1956, LESt NE I 1)4.
[79] Adenauer an Erhard, 26.10.1956, LESt NE I 1)4, Industriekurier v. 27.6.1956.
[80] Scharnberg an Erhard, 26.10.1956, LESt NE I 4)65.
[81] DIE ZEIT v. 15.11.1956.
[82] Erhard an Adenauer, 3.7.1956, LESt NE I 1)4. Auch für das Folgende.
[83] Schwarz (1991), S. 270 ff.
[84] Starke an Erhard, 28.8.1956 und 10.9.1956, LESt NE I 4)67, Erhard an Adenauer, 7.9.1956, LESt NE I 1)4, Schwarz (1991), S. 275 ff.
[85] Adenauer zu Heuß, zit. nach Schwarz (1991), S. 274.
[86] Vocke an Erhard, 19.6.1956, HADB Nl Vocke 2021.
[87] Erhard an Macmillan, 3.7.1956, HADB B 330/3172.
[88] Tages-Nachrichten Nr. 2524 v. 12.7.1956.
[89] Tages-Nachrichten Nr. 2525 v. 13.7.1956, Industriekurier v. 14.7.1956.
[90] Könneker an Vocke, 14.7.1956, HADB Nl Vocke 2030, v.d. Lippe an Vocke, 17.7.1956, HADB Nl Vocke 2032, Emminger an Vocke, 20.7.1956, HADB Nl Vocke 2020, Baseler Nachrichten v. 15.6.1956.
[91] Emminger an Vocke, 28.9.1956, HADB Nl Vocke 2020, Berichte über die 81. und die 84. Sitzungsperiode des EZU-Direktoriums, 18.-20.2.1957, 24.-25.4.1957, HADB B 330/1275.
[92] Tages-Nachrichten Nr. 2530 v. 19.7.1956.
[93] Vorläufiger Entwurf von Thesen zu den Brüsseler Integrationsverhandlungen, 31.8.1956, BA B 102/12616/3.
[94] Das französische Dokument in BA B 102/12616.
[95] Erhard an Adenauer, 25.9.1956, LESt NE I 1)4.
[96] Der Entwurf des Briefes in LESt NE I 1)4.
[97] Schwarz (1991), S. 296 ff.
[98] Beide Dokumente mit Datum v. 2. bzw. 3.10.1956 in: BA B 102/ 12616.
[99] Müller-Armacks Protokoll v. 8.10.1956, ACDP I-236-031/3, Erhard an Hallstein mit Anlage, 9.10.1956, LESt NE I 4)46.
[100] Stellungnahme I A1 v. 18.10.1956, BA B 102/12616/2.
[101] Küsters (1982), S. 312ff.
[102] Europa-Archiv, Jg. 11, 21. Folge, S. 9295.
[103] Entwurf eines Europäischen Programms v. 26.10.1956, ACDP I-236-031/3.
[104] Erhard an Etzel, 16.11.1956, LESt NE I 4)41.
[105] Schwarz (1991), S. 301-306, Karl Carstens, in: Konrad Adenauer und seine Zeit (1976), S. 591-602, von Eckardt (1968), S. 465-467.
[106] Erhard an Etzel, 16.11.1956, LESt NE I 4)41. Auch für das Folgende.
[107] Etzel an Erhard, 3.12.1956, LESt NE I 4)41.
[108] Hohmann an Müller-Armack, 18.12.1956, LESt NE I 4)41.
[109] Industriekurier v. 28.2.1957.

110 Kabinettsvorlage des BMW v. 7.1.1957, BA B 102/12616. Zum Folgenden Küsters (1982), S. 388ff.

111 Abteilungsleiter I, 28.2.1957 (Verhandlungsergebnisse) und 12.3.1957 (Zusammenstellung), BA B 102 / 12617/2.

112 Erhard an v. Brentano, 12.4.1957, LESt NE I 4)38.

113 Industriekurier v. 28.2.1957.

114 Erhard an Röpke, 10.12.1957, LESt NE I 4)59. Die falsche Syntax in der Vorlage.

115 Briefs an Alphons, 4.12.1956, Erhard an McCloy, 11.12.1956, LESt NE I 4)39.

116 Telegramme Adenauer an Erhard, 16.3.1957, Erhard an Adenauer, 17.3.1957, Adenauer an Erhard 17.3.1957, LESt NE I 1)5; Der Volkswirt v. 16.3.1957; Abendpost v. 20.3.1957; Stuttgarter Zeitung v. 28.3.1957; Koerfer (1987), S. 144 f.

117 Koerfer (1987), S. 131.

118 Z. B. Aachener Nachrichten v. 2.2.1957, Welt am Sonntag v. 3.2.1957, FAZ v. 5. und 6.2.1957, DIE WELT v. 5.2.1957, Hamburger Echo v. 23.2.1957, Industriekurier v. 28.2.1957.

119 FAZ v. 31.1.1957, Gespräch Erhards mit Antes am 30.1.1957 im H.R., Niederschrift im Archiv des Presse- und Informationsamtes, Bestand Erhard.

120 Zit. nach Koerfer (1987), S. 133.

121 Erhard (1957), S. 354.

122 FAZ v. 5.2.1957.

123 Erhard an Adenauer, 12.3.1957, zwei Briefe, dazu eine „Denkschrift“ und eine Anlage: „Die Kapitalbildung in der Bundesrepublik“, LESt NE I 1)5.

124 Erhard an Adenauer, 18.2.1957, LESt NE I 1)5.

125 Adenauer an Erhard, 24.3.1957, LESt NE I 1)5.

126 Scharnberg an Erhard, 28.3.1957, LESt NE I 4)65.

127 Berg an Erhard, 10.1.1957, LESt NE I 4)36.

128 Adenauer, Wir haben (1990), S. 662.

129 Tb Krone, 12.1.1957, ACDP I-028-068/3. Neuerdings die ausgezeichnete Edition der Tagebücher (1945-1961) von Kleinmann (1995), S. 240.

130 Erhard an Albers, 25.1.1957, LESt I 4)34.

131 Erhard an die Mitglieder der Ausschüsse für Geld und Kredit und für Wirtschaftspolitik, 17.1.1957, HADB 390.

132 Mitschrift des Gesprächs v. 19.8.1957 im Archiv des Presse- und Informationsamtes, Bestand Erhard.

133 Adenauer an Erhard, 11.3.1957, LESt NE I 1)5.

134 Erhard an Adenauer, 24.8.1957, LESt NE I 1)5.

135 Zit. nach Abelshauser (1985), S. 495 f.

136 Heuß (1970), S. 272.

137 Erhard an Etzel, 1.10.1957 (geschrieben am 30.9.1957). Die Vorgeschichte nach Vermerk für den Herrn Staatssekretär v. 3.10.1957 (Hohmann), Ergebnisprotokoll betr. Kohlepreiserhöhung, LESt NE 119.

138 Industriekurier v. 1.10.1957: Nichts für ungut, Herr Minister.

139 Das Wortprotokoll bei Abelshauser (1985). S. 503-546. Danach die folgenden Zitate.

140 Der SPIEGEL v. 9.10.1957, Erhard an Marx, 9.10.1957, LESt NE I 4)52; Notiz: „Erhard hat aus Verantwortung gehandelt“, und Vorentwurf einer Kabinettsvorlage, Oktober 1957, LESt NE 119

141 Schwarz (1991), S. 354 ff., Koerfer (1987), S. 172 ff.

142 Adenauer an Erhard, 27.10.1957, LESt NE I 1)5.

143 Etzel an Erhard, 11.12.1957, LESt NE I 4)41.

144 Koerfer (1987), S. 169.

145 Tb Krone, 22.2.1958.

146 Christ und Welt v. 10.4.1958: Der weggeworfene Regenschirm, Fraktionssitzung v. 6.5.1958, ACDP VIII-001-1007/4.

147 Erhard an Röpke, 10.12.1957, LESt NE I 4)59.

[148] Emminger, Bericht über die Sitzung am 17./18.6.1957, HADB ZBR 103.

[149] Emminger, Erhards Äußerungen zur Wechselkursfrage, 29.5.1957, HADB ZBR 103, DIE WELT v. 1.7.1957, Bulletin Nr. 149 v. 15.8.1957, S. 1097.

[150] Münchner Merkur v. 24.6.1957, Stellungnahme zu dem Schreiben des Bundeswirtschaftsministers betr. Kreditgewährung an Frankreich v. 11.6.1957, HADB B 330/ 1288.

[151] Lamb (1995), S. 110 ff.

[152] Erhard an Adenauer, 23.11.1957, LESt NE I 1)5.

[153] Ergebnisprotokolle der Ressortbesprechungen v. 19.11.1957. V. 6.1.1958, Vermerk Emminger v. 2.1.1958, HADB B 330/1282 und 1288.

[154] Memorandum der französischen Regierung v. 21.1.1958, Emminger an Erhard und Blessing, 1.2.1958, HADB B 330/1282.

[155] Erhard an Müller-Armack, 22.3.1958, LESt NE I 4)54; Adenauer, Um den Frieden (1994), S. 116; zur ablehnenden Haltung der britischen Regierung Lamb (1995), S. 114 ff.

[156] Bericht über die 93. Sitzung des EZU-Direktoriums, 22.2.1958, HADB B 330/1275.

[157] Lemmer, 16.4.1958, HADB B 330/1286.

[158] Koerfer (1987), S. 204, Erhard an Adenauer, 11.9.1958, LESt NE I 1)6.

[159] Schwarz (1991), S. 394-401, davon teilweise abweichend Strauß (1989), S. 313 ff.

[160] Brentano an Adenauer, 8.7.1958. Zit. nach Koerfer (1987), S. 204.

[161] Erhard an Adenauer, 3.9.1958, LESt NE I 1)6.

[162] Ebd.

[163] Adenauer an Erhard, 9.1.1958, LESt NE I 1)6.

[164] Krautwig an Müller-Armack, 7.3.1958 und Aktenvermerk v. 20.2.1958, ADCP I-236-029/2.

[165] Grundsätze v. 11.6.1958, LESt NE I 4)54.

[166] Müller-Armack an Erhard, 14.7.1958 (Entwurf mit Korrekturen) und 15.7.1958 (Schreiben), ACDP I-236-029/4, LESt NE I 4)54.

[167] Ebd.

[168] Erhard an Müller-Armack, 29.8.1958, ACDP I-236-029/4.

[169] Erhard an Haenlein, 29.8.1958, LESt NE I 4)46.

[170] Schwarz (1991), S. 454-457, Koerfer (1987), S. 208 f.

[171] Zit. Nach Koerfer (1987), S. 211.

[172] Müller-Armack (1971), S. 213 ff., Lamb (1995), S. 120 ff.

[173] DIE WELT v. 23.10.1958, Saarbrücker Zeitung v. 28.10.1958, General-Anzeiger v. 10.11.1958 und 17.11.1958.

[174] Erhard an Adenauer, 11.11.1958, LESt NE I 1)6.

[175] Adenauer an Erhard, 13.11.1958 (streng geheim), LESt NE I 1)6, Stuttgarter Nachrichten v. 14.11.1958.

[176] Müller-Armack (1971), S. 22.

[177] Zit. nach Koerfer (1987), S. 216; Adenauer, Um den Frieden (1994), S. 273 f.

[178] Erhard an Adenauer, 21.11.1958 (nicht abgesandt), LESt NE I 1)6; vgl. Lamb (1995), S. 221: „Even if de Gaulle with his iron hand had not finally vetoed further negotiations, EFTA of the seventeen was always doomed to failure."

[179] Couve de Murville (1971), S. 43.

[180] Müller-Armack (1971), S. 221 ff.

Kapitel 6 (Seiten 325-434)

[1] Zit. nach Koerfer (1987), S. 221, Adenauer, Um den Frieden (1994), S. 263 f., S. 301 ff.

[2] Vgl. zum Folgenden auch Koerfer (1987), S. 227-366 und Schwarz (1991), S. 502-525.

[3] Fraktionssitzung v. 26.2.1959, ACDP VIII-001-1008, S. 105 ff., Tb Krone, 24.-28.2.1959, Adenauer, Um den Frieden (1994), S. 356.

[4] Heuß (1970), S. 400-402.

5 Erhard an Adenauer, 28.2.1958, LESt NE I 1)7.
6 Tb Krone, 4.3.1959.
7 Z. B. Industriekurier v. 3.3.1959.
8 Kölnische Rundschau v. 4.3.1959.
9 Heuß (1970), S. 410.
10 Tb Krone, 7.3.1959.
11 Tb Krone, 4.4.1959, Heuß (1970), S. 421 f.
12 Heuß (1970), S. 422.
13 Heuß (1970), S. 420.
14 Tb Krone, 4.-8.4.1959, Fraktionssitzung v. 7.4.1959, ACDP VIII-001-1008, S. 121, Koerfer (1987), S. 277.
15 Koerfer (1987), S. 280 ff.
16 Tb Krone, 17. und 24.4.1959.
17 Friedrich an Erhard, 14.4.1959, ACDP I-093-013/2.
18 Tb Krone, 27.4.1959.
19 Tb Krone, 27.4. und 2.5.1959.
20 Brentano an Krone, 13.5.1959, ACDP I-028-056/1, Friedrich an Erhard, 15.5.1959, LESt NE I 4)43.
21 Adenauer, Erinnerungen 1955 -1959, S. 532 f. (Tb-Ausgabe).
22 Adenauer an Krone, 19.5.1959, LESt NE I 1)7.
23 Tb Krone, 19.- 21.5.1959, Adenauer an Krone, 20.5.1959 (streng geheim), ACDP I-028-028/1.
24 Friedrich an Erhard, 4. und 11.5.1959, LESt NE I 4)43.
25 Globke an Krone, 21.5.1959, mit Abschrift eines Briefes an Adenauer, ACDP I-028- 028/1.
26 Tb Krone, 20.5.1959.
27 Adenauer an Erhard, 20.5.1959 (streng geheim), LESt NE I 1)7.
28 Tb Krone, 20.5.1959.
29 Tb Krone, 23.-26.5.1959, Fraktionssitzung v. 26.5.1959, ACDP VIII-001-1008, S. 129-133.
30 Heuß (1970), S. 433.
31 Friedrich an Erhard, 11.5.1959, LESt NE I 4)43, Heuß (1970), S. 438.
32 Süddeutsche Zeitung v. 10.6.1959 (Das Streiflicht).
33 Hohmann an Erhard, 4.6.1959, LESt NE 48.
34 von Hassel, Vermerk v. 9.7.1959, ACDP I-157-013/1.
35 Adenauer an Krone, 4.6.1959, ACDP I-028-028/1.
36 Tb Krone, 2.6.1959.
37 Adenauer, Erinnerungen 1955 -1959, S. 550 f.
38 DIE WELT v. 8.6.1959: Erhard „sehr betroffen".
39 Adenauer, Erinnerungen 1955 - 1959, S. 552.
40 New York Herald Tribune v. 5.6.1959, Hamburger Abendblatt v. 6.6.1959, The Times v. 8.6.1959.
41 Fraktionssitzung v. 5.6.1959, ACDP VIII-001-1008, S. 136-151.
42 Friedrich an Erhard, 8.6.1959, LESt NE I 4)43, Dichgans, Bundeskanzler Ludwig Erhard, Ms. in LESt NE 685.
43 ACDP VIII-001-1009, S. 151.
44 Wortlaut von Erhards Ausführungen auf dem Flugplatz Düsseldorf am 9.6.1959,LESt NE 48.
45 Bucerius an Erhard, 9.6.1959, LESt NE I 4)38.
46 Tb Krone, 9.6.1959, Ruhr-Nachrichten v. 11.6.1959, Neue Rheinische Zeitung v. 11.6.1959.
47 Tb Krone, 10.6.1959.
48 Neue Rheinische Zeitung v. 11.6.1959.
49 LESt NE 69.
50 Fraktionssitzung v. 10.6.1959, ACDP VIII-001-1008, S. 157-163.
51 Nannen an Erhard, 20.6.1959, LESt NE I 4)55.
52 Kölnische Rundschau v. 13.6.1959, Süddeutsche Zeitung v. 13.6.1959, Tb Krone, 11.und 12.6.1959.

[53] Der unkorrigierte Gesprächstext in LESt NE 48.
[54] Abschrift des Artikels ebd.
[55] Die „Berichtigung", die „Analyse" und die „Erklärung" ebd.
[56] Fraktionssitzung v. 19.6.1959, ACDP VIII-001-1008, S. 172 ff. Die „Beratungsgrundlage" in LESt NE 48.
[57] Nannen an Erhard, 20.6.1959, LESt NE I 4)55.
[58] Koerfer (1987), S. 356.
[59] Adenauer an Krone, 22.6.1959, LESt NE I 1)7.
[60] Beide Briefe v. 23.6.1959, LESt NE I 1)7.
[61] Fraktionssitzung v. 23.6.1959, ACDP VIII-001-1008, S. 178.
[62] Rüstow an Erhard, 7.3.1959, LESt NE I 4)60.
[63] Westrick an Globke, 18.8.1959, ACDP I-028-57/1.
[64] Allgemeine Zeitung, Neuer Mainzer Anzeiger v. 2.9.1959.
[65] Westfälische Rundschau v. 27.8.1959, FAZ v. 31.8.1959, Koerfer (1987), S. 382-389.
[66] Erhard an Adenauer, 1.9.1959, LESt NE I 1)7.
[67] DIE WELT v. 8.8.1959: Erhard würde gern nach Moskau fahren.
[68] Adenauer an Erhard, 7.9.1959, LESt NE I 1)7.
[69] Erhard an Adenauer, 7.9.1960, LESt NE I 1)8.
[70] Tb Krone, 28.5.1960.
[71] Tb Krone, 21.10.1960 und 19.2.1961.
[72] Ebd.
[73] Friedrich an Erhard, 8.6.1959, LESt NE I 4)43.
[74] Etzel zu Hans Herbert Götz, zit. nach Koerfer (1987), S. 366.
[75] Zit. nach Koerfer (1987), S. 257.
[76] Adenauer, Erinnerungen 1955 - 1959, S. 526.
[77] Müller-Armack, in: Konrad Adenauer und seine Zeit (1976), Bd. 1, S. 207 f. Etwas anderer Wortlaut in ders. (1971), S. 248.
[78] Jansen, 7.8.1959, LESt NE I 1)7.
[79] Tb Krone, 7.10.1959.
[80] Z. B. SPIEGEL, Nr. 42, 14.10.1959, S. 33.
[81] Schnell-Information BPA v. 19.10.1959, in: Archiv des Presse- und Informationsamts, Bestand Erhard .
[82] Adenauer an Erhard, 13.11.1959, Erhard an Adenauer, 14.12.1959, LESt NE I 1)7.
[83] Adenauer an Heuß, 20.4.1960, in: Heuß/Adenauer, Unserem Vaterland zugute, S. 348.
[84] Koerfer (1987), S. 400 und 815, Anm. 106.
[85] Erhard an Adenauer, 14.12.1959, LESt NE I 1)7.
[86] Z. B. DIE WELT v. 29.12.1959, S. 9.
[87] Adenauer an Erhard, 30.12.1959, LESt NE I 1)7.
[88] Tb Krone, 5.1.1960.
[89] Friedrich, Eindrücke über das Verhältnis Adenauer/Erhard v. 23.10.1959, ACDP I-093-013/2.
[90] Müller-Armack an Erhard, 22.1960, ACDP I-236-029/2.
[91] Tb Krone, 2.4.1960.
[92] Erhard, Zu den Vorschlägen der europäischen Kommission bezüglich der Verkürzung der Fristen, Anlage zu einem Brief an Krone, 13.3.1960, ACDP I-028-057/1.
[93] Handelsblatt v. 21.3.1960.
[94] Wie Anm. 92.
[95] Handelsblatt v. 21.3.1960.
[96] Zit. nach Koerfer (1987), S. 417.
[97] Die beiden Telegramme und der Brief an Krone v. 22.3.1960 in: ACDP I-028-007/2, der Brief an Globke v. 22.3.1960 in: ACDP I-028-007/5.
[98] Koerfer (1987), S. 417 u. 817, Anm. 25 u. 33.
[99] Tb Krone, 3.4.1960.

[100] Adenauer an Erhard, 6.4.1960, Erhard an Adenauer, 11.4.1960, LESt NE I 1)8, Koerfer (1987), S. 420 ff.
[101] Vermerk Krones, 1.8.1960, ACDP I-028-006/4.
[102] Die Zusammenfassung des Gesprächs in LESt NE 50.
[103] Zum Vorhergehenden Schwarz (1991), S. 566-575, Koerfer (1987), S. 543 ff.
[104] Müller-Armack, Plan zur Errichtung einer Europäischen Zollunion (5.12.1960) und Erhard an Adenauer, 10.1.1991, ACDP I-236-033/1.
[105] Stuttgarter Zeitung v. 8.6.1960, General-Anzeiger v. 10.6.1960, Kölnische Rundschau v. 14.6.1960, Tb Krone 15.6.1960.
[106] LESt NE 50. Dazu eine SPIEGEL-Geschichte in Nr. 39 v. 5.10.1960: Der Moralist.
[107] Zit. nach Koerfer (1987), S. 454.
[108] Frankfurter Rundschau v. 30.8.1960 (dort die Schlagzeilen der Auslandspresse), DIE WELT v. 29.8.1960, Stuttgarter Zeitung v. 30.8.1960.
[109] Der Tagesspiegel v. 11.9.1960.
[110] Tb Krone, 10.9.1960.
[111] Der Tagesspiegel v. 11.9.1960.
[112] Adenauer an Erhard, 13.9.1960, LESt NE I 1)8.
[113] Erhard an Adenauer, 17.9.1960, LESt NE I 1)8.
[114] Koerfer (1987), S. 468.
[115] Erhard an Adenauer, 10.8.1960, LESt NE I 1)8.
[116] Ebd.
[117] Friedrich an Erhard, 20.9.1960, ACDP I-093-013/2.
[118] Erhard kündigte Preissteigerungen von 5 - 6 % im Jahre 1960 an. 1,5 % traten ein.
[119] Erhard an Adenauer, 7.9.1960, LESt NE I 1)8.
[120] Ebd.
[121] Tb Krone, 12.12.1960.
[122] Erhard an Adenauer, 14.9.1960, LESt NE I 1)8.
[123] Adenauer an Erhard, 17.9.1960, LESt NE I 1)8.
[124] Deutsche Zeitung v. 30.9.1960, Guth an Emminger, 21.10.1960 mit einem Bericht über die Jahrestagung, HADB N2/44.
[125] Koerfer (1987), S. 507.
[126] Tb Krone, 29. u. 30.9.1960, General-Anzeiger v. 7.10.1960.
[127] Tb Krone 3.-8.10.1960, Adenauer an Krone, 8.10.1960, ACDP I-028-008/1, Der SPIEGEL Nr. 43 v. 19.10.1960.
[128] Frankfurter Rundschau v. 9.10.1960, General-Anzeiger v. 7.10.1960, Süddeutsche Zeitung v. 11.10.1960.
[129] Tb Krone, 25.10.1960.
[130] Fraktionssitzung v. 25.10.1960, ACDP VIII-001-1008, S. 38 ff.
[131] Daily Telegraph v. 16.2.1960: West Germany rejects Kennedy criticism.
[132] Fraktionssitzung v. 21.2.1961, ACDP VIII-001-1008, S. 126 ff., Stuttgarter Zeitung v. 28.2.1961.
[133] Memorandum für Herrn Minister v. 20.2.1961, ACDP I-475-009/1.
[134] Tb Krone, 27. u. 28.2.1961.
[135] Koerfer (1987), S. 516.
[136] Fraktionssitzung v. 7.3.1961, ACDP VIII-001-1008, S. 140 ff.
[137] Pressegespräch am 16.3.1962, LESt NE 335, Erhard an Adenauer, 28.3.1962, LESt NE I 1)9.
[138] Adenauer, Um den Frieden (1994), S. 888, Koerfer (1987), S. 537 (sinngemäß).
[139] Frankfurter Rundschau v. 26.6.1961.
[140] Baseler Nationalzeitung v. 27.4.1961.
[141] Zit. nach Koerfer (1987), S. 579. Akzentuierung von mir.
[142] Kieler Nachrichten v. 12.8.1961, The TIMES v. 5.2.1962.
[143] Tb Krone, 17./18.9.1961.
[144] Zit. nach Koerfer (1987), S. 568 f.

145 Mende (1984), S. 482.
146 Lukomski (1965), S. 235.
147 Vorstandssitzung v. 19.9.1961, ACDP VII-001-010/5, S. 96.
148 Das folgende nach dem Wortlaut der Sitzung (Anm. 147).
149 Bucerius an Erhard, 21.9.1961, LESt NE I 4)38.
150 Mende (1984), S. 480.
151 Mende im FDP-Parteivorstand am 29.9.1961, Schiffers (1993), S. 147.
152 Mende (1984), S. 490.
153 Fraktionssitzung v. 27.9.1961, ACDP VIII-001-1009/1.
154 Bucerius an Erhard, 24.9.1961, LESt NE I 4)38; Tb Krone, 30.9.-3.10.1961.
155 Tb Krone, 17.10.1961, Fraktionssitzung v. 17.10.1961, ACDP VIII-001-1009/1, S. 37 ff.
156 Baring (1974), S. 357 ff.
157 Briefentwurf in LESt NE I 1)9.
158 Adenauer an Erhard, 1.11.1961, Erhard an Adenauer, 2.11.1961, LESt NE I 1)9.
159 Fraktionssitzung v. 4.11.1961, ACDP VIII-001-1009/1, Tb Krone, 4.11.1961, Bild am Sonntag v. 5.11.1961; Abendpost v. 6.11.1961; Süddeutsche Zeitung v. 7.11.1961 (Das Streiflicht).
160 Tb Krone, 12.11.1961.
161 Erhard an Adenauer, 8.11.1961, LESt NE I 1)9.
162 Zit. nach Schwarz (1991), S. 696.
163 Koerfer (1987), S. 604 f., Vermerk Hohmann, 9.11.1961, LESt NE 52.
164 Tb Krone, 23.1.1962 u. 7.2.1962.
165 Der SPIEGEL Nr. 52 v. 16.12.1961; Strauß' Reaktion in Erhard an Strauß, 19.12.1961, LESt NE I 4)68; PPP-Inf. v. 22.12.1961 im Archiv des Presse- und Informationsamtes, Bestand Erhard.
166 In der Handels-Hochschule St. Gallen am 15.1.1962, Baseler-Nationalzeitung v. 16.1.1962.
167 Europa-Archiv, Folge 7, 1961, S. D 202.
168 Erhard an Brentano, 29.9.1961, LESt NE I 4)38.
169 Brentano an Erhard, 3.10.1961, ebd.
170 Fraktionssitzung v. 12.10.1961, ACDP VIII-001-1009/1, S. 28 ff.
171 Schertz (1992), S. 153 ff.
172 Osterheld (1986), S. 111.
173 Schwarz (1991), S. 762 f.
174 Pressegespräch am 16.3.1962, LESt NE 335 (auch zum Folgenden).
175 Zit. nach Adenauer an Erhard, 7.8.1962, LESt NE I 1)9.
176 FAZ v. 26.3.1962, General-Anzeiger v. 26.3.1962 und 2.4.1962, Stuttgarter Zeitung v. 7.4.1962.
177 Fraktionssitzung v. 8.5.1962, ACDP VIII-001-1009/1, S. 255.
178 Ebd., S. 256 f.
179 Fraktionssitzung v. 15.5.1962, ACDP VIII-001-1009/1, S. 276 ff.
180 Bucerius an Erhard, 20.7.1962, LESt NE I 4)38.
181 Handelsblatt v. 27.7.1962: Unentschlossenheit macht mißmutig.
182 Adenauer an Erhard, 26.7.1962; Erhard an Adenauer, 27.7.1962, LESt NE I 1)9.
183 Adenauer an Erhard, 7.8.1962, ebd.
184 Globke an Krone, 8.8.1962, ACDP I-028-011/3.
185 Erhard im Industriekurier, zit. nach Der SPIEGEL Nr. 52 v. 16.12.1961.
186 Fraktionssitzung v. 2.10.1962, ACDP VIII-001-1009/2, S. 7 ff.
187 Tb Krone, 6.10.1962.
188 Der SPIEGEL Nr. 42 v. 10.10.1962, S. 32 ff.
189 Schwarz (1991), S. 777 ff., auch für das Folgende.
190 DIE WELT v. 15.10.1962: CSU stellt Erhard als Kanzlerkandidaten heraus.
191 Die Welt am Sonntag v. 19.11.1962: Verdienste unbestreitbar.
192 Vorstandssitzung v. 22.11.1962, ACDP VII-001-011/5.
193 FAZ v. 26.11.1962.
194 Tb Krone, 29.8.1962.

195 Tb Krone, 26. und 27.11.1962.
196 Tb Krone, 27.11.1962.
197 Tb Krone, 28.11.1962.
198 Schwarz (1991), S. 798.
199 Fraktionssitzung v. 3.12.1962, ACDP VIII-001-1009/2, S. 135 ff.
200 Tb Krone, 30.11.1962.
201 Tb Krone, 1.12.1962.
202 Sitzung des CDU-Parteivorstands v. 3.12.1962, ACDP VII-001-011/6.
203 Fraktionssitzung v. 3.12.1962, ACDP VIII-001-1009/2, S. 142 f.
204 The New York Times v. 14.12.1962.
205 Tb Krone, 3.12.1962.
206 Tb Krone, 5.12.1962.
207 Zit. nach Schwarz (1991), S. 806.
208 Tb Krone, 5.12.1962.
209 Ebd.
210 Tb Krone, 6.12.1962.
211 Ebd.
212 von Hassel, Vermerk (3) v. 7.12.1962, ACDP I-157-012/1.
213 Tb Krone, 7.-11.12.1962.
214 Ebd., von Hassel, Vermerk (4) v. 7.12.1962, ACDP I-157-012/1, DIE WELT v. 27.12.1962, Stuttgarter Zeitung v. 28.12.1962.
215 Tb Krone, 12./13.12.1962.
216 Lamb (1995), S. 158 - 189.
217 Frankfurter Rundschau v. 14.9.1962, Stuttgarter Zeitung v. 20.9.1962.
218 Schertz (1992), S. 182 - 192.
219 Lamb (1995), S. 192 - 194.
220 Hohmann an Erhard, 16.1.1963, LESt NE 52.
221 New York Herald Tribune v. 5.2.1963.
222 Akten zur Auswärtigen Politik, 1963, Bd. I, S. 137 ff.
223 Ebd., S. 169 ff.
224 Tb Krone, 25.1.1963.
225 Ebd.
226 Zit. nach Koerfer (1987), S. 715.
227 Koerfer (1987), S. 716; Müller-Armack (1971), S. 239 f.
228 Tb Krone, 30.1.1963.
229 Ebd.
230 Akten zur Auswärtigen Politik, 1963, Bd. I, S. 232, 238 ff.
231 Tb Krone, 5./6.2.1963.
232 Süddeutsche Zeitung v. 5.2.1963, New York Herald Tribune v. 5.2.1963, Daily Telegraph v. 5.2.1962, Le Monde v. 6.2.1963, Neue Zürcher Zeitung v. 6.2.1963.
233 Akten zur Auswärtigen Politik, 1963, Bd. I, S. 244.
234 Koerfer (1987), S. 719.
235 Tb Krone, 5./6.2.1963, Bild-Zeitung v. 6.2.1963: Tritt Erhard zurück?, Deutsche Zeitung v. 6.2.1963, Hamburger Abendblatt v. 6.2.1963: Erhard sah sich plötzlich von den meisten verlassen., Kölnische Rundschau v. 6.2.1963: Erhards Eigentor, The Times v. 6.2.1963.
236 Hamburger Abendblatt v. 8.2.1963, Neue Rhein- und Ruhr-Zeitung v. 9.2.1963, Der SPIEGEL Nr. 7 v. 13.2.1963, S. 16 f.
237 Bucerius an Erhard, 23.2.1963, LESt NE I 4)38.
238 Kölner Stadt-Anzeiger v. 16.2.1963.
239 DIE WELT v. 19.1.1963, Westdeutsche Allgemeine v. 12.3.1963.
240 Müller-Hermann an Schröder, 24.2.1963, ACDP I-483-099/2.
241 Lukomski (1965), S. 252.

[242] Koerfer (1987), S. 727 f.
[243] Adenauer an Erhard, 26.2.1963, LESt NE I 1)9.
[244] Erhard an Adenauer, 27.2.1963. ebd.
[245] Süddeutsche Zeitung v. 4.3.1963.
[246] Erhards Briefentwurf mit Hohmanns handschriftlichen Korrekturen und Streichungen in LESt NE 62 (zit. wird Erhards Ur-Text).
[247] Erhard an von Brentano, 28.2.1963, LESt NE I 4)38 (Zwischenfassung) und I 2)14.
[248] Eine Sammlung von Presseäußerungen zu dem Briefwechsel im Pressearchiv des Presse- und Informationsamtes. Stuttgarter Zeitung v. 4.3.1963: Wird Erhard zurücktreten?
[249] Tb Krone, 4./5.3.1963, General-Anzeiger v. 5.3.1963.
[250] Fraktionssitzung v. 5.3.1963, ACDP VIII-001-1009/2, S. 284 ff.
[251] Tb Krone, 4./5.3.1963.
[252] Bild-Zeitung v. 25.3.1963, Frankfurter Neue Presse v. 25.3.1963.
[253] v. Hassel, Aktennotiz v. 10.4.1963, ACDP I-157-013/1.
[254] Schwarz (1991), S. 835.
[255] Nach Schwarz (1991), S. 836 f.
[256] Fraktionssitzung v. 23.4.1963, ACDP VIII-001-1009/2, S. 353 ff.
[257] Koerfer (1987), S. 745.
[258] Industriekurier v. 7.5.1963.
[259] Adenauer zu Majonica, nach: Schwarz (1991), S. 834.
[260] Akten zur Auswärtigen Politik, 1963, Bd. I, S. 523 ff.
[261] Aufzeichnung betr. GATT-Ministertagung v. 16.-21.5.1963, ACDP I-236-033/2 Resolution MIN (63) 6 v. 21.5.1963, ebd., Die GATT-Ministertagung: Ergebnisse, Wertung, Folgerungen (24.5.1963), ebd., Akten zur Auswärtigen Politik, 1963, Bd. I, S. 579.
[262] Akten zur Auswärtigen Politik, 1963, Bd. II, S. 674 ff.
[263] Erhards Aufzeichnung in Akten zur Auswärtigen Politik, 1963, Bd. II, S. 702 ff.
[264] Ebd., S. 718 - 728. Osterheld (1986), S. 236.
[265] Hannoversche Presse v. 19.7.1963: Erhard: Ich lasse de Gaulle kommen.
[266] Die Tat, Zürich v. 9.8.1963.
[267] Akten zur Auswärtigen Politik, 1963, Bd. II, S. 761 ff.
[268] Ebd., S. 1034 ff., 1110 ff.
[269] Tb Krone, 18.8.1963.
[270] Vgl. die zahlreichen Dokumente in Akten zur Auswärtigen Politik, 1963, Bd. II, S. 776 ff. und Blasius, (1994), S. 118-153.
[271] Tb Krone, 18.8.1963.
[272] Tb Krone, 10.8.1963, 4.9.1963, 29. und 30.9.1963, Stuttgarter Zeitung v. 10.8.1963, Münchner Merkur v. 17.8.1963, Der SPIEGEL Nr. 34 v. 21.8.1963, Frankfurter Rundschau v. 31.8.1963, DIE WELT v. 3.9.1963.

Kapitel 7 (Seiten 435-578)

[1] Fraktionssitzung v. 17.10.1963, ACDP VIII-001-1009/3, S. 91.
[2] DER SPIEGEL v. 20.10.1963.
[3] Osterheld (1992), S. 16.
[4] Fraktionssitzung v. 17.10.1963, ACDP VIII-001-1009/3, S. 91.
[5] Eine Zusammenstellung von Pressekommentaren in LESt NE 477.
[6] Hildebrand (1984), S. 48.
[7] Osterheld (1992), S. 26 f.
[8] Akten zur Auswärtigen Politik, 1963, Bd. III, S. 1340.
[9] Zit. nach DER SPIEGEL v. 20.10.1963, S. 30.
[10] Tb Krone, 16.12.1963. DER SPIEGEL Nr. 24, 1966.

[11] Akten zur Auswärtigen Politik, 1963, Bd. III, S. 1359; Osterheld (1992), S. 20.
[12] Brandt (1989), S. 79.
[13] Zahlreiche Belege in den Akten zur Auswärtigen Politik, 1963, Bd. III u. 1964, Bd. I.
[14] Akten zur Auswärtigen Politik, 1963, Bd. III, S. 1367.
[15] Sitzung des Parteivorstands v. 12.11.1963, ACDP VII-001-012/4, S. 21.
[16] Tb Krone, 14./15.11.1963.
[17] Fraktionssitzung v. 12.11.1963, ACDP VIII-001-1009/3, S. 116 ff.
[18] Sitzung des Parteivorstandes (Anm. 15), S. 18.
[19] Osterheld (1992), S. 28.
[20] Akten zur Auswärtigen Politik, 1963, Bd. III, S. 1455-1464.
[21] Ebd., S. 1465-1470.
[22] Ebd., S. 1470-1478.
[23] Z. B. in Gesprächen mit Ball am 26.11.1963, Akten zur Auswärtigen Politik,1963, Bd. III, S. 1502 und mit Johnson am 28.12.1963, ebd., S. 1676.
[24] Osterheld (1992), S. 29; Erhard im Gespräch mit Peter Scholl-Latour, 22.11.1963,Wortlaut im Archiv des Presse- und Informationsamts, Bestand Erhard.
[25] Z. B. im Gespräch mit Johnson, Akten zur Auswärtigen Politik, 1963, Bd. III, S. 1672.
[26] Osterheld (1992), S. 29.
[27] Osterheld (1992), S. 29 ff.
[28] Akten zur Auswärtigen Politik, 1963, S. 1493 ff.
[29] Ebd., S. 1495-1499.
[30] Tb Krone, 30.12.1963.
[31] Strauß an Erhard, 26.11.1963, LESt NE 539; Strauß (1989), S. 425 f.
[32] DIE WELT v. 9.12.1963: Ich kann nicht anders handeln; Süddeutsche Zeitung v. 9.12.1963; Mannheimer Morgen v. 13.12.1963: Der Bundeskanzler scheut keinen Kampf.
[33] Rheinische Post v. 10. u. 11.12.1963, Augsburger Allgemeine v. 14.12.1963.
[34] Süddeutsche Zeitung v. 23.11.1963: Erhards anstößige Dienstvilla, Vermerk Friedmann v. 29.11.1963, LESt NE 256, Vermerk Hohmann v. 5.12.1963, ebd.
[35] Ludwig Erhard (1972), S. 536.
[36] FAZ v. 4.12.1963, Mannheimer Morgen v. 13.12.1963.
[37] Akten zur Auswärtigen Politik, 1963, Bd. III, S. 1554; Osterheld (1992), S. 43 f.
[38] Akten zur Auswärtigen Politik, 1963, S. 1570-1572.
[39] Ebd., S. 1593 f; 1626 f; 1633-1635.
[40] Ebd., S. 1656-1658, auch für das Folgende.
[41] Tb Krone, 17.12.1963.
[42] Akten zur Auswärtigen Politik, 1963, S. 1611-1614.
[43] Ebd., S. 1459 f.
[44] Ebd., S. 1613.
[45] Ebd., S. 1628 f.
[46] Mannheimer Morgen v. 13.12.1963.
[47] Akten zur Auswärtigen Politik, 1963, Bd. III, S. 1637.
[48] Ebd., S. 1667 f.
[49] Tb Krone, 21.12.1963.
[50] Tb Krone, 22. und 23.12.1963.
[51] Osterheld (1992), S. 44 f.
[52] Akten zur Auswärtigen Politik, 1963, S. 1672-1679.
[53] Strauß an Gilpatrick, LESt NR 573; Aide-mémoire v. 17.7.1963, ACDP I-028-057/1.
[54] Akten zur Auswärtigen Politik, 1963, Bd. III, S. 1674.
[55] Ebd., S. 1699 ff., Osterheld (1992), S. 45 f.
[56] Akten zur Auswärtigen Politik, 1963, Bd. III, S. 1701-1708.
[57] Johnson an Erhard, 29.12.1963, LESt NE I 2)19, Osterheld (1992), S. 47.
[58] FAZ v. 31.12.1963, Frankfurter Rundschau v. 31.12.1963, Fraktionssitzung v. 7.1.1964, ACDP VIII-001-1009/3, S. 184.

[59] Osterheld (1992), S. 48.
[60] Ebd., S. 54.
[61] Ulbricht an Erhard, 6.1.1964, LESt NE I 2)25.
[62] Sitzung des CDU-Vorstands v. 17.1.1964, ACDP VII-001-013/1, S. 14.
[63] Akten zur Auswärtigen Politik, 1963, S. 1639-1646.
[64] Akten zur Auswärtigen Politik, 1964, S. 10-15.
[65] Fraktionssitzung v. 7.1.1964, ACDP VIII-001-1009/3, S. 187.
[66] Sitzung des CDU-Vorstands v. 17.1.1964, ACDP VII-001-013/1, S. 73 ff.
[67] Akten zur Auswärtigen Politik, 1964, Bd. I, S. 45-49.
[68] Ebd., S. 49-72.
[69] Ebd., S. 133.
[70] Ebd., S. 138, 141.
[71] Ebd., S. 142 ff.
[72] Sitzung des CDU-Vorstands v. 17.1.1964, ACDP VII-001-013/1, S. 73.
[73] Vermerk v. 24.1.1964, ACDP I-483-287/1; Birrenbach an Erhard, Januar 1964, ebd., Birrenbach an Schröder, 7.2.1964, ACDP I-483-100/1.
[74] Kühlmann-Stumm an Erhard, 28.1.1964, LESt NE295; Fraktionssitzung v. 4.2.1964, ACDP VIII-001-1009/3, S. 231 ff.
[75] Tb Krone, 1.3.1964.
[76] Ebd.
[77] Handschriftlicher Vermerk Friedrichs am Rand einer Zeitungsmeldung über Erhard, ACDP I-093-013/1.
[78] Akten zur Auswärtigen Politik, 1964, Bd. I, S. 191 ff.
[79] Ebd., S. 193.
[80] Osterheld (1992), S. 65.
[81] Akten zur Auswärtigen Politik, 1964, S. 110-114.
[82] Tb Krone, 3./4.6.1964.
[83] „Kanzler-Tee" am 20.2.1964, LESt NE 335, S. 9.
[84] Akten zur Auswärtigen Politik, 1964, Bd. I, S. 203-215.
[85] Ebd., S. 239 ff.
[86] de Gaulle, Lettres, 10, S. 37 f., Akten zur Auswärtigen Politik, 1964, Bd. I, S. 394 f.
[87] Ebd., S. 241-244.
[88] Ebd.,S. 227-232; 244-255.
[89] Schmücker an Erhard, 24.3.1964, LESt NE I 2)23.
[90] Akten zur Auswärtigen Politik, 1964, Bd. I, S. 387 ff. (Aufzeichung von Staatssekretär Lahr v. 6.4.1964).
[91] Osterheld (1992), S. 71; DIE WELT v. 17.2.1964, Süddeutsche Zeitung v. 18.2.1964.
[92] Fraktionssitzung v. 18.2.1964, ACDP VIII-001-1009/3, S. 264 f.
[93] Kanzler-Tee am 20.2.1964 und Informationsgespräch mit Chefredakteuren der CDU-Presse am 5.3.1964; LESt NE 335.
[94] Akten zur Auswärtigen Politik, 1964, Bd. I, S. 255-263.
[95] Ebd., S. 257.
[96] Ebd., S. 263.
[97] Ebd., S. 266 ff.
[98] Ebd., S. 517.
[99] Ebd., S. 519-525.
[100] Gespräch mit Lippmann am 5.5.1964, LESt NE 335.
[101] Emmet an Krone, 12.5.1964, LESt NE 401.
[102] Akten zur Auswärtigen Politik, 1964, Bd. I, S. 332-341.
[103] Ebd., S. 505, Schertz (1992) S. 244 f.
[104] Akten zur Auswärtigen Politik, 1964, Bd. I, S. 504-506.
[105] Ebd., S. 526 f., Schertz (1992),S. 244.

[106] Akten zur Auswärtigen Politik, 1964, Bd. I, S. 593 f.
[107] Ebd., S. 301 f.
[108] Ebd., S. 282 f.
[109] Ebd., S. 428 f., Schertz (1992), S. 270-272.
[110] Schmücker an Mansholt, 5.6.1964, Mansholt an Schmücker, 19.6.1964, ACDP I-283-008/2.
[111] Stenographische Berichte, Bd. 55, S. 5646, Akten zur Auswärtigen Politik, 1964, Bd. I, S. 481.
[112] Ebd., S. 482.
[113] Süddeutsche Zeitung v. 17.3.1964.
[114] FAZ v. 16.4.1964.
[115] Ebd.
[116] Frankfurter Rundschau v. 19.4.1964, NZZ v. 22.4.1964.
[117] NZZ v. 22.4.1964.
[118] Akten zur Auswärtigen Politik, 1964, Bd. I, S. 510.
[119] Erhard an von Brentano, 14.5.1964, LESt NE I 2)14.
[120] Strauß an Erhard, 15.5.1964, LESt NE 539.
[121] Das Fernschreiben in LESt NE I 2)24.
[122] Fraktionssitzung v. 25.5.1964, ACDP VIII-001-1009/3, S. 335.
[123] New York Herald Tribune v. 26.5.1964; NZZ v. 27.5.1964.
[124] Fraktionssitzung v. 25.5.1964, ACDP VIII-001-1009/3, S. 337.
[125] Akten zur Auswärtigen Politik, 1964, Bd. I, S. 575, Schwarz (1991), S. 397 ff.
[126] Tb Krone, 13.5.1964.
[127] Fraktionssitzung v. 9.6.1964, ACDP VIII-001-1009/3, S. 368-375.
[128] Der Sachverständigenrat an Erhard, 20.6.1964, LESt NE I 4)61.
[129] Akten zur Auswärtigen Politik, 1964, Bd. I, S. 603, 625-630.
[130] Akten zur Auswärtigen Politik, 1964, Bd. I, S. 658, Osterheld (1992), S. 90.
[131] Osterheld (1992), S. 89.
[132] Ebd., die Rede in LESt NE 338; Stuttgarter Zeitung v. 12.6.1964, NZZ v. 13.6.1964.
[133] Akten zur Auswärtigen Politik, 1964, Bd., I, S. 651-659, Osterheld (1992), S. 90.
[134] Ebd.
[135] Akten zur Auswärtigen Politik, 1964, Bd. I, S. 639 f.
[136] Ebd., S. 659-667.
[137] Ebd., S. 667-669.
[138] General-Anzeiger v. 15.6.1964, FAZ v. 15.6.1964, Stuttgarter Nachrichten v. 20.6.1964, Süddeutsche Zeitung v. 20.6.1964; Fraktionssitzung v. 23.6.1964, ACDP VIII-001-1009/3, S. 377.
[139] Tb Krone, 16.-18.6.1964.
[140] Lensing an Erhard (mit Anlagen), 19.6.1964, LESt NE 401.
[141] Bericht Lathes, ebd.
[142] Notiz v. Hases für den Bundeskanzler, ebd., Tb Krone, 25.6.1964.
[143] Tb Krone, 26.6.1964.
[144] Strauß an Erhard, 25.6.1964, ACDP I-028-15/1.
[145] Schwarz (1991), S. 887 f., Tb Krone, 30.6.1964.
[146] Akten zur Auswärtigen Politik, 1964, Bd. I, S. 709 f.
[147] Probleme der NATO, 29.6.1964, Krones Vermerk v. 4.7.1964, ACDP I-028-006/4.
[148] Müller-Armack, Verhandlungskonzept für das deutsch-französische Gespräch, 25.6.1964, ACDP I-236-030/1.
[149] Akten zur Auswärtigen Politik (1964), Bd. II, S. 713-723.
[150] Osterheld (1992), S. 79.
[151] Osterheld (1992), S. 96.
[152] Die Aufzeichnung des Gesprächs in LESt NE 486.
[153] Akten zur Auswärtigen Politik, 1964, Bd. II, S. 737.
[154] Ebd., S. 755-762.
[155] Ebd., S. 768-777.

156 Tb Krone, 3./4.7.1964.
157 Akten zur Auswärtigen Politik, 1964, Bd. II, S. 783.
158 Ebd., S. 785.
159 Schwarz (1991), S. 888, Tb Krone, 3./4.7.1964. Kusterer (1995), S. 407.
160 Osterheld (1992), S. 99, Tb Krone 3./4.7.1964.
161 Akten zur Auswärtigen Politik, 1964, Bd. II, S. 768.
162 Osterhelds Vermutung (1992), S. 102.
163 Ebd., S. 100 ff.
164 Akten zur Auswärtigen Politik, 1964, Bd. II, S. 787-795.
165 Danwitz an Krone, 15.7.1964, ACDP I-028-009/6, Tb Krone, 8./9.7.1964.
166 Ebd.
167 Danwitz an Krone, 15.7.1964, ACDP I-028-009/6; Balken an Schröder, 9.7.1964, ACDP I-438-287/1, Presse- und Informationsamt, Die Diskussion um die Europa- Politik, LESt NE 403.
168 Tb Krone 9. und 10.7.1964, Schwarz (1991), S. 891.
169 Rede vor dem Fraktionsvorstand am 28.7.1964, LESt NE 739; Fraktionssitzung v. 29.7.1964, ACDP VIII-001-1009/3, S. 391.
170 Tb Krone 12./13. und 16.7.1964.
171 New York Times v. 13.7.1964: Dr. Erhard in Fighting Mood, Münchner Merkur v. 13.7.1964: Erhard verteidigt sein Europakonzept, Kölner Stadt-Anzeiger v. 13.7.1964: Erhard erteilt Strauß eine deutliche Absage.
172 Tb Krone, 16.7.1964.
173 Informationsgespräch am 16.7.1964, LESt NE 335.
174 Akten zur Auswärtigen Politik, 1964, Bd. II, S. 806-808.
175 Ebd., S. 1161.
176 Ebd., S. 804 ff.
177 Ebd., S. 843 ff.
178 de Gaulle, Lettres, 10, S. 80 ff.
179 Europa-Archiv 1964, S. 403-410.
180 Akten zur Auswärtigen Politik, 1964, Bd. II, S. 887; Schertz (1992), S. 275 f.
181 Akten zur Auswärtigen Politik, 1964, Bd. II, S. 884-893.
182 von Hassel, Vermerk über ein Vier-Augen-Gespräch mit Gen. Lemnitzer am 19.10.1964, ACDP I-157-012/2.
183 Akten zur Auswärtigen Politik, 1964, Bd. II, S. 917-925.
184 Ebd., S. 948-951.
185 Ebd., S. 972-974.
186 Osterheld (1992), S. 101 f.
187 Akten zur Auswärtigen Politik, 1964, Bd. II, S. 811-818.
188 Carstens in seiner frankreichpolitischen Analyse, ebd., S. 893.
189 Akten zur Auswärtigen Politik, 1964, S. 837-842.
190 Ebd., S. 877 f.
191 Fraktionssitzung v. 29.7.1964, ACDP VIII-001-1009/3, S. 388-406.
192 Ebd., S. 407 ff.
193 Bild am Sonntag v. 2.8.1964.
194 Notiz für Hohmann, 22.7.1964, LESt NE 401.
195 Osterheld (1992), S. 108 f.; Akten zur Auswärtigen Politik, 1964, Bd. II, S. 879 ff., 896-904, 1009; Sitzung des Fraktionsvorstands v. 28.7.1964, LESt NE 739, S. 10-12; Fraktionssitzung v. 29.7.1964, ACDP VIII-001-1009/3, S. 392 f.
196 Nach Neue Zürcher Zeitung v. 4.9.1964: Erhards Schwierigkeiten mit den Bayern.
197 Erhard im Gespräch mit Mrs. Gruson am 17.9.1964, LESt NE 335, S. 5 f.
198 Süddeutsche Zeitung v. 27.8.1964, Frankfurter Rundschau v. 27.8.1964, NZZ v. 4.9.1964, Neue Tagespost, Osnabrück v. 4.9.1964.
199 Osterheld (1992), S. 109; Akten zur Auswärtigen Politik, 1964, S. 1004.

200 LESt NE 335.
201 Akten zur Auswärtigen Politik, 1964, Bd. II, S. 1004-1010.
202 Notiz Westricks für den Bundeskanzler, 11.9.1964, LESt NE 277.
203 Akten zur Auswärtigen Politik, 1964, Bd. II, S. 1015-1017.
204 Ebd., S. 1072-1076.
205 Vermerk v. Hassel, 25.9.1964, ACDP I-157-012/2; Akten zur Auswärtigen Politik, 1964, Bd. II, S. 1091 f.
206 FAZ v. 26.9.1964, Süddt. Ztg. v. 26.9.1964, Stuttgarter Zeitung v. 26.9.1964.
207 Akten zur Auswärtigen Politik, 1964, Bd. II, S. 1090-1097.
208 Fraktionssitzung v. 6.10.1964, ACDP VIII-001-1009/4, S. 2ff; DIE WELT v. 7.10.1964.
209 Akten zur Auswärtigen Politik, 1964, Bd. II, S. 1141 f.
210 Ebd., S. 1097, 1112-1115.
211 Ebd., S. 1051-1056.
212 Ebd., S. 1078-1084.
213 Johnson an Erhard, 8.10.1964, LESt NE I 2)19, Schertz (1992), S. 276 f.
214 New York Herald Tribune v. 7.10.1964, Süddt. Ztg. v. 7.10.1964.
215 FAZ v. 21.10.964; Schmidt (Wuppertal) an Erhard, 23.10.1964, LESt NE I 2)23; Fraktionssitzung v. 3.11.1964, ACDP VIII-001-1009/4.
216 Balken an Schröder, 9.7.1964, ACDP I-483-287/1.
217 Strauß an Erhard, 19.10.1964, LESt NE I 2)24.
218 Akten zur Auswärtigen Politik, 1964, Bd. II, S. 1110 f., 1154 f., 1163.
219 Vermerk v. 20.10.1964, LESt NE I 2)13.
220 Akten zur Auswärtigen Politik, 1964, Bd. II, S. 1185-1192.
221 Ebd., S, 1199 ff.
222 Gerstenmaier an Erhard, 2.11.1964, LESt NE I 2)17.
223 Fraktionssitzung v. 3.11.1964, ACDP VIII-001-1009/4, S. 69-88.
224 Akten zur Auswärtigen Politik, 1964, S. 1249, 1255 f.
225 Ebd., S. 1220-1226.
226 LESt NE I 1)8.
227 Akten zur Auswärtigen Politik, 1964, Bd. II, S. 1255-1264.
228 Ebd., S. 1267-1272.
229 Barzel zur Fraktion, 10.11.1964, ACDP VIII-001-1009/4, S. 92.
230 Ebd., S. 102.
231 Akten zur Auswärtigen Politik, 1964, Bd. II, S. 1256.
232 Tb Krone, 26.6.1964.
233 Osterheld (1992), S. 112 ff.
234 Vermerk Westricks, 26.10.1964, ACDP VII-002-020/1.
235 Osterheld (1992), S. 79.
236 DER SPIEGEL v. 29.4.1964.
237 Thielicke an Gerstenmaier, 12.11.1964, ACDP I-210-017/1.
238 Burchhard an Schmücker, 5.11.1964, ACDP I-283-008/2.
239 Müller-Armack an Erhard, 10.11.1964, LESt NE I 2)22.
240 Aufzeichnung v. Hassels, 13.11.1964, ACDP I-157-012/2, Akten zur Auswärtigen Politik, 1964, Bd. II, S. 1285 ff.
241 Ebd., S. 1388 f.
242 Ebd., S. 1343 f.
243 Ebd., S. 1487, 1492.
244 ANF-Grundzüge des Vorschlags der Regierung ihrer Majestät. Deutsche Übersetzung in LESt NE 456.
245 Akten zur Auswärtigen Politik, 1964, Bd. II, S. 1454, Schertz (1992), S. 284 ff.
246 Akten zur Auswärtigen Politik, 1964, Bd. II, S. 1485-1490.
247 The Times v. 7.12.1964.

248 Akten zur Auswärtigen Politik, 1964, Bd. II, S. 1541 ff.
249 Ebd., S. 1570-1577.
250 Schertz (1992), S. 286 f.
251 Akten zur Auswärtigen Politik, 1964, Bd. II, S. 1359 ff, Schertz (1992), S. 248.
252 Ebd., S. 1394-1396; DIE WELT v. 16.12.1964.
253 Fraktionssitzung v. 1.12.1964, ACDP VIII-001-1009/4, S. 120 ff.
254 Fraktionssitzung v. 15.12.1964, ebd., S. 140 f.
255 Ausgabenmehrbedarf und Einnahmeausfälle gegenüber Haushaltsentwurf 1965, LESt NE 256
256 DIE WELT v. 16.12.1964: Erhard: Noch keine Deckung, Stuttgarter Zeitung v. 16.12.1964: „Durchbruch nach Europa ist erreicht."
257 Vermerk Westrick, 22.12.1964, LESt NE I 2)12.
258 Osterheld (1992), S. 149.
259 Ebd., S. 134 ff., Schertz (1992), S. 287 ff., Akten zur Auswärtigen Politik, 1965, Bd. I, S. 55 f., 65 ff.
260 Tb Krone, 8.1.1965, Osterheld (1992), S. 136 f.
261 General-Anzeiger v. 13.1.1965.
262 Schröder im Gespräch mit McGhee, 14.1.1965, Akten zur Auswärtigen Politik, 1965, Bd. I, S. 69.
263 Frankfurter Rundschau v. 13.1.965: De Gaulle will Erhard freundlich entgegenkommen.
264 Birrenbach an Erhard, 12.1.1965, ACDP I-028-009/2.
265 Akten zur Auswärtigen Politik, 1965, Bd. I, S. 77-82.
266 Schertz (1992), S. 290.
267 Ebd., S. 289.
268 Vermerk v. Hassel, 22.1.1965, I-157-011/1, Fraktionssitzung v. 26.1.1965, ACDP VIII-001-1009/4, Sitzung des Parteivorstands v. 9.2.1965, ACDP VII-001-014/1, Osterheld (1992), S. 143-147.
269 Vorstandssitzung v. 9.2.1965.
270 Akten zur Auswärtigen Politik, 1965, Bd. I, S. 101-120, 140-158.
271 Vermerk v. Hassel, 22.1.1965, ACDP I-157-011/1.
272 Osterheld (1992), S. 134.
273 Vermerk v. Hassel, 22.1.1965, ACDP I-157-011/1, Osterheld (1992), S. 144.
274 Schertz (1992), S. 290, 313.
275 Akten zur Auswärtigen Politik, 1965, Bd. I, S. 283 f.
276 Ebd., S. 127.
277 Akten zur Auswärtigen Politik, 1964, Bd. III, S. 1215 ff., 1227 ff.
278 Ebd., S. 1244-1248.
279 Ebd., S. 1238.
280 Akten zur Auswärtigen Politik, 1965, Bd. I, S. 3-5.
281 Z. B. in einem Gespräch mit den amerikanischen Journalisten Sulzberger und Olsen am 9.2.1965, LESt NE 335, Fraktionssitzung v. 16.2.1965, ACDP VIII-001-1009/4, S. 196, 200.
282 Osterheld (1992), S. 152.
283 Kabinettsvorlage des AA, in: Akten zur Auswärtigen Politik, 1965, Bd. I, S. 174 ff., 199 ff.
284 Osterheld (1992), S. 152 f., Fraktionssitzung v. 9.2.1965, ACDP VIII-001-1009/4, S. 191, Balken an Schröder, 12.2.1965, ACDP I-483-287/1.
285 Akten zur Auswärtigen Politik, 1965, Bd. I, S. 195-198.
286 Ebd., S. 259 f., 286 ff., 297-301.
287 Ebd., S. 307-312; Bd. III, S. 1556-1662.
288 Osterheld (1992), S. 156.
289 Akten zur Auswärtigen Politik, 1965, Bd. II, S. 372-381, 387 ff.
290 Gespräch mit Chefredakteuren der CDU-Presse am 18.2.1965, LESt NE 335, S. 19.
291 Fraktionssitzung v. 16.2.1965, ACDP VIII-001-1009/4, S. 202.
292 Osterheld (1992), S. 161 f., Akten zur Auswärtigen Politik, 1965, Bd. I, S. 422-425.

293 Adenauer an Erhard, 3.3.1965, LESt NE I 1)10 und 11.
294 Tb Krone, 5.3.1965.
295 Akten zur Auswärtigen Politik, 1965, Bd. I, S. 457-461.
296 Sitzung des Parteivorstands v. 9.2.1965, VII-001-014/1, S. 57 ff.
297 Schröder, nach Osterheld (1992), S. 154.
298 Tb Krone, 5. u. 6.3.1965.
299 Akten zur Auswärtigen Politik, 1965, Bd. I, S. 198.
300 Tb Krone, 7. u. 8.3.1965, Osterheld (1992), S. 168 f.
301 Tb Krone, 8.3.1965, Fraktionssitzung v. 9.3.1965, ACDP VIII-001-1009/4, S. 321 f., Frankfurter Rundschau v. 19.3.1965 - Bundeskanzler: Das Maß war voll.
302 Tb Krone, 8. u. 9.3.1965.
303 Osterheld (1992), S. 182, Akten zur Auswärtigen Politik, 1965, S. 574 ff.
304 Birrenbachs Berichte und die Weisungen des Auswärtigen Amtes in: Akten zur Auswärtigen Politik, 1965, Bd. I u. II.
305 Akten zur Auswärtigen Politik, 1965, Bd. I, S. 470-476, 493 ff.; v. Hassel, Aufzeichnung über die Besprechung anläßlich des Wilson-Besuchs, 9.3.1965, ACDP I-157-011/1; Osterheld (1992), S. 176 f.
306 Fraktionssitzung v. 9.3.1965, ACDP VIII-001-1010/4.
307 Akten zur Auswärtigen Politik, 1965, Bd. I, S. 520; Osterheld (1992), S. 178.
308 Vorstandssitzung v. 28.3.1966, ACDP VII-001-014/2.
309 Akten zur Auswärtigen Politik, 1965, Bd. I, S. 636-644; Neue Zürcher Zeitung v. 2.4.1965, The Times v. 2.4.1965: German Confidence in European Unity Vanishes.
310 Osterheld (1992), S, 185; de Gaulle, Lettres, 10, S. 147 f.; The Times v. 2.4.1965; Erhard an Barzel, 23.4.1965, LESt NE I 2)12.
311 Das Folgende nach den Protokollen der Sitzungen des „Sonderkreises“, in LESt NE 420,559,562,599.
312 Akten zur Auswärtigen Politik, 1965, Bd. III, S. 1925.
313 Süddt. Zeitung v. 2.4.1965 (Das Streiflicht).
314 Erhard an Schmücker, 13.4.1965, LESt NE I 2)23.
315 Erhard an Westrick, 14.4.1965, LESt NE 23.
316 Erhard an Mende, 23.4.1965, LESt NE 23.
317 Osterheld (1992), S. 187 f.; Tb Krone, 30.4.-2.5.1965.
318 Ebd., 4.5.1965.
319 Zit. nach Stuttgarter Zeitung v. 2.6.1965.
320 Akten zur Auswärtigen Politik, 1965, Bd. II, S. 961-967; Osterheld (1992), S. 195 f.
321 Welt am Sonntag v. 6.6.1965.
322 DIE ZEIT v. 11.6.1965.
323 Strauß an Erhard, 25.5.1965, mit Memorandum v. 16.5.1965, LESt NE I 2)24; Tb Krone, 25.5.1965.
324 Akten zur Auswärtigen Politik, 1965, Bd. II, S. 794.
325 Osterheld (1992), S. 198 f.
326 Akten zur Auswärtigen Politik, 1965, Bd. II, S. 1002-1004; Osterheld (1992), S. 199-207.
327 DIE WELT v. 15.6.1965: Erhard rechnet mit EWG-Gipfeltreffen; Süddt. Zeitung v. 15.5.1965, FAZ v. 19.6.1965: Erhard: Kein Junktim Brüssel-Gipfelkonferenz.
328 Tb Krone, 14.-16.6.1965.
329 Fraktionssitzung v. 29.6.1965, ACDP VIII-001-1011/4, S. 452.
330 Erhard an Adenauer, 10.6.1965, 18.6.1965, LESt NE I 1)10 und 11; Le Monde v. 30.6.1965; Bild-Zeitung v. 30.6.1965; Frankfurter Rundschau v. 1.7.1965.
331 Schwarz (1991), S. 905 f.
332 Hamburger Abendecho v. 5.7.1965.
333 Zit. nach DIE WELTWOCHE v. 2.9.1965.
334 DER SPIEGEL Nr. 37 v. 6.9.1965, S. 39.

335 FAZ v. 7.8.1965, 9.8.1965; Kölnische Rundschau v. 9.8.1965; Ruhr-Nachrichten Dortmund v. 9.8.1965; Neue Zürcher Zeitung v. 10.8.1965.
336 Frankfurter Rundschau v. 16.8.1965; Erhard gab den Hessen „K-Null" zum besten; DER SPIEGEL Nr. 34 v. 18.8.1965.
337 Süddt. Zeitung v. 8.9.1965: Die Lokomotive qualmt, doch es fehlt ihr an Kraft.
338 Dahlgrün an Erhard, 15.6.1965, LESt NE II 1)6.
339 Tb Krone, 12.8.1965, Osterheld (1992), S. 211.
340 DER SPIEGEL Nr. 34 v. 18.8.1965.
341 Akten zur Auswärtigen Politik, 1965, Bd. II, S. 1246 ff; Osterheld (1992), S. 216 ff.
342 Ebd., S. 1329 f.
343 Schwarz (1991), S. 907 f.
344 Tb Krone, 23.8.1965.
345 Osterheld (1992), S. 231 f.
346 Süddt. Zeitung v. 8.9.1965.
347 Westdeutsche Allgemeine v. 13.8.1965.
348 Kölner Stadt-Anzeiger v. 17.9.1965.
349 Süddt. Zeitung v. 8.9.1965; FAZ v. 10.9.1965; Bremer Nachrichten v. 14.9.1965; The Observer v. 12.9.1965; FAZ v. 17.9.1965; Osterheld (1992), S. 235 f.
350 Ebd., S. 238.
351 Frankfurter Neue Presse v. 18.9.1965; Schwarz (1991), S. 910 f.

Kapitel 8 (Seiten 579 - 652)

1 von Hassel, Notizen zur Regierungsbildung v. 5.10.1965, ACDP I-157-011/1. Sitzung des CDU-Parteivorstands v. 20.9.1065, ACDP VII-001-014/4.
2 Mitteilung der CSU-Pressestelle, LESt NE 539.
3 v. Hassel an Adenauer, 5.10.1965, ACDP I-157-011/1.
4 Mitteilung der CSU-Pressestelle, LESt NE 539.
5 Hopf an Erhard (mit Anlage), 18.9.1965, LESt NE 490.
6 Tb Krone, 27.9.1965.
7 Notiz Bebermeyer v. 6.10.1965, LESt NE 315, Strauß an Erhard, 7.10.1965, LESt NE I 2)24.
8 General-Anzeiger v. 28.9.1965: Erhard rügt Mende, Strauß und Schröder, Stuttgarter Zeitung v. 28.9.1965: Erhard verwahrt sich gegen Pressionen.
9 Mende an Erhard, 2.10.1965, LESt NE I 2)22.
10 von Hassel, Notizen zur Regierungsbildung v. 11.10.1965, ACDP I-157-011/1.
11 Notiz Bebermeyer v. 6.10.1965, LESt NE 315.
12 Kölner Stadt-Anzeiger v. 7.10.1965: Schröders Gegner sind auf dem Rückzug.
13 Strauß an Erhard, 8.10.1965, LESt NE I 2)24.
14 v. Hassel, Notizen zur Regierungsbildung v. 11.10.1965, ACDP I-157-011/1.
15 Strauß, Arbeitspapier zum Regierungsprogramm, LESt NE 316.
16 Stellungnahme zu dem Arbeitspapier, LESt NE 316.
17 Ebd.
18 Schertz (1992), S. 330.
19 Dufhues in der Sitzung des CDU-Vorstands v. 15.10.1965, ACDP VII-001-014/5.
20 Fraktionssitzung v. 19.10.1965, ACDP VIII-001-1010/2.
21 Sitzung des CDU-Vorstands v. 15.10.1965, ACDP VII-001-014/5.
22 Ebd. und Fraktionssitzung v. 19.10.1965, ACDP VIII-001-1010/2.
23 Ebd.
24 v.Hassel, Notiz zur Regierungsbildung v. 22.10.1965, ACDP I-157-011/1.
25 Schwarz (1991), S. 913.
26 Fraktionssitzung v. 20.10.1965, ACDP VIII-001-1010/2.

27 Ebd.

28 Wagner an Erhard, 21.10.1965, Erhard an Strauß, 21.10.1965, Strauß an Erhard, 21.10.1965, LESt NE 315.

29 v.Hassel, Notiz zur Regierungsbildung v. 25.10.1965, ACDP I-157-011/1.

30 Zum Folgenden: Deutsch-britische Konsultationen, 25.10.1965, ACDP I-483-109/1; Indiskretionsfall in der Sache deutsch-britische Konsultationen, ebd., Osterheld (1992), S. 251 f.

31 von Hassel, Vermerk v. 28.10.1965, ACDP I-157-011/1.

32 von Hassel, Vermerk über die Sitzung des Kabinetts am 2.11.1965, ACDP I-157-011/1.

33 Strauß an Erhard, 10.11.1965, LESt NE I 2)24, Kölnische Rundschau v. 9.11.1965.

34 von Hassel, Notiz v. 2.11.1965, ACDP I-157-011/1.

35 Osterheld (1992), S. 260 ff.

36 Tb Krone, 22.11.1965.

37 Osterheld (1992), S. 264.

38 Kanzler-Tee am 17.12.1965, LESt NE 335.

39 Tb Krone, 18.12.1965.

40 Kanzler-Tee am 17.12.1965, LESt NE 335, von Hassel, Vermerk v. 20.12.1965, ACDP I-157-011/1, Tb Krone, 17. und 18.12.1965.

41 Osterheld (1992), S. 273, 287.

42 Akten zur Auswärtigen Politik, 1965, Bd. III, S. 1920 ff.

43 Akten zur Auswärtigen Politik, 1965, Bd. III, S. 1938-1942. Die Aufzeichnung gibt das Gespräch von seinen Schroffheiten entkleidet wieder. Vgl. McGhee (1989), S. 281 ff, Schertz (1992), S. 341 f., Osterheld (1992), S. 268 ff.

44 Ebd., S. 270 f., von Hassel, Aufzeichnung über das Vier-Augen-Gespräch mit McNamara, 11.1.1966, ACDP I-157-011/1.

45 Kölnische Rundschau v. 23.12.1965.

46 Adenauer an Erhard, 23.12.1965, LESt NE I 1)10 und 11.

47 Erhard an Lübke, 30.12.1965, LESt NE I 2)21.

48 Hohmann für den Bundeskanzler, 4.1.1966, LESt NE 256.

49 Rheinische Post v. 5.1.1966, Osterheld (1992), S. 275.

50 Aufzeichnung betr. Vorgeschichte der Regierungsumbildung v. 7.12.1966, LESt NE 469.

51 Vertrauliche Aufzeichnung Bebermeyers für Hohmann v. 26.1.1966, LESt NE 420, Protokolle der Sitzung des Sonderkreises, LESt NE 562.

52 Kieler Nachrichten v. 5.2.1966.

53 Tb Krone, 4.2.1966, Osterheld (1992), S. 287.

54 Zit. nach Osterheld (1992), S. 276.

55 Tb Krone, 4.2.1966.

56 Strauß an Erhard, 5.2.1966, ACDP I-028-033/3.

57 Tb Krone, 4.2.1966.

58 Osterheld (1992), S. 281-284; von Hassel, Notiz über die Plenarsitzung am 8.2.1966, ACDP I-157-011/1.

59 Tb Krone, 14.1.1966.

60 Tb Krone, 13. und 14.1.1966; 6.-9.2.1966.

61 Erhard an Adenauer, 15.2.1966, LESt NE I 1)10 und 11; Saarbrücker Zeitung v. 5.3.1966.

62 Tb Krone, 12.-15.2.1966.

63 Sitzung des CDU-Vorstands v. 16.2.1966, ACDP VII-001-015/1 (auch zum Folgenden).

64 DIE WELT v. 8.3.1966, Frankfurter Rundschau v. 9.3.1966: Erhards Rede verärgert CDU.

65 Schwarz (1992), S. 923 ff.

66 Erhards Rede in LESt NE 288; FAZ v. 23.2.21966; Bild-Zeitung v. 23.3.1966, Osterheld (1992), S. 297 ff.

67 „Friedensnote" v. 25.3.1966, LESt NE II 1)34.

68 Osterheld (1992), S. 301 ff.

69 Swidbert Schnippenhoetter, Studie zu der Frage: Empfiehlt es sich, den Polen den Abschluß eines Nichtangriffpaktes zwischen der BR Deutschland und Polen anzubieten?Juli 1964 (geheim);

ders., Skizze für ein deutschen Angebot an Polen, 21.9.1964; Carstens, Aufzeichnung betr.: Angebot des Abschlusses eines Nichtangriffsvertrages an Polen, 4.10.1964, mit Briefentwürfen, alles in LESt NE 280; Akten zur Auswärtigen Politik, 1965, Bd. I, S. 164 f.

70 Sammlungen von Äußerungen zur Note in LESt NE 402, ACDP I-028-034/2.

71 Osterheld (1992), S. 288 ff.

72 Frankfurter Rundschau v. 26.2.1966: Unser mutiger Kanzler.

73 Ebd.: Absage Erhards an de Gaulle; General-Anzeiger v. 26.2.1966: Unzumutbar; Neue Zürcher Zeitung v. 27.2.1966.

74 de Gaulle an Erhard, 9.3.1966. Deutsche Übersetzung in LESt NE II 1)36. Original in de Gaulle, Lettres, 10, S. 263 f.

75 Osterheld (1992), S. 293.

76 Ebd., S. 311.

77 Fraktionssitzung v. 15.3.1966, ACDP VIII-001-1010/2.

78 Ebd. und Vermerk v. Hassels v. 18.3.1966, ACDP I-157-011/1.

79 Aufzeichnung betr.: Französische Haltung gegenüber der NATO v. 30.3.1966, LESt NE II 1)32.

80 Z. B. FAZ v. 29.4.1966: Erhard besteht darauf: Es muß mehr gearbeitet werden.

81 Aufzeichnung betr.: Frankreich und die NATO v. 4.4.1966, LESt NE II 1)32.

82 Tb Krone, 5.4.1966.

83 Sts. Carstens, Betr.: Frankreich-NATO, LESt NE II 1)32.

84 Tb Krone, 5.4.1966.

85 Das Folgende nach Tb Krone, 6.4.1966, von Hassel, Vermerk betr.: Frankreich und NATO v. 12.4.1966, ACDP I-157-011/1, Osterheld (1992), S. 310 ff.

86 von Hassel, Vermerk betr.: Frankreich-NATO v. 18.4.1966, ACDP I-157-011/1.

87 von Hassel, Vermerk betr.: Frankreich-NATO v. 22.4.1966, ACDP I-157-011/1.

88 Tb Krone, 20.4.1966; von Hassel, Vermerk betr.: Frankreich-NATO v. 21.4.1966, ACDP I-157-011/1.

89 Das deutsche Aide mémoire und das Anschreiben an die deutsche NATO-Botschaft, ACDP I-157-011/1.

90 Vertraulicher Bericht über die Sitzung des Arbeitskreises 5 der CDU/CSU am 3.5.1966 für von Hassel, ACDP I-157-011/1, Osterheld (1992), S. 313.

91 Aufzeichnung über Gespräch v. Hassel - McNamara v. 29.4.1966, ACDP I-157-011/1.

92 Vertraulicher Bericht (Anm. 90).

93 Osterheld (1992), S. 313 f.

94 Tb Krone, 10.5.1966, Fraktionssitzung v. 25.5.1966, ACDP VIII-001-1010/2.

95 Das frz. Aide mémoire v. 18.5.1966, LESt NE II 1)33.

96 Kölnische Rundschau v. 21.5.1966.

97 Frankfurter Rundschau v. 25.5.1966.

98 Osterheld (1992), S. 317 ff., der korrigierte Redetext in LESt NE 291.

99 Fraktionssitzung v. 25.5.1966, ACDP VIII-001-1010/2.

100 LESt NE 291.

101 Osterheld (1992), S. 320.

102 Strauß an Erhard, 5.6.1966, LESt NE 539, Osterheld (1992), S. 320.

103 Mittag, Düsseldorf, 28.5.1966.

104 Osterheld (1992), S. 320 f., Stuttgarter Nachrichten v. 11.6.1966.

105 Osterheld (1992), S. 323.

106 de Gaulle an Erhard, 16.6.1966, Lettres, 10, S. 306 f.

107 Osterheld (1992), S. 324-327.

108 Tb Krone 20.7.1966.

109 Krone an Erhard, Juli 1966, ACDP I-028-060/2.

110 Tb Krone, 20. und 21.7.1966; Aufzeichnung über die Gespräche in der Plenarsitzung am 21.7.1966, ACDP I-157-011/2; Osterheld (1992), S. 328 f.

111 Frankfurter Rundschau v. 9.6.1966.

112 Sitzung des CDU-Vorstands v. 11.7.1966, ACDP VII-001-013/5.

[113] General-Anzeiger v. 1.7.1966.

[114] Frankfurter Rundschau v. 9.6.1966.

[115] „Deutschland-Gespräch" am 16.6.1966, LESt NE 335; Informationsgespräch mit John Hightower (ap) am 24.6.1966, LESt NE 335; Osterheld (1992), S. 314.

[116] von Hassel, Aufzeichnungen über meine Gespräche mit Secretary McNamara am 13. Mai 1966, ACDP I-157-011/2; Osterheld an Siebe, 27.5.1966, ebd.

[117] Osterheld (1992), S. 323, Schertz (1992), S. 353.

[118] Osterheld (1992), S. 318, The Guardian v. 11.6.1966: Dr. Erhard finds cost of British Troops too high.

[119] von Hassel, Aufzeichnung über mein Gespräch mit dem britischen Verteidigungsminister, 8.6.1966, ACDP I-157-011/2.

[120] Fraktionssitzung v. 25.5.1966, ACDP VIII-001-1010/2.

[121] Zwischenbericht (Aufzeichnung Prof. Wildenmann), LESt NE 438.

[122] Süddt. Zeitung v. 2.6.1966 (Das Streiflicht); DIE ZEIT v. 10.6.1966: Kein Sokrates.

[123] Zit. nach dem in der Süddt. Zeitung v. 11. Juni 1966 abgedruckten Redemanuskript, das vom Presse- und Informationsamt der Bundesregierung autorisiert wurde.

[124] Suttgarter Zeitung v. 2.6.1966.

[125] Fraktionssitzung v. 14.6.1966, ACDP VIII-001-1010/2; Stuttgarter Zeitung v. 5.7.1966.

[126] FAZ v. 7.6.1966; Stuttgarter Zeitung v. 5.6.1966.

[127] Frankfurter Rundschau v. 8.7.1966; Münchner Merkur v. 8.7.1966; DER SPIEGEL v. 11.6.1966.

[128] Vorstandssitzung v. 11.6.1966, ACDP VII-001-013/5.

[129] Kanzlerbüro, Folgerungen aus den Landtagswahlen in NRW v. 13.7.1966, LESt NE 438.

[130] Strauß an Erhard, 5.7.1966, LESt NE II 1)39.

[131] Ebd.

[132] Barzel an Erhard, 21.7.1966, LESt NE II 1)38.

[133] Süddt. Zeitung v. 4.8.1966.

[134] DIE WELT v. 20.8.1966.

[135] Müller-Armack, Die konjunkturelle Lage, ... , LESt NE II 1)12.

[136] Referat II/2, Vermerk v. 3.10.1966, LESt NE II 1)12.

[137] Erhard an Barzel, 12.8.1966, LESt NE I 2)12.

[138] Fraktionsvorstandssitzung v. 8.9.1966, LESt NE 502.

[139] In den Fraktionssitzungen im Sommer und Herbst 1966.

[140] Erhard an Barzel, 12.8.1966, LESt NE I 2)12. Der von Hohmann korrigierte Entwurf v. 10.8.1966, LESt NE II 1)38; Erhard an Strauß, 15.8.1966; LESt NE I 2)24.

[141] Erhard an Strauß, 17.8.1966, LESt NE I 2)24.

[142] Tb Krone, 19.7.1966.

[143] Neue Zürcher Zeitung v. 15.8.1966.

[144] Erhard an alle Kabinettsmitglieder, 18.8.1966, ACDP I-028-060/2.

[145] Ebd.

[146] von Hassel an Erhard, 12.9.1966, ACDP I-157-011/2.

[147] DIE WELT v. 20.8.1966

[148] Pressereferat der CDU/CSU-Fraktion, Vorgeschichte und Geschichte des Regierungswechsels vom Herbst 1966, LESt NE II 1)14.

[149] Osterheld (1992), S. 350; Haftendorn (1994), S. 240.

[150] Sitzung des Präsidiums v. 27.8.1966, LESt NE 547; Anmerkungen zur Lage der CDU im Spätsommer 1966, LESt NE 481.

[151] Zit. nach DIE ZEIT v. 9.9.1966. Vgl. Neue Zürcher Zeitung v. 3.9.1966.

[152] Tb Krone, 5.9.1966, Fraktionsvorstandssitzung v. 8.9.1966, LESt NE 502.

[153] Zit. nach DIE ZEIT v. 9.9.1966.

[154] Neue Zürcher Zeitung v. 7.9.1966: Revidiert Erhard seine Europapolitik? Erhard im Fraktionsvorstand am 8.9.1966, LESt NE 502.

[155] Tb Krone, 3.9.1966.

[156] Rheinische Post v. 5.9.1966.

157 Bild am Sonntag v. 4.9.1966.
158 Tb Krone, 5.9.1966.
159 Ebd.
160 LESt NE 335.
161 Sitzung des Fraktionsvorstands v. 8.9.1966, LESt NE 502.
162 Ebd.
163 Aufzeichnung betr. Fraktionssitzung der CDU/CSU am 13.9.1966, ACDP I-483-287/1. TB Krone, 18.9.1966; Vorgeschichte und Geschichte (Anm. 148), S.7.
164 Osterheld (1992), S. 346 f., Tb Krone, 18.9.1966.
165 Erklärung zur Einbringung des Stabilitätsgesetzes am 14.9.1966, LESt NE 292.
166 von Hassel, Notiz zur Regierungsbildung v. 25.10.1965, ACDP I-157-011/1.
167 Süddt. Zeitung v. 21.9.1966: Rasner lehnt Nachfolge Westricks ab; FAZ v. 21.9.1966; Osterheld (1992), S. 348.
168 Tb Krone, 23.9.1966.
169 Das Programm in LESt NE 294.
170 Gesprächsthemen Washington, LESt NE II 1)7, Vorschlag für eine Lösung des Devisenausgleichs, ebd.; von Hassel, Aufzeichnung über mein Gespräch mit Secretary McNamara, 23.9.1966, ACDP I-157-011/2; Stichworte für eine außenpolitische Erklärung, LESt NE 292; Osterheld (1992), S.350 ff., Kusterer (1995), S. 389.
171 von Hassel, Aufzeichnung, 26.9.1966, ACDP I-157-011/2; Osterheld (1992), S. 353 f.
172 Zum Folgenden Schertz (1992), S. 355 ff., Osterheld (1992), S. 353 f.
173 von Hassel, Aufzeichnung über meine Besprechung mit Secretary McNamara am 26.9.1966, ACDP I-157-011/2.
174 Kommuniqué in LESt NE II 1)7.
175 Schertz (1992), S. 359.
176 LESt NE 294.
177 FS aus Washington an AA, ACDP I-483-177/3 (danach der voranstehende Bericht).
178 dpa, 29.9.1966: Gerstenmaier dementiert angebliche Verschwörung gegen Erhard, LESt NE 547; Vorgeschichte und Geschichte (Anm. 148), S. 8, LESt NE II 1)7.
179 Osterheld (1992), S. 363.
180 Vorgeschichte und Geschichte (Anm. 148), S. 9; Tb Krone, 7.10.1966.
181 Tb Krone, 19.9.1966.
182 Barzel in der Fraktionssitzung v. 4.10.1966, ACDP VIII-001-1011/1, S. 107-109.
183 Ebd., S. 113.
184 Ebd., S. 118-121.
185 Ebd., S. 128-133.
186 Ebd., S. 133-135.
187 CDU-Vorstandssitzung v. 7.10.1966, ACDP VII-001-015/6, S. 36.
188 Ebd., S. 12.
189 Vorgeschichte und Geschichte (Anm. 148), S. 9; Hildebrand (1984), S. 219 .
190 Barzel in der Fraktionssitzung v. 25.10.1966, ACDP VIII-001-1011/1, S. 234 ff., Vorgeschichte und Geschichte (Anm. 148), S. 10 ff.
191 Fraktionssitzung v. 25.10.1966, ACDP VIII-001-1011/1; Osterheld (1992), S. 365.
192 Auswärt. Amt II A, Betr.: Verlegung des NATO-Rats von Paris nach Brüssel, 20.10.1966 und die vom AA formulierte Weisung des Bundeskanzlers in LESt NE II 1)11.
193 Strauß an Erhard, 24.10.1966, LESt NE I 2)24.
194 Übersicht über die gegenwärtige Haushaltslage und Überlegungen für eine längerfristige Haushaltsplanung v. 22.10.1966; AL II, Betr.: CDU/CSU-Fraktionsvorstand am Montag, dem 24.10.1966, LESt NE II 1)6.
195 Osterheld (1992), S. 365.
196 Fraktionssitzung am Morgen des 25.10.1966, ACDP VIII-001-1011/1, S. 234-245.
197 Fraktionssitzung am Abend des 25.10.1966, Ebd., S. 255-258.
198 Notiz Friedrichs über „Besuch bei Herrn Prof. Erhard am 3.11.1966", ACDP I-093-013/4.

199 Fraktionssitzung v. 25.10.1966, ACDP VIII-001-1011/1, S. 260-262.
200 Vorgeschichte und Geschichte (Anm. 148), S. 14.
201 Fraktionssitzung v. 26.10.1966, ACDP VIII-001-1011/1, S. 263 f.
202 Dahlgrün an Erhard, 15.6.1965, LESt NE II 1)6.
203 von Hassel, Aufzeichnungen über die Regierungskrise, 25.11.1966, ACDP I-157-011/2, S. 3-6; Vorgeschichte und Geschichte (Anm. 148), S. 15.
204 Fraktionssitzung v. 27.10.1966, ACDP VIII-001-1011/1, S. 273 ff; Notiz Friedrichs v. 3.11.1966, ACDP I-093-013/4; Aufzeichnung v. Hassel (Anm. 203) und Vorgeschichte und Geschichte (Anm. 148), S. 15.
205 Fraktionssitzung v. 27.10.1966, S. 276 f., Mende (1985), S. 240.
206 von Hassel, Aufzeichnung v. 25.11.1966, ACDP I-157-011/2, S. 7 f., Vorgeschichte und Geschichte (Anm. 148), S. 17.
207 Süddt. Zeitung v. 31.10.1966: Ludwig Erhard zeigt sich selbstbewußt; Kölnische Rundschau v. 31.10.1966.
208 Vorgeschichte und Geschichte (Anm. 148), S. 19 f.
209 Erhard an Goppel, 3.11.1966, LESt NE I 2)17.
210 Vorgeschichte und Geschichte (Anm. 148), S. 20 f., Fraktionssitzung v. 2.11.1966, ACDP VIII-001-1011/1, S. 280-282.
211 Notiz Friedrichs über „Besuch bei Herrn Prof. Erhard am 3.1.1966", ACDP I-093-013/4.
212 Präsidiums-Sitzung v. 7.11.1966, LESt NE 547.
213 Sitzung des CDU-Vorstands v. 8.11.1966, ACDP VII-001-015/7.
214 Presse- und Informationsamt, 7.11.1966, LESt NE II 1)26.
215 Vorgeschichte und Geschichte (Anm. 148), S. 23 f., Tb Krone, 10.11.1966.
216 Vorgeschichte und Geschichte (Anm. 148), S. 24., TB Krone, 13.11.1966.
217 Das 8-Punkte-Programm mit Erhards Randbemerkungen in LESt NE 557.
218 Der Rede-Entwurf in LESt NE II 1)1.
219 Koerfer (1987), S. 758.
220 LESt NE II 1)1.

Kapitel 9 (Seiten 653-664)

1 Frankfurter Rundschau v. 30.6.1967; Kölner Stadt-Anzeiger v. 30.6.1967; Süddt. Zeitung v. 1.7.1967; 220 000 DM entsprechen gegenwärtig (1996) ca. 650 000 DM.
2 Kölnische Rundschau v. 21.1.1967; Süddt. Zeitung v. 21.1.1967: Erhard bringt die CDU in Verlegenheit.
3 DIE WELT v. 4.2.1967.
4 FAZ v. 4. und 6.2.1967; Kölnische Rundschau v. 5.2.1967; Ruhr-Nachrichten v. 6.2.1967.
5 Der Tages-Spiegel v. 7.3.1967; Frankfurter Rundschau v. 8.3.1967; Le Monde v. 10.3.1967: Le Général de Gaulle aurait refusé à Mr. Erhard un 'partage' des armes atomiques.
6 Augsburger Allgemeine Zeitung v. 19.8.1967; General-Anzeiger v. 30.8.1967; Le Monde v. 1.10.1967.
7 Der Redetext in LESt NE 59; Kieler Nachrichtenv. 23.5.1967.
8 Kölnische Rundschau v. 24.7.1967; Rheinische Post v. 24.7.1967.
9 DER SPIEGEL Nr. 36 v. 28.8.1967.
10 Welt am Sonntag v. 3.8.1967.
11 Business Week v. 7.7.1967; LESt NE 584 und 728.
12 Im Gespräch mit Ben Witter, „In mir selbst finde ich Sicherheit", DIE ZEIT v. 9.2.1968.
13 Zit. nach Süddt. Zeitung v. 16.4.1969: Der Wanderprediger lobt die Diktaturen; DIE ZEIT v. 25.4.1969: Erhards Wundertüte.
14 Wiesbadener Kurier v. 8.5.1969; Neue Westfälische v. 8.5.1969.
15 Business Week v. 7.7.1969; DER SPIEGEL Nr. 31 v. 28.7.1969 und Nr. 32 v. 4.8.1969; Industriekurier v. 21., 23.8.1969, 1. und 6.9.1969; FAZ v. 19.7. und 5.8.1969; Süddt. Zeitung v. 26.7.1969.

[16] Stern Nr. 4 v. 26.1.1969; Berliner Morgenpost v. 8.5.1969; Der Volkswirt v. 9.5.1969; DER SPIEGEL v. 12.5.1969; FAZ v. 12.5.1969: Erhard begründet seinen Schritt.

[17] Der Volkswirt Nr. 3 v. 16.1.1970, Süddt. Zeitung v. 10.1.1970, DIE ZEIT v. 16.1.1970, Capital Nr. 2/1970, Die Welt v. 9.1.1970, DER SPIEGEL v. 12.1.1970.

[18] Allgemeine Zeitung Mainz v. 5.9.1969, Der Volkswirt Nr. 32 v. 8.8.1969.

[19] Kölnische Rundschau v. 12.5.1971, DIE ZEIT v. 22.10.1971.

[20] ACDP I-093-013/1.

[21] Stuttgarter Nachrichten v. 29.4.1971: Erhard setzt sich für Barzel ein. Das Zitat aus einem Vorwort Erhards zu einer Sammlung von Bundestagsreden Barzels.

[22] DER SPIEGEL v. 17.1.1972, FAZ v. 4.2.1972: Der Altkanzler ohne Zigarre; Die Welt v. 5.2.1972, FAZ v. 5.2.1972, Süddt. Zeitung v. 5.2.1972: Freund Feind streichelt die Lokomotive.

[23] Westfälische Rundschau v. 15.10.1972.

[24] DER SPIEGEL Nr. 44 v. 13.11.1972.

[25] Echo der Zeit v. 1.10.1967.

[26] Der Briefwechsel in LESt NE 594.

[27] Überlegungen zur Errichtung einer internationalen Stiftung, ebd.

[28] Erhard an Getty, 3.7.1973, LESt NE 594.

[29] Der Briefentwurf Hohmanns mit dem Exposé, ebd.

[30] Getty an Erhard, 24.6.1974, LESt NE 594.

[31] Friedrich an Erhard, 13.3.1974, Erhard an Friedrich, 28.3.1974, Birrenbach an Erhard, 16.4.1975, ACDP O-093-013/4.

[32] FAZ v. 9.3.1977.

[33] FAZ v. 12.5.1977.

[34] Münchner Merkur v. 13.5.1977.

Quellen und Literatur

1. Archivalische Quellen

Ludwig-Erhard-Stiftung, Bonn (LESt)
Nachlaß Ludwig Erhard

Archiv für Christlich-Demokratische Politik, Sankt Augustin (ACDP)
Bundesvorstand, Bundesausschuß, Bundespräsidium
CDU/CSU-Fraktion
Nachlaß Franz Böhm
Nachlaß Otto Friedrich
Nachlaß Eugen Gerstenmaier
Nachlaß Kai-Uwe von Hassel
Nachlaß Heinrich Krone
Nachlaß Paul Lücke
Nachlaß Alfred Müller-Armack
Nachlaß Gerhard Schröder
Nachlaß Ludger Westrick

Stiftung Bundeskanzler-Konrad-Adenauer-Haus Rhöndorf (StBKAH)
Nachlaß und Sammlung Konrad Adenauer

Bundesarchiv Koblenz (BA)
Sachakten B 102, B 134, B 136, B 146, Z 13
Nachlaß Franz Blücher
Nachlaß Franz Etzel

Historisches Achiv der Deutschen Bundesbank (HADB)
Nachlaß Vocke
Zentralbankrat
Sachakten

Archiv der Ludwig-Maximilians-Universität München
Personalakte Ludwig Erhard

Archiv des Presse- und Informationsamts der Bundesregierung
Sammlung von Presseausschnitten: Ludwig Erhard

2. Veröffentlichte Dokumente und Literatur

Abelshauser, Werner: Wirtschaft in Westdeutschland 1945 - 1948. Rekonstruktion und Wachstumsbedingungen in der amerikanischen und britischen Zone, Stuttgart 1975
ders. Kohle und Marktwirtschaft. Ludwig Erhards Konflikt mit dem Unternehmensverband Ruhrbergbau am Vorabend der Kohlenkrise, in: Vierteljahrshefte für Zeitgeschichte, 33. Jg.,1985
Abs, Hermann Josef: Entscheidungen 1949 - 1953. Die Entstehung des Londoner Schuldenabkommens, Mainz 1991
Adami, N.: Die Haushaltspolitik des Bundes von 1955 bis 1965, Bonn 1970
Adamsen, Heiner R.: Investitionshilfe für die Ruhr. Wiederaufbau, Verbände und soziale Marktwirtschaft 1948 - 1952, Wuppertal 1981
Adenauer, Konrad:
Erinnerungen 1955 - 1959, Frankfurt a. M. 1969
Erinnerungen 1959 - 1963, Stuttgart 1968
Briefe 1947 - 1949, Bearb. v. Hans Peter Mensing, Berlin 1984
Briefe 1949 - 1951, Bearb. v. Hans Peter Mensing, Berlin 1985
Briefe 1951 - 1953, Bearb. v. Hans Peter Mensing, Berlin 1987
Briefe 1953 - 1955, Bearb. v. Hans Peter Mensing, Berlin 1995
Teegespräche 1950 - 1954, Bearb. v. Hans Jürgen Küsters, Berlin 1984
Teegespräche 1955 - 1958, Bearb. v. Hans Jürgen Küsters, Berlin 1986
Adenauer: „Es mußte alles neu gemacht werden". Die Protokolle des CDU-Bundesvorstands 1950 - 1953, Bearb. v. Günter Buchstab, Stuttgart 1986
Adenauer: „Wir haben wirklich etwas geschaffen." Die Protokolle des CDU-Bundesvorstands 1953 - 1957, Bearb. v. Günter Buchstab, Düsseldorf 1990
Adenauer: „...um den Frieden zu gewinnen." Die Protokolle des CDU-Bundesvorstands 1957 - 1961, Bearb. v. Günter Buchstab, Düsseldorf 1994
Konrad *Adenauer* und die CDU der britischen Besatzungszone 1946 - 1949. Dokumente zur Gründungsgeschichte der CDU, Hg. v. d. Konrad-Adenauer-Stifung, Bonn 1975
Konrad *Adenauer* und seine Zeit. Politik und Persönlichkeit des ersten Bundeskanzlers, 2 Bde., Hg. v. Dieter Blumenwitz u. a., Stuttgart 1976
Adenauer to Kohl. The development of the German chancellorship, ed. Stephen Padgett, London 1994
Akten zur Auswärtigen Politik der Bundesrepublik Deutschland, 1963, Hg. im Auftrag des Auswärtigen Amts vom Institut für Zeitgeschichte, 3 Bde., München 1994
Akten zur Auswärtigen Politik der Bundesrepublik Deutschland, 1964, Hg. im Auftrag des Auswärtigen Amts vom Institut für Zeitgeschichte, 2 Bde., München 1995
Akten zur Auswärtigen Politik der Bundesrepublik Deutschland, 1965, Hg. im Auftrag des Auswärtigen Amts vom Institut für Zeitgeschichte, 3 Bde., München 1996
Akten zur Vorgeschichte der Bundesrepublik Deutschland 1945 - 1949, Hg. v. Bundesarchiv und vom Institut für Zeitgeschichte, Bde. 4 und 5, München 1976
Albrecht, Karl: Das Menschliche hinter dem Wunder. 25 Jahre Mitwirkung am deutschen Wiederaufbau, Düsseldorf 1970
Alt, Franz: Der Prozeß der Regierungsbildung unter Konrad Adenauer, Bonn 1979
Altmann, Rüdiger: Wirtschaftspolitik und Staatskunst. Wirkungen Ludwig Erhards, Bonn 1977
Ambrosius, Gerold: Die Durchsetzung der sozialen Marktwirtschaft in Westdeutschland 1945 - 1949, Stuttgart 1977
Arndt, Hans Joachim: West Germany, politics, and non-planning, New York 1966

Backer, John H.: Priming the German Economy. American Occupation Politics 1945 - 1948, Durham 1971
Baring, Arnulf, Hg.: Sehr geehrter Herr Bundeskanzler! Heinrich von Brentano im Briefwechsel mit Konrad Adenauer 1949 - 1964, Hamburg 1974

Becker, Winfried: Die Entscheidung für eine neue Wirtschaftsordnung nach 1945, in: Rainer A. Roth u. Walter Seifert, Hg.: Die zweite deutsche Demokratie, Köln 1990
Behr, Hermann : Vom Chaos zum Staat. Männer, die für uns begannen, Frankfurt 1961
Beier, Gerhard: Der Demonstrations- und Generalstreik vom 12. November 1948, Frankfurt 1975
Bergler, Georg: Geschichte der Hochschule für Wirtschafts- und Sozialwissenschaften Nürnberg 1919 - 1961, Nürnberg 1969
Bernecker, Walther L. und Dotterweich, Volker, Hg.: Persönlichkeit und Politik in der Bundesrepublik Deutschland. Politische Porträts. 2 Bde., Göttingen 1982
Besson, Waldemar: Die Außenpolitik der Bundesrepublik Deutschland. Erfahrungen und Maßstäbe, München 1970
Beyenburg-Weidenfeld, Ursula: Wettbewerbstheorie, Wirtschaftspolitik und Mittelstandsförderung 1948 - 1963. Die Mittelstandspolitik im Spannungsfeld zwischen wettbewerbstheoretischem Anspruch und wirtschaftspolitischem Pragmatismus, VSWG Beiheft 96, Stuttgart 1992
Birrenbach, Kurt: Meine Sondermissionen. Rückschau auf zwei Jahrzehnte bundesdeutscher Außenpolitik, Düsseldorf 1984
Blankenhorn, Herbert: Verständnis und Verständigung. Blätter eines politischen Tagebuchs 1949 bis 1979, Frankfurt/Main 1980
Blasius, Rainer A.: Erwin Wickert und die Friedensnote der Bundesregierung vom 5. März 1966, in: Vierteljahrshefte für Zeitgeschichte, 43. Jg., 1995
Blasius, Rainer A., Hg.: Von Adenauer zu Erhard. Studien zur Auswärtigen Politik der Bundesrepublik Deutschland 1963, München 1994
Blum, Reinhard: Soziale Marktwirtschaft, Tübingen 1969
Brackmann, Michael: Vom totalen Krieg zum Wirtschaftswunder. Die Vorgeschichte der westdeutschen Währungsreform 1948, Koblenz 1993
Brandt, Willy: Begegnungen und Einsichten. Die Jahre 1960 - 1975, Hamburg 1976
Brandt, Willy: Erinnerungen, Frankfurt a. M. 1989
Brenke, Gabriele: Europakonzeptionen im Widerstreit. Die Freihandelszonen-Verhandlungen 1956 - 1958, in: Vierteljahrshefte für Zeitgeschichte, 42. Jg., 1994
Bucerius, Gerd: Der Adenauer. Subjektive Beobachtungen eines unbequemen Weggenossen, Hamburg 1976
Buchheim, Christoph: Die Währungsreform 1948 in Westdeutschland, in: Vierteljahrshefte für Zeitgeschichte, 36. Jg. 1988
Buchheim, Christoph: Die Wiedereingliederung Westdeutschlands in die Weltwirtschaft 1945 - 1958, München 1990
Buchheim, Hans: Deutschlandpolitik 1949 - 1972. Der politisch-diplomatische Prozeß, Stuttgart 1984
Bührer, Werner: Ruhrstahl und Europa. Die Wirtschaftsvereinigung Eisen und Stahl und die Anfänge der europäischen Integration 1945 - 1952, München 1986

Camps, Miriam: Britain and the European Community 1955 - 1963, Princeton 1964
Caro, Michael K.: Der Volkskanzler Ludwig Erhard, Köln 1965
Carstens, Carl: Erinnerungen und Erfahrungen. Hg. v. Kai von Jena und Reinhard Schmoeckel, Boppard 1993
Casdorff, Claus Hinrich, Hg.: Demokraten. Profile unserer Republik, Königstein 1983
Clay, Lucius D.: Entscheidung in Deutschland, Frankfurt a. M. 1960
Conze, Eckart: Hegemonie durch Integration? Die amerikanische Europapolitik und die Herausforderung durch de Gaulle, in: Vierteljahrshefte für Zeitgeschichte, 43. Jg., 1995
Couve de Murville, Maurice: Außenpolitik 1958 - 1969, München 1973
Die *CDU/CSU* im Frankfurter Wirtschaftsrat. Protokolle der Unionsfraktion 1947 - 1949, Bearb. v. R. Salzmann, Düsseldorf 1988

de Gaulle, Charles: Memoiren der Hoffnung. Die Wiedergeburt 1958 - 1962, Wien 1971
de Gaulle, Charles: Lettres, notes et carnets, Bd. 9 bis 11, Paris 1986/87
Dexheimer, Wolfgang: Koalitionsverhandlungen in Bonn 1961 - 1965 - 1969, Bonn 1973
Dedring, Klaus-Heinrich: Adenauer, Erhard, Kiesinger. Die CDU als Regierungspartei 1961 - 1969, Pfaffenweiler 1989
Deutschkron, Inge: Israel und die Deutschen. Das besondere Verhältnis, Köln 1983
Dokumente zur Deutschlandpolitik, Hg. v. Bundesministerium für innerdeutsche Beziehungen, IV. Reihe, Bde. 9 - 12., Frankfurt a. M. 1978 - 1981
Dreher, Klaus: Der Weg zum Kanzler, Düsseldorf 1972
Dumke, Rolf: Reassessing the Wirtschaftswunder. Reconstruction and Postwar Growth in West Germany in an International Context, Oxford Bulletin for Economics and Statistics, Vol. 52.

Eckardt, Felix von: Ein unordentliches Leben. Lebenserinnerungen, Berlin 1967
Ehrenberg, Herbert: Die Erhard-Saga. Analyse einer Wirtschaftspolitik, die keine war, Stuttgart 1965
Ellwein, Thomas: Krisen und Reformen. Die Bundesrepublik in den sechziger Jahren, München 1989
Ellwood, D. W.: Rebuilding Europe: Western Europe, America, and Postwar Reconstruction, London 1992
Emminger, Otmar: D-Mark, Dollar, Währungskrisen. Erinnerungen eines ehemaligen Bundesbankpräsidenten, Stuttgart 1986
Erhard, Ludwig: Der Reichskommissar für Arbeitsbeschaffung und der Gereke-Plan, in: Wirtschaftsdienst v. 13. 1. 1933
Erhard, Ludwig: Marktordnung und Betriebswirtschaft, in: Der praktische Betriebswirt, 17. Jg., 1937
Erhard, Ludwig: Voraussetzungen und Prinzipien der Marktforschung, in: Andreas Predöhl, Hg., Marktforschung als Gemeinschaftsaufgabe von Wissenschaft und Wirtschaft, Fs. für Conrad Herrmann, Wuppertal 1939
Erhard, Ludwig: Einfluß der Preisbildung und Preisbindung auf die Qualität und die Quantität des Angebots und der Nachfrage, in: Georg Bergler und Ludwig Erhard, Hg., Marktwirtschaft und Wirtschaftswissenschaft, Fs. z. 60 Geburtstag von Wilhelm Vershofen, Berlin 1939
Erhard, Ludwig: Der gerechte Preis, in: Der praktische Betriebswirt, 19. Jahrgang, 1939
Erhard, Ludwig: Die Marktforschung, in: Karl Theisinger, Hg., Die Führung des Betriebes, Fs. f. Wilhelm Kalveram, Berlin 1942
Erhard, Ludwig: Der Staatshaushalt in der volkswirtschaftlichen Bilanz, in: Bankwirtschaft Nr. 1, 1945
Erhard, Ludwig: Kapitalexport und Welthandel, in: Bankwirtschaft Nr. 5/6, 1945
Erhard, Ludwig: Deutschlands Rückkehr zum Weltmarkt, Düsseldorf 1953
Erhard, Ludwig: Wohlstand für alle, Düsseldorf 1957
Erhard, Ludwig: Deutsche Wirtschaftspolitik. Der Weg der sozialen Marktwirtschaft, Düsseldorf 1962
Erhard, Ludwig: Kriegsfinanzierung und Schuldenkonsolidierung, Frankfurt a. M.1977 (geschrieben 1943/44: Die „Denkschrift")
Ludwig *Erhard*. Beiträge zu seiner politischen Biographie. Fs. zum 75 Geburtstag. Hg. v. Gerhard Schröder u. a., Frankfurt a. M. 1972
Ludwig *Erhard*. Erbe und Auftrag. Aussagen und Zeugnisse. Hg. v. Karl Hohmann, Düsseldorf 1977
Ludwig *Erhard* und seine Politik, Hg. v. d. Ludwig-Erhard-Stiftung, Stuttgart 1985
Ludwig *Erhard*. Gedanken aus fünf Jahrzehnten. Reden und Schriften, Hg. v. Karl Hohmann, Düsseldorf 1988
Engelmann, Roger u. Erker, Paul: Annäherung und Abgrenzung. Aspekte deutsch-deutscher Beziehungen 1956 - 1969, München 1993
Eucken, Walter: Die Grundlagen der Nationalökonomie, Jena 1940
Eucken, Walter: Grundsätze der Wirtschaftspolitik. Hg. v. Edith Eucken und K.P. Hensel, Bern 1952
FDP-Bundesvorstand. Die Liberalen unter dem Vorsitz von Theodor Heuß und Franz Blücher. Sitzungsprotokolle 1949 - 1954, Bearb. v. Udo Wengst, 2 Bde., Düsseldorf 1990

FDP-Bundesvorstand. Die Liberalen unter dem Vorsitz von Thomas Dehler und Reinhold Maier. Sitzungsprotokolle 1954 - 1960, Bearb. von Udo Wengst, Düsseldorf 1991
FDP-Bundesvorstand. Die Liberalen unter dem Vorsitz von Erich Mende. Sitzungsprotokolle 1960 - 1967, Bearb. von Reinhard Schiffers, Düsseldorf 1993
Fettel, Johannes, Hg.: Wilhelm Rieger. Erinnerungen und Dokumente aus 50 Jahren seines Wirkens, Nürnberg 1968
Flach, Karl Hermann: Erhards schwerer Weg, Frankfurt a. M. 1963
Foreign Relations of the United States (FRUS), 1949, Vol. III, 1950, Vol. IV
Franken, Siegried F.: Steuerpolitik in der Demokratie. Das Beispiel der Bundesrepublik Deutschland, Berlin 1993
Friedrich, Wolfgang-Uwe, Hg.: Die USA und die deutsche Frage 1945 - 1990, Frankfurt a. M. 1991

Gasteyger, Curt: Europa zwischen Spaltung und Einigung 1945 - 1990, Köln 1990
Gaus, Günter: Zur Person. Porträts in Frage und Antwort, Bd. 1, München 1964
Gaus, Günter: Bonn ohne Regierung?, München 1965
Gerstenmaier, Eugen: Streit und Frieden hat seine Zeit, Frankfurt a. M. 1981
Geschichte der Bundesrepublik Deutschland Bd. 1: Theodor Eschenburg, Jahre der Besatzung 1945 - 1949, Stuttgart 1983
Geschichte der Bundesrepublik Deutschland Bd. 2: Hans-Peter Schwarz, Die Ära Adenauer. Gründerjahre der Republik 1949 - 1957, Stuttgart 1981
Geschichte der Bundesrepublik Deutschland Bd. 3: Hans-Peter Schwarz, Die Ära Adenauer. Epochenwechsel 1957 - 1963, Stuttgart 1983
Geschichte der Bundesrepublik Deutschland Bd. 4: Klaus Hildebrand, Von Erhard zur Großen Koalition 1963 - 1969, Stuttgart 1984
Giersch, Herbert u. a.: The fading miracle. Four decades of market economy in Germany, Cambridge 1992
Giordano, Ralph, Hg.: Deutschland und Israel. Solidarität in der Bewährung, Gerlingen 1992
Göllner, Peter: Politisch-historische Beiträge zu Ludwig Erhards Kanzlerschaft und Sturz, Diss. München 1986
Götz, Hans Herbert: Weil alle besser leben wollen. Porträt der deutschen Wirtschaftspolitik, Düsseldorf 1963
Gotto, Klaus: Adenauer, die CDU und die Wahl des Bundespräsidenten 1959, in: Konrad-Adenauer-Stifung, Hg., Konrad Adenauer. Ziele und Wege, Mainz 1972
Griffith, William E.: Die Ostpolitik der Bundesrepublik Deutschland, Stuttgart 1981
Gross, Johannes: Lauter Nachworte. Innenpolitik nach Adenauer, Stuttgart 1965
Grewe, Wilhelm G.: Rückblenden 1976 - 1951. Aufzeichnungen eines Augenzeugen deutscher Außenpolitik von Adenauer bis Schmidt, Berlin 1979
Groeben, Hans von der: Aufbaujahre der Europäischen Gemeinschaft. Das Ringen um den Gemeinsamen Markt und die Politische Union 1958 - 1966, Baden-Baden 1982
Groeben, Hans von der: Deutschland und Europa in einem unruhigen Jahrhundert, Baden-Baden 1995
Günther, Klaus: Der Kanzlerwechsel in der Bundesrepublik. Adenauer - Erhard - Kiesinger, Hannover 1970
Guttenberg, Karl Theodor zu: Fußnoten, Stuttgart 1971

Hacke, Christian: Weltmacht wider Willen. Die Außenpolitik der Bundesrepublik Deutschland, Stuttgart 1988
Haftendorn, Helga: Kernwaffen und die Glaubwürdigkeit der Allianz. Die Nato-Krise 1966/67, Baden-Baden 1994
Hagemann, Günter: Die staatliche Tätigkeit in der Bundesrepublik Deutschland 1965 - 1967, in: Finanzarchiv NF 28, 1969
Hardach, Gerd: Der Marshall-Plan. Auslandshilfe und Wiederaufbau in Westdeutschland 1948 - 1952, München 1994

Hanrieder, Wolfram F.: Deutschland, Europa, Amerika. Die Außenpolitik der Bundesrepublik Deutschland 1949 - 1989, Paderborn 1991
Heitzer, Horstwalter: Die CDU in der britischen Zone. Gründung, Organisation, Programm und Politik, Düsseldorf 1988
Henkels, Walter: Ganz das Gegenteil. Konrad Adenauer und Ludwig Erhard in der Karikatur, Düsseldorf 1967
Hentschel, Volker: Die Entstehung des Bundesbankgesetzes 1949 - 1957. Politische Kontroversen und Konflikte, in: Bankhistorisches Archiv 1988
Hentschel, Volker: Deutschland und die Gründung der Europäischen Gemeinschaft für Kohle und Stahl, in: Scripta Mercaturae 1988
Hentschel, Volker: Die Europäische Zahlungsunion und die deutsche Devisenkrise 1950/51, in: Vierteljahrshefte für Zeitgeschichte, 37. Jg., 1989
Henzler, Christoph: Fritz Schäffer 1945 - 1967. Eine biographische Studie, München 1994
Herbst, Ludolf: Krisenüberwindung und Wirtschaftsneuordnung. Ludwig Erhards Beteiligung an den Nachkriegsplanungen am Ende des 2. Weltkriegs, in: Vierteljahrshefte für Zeitgeschichte, 25. Jg., 1977
Herbst, Ludolf u. a., Hg.: Vom Marshallplan zur EWG. Die Eingliederung der Bundesrepublik Deutschland in die westliche Welt, München 1990
Heuß, Theodor: Tagebuchbriefe 1955 - 1963, Hg. u. eingel. von Eberhardt Pikart, Tübingen 1970
Heuß, Theodor u. Adenauer; Konrad: Unserem Vaterland zugute. Der Briefwechsel 1948 - 1963, Berlin 1989
Hildebrand, Klaus: Der provisorische Staat und das ewige Frankreich. Die deutsch-französischen Beziehungen 1963 - 1969, in: Historische Zeitschrift, Bd. 240, 1985
Hockerts, Hans Günter: Sozialpolitische Entscheidungen im Nachkriegsdeutschland. Alliierte und deutsche Sozialversicherungspolitik 1945 - 1957, Stuttgart 1980
Hohmann, Karl: Aus dem Leben Ludwig Erhards. Die Jahre bis 1945, in: Orientierungen zur Wirtschafts- und Gesellschaftspolitik Nr. 11, 1982
Hohmann, Karl: Ludwig Erhard (1897 - 1977), in: Alfred Wendehorst u. Gerhard Pfeiffer, Hg., Fränkische Lebensbilder, Bd. 11, Neustadt 1984
Hoppe, Christoph: Zwischen Teilhabe und Mitsprache. Die Nuklearfrage in der Allianzpolitik Deutschlands 1959-1966, Baden-Baden 1993.
Horne, Alistaire: Macmillan. Vol. II of the official biography, 1957 - 1986, London 1989

Jahrbuch der öffentlichen Meinung 1958 - 1964, Allensbach 1965
Jahrbuch der öffentlichen Meinung 1965 - 1967, Allensbach 1968
Jerchow, Friedrich: Außenhandel im Widerstreit. Die Bundesrepublik Deutschland auf dem Weg in das GATT 1949 - 1951, in: Geschichte und Gesellschaft, Sonderheft 5, Göttingen 1979

Die *Kabinettsprotokolle* der Bundesregierung, Hg. v. Bundesarchiv, 6 Bde., 1949 - 1954, Boppard 1982 ff.
Kaplan, J.J. und Schleiminger, G.: The European Payments Union. Financial Diplomacy in the 1950s, Oxford 1989
Kitzinger, Uwe W.: Wahlkampf in Westdeutschland. Analyse der Bundestagswahl 1957, Göttingen 1960
Kleinmann, Hans-Otto: Geschichte der CDU 1945 - 1982, Stuttgart 1993
Koch, Peter: Willy Brandt. Eine politische Biographie, Frankfurt a. M. 1988
Köhler, Henning: Adenauer. Eine politische Biographie, Berlin 1994
Koerfer, Daniel: Kampf ums Kanzleramt. Erhard und Adenauer, Stuttgart 1987
Die *Korea-Krise* als ordnungspolitische Herausforderung der deutschen Wirtschaftspolitik. Texte und Dokumente, Stuttgart 1986
Kosthorst, Daniel: Brentano und die deutsche Einheit. Die Deutschland- und Ostpolitik des Außenministers im Kabinett Adenauer 1955 - 1961, Düsseldorf 1993

Kosthorst, Daniel: Sowjetische Geheimpolitik in Deutschland? Chruschtschow und die Adschubeij-Mission in der Bundesrepublik 1964, in: Vierteljahrshefte für Zeitgeschichte, 44. Jg. 1996
Krieger, Wolfgang: General Lucius D. Clay und die amerikanische Deutschlandpolitik 1945 - 1949, Stuttgart 1987
Krone, Heinrich: Tagebücher. Erster Band: 1945 - 1961, Bearb. von Hans-Otto Kleinmann, Düsseldorf 1995
Küntzel, Matthias: Bonn und die Bombe. Deutsche Atomwaffenpolitik von Adenauer bis Brandt, Frankfurt 1992
Küsters, Hans Jürgen: Die Gründung der EWG, Baden-Baden 1982
Kusterer, Hermann: Der Kanzler und der General, Stuttgart 1995

Lacouture, Jean: De Gaulle, Vol. III: Le Souverain 1959 - 1970, Paris 1986
Lahr, Rolf: Zeuge von Fall und Aufstieg. Private Briefe 1934 - 1974, Hamburg 1981
Laitenberger, Volkhard: Ludwig Erhard. Der Nationalökonom als Politiker, Göttingen 1986
Lamb, Richard: The Macmillan Years 1957 - 1963. The emerging truth, London 1965
Lappenküper, Ulrich: Der Schuman-Plan. Mühsamer Durchbruch zur deutsch-französischen Verständigung, in: Vierteljahrshefte für Zeitgeschichte, 42. Jahrgang, 1994
Laqueur, Walter: Europa auf dem Weg zur Weltmacht 1945 - 1992, Müchen 1992
Lehngut, Gerold u. Vogelgesang, K.: Die Organisationserlasse der Bundeskanzler seit Bestehen der Bundesrepublik Deutschland im Lichte der politischen Entwicklung, in: Archiv für öffentliches Recht 113, 1988
Lemmer, Ernst: Manches war doch anders. Erinnerungen eines deutschen Demokraten, Frankfurt 1968
Lenz, Otto: Im Zentrum der Macht. Das Tagebuch von Staatssekretär Lenz 1951 - 1953, Bearb. von Klaus Gotto u. a., Düsseldorf 1989
Loth, Wilfried u. Picht, Robert, Hg., De Gaulle, Deutschland und Europa, Opladen 1991
Loth, Wilfried, Hg.: Walter Hallstein. Der vergessene Europäer, Bonn 1995
Lucas, Hans-Dieter: Europa vom Atlantik bis zum Ural. Europapolitik und Europadenken im Frankreich der Ära de Gaulle (1958 - 1969), Bonn 1992
Luchsinger, Fred: Bericht aus Bonn. Deutsche Politik 1955 - 1965, Zürich 1966
Lukomski, Jesse: Ludwig Erhard. Der Mensch und der Politiker, 1965

Macmillan, Harold: Memoirs, Vol VI: At the End of the Day 1961 - 1963, London 1973
Mai, Gunther: Der Alliierte Kontrollrat in Deutschland 1945 - 1948. Alliierte Einheit - deutsche Teilung, München 1995
Maillard, Pierre: De Gaulle und Deutschland. Der unvollendete Traum, Bonn 1991
McGhee, George: Botschafter in Deutschland 1963 - 1968, Esslingen 1989
„Meine Wirtschaftspolitik ist richtig!“, Bund Verlag, Bonn 1952
Meissner, Boris: Die deutsche Ostpolitik 1961 - 1970. Dokumentation, Köln 1970
Mende, Erich: Die neue Freiheit 1945 - 1961, München 1984
Mende, Erich: Von Wende zu Wende 1962 - 1982, München 1985
Milward, Alan S.: The European Rescue of the Nation State, London 1992
Monnet, Jean: Erinnerungen eines Europäers, München 1978
Montanmitbestimmung. Das Gesetz über die Mitbestimmung der Arbeitnehmer in denAufsichtsräten und Vorständen der Unternehmen des Bergbaus und der Eisen und Stahl erzeugenden Industrie vom 21. Mai 1951, Bearb. von Gabriele Müller-List, Düsseldorf 1984
Morsey, Rudolf: Die Bildung der ersten Regierungskoalition 1949. Adenauers Entscheidung von Frankfurt und Rhöndorf am 20. und 21. August, in: Historisches Jahrbuch, Bd. 97/98, 1978
Morsey, Rudolf: Die Rhöndorfer Weichenstellung vom 21. August 1949. Neue Quellen zur Vorgeschichte der Koalitions- und Regierungsbildung nach der Wahl zum ersten Deutschen Bundestag, in: Vierteljahrshefte für Zeitgeschichte, 28. Jg., 1980
Mühle, Dieter: Ludwig Erhard. Eine Biographie, Berlin (Ost) 1965

Müller, Georg: Die Grundlegung der westdeutschen Wirtschaftsordnung im Frankfurter Wirtschaftsrat 1947 - 1949, Frankfurt a. M. 1982
Müller-Armack, Alfred: Wirtschaftslenkung und Marktwirtschaft, Köln 1946
Müller-Armack, Alfred u. a., Hg.: Wirtschafts- und Finanzpolitik im Zeichen der sozialen Marktwirtschaft, Fs. f. Franz Etzel, Stuttgart 1967
Müller-Armack, Alfred: Auf dem Weg nach Europa. Erinnerungen und Ausblicke, Tübingen 1971
Müller-Roschach, Herbert: Die deutsche Europapolitik, Baden-Baden 1974

Nicholls, Antony J.: Freedom with Responsibility. The Social Market Economy in Germany 1918 - 1963, Oxford 1994
Niclauß, Karlheinz: Kanzlerdemokratie. Bonner Regierungspraxis von Konrad Adenauer bis Helmut Kohl, Stuttgart 1988

Oppenheimer, Franz: Erlebtes, Erstrebtes, Erreichtes. Lebenserinnerungen, Düsseldorf 1964
Osterheld, Horst: Ich gehe nicht leichten Herzens. Adenauers letzte Kanzlerjahre, Mainz 1986
Osterheld, Horst: Außenpolitik unter Bundeskanzler Ludwig Erhard 1963 - 1966. Ein dokumentarischer Bericht aus dem Kanzleramt, Düsseldorf 1992
Osterwald, Egbert: Die Entstehung des Stabilitätsgesetzes, Frankfurt a. M. 1982

Poidevin, Raymond: Robert Schumann. Homme d'état 1886 - 1963, Paris 1988
Pörtner, Rudolf, Hg: Kinderjahre der Bundesrepublik. Von der Trümmerzeit zum Wirtschaftswunder, Düsseldorf 1989
Post, Oswald: Zwischen Sicherheit und Wiederaufbau. Die Ruhrfrage in der alliierten Diskussion 1945- 1949, Gießen 1986
Pünder, Tilman: Das bizonale Interregnum. Die Geschichte des Vereinigten Wirtschaftsgebietes 1946 - 1949, o.O. 1966

Renzsch, Wolfgang: Finanzverfassung und Finanzausgleich 1948 - 1990, Bonn 1991
Riehl, Hans, Hg.: Die Mark. Die aufregende Geschichte einer Weltwährung, 1978
Ritschl, Albrecht: Die Währungsreform von 1948 und der Wiederaufstieg der westdeutschen Industrie, in: Vierteljahrshefte für Zeitgeschichte, 33. Jg., 1985
Ritter, Gerhard: Carl Goerdeler, Stuttgart 1955
Robert, Rüdiger: Konzentrationspolitik in der Bundesrepublik. Das Beispiel der Entstehung des Gesetzes gegen Wettbewerbsbeschränkung, Berlin 1976
Röpke, Wilhelm: Die Gesellschaftkrisis der Gegenwart, Genf 1942
Röpke, Wilhelm: Civitas Humana, Genf 1944
Röpke, Wilhelm: Briefe. Der Innere Kompaß 1934 - 1966, Erlenbach-Zürich 1976
Rusk, Dean: As I saw it, New York 1990

Schertz, Adrian W.: Die Deutschlandpolitik Kennedys und Johnsons, Köln 1992
Schickling, Willi: Entscheidung in Frankfurt. Ludwig Erhards Durchbruch zur Freiheit, Stuttgart 1978
Schildt, Axel u. Sywottek, Arno: Modernisierung im Wiederaufbau. Die westdeutsche Gesellschaft der 50er Jahre, Bonn 1993
Schmid, Carlo: Erinnerungen, Bern 1979
Schmoeckel, Reinhard u. Kaiser, B.: Die vergessene Regierung. Die Große Koalition 1966 - 1969, Bonn 1991
Schockenhoff, Volker: Wirtschaftsverfassung und Grundgesetz. Die Auseinandersetzungen in den Verfassungsberatungen 1945 - 1949, Frankfurt a. M. 1986
Schollwer, Wolfgang: FDP im Wandel. Aufzeichnungen 1961 - 1966. Hg. v. Monika Faßbender, München 1994
Schott, Heinzgerd: Die Formierte Gesellschaft und das Deutsche Gemeinschaftswerk. Zwei gesellschaftspolitische Konzepte Ludwig Erhards, Diss. Bonn 1982

Schröder, Adelbert: Mein Bruder Gerhard Schröder, Privatdruck 1991
Schröder, Hans Jürgen, Hg.: Marshallplan und westdeutscher Wiederaufstieg. Positionen - Kontroversen, Stuttgart 1990
Schultz, Bruno: Franz Oppenheimer als Lehrer und Ökonom, in: Zeitschrift für die gesamte Staatswissenschaft, 110. Jg., 1954
Schumann, Wolfgang: Nachkriegsplanung in der Reichsgruppe Industrie im Herbst 1944. Eine Dokumentation, in: Jahrbuch für Wirtschaftsgeschichte 1972, Heft 3
Schwabe, Klaus, Hg.: Die Anfänge des Schuman-Plans 1950/51, Baden-Baden 1988
Schwartz, Thomas Alan: Die Atlantik-Brücke. John McCloy und das Nachkriegsdeutschland, Frankfurt a. M. 1992
Schwarz, Hans-Peter, Hg.: Die Wiederherstellung des deutschen Kredits, Stuttgart 1982
Schwarz, Hans-Peter, Hg.: Adenauer und Frankreich. Die deutsche-französischen Beziehungen 1958 - 1969, Bonn 1985
Schwarz, Hans-Peter: Adenauer. Der Aufstieg: 1876 - 1952, Stuttgart 1986
Schwarz, Hans-Peter: Adenauer. Der Staatsmann: 1952 - 1967, Stuttgart 1991
Seydoux, Francois: Beiderseits des Rheins, Frankfurt a. M. 1975
Seydoux, Francois: Botschafter in Deutschland. Meine zweite Mission 1965 - 1970, Frankfurt a. M. 1978
Soell, Hartmut: Fritz Erler. Eine politische Biographie, 2 Bde., Berlin 1976
Stackelberg, Karl-Georg v.: Attentat auf Deutschlands Talismann. Ludwig Erhards Sturz, Stuttgart 1967
Steininger, Rolf: Großbritannien und de Gaulle. Das Scheitern des britischen EWG-Beitritts im Januar 1963, in: Vierteljahrshefte für Zeitgeschichte, 44. Jg., 1996
Sternburg, Wilhelm von: Die deutschen Kanzler von Bismarck bis Schmidt, Königstein i T. 1985
Strauß, Franz Josef: Die Erinnerungen, Berlin 1989
Stoltenberg, Gerhard u. a., Hg.: Soziale Marktwirtschaft und freiheitliche Demokratie. Ludwig Erhards Erbe für die Zukunft, 1977

Treverton, Gregory F., The "Dollar-Drain" and American Forces in Germany, Ohio 1978

Vogel, Walter: Westdeutschland 1945 - 1950. Der Aufbau der Verfassungs- und Verwaltungseinrichtungen über den Ländern der drei westlichen Besatzungszonen, 2 Bde., Koblenz 1956, Boppard 1964

Wagner, Wolfgang: Die Bundespräsidentenwahl 1959, in: Rudolf Morsey und Konrad Repgen, Hg., Adenauer-Studien II, Mainz 1972
Wallich, Henry C.: Triebkräfte des deutschen Wiederaufstiegs, Frankfurt a. M. 1955
Wengst, Udo: Staatsaufbau und Regierungspraxis 1948 - 1959. Zur Geschichte der Verfassungsorgane der Bundesrepublik Deutschland, Düsseldorf 1984
Wengst, Udo, Hg.: Auftakt der Ära Adenauer. Koalitionsverhandlungen und Regierungsbildung 1949, Düsseldorf 1985
Wengst, Udo: Die CDU/CSU im Bundestagswahlkampf 1949, in: Vierteljahrhefte für Zeigeschichte, 34, Jg., 1986
Wenzel, Rolf: Konrad Adenauer und die Gestaltung der Wirtschafts- und Sozialordnung im Nachkriegsdeutschland. Ordnungsvorstellungen und politische Praxis, Flensburg 1983
Wörtliche Berichte und Drucksachen des Wirtschaftsrates des Vereinigten Wirtschaftsgebietes 1947 - 1949, Hg. v. Institut für Zeitgeschichte, München 1977
Woller, Hans: Gesellschaft und Politik in der amerikanischen Besatzungszone. Die Region Ansbach und Fürth 1945 - 1949, München 1986
Wünsche, Horst F.: Ludwig Erhards Gesellschafts- und Wirtschaftskonzeption. Soziale Marktwirtschaft als Politische Ökonomie, Stuttgart 1986

Wurm, Clemens A.: Wege nach Europa. Wirtschaft und Außenpolitik Großbritanniens im 20. Jahrhundert, Bochum 1992
Wurm, Clemens A., ed.: Western Europe and Germany. The Beginnings of European Integration 1945 - 1960, Oxford 1995

Young, John W.: Britain and European Unity 1945 - 1992, Basingstoke 1993

Register

Abs, Hermann Josef 99, 101, 128, 149, 154, 155, 156, 157, 174, 199, 225, 239, 367, 368, 659, 661
Abusch, Alexander 452, 453
Acheson, Dean 438
Adenauer, Konrad 15, 27, 37, 44, 51, 53, 81, 83, 84, 87, 88, 90, 93, 94, 95, 96, 98, 99, 100, 101, 102, 105, 110, 111, 112, 113, 114, 115, 116, 118, 121, 122, 124, 125, 126, 128, 130, 131, 132,135, 137, 142, 143, 144, 145, 147, 149, 150, 155, 156, 157, 158, 161, 162, 164, 174, 175, 177, 178, 179, 183, 192, 193, 194, 196, 197, 198, 199, 200, 203, 204, 205, 206, 208, 211, 212, 213, 214, 215, 219, 222, 225, 226, 228, 231, 234, 235, 238, 239, 240, 242, 244, 245, 246, 248, 249, 250, 251, 252, 253, 254, 255, 256, 257, 258, 259, 260, 261, 262, 263, 264, 265, 266, 267, 269, 271, 272, 274, 275, 276, 282, 283, 286, 287, 288, 289, 290, 291, 293, 294, 295, 299, 300, 303, 304, 306, 307, 308, 312, 314, 315, 318, 319, 320, 321, 322, 323, 325, 326, 327, 328, 329, 330, 331, 332, 333, 334, 336, 337, 338, 339, 340, 341, 342, 343, 345, 346, 348, 349, 350, 351, 352, 353, 354, 355, 356, 357, 358, 359, 360, 362, 363, 364, 365, 368, 369, 370, 371, 373, 374, 375, 376, 377, 378, 379, 380, 381, 382, 383, 384, 385, 386, 388, 389, 390, 391, 392, 394, 395, 397, 398, 399, 401, 402, 404, 405, 406, 407, 408, 409, 411, 412, 413, 415, 416, 417, 418, 419, 420, 422, 423, 424, 425, 427, 429, 432, 433, 435, 437, 438, 439, 440, 444, 454, 456, 457, 459, 462, 465, 467, 468, 470, 471, 476, 478, 480, 485, 486, 488, 489, 494, 497, 499, 503, 507, 508, 509, 514, 516, 523, 525, 528, 530, 531, 532, 533, 534, 535, 539, 540, 541, 542, 544, 545, 550, 552, 555, 556, 560, 561, 562, 565, 567, 570, 571, 573, 576, 577, 578, 579, 580, 581, 582, 584, 585, 586, 588, 592, 596, 597, 598, 603, 613, 621, 627, 630, 649, 653, 654, 655, 659, 661
Adschubeij, Alexeji 497, 518, 519, 521
Ahlers, Conrad 397, 398, 399
Albers, Johannes 83, 300
Altmann, Rüdiger 561, 562, 572
Amrehn, Franz 629, 647
Argoud, Antoine 470, 474
Arnold, Karl 77, 89, 275
Augstein, Rudolf 397, 398

Ball, George 412, 591, 592, 633, 635
Barzel, Rainer 37, 434, 405, 433, 434, 456, 485, 486, 489, 509, 517, 518, 532, 533, 542, 544, 553, 557, 558, 559, 564, 570, 573, 579, 581, 584, 585, 586, 596, 597, 603, 608, 611, 624, 625, 626, 627, 630, 631, 639, 641, 642, 643, 644, 645, 646, 647, 648, 660
Baudouin, König von Belgien 192
Bauer, John Peter 656, 657, 662
Bauernfreund, August 656
Ben Gurion, David 550
Benda, Ernst 556
Berg, Fritz 173, 174, 175, 184, 185, 204, 205, 213, 215, 217, 239, 240, 244, 253, 257, 294, 300, 354, 367, 369, 380
Bernard, Karl 69, 76, 99, 117, 121, 137, 181, 182, 250
Beyen, Johan Willem 226, 230
Birrenbach, Kurt 468, 531, 545, 555, 557, 558, 608, 663
Blank, Theodor 275, 300, 380, 405, 434, 468, 564, 580
Blankenhorn, Herbert 90, 128, 222, 359, 490, 586
Blessing, Karl 150, 323, 365, 367, 368, 369, 371, 373, 491, 635
Blücher, Franz 89, 90, 94, 100, 101, 111, 116, 124, 128, 135, 136, 151, 156, 157, 174, 177, 178, 179, 181, 182, 183, 200, 205, 213, 221, 233, 239, 266, 272, 275, 276, 303, 307, 355
Böckler, Hans 76, 143
Böhm, Franz 63, 199, 204, 205, 217, 218, 258, 279, 347, 393
Brandt, Willy 364, 377, 381, 404, 419, 441, 452, 453, 490, 559, 570, 572, 578, 648
Brentano, Heinrich von 152, 164, 226, 228, 233, 274, 286, 287, 290, 293, 314, 334, 351, 355, 357, 358, 359, 370, 372, 379, 381, 382, 384, 388, 393, 396, 403, 404, 406, 409, 416, 417, 419, 420, 423 422, 433, 434, 456, 465, 467, 485, 486, 489, 538
Breschnew, Leonid 524

Briefs, Götz 293
Brüning, Heinrich 53
Bucerius, Gerd 340, 378, 380, 381, 394, 396, 401, 417, 418
Bucher, Ewald 408, 645
Bundy, McGeorge 460, 481, 546, 549
Buron, Robert 187
Butler, Richard A. 194, 202, 208, 219, 220, 221, 479, 516

Cairncross, Alexander 154
Carstens, Karl 286, 288, 289, 292, 413, 453, 454, 489, 490, 493, 497, 507, 510, 512, 513, 514, 516, 522, 523, 527, 529, 537, 544, 551, 552, 554, 557, 559, 583, 586, 588, 590, 600, 604, 605, 608, 609
Chaban-Delmas, Jacques 490
Chruschtschow, Nikita S. 348, 352, 376, 377, 380, 432, 440, 459, 460, 479, 480, 493, 496, 497, 498, 502, 518, 519, 520, 521, 524, 525
Churchill, Winston 14, 559, 653
Clay, Lucius D. 68, 69, 71, 72, 76, 78, 86
Cornfeld, Bernhard 658
Coty, René 314
Couve de Murville, Maurice 320, 323, 336, 410, 414, 415, 429, 443, 455, 474, 479, 503, 512, 529, 547, 549, 561, 569, 605, 606, 607

Dahlgrün, Rolf 408, 542, 568, 574, 594, 645
De Gaulle, Charles 37, 314, 318, 319, 320, 321, 322, 331, 334, 336, 350, 352, 356, 359, 360, 386, 388, 389, 390, 391, 409, 410, 411, 412, 413, 414, 417, 418, 421, 425, 427, 428, 429, 432, 434, 437, 438, 440, 443, 444, 446, 447, 448, 449, 454, 455, 456, 457, 458, 460, 462, 463, 465, 466, 467, 470, 471, 472, 473, 474, 475, 476, 477, 479, 490, 493, 494, 498, 499, 502, 505, 507, 508, 510, 511, 513, 514, 515, 521, 522, 523, 525, 528, 529, 530, 531, 532, 533, 534, 537, 539, 540, 541, 542, 544, 545, 546, 547, 548, 549, 560, 564, 565, 566, 567, 568, 570, 571, 582, 583, 585, 590, 591, 595, 598, 601, 602, 603, 604, 605, 606, 607, 610, 612, 613, 622, 629, 639, 653, 655, 661
De Margerie, Roland 440, 454, 455, 521
Debré, Michel 336
Dehler, Thomas 90, 124, 129, 153, 181, 283, 271, 275, 380, 408
Dichgans, Hans 339
Dietrich, Hermann 53
Dillon, Clarence D. 481
Dollinger, Werner 404
Döring, Wolfgang 401, 404, 406
Douglas-Home, Alexander 450, 465, 466
Dowling, Walter C. 413
Dufhues, Hermann-Josef 379, 404, 422, 423, 434, 467, 486, 508, 557, 573, 579, 584, 585, 586, 596, 597, 630, 638
Dulles, John Foster 203, 229, 334, 337, 341, 390

Ehard, Hans 88, 89
Eisenhower, Dwight D. 319, 320, 338, 372
Erhard, Elisabeth (Tochter) 14, 36, 72, 632, 636, 654
Erhard, Luise (Ehefrau) 14, 72, 177, 330, 331, 451, 636, 654, 663
Erhard, Philipp Wilhelm (Vater) 11
Erler, Fritz 404, 406, 417
Ernst, Fritz 150, 151, 154
Eschenburg, Theodor 425
Eshkol, Levi 552
Etzel, Franz 70, 83, 84, 174, 204, 209, 210, 214, 215, 218, 223, 225, 226, 228, 230, 231, 232, 234, 244, 261, 262, 264, 272, 275, 276, 286, 287, 288, 289, 290, 291, 303, 305, 306, 307, 315, 323, 332, 333, 334, 336, 337, 338, 339, 343, 351, 355, 356, 357, 358, 369, 371, 372, 373, 384, 624
Eucken, Walter 60, 62, 65, 67, 83

Fanfani, Amintore 321, 560, 561
Faure, Edgar 213, 221
Flick, Friedrich 329
Fouchet, Christian 386, 389
Fowler, Henry 635
François-Poncet, André 101
Frank, Paul 586
Franz Etzel 214, 272
Friedrich, Otto 106, 156, 177, 178, 179, 196, 203, 205, 215, 238, 262, 332, 333, 334, 336, 337, 350, 354, 368, 469, 644, 645, 646, 659, 663

Gerstenmaier, Eugen 328, 339, 341, 342, 359, 378, 379, 381, 401, 405, 406, 419, 425, 434, 486, 510, 512, 528, 529, 530, 531, 532, 535, 541, 552, 556, 570, 573, 577, 581, 593, 603, 630, 638, 639, 641, 646

Getty, Paul 662
Giscard d'Estaing, Valéry 429, 475, 504
Globke, Hans 258, 330, 332, 337, 341, 345, 358, 359, 369, 371, 378, 394, 399, 404, 407, 418, 420, 440, 631, 639
Goppel, Alfons 520, 646
Gördeler, Karl 24, 33
Gordon-Walker, Patrick 537, 538, 540
Graf, Otto 151, 198
Grass, Günther 572
Grewe, Wilhelm 524, 639
Groeben, Hans von der 231, 232, 246, 251, 286, 311
Groepper, Horst 493, 496, 497, 518, 519
Gromyko, Andrej A. 564
Groß, Johannes 561, 572
Grund, Walter 645
Grünig, Ferdinand 33, 35
Gulbransson, Olaf 618
Guth, Karl 11
Guttenberg, Karl Theodor von und zu 402, 403, 406, 467, 486, 499, 530, 531, 570, 571, 584, 586, 609, 630

Haenlein, Franz 217
Hallstein, Walter 128, 139, 143, 141, 144, 164, 174, 215, 223, 225, 228, 229, 230, 231, 232, 234, 261, 272, 284, 286, 311, 321, 356, 357, 359, 409, 419, 423, 430, 552, 555, 632
Harriman, William A. 372, 575, 576, 583
Hartmann, Alois 45
Hase, Karl Günther von 498, 512, 521, 523, 547, 580, 620, 629, 662
Hassel, Kai-Uwe von 332, 333, 338, 408, 413, 419, 423, 427, 433, 458, 481, 482, 483, 486, 534, 537, 539, 545, 551, 559, 569, 573, 579, 585, 589, 590, 592, 598, 604, 605, 606, 608, 617, 627, 632, 635,
Healey, Denis 617
Heath, Edward 385, 386, 388, 414, 415, 416
Heck, Bruno 413, 416, 486, 580, 588, 605, 616, 629, 631, 638
Heinemann, Gustav 101, 124
Hellwig, Fritz 264, 265, 276, 383
Herter, Christian 496
Heuss, Theodor 87, 90, 295, 305, 327, 328, 329, 330, 331, 332, 337, 338, 353, 376, 454
Hilferding, Rudolf 185
Hillenbrand, Martin 576
Höcherl, Hermann 218, 219, 244, 267, 328, 337, 338, 339, 340, 399, 424, 468, 586
Hochhuth, Rolf 572
Hoegner, Wilhelm 39, 40, 177
Hohmann, Karl 330, 334, 338, 340, 353, 354, 359, 366, 368, 382, 394, 416, 417, 422, 439, 498, 547, 561, 562, 567, 590, 593, 594, 597, 610, 611, 622, 624, 626, 632, 660, 663
Hopf, Volkmar 398, 399
Horten, Helmut 375
Huch, Ricarda 199
Humphrey, Hubert 229
Huyn, Hans Graf 586

Ilau, Hans 204, 217, 279
Illerhaus, Josef, 264

Jacobsson, Peer 136, 154
Jäger, Richard 605, 607
Janßen, Josef 513, 514
Joachim, Carl 336
Johnson, Ladybird 633
Johnson, Lyndon B. 450, 456, 457, 458, 459, 460, 462, 463, 470, 471, 472, 475, 478, 479, 493, 494, 496, 515, 523, 524, 537, 539, 540, 542, 545, 546, 549, 551, 562, 565, 575, 576, 591, 602, 617, 628, 632, 633, 635, 636, 641, 656, 661
Josten, Paul 104, 105
Joxe, Louis 514

Kaiser, Jakob 53, 84, 89
Kalinke, Margot 383
Kattenstroth, Ludwig 251, 252
Katzer, Hans 468, 589, 616, 631
Keiser, Günther 32, 33, 45
Kennedy, John F. 372, 376, 390, 391, 410, 412, 413, 426, 427, 428, 432, 440, 441, 449, 502, 572
Kiesinger, Kurt-Georg 306, 307, 557, 639, 647, 648 649, 654, 655, 660
Klaiber, Manfred 455, 560
Knappstein, Karl Friedrich 465, 471, 540, 549
Köhler, Erich 89
Kohl, Helmut 638, 647
Koenig, Pierre 76
Kokoschka, Oskar 12, 326
Korber, Horst 453, 454
Kossigyn, Alexej 524, 525
Krone, Heinrich 243, 262, 263, 264, 272, 300, 308, 328, 329, 330, 331, 332, 333, 334, 336, 337, 338, 339, 340, 341, 342, 345,

349, 352, 353, 355, 358, 359, 364, 369, 370, 371, 373, 375, 376, 378, 379, 380, 381, 383, 384, 396, 397, 399, 402, 403, 404, 405, 406, 408, 413, 414, 415, 419, 424, 433, 434, 439, 442, 450, 453, 456, 467, 469, 472, 486, 491, 497, 498, 499, 508, 510, 528, 532, 533, 540, 556, 557, 558, 570, 573, 575, 580, 588, 589, 590, 595, 597, 603, 605, 607, 609, 612, 627, 630, 632
Krüger, Hans 468
Kuby, Erich 208, 219
Kühlmann-Stumm, Knut Freiherr von 645

Lahr, Rolf 511, 568
Langer, Wolfram 295, 317, 354, 363, 365, 366, 367, 368, 382, 383, 439, 469, 562, 632
Lehr, Robert 181, 183
Lensing, Lambert 497
Lewis, Flora 343, 519, 520
Lindrath, Hermann 306
Lippmann, Walter 479
Lübke, Heinrich 242, 346, 450, 499, 518, 558, 570, 579, 581, 585, 593
Lücke, Paul 402, 404, 406, 434, 486, 570, 571, 580, 588, 605, 607, 630,
Luns, Josef 414, 503, 523

Macmillan, Harold 277, 278, 286, 319, 320, 334, 350, 352, 353, 359, 360, 368, 389, 411, 427, 432, 450
Maillard, Pierre 444
Mangoldt, Karl von 191, 192, 202, 221
Marjolin, Robert 202, 288, 289
Marshall, George 58, 59, 86, 89, 94, 103, 107, 109, 110
Marx, Karl 15
Maudling, Reginald 310, 311, 320, 321
McCloy, John 101, 155, 293, 606, 607, 642
McGhee, George 440, 441, 471, 476, 477, 479, 482, 502, 507, 511, 512, 515, 521, 539, 540, 544, 546, 547, 555, 589, 591, 592, 602, 609
McNamara, Robert 457, 481, 496, 590, 592, 617, 635
Mende, Erich 377, 378, 380, 381, 383, 397, 404, 406, 417, 434, 452, 453, 489, 564, 579, 580, 581, 584, 585, 605, 643, 645, 658, 661
Mendès-France, Pierre 212, 213, 219, 222
Menne, Albert, 210, 215
Messmer, Pierre 504
Meyer-Cording, Ulrich 357
Meyer-Lindenberg, Hermann 612
Meyers, Franz 618, 621
Mikat, Paul 586, 588
Miksch, Leonhard 60, 62, 64, 68
Mitterrand, François 591
Mollet, Guy 235, 283, 288, 292, 309
Monnet, Jean 126, 128, 127, 130, 139, 141, 144, 215, 223, 225, 226, 229
Moro, Aldo 466, 467, 468
Müller-Armack, Alfred 24, 83, 197, 198, 206, 207, 208, 215, 226, 228, 234, 240, 244, 255, 277, 278, 279, 280, 284, 285, 286, 287, 288, 289, 291, 292, 305, 307, 309, 310, 312, 315, 316, 317, 318, 320, 321, 340, 351, 354, 358, 360, 365, 385, 388, 389, 414, 415, 416, 420, 499, 535, 536, 561, 648, 660, 662, 624, 625, 663
Müller-Hermann, Ernst 418

Naegle, Fritz 184
Nannen, Henri 342, 345
Nasser, Gamal Abdel 288, 355, 550, 552, 554, 559, 566
Neumann, Erich Peter 418
Niederalt, Alois 339
Niklas, Wilhelm 124
Nixon, Richard 372
Nölting, Wilhelm 17, 76

Oberländer, Theodor 468
Ockart, Kuno 72
Öftering, Karl Maria 240, 255
Ohlendorf., Otto 35
Ollenhauer, Erich 404, 406, 407, 417
Oppenheimer, Franz 15, 17, 18
Oster, Achim H. 399
Osterheld, Horst 439, 444, 449, 463, 471, 494, 496, 507, 534, 544, 547, 555, 561, 567, 586, 590, 610, 611

Papen, Franz von 19
Peres, Shimon 550
Pferdmenges, Robert 88, 99, 118, 121, 149, 156, 199, 200, 203, 253, 264, 275, 332, 333, 336, 345, 367, 373, 380, 381
Pineau, Christian 286
Pisani, Edgar 504
Pompidou, Georges 443, 447, 449, 504, 533, 547, 567, 568
Prebisch, Raul 657

Preusker, Viktor Emanuel 275
Probst, Maria 442, 443
Pünder, Hermann 53, 68, 77, 78, 152, 195
Purwin, Hilde 362, 508

Rasner, Will 340, 416, 423, 435, 517, 556, 584, 632
Risse, Roland 104, 105, 196, 206, 215
Robertson, Brian 68, 69, 71, 76, 78, 86
Röpke, Wilhelm 64, 66, 65, 67, 84, 128, 188, 202, 293, 308, 314, 594, 595
Rostow, Walt 635
Ruf, Sepp 176, 177, 451
Rusk, Dean 415, 458, 459, 479, 494, 496, 544, 546, 611, 617, 635
Rüstow, Alexander 346

Saragat, Giuseppe 602
Schacht, Hjalmar 18, 19, 21, 24
Schäfer, Erich 21, 26
Schäffer, Fritz 39, 89, 90, 101, 111, 117, 118, 121, 122, 124, 124, 138, 151, 152, 155, 156, 158, 162, 179, 180, 181, 183, 198, 199, 200, 201, 202, 206, 239, 240, 242, 247, 248, 249, 250, 255, 256, 257, 258, 259, 262, 267, 266, 272, 274, 276, 291, 303, 304, 306
Schäffer, Hans 128, 150
Schalfejew, Eduard 118, 137, 150, 151
Scharnberg, Hugo 174, 269, 288, 299, 302
Scheel, Walter 382, 383, 605, 645, 664
Schiller, Karl 176
Schlange-Schöningen, Hans 45, 77, 187
Schleicher, Kurt von 19
Schleussner, Carl 217
Schmid, Carlo 327, 346
Schmidt, Otto 491
Schmücker, Kurt 405, 434, 456, 481, 541, 562, 568, 605
Schreiber, Wilfried 260, 261
Schröder, Gerhard 327, 328, 332, 342, 384, 396, 397, 401, 407, 409, 412, 414, 415, 417, 418, 419, 422, 423, 424, 425, 427, 429, 430, 432, 441, 443, 450, 455, 456, 458, 459, 462, 464, 465, 467, 470, 474, 479, 482, 485, 486, 488, 489, 490, 496, 497, 498, 499, 502, 503, 504, 507, 510, 514, 515, 518, 519, 520, 521, 522, 525, 526, 528, 529, 530, 531, 532, 534, 537, 538, 539, 540, 541, 544, 545, 547, 549, 551, 554, 557, 559, 564, 567, 568, 569, 576, 580, 581, 582, 583, 584, 585, 586, 588, 590, 595, 600, 601, 603, 604, 605, 606, 607, 608, 609, 611, 612, 629, 630, 631, 632, 633, 639, 643, 647, 648, 655, 660
Schuman, Robert 124, 125, 127, 130
Schumann, Maurice 537
Schwarz, Werner 434, 454, 456
Seebohm, Hans-Christoph 124, 363
Seidel, Hanns 274
Seibt, Dankmar 366, 439, 638
Semler, Johannes 44, 51, 52
Sethe, Paul 347, 348
Seydoux, François 555, 608, 610
Shinnar, Felix 552
Smirnow, Andrej 479, 493, 518, 524, 525
Söhngen, Werner 305, 306
Soustelle, Jaques 321
Spaak, Paul Henri 226, 231, 232, 233, 235, 255, 261, 280, 281, 282, 285, 414, 522
Speer, Albert 34
Stahl, Rudolf 28, 35
Stammberger, Wolfgang 398, 399, 408
Starke, Heinz 275, 384, 408
Stolper, Toni 305, 328, 331
Storch, Anton 77, 113, 116, 117, 128, 261
Strauß, Franz Josef 37, 88, 200, 201, 218, 233, 234, 235, 253, 272, 274, 275, 285, 304, 314, 332, 374, 375, 376, 377, 378, 379, 380, 384, 397, 398, 399, 401, 402, 403, 404, 407, 408, 417, 424, 433, 434, 442, 450, 451, 452, 456, 457, 467, 486, 489, 490, 494, 496, 498, 499, 503, 507, 508, 509, 516, 517, 518, 519, 525, 526, 527, 528, 529, 530, 539, 540, 542, 544, 550, 553, 557, 564, 566, 570, 573, 577, 578, 579, 580, 581, 582, 583, 584, 585, 586, 588, 589, 595, 603, 608, 609, 610, 611, 622, 623, 624, 625, 626, 627, 629, 630, 631, 633, 639, 641, 642, 643, 644, 646, 647, 655
Strauß, Walther 398, 399
Struve, Detlef 456
Stücklen, Richard 244, 526
Süsterhenn, Adolf 416, 421

Thielicke, Helmut 535

Ulbricht, Walter 364, 377, 464, 550, 552, 553, 554, 555,
Ullrich, Luise 302

Vershofen, Wilhelm 15, 17, 18, 24, 26, 27, 217, 295

Vocke, Wilhelm 99, 117, 121, 134, 136, 148, 154, 206, 221, 225, 239, 241, 250, 255, 259, 277
Vockel, Heinrich 150

Wagemann, Fritz 18
Wagenführ, Horst 21
Weber, Adolf 42
Wehner, Herbert 380, 402, 403, 405, 406, 407, 571
Westrick, Ludger 150, 174, 226, 232, 234, 238, 241, 251, 258, 294, 308, 315, 317, 345, 347, 353, 354, 365, 366, 382, 422, 434, 439, 440, 443, 449, 454, 455, 456, 468, 469, 489, 498, 507, 518, 519, 521, 529, 530, 532, 533, 542, 544, 545, 547, 548, 549, 552, 554, 564, 567, 568, 569, 576, 586, 588, 589, 590, 594, 595, 597, 605, 609, 631, 632
Weyer, Willi 275
Wildenmann, Rudolf 561
Wildermuth, Eberhard 90, 124
Wilson, Harold 537, 538, 539, 540, 542, 559, 602
Wolkiser, Arthur 90, 93, 103
Wuermeling, Franz-Josef 584

Zangen, Wilhelm 38